Dictionnaire

DES MÉNAGES,

RÉPERTOIRE

DE

TOUTES LES CONNAISSANCES USUELLES,

MANUEL DES MANUELS

ENCYCLOPÉDIE DES VILLES ET DES CAMPAGNES,

RÉSUMANT POUR LES GENS DU MONDE:

1° Le Dictionnaire de Médecine et de Chirurgie domestiques;
2° Le Dictionnaire de Législation usuelle;
3° Le Dictionnaire de Physique et de Chimie;
4° Le Dictionnaire de Cuisine;

5° Le Dictionnaire des Jardiniers et la Maison rustique;
6° Le Dictionnaire des Sciences naturelles;
7° Le Dictionnaire des Jeux de calcul et de hasard,
ou Nouvelle Académie des Jeux, etc.

Par Antony DUBOURG,

MEMBRE DE DIVERSES SOCIÉTÉS SAVANTES, INDUSTRIELLES ET AGRICOLES.

TOME PREMIER.

PARIS,

AU BUREAU CENTRAL DES DICTIONNAIRES,
RUE DES FILLES-SAINT-THOMAS, 5.

DICTIONNAIRE

DES MÉNAGES,

RÉPERTOIRE

DE TOUTES LES CONNAISSANCES USUELLES,

ENCYCLOPÉDIE DES VILLES ET DES CAMPAGNES.

Z

IMPRIMERIE D'ADOLPHE EVERAT ET Cⁱᵉ,

DICTIONNAIRE
DES MÉNAGES,

Répertoire

DE TOUTES LES CONNAISSANCES USUELLES,

ENCYCLOPÉDIE DES VILLES ET DES CAMPAGNES;

PAR

ANTONY DUBOURG,

Membre de plusieurs Sociétés savantes, industrielles et agricoles.

AU BUREAU CENTRAL DES DICTIONNAIRES,
RUE DES FILLES-SAINT-THOMAS, 5.

—

1856.

o2.

PRÉFACE.

Il existe un grand nombre de livres d'économie domestique, mais aucun ne remplit complètement son but: les uns sont trop sommaires, les autres trop volumineux; ceux-ci n'embrassent
qu'une partie de ce vaste sujet, ceux-là restent en arrière des découvertes nouvelles; enfin ces
différens ouvrages pourraient à peine former ensemble une Encyclopédie des ménages, à l'usage
et à la portée de tout le monde.

D'ailleurs les volumes et surtout les gros volumes effraient et repoussent; les quatre in-folio
du *Dictionnaire économique* de Chomel figurent dans les balances de l'épicier plus souvent que
dans la bibliothèque d'une maîtresse de maison: car on veut aujourd'hui trouver beaucoup réuni
dans peu d'espace; on veut apprendre vite et bien. Cependant la science de la ménagère et du
propriétaire est encore disséminée dans des traités spéciaux sans clarté, dans des recueils périodiques sans ordre: on est forcé de recourir à *la Maison rustique* de Liger, qui a bien vieilli, ou de
se contenter de *la Maison de campagne* de madame Adanson, qui a les inconvéniens d'un abrégé.
Quant à la plupart des personnes routinières, elles s'égarent obstinément dans le labyrinthe de
la tradition domestique, faute d'un guide sûr qui les éclaire et les conduise. On aime donc mieux
ne rien lire que de perdre son temps avec les douze in-quarto du *Cours d'agriculture* de l'abbé
Rozier, et de mal dépenser son argent avec le *Cuisinier royal.*

Nous avons voulu rassembler en dictionnaire (c'est la forme la plus commode et la plus simple)
ces mille et une connaissances usuelles et pratiques, dispersées dans un chaos de livres qui les
cachent plutôt qu'ils ne les renferment, ou éprouvées par l'expérience journalière qui les modifie
et les multiplie sans cesse. Tout ce qui est nécessaire dans l'administration intérieure d'une maison
de ville ou de campagne, tout ce qui doit composer l'éducation première d'une mère de famille,
tout ce qui concourt au bien-être individuel et général, sera classé alphabétiquement de manière
à offrir, sous chaque mot, les indications auxquelles le mot pourra donner lieu. Ce dictionnaire
servira de manuel indispensable à tous les ménages où l'économie domestique n'est pas regardée
comme un préjugé inutile et même ridicule.

Ainsi, en nous occupant de médecine et de physique, nous n'envisagerons ces hautes sciences
que sous le point de vue domestique: Tissot a dit depuis long-temps que l'homme sage devait
être son propre médecin; nous n'empièterons sur l'histoire naturelle et sur l'agriculture qu'en
suivant pour ainsi dire les sentiers battus de ces sciences qui se représentent à chaque pas dans
la vie des champs; la morale même ne saurait être omise en ce qui touche les points les plus
essentiels de l'existence sociale; nous nous étendrons de préférence sur le jardinage, sur la cuisine,
sur l'office, sur les plaisirs de la campagne, la chasse, la pêche, les jeux, les amusemens de
l'esprit, enfin sur les innombrables créations de l'industrie domestique: nous n'aurons pour cela

1

qu'à profiter des travaux de nos devanciers qui ont enrichi cette science si complexe et si précieuse de leurs ingénieux secrets. Ce dictionnaire en main, sans appareil chimique et sans essais coûteux, chacun pourra mettre à l'épreuve ces excellentes recettes qui font la fortune et la vogue des pâtissiers, des confiseurs, des parfumeurs et des habiles desservans du dieu du goût. Les praticiens étrangers nous cèderont aussi leurs plus exquises inventions, et nous ne dédaignerons pas de tirer de l'oubli quelques formules naïves et singulières, empruntées à de vieux écrits, tels que *le Propriétaire des Choses*, *le Trésor des Pauvres*, *le Trésor de santé*, etc.

Ce dictionnaire remplacera donc deux ou trois cents volumes rares ou peu connus, incommodes ou fort chers; il remplacera ce qui ne s'acquiert qu'avec les années et par la perte de tant de jouissances douces et faciles, en un mot: l'expérience!

ABRÉVIATIONS.

CODE DOMESTIQUE.	*Cod. dom.*
ÉDUCATION.	*Éduc.*
MORALE DOMESTIQUE.	*Mor. dom.*
MÉDECINE DOMESTIQUE.	*Méd. dom.*
HYGIÈNE.	*Hyg.*
CUISINE.	*Cuis.*
OFFICE.	*Off.*
PHYSIQUE DOMESTIQUE.	*Phys. dom.*
AGRICULTURE DOMESTIQUE.	*Agric. dom.*
JARDINAGE.	*Jard.*
RÉCRÉATIONS DOMESTIQUES.	*Récréat. dom.*
CHASSES.	*Chass.*
PÊCHE.	*Pêch.*
ANIMAUX DOMESTIQUES.	*Anim. dom.*
INDUSTRIE DOMESTIQUE.	*Ind. dom.*
CONNAISSANCES USUELLES.	*Conn. us.*
AMUSEMENS DE L'ESPRIT.	*Amus. de l'espr.*
VARIÉTÉS.	*Var.*

DICTIONNAIRE
DES MÉNAGES.

A

ABAT-JOUR. (*Ind. dom.*) L'abat-jour est indispensable pour tous ceux qui consacrent leurs veilles à des travaux qui fatiguent les yeux, comme travaux à l'aiguille, comptes, ouvrages littéraires, etc. La carcasse de l'abat-jour se compose de deux cercles de fils de fer posés horizontalement, et dont le supérieur a un diamètre moindre. Ces deux cercles sont réunis par quatre branches de fil de fer. On recouvre cette carcasse avec du papier huilé ou de la soie, ou du papier blanc sur lequel on a dessiné des silhouettes en noir, ou du papier orné de figures coloriées. Ceux qui préfèrent l'utilité à l'agrément peuvent se contenter d'un morceau de soie verte ou de papier vert. Cette couleur tendre est celle qui convient le mieux à la vue.

Ces abat-jours sont préférables à ceux en fer-blanc verni et poli. La couleur blanche nuit aux yeux par la propriété qu'elle a de réfléchir tous les rayons lumineux. (Voy. LAMPES.)

ABATTAGE DES ARBRES. (*Ind. dom.*) L'abattage se distingue de la coupe en ce que celle-ci n'a pour objet que les bois de chauffage, tandis que l'abattage concerne les baliveaux et bois de charpente. On distingue l'abattage des futaies et l'abattage des taillis. Pour les futaies, ouvrir une fosse profonde d'environ un pied autour de l'arbre; trancher les racines latérales, et attaquer ensuite le pivot qu'on recouvre d'un peu de terre ou de mousse. Pour les taillis, écarter les feuilles et les mousses qui entourent les vieilles souches; frapper la terre avec la tête de la hache pour déterrer les racines latérales, trancher comme ci-dessus. Ce procédé s'appelle *coupe entre deux terres*; on le distingue ainsi de la coupe rez-terre précédemment employée. On obtient par le nouveau procédé un tiers de solive de plus pris dans la partie la plus solide et la plus épaisse. Les pousses qui renaissent des racines viennent avec plus de vigueur. Les hêtres qui rejettent si difficilement donnent des pousses. Des souches de chêne et de charme, presque centenaires, en produisent également. Il faut couper plus ou moins profondément, suivant que la terre est pénétrable à l'eau, ou forte, et suivant l'état de la souche. On coupe, en hiver, pendant le repos de la sève, ordinairement de fin janvier à fin avril, quand il fait froid et qu'il neige. On a calculé que la coupe entre deux terres doublait le produit des taillis (Voy. BOIS COUPE.)

ABATTEMENT. (*Méd. dom.*) État de faiblesse dans lequel se trouvent les personnes qui ont été malades, et quelques unes de celles qui sont menacées de l'être. Dans le premier cas, cet état n'a rien d'alarmant; et, si la convalescence est réelle (voy. CONVALESCENCE), il se dissipe à mesure que la maladie s'éloigne. Mais, au commencement d'une maladie, c'est un symptôme dangereux; il annonce toujours une maladie d'un mauvais caractère et persiste ordinairement pendant toute cette maladie. Il est une autre espèce d'abattement qui tient plus au moral qu'au physique et dont sont affectées les personnes nerveuses, entre autres les hystériques, les mélancoliques et celles qui ont des chagrins et des peines d'esprit. Le bain froid, les alimens nourrissans, l'exercice, et surtout la gaieté, sont les moyens les plus efficaces pour la guérison de ce mal. S'il vient du relâchement des fibres de l'estomac, il faut prendre une infusion de quinquina, de cannelle ou de muscade; l'exercice du cheval est principalement recommandé. Si cet état est dû à une surabondance d'humeurs dans l'estomac ou les intestins, on prendra des purgatifs où il entre de l'aloès, mais préférablement du tartre soluble que le docteur Whitt ordonne ainsi : Prenez depuis deux gros et jusqu'à huit onces de tartre soluble, que vous ferez fondre dans un demi-setier d'eau de fontaine; ajoutez-y une once d'eau de cannelle sans vin et autant de sirop de violettes, et mêlez. On en prend, ou tous les matins, ou une fois en deux jours, pendant un mois et plus. Quelquefois, cependant, il augmente les vents et occasione des défaillances; il est plus salutaire quand le mal dépend d'humeurs amassées dans les premières voies, que dans celles produites dans le cerveau. Si l'abattement provient de la suspension des règles ou des hémorrhoïdes, il faut les rappeler, et le meilleur moyen est une saignée. Si, enfin, il provient du chagrin, des peines d'esprit, il faut, comme nous l'avons dit plus haut; de la gaieté, de la variété dans les amusemens, des compagnies agréables, des changemens de lieu, etc. Le moyen de prévenir ce mal, est d'éviter toute espèce d'excès, surtout ceux des plaisirs de l'amour et des liqueurs fortes, qui affaiblissent l'estomac, vicient les humeurs et abattent les esprits.

ABATTIS. (*Cuis. dom.*) — *Abattis de dindon aux navets.* Prenez les abattis, le foie, et le gésier d'un dindon jeune ou vieux; flambez les ailerons, la tête et le cou; brûlez les pattes, nettoyez le gésier et coupez-le en quatre. Mettez dans une casserole un demi-quarteron de beurre; faites revenir de tous côtés vos abattis, foie et gésier; coupez un quarteron de petit-lard en quatre, faites-le revenir aussi. Retirez le tout; ne laissez que le beurre; ajoutez une cuillerée de farine, faites roussir de belle couleur, mouillez avec deux verres d'eau. Mettez du poivre, un bouquet garni; remettez les abattis; faites cuire deux heures. Faites blanchir vos navets un quart d'heure à l'eau bouillante; égouttez-les. Une heure avant de servir, mettez-les dans votre ragoût avec gros comme une noix de sucre. Dégraissez et servez.

ABDOMEN. (Voy. VENTRE.)

ABCÈS. (*Méd. dom.*) Tumeur contre nature qui renferme du pus. La fluxion de poitrine, qui rarement cède aux remèdes, se termine par un abcès plus ou moins dangereux, selon la partie dans laquelle il est situé. S'il s'établit dans la plèvre, il se manifeste quelquefois au dehors en forme de plaie au moyen de laquelle il se guérit; s'il est situé dans la substance des poumons, la matière peut s'évacuer par les crachats; mais si le pus s'amasse dans la cavité de la poitrine, entre la plèvre et les poumons, on ne peut l'évacuer qu'en faisant une ouverture entre les côtes. On peut quelquefois le faire percer intérieurement en faisant respirer fréquemment au malade la vapeur de l'eau chaude ou du vinaigre; on le fera tousser, rire, etc. Un abcès est quelquefois un symptôme critique de la fièvre maligne. On reconnaît qu'un abcès est mûr quand la tumeur fait une pointe sensible; quand sous cette pointe on sent un vide, une fluctuation, et que les environs de la tumeur sont moins rouges et moins douloureux. Les abcès les plus fréquens sont les furoncles, les clous, les charbons, les maux d'aventure, les PANARIS (voyez ce mot). Comme le traitement est général pour presque tous les abcès, nous allons l'indiquer. On doit d'abord chercher à les amener à suppuration; pour cela on emploiera des cataplasmes adoucissans auxquels on ajoutera un oignon cru écrasé, si l'effet était trop lent. Ce qu'on peut faire de plus quand la tumeur est considérable, c'est de renouveler les cataplasmes toutes les quatre heures, et d'y joindre quatre ou six grains d'opium. Si l'abcès perce de lui-même, il suffit d'ajouter au cataplasme un peu d'onguent de la mère; s'il ne perce pas de lui-même, il faut l'ouvrir avec une lancette ou un caustique, ce qui regarde le chirurgien. Il est très important d'être attentif à l'instant de la maturité de l'abcès, car si on l'ouvre trop tôt, on en retarde la guérison; si au contraire on laisse trop séjourner le pus, on expose les parties voisines. Dès que l'abcès est ouvert on le panse avec le cataplasme prescrit, auquel on ajoute l'onguent basilicum. On continue jusqu'à ce que la tumeur soit fondue et les bords dégorgés. Tous les abcès ne se guérissent pas avec la même facilité; on ne parvient donc jamais à les guérir sans avoir auparavant guéri la maladie dont ils dépendent, ou qui les entretient.

ABEILLE. (*Anim. dom.*) On distingue trois sortes d'abeilles dans les ruches. La plus nombreuse est l'*abeille commune*, qu'on appelle aussi *abeille ouvrière*, parce que c'est elle qui fait la récolte du miel et de la cire, et qui

bâtit les alvéoles. Elle est la plus petite des trois espèces et n'a point de sexe. La seconde se compose de *faux bourdons* ou *mâles*. Ils ne travaillent point et ne servent qu'à féconder les femelles; aussi, les abeilles ouvrières en débarrassent-elles la ruche et les font-elles périr lorsque la ponte est sur sa fin. La troisième espèce est la plus rare, puisqu'elle ne renferme que quelques individus qui, comme nous le verrons plus loin, finissent toujours par se réduire à un seul. Celui-ci est la *femelle* ou *reine*. C'est la plus grosse de toutes; elle paraît gouverner tout ce peuple dont elle est la mère.

Dans le temps de la ponte, dont le plus fort est au printemps, la reine dépose ses œufs dans les alvéoles qui lui ont été préparés pour cela. — Deux ou trois jours après il sort de chaque œuf un petit ver blanchâtre, longuet, sans pattes; mais ayant une filière comme le ver à soie. Aussitôt qu'il est éclos, les abeilles viennent dégorger dans son alvéole une écume blanchâtre de laquelle le petit ver se nourrit; ce qu'elles continuent jusqu'à ce qu'elles s'aperçoivent qu'il va se métamorphoser. Alors elles couvrent l'alvéole avec une pellicule de cire. Le ver ainsi renfermé file une espèce de toile dont il tapisse toute son alvéole; ensuite il se change en nymphe. Au bout de quinze jours, cette nymphe devient mouche, et perce le couvercle qui l'emprisonnait. Elle n'est pas plus tôt sortie de l'alvéole qu'elle se promène dans la ruche, et au bout de quelques momens elle prend son essor et se mêle aux autres. Quand la ruche se trouve augmentée considérablement par le grand nombre de mouches écloses, une partie de la population va chercher fortune ailleurs, et cela ordinairement à diverses reprises. Ce sont ces masses émigrantes qu'on nomme *essaims*, et qu'il faut savoir recueillir pour former de nouvelles ruches. (Voy. ESSAIM.) A la tête de chacun de ces essaims est une ou plusieurs *femelles* ou *reines* : s'il y en a plusieurs, ou l'essaim se divise, ou elles se battent, et l'empire est le prix de la victoire. Les choses se passent de même à la ruche-mère dès que les jeunes femelles ont pris toute leur croissance, et c'est là une des causes du départ des essaims.

Aux approches du printemps, les abeilles ouvrières nettoient leurs ruches, emportent le couvain avorté (c'est le nom qu'on donne aux embryons, tant qu'ils sont enfermés dans leurs alvéoles), et les mouches mortes; elles enlèvent des gâteaux tout ce qui est moisi, corrompu ou trop sec. Ces dispositions faites, elles vont à la provision.

Les abeilles fabriquent trois sortes de produits : 1° le *miel*, qui est leur nourriture (voy. MIEL); 2° la *cire*, dont elles forment ces alvéoles où elles le déposent, et où la reine place ses œufs (voy. CIRE); 3° la *propolis*, substance résineuse qu'elles emploient à enduire intérieurement leur ruche, pour se garantir du froid et des autres insectes. (Voy. PROPOLIS.)

Les abeilles se plaisent et profitent beaucoup dans les vallées arrosées de quelque ruisseau et environnées de prairies. Celles qui sont dans les bois taillis sont exposées à être pillées par les mouches étrangères, et à être dévorées par les oiseaux. Les montagnes couvertes de serpolet, marjolaine, bruyère, etc., leur sont très favorables : on y recueille plus de miel qu'ailleurs, et il y est meilleur.

Comme tous les travailleurs, l'abeille est naturellement

très pacifique : elle ne pique guère que quand elle est attaquée ou qu'elle croit l'être. Le plus souvent son aiguillon, dans ce cas, se détache de son corps, et sa mort s'ensuit. Un des bons moyens de calmer la douleur que cause cette piqûre est de presser la partie malade pour en faire sortir le venin, et d'y appliquer du persil pilé.

Pour les détails sur le travail des abeilles, les soins qu'elles exigent, la fabrication et l'*entretien* des ruches, l'achat, le transport, etc., des ruches pleines, la vente ou l'emploi de la cire et du miel, etc.; voir, outre les articles déjà indiqués, les mots *ruches*, *rucher*.

MALADIES DES ABEILLES. — *La dysenterie* ou *le dévoiement*. Les symptômes sont de larges taches noires et fétides dans les ruches. Les insectes n'ont plus assez de force pour retenir leurs excrémens. La cause est l'humidité des ruches. Laissez pénétrer l'air, nettoyez les appuis et le bas intérieur des ruches, donnez aux abeilles, sur une assiette, une large croûte de pain grillée imbibée d'un sirop tiède composé d'une partie de miel et de deux de vin vieux.

Vertige. Depuis le 25 mai jusqu'au 25 juin, les abeilles tournent et s'agitent, se traînent à terre. On attribue cet état à une plante de la famille des ombellées (plantes disposées en parasol.) Il faut éloigner cette classe de plantes.

Indigestion. Elle vient de ce que la fraîcheur les saisit pleines de nourriture. Ne leur donnez rien par un temps froid ni après midi.

Couvain avorté. Le couvain avorte quand les larves sont mal nourries et quand les vers, placés dans leur alvéole, la tête en bas, ne peuvent sortir. Si le couvain avorte, le couvercle de l'alvéole s'enfonce et noircit. Les abeilles ordinairement extirpent elles-mêmes les rayons infectés.

Rougeole ou *rouget.* C'est un pollen mis en provision qui a pris trop de consistance : il faut l'extirper, parce que les abeilles emploient beaucoup de temps à s'en débarrasser.

Les abeilles sont en butte aux attaques d'un grand nombre d'animaux. Le campagnol, le rat, la souris, le mulot, la musaraigne, parmi les carnivores, s'introduisent dans la ruche, surtout en hiver, où le froid rend les abeilles incapables de défense.

Les araignées, les guêpes, la fausse-teigne, parmi les insectes; la mésange, parmi les oiseaux, leur sont aussi nuisibles. (Voy. *ces mots.*)

ABLETTE. (*Pêch.*) Poisson de rivière de la grosseur du petit doigt. Il se prend aisément à l'hameçon parce qu'il est fort goulu, mais, du reste, on le pêche moins pour le manger que pour en tirer une matière dont on colore les fausses perles, et qu'on nomme *essence d'Orient.* On prend aussi l'ablette avec un filet carré que l'on attache au bout d'une perche. Ce filet s'appelle ableret.

ABLUTIONS. (*Hyg.*) On désigne sous ce nom les bains d'une des parties du corps : c'est une des pratiques les plus importantes de l'hygiène. C'est une pensée hygiénique qui a fait prescrire aux Juifs et aux Mahométans de fréquentes ablutions. Une personne, après avoir visité un malade, touché un cadavre, doit se laver avant de se rendre en société ou de se mettre à table, sinon, elle serait exposée à gagner et communiquer des maladies. Les

fréquentes lotions nettoient non seulement la peau de toute ordure, mais encore, par le dégagement des pores, la rendent propre à une transpiration facile. L'ablution des pieds prévient souvent les rhumes et les fièvres occasionés par la malpropreté de ces parties. « Quand on a eu, dit Tissot, les jambes et les pieds mouillés, accidens qui souvent ont causé des pleurésies mortelles, rien n'est plus salutaire que de se laver avec de l'eau tiède. » Le même médecin a guéri radicalement des personnes sujettes à des coliques violentes toutes les fois qu'elles avaient eu les pieds mouillés, en leur donnant ce conseil. Le bain est encore plus efficace, si l'on fait dissoudre dans l'eau un peu de savon. (Voy. BAIN.)

ABREUVOIR. (*Anim. dom.* — *Chasse.*) Lieu choisi ou formé en pente douce, au bord de l'eau, pour y mener boire ou baigner les chevaux. Les abreuvoirs sont assez ordinairement pavés.

On appelle aussi *abreuvoir* un endroit où les oiseaux vont boire, et où l'on tend quelquefois des filets pour les prendre. Pour cette chasse, on fait choix de quelque ruisseau fréquenté par les petits oiseaux : on le couvre de joncs, de chaume et d'herbes, ne laissant de libre qu'un espace proportionné à la grandeur du filet qu'on a, afin que les oiseaux soient obligés, en buvant, de se tenir assez rapprochés les uns des autres pour que ce filet puisse les envelopper tous à la fois. Cela fait, et le filet disposé, on se cache et l'on attend qu'une grande quantité d'oiseaux se trouve réunie au bord de l'eau : alors, au moyen d'une corde qu'on tire, le filet s'abat sur eux. On peut encore joncher l'abreuvoir de petits morceaux de bois enduits de glu : les oiseaux, venant à s'y reposer pour boire plus commodément, s'y prennent aussitôt. Les instans les plus favorables à cette chasse sont de dix à onze heures du matin, de deux à trois après-midi, et enfin une heure et demie avant le coucher du soleil. Plus il fait chaud, mieux elle réussit.

ABRICOTIER. (*Jard.*) Cet arbre, lorsqu'on l'abandonne à lui-même, croît ordinairement à la hauteur de douze ou quinze pieds. Son tronc n'excède guère la grosseur de la cuisse. Ses racines s'enfoncent peu et ne tracent pas beaucoup. L'amande renfermée dans le noyau du fruit, qui est émulsive, est douce dans quelques espèces, et amère dans quelques autres. On peut le multiplier de noyau; cependant on préfère le greffer parce qu'il est plus tôt venu de la sorte. On choisit pour cela des sujets d'amandier ou de prunier. On laisse venir les abricotiers en plein vent, etc., surtout lorsqu'on peut leur donner une exposition à l'abri des grands vents et des gelées du printemps; ou bien on les met en espaliers au levant ou au couchant. L'exposition du levant est la meilleure, mais il est bon d'en avoir à l'une et à l'autre exposition, car on a ainsi du fruit plus long-temps : ceux qui sont au levant mûrissent beaucoup plus vite. L'exposition du midi est trop chaude : elle rend l'abricot pâteux. Cet arbre demande en général une terre légère, quoiqu'il vienne assez bien dans les terres fortes, où son fruit, à la vérité, n'acquiert pas autant de saveur. En plein vent, l'unique soin qui lui soit nécessaire, c'est de supprimer tous les ans les branches mortes ou gommeuses, et, pour qu'il répare promptement les plus fortes amputations, il suffit de mettre sur la plaie de l'onguent à greffer. Cette opération doit avoir lieu en décembre ou janvier, mais non les jours de pluie ou de gelée. Cet arbre réussit parfaitement sur des fosses profondes dont le fond est couvert d'une couche de gravats. L'abricotier *commun*, le plus vigoureux et l'un des plus productifs, mûrit à la mi-juillet; celui *de Portugal* est tardif : son fruit, moyen, et oblong, est mûr vers la mi-août; celui qu'on nomme *alberge de cours* est productif; son fruit est moyen, et mûrit dans le courant d'août. L'abricot le plus volumineux, et sans contredit le meilleur de l'espèce, est *l'abricot-pêche de Nancy*. Il mûrit le dernier. (Voy. CONFITURES, CONSERVE, ESPALIER, GREFFE, TAILLE.)

Pour ranimer les vieux abricotiers, on les cerne par le pied et on verse 15 à 20 seaux de fumier putréfié. On enlève l'écorce sèche, et, pour rétablir la transpiration, on les frotte avec une brosse mouillée, en les imbibant avec une éponge trempée dans l'eau.

ABRICOTS. (BEIGNETS D') (*Cuis.*) Couper en deux des abricots peu mûrs, ôter les noyaux, les parer, les mettre mariner une heure dans l'eau-de-vie, un peu de sucre et le zeste d'un citron, égoutter, tremper dans la pâte à frire, poudrer de suc fin, glacer au four de campagne ou avec une pelle rouge.

Abricots (compote d'). Dans la nouveauté, on peut ne pas les peler. Couper, ôter les noyaux, les passer à l'eau sur le feu, les tirer, les faire rafraîchir et égoutter, leur faire jeter trois ou quatre bouillons avec du petit sucre clarifié, en les écumant bien. Si le sirop n'est point assez cuit, lui donner quatre ou cinq bouillons et verser sur le fruit. Servir les abricots quand ils sont froids.

Abricots entiers (compote d'). Ôter la queue des fruits, retirer par incision le noyau, piquer avec une épingle de chaque côté de la queue; les mettre dans l'eau sur le feu; les jeter dans l'eau fraîche, s'ils se ramollissent; les faire égoutter sur une claie; mettre son sucre sur le feu, et, lorsqu'il bout, y jeter les abricots; quelques bouillons sur un feu doux, laisser refroidir et mettre dans des compotiers.

Abricots (marmelade d'). Faire clarifier du sucre; quand il est à la grande nappe, y mettre les abricots en petits morceaux; laisser cuire jusqu'à ce que la marmelade tombe liée; les confitures étant dans les pots, on les couvre de petits ronds de papier trempés dans l'eau-de-vie.

ABRICOTS. (*Off.*) — *Abricots à l'eau-de-vie.* Mettre dans une poêle, avec de l'eau, des abricots qui ne sont pas encore mûrs; quand l'eau va bouillir, retirer avec une écumoire et égoutter. Si on a six livres de fruits, les mettre dans une livre et demie de sucre clarifié; les retirer du sirop, après qu'ils ont jeté cinq ou six bouillons, les faire égoutter, et les mettre dans un bocal. Si le sucre est assez réduit pour ne pas exiger qu'on le fasse bouillir de nouveau, y verser quatre pintes et demie de bonne eau-de-vie, et, quand le mélange est bien fait, verser sur les abricots, mettre un bouchon de liége sur le bocal, couvrir d'un parchemin mouillé, et ficeler.

Abricots (pâte d'). Ôter les noyaux, faire fondre les abricots sur le feu, passer au travers d'un tamis, dessécher, mettre partie égale de sucre clarifié et cuit au petit boulé, remettre sur le feu, après avoir mêlé; cette pâte doit être plus cuite que la marmelade.

Abricots (vin d'). Prendre l'abricot-pêche pendant de maturité, en extraire le noyau, le saupoudrer d'une once de sucre par livre et le faire cuire doucement à quatre feux; verser ensuite, sur quatre livres de fruits, une pinte de bon vin blanc et un demi-setier d'eau-de-vie. Ajouter le bois seulement du noyau, le faire sécher cinq ou six jours au soleil et le concasser pour le faire infuser dans le vin. Au bout d'un mois, on passe le tout à la chausse; si la liqueur était encore épaisse, on le passerait au filtre de papier gris.

ABRIS. (*Agr.*) Les abris servent à garantir les récoltes. Ils modifient la température à tel point qu'ils font prospérer dans le Nord les plantes du Midi.

Ils rompent les vents, bien mieux que les murs, et absorbent tout le méphitisme de l'air. Ils sont faciles à bâtir. Quelques perches sur lesquelles on place obliquement une charpente couverte en paille composent tout l'édifice. On leur donne plus ou moins de solidité, suivant l'usage auquel on les destine, et les circonstances extérieures auxquelles ils doivent faire obstacle.

ABSINTHE. (*Jard. — Méd. dom.*) Le feuillage blanchâtre de cette plante fait bien dans un jardin paysagé; mais un motif plus puissant pour l'y admettre, c'est qu'elle est tonique et fébrifuge. Une infusion de ses feuilles séchées est excellente pour les maux d'estomac. Il faut les cueillir avant la floraison. Du reste l'absinthe ne demande aucun soin; elle est vivace et se ressème d'elle-même. Cependant elle préfère une terre sèche, légère, et une exposition chaude.

Certains brasseurs la substituent à tort au houblon, car elle donne à leur bière une amertume désagréable.

ABSINTHE (*Off.*). — *Vin d'absinthe.* Cueillir les sommités de la plante dans toute sa force, en mettre une botte avec trois onces de cannelle concassée dans un petit tonneau, le remplir de moût de raisin blanc, à moitié, laisser fermenter, sans boucher le bondon, achever de remplir le tonneau avec du vin blanc, boucher ensuite. La dose est d'un demi-verre pendant quelques jours.

Pour en faire en petite quantité, prendre, pour deux pintes de vin blanc, une once et demie de grande absinthe et une once et demie de petite absinthe, ou trois onces de grande absinthe. Laisser infuser quarante-huit heures dans un vase bien bouché, passer le vin et le mettre en bouteilles.

Absinthe (crème d'). Mettre distiller au bain-marie, dans quatre pintes d'eau-de-vie, les zestes de deux oranges et une demi-livre de sommités d'absinthe fraîchement cueillies. Vous aurez, en distillant, deux pintes de liqueur environ. Faites fondre sur le feu quatre livres de sucre, dans deux pintes d'eau filtrée de rivière, mêlez le tout, passez à la chausse et mettez en bouteilles.

ABSTINENCE. (*Hyg.*) L'adage qui dit : rien de trop, est toujours resté vrai. Les excès sont la source de presque toutes les maladies, l'abstinence est le plus puissant préservatif contre elles.

L'abstinence est nécessaire à l'esprit comme aux organes physiques. Une tension trop continue du cerveau y attire tout le sang, au détriment des autres parties du corps, qui s'atrophient, et occasione parfois des fièvres cérébrales. L'abus du vin et des liqueurs fortes, de la nourriture, des plaisirs de la table et autres, doit être soigneusement évité. Si un exercice modéré entretient la libre action des muscles et facilite toutes les fonctions, un exercice trop violent, au contraire, détruit les forces vitales. Il faut s'abstenir des contraires; ainsi de boire de l'eau froide ayant chaud. On cite, en juin 1855, un jeune homme qui, revenant à cheval du bois de Boulogne, mourut subitement après avoir bu un verre de limonade.

La chair de certaines viandes, du porc, par exemple, est nuisible en été, et doit être mangée avec beaucoup de précaution.

Diverses nécessités d'abstinence seront indiquées à leur place dans ce Dictionnaire. Nous nous bornons ici à répéter ce conseil de tous les lieux et de tous les temps: Abstiens-toi.

ABUS. (*Mor. dom.*) Il ne s'agit pas ici des abus qui se rencontrent trop fréquemment dans les relations civiles et politiques. Nous laissons à des plumes plus savantes le soin de traiter ces hauts sujets; nous exposons maintenant ceux qui peuvent se glisser dans la vie intérieure d'un ménage. Ils naissent presque tous d'un défaut d'administration, d'un manque d'ordre et de régularité, et disparaissent bientôt devant une économie bien entendue.

La réforme des abus domestiques est d'autant plus difficile, qu'il ne suffit pas de se réformer soi-même, mais qu'il faut encore soumettre à un examen attentif et sévère tous ceux qui vous environnent.

Un grand abus, surtout à la campagne, c'est de prolonger les veilles, et de compenser la perte de ce temps pour le sommeil, en se levant au milieu du jour. Cet abus a des influences nuisibles, non seulement à votre santé, mais encore à votre fortune. D'abord le sommeil du jour est loin d'avoir les qualités réparatrices de celui de la nuit : puis, vous manquez à la surveillance nécessaire à toute bonne maison, et d'innombrables abus naissent de l'absence de surveillance. Les serviteurs en profitent à votre détriment : ils se relâchent de leur zèle pour leurs devoirs, et se permettent des gaspillages préjudiciables. Il est donc nécessaire de régler les heures du lever et du coucher; il l'est également de régler celles des repas. Par un abus trop commun, et qu'on croit sans danger, elles sont souvent à des intervalles inégaux; rien n'est plus funeste à l'estomac. Les soldats qui sont mal nourris doivent au régime contraire leur état de santé constaté par le nombre de leurs malades comparé à leur masse totale.

On devra ne point confier à d'autres ce qu'on peut faire par soi-même. Quoique la tenue des comptes et registres soit une tâche pénible, il ne faut pas hésiter à s'en charger; il n'y a pas d'intendant ou de factotum, quelle que soit sa probité, qui ne considère comme très licites une multitude de petits gains prélevés sur la part qui vous revient.

La prodigalité et la parcimonie, le luxe et la pénurie, la recherche et la malpropreté sont également à fuir. Quand vous faites une dépense, il faut examiner si elle vous rapporte en utilité ou en agrément l'équivalent de ce que vous dépensez; n'achetez point de ces choses chères et brillantes qui durent un jour : achetez des choses solides et d'un véritable service.

C'est un abus de laisser à la discrétion des domestiques les clefs du cellier, de la cave, de l'office, etc.; faites-vous remettre les clefs, et ne vous en dessaisissez jamais que lorsque vous en aurez reconnu l'urgence, et le moins possible; la position relative des salarians et des salariés fait que la plupart de ces derniers se regardent chez leurs maîtres comme en pays ennemi, et mettent sans scrupule au pillage toutes les substances alimentaires. Cette prédisposition, vous la combattrez non par la rudesse et l'emportement, mais par la douceur et la bienveillance; être bon soi-même est le plus sûr moyen de rendre bons les autres.

Quand vous emploierez un ouvrier, il faudra toujours faire vos conditions d'avance; autrement vous vous exposez à de longues querelles et à des discussions fâcheuses, que parfois un entêtement réciproque empêche de pouvoir terminer sans l'intervention du juge de paix.

Un abus qu'on sent bien vivement est celui de l'invasion des parasites. Vous invitez un homme à dîner plusieurs fois; il s'habitue machinalement à venir; il s'invite; il vient chez vous manger la soupe sans façon, comme il dit, et bientôt vous vous trouvez grevé envers lui d'une servitude gastronomique, d'une rente dînatoire, dont il a soin de toucher très exactement les intérêts. A certains jours, et avec une effrayante ponctualité, l'inévitable convive vous présente sa physionomie gloutonne: heureux encore devez-vous vous estimer quand il n'est pas suivi de sa famille, ou qu'il ne prend pas la liberté d'amener quelques amis!

Congédiez sans pitié; il y a manière civile de le faire, des excuses, des prétextes d'absence, de la froideur, etc. Il vient un temps où il est impossible au plus intrépide pique-assiette de ne pas s'apercevoir que vous dîneriez fort bien sans lui.

L'abus des animaux d'agrément, oiseaux, chats, écureuils, etc., est dégénéré, surtout chez les vieillards, en véritable monomanie.

Un autre abus est l'abandon trop prompt de choses dont on peut encore tirer parti; on jette ou on donne une multitude de hardes et de linge. De même, dans les restes des repas, une foule de choses peuvent être employées, qu'on met au rebut impitoyablement. Chaque chose ainsi abandonnée est une valeur perdue, et les consommations inutiles sont la ruine des ménages.

En résumé, connaissez bien votre actif et votre passif, l'état de vos effets mobiliers et immobiliers, le nombre de vos bestiaux, etc., etc.; observez et dirigez tout vous-même; ne laissez jamais dormir de fonds, mais dès que vous en recevez, employez-les d'une manière reproductive. Évitez tout excès, menez une vie méthodique, n'abusez pas de votre position à l'égard de vos inférieurs, soyez justes envers eux, sans sévérité; songez que la douceur du maître est la base la plus solide de l'obéissance du subordonné; ne reculez devant l'examen d'aucun détail domestique, ne vous lassez jamais de l'activité qu'exigent les soins du ménage; ne prenez point l'avarice pour l'économie, et le gaspillage pour une généreuse grandeur; ayez le plus d'amis, et le moins de connaissances possible; ne vous écartez jamais de la considération de vos devoirs et du bon ordre qui suit leur accomplissement, et vous aurez évité beaucoup d'abus.

ACACIE, ARBRE DE SOIE (*Jard.*), *mimosa juli buzin* (famille des légumineuses). C'est un arbre du Levant acclimaté; le feuillage est bipiné et se rapproche le soir; les fleurs viennent en août, et forment des houppes roses. Cet arbre ne résisterait pas aux gelées, si pendant deux ans on ne le tenait en pots pour le rentrer en octobre. Il faut ensuite l'exposer au midi, en terre de bruyère, abrité par de grands arbres, et couvert d'une épaisse litière; alors il peut, ayant six à neuf pieds, résister aux hivers. En mars, on sème la graine en pot et dans la couche sourde, après l'avoir fait tremper deux ou trois jours dans l'eau tiède. Ils s'acclimatent plus aisément en les laissant dans une exposition à demi ombragée, en pot, à la place où l'on veut les laisser, et les couvrant de litière sèche l'hiver.

ACACIA. (*Jard.*) Cet arbre vient très aisément dans toutes sortes de terrains. Il se multiplie de semence et de rejetons; mais on ne doit le planter ni dans un jardin, ni dans un champ cultivé, parce que ses racines tracent considérablement. Il vient fort bien dans les lieux sauvages et sans culture, et comme il fournit beaucoup de bois, on peut en faire des haies, lesquelles, outre qu'elles sont très fourrées, offrent aux bestiaux une nourriture abondante et peu coûteuse. Ses feuilles, soit fraiches, soit séchées, leur sont plus agréables et plus salutaires que la luzerne, le trèfle et le sain-foin. Des vaches qui donnaient très peu de lait en ont rendu abondamment après avoir été mises aux feuilles d'acacia. Mais quand cet arbre n'aurait pas ce dernier avantage, la facilité avec laquelle il vient dans les terrains les plus médiocres, la grande quantité de feuilles qu'il peut fournir dans le temps où le foin est plus rare, et le bois d'élagage qu'on en tire tous les deux ou trois ans, doivent inviter les propriétaires de campagne à le multiplier le plus qu'ils pourront. (Voy. ÉLAGAGE.)

Faux acacia. Cet arbre s'appelle aussi robinier, du nom de Robin, botaniste qui l'a introduit en France; le robinier est agréable par son beau feuillage, par des fleurs odorantes; il croît dans tous les terrains, et a plusieurs variétés :

Le robinier acacia blanc de jardinier.

Le robinier visqueux, *robinia viscosus*, paraissant au printemps et en automne; il se greffe sur l'acacia blanc, et naît aussi de graines; il est sans épines et plus haut que l'acacia blanc.

Le robinier *spectabilis*, il a peu d'épines, et croît plus vite que le précédent; il se greffe sur l'acacia blanc.

Le robinier à feuilles de sophora, *robinia sophora-folia.*

Le macrophyllo à grandes feuilles.

Le crispa.

Le robinier *inermis*; il a huit à dix pieds de hauteur; on peut en couper les branches quatre à cinq fois pendant l'été; il ne fleurit pas; il se greffe sur la tige ou le collet du robinier, suivant qu'on veut l'avoir en arbre ou en arbrisseau.

Le *spiralis*, arbrisseau de trois à quatre pieds, dont on peut faire trois à quatre coupes par mois; il naît de graines.

Le pseudo-acacia, qui peut former des haies; on l'isole,

dans ce cas, par des fossés, pour que ses racines n'envahissent pas; il est excellent pour tenir le sol en pente au bord des rivières.

Le *geliditica hiacantus* épineux, se reproduisant par graines, et pouvant servir de haie, dont la coupe donne d'excellent fourrage; les épines tendres ne nuisent pas aux animaux.

La feuilles de l'acacia, vertes ou sèches, sont une bonne nourriture pour les chevaux, les vaches, les moutons, les chèvres; les ruminans préfèrent, même à toute autre, l'herbe qui croit aux pieds de l'acacia. Le robinier *inermis* et le *spiralis* conviennent surtout dans les prairies; dans les pays vignobles, on en pourrait planter autour des vignes; l'écorce paraît être un poison pour les chevaux.

Les autres robiniers, qui sont de haute futaie, donnent un bois de chauffage plus lourd que le bois de chêne et en plus grande abondance que tout autre bois, grâce à la rapidité de leur végétation; on peut en faire des lattes, des rames, des cercles. Brûlé, il fait le meilleur charbon de bois que nous connaissions; la chaleur qu'on obtient des branches de robinier en fagots de chauffage est plus considérable et plus durable que celle de chêne même.

Le bois des vieux robiniers peut servir à la menuiserie, la marqueterie, l'ébénisterie, la charpente. Comme il résiste long-temps à l'eau et à la corruption, on le préfère pour les machines hydrauliques, les chevilles et étançons de vaisseaux, les pieux de pilotis; il est très lourd, très dense, et de couleur brune et jaune.

La décoction de branche d'acacia présente une teinture jaune pour les étoffes, qui passe, comme toutes les couleurs végétales.

L'acacia se reproduit par semis; on peut le semer dans les terres abandonnées; on sème la graine en avril, mai et juin; pendant deux ou trois jours on fait tremper la graine dans de l'eau de fumier; on arrose si la terre est sèche, et si le soleil est ardent, on couvre le semis d'un paillis, et on arrose quand il est levé.

Au bout de deux ans, on sépare et espace les plans, on donne des tuteurs à ceux qui fléchissent; au bout de trois ans, on peut les planter en groupes.

L'arbre une fois pris, si l'on entame les racines, il croît à l'endroit blessé un jet qui atteint quelquefois sept pieds en un an; on peut aussi couper des racines et les planter verticalement.

Les acacias se greffent les uns sur les autres; on peut sur la racine, au moyen de la greffe en pente et par étage, greffer divers sujets produisant des fleurs différentes.

ACACIA. (*Offi.*) — *Sirop de fleurs d'acacia.* Enlever les calice set les pédicules, les placer dans un vase par couches, en alternant avec des couches de sucre pulvérisé; au bout de quelques heures, jeter de l'eau bouillante; laisser reposer un jour; préparer un sirop de sucre, et faire bouillir dedans le premier mélange.

Ce sirop peut remplacer en médecine le sirop de violette; il a un arome agréable; il convient dans la toux et est stomachique.

Acacia (liqueur d'). Couper le sirop précédent avec de l'esprit de vin, partie égale, ajouter quelques feuilles de laurier-amande, laisser reposer quelques mois.

ACACIA. (*Cuis.*) — *Beignets de fleurs d'acacia.* Tremper

fleurs dans un pot à beignets, et fait frire; c'est un mets italien.

ACACIA. (*Méd. dom.*) *Collyre pour les yeux.*

Graines d'acacia broyées, un demi-gros.

Eau-de-vie avec plantin, six onces.

Ajouter peu à peu l'eau-de-vie, passer, et mettre en bouteille; ce collyre est bon dans les ophthalmies chroniques; on en bassine les yeux plusieurs fois le jour, et on place le soir sur les yeux un linge trempé dans la préparation.

ACANTHE. (*Jard. — Méd. dom.*) Cette plante, qu'on nomme aussi *branche-ursine*, vient en toute terre sans beaucoup de culture. On la multiplie de semences en mars et de plant enraciné en octobre; on aura soin de la lever de terre tous les ans, pour en ôter le peuple, qui est capable de perdre un jardin. Les feuilles peuvent s'employer dans les décoctions et fomentations émollientes; elle est vulnéraire et détersive, modère le cours de ventre, ainsi que le crachement de sang dans la pulmonie et dans les blessures internes causées par quelque coup ou chute. Réduites en poudre, ses feuilles ont encore la propriété de rétablir les digestions viciées.

ACCENT D'UNE LANGUE. (*Var.*) La Convention avait formé le projet de détruire les patois. C'était une tâche rude et difficile, car c'est à peine si un individu transplanté loin d'une province, et naturalisé dans une autre, peut se défaire de l'accent de son pays. Pour cela, il doit éviter simplement de se trouver avec des compatriotes, étudier sans cesse sa prononciation en la conformant à celle des personnes qui parlent le plus purement, apprendre par cœur des pièces de vers ou de prose, et les réciter à haute voix en s'observant avec soin. Un mois suffit, avec une attention soutenue, pour le succès de ces efforts. L'accent d'une langue dépend surtout de la pratique et de l'habitude; il ne saurait par conséquent s'acquérir ou se perdre que par une brusque diversion aux habitudes ordinaires.

ACCÈS. (*Méd. dom.*) C'est le retour périodique de certaines maladies qui laissent de temps en temps au malade des intervalles de mieux : accès de fièvre, accès de folie, d'épilepsie. C'est le commencement et le premier effet de la maladie. Aussi, dès qu'il se déclare, on doit s'empresser d'appliquer les soins les plus actifs, parce que c'est à son début que la maladie présente le plus de chances de salut.

ACCIDENS. (*Méd. dom.*) Le nombre des accidens est incalculable. Les hommes, les animaux, les objets meubles et immeubles y sont exposés. C'est à cause d'eux principalement qu'on sent le besoin de connaissances variées et étendues, soit pour les prévenir, soit pour y parer.

On peut diviser les accidens qui attaquent les hommes en accidens de l'intérieur, comme : attaques de nerfs, maux de tête, etc. (Voy. ces mots.)

Accidens produits par des causes extérieures animées : morsures de serpens, piqûres d'insectes, etc. (Voy. ces mots.)

Accidens produits par des causes extérieures de l'ordre brut : poisons, introduction dans l'es omac de substances alimentaires pernicieuses, chocs, coups, chutes, etc.

Des causes analogues attaquent les animaux. Quant aux objets meubles et immeubles, les accidens les plus ter-

ribles et les plus à craindre pour eux sont les inondations et les incendies.

Nous donnons à chaque spécialité d'accidens les moyens à employer contre eux.

ACCORDOIR. (*Récr.*) L'accord est la progression harmonique des tons. On l'obtient dans le piano au moyen d'un instrument de fer qui a la forme d'un marteau, dont le manche est creusé de façon à pouvoir y faire entrer la tête des fiches, afin de tendre ou lâcher les cordes, et, par ce moyen, hausser ou baisser le ton. On ne doit accorder un piano soi-même que lorsqu'on a acquis assez de pratique musicale pour ne pas errer dans l'appréciation des sons.

ACCOUCHEMENT. (*Méd. dom.*) L'accouchement est précoce ou prématuré, à terme ou tempestif, tardif ou retardé. Sous le rapport de son issue, il est possible ou impossible; tantôt l'accoucheur est obligé de le terminer par des manœuvres particulières; tantôt il a lieu par les seuls efforts de la mère. C'est là le seul cas qui nous doive occuper. Chacun doit apprendre ce qu'il faut faire en cas d'accouchement, non pas pour remplacer lui-même en tout cas un médecin, mais pour être préparé aux accidens. A la campagne, parfois une femme accouche subitement. Le médecin est loin : la femme est là souffrante. Tout retard serait dangereux.

Pendant que la femme est en travail, il ne faut lui rien donner d'échauffant. Elle peut prendre de temps en temps un peu de panade ou de l'eau de gruau. Toutes les autres drogues qu'on lui donne ordinairement ne font qu'augmenter la fièvre, enflammer l'utérus, et prolonger le travail.

Les jeunes femmes qui sont grosses pour la première fois s'imaginent toujours être sur le point d'accoucher. Elles doivent retenir leurs efforts, qui ne font que diminuer les forces dont elles auront besoin quand le véritable moment sera venu.

Lorsque le terme de la grossesse est arrivé, le ventre s'affaisse, devient moins volumineux, de fréquentes envies d'uriner surviennent; les parties génitales s'humectent d'un mucus particulier teint quelquefois d'un peu de sang. Les douleurs redoublent. Les membranes dans lesquelles sont les eaux de l'enfant sortent sous la forme de sac, et l'enfant est bientôt expulsé avec des douleurs plus modérées appelées tranchées. Il ne faut chercher ni à abréger le travail, ni à apaiser la douleur, suite nécessaire de la dilatation : la nature doit agir seule.

L'enfant se présente ordinairement par la tête, mais quelquefois par les pieds et les genoux. La première chose à faire est de lier avec un fil le cordon ombilical par lequel l'enfant recevait du sang de sa mère, et de le couper aussitôt. On lave ensuite l'enfant, et on le couvre de vêtemens appropriés.

Si le délivre sort avec l'enfant, il suffit de lier le cordon dans un seul endroit, à deux ou trois pouces de l'ombilic de l'enfant, et de le couper à un pouce ou deux au-dessus du fil.

Si le délivre reste après l'enfant, il faut faire deux ligatures au cordon; la première à deux ou trois pouces de l'ombilic comme ci-dessus; la deuxième à trois ou quatre pouces au-dessus, pour empêcher l'hémorrhagie de la veine ombilicale. On coupe le cordon entre les deux ligatures quand l'enfant est encore entre les genoux de la mère ; on tient le cordon pour n'en pas perdre de vue l'extrémité ; on coupe toujours le cordon avant de le lier, parce qu'on peut soulager l'enfant qui paraît asphyxié, en laissant couler du sang. Si l'enfant ne présentait aucun signe de vie, il ne faudrait ni lier ni couper le cordon. Le cordon doit être serré plus ou moins, selon qu'il est sec ou gras. Pendant et après l'accouchement, les soins ont deux objets, l'enfant et la mère.

Soins à l'enfant nouveau-né. — Quand il est bien conformé, on le transporte auprès d'un feu plus ou moins grand, suivant que la saison l'exige. Pour le transporter, on prend les plus grandes précautions, afin de ne pas le blesser. On le place sur des linges blancs, et on le pose sur le côté, pour qu'il puisse se débarrasser des phlegmes qui remplissent sa bouche. Comme il est couvert de sang, et d'une matière jaunâtre, on le lave avec une éponge fine imbibée d'un mélange de vin et d'eau tiède ; si ce mélange ne suffisait pas pour enlever la matière, on le frotterait avec un peu de beurre. On examine ensuite si l'enfant est bien constitué, car il s'en trouve quelquefois dont l'anus et le canal de l'urètre ne sont pas ouverts, ou dont les paupières sont collées. Il faut, dans ce cas, appeler sur-le-champ un médecin. On regarde s'il n'a ni meurtrissure, ni luxation, ni fracture ; on s'occupe ensuite de l'habiller ; on lui met un petit béguin sans coulisse ni cordon ; on en met par-dessus un autre de laine ou de coton, selon la saison ; mais en se gardant bien de comprimer la tête du nouveau-né. Dès qu'il sent le besoin de nutrition, on le présente au sein de sa mère, si elle nourrit elle-même. Sinon, en attendant la nourrice, on peut lui donner un peu d'eau sucrée, et de l'eau d'orge sucrée et chaude coupée avec du lait.

Soins à l'enfant qui paraît mort. — Si l'enfant ne présentait aucun signe de vie, et que cependant il n'y eût pas de certitude de mort, on ne lie point le cordon ombilical à moins que le délivre ne soit sorti avec lui. On laisse l'enfant quelques instans entre les genoux de sa mère ; on lui fait des frictions avec la main chaude sur le ventre et sur la poitrine. Si le délivre est sorti avec l'enfant, on coupe le cordon sans laisser couler de sang ; on porte l'enfant près du feu, et on le frictionne avec de l'eau de Cologne et de Mélisse, ou du vin chaud. L'insufflation de l'air pourrait être utile ; mais elle demande à être faite avec un extrême ménagement, de peur d'attaquer les poumons. On peut aussi plonger l'enfant dans l'eau tiède, et le frictionner. Il ne faut rien faire avaler à l'enfant dans cet état, et ne le point couvrir, ce qui gênerait la transpiration. On agit de même si l'enfant, après sa naissance, paraît près d'expirer.

Soins à la femme accouchée. — Quand le délivre est sorti, que la femme reste dans le plus grand repos, les reins élevés, les genoux rapprochés, on place des linges sous elle, pour recevoir les vidanges et l'écoulement de sang qui suit ordinairement l'expulsion du délivre. Qu'on se garde bien de serrer le ventre des femmes qui viennent d'accoucher. Loin de contribuer à le remettre dans son état naturel, l'application d'un linge ou une serviette empêche les muscles et la peau de revenir à leur

état, intercepte la circulation, ride et comprime le ventre, cause le ralentissement des lochies, et déforme l'abdomen. Substituez donc à toutes ces ligatures une simple serviette douce, sèche et chaude ; attachez-la sur les reins, de manière à ce qu'on puisse passer à l'aise les doigts entre elle et la peau. Ce que nous disons des bandages du ventre doit s'appliquer à ceux du sein. On peut se dispenser de toute espèce de support, la position horizontale le soutenant naturellement. Il faut se garder de le comprimer. Ni pendant l'accouchement, ni après, ne tolérez point dans la chambre de l'accouchée de visiteurs inutiles ; le brouhaha qu'ils font importune la malade, qui a besoin de tout le calme possible, et la multiplicité des avis contradictoires qu'ils donnent mal à propos, peut amener par l'application de graves accidens. Que le lit de l'accouchée ne soit ni trop dur ni trop souple ; c'est une erreur de croire qu'on ne saurait jamais trop suer. Couvrez le lit suivant la saison ; jamais ni trop, ni trop peu.

Il faut habiller la femme ; faites-le sans secousses. Frottez la chemise avec les mains en été ; chauffez-la en hiver, légèrement ; trop chaude, elle pourrait causer une perte.

Si la femme nourrit, la chemise doit être fendue par le haut. Quand elle ne nourrit pas, on l'enveloppe d'une chemise à coulisse, et on place une serviette ouvrée pliée sur les reins pour en faciliter le dégagement. On ne lui donne que des alimens légers et liquides, du gruau, de la panade. Sa boisson doit être également légère et délayante. Quelques femmes cependant demandent du vin avec instance, et ont besoin de soutenir leurs forces avec des alimens solides et un vin généreux.

Si elle éprouve de grandes douleurs après être délivrée, on lui donne des bouillons légers, une tisane chaude, du gruau d'avoine, du thé léger ; mais jamais rien d'irritant.

Les odeurs fortes sont très nuisibles aux nouvelles accouchées. Il ne faut ni fleurs, ni charbon. La vue doit être également ménagée ; les émotions seront évitées, ainsi que les mouvemens brusques.

L'air de la chambre doit être à 14 ou 15 degrés. La chambre doit être un peu large, et entretenue, ainsi que le lit, très proprement.

Évitez toutes superstitions, tous sachets préservatifs, tous remèdes de commère. Autrefois on pétrissait le crâne de l'enfant dans certains cas. C'est une pratique absurde et pernicieuse au dernier point. Une pratique non moins sotte est la coupe des cheveux après l'accouchement, et le sel jeté en poudre sur les cheveux pour les empêcher de tomber. (*Voy.* GROSSESSE, LOCHIES, NOURRICE.)

ACCUEIL. (*Mor. dom.*) Il y a dans l'accueil que fait un maître ou une maîtresse de maison une mesure difficile à garder. Il faut éviter d'un côté trop de hauteur et d'étiquette, de l'autre une familiarité trop grossière. On doit traiter également bien tous ceux qui se présentent, sans préférence ni distinction ; l'accueil ne doit avoir rien de guindé. Son plus grand charme consiste dans une noble affabilité, et dans une urbanité naturelle. C'est surtout envers les personnes d'une condition inférieure qu'il faut s'abstenir d'une réception brusque et impolie. Il y aurait de l'inhumanité à leur faire sentir trop vivement les désavantages de leur situation en repoussant sans ménagemens leurs visites ou leurs sollicitations.

Ajouter de nouveaux détails à ces conseils serait faire injure à nos lecteurs. La morale qu'on nous enseigne dès notre enfance, les habitudes dont nous sommes imprégnés, cette crainte de déplaire, cette politesse qui est pour ainsi dire innée chez nous, nous indiquent suffisamment quelles règles on doit suivre dans cette matière.

ACHAT. (*Éduc. dom.*) Les grandes acquisitions se font rarement, et se font suivant des principes universellement connus ; mais il n'en est pas de même des achats proprement dits, qui ne sont point assujétis à des règles fixes, et qui, continuellement répétés, exigent une attention continuelle. Nous croyons, sur ce point, devoir quelques conseils à la ménagère.

En général, il est deux excès opposés contre lesquels nous ne saurions trop la prémunir : le désordre et la parcimonie. Si la parcimonie ne ruine pas une maison, elle l'attriste sans l'enrichir ; si le désordre a d'abord quelques jours d'abondance et de joie, bientôt il les paie par des années de pénurie et de chagrins. Ici, comme dans toutes les parties de l'économie domestique, il faut donc éviter également la parcimonie et le désordre. Par exemple, qu'on fasse un achat inutile, ou qu'un achat utile soit différé, il y a perte. Que par vanité on se fournisse dans les magasins les plus chers; que par économie on fréquente les magasins à bon marché; que par vanité on ne marchande rien, que par économie on marchande tout : sottise et duperie des deux parts. Quand il se trouve une proportion exacte entre la supériorité d'un produit et l'élévation de son prix, c'est à vous de considérer si la même proportion existe entre vos besoins et le genre de cette supériorité; mais le plus souvent, ce que nous payons si cher, ce n'est point la perfection de la marchandise, c'est le luxe du marchand. A l'égard de celui qui semble donner plutôt que vendre, comme la philantropie ne s'est pas encore avisée d'ouvrir boutique, il est assez naturel de supposer que ce qu'il livre à vil prix lui fut livré de même. Or, le fabricant est sans doute plus généreux envers lui que lui envers le public : concluez.

Prenez un juste-milieu : adressez-vous, autant que possible, pour vos achats, à ces solides maisons de confiance où, tout en ne vendant que du bon, du beau, on se contente d'un bénéfice raisonnable. Là vous êtes sûr d'éviter d'être victime de la fraude. Chaque objet est coté à sa juste valeur : vous n'avez pas l'ennui de marchander long-temps pour avoir enfin un article au-dessus de sa valeur réelle. Vous avez devant vous un assortiment de choses utiles et de bonne qualité, et vous pouvez choisir.

Dans le choix que vous faites, préférez ce qui est d'un bon usage à ce qui est brillant. C'est surtout à l'achat des vêtemens que cette maxime doit s'appliquer. Si vous habitez la campagne, des étoffes solides sont bien préférables pour vous à des étoffes dont la vogue fait tout le mérite, et que la moindre avarie mettra hors de service.

Avant de vous décider à acheter tel objet chez tel marchand, ayez soin de comparer et les objets et les boutiques, afin de vous éviter d'inutiles regrets.

Voici, pour l'achat, une règle générale très simple : l'achat est l'échange d'un capital en argent contre un capital en autres marchandises. Comparez donc l'intérêt de l'argent dont vous vous dépossédez avec l'intérêt que vous produira en utilité et en agrément la marchandise que vous achetez. N'achetez que si cet intérêt est égal ou supérieur à celui du capital monétaire.

ACHE. (*Jard. — Méd. dom.*) L'ache est une espèce de persil, plus tendre, plus grenu, et fort aromatique. Elle ne se multiplie que de graine. Elle aime les lieux ombragés et humides. Elle fleurit en juillet et août. Sa racine se mange crue et cuite.

Cette plante est apéritive, fébrifuge et anti-scorbutique. On fait avec ses sommités une conserve salutaire à la poitrine, propre à faciliter les menstrues, et qui pousse aux urines. Elle fournit une eau qui, distillée, est excellente pour les maux d'yeux et les ulcères invétérés. Dans la trop grande abondance du lait, on applique avec succès sur les mamelles des nouvelles accouchées, des feuilles d'ache arrangées en cataplasmes. — Elle donne aussi un onguent qui mondifie les plaies. On tire de l'ache une belle couleur verte qui n'a aucune qualité nuisible, et dont on se sert pour colorer les bonbons et les crèmes. Il suffit pour cela de la faire bouillir.

ACHILLÉE sternutatoire. (*Jard.*) *Achillea sturmica*, famille des corymbifères. C'est une plante vivace et traçante. On ne cultive que la variété à fleurs doubles. Cette plante s'étend beaucoup chaque année, et on est forcé de la réduire. La tige a trois pieds, et est, en juillet, surmontée par un corymbe de fleurs blanches très jolies. On multiplie la plante en séparant en septembre les pieds dans une terre fraîche et franche.

ACIDES. (*Méd. dom. — Conn. us.*) On appelle acides les corps à saveur aigre qui ont pour caractères de rougir l'infusion bleue de violette et la teinture de tournesol. Ils se forment, pour la plupart, de gaz oxigène et d'un corps simple. Ils s'unissent avec les alkalis salins, les terres, et autres bases salifiables. Les corps dont on les sépare ont fait distinguer les acides animaux, végétaux, minéraux et métalliques. La plupart des acides sont des poisons. Les meilleurs contre-poisons sont les substances alkalines, salines, ou terreuses, l'eau, les mucilages, et le tout pris en grande quantité et le plus promptement possible. Joints à quelques adoucissans et étendus de beaucoup d'eau, ils sont rafraîchissans, apéritifs, calment l'âcreté de la bile, conviennent dans l'alcalescence des humeurs, les fièvres putrides ou inflammatoires. Les acides animaux sont au nombre de vingt-six. Quelques uns sont employés en médecine. L'acide hydrocianique entre dans la composition du bleu de Prusse.

Les acides extraits des matières végétales sont très nombreux. L'acide acétique est la base du vinaigre; mélangé avec diverses substances, il s'emploie dans les arts et en médecine.

L'acide citrique s'extrait des citrons, ainsi que l'acide tartrique. Mêlé avec du sucre pulvérisé et un peu d'huile essentielle de citron, il compose une limonade agréable. Les acides végétaux s'emploient contre le scorbut, la pulmonie, la fièvre maligne, la fièvre miliaire dans les cas où elle se rapproche de la fièvre maligne, la petite vérole, l'inflammation du bas-ventre, le flux d'urine, les hémorrhagies, les cancers, etc.

Parmi les acides minéraux, l'acide carbonique est le plus usuel. Il est la base des eaux minérales, et on imite les eaux naturelles gazeuses en le comprimant au moyen de pompes foulantes dans l'eau, et le conservant dans des bouteilles hermétiquement fermées; en le comprimant ainsi dans de bon vin blanc, on obtient un vin mousseux analogue au champagne. L'acide sulfureux pris en bains de vapeur, guérit les maladies de peau; il enlève les taches de fruits; c'est lui qui agit quand on expose un tissu humide, taché, à la vapeur du soufre. Il agit également quand on met dans un tonneau une mèche soufrée, pour empêcher que le vin ne fermente trop activement. On s'en sert pour blanchir la soie, la laine, les chapeaux de bois, les chapeaux en paille blanche. (Voy. BAS.)

L'acide hydro-chlorique sert à préparer le chlore et le chlorure de chaux. Mêlé avec l'acide nitrique, il constitue l'eau régale qui dissout l'or et le platine; il sert à fabriquer l'hydrochlorate de chaux pour les papiers peints, et à décaper le fer dans la préparation du fer-blanc.

L'acide nitrique sert à la gravure à l'eau-forte; on l'emploie pour dissoudre plusieurs métaux. Deux acides métalliques, l'acide arsénieux et l'acide arsénique, sont employés dans les arts; le second est un poison violent. Le premier, uni au plomb, forme le blanc de plomb qu'on emploie dans la plupart des couleurs à l'huile.

ACIDITÉS. (Méd. dom.) Les alimens des enfans, étant de nature à devenir acides, s'aigrissent souvent dans leur estomac. Aussi leurs maladies portent-elles toutes des signes évidens d'acidités. D'après ces symptômes, on croyait qu'elles tenaient toutes à une surabondance d'acide dans l'estomac et les intestins; mais, en examinant, on voit que ces symptômes sont plus souvent l'effet que la cause de ces maladies. Les tranchées et les coliques en sont souvent la suite. Voici quelques symptômes de ces maladies et les moyens de les combattre. Lorsqu'un enfant est rempli d'humeurs acides, il est toujours en mouvement, inquiet, crie par accès, rit en dormant, etc. Ses selles sont déjà verdâtres, ou le deviennent bientôt. Il exhale une odeur aigre. Une quantité extraordinaire d'urine est un symptôme particulier des tranchées, qui dégénéreraient en convulsions sans la promptitude des remèdes. Un enfant qui a des tranchées ne veut pas téter, mais il le fait volontiers si on le tient droit devant sa nourrice. Pour le traitement des acidités, on donnera à l'enfant, au lieu de lait, du bouillon faible avec du pain léger, et on lui fera faire un peu d'exercice. Le meilleur remède est la magnésie blanche donnée dans du bouillon léger, ou sous la forme de MIXTURE. (Voy. ce mot.) Le traitement des tranchées et des coliques sera d'éviter tous les échauffans et de lui tenir le ventre libre par des lavemens et de le lui frotter avec un peu d'eau-de-vie versée dans la main, et devant le feu. Si ces moyens étaient insuffisans, on a vu, dans ces mêmes occasions, l'eau de menthe poivrée réussir parfaitement. Pour prévenir tous ces maux la nourrice ne devra vivre principalement que de viande, de bouillons légers et d'œufs. Elle évitera tout ce qui aura de la disposition à l'acide. Elle prendra peu de mouvement, mais assez pour entretenir chez elle une douce transpira-

tion. Si ces moyens ne réussissent pas, prenez une nourrice dont le lait soit plus jeune.

ACIER. (Indust. dom.) Il y a plusieurs recettes pour empêcher l'acier de se rouiller : 1° le faire chauffer au rouge, le tremper dans un vernis noir composé d'huile, de corne et de plumes; 2° le faire chauffer au rouge et le frotter avec de la cire, ou le tremper dans l'huile; 3° pour les pièces polies et limées, enlever l'huile ou la graisse du métal avec de l'eau bouillante dans laquelle il y a trois onces de potasse par pinte; essuyé et chauffé longtemps, l'acier devient gris; 4° prendre dix parties d'huile de lin, deux de poudre fine de litharge, faire bouillir dans une chaudière de fer ou de cuivre pendant une demi-heure, laisser refroidir et passer au clair; replacer sur le feu et y faire dissoudre deux parties de succin pulvérisé, ajouter six parties d'huile de térébenthine : le mélange devient très clair; ce vernis, appliqué légèrement avec une éponge sur l'acier, lavé d'abord dans un mélange d'eau et de potasse, en conserve le brillant; 5° faire fondre ensemble trois onces de suif fin, un gros de camphre pulvérisé et trente gouttes d'huile essentielle de lavande, couler dans un vase, enduire légèrement l'acier.

Pour souder l'acier et le fer, on fait fondre du borax dans un vase de terre, on y ajoute du sel ammoniac dans la proportion d'un dixième, on laisse refroidir sur une plaque de fer, on ajonte égale quantité de chaux vive, on réduit en poudre. Le fer et l'acier sont chauffés au rouge, puis on répand dessus cette composition; elle se fond comme de la cire. On remet au feu et on chauffe à une température bien moins élevée que celle employée ordinairement pour souder; on retire ensuite, et on réunit les deux surfaces à coups de marteau.

Pour couper l'acier, on place une rondelle de tôle de quatre à cinq pouces de diamètre à l'extrémité de l'arbre d'un tour, et on présente sur le tranchant de la rondelle le morceau d'acier qu'on veut couper; la roue est mise en mouvement, et les points divers du tranchant agissent sans cesse sur le point immobile que présente l'acier, l'échauffent et le coupent.

On peut donner une dureté extrême à l'acier en se contentant seulement de le tremper dans l'eau froide après l'avoir fait rougir.

L'acier des Anglais est plus estimé que le nôtre. On prise surtout leurs aciers dits acier Hutzmann et acier Marschall. Il y a d'excellentes fabriques d'acier à Amboise, Toulouse, Givet et la Bernardière. L'acier Wootz, indien, est excellent.

Le soufre a la propriété de percer l'acier corroyé et le fer chauffé à une haute température. (Voy. FER.)

ACONIT. (Jard.) Aconitum napellus. Il est de la famille des renonculacées. C'est une grande plante vivace indigène; elle fleurit de mai en août, et porte, en forme de casque, des épis de fleurs d'un bleu foncé.

Aconit panaché. (Aconitum variegatum.) C'est une plante vivace moins forte, mais plus belle; elle grossit dans une terre meuble et au soleil; les fleurs, qui viennent de juillet en septembre, sont moitié blanches, moitié bleues; en mars on la multiplie en séparant les pieds.

La plante se ressème d'elle-même autour du pied, dont

on ne remue pas la terre; quand la plante a quatre feuilles, on la repique; on peut semer la graine en pots dès la maturité, en ayant soin de la recouvrir très peu.

Les aconits perdent leurs feuilles; on doit marquer leurs places; ils reparaissent en mars.

L'aconit est employé en médecine, c'est un poison très dangereux. (Voy. EMPOISONNEMENT.)

ACOUSTIQUE. (Voy. CORNET, ÉCHO.)

ACQUIT. (Voy. BILLARD, BILLET.)

ACRE. (Agr.) L'acre de Normandie de 160 perches de 22 pieds, vaut, en nouvelles mesures, 84 ares 94 centiares.

ACROSTICHE. (Amus. de l'espr.) On appelle acrostiche une pièce de vers dans laquelle la première lettre de chaque vers, réunie à celle des autres, forme un mot dont le sens se rapporte à celui de la pièce entière. Exemple :

> A mis des champs, amis de la nature,
> G ardez-vous bien de quitter vos vallons,
> R iches les dons que le sol vous procure,
> I nsoucieux du terme où nous allons,
> C ontinuez votre douce existence.
> U nis, heureux sans trouble et sans souffrance,
> L aissez aux fous, habitans des cités,
> T ristes plaisirs et charmes empruntés.
> U tilement passant votre jeunesse,
> R eposez-vous en paix dans la vieillesse;
> E t sans regret, quand vient l'heure, partez.

On a fait un acrostiche multiple avec une phrase latine, dont voici le sens :

Sator Arepo tenet opera rotas. Le laboureur Arépo conduit avec soin la charrue.

S A T O R
A R E P O
T E N E T
O P E R A
R O T A S

De quelque côté qu'on lise, on retrouve constamment les mêmes mots.

ACTE. (Cod. dom.) On a fréquemment à la campagne occasion de stipuler des conventions avec des tiers, de faire des marchés avec des ouvriers, de vendre ou acheter des choses de menue valeur. Pour éviter toute discussion, il faut apprendre à les rédiger, et avoir toujours quelques feuilles de papier timbré. Les meilleurs modèles d'actes sont donnés par *Le Guide en affaires*, de M. Julien-Michel Dufour, un vol. in-12, chez Emery, rue Mazarine, n. 30.

ACTÉE A ÉPIS. (Jard.) *Actea spicata*, famille des renonculacées. C'est une plante indigène, vivace; elle se multiplie, dans une terre bonne, fraîche et ombragée, par pieds écartés; sa tige a deux pieds; en juin elle a de petites fleurs en épis et blanche. L'actée d'Amérique demande la même culture.

ADDITION. (conn. us.) L'addition consiste à ajouter à un nombre quelconque de choses de même nature un autre nombre quelconque de choses également de même nature. A l'aide du seul tableau des nombres, un enfant même

pent arriver à additionner aisément les petites sommes.

0, 1, 2, 3, 4, 5, 6, 7, 8, 9.

A 0, je veux ajouter 1; si après 0 je compte 1, mon addition est toute faite; si à 1 j'ajoute 5, je compte 5 à la suite de 1, et sous mon doigt je trouve 6; si à 5 j'ajoute 4, sous mon doigt je trouve 7; de quelque point que je parte et à quelque point que j'arrive, je trouverai toujours sous mon doigt le chiffre de la somme. Ainsi, la ligne des chiffres commençant par 0 et croissant toujours d'un à chaque degré de la progression jusqu'à 9, est le principe de l'addition.

Si on écrivait ainsi les dizaines et les centaines, on aurait, par le même procédé, les additions les plus exactes et les plus faciles à faire.

ADÉLIE A FEUILLES DE TROÈNE. (Jard.) *Adelia ligustrina* ou *ovata*. Famille des euphorbes. Cet agréable arbuste veut une terre de bruyère fraîche et une exposition ombragée. Il se multiplie par drageons.

Adélie acytodon. La culture est la même. Pendant l'hiver, on couvre le pied avec des feuilles.

ADORNIDE PRINTANIÈRE. (Jard.) *Adornis vernalis*. Famille des renoncu'acées. C'est une plante indigène. Elle est basse et vivace; elle demande à être exposée au nord en terre de bruyère tenue fraîche. On la couvre de feuilles, en hiver. Elle se mul iplie par la séparation des pieds, en septembre, ou par sève, en mars, et en pots pleins de terre de bruyère passée au crible, et qu'on recouvre à peine. Il faut enterrer les pots au nord.

ADOS. (Jard.) On fait des ados dans tous les jardins, et particulièrement dans les melonières. C'est une terre élevée d'environ trois pieds en talus, au midi, le long d'un mur et même dans les carrés. On y sème, vers la fin de l'hiver et au printemps, les pois, fèves et autres graines qu'on veut avancer, le soleil frappant plus directement ces talus, où, en outre, l'eau ni la neige ne peuvent séjourner. Aussi les ados sont-ils surtout d'une grande utilité dans les terres froides et humides. Il ne faut point que leur pente soit trop rapide, car les pluies enlèveraient les semis. Il y a des personnes qui couvrent leurs ados de châssis de verre. (Voy. CHASSIS.)

AFFILER. (Ind. dom.) Terme dont se servent les jardiniers pour dire planter à la ligne. Il est encore employé dans d'autres acceptions. L'agriculture exprime, par ce mot, le préjudice que les temps froids, les gelées du mois de mars causent aux récoltes et principalement au blé. Les fanes de ce dernier sont alors si grêles qu'elles ont l'apparence de véritables filets. Le froid venant à resserrer leurs fibres, arrête la circulation de la sève, et les fanes, privées par là de la nourriture qui leur était nécessaire pour les développer, demeurent à cet état d'altération et d'imparfait accroissement. Il est encore employé par tous les ouvriers qui fabriquent des instrumens tranchans, tels que burins, ciseaux, rasoirs, couteaux, etc., etc.

AFFLICTION. (Mor. dom.) Dans les circonstances les plus heureuses de la vie, surviennent des accidens imprévus qui détruisent en un moment toute votre tranquillité; et, même long-temps après qu'ils sont passés, laissent dans la mémoire des traces profondes. Dans cet état, du malaise moral résulte inévitablement le malaise physique. Les digestions se font mal, la poitrine s'échauffe, le cerveau se dessèche, l'appétit se perd, l'individu tombe dans un état de torpeur et de marasme qui va toujours croissant, et il succombe à des maladies de poitrine, de cœur ou d'entrailles produites par une irritation continue de ces organes. Le temps, les distractions et de philosophiques réflexions sont les meilleurs remèdes à cette disposition fâcheuse. Au premier rang des distractions, il faut mettre les promenades, parce qu'en même temps qu'elles occupent l'esprit de l'aspect agréable d'objets variés, elles procurent au corps un exercice salutaire. Dans les grandes villes, les spectacles, les bals, les concerts, bien que fatiguant le corps, peuvent, par l'influence qu'ils exercent sur l'esprit, amener des résultats avantageux. Mais il ne suffit pas, en cas de chagrin réel, de tirer sa guérison des objets extérieurs : votre meilleur médecin, c'est vous-même, et le moyen de salut le plus certain est dans la force et l'énergie de la volonté.

AFFOUAGE. (*Cod., dom.*) C'est le droit de prendre du bois pour son usage dans une forêt. Ce droit, tout personnel, ne peut être communiqué à d'autres. Il n'arrérage point; l'ordonnance de 1669 l'a revoqué dans les forêts du roi.

AFFUT. (*Chass.*) L'affût est un lieu où l'on se cache pour attendre le lièvre, le renard, ou tout autre animal, et le tirer dès qu'il paraît. L'essentiel est de bien choisir son affût: il faut pour cela battre les bois, les champs, les buissons et les haies, afin de connaître, soit aux fumées, les bêtes fauves et noires, aux laissées du loup, du renard, aux pas du lièvre, soit à d'autres marques, les endroits où il vient beaucoup de gibier. Là, quand on a trouvé un arbre, ou un buisson commode, tant pour se placer que pour tirer, on y va à l'heure où le gibier se met en course, c'est-à-dire le soir à la brune ou le matin avant le jour. On se couvre de feuillages, pour n'être point aperçu, et l'on fait en silence la guerre à l'œil, avec attention et patience.

Pour attirer le lièvre auprès de vous, tuez une haze en chaleur, coupez-lui les parties génitales et mettez-les tremper dans de l'huile d'aspic: frottez-en la semelle de vos souliers, et, en vous rendant à votre affût, marchez sur l'herbe à diverses reprises, vous serez, pour ainsi dire, suivi à la piste par votre proie.

Voici encore une autre recette. Mêlez du suc de jusquiame avec le sang d'un levraut; enfermez le tout dans la peau du levraut même, que vous enterrerez légèrement à portée de l'affût. Plusieurs lièvres ne tarderont guère à se réunir sur ce point.

Il existe aussi des moyens d'attirer le renard, le loup, et les autres animaux qu'on veut tuer à l'affût; mais généralement c'est une chasse différente qui se fait plutôt à ces sortes de bêtes.

Quand c'est sur un arbre qu'on doit se mettre à l'affût, il est bon de se munir de quelques vrillettes qui, fichées dans le tronc, servent d'échelons pour monter, et qu'on retire l'une après l'autre en descendant.

Surtout ne tirez jamais perché sans bien connaître la repousse de votre arme, vous vous exposeriez à des chutes dangereuses.

AGAPANTE OMBELLIFÈRE, (*Jard.*) *Agapantus ombelliferus.* Famille des narcisses. Cette plante d'orange-

rie vivace et tubéreuse, nous vient de l'Afrique. Elle nous donne ses fleurs en août; elles sont grandes, d'un très joli bleu et en forme de large ombelle. Il y en a une variété dont les fleurs sont blanches. On la plante à quelques pieds d'un mur, au midi, en terre de bruyère, où l'on a soin de l'arroser pendant les sécheresses. On la déplante en octobre en séparant les caïeux qui se détachent facilement; on les met dans des pots séparés remplis de bruyère et on les rentre dans l'orangerie. Il faut continuer l'arrosement tous les huit jours. On la remet en pleine terre au 1er mai, et, de cette manière, ils deviennent de plus en plus rustiques et on peut les rendre entièrement de pleine terre. Elles ne perdent point leurs feuilles et peuvent supporter un fort degré de froid sans que pour cela elles cessent de fleurir.

AGLAUTE GLANDULEUX. (*Jard.*) *Aglautus glandulosa.* Famille des térébinthacées. Le Japon nous a fourni cet arbre, dont le port est agréable, on pourrait même dire beau, et qui, seul, isolé, est d'un effet vraiment admirable. Il lui faut une terre légère et fraîche. Son bois, dur et sillonné de veines, est très joli pour faire des meubles. Il pousse des rejetons en abondance.

AGNEAU. (Voy. MOUTON.)

AGNEAU. (*Cuis. dom.*) L'agneau se mange à trois mois. C'est une viande tendre, et qui a des propriétés analeptiques; mais elle devient nuisible, ainsi que toutes les viandes jeunes, quand elle est mangée en trop grande quantité. Elle est humectante et laxative, et convient aux bilieux; mais elle est indigeste et pèse sur l'estomac. Ceux qui sont froids et flegmatiques doivent en manger très peu; ils feraient même très bien de s'en abstenir tout-à-fait. Les pieds de mouton sont dans le même cas.

Les agneaux de deux mois et demi sont les meilleurs. Les agneaux nourris seulement du lait de leur mère sont excellens. On leur donne plusieurs nourrices pour les engraisser. Il faut les choisir d'une chair blanche et les rognons bien gras. En les achetant au marché, on leur presse la poitrine pour juger de leur embonpoint. Les mérinos et métis à laine frisée ne sont pas bons pour la cuisine.

Tête d'agneau. Faire dégorger une tête d'agneau désossée et coupée jusqu'à l'œil, la couvrir de lard et la faire cuire dans un blanc (Voy. BLANC.) Deux heures suffisent pour qu'elle soit cuite. On la déficèle et on la mange au naturel, avec un ragoût mêlé, ou une pascaline.

Pieds d'agneau à la poulette. Les désosser et les faire cuire dans un blanc. Les laisser mijoter pendant deux heures et demie et les mettre dans une autre casserole avec quatre cuillerées de velouté et un peu de persil bien haché; liez la sauce avec un jaune d'œuf. On y met un peu de citron.

Pieds d'agneau farcis. Les désosser et les remplir de farce, de quenelles de volaille, d'un peu de muscade râpée et de fines herbes, puis les coudre et les faire blanchir cinq minutes à l'eau bouillante. Faire un blanc court et le verser sur les pieds d'agneau dans une casserole. Faire mijoter pendant deux heures, puis les masquer d'une sauce hollandaise verte.

Pieds d'agneau en marinade. Quand ils sont cuits dans un blanc, on met une marinade dessus. On les met dans une pâte à frire jusqu'à ce qu'ils aient une belle couleur, et ensuite on les dresse avec une pincée de persil frit. (Voy. MARINADE.)

Côtelettes d'agneau sautées. Les poser, bien parées, dans une tourtière, et les faire baigner dans le beurre. Au moment de les servir, on les met sur un feu ardent; on ôte le beurre, et on y met un bon morceau de glace; on les remue et on les dresse en couronne; on passe la sauce à l'étamine et on verse sur les côtelettes.

Epigramme d'agneau. Faire cuire le quartier de devant de l'agneau et les poitrines sans les endommager; leur faire prendre une forme unie entre deux couvercles; les couper en morceaux ovales de la grandeur d'un croûton pointu d'un bout; les barbouiller d'une sauce aux atelets, les tremper dans le beurre tiède, et puis dans la mie de pain, et on fait frire. Il faut que les morceaux soient un peu plus gros que vos côtelettes. On prend ensuite les épaules qui ont été à la broche; on tâche qu'il n'y ait ni peaux ni nerfs, et, au moment de servir, on dresse en couronne les tendrons et les côtelettes, et on met la blanquette au milieu. (Voy. BLANQUETTE.)

Poitrines d'agneau à la Sainte-Menehould. Les faire mijoter deux heures avec des tranches de veau, oignons, carottes, clous de girofle, laurier, thym, etc.; les saupoudrer de sel et de poivre, et les laisser refroidir entre deux couvercles; les désosser, les tremper dans du beurre et la mie de pain. Mettre aussi un peu de ces deux derniers sur les poitrines, et les mettre sur le gril un quart-d'heure avant de les servir.

Blanquette d'agneau. Mettre un gigot à la broche; en lever les chairs de grandeur et d'épaisseur égales, les arrondir le mieux possible, et les mettre dans une casserole. Sauter des champignons pour joindre à la viande, et, avant de servir, mettez le tout au feu avec une liaison de deux jaunes d'œufs. Servez avec des croûtons à l'entour.

A la bourgeoise. Passer des champignons au beurre; lorsqu'il commence à fondre, y jeter une cuillerée de farine; mêler cela avec les champignons, du laurier, du persil et de la ciboule. Laisser réduire la sauce jusqu'à ce qu'elle soit assez épaisse; alors on ôte les champignons et on passe la sauce à l'étamine. Un instant avant de servir, on lie avec deux jaunes d'œufs; on peut y mettre un jus de citron.

Cervelles d'agneau. Plus délicates que celles du mouton, ces cervelles se préparent de même que celles de veau. (Voy. VEAU.)

Blanquette d'agneau aux petits pois. Lorsque l'agneau est émincé, comme il est dit à l'article *blanquette d'agneau,* on le met dans une allemande bien réduite, avec un peu de glace de volaille et des petits pois nouveaux qu'on a fait blanchir; on y ajoute un petit pain, et on dresse en bordant avec des croquettes de riz dont on peut garnir toutes sortes de pâtisseries.

Agneau entier rôti. En désosser le collet, en briser les poitrines et en assujétir les épaules à une brochette de bois d'une grosseur convenable; on casse les os des gigots, dont on croise les deux manches. On assujétit un fort atelet sur le ventre de l'agneau, qu'on attache avec une double ficelle tant à la broche qu'à l'atelet. On le couvre de bardes de lard et de papier beurré, et on le fait tourner pendant deux heures. On retire ensuite le papier, et on lui fait prendre une belle couleur. On sert avec du jus dessous.

Quartier de devant d'agneau à la broche. On couvre un quartier d'agneau de bardes de lard, du défaut de l'épaule à l'extrémité de la poitrine; on y passe un atelet qu'on attache par les deux bouts à la broche; quand c'est cuit, on met, entre l'épaule et les côtes, une maître d'hôtel crue, et on sert avec une aspic claire.

AGNUS-CASTUS. (*Jard. — Méd. dom.*) Arbrisseau qu'on a regardé anciennement comme un spécifique favorable à la chasteté. Si pourtant on en juge par son odeur et par son goût, il paraît plus propre à exciter le sens qu'à les amortir. On compte plusieurs espèces de cet arbrisseau : celle qu'on cultive le plus ordinairement dans les jardins a des feuilles semblables à celles du chanvre. Comme il naît sur le bord des torrens, il affectionne particulièrement les lieux aquatiques. Du reste, il vient aisément, et se multiplie de plants enracinés au commencement du printemps. On se sert de sa feuille, de sa fleur, et surtout de sa semence, pour résoudre, pour atténuer, pour exciter l'urine; pour amollir les duretés de la rate et pour chasser les vents. On en prend en poudre et en décoction; on l'applique aussi extérieurement.

AGARIC DE CHÊNE. (Voy. AMADOU.)

AGRICULTURE. (*Agr.*) L'agriculture est la principale source de la prospérité des États, et son étude une des plus importantes : elle a fait d'immenses progrès depuis la révolution. Connaître les terrains, leur nature, ce qu'ils sont susceptibles de produire, les moyens de les rendre plus productifs, doit être le premier soin de tous ceux qui habitent la campagne.

La culture des terres se compose de deux parties bien distinctes : la partie mécanique, qui comprend les façons de toute sorte qu'on donne à la terre; et la partie chimique, qui comprend les moyens d'augmenter les principes nutritifs des plantes.

Nous renvoyons aux divers traités spéciaux d'agriculture, et, dans le courant de cet ouvrage, nous indiquerons tout ce qu'il est nécessaire d'en connaître. Voy. le *Théâtre d'agriculture,* par Olivier de Serres, édition publiée par la Société d'agriculture, 12 vol. in-4°.

Rozier : *Cours d'agriculture,* 12 vol. in-4°.

Nouveau Dictionnaire d'agriculture, 16 vol. in-8°.

Pour qui ne cherche pas à approfondir tous les détails de la science agricole, il suffit du *Calendrier du Cultivateur,* par Mathieu de Dombasle; 1 vol. in-12, et des *Annales de Roville,* par le même.

AIGUILLES. (*Ind. et méd. dom.*) Rouen, Evreux, Aix-la-Chapelle, sont les endroits où se font les meilleures aiguilles. Celles qui sont marquées de l'Y y sont les plus renommées, et surpassent les anglaises en qualité, malgré la réputation de ces dernières. La forme moins alongée qu'elles ont est plus commode. Lorsque la tête d'une aiguille coupe le fil, il faut la passer à la flamme d'une bougie, ce qui la bronze et en émousse le tranchant. Le moyen le plus facile et le plus prompt de les dérouiller est de les prendre en assez grande quantité et de les frotter quelque temps entre deux petites feuilles de papier de verre. Il est de la plus grande imprudence de tenir dans sa bouche des aiguilles, des épingles, etc.; il en résulte les plus grands accidens, souvent la mort. Si un de ces corps était imprudemment introduit dans l'œsophage, il faudrait de suite avoir recours à quelques uns des moyens que nous allons indiquer. Quand ces corps ne sont pas descendus bien bas, les doigts quelquefois suffisent pour les extraire; mais ces cas sont les moins fréquens. Alors on emploie des éponges, des pinces, des crochets de fil d'archal, que l'on a grand soin de tenir solidement. Un autre moyen encore, que l'on a employé quelquefois avec succès, est de faire avaler à la personne imprudente un morceau de viande durcie auquel on a primitivement attaché un bout de fil, et de le retirer; l'aiguille s'y enfonce et on la retire en même temps.

AIGUISER. (*Ind. dom.*) L'instrument le meilleur et le plus expéditif pour aiguiser les couteaux, est composé de deux lignes de petits cylindres de fer juxta-posés, entre lesquels on passe le couteau. Ces cylindres sont portés sur un trépied, et se placent sur la table pendant les repas.

Pour les outils de jardinage, la meule est encore préférable à tout autre mode. Les meules doivent être de grès très dur et d'un grain fort serré. On tire les meilleures d'Angleterre : on en trouve aussi d'excellentes en Bourgogne. Les grandes meules s'appellent meulardeaux et meulardes; les meules de moyenne grandeur, simplement meules; et les petites, meuleaux ou œillards.

AIL. (*Jard.*) *Allium moly*, famille des asphodèles. C'est un ognon indigène. Il fleurit de mai en juillet. Ses fleurs sont grandes et jaunes.

Ail odorant. (*Allium fragans.*) Il vient d'Afrique. Il garde depuis mai jusqu'aux gelées des fleurs grandes, blanches, et à odeur de vanille.

Ail rose. (*Allium roseum.*) Il fleurit de juin en août; ses fleurs sont grandes et roses rayées de pourpre. Il faut à ces trois plantes une terre légère et chaude. Leurs bulbes et leurs graines les font se multiplier à l'infini, l'ail odorant surtout. Il faut couper, avant la formation de la graine, les tiges défleuries; autrement, on ne pourrait les détruire.

Ail potager. (*Allium sativum.*) Famille des asphodèles. L'ail a de grandes propriétés diététiques; il est chaud, anime la circulation du sang, porte à la peau, excite l'appétit, rend la digestion plus prompte, est cordial, apéritif et stomachique, active les fonctions des estomacs paresseux; son excès est nuisible à ceux dont le sang est disposé à l'âcreté et qui ont la poitrine délicate.

On pourrait multiplier l'ail par semences, mais ce moyen serait trop long : on sépare les cayeux, on rejette celui du milieu, qui ne produit pas d'aussi belles têtes. Trois cents peuvent suffire pour fournir une maison de huit personnes. On les plante en octobre, ou à la fin de février, en les enfonçant à deux pouces de profondeur et à six de distance les uns des autres, avec le pouce et l'index, dans un terrain léger et chaud, bien fumé d'avance et béché nouvellement.

L'ail grossit davantage dans un endroit à demi ombragé. On l'arrose dans les sécheresses et ne serfouit de temps en temps. Lorsque les fanes sont jaunes et presque desséchées, ce qui arrive au commencement de juil-

let, on l'arrache, on l'étend au soleil sur une allée sèche pendant cinq ou six jours.

Puis on le lie par ses feuilles en bottes de douze têtes, qu'on réunit ensuite deux par deux pour les suspendre sur des perches ou des cordes dans un grenier.

La seconde année qu'il est en terre, l'ail fleurit en juin.

L'ail est employé en cuisine dans une multitude d'assaisonnemens : il est vermifuge; on le donne aux enfans qui ont des vers, en infusion dans le lait ou le bouillon; infusé dans de bon vinaigre, il préserve des maladies contagieuses et pestilentielles; dans ce cas, on s'en frotte les mains et le visage.

L'ail est un *poison violent* pour les taupes. (Voy. TAUPE.)

AIL. (*Cuis.*) On fait avec l'ail une sauce languedocienne nommée Aillole. Piler une grosse gousse d'ail en l'humectant de quelques gouttes d'huile d'olive, jusqu'à ce qu'elle forme une crème légère; on la sert dans une saucière avec le bouilli ou toute autre espèce de viande. Quand on a mangé de l'ail, il suffit, pour chasser de suite la mauvaise odeur, de mâcher un peu de persil.

AILE. (*Ind. dom.*) Nom que prend en Angleterre une espèce de bière très commune, jaunâtre, transparente, fort piquante et agréable au goût; il n'y entre ni houblon, ni autres plantes amères; la fermentation vient d'ingrédiens âcres et piquans. Les Anglais ont plusieurs sortes d'ailes qui varient par la seule manière dont elles sont préparées : l'aile blanche, la colorée, etc. On voit que cette liqueur diffère beaucoup de celle que nous connaissons sous le même nom. Nos brasseurs n'entendent par là que la première dissolution de la farine dans l'eau chaude, qu'on fait ensuite bouillir et qui donne une liqueur doucereuse. (Voy. BIÈRE.)

Aile médicamenteuse. L'aile est susceptible de s'imprégner de vertus médicamenteuses des plantes, soit par la fermentation, soit par une infusion faite après celle-ci. Quand cette liqueur est présentée au malade, il doit en faire son unique boisson, sans cependant la continuer trop long-temps de suite; les plantes amères, qui seules se joignent à l'aile, affectant la tête.

Aile amère. Prenez quatre onces de racine de gentiane, trois onces d'écorce de citron et deux de cannelle blanche; coupez le tout en petits morceaux et laissez infuser à froid dans huit litres d'aile. C'est un stomachique très agréable et supérieur aux autres préparations de ce genre.

Aile anti-scorbutique. Prenez une livre de racine fraiche de raifort sauvage, deux livres de racine, coupée et séchée, de grande patience d'eau, quatre onces de trèfle d'eau, sec; faites infuser dans quarante pintes d'aile. Employée pour boisson, cette aile est très avantageuse pour les maladies scorbutiques.

Aile diurétique. Prenez huit onces de graine de moutarde et autant de baies de genièvre, six onces de graine de carotte sauvage, infusées dans quarante pintes de petite aile nouvelle. Cette boisson convient dans les douleurs de gravelle et dans les dispositions à l'hydropisie.

Aile laxative. Prenez quatre onces de séné, trois onces de sommités de petite centaurée et autant de sommités d'absinthe, une demi-once d'aloès soccotrin, infusés dans quarante pintes d'ailes. Une demi-setier de cette liqueur pris deux fois par jour, ou plus souvent, tient le ventre lâche.

AIMANT. (*Ind. dom. — Conn. us.*) Pierre ferrugineuse dont le poids et la couleur ont une grande analogie avec la mine de fer, appelée roche : elle contient du fer en plus ou moins grande quantité ; et c'est dans ce métal, uni au sel et à l'huile, plus que dans la substance pierreuse, que réside la vertu magnétique, qui, comme on sait, consiste à attirer le fer et à se diriger constamment vers le nord : merveilleuse propriété dont la navigation tire journellement de si grands avantages.

Aimant artificiel. Lame ou morceau de fer ou d'acier auquel on a communiqué la vertu magnétique, en le frottant, dans sa longueur, et à plusieurs reprises, avec une pierre d'aimant armée. Nous ne citerons pas les expériences nombreuses qu'il a fournies à la physique ; nous nous contenterons de l'indiquer comme remède dans deux cas. Les serruriers, forgerons et tous autres ouvriers qui travaillent le fer, peuvent s'en servir pour enlever les particules de fer qu'ils auraient dans les yeux ; mais une application plus utile encore est celle pour le mal de dents. On applique l'aimant artificiel sur la dent malade ; quelques personnes en ont retiré un grand avantage.

AIR. (*Hyg.*) L'air est un fluide inodore, invisible, insipide, composé de un cinquième de gaz oxigène et de quatre cinquièmes environ de gaz azote. Il contient aussi une petite quantité d'acide carbonique. Il importe donc de maintenir l'air dans cet état de pureté, pour cela il faut le conserver à une température à peu près égale. L'air trop chaud exalte la bile, dessèche les humeurs et cause les fièvres bilieuses inflammatoires ; l'air trop froid arrête la transpiration et cause par là les rhumes, les catarrhes et autres maladies de poitrine ; l'air trop humide détruit l'élasticité des solides et donne la fièvre, l'hydropisie ; l'air impur est la source d'épidémies et de fièvres typhoïdes. Entretenir l'air le plus pur possible partout où il y a des hommes et des animaux, doit donc être un des principaux buts de nos efforts.

Il y a des moyens d'assainissement généraux qui ne peuvent être employés que par les administrations locales, tels que l'éloignement des cimetières du milieu des villes, l'arrosage pendant l'été, l'élargissement des rues. On a observé à cet égard que dans les rues étroites il mourait relativement bien plus de monde que dans les rues larges, et lors de l'invasion du choléra, les ravages de la maladie ont été en raison inverse de la pureté et de la libre circulation de l'air.

L'air ne convient pas également à tous les tempéramens dans les mêmes conditions. Les asthmatiques, les personnes délicates ou attaquées de consomption, demandent à respirer souvent l'air de la campagne. Il faut à quelques uns un air très vif, à d'autres un air doux. C'est aux médecins à donner à cet égard des conseils à leurs cliens, suivant la nature de leurs tempéramens ; telle est la multiplicité des constitutions, qu'il serait impossible d'indiquer ici exactement quelle espèce d'air convient à chacun.

Pour entretenir un air pur dans les appartemens et dans les maisons, il y a à prendre des précautions intérieures et extérieures. A l'extérieur, éviter le voisinage des ma-

rais, ne point planter trop près des habitations des bois qui nuisent à la libre circulation, ne point entasser les bâtimens, et trop rapprocher les maisons des lieux destinés à recevoir les récoltes ou les animaux domestiques. A l'intérieur, introduire continuellement de l'air frais, en établir des courans, se servir de ventilateurs. (Voy. ce mot.)

Si l'air d'un appartement a été vicié, verser du vinaigre ordinaire sur de la craie en poudre ; l'acide carbonique se dégage ; quand le dégagement est opéré, on laisse déposer et on décante le liquide ; on fait sécher le résidu, qu'on met dans une terrine ou un vaisseau de verre. En versant dessus un peu d'acide sulfurique, vous obtenez de l'acide acétique, dont la vapeur, en se répandant partout avec une grande rapidité, dissipe les mauvaises odeurs.

Ce procédé peut s'employer aussi pour les écuries, les étables, etc. (Voy. ÉCURIES, ÉTABLES.)

Le feu a de grandes propriétés désinfectantes. En faisant du feu dans une chambre et en ouvrant la fenêtre, il s'établit un courant d'air ; l'air primitif de la chambre sort par la cheminée et est remplacé par l'air extérieur.

Quand un grand nombre de personnes sont réunies dans le même lieu, il est nécessaire d'en renouveler l'air avec soin. L'air qui sort des poumons après la respiration n'est plus que de l'acide carbonique, les poumons ayant absorbé complètement tout l'oxigène : il est par conséquent non seulement impropre à la vie, mais encore délétère. Au milieu d'une grande réunion, l'acide carbonique remplace peu à peu l'air atmosphérique respirable, de sorte que si l'on n'avait soin de le renouveler, l'on courrait risque d'être asphyxié. (Voy. ASPHYXIE.)

C'est dans la chambre des malades surtout qu'il importe de renouveler l'air, qui se charge aisément de miasmes et d'odeurs fétides. Faites-y du feu, quand l'état du malade permettra de le transporter dans une autre pièce ; ouvrez les fenêtres, même en hiver, l'air froid convient mieux aux malades que l'air très chaud, et est un véhicule moins rapide des vapeurs nuisibles. On peut asperger la chambre du malade avec du vinaigre, du jus de citron, ou autres acides végétaux forts. Les personnes qui entrent dans la chambre du malade et craignent que leurs visites ne nuisent à leur santé, se laveront la bouche avec de l'eau acidulée, emploieront le vinaigre en fumigation, flaireront un citron vert piqué de clous de girofle.

Les aromates et les parfums peuvent servir à l'agrément, mais ne sont pas utiles. Le benjoin, le storax, les graines de genièvre, le sucre, les bois de santal et autres substances, qu'on brûle sur des charbons ardens ou sur une pelle chaude, peuvent pallier les mauvaises odeurs, mais ne leur enlèvent pas leur caractère pernicieux. Tous les procédés précédens de purification sont applicables aux cas ordinaires. Dans les cas extraordinaires, quand chaque individu menacé à tout instant par une épidémie ou une contagion est en quelque sorte dans la position d'un soldat devant l'ennemi, il y a des précautions et des moyens prophylactiques extraordinaires que nous indiquerons ailleurs. (Voy. ÉPIDÉMIE.)

Dans le cas où un animal, en mourant du charbon ou de la morve, aurait infecté une étable, aspergez et lavez avec de l'eau chlorurée ; prenez deux parties d'huile de

3

vitriol, deux fois leur poids d'eau, que vous verserez dans un vase placé sur des cendres chaudes, et qui contiendra quatre parties de sel commun et une partie de peroxide de manganèse en poudre. Cette fumigation suffira, et vous pourrez faire rentrer les animaux dans le lieu désinfecté.

AIRE. (Agr.) Voici un procédé pour obtenir une aire de grange solide, durable et peu coûteuse. Dans la plupart des fermes de France, l'aire est formée de terre glaise bien battue. Pour la rendre très solide on nivelle le sol, sur lequel on étend, à quelques pouces d'épaisseur, une couche de glaise pure; puis, à coups de maillet, on enfonce dans cette argile de petits cailloux de la grosseur d'une noix, que l'on recouvre de 6 à 8 pouces d'une argile nouvelle et bien pure; on prendra de préférence celle que l'on prépare pour la brique. Elle sèche ainsi pendant quelques jours après lesquels on la bat avec force jusqu'à ce qu'elle résiste. Il arrive souvent qu'elle se fend, mais alors on bouche les fissures avec un mastic dont voici la recette : une partie de chaux, une partie de cendre tamisée, trois parties de carreau pilé, que l'on mêle avec du sang de bœuf pris en assez grande quantité pour faire une pâte liquide. Ensuite on ajoute du nouveau sang de bœuf à ce mélange dont on donne une couche sur le terrain. le premier individu peut, avec de la glaise, réparer cette aire, si on est dans la nécessité de le faire. (Voy. GRANGE.)

AIRELLE MYRTILLE. (Jard.) Vaccinium myrtillus. Famille des bruyères. C'est un arbuste indigène dont les feuilles ont du rapport avec celles du myrte. Il fleurit en avril; ses fleurs sont roses.

Airelle de Pensylvanie. (Vaccinium Pensylvanicum.) Cet arbuste des États-Unis donne ses fleurs en mars; elles sont en grelots et blanches.

Airelle à larges feuilles. (Vaccinium amœnum.) Cet arbuste est du même pays. Il fleurit en mai.

Airelle en arbre. (Vaccinium arboreum.) Cet arbrisseau est originaire de Caroline. Il se cultive dans une terre de bruyère, humide, et au nord. Les fleurs qu'il donne sont d'un blanc rosé.

AISANCES (LIEUX D'). (Ind. dom.) Nous parlerons ailleurs des moyens à employer pour l'assainissement des fosses d'aisances (Voy. FOSSES), ne nous occupant ici des lieux que dans leur partie extérieure. Les lieux à l'anglaise, avec un robinet d'eau et à soupape sont préférables à tous les autres, quelle que soit d'ailleurs la forme du siège; il y a diverses précautions d'assainissement qu'il est bon de prendre. Laver journellement les lieux avec de l'eau chlorurée; y laisser sur une tablette un vase rempli de cette eau; jeter de temps en temps dans la fosse de la chaux vive, délayée en bouillie claire et agitée, qui a la propriété de détruire les effets du gaz acide carbonique.; tenir dans les lieux quelques bottes de lavande. Il faut avoir soin de ne jeter dans la fosse aucun objet enflammé : les gaz qui se dégagent pourraient s'allumer et causer une explosion funeste.

AJONC. (Agr.) L'ajonc, ou genêt épineux (Ulex europeens), est un arbuste toujours vert, épineux, haut de quatre à cinq pieds, donnant des fleurs jaunes presque dans toutes les saisons, croissant dans les terrains sablonneux. Il sent à éclore les propriétés. Les branches tendres se plient avec un gros pilon de bois suspendu avec une corde à une barre horizontale placée à l'extrémité d'un mât fiché en terre. On peut employer aussi une meule et un moulin à cidre. Ainsi pilé, l'ajonc est une excellente nourriture pour les bestiaux. — Comme combustible, l'ajonc remplace le bois. L'ajonc est d'une multiplication facile. Il ne s'élève pas assez pour nuire aux récoltes voisines. Ses racines s'écartent très peu. Il croît sur une terre médiocre par deux labours, le premier en automne, le second en janvier ou février; on peut le mêler avec de l'avoine pour la semer; et en mêler la graine avec du sable ou de la terre pulvérisée, en en faisant plusieurs jets croisés. Pour récolter la graine, on coupe les siliques à la fin du printemps avec un émondoir. On les expose au soleil, qui les fait ouvrir. On fait sortir la graine à coups de fléau; on la rentre et on la vanne.

ALAMBIC. (Ind. dom. — Conn. us.) On peut avoir besoin d'alambic, pour une multitude de distillations. Au lieu de dépenser une somme assez forte à en acheter, il est facile d'en fabriquer un qui reviendra en tout à 10 fr. Pour cela, on construit un petit fourneau carré en briques, propre à recevoir du feu de bois ou de charbon. On y engage à moitié un de ces tonneaux de cuivre dits estagnons qu'on trouve chez les pharmaciens; un ferblantier y applique une gorge et un chapiteau dont le bec s'adapte à un bec de ferblanc d'un pouce de diamètre qui plonge obliquement dans un tonneau.

ALATERNE. (Jard.) Arbrisseau qui a les feuilles longues et disposées alternativement le long des branches. Ses fleurs, d'une seule feuille, sont en forme de cône, dont le pavillon est découpé en cinq pointes. Le fruit qui succède aux fleurs est une baie molle et remplie de trois semences odorantes, arrondies sur le dos et aplaties sur le côté. Il y a cinq ou six espèces d'alaternes dont toute la différence consiste dans la forme, la grandeur ou la couleur des feuilles. On en fait des haies et des buissons dans les parterres. On les rend plus beaux en les tondant pendant l'été. Cet arbrisseau se multiplie de semences et de plants enracinés, au printemps, dans un terrain léger, sablonneux et pierreux, qui lui est le plus favorable; il est à l'abri des efforts du vent et des injures de l'hiver.

ALBATRE. (Ind. dom.) Les vases, statuettes, pendules, ou socles d'albâtre sont sujets à se casser, et un raccommodage inhabile achève de les mettre hors d'usage. Il y a un ciment commun infaillible tant pour l'albâtre, que pour les objets de verre et de porcelaine. (Voy. CIMENT.)

ALBUM. (Ind. dom.) Il serait difficile d'apprendre à faire soi-même un album, et le temps qu'on perdrait à cette étude et en essais souvent infructueux compenserait bien désagréablement la légère économie qu'on aurait faite. Mais il est essentiel de savoir coller ses desseins; on se sert pour cela de colle à bouche et de colle de poisson; si on colle sur papier blanc, pour diminuer l'épaisseur de l'album, on enlève avec un canif, sur la feuille destinée à recevoir le dessin, une partie égale à deux lignes moins au dessin qu'on veut coller. On applique le dessin sur la bordure de deux lignes ainsi laissée; on a soin de commencer le collage par les milieux, afin de pouvoir bien étendre sans plis l'objet collé; lorsque le dessin tient bien par devant, on colle derrière la feuille; dès que la colle est placée, il faut réunir les deux parties qu'elle doit joindre en frottant avec le manche d'un grattoir, ou même avec l'ongle; on a soin de placer un papier blanc entre le corps frottant et le dessin, pour ne pas l'endommager. Un cadre composé simplement d'une raie noire, tirée autour du dessin avec un tire-ligne, à l'encre ordinaire ou même à l'encre de Chine, contribue à l'ornement de l'album.

ALCARAZAS. (*Ind. dom.*) C'est un vase propre à rafraîchir l'eau; il est en terre. On l'emploie beaucoup en Espagne; la terre qu'on emploie est un composé de terre ordinaire pétrie, et de sel marin, destiné à ménager des pores au vase. On les fait cuire dans un four à potier; quand ils sont remplis d'eau, il faut les exposer à un courant d'air, pour que l'évaporation entretienne la fraîcheur de l'eau.

ALCÉE,. ROSE TRÉMIÈRE. (*Jard.*) *Alcea rosea.* Famille des malvacées. Très grande plante trisannuelle qui nous vient de la Chine; elle est vivace, et donne, de juin en septembre, de très grandes fleurs de toutes nuances, en rouge et en jaune. On multiplie les semences en août, à bonne exposition. Les doubles sont la seule variété estimée; il faut de la graine de deux ans pour l'obtenir. Le plant doit demeurer en place pendant l'hiver, et on le repique en mars dans une terre fraîche, franche et profonde.

Alcée de la Chine. (*A. sinensis.*) Celle-ci est bisannuelle; plus basse que la première, elle veut la même culture, mais est plus sensible au froid. Il faut couvrir le plant avec des feuilles; ses fleurs sont doubles, d'un pourpre foncé, bordées de blanc.

ALCOVE. (*Hyg.*) Les alcôves ont de grands avantages et de grands inconvéniens.

Elles servent à la propreté, en séparant le lit du reste de la chambre, et permettent d'employer la chambre comme salle ou comme cabinet. Mais l'air s'y renouvelle difficilement; les rideaux ou les panneaux boisés qui les ferment, empêchent la ventilation; les miasmes qui s'exhalent des lits des personnes les plus saines et les plus propres, contribuent à vicier l'atmosphère. Les punaises et puces se développent et se multiplient avec une effrayante rapidité; les bois de lits se remplissent de vers et se corrompent. Il vaut donc mieux sacrifier la commodité à la santé.

ALCOOL. (*Ind. dom. — Conn. usv.*) L'alcool ou esprit-de-vin est le produit de la fermentation vineuse. Tous les liquides peuvent le donner quand ils sont soumis à cette fermentation.

On peut extraire de l'alcool, du vin, du cidre, de la bière et autres liquides; du riz, de la mélasse, de la pomme de terre, des fécules. Ces dernières substances demandent à être préalablement converties en sucre, au moyen de l'acide sulfurique très affaibli, et soumises à la fermentation.

L'eau-de-vie n'est que de l'alcool étendu d'eau; l'esprit de Montpellier qui en donne 33 degrés au pèse-liqueur, est celui qu'il faut préférer; il n'est jamais pur dès le principe et contient toujours de l'huile de vin, et de la couleur des futailles; pour en opérer la rectification, on le distille à un feu modéré.

L'alcool est la base de presque toutes les liqueurs; il s'emploie beaucoup en médecine; étendu d'eau, il convient aux tempéramens lymphatiques, et à ceux affaiblis par des fatigues; il faut avoir soin, dans ce cas, de distinguer un affaiblissement réel, d'une excitation des organes qu'il ne ferait qu'augmenter. Quelques gouttes d'alcool versées dans le creux de la main et présentées devant les yeux, produisent une vapeur qui a la propriété de rendre la force à la vue; en friction, il active l'action du cerveau, en frottant les tempes. Il donne du ton au cœur et à la poitrine; on l'emploie comme légèrement astringent pour modérer la sueur des pieds et des aisselles.

Pour purifier l'alcool infect et coloré, il suffit de 24 grains de chlorure de chaux, de 2 gros de charbon animal. On met 24 grains de cette poudre par litre d'alcool; il lui faut un jour pour agir.

On a pratiqué en Angleterre un four avec lequel on reçoit l'alcool de la pâte de froment pendant la cuisson. Ce four, inventé par M. Robert Rich's, est en tôle, et un appareil particulier reçoit l'esprit de vin; quatre livres de farine donnent trois onces d'alcool rectifié.

ALÈNE. (*Ind. dom.*) Les bourreliers se servent de cet instrument pour percer le cuir; il n'est pas inutile d'en placer dans une poche de la voiture, avec des bouts de longes et quelques cordes à boyaux. On s'en sert pour faire dans l'occasion un point à un harnais qui en se décousant nuit à la rapidité des transports.

ALÉNOIS. (Voy. CRESSON.)

ALEVIN. (*Pêch.*) Ce mot s'emploie particulièrement pour désigner le carpeau et tout menu poisson qui peuple les marais et les étangs. Pour aleviner un étang, il faut toujours choisir le mois de mai, parce que c'est la saison où l'on trouve beaucoup de petits poissons.

ALGUE MARINE. (*Agr.*) Cette plante se trouve sur les bords de la mer où elle est jetée par la marée; on en trouve beaucoup sur les côtes du Poitou, de la Bretagne et de la Normandie. Cette plante est un très bon engrais; mais comme elle contient quantité de sels, elle est de difficile décomposition; on peut la faire fermenter dans des fossés en l'arrosant de temps en temps avec un mélange d'urine de bestiaux et d'eau. Cette pratique a l'avantage d'accélérer la décomposition et d'accroître l'énergie de l'engrais; on peut aussi la laisser sur le fumier et dans les étables. L'algue sèche, brûlée dans des trous coniques où on allume d'abord un peu d'algue sur laquelle on en jette d'autre, donne des cendres bonnes à féconder toute espèce de sol, et surtout les prairies artificielles. On peut l'employer au lieu de bois pour cuire le plâtre et la chaux.

ALIGNEMENT. (*Architect. — Jard.*) Action de placer plusieurs objets en ligne droite. Ce mot se dit, en architecture, de deux bâtimens séparés l'un de l'autre à une certaine distance, dont les forces ont la même saillie, et sont sur une même ligne droite. En jardinage, il signifie tracer sur le terrain des lignes droites, au moyen de cordeaux et de bâtons bien droits ou jalons; on s'en sert pour les bosquets, les parterres, les allées, etc. (Voy. ALLÉES.)

ALIMENS. (*Hyg.*) Nous ne voulons jeter ici qu'un coup d'œil général sur les alimens et leurs effets sur nous; des articles spéciaux auxquels nous renverrons, et qui sont destinés à faire connaître les qualités de chacun d'eux en particulier.

Les alimens malsains et l'intempérance produisent beaucoup de maladies. On ne peut douter que le bon ou mauvais état de la constitution du corps ne dépende entièrement du régime, qui n'est pas seulement nécessaire pour la conservation de la santé, mais encore très important dans le traitement des maladies. Il n'est pas facile de fixer la qualité exacte d'alimens qui convient à chaque âge, chaque sexe et chaque constitution : la meilleure règle est d'éviter les extrêmes; les hommes n'étant pas destinés à manger la balance à la main. (Voy. DIÈTE, RÉGIME.)

Il y a mille causes qui peuvent gâter les alimens les plus sains Une saison contraire peut corrompre les grains, et les meilleurs même, deviennent dangereux lorsqu'ils sont gardés trop long-temps. Il est donc de l'intérêt de chaque particulier de veiller à ce que les provisions gâtées ne soient point exposées en vente ni employées dans les ménages. De même que les substances végétales, les substances animales gardées trop long temps, non seulement répugnent au goût, mais encore nuisent à la santé.

Les animaux tués étant malades ou qui meurent de maladies ne doivent jamais être mangés; ceux qui meurent par accident ne sont pas non plus très salubres; ceux qui vivent d'ordures, comme les canards, les cochons, etc., ne sont point de facile digestion; ceux qui ne font point un exercice suffisant sont dans la même classe.

Les bestiaux destinés aux boucheries ne devraient pas être fatigués par de mauvais traitemens ni des marches forcées, qui leur donnent la fièvre et les rendent très nuisibles à la santé. (Voy. BŒUF, MOUTON, VACHE, VEAU.)

Il n'est point de peuple au monde qui prenne une aussi grande quantité de nourriture que les Anglais, et c'est là la cause des maladies généralement répandues chez eux, les indigestions, la mélancolie, l'affection hypocondriaque, etc. Ceux qui sont jaloux de conserver leur santé doivent se contenter de manger de la viande une seule fois en vingt-quatre heures. Une des règles diététiques la plus importante, dit Tissot, c'est d'éviter le mélange de différens alimens, et de ne jamais se permettre plus de deux ou trois plats à chaque repas. (Voy. INDIGESTION.)

Le régime végétal a de grands avantages sur le régime animal. La diète végétale peut guérir le scorbut le plus opiniâtre; le lait seul fait souvent dans cette maladie plus que tous les remèdes. Les alimens ne doivent être ni trop trempés ni trop secs; les alimens aqueux relâchent les solides et affaiblissent le corps. Aussi voyons-nous les femmes qui prennent beaucoup de thé devenir généralement faibles et incapables de digérer les alimens solides. D'un autre côté, les alimens trop secs communiquent leur rigidité aux solides, vicient les humeurs et disposent aux fièvres inflammatoires. (Voy. FIÈVRE, HUMEUR.)

On a beaucoup exagéré les mauvais effets du thé; sans doute ils sont nombreux; mais on les doit à l'excessive quantité que l'on en prend, au temps inopportun que l'on choisit pour le prendre, ainsi qu'à ses mauvaises qualités. Le bon thé pris modérément, ni trop chaud, ni trop froid, ni quand l'estomac est vide, fera rarement du mal; mais mauvais, ce qui arrive souvent, et pris à la place d'alimens solides, il peut avoir les plus mauvais effets. (Voy. THÉ.)

Quelques personnes, et même quelques médecins disent qu'il faut beaucoup boire pour se bien porter, et que l'eau ne saurait jamais être de trop. Le fameux Hoffmann l'appelle la véritable panacée, ce remède universel que l'on a toujours si ardemment cherché et que l'on n'a jamais découvert. C'est être, au contraire, dit Tissot, bien peu instruit des lois de l'économie animale. Si vous contractez cette habitude, elle engendrera promptement le relâchement de l'estomac, l'affaiblissement des sucs digestifs, la précipitation des alimens non encore digérés, etc. Chaudes ou tièdes, les boissons ont encore un inconvénient de plus : celui de détruire cette fine mucosité qui tapisse l'intérieur de tous les viscères creux et préserve leurs nerfs de la trop grande impression des alimens. Les intestins, ainsi que l'estomac, dépouillés de cette mucosité, deviennent susceptibles de coliques, et les nerfs, partout irrités, acquièrent bientôt cette mobilité qui fait le malheur de tant de gens. (Voy. COLIQUE, ESTOMAC, NERFS.)

Si ce conseil pouvait être reçu aussi sérieusement qu'il est donné, nous dirions que, pour avoir une nourriture saine, il faut se passer de cuisiniers, ou tout au moins du raffinement de leur art. Les ingrédiens qu'ils rapprochent pour faire un ragoût piquant ou tout autre mets succulent, les assaisonnemens de haut goût, préparés avec de la saumure, etc., sont autant de choses très nuisibles à l'estomac. (Voy. ASSAISONNEMENS.)

La plupart des légumes sont une nourriture saine; leur excès donne des vents et des crudités. (Voy. CAROTTES, CHOUX, RAVES, etc.)

Les salades crues réveillent l'appétit, mais il faut avoir un bon estomac pour les digérer le soir; les salades cuites sont plus saines. (Voy. CHICORÉE, CRESSON, LAITUE, etc.)

Les fruits fournissent un aliment flatteur, mais peu nourrissant; ils rafraîchissent. Leur excès occasione des crudités, des fièvres. (Voy. CERISES, GROSEILLES, POIRE, POMME, etc.)

Les semences et tous les alimens farineux sont d'une digestion facile et composent un bon chyle. Vieux, ils sont moins sains que nouveaux. (Voy. FROMENT, ORGE, POIS, RIZ, etc.)

L'usage du sucre est bon. (Voy. SUCRE.)

L'eau est non seulement la base de toutes les liqueurs, mais encore elle entre dans la composition de la plus grande partie des alimens solides. Elle est donc d'une très grande importance dans le régime. D'après ce que nous avons dit en tête de cet article, nous ne pouvons nous arrêter sur les qualités ni sur les propriétés des différentes espèces d'eau; nous renvoyons pour cela à l'article EAU, où l'on trouvera les détails sur les eaux de rivière, de pluie, de neige, thermales, minérales et autres. Nous dirons, en général, que pour que l'eau soit bonne, il faut qu'elle soit fraîche, ni fade, ni amère, et qu'elle mousse facilement avec le savon. Une pratique recommandée par plusieurs médecins, est de boire un verre d'eau tous les matins en quittant le lit : comme dissolvant, l'eau dissout les restes des alimens que l'estomac n'a pas digérés pendant la nuit; comme fortifiant, elle corrobore les fibres de l'estomac.

Ce ne sont pas les liqueurs fermentées, prises modérément, qui nuisent à la santé; c'est leur excès et l'usage de celles qui sont mal préparées et falsifiées. Nous indiquerons, à leurs articles respectifs, les moyens de reconnaître si les vins et autres liqueurs sont bons ou falsifiés. (Voy. BIÈRE, EAU-DE-VIE, VIN, etc.)

Les liqueurs fermentées trop fortes s'opposent à la digestion, au lieu de l'aider; elles relâchent et affaiblissent le corps, bien loin de le fortifier. C'est une erreur de croire que les personnes qui s'occupent de travaux pénibles ne peuvent se passer de liqueurs fortes. Elles entretiennent le corps dans un état de fièvre permanent, épuisent les esprits, enflamment le sang, prédisposent à des maladies sans nombre et amènent une vieillesse prématurée. Macquer, *Dictionnaire de chimie*, dit que le vin, pris habituellement avec excès, est un vrai poison lent. Les mauvais effets et les maladies qu'occasione son trop grand usage sont malheureusement trop connus; mais comme ils viennent par degrés et sont insensibles, quelquefois même pendant bien des années, nous croyons essentiel d'indiquer les signes aux uels on peut reconnaître que le vin est, ou devient contraire. Il l'est, lorsqu'après en avoir pris une quantité modérée, l'haleine prend une odeur vineuse; lorsqu'il occasione une agitation fébrile, quelques rapports aigres et de légères douleurs de tête; lorsque, pris en quantité plus grande, il procure des étourdissemens, des nausées et l'ivresse. Malheur à ceux qui se livrent à cet usage! Ils ne manquent pas de périr en langueur vers l'âge de cinquante ans, minés par des obstructions dans le foie, dans d'autres viscères du bas-ventre, et presque toujours, conséquence de ces deux premières maladies, par une hydropisie incurable. Ceux qui digèrent bien le vin vivent ordinairement un peu plus long-temps que ceux auxquels il fait plus de mal; mais leur tempérament s'altère toujours avant soixante ans, et dans leur vieillesse ils sont tourmentés par la goutte, la paralysie, la stupidité, l'imbécillité.

Quand les liqueurs fermentées sont conservées trop long-temps, quoiqu'elles ne soient pas tournées à l'aigre, elles contractent cependant une dureté qui les rend malsaines. Depuis que la préparation et la vente des liqueurs fermentées sont devenues une des branches importantes du commerce, il n'est pas de méthode que l'on n'ait tentée pour les falsifier. Chaque famille ferait donc bien de préparer ses liqueurs fermentées elle-même, si elle le peut.

A cette recommandation nous en joindrons une autre, peut-être plus importante encore: celle de faire son pain dans chaque famille, si toutefois les occupations du ménage n'y mettent pas obstacle. Le pain est un objet si essentiel à la vie, qu'on ne saurait apporter trop d'attention pour l'avoir pur et salubre. (Voy. FARINE, PAIN, etc.)

Le meilleur est celui qui n'est ni trop lourd, ni trop léger; qui est bien fermenté, et fait de bonne farine de froment, ou plutôt de froment ou de seigle mêlés ensemble.

Maintenant, au lieu d'analyser chaque espèce d'alimens, nous allons poser quelques règles relatives à leur choix. Les personnes faibles et qui ont la fibre lâche, s'abstiendront de toute espèce d'alimens visqueux et de difficile digestion, mais cependant solides. Ces personnes

doivent faire très souvent de l'exercice en plein air. Ceux qui ont beaucoup de sang ne doivent pas se nourrir d'alimens trop succulens; les mets salés, les vins généreux, la bière forte ne leur conviennent point. Leur nourriture doit être du pain et des substances végétales; leur boisson, de l'eau, du petit lait ou de la bière. Les personnes grasses doivent s'abstenir de toute substance grasse ou huileuse; elles boiront de l'eau, du café, du thé, et prendront beaucoup d'exercice. (Voy. CAFÉ, THÉ, pour l'usage modéré qu'il faut en faire.) Les personnes maigres suivront le régime contraire. Les personnes sujettes aux acidités, ou chez lesquelles les alimens excitent des aigreurs dans l'estomac, doivent faire leur principale nourriture de viande. Celles, au contraire, qui ont des rapports tendans à l'alcalescence, doivent surtout user de substances végétales acides. Les goutteux, les vaporeux doivent éviter toute espèce de substances venteuses; leur nourriture doit être légère, maigre, rafraîchissante et de nature laxative.

Proportionnez toujours le régime, non seulement à l'âge et au tempérament, mais encore à la manière de vivre. Un homme qui s'occupe de travaux pénibles, en plein air, doit manger beaucoup plus qu'un homme sédentaire. Le régime ne doit point être non plus trop uniforme; l'usage constant d'une même espèce d'alimens peut avoir de mauvais effets. Ceux qui sont attaqués d'une maladie particulière doivent éviter les alimens qui peuvent tendre à l'augmenter: ainsi les goutteux ne doivent point boire de vin; ceux qui sont attaqués de la gravelle doivent s'interdire tous les alimens austères et astringens, etc.

On doit aussi varier la qualité et la quantité des alimens suivant les différens âges de la vie. Pour la qualité, les alimens du premier âge doivent être légers, mais nourrissans; les alimens solides et qui ont un degré de ténacité conviennent mieux à l'âge moyen; et l'homme qui est sur son déclin demande un régime doux, des alimens légers et répétés souvent. Pour la quantité, les personnes faibles et délicates doivent prendre peu de nourriture; les sanguins et les bilieux un peu plus que les mélancoliques. Les enfans doivent manger souvent, boire très peu de vin et point de liqueurs fermentées. Les femmes doivent manger moins que les hommes; les jeunes gens, plus que les hommes faits. Aux personnes d'un âge mûr, il faut seulement des alimens pour réparer les pertes de la transpiration et des autres sécrétions; les vieillards en doivent prendre très peu. Dans les pays froids on doit manger beaucoup plus que dans les pays chauds, et, par la même raison, plus aussi en hiver qu'en été.

Il ne suffit pas pour la santé que le régime soit sain; il faut encore qu'il soit réglé. L'estomac et les intestins, trop distendus par les alimens, perdent leur ton, et un long jeûne les rend faibles et les gonfle de vents. Tout le monde doit prendre des alimens plusieurs fois par jour, non seulement pour réparer les pertes de son corps, mais encore pour entretenir ses humeurs dans un état continuel de fraîcheur indispensable à la santé. Une pratique très nuisible aux jeunes gens et aux vieillards, c'est de jeûner. Le jeûne vicie les humeurs, s'oppose à l'accroissement et empêche de se fortifier. (Voy. JEUNE.)

S'il était facile à chacun de quitter ses habitudes, et

même, si les occupations journalières ne l'empêchaient pas, là meilleure ordonnance à suivre pour les repas devrait être celle-ci : le déjeûner, le repas le plus solide; dans le cours de la journée, un très-léger repas; et le soir, un souper, mais beaucoup plus léger que le déjeûner. Évitez de manger la soupe mitonnée; à cet état, c'est un mets souvent fort nuisible. Si les personnes fortes et d'une bonne santé souffrent moins du jeûne que les personnes faibles et délicates, elles courent de grands risques de son contraire, c'est-à-dire de la réplétion. Quand ils sont chargés de nourriture trop succulente et trop abondante, les vaisseaux se distendent et il s'ensuit des fièvres, des obstructions, des inflammations, etc. Tout grand changement subit dans le régime est dangereux. C'est pourquoi, quand on est obligé de changer celui qu'on a, on ne doit le faire que par degrés; car les fonctions animales étant troublées par cette mutation, la santé se dérange et il peut même s'ensuivre des maladies mortelles. Nous avons recommandé plus haut la régularité dans le régime; cependant ce conseil ne va pas jusqu'à ordonner qu'elle soit excessive : dans ce dernier cas, elle pourrait même devenir pernicieuse.

Il est un préjugé contre lequel nous devons nous élever : c'est le dégoût de certaines personnes pour certains alimens, que souvent elles n'ont pas même goûtés, et qu'une prévention seule les empêche de le faire. Ce n'est pas que nous ne sachions qu'il est des dégoûts véritablement inspirés par la nature; d'après lesquels la répugnance pour telle ou telle espèce d'alimens se trouve fondée au point que la résolution la plus ferme ne saurait venir à bout de la surmonter. Mais il faut être bien certain que ce dégoût soit fondé pour le respecter, chez soi ou chez les autres, au point de ne pas oser les contrarier. Car, persuadons-nous bien que de tous les alimens servis habituellement sur nos tables, aucun n'est mauvais par lui-même, et qu'ils ne le sont que relativement à la constitution et à la disposition momentanée des individus qui les prennent.

Or, vouloir s'abstenir par caprice, par fantaisie ou par crainte de certains alimens, c'est s'annoncer au moins comme irréfléchi, et se priver du plus grand plaisir que la nature nous ait donné : la variété dans les objets dont nous composons notre nourriture.

ALISIER DES BOIS. (Jard.) Cratægus torminalis. Famille des rosacées. C'est un arbre indigène. Ses fleurs viennent en mai : elles sont blanches et en corymbe. Son fruit est une petite baie brun-rougeâtre d'un goût aigrelet : on en fait des boissons et même des confitures assez agréables.

Alisier de Fontainebleau. (Cratægus latifolia.) Arbre indigène, à feuilles larges et blanches en dessous. Ses fleurs sont semblables à celles du précédent.

Alisier blanc ou Allouchier. (Cratægus aria.) Arbre indigène qui donne les mêmes fleurs dans le même mois. Ses fruits sont d'un beau rouge. Le bois en est extrêmement dur; il sert à faire des vis. Pour multiplier, il faut semer aussitôt la maturité.

Alisier de Choisy. (Cratægus rotundifolia.) Cet arbuste est originaire du Canada. Ses rejetons abondans servent à le multiplier. Il demande une terre fraîche et franche. Fleurs en grappes, en avril. Fruit bleu.

Alisier amalanchier, arbuste indigène. Même culture. Alisier à feuilles d'arbousier. (Cratægus arbustifolia.) Il se greffe sur épine; il est originaire de Virginie.

Alisier à feuilles de poirier. (Cratægus pyrifolia). Arbuste de Virginie. Même culture.

Alisier à épis. (Cratægus spicata.) Cet arbrisseau du Canada se multiplie par marcottes qui sont deux ans à s'enraciner, ou par greffe en fente sur épine. Il donne ses fleurs en avril; elles sont en grappes lâches d'un bel effet.

Alisier nain. (Cratægus chamæmespilus.) Arbrisseau du Mont-d'Or. Il se greffe en fente sur épine, près des racines. Ses fleurs sont en corymbe, et blanches; elles viennent en avril : le fruit est jaune et gros.

Alisier à feuilles de sorbier. (Cratægus sorbifolia.) Arbre d'une variété nouvelle. On le greffe sur épine, près des racines.

ALKALI. (Méd. dom. — Connaiss.) On donne le nom d'alkali à toutes les substances dont les principaux caractères sont de fermenter ou de faire effervescence avec les acides, et de changer en vert l'infusion bleue de violettes et la teinture de tournesol. (Voy. ACIDE.)

L'alkali caustique, ou lessive des savonniers, est un remède contre la pierre. (Voyez-en la recette au mot PIERRE.)

Alkali fixe de tartre, ou sel de tartre (Voy. SELS.)

Alkali fixe végétal, nom de tous les acides fixes qu'on retire par la combustion des matières végétales quelconques, et qui n'ont pas les propriétés de l'alkali marin, ou sel commun. Quand on l'a obtenu de la lessive, avec de l'eau très pure, des cendres de végétaux, il est d'un beau blanc mat, sans odeur, ayant le goût des alkalis fixes en général.

Alkali marin, ou minéral, ou du sel commun, substance saline, alkaline et fixe, qui sert de base à l'acide du sel commun, et qui forme avec lui le sel de cuisine. (Voy. SELS.) On en tire la SOUDE. (Voy. ce mot.)

Alkali volatil, nom de substances salines qu'on retire par la décomposition des matières animales, de quelques végétales, et de toutes, par la putréfaction de ces substances.

Alkali volatil fluor. Alkali volatil dégagé du sel ammoniac par trois parties de chaux éteinte; on le nomme fluor parce qu'il est toujours fluide. Voici sa recette : prenez une livre de sel ammoniac en poudre, trois livres de chaux éteinte à l'air. Mettez d'abord le sel ammoniac dans une cornue, ensuite la chaux, et versez par dessus une livre d'eau commune. A la cornue, on adapte un ballon percé d'un trou qu'on bouche avec de la cire molle. On procède à la distillation au feu du réverbère. Dans le commencement de l'opération, on laisse le trou du ballon ouvert; mais à la fin on peut le tenir fermé, le dégagement de l'air n'étant plus à craindre; et parce qu'il se ferait une trop grande évaporation en pure perte. Quand il est distillé, on verse l'alkali dans des flacons qui bouchent bien. Cet alkali est très-fort; l'on n'en tire qu'une livre du mélange que nous venons d'indiquer. Il est limpide, très-pénétrant et énergique. Son usage paraît salutaire pour les asphyxiés et les noyés. Si on le mêle avec quelque huile essentielle, on en fait un savon liquide; c'est ainsi qu'on prépare l'EAU DE LUCE. (Voy. ce mot.) Il est bon pour les vomissemens ; on en trempe des compresses pour les coups de soleil ; on cite des guérisons de paralysies opérées par son emploi ; etc., etc.

ALLÉE. (Jard.) Chemin droit et parallèle, qui a habituellement pour bordure des arbres ou des arbrisseaux. Les allées ont un grand but d'utilité et d'agrément ; elles sont nécessaires à la promenade, flattent la vue, et donnent du relief à un jardin. On en distingue de plusieurs sortes : les simples et les doubles, les couvertes et les découvertes, les vertes et les blanches. Les allées simples ne sont que de deux rangs d'arbres, et les doubles de quatre, formant trois allées parallèles, une grande au milieu de deux plus petites appelées contre-allées. Il faut choisir les plus beaux endroits du jardin pour planter les allées doubles ; il faut que celle du milieu ait plus de largeur que les deux petites ensemble. Une allée simple de cent toises doit en avoir quatre de large. La longueur et la largeur doivent toujours être en proportion dans les allées. Les allées couvertes sont celles au-dessus desquelles les arbres se rejoignent et se resserrent en voûte pour garantir du soleil et donner de la fraîcheur ; on peut leur donner un peu moins de largeur qu'aux autres, les arbres qui les bordent étendant leurs branches très loin. Les allées découvertes sont celles dont les arbres ne se rejoignent point ; il faut pour cela les élaguer de temps en temps. Toutes les allées qui font face à des bâtimens, des pièces, des vues, etc., etc., doivent être découvertes et plus larges que les autres. Les allées blanches sont celles qui sont bien ratissées et bien sablées. Les vertes sont gazonnées et renfermées dans deux sentiers ; elles doivent se trouver dans les endroits écartés. Tout leur entretien consiste à faucher de temps en temps pour rendre le tapis plus uni et plus agréable à voir. Outre les allées dont nous venons de parler, il y en a encore de plusieurs autres espèces, que désignent des épithètes caractéristiques ; telles sont les allées de traverse, qui en coupent d'autres à angles droits ; en zig-zag, qui serpentent sans former de ligne droite ; en perspective, qui sont plus larges à leur entrée qu'à leur issue ; en pente, qui accompagnent une cascade et en suivent la chute, etc., etc. Parmi toutes les différentes allées que l'on peut faire dans un jardin, celles-là seulement qui environnent une pièce d'eau ou un parterre, doivent être de niveau ; les autres doivent être élevées un peu à leur milieu pour l'écoulement facile des eaux. Voici deux mots sur la manière de s'y prendre pour planter une allée d'arbres : on commence par la tracer, ensuite on marque la place des arbres en alignement par des piquets à douze pieds l'un de l'autre ; on peut en laisser de dix-huit à vingt-quatre dans les allées et les avenues plantées en pleine campagne, afin que le terrain qui est au-dessous puisse produire. Chaque trou fait à un piquet doit avoir quatre pieds carrés et trois de profondeur. On y dépose l'arbre après y avoir jeté un peu de bonne terre ; on en étend bien les racines et on comble la fosse. Il faut attendre au lendemain pour y répandre de l'eau, ce que l'on fait suivant la force de l'arbre. Si on voulait qu'une allée se trouvât faite en beaucoup moins de temps, et qu'on ne craignît point la dépense, on ferait planter tout d'un coup de grands arbres en motte.

ALLUMETTES. (Ind. dom.) Les allumettes se font avec de petites lames de vieux sapin, longues de quatre pouces, qu'on divise en fragmens de l'épaisseur de deux lignes. On les lie en petites bottes, et on trempe le bout des bottes dans du soufre qu'on a fait fondre.

Dans quelques provinces on remplace les morceaux de sapin par des brins de chanvre secs.

Allumettes oxygénées. Faire les allumettes plus fines, souffrer par un seul bout ; prendre huit grains de chlorate de potasse, deux de potasse, deux de fleur de soufre, un de poudre impalpable de gomme arabique, en composer une pâte avec de l'esprit de vin versé goutte à goutte, tremper dedans le bout de chaque botte ; on laisse ensuite sécher dans du sable, du grès ou de la cendre. Voici une autre recette : prendre chlorate de potasse, quatre onces ; cinabre, une once deux gros ; fleur de soufre lavée et séchée, quatre gros ; broyer le tout séparément, mêler les deux dernières substances, et y ajouter peu à peu le chlorate de potasse ; faire du tout une pâte liquide avec de l'eau gommée, puis tremper. En ajoutant aux doses prescrites du benjoin et du sucre en poudre, on rend les allumettes odorantes. (Voy. BRIQUET.)

ALMANACH. (Éd. dom.) L'almanach est un CALENDRIER (voy. ce mot) indiquant les jours et fêtes de l'année, le cours des astres, les différentes variations de l'air, et suivi de préceptes hygiéniques, agricoles, économiques, etc.

Le Mathieu Lansberg, ou *Almanach de Liége,* a eu et a encore une immense popularité acquise par d'anciens services. Mais étant resté stationnaire et ayant négligé de se mettre au courant des connaissances actuelles, il n'indique que des procédés routiniers qui sont ou inutiles ou dangereux.

L'Almanach des Connaissances utiles a cherché avec succès à substituer aux erreurs et aux contes de son devancier une série de conseils moraux et d'enseignemens scientifiques qui ne peuvent que contribuer au bien-être moral et physique des habitans des campagnes, auxquels il est principalement destiné.

Un bon almanach doit contenir le calendrier ou table de l'ordre et la suite de tous les jours de l'année ; le changement des lunes, le cours des saisons, les éclipses, et les comètes dans les années où il doit en apparaître, la marche probable et l'influence de ces comètes, etc.

On ajoute ensuite quelques détails d'agriculture, et des recettes et procédés nouveaux qui peuvent être utiles à l'économie domestique. Le reste de l'almanach est rempli par quelques conseils moraux, par des connaissances usuelles de médecine, d'hygiène, par un peu de statistique, de géographie et autres sciences. On peut y ajouter un résumé de l'histoire de l'année précédente. Jusqu'à présent le meilleur almanach dont on puisse indiquer l'usage est l'Annuaire du bureau des longitudes.

ALOÈS. (Jard. — Méd. dom. — Var.) Ce n'est pas un arbre indigène. Il y en a de plusieurs espèces : l'aloès cuballin, hépatique, succotrin. On ne peut le cultiver qu'avec les plus grands soins. L'aloès est fréquemment employé dans des préparations médicales. Le suc de l'aloès succotrin (*succotorina angustifolia*), exprimé dans un vaisseau, donne une couleur d'abord rouge, puis d'un beau pourpre violet, qu'on peut employer à la teinture de la soie, et qui a la propriété d'être inattaquable aux acides, aux alkalis et à l'oxygène, et de ne pouvoir être enlevée.

ALOSE. (*Pêch.*) Poisson de mer très nourrissant. On le pêche souvent dans les rivières, surtout dans celles qui se déchargent dans les mers, parce que ce poisson, avec le saumon, y montent dès le commencement du printemps, et même dès l'hiver quand il n'est point rude. Dans l'eau douce, ces poissons, ainsi que la truite de mer, prennent en très peu de temps chair et graisse. L'alose est la première de ces trois que l'on mange; il faut qu'elle soit fraîche. On la prend avec les appâts ordinaires. (Voy. APPÂTS.)

ALOSE SUR LE GRIL. (*Cuis.*) La vider, la laver, l'essuyer, sans oublier d'ôter les ouïes. On la cisèle en travers et sur toute sa longueur, des deux côtés. On la met griller une heure sur un petit feu, et, pendant qu'elle cuit, on la frotte souvent d'une branche de sauge trempée dans l'huile qui a servi à la mariner. On la sert avec une sauce aux câpres, ou une farce d'oseille préparée comme pour les ris de veau. On y ajoute seulement deux cuillerées de coulis pour remplacer le jus des ris.

ALOUETTES. (*Chass.*) Il faut, pour élever les petits de ces oiseaux, les prendre dans le nid, quand ils ont les plumes bien sorties, et leur donner avec patience des becquées de cœur de mouton bien haché, en prenant soin de ne pas leur blesser la langue, ce qui leur ferait beaucoup de tort. La chasse aux alouettes est un des délassemens que l'on se procure avec le plus de plaisir à la campagne; nous allons donc, pour faire plaisir à nos lecteurs, nous étendre un peu dans sa description. La bonne saison, pour la chasse de cet oiseau, est depuis le mois de septembre jusqu'à la fin de l'hiver; quand la terre est couverte de gelées blanches ou de neiges, c'est alors qu'on en prend la plus grande quantité. On les prend de diverses manières : au miroir, aux traîneaux, aux collets, au filet carré, à la tonnelle murée. Le miroir dont on se sert est un morceau de bois d'un pouce et demi d'épaisseur, et long d'environ neuf pouces. Les faces supérieures et latérales doivent être entaillées en creux pour y mastiquer de petits morceaux de miroir. Un trou propre à recevoir une cheville de bois est pratiqué au milieu de la face inférieure. Cette cheville, enveloppée d'une petite ficelle, entre dans un autre morceau de bois que l'on plante en terre, et en pivotant à l'aide de la ficelle que l'on tire, fait tourner le miroir en tous sens. Les oiseaux sont attirés par son éclat, et on les prend lorsqu'ils sont à une hauteur convenable. Le temps le plus favorable est le matin; il faut avoir le visage ou le dos tourné du côté du vent. — La deuxième manière de prendre les alouettes est la nuit avec un traîneau. C'est un filet carré, dont les mailles ne doivent avoir qu'un pouce, et qui doit être assez grand pour qu'étant ajusté il en traîne un pied de long par derrière. On se promène le soir le long des pièces de terre ensemencées en friche, où l'on voit les alouettes se reposer en troupes; on les remarque pour y venir la nuit. On fait porter le traîneau attaché à deux perches par deux personnes fortes, qui marchent vite dans le champ; quand on entend quelque chose, on laisse tomber les perches, et on court au filet, prendre ce qui

s'y rencontre. On y trouve souvent des perdrix ou des bécasses. Plus la nuit est noire et plus la chasse est abondante. On peut y porter des brandons allumés. Au clair de la lune elle ne vaut rien. — La troisième chasse d'alouettes est aux lacets et aux collets. On met au fond de plusieurs sillons, les uns près des autres, des ficelles de cinq ou six toises de longueur, et arrêtées à chaque bout avec des piquets. On attache à ces ficelles des crins de cheval, faits en lacets doubles, et on répand tout le long de l'orge, du froment ou de l'avoine. Les oiseaux viennent, s'embarrassent les pattes dans les lacets, et plus ils se débattent pour sortir, plus ils serrent le nœud coulant qui les retient. — La quatrième manière, c'est sous un filet quelconque, assez grand, et dont les mailles ne soient pas trop larges. On se munit de trois ou quatre douzaines de petites fourchettes d'un pied, minces et aiguisées par le bas. On les met en paquet avec le filet, et on se promène, cherchant à découvrir une troupe d'alouettes. Alors on marche doucement, en cercle, à cent pas, et on pose le filet étant courbé, et contrefaisant une vache qui paît. On l'étendra de telle sorte, que le côté tourné vers les alouettes soit ouvert, et les deux côtés ainsi que le derrière touchent à terre. On les approchera en marchant de côté et d'autre; et quand elles seront sous les filets, où elles entreront facilement, on jettera un chapeau en l'air en courant à elles pour les empêcher de ressortir. Cette chasse est bonne pendant la gelée blanche. Il vaut mieux y aller deux que seul; mais il faut bien s'entendre. — La cinquième manière est avec la tonnelle murée. Il faut qu'elle ait au moins dix pieds de hauteur à son entrée; on attache sa queue à un fort piquet planté dans un sillon; on étend le filet, et on fiche en terre les deux piquets qui tiennent au cercle de l'entrée. La tonnelle étant tendue bien raide, on déploie soit en cercle, soit de biais, le filet dans toute sa longueur. On attache à la dernière perche de chaque filet, quatre ou cinq cordes garnies de plumes, en sorte qu'elles font un mur qui empêche les oiseaux de s'éloigner de l'entrée de la tonnelle. On met en usage les mêmes moyens que pour les perdrix.

ALOUETTES (patés d'). Voy. MAUVIETTES.

ALOYAU. (*Cuis. dom.*) L'aloyau est un des morceaux choisis du bœuf, tiré du dos le long des vertèbres; on le prépare de diverses façons, dont la plus commune est celle-ci : prendre la pièce d'aloyau tout entière; ôtez le filet mignon, dont on fait une entrée; désossez et ficelez la pièce; on peut la mettre cuire la veille, pour pouvoir employer le bouillon; parer la pièce, la mettre dans un linge blanc de lessive, y semer un peu de sel, du gros poivre; ficeler le tout, faire chauffer dans une braisière avec un peu de bouillon, et dégraisser. Au moment de servir, on développe la pièce; on glisse un couvercle dessous, et on la pose sur un plat. On fait avec l'aloyau le bouillon dit grand bouillon. (Voy. ce mot.)

Pour les diverses préparations de l'aloyau, filet d'aloyau avec encombre, à la bourgeoise, avec oignons glacés, etc. (Voy. FILET.)

Aloyau à la bretonne. Mettre à la broche un aloyau, le faire rôtir, le servir avec une bretonne dessous. (Voy. BRETONNE.)

Aloyau à la cuisinière. Prendre un morceau d'aloyau,

et piquer, y ajouter sel, poivre, épices, ficeler; ajouter dans la casserole du lard, des carottes, navets, oignons, sel, poivre, muscade, gérofle; mouiller avec un verre de vin blanc et de l'eau; bien couvrir, et faire cuire à petit feu pendant quatre heures. Faire cuire dans le fond douze pommes de terre, égoutter le bœuf sur un plat, et ranger les légumes autour; dégraisser le fond, réduire de moitié, et verser sur l'aloyau.

M. Grimod de la Reynière, dans l'*Almanach des Gourmands* (5e année 1805), donne une recette pour faire cuire l'aloyau qui pourra choquer quelques personnes, mais qu'il assure avoir un excellent résultat. Elle consiste à le faire cuire dans le suif. Lorsqu'on a choisi l'aloyau, dit-il, on le porte chez un fondeur de suif en branche, et lorsque le suif est prêt à bouillir, on le descend avec une corde dans la chaudière, et on l'y laisse jusqu'à ce qu'il soit à moitié cuit; on le fait ensuite égoutter, puis on le porte dans un lieu frais, en sorte que le suif, saisi par le froid, forme une enveloppe, et en quelque sorte une croûte autour de l'aloyau. Lorsqu'on veut le faire rôtir, on le met à la broche devant un feu très clair; alors tout le suif en découle, et l'on se garde bien de l'arroser avec. Mais ce suif, en s'emparant des pores de l'aloyau, a empêché le jus d'en sortir, en sorte que lorsqu'il est cuit, toujours saignant, qu'on le met sur la table, qu'on l'y découpe en tranches fort minces, il rend une telle abondance de jus, que c'est une véritable inondation. Nous invitons les gourmands du premier ordre à faire usage de cette recette; ils conviendront, après l'avoir éprouvée, qu'ils n'ont jamais mangé d'aloyaus plus succulens, et même plus tendres que ceux au suif, et ils ne voudront plus en manger préparés d'une autre manière.

ALSTROEMÈRE TACHETÉE. (*Jard.*) *Alstroemaria pelegrina*. Fam. des narcisses. C'est le Pérou qui nous a fourni ces racines vivaces dont les fleurs, qui viennent en juin, sont très jolies, grandes, de couleur violette, avec des raies roses et des piquetures de brun. On la met dans des pots qu'on enterre, et on l'arrose tous les huit jours. Cette plante, qui s'étiole dans l'orangerie, végète continuellement; au printemps, il faut la tondre. Sa graine, qu'elle mûrit, doit être semée à l'ombre; on la soigne comme les vieux pieds. Elle peut venir aussi de pleine terre.

ALVÉOLE. (*Anim. dom.*) L'alvéole est la petite cellule des gâteaux de cire des abeilles. Dès que les abeilles sont dans la ruche, elles s'occupent à bâtir des alvéoles. Un bon essaim peut en fabriquer trois mille en un jour. C'est là que sont déposés les couvains et le miel. (*Voy.* ABEILLES.)

ALYSSE SAXATILE. (*Jard.*) *Alyssum saxatile*. Fam. des crucifères. Jolie plante vivace que nous fournit l'île de Candie. Elle donne ses fleurs en avril; elles sont d'un jaune éclatant, et couvrent toute la plante. Il lui faut un terrain chaud et léger, une exposition méridionale et montueuse. C'est en mars qu'il faut multipler les marcottes ou les semis.

AMADOU. (*Ind. dom.*) Pour faire l'amadou, on recueille sur le chêne et autres vieux arbres des agarics, espèces de champignons qui croissent sur le tronc. Quand ils sont secs on les coupe par morceaux de trois à quatre lignes d'épaisseur; on les bat avec une masse de fer sur un billot jusqu'à ce qu'ils deviennent doux au toucher. On les met dans une décoction de poudre à canon, et on les imbibe de cette poudre; on les fait sécher, et on les soumet de nouveau à cette préparation. La poudre à canon peut se remplacer par trois onces de nitre dans une demi-livre d'eau chaude. On peut les faire bouillir dans de l'eau où l'on a mis quatre onces de salpêtre ou de nitrate de plomb.

On supplée à l'amadou en faisant brûler des morceaux de vieux linges, ou même de gros papiers dont on enveloppe les pains de sucre. On met le feu à ces linges, et on les étouffe sitôt que la flamme cesse. Ces matières sont aussi inflammables que l'amadou d'agaric.

L'amadou est très efficace pour arrêter le sang dans les hémorrhagies, la saignée, etc.

AMANDE. (*Off.*) — *Pâte d'amandes*. Prendre une livre d'amandes douces émondées, les mettre dans l'eau fraîche, les égoutter, les piler et les arroser de temps en temps avec de l'eau et du jus de citron. Quand on les aura bien réduites en pâte, on y mettra une livre de sucre, après quoi on les retirera du mortier; on les mettra dans un poêlon d'office, posé sur un feu doux; remuez-les jusqu'à ce qu'elles ne s'attachent plus au doigt en l'appuyant dessus. Vous les conserverez dans une feuille de papier couverte de sucre fin.

Amandes (biscuit d'). Prendre huit onces d'amandes douces, autant d'amères, quinze blancs et huit jaunes d'œufs, deux onces de belle farine et deux livres de sucre pilé. Verser de l'eau bouillante sur les amandes, et la remplacer, un instant après, par de l'eau fraîche; leur enlever la peau; les piler, en y ajoutant quatre blancs d'œufs, outre la dose prescrite; quand elles sont bien pilées, battre les blancs d'œufs jusqu'à ce qu'ils soient en neige, et les jaunes à part avec la moitié du sucre. Les mêler avec de la pâte d'amandes; mettre le surplus de sucre dans une bassine et saupoudrer le tout avec de la fleur de farine; en même temps, remuer continuellement le mélange; mettre ensuite la pâte dans de petites caisses de papier préparées d'avance et les glacer avec du sucre pilé et de la fleur de farine mêlés ensemble.

Nougat. Prendre une livre d'amandes douces émondées, lavées; les mettre égoutter, les couper en cinq filets chacune, les faire jaunir au four, mettre trois quarts de sucre en poudre dans un poêlon d'office; y jeter les amandes, quand le sucre est fondu; on aura un moule huilé autour duquel on montera les amandes à l'aide d'un citron que vous appuierez dessus.

Amandes (petit gâteau d'). Émonder une demi-livre d'amandes, les piler au blanc d'œuf et y ajouter trois quarts de sucre, une pincée de fleur d'orange pralinée et deux onces à peu près de crème pâtissière; prendre du feuilletage, lui donner un tour de plus; l'abaisser de l'épaisseur d'une pièce de cinq francs; couper les gâteaux comme des petits pâtés au naturel; les mettre sur un plafond, les dorer, les recouvrir, les mettre dans un bon four, et, cuits, les poudrer de sucre à blanc.

Amandes (gâteau massif d'). Prendre deux livres d'amandes douces émondées, lavées, pilées, mouillées avec

4

quatre blancs d'œufs; y mettre deux zestes de citrons hachés, deux pincées de fleur d'orange pralinée, un peu de sel et deux livres de sucre, un quart de fécule de pomme de terre et douze œufs entiers; bien mêler le tout ensemble et le verser dans un moule beurré et garni de papier brouillard beurré de même.

Amandes (crème d'). Prendre six onces d'amandes douces, une chopine de bon lait et cinq onces de sucre. Quand les amandes seront pelées, passées à l'eau fraîche et égouttées, les piler en les arrosant d'eau; battre dans le lait deux blancs d'œufs dans lesquels on délayera le sucre, et faire bouillir le mélange sur un feu doux; y ajouter la pâte d'amandes, lorsqu'il est réduit au trois quarts. Donner à cette réunion un bouillon, et servir après y avoir joint un peu de fleur d'orange.

Amandes (lait d'). Prendre six onces d'amandes douces, une pinte de lait, quatre gros d'eau de fleur d'orange et cinq onces de sucre. Peler et piler les amandes en pâte très fine en les arrosant de quelques gouttes de lait. Lorsque la pâte est friable, on la jette dans le lait et on la délaie bien; on passe à travers un linge et on fait bouillir jusqu'à réduction de moitié; on ne donne qu'un bouillon, et, après avoir passé au tamis serré, on laisse refroidir et on sert.

Amandes douces simples (conserve d'). Peler un quarteron d'amandes douces; piler dans un mortier, y mêler un jus de citron, faire cuire une livre de sucre à la plume, retirer la poêle du feu, blanchir le sucre et y mêler bien les amandes. Dès que votre conserve prendra, vous la verserez dans des moules.

Amandes douces grillées (conserve d'). Prendre une livre d'amandes douces, les peler, couper par petites tranches et mettre au four sur des feuilles de papier. On les laisse roussir, et on les retire pour les verser dans six livres de sucre cuit en casse. On les remue dans le sucre; et, sitôt que la conserve prend, on verse dans les moules.

Amandes vertes (compote d'). Elle se fait comme celle d'abricots verts.

AMANDES (*Hyg.*) — *Amandes amères* (huile d'). C'est un remède contre le hâle et les taches de rousseur. Oter la pellicule jaune des amandes amères, les bien piler, en exprimer l'huile. On doit avoir soin d'en apprêter peu à la fois, parce qu'el e est sujette au rance et à l'évaporation.

Amandes simples (lait d'). Il sert au même usage que l'huile d'amandes amères. Il rend la peau fraîche. Sucré, il forme une eau de l'eau une boisson agréable. Piler des amandes douces pelées dans un mortier, avec un morceau de sucre; mettre la pâte d'amandes quand elle est bien fine dans de l'eau, dans la proportion d'une chopine pour vingt ou trente amandes. Délayer peu à peu le mélange, le passer à travers une flanelle, et aromatiser avec de l'eau de fleur d'orange.

Amandes à l'eau-de-vie (pâte d'). Prendre une livre d'amandes douces pelées, quatre onces de pignons, et, si vous le jugez à propos, de l'essence de bergamote on de jasmin, pour parfumer. Pilez très fin et ajoutez deux onces d'eau-de-vie.

Amandes au jaune d'œuf (pâte d'). Piler quatre onces d'amandes douces dans un mortier de marbre, y mêler, après réduction en pâte, trois jaunes d'œufs frais, détremper

dans un demi-setier de lait, faire cuire en remuant sans ce se avec une spatule jusqu'à consistance de pâte; mettre le tout dans un pot bien fermé.

Amandes au miel (pâte d'). Pour l'obtenir, on ajoute à la composition de la précédente, une demi-once de miel blanc. Elle rend la peau si douce que les gants les plus étroits entrent avec facilité.

AMANDIER. (*Jard.*) *Amygdalus communis.* Famille des rosacées. Il y en a de plusieurs espèces.

Amandier princesse à coque tendre. Les amandes sont formées et bonnes à manger au commencement d'août. La récolte sèche se fait au 15 septembre.

Amandier amer. Nous ne l'indiquons que parce qu'il est utile d'en avoir quelques pieds pour mêler avec les amandes douces, quand on en fait des pâtisseries ou des sirops. Tous les terrains conviennent à l'amandier, pourvu qu'ils ne soient pas humides. Il ne faut pas placer cet arbre à une exposition trop abritée, parce qu'alors il fleurit trop tôt et ne noue point ses fruits. Il n'exige pas une taille calculée, mais un entretien annuel, consistant à supprimer les branches mortes et à raccourcir les plus vieilles pendantes sur le jeune bois montant qu'il fournit en abondance. Vous conserverez ainsi les amandiers en pleine vigueur, pendant très long-temps. On le greffe en écusson, à œil dormant, sur un sauvageon de son espèce. Il fleurit dans les premiers jours de mars.

Amandier à fleur double. (*Amygdalus flore pleno.*) Famille des rosacées. C'est le même que l'on connaît aussi sous le nom de *prunier à fleur double.* Joli arbuste dont les fleurs rosées, doubles et petites, viennent en mai. On le greffe sur prunier Saint-Julien, à trois pieds de haut. Il faut avoir soin de retrancher les branches mortes. Il dure peu.

Amandier nain. (*A. nana.*) Ses fleurs, qui viennent en avril, sont simples et roses. Il lui faut du soleil et un bon terreau meuble. Il faut tailler ses tiges, pour le rafraîchir, et le renouveler tous les quatre ou cinq ans.

Amandier satiné (*A. argentea.*) Fleurit en mars. Cultivé seulement pour son feuillage; se greffe en écusson sur prunier Saint-Julien.

AMARYLLIS A FLEUR EN CROIX. (*Jard.*) *Amaryllis formosissima.* Famille des narcisses. Gros oignon du Mexique dont les fleurs, qui sont très grandes et du cramoisi velouté le plus beau, viennent habituellement en juillet. Le genre de culture qui lui est le plus favorable est de la mettre en bruyère, dans de grands pots dont le fond est garni de tuileaux, et qu'on enterre au sud-ouest. On les rentre pendant l'hiver; on les laisse sans les arroser; tous les deux ans, on en change la terre et on sépare les caïeux dont la production est suffisante. On peut laisser cet oignon en pleine terre; mais il n'y fleurit pas.

Amaryllis rayée. (*A. vittata.*) Celui-là nous vient du Cap. Il fleurit en juin; ses fleurs sont grandes, blanches et rayées de pourpre. Même culture que le précédent.

Amaryllis équestre. (*A. equestris.*) C'est l'Amérique Méridionale qui nous l'a fourni. Ses fleurs viennent en août et sont d'un beau rouge bisqué. Encore même culture.

Amaryllis jaune. (*Amaryllis lutea.*) Famille des narcisses. Oignon de l'Europe méridionale; ses fleurs; grandes et jaunes, viennent en octobre, avec ses feuilles qui tombent en juin. Caïeux relevés tous les trois ans; tout terrain est bon.

Amaryllis à longues feuilles. (*A. longifolia.*) Du Cap. On le plante à quelques pieds d'un mur, au midi, dans une terre qu'on a mélangée de bruyère et de terreau végétal, et qu'on couvre de feuilles en hiver. Ses fleurs paraissent en juin, grandes, rosées, et dix ou douze ensemble.

Amaryllis à fleurs roses. (*A. belladona.*) Oignon très gros de l'Amérique Méridionale. Ses fleurs viennent en août; elles sont très grandes, d'un beau rose. Les caïeux ne fleurissent que lorsqu'ils ont atteint deux pouces de diamètre. On peut semer la graine en mars, mais c'est un moyen très long.

AMBAUCHOIR. (*Ind. dom.*) On disait autrefois ambouchoir. C'est un instrument destiné à élargir la tige des bottes ou l'entrée des souliers que l'inhabile à des bottiers et l'enflure fréquente des pieds rendent nécessaire.

Le meilleur et le plus usuel est un cylindre de bois fendu en deux dans l'ouverture duquel on chasse un coin de bois avec force. Il sert pour les bottes. Pour les souliers, c'est une forme de bois fendue dans sa longueur; dans l'intérieur, à chaque partie, est une rainure où l'on pousse un coin.

AMBIGU, (*Cuis.*) L'ambigu est un repas qui tient de la collation et du souper, et dans lequel on sert tout à la fois la viande et le dessert. On adopte quelquefois cette méthode de service, dans les diners; c'est un usage importé d'Angleterre. (V. MENU, SOUPER, etc.)

AMBIGU. (*Jeux.*) L'ambigu, comme l'indique son nom, tient de plusieurs jeux.

On supprime, pour jouer ce jeu, les figures; on garde les autres cartes depuis l'as jusqu'au dix.

On y joue depuis deux à six personnes : chaque joueur met un ou plusieurs jetons, selon les conventions. Cette mise s'appelle la vade ou la poule.

On convient de la durée de la partie, et du nombre des coups.

Le donneur, désigné par le sort, distribue l'une après l'autre, à chacun, deux cartes en commençant par la droite.

Celui qui est content de ses cartes dit *basta* (*assez*, en italien), et donne le nombre de jetons convenu; dans le cas contraire, le joueur écarte ses deux cartes ou une seule, que le donneur remplace par deux ou une de celles qui sont dessus le talon.

Le donneur mêle ensuite une seconde fois le talon, et distribue à chaque joueur deux nouvelles cartes.

Le joueur satisfait dit : je m'y tiens. Le joueur mécontent dit : je passe. Si tout le monde passe, le donneur peut changer son jeu et épuiser le talon en donnant de nouveau, ou obliger tous les joueurs à garder leurs cartes; dans ce cas, il met deux jetons au jeu, et garde les siennes.

Quand un joueur croit avoir beau jeu, il propose tant de jetons, ce qui compose la batterie; si personne ne la tient, il lève la batterie, et reçoit du donneur deux jetons, à moins qu'il ne fasse lui-même la vade.

Quand plusieurs joueurs veulent tenir la vade, chacun écarte.

Quand tous ont écarté, il renvie; on ajoute des jetons par-dessus la vade; si tous passent, la vade reste pour le coup suivant.

Si quelques uns renvient, les autres ou tiennent les jetons ou passent. Si personne ne tient le premier renvi, celui qui l'a fait lève tout et les joueurs lui payent ce qu'il a en points. S'il est tenu, au contraire, chacun montre son jeu, afin de connaître le gagnant.

Le point, première chance de gain. Celui qui le gagne reçoit de chacun un jeton, emporte la poule, la vade et les renvis. Le point est une réunion de diverses cartes; une seule ne peut le donner; un dix seul ne vaut pas un deux et un trois réunis.

La prime, seconde chance de gain, formée de quatre cartes chacune d'une couleur; celui qui la gagne perçoit deux jetons, poule, vade et renvis.

La séquence; cette troisième chance est semblable à celle du whiste; elle l'emporte sur le point et la prime.

Le tricon, qui trième chance, formée de trois cartes de même point et de couleur différente; l'emporte sur les autres. S'il y en a plusieurs, le gagnant est celui qui a le plus de points.

Le flux, cinquième chance, quatre cartes de même nature; elle exige cinq jetons et tous les accessoires.

Jeu double, réunion de plusieurs jeux simples, par exemple, le tricon et la prime, etc.; le flux et la séquence font le même effet que le tricon et la prime.

Le fredon, espèce de prime composée de quatre cartes de même valeur; celui qui a cette chance reçoit huit jetons des autres, et deux ou trois pour la prime qu'elle contient; il enlève tous les accessoires.

Les renvis: celui qui a fait le second renvi ne peut renvier ensuite au-dessus des autres qui ont été, dès que les renvis sont donnés pour la seconde fois. On peut, d'un commun consentement, régler les renvis, afin de ne point faire une trop grande perte; chacun ne peut perdre ni gagner que ce qu'il a de jetons devant lui ou qu'on lui doit. Quand on a perdu tous ses jetons, on prend de nouvelles marques; mais que l'on paie auparavant. Quoiqu'on n'ait rien de reste devant soi, on ne laisse pas de payer la valeur du jeu à celui qui le gagne, c'est-à-dire le prix des diverses chances.

AMBRE. (*Méd. dom. — Var.*) L'ambre est une substance bitumineuse qu'on trouve sur les côtes de la mer. On distingue l'ambre gris, l'ambre blanc, l'ambre noir, et l'ambre jaune; on appelle ce dernier succin ou karabé.

L'ambre gris brûlé a une odeur pénétrante et agréable, le tout mêlé avec des parfums, notamment avec un peu de musc et de civette; pour reconnaître s'il est pur, il faut le percer avec une aiguille rougie au feu; il en sort un suc gras et très odoriférant; il convient dans l'atonie de l'odorat.

L'ambre blanc et l'ambre noir ont les mêmes qualités.

L'ambre jaune ou succin est tiré en grande partie de la Prusse; il a la faculté comme la cire d'attirer des corps légers après avoir été frotté; ainsi on peut l'appliquer sur les paupières, quand une particule de paille est entrée dans l'œil. Dans le traitement de l'enchifrènement, on s'en sert comme sternutatoire, pour la personne qui n'y est pas habituée; les fumeurs se servent du succin travaillé en tuyaux de pipe et en porte-cigares.

Manière de dissoudre l'ambre. On introduit l'ambre dans un tube de verre de quatre pouces de long fermé par un bout à la lampe d'émailleur; on remplit à moitié le tube d'alcool à quarante degrés, on ferme le tube à la lampe, et on le maintient au-dessus d'un feu de charbon avec un petit support en fil de fer; quand le tube se remplit de vapeur, on retire du feu; en ouvrant le tube, on a un beau vernis transparent; crainte d'explosion du tube, il est bien de mettre un masque.

Manière de souder l'ambre. On humecte les surfaces avec de la potasse caustique dissoute, on les presse à chaud, et les deux morceaux se collent sans qu'on puisse voir la trace du joint.

AMBRETTE. (*Ind. dom.*) *Hibiscus abelmosus.* Famille des malvacées. Cette plante de la Martinique a une odeur de musc et d'ambre; elle est excellente en sachets pour parfumer le linge; elle se vend environ trois francs la livre. Avant de l'acheter, il faut en frotter quelques graines entre ses mains, pour voir si elle n'a pas une odeur de moisissure.

AMÉLIORATIONS. (*Agr.* — *Connus.* — *Méd. dom.*) Malheureusement dans la plus grande partie de la France la lésinerie ou la routine apportent un obstacle permanent aux développemens de l'agriculture et de l'industrie. En vain une foule de procédés utiles sont indiqués par les hommes les plus distingués de la capitale : en vain les savans consacrent leurs veilles à rendre applicables au bien-être commun les études scientifiques : l'agriculteur ignorant nuit aux autres et à lui-même, en refusant d'amender ses terres et en privant le pays d'une source d'abondance et de richesses.

Il est pourtant une multitude d'améliorations qu'on peut faire subir à ses possessions sans danger et presque sans dépenses.

Ainsi assainir les parties trop humides par des fossés.

Transporter les terres dans les bas-fonds.

Arroser les prés secs avec des rigoles.

Mêler les terres grasses et compactes avec du sable.

Pratiquer les assolemens.

Employer le sel, l'algue, et le plâtre, et autres engrais dont on a reconnu récemment toutes les qualités.

Dessécher les marais et défricher les landes.

Essayer la culture des plantes nouvellement mises en usage.

Naturaliser les animaux et plantes utiles.

Tenter l'emploi des nouveaux instrumens aratoires et de jardinage, etc., etc.

Et, en outre, que de régénérations à faire subir dans la construction des fermes, des granges, des aires, dans l'éducation des animaux domestiques, dans l'intérieur des ménages, dans la distribution des travaux, dans toutes les branches de l'économie, dans toutes les phases de l'existence.

C'est aux personnes les plus avancées, tant par leur éducation que par leur position sociale, à prêcher et à pratiquer les améliorations, à donner à la fois l'exemple et le précepte du progrès; c'est à elles à profiter de l'influence

que leur donnent leur fortune et leur savoir, pour vaincre les résistances qui s'opposent avec ténacité à toutes les tentatives nouvelles; c'est à elles à faire sentir que le mieux n'est pas ennemi du bien; s'ils parviennent à triompher des préjugés établis, s'ils réussissent dans leurs efforts en proportionnant l'énergie à l'énergie de la force contraire des vieilles idées et des vieux usages, on leur devra une éternelle reconnaissance; il a été constaté par des auteurs d'ouvrages de statistique, que des changemens dans la culture pourraient donner au sol une valeur triple et quadruple, et que la France, cultivée seulement comme l'est actuellement l'Angleterre, pourrait nourrir une population trois fois plus nombreuse; qu'on juge donc par ce résultat de l'importance des améliorations! et que chacun s'unisse et se groupe pour les propager.

AMERS. (*Méd. dom.*) Les amers sont employés en médecine comme toniques, stomachiques, anti-scorbutiques.

On nomme spécialement plantes amères, la camomille, le lierre terrestre, la gentiane, la petite centaurée, le trèfle d'eau, la sanaisie, la fumeterre, l'absinthe, le quinquina, etc.; quelques amers sont chauds et irritans, les racines et feuilles de la millefeuilles, l'herbe aux poux, la graine de moutarde, etc.

On les emploie dans les fièvres intermittentes, dans le mal de dents, mâché pour procurer une salivation, dans les rhumatismes chroniques en en continuant pendant très long-temps l'usage intérieur, dans le scorbut et les éruptions scorbutiques, dans les cas de mauvaises digestions ou quand l'estomac est débilité; dans la syncope et l'évanouissement, lorsque l'accès est terminé; dans les vents, dans la purification du sang, dans la pulmonie; dans la consomption, en les faisant infuser dans du vin, et dans un grand nombre d'autres maladies; c'est surtout comme fortifiant de l'estomac et stimulant des fonctions digestives qu'ils agissent.

AMÉTHYSTE DE SYBÉRIE. (*Jard.*) *Amethistea cærulea.* Familles des labiacées. Plante annuelle; l'époque à laquelle elle nous donne ses fleurs est à peu près du mois de juin au mois d'août; elles sont jolies, petites, bleues et odorantes. Cette plante se sème en place au mois de mars, dans un terreau léger.

AMEUBLEMENT. (*Ind. dom.*) Madame Adanson, dans son excellent, mais trop incomplet ouvrage intitulé : *la Maison de Campagne*, désigne l'ameublement de chaque chambre ; mais il nous semble qu'on ne peut préciser à cet égard de règles générales, l'ameublement subissant de grandes variations selon les goûts, la fortune, et les relations des individus.

La mode dans les ameublemens varie à peu près tous les dix ans; les ameublemens en acajou étaient jadis préférés; mais depuis quelques années on a reconnu les avantages du noyer et de quelques bois indigènes, avantages immenses, en économie, en beauté des veines, en solidité, et en durée.

On est revenu aux dorures à la Du Barri et aux meubles gothiques; en voyant les chambres de quelques uns de nos banquiers, on se croirait transporté dans une salle du dix-huitième siècle, chez un financier de la Place-Royale.

Ce n'est guère qu'avec une fortune assez considérable et dans une grande ville qu'on peut suivre toutes les fantaisies de la mode; à la campagne, il faut se contenter de meubles solides et de bon usage, et avoir soin de les entretenir avec d'autant plus de propreté qu'ils sont plus exposés qu'à la ville à la poussière, aux vers, et à toutes autres causes de destruction. (Voy. MEUBLES.)

AMIDON. (*Ind. dom.*) Espèce de pâte blanche et friable faite avec un sédiment de blé gâté, ou de recoupette (farine tirée du son des recoupes mêmes). Voici la manière de le faire : on prend une quantité de son quelconque; on le met dans une cuve, et par-dessus la quantité d'eau jugée convenable; on laisse le tout ainsi quinze jours. Le son et la farine s'élèvent d'abord au-dessus du liquide, puis retombent au fond, et la liqueur devient très aigre (les épingliers s'en servent quelquefois pour aviver leurs fils de fer et de laiton). Lorsque c'est assez trempé, on agite l'eau, qu'on passe successivement dans plusieurs tamis de moins en moins larges, après quoi on laisse déposer; on décante et on coupe ce qui est déposé pour le faire sécher; ce qui est au fond est l'amidon blanc; le dessus s'emploie pour faire de la colle; l'eau décantée guérit la gale des cochons; le son les engraisse très bien. Au sortir de la cuve, l'amidon se met dans un grenier dont l'aire est faite de plâtre blanc et propre; quand il est suffisamment séché, on le met aux essuis sur des planches exposées à l'air pendant quelques jours; ensuite on le répand à trois pouces d'épais dans une étuve ou sur le dessus des fours des boulangers, ayant soin de retourner soir et matin, sans quoi la blancheur se changerait en une couleur verdâtre. Outre les deux espèces d'amidon que l'on fait avec le son et le blé gâté, il y en a encore deux autres pour la confection desquels on emploie la racine d'arum, et la pomme de terre et la truffe rouge; tous deux sont très bons et servent aux mêmes usages que le premier. On employait autrefois l'amidon pour faire la poudre de cheveux; depuis long-temps cette coutume est abandonnée, si ce n'est par quelques vieillards chez lesquels l'habitude a prévalu sur la mode. On en a fait de la colle, de l'empois. (Voy. son usage au mot EMPOIS.)

Le meilleur est facile à reconnaître; il est doux, tendre et friable. Jadis c'était la Flandre qui nous le fournissait; mais maintenant la France en fait un très grand commerce.

L'amidon est la base du tapioka, de l'arrow-root, et autres préparations alimentaires récemment inventées.

Le gluten, qui reste et qu'on laisse perdre pour avoir l'amidon, mêlé avec des pommes de terre ou du son, est une excellente pâtée pour les cochons.

AMMONIAQUE. (*Ind. dom.*) On l'appelle autrement alkali volatil; dans cet état c'est une solution de gaz ammoniaque dans l'eau : on l'emploie dans plusieurs cas comme ayant la propriété de neutraliser l'effet des acides; ainsi elle sert dans l'asphyxie, dans la morsure des serpens et chiens enragés; elle efface les taches produites par les acides sur les couleurs végétales; elle dissipe, prise intérieurement étendue d'eau, les gonflemens excessifs qui menacent les bestiaux qui ont trop mangé d'herbe fraîche. (Voy. ANIMAUX NUISIBLES, ASPHYXIES.)

Dans le cas de piqûre de serpens ou d'abeilles, ou insectes, on l'applique pur au moment même; si la piqûre est au bord de l'œil ou sur les lèvres, on en met trente gouttes dans le quart d'un verre d'eau, et l'on bassine à plusieurs reprises; en cas de piqûre de serpens, on en fait avaler de quatre heures en quatre heures douze gouttes dans un demi-verre d'eau.

Quand le cheval a le tic (Voy. TIC), on lui fait prendre deux cuillerées d'ammoniaque dans une bouteille d'eau; après une petite promenade, les vents dont il est gonflé disparaissent.

AMORCES. (Voy. APPÂTS.)

AMOME. (*Jard.*) Abrisseau qui porte un fruit rouge plus vermeil que les cerises; l'hiver, il garde ses feuilles et ses fruits dans des serres; sa verdure, très agréable, vient ordinairement en bouquets; il craint beaucoup le froid, et pour cette raison il faut l'élever avec soin dans des pots ou caisses et l'arroser souvent, même pendant l'hiver. C'est une espèce de solanum qui se multiplie de graines qu'il faut semer au commencement du printemps; ce nom se donne encore à une espèce de fruit aromatique en grappes blanchâtres et oblongues. Ce fruit nous vient des Indes-Orientales; les meilleurs sont les plus pesans et les plus gros. Il faut qu'ils soient bien nourris, pourpres, odorans et âcres au goût.

AMORPHA FRUCTIQUEUX. (*Jard.*) *Amorpha fruticosa.* Famille des légumineuses; arbrisseau Caroline; il fleurit en juin en épis, brun foncé, parsemés de points divers produits par les étamines; il faut l'exposer au Midi et le placer dans une terre sableuse et profonde; il perd souvent le bout de ses tiges; on ne doit les rabattre que lorsque les feuilles commencent à paraître; il se multiplie par semis, par drageons enracinés et par boutures.

Amorpha nain. (*Amorpha nana.*) La culture est la même.

AMOUR. (PARFAIT) (*Offi.*) Mettre dans trois pintes d'eau-de-vie deux onces de zestes de citrons, une once de zestes de cédrat, un demi-gros de clous de girofle et une pinte et demie d'eau de rivière filtrée; faire distiller au bain-marie, faire fondre deux livres et demie de sucre, et mélanger, avant de tirer à la chausse; on colore avec un peu de cochenille.

AMPHIGOURI. (*Amus. de l'esp.*) L'amphigouri est un petit poème burlesque qui est l'assemblage de mots incohérens, et qui est divertissant par cette incohérence même; les amphigouris se font ordinairement sur l'air du menuet d'*Exaudet.* Chacun ajoute une rime indiquée sans connaître le sens du vers précédent; on écrit le tout, et on lit ensuite : voici un exemple d'amphigouri tiré de Vadé.

> Alaric,
> A Dantzic,
> Vit Pégase
> Qui jouait avec Brébeuf,
> Au volant dans un œuf,
> Au pied du Mont-Caucase.
> Sûr du fait,
> Dom Japhet
> Court chez Pline,
> Et puis s'en va, de Goa,
> Boire à Guipuscoa

Chopine;
Mais la reine Cléopâtre
Faisait cuir dans son âtre
Un marron
Que Baron
Jette aux poules,
Dans le temps que Jézabel
Mangeait en Israël
Des moules.
Alors Job
Chez Jacob
Prit un masque,
Et s'en fut à Loyola
Chanter alleluia
Sur un tambour de basque,
Phaéton
Au toton
Fut la Jupe,
En jouant contre Psyché
Qui perdit au marché
Sa jupe.

AMPHITRYON. (Cuis. — Mor. dom.) Ce mot ne s'emploie guère que pour parler de ceux qui, favorisés par une grande fortune, tiennent table ouverte au profit de leurs amis, de leurs créatures, de leurs poètes et de tous les individus de leur coterie.

Recevoir des amis, des parens, bannir du festin l'étiquette, la cérémonie, servir des mets en petit nombre, mais choisis, ce n'est pas là de l'amphitryonisme. L'amphitryonisme suppose l'étalage d'un grand luxe gastronomique et l'apparat d'une table surchargée.

Il ne faut pas le croire, toutefois, qu'on ait atteint l'apogée des qualités amphitryoniques en présentant à ses convives un festin splendide. Il y a des qualités intrinsèques dont l'invitant ne saurait se dispenser sans être préjudiciable aux invités.

L'amphitryon doit d'abord se donner une peine personnelle pour composer le menu de son dîner et ne pas l'abandonner au soin des subalternes. Il doit surveiller lui-même la coction et la confection des alimens, et régler l'ordre et la marche du service.

L'Amphitryon ne doit jamais faire attendre, et ne doit jamais attendre les convives. A l'heure précise indiquée, tous doivent être dans la salle à manger, et c'est surtout dans ce cas qu'on doit appliquer l'axiome : les absens ont tort. Qu'on manque un rendez-vous pour affaire, cela se conçoit ; mais un rendez-vous pour dîner, c'est une anomalie inconcevable.

A table, l'amphytrion doit faire tous ses efforts pour activer la conversation, amuser les convives et occuper leur esprit en même temps que leur estomac. L'exercice de l'intelligence et de la parole facilite la digestion et fait oublier les longs intervalles qui séparent les services.

Rassembler des convives de choix, les assortir de manière à ce que l'harmonie règne entre tous, n'est pas une des moindres vertus de l'amphitryon.

Il faut qu'en sortant de chez l'amphytrion, le convié ait non seulement l'appétit satisfait, mais encore qu'il conserve

un agréable souvenir de l'amabilité de ses co-dîneurs et surtout du maître du logis.

AMPOULE. (Méd. dom.) Ampoules ou bulles pleines de sérosité qui s'élèvent sur la peau par suite de frottement, ordinairement sur les mains et sur les pieds. Elles sont faciles à guérir et peu dangereuses.

Y faire, avec un canif, de petites ouvertures, les inciser même dans toute leur longueur si elles sont grosses ; y placer des cataplasmes émolliens et des compresses d'eau et d'acétate de plomb. Elles ne résistent pas à ce remède.

AMUSEMENS DE L'ESPRIT. Nous avons fait de ce mot une de nos divisions. Les amusemens de l'esprit sont d'une grande ressource, à la campagne surtout ; et bien que quelques uns paraissent puérils, on aurait tort de les bannir. On compte, parmi les plus usités, l'anagramme, l'acrostiche, l'amphigouri, la charade, le calembourg, le coq-à-l'âne, l'énigme, la devise, le rébus, etc. (Voy. ces mots.)

Tout cela délasse l'esprit, en lui procurant un exercice salutaire : nous en conseillons l'usage.

AMYGDALES, (GLANDES). (Méd.) Ce nom leur vient de la ressemblance qu'elles ont avec les amandes. Ce sont deux corps glanduleux, d'une couleur rougeâtre, occupant chacun l'interstice des demi-arcades latérales de la cloison du palais, à droite et à gauche de la base de la langue, et que recouvre la membrane commune du gosier. Ces deux corps sont sujets à une inflammation que l'on a rangée dans la catégorie des esquinancies. Les caractères de cette maladie sont : la difficulté de respirer, surtout par les narines; des douleurs, souvent très violentes, en avalant; un crachement perpétuel, une douleur aiguë dans l'intérieur de l'oreille, et quelquefois il en résulte la surdité. Lorsqu'il n'y a point ou que peu de fièvre, le cas n'est pas dangereux; mais, il est très à craindre, quand il est le symptôme de la maladie vénérienne. Quelquefois cette esquinancie est fausse; ce ne son alors que de simples maux de gorge. (Voy. ANGINE, ESQUINANCIE.)

ANA. (Amus. de l'espr.) On appelle ana les recueils d'anecdotes, contes, historiettes, etc. On distingue les ana spéciaux et les ana généraux. Les ana spéciaux, comme : Ménagiana, Bonapartiana, Biévriana, ne peuvent guère servir qu'à la composition de l'histoire et des biographies. Les ana généraux peuvent être employés efficacement pour bannir l'ennui des longues soirées d'hiver. Le meilleur est le choix d'anecdotes, un volume in-32, publié en 1828, par l'éditeur de l'Anthologie.

ANAGRAMME. (Amus. de l'espr.) Ce mot est formé du grec ana, en arrière, et gramma, lettre. C'est un mot retourné. Calvin en donna le premier le modèle, en France, en prenant le nom d'Alcuinus, anagramme de Calvinus.

On a trouvé, dans le nom de frère Jacques Clément, cet anagramme : C'est l'enfer qui m'a créé. Il faut, autant que possible, que le mot qui résulte du changement du nom primitif, soit un sens applicable à ce nom, comme dans l'exemple précédent.

ANAGYRIS FÉTIDE. (Jard.) Anagyris fœtida, Famille des légumineuses. Cet indigène, toujours vert, fleurit en mai; ses fleurs ont des feuilles grandes et jaunes, et en grappes courtes. C'est un joli arbuste que l'on doit rentrer pendant deux ans, et mettre ensuite en place, au midi d'un massif, en terre sèche et légère. Il lui arrive quelquefois de perdre ses tiges; mais on le voit bientôt repousser du pied, si on le couvre de litière. Le mois d'avril est le moment le plus favorable pour les semis; il faut les faire au soleil.

ANANAS. (Jard.) Genre de plante qui vient ordinairement du Brésil, et que l'on cultive depuis peu, en France, avec succès. Ses fruits sont délicieux.

La terre qui convient à l'ananas est composée de marne brune, deux parties et demie, terreau de feuilles, une partie, terreau de fumier de mouton, une partie.

La chaleur de la terre doit être de 51 à 42° c.

La chaleur de l'air, le jour, de 5 à 7°, la nuit, de 15 à 20° c.

La chaleur de l'eau d'arrosement, de 50 à 55° c.

Les pots ont 5 à 6 po. de diamètre, dans les deux ou trois premiers mois de la culture; puis 1 p. de diamètre et 2 à 5 p. de profondeur. Les intervalles des pots sont remplis de tan sec, d'abord à moitié de leur hauteur, et, jusqu'au bord, quand il n'y a plus de danger de brûler les racines.

Les rejetons empotés au mois de juin, sont dépotés en octobre suivant. On les dépote encore au mois de mars, et on couvre la terre de racines. Au mois de juillet suivant, nouvelle dépotation. Au mois d'octobre suivant, on les place dans les pots où ils sont destinés à rester.

On produit des ananas excellens, par le moyen de la vapeur, en concentrant la vapeur dans un récipient, et, pour en conserver la chaleur, on le remplit de petits cailloux qui absorbent la chaleur et la conservent au moyen d'un tuyau de fer de fonte percé de trous, et la distribue dans la terre et aux plantes.

Pour faire produire aux ananas des fruits mûrs, au bout de quinze mois, il faut établir dans la serre une couche de litière et de terreau; et, dès que le terreau a le degré de chaleur de la couche, on y plante les œilletons pour que leurs feuilles soient enfoncées d'un pouce et demi. Le soir, on les arrose d'eau tiède; on ouvre les fenêtres, quand le ciel est serein. Trois mois après leur plantation, on coupe les feuilles enterrées. En janvier, on prépare dans la serre une nouvelle couche, on plante les ananas dans des pots au fond desquels on met des rognures de corne, et, dès le mois de mars ou d'avril, on voit déjà paraître des fruits.

ANANAS. (Voy. FRAISES.)

ANATOMIE. (Comm. us.) L'anatomie est la science de la construction du corps de l'homme ou des animaux; l'étude de la charpente osseuse, des muscles, veines, tissus, etc.

Il a rive souvent qu'on souffre sans en savoir exactement la cause, et qu'on attribue à l'estomac un mal qui provient de la poitrine, et réciproquement. De l'ignorance de l'organe affecté, résultent le tâtonnement et de l'incertitude dans l'application des soins hygiéniques.

L'anatomie vous éclaire sur la véritable place de tous vos appareils; la conformation interne et externe du bras est indispensable à connaître pour la pratique de la saignée. Elle facilite également les moyens de guérir les accidens qui arrivent aux animaux domestiques. C'est du reste une étude d'un intérêt immense. (Voir pour l'anatomie de l'homme, le Manuel à l'usage des gens du monde, par J. Cloquet, in-18.)

ANCHOIS. (Pêch.) Poisson de mer, qu'on pêche la nuit au flambeau, principalement sur les côtes de la Méditerranée; on leur arrache la tête, on les vide, et on les met avec du sel dans des barils.

ANCHOIS. (Cuis.) On les emploie à l'assaisonnement des sauces, pour hors-d'œuvre ou à déjeuner. Voici comment on les apprête : après les avoir grattés avec le dos d'un couteau, et bien lavés, on leur enlève adroitement l'arête du milieu sans les briser; on partage encore ces deux moitiés, qu'on arrose d'huile, de persil, etc., et qu'on sert avec des jaunes d'œufs durs symétriquement distribués avec les fines herbes.

Canapés d'anchois. On fend deux pains à café frais, dont on extrait la mie, on y met ensuite quatre petits filets d'anchois qu'on arrose d'huile et poudre de fines herbes; si on n'aime pas l'huile, le beurre en tiendra la place. Si on a un pot d'anchois, il faut avoir soin de remplacer la saumure à mesure qu'elle s'évapore; ce n'est autre chose que de l'eau tiède et du sel.

ANCOLIE DES JARDINS. (Jard.) Aquilegia vulgaris, famille des renonculacées. Cette plante vivace est indigène; elle fleurit en mai; ses fleurs sont bleues, roses, lilas ou blanches; les doubles ou étoilées sont les seules que l'on recherche. Cette plante se sème d'elle-même et produit toutes les variétés dont elle est susceptible; si on en a obtenu de jolies et qu'on tienne à les multiplier, on le fait par la séparation de leurs pieds au mois de septembre. Les terrains et les expositions n'influent pas sur elles; leur choix est donc indifférent.

ANDAYE. (EAU-DE-VIE D'). (Cuis.) Prendre une once d'anis étoilé concassé, deux onces de poudre d'iris de Florence, les zestes de deux oranges, distiller au bain-marie de l'alambic avec six pintes d'eau-de-vie. Faire fondre dans deux pintes et demie d'eau de rivière deux livres et demie de sucre; ensuite passer à la chausse.

ANDOUILLES. (Cuis.) On lave et nettoie bien les boyaux les plus charnus du cochon, après quoi on les fait dégorger pendant douze heures; on les égoutte, on les essuie, on les met dans une terrine, assaisonnés de sel, d'aromates pilés, de poivre et d'épices; on les laisse ainsi pendant deux heures; en les liant dans des boyaux et on les met dans le fond du saloir. Pour les manger, on les fait cuire dans du bouillon, avec des racines, du persil, etc.; on les laisse refroidir et on les met sur le gril.

Andouilles à la Béchamel. On met dans une casserole, sur un feu doux, un morceau de beurre, une tranche de jambon et quelques assortimens; on laisse suer pendant un quart-d'heure, après quoi on mouille avec une chopine de crème. Quand c'est réduit à moitié, on y mêle une poignée de mie de pain qui boit le lait; ensuite on coupe en filets de la panne, du porc frais, du petit lard, etc., qu'on mêle avec la mie de pain et six jaunes d'œufs crus. On remplit des boyaux de ce mélange et on les fait cuire avec moitié lait, moitié bouillon et bouquet assaisonné.

Andouilles de bœuf. On prend des robes d'andouilles auxquelles passer le goût de boyaux; on fait cuire aux trois-quarts, dans de l'eau, du gras-double et des palais de bœuf que l'on coupe en filets assaisonnés d'ognons cuits, dans le beurre; on ajoute à tout cela six jaunes d'œufs crus et des assaisonnemens; on entonne dans les boyaux et on fait cuire dans du bouillon gras, une bouteille de vin blanc, un bouquet assaisonné, poivre, girofle, sel, carotte et ognons; on laisse refroidir et on sert comme les andouilles de cochons.

Andouilles de fraise de veau aux truffes. Faites blanchir et cuire une fraise de veau; la couper en filets avec une tétine ou deux, cuites comme la fraise; les mettre dans un vase avec des champignons hachés, échalottes, persil et truffes. Faire cuire au beurre des fines herbes que l'on mouillera avec du vin de Madère; lorsque ce sera réduit de moitié, on y mettra cinq cuillerées de velouté et on laissera encore réduire de nouveau. On assaisonnera ensuite avec poivre, sel, épices, muscades et truffes en lames, la tétine, la fraise et six jaunes d'œufs crus. On met cela dans des boyaux qu'on a préparés, sans les trop remplir, et qu'on met deux minutes dans l'eau bouillante, après quoi on leur fait prendre une belle forme sous presse. On les masque dans une casserole entre du lard, des lames de veau et de jambon, et après avoir mis du vin de Madère, du vin blanc, du consommé, un bouquet assaisonné, carottes, ognons, sel, poivre, etc. On les fait cuire doucement pendant deux heures; on les laisse refroidir dans leur assaisonnement, et on les fait griller comme les andouilles ordinaires.

ANDROMÈDE DE MARYLAND. (*Jard.*) *Andromeda mariana.* Famille des bruyères. Arbuste de Virginie; ses fleurs viennent en juin et sont grandes, blanches, en forme de cloche et en grappes; on en compte seize espèces.

Toutes les andromèdes sont de charmans arbustes par leurs feuilles ou par leurs fleurs. Pour les conserver, il faut une terre de bruyère humide, très ombragée, mais aérée; il faut leur éviter le voisinage des arbres, parce que si leurs racines les atteignent, rien ne leur est plus nuisible; on sépare en mars leurs rejetons, marcottes ou semis. (Voy. RHODODENDRON.)

Andromède en arbre. (*A. arborea.*) Cet arbre, qui vient de l'Amérique Septentrionale, porte en juillet des fleurs blanches en épis terminaux; il lui faut une bruyère humide, une exposition abritée et ombragée. En Amérique, il acquiert cinquante à soixante pieds.

ANE, ANESSE. (*Anim. dom.*) L'âne est assez connu par son utilité domestique; d'un caractère obstiné, mais patient et laborieux, aucun animal ne rend plus de services à l'homme et n'exige de lui aussi peu de soins. Un repas, pour lui, répare une journée entière d'abstinence, qu'un cheval ne pourrait supporter. Il n'est pas maladif et se traite comme les chevaux en cas d'accidens. On ne l'étrille, ni on ne le ferre. Il est utile après sa mort; sa chair s'emploie à la confection de saucissons réputés excellens, et la peau sert à faire du parchemin, des cribles, des tambours, etc. Le mois d'avril ou de mai est celui que l'on choisit pour faire couvrir l'ânesse; mais le temps chaud du mois de juin est encore plus convenable : elle porte onze mois comme la jument. On donne le mâle à l'ânesse sept à huit jours après qu'elle a mis bas; elle n'en conçoit que mieux; sa trop grande ardeur dans un autre temps l'empêche presque toujours de retenir. Le lait d'ânesse est d'un grand secours dans les maladies de poitrine; il est plus clair, plus léger et plus digestif que les autres laits; il adoucit les humeurs

âcres et salées qui retombent sur la poitrine, etc. (Voy. LAIT.)

L'âne le meilleur est le baudet du Poitou; l'ânon s'élève facilement; on le nourrit de chardons, de plantes dures, et du rebut de tous les animaux.

On doit donner à l'ânesse, surtout à celle qui nourrit, des alimens plus susceptibles de l'engraisser.

L'âne de deux ans vaut de 90 à 240 francs, le baudet du Poitou est beaucoup plus cher; il a une force égale à celle de trois hommes, et ne consomme que les deux tiers de la quantité consommée par un cheval; son prix varie de trois à six cents francs.

L'âne peut trainer des charrettes; il peut porter comme bête de somme 60 à 75 kilogrammes; son fumier est très chaud, mais peu abondant.

ANÉMONE HÉPATIQUE. (*Jard.*) *Anemone hepatita,* famille des renonculacées. Plante basse et vivace que nous fournissent les bois de l'Europe. Il en est dont les fleurs sont bleues et doubles; d'autres qui les ont blanches, et simples ou semi-doubles. Les hépatiques sont de petites fleurs tout-à-fait charmantes qui fleurissent à peu près dans le mois de mars; il lui faut une terre de bruyère à moitié ombragée; on sépare leurs pieds en septembre; elles perdent leurs feuilles.

Anémone pulsatile. (*A. pulsatilla.*) Elle est vivace et indigène; ses fleurs viennent en avril et souvent en septembre, penchées et d'un pourpre noir; on la cultive de même.

Anémone des bois. (*A. nemorosa.*) Vivace et indigène; ses fleurs viennent en avril; elles sont grandes, blanches à l'intérieur, rosées au-dessous; même culture; il y en a une variété à fleurs doubles, qui est très jolie.

Anémone sauvage. (*A. sylvestris.*) Vivace et traçante qui nous vient d'Allemagne; ses fleurs, qui viennent en avril, sont grandes et blanches; il lui faut une terre franche et à demi ombragée; on sépare les pieds en septembre.

Anémone à œil de paon. (*A. pavonina.*) Nous vient du Levant; elle est vivace et donne en mai des fleurs cramoisies et d'un bel effet. Le terreau qui lui convient le mieux est celui de bruyère, au levant; on sépare les pattes quand les fleurs sont tombées.

Anémone à fleurs bleues. (*A. pennina.*) Celle-ci vient d'Italie; elle est vivace, fleurit en mars, et ses fleurs sont bleues et très jolies; il lui faut de la terre de bruyère au nord.

Anémone des fleuristes (*A. coronaria*), et *Anémone des jardins.* (*A. hortensis.*) Toutes deux sont vivaces; les doubles seulement sont recherchées à cause des nuances innombrables de couleurs qui les embellissent. On a des traités entiers sur la culture de ces belles plantes; nous donnerons quelques notions sur la manière de les conduire. On les plante à la mi-février; les feuilles viennent en mars, et les fleurs en avril; il leur faut une terre franche et du terreau végétal préparés huit jours d'avance pour qu'ils soient bien tassés; on espace les pattes à six poucés; on les enfonce de deux pouces en plaçant bien l'œil en dessus; exposition du levant inclinant un peu au sud. On place auprès des fleurs de petites baguettes auxquelles on les attache avec de la laine; il faut couper à mesure, avec des ciseaux, celles qui sont défleuries. En juillet on lève les pattes, qu'on fait sécher, nettoie et met dans des boîtes sèches, à l'abri des gelées; il est bon d'en avoir une double quantité pour les laisser alternativement reposer un an. Les simples sont plus rustiques; on peut en placer quelques touffes en terre; leurs fleurs sont belles et d'une agréable variété.

ANGE (EAU D'). Voy. EAU.

ANGE (CHEVEUX). Voy. CHEVEUX D'ANGE.

ANGÉLIQUE DES JARDINS. (*Jard.*) *Angelica archangelica*. Famille des ombellifères. C'est une plante bisannuelle ou trisannuelle; elle est même vivace si le lieu lui convient; il faut pour cela qu'elle soit exposée au soleil au bord de l'eau sur un terrain meuble, léger et gras. La graine se sème dès qu'elle est mûre; on la recouvre d'un peu de sable qu'on répand avec le crible; elle se sème d'elle-même; on doit alors relever le plant avec le pivot entier et le repiquer.

L'angélique fleurit de juin jusqu'en août; sa graine mûrit en octobre, et ne se conserve qu'une année.

ANGÉLIQUE CONFITE. (*Off.*) Mettre sur le feu, dans l'eau, des tiges d'angélique tendre, de trois pouces de long; quand l'eau est près de bouillir, retirer le tout, et au bout d'une demi-heure, ôter les filandres et la peau des morceaux d'angélique; ensuite les jeter dans une bassine à demi-pleine d'eau un peu salée; les faire cuire à grand feu jusqu'à ce qu'on les traverse facilement avec une épingle; les jeter ensuite dans l'eau fraîche, les égoutter, les mettre dans du sucre cuit à la nappe, et après cinq bouillons les verser dans un vase. Le lendemain on retire le sucre pour le faire bouillir, on remet l'angélique dedans; on la retire encore, et on laisse le sucre cuire tout-à-fait; en cet état on le verse sur l'angélique. Le lendemain, on la retire du sucre, on l'étend sur des clayons pour la faire sécher au soleil ou au four une heure après la sortie du pain, on la retourne et on la met dans des boîtes garnies de papier; on fait des compotes avec le sucre.

Angélique (crème d'). Six pintes d'eau-de-vie, cinq pintes d'eau de rivière, quatre livres de sucre, un gros de semences d'angélique concassées, quatre onces de tiges d'angélique récentes coupées en morceaux, quatre onces d'amandes amères entières infusées pendant quinze jours, coulées avec expression, et passées, composent une liqueur cordiale et digestive qui est excellente.

Angélique (ratafia d'). Couper par morceaux une once de racine d'angélique, concasser une once de graine, ajouter un demi-gros de girofle et autant de macis; infuser dans une pinte d'eau-de-vie pendant trois semaines, passer, faire fondre deux livres de sucre, et les verser dans l'infusion.

ANGINE. Il y a plusieurs sortes d'angines; l'angine de poitrine et l'angine couenneuse ne sauraient se guérir sans l'intervention du médecin.

L'angine ordinaire est une difficulté de respirer et d'avaler; elle a sa cause dans des vapeurs irritantes, un air très-froid, un exercice forcé de la voix, surtout quand on parle la tête découverte.

Au début, gargariser avec de l'eau légèrement vinaigrée, faire tenir le malade assis, lui recommander le si-

lence le plus absolu, lui appliquer sur le larynx des fomentations émollientes; si la difficulté de respiration persistait, il faudrait avoir recours aux sangsues, et même à la saignée.

ANGLETERRE (POINT D'). Voy. POINT.

ANGLETERRE (POIRE D'). Voy. POIRE.

ANGORA. (Voy. CHAT.)

ANGUILLE. (*Pêch.*) Les anguilles demeurent dans la bourbe; on les pêche à l'hameçon, à l'épinette, à la fouine, à la nasse. (Voy. ces mots.)

On sale les anguilles pour les conserver, et la salure corrige leur viscosité, et leur donne un meilleur goût.

ANGUILLE. (*Cuis.*) *Anguille à la broche*. Faire griller superficiellement une anguille, et faire couler la peau en la tirant, avec un torchon, de la tête à la queue. Cela fait, on lui coupe la tête, on la vide et on la roule en cercle. On met ensuite dans une casserole du beurre, des ognons, des carottes, du laurier, du thym, etc. Quand cet assaisonnement est bien revenu, on le mouille avec du vin blanc, du sel et du poivre, et une demi-heure après on les passe au tamis de soie sur l'anguille qu'on met au four; au bout de trois quarts d'heure on la retire et on la sert avec une sauce à l'italienne.

Anguille à la tartare. Même préparation que la précédente; avant de la mouiller on y met de la farine, et lorsque la sauce est cuite, on la passe à l'étamine sur l'anguille coupée en tronçons que l'on fait cuire. Quand ils sont cuits on les met dans la mie de pain, on les trempe dans des œufs battus, on les pane une seconde fois, et un quart d'heure avant de servir on les met sur le gril, à un feu doux; on ajoute une sauce à la tartare et on met ses tronçons dessus.

Anguille à la poulette. L'anguille dépouillée, on la coupe en tronçons de trois pouces; on la met dans une casserole avec du sel, gros poivre, persil, etc., et une bouteille de vin blanc. Quand l'anguille est cuite, on pare les morceaux qu'on met dans une autre casserole, et on passe son mouillement au tamis de soie. On passe à blanc vingt petits ognons qu'on mêle avec le mouillement, auquel on ajoute des champignons, du persil, des ciboules. Dès que les ognons sont cuits, on les ôte avec une cuillère percée, et on les met sur l'anguille, sur laquelle on verse la sauce sans qu'elle ait bouilli. Avant de servir on met des croûtons passés au beurre au fond du plat que l'on garnit d'écrevisses.

Anguille piquée. On la pique de lard sur le dos, on la roule, on la met dans un sautoir, et on la fait cuire au four avec une bonne marinade; il faut qu'elle soit bien glacée; alors on la sert avec une sauce tomate ou verte.

Anguille frite. On la désosse, on la coupe en filets égaux que l'on fait mariner; au moment de servir, on l'égoutte, on la farine et on la fait frire.

ANGUILLE DE MER. (*Cuis.*) Faire cuire avec de l'eau et du sel, du persil, trois ou quatre feuilles de laurier; masquer d'une sauce à la crème avec un peu de beurre d'anchois.

Anguille de mer sautée. On prend les chairs seulement, qu'on coupe et qu'on assaisonne comme l'alose; on les laisse un peu plus cuire, et quand le sauté est cuit, on le

5

dresse avec un velouté lié, dans lequel on met un peu de beurre d'anchois.

Anguille à la bourgeoise. On fait une sauce blanche liée avec deux jaunes d'œufs; on y met un anchois avec du beurre, on remue et on verse sur le poisson; il faut avoir bien soin d'ôter la peau.

Anguille de mer à la poulette. On mouille des champignons sautés au beurre, avec du bouillon, persil et ciboule; on lève les chairs de l'anguille que l'on coupe en gros morceaux carrés, sur lesquels on verse la sauce; le tout doit bouillir un bon quart d'heure; on liera la sauce avec quatre œufs avant de servir.

Anguille de mer sauce aux anchois. On la dépouille, et lorsqu'elle est cuite, on la masque d'une sauce où l'on a mis un anchois haché bien fin.

Anguille de mer sauce hollandaise. Quand l'anguille est dépouillée et cuite en bonne eau, on la masque d'une sauce hollandaise blanche.

ANIMAUX DOMESTIQUES. (*Ind. dom.*) L'éducation des animaux domestiques et leur choix est astreint à certaines règles : il faut préférer les animaux de tailles moyennes, qui engraissent mieux.

Ils doivent avoir une grande finesse de peau, présenter un ensemble de formes régulières, avoir le coffre développé, la tête et les os petits; si c'est un animal de travail, que l'encolure soit mince et nette, que le collier puisse s'appliquer exactement sur le cou, que le coffre soit large, le poitrail étendu, les côtes bien détachées de l'épine, les épaules larges et rondes, et charnues, le dos large et plat, les membres longs, les cuisses minces, les jambes droites au-dessous du genou et du jarret, les os des jambes petits, les nerfs et les attaches solides.

Si les animaux sont destinés à reproduire, qu'ils aient les os petits, le dos droit, la peau nette, le corps rond, l'encolure légère, le fanon petit.

Que l'animal ne soit ni turbulent ni indocile; qu'il soit vigoureux, et par la nature de son poil noir et rude, peu disposé aux maladies.

Qu'il soit précoce, c'est-à-dire qu'une nourriture réglée ait favorisé sa croissance.

Certains animaux tendent à se charger de graisse dans quelques parties de leur corps, tandis que chez d'autres la graisse se mêle plus complètement avec la chair.

Tout éleveur doit chercher une race en harmonie avec la nature de son terrain; il ne doit pas prendre des troupeaux surtout de pâturages plus riches que les siens; qu'il choisisse de préférence des animaux de petite taille qui aient plus de prédisposition à engraisser, et donnent une quantité plus considérable de viande de boucherie; dans les terrains secs, leur pied foule toujours assez le sol, et dans les terrains humides un animal gros causerait des dégâts; le lait des animaux petits est meilleur que celui des grands.

Une peau fine et douce se dilate facilement, et met moins d'obstacles à l'engraissement.

Il faut que les animaux qu'on prend aient été habitués au travail, que les cornes soient bien placées, le front uni.

Il faut qu'ils aient passé l'âge de la dentition et des maladies.

Il faut que les animaux ne mangent pas beaucoup et qu'ils ne soient pas difficiles sur la qualité de la nourriture; quelques uns s'engraissent autant avec une nourriture médiocre que d'autres avec une nourriture excellente.

Outre ces indications générales, il y en a d'autres applicables à chaque animal que nous donnerons à leur place. (Voy. ANE, BŒUF, CHEVAL, MULET, etc.)

ANIMAUX MORTS. (*Ind. dom.*) Tout animal, même après sa mort, peut encore être très utile, chaque partie en étant l'objet d'un emploi spécial; toutes sont, au reste, d'excellens engrais.

Os. Les gros os peuvent être sciés en largeur, et vendus aux tabletiers.

Cornes, sabots, ongles. En bon état ils peuvent se vendre aux fabricans de peigne; en mauvais état, aux fabricans de bleu de Prusse.

Peaux. On les sèche, on les passe à l'eau de sel ou d'alun, et on les conserve dans un grenier, en les exposant de temps à autre à la vapeur du soufre, jusqu'à ce qu'on en ait besoin; les peaux de rats et petits animaux valent jusqu'à dix francs le cent.

Graisse. On casse les os, et on fait bouillir les chairs; on enlève la graisse à mesure qu'elle sort des cellules qui la contiennent; on peut en fabriquer des chandelles, en enduire les harnais, et adoucir les frottemens.

Tendons, bouts d'oreilles, rognures de peaux. Les fabricans de colle-forte les achètent soixante francs les deux cents livres.

Sang. Mélangé avec des farineux, est un excellent aliment pour les animaux domestiques omnivores; c'est un engrais puissant mélangé avec huit fois son volume de terre sèche; on les vend aux colonies vingt-cinq centimes la livre.

Boyaux et déjections. Mélangés avec de la terre, ils servent de fumier.

Intestins. Nettoyés, séchés, ployés, soufrés et desséchés, ils se vendent aux fabricans de cordes à boyaux, de raquettes, de cordes de rouets.

Crins, poils, clous, fers, débris. Pour un cheval de 642 livres, le prix peut s'en élever à 65 francs. Les débris des poissons s'emploient comme engrais.

ANIMAUX NUISIBLES. (*Ind. dom.*) Il y a des animaux nuisibles de diverses classes. Nous les réunirons tous dans cet article.

Les mulots et les souris mangent toute espèce de graines, et les ognons, les oxalis, crocus, jacinthes et tulipes. Le moyen de les détruire est de tendre des souricières à ressort remplies de farine ou de millet sur les plantes qu'ils ont ravagées. De petits traquenards ronds prennent également bien les mulots. (Voy. MULOTS, SOURIS.)

Les taupes rendent quelque service en détruisant les vers, les escargots et autres insectes; mais elles bouleversent les semis, coupent les racines, soulèvent les plantes, empêchent le fauchage en couvrant les prés de leurs monticules. (Voy. TAUPE.)

Parmi les oiseaux on compte les moineaux, les merles, les loriots, les pies, les pinsons, les linottes, les fauvettes. (Voy. ces mots.)

Tous ces oiseaux se prennent difficilement aux piéges,

et leur destruction est presque toujours l'ouvrage du chasseur.

Parmi les insectes, quelques espèces sont à l'homme d'une utilité incontestable : la soie, le miel, des médicamens souvent précieux en sont des preuves évidentes et journalières! (Voy. ABEILLE , BOMBIX , CANTHARIDES, etc.) Ils sont encore utiles en servant de pâture aux animaux dont l'homme se nourrit. D'autres empêchent la contagion en hâtant la putréfaction des cadavres des animaux. (Voy. MOUCHES, SYRPHES, etc.).D'autres rendent propres à l'engrais les excrémens des grands animaux en les dévorant. (Voy. BOUSIER, SCARABÉE , etc.) Enfin, la guerre qu'ils se font entre eux tourne encore au profit de l'homme ; mais si nous comparons ces avantages rendus par quelques uns aux ravages causés par quelques autres, quelle différence nous y trouverons ! Nous en verrons qui font avorter ou détruisent les récoltes et les fruits. (Voy. CHARANÇONS, FOURMIS, GRILLONS, HANNETON, VERS BLANCS, etc.) D'autres portent leurs dégâts sur les fleurs, les arbustes qu'ils dépouillent ou rendent hideux par leur forme. (Voy. CHENILLES, PUCERONS, PUNAISES RURALES, etc.) Ceux-ci rongent les différens tissus, les draps , détériorent nos meubles , nos bibliothèques. (Voy. TEIGNES, etc.) Ceux-là s'en prennent aux animaux domestiques. (Voy. MITES, TAONS, etc.) Enfin , il en est quelques autres qui prennent l'homme lui-même pour ennemi et lui portent leurs blessures et leur venin. (Voy. CHENILLE, COUSIN, GUÊPE , SCORPION , etc.) Si , de plus, on pense qu'une seule femelle procrée ordinairement jusqu'à plusieurs milliers d'individus, quel sujet aura-t-on plus digne de sollicitude et de soin que cette prodigieuse fécondité ! Aussi , toutes les fois que, dans les lieux occupés par ces insectes , nous pourrons introduire quelques gaz ou vapeurs qui leur soient contraires, nous pouvons compter sur leur destruction. Si nous ne pouvions les attaquer par un air nuisible à leur respiration , le goût et l'odorat seraient les organes par où nous chercherions à les combattre. Sous ce rapport, les meilleures préparations à faire sont celles où il entre du mercure ; et , sans nous arrêter aux moyens routiniers dirigés jusqu'ici contre ces nombreux ennemis de l'homme , nous allons indiquer quelques-unes de ces préparations et les espèces d'insectes auxquelles elles sont applicables.

Fumigation sulfureuse. Dans un appartement bien fermé, placez un réchaud embrasé sur lequel vous jetterez quatre onces de fleur de soufre. Cette dose est suffisante pour un espace de douze pieds carrés. Au bout de quelques minutes, tous les insectes atteints par la vapeur périront; mais comme il faut à celle-ci le temps de les atteindre; vous laisserez les appartemens fermés à peu près pendant deux heures. Vous aurez soin de n'y rentrer que quand la vapeur sera bien dissipée. Ces fumigations s'appliqueront particulièrement à la destruction des punaises, puces, scolopendres, larves de puces qui abondent dans les colombiers; pucerons, chenilles, guêpes, etc.

On peut rendre cette fumigation plus active en y ajoutant un quart de cinabre (sulfure de mercure) ; elle prend alors le nom de *fumigation sulfureuse mercurielle*, et est propre à détruire les charançons qui infectent les greniers de blé, les cloportes, les mites, cirons , etc.

Fumigation mercurielle. Mêlez exactement une once de cinabre en poudre et six onces de chaux pulvérisée que vous placerez sur le feu. Vous userez des mêmes précautions que pour les fumigations sulfureuses. Vous aurez soin de couvrir exactement les objets en cuivre, en argent ou en or. La couleur des draps et des meubles ne craint rien. Vous appliquerez ce procédé à la destruction des criocères, des teignes, etc.

Fumigation d'acide carbonique. Prenez huit onces d'acide hydrochlorique, huit onces de marbre concassé ou de craie pulvérisée. Placez cela sur le feu dans un vase très grand; vous étendrez l'acide de cinq ou six fois son poids d'eau, et vous vous retirerez de la chambre en fermant soigneusement les issues. Vous attendrez le même temps que pour la fumigation sulfureuse, et vous ne rentrerez dans l'appartement que lorsqu'une chandelle que vous y aurez allumée auparavant, continuera d'y brûler; autrement vous risqueriez d'être asphyxié. Ce procédé convient pour se désinfecter des ptines , des gibbies, qui rongent les collections d'insectes , les livres des bibliothèques ; des teignes , etc.

Première solution mercurielle. Prenez un gros de sublimé-corrosif que vous mettrez dans un vase non métallique; versez dessus un litre d'eau de fontaine bouillante, et quand le sel sera entièrement fondu , vous y ajouterez deux litres de même eau froide. On se sert d'un pinceau pour étendre cette solution sur tous les lieux que l'on veut désinfecter. Cette préparation s'emploie pour la destruction des charançons, lorsque les grains dans lesquels ils se trouvent sont à découvert; des alucites, petits papillons dont les larves attaquent le blé, l'orge, le seigle; des fourmis, dont on en arrose la retraite; des altises, qui attaquent les plantes potagères; des araignées-loups, des hannetons , des capricornes, des limaces. On se servira aussi de cette composition pour laver la partie du corps des animaux que tourmentent les mouches , les tiques, etc.; pour faire périr les scorpions, les scolopendres , etc.

Deuxième solution mercurielle, qui ne diffère de la première que par la plus grande proportion d'eau que l'on emploie. On s'en servira particulièrement pour désinfecter les plantes, les fleurs, les arbustes et les feuilles des arbres; on emploiera un pinceau plus léger, en évitant tout contact avec les substances alimentaires.

Pommade mercurielle. Mêlez avec soin, dans un vase non métallique, un gros de sublimé-corrosif pulvérisé et quatre onces de graisse de porc. Vous vous servirez de cette pommade pour enduire la tige des plantes, le tronc des arbres dans une étendue de quelques pouces, lorsque vous voudrez que le succès de désinfection soit plus que momentané, et pour éviter l'envahissement de la plante par d'autres insectes après la destruction des premiers, vous emploierez aussi cette pommade à frictionner les quadrupèdes. Pour les débarrasser des insectes qui les tourmentent, une seule opération suffit presque toujours. Les poux du pubis, que l'on gagne dans les lieux malpropres, sont aussi tués promptement avec les frictions de cette pommade.

Fumigation de chlore ou propre à désinfecter. Prenez quatre parties de sel commun en poudre; une partie de peroxide de manganèse en poudre; mettez cela dans un vase de faïence ou de verre avec deux parties d'acide sulfurique étendu du double de son poids d'eau. Toute émanation putride est complètement détruite par le gaz que laisse échapper cette combinaison. Vous en ferez usage pour l'assainissement des lieux infectés par les émanations des insectes et autres corps animaux et végétaux en état de putréfaction. Si ces lieux étaient trop difficiles à bien fermer, vous pourriez employer le chlorure de chaux dissous dans l'eau, et dont vous vous serviriez pour faire des aspersions et laver les auges, les râteliers, etc. Un moyen simple de rendre saines les eaux des puits, des marais, des citernes, est d'y laisser séjourner du charbon de bois pendant vingt-quatre heures; par là on leur enlève toute mauvaise odeur, et on rend leur usage exempt de tout danger.

ANIS. (*Pimpinella anisum.*) Famille des ombellifères. Plante dont la culture est assez étendue en Europe. Sa semence est estimée à cause de sa saveur douce et agréable. On s'en sert pour aromatiser les mets. L'anis des climats chauds est supérieur à celui des pays froids. On en fait aussi une liqueur que tout le monde connaît sous le nom d'ANISETTE. (Voy. ce mot.)

On en fait encore de l'huile, que l'on mélange avec de l'eau-de-vie pour lui donner une saveur aromatique. C'est une plante annuelle, qu'on doit semer sur un terreau nouvellement remué, sablonneux, calcaire, et sur les coteaux, de préférence à tout autre lieu. La graine se recouvre peu, et avec le crible. Elle n'est ordinairement mûre qu'au mois d'octobre, et n'est bonne à semer que la première année. L'anis aime l'eau; il faut donc l'arroser souvent et le serfouir quand sa terre est gercée. On doit cueillir les bouquets de graines à mesure qu'ils mûrissent, les étendre sur l'aire, puis les renfermer dans des sacs placés en des lieux parfaitement secs. Il est peu de denrées qui soient d'un aussi grand produit.

ANIS. (*Off.*) — *Crème d'eau d'anis.* Pour la faire on prend une once et demie de graines d'anis entières, deux pintes d'eau-de-vie à vingt-deux degrés, deux livres et demie de sucre, une pinte d'eau. L'anis doit infuser dans l'eau-de-vie pendant cinq ou six jours; après ce temps on le passe à travers un linge. D'un autre côté, on fait dissoudre le sucre dans l'eau; quand il est dissous, on ajoute l'infusion de graine d'anis; on mêle les deux liqueurs qu'on laisse reposer jusqu'à ce qu'elles soient éclaircies; on les filtre au travers d'un morceau de papier gris. C'est une liqueur bienfaisante qui chasse les vents et calme les coliques.

Huile d'anis. On prend un quart de graines d'anis qu'on jette dans le sirop d'une livre de sucre; on verse le tout dans une pinte d'eau-de-vie, où cela infuse pendant un mois ou deux, puis on filtre.

Anisette de Bordeaux. On réunit douze onces d'anis vert, demi livre d'anis étoilé, deux onces de coriandre, et autant de fenouil; on concasse le tout, que l'on met dans seize pintes d'eau-de-vie au bain-marie de l'alambic. On fait fondre treize livres de sucre dans quatre pintes d'eau de rivière; on y mêle ensuite la liqueur qu'on a distillée, et on filtre l'anisette qu'on met en bouteilles. Si elle est trop forte, on ajoute un peu d'eau.

Anisette fausse. Une demi-pinte d'esprit à trente degrés,

une pinte d'eau de rivière, une once et demie de sucre et quatre gouttes d'huile essentielle d'anis. On fait fondre le sucre dans l'eau, et on y ajoute les autres substances; on mêle bien le tout qu'on laisse éclaircir, et on passe la liqueur que l'on conserve dans des bouteilles bien bouchées. Cette préparation est facile et très agréable; elle aide la digestion.

Anis (Pain d'). Farine blanche fine. . . . . . . 1 livre.
Sucre blanc en poudre. . . . . 1 livre.
Semences d'anis vert entières. . . . . 2 onces.
Blancs d'œufs et jaunes, quatre blancs et deux jaunes.
Sous-carbonate de potasse liquide, une cuillerée. Pétrir et laisser douze ou vingt-quatre heures sur le four d'un boulanger.

Anis (Gâteau d'). Mettre dans deux livres de sucre cuit au petit cassé avec un blanc d'œuf battu, deux onces d'anis, deux onces de badiane en poudre : retirer du feu pour y mettre la pâte, et remuer jusqu'à ce que le sucre soit monté une seconde fois, et verser dans les caisses.

ANKYLOSE. (*Méd. dom.*) L'ankylose est l'état d'une articulation mobile qui a perdu sa mobilité.

L'ankylose vraie dans laquelle il y a soudure des os est réputée incurable.

Pour l'ankylose fausse, baigner la partie avec de l'eau à laquelle on mêle de l'hydrochlorate de soude ou un peu d'ammoniaque, frictionner avec de l'huile de lin chaude, essayer de faire exécuter à l'articulation ses mouvemens accoutumés. L'antylose fausse disparaît bientôt à l'aide de ce traitement.

ANNÉE. (*Mor. dom. — Agric. — Conn. us.*) Les variations de la température font les bonnes et les mauvaises années.

Quand l'année est bonne, la joie des récoltes avantageuses ne doit pas exclure la prévoyance de circonstances moins favorables, et il est bon de faire quelques économies pour parer aux accidens futurs.

Dans les mauvaises années, loin de se décourager, il faut redoubler d'activité et d'efforts, et lutter avec d'autant plus de force contre l'influence de l'atmosphère qu'elle est plus dangereuse et plus destructive. A valeur égale, et dans les mêmes circonstances, ni la perte ni le gain ne sont identiques dans deux fermes différentes, et l'avantage est toujours du côté du cultivateur le plus laborieux.

Les subdivisions mensuelles apportent avec elles différens plaisirs et différens genres de travail. Nous les indiquerons pour chaque mois. (Voy. JANVIER, FÉVRIER, etc.)

L'année est le temps de translation de la terre autour du soleil; et le jour, le temps de la rotation de la terre sur elle-même.

L'année varie par suite de légers changemens qui se font dans la position des équinoxes. Le jour n'y est pas un temps, un nombre exact de fois. Il y a des fractions qu'on réunit pour en faire un jour aux années bissextiles.

Ces années sont celles dont le nombre est divisible par 400, par 4, et ne sont pas divisibles par 100 : ainsi, 1836 aura 366 jours.

Sur 10,000 années, la différence de l'année réelle à l'année de convention est de 2 jours 14 heures 24 minutes.

ANTHÉMIS ODORANTE ou CAMOMILLE ROMAINE. (*Jard.*) *Anthemis nobilis.* Famille des corymbifères. Cette plante est indigène, vivace et traçante. Ses fleurs, qui viennent en août, sont grandes, blanches et très doubles, et font un joli effet en bordure. La terre légère et amendée lui convient, de même qu'une exposition méridionale, et un arrosement pendant l'été. Dès que la floraison est passée, on doit tondre cette plante, la relever et la replanter aussitôt, sans quoi elle fond l'hiver. Il ne faut pas l'exposer à la neige, qu'elle craint beaucoup.

A. à grandes fleurs. (*A. grandiflora.*) C'est une grande plante vivace que nous avons de la Chine. Il y en a beaucoup de variétés :

A fleurs pourpres,
A très grandes fleurs d'un beau jaune soufre,
A fleurs blanches en tuyaux,
Blanches à pétales plats,
A fleurs d'un cramoisi foncé, dit brun d'Espagne; c'est la même que quelques fleuristes vendent sous le nom d'écarlate à fleurs jaspées. (*A. coccinea.*)

Jaune mordoré, — Lilas, — Splendens, — Speciosissima.

Dans le commerce il y en a encore beaucoup d'autres variétés; mais il en est pour cette plante de même que pour les rosiers, les dahlias, etc. Chaque vendeur a pour elles un nom d'adoption, et la même fleur se vend et s'achète souvent jusqu'à quatre fois de suite sous des noms différens. Cette plante est assez rustique, mais il lui faut une exposition abritée parce qu'elle fleurit très tard (en octobre). Il faut lui donner un terreau léger, incliné au midi, et l'éloigner de l'humidité. On multiplie en séparant les pieds en mars et les boutons en juillet, qu'on fait en pots avec le bout des tiges qu'on ne rabat point. Les placer à l'ombre pendant quinze jours, et les arroser tous les soirs est le moyen de les faire manquer très rarement.

ANTICHAMBRE. (*Ind. dom.*) L'antichambre à la ville diffère de l'antichambre à la campagne.

A la ville, destinée à recevoir les visiteurs, c'est une pièce sans autres meubles que des chaises, une table pour écrire, et quelques tableaux et gravures pour distraire les étrangers de l'ennui d'une attente toujours trop longue.

A la campagne l'antichambre sera seulement la salle destinée à se laver les mains et s'essuyer les pieds avant d'entrer dans la salle à manger, et n'y placer qu'une fontaine avec sa cuvette, un essuie-main, un coffre de bois de chêne dont le couvercle forme un banc, et dans lequel on met du bois de chauffage; enfin un grand paillasson.

ANTIDOTE. (*Méd. dom.*) Tout remède propre à combattre les effets du poison en le décomposant. (Voy. POISON.)

ANTIMOINE. (*Méd. dom.*) L'antimoine est un corps simple, métallique dont les préparations sont très employées en médecine; elles excitent le vomissement et la sueur; elles purgent; à haute dose elles déterminent l'empoisonnement; on en forme un grand nombre de médicamens, le beurre d'antimoine, le kermès, le tartre stibié, le sulfure d'antimoine, le soufre doré d'antimoine, l'antimoine diaphorétique lavé; l'émétique et le tartre stibié sont les compositions antimoniales les plus usuelles.

Le beurre d'antimoine sert à cautériser les plaies produites par la morsure des animaux enragés et des serpens, par les instrumens imprégnés de matières putrides, les

verrues, les végétations et les caries; pour l'employer on imprègne un morceau de charpie. Le beurre d'antimoine s'altère lorsqu'il n'est pas conservé à l'abri du contact de l'air; jamais le beurre d'antimoine n'est employé pur. Le tartre stibié sert dans les indigestions et les empoisonnemens, pour évacuer la bile et les corps étrangers; chez les adultes la dose est de deux à trois grains à prendre à une demi-heure d'intervalle dans environ trois verres d'eau distillée; pour les enfans de huit à quinze ans, un grain et demi suffit; de huit à deux ans, un grain; au-dessous de deux ans, un demi-grain dans quatre onces d'eau froide de quart d'heure en quart d'heure; s'ils sont trop jeunes, l'ipécacuanha est préférable.

On emploie également l'émétique dans la pneumonie, les fièvres intermittentes, l'aliénation mentale, la paralysie, et autres maladies.

En général, les préparations antimoniales, même le tartre stibié, ne doivent s'employer qu'avec la plus grande circonspection, et jamais sans l'avis d'un médecin.

Le foie d'antimoine sert à purger les chevaux.

ANTISCORBUTIQUES. (*Méd. dom.*) Les principales plantes antiscorbutiques sont le raifort sauvage, le cochléaria, la moutarde, le cresson et le vélar. (Voy. ces mots.)

AOUT. (*Agric.—Jard.—Ind. dom.*) —*Travaux agricoles du mois.* On sème la navette et l'escourgeon ou orge d'hiver, le trèfle d'hiver, la spergule, la gaude. (Voy. ESCOURGEON, GAUDE, SPERGULE, TRÈFLE.)

On récolte les blés, les orges, les avoines, le lin, le chanvre, les cardères, la moutarde noire, les pavots. (Voy. AVOINE, BLÉ, CARDÈRE, CHANVRE, GRANGE, LIN, MEULE, MOUTARDE, ORGE, PAVOT.)

Travaux horticoles. Quand il ne pleut pas, on arrose les concombres et les cornichons, et même s'il tombe un peu de pluie, les choux-fleurs, les cardons, le céleri-maine, l'ognon blanc, le poireau, les salsifis, les scorsonnaires, la laitue de la passion, les épinards, le cerfeuil, les navets, les mâches, les carottes, les choux-fleurs durs, les choux d'York et pains de sucre. On replante en pleine terre sur allée ces quatre dernières plantes. On fait les semis quinze jours plutôt ou plus tard, suivant la nature du terrain.

On fait des mouillures, sarclages et binages. On lie la chicorée et l'escarole; on bute le céleri par petites parties, et souvent on empaille les cardons et les cardes de poirée. Si les plants de fraisier sont dégarnis, ou ont plus de deux ans, on en fait de nouveaux, on replante les bordures d'oseille, de lavande, d'estragon, d'hysope, etc. On fait des meules de champignons en plein air; on abat la tige des ognons rouges pour empêcher la sève d'y monter, et les mieux faire mûrir.

Travaux fructicoles. On palisse complètement, en laissant les branches qui poussent encore et ne sont pas assez longues.

On ébourgeonne les arbres dans la pépinière; on greffe en écusson, à œil dormant, toutes les espèces d'arbres fruitiers, arbres et arbustes d'ornement. On recueille les fruits à mesure qu'ils mûrissent.

Travaux des jardins d'agrément. On lève en mottes les fleurs annuelles d'automne qui n'ont pas été mises en place, telles que balsamines, reines-marguerites, œillets d'Inde, etc. On serre les marcottes d'œillets, et on les plante en pots ou en pleine terre.

On sème des quarantaines pour repiquer ; on sème en place adonis, pieds d'alouettes, thlaspi, coquelicots, pavots, bluets; et vers le 15 on rempote les plantes qui en ont besoin, afin qu'elles puissent reprendre avant l'hiver. On met les plantes à l'ombre pour faciliter leur reprise. Ratissage, arrosement, binage, coupe de gazon, tonte de bordures, tout est le même que dans le mois précédent. (Voy. JUILLET.)

Travaux de ménage. Faire les marmelades de prunes et d'abricots, la gelée d'abricots, les abricots conservés entiers, les prunes et abricots à l'eau-de-vie, le sirop et la gelée de verjus, préparez les câpres de capucines et les cornichons, recueillez des œufs pour l'arrière saison.

ANXIÉTÉ. (*Méd. dom.*) L'anxiété est ordinairement le symptôme d'une maladie à ses débuts; c'est une inquiétude cruellé, un malaise indécis à l'épigastre [et dans la poitrine, un besoin continuel d'agitation. Le pouls est très petit et très faible. Le froid des extrémités est permanent. On sent un abattement et une faiblesse excessive. Dans cet état, la diète et le régime peuvent prévenir une maladie qui commence.

APPARTEMENT. (*Ind. dom.*) L'appartement doit être de plain-pied autant que possible, et composé d'une antichambre, d'une salle à manger, d'un office et cabinet attenant, d'un salon, d'une chambre à coucher, d'une cuisine et d'un charbonnier, d'un garde-manger, d'une chambre à coucher, et d'une chambre supplémentaire; au reste, la composition varie suivant la fortune.

Pour renouveler l'air dans les appartemens, voy. AIR.

Pour les rafraîchir M. Curaudeau a inventé une colonne de trois pieds de haut et de dix pouces de diamètres qu'on remplit de glace; dans cet appareil tout le calorique est chassé par en bas, et l'air du glacier se répand dans les chambres. Au moyen de cet appareil, M. Curaudeau, en une heure et demie, fit baisser de 8 degrés le thermomètre qui en marquait 29.

L'hiver, les précautions contraires sont à prendre. (Voy. CHAUFFAGE.)

On peint les carreaux des appartemens avec une couche de peinture en détrempe ; on peut y ajouter une couche à l'huile, et une troisième en détrempe. On applique aussi avec avantage deux couches à l'huile successivement, et par-dessus une couche en détrempe. Il faut attendre que chaque couche soit très sèche pour empêcher l'écaillement.

Pour la préparation de ces couleurs, Voy. PEINTURE.

APPAT. (*Péch.*) Quand on veut pêcher, on doit, la veille, placer dans l'endroit où l'on veut se rendre, des lignes ou des filets, des substances qui y attirent le poisson.

Le meilleur appât dont l'utilité ait été démontrée par l'expérience est [celui indiqué par madame Adamson : prenez froment et chènevis un litre de chacun.

Baume sauvage (mentha sylvestris) trois fortes poignées, tanaisie id., beaucoup de bouse de vache fraîche. Faites bouillir le tout dans dix litres d'eau jusqu'à ce qu'elle soit évaporée, et qu'il ne reste qu'une pâte épaisse. — Autre,

Coque du Levant pulvérisée deux onces, cumin en poudre demi-once, farine une livre, un fiel de bœuf : pétrissez le tout en pâte, en y ajoutant un peu d'eau-de-vie. Faites cuire au four pour le conserver long-temps. Pour s'en servir, on en casse des morceaux qu'on jette.

Outre ces appâts, il y a des appâts dont on se sert pour la pêche à la ligne : le meilleur est l'achée ou ver de terre. Quelques personnes cependant préfèrent les mouches artificielles, que l'on fabrique avec des plumes et du crin.

APPEAU. (*Chass.*) Les appeaux sont des sifflets d'oiseleurs avec lesquels on contrefait la voix de certains oiseaux et autres animaux. Ainsi il y a des appeaux pour les cailles, pour les perdrix rouges et grises, pour les renards, pour les cerfs, etc.

Les appeaux s'emploient surtout dans la chasse à la la pipée. (Voy. PIPÉE.) Les appeaux ont été tellement perfectionnés, que leur confection ne saurait être l'ouvrage de quiconque n'en fait pas une industrie particulière. Le plus simple de tous est une feuille de lierre pliée, dans laquelle on siffle en la pressant entre les lèvres. Mais il est insuffisant.

APPÉTIT. (*Hyg.*) L'appétit est un signe de bonne santé. Il se perd dans la plénitude d'estomac, dans les mauvaises digestions; la privation d'un air pur, le défaut d'exercice, le chagrin, les passions, la chaleur, l'usage immodéré des alimens gras et de difficile digestion, des liqueurs alcooliques, du thé, du tabac.

Pour conserver l'appétit, manger à des heures réglées et peu à la fois, ne jamais s'emplir l'estomac de manière à être rassasié complètement, se garantir des grandes chaleurs et des excessives fatigues, manger des alimens de facile digestion, faire de l'exercice tous les jours à pied ou à cheval, respirer un air pur et sec.

Dans le cas de perte de l'appétit, si l'estomac est surchargé par des crudités et des impuretés, prendre avec beaucoup de précautions un vomitif, purger, et prendre des stomachiques amers. (Voy. AMERS.)

Les eaux ferrugineuses, l'eau de Seltz, l'eau de Pougues (Nièvre), les pastilles de bicarbonate de soude sont des remèdes excellens.

Si la perte de l'appétit provient de la perte de la force digestive, prenez le matin deux ou trois verres d'eau de Buch.

Si l'estomac est garni de glaires et d'eaux, le vin d'Alicanthe à la dose d'un verre tous les matins pendant un ou deux mois est très utile.

APHTHES. (*Méd. dom.*) On appelle aphthes de petits ulcères qui viennent sur la langue et les gencives ; les enfans surtout y sont sujets.

Laver la bouche avec une décoction d'orge, d'un peu de miel et de vinaigre. Réitérer ce traitement plusieurs fois par jour.

Pour les adultes, plonger un morceau de sel de vitriol dans l'eau, et cautériser l'aphthe dès son apparition.

Gargarisme pour les aphthes. Racines de guimauve et tête de pavot bouillies dans l'eau.

Infusion de miel rosat, de vinaigre et de roses rouges.

ARABETTE, ou TOURETTE PRINTANNIÈRE. (*Jard.*) *Anabis verna.* Famille des crucifères. Cette plante, qui nous vient des Alpes, s'arrondit en larges touffes; ses fleurs blanches sont grandes et en bouquets terminaux. Le principal mérite qu'elle ait est sa floraison précoce, qui se fait en février. Il faut l'exposer au midi sur le penchant d'un talus. Lorsque les fleurs sont tombées, il faut séparer ses pieds, la tondre, et retrancher les branches irrégulières qui s'étendent çà et là autour d'elle.

ARAIGNÉES. (*Ind. dom. — Jard.*) Les araignées détruisent les mouches, les taons, les phalènes, les phryganes, mais en piquant elles causent des accidens. En entourant de leurs toiles les corolles des fleurs, elles les empêchent de se développer.

Quand les toiles tombent dans les alimens des bestiaux, elles provoquent des toux opiniâtres; abandonnées par les araignées, elles deviennent le réceptacle de larves de mites, anthimes, insectes, teignes, etc. Le remède contre la piqûre des araignées est l'alkali appliqué immédiatement.

Moyen de détruire les araignées rouges des jardins. — On prend une petite seringue que l'on emplit d'eau claire et dont on arrose les deux côtés de la feuille où ces insectes se sont attachés. Dans les serres on peut avantageusement remplacer l'eau par la vapeur.

Araignée-loup. — C'est une espèce très multipliée. Elle fait son nid sur la terre, où elle vit, ne file pas, et traîne ses œufs après elle. Elle attaque à la course les insectes qui font sa nourriture; à défaut de ces derniers, elle se jette sur les individus de son espèce. Elle pique la tige de la plante, se nourrit de son suc, et la fait périr. On les éloignera avec des arrosemens de décoctions de tabac, sureau, etc., et faire tremper les graines, avant de les semer, dans une solution mercurielle. (Voy. ANIMAUX NUISIBLES.) L'araignée-loup, qui ne file pas et vit à terre, dévore les insectes; mais elle pique la tige des jeunes semis et les fait périr. Arroser avec une décoction de feuilles de noyer, de tabac, de sureau, d'eau de chlore, de chaux, de potasse; ou saupoudrer les semis avec la chaux en poudre et de la suie mêlées. Avant de semer, faire tremper les graines dans une solution composée d'eau et de sublimé corrosif, dans la proportion de six litres d'eau pour une once de minéral.

Les toiles d'araignées sont d'un grand usage pour arrêter le sang dans les blessures et dans les hémorrhagies. C'est un secret connu dès long-temps. « Si la toile d'icelle, dit Alexis dans ses *Secrets* (1694), appliquée au lieu duquel le sang flue subitement, l'arrête, icelle mieux empêche tant plaies qu'ulcères du cuir ne viennent à inflammation. »

Les fils des toiles de l'araignée rouge, que les paysans appellent fils de la bonne Vierge, et qu'on voit flotter au commencement de l'automne, sont détachées par les vents et s'attachent aux arbres et aux moissons.

L'araignée de Corse, ou lucifuge, produit une irritation avec gonflement de la partie. Laver avec de l'alkali, de l'eau fraîche ou de l'eau salée.

ARAIRE. (*Agric.*) Cette sorte de charrue s'emploie utilement dans les terrains légers et peu profonds. L'araire est conduit d'une seule main et sillonne seulement la superficie du sol; si on l'enfonçait davantage il arracherait les terres dures. (Voy. CHARRUE.)

ARALIE ÉPINEUSE. (*Jard.*) *Aralia spinosa.* Famille des aralies. Arbrisseau de Virginie. Il a la tige épineuse,

très peu de branches et un beau feuillage. Ses fleurs viennent en août, en larges ombelles verdâtres. Une terre sableuse et humide est ce qui lui convient; exposition abritée au nord par des arbres. Si la terre est douce et facile à pénétrer, multiplication des rejetons, qui sont en grande abondance. Il est très rustique, et c'est plutôt la sécheresse de l'été qui le fait périr que le froid de l'hiver.

ARBOUSIER DES PYRÉNÉES. (*Jard.*) *Arbutus urtedo.*) Famille des bruyères. Arbrisseau indigène toujours vert. Son feuillage est beau; ses fleurs, qui viennent en septembre, pendent en grappes blanches ou rouges; il lui faut de la terre de bruyère et une exposition méridionale abritée au nord et au levant. Pendant l'hiver il faut couvrir la terre de son pied avec des feuilles; semis en mars dans des pots qu'il faut avoir le soin de rentrer jusqu'à la troisième année. Cet arbrisseau est beau, et mérite bien que l'on prenne des soins pour sa conservation.

A. andrachné. (*A. andrachne.*) Arbrisseau du levant, dont les fleurs, blanches et en panicules, viennent en avril. Il veut la même culture que celui des Pyrénées, mais est plus délicat.

A. raisin d'ours. (*A. uva ursi.*) Arbuste bas et rampant. Il vient des Alpes, et donne, en mai, ses fleurs blanches; ses fruits sont rouges; il lui faut de la bruyère humide, en pente et ombragée.

ARBRE. (*Jard. — Ind. dom.*) Les arbres se divisent suivant leur grandeur en arbres, en arbrisseaux et en arbustes, et suivant leur emploi ils se divisent en arbres forestiers qui fournissent le bois de nos maisons, des vaisseaux, des machines et le bois de chauffage, arbres fruitiers qui nous donnent des alimens, et arbres d'agrément qui servent à l'embellissement de nos jardins. (Voy. BOIS, ESPALIERS, FRUITS, PÉPINIÈRE, etc.)

Les soins à donner aux arbres varient suivant leur espèce. Pour tous ils se réduisent à ceux-ci : les planter, en augmenter le produit, en empêcher le dépérissement.

Les arbres forestiers demandent peu de soins, et une fois plantés, ils sont d'ordinaire abandonnés à eux-mêmes; on est quelquefois obligé de les transplanter; cette opération demande un article spécial. (Voy. TRANSPLANTATION DES ARBRES.)

Mais les arbres fruitiers exigent des soins continus et une série de travaux particuliers. Le meilleur moyen de les fertiliser est d'employer comme engrais le sang des animaux délayé avec de l'eau dont on arrose les racines dans l'arrière-saison, en laissant le trou ouvert tout l'hiver.

On peut employer aussi de la colle-forte et de l'eau, ou une dissolution d'un bouillon d'os de mouton, de brebis ou autres bêtes à laine, âgées de quelques mois seulement, dans cinq cents livres d'eau; on les fait bouillir jusqu'à consistance de gelée; quinze livres de cette gelée suffisent par pied d'arbre. Les jeunes croissent plus vite, et les vieux se raniment par l'effet de cet engrais. (Voy. ENGRAIS.)

Si on plante un arbre dans un terrain humide, qui lui nuirait, on peut le planter sur le sol et couvrir ensuite ses racines.

On a essayé de placer des lits de pierre sur le fond des

fosses où l'on plantait des espaliers; et ce moyen a toujours donné un produit abondant.

En taillant les arbres fruitiers, il faut se servir peu de la serpette. (Voy. GREFFE, TAILLE.)

On se servait pour activer la végétation d'enlèvement d'anneaux d'écorce. M. John Fisher, Anglais, du comté de Buckingham, a obtenu de poiriers jusqu'alors inférieurs, une récolte abondante, en pinçant et cassant les jeunes pousses vers la fin de l'automne, quand la sève était passée.

De nombreuses expériences faites par M. Ewington, ont constaté que lorsque la sève surabonde dans un arbre, une tranchée ouverte au pied, la coupure de quelques racines profondes à chaque annulaire, et une direction horizontale donnée aux racines, accroisssent considérablement le produit.]

Les arbres sont sujets, comme les hommes, à des maladies souvent mortelles; lorsqu'ils dépérissent, que leurs feuilles perdent leur couleur et que leur écorce s'en va, on dépouille les parties malades ou gâtées de leur écorce, et on les enduit avec de la térébenthine à la chaleur du soleil; peu de temps après, ces parties ainsi enduites paraissent couvertes d'un vernis qui empêche l'air d'y pénétrer.

Pour guérir les plaies des arbres, prenez vingt litres de bouze de vache fraîche, dix litres de décombres de plafond, dix litres de cendre de bois, un seizième de vase de fossés ou de sable de rivière. On place deux lignes de cette composition sur le bois mis à nu, à l'endroit de la partie malade, et on saupoudre ensuite de cendre d'os, de bois et de poudre de charbon, qu'on polit avec la main. Cette composition empêche tout contact avec l'air.

Quand un arbre est exposé à être mangé par les moutons, on peut les écarter en mettant à l'entour soit des épines sèches, soit des églantiers.

La mousse et les lichens sont des ennemis dangereux pour les arbres. (Voz. MOUSSES.) La gelée les attaque aussi quelquefois dans la saison où toute leur sève est en effervescence. (Voy. GELÉE.)

Pour les chancres des arbres, on les cautérise avec de l'acide sulfurique, après avoir fait nettoyer la partie malade.

Les feuilles des arbres sont un excellent fourrage. (Voy. FOURRAGE.)

La culture des arbres d'agrément a été chez nous généralement assez négligée. Chez les peuples où les richesses sont concentrées en peu de mains et où il existe de vastes jardins d'agrément, elle est l'objet d'une attention spéciale. Ainsi les Chinois ont trouvé moyen de rabougrir les arbres les plus élevés. L'indication du procédé qu'ils emploient pour faire d'un chêne un arbre de deux pieds de haut, pourra offrir quelque curiosité. (Voy. RABOUGRISSEMENT.) Nous l'indiquerons à sa place. Nous indiquerons aussi successivement toutes les opérations dont les arbres sont susceptibles.

Manière de construire des haies avec les arbres fruitiers. (Voy. HAIE.)

Les arbres dans leur accroissement parfait sont les meil-

leurs pour le chauffage; quand ils commencent à se gâter, leur valeur diminue.

L'arbre est dans sa force quand les branches sont vigoureuses, les feuilles, principalement à la cime, vertes, et tombant sur l'écorce fine et d'une couleur uniforme, les pousses annuelles fortes et alongées, quand il y a des gerçures au fond desquelles est une écorce vive, quand il y a en haut des branches beaucoup plus vigoureuses que les autres. Il importe peu que les branches d'en bas soient jaunes ou languissantes.

Quand un arbre est mûr, la tête s'arrondit, les pousses diminuent, les dernières pousses n'alongent les branches que de la longueur du bourgeon, l'arbre a et perd ses feuilles avant les autres. En automne, les branches d'en bas sont plus vertes que celles d'en haut; les branches s'inclinent.

Quand un arbre dépérit, le bois s'altère; il meurt des branches du haut; l'écorce se rapproche du bois; des mousses, des lichens, des agarics, des champignons garnissent l'écorce, parsemée de taches rousses et noirâtres. La sève coule par les gerçures.

Pour enter de jeunes tiges au lieu et place ou au voisinage d'arbres dégradés, la meilleure méthode est celle de M. Gillet de l'Aumont, de l'Institut.

On ouvre un trou rond de 13 à 16 décimètres, on plante le jeune individu, et on étend bien ses racines. On verse un seau d'eau, après avoir jeté une petite quantité de terre bien meuble; quand l'eau est entièrement abreuvée, on remplit le trou. On a soin de couper les racines des vieux arbres viciés.

ARC-EN-CIEL. (Conn. us.) Pour se faire une idée de la manière dont le soleil, en frappant sur les gouttes sphériques d'un nuage qui lui est opposé, produit l'arc-en-ciel, il suffit d'exposer au soleil une bouteille de verre remplie d'eau : on remarquera que les rayons lumineux, en traversant la bouteille, viennent se décomposer à la surface et présenter aux yeux les sept couleurs.

Si l'arc-en-ciel se forme à l'orient avec la pluie, il viendra du beau temps.

Si l'arc-en-ciel se forme au midi avec la pluie, elle continuera à tomber en abondance.

S'il se forme avant la pluie, le beau temps continuera.

Si l'arc est plus vert qu'à l'ordinaire, il pleuvra beaucoup.

S'il est rouge, il y aura grand vent.

S'il est jaune vers le couchant, il y aura tempête.

ARDOISE. (Ind. dom.) L'ardoise se trouve en abondance à Angers, en Suisse, dans la Saxe, en Angleterre, en Italie.

L'ardoise s'emploie en toitures et en tableaux; on peut en faire aussi de beaux pavés d'appartemens, des chambranles, des seuils, des marches d'escaliers, des garnitures de bas de murs pour les préserver de l'humidité; des balcons, de petites parties de décoration de murs, des pierres sépulcrales, des couvertures de lunettes de fosses d'aisances, des écriteaux.

Quand on veut employer les ardoises à des travaux qui demandent des soins, on les aplatit et on les égalise avec un rabot de menuisier; on leur donne un beau poli en les frottant avec du sable, puis avec de la ponce et de la poudre de charbon, et, après les avoir bien lavées, on les frotte d'huile.

L'ardoise pulvérisée et tamisée très fin et répandue sur un cuir gras, est très bonne pour repasser les rasoirs.

Les blocs d'ardoise qu'on ne peut couper entrent dans la construction des murs.

Ardoises pour tableaux. On leur donne une épaisseur d'un pouce à six lignes; on les scie et on les polit au sable ou à la pierre ponce.

On l'emploie ainsi pour tracer des figures de mathématiques, pour écrire, pour faire des comptes, pour marquer des dépenses usuelles, l'eau, le pain, etc., pour marquer au billard les points. On se sert pour écrire sur l'ardoise, de craie, ou mieux de crayons d'ardoise même qui se trouvent dans les couches supérieures des carrières. Quand elles se graissent par l'usage habituel, on les couvre d'une couche de blanc délayé dans l'eau-de-vie; quand la couche est sèche, on l'enlève et on nettoie l'ardoise.

On fait même avec les ardoises des tablettes portatives que l'on met dans la poche; mais elles ont le défaut d'être trop pesantes.

Ardoises pour toits. Les ardoises pour couvertures ont communément un pied sur huit pouces de large. Celles de bonne qualité sont peu friables, égales sur leur surface, rendant un son clair. Elles ne s'humectent pas lorsque dans l'eau à plus d'une ou deux lignes, autrement elles gèleraient facilement. Si on les pèse après les avoir séchées, et qu'on les pèse de nouveau après les avoir plongées dans l'eau pendant quelques heures, on reconnaîtra par le poids proportionnel les moins perméables et les plus solides.

Les ardoises ne peuvent servir à la couverture des usines, le feu les ferait fondre. En tout autre cas, elles ont l'avantage d'être bien plus légères que les tuiles, et de ne pas exiger des charpentes aussi fortes.

On construit avec des ardoises des terrasses qui sont à la fois agréables et utiles. (Voy. TERRASSE) On se sert des ardoises pour hâter la maturation des fruits. (voy. FRUITS.)

ARE. *(Agr.)* L'are est la centième partie de l'hectare. L'are contient cent mètres carrés ou de surface; chaque côté du carré a dix mètres de long.

ARÉOMÈTRE. *(Éduc. dom.)* On se sert de cet instrument pour connaître les divers degrés de l'esprit de vin. L'eau-de-vie du commerce) doit avoir 22 degrés à l'aréomètre. (voy. EAU-DE-VIE, ALCOOL.)

ARÊTE. *(Ind. dom.)* Le bois taillé à vive arête, est celui auquel il n'a été laissé à l'équarrissage ni écorce ni aubier.

ARÊTE. *(Méd.)* Une mastication trop précipitée est surtout dangereuse quand on mange du poisson. Des arêtes avalées ont souvent causé l'étranglement. Quand l'arête n'est pas trop enfoncée, on essaie de l'extraire avec les doigts, puis avec de petites pinces. Si l'arête est trop avancée dans la gorge, on fait un crochet en courbant par le bout un morceau de fil de fer. Pour l'introduire plus sûrement, on fait avec l'autre bout recourbé une espèce d'anse qui empêche l'instrument de glisser des mains. Quand le crochet est parvenu par-delà le corps étranger, on le retourne, et il détache ce corps qu'on amène en le retirant.

Il y a, au reste, pour retirer les corps arrêtés dans le

gosier une série de moyens qui peuvent s'appliquer aux arêtes ainsi qu'aux épingles ou autres objets de cette nature. (Voy. GOSIER.)

ARÉTHUSE BULBEUSE. *(Jard.) Arethusa bulbosa.* Famille des orchidées. Plante vivace, venant de Virginie; ses grandes fleurs roses viennent en mai. Il lui faut une terre franche, grasse, humide et à moitié ombragée. Ses feuilles se perdent. Pour bien la soigner, il faut la mettre dans des pots enterrés.

ARGENT. *(Mor. dom. — Conn. us.)* L'argent est une marchandise à laquelle on est convenu d'attribuer une valeur échangeable contre toutes les autres valeurs.

L'argent ne rapporte rien par lui-même. Le travail seul, en s'en servant comme instrument de production, peut l'utiliser et lui faire rapporter des intérêts. Ainsi, garder de l'argent oisif est un abus. S'il n'est transformé en instrumens et mis en œuvre, il ne saurait servir. L'argent peut être dépensé de deux manières : d'une manière improductive, ou d'une manière reproductive.

On dépense d'une manière improductive ce qu'on met en dépense de luxe et d'agrément, ce qui est consommé complètement, sans qu'il en reste rien.

On dépense d'une manière reproductive l'argent qu'on emploie à acheter un capital qui produise; par exemple, un cheval, un bœuf, un pré, etc.

N'employez donc l'argent le plus possible qu'à chose utile. La richesse dépend en grande partie de l'emploi que l'on fait de son capital.

ARGENT. *(Conn. us.)* L'argent fin au premier titre pour les objets d'orfèvrerie et les monnaies est composé de neuf dixièmes de fin et un dixième d'alliage. Il était marqué autrefois d'un coq; maintenant il l'est d'une tête antique à longue chevelure, tournée à droite, portant le n° 1.

L'argent commun au deuxième titre est composé de huit dixièmes de fin et deux dixièmes d'alliage; la tête est la même tournée à gauche avec un n° 2. Quelquefois l'alliage y entre en plus grande proportion. Les pièces d'argenterie ont encore d'autres marques, soit d'ornement, soit celles de l'ouvrier.

ARGENT (EAU D'). *(Ind. dom.)* Distiller au bain-marie de l'alambic deux gros de cannelle fine cassée par morceaux, les zestes de deux citrons bergamotes et de deux oranges; faire fondre dans une pinte et demie d'eau de rivière, distiller les morceaux de deux livres un quart de sucre; filtrer à la chausse et mettre en bouteilles, puis fonetter dans un peu de liqueur avec une fourchette des feuilles d'argent battu, et en mettre dans chaque bouteille.

ARGENTERIE. *(Ind. dom.)* — *Recette pour la nettoyer.* Mettre deux pots d'eau dans une marmite; gratter du savon dedans, ainsi qu'un petit pain de blanc; quand le tout commence à bouillir, mettre l'argenterie tremper pendant une heure, retirer chaque pièce, appliquer avec un vieux gant du blanc d'Espagne en poudre, bien frotter et laver dans l'eau chaude, puis essuyer. Pour rendre le lustre à des galons d'argent, il suffit de faire chauffer l'esprit de vin, et humecter l'endroit terni en le frottant. Un autre procédé éprouvé est celui-ci : réduire en poudre, crème de tartre, blanc d'Espagne deux onces, alun calciné une once d'arroser deux fois de fort vinaigre, et conserver le tout, pour s'en servir. Délayer la poudre sèche dans de l'eau, frotter avec une brosse.

ARGILE. (*Ind. dom.*) Ce nom est celui de la glaise commune proprement dite. Terre extrêmement grasse et qui retient l'eau, elle est d'un emploi très utile pour la formation des batardeaux, et pour boucher les trous par où l'eau peut s'écouler ; aussi une prudente précaution veut-elle que l'on en ait une certaine quantité à portée de ces endroits ; mais il faut prendre garde, l'air la détériore promptement. On peut, pour la conserver, la mettre dans un trou, la battre, l'humecter et la corroyer, puis la recouvrir d'un lit de paille ou de sable, et l'arroser souvent pendant les sécheresses. Ce moyen la mettra en état d'être employée de suite au besoin.

ARGOUSIER RHAMNOIDE. (*Jard.*) *Hippophore rhamnoïdes.* Famille des chalefs. Arbrisseau indigène épineux. Il a de très jolis boutons et un beau feuillage argenté. On avait pensé à en faire des haies ; mais ses rejets trop écartés et sujets à sécher successivement ont empêché qu'il servît à cet usage. Il lui faut une exposition méridionale et une terre légère et fraîche.

A. DU CANADA. *H. canadensis.* Arbrisseau ayant beaucoup de rapports avec le précédent. Sa culture est la même.

ARISTOLOCHE SIPHON. (*Jard.*) *Aristolochia sipho.* Famille des aristoloches. Arbrisseau de l'Amérique septentrionale. Il a ses tiges sarmenteuses et de belles feuilles de sept ou huit pouces de large. Son emploi le plus convenable est de couvrir le dessus des puits et des treillages. Ses fleurs viennent en mai : elles sont de peu d'effet. Terre légère, exposition méridionale. Marcottes.

ARITHMÉTIQUE. (*Comm. us.*) Cette science est d'une pratique tellement usuelle qu'il faut en connaître au moins les quatre règles. Nous donnerons à leur place les procédés nouveaux pour faire plus facilement l'addition, la soustraction, la multiplication et la division. (Voy. ces mots.)

ARMES. (*Ind. dom.*) L'institution de la garde nationale exige la connaissance des moyens pour nettoyer et entretenir les armes à feu et les armes blanches.

Fusils rouillés. On se sert ordinairement de pierre ponce, de poudre d'émeri, de limaille de fer, pour dérouiller les fusils ; mais on arrivera plus vite au même but en agissant de la manière suivante. De l'acide muriatique, étendu de deux parties d'eau, et passé successivement sur toutes les parties de l'arme qu'on veut nettoyer, dissout la rouille et met à nu le fer décapé. Si la rouille avait laissé des traces profondes, on emploierait l'émeri en poudre. Cela fait, on procède au polissage, en prenant de la poudre très fine de pierre ponce, délayée avec un peu d'huile d'olive, et passant ce mélange sur toutes les parties du fusil que l'on veut polir. Puis on y passe de la terre pourrie en poudre, qu'on essuie bien exactement. Lorsqu'il a plu sur l'arme, il faut en essuyer les parties mouillées avec un linge très sec, puis, chez soi, y passer légèrement un morceau d'étoffe imprégné d'huile. Si l'on s'est servi du fusil pour faire feu, il faut le démonter, placer le canon dans un seau d'eau et le laver intérieurement avec un chiffon conduit par la baguette ; on passe sur la partie qui est en cuivre de la terre pourrie bien fine.

Pommade pour conserver l'acier net et poli. — On fait fondre trois onces de suif fin, un gros de camphre pulvérisé et trente gouttes d'huile essentielle de lavande ; on coule le tout dans un vase, et on en enduit légèrement les armes.

Nettoiement de la buffleterie. — On la lave avec de l'eau de son à l'aide d'une éponge ; quand elle est sèche, on l'enduit d'une couche légère de blanc qu'on a fait dissoudre dans l'eau avec deux gros de gomme, de la terre de pipe blanche et un peu de bleu d'azur. On se sert d'une petite éponge pour l'étendre.

Nettoiement des montures de sabres. — Quand elles ne sont pas dorées, la terre pourrie est ce qu'il y a de mieux à employer ; mais, dans le cas contraire, il faut la préparation suivante : quatre onces d'eau, deux gros de carbonate de soude, deux onces d'alcool, une demi-once de blanc d'Espagne très fin ; on laisse sécher le tout sur la partie à nettoyer, puis on frotte. La crème de tartre nettoie très bien les galons d'argent.

Cire à giberne. — Quatre onces de bonne cire jaune, trente gouttes d'essence de bergamote, un gros et demi d'arcanson, un demi gros de noir de fumée ; mélanger le tout en faisant fondre la cire ; on la coule dans de petits moules. Pour s'en servir, on fait chauffer légèrement la giberne, et on la polit avec un bouchon de liége.

Rouge à polir. — Nom de plusieurs préparations d'oxide de fer. On met dans une terrine évasée une couche de limaille de fer et on la recouvre d'une couche d'eau qui oxide promptement le métal ; on entretient l'eau à la même hauteur jusqu'à ce que le fer ait l'aspect d'oxide noir, et ensuite on le sépare par des lavages à mesure qu'il se forme. On expose ensuite l'oxide à un air chaud, jusqu'à ce qu'il prenne la couleur rouge violet. Si on le chauffe au-delà de cette couleur, il prend une couleur rouge plus foncée, et il peut polir les substances plus tendres que l'acier.

ARMOIRES. (*Ind. dom.*) Les moyens de les assainir et d'y entretenir le linge à l'abri des insectes. (Voy. AIR, ANIMAUX NUISIBLES, AROMATES, ÉTOFFES, LINGE, etc.)

ARMOISE, AURONNE, CITRONELLE. (*Jard.*) *Artemisia abrotanum.* Famille des co ymbifères. Petit arbuste indigène, dont les feuilles, d'une découpure fine et délicate, exhalent une odeur identique à celle du citron. C'est l'unique motif qui fasse qu'on le cultive. On sépare ses marcottes en mars ; il lui faut un terreau excessivement bien consommé et une exposition au midi et bien abritée.

AROMATES. On a donné ce nom à toutes les substances qui exhalent une odeur plus ou moins forte, et dont on fait usage pour donner à d'autres substances celle qui est propre à ces premières. Il y a plusieurs de ces matières qui, à l'état de siccité, se réduisent en poudre, telles que la muscade, l'iris, la girofle, la cannelle, le macis, etc. Pour donner aux mets ou autres préparations l'odeur qu'on désire obtenir, il suffit d'y ajouter des aromates jusqu'à ce que cette odeur soit acquise.

La vanille exige une préparation particulière ; c'est de la piler avec quatre fois son poids de sucre ; elle ne se réduirait pas en poudre sans cela. La partie aromatique des fleurs d'oranger et de roses se conserve en distillant ces fleurs avec de l'eau, et employant l'eau distillée qu'on obtient. Pour la conserver il faut la tenir à la cave, couverte d'une simple feuille de papier. On trouve aussi un arome très suave et fort utile à conserver dans les oranges et les citrons. Pour cela on enlève avec un canif la surface de leur peau qu'on jette dans l'eau-de-vie ou l'esprit-de-vin; ou les laisse infuser à peu près pendant un mois. Si l'on ne tient pas à obtenir la liqueur incolore, on peut la conserver et l'employer sans la soumettre à l'alambic. Parmi les aromates on peut aussi comprendre les huiles essentielles ou essences; elles ont ordinairement une odeur très forte, c'est pourquoi il faut en faire usage avec le plus grand ménagement; lorsqu'on veut aromatiser une préparation ou toute autre liqueur.

Voici quelques recettes tirées d'un vieux livre très célèbre autrefois, intitulé : *Secrets du seigneur Alexis, Piémontais*.

« *Poudre odoriférante, et très excellente pour mettre en coffres*. Prends boutons de roses autant que tu voudras, et les sèche à l'ombre, puis les mets ès grandes chaleurs, en un vaisseau net, y mettant telle quantité d'eau rose fine, qu'elles soient soulevées par icelle, puis les mouvant bien, laisse-les par après au soleil, couvertes d'un linge, tant qu'elles soient bien échauffées. Quand elles seront bien sèches et qu'elles auront bu tout l'eau rose, prends pour chacune livre de rose, dix grains de musc, et un quart de girofles fins subtilement pulvérisés, en y ajoutant peu à peu de ladite poudre, mêlant bien tout ensemble, tant qu'il se vienne incorporer ; mais devant que tu y mettes ladite poudre, égoutte si bien le vaisseau qu'il n'y demeure goutte d'eau au fond. Après étends lesdites roses dans un bassin de cuivre, ou pour le mieux d'airain qui soit bien uni et plat, et les mets au soleil quand il est fort chaud, les couvrant par-dessus, tellement toutefois qu'elles se puissent sécher, puis fais-en poudre et la garde. Et si tu veux donner odeur aux accoutremens, prends lesdites roses ainsi séchées avant les pulvériser, et les mets en quelque sachet de linge bien délié, lequel pourras mettre en tes coffres, ou garde-robes près les accoutremens.

» *Poudre odoriférante*. Il te faut prendre boutons de roses rouges, et les broyer en un mortier, comme si tu en voulais tirer le jus, puis les mettre au soleil très chaud en les arrosant d'eau rose musquée, ceci répété plusieurs fois; après en faire de la poudre que tu parfumeras avec poudre de cypre comme les autres susdites, et la garderas en une fiole.

» *Huile de benjoin*. Prends benjoin tant que tu voudras, et le mets sous fumier en une fiole bien étoupée qu'il ne se puisse éventer, par l'espace de quinze ou vingt jours : puis le coule et le garde en une fiole; car c'est une huile très exquise.

» *Poudre très bonne pour tenir sur soi, et en coffres*. Prends quatorze onces de roses nouvellement séchées, deux drachmes de clous de girofles fins, un drachme de semence d'aspic, une demi-once de styrax et un demi-drachme de cannelle, broie-les et les garde en une fiole bien étoupée. Tu y peux aussi ajouter (si tu veux) deux grains de musc fin, un demi-drachme d'aloès.

» *Pour aromatiser le linge*, on fait sécher à l'ombre, rose, œillet, jasmin, violette, etc.; on répand dessus de la poudre de muscade et de girofle, et on met le tout dans un sachet de taffetas. »

ARPENT. (*Agr*.) Un arpent de 100 perches de 18 pieds vaut 51 ares 19 centiares; celui de 100 perches de 20 pieds, 42 ares 20 centiares; et celui de 100 perches de 22 pieds, 51 ares 6 centiares.

ARRACHEMENT DES ARBRES. (*Jard*.) Quand on arrache les arbres pour les replanter, on n'aurait jamais de certitude de reprise, si l'on ne prenait les plus grandes précautions; si l'arbre est gros, et que ses racines soient trop étendues pour pouvoir les obtenir toutes, on le cerne d'une manière régulière, à dix-huit pouces du tronc de chaque côté. Après avoir marqué ce carré avec la bêche enfoncée vigoureusement jusqu'à la douille, on fait en dehors un fossé de dix-huit pouces de large, qu'on creuse jusqu'à l'endroit où l'on suppose que l'arbre n'a plus de racines. Le fossé étant fait, on cave en dessous de l'arbre à coups de pic, en sortant la terre du fossé à mesure. On ébranle légèrement l'arbre de temps en temps, et quand il ne tient plus, on le remue légèrement. Puis on taille en biseau ou talus les racines de dessous, en dessus par le bout rogné par la bêche, et on plante sans délai.

Si l'arbre est petit, l'opération de l'arrachement offre bien moins de difficultés; on l'arrache avec toutes ses racines, sans les endommager avec les outils.

ARRÊT (*Chass*.) Voy. CHIEN D'ARRÊT.

ARRÊTE-BŒUF. (*Jard*.) *Ononis arvensis*. C'est une plante diurétique; la tige a deux pieds; les fleurs sont roses; il se multiplie par graine dans une terre légère à une exposition chaude.

ARROCHE ou BELLE-DAME. (*Jard*.) *Atriplex hortensis*. Famille des atriplices. Plante annuelle, dont il y a plusieurs variétés (rouge et blanche). Prise en petite quantité, la blanche s'emploie dans la cuisine pour adoucir l'oseille. Cette plante se ressème d'elle-même; il suffit qu'on la ménage en la sarclant. Pour en avoir à part il faut la semer très clair en mars, dans des rayons espacés et très peu la recouvrir de terre; on l'arrosera souvent; cette plante monte très promptement; les feuilles de l'Arroche donnent au bouillon une couleur dorée.

ARROSEMENT. (*Ind. dom.* — *Jard*.) Il est utile d'avoir une pompe à arrosement pour le service de la maison; en été, on s'en sert pour asperger plusieurs fois par jour les cours et le devant de la maison; par cette opération l'air est purifié et la chaleur tempérée. En horticulture, il y a nécessité d'arroser non seulement les légumes et les fleurs, mais encore les arbres; c'est le seul remède contre la chaleur; la quantité d'eau dépend de la grosseur des plantes, de la sécheresse; il faut avoir grand soin de ne pas noyer la terre, ce qui empêcherait l'action de la végétation; et ne pas lui en donner assez, dans ce cas, ce serait aussi nuisible que si l'on n'arrosait pas du tout; la terre se gercerait et s'altérerait, et la fraîcheur attirerait aux racines tous les animaux terriers qui s'en nourrissent.

Les arrosemens de fleurs ne doivent point tomber en pluie sur la cime; on répand de l'eau au pied avec l'arrosoir à goulot; on se sert de l'arrosoir à pomme pour mouiller les branches et les feuilles des arbres en buissons, des orangers, etc.; quand les branches sont trop élevées, on se sert de la pompe. (Voy. ARROSOIR.)

L'heure convenable aux arrosemens, est le matin; dans les grandes chaleurs on peut arroser le soir; mais au printemps et en automne la fraîcheur des nuits rendrait cet arrosement préjudiciable.

Si la chaleur a desséché tellement un arbre que les feuilles pendent, et que la sève ait cessé de circuler dans l'extrémité des branches, on arrose les feuilles et les branchages avec la pompe; il serait inutile d'arroser les racines, puisque le dommage ne vient pas de l'absence d'humidité au pied.

Quand par une cessation semblable du cours de la sève, les fruits tombent et avortent, on cerne la terre autour du pied de l'arbre, et on y jette une grande quantité d'eau.

La meilleure eau pour l'arrosement est l'eau de pluie et l'eau des citernes; l'eau de rivière vient après; l'eau de puits et de marais doit être exposée à l'air avant de s'en servir.

ARROSOIRS. (Jard.) On en a fait en cuivre et en fer-blanc; mais les premiers, n'eussent-ils d'autre désagrément que leur trop grande pesanteur, devraient être abandonnés. Ceux de fer-blanc, quoique d'une solidité inférieure à celle des premiers, leur sont de beaucoup préférables à cause de leur légèreté. Ils sont aussi beaucoup moins chers et durent encore très long-temps lorsqu'on a soin de ne pas les heurter, et qu'on les suspend dans un lieu hors d'atteinte dès qu'on a cessé de s'en servir. Celui dont les hommes se servent doit contenir douze pintes et avoir une boule large, percée de très petits trous pour que le poids de l'eau ne détériore pas les plantes en les affaissant et même parfois les brisant. On distingue l'arrosoir à goulot, et l'arrosoir à pomme, l'un pour les racines, l'autre pour la tige des plantes. (Voy. ARROSEMENT.)

ARSENIC. (Méd. dom.) L'arsenic est un métal vénéneux; on l'emploie fréquemment en médecine; l'oxide d'arsenic compose une drogue connue sous le nom de mort-aux-rats; le cobalt arsénical est cette poudre avec laquelle on détruit les mouches.

En cas d'empoisonnement par l'arsenic, expulser le poison par les vomissemens, après avoir rempli préalablement l'estomac avec du lait, de l'eau tiède; traiter par des antiphlogistiques (on a employé avec quelque succès l'albumine et le charbon), provoquer les évacuations alvines, calmer l'irritation nerveuse par des opiacés.

Pour diminuer les chances d'empoisonnement par l'arsenic mélangé à des substances farineuses, M. Brund a imaginé de le mélanger avec le bleu de Prusse; par là on lui donnerait une couleur bleue qui le distinguerait de toute autre matière employée comme médecine, ou comme aliment.

Cette teinture ne lui ôte aucune de ses qualités, et prévient un grand nombre d'accidens, et même de crimes.

Quand un cheval a avalé par mégarde de la mort-aux-rats, on arrête les effets du poison en lui donnant à plusieurs reprises une grande quantité d'huile; le remède est le même pour les vaches.

Remède éprouvé contre l'arsenic et le vert-de-gris.

Exprimez dans un verre, trois citrons, et coulez-en le suc après la colature : prenez deux gros d'yeux d'écrevisses préparés et réduits en poudre impalpable, jetez la poudre dans le citron au moment de donner le remède, et mêlez. Si le malade n'est pas soulagé, réitérez deux ou trois fois dans l'espace de vingt-quatre heures. Quand les douleurs ont cessé, purgez pendant trois jours avec la manne fondue dans l'huile récente d'olives ou d'amandes douces, et faites boire du lait.

M. Fromy de Montpellier inventa ce remède en 1787. Il agit en neutralisant l'acide corrosif, qui s'empare des yeux d'écrevisses sur-le-champ.

ARTÈRES. (Méd. dom.) La connaissance des artères est indispensable à tous ceux qui veulent se mettre à même de pratiquer la saignée dans les cas urgens; on pourrait, en piquant une veine, piquer l'artère, ce qui serait dangereux; on reconnaît qu'une veine est placée sur une artère aux pulsations et aux battemens qu'elle fait sentir, et qui sont quelquefois sensibles à l'œil.

Avant donc d'appliquer la ligature, on examine avec attention; puis on applique la ligature entre la partie qu'on saigne et le cœur, c'est-à-dire au-dessus de l'endroit qu'on va piquer, si c'est le bras ou l'épaule, et au-dessous si c'est la gorge, les tempes, etc. (Voy. ARTÈRE.)

ARTICHAUT. (Jard.) Cynara scolymus. Famille de cynarocéphales. Plante vivace et pivotante. Il y en a beaucoup d'espèces. Pour résister aux hivers et prospérer, il lui faut un terrain fort, profond et bien fumé. Dans le cas où le terrain serait mauvais, il faut le défoncer et y mettre un lit de fumier par chaque couche. On peut donner à son défoncement, deux, trois ou quatre fers de bêche. Dans un terrain ainsi préparé et incliné vers le midi, les artichauts se conservent six ans au lieu de trois, et le carré est ensuite propre à toute culture. La méthode de semer les artichauts en place est préférable à celle de les multiplier par œilletons, parce que, par le premier moyen, ils résistent mieux au froid. Le terrain ainsi préparé, du 6 au 10 avril, on fait en échiquier, à trois pieds de distance, des trous de deux pouces de profondeur dans lesquels on met quatre graines d'artichauts qu'on recouvre de terreau. Elles sont dix-huit jours à lever. Lorsque le plant aura cinq ou six feuilles, on ne laissera qu'un pied à chaque place; on l'arrose tous les soirs, et ceux qui n'auraient pas été repiqués, tous les trois ou quatre jours jusqu'en septembre. A la fin d'octobre, on les lie, et on garnit tout le carré de litière sortant de l'écurie. Au printemps on ôte la paille. On les terreantera un peu chaque année en septembre. Lorsqu'une tige porte plus d'un fruit, et que celui du milieu a acquis la grosseur d'un œuf de dinde, on coupe les autres. Quand l'automne est pluvieux, on les garantit par un petit abri de toile cirée. La graine d'artichaut conserve sa faculté germinative dix ans. Un des engrais le plus favorable à cette plante est la colombine ou fumier de pigeon. — On obtient des artichauts d'un volume extraordinaire en fendant longitudinalement la tige à trois pouces au-dessous du fruit, lorsqu'il est de la grosseur d'un œuf; on introduit ensuite un petit bâton dans la fente, qui doit avoir deux pouces de long pour qu'elle ne se referme pas, puis on lie les feuilles au-dessus du fruit.

Pour préserver l'artichaut du froid ou de l'humidité, labourer la terre auprès de la plante pour quelle puisse boire l'eau, la relever en cône, couchant trois boutures en terre qui se réunissent par angle au-dessus de l'artichaut, recouvrir de litière longue, de feuilles sèches, et d'une dernière couche de litière.

On obtient des artichauts dont le fruit donne une bonne nourriture, en enveloppant le petit fruit d'un linge noir qui intercepte la lumière, et ne permet pas la libre circulation de l'air. C'est un mets exquis.

Quand les artichauts ont été gelés, on doit recourir aux semis. On obtient du fruit plus tôt en semant dans des pots, sous chassis ou sous cloche, sur les premières couches de la fin de l'hiver.

Au printemps, on met le jeune plant en place sans briser la motte dans un bon terrain fumé, garni de terreau de vieilles couches, et l'on arrose abondamment en été.

ARTICHAUTS. (Cuis.) — Artichauts à la sauce blanche. On leur rompt la queue au lieu de la couper; on ôte les premières feuilles et ce qui est trop dur des autres. On les jette dans l'eau, puis on les fait cuire à petit feu dans une casserole assez large pour les contenir les uns à côté des autres. On ôte le cœur et on le remet après avoir jeté le foin. Servez avec une sauce blanche ou à l'huile.

Artichauts à la barigoule. Cuits comme les précédens, mais un peu moins; on en ôte le foin, à la place duquel on met une petite boulette faite de deux champignons pétris avec un petit morceau de beurre, du persil, de la ciboule, poivre et sel. On les met dans le fond d'une tourtière avec trois cuillerées d'huile, et on les fait bien rissoler.

Artichauts frits. On partage des artichauts crus en huit quartiers que l'on met dans une casserole avec un peu d'eau, de beurre et de sel; on les fait cuire un bon quart d'heure, et on les égoutte. Quand ils sont froids, on les trempe dans une pâte que l'on fait frire.

Artichauts sur le gril. On ôte le foin d'artichauts à moitié cuits; on met dedans une pincée de persil, de ciboule, d'huile, de chapelure, de poivre et de sel. Un quart d'heure sur le gril, et on sert.

Artichauts à la poulette. On les prépare comme pour les faire frire, et on achève de les cuire dans une sauce blanche ordinaire; on ajoute du persil, de la ciboule, un demi-jus de citron, et on lie avec un jaune d'œuf.

Artichauts à la poivrade. Si les artichauts ont plusieurs têtes, on ne laisse que celle du milieu, et on prend les autres à la grosseur d'un œuf de poule pour les servir crus en hors-d'œuvre. On les met dans une assiette avec un peu d'eau fraîche.

La fleur d'artichaut et de cardon a la propriété de coaguler le lait. On en met une pincée dans un petit nouet; on le plonge à l'eau bouillante, et quand il est un peu égoutté, on en fait tomber une goutte dans le lait. Le lait se coagule encore en bouillant avec le nouet.

ARTICHAUTS. (Ind. dom.) — Procédé pour conserver les artichauts l'hiver. Les faire cuire, enlever le foin, et le remplacer par du sel; mettre dans un pot de grès rempli d'eau salée; jeter cette eau le lendemain, et en mettre d'autre avec quatre poignées de sel et un demi-setier de vinaigre; couvrir le pot avec du beurre.

Autre procédé indiqué par Appert. Oter les feuilles inutiles, plonger dans l'eau bouillante, et de suite dans l'eau fraîche, égoutter, mettre en bocaux, et donner une heure de bouillon au bain marie.

Autre pour les artichauts en quartiers. Oter le foin, couper en huit morceaux après avoir plongé dans l'eau bouillante et fraîche, les égoutter, les passer sur le feu dans une casserole avec un morceau de beurre frais, assaisonnement et force herbes; lorsqu'ils sont à moitié cuits, les faire refroidir, les mettre en bocaux, et donner une demi-heure de bouillon au bain-marie.

Autre. Faire blanchir les artichauts et les mettre dans un bocal plein d'une saumure de quatre onces de sel par chaque pinte d'eau, épurée et tirée au clair; verser de l'huile à la surface, placer le pot dans un endroit clair.

ARTIFICE (FEUX D'). (Var.) Pour obtenir dans les feux d'artifice des flammes de diverses couleurs, on brûle les mélanges suivans :

Flamme rouge. Trois parties d'alcool, une de cinabre.
Autre flamme rouge. Trois parties d'alcool, une de sulfate de soude.
Flamme rouge carmin. Trois parties d'alcool, une de nitrate ou d'hydrochlorate de strontiane.
Flamme vert-émeraude. Idem, nitrate de cuivre.
Flamme verte. Idem, hydrochlorate de cuivre.
Flamme orange. Idem, et chlorure de sodium.
Flamme jaune. Trois parties d'hydrochlorate quelconque, de chlorure ou de nitrate de potasse, et une partie d'alcool.
Autre flamme jaune. Deux cents parties d'alcool à 0,084°, et cinq parties de nitrate de potasse fondue.
Flamme bleue. Trois parties d'alcool et une d'acide borique.
Autre flamme bleue. Jeter sur des charbons un mélange de cinq parties d'hydrochlorate d'ammoniaque et de dix parties de deuto-sulfate de cuivre calciné.
Flamme multicolore. Pulvériser, mêler, et exposer à l'humidité une partie d'hydrochlorate d'ammoniaque et deux de vert-de-gris, verser dans deux parties de poix blanche fondue, laisser refroidir, et pulvériser, ou mettre en pain.

Une mèche de coton trempée dans un sel de soude ou du soufre, et desséchée en brûlant avec l'alcool, donne une flamme jaune. Trempée dans un sel de potasse, elle donne une flamme bleu clair.

Flamme verte. Mêler, après avoir pulvérisé, treize parties de fleur de soufre, soixante-dix-sept parties de baryte, cinq de chlorate de potasse, deux d'arsenic métallique, trois de charbon de bois, et un peu de calamine.

ASCARIDES (VERS). (Méd. dom.) Les ascarides sont des vers ronds et courts qui vivent dans le rectum, le dernier des intestins, et occasionent vers l'anus un chatouillement désagréable. Ils causent des défaillances et des envies fréquentes ou continuelles. (Pour le traitement, Voy. VERMIFUGES, VERS.)

ASCHARDS. (Cuis.) Hors-d'œuvre comme les cornichons. Faire infuser huit onces de safran des Indes ou curcuma, et quatre onces de moutarde en poudre dans trois pintes de bon vinaigre blanc, remuer de temps en temps la mixture et passer à travers un linge. Laisser infuser trois semaines avec six gousses d'ail, des petits oignons rouges, de l'estragon, deux onces de piment enragé, éplucher en morceaux une tête de chou-fleur; un cœur de chou-pomme, des bouts d'asperges, des cornichons, des haricots verts; faire blanchir une minute à l'eau bouillante, égoutter bien, et mettre dans le vinaigre.

ASCLÉPIADE INCARNATE. (*Jard.*) *Asclepias incarnata.* Famille des apocynées. Cette grande vient de Virginie. Elle nous donne en août ses fleurs roses en forme d'ombelles et à odeur de vanille. Il faut la mettre dans un terreau de bruyère et un peu humide, exposé au midi. Sa multiplication se fait en faisant éclater les pieds en septembre. Cette plante perd ses feuilles.

ASILES. (*Ind. dom.*) Cabanes dans les bois pour se réfugier en cas de pluie. (Voy. CABANES.)

ASPERGES. (*Jard.*) *Asparagus officinalis.* Famille des asparaginées. Plante vivace qui dure douze ans en plein rapport, si on l'entretient bien. La grosse verte de Hollande est la plus estimée. Pour en avoir de belles, il leur faut donc un terrain analogue à celui de ce pays. Les engrais les plus favorables à l'asperge sont les cendres, la chaux en petite quantité, et surtout l'urine. La meilleure manière de multiplier l'asperge est, lorsqu'on en a une vieille fosse de bonnes, de l'arracher avec soin et en la défonçant. Une fosse d'asperges demande seulement à être un peu rechaussée annuellement. L'hiver on les couvrira d'un peu de litière pour les rendre plus hâtives, et à tous les printemps; le premier on couvrira d'un pouce de terreau. On peut établir les fosses de cette manière : on les trace sur 4 pieds de large, à deux pieds de profondeur; on jette la bonne terre du côté du midi et la mauvaise du côté du nord; on met dans la fosse six pouces de gazon à l'envers qu'on recouvre de six pouces de fumier de cheval bien tassé; on place dessus trois pouces de terre franche; on place les griffes à dix-huit pouces d'intervalle, en échiquier, et on les couvre de trois autres pouces de terre amendée. Pendant deux ans, on met tous les printemps trois pouces de terreau qu'on enlève en octobre. Au bout de trois ans, on peut couper les plus grosses asperges venues de griffes, et au bout de cinq celles venues par graine. En ôtant les tiges à la fin de l'automne, il faut les tordre et non les couper. La fleur paraît en juillet; la graine est mûre en octobre. Le criocère des asperges dévore souvent ces plantes; on s'en délivre en brûlant les asperges au printemps de la troisième année; au bout de quinze jours, elles n'en reviennent que plus belles.

Le turion de l'asperge qui n'a pas été coupé fournit dans l'année une tige rameuse qui porte des baies rouges. En les faisant fermenter, M. Dubin, administrateur de l'hôpital du Val-de-Grâce, en a extrait un alcool très pur dont il fait d'excellentes liqueurs. On obtient aussi des baies une belle couleur nankin inaltérable, en trempant dans un résidu de ces baies du linge qui a préalablement bouilli dans l'alun.

Planches d'asperges qui durent trente ans. Choisir un terrain non sujet aux inondations, faire une tranchée de deux pieds de profondeur, si le terrain n'est pas ferme, mettre des pierres plates pour empêcher la racine de pé-

nétrer; mettre un pied de bon fumier, un demi-pied de bon terreau, un autre pied de fumier, et un demi-pied de terreau; ensuite que la couche ait au-dessus de la terre un pied. Si le terreau était trop gras, mêler avec un peu de sable de rivière. Tendre un cordeau dans toute la longueur du milieu de la couche, mettre des piquets le long du cordeau; à deux pieds de distance l'un de l'autre; relever le cordeau qu'on tend à droite; en plantant le second piquet à deux pieds de distance, en quinconce, semer la graine en patte d'oie en trois trous, à un pouce l'un de l'autre, et à un pouce de profondeur, en ne mettant qu'une graine dans chaque trou.

Quand le plant est venu, arracher deux des trois graines, si elles ont poussé toutes les trois, et les replanter ailleurs. Si l'été est sec, arroser deux ou trois fois, et enlever l'herbe. Avant l'hiver, couper le plant, et mettre par-dessus quatre pouces de bon terreau mêlé avec du fumier de vache. La troisième année, sarcler, couper les plus grosses pour les manger.

La graine d'asperges se sème en mars, avril ou mai, et même en septembre. Quand on coupe le plant avant l'hiver, ramasser la graine, qui, en prenant racine, rendrait le plant trop épais.

ASPERGES. (*Ind. dom.*) Pour conserver les asperges, les couper vers la Saint-Jean, les laver et sécher, prendre de la farine mêlée avec du sel séché et pulvérisé, saupoudrer chaque asperge, lier en bottes avec de l'écorce; saupoudrer de la mixture de farine, envelopper dans une pâte de farine bise, laisser sécher lentement, ranger dans des pots de grès, verser par-dessus de la graisse fondue, et conserver dans un lieu frais et sec. Quand on veut manger des asperges, on ouvre une botte, et on trempe les asperges une ou deux heures dans l'eau.

Autre procédé. On ôte le blanc, on fait blanchir, on verse de l'eau, du sel, du vinaigre, et quelques tranches de citron dans un pot, où on les place. On couvre de deux ou trois pouces d'huile.

Autre indiqué par Appert. Les ranger en biseaux ou en bouteilles, suivant qu'elles sont entières ou en petits pois, après les avoir plongées dans l'eau bouillante et de suite dans l'eau fraîche, et les avoir bien égouttées; boucher hermétiquement, et donner un bouillon au bain-marie.

Procédé pour conserver les asperges fraîches pendant plusieurs jours. Les enfoncer dans du sable frais ou dans deux pouces d'eau.

Procédé pour mariner les asperges. En retirer le blanc, laver et faire tremper, les faire bouillir dans l'eau, les mettre en pots, verser dessus une marinade de vinaigre, qu'on fait bouillir avec du sel, deux gros de macis et deux gros de poivre en grains. Couvrir le pot, faire bouillir la marinade à deux reprises et couvrir d'un parchemin.

ASPERGES. (*Cuis.*) *Asperges à la sauce.* Il faut qu'elles soient belles; on les dépouille de leurs écailles et on les lie par petites bottes. Au moment de les servir, on a un chaudron d'eau bouillante dans lequel on jette ses asperges avec une poignée de sel; on les laisse bouillir sept minutes; on les sert avec une sauce blanche ou avec l'huilier. Les meilleures asperges sont vertes; les blanches sont amères.

Asperges en petits pois. Celles qui sont trop petites

pour être servies entières se coupent par petits morceaux que l'on fait cuire cinq minutes avec peu d'eau bouillante et du sel. On les égoutte bien; on les met dans une casserole avec un demi-quart de beurre une pincée de farine, poivre, sucre comme une noix. Après quelques bouillons, on ajoute une liaison de deux jaunes d'œufs.

ASPERGES (Sirop de pointes d'). (*Méd.*) Ce sirop convient dans les maladies de cœur et de poitrine. Il a l'avantage de ne pas irriter l'estomac. La dose est d'une demi-once à une once matin et soir pur; on mêle avec une tisane. Prendre des pointes d'asperges fraîches, les piler, et exprimer fortement; laisser reposer, décanter et filtrer le suc au papier joseph; sur une livre de ce suc mettre vingt-huit onces de sucre blanc cristallisé, faire cuire au bain-marie, passer à la chausse de laine, et le conserver avec soin dans des bouteilles.

Moyen de rendre les asperges plus digestibles et les empêcher de communiquer aux urines une mauvaise odeur. Mettre les asperges dans une sauce froide faite avec de l'huile, du vinaigre, du sel et du poivre, dans laquelle on délaie un jaune d'œuf.

ASPHODÈLE EN ÉPI. (*Jard.*) *Asphodelus spicatus.* Famille des asphodèles. Plante vivace, indigène, et dont la racine est tubéreuse. Ses fleurs viennent en juillet, et sont grandes, blanches et en forme d'épi alongé. Elle veut un terrain léger, sec et chaud, et mieux encore de bruyère. Exposition méridionale; séparation des racines.

ASPHYXIE. (*Méd. dom.*) L'asphyxie est la suspension de la respiration. Par suite le pouls et le cœur cessent de battre, et l'individu passe plus ou moins rapidement, s'il n'est secouru, de l'évanouissement à la mort.

Comme cet accident est instantané, et qu'il est souvent difficile d'appeler immédiatement un médecin, il importe de bien connaître les moyens de prévenir et de guérir l'asphyxie, le salut de l'asphyxié dépendant de la promptitude des secours, etc.

L'asphyxie est causée ou par défaut d'air, ou par un air vicié, ou par des gaz délétères.

Ainsi, elle peut provenir de la submersion, de la suspension, d'un froid trop vif surtout chez les nouveau-nés, de la vapeur du charbon en ignition, des vapeurs du vin, du cidre, de la bière, et de toute autre liqueur en fermentation.

Des vapeurs qui sortent des puits, souterrains, mines ou autres lieux humides et profonds.

Des vapeurs même des lampes et chandelles dans de petits endroits.

Des vapeurs des fosses d'aisances.

Du choc de la foudre.

Nous traitons ailleurs de ces diverses asphyxies. (Voy. CAVES, FOUDRE, FOYER, NOYÉS, PUITS, etc.) Nous nous contentons ici d'exposer les moyens préventifs et curatifs généraux.

Parmi les premiers, la grande ventilation, l'eau et le feu sont les plus importans.

La vapeur d'eau qui s'échappe d'un vase d'une large ouverture dans une chambre où l'on brûle du charbon, a la propriété d'empêcher l'action du gaz acide carbonique et de corriger la corruption de l'air.

On croyait autrefois, que la poudre à canon avait une influence désinfectante; mais on a reconnu qu'elle était au contraire nuisible, en ajoutant aux gaz pernicieux du gaz nitro-sulfureux.

Dans les caves et puits qu'on ouvre après qu'ils sont restés fermés long-temps, de grands feux, de paille ou de foin, dissipent les vapeurs méphytiques. Avant de pénétrer dans un lieu dont l'atmosphère paraît dangereuse, il est bon d'y présenter une chandelle allumée. Si elle s'éteint, c'est qu'on y courrait risque d'asphyxie en s'y introduisant. La purification par le feu devient nécessaire.

Dans les cas d'asphyxie, il y a lieu: 1° à soustraire l'individu à la cause déterminante de l'asphyxie; 2° à rétablir la respiration et la circulation.

Pour cela, il faut, en proportionnant les remèdes à la gravité des cas:

Commencer par exposer le malade à l'air très pur, libre et froid;

Le dépouiller des vêtemens qui pourraient nuire à la facilité de la respiration;

Lui faire respirer des sels volatils, de l'ammoniaque liquide (alcali volatil fluor).

Exciter les ouvertures et l'intérieur du nez avec une plume;

Lui jeter brusquement et par intervalles de l'eau froide au visage;

Presser la poitrine de manière à imiter le mouvement de la respiration, rapprocher les fausses côtes, presser l'abdomen, appliquer les mains au-dessus des aisselles.

Lui insuffler de l'air dans les poumons avec la bouche ou une pipe.

Rarement l'asphyxie résiste à ces soins. On y peut joindre des lavemens avec deux ou trois bonnes cuillerées de sel commun. Quand le malade donne signe de vie par de petits hoquets, des vomissemens, un tremblement convulsif, on le porte sur un lit préalablement bassiné, en ayant soin d'entretenir dans la chambre un courant d'air; on continue les frictions au tronc et aux extrémités, et on lui fait avaler quelques cuillerées d'eau très légèrement ammoniaquée. Il est souvent nécessaire pour rétablir la circulation de le saigner sur-le-champ. (Voy. SAIGNÉE.)

ASPIC (SAUCE D'). (*Cuis.*) Prendre un jarret de veau, un jambon, une tranche de bœuf. Y ajouter, si la gelée n'est pas assez épaisse, deux pieds de veau blanchis ou des couennes de lard blanchies et grattées.

Y joindre une pinte de grand bouillon, et mêler le tout dans une marmite.

Faire suer à blanc sur un fourneau.

Mouiller avec du grand bouillon; faire bouillir et bien écumer lorsqu'il est réduit à glace sans être attaché.

Mettre du sel, deux carottes, deux oignons, une gousse d'ail, deux feuilles de laurier, quatre clous de girofle, un bouquet de persil et de ciboule.

Quand le tout a cui à petit feu pendant sept heures, passer le consommé, le laisser refroidir; casser quatre œufs dans une casserole, y mettre le consommé avec le jus de deux citrons, une cuillerée de vinaigre d'estragon.

Battre sur le feu avec un fouet, et lorsque c'est prêt à bouillir, faire cuire, pendant une demi-heure à petit feu dessus et dessous.

Passer une fois, et deux fois s'il est nécessaire, dans une serviette double et mouillée, la gelée qui résulte de ces opérations.

En mettre cinq ou six lignes dans un moule, la décorer avec du persil haché, des truffes, des blancs d'œufs. Remettre dessus une ligne de gelée qui n'est point prise. Mettre ensuite soit des cervelles de veau, soit des blancs de volaille ou des riz de veau, ou des crêtes de coq, des rognons, des foies gras ou du gibier. Pour éviter que l'aspic se fende en renversant, poser très également et à plat, remplir le moule jusqu'à ce que la glace soit prise. Puis tremper le moule dans l'eau chaude. Placer le plat dessus et retourner le moule avec le plat et lever le moule. On sert cet aspic chaud sous différentes entrées.

Aspic clair.—Faire bouillir jusqu'à glace, dans une petite casserole, un peu de mirepoix, un bon verre de vinaigre, une pincée de poivre en grains et une poignée d'estragon; mouiller avec un peu de consommé de volaille et faire dégraisser la viande cuite; prendre un œuf et de l'eau fraîche pour clarifier; mettre l'aspic dans un bain-marie et s'en servir avec des feuilles d'estragon coupées en losange et blanchies.

ASSA-FŒTIDA. (*Méd. dom.*) C'est une gomme-résine qui découle d'un arbre d'Asie. Son odeur lui a mérité son nom, et celui de *stercus diaboli.*

L'assa-fœtida est un puissant antispasmodique. En pilules et en lavemens, elle combat les spasmes nerveux avec efficacité; elle est aussi vermifuge : on l'emploie dans l'hystérie et dans l'épilepsie.

L'assa-fœtida se dissout facilement dans le jaune d'œuf, l'alcool, le vinaigre : en pilules, l'assa-fœtida se prend pur; en lavemens, on la délaie dans un jaune d'œuf, et on l'étend avec l'eau. La dose en pilules est de dix grains jusqu'à un demi-gros; à cette quantité, l'assa-fœtida est purgative.

ASSAINISSEMENT. (*Hyg.*) L'assainissement comprend l'intérieur et l'extérieur. (Voy. AIR, APPARTEMENT, etc.)

Moyen d'assainir les habitations humides. Le ciment romain de Pouilly sera employé avec succès. (Voy. CIMENT.) Le blanchissage des murs avec de la chaux vive récemment éteinte, et les fumigations chlorurées sont d'un bon usage. (Voy. CHLORE.)

Enduit pour assainir les murs. Faire fondre dans une partie d'huile de lin cuite, deux parties de résine et le dixième de son poids de litharge. Sécher les murs, et appliquer le mastic, en l'exposant à l'action du feu, pour le faire pénétrer : mettre ainsi quatre à cinq couches.

Cet enduit peut s'appliquer également aux parquets. Faire une aire en plâtre, enduire de mastic, et poser le parquet dessus au moyen de lambourdes.

Là où il y a des dalles et des carreaux, les enduire eux-mêmes.

Moyen d'assainir les terrains marécageux. On pratique des tranchées ou fossés d'écoulement profonds et courans, en plaçant au fond des pierres plates et des briques en forme de toit qu'on couvre de terre; l'eau filtre à travers et s'absorbe. (Voy. DESSÈCHEMENT, IRRIGATION, MARAIS.)

Moyen d'assainir l'eau. (Voy. EAU.)

Moyen d'assainir les plumes de lit. (Voy. LIT.)

ASSIETTES. Les assiettes de porcelaine sont préférables à toutes autres; mais, à leur défaut, il faut se servir d'assiettes de faïence. Les autres, d'un prix inférieur, se rayent aisément avec un couteau, s'encrassent, et conservent l'odeur.

ASSOLEMENS. (*Agr.*) Pour assoler, il faut connaître le sol, l'exposition, la différence des espèces. Ils varient suivant les terrains : il y a des assolemens de deux, trois, quatre et cinq ans, et même huit ans.

On appelle aussi les assolemens, cultures alternes, rotation.

L'effritement rend les assolemens nécessaires (Voy. EFFRITEMENT); ils sont basés sur ce que les débris d'une plante ne sont pas de nature à nourrir une plante congénère.

Bien plus, on ne saurait remplacer une plante par une autre de la même famille.

Les plantes amélioratrices du terrain par leurs débris, leur enfouissement ou leur excrétion, sont celles à sucs doux et mucilagineux, par exemple, les légumineuses et les graminées.

Voici quelques règles générales et quelques exemples d'assolemens : Intercalez les récoltes épuisantes et les récoltes améliorantes, les céréales et les pommes de terre, et le trèfle, la luzerne, le sainfoin.

Faites revenir assez souvent les récoltes sarclées, en y appliquant du fumier et des façons.

Dans les terres lourdes, en friches, faites, au lieu de jachères, trois cultures des fèves successives.

Assolement des terrains calcaires. Orge, pois, froment, rave, navette.

Des terrains d'alluvion. Froment, orge, avoine, fèves.

Des terrains graveleux. Pois, vesces, choux.

Des bons terrains graveleux. Froment, avoine.

Des terrains argileux. Orge, fèves, froment, avoine.

Des terrains sablonneux. Turnep, pomme de terre, carotte, betterave, orge, seigle, sarrasin, vesce et avoine.

Des terrains riches argileux. Colza, blé, trèfle, blé, fèves.

Des terrains plus pauvres. Jachère, blé, trèfle, blé.

Des terrains en pente peu profonds. Colza, blé, jachère, avoine, pâturage.

Des terrains chauds et légers. Pommes de terre, blé ou seigle, sarrasin, trèfle.

Ou encore pavot, blé, betteraves repiquées, céréales de mars.

Ou pommes de terre, orge, de printemps, vesce, seigle, caméline.

Ou topinambour, orge, trèfle, blé ou seigle.

Les assolemens triennaux sont peu en usage.

Voici un assolement de huit ans : Jachère, seigle, pommes de terre, seigle, sarrasin, topinambours, topinambours fauchés ou pâturés, avoine avec graine de genet.

Substitution de l'assolement quadriennal au triennal, indiquée par M. Antoine de Roville.

20 HECTARES jachère.		20 HECTARES blé.		20 HECTARES avoine.	
15 h. froment.	5 h. vesces.	10 h. trèfle.	10 h. avoine.	5 h. vesces.	15 h. jachère.
15 trèfle.	15 avoine.		15 jachère.		15 blé.
15 avoine.	15 jachère.		15 blé.		15 trèfle.

Le climat, les localités, les besoins, indiquent au reste quelles récoltes doivent se succéder dans ces terrains.

ASSOUPISSEMENT. (*Méd. dom.*) L'assoupissement est un intermédiaire entre la veille et le sommeil, qui ne permet ni l'un ni l'autre. Il a lieu chez quelques personnes pendant le travail de la digestion.

Le meilleur moyen de le combattre est l'exercice, la promenade, l'emploi des sternutatoires, et principalement l'habitude que l'on contracte d'y résister.

ASSURANCES. (*Mor. dom.*) Les assureurs prennent à leurs risques les récoltes, mobiliers, ou marchandises assurées soit contre l'incendie, soit contre la grèle ou autre accident.

Les avantages d'une pareille assurance sont incontestables; ils garantissent le cultivateur ou le propriétaire de toute inquiétude, et de craintes qui pourraient troubler sa sécurité.

Il ne faut pas toutefois donner une prime d'assurance au hasard et sans utilité, et avoir soin d'examiner si la nature de votre exploitation, la construction de vos bâtimens, l'état habituel de l'atmosphère dans le pays que vous habitez, et autres circonstances extérieures, font naître ou multiplient les chances des sinistres.

Après cela, choisir avec soin la compagnie, avoir égard plutôt à la solidité de la maison qu'à la modicité du prix de l'assurance, prendre des renseignemens exacts sur son capital social, son ancienneté, son administration, et ne se déterminer qu'après un examen attentif. C'est au reste ce qu'il y a à faire en toute occasion.

ASTELLES. (*Méd. dom.*) On appelle ainsi des morceaux de bois, de lattes ou de carton, larges d'un ou deux pouces, et d'une longueur proportionnée à leur emploi, dont on se sert pour maintenir les membres fracturés. Voy. FRACTURE.

ASTÈRE ŒIL DE CHRIST. (*Jard.*) *Aster amellus*, famille des corymbifères. Plante vivace et indigène. Ses fleurs viennent en septembre; elles sont grandes et d'un beau violet-bleuâtre.

Astère agréable. (*A. decorus.*) Vivace; ses fleurs, qui sont bleues et très nombreuses, viennent en août. Cette plante est belle, mais importune par ses traces.

Astère remarquable. (*A. spectabilis.*) Vivace, de l'Amérique septentrionale. Ses fleurs viennent en septembre, et sont presque rouges; c'est le seul qui les ait de cette couleur. Il est encore peu répandu.

Astère de Sibérie. (*A. sibericus.*) Tiges d'un pied, très vivace; fleurs en août, très grandes et d'un bleu pâle.

Astère à feuilles de laurier. (*A. laurifolius.*) Tiges de sept à huit pieds; fleurs d'un blanc-bleuâtre. Cette plante vivace qui fleurit en octobre, est du plus bel effet dans les grands jardins paysagers; son utilité pour les abeilles la rend précieuse. Tous ces astères sont rustiques; on en a plus de quatre-vingt-dix espèces.

Astère de la Chine, reine marguerite. (*A. sinensis.*) Ne cultiver que la variété double, dite anémone. Il faut faire les semis en mars, en place ou en pépinière. Cette plante fait très bien en touffe ou en bordure. On doit avoir le soin de laisser les pieds près les uns des autres pour supprimer, dès leur apparition, ceux dont les fleurs ne sont pas parfaites, seul moyen de conserver une graine pure qui ne dégénère pas. Pour avoir des nuances réparties d'une manière égale, on doit aussi marquer pour graine un nombre égal de pieds de chaque couleur. La graine de fleurs du milieu des tiges principales est la meilleure et celle qui produit les plus belles fleurs. On la cueille à mesure qu'elle mûrit; on la vanne, et on ne la serre que très sèche. La reine marguerite fleurit en août.

ASTHME. (*Méd. dom.*) L'asthme a pour principal caractère une gêne extrême dans la respiration. Il est parfois compliqué de catharre, d'anévrisme et d'angine. L'asthme ordinaire est le produit d'une irritation nerveuse. C'est une maladie souvent héréditaire, plus commune chez les hommes que chez les femmes, attaquant rarement avant la puberté.

Le séjour dans une chambre étroite, dens une athmosphère humide, les changemens subits dans la température, la constriction du gosier, l'inspiration de vapeurs stimulantes, l'impression d'odeurs vives, la distension de l'estomac par des alimens flatueux, la suppression de la transpiration cutanée, l'exercice prolongé du corps, et en particulier des bras et des poumons, les passions violentes, la colère, les excès vénériens, la chaleur étouffante, sont des causes qui produisent ou augmentent la respiration asthmatique.

Asseoir le malade, le débarrasser des vêtemens qui gênent la poitrine; s'il est fort, le saigner; s'il est faible, lui faire prendre de l'éther sulfurique, de l'opium, du musc, du camphre, de l'assa-fœtida, des anti-spasmodiques; éviter l'air poudreux ou chargé de vapeurs irritantes, éloigner les assistans; donner en boisson des eaux de fleurs de tilleul, d'oranger, de primevère, d'hysope; du sirop de coquelicot.

L'asthmatique doit porter de la flanelle, prendre des alimens de digestion facile, s'abstenir de farineux, de liqueurs, de café, se livrer à un exercice modéré, fuir les émotions vives, boire du laitage, du lait d'ânesse, rechercher les distractions des voyages et le changement d'air.

ASTICOT. (*Péch.*) C'est un excellent appât pour la

pêche à la ligne. Pour se le procurer, il suffit de laisser pourrir à l'air un morceau de viande. Les mouches y déposent leurs œufs, et au bout de quelques jours les asticots s'y développent.

ASTRONOMIE. (*Conn. us.*) Une curiosité naturelle nous porte à nous instruire des phénomènes qui nous environnent, et c'est surtout sur les astres que s'arrêtent nos regards. Il est facile d'acquérir en peu de temps une connaissance de leurs mouvemens suffisante, et l'on aura d'autant moins à regretter les momens employés à cette étude qu'on trouvera à l'utiliser fréquemment.

Il suffit de connaître le système planétaire, la théorie de Copernic, les mouvemens de translation et de rotation de la terre et du soleil, les degrés de latitude et de longitude, les lunaisons et leur cause, les planètes, étoiles et les découvertes nouvelles sur la marche des comètes, le zodiaque et le calendrier. (Voy. CALENDRIER, COMÈTES.)

ATRAGÈNE A GRANDE FLEUR. (*Jard.*) *Astragene indica.* —Famille des renonculacées. Cet arbuste sarmenteux vient du Japon et donne ses fleurs de juin en septembre; elles sont blanches, très doubles et imitent une anémone. Il faut qu'il soit placé contre un mur, au midi, et en terreau végétal mêlé de bruyères. L'hiver, on doit lui envelopper le pied avec de la litière. Ses marcottes sont longues à s'enraciner; on les multiplie. On le greffe quelquefois par approche sur la clematis flammula.

A. des Alpes. (*A. Alpina.*) Arbuste sarmenteux. Il fleurit en juin; ses fleurs, simples, sont blanches ou jaunes. Sa culture est la même que celle du précédent, semis en mars, en bruyère.

ATRE. Manière de le construire. (Voy. CHEMINÉE, FOUR.)

ATTELER. (*Ind. dom.*) Il est nécessaire, à la campagne, de savoir atteler un cheval, autrement on s'expose à des accidens fréquens en voyage et à des retards souvent préjudiciables.

ATTELAGE. (Voy. BŒUFS, CHEVAUX.)

AUBÉPINE. (*Jard.*) — *Épine blanche.* Le bois en est très dur, les feuilles armées de piquans; elle fleurit au commencement de mai. Le fruit qui mûrit en septembre et octobre est assez bon à manger confit après les premières gelées.

Cet arbrisseau forme des haies excellentes. Il dure long-temps, ne trace point, et ne craint ni le froid, ni le chaud; il se multiplie de graines ou de rejetons ayant beaucoup de chevelu avec racines, qu'on laboure trois ou quatre fois l'an.

On peut greffer sur l'aubépine, le néflier, le cormier, l'épine-vinette, le pêcher, le prunier, l'abricotier, et la plupart des fruits à noyau.

AUBERGINE ou MELANGINE (*Jard.*)—*Solanum melengena.* Famille des solanées. C'est une plante annuelle plus délicate encore que le melon. On la sème en même temps que le melon, en pots et dans la même couche. Elle est vingt jours à lever. Au 1er mai, on les met en pleine terre, contre un mur exposé au plein midi; dans les chaleurs on les arrose beaucoup; elles mûrissent en septembre. Là, graine se conserve trois ou quatre ans; mais la meilleure est la nouvelle.

AUBERGINE. (*Cuis.*) Couper par moitié, dans leur

longueur, et couper les aubergines; couper du lard et du beurre en parties égales, mettre dans une casserole avec quatre cuillerés à bouche d'huile, deux cuillerées à bouche de champignons bien hachés, des échalottes avec persil, un peu de sel, de poivre, et d'épices. Laisser refroidir; ajoutez la farce et des anchois hachés; mettre le tout dans les aubergines, lier le dessus de la farce avec de l'œuf et passer; mettez sur une tourtière, et le four de campagne par-dessus.

Aubergines frites. (*Cuis.*) Peler des aubergines, les partager, poudrer de sel et empiler, en exprimer l'eau noire, rouler les tranches dans la farine, et faire frire. Madame Adanson recommande ce mets comme fort délicat.

AUBIER. (*Ind. dom.*) C'est le nouveau bois qui se forme chaque année entre le vieux bois et l'écorce. Il est d'une couleur plus blanche que celle du cœur, se réduit facilement en poussière, et manque de solidité. On doit le retirer des pièces destinées à la charpente. Quand l'aubier est peu épais dans un arbre forestier, c'est signe que l'arbre est mort; et qu'il est temps de l'abattre.

AUBIER. (*Jard.*) Cet arbrisseau donne de jolies fleurs blanches, disposées en parasol. Une autre espèce d'aubier en donne ramassées en boule. Il sert à former des berceaux. Ses rameaux ressemblent à ceux du sureau, et ses feuilles à celles de la vigne.

Il se plaît le long des eaux, et se multiplie de rejetons dans les bons terroirs.

AUCUBA DU JAPON. (*Jard.*) — *Aucuba Japonia.* Famille des nerprans. Arbuste toujours vert. Ses feuilles sont belles, luisantes, et semées de taches rondes et dorées. Ses fleurs viennent en mai. Il veut une bruyère fraîche et ombragée. Il faut avoir soin de séparer ses pieds; l'époque la plus convenable pour le faire est environ le milieu d'octobre. C'est un des plus jolis arbustes que l'on puisse se procurer pour agrément.

AUGE. (*Ind. dom.*) Les auges de bois conviennent mieux pour les étables. Il convient d'engarnir les bords de tôle pour empêcher les chevaux de les ronger. Elles doivent être vidées et nettoyées à chaque repas. Les auges pour l'abreuvement des bestiaux et le jardinage doivent être en pierre. Un bouchon doit être placé à un bout pour permettre l'écoulement de l'eau.

AULNE COMMUN (*Jard.*)—*Alnus communis.* Famille des amentacées. Arbre indigène d'une très grande utilité pour garnir les endroits marécageux et le bord des eaux, et qui, dans les jardins paysagers, est d'un aspect très agréable. Si on ne veut pas voir ses branches et même son tronc se dégarnir ni sa souche mourir, il faut le tenir en taillis, c'est-à-dire le recéper tous les six ou sept ans. Il est peu d'arbres dont le bois serve à des usages aussi nombreux et aussi variés. L'écorce sert aux chapeliers, tanneurs et teinturiers, et peut remplacer la noix de Galles dans la fabrication de l'encre. C'est l'arbre que l'eau fait tourner le plus lentement à la putréfaction. Il y a quelques variétés dans les espèces de ces arbres.

A. à feuilles luciniées. (*Laciniata.*) Il peut se greffer en fente sur de jeunes sujets du commun.

A. à feuilles dentées en scie. (*Seratula.*)

A. à feuilles de tilleul (*Tilifolia.*) Espèce charmante, encore peu connue. On cultive encore le sacrophylla d'Amérique, le glauca, l'oblongata, le montana et l'in-cana, qui n'exigent tous d'autres soins que ceux que l'on donne au commun, sur lequel on peut les greffer en fente. Les aulnes ne viennent que dans les terrains sub-stantiels et humides. Semés en mars, à l'ombre; on les arrose journellement. Les cônes se mettent en novembre dans des sacs qu'on secoue, au moment de les semer, pour en faire sortir la graine. Les marcottes sont deux ans à s'enraciner. Quelquefois ils donnent des rejetons; mais il est très rare de voir prendre les boutons couchés ou autres.

Pour faire une aulnaie, on met dans des tranchées d'un pied de profondeur les plantes à un pied et demi de distance en éloignant les tranchées l'une de l'autre de trois pieds. On recouvre le tout en dos d'âne, et on en-vironne l'aulnaie de fossés où l'eau s'amasse, et qui empêchent les bestiaux d'y pénétrer. L'aulne reprend aisément en le plantant; on le coupe à deux doigts de terre pour qu'il y jette davantage du pied.

AUMONE. (Mor. dom.) Donnez: c'est un précepte de toutes les religions qui découlent de la religion évangéli-que, et la pratique, non seulement en adoucit les maux des classes pauvres, mais assure et garantit l'aisance des gens riches.

En effet, dans certaines circonstances, où des famines, des épidémies, des froids rigoureux, des guerres multi-plient les souffrances des ouvriers des villes et des cam-pagnes au point de les leur rendre intolérables, il s'opère dans les masses une fermentation sourde, une agitation convulsive; les murmures se changent en clameurs : les clameurs amènent des voies de fait. Ici l'on s'attroupe : là on veut taxer les grains; et le mécontentement se ré-duit en émeute et en longs désordres.

Songez donc que tout l'ordre social actuel retire profit de l'aumône, et que les liards dont vous vous dépossédez en faveur des pauvres contribuent à la conservation de la tranquillité publique; l'aumône est un appareil sur la blessure : distribuée par portions faibles qui ne coûtent rien à ceux qui donnent, tombant goutte à goutte de leurs mains, elle forme une ressource incalculable pour ceux qui reçoivent : ils trouvent dans la bienfaisance des riches un inépuisable patrimoine, et n'accusent jamais la Provi-dence de l'infériorité de leur sort, quand celui qu'elle a favorisé de ses dons prouve qu'il méritait de l'être par sa générosité.

Soyez ému de la misère, et ayez une larme pour ceux qui pleurent, devant une table bien servie, pensez aux affamés, et dans votre lit moelleux, rappelez-vous la paille des grabats; cherchez de douces jouissances dans la libéralité : n'encouragez pas par des aumônes le vagabon-dage et la paresse; mais donnez aux véritables nécessi-teux, honnêtes et probes; à peu de frais, sans nuire à votre bien-être, il vous est facile de vous attirer l'estime de tous, de faire le bien, de satisfaire des besoins, de consoler des familles, et d'échanger votre argent contre des trésors de joie morale et de bonne conscience.

AUNE. (Éc. dom.) L'aune vaut 1 mètre 160 centi-mètres, et une demi-aune 584 millimètres; l'aune ancienne était de quarante-quatre pouces; il est bon d'en avoir

pour vérifier les achats d'étoffes, et mesurer la toile pour linge ou rideaux.

AUTOMNE. (Agr.) L'automne est le temps de la ré-colte des fruits, et de la vendange; nous donnerons aux mois qui la composent les détails des travaux qu'on doit faire pendant ce temps, dans les campagnes et dans les jardins.

AUTRUCHE (PLUMES D'). Ces plumes si recher-chées ont jusqu'à dix-huit pouces; bien conservées, avec leur duvet, et sans taches, elles valent jusqu'à 500 francs la pièce; celles des ailes sont les plus belles.

Pour les blanchir on les frotte dans l'eau de savon et on les rince à l'eau tiède et froide, quatre à cinq fois; on les plonge ensuite dans l'eau chlorurée; avec la précau-tion de n'y point introduire d'acide hydro-chlorique; puis on les lave bien vivement et à grande eau. On les trempe ensuite dans une bonne eau d'amidon ou de blanc d'Es-pagne, dans la proportion d'une once d'amidon, ou d'une livre de blanc par litre d'eau; on les secoue en l'air vivement pour les sécher; puis on les dresse, on les ébarbe, et on frise leurs franges; la teinture des plumes exige des connaissances spéciales.

AVELINES. (Jard.) Voy. NOISETTE.

AVELINES PRALINÉES. (Off.) Mettre six onces de sucre et six onces d'avelines dans un poêlon, un demi-verre d'eau, et un peu de carmin; mettre au feu jusqu'à ce que les avelines pétillent, retirer, et avec une spatule brouiller jusqu'à ce que le sucre soit en sable, remettre les avelines sur le feu, leur faire reprendre le sucre en grillant.

Avelines (glaces aux). Praliner une livre d'avelines, avec une demi-livre de sucre, les piler dans un poêlon avec neuf jaunes d'œufs, délayer avec une pinte de crème double, mettre cuire, passer à l'étamine, et faire glacer.

Avelines (blanc-manger aux). Voy. BLANC-MANGER.

Avelines (fromage aux). Voy. FROMAGE.

Avelines (charlotte aux macarons d'). Garnir le tour de la charlotte de macarons et de crème. (Voy. CHAR-LOTTE).

Avelines et pistaches (nougat d'). Faire sécher à l'étuve une livre de pistaches émondées, et une livre d'avelines torréfiées, les passer dans douze onces de sucre bouillant, et monter le nougat. (Voy. NOUGAT)

Avelines (choux pralinés aux). Voy. CHOUX.

Avelines (génoises aux). Voy. GÉNOISES.

Avelines (gâteaux aux). Voy. GATEAUX.

Avelines (gauffres aux). Voy. GAUFFRES.

Avelines (gimblettes aux). Voy. GIMBLETTES.

Avelines (petits pains aux). Voy. PAIN.

Avelines (mirlitons aux). Voy. MIRLITONS.

Avelines (tartelettes aux). Voy. TARTELETTES.

Avelines pralinées (crème aux). Voy. CRÈME.

Avelines (soufflés aux). Voy. SOUFFLÉS.

Avelines (macarons aux). Voy. MACARONS.

AVOCAT. (Mor. dom.) Évitez autant que possible d'avoir à faire aux gens de lois; mais quand les procès sont devenus imminens, appliquez tous vos soins au choix d'un bon avocat.

L'avocat digne de ce nom n'est pas le phraseur brillant qui charme l'auditoire par l'élégance de son langage;

c'est le jurisconsulte instruit qui a pâli sur les Codes, et a sondé à fond les profondeurs du labyrinthe judiciaire, qui s'exprime avec clarté et précision, qui vise moins à l'éclat du discours qu'à la force du raisonnement, et qui a surtout un haut caractère de probité.

AVOINE. (*Agric.*) Il y en a de différentes espèces : l'avoine sauvage; elle vient parmi les légumes et les blés; les grains sont grands et noirs; l'avoine blonde; l'avoine rouge; elle résiste moins aux vents que la noire; elle s'épie plutôt et contient moins de substances farineuses; la folle avoine stérile et sans graine.

La terre destinée à recevoir l'avoine doit être labourée en hiver, de manière à profiter de l'influence de l'air et des gelées; on sème depuis la mi-février jusqu'à la fin du mois d'avril; plus on sème tôt, moins il faut de grains et plus la récolte est abondante : il faut huit à neuf boisseaux pour un arpent.

La terre doit avoir reçu deux labours, le premier après la récolte des blés, le second un peu avant les semailles.

L'avoine se plaît dans les lieux maigres, secs et bien aérés; elle vient sur tous les sols à peu près. Après l'avoine, on fume pour l'orge, ou pour des herbages et pâtures; l'avoine rend dix hectolitres pour un hectolitre de graine.

Semée après les blés, l'avoine ne réussit pas, et s'emplit de sauve, de moutarde des champs, de coquelicots, qui donnent la dysenterie aux chevaux.

On ne doit pas planter les avoines près des blés; elles sont trop courtes, pas assez substantielles, et se remplissent de plantes parasites.

L'avoine se laisse javeler pendant huit jours; on la coupe en août un peu avant sa maturité; si elle reçoit de la pluie quand elle est en javelle, elle grossit et accroît de volume.

Les paysans de certaines contrées font des gâteaux d'avoines, mais elle sert plus ordinairement à la nourriture des chevaux.

On prétendait autrefois qu'elle donnait aux poulains la fluxion périodique; mais on a reconnu qu'une ration d'avoine et de sel en place de son diminuerait le nombre des fluxionnaires, et leur donnerait une activité inaccoutumée.

Avoine blonde. Partout où ce gramen existe, le foin est de première qualité : il vient naturellement dans les prairies sèches; on le sème après un seul labour en septembre, ou au printemps, à raison de sept kilogrammes par hectare, à la volée; on passe ensuite au rouleau. (Voy. PRAIRIES ARTIFICIELLES.)

On en sème en automne après une pluie dans les prairies; on fauche quand la plante est en fleur, aux premiers jours de juin; on retourne deux fois le foin; on en fait une autre coupe en automne.

Avant de la semer, on peut la chauler pour la préserver des insectes.

Le foin a trois à quatre pieds de haut, et la grosseur de la paille de blé; il offre l'avantage de pouvoir faire la récolte de toute une prairie parvenue en même temps à sa maturité; il convient aux mulets, bœufs, moutons et vaches.

L'arpent d'avoine produit douze fois plus que celui d'autres fourrages; la moindre récolte annuelle est de cinq cents bottes de dix livres par arpent.

La graine d'avoine nouvellement récoltée cause aux chevaux des gonflemens, des coliques, indigestions, vertiges; on donne pour prévenir ces accidens l'avoine en grappes, six litres par jour, plus la paille; pour peser, on prend vingt gerbes d'avoines qu'on pèse et qu'on bat, et dont le produit mesuré donne le résultat de vingt gerbes restées en grappes.

Les chevaux mâchent mieux ainsi, et digèrent plus aisément.

Si on donnait l'avoine en grains, ajouter une pincée de sel gros par ration, jusqu'au mois de novembre.

Pour prévenir les gonflemens causés aux vaches par la paille d'avoine, l'arroser d'eau salée, ou de lessive de cendres.

AVOINE. (*Méd. dom.*) On la donne en tisane dans la fièvre continue avec du suc de citron, en gruau dans l'inflammation de l'estomac, dans le choléra-morbus indigène, on arrête le vomissement en faisant boire au malade une eau panée faite avec de la farine ou du pain d'avoine rôti.

Quand la constipation a lieu chez un enfant sevré, on lui donne un peu de lait avec une décoction de gruau d'avoine.

AVORTEMENT. (*Méd. dom.*) C'est l'expulsion d'un fœtus non viable. Les causes de l'avortement sont l'excitation de l'utérus, la fatigue musculaire, la pléthore, les maladies fébriles et sporadiques, les épidémies, les coups, la toux, les efforts, une nourriture trop succulente, les passions vives.

On les prévient par le calme de l'esprit et du corps, la continence et les bains tièdes, une diète modérée, les boissons délayantes, les boissons froides gommées, les lavemens émolliens, la saignée au bras, les alimens solides, l'exercice en plein air, par un beau temps, la satisfaction des envies.

Les douleurs des reins, des cuisses, la chute du ventre, des frissons, des défaillances, des palpitations, l'affaissement des mamelles, des écoulemens de sang, ou des sérosités annoncent l'avortement. Quand ces signes se manifestent, étendre la femme sur le lit ou sur un matelas, ne lui rien donner d'échauffant, et suivre au reste, après la venue du fœtus, le régime prescrit pour les femmes enceintes. (Voy. GROSSESSE, ACCOUCHEMENT.)

AVOUÉ. (*Mor. dom.*) Les mêmes motifs qui vous dirigent dans le choix d'un avocat doivent vous guider dans celui d'un avoué. Il est bon pendant tout le procès de le surveiller. La procédure étant fort compliquée et peu à la portée des plaideurs, il lui serait facile d'entraîner son client dans une multitude de frais, d'actes inutiles; et quelle que soit l'honnêteté de l'avoué, trop souvent le désir du lucre le porte à grossir le dossier. Tout homme que son état ou son commerce expose à la chicane ne doit point hésiter à sacrifier quelques heures à la lecture du code de procédure, afin d'être à même de présenter à l'avoué des observations judicieuses et de s'éviter des dépenses.

AVRIL. (*Agric. — Jard. — Ind. dom.*) *Travaux*

agricoles. Semer l'orge, les vesces, les prairies temporaires , le trèfle rouge et blanc, la serpentine, la luzerne, le sainfoin, les graines de pré, la moutarde blanche, des laitues pour les cochons; planter pommes de terre , blé de turquie, houblon; sarcler à la main, lin, betteraves, rutabagas, gaude choux, navets, pastel, pavots, carottes; éclaircir ces plantes; biner blé , fèves, févrolles avec la houe à cheval, topinambours, laitues plantées; herser avoine, orge, surtout quand le sol argileux a été battu par de fortes pluies.

Pour la nourriture des bestiaux, employer le regain d'automne conservé sans être fauché , les rutabagas, carottes, pommes de terre et betteraves, mêlées d'un peu de fourrage sec ; labourer les jachères, n'y laisser croître aucune mauvaise herbe; extirper dans un second et deuxième labour avec l'extirpateur; les faire suivre de hersages.

Travaux horticoles. Continuer les travaux de pleine terre du mois de mars.

Sarcler les semis précédens, éclaircir, œilletonner les pieds d'artichauts et planter les plus beaux œilletons; planter toute sorte de légumes , pailler toutes les plantations, arroser le matin et dans la journée.

Semer chicorée d'été , céleri, cardons en pleine terre, tétragone, choux de Milan et de Bruxelles, raves , radis, épinards, cerfeuil, pois, laitue, romaine, betteraves, haricots dans une bonne exposition; concombres et cornichons sur cotière dans des potolets de terreau, potirons, quand on ne les a pas élevés sur couches; étêter les premiers pois, les premières fèves pour les avancer, cesser de forcer sous châssis les asperges qui donnent naturellement en pleine terre, retirer les réchauds des sentiers, et y remettre la terre qu'on en avait enlevée.

Ne plus faire de couches pour les raves, salades, fournitures, en faire pour les haricots, les melons, les concombres, les choux-fleurs, les aubergines, les tomates. A la fin du mois, faire des couches sourdes pour planter les melons de la dernière saison, les patates et les primeurs.

Soins à donner aux arbres fruitiers. Finir la taille,

supprimer les bourgeons inutiles ou mal venus, garantir les espaliers des gelées tardives avec des paillassons et des herbes, écheniller , greffer en fente; achever les labours et les plantations, répandre du paillis pour empêcher la croissance des mauvaises herbes, mettre des tuteurs , planter les amandes.

Travaux du jardin d'agrément. Le nettoyer, semer les plantes annuelles, mouiller, écheniller, semer sur couches les plantes exotiques, donner de l'air aux serres et mouiller.

Soins aux animaux domestiques. Accoupler les lapins; ils naîtront dans une saison où les herbes qui leur conviennent sont très abondantes.

AZALÉE NUDIFLORE. (*Jard.*) *Azalea nudiflora.* Famille des rosages. Arbuste de l'Amérique septentrionale. Les variétés de cette espèce, dont les fleurs sont inodores et paraissent avant l'entier développement des feuilles, sont très nombreuses. Les voici :

Alba. { *Alba.* Fleurs en mai, blanches, simples ou doubles. *Cornea.* Fleurs roses. *Rutilans.* Fleurs très rouges.

Variétés inodores refleurissant lors de l'entier développement des feuilles.

Alba. { *Coccinea major.* Fleurs écarlates et grandes. *Papilio nacea.* Fleurs rouges. *Pontica.* Fleurs jaunes, grandes, en septembre. *Viscosa.* Fleurs grandes, blanches, en juillet. } Un peu odorantes.

Toutes les azalées sont de charmans arbustes, que l'on ne peut guère cultiver qu'en terre de bruyère un peu humide et ombragée, de même que les andromèdes. La terre des massifs qui leur sont destinés doit, l'hiver, être couverte de feuilles. Un grand nombre donnent des drageons, d'autres se marcottent. Enfin on peut prendre pour les semer, des pots enterrés; alors on ne recouvre pas la graine. (Voy. RHODODENDRON.)

AZARERO (CERISIER). (Voy. CERISIER.)

AZUCARELLOS. (Voy. SUCRE-AZUCARELLOS.)

B.

BABA. (*Off.*) Faites un levain avec une cuillerée de levain de bierre , du lait et de la farine, comme pour la pâte à brioche; lorsqu'il est bien battu, le laisser lever. Faites sécher pour douze à quinze sous de safran, puis le réduire en poudre; joindre au levain un œuf, une demi-livre de beurre frais , un demi-quart de sucre râpé , un demi-setier de lait, un demi-quart de raisins de caisse, autant de raisins de Corinthe, le jeter dans une masse de farine creusée au milieu, bien travailler la pâte , mêler de temps en temps un peu de farine; mettre cette pâte dans un moule graissé de beurre frais; laisser lever dans un lieu chaud, et ensuite faire cuire au four. On le mange froid , et il est meilleur étant trempé dans le vin.

BACCHANTE A FEUILLE D'HALIMO. (*Jard.*) *Baccharis halimifolia.* Famille des corymbifères. Cet arbrisseau de Virginie veut une terre légère, franche et profonde, et l'abri d'autres arbres. Il se multiplie de marcottes et de boutures faites à l'ombre, et deux ans après replantées en mars. Il est deux ans à prendre racine. On peut encore le semer; il se sème lui-même, si la terre est meuble et sarclée avec soin. La graine mûrit dans le centre de la France.

BADIGEON. (*Ind. dom.*) Le badigeon ordinaire est formé de craie, d'ocre jaune, de colle animale et d'eau.

On en fait aussi en délayant de l'eau de la pierre de

taille en poudre ou de la chaux éteinte avec une partie d'alun sur cinq.

Le badigeon inventé par M. Lassaigne se compose d'un mélange de lait de chaux éteinte, argile délayée; le tout laissé dans un baquet pendant un jour, en l'agitant de temps en temps; on y ajoute de l'ocre jaune. Il s'applique sur les plâtres et les pierres calcaires; éprouvé, pendant deux ans, il n'a nullement été altéré.

Badigeon au lait. Former une pâte de douze livres de lait, quatre onces de sel, une once de chaux, trois onces de blanc d'Espagne; trois onces d'ocre.

BADIANE ou ANIS ÉTOILÉ. (*Off.*) C'est un fruit de la Chine et des îles philippines. On l'infuse dans l'eau-de-vie huit jours après avoir pilé, et on le fait distiller. (*Voy.* ANIS.)

BAGUENAUDIER. (*Jard.* — *Méd. dom.*) Colutea ar- borescens. Famille des légumineuses. C'est un arbris-eau indigène. Il donne ses fleurs en juin; il vient dans toute terre, et à toute exposition de semis ou de boutures de jeunes pousses faites en mars et transplantables en sep- tembre. Il se déforme, se couche et se brise; si l'on a soin de rabattre tous les ans à un pied du bois de l'année précédente.

Les feuilles du baguenaudier sont purgatives; elles ressemblent à celles du séné, et se médicament. On le connaissait autrefois sous le nom de faux séné, ou séné d'Europe. L'infusion de deux à trois onces de feuilles de baguenaudier dans huit à douze onces d'eau bouillante, suffit pour purger un adulte. Fumées, en guise de tabac, elles purgent très bien le cerveau.

Baguenaudier d'Alep. (Colutea halepica.) Il se multi- plie par rejetons, et fleurit en mai.

Baguenaudier du Levant. (Colutea orientalis.) Il trace beaucoup; il veut une terre légère, et facile à pénétrer.

Baguenaudier d'Éthiopie. (Colutea frutescens.) On a fait de cet arbuste de serre une plante annuelle. On le sème tous les ans en avril, en pot et en terre de bruyère, à une exposition méridionale.

BAIL. (*Mor. dom.*) Il serait impossible de connaître, soi-même assez les formules, pour rédiger les baux que l'on est exposé à passer; et en l'essayant, on s'exposerait à des erreurs et à des omissions, qui par la suite amène- raient des discussions et des litiges. On doit donc, pour la rédaction des baux, même sous seing-privé, avoir re- cours à un notaire probe et éclairé, dont les observations et les conseils vous guideront dans la stipulation des clauses principales.

BAIN. (*Hyg.*) — *Bain froid.* Le bain froid, surtout quand il est accompagné de la natation, produit une aug- mentation considérable des forces générales, et la sédation du système nerveux. Il fortifie et délivre les organes de leurs entraves; il combat les nuisibles effets d'une tempé- rature trop élevée; il diminue la transpiration cutanée, s'oppose à la faiblesse qui suit les sueurs abondantes, et réveille l'appétit.

Pris trop froid, le bain occasione un tremblement convulsif, un sentiment de contraction à la poitrine, des douleurs sous-sternales, du trouble dans la circulation.

Le bain froid est avantageux aux adolescens et aux adultes, nuisible aux vieillards chez qui la chaleur n'est

plus assez forte; il convient à tous ceux auxquels la tem- pérature de l'eau ne fait pas éprouver une sensation désa- gréable, et que la chaleur de l'atmosphère affecte assez péniblement pour leur faire désirer de se débarrasser de leur excédent de calorique; il convient dans les affections nerveuses; il est contraire à toute personne atteinte de sé- crétions naturelles ou d'affections morbides susceptibles d'être répercutées, telles que les règles, la sueur abon- dante, les dartres, la goutte, les hémorroïdes, et à qui- conque a la poitrine irritable et est sujet aux rhumatismes.

La durée de l'immersion dépend de la force du sujet, et de la chaleur de l'eau.

Bain chaud. Le bain chaud convient à tous, il délasse, il est calmant et relâchant; il facilite toutes les fonctions; il est utile surtout aux enfans, aux vieillards, aux femmes, même quand elles sont enceintes ou qu'elles nourrissent. Il est antiphlogistique, calme les maladies caractérisées par un état d'éréthisme, et les phlegmasies aiguës et chroniques. La durée doit être de deux, quatre, six et même dix heures.

Le bain très chaud a des inconvéniens comme le bain très froid; il accroît les pulsations, embarrasse la respira- tion, cause une sueur abondante, affaiblit et amène des défaillances.

Avant de se baigner, s'assurer de la propreté des bai- gnoires où pourraient avoir été déposés des principes de contagion; puis veiller à ce que le cou et les épaules ne restent pas exposés à l'air pendant le bain, après avoir été plongés dans l'eau.

S'essuyer de suite en sortant du bain, et se garantir du froid, qui agirait d'autant plus que la peau, débarrassée de débris d'épiderme et de sueur, est plus impressionnable.

Bain partiel, bain de siège, demi-bain. Ils produisent sur une partie du corps l'effet que les bains entiers pro- duisent sur la totalité. Les bains de siège, froids ou chauds, facilitent la sécrétion menstruelle; froids, par la réaction qui les suit; chauds, en attirant directement le sang.

Bains de pieds ou pédiluves. Ils empêchent dans les entorses le développement de l'inflammation; ils agissent comme dérivatifs dans les maux de tête, les tintemens d'oreille, les inflammations des yeux et de la gorge. Pen- dant les règles ils seraient dangereux en ce qu'ils peuvent subitement supprimer cette évacuation.

Bain d'étuves sèches et humides ou de vapeur. Le bain d'étuves sèches consiste à placer l'individu dans un appar- tement chauffé où on le fait suer. Dans les étuves humi- des, on l'expose à la vapeur de l'eau. La durée de ces bains est de 25 à 40 minutes; les effets sont les mêmes que ceux du bain chaud; mais comme la pression n'est pas immé- diate, on peut le supporter à une température bien plus élevée.

Bain de vapeur économique. Faire un panier en osier avec une ouverture en haut pour passer la tête, semblable à ceux où l'on fait sécher le linge; y asseoir le malade, intro- duire sous lui un fourneau sur lequel est un vase plein d'eau, couvrir avec une couverture. Si l'on veut pouvoir retirer l'appareil et reposer le malade, on peut le placer extérieu- rement, en mettant l'eau dans une sorte de bouteille en métal, et le conduisant avec un tube adapté.

Autre. Faire chauffer une cornue d'eau, placer le malade dans un tonneau défoncé, et y conduire la vapeur.

Les bains d'eaux minérales sont du ressort de la médecine.

Préparation émolliente pour le bain. Réduire en pâte et mettre dans trois sachets quatre onces d'amandes douces mondées, une livre d'émula-campana, une livre de pignons, quatre poignées de graines de lin, une once de racine de guimauve, une once d'ognon de lys, du benjoin et du storax; mettre un sachet au fond de la baignoire, et se frotter avec les autres.

On parfume les bains avec l'eau de lavande, de Cologne, de la reine de Portugal, du miel, du benjoin.

BAL. (*Hyg. — Mor. dom.*) Si l'on envisage le bal sous un point de vue purement hygiénique, il a des inconvéniens qui en compensent bien les agrémens passagers. Dans les bals des nuits d'été, le contraste de la fraîcheur de l'atmosphère avec la transpiration que produit l'exercice, peut causer des rhumes violens, des pleurésies et des phlegmasies de poitrine. Dans les bals d'hiver, l'acide carbonique et les miasmes dont l'air des appartemens est imprégné, dérangent l'appareil respiratoire. Dans tous, la privation de sommeil, l'exercice forcé, la surexcitation des sens, l'irritation de tous les organes, la transition subite du chaud au froid, quand on sort, ont les effets les plus dangereux. En outre, les apprêts de la toilette, la préoccupation d'esprit qui précède la fête, le repos nécessairement pris sur la journée qui la suit, font perdre un temps toujours précieux.

On devra donc s'abstenir du bal le plus possible, et ne point faire contracter à ses enfans l'habitude d'y aller. C'est surtout dans l'adolescence, chez les deux sexes, que ce plaisir pris immodérément nuit au développement des organes, et donne le goût de la dissipation; c'est surtout chez les jeunes gens, dont les tissus sont encore faibles et l'intelligence indécise, que la croissance du corps et la bonne direction de l'esprit peuvent être arrêtés par un goût prématuré pour le monde, et que des penchans matériels peuvent être facilement substitués au sentiment des devoirs.

Cherchez donc les joies de la famille plutôt que celles de la société; préférez, au fracas du monde, le calme du coin du feu; au lieu d'aller user votre santé et celle des vôtres, restez chez vous à converser doucement et à vous instruire. Si vous passez la soirée au dehors, allez dans un cercle d'amis aimables et aimés, où l'on cause peu et bien, où l'on ne danse jamais; évitez ces assemblées tumultueuses, où l'on est convenu de se divertir en sautant en cadence, au milieu d'une atmosphère épaisse et azotée.: votre santé y gagnera, votre mo al n'y perdra pas.

BALAIS. (*Ind. dom.*) On fabrique des balais de bouleau, de genêt, de bruyère, de chiendent, de crin, de plumes, de poil.

Pour le nettoyage général, *les balais de bouleau et de genêt* sont préférables à cause de leur solidité. Pour conserver les balais de bouleau ou de bruyère, on les trempe dans l'eau de temps en temps.

Pour les appartemens cirés, les corridors, les antichambres, on emploie les balais *de crin*; il faut les déposer dans un endroit sec, de crainte que la poix qui retient les crins ne fonde ou ne se détache.

Les *balais de chiendent* conviennent pour les appartemens où il y a des tapis : on les trempe dans l'eau pour les conserver.

Les *balais de plume et de poil* servent à épousseter.

BALANCES. (*Ind. dom.*) Il y en a de plusieurs espèces : Les *balances romaines* pour peser les gros objets; le moindre poids est d'un huitième de kilogramme.

Les *balances à deux bassins* pour l'office, la cuisine, la pharmacie; les poids sont du kilogramme au gramme. Les *trébuchets* pour peser l'or et l'argent.

Les meilleures balances sont celles à *cadran*.

Une balance romaine marquant cent kilogrammes coûte vingt-cinq francs; celles du fabricant Hanin et qui portent son nom, sont très estimées.

Pour peser avec des balances inexactes, mettre dans le plateau le plus léger du sable, jusqu'à ce qu'il soit en équilibre avec l'autre.

Méthode des doubles pesées. Placer le corps à peser, et de l'autre côté du plomb de chasse, jusqu'à parfait équilibre, enlever le corps et le remplacer par des poids.

Souvent dans les balances du commerce, le bras du fléau auquel est suspendue la marchandise est plus pesant, de sorte qu'un moindre poids fait équilibre à un plus grand. Pour découvrir cette fraude, faire peser dans les deux bassins.

Les bonnes balances doivent être très sensibles; les bras du fléau doivent être très droits, et rigoureusement égaux; leur point d'appui doit être en acier trempé très dur, et taillé en lame de couteau. Le fléau doit être très léger et très solide.

BALAYURES. (*Ind. dom.*) Les balayures à la campagne doivent être jetées, non dans le foyer dont elles vicient les cendres, mais sur le fumier. Les poussières, les raclures des souliers, les débris, forment à la fin de l'année une masse assez considérable de terreau, suffisante pour fumer un carré de jardin, et qui, mêlée au fumier, compose un engrais très actif.

On les met dans une fosse, préparée exprès, et on les arrose de temps à autre avec les urines de la maison.

BALEINE. (EMPLOIS DE LA) (*Con. us.*) Le blanc de la baleine s'emploie à la fabrication des bougies, et dans quelques produits pharmaceutiques et cosmétiques; on fait avec les fanons, des parasols, des busques, des éventails.

L'huile de baleine sert à brûler, à faire le savon noir, à mélanger certaines couleurs.

BALIVEAUX. (*Ind. dom.*) Les baliveaux ou étalons sont les arbres conservés pour repeupler les bois après la coupe. On garde les arbres de la plus belle espèce, de la meilleure venue, du plus beau brin : on les y laisse pour qu'ils repeuplent le bois par leurs racines et par leurs graines, et afin qu'on puisse les trouver toujours au besoin pour en faire du bois de charpente.

Souvent l'air détermine sur l'écorce de l'arbre isolé de petits boutons qui deviennent de grandes branches au détriment de la cime.

M. Reuillier, curé d'Aulnies, a proposé, pendant les six premières années qui suivent la coupe de la futaie, de faire arracher ces boutons dès leur naissance par des enfans. Il évalue la journée de l'enfant à 1 franc, son travail à l'émondage de dix arbres, et l'accroissement de valeur pour chaque arbre à 4 à 5 fr. par an.

BALLE. (*Ind. dom.*) Il est très facile de fondre soi-même les balles de calibre. On fait chauffer le plomb, et tenant le moule par le manche on verse avec précaution. La balle est toute faite quand on ouvre le moule.

On se sert ordinairement de balles de calibre. Les balles ramées, composées de deux balles réunies, sont meilleures dans la chasse au loup.

BALLE. (*Agr.*) La balle de menue-paille est très bonne pour la nourriture des bestiaux. On peut la mêler avec l'avoine des chevaux; ils la mangent avec plaisir.

Employée comme engrais dans la culture de la pomme de terre, elle réussit mieux que le fumier, et en enveloppant les tubercules, rend leur arrachement plus facile. (Voy. PLOMB.)

BALSAMINE (*Jard.*)—*Impatiens balsamina.* Famille des géraniums. C'est une plante indienne annuelle. On choisit sur chaque pied les capsules les plus grosses, et on en sème la graine en pépinière au mois de mars, sur terreau et à bonne exposition; on repique la plante quand elle a cinq ou six feuilles; elle fleurit en août; il faut préférer les pieds à fleurs doubles.

BANQUE (BILLET DE). (*Conn. us.*) Quoique le billet de banque ait de grands avantages pour les négocians, et surtout quand on a à transporter des sommes considérables; cependant, il offre aux personnes industrieuses des inconvéniens que ne compensent pas ses heureux effets.

Ainsi, dans les campagnes, il est difficilement négociable. On est obligé d'avoir recours aux notaires pour se procurer de l'argent à la place du papier, et souvent les notaires ne veulent pas faire cet échange, parce qu'ils se trouveraient eux-mêmes exposés au même embarras.

De plus, il peut être facilement égaré, confondu avec d'autres titres ou brûlé par mégarde. L'argent est donc préférable aux billets, d'autant plus que sa valeur est moins conventionnelle.

BAR. (*Cuis.*) Poisson de mer semblable à l'aigrefin. On le sert pour grande pièce ou pour entrée. On le fait cuire au court-bouillon : les petits se servent grillés.

BARATTE. (*Ind. dom.*) Dans les grandes fermes, la baratte est un baril qui tourne par une manivelle, et dans laquelle sont des tablettes qui battent le lait.

Les petites barattes sont des colonnes creuses où l'on bat le beurre avec un piston chargé de trous.

La chaleur étant nécessaire pour faire le beurre, et le bois étant mauvais conducteur, il est bon de la doubler extérieurement de tôle, et de la placer dans un baquet plein d'eau susceptible d'amener le beurre à une température de 10 à 12 degrés.

La *baratte d'Arcourt*, dont l'usage commence à se répandre, est un perfectionnement de la baratte des grandes fermes. La description en est trop compliquée pour trouver place ici. (Voy. BEURRE.)

BARBADES (CRÈME DES). (*Off.*) Mêler et infuser dans trois pintes d'eau-de-vie les zestes de trois beaux cédrats, deux gros de cannelle fine et deux gros de macis. Après huit jours, distiller au bain-marie de l'alambic, faire fondre sur le feu trois livres de sucre dans une pinte d'eau

de rivière épurée, ajoutez une demi-livre d'eau de fleur d'orange, filtrez à la chausse.

BARBE. (*Ind. dom.*) Il est mille petits chagrins qui réunis forment une masse considérable de souffrance, et au premier rang, parmi eux, il faut compter la pénible obligation de se faire la barbe.

Pour rendre la barbe plus douce sous le tranchant des rasoirs, savonnez la barbe, enlevez avec une serviette en frottant un peu fort, et savonnez de nouveau et par degrés à mesure qu'on avance dans l'opération.

On a inventé récemment une composition dite pierre judéenne qui peut enlever sans le secours du savon ni du rasoir une barbe commençante; mais elle a l'inconvénient d'irriter l'épiderme, et de ne pas enlever partout également. Malgré cette découverte, il faut donc recourir à l'opération primitive en cherchant à en tempérer les difficultés par des essences.

Essence pour la barbe. On s'en sert en agitant dans quelques gouttes d'essence un pinceau trempé dans l'eau auparavant, fondre et battre avec eau de roses et un gros de savon de windsor en poudre, une once de blanc de baleine, une d'amandes douces et une de cire blanche.

Autre. Faire dissoudre au bain-marie huit onces de savon de résine dans une livre d'esprit de vin, et aromatiser avec deux gouttes d'essence par once.

Autre. Faire fondre au bain-marie, dans une livre et demie d'eau de Cologne, huit onces de savon de Marseille. Ajoutez dix gouttes de teinture de musc, dix grains d'ambre, autant de sassafras, de bergamotte et de roses de Portugal : filtrer.

BARBEAU, BARBILLON. (*Péch. — Cuis.*) Le barbeau se prend à la fouine, à l'hameçon. Il est moins gros et moins agréable au goût en hiver qu'en été. Sa chair, qui est insipide et molle quand il est jeune, devient avec l'âge plus ferme et d'un goût plus exquis. Ses œufs purgent violemment. On mange le barbeau rôti, à l'étuvée, ou au court-bouillon.

BARBUE. (*Cuis.*) Oter les ouies et les boyaux de la barbue, laver, faire cuire au court-bouillon ou à l'eau de sel, servir avec une sauce au beurre ou à la bonne eau.

Barbue grillée, sauce à l'huile. Mettre mariner dans de l'huile avec du sel et du poivre, mettre griller entière, arroser d'huile, retourner, décorer avec des lames de citron.

BARDANE. (*Agr.*) *Articum luppa.* Famille des cinarocéphales. C'est une plante bisannuelle, fréquente dans les lieux arides. Ses feuilles vertes sont dessiccatives, et les racines arrachées au mois de juin séchées, lavées et coupées, sont sudorifiques et dépuratives.

Dans les pâturages, elle est nuisible. Pour s'en débarrasser, il suffit de faucher avant la maturité de la graine, et d'enlever les tiges. La graine ne mûrit que la seconde année.

BAROMÈTRE. (*Conn. us.*) Tricalli, disciple de Galilée, l'inventa en 1543. Il est fondé sur le principe qu'un fluide quelconque se met constamment en équilibre avec une colonne d'air qui a la même base, et ne prend la première que par cette base.

Le baromètre ordinaire est un tube bien purgé d'air et

d'humidité; fermé par sa partie supérieure, et plongeant dans une cuvette remplie de mercure. Le degré auquel il monte, suivant la pression de l'air, indique la pesanteur de l'atmosphère. Il monte ordinairement le matin à neuf heures d'une demi-ligne, et redescend à deux heures. S'il ne monte pas le matin, c'est signe de pluie. Quand il monte le soir, changement de temps et pluie.

On prend un baromètre pour servir à la mesure des hauteurs, parce que plus l'on s'élève, moins l'atmosphère pèse sur la cuvette. La hauteur se calcule d'après l'abaissement du mercure dans le tube.

BARTAVELLE. (*Chass. — Anim.*) C'est une espèce de perdrix rouge qu'on trouve surtout dans le Dauphiné.

La bartavelle, dit l'*Almanach des Gourmands de 1804*, est aux perdrix ce que les cardinaux sont aux évêques. Originaire de la Grèce, elle a conservé le sentiment de sa grandeur, et ne se plaît que dans les lieux élevés où elle règne en souveraine. L'excellence de sa chair, sa rareté, et le prix excessif qu'on y met, ajoutent encore à son mérite.

La bartavelle s'accommode comme la perdrix. (*Voy.* PERDRIX.)

BARTONIA DE CAPETALA. (*Jard.*) Famille des onagres. C'est une plante rare, très belle, vivace, originaire de l'Amérique du Nord. Sa tige à trois pieds, et porte de grandes fleurs blanches. Elle se cultive en pots qu'on enterre sur le bord de l'eau au midi. L'hiver, on couvre avec de la litière.

BAS. (*Ind. dom.*) Quelle que soit la nature des bas, il est bon d'en garnir le talon : il dure par là une fois plus. Pour cela, on faufile à l'envers, en manière de reprise régulière, et à points contrariés, du coton à demi-tors, de grosseur proportionnée à la maille, en partant du bas du coin pour monter en pointe jusqu'au-dessus de la hauteur du quartier du soulier, mais en ne point couper les mailles.

Un bas de bonne qualité doit être souple à la main, avoir quatre fils dans la jambe, cinq au talon et au bout de pied.

Pour laver les bas de laine, on les nettoie avec de l'eau et du son, sans savon, ce qui a l'avantage de les préserver des vers.

Pour laver les bas gris, on délaie de l'ardoise dans de l'eau, sans savon. Le bas de laine tourné autour du cou est un bon remède pour le mal de gorge.

BAS DE SOIE. *Procédé pour les nettoyer*. Laver dans l'eau de savon tiède, rincer dans de l'eau claire, frotter à l'eau de savon, puis dans une eau de savon forte, bleue et très chaude; tordre, et laisser sécher un peu; chauffer au soufre, placer sur deux jambes de bois posées l'une sur l'autre, en mettant les devants ou les côtés face à face; lisser avec une glace.

Autre. Savonner, mettre sur un linge fin étendu au dos d'une chaise renversée; placer sur cette chaise un réchaud où brûle de la fleur de soufre; et quand la fleur de soufre a fait son effet, repasser.

Les bas de soie de Paris sont préférables à ceux de Rouen; ceux de Lyon durent très peu; ceux de Ganges viennent après ceux de Rouen. Les bas de soie se vendent à raison du poids, qui doit être au moins de deux onces par paire.

BASILIC COMMUN. (*Jard.*) *Ocymum basilicum.* —

Famille des labiées. Plante de l'Inde, annuelle. Il y a des variétés à grandes feuilles de laitue, à petites feuilles rougeâtres, à feuilles d'ortie. On les sème sur couche en même temps que les melons, on les repique au mois de mai, à une bonne exposition, en bon terreau. On les arrose tout l'été; si on veut en jouir long-temps, on les tond en boules quand ils vont fleurir. En les couvrant après la tonte, pendant huit jours de suite, au moment de la plus grande ardeur du soleil, d'un linge mouillé et percé de petits trous, qu'on ôte le soir, on s'en procure d'énormes.

BASIN. (*Ind. dom.*) Le basin est à bas prix et dure peu. Le plus estimé est celui de Saint-Quentin (Aisne).

BASSE-COUR. (*Ind. dom.*) La basse-cour doit contenir un poulailler, un canardier, un toit à porc et un clapier (Voy. ces mots), un abri pour les oies et les dindons, et un cabinet pour les perdrix et les cailles qu'on voudrait élever.

La grande porte charretière de la basse-cour doit être, autant que possible, sur le derrière; seulement il y aura une petite porte de communication de la maison dans la basse-cour; auprès de la grande porte on placera une niche à chien.

Au milieu, on établira un bassin assez vaste, et du côté le plus ombragé, une pièce de gazon pour la pâture des oies, des canards et des poules. On plante autour, à vingt-quatre pieds les uns des autres, quatre mûriers noirs à gros fruits, qui abritent les volailles pendant la chaleur et leur donnent une bonne nourriture.

La fosse à fumier sera placée de façon à recevoir les eaux. Sa profondeur est proportionnée à la quantité de fumier qu'on y place. Trop élevée au-dessus du sol, elle se dessécherait; trop creuse, l'eau y séjournerait et refroidirait le fumier.

Si la basse-cour est grande, on y met le logement du bétail. On la sépare en deux pour diviser le jeune bétail du vieux. En hiver, on fait sortir le bétail au soleil, et on lui donne à manger en disposant des rateliers sur le fumier qu'il fait fermenter en le comprimant.

BASSET. (Voy. CHIEN.)

BASSIN. (*Jard.*) La meilleure forme des bassins est l'ovale. On les enduit d'argile ou on les revêt de zinc ou de plomb. On ne saurait apporter trop de soins à leur construction, parce que la moindre fente peut produire une perte considérable. (Voy. ARGILE, BITUME.)

BATAILLE (JEU DE LA) (*Récréat. dom.*) On partage un jeu de cartes, et l'un retourne la première carte de son tas, l'autre l'imite : le point est à qui a la plus forte. Il met les deux cartes dans son tas. Si les deux cartes ont même valeur, on dit : Bataille; et l'on joue pour savoir à qui sera définitivement la victoire. Il y a quelquefois triple et quadruple bataille. Celui qui a emporté toutes les cartes de l'autre gagne la partie.

BATARDIÈRE. (*Jard.*) On appelle ainsi le lieu où l'on repique les jeunes semis d'arbres, et où on les laisse, francs ou greffés, jusqu'à ce qu'on les place. Les arbres doivent être éloignés les uns des autres d'au moins trois pieds en tous sens. Il n'y a ainsi que dix-huit pouces de racines autour des arbres qu'on arrache.

BATISTE. (*Ind. dom.*) La mieux faite a le grain si égal

qu'on ne peut distinguer la chaîne dans la trame. La lisière en est large et serrée. Quand elle est de moyenne grosseur, elle raccourcit au blanchissage d'environ deux pouces par aune. Le prix de la batiste varie de 50 sous à 50 fr. et plus, par aune. La plus belle est celle qu'on fabrique à Cambrai, et dans tout le département du Nord.

BATTUE. (*Chasse.*) Les battues sont surtout usitées dans la chasse au loup.

On réunit le plus de gens possible, et on les arme de bâtons, en les disposant à dix pas de distance les uns des autres. En faisant cette disposition, on a la précaution de s'arranger de manière qu'il soit impossible aux chasseurs de blesser ceux qui battent le bois. (Voy. LOUP.)

BAUDRUCHE. (*Ind. dom.*) La baudruche se trouve chez les batteurs d'or. C'est une peau très fine qu'on tire des intestins du bœuf. Appliquée sur les coupures, elle a l'effet du taffetas d'Angleterre, et l'avantage d'être rendue imperceptible par sa transparence.

On fait avec la baudruche des ballons qui servent à amuser les enfans ou à épouvanter les oiseaux.

Pour cela, coller avec de l'eau tiède, ou mieux avec une légère couche de colle de poisson, plusieurs peaux; tailler chaque fuseau, et réunir par les bords en commençant de droite à gauche et de gauche à droite. Sur la partie supérieure de la sphère mettre un rond de baudruche qui maintient tous les fuseaux; laisser au bas un petit tuyau qui sert à remplir de fumée ou de gaz. (Voy. GAZ HYDROGÈNE.)

Pour les poissons, faire deux parties sur un moule, et réunir. Les nageoires se font avec de petits sacs qu'on colle après avoir coupé sur le corps un morceau de baudruche pour les faire communiquer avec le reste. On colore avec de l'huile, deux parties d'essence de térébenthine, et une partie de vernis à l'esprit-de-vin.

BAUME. (*Méd. dom.*) Ce nom, qui ne désignait d'abord que le baume de la Mecque, comprend une grande quantité de sucs résineux odorans. Les baumes principaux sont : le benjoin, le liquidambar, le *baume du Pérou*, le *baume de Tolu*, et le *styrax.*

Le baume acétique camphré et le baume anodin de Bates sont employés dans les rhumatismes, ainsi que le baume opodeldoch; on en fait des frictions.

Le *baume du Pérou* est plus employé comme aromate que comme médicament. Le *baume de Tolu* sert dans la phthysie pulmonaire pour faciliter l'expectoration. On en prépare un éther balsamique que le malade respire.

Baume de Geneviève pour les blessures, les meurtrissures, les ulcères, les foulures, brûlures, rhumatismes et douleurs internes. Pour s'en servir, on frotte la partie, on en seringue légèrement après l'avoir fait bouillir. On peut, en cas de blessure, en faire prendre deux gros à la fois dans du bouillon de veau ou de la tisane, et l'étendre sur la plaie avec du linge. On panse le malade deux fois par jour. Prendre trois livres d'huile fine d'olive, une demi-livre de cire jaune, trois chopines de vin rouge, deux onces de santal rouge en poudre, une demi-livre d'eau rose; faire bouillir pendant une demi-heure, en remuant avec une spatule de bois. Ajouter une livre de térébenthine, remuer, et laisser refroidir; ajouter deux gros de camphre pulvérisé; laisser reposer; après avoir coulé

lorsqu'il sera figé, retirez le liquide déposé dans le fond, au moyen d'incisions en croix; mettre dans une terrine. Ce baume a guéri quelquefois de la gangrène.

La nomenclature de toutes les espèces de baumes ne saurait appartenir qu'à un ouvrage spécial de pharmacie. (Voy. BENJOIN.)

BAVAROISE AU LAIT. (*Cuis.*) Mêler du thé et du sirop de capillaire au lait. Ajouter de la crème et quelques gouttes de fleur d'orange.

BAZANE. (*Ind. dom.*) C'est une peau de mouton passée simplement par le tan, qui sert à couvrir des livres, faire des pantoufles, etc.

BÉCASSE. (*Chass. — Hyg.*) La bécasse et la bécassine sont un bon aliment, tonique, et un peu irritant. Elles se digèrent difficilement, surtout quand elles sont vieilles et maigres. Il faut les manger de préférence jeunes, tendres, et fort grasses. L'hiver est la saison où elles sont préférables. On ne les vide pas; les excrémens sont recherchés par les gourmets.

Elles arrivent vers le mois d'octobre. Elles hantent les taillis, les fonds humides, les petits ruisseaux. On peut les chasser ou les prendre au collet, ou à la pantière. (Voy. ces mots.)

Les bécasseaux et bécassines passent en mars et en octobre. On les estime plus que les bécasses. Tous ces oiseaux sont fortifians, de bon goût; mais on les digère avec peine, surtout quand ils sont vieux.

BÉCASSE. (*Cuis.*) Ne point vider, ne point plumer la tête; laisser le bec et les ongles, tourner les pattes autour des cuisses, et les maintenir en passant le bec en travers; laisser faisander au moins quatre jours; couvrir d'une barde de lard, les mettre à la broche une demi-heure, recevoir le jus sur des tranches de pain rôti.

Bécassines et bécasseaux rôtis. Même préparation. On cuit pendant vingt minutes.

Salmis de bécasses, bécasseaux, et bécassines. Après les avoir mis à la broche, séparer les ailes, les cuisses et l'estomac, hacher les têtes, croupions, carcasses et l'intérieur du corps; faire bouillir un quart d'heure à petit feu avec quatre échalottes hachées, deux verres de vin blanc, sel, poivre, une gousse d'ail, du beurre gros comme une noix, cuillerée d'huile d'olive; passer à la passoire en pressant bien au-dessus d'une autre casserole; mettre les morceaux de bécasses dedans; ajouter des petits croûtons grillés; faire mijoter un quart d'heure.

Bécassines à la minute. Mettre sur un feu ardent, avec beurre, échalottes, muscade, sel, poivre; sauter sept à huit minutes; mettre le jus de deux citrons, un peu de chapelure, un demi-verre de vin blanc; faire jeter un bouillon.

Croutons de purée de bécasses. Cuire à la broche, piler avec du lard, des aromates; verser une sauce réduite à moitié d'un verre de vin blanc, un peu de persil, du velouté, deux verres de bouillon, un clou de girofle, une feuille de laurier. Mettre la purée dans des croûtons dont on a ôté la mie...

Bécasses rôties à l'anglaise. Vider par le dos, farcir avec le gésier, les intestins, un peu de persil et d'échalottes, du poivre et du sel, le tout haché; faire rôtir.

Hachis de bécasses en croûte. Faire cuire à la broche, hacher. Mettre dans une casserole un verre de vin de Champagne, trois échalottes, quatre cuillerées d'espagnole, gros comme une noix de glace de gibier. Faire bouillir, passer à l'étamine; mettre la purée, la tenir chaudement au-bain marie, et en remplir des croustades. Mettre sur chaque croustade un œuf frais poché.

BECFIGUE. (*Chass. — Cuis. — Hyg.*) Les becfigues sont très délicats. Ils se mangent rôtis, comme les bécasses. (Voy. BÉCASSES.) Ils sont nourrissans, faciles à digérer, et conviennent aux convalescens. Le meilleur temps pour leur chasse est celui de la maturité des figues et des raisins.

BÊCHE. (*Jard.*) Les bêches sont rondes ou carrées. Les rondes entrent plus facilement dans les terres, mais elles séparent des morceaux de terre moins étendus que celles qui sont carrées. C'est au jardinier à juger, suivant sa force, du degré de célérité que lui procurera l'usage des unes ou des autres.

BÉCHAMEL (SAUCE). (*Cuis.*) Mettre dans une casserole un demi-quarteron de beurre et une cuillerée de farine, faire fondre le beurre en tournant toujours, verser deux verres de lait bouillant, et continuer de tourner; mettre poivre et sel, demi-gousse d'ail, faire bouillir un quart d'heure.

Autre. Réduire, à grand feu, huit cuillerées de velouté avec trois cuillerées de consommé. Réduire trois pintes de crème à moitié, mêler le tout et faire bouillir à grand feu pendant une heure. On sert la première sauce avec le poisson: la morue, les soles, etc., et l'autre avec la volaille.

Cette sauce a été inventée par le marquis de Béchamel, maître-d'hôtel de Louis XIV.

BECMARE ou ATTELABLE. (*Agr.*) Cet insecte pique les jeunes feuilles de la vigne, et cause de grands dégâts. Le seul moyen de le détruire est de le faire rechercher par les enfans et les femmes.

BEEF-STEAK. (*Cuis.*) C'est un morceau de filet de bœuf mortifié convenablement, nettoyé de sa graisse et de ses peaux, et aplati sur le billot.

Mettre un peu d'huile d'olive, saler et poivrer des deux côtés, et laisser mariner dans une assiette, pendant deux heures.

Placer sur le gril à un feu vif et retourner au bout de dix minutes. Étendre au fond d'un plat un demi-quarteron de beurre frais, avec poivre, sel, persil et ciboules, de la mie de pain; poser les tranches dessus. Ajouter, si l'on veut, une sauce tomate ou des pommes de terre.

Pour cela, couper des pommes de terre, les mettre dans une casserole avec du beurre et du sel fin, et faire frire.

Beef-steak sauté au vin de Madère. Faire fondre du beurre dans un sautoir, placer le beef-steak dessus, faire sauter, dresser le beef-steak. Faire réduire dans le sautoir un verre de vin de Madère, un peu de glace de veau et un peu d'espagnole. Au moment de servir, mettre un peu de beurre, de piment.

Le beef-steak est dans sa glace, si l'on ne met point de vin de Madère, en le traitant comme ci-dessus. On y ajoute quelquefois un ragoût d'olives.

BEFARIA PANICULI. (*Jard.*) *Befaria paniculata.* Famille des rosacées. Arbuste rare de la Caroline. Il veut une bruyère fraîche, ombragée et abritée du nord. Les fleurs viennent en juillet. Elles sont grandes et d'un blanc rosé. Il se multiplie par marcottes. Il faut le couvrir de feuilles en hiver.

BÉGAIEMENT ou PSELLISME. (*Méd. dom.*) C'est une difficulté dans la parole, la répétition des mêmes syllabes, et même l'impossibilité d'en articuler quelques unes. Pour modifier et même guérir le bégaiement, on doit s'exercer à appliquer la pointe de la langue au palais, en parlant, et à retirer les lèvres, de sorte que la bouche paraisse plus grande. Quand on a fait placer sa langue en contact avec son palais, on le fait lire lentement en observant sa langue sitôt qu'il hésite ou s'arrête. La parole, d'abord ainsi empâtée, finit par être claire, parce que le bègue détache le moins possible sa langue du palais. Pendant tout le traitement, le bègue doit, hors de ces exercices, se condamner à un silence complet. Après s'être exercé seul, il peut s'essayer dans la conversation, en commençant d'abord très lentement. La volonté est la condition *sine quâ non* du traitement.

Quand la forme du conduit vocal est modifiée et que le timbre de la voix commence à changer par suite des variations musculaires, c'est l'indice d'une guérison complète.

Il est remarquable que les gens sans instruction se guérissent plus facilement que les autres. Ils saisissent avec énergie les indications qu'on leur donne, et obéissent ponctuellement aux ordres du médicamenteur.

L'inventeur de ce traitement est madame Leigh, de New-York. Le propagateur en France est M. Malbouche, qui demeure actuellement à Paris, rue Pigale n° 8, et qui a rendu sa méthode publique par un mémoire à l'Académie des sciences. Sur cent bègues, M. Malbouche en a guéri les cinq sixièmes. Cinq ou six n'ont pas été guéris, faute d'avoir suivi exactement les prescriptions. Cinq autres n'ont obtenu qu'une amélioration plus ou moins marquée. Sur trois seulement le traitement a été infructueux. Il est presque impossible qu'il ne réussisse pas, si le bègue persévère dans l'exercice indiqué. Il est le seul qui réunisse en sa faveur un aussi grand nombre de cures.

BEIGNETS. (*Cuis.*)—*Beignets d'abricots.* (Voy. ABRICOTS.)

Beignets de fleurs d'acacia. (Voy. ACACIA.)

Beignets soufflés. Mettre dans une casserole un verre d'eau, les zestes d'un citron, une pincée de sel fin, un demi-quarteron de sucre, gros comme un œuf de beurre, faire bouillir dix minutes. Dans une autre casserole, mettre quatre cuillerées de farine, et verser peu à peu le contenu de la première en délayant. Poser la casserole sur le feu, et tourner jusqu'à ce que la pâte soit formée, ajouter successivement plusieurs œufs, en tournant toujours. Verser la pâte sur un plat frotté d'huile, faire chauffer la friture, tremper dedans une cuillère, et détacher avec cette cuillère des morceaux de pâte gros comme des noix, les mettre dans la friture par douzaine, retirer quand ils sont bien gonflés, et servir en saupoudrant de sucre.

Beignets de riz. Mettre dans une casserole plein une tasse à café de riz, avec cannelle, chopine de lait et un quarteron de sucre. Faire cuire une bonne heure, sans couvrir ni remuer. Quant le lait s'attache et s'épaissit, retirer, ôter la cannelle, écraser le riz, tourner en pâte avec une pincée de sel, une cuillerée de farine et trois jaunes d'œuf. Rouler des morceaux gros comme des noix dans un œuf battu, puis dans la farine; faire frire.

Beignets de pain. Couper des tranches de mie de pain, mettre dans une terrine, verser sur chaque deux gouttes de fleur d'orange, couvrir de lait bouillant, faire égoutter et frire.

Beignets de pommes. Peler et couper par rouelles, tremper dans la pâte, et faire frire.

Beignets de céleri. Ranger le céleri dans une casserole, avec du lard, un bouquet et un peu de sel, mouiller avec du consommé, égoutter et presser, mariner avec du sucre et de l'eau-de-vie, faire frire.

Beignets de blanc-manger. Mettre dans une casserole un quarteron de farine de riz, un peu de sel, des zestes de citron hachés, délayer avec une chopine de crème, faire cuire deux ou trois heures, en tournant. Ajouter du sucre, deux macarons et quatre massepains écrasés, trois œufs entiers. Faire lier la pâte, poudrer de farine, mettre en petites boules dans une passoire, et tremper dans la friture.

Beignets de volaille. Ajouter aux beignets précédens des blancs de volailles rôtis et hachés très fin.

Beignets de pêche. (Voy. BEIGNETS D'ABRICOTS.) Ils se font de même.

Beignets de surprise. Donner la forme d'un pot à des pommes de reinette, conserver la queue et un couvercle; les vider, les mettre mariner pendant deux heures dans un verre d'eau-de-vie avec un zeste de citron et un peu de cannelle; égoutter, remplir de marmelade d'abricots ou de frangipane, délayer un jaune d'œuf avec de la farine, et coller le couvercle; faire frire.

Beignets d'oranges. Oter le zeste, couper, faire blanchir environ un quart d'heure, ôter les pepins, égoutter, mettre dans un sirop léger, faire mijoter et réduire, laisser refroidir, garnir de sirop, et faire frire. Glacer avant de servir.

Beignets de cerises. Envelopper une cerise en confiture dans un pain à chanter, faire frire dans une pâte faite avec de l'eau-de-vie, un peu de vin de Madère et du beurre fondu en place d'huile, à un feu modéré.

On fait ainsi des beignets de tous fruits, même à l'eau-de-vie.

Beignets de pommes de terre. Prendre huit pommes de terre dites *cornes de vache* cuites sous la cendre, peler, mettre dans un mortier avec cuillerée d'eau-de-vie, de crème, du beurre gros comme un œuf, sel fin, piler une heure, ajouter de temps en temps un œuf entier, faire des boulettes, fariner, faire frire, poudrer, et servir brûlant.

Beignets à la dauphine. Placer sur le bord d'un carré long de pâte de brioche, de deux pouces en deux pouces, de la marmelade d'abricots, couper demi-circulaire, et faire frire.

Beignets de fraises et de framboises à la dauphine. Substituer ces fruits à la marmelade, mouiller la pâte légèrement et agir comme ci-dessus. On peut mettre de même des cerises, des prunes, des abricots, du raisin de

Corinthe, des pommes d'api, de la crème et des poires.

Beignets anglo-français. Faire frire des tranches de pouding dans de la pâte ordinaire, ou dans une pâte ainsi préparée :

Faire bouillir un demi-verre d'eau, un peu de sel, deux onces de beurre fin. Mêler peu à peu de la farine, former une pâte, délayer avec une once de sucre fin, et des œufs.

Beignets de crème. Battre des œufs et du lait, des macarons, de la farine, de la fleur d'orange, un peu de citron, faire cuire, mettre dans la farine, et faire frire.

BELETTE. (*Ind. dom.*) La belette habite les trous des granges et les étables, les fentes des murs. Elle détruit les œufs des pigeons et des poules.

Pour la détruire, fendre une poire par le milieu, la saupoudrer de noix vomique, et rejoindre les deux parties : c'est un poison sûr.

En exposant un chat rôti dans les poulaillers et dans les colombiers, on éloigne les belettes.

On les fait sortir de leurs trous en y mettant de la rue; on les prend alors au traquenard en plaçant pour appât une volaille ou des œufs.

On peut dresser aussi des bassets à monter aux échelles des granges pour les relancer et les saisir.

BÉLIER. (*Anim. dom.*) Le bélier doit être large et bien proportionné : il a la queue longue, le cou petit, le corps long et haut, le front large, la tête petite et forte, le nez plat, les yeux noirs, les testicules ramassés. Il faut que sa laine soit douce, longue, épaisse et blanche. Ceux dont la laine est rouge ou noire ont l'inconvénient de communiquer ordinairement cette couleur aux agneaux. La langue doit être sans taches. Il faut qu'il montre dans la saillie de l'agilité et de l'empressement, qu'il soit jaloux, courageux, et attentif à repousser les béliers étrangers.

Le bélier indigène est moins estimé que le bélier obtenu par croisement avec les races espagnoles et anglaises. Le plus beau est le mérinos.

Un bélier ne doit avoir que de trente à quarante brebis. On donne ordinairement trop de brebis au bélier. C'est un mauvais calcul économique; il est évident que si on lui en donnait moins, étant moins énervé, il produirait des agneaux mieux constitués.

Quand le bélier a l'haleine puante et âpre, il ne faut pas lui permettre l'accouplement : c'est un signe de maladie. Si le bélier devient méchant, on le saigne à n'importe quelle veine.

Les béliers sont propres à saillir depuis trois ans jusqu'à neuf. Ils fécondent en tout temps, mais surtout au commencement de novembre.

On connaît l'âge d'un bélier à ses dents, et aux nombres des anneaux qui sont à l'extrémité de ses cornes. C'est surtout pendant le temps qu'on le fait saillir qu'on doit en avoir soin, et le bien nourrir. On lui donne une demi-livre de pain d'avoine et de graine de chanvre, des navets et du sainfoin.

La chair de bélier ne peut servir comme aliment à cause de son odeur forte et désagréable.

BELLADONE. (*Jard.*) *Atropa belladona, venenum furiosum.* Famille des solanées. C'est une tige herbacée de quatre à cinq pieds. Elle fleurit en juin et en juillet : toutes les terres lui conviennent. Elle se multiplie de graines et de racines.

La belladone porte des baies violettes dont le goût doucereux engage les enfans à en manger. Ces baies sont vénéneuses; mais l'empoisonnement se guérit aisément en provoquant le vomissement à l'aide de l'émétique, et en prenant pendant quelques jours du sirop de vinaigre.

Les feuilles et les racines de la belladone sont employées, en médecine, dans les ophthalmies dartreuses, en diminuant la sensibilité de la rétine de l'œil. Dans la coqueluche, elle diminue la toux : les médecins homéopathiques l'ont employée avec succès en Allemagne pour le traitement du choléra.

BELLE (JEU TRIPLE DU FLUX, DE TRENTE ET UN ET DE LA). (*Récréat. dom.*) On fixe le nombre des coups de la partie. On prend un enjeu de vingt-cinq jetons, et on en met dans trois corbillons : un pour la belle, deux pour le flux, trois pour le trente et un, et toujours dans cette proportion.

Le donnant désigné par le sort donne deux cartes à chaque joueur du côté blanc, puis une carte retournée. La plus haute des cartes retournées gagne le corbillon de la belle. L'as, qui vaut onze, pour le trente et un et le flux, est pour la belle au-dessous des figures. On regarde ensuite si on a le flux, trois cartes de même couleur. Si personne ne gagne le flux, on le réserve pour le coup suivant, en augmentant la mise.

On examine ensuite le trente et un. Ceux qui sont trop loin de ce nombre demandent carte; on ne peut donner une seconde carte à un joueur qu'après que tous ont passé. Le donnant n'en peut prendre qu'une seule et après tous les autres. Si on est trop près de trente et un, on s'y tient. Celui qui a trente et un gagne. En cas de concurrence, c'est celui qui l'obtient le premier qui gagne. Si plusieurs déclarent à la fois leur trente et un, on remet à la partie suivante. Quand personne n'a trente et un, c'est le partenaire le plus proche qui gagne On donne aux jetons la valeur qu'on veut.

BELLEDAME. (Voy. ARROCHE.)

BELLE-DE-NUIT ODORANTE. *Mirabilis longi flora.* Famille des nyctages. C'est une plante vivace qui vient du Mexique. Elle donne en juillet des fleurs longues et blanches qui ont l'odeur de celles d'oranger. On sème en place dans une terre profonde et légère, au midi, à une exposition riche. On a soin en hiver de la butter et de la couvrir de litière.

BELLE-DE-JOUR. Elle croît et se cultive de même.

BELLEVEDERE. (*Jard.*) Plante annuelle, quoique négligée; elle vient partout de graines, réussit en terre inculte; elle aime l'ombre; elle se ressème d'elle-même; il lui faut beaucoup d'arrosement.

BELVÉDER. (*Ind. dom.*) On établit des belvéders ou sur les collines, ou éminences de ces jardins, ou sur sa maison. Ce mot vient de deux mots italiens dont le sens est : belle-vue.

On orne les belvéders des jardins de bancs, de banquettes, d'arcades, de gazon. Il sont ordinairement en bois enduit de bitume. (Voy. BITUME.) On peut aussi en faire les piliers en fer creux, garnir le toit de tôle, et les intervalles des piliers de châssis vitrés.

BENJOIN. (*Méd. dom. — Conn. us.*) *Benzoinum.* Le benjoin est un baume qu'on obtient par incision d'un arbre de Sumatra et des îles de la Sonde, appelé styrax benzoin. On distingue le benjoin commun et le benjoin amygdaloïde, ainsi nommé, parce qu'il contient une grande quantité de larmes blanches semblables à des amandes cassées.

Le benjoin est soluble dans l'alcool et dans l'éther. Bouilli, il a une odeur suave et balsamique qui finit cependant par irriter la gorge. Pour y parer, on en retire les fleurs, et on les mêle avec du charbon et des feuilles de saule.

Employé à l'intérieur, le benjoin favorise la digestion, active la circulation, rend les sécrétions plus abondantes, et excite les poumons. On l'emploie peu de cette manière. A l'extérieur, on l'emploie comme cosmétique et comme ingrédient des fumigations aromatiques. Il entre dans un grand nombre de poudres odoriférantes. Le lait virginal, employé par les femmes dans les préparations de toilette, est un liquide blanc et opaque, formé par la teinture alcoolique de benjoin, versée goutte à goutte dans de l'eau. La préparation vulnéraire et résolutive, dite baume du commandeur, est une teinture dont le benjoin fait partie. On extrait du benjoin, au moyen de la chaleur, un acide appelé acide benzoïque.

Pour faire le *lait virginal de benjoin*, faire infuser dans une livre et demie d'alcool à la rose, cinq onces de benjoin concassé, une de storax calamite, une de baume de tolu, cinq grains de musc et dix d'ambre gris. Après la dissolution, ajouter essence de bergamote, d'oranger, de sassafras, trente gouttes de chaque, cinq gouttes de roses, six gouttes de néroli. Cette teinture blanchit et aromatise à une très faible dose.

BENOITE. (*Méd. dom.*) *Geum urbanum.* Famille des rosacées. On l'appelle aussi herbe de Saint-Benoit. Elle croît spontanément dans les lieux incultes. Sa racine, qu'on emploie par infusion, est amère et astringente : on s'en sert dans les maladies des bestiaux. (Voy. BÉTAIL.) Elle est utile comme tonique, et, prise méthodiquement, peut guérir les fièvres intermittentes.

BERCEAU. (*Ind. dom.*) Pour les berceaux des enfans, les matelas garnis de balle d'avoine sont préférables à ceux garnis de plume et de laine, qui conservent les miasmes. Le crin, la fougère, la paille du blé de Turquie, peuvent être encore employés.

Le berceau doit être éloigné de la muraille, entouré de rideaux légers qui garantissent l'enfant sans nuire à la circulation de l'air, et placé de manière à recevoir la lumière de tout côté. Si elle ne venait que d'un côté, l'enfant serait exposé à devenir louche. Couché, l'enfant doit être placé sur le côté droit, et être couvert modérément. (Voy. ENFANT.)

Il ne faut pas trop couvrir les berceaux, et ne pas surcharger les enfans, quand ils dorment, de hardes ou de couvertures.

Le bercement habitue les enfans à ne dormir que dans le temps même qu'on les berce.

Il importe, dit Rousseau dans l'*Émile*, d'accoutumer les enfans à être mal couchés : c'est le moyen qu'ils ne trouvent plus de mauvais lits. Les gens élevés trop délicatement ne goûtent le sommeil que sur le duvet. Les gens accoutumés à dormi sur des planches le trouvent partout. Un lit mollet où l'on s'ensevelit dans la plume ou dans l'édredon, fend et dissout le corps, pour ainsi dire ; les reins, enveloppés trop chaudement, s'échauffent ; de là résultent souvent la pierre et d'autres incommodités, et infailliblement une complexion délicate qui les nourrit toutes. Le meilleur lit est celui qui procure le meilleur sommeil : il n'y a pas de lit dur pour celui qui s'endort en se couchant.

BERCEAUX. (*Jard.*) Les berceaux sont des allées couvertes en cintre. Les berceaux carrés sont destinés à la vigne : ils sont moins beaux que les autres. On couvre les berceaux de jasmin, de chèvrefeuille, de charme, de tilleul. On les plante sans rien couper, et on dirige leurs branches à l'aide d'osier et de cerceaux.

Berceaux d'eau. Ce sont deux rangées de jets d'eau qui inclinent les uns vers les autres de manière à laisser entre eux un intervalle cintré sous les arcades desquels on peut se promener sans se mouiller.

BERGAMOTE. (*Off.*) C'est une espèce de citron dont l'écorce est unie, produit par la greffe d'une branche de citronnier sur le tronc de la bergamotte.

BERGAMOTES (Conserve de). (Voy. CONSERVE DE CITRON.)

BERGAMOTE. (Voy. POIRE.)

BERGE. (*Chass.*) Cet oiseau ressemble au courlis. Il est plus petit et n'a pas le bec si long. Il abonde dans les marais-salans. Son cri ressemble à celui de la chèvre.

BERGER. (*Anim. dom.*) Que le berger soit robuste, alerte, vigilant, fidèle ;

Qu'il fasse souvent la revue des moutons ; qu'il sépare et panse ceux qui sont malades ; qu'il connaisse les remèdes les plus usuels. (Voy. BÉTAIL.)

Qu'il nettoie avec soin les bergeries ; qu'il ne laisse manquer de fourrage ni les brebis, surtout quand elles agnèlent, ni les moutons, ni les béliers ; qu'il choisisse aux brebis de bons béliers ;

Qu'il choisisse de bons chiens, vifs et hardis, et leur donne des noms sonores pour qu'ils répondent de loin à son appel, comme : caporal, général, major. (Voy. CHIEN DE BERGER.)

Qu'il ait soin qu'aucune bête ne s'écarte dans les vignes, dans les blés ; qu'il connaisse les meilleurs pâturages, et mène ses troupeaux sur le penchant des collines ;

Qu'au parc, il ne se laisse pas aller au sommeil, mais soit toujours attentif, l'œil au guet et debout à la première alerte.

Quelquefois on emploie des femmes pour garder les moutons. On calcule qu'elles peuvent travailler tout en gardant, filer ou coudre, tandis que l'homme est oisif. Mais outre que ce travail est peu de chose, une femme ne saurait avoir la force nécessaire pour surveiller d'une manière continue, et pour défendre son troupeau en cas d'accident.

BERGERIE. (*Anim. dom.*) Le sol de la bergerie doit être élevé, la terre mêlée de sable.

La bergerie sera exposée au midi ; elle doit avoir en largeur la moitié de sa longueur. L'aire en doit être unie et sans pierres, et aller en pente pour faciliter l'écou-

lement de l'urine. Le sol doit être couvert de paille fraîche.

On place à la porte de la bergerie un sac rempli de sel que les animaux vont lécher en entrant.

La bergerie est entretenue très propre, et souvent nettoyée. On n'y souffre pas les moutons malades, et on les isole dès les premiers symptômes d'indisposition.

La bergerie de Grignon ne se compose que de piliers en pierre dont on ferme les intervalles en hiver avec des nattes de paille qui s'enlèvent aisément l'été. Elle est séparée en plusieurs parties par des doubles râteliers, de sorte que les moutons mangent sans se gêner. Le comble est couvert en bois bituminé. Il forme un vaste grenier destiné à contenir le fourrage.

Cette disposition a un inconvénient. En cas d'épizootie, tout le fourrage pourrait être infecté. Tout le reste de la construction est convenable et peu coûteux. (Voy. BERGER, MOUTONS.) On peut parfumer de temps en temps la bergerie et y faire des fumigations. (Voy. AIR.) On en chasse ainsi les serpens, les couleuvres, les insectes et araignées.

BERGERONNETTE. (*Chass.*) C'est un joli petit oiseau qui a le dessous du corps jaune, le dessus vert-obscur, le milieu du dos noirâtre, et une ligne jaune qui s'étend au-dessus des yeux jusque derrière la tête ; le bec et les pattes sont noirs, et l'ongle du doigt de derrière alongé comme dans les alouettes ; sa queue a deux pouces et demi. Elle fait dans les blés un nid avec des herbes, et pond quatre ou cinq œufs semés de taches et de lignes brunes.

Une autre espèce a la queue beaucoup plus longue, et se trouve le long des rivières.

BERMUDIENNE A PETITES FLEURS. (*Jard.*) *Sisyrynchium bermudiana.* Famille des iridées. C'est une plante vivace de Virginie, très petite : elle fleurit en juillet. Ses fleurs sont d'un joli bleu.

Bermudienne à petites feuilles. Sisyrynchium tenuifolium. Fleurit jaune : on mêle ces deux plantes dans les mêmes pots enterrés au midi contre un mur. Elles perdent leurs feuilles, et se ressèment d'elles-mêmes ; elles mûrissent dans la terre de bruyère ; on les arrose l'été, et on les couvre de feuilles l'hiver.

Bermudienne à réseau. Sisyrynchium striatum. Plante vivace du Mexique : elle se sème en mars, au midi dans une terre légère, fleurit de juillet en octobre, et se ressème d'elle-même.

BERRET. (*Ind. dom.*) Du mot italien *berreto*, bonnet. Ces espèces de berrets-toques sont en velours, en barège, en écarlate. Si on a un chapeau de velours noir passé de mode, on peut en faire un berret carré. La passe fait le devant. Les coutures se perdent dans les tuyaux. La bande qui cachait la monture fait le petit bandeau du berret. Les berrets parés sont en gaze, en blonde, en tulle de soie ; on y ajoute des marabouts ou des gerbes de plumes rondes, placées en travers, à droite et à gauche, et séparées par une agrafe d'or ou de brillant.

BESACE. (*Ind. dom.*) C'est un gros sac de coutil très commode pour porter les provisions à cheval, ou sur le dos ; il est ouvert au milieu, et a quatre pieds de long sur un pied et demi de large ; les deux fonds sont doublés, et l'ouverture doit être bordée de gros rubans de fil.

BESTIAUX. (Voy. BÉTAIL.)

BÉTAIL. (*Anim. dom.*) On comprend sous ce nom les bêtes à cornes et les bêtes à laines.

L'éducation des bestiaux est une des branches les plus importantes de l'industrie rurale, et cet article serait considérable sans la ressource des renvois. (Voy. ANIMAUX DOMESTIQUES, BÉLIERS, BŒUFS, BOUCS, BREBIS, CHÈVRES, etc.)

Les bœufs aiment les terrains bas, et les terres grasses; ils y réussissent bien mieux que dans les lieux élevés; ils aiment les graminées les plus précoces, le dactyle pelotonné surtout.

Au reste, tous les climats et tous les sols leur conviennent; ils préfèrent les sols argileux; les bêtes à laine se plaisent dans les terrains calcaires; dans des terrains argileux, les bestiaux acquièrent plus de poids, plus de vigueur, et plus d'embonpoint.

La quantité de nourriture varie; on peut calculer qu'il faut cinq livres de foin par jour pour nourrir chaque quintal de l'animal.

On donne aux bêtes à cornes, nourries au vert, du son, de la luzerne, du sainfoin, du trèfle, ou de l'herbe; si on a enlevé le fumier des cours où l'on donne cette nourriture, il faut, pour absorber les urines qu'elle augmente, regarnir de terre ou de marne.

S'il y a des arbres dans le lieu où on les met, on les arrose de fiente de chien délayée pour les préserver de leur dent.

On donne aux bêtes à laine au printemps, les turneps, les pommes de terre, les résidus de feuilles et de foin, les pâturages de trèfle et de ray-gras; on remplace avec avantage les turneps par le regain des prés secs sur pied, et la pimprenelle, les vesces, le genêt sauvage.

Le sel convient au bétail. (Voy. SEL.)

La paille hachée le nourrit très bien.

Le chanvre et les feuilles, les bruyères, les roseaux, les genêts, les fougères, les herbes marécageuses, les feuilles des arbres, les végétaux des terres incultes, le fromental, le *lolium perenne*, les gazons, etc., sont également bons. (Voy. ces mots.)

On obtient une bonne nourriture par le moyen suivant: Trancher au moyen du coupe-racines des pommes de terre; en placer un lit dans un cuvier, puis par-dessus un lit de son, et alterner ainsi; laisser fermenter, et donner cette nourriture.

L'ajonc et les raves hachées sont un aliment sain pour les bestiaux. (Voy. AJONCS, RAVES, TURNEPS.)

Engraissement des bestiaux. L'engraissement des bestiaux est une opération agricole avantageuse. Pour l'opérer, on isole l'animal, et on l'astreint à un régime particulier.

On charge par degrés l'estomac de l'animal, de manière à arriver à lui donner par jour six livres de farine d'orge; l'engraissement est ordinairement terminé au bout de trois mois; on lui délaye matin et soir de la farine d'orge dans l'eau tiède; son volume augmente, ses mouvemens deviennent plus lents; c'est l'indice que le terme de l'engraissement approche.

L'engraissement des bestiaux se fait mieux en distribuant des portions à heures fixes, qu'en tenant toujours

le râtelier garni; celui au foin est dispendieux. Les raves, les choux, le maïs, les graines oléagineuses donnent à la viande une bonne qualité; l'obscurité, le repos, les repas réglés accroissent la rapidité de l'engraissement.

La propreté contribue à l'engraissement.

Le séjour du fumier pour les bêtes à cornes et pour les agneaux n'est pas préjudiciable, surtout en hiver; mais au printemps, il s'y forme une fermentation dangereuse.

Un mets excellent pour l'engraissement est une pâte de farine d'avoine, mêlée de sel; on en fait des boules grosses comme un œuf d'oie, et trois fois par jour on en donne au bétail en les lui enfonçant dans la gorge; on augmente progressivement le nombre des boules, jusqu'à cinq à la fois.

Engraissement des bêtes à cornes en Irlande. On commence à les engraisser à quatre ans; on les met le 1er mai dans un pâturage cultivé avec soin, et on leur apporte du foin de première qualité tous les jours aux champs; pendant l'hiver, on leur apporte du foin sous les arbres.

Pour l'engraissement des bestiaux, voici le procédé suivi dans le Palatinat : on les place dans le lieu le plus sombre de l'étable; on les fait manger peu et souvent; on commence en été par leur donner des fourrages verts, des fourrages secs, comme de la luzerne et du trèfle, du sainfoin, de la dragée, des légumes secs, cuits on détrempés dans l'eau; de la farine d'orge; en automne des feuilles de disette, des pommes de terre, et en hiver des racines de betteraves, des carottes, des panais.

On varie ainsi les alimens : à cinq heures du matin, de la luzerne; à huit heures, des navets hachés, et des balles de grain; à onze heures, du trèfle; à deux heures, des pommes de terre cuites au four et écrasées; à cinq heures, du sainfoin et des betteraves, le tout haché; à huit heures, du foin; pour boisson un mélange d'eau et de tourte d'huile; on leur donne aussi quelquefois du pain sur lequel on étend une demi-once de sel.

On entretient leur peau nette, et on les éponge tous les jours, parce qu'il a été reconnu qu'une partie de la digestion se faisait par la transpiration; on retire le fumier tous les matins, et on étend la litière; on prend dans les étables des soins particuliers. (Voy. ÉTABLES.)

Maladies du bétail. Les maladies ordinaires du bétail sont : pour les bœufs, la météorisation, le charbon blanc, le pissement de sang, la courbature, le fourchet du piétain; la pourriture ou cachexie, la vérole clavelée, la maladie de sang pour les moutons, les porcs. Nous indiquerons les principaux remèdes usités pour celles qui sont les plus dangereuses, et pour quelques autres plus faciles à guérir.

L'approche d'une maladie est facile à reconnaître; l'animal devient triste et morne; son appétit se perd; il y a tristesse, larmoiement, déjections sanguinolentes. Sauf les différences de la constitution physique, ce sont les mêmes signes à peu près que chez l'homme.

Antidote contre les maladies épizootiques. Faire avaler dans un demi-litre de vin rouge chaud, gros comme un œuf de pigeon d'un mélange de deux têtes d'ail, deux poignées de graines de genièvre, deux poignées de racine d'angélique, une de feuilles de rue vertes et du miel. (Voy. ÉPIZOOTIE.)

Météorisation. Le sel donné aux bœufs et vaches prévient la météorisation ; on l'évite aussi en répandant le trèfle et la luzerne dans un lieu sec, et en les mélangeant de foin, en ne faisant point paître d'herbes mouillées, et en substituant seulement par degrés le régime vert au sec.

Cette distension du ventre, accompagnée de gêne dans la respiration, provient d'alimens très aqueux, du passage subit du regain sec au vert, d'eau bue immédiatement après une nourriture de vert, de sauve prise en trop grande abondance.

Remèdes. Passer à l'eau immédiatement, ou les faire courir.

Autre. Faire boire de l'eau de chaux, ou fortement vinaigrée.

Pour un bœuf, mettre dans un quart de litre d'eau d'alcali volatil quatre à cinq gros ; pour une bête à laine, un gros et demi, lui faire d'heure en heure boire à grandes gorgées, pour que le remède puisse se rendre dans l'organe où se forment les gaz à la présence desquels est dû le gonflement, et se combiner avec eux.

Autre remède. Une once d'eau de javelle dans une bouteille d'eau pour le bœuf et la vache ; une demi-once dans un verre d'eau pour le mouton.

Autre. Une once de salpêtre pulvérisé, délayé dans l'eau-de-vie.

Autre. Avoir un tube de fil de fer en spirale, recouvert d'un cuir mince, ayant à un bout un gland d'étain percé de trous, et long de six pieds, sur un diamètre de quelques lignes ; faire arriver jusqu'à la panse ; on peut essayer cette recette avant de faire usage de l'ammoniaque.

Autre. Faire une ponction au flanc gauche ; elle ne saurait guère être faite que par un vétérinaire ; on la fait dans le flanc gauche, à trois ou quatre doigts des fausses côtes, avec un couteau, un canif, et on introduit un petit tuyau, ou mieux on pique avec un trocard garni d'une canule : après l'opération, diète.

Si les bestiaux sont enflés par la luzerne, prendre et mêler par bœuf ou vache, une once de carbonate de potasse, deux de teinture de gentiane, deux litres d'eau ; le quart pour un mouton.

Pour les coupures des bêtes à laine, mêler une once de saindoux et quatre gros de charbon en poudre, et en faire un liniment.

La maladie du sang ou *hématurie*, a pour symptômes le pissement de sang ; elle est épidémique, décime les troupeaux, et même les enlève tout entiers ; elle règne pendant l'été, dans les fortes chaleurs, dans les pâtures sèches ; elle est commune dans le Midi. On la prévient en alternant la nourriture des moutons, de manière à les faire paître des herbes fraîches et tendres, et des herbes fortes et excitantes, en les faisant reposer, en les menant boire souvent et près de l'endroit où ils paissent.

Courbature (remède pour la). Faire infuser pendant six à sept heures dans une bouteille de vin blanc ou de poiré sans eau, une once et demie d'anis pilé pour le bœuf, et une demi-once pour la vache, autant de graine d'asperge, ajouter une poignée de sel, et faire boire.

Autre. Faire avaler une infusion de six gousses d'ail, et une poignée de sel dans une bouteille d'urine ; tenir l'animal deux ou trois heures à jeun.

Autre. Réduire du sel en poudre en le calcinant à sec, un litre et un quart environ ; verser une pinte de poiré, de vin blanc ou d'eau, faire avaler, laisser deux heures sans manger, faire boire ensuite de l'eau pure.

Pissement de sang (remède pour le). Infuser dans du lait une poignée de chacune des substances suivantes : buis, perce-pierre, benoite, sel ; faire avaler au bœuf ou à la vache malade, laisser sans manger pendant deux heures.

Autre. Infuser dans une pinte de lait un gros de safran frais et faire avaler.

Diarrhée (remède pour la). Faire bouillir et dissoudre du papier dans du lait, et donner à plusieurs doses, si la première ne suffit pas ; il faut un litre et demi, et une à deux feuilles, suivant l'âge de l'animal.

Tranchées (remède pour les). Faire avaler deux grosses chandelles fondues, ou du chènevis broyé dans une pinte de lait doux, tiède.

Toux (remède pour la). Donner à boire à l'animal une décoction d'hyssope, et lui faire prendre des poireaux pilés avec du froment.

Vers (remède pour les). Mêler pour une dose quatre onces de sel, deux gros d'aloès, deux litres d'eau.

Poux du bétail (manière de détruire les). Mettre aux bestiaux, pendant quelques jours, un collier frotté d'ongent hydrargirique. (*Unguentum neapolitanum.*)

Maladie causée par la betterave. (Voy. BETTERAVE.)

Indigestion de farine (remède pour l'). Faire avaler un pot d'urine d'homme, ou un pot de gros cidre.

Autre. Faire avaler à deux ou trois reprises un mélange de quatre verres d'eau fraîche, deux verres d'eau-de-vie, une poignée de sel, embâillonner l'animal, et le promener.

Gale (remède pour la). Saigner à la veine du cou, donner un lavement d'herbes rafraîchissantes, et une boisson d'un quarteron de miel et d'une once de tartre dans un demi-litre de lait ; frotter l'animal malade avec un liniment composé d'huile d'olive un demi-litre, de saindoux une livre, de soufre vif deux onces, et d'une demi-once d'alun ; frotter avec une étrille les endroits galeux pour que le sang en sorte.

Cachexie aqueuse. Cette maladie attaque les bêtes à laine dans les pâturages mouillés ; on l'évite en leur donnant de la nourriture sèche, de la paille, du sel, des acides minéraux étendus d'eau, des plantes aromatiques, des glands, des marrons d'Inde. Quand elle se déclare malgré cela, ce qui est rare, si on la laisse arriver à sa deuxième période, elle est réputée incurable ; dans la première, on donne un verre de vin poivré, et on nourrit de luzerne et d'avoine, une demi-livre.

La *clavelée* fait des ravages considérables parmi les bêtes à laine ; c'est une espèce de petite vérole ; elle se déclare par une foule de petits clous dont les animaux sont couverts.

Remède prophylactique. Faire inoculer les agneaux au moyen de deux piqûres faites sous la queue ; renouveler l'opération si elle ne produit rien ; la maladie que produit cette inoculation est rarement dangereuse.

La morve des bêtes à laine se guérit dans le principe avec de l'eau soufrée; c'est un écoulement d'humeurs par les naseaux.

Quand les bestiaux, après avoir mangé des bourgeons de chêne ou de frêne, ou.autres substances nuisibles, deviennent malades, ont une chaleur brûlante à la bouche, une soif dévorante, un pouls faible, une salive épaisse, des frissons, entrent en fureur, et jettent des excrémens fétides, avoir recours aux évacuations sanguines, à la diète, aux boissons gommeuses, aux lavemens légèrement nitrés, au régime blanc, à l'herbe fraîche, racines cuites, paille et farineux, aux bains de vapeur sous le ventre, suivis de bouchonnemens, aux couvertures de laine, aux promenades légères, aux stimulans si dans la convalescence l'estòmac est paresseux.

BÊTE (JEU DE LA). (Récréat. dom.) C'est le même jeu que celui de la mouche; seulement on dit *bête* au lieu de dire *mouche*. (Voy. MOUCHE.)

Bête hombrée. C'est un diminutif de l'hombre; on y joue deux, trois, quatre ou cinq, avec un piquet et des jetons; chaque joueur reçoit cinq cartes. On agit comme dans l'hombre. (Voy. ce mot.)

Les différences sont qu'il ne faut que trois levées pour gagner le coup; il n'y a qu'une couleur de triomphe ordinaire; quand les joueurs passent sans renvier, le premier joueur la nomme à son gré. Celui qui réunit dans son jeu le roi, la dame, et le valet d'atout, a les trois matadors; s'il a de plus l'as et le dix de semblable couleur, il a cinq matadors valant chacun un jeton. Quand il entreprend la vole, et qu'il la manque, il paie le jeton au lieu de le recevoir.

Pour avoir codille, il ne faut que trois levées.

Le joueur qui renonce, ou qui, ayant deux cartes de la couleur jouée, dont une supérieure et l'autre inférieure, fournit cette dernière, fait la bête. Quant aux bêtes et à la vole, voyez HOMBRE.

BÉTOINE A GRANDES FLEURS. (Jard.|) *Betonica grandi flora*, famille des labiées. Cette plante vivace, originaire du Levant, se sème dans une terre franche un peu humide; on sépare les pieds en septembre; elle donne en juin des épis de grandes fleurs roses.

Bétoine. (*Betonica officinalis*.) Elle croît dans les bois en abondance.

BETON. (*Ind. dom.*) Le béton est composé d'un mélange d'une partie de mortier hydraulique, de deux parties de cailloux, deux parties de sable, pierre ou brique concassée; il se durcit dans l'eau très promptement. La chaux qu'on emploie pour le faire doit être mêlée d'un peu de sable quartzeux, et être maigre.

Le béton est très utile pour établir les fondemens, quand le terrain n'est pas assez solide; il remplace les pilotis. On l'étend par couches bien empâtées; on bat avec des maillets ferrés, et on nivelle.

Les constructions romaines les plus colossales ne sont que des bâtisses à pierres perdues, remplies de mortier et de cailloux, et recouvertes de briques, de pierres ou de marbre.

Dans la construction des voûtes, le béton a d'immenses avantages sur les moellons. Il est facile de se le procurer; il défend le sol du rez-de-chaussée de l'humidité des caves, et n'est point sujet à se fendre et à s'écraser.

BETTE ou POIRÉE. (*Jard. — Méd. dom.*) *Betta vulgaris*. Famille des atriplices. C'est une plante bisannuelle. Elle se sème en mars, juin et juillet en rayons de contrebordure, dans une terre fumée et bêchée. Dans un jardin, mêlée avec l'oseille, elle la ferait dégénérer par le mélange des étamines. (Voy. POIRÉE.)

La bette, en médecine, sert à faire des cataplasmes adoucissans, des fomentations, des lavemens émolliens. Sa feuille, débarrassée des côtes saillantes, chargée de beurre, de cérat ou de pommade épispastique, est employée dans les pansemens des vésicatoires. Mais comme on a de la peine à l'enlever, et qu'elle se déchire et se déplace, on y substitue avec avantage du linge fin, ou du papier.

BETTERAVE. (*Jard.*)*Beta vulgaris*. Famille des atriplices. On la cultive pour la nourriture des vaches et la fabrication du sucre. Elle demande un sol meuble et plusieurs façons. C'est une plante bisannuelle et pivotante... Il y en a plusieurs variétés, dont la meilleure et la plus sucrée est la betterave jaune. Pour que la betterave soit bonne, il faut qu'elle n'ait qu'une racine unique, lisse et cassante. Elle demande un terrain profond, léger, chaud, sans sécheresse. On sème quatre à cinq graines dans chaque trou.

Le chaulage de la betterave, utile dans les années humides, peut être dangereux dans les années sèches. Pour la chauler, on fait infuser la graine dans l'huile de poisson, et on la roule ensuite dans du plâtre.

On fume le terrain destiné à la betterave en automne, et on enterre le fumier du 6 au 8 avril; on bêche, sans ramener le fumier à la surface; on dresse des planches de quatre rayons de deux pouces de profondeur, espacés de quinze pouces. On fait des sentiers pour arroser et sarcler; on fait des trous de pied en pied; on sème, on recouvre avec le rateau, et on arrose tous les deux jours. La graine lève le dixième jour. On sarcle, on serfouit, et arrose.

La betterave, dite *disette*, sert d'épinards. On la sème dans des rayons espacés d'un pied. Chaque semis est éloigné du précédent de huit pouces. On arrose tous les jours; on coupe les feuilles à un pouce de terre. La racine sert à nourrir les vaches.

En novembre, on arrache les betteraves; on coupe les feuilles avec le collet auquel elles tiennent. On nettoie les betteraves, et on les conserve à l'abri des gelées en couches séparées par du sable sec. La betterave se reproduit de graine, qu'on récolte en août; elle se conserve deux ans. Les feuilles peuvent être coupées en septembre pour les vaches et les cochons. Quand on en veut conserver, on les entasse par lits dans des tonneaux en répandant un peu de sel.

Le résidu des betteraves, conservé sous des hangars après la fabrication du sucre, coupé et salé, est mangé avec avidité par les vaches. Mélangé avec des eaux grasses, du petit lait, il engraisse les cochons. Seul, et sans mixture de substances animales, il les ferait maigrir. Ce résidu engraisse aussi les moutons; il faut conserver le résidu comme les feuilles, autrement il fermenterait et pourri-

9

rait, et causerait aux vaches une inflammation gastro-intestinale.

Quand cette maladie s'est déclarée par suite d'absence de cette précaution, cesser la nourriture, donner des lavemens, saigner s'il y a inflammation violente; mettre à un régime blanc, et dans la convalescence, mettre à la diète.

Les avantages du sucre de betterave sont évidens : il sucre mieux, est plus léger, plus poreux que le sucre des colonies.

La betterave contient quatre-vingt-dix-huit pour cent de son poids de jus. M. Clément, fabricant, a obtenu ce poids, uniquement en usant une betterave sur une meule à repasser les couteaux.

La betterave n'occupe le sol que six mois, pendant que la canne à sucre l'occupe quinze et vingt. Quarante mille hectares en betteraves pourraient donner un produit annuel de soixante milliers de kilogrammes de sucre.

On a obtenu d'excellent café en mêlant à du café martinique une poudre de racines de betterave. Torréfiée, elle donne une saveur moins amère, et nécessite moins de sucre que la chicorée.

BETTERAVES CONFITES AU VINAIGRE. (*Off.*) Couper par tranches des betteraves cuites au four, verser du vinaigre, ajouter un peu de sel. Au bout de vingt jours, renouveler le vinaigre s'il a perdu son acide.

BETTERAVES EN ÉPINARDS. (*Cuis.*) Oter les queues et les côtes de jeunes feuilles de disette, et faire cuire de même que les ÉPINARDS.

Betteraves en salade. Chaudes, avec du persil, de la ciboule, poivre, sel, deux cuillerées d'huile, une demi de vinaigre.

Betteraves au lait. Faire cuire sous la cendre ou dans le four pendant cinq heures, couper en rouelles, faire mijoter avec un demi-quarteron de beurre, poivre et sel, persil et ciboules; ajouter deux pincées de farine; sauter, mouiller avec un verre de lait, faire bouillir en remuant, servir à sauce courte.

BEURRE. (*Hyg. — Cuis. — Ind. dom.*) Le beurre est une matière grasse tirée du lait en le battant. On en fait avec toute espèce de lait, mais surtout avec le lait de vache.

Le beurre frais est nourrissant et pectoral; pris trop fréquemment, il affaiblit l'estomac, échauffe et excite des nausées. Le lait est bon à faire le beurre quatre mois après le vélage; autrement il contient moins de beurre. C'est surtout en automne qu'il en fournit en grande abondance, et que le beurre est le meilleur. On estime surtout les beurres de regain, du second pré, de spergule. Le beurre de mai était autrefois employé en frictions dans diverses maladies. Les beurres les plus célèbres sont ceux d'Isigny, de Gournay, de la Prévalais, qu'on vend en petits pots.

La qualité du beurre dépend de celle des fourrages, et si les vaches ont été nourries de foin bien sec, de graines, de céréales, depaille en hiver; en été de fourrage vert, le lait des vaches donnera beaucoup de crème, et par suite beaucoup de beurre. Elle dépend aussi des soins donnés

aux vaches, de l'aération de leurs étables, de l'abreuvement des bestiaux, de la disposition de la laiterie.

C'est une mauvaise méthode que de ne pas lever la crème de dessus le lait : on y perd plus qu'on n'y gagne, parce que la crème étendue dans une grande quantité de liquide ne donne jamais tout son beurre.

On peut se procurer sur-le-champ du beurre frais en versant le lait dans des bouteilles, l'agitant et le secouant vivement. Les grumeaux jetés sur un tamis donnent un beurre fin et délicat.

On donne au beurre une qualité qu'il conserve long-temps en y mêlant du jus exprimé de râpures de la partie jaune des carottes, et qu'on bat avec la crème.

On ne doit pas prendre pour faire le beurre un lait trop ancien. On peut faire le beurre, ou en levant la crème, ou en mettant la crème et le caillé dans la baratte, ou avec le lait frais. La crème est d'autant meilleure que le lait a été moins agité; celle du dernier lait, montée trois ou quatre heures après la traite, donne le beurre le plus estimé. Pour le beurre ordinaire, on lève la crème de douze heures. Avant de baratter la crème, on la conserve trois jours pour qu'elle s'aigrisse légèrement.

Appareil anglais pour augmenter la crème. Il est en zinc et a six pouces de hauteur. C'est un vase au fond duquel est une plaque percée de petits trous très rapprochés. Cette plaque à bords s'élève dans le vase par deux mains qui se trouvent au-dessus, et communiquent à la plaque par quatre fils de fer.

Ce vase dans lequel on met le lait est, au bout de vingt-quatre heures, placé dans un vase de bois rempli d'eau chaude. La crème monte en grande abondance en élevant le double fond.

Après avoir mis le beurre dans la baratte, on procède comme nous avons dit ci-dessus. (Voy. BARATTE.)

Pour diminuer la fatigue du barattage dans la baratte ordinaire, on a proposé de fixer au plancher une perche de trois mètres, maintenue à distance sur une traversée soutenue par deux fiches de bois. Au bout de la perche est une corde à laquelle on suspend la batte-beurre. Quand on enfonce la batte-beurre, l'élasticité de la perche la fait aussitôt revenir et allège le travailleur.

Pendant qu'on fait le beurre, on remue d'autant plus vite que la quantité de crème est plus grande. Quand il est fait, on le lave avec soin. Les eaux ferrugineuses ont l'avantage de lui communiquer une couleur agréable. On le presse ensuite jusqu'à ce qu'il ne rende plus du tout d'eau; on sépare le petit-lait qui reste, et on le serre pour le conserver; si on le met dans la cave, il faut qu'elle soit sèche et ne puisse lui communiquer aucune odeur désagréable; on l'enveloppe d'un linge mouillé; on garnit l'intérieur d'un pot de grès vernissé d'une couche épaisse de sel, et on bouche bien.

Pour conserver le beurre, on peut encore, au moyen de la cuisson, en enlever le petit-lait et le fromage qu'il pourrait contenir; mais alors il perd diverses qualités.

Autre recette. Prendre deux parties de sel marin, une partie de sucre, et une de nitre purifié, et pétrir à raison d'une once par livre; le mettre en pots, couvrir avec du parchemin mouillé; verser du beurre fondu à mesure dans, les vides avec un peu de la salaison. Ce beurre a le goût du beurre pendant quinze jours; après il devient salé.

Autre. Mettre une once de miel par livre.

Autre. Mettre le beurre dans un vase, et ce vase dans un autre plein d'eau bouillante. Le beurre se fond, dépose sa partie mucilagineuse, et, par le refroidissement, acquiert plus de consistance.

Autre. Envelopper dans un linge imbibé de vinaigre.

Fabrication économique du beurre. Avoir une bouteille à large ouverture, y agiter la crème, tourner la bouteille, et retirer le beurre en rouleau; laver la bouteille et égoutter.

Conservation du beurre frais. L'envelopper dans une étoffe de laine, et faire couler dessus de l'eau légèrement acidulée.

Autre procédé. Le pétrir en boules et le mettre dans du sirop de sucre.

Pour conserver le beurre par le procédé Appert, on le lave et l'égoutte, puis on le fait chauffer au bain-marie dans des vases, on en retire l'air par l'évaporation, et on bouche bien.

Le beurre est naturellement blanc, excepté le beurre de lait de vache; qui en été est jaunâtre. La coloration habituelle ne lui ajoute aucune qualité; mais on y a attaché une idée de bonté, et on y renoncerait difficilement.

La coloration du beurre par les soucis est préférable à celle par le safran, et n'a aucun danger. Pour l'obtenir mettre à la cave dans un pot de grès des pétales de soucis. Après quelques mois, elles forment un jus épais qu'on mêle à la crème.

Les autres matières qui colorent le beurre en jaune sont, le suc de carottes, la graine d'asperges, les racines d'orcanette.

Beurre salé. Le beurre salé est moins salutaire, à cause de la fermentation qui l'a dénaturé.

On sale au printemps pour l'été, et en automne pour l'hiver. Le sel marin convient pour la salaison du beurre fin, et le gros sel gris pour le beurre de provision. Le gros sel de Guérande, à l'embouchure de la Loire, donne au beurre un goût de violette.

On met ordinairement deux onces de sel par livre qu'on pétrit, et on foule le beurre dans les pots.

Salaison du beurre à l'anglaise. Piler et mêler une partie de sel de cuisine, une demi-partie de sucre, et autant de salpêtre, pétrir avec six onces de beurre.

Ainsi, il se conserve trois ans en bon état. Il faut que le salpêtre soit très pur. Quand, après quelques temps, le beurre s'est tassé, on remplit le vide qu'il a laissé en se retirant, avec une forte saumure d'eau et de sel.

On peut, à l'aide d'un laminoir, diminuer le contact de l'air qui rancit le beurre: mieux saler, enlever les parties séreuses et caeeuses. Pour cela, on a un laminoir dont les cylindres ont vingt-cinq à trente centimètres de diamètre; et sont en bois. En faisant passer le beurre entre ces cylindres et servant à mesure, on sépare le lait par la pression. Dans la bâche sur laquelle le laminoir est monté, on a de l'eau pour mouiller continuellement les cylindres, les empêcher de s'empâter, nettoyer le beurre et en chasser l'air.

Pour saler, on remplit la bâche d'eau saturée de sel, et

on saupoudre le beurre de sel très fin pulvérisé au laminoir. Après l'opération, on l'enlève avec des pelles de bois, on en fait sortir l'eau, et on le serre, en le couvrant d'une légère couche de sel bien fin.

Beurre fondu. On réserve le beurre le moins bon pour les fritures; on le fait fondre à un feu clair, en évitant le contact des mauvaises odeurs. Dès qu'il y a du gratin au fond, il faut diminuer le feu, de crainte qu'il ne se décompose et n'altère le reste. Pour juger s'il est parfaitement fondu, on en jette quelques gouttes dans le feu; s'il est fondu, il s'enflamme sans pétiller.

On achève d'écumer le beurre, on ôte le chaudron du feu, on le laisse reposer un instant, puis on le verse par cuillerées dans des pots bien échaudés et séchés au feu, qu'on recouvre après.

Le beurre fondu est différent du beurre frais; il est gras, transparent, pâle, analogue à la graisse; il se conserve bien plus long-temps. On l'emploie pour la cuisine.

Le beurre, surtout en automne, devient aisément huileux et rance. Dans cet état, il est très malsain. C'est surtout quand il retient une grande quantité de fromage et de lait.

Moyen de faire disparaître la rancidité du beurre. Faire une eau de trente gouttes de chlorure de chaux par kilogramme de beurre, et le battre dedans. Ce même procédé peut servir pour enlever au beurre toute espèce de mauvais goût.

Malheureusement on falsifie quelquefois le beurre avec du suif de veau. Le beurre de bonne qualité se fond à trente-cinq degrés au plus; altéré par le suif, il lui faut une chaleur double.

On le falsifie encore en y introduisant des pommes cuites ou de la fécule de pommes de terre, qui en augmentent le poids. Faire bouillir dans dix fois son poids d'eau. Les corps étrangers viennent à la surface; on les enlève avec une écumoire. On peut faire d'abord l'essai sur une petite quantité. En faisant fondre une once de beurre dans quatre de térébenthine, les substances étrangères se précipitent.

Préparation des tonneaux destinés à l'expédition du beurre. On abat des hêtres en décembre ou janvier, on les équarrit sur-le-champ, on les plonge pendant un mois dans un filet d'eau courante, et on les met dans un endroit sec, exposé à l'air; ce n'est qu'au bout d'un an que l'on peut faire des tonneaux avec ce bois; mais il conserve le beurre long-temps et sans l'altérer aucunement.

Manière de faire le beurre doux de Bohême. Placer dans le four d'un poêle ou sur le poêle même un vase de lait qui a passé la nuit, jusqu'à ce que la crème soit entièrement montée sans bouillir et soit devenue brune; retirer le vase, laisser la crème refroidir, la mettre dans un vase de terre, et remuer avec une tige de bois terminée par une boule ronde et plate. Ce beurre est très agréable; il est mêlé de grains noirs. On peut le faire aussi en secouant dans une bouteille.

Beurre d'anchois. Ce sont des anchois pilés et mêlés avec du beurre. (Voy. ANCHOIS, SAUCE.)

Beurre d'écrevisses. Oter les chairs, mettre les coquilles sur un plat; piler en poudre, mettre trois quarterons de beurre, piler le tout, mettre sur un feu doux dans une casserole, passer le tout à l'étamine. (Voy. SAUCE.)

Beurre à l'ail. Piler six gousses d'ail dans un mortier, fouler avec une cuillère de bois, passer, piler avec deux onces de beurre. (Voy. SAUCE.)

Beurre noir. (Voy. SAUCE AU BEURRE NOIR.)

Beurre de homards. Prendre les œufs d'un homard, piler avec gros comme un œuf de beurre fin, passer, ramasser le beurre.

Beurre de piment et autres. Manier le beurre avec du piment, du persil qu'on fait blanchir, ravigotes, estragon, pluches, échalottes, vert d'épinards, vert de ravigotes, etc.

Beurre composé pour hors-d'œuvre. Pétrir avec des fines herbes hachées bien menu, saler à demi-sel, introduire dans un moule fait exprès, et le pousser avec un bâton ; en faire une pyramide, réduire en pâte une demi-douzaine de noisettes franches, et mêler.

Beurre de pommes. Faire bouillir du bon cidre et réduire aux deux tiers, prendre huit boisseaux de pommes de la meilleure qualité, pelées, coupées en quatre et nettoyées, les jeter peu à peu dans la liqueur ; prolonger la cuisson pendant douze ou dix-huit heures, en remuant la matière constamment ; mettre de la cannelle et des clous de girofle. Cette confiture est en usage dans le nord de l'Amérique, et la recette en est donnée par l'*American farmer.*

Beurre de Montpellier (sauce au). Prendre les jaunes de douze œufs durs ; piler avec un verre de ravigote blanche, six anchois, des câpres, du sel, du gros poivre, six cornichons, ajouter deux jaunes d'œufs crus, et verser peu à peu une livre et demie d'huile d'olive et un peu de vinaigre ; passer comme une purée à l'étamine, joindre un vert d'épinards. On peut y mettre un peu d'ail.

BIBERON. (*Hyg.*) On nomme ainsi un appareil destiné à présenter des boissons aux malades qui ne peuvent pas se lever ou qui ne boivent pas facilement. Ce genre de biberon est un petit vase pourvu d'un tube très droit.

On nomme plus spécialement biberon l'appareil employé dans l'allaitement artificiel, pour faire téter les enfans. Le plus simple est une fiole à médecine surmontée d'un morceau d'éponge fine, et recouverte d'un linge fin. Il a l'inconvénient d'altérer le lait, qui se détériore en passant par l'éponge. Si on s'en sert, il faut changer et entretenir une minutieuse propreté.

On a subtitué à ce biberon des mamelons artificiels en gomme élastique ou en pis de vache préparé. Le meilleur biberon est celui de madame Breton, sage-femme, à Paris. C'est un flacon de cristal contenant six onces de liquide, et percé au milieu d'un trou très petit, avec un bouchon de cristal conique auquel on adapte un bout de sein en gomme élastique, ou un pis de vache préparé.

Pour se servir de ce biberon, on le présente à l'enfant, et on rend plus ou moins facile l'écoulement du lait en ouvrant ou fermant le trou latéral. Il a été employé avec succès par beaucoup de médecins.

Le lait dont on doit remplir le biberon est du lait de vache. Le lait d'ânesse pourrait être employé avec avantage ; le lait de chèvre a moins de qualités.

Manière de faire un biberon artificiel. Couper des tétines de vache ou de chèvre, introduire un fil pour ramener en dedans la peau extérieure, et ne laisser aller que la peau du mamelon, en retournant le pis sur un morceau de bois, et disséquant avec précaution. Laisser trois ou quatre jours dans l'eau de chaux ; frotter ensuite pour enlever l'épiderme et laver la tétine. Placer un bout de sein en buis ou en ivoire.

Le mamelon ainsi fait peut servir, et a une jolie forme et une teinte rosée.

Des personnes, au lieu de biberon, font téter à l'enfant une chèvre ; le seul inconvénient de cette pratique est que le lait, dans cet état, n'est pas aussi digestible que le lait préparé, et a trop de consistance.

BIBLIOTHÈQUE. (*Récréat. dom.*) Il serait impossible de fixer quels sont les livres qui les premiers doivent trouver place dans une bibliothèque de ville. La variété des goûts et des professions ne permet pas d'établir là-dessus de règles générales, et d'ailleurs les avis bibliographiques demanderaient un trop long développement. Mais, pour la campagne, où il n'y a à emporter qu'un petit nombre de volumes, où les délassemens et les plaisirs prennent la place des occupations citadines, où l'on va ordinairement pour chercher le repos physique et moral, on peut indiquer quelques ouvrages qui conviennent à tous, surtout parmi ceux qui amusent sans fatiguer l'esprit, distraient l'intelligence, et la tiennent en éveil sans l'astreindre à un travail sérieux.

C'est donc principalement de romans que devra se composer la bibliothèque de campagne. Ces romans devront être susceptibles d'être lus à haute voix ; nous n'avons pas besoin de recommander d'écarter tous les livres scandaleux, école de mauvaises mœurs, agens de corruption et d'immoralité, dont la mode, créée par les écrivains du dix-huitième siècle, s'est malheureusement prolongée jusqu'à celui-ci.

Parmi les romans français : *Gil Blas, le Diable boiteux, Manon Lescaut, Télémaque, Corine, les Mémoires de Grammont,* quelques parties des œuvres de mesdames de Tencin, de La Fayette, de Souza et Cottin, le *Robinson suisse,* de madame Isabelle de Montolieu, etc.

Les auteurs contemporains se multiplient chaque jour : les in-octavo s'entassent et s'agglomèrent avec une rapidité prodigieuse, et au milieu de cette variété de productions qui se présentent au lecteur, il a grand' peine à faire un choix. Quelques ouvrages, cependant, sont signalés par l'opinion publique comme d'une supériorité incontestée, et comme destinés seuls à survivre à cette foule de fœtus littéraires auxquels leur berceau sert de cercueil.

Ainsi les romans de Victor Hugo, les contes de Janin et de Balzac, les marines d'Eugène Sue, les romans historiques du bibliophile P.-L. Jacob, les romans de mœurs de M. Jules Lacroix, les nouvelles de madame Sand offrent une lecture à la fois intéressante et instructive.

Chez les Anglais, *Tom-Jones, Robinson Crusoé, Caleb Williams,* de Godwin, Walter Scott, Swift, Sterne, *Wallace,* par miss Jane Porter, les noires élucubrations d'Anne Radcliffe qui, pendant les veillées, changeant en fantômes toutes les silhouettes de la muraille. On peut compter au nombre des écrivains anglais, l'Américain Fenimore Cooper.

Chez les Allemands, on prendra *Werther*, quelques livres d'Auguste Lafontaine, les contes suisses de Zschooke, les contes fantastiques de Musœus et d'Hoffman.

Quant à la partie dramatique, Corneille, Racine, Molière, Shakspeare et Schiller suffisent. Pour les personnes en état de se procurer un nombre de volumes plus considérable, nous mentionnerons la Bibliothèque dramatique, et la collection des Théâtres étrangers.

On ne doit pas omettre les proverbes de Carmontelle et de Théodore Leclerc, si faciles à jouer, et qui procurent tant de plaisir à si peu de frais.

Quant à la partie scientifique, il faudrait pour la campagne un livre qui réunît dans une seule collection et dans un ordre facile ce qui peut être d'une utilité pratique à tous, ce qui n'est pas une théorie applicable seulement aux savans, ce qui peut, dans les connaissances humaines, contribuer au bien-être de l'individu, ce qui peut étendre le cercle des jouissances et diminuer les peines et approprier au service de l'homme le milieu dans lequel il est placé.

Ce livre, nous l'avons essayé, et la faveur immense avec lequel nous sommes accueillis fait que nous nous félicitons chaque jour de notre conception, plutôt en ce qu'elle a d'avantageux au public qu'en ce qu'elle nous offre de profit à nous-mêmes. Il dispense du *Bon Jardinier*, des *Annales de Roville*, des dictionnaires immenses d'agriculture, des volumineuses recettes de nos artistes en cuisine, d'un ramas de bouquins où une bonne recette nage dans un océan de déclamations. Toutefois, il y aurait de notre part injustice et suffisance, si nous ne conseillions d'y joindre quelques ouvrages d'une incontestable utilité, comme le *Pêcheur à la ligne*, de M. Kresh aîné; le *Traité des chasses au piège*, par le même, et divers *manuels* de la collection de M. Roret : pour les connaissances usuelles d'astronomie, d'histoire, de géographie, de physique, etc., les petits traités publiés par M. Adolphe Rion sont excellens, et ont l'avantage d'être à un prix très modique : 10 centimes.

Ce que nous venons de dire ne saurait être accepté qu'à titre de conseils. Nous le répétons, il ne saurait y avoir là-dessus de règles générales. La position de la famille, le nombre, l'âge et le sexe des lecteurs, doivent influer considérablement sur le choix des volumes.

Nous finirons en rappelant les émotions douces et terribles produites par les histoires de voyages et les relations d'accidens maritimes, les collections de cette espèce les plus modernes sont les meilleures.

BICHE. (*Chass.—Cuis.*) La biche se distingue du cerf en ce qu'elle n'a point de bois. Elle entre en rut au mois d'août et de septembre. Elle porte huit mois. Elle se tient dans les fourrés les plus épais. On la chasse comme le cerf.

La biche jeune est bonne à manger ; sa chair est délicate, mais fade et molle. Elle se prépare comme celle du chevreuil. (Voy. CERF, CHEVREUIL.)

BIDET. (*Ind. dom.*) Ce meuble indispensable pour la toilette a subi des variations amenées par la mode qui ont pu ajouter quelque élégance à sa forme, mais qui en ont diminué la commodité.

On doit préférer les bidets à dossier ; les contours n'en doivent présenter rien d'anguleux, mais être arrondis.

La cuvette doit être en porcelaine ; une cuvette en faïence est susceptible de se rayer, de s'encrasser facilement, et dans un pareil meuble, la propreté la plus grande est nécessaire.

On doit nettoyer souvent le bidet, et ne pas laisser séjourner les eaux qui y déposeraient ; le couvercle sera bombé, et couvert en maroquin. Un couvercle plat retient l'eau plus facilement, se salit plus vite, et blesse la peau par ses aspérités. On a adopté des bidets dont le couvercle est muni d'une seringue intérieure, solidement fixée, et laissant passer sa canule ; ils sont plus chers, mais plus commodes.

BIDON. (*Ind. dom.*) Le bidon est un vase ordinairement cylindrique dont on se sert pour porter de l'eau dans les différentes parties de la maison.

On se servait autrefois de bidons en fer-blanc, mais ils se bossèlent et se rouillent facilement ; étant peu poreux, ils ne conservent pas à l'eau la fraîcheur nécessaire, et n'ont pas la légèreté convenable.

Ceux en zinc n'ont pas ces défauts : aussi sont-ils maintenant généralement préférés.

On pourra dans les lieux d'aisances substituer un bidon à la cruche qu'on y laisse ordinairement, et qui est trop lourde et susceptible de se casser.

BIENVEILLANCE. (*Mor. dom.*) La bienveillance est ce sentiment qui nous fait désirer le bonheur des autres, souffrir de leurs souffrances, et chercher à les soulager.

Dans les relations individuelles, la bienveillance adoucit les mœurs, et établit une fraternité véritable; portée à son maximum, elle crée les grands dévouemens et les grands hommes.

On doit avoir une bienveillance égale envers tous ; et bien que la balance penche du côté des riches et des puissans, qu'elle soit plutôt en faveur des pauvres et des souffreteux, et que la bienveillance pour les faibles soit en proportion de leur misère. Bienveillance pour le mendiant qui passe avec sa besace vide, pour l'organiste auvergnat, pour l'enfant aux pieds nus, pour la femme qui souffre et qui pleure. Ne laissez pas étouffer dans vos cœurs une sympathie généreuse pour les haillons : la voix du malheureux est bien rude et bien sombre quand il se plaint, mais elle est aussi bien douce quand elle bénit.

BIÈRE. (*Hyg.—Ind. dom.*) La bière est composée d'eau, d'orge changé en drèche, de houblon, et de levure, ou écume provenant de bière en fermentation.

La bière présente à l'analyse de l'alcool en moins grande quantité que le cidre, de la gomme, du sucre, de l'amidon, un peu de gluten, et un principe amer.

La bière forte excite et enivre ; c'est un tonique généreux, si elle est bien brassée et ne tient pas de levure en suspension ; mal brassée, elle donne des coliques avec dégagement de gaz, la dyssenterie, et un écoulement muqueux par l'urètre ; elle est plus agréable à boire quand on laisse la fermentation s'achever dans des bouteilles.

La petite bière a peu d'influence sur l'estomac, est peu nutritive, facile à digérer, désaltère très bien ; elle convient aux tempéramens secs, bilieux, nerveux, et à tous ceux dont les organes sont doués d'une force réactive énergique.

Avant de faire la bière, on fait germer le grain pour faire la drêche ou malt.

On prend ordinairement de l'orge; on le met tremper dans l'eau un peu tiède, jusqu'à ce qu'il se gonfle et colore l'eau en rouge brun; on étend l'orge sur le plancher, on le couvre, si l'on veut, avec des couvertures; il s'échauffe et commence à germer; on le porte dans une étuve pour le faire sécher, sitôt que les germes ont un dixième de ligne de long. C'est l'orge ainsi préparé qu'on appelle drêche ou malt.

Le bon malt est ferme, sans dureté, à une saveur sucrée, une odeur agréable; il doit avoir quelques mois.

On se sert pour la fabrication de la bière du fruit du houblon composé d'écailles foliacées, d'un jaune verdâtre, etamères; le houblon est meilleur s'il a été conservé un an. (Voy. HOUBLON.)

L'eau doit être de bonne qualité, non chargée de sels ou matières calcaires, et dissolvant bien le savon; il est bon de la passer au filtre auparavant, pour éviter de manquer la fermentation.

La levure ou ferment est une substance qui existe dans les fruits, les céréales, le froment, le seigle, l'orge; elle se dégage par la fermentation, et paraît en écume à la surface, tandis que la lie se précipite au fond.

Fabrication domestique de la bière blanche. Une chaudière parfaitement nettoyée, et exempte de tout mauvais goût, contenant dix ou douze litres, un baril de cent litres pour entonner la bière, un baquet avec robinet et faux-fond mobile et percé de petits trous, un cuvier avec robinet à la partie inférieure pour la fermentation, une spatule de bois percée de trous, un tamis de crin, des pots pour transvaser, voilà tout ce qui est nécessaire à la confection de la bière.

On prend 25 litres de drêche et 250 grammes de houblon pour 25 litres de bière forte, et 42 de petite bière; on fait chauffer de l'eau à 65 degrés Réaumur, on en verse sur la drêche par un entonnoir, dont la douille passe par le fond percé; on ajoute peu à peu de l'eau, jusqu'à concurrence de vingt-cinq litres, en délayant, ayant soin de ne pas jeter l'eau trop chaude, de peur que l'extraction de la matière sucrée ne se fasse pas; après qu'on a laissé infuser deux heures dans le baquet couvert, on soutire le liquide par un robinet; s'il était trouble et épais, on le verserait doucement sur la drêche à travers un tamis.

On fait ensuite une seconde trempe de 26 litres d'eau à 82 degrés, qui dure plus long-temps que la première.

On essaie le premier moût à l'aréomètre; il doit donner 5 à 6°; on le verse dans la chaudière, où on le fait bouillir; on le verse ensuite sur le houblon, et on le laisse infuser.

La seconde trempe est soutirée; on verse l'eau presque bouillante sur la drêche, et on brasse.

Le second moût est mis dans la chaudière, où il bout; l'infusion de houblon est passée et bouillie dans le malt; on essaie à l'aréomètre s'il y a 8 degrés; on enlève avec une écumoire le houblon qu'on passe, et on fait bouillir les deux infusions réunies; cette ébullition donne 50 à 55 litres de bière, si on ne fait que de la bière d'une seule qualité; la bière sera d'autant meilleure que le moût contiendra plus de matière sucrée susceptible de se convertir en esprit.

Quand le moût est refroidi à 18 degrés, on ajoute pour 50 litres trois à quatre cuillerées de levure; on laisse fermenter; on entonne encore chaud; la fermentation continue, et la levure sort par la bonde.

Quand le travail a cessé, on remplit le baril avec de la liqueur mise en réserve; on couvre la bonde avec un morceau de toile; on laisse reposer huit ou dix jours; puis on colle: deux onces de gélatine et de colle de poisson suffisent; on les réduit en pâte en les mettant dans un peu d'eau pendant douze heures, on ajoute deux litres de bonne bière, et un peu d'eau-de-vie, on fouette; on laisse reposer quelque temps; il faut pour clarifier un hectolitre de bière, un demi-litre de cette composition.

On fait le mélange dans des barils avec un bâton fendu; on bondonne; la clarification dure vingt-quatre heures.

On hâte ordinairement le refroidissement avec des appareils de fer préparés exprès; on se sert à Londres et en en Bavière d'un instrument appelé volant.

Autre manière de faire de la bière. Prendre de la drêche, la tremper pendant deux ou trois heures dans de l'eau très chaude; tirer ce liquide, et remettre de l'eau sur les graines, et la tremper encore; tirer à clair, et unir les deux décoctions; ajouter le houblon et faire bouillir; passer et mettre en cuve; ajouter de la levure, écume de bière ayant déjà fermenté; quand la fermentation a cessé, coller et mettre en bouteilles. Cette bière se conserve long-temps et est très bonne.

On se procure de la petite bière en faisant tremper l'orge qui a déjà servi dans de l'eau très chaude pendant quatre ou cinq heures, et en faisant bouillir cette décoction avec du houblon.

Bière de pommes de terre. (Voy. POMMES DE TERRE.)
Bière de chiendent. (Voy. CHIENDENT.)
Bière anglaise dite Spruce-Beer. (Voy. SPRUCE-BEER.)

On falsifie la bière avec différentes drogues et plantes amères qui remplacent le houblon, et donnent à la bière plus de montant. On ne peut reconnaître qu'au goût la falsification par les substances végétales; quant à celle par le sulfate de fer, on la reconnaît en faisant évaporer la bière jusqu'à siccité, et brûlant dans un creuset le résidu avec du chlorate de potasse. Au moyen de l'acide gallique, et de l'acide sulfurique, on reconnaît alors le fer et le muriate de potasse.

Quand la bière commence à se gâter dans un tonneau en vidange, soutirer ce qu'on veut consommer, y jeter une cuillerée de poudre de coquilles d'huîtres calcinées; la liqueur est bonne à boire en une demi-heure.

Bière sans malt à six centimes le litre. Dessécher au four ou dans une poêle huit livres d'orge ou d'avoine, moudre grossièrement, verser dix-sept litres d'eau à 80 degrés centigrades, mais non bouillante; laisser reposer trois heures, décanter, verser encore quatorze litres d'eau à 10 degrés de plus, laisser reposer deux heures et décanter, verser quatorze litres d'eau froide, laisser reposer une heure et demie, et décanter.

Mêler tous les liquides, et six kilogrammes de mélasse délayés dans trente litres d'eau tiède; ajouter deux cent cinquante grammes de houblon, brasser tant que le houblon surnage; quand le liquide est tiède, délayer deux verres de levure, brasser et laisser fermenter dans un lieu dont la température sera de 18 degrés centigrades.

Transvaser, laisser le tonneau ouvert trois jours, mettre la bonde; au bout de quinze jours cette bière est excellente.

Autre manière de faire la bière à Gand. Mettre dans le premier fond un hectolitre de balle de blé, puis onze hectolitres d'orge d'hiver; introduire par le fond de l'eau chauffée à 51° de Réaumur, brasser et soutirer après une heure et demie; faire bouillir dans la chaudière, remettre dans la cuve, brasser trois quarts d'heure, laisser reposer une heure et demie, reporter à la chaudière le houblon et des pieds de veau pour clarifier, verser de l'eau sur le malt, brasser trois quarts d'heure, laisser reposer, soutirer et reporter à la seconde chaudière, élever le liquide à l'ébullition, et ajouter le houblon et les pieds de veau.

Pour la bière brune qu'on veut conserver, prolonger l'ébullition pendant vingt heures; pour la bière de table dite nytret, pendant six à sept heures; pour la bière blanche, pendant une à trois heures.

Refroidir et mettre le levain quand la température est abaissée à 18° en été, à 19 en hiver; l'observation de cette prescription est nécessaire à la clarification de la bière, mettre de levain un quart de kilogramme par hectolitre, qu'on délaie bien, entonner.

Pour augmenter la force de la bière, introduire deux livres de sucre brut, dissous dans une bouteille d'eau-de-vie et une de bière; battre avec une once de levure, agiter le tonneau et laisser fermenter, en hiver dans un lieu chauffé; mettre la bière en bouteilles, quand l'effervescence est éteinte et dissipée; prendre des précautions pour que les bouteilles n'éclatent pas.

BIFTECK. (Voy. BEEF-STEAK.)

BIGARADE, BIGARADIER. (*Jard.* — *Cuis.* — *Off.*) Le bigaradier se cultive comme l'oranger. (Voy. ORANGER.) La bigarade est une espèce d'orange aigre, produite par l'oranger-bigaradier. Elle est d'une couleur verte qui se change ensuite en jaune pâle. Elle a une saveur amère et acide.

On sert les bigarades entières pour arroser le suc des rôtis de venaison, pour manger des huîtres. Elles se préparent comme les oranges. (Voy. ORANGE.)

BIGARREAUTIER. (*Jard.*) Il se cultive comme le cerisier. Il donne des fruits au commencement de juin. (Voy. CERISIER.)

Les bigarreaux sont moins substantiels que les cerises; ils sont sujets aux vers, et surtout indigestes.

Bigarreaux confits au vinaigre. Oter les queues, couvrir d'eau bouillante, égoutter, jeter dans le vinaigre, ajouter de l'estragon et du sel, laisser infuser : c'est un hors-d'œuvre comme les cornichons.

BIGNONE CATALPA. (*Jard.*) *Bignonia catalpa.* Famille des bignones. Arbre de la Caroline. Ses feuilles sont très larges; ses fleurs ressemblent à celles du marronnier; elles viennent en juillet. Isolé, cet arbre est charmant. On le sème en mars sur un bon terreau, dans une terre légère, fraîche et profonde. La première année le plant va jusqu'à deux pieds; on le met alors en place ou en pépinière. Quelquefois le bout gèle; mais il se répare promptement; il mûrit sa graine.

Bignone de Virginie. (*Bignona radicans.*) Arbrisseau sarmenteux qui fleurit en août : ces fleurs sont en bouquets rouges et jaunes. Il se multiplie de rejetons en terre meuble et amendée, contre un mur au midi ou au levant.

Bignone à vrilles. (*Bignona capreolata.*) Arbuste de Virginie sarmenteux; ses fleurs viennent en juin; elles sont d'un jaune orangé; il est toujours vert; il se cultive comme le précédent, ainsi que la *Bignone à grandes fleurs.* (*Bignona grandiflora.*) C'est un arbrisseau de la Chine dont les fleurs ont des corolles en campanules et jaune safran.

BIJOUX. (*Ind. dom.*) *Manière de nettoyer les bijoux.* Les faire bouillir dans un litre d'eau avec deux onces de sel ammoniacal, ou moins, en observant les mêmes proportions.

Autre. Brosser une ou deux minutes avec une brosse douce, frottée d'un peu de savon; nettoyer, essuyer, mettre sécher, et frotter avec de la poudre d'un morceau de pain brûlé.

BIJOUX (Émail des). (Voy. ÉMAIL.)

BIJOUX (Enduit pour les). (Voy. ENDUIT.)

BILE. (*Hyg. dom.*) La bile est le liquide sécrété par le foie. Il sert à séparer le chyle de la pâte des alimens, à exciter le tube intestinal. Au reste, sa sécrétion est un mystère que la science médicale n'a pu encore pénétrer.

La prédominance de la bile constitue le tempérament bilieux. Elle donne au teint une couleur jaunâtre, à la bouche de l'amertume. Le bilieux est naturellement irritable, et porté à la colère, à l'amour et à la jalousie. Ce tempérament change ordinairement vers quarante ou quarante-cinq ans, et le bilieux devient mélancolique.

Les fonctions vitales du bilieux sont promptes, énergiques. Ses cheveux noirs, ses muscles bien proportionnés, sa peau aride et sèche, tout en lui annonce la vigueur.

Le bilieux doit éviter les stimulans, le vin, les liqueurs, le café, les substances grasses, huileuses, les assaisonnemens épicés, le lait, la venaison, les alimens sucrés, le fromage. Il doit préférer les viandes blanches et les végétaux; son sommeil sera prolongé; il fuira l'exercice forcé et violent.

BILLARD (JEU DE). (*Récréat. dom.*) On connaît la forme de la table sur laquelle se joue ce jeu : elle est composée de la table, du tapis, du fer, et de l'encadrement des bandes; aux quatre coins sont les trous appelés blouses.

Le jeu consiste à pousser avec une espèce de bâton appelé queue une bille qui, en frappant celle de l'adversaire, la fait tomber dans une blouse.

Le billard a un quartier d'où l'on joue en commençant la partie. Pour débuter, les joueurs donnent leurs coups ensemble, et celui qui approche le plus près de la petite bande est le premier. Si une fois la main placée pour ajuster on touche sa bille en mirant, on perd un coup.

On ne doit pas, quand on joue dans le quartier, avoir le corps ou les pieds hors de la direction de la grande bande.

On ne doit pas non plus jouer sans avoir au moins un pied sur le parquet, ni, après avoir visé, abandonner la queue des deux mains.

Quand, en ajustant, un joueur touche légèrement sa bille, et s'empresse de la pousser ensuite, son adversaire a le droit d'exiger le point, et de plus ceux perdus par suite d'un second coup, s'il en arrivait ainsi. Le replacement des billes est à la volonté de l'adversaire, sans aucun égard pour le second coup donné. Celui qui bâtonne sa bille perd trois points, et la prend en main, au choix de l'adversaire. Si celui-ci réclame seulement le point ou les points de manque de touche, la bille reste où elle est. On appelle *bâtonner*, frapper une bille d'abord sur son centre, puis une autre fois par les côtés de la queue.

La mise de chaque joueur s'appelle *acquit*: donner l'*acquit*, c'est jouer seul sans autre bille.

Billarder, c'est chasser deux billes à la fois d'un même coup, sans coup distinct : on perd un point.

Blouser, est faire entrer la bille dans la blouse.

Bricoler, est frapper une bille après avoir frappé une des bandes du billard.

Caramboler, c'est toucher deux billes avec la sienne : on y gagne deux points.

Coller, c'est approcher de la bande du billard la bille de son adversaire. *Décoller* est le contraire.

Mettre en main, c'est commencer à jouer.

Queuter, c'est avec un des bords de la pointe de la queue frapper un des côtés de la bille, au lieu de frapper le centre de sa bille avec le centre de la queue.

Faire fausse-queue, c'est donner un coup à faux sur la bille.

Celui qui touche sa bille deux fois avec la queue perd deux points, et ne peut rien acquérir par la suite du coup.

Celui qui remue une bille perd un point et ne compte rien, à moins qu'on ne la remue d'un commun accord, pour la remettre en place, si elle a été déplacée par accident.

L'adversaire qui demande les points d'une faute quelconque conserve le droit d'acquérir tous les points perdus par suite du coup.

Si on arrête la bille roulante d'un joueur qui n'est pas perdu, le joueur compte la valeur de la bille; si c'est une rouge, on la place sur son point; elle est en main, si c'est une blanche. Si la bille arrêtée appartient à celui qui l'arrête, l'autre joueur peut la faire placer contre la bande où elle allait, mais alors il n'acquiert pas les deux points. On compte la perte faite, et on ne perd rien si on arrête la bille perdue. Si une bille est arrêtée avant d'en avoir touché une autre sur laquelle elle se dirigeait, le joueur acquiert la valeur de la bille, comme s'il l'avait touchée, et continue.

Quand le joueur qui arrête une bille s'est perdu, il perd la valeur de la bille arrêtée.

Quand le joueur arrête ou dévie sa bille, il en perd la valeur si elle n'a rien, ou autant de points qu'il a précédemment gagné. S'il arrête ou dévie sa propre bille avant qu'elle en ait touché une autre, il perd huit points; en tous cas, il prend la bille en main.

On ne peut perdre plus qu'on n'aurait gagné.

Le manque de touche, suivi de perte, est puni de trois points.

Le manque de touche simple est puni d'un point, à moins que l'adversaire ne permette de recommencer.

Le saut hors du billard compte comme si l'on s'était blousé.

Le saut droit de la bille adverse d'une autre que sa propre bille est nul dans les parties où il entre plus de deux billes : on les remet à leur place.

Si on joue une bille autre que la sienne, on perd un coup. Si la bille est blanche, elle est en main; si elle est de couleur, elle se place sur la blouse ou à son poste, au choix de l'adversaire.

Si la bille faite est le casin, on le met d'acquit, ou il reste sur le bord de la blouse.

Si on joue avec la bille de son adversaire, on suit la règle précédente, et l'adversaire peut par la suite adopter celle des deux qu'il préfère.

Si on perd un point par son jeu, on ne saurait acquérir par le même coup.

Quand on donne l'acquit, on peut faire placer le joueur au milieu de la petite bande, à la distance de deux billes, et s'il s'est perdu trois fois, donner l'acquit soi-même.

Quand, après avoir donné le coup d'acquit, on touche sa bille une seconde fois, on est dans le cas de troisième coup.

Quand une bille sautant est rejetée dans le billard par un choc, elle est bonne.

La bille qui, étant sur la bande, est touchée et repoussée, et la bille qui reste sur la bande sont perdues.

On peut jouer du petit et du gros bout de la queue : mais il vaut mieux se servir du petit.

Une bille partagée en deux parties égales par la ligne du quartier est censée dedans.

Le joueur qui a perdu commence la suivante; mais dans les parties à suivre, le gagnant a le droit de commencer.

On ne compte pas le coup où, pendant qu'une bille roule, une autre sur le bord d'une blouse y tombe; on la replace.

Quand la bille roulante arrive aussi près de la blouse, on place la bille tombée le plus près de sa place, sans toucher l'autre.

On s'en rapporte aux joueurs ou à la galerie pour savoir si une bille arrivée sur le bord d'une blouse s'est arrêtée ou est tombée par suite de son premier mouvement.

Partie ordinaire. Un demi-cercle en dedans de la ligne du quartier circonscrit le joueur en main.

La partie est en vingt points; chaque joueur ne joue qu'un coup; celui qui commence joue sur la rouge.

Il y a trois billes : deux blanches et une rouge. Les blanches blousées comptent deux points, la rouge compte trois points. On place au commencement du jeu la bille rouge sur un point marqué au centre du carré en haut du billard; et ainsi toutes les fois qu'elle est blousée ou hors du billard, quand les deux billes sont dans le quartier, celui qui est en main donne le coup de bas, c'est-à-dire bat la bande de haut pour revenir frapper.

On joue à volonté sur la rouge et sur la blanche. Si, quand la rouge est faite, ce point est occupé, on la place au milieu du quartier. S'il était occupé, et il l'est chaque fois que la bille est en main, on la place sur le point du milieu du billard. Si le joueur ne la touche pas, on la remet à sa place naturelle.

Partie à suivre. Elle diffère de la précédente en ce qu'elle est en vingt-quatre points, et que le joueur qui acquiert des points continue de jouer. Cette dernière règle s'applique à la partie russe.

Partie russe ou des cinq billes. Elle est en quarante points; on la joue avec deux blanches, une rouge, une rose ou verte ou bleu de ciel, une jaune. Le point de la bille bleue est dans le quartier; les billes blanches comptent deux points, la rouge trois, la bleue quatre, la jaune six. Les blanches se font partout; la rouge et la bleue aux quatre coins; la jaune aux blouses du milieu; ailleurs elle perd six points.

Le joueur donne son acquit où il veut; mais s'il touche les billes, il perd autant de points que de billes touchées. On remet les billes à leur place.

Quand on donne l'acquit par erreur, et qu'on touche, on reste acquitté, et l'on perd.

Le second joueur doit viser d'abord la blanche, sinon il perd comme il est dit ci-dessus. Au second coup, il joue comme il veut.

Quand la place d'une bille faite est occupée, on la met sur le point vacant le plus éloigné du joueur; s'ils sont tous occupés on la met près de la petite bande la plus éloignée dans la direction des autres billes.

Quand un joueur arrête ou dévie une bille, qu'il la fasse rouler ou non, il la perd. Si c'est la bille de l'adversaire, elle ne perd rien; mais il peut la laisser où elle se trouve ou la prendre en main.

Partie du doublet simple à deux blanches et une rouge. Sans suivre, elle va à douze points, et en suivant, à seize.

On bat d'abord sur la rouge. Quand la bille sur laquelle on joue frappe une bande et se blouse du côté opposé, c'est un doublet.

Quand une bille ayant frappé une bande en pousse une autre dans la blouse, c'est aussi un doublet.

Le coup dur, quand une bille touchant la bande est frappée en plein par une autre bille qui la fait entrer dans la blouse, est un doublet.

La bille au même, c'est-à-dire sans doublet, est nulle. La blanche se place en main; la rouge, sur son point.

Doublet composé par bricole. Ce jeu a lieu quand le joueur frappe la bande avant la bille.

Doublet composé l'une par l'autre. Quand, dans ce jeu, on envoie la bille sur laquelle on a joué ou carambolé, contre une troisième, la bille blousée est bonne.

La blanche faite au même se place sur le bord de la blouse où elle a été faite. On peut composer des doublets, ne pas compter la bricole pour doublet, faire perdre la bricole, et l'une par l'autre, comme les billes faites au même.

Partie à trois ou quatre joueurs. Dans cette partie, on appelle faire la chouette jouer seul entre deux joueurs qui alternent.

Lorsque deux joueurs sont contre deux autres, ils se remplacent alternativement à la fin de chaque partie; on change de partner, et après le tour, on recommence le jeu.

Un joueur peut quitter avec le consentement des autres.

On débute par savoir qui joue le premier. Chaque partner peut conseiller; mais s'il fait des fautes sans jouer, elles comptent.

Quand on est trois, le partner qui ne joue pas doit rester passif.

Celui qui joue sans en être empêché, quand c'est le tour d'un partner, fait bon jeu.

Partie de commande. Le joueur doit toucher d'abord la bille que lui désigne un adversaire, sinon il perd, et on remet les billes touchées.

Partie blanche ordinaire à deux billes. Elle est à dix points au même, à huit au doublet. Chaque bille compte deux points.

Le joueur commençant donne son acquit. Celui qui gagne les points d'une bille faite ou perdue donne le sien dans le cours de la partie.

La faute compte pour celui dont la bille reste sur le billard. Si le joueur saute en faisant bille ou en faisant sauter, et se perd, il donne deux points à son adversaire.

Partie blanche de deux pertes à deux billes. Elle est en douze points. Celui qui fait bille, soit au saut, soit en blouse, sans se perdre, fait compter deux points à l'adversaire. S'il saute en faisant bille, il perd quatre points. Celui qui se perd après avoir touché gagne deux points, et quatre s'il fait en même temps la bille adverse.

Partie blanche de la blouse défendue, à deux billes en huit points. Il y a une blouse indiquée à chaque coup par l'adversaire où l'on ne peut faire la bille sans perdre deux points. Le saut droit est bon, et peut s'indiquer comme une blouse.

Qui joue avant la désignation, perd ce qu'il a fait.

Partie de la poule à deux billes. Les joueurs prennent des numéros. Le premier donne l'acquit. Les autres se succèdent en jouant les uns sur les autres. Quand l'un est perdu, le suivant donne son acquit. Chacun joue avec la bille qui a reçu le coup. Le saut droit est bon. On perd par celui de sa propre bille.

Quand un joueur s'est perdu un nombre de fois déterminé, il se retire, et ainsi de suite. Le joueur qui n'est pas hors du jeu ne peut jouer la bille d'un autre. Si cependant il croit pouvoir la faire, il dit à haute voix et avant tout : Je prends à faire. Si plusieurs parlent à la fois sans qu'on distingue lequel, le sort en décide. Le propriétaire a la préférence aux mêmes conditions. On s'engage alors à faire les billes ou à prendre une marque. Le coup compte pour le propriétaire. Celui qui joue quand ce n'est pas à lui, est marqué; s'il fait bille, le joueur à qui elle appartient est marqué également. Quand un joueur fait faute, si un autre joueur s'en aperçoit, il requiert marque. Le demi-cercle du quartier n'existe pas dans la poule ordinaire.

Partie de poule de convention. On peut jouer la poule au doublet, en suivant les règles indiquées plus haut; en partie de poule jouant sur le plus près, à toutes billes, on commence à deux billes; on rétablit le cercle; on numérote chaque bille; l'on doit jouer sur la plus proche du quartier en la faisant reconnaître; si le joueur ne se perd point, les billes blousées ou sautées hors du billard prennent la marque; qui touche une bille avant celle indiquée, est marqué, a la bille en main; l'autre se replace.

Le joueur qui fait bille, continue toujours sur la plus proche.

Si celui qui a pris à faire, veut continuer en avertissant, il est chaque fois préféré à tous, excepté au propriétaire.

On ne peut, pour jouer, ôter une bille qui gêne.

Si le précédent joueur est marqué pour avoir dérangé une bille, le suivant ne donne pas l'acquit, mais joue sur la bille de celui qui prend la marque.

Partie de la poule à blouse défendue, à toutes billes. Ce sont les mêmes règles; la marque se divise en deux.

points; il faut manquer deux fois pour être marqué; la bille n'est en main que lorsqu'elle a été dans une blouse ou sur le billard.

Qui se perd sans toucher, perd une marque et un point; le joueur qui a fait successivement toutes les billes ne donne point son acquit, mais reste où il est; le suivant bat dessus, si la bille se trouve hors du quartier.

Si une bille sur laquelle on n'a pas joué va dans la blouse défendue, elle est bonne, pourvu que l'autre sur laquelle on a joué n'y soit pas.

Si la bille jouée est faite dans la blouse défendue, toutes celles faites par le même coup sont nulles et en main.

Quand il y a distance égale, le choix reste au joueur.

Partie indiquée par le Journal des Modes de la Mésangère. Elle est à suivre, et en soixante points; il y a deux billes blanches; deux jaunes et deux rouges; on les met sur des mouches convenues; les rouges, en face des blouses d'en haut, à dix-huit pouces des blouses et des bandes; les jaunes à l'alignement des blouses du milieu et des billes rouges; il n'y a point de demi-cercle au quartier.

Les billes rouges se font aux blouses du coin, et comptent quatre points; les jaunes au milieu, et comptent cinq, les blanches partout, et comptent trois; les carambolages simples comptent un; les autres, deux.

BILLE. (Voy. BILLARD.)

BILLET DE BANQUE. (Voy. BANQUE.)

BILLET A ORDRE. (*Cod. dom.*) Le billet à ordre est un billet par lequel, à telle date, proche ou éloignée, on promet de payer à M.***, ou à son ordre, la somme de.... valeur reçue en espèces ou en marchandises. Il doit être daté, écrit et signé par celui qui s'oblige.

Les billets non écrits en entier de la main du signataire, doivent contenir un bon ou approuvé portant la somme en toutes lettres.

Il faut mettre la valeur en toutes lettres. Un billet ne serait pas recevable, s'il y avait seulement : valeur entendue.

Le simple fait de la possession du billet ne constitue pas pour le débiteur une preuve de libération.

On ne peut poursuivre devant un tribunal de commerce le paiement d'un billet contre un non-négociant, même si les négocians l'ont endossé, à moins qu'on ne les mette en cause.

L'endossement en blanc d'un billet à ordre ne constitue qu'une simple procuration. (Voy. ACTE.)

BILLOT. (*Ind. dom. — Cuis.*) C'est une pièce de bois cylindrique du diamètre d'un pied et quelques lignes environ, et d'une hauteur de deux à trois pieds. Ceux en bois de chêne sont les meilleurs. Dans la cuisine, ils servent à hacher les viandes et les légumes; ils ont divers autres usages.

On appelle aussi billot, une barre de bois ronde, attachée le long des flancs de chevaux qu'on conduit à la file, et qui sert à les diriger.

Dans quelques pays, on appelle billot, un morceau de bois que, pendant la vendange, on attache au cou des chiens pour les empêcher d'entrer dans les vignes.

BINAGE. BINER. BINOIR. (*Agr.*) On appelle binage, le second labour qu'on donne aux terres; ce labour profond détruit les mauvaises herbes.

Nous indiquons à l'article des mois, le temps où il est nécessaire de biner les différentes espèces de culture. Dans le jardinage, le binage très léger des planchers se fait ordinairement avec la houe à la main. (Voy. JANVIER, FÉVRIER, etc.)

On commence à se servir de nouveaux binoirs perfectionnés qui méritent une description : l'approbation des savans qui les ont observés nous engage à en conseiller l'emploi.

Binoir Hugues. Il est composé d'un petit chariot monté sur deux roues; les brancards sont séparés; l'espace intermédiaire est en arc de cercle pour laisser passer les plantes; des instrumens tranchans placés aux deux bras écartent les pierres, et empêchent les cahots; deux socs du côté des bras coupent, entre deux terres, les racines des plantes parasites; un troisième soc peut, s'il est besoin, s'adapter au milieu. On mène ce binoir en appuyant les socs; il peut aller en avant et en arrière. Essayé le 15 mai 1853 aux Bergeries, près Paris, sur des pois et des lentilles alignés à huit pouces de distance, il a parfaitement réussi.

Binoir à trois socs. Ce binoir est inventé par M. Charlemagne Forget, cultivateur à Bacleux, près Péronne (Somme). Les trois socs ne sont pas sujets à engorgement; il trace des sillons à une profondeur voulue; il peut labourer deux hectares et demi par jour, remplacer trois charrues ordinaires, et économiser deux hommes et trois chevaux. Il a été essayé avec un grand succès dans le département du Nord.

BIRIBI (JEU DU). (*Récréat. dom.*) Ce jeu a été défendu comme dangereux. Il y a des pontes, c'est-à-dire des joueurs jouant tous ensemble contre un banquier tiré au sort; le banquier tire d'un sac un numéro, le proclame, et paie les parties gagnantes. Le paiement consiste en une somme équivalente à soixante-quatre fois la mise des pontes sur le numéro sorti. Il y a la colonne du banquier depuis le n° 49 jusqu'au 56, qui lui fait gagner la totalité des mises. Son avantage est du treizième des mises.

BISCOTTES DE BRUXELLES. (*Offi.*) Avant de mettre le levain dans la farine, mettre du sel, de l'eau, du sucre, du beurre et des œufs, et détremper avec de la crème un peu molle, bien manier avant et après, laisser revenir quatre heures dans la farine, mêler à de la farine nouvelle, donner la forme de pain, laisser revenir, dorer et cuire.

BISCOTINE. (*Offi.*) Mêler quantité égale de farine et de sucre cuit à la plume, laisser durcir, piler dans un mortier, avec un blanc d'œuf, de la fleur d'orange, un peu d'ambre, couper par morceaux et jeter dans l'eau bouillante; quand ils surnagent, retirer et faire cuire à feu couvert.

BISET. (Voy. PIGEON.)

BISCUIT. (*Offi.*) — *Biscuit en caisse et à la cuillère.* Battre et fouetter des blancs d'œufs jusqu'à ce qu'ils soient fermes, les mêler avec leurs jaunes, mêler autant de sucre avec de la fleur d'orange et un peu de sel, et la moitié de farine; donner la forme, et mettre au four. On peut ajouter au biscuit toutes sortes d'odeurs ou de couleurs.

Biscuit aux avelines, pistaches. Faire praliner des avelines, et mêler dans une glace royale des blancs d'œufs avec de la fleur d'orange pralinée.

Biscuit manqué à la fleur d'orange pralinée. Mêler des blancs d'œufs avec de la fleur d'orange pulvérisée, du sucre et de la farine, les placer sur le papier en forme circulaire.

Biscuit à l'orange. Frotter le fruit sur du sucre en pain, mettre dans de la glace royale, et glacer les biscuits.

Biscuit d'amandes. Piler les amandes en ajoutant des blancs d'œufs, et mêler avec la pâte à biscuit, poudrer avec de la fleur de farine et du sucre pour glacer, faire cuire.

Biscuit manqué. Fouetter des blancs d'œufs, mêler à autant de jaunes, du sucre, farine, beurre, sel, fleur d'orange, faire cuire, dorer et masquer d'amandes coupées avant de retirer du four.

Biscuit au jasmin. Mêler des blancs d'œufs fouettés avec de la marmelade de jasmin, des jaunes d'œufs, du sucre en poudre, faire cuire et glacer.

Biscuit niauffes. Etaler de la crème dans des abaisses de feuilletage, y ajouter du sucre, de la fleur d'orange, deux œufs, des amandes, des pistaches pilées, couvrir la première abaisse avec la seconde, poudrer de sucre et de fleur d'orange pralinée, faire cuire.

Biscuit au riz. Battre des blancs d'œufs avec partie de sucre égale aux blancs, battre moitié moins de jaunes; ajouter de la marmelade de pommes, de la fleur d'orange, du citron râpé, puis de la farine de riz, faire cuire et glacer.

Biscuit de mer. Mêler de la farine, du sel, de la râpure de citron et des œufs, dorer et faire cuire, couper après la cuisson en bâtons, et faire sécher.

Biscuit de Savoie. Battre des jaunes d'œufs avec quantité de sucre égale à celle des œufs, battre les blancs à part, y mêler près du double de farine, graisser le moule de beurre fondu, faire cuire.

Biscuit à la vanille, au chocolat et à la crème. Battre des œufs frais, de la farine, du sucre, de la vanille ou du chocolat râpé, faire cuire quand la pâte a assez de consistance. On procède de même pour les biscuits à la pâte de marrons et autres.

Procédé pour la fabrication du biscuit de mer. Délayer deux kilogrammes et demi de levain avancé, et le mêler à vingt-cinq kilogrammes de farine, pétrir de manière à ce que la pâte devienne ferme et solide, diviser la pâte en galettes, percer le biscuit de trous, et enfourner. Cuire deux heures à une chaleur moindre que la chaleur ordinaire pour la cuisson du pain.

Placer dans des caisses, et porter dans une étuve où il restera pendant six semaines; le bon biscuit doit alors se casser nettement, et absorber l'eau sans s'émietter. Deux onces et un quart de biscuit valent trois onces de pain frais.

BICHOPP. (*Offi.*) Le bichopp se boit comme le punch, chaud ou froid, ou à la glace; on le prépare avec du vin vieux de Bordeaux, des oranges amères qu'on fait griller avant d'en exprimer le jus, et beaucoup de sucre; c'est une boisson plus saine et moins irritante que le punch.

BISQUE. (*Cuis.*) C'est un mets estimé depuis longtemps, un mets de chanoine dont la face, dit Boileau :

Semblait d'ortolans seuls et de bisques nourrie.

Pour une bisque, laver et cuire sur un feu ardent vingt-cinq écrevisses, avec du sel, du gros poivre, un peu de muscade râpée, et un quarteron de beurre; piler les chairs, délayer dans du bouillon passé à l'étamine; quand la purée est faite, ajouter du bouillon, de sorte qu'elle ne soit ni trop claire ni trop épaisse; piler les coquilles, et y mettre le beurre dans lequel les écrevisses ont cuit, passer à l'étamine cette purée quand elle est devenue rouge; exposer les deux purées à un feu doux sans bouillir, verser un peu de bouillon sur le pain, puis la première purée, puis décanter celle des coquilles dans le bouillon avec une grande cuillère.

Bisque maigre. C'est la même préparation que la précédente quant aux écrevisses; le bouillon seul diffère. (Voy. BOUILLON MAIGRE.)

Autre bisque. Cuire comme ci-dessus, après avoir pilé crues les écrevisses, et ajouté une mie de pain grosse comme trois œufs; passer, mettre chauffer sans bouillir, et servir.

Bisque à la purée de gibier. Faire un bouillon de trois quarterons de tranche de bœuf, un quarteron de faisan, une demi-livre de jarret de veau, une vieille perdrix, des carottes, des ognons, du fenouil, trois clous de girofle, quatre pieds de céleri.

Piler à froid dans un mortier avec une mie de pain grosse comme un œuf, et tremper dans le bouillon un perdreau cuit à la broche; mouiller les perdreaux avec du bouillon, passer la purée à l'étamine, faire chauffer sans bouillir, tremper les croûtes dans du bouillon, et ajouter la purée.

Bisque à la reine. Piler les chairs d'un poulet avec une cuillerée de riz cuit, délayer la purée avec du consommé et passer; mouiller ensuite; préparer et mouiller les croûtes avec du consommé bouillant; y mettre les débris de volaille, et laisser mijoter, passer, et verser la purée au moment de servir.

Bisque au riz. Elle se fait comme la précédente; seulement, à la purée on ajoute du riz, qu'on fait crever comme de coutume à gros bouillon.

BISSAC. (*Ind. dom.*) Il ne diffère de la besace qu'en ce qu'il est plus petit, étant destiné à porter de l'argent; on le fait ordinairement de cuir. (Voy. BESACE.)

BISTORTE. (*Jard.*—*Méd. dom.*) *Polygonum bistorta.* Elle fleurit en mai : la tige a un pied de haut; les fleurs sont en épis; elle se multiplie de semis ou d'éclats, dans une terre marécageuse ou au moins fraîche et ombragée : sa racine s'emploie comme astringent.

BISTRE. (*Ind. dom.*) Pour faire le bistre, détacher de la suie non mélangée de cendre, la mettre dans de l'eau chaude, laisser reposer et décanter, pour en enlever la partie saline; remettre de l'eau froide, et verser l'eau quand elle a déposé ces parties grossières, mêler avec de l'eau gommée, et faire chauffer jusqu'à réduction en pâte, mettre dans des moules huilés.

On se sert du bistre pour laver les dessins et les paysages, pour colorer les bonbons, les mets, etc.

On fait aussi le bistre en broyant de la suie avec de

l'urine; on la fait chauffer ensuite, puis on décante dans plusieurs vases successivement; dans le troisième, on laisse reposer trois ou quatre jours.

On fait le *bistre commun*, en laissant simplement bouillir pendant quelque temps de la suie dans un chaudron avec une grande quantité d'eau, remuant avec un bâton, et faisant réduire.

BITUME. (*Ind. dom.*) Le bitume est naturel, ou produit par la combustion du bois et de la houille.

Le bitume minéral liquide ou huile de pétrole, s'obtient dans des puits creusés exprès.

Le bitume minéral glutineux s'exploite comme le précédent en France, et se tire de certains sables.

Le bitume de Judée vient du lac Asphaltite.

Le bitume végétal obtenu par la combustion du bois ou du charbon de terre à vases clos, est très abondant depuis l'éclairage du gaz hydrogène.

L'huile de pétrole donne une belle lumière; dans les lieux où elle est très abondante, on en conduit la vapeur dans des tuyaux, et on s'en sert pour le chauffage et la coction des alimens; elle brûle sur l'eau; en friction, elle guérit la gale des moutons; avec un peu de suif, elle sert à graisser les roues des machines et voitures. Elle sert à décalquer les dessins ou fac-simile: on frotte avec un pinceau trempé dans cette huile le papier, qui devient transparent, puis on décalque; on a soin de frotter en petites parties, parce que l'huile est très volatile; le calque fait, on expose au soleil ou au feu; toute trace d'huile disparait, et on peut facilement colorier le dessin.

Le mastic de bitume garantit de l'humidité. On en fait fondre des pains, et après avoir ôté l'humidité de l'endroit qu'on veut peindre, en l'exposant à un feu de paille, on donne à la brosse deux couches qu'on fait pénétrer avec un fer chaud; on peut ainsi combler des crevasses; le mastic doit être bien pur.

Le bitume bouche très bien les interstices des pierres ou dalles destinées à recevoir l'eau: pour faire un excellent fond de bassin, plonger les briques sèches dans un chaudron de bitume, donner quelques coups de marteau pour égaliser, passer dessus un fer chaud, unir les briques avec le bitume. Des planches revêtues d'un mastic de bitume intérieurement et extérieurement et conservé l'eau pendant quinze ans; on peut ainsi garnir avec deux couches de bitume fondu dans une chaudière les fosses d'aisances pour éviter les infiltrations, ainsi que les bois, les planchers, les statues, les vases, les échalas, les tuyaux de poêle, les réservoirs pour toute espèce de liquides, les paniers d'incendie, les papiers d'emballage, les palissades, les murs non salpêtrés, parce que le salpêtre repousserait le bitume, les terrasses, les toits, les voûtes, etc. Avec des cailloux on en fait des mosaïques d'un aspect agréable et d'une longue durée; il préserve les ferremens de la rouille. Les bois enduits à chaud de bitume sont très durs, et ne sont attaqués ni par la pourriture ni par les vers; dans le calfatage, il est plus cher que le goudron, mais dure bien plus long-temps; on en fait des toiles imperméables; des cartons enduits de bitume sont tellement solides qu'ils pourraient servir de toiture. Pour rendre durables les enduits de bitume, y ajouter, sur cinq pintes, deux onces de sulfate de fer pulvé-

risé; il sèche plus vite si on y a joint un peu d'acétate de plomb.

BLAIREAU. (*Chass.*) Le blaireau est un peu plus gros que le renard, auquel il ressemble; on le trouve dans les bois montueux, où il creuse des terriers; il ne sort qu'après le soleil couché, et va ravager les clapiers et les basses-cours.

On chasse le blaireau avec des bassets qui pénètrent dans son trou; on le prend aussi avec des traquenards. (*Voy.* TRAQUENARD.)

On peut aussi placer un piége à nœud coulant à l'entrée du terrier.

La peau est une bonne fourrure; on fait avec le poil des pinceaux.

BLANC. (*Cuis.*) Mettre une livre de lard râpé, une livre de graisse, une demi-livre de beurre, deux citrons coupés en tranches, en ôtant le blanc, deux feuilles de laurier, deux clous de girofle, quatre carottes et quatre ognons, une petite cuillerée à pot d'eau, faire bouillir le tout et réduire; tourner, mouiller avec de l'eau, y mettre du sel clarifié et faire bouillir, écumer.

BLANC DE MEUDON. (*Voy.* PAPIER.)

BLANC. (*Voy.* TIR.)

BLANC D'ESPAGNE. C'est une terre argileuse; on le recueille et on le sépare du sable, par le moyen de l'eau; puis on le met en pains; on l'emploie dans la peinture en détrempe, et dans diverses préparations. (*Voy.* ARGENTERIE, VITRES.)

BLANC D'ABLETTE. (*Ind. dom.*) Le blanc d'ablette ou essence d'Orient est fourni par le poisson de ce nom, et sert à la fabrication des fausses perles. (*Voy.* ABLETTE.)

Procédé de fabrication. Retirer les écailles; s'il faut les transporter, les mettre dans des boîtes mouillées d'eau salée pour empêcher la fermentation.

Verser dans un vase plein d'eau, agiter, laisser reposer et décanter plusieurs fois, laver et ôter les matières étrangères.

Prendre plusieurs livres d'écailles, ajouter de l'eau, et piler pour séparer le blanc des écailles, passer au tamis, répéter cette opération plusieurs fois sur les écailles qui restent sur le tamis; laver le blanc en mettant de l'eau, agitant, laissant reposer et décantant; le mettre en bouteille avec de l'eau, mêler d'un peu d'alcali qu'on renouvelle pendant quelques jours, pour empêcher la putréfaction.

On emploie le blanc huit jours après; le peu d'ablettes qu'on pêche pour en extraire le blanc, rend ce produit rare et cher; il revient au fabricant à près de cinquante francs la livre; M. Petit a proposé de le remplacer par un mélange de poudre impalpable de talc, de brillant d'ablette, et de colle de parchemin.

BLANCS D'ŒUFS. (*Cuis.*) Quand on s'est servi de jaunes d'œufs pour liaison; au lieu de jeter les blancs, ajouter quelques œufs entiers, des fines herbes, une poignée d'oseille hachée, et faire une omelette; on peut encore en faire des crêpes avec de la farine et du lait.

BLANCS DE POULET. (*Voy.* POULET.)

BLANC EN BOURRE. (*Ind. dom.*) On fait avec le blanc en bourre des plafonds solides et peu coûteux; c'est un mélange de chaux récemment éteinte, et de bourre de poil de vache divisé et répandu sur la chaux en égales parties dans la proportion d'une livre par pied carré de chaux éteinte et liquide.

On mêle avec la truelle, et on applique sur les murs une couche de trois ou quatre lignes ; il faut que le bois qui la reçoit soit préalablement haché pour le retenir.

On peut l'employer dans la construction des bergeries ; on plante des lattes, sur lesquelles on met quelques lignes d'une terre grasse et graveleuse, et on couvre avec le blanc. (Voy. BOURRE.)

BLANCHIMENT. Il faut distinguer le blanchiment du blanchissage ; le blanchiment est une opération par laquelle on nettoie une substance fabriquée avant d'en faire usage.

Blanchiment de la laine. (Voy. LAINE.)
Blanchiment du coton. (Voy. COTON.)
Blanchiment de la cire vierge. (Voy. CIRE.)
Blanchiment du fil de lin. (Voy. LIN.)
Blanchiment de la toile. (Voy. TOILE.)

BLANCHISSAGE. (*Ind. dom.*) Les blanchissages varient suivant que le linge est du linge gros, comme les draps, les nappes, les torchons ; du linge fin de fil ou de coton ; du linge ordinaire, comme chemises, jupons ; les bas forment une classe à part. La première opération du blanchissage est toujours l'assortiment du linge.

Blanchissage à la lessive. (Voy. LESSIVE.)

Blanchissage au savon pour le linge fin. Trier le linge, verser de l'eau tiède, le faire tremper la nuit ; le matin, le tirer de l'eau, et frotter pièce à pièce avec les mains sur une planche à l'eau de savon, l'étreindre et le mettre en tas. Faire chauffer de l'eau, couper du savon par petits morceaux, dans la proportion d'un quarteron pour vingt-quatre pintes. Faire bouillir le linge une demi-heure environ en remuant, le mettre dans un baquet d'eau froide, en le frottant encore au savon ; l'étreindre et le passer au bleu (Voy. BLEU) ; étreindre de nouveau et faire sécher.

Blanchissage anglais. Mettre le linge dans de l'eau de savon et d'un peu de potasse, chauffée à 50 degrés ; laisser tremper deux jours, retirer, faire rincer et tordre légèrement.

Remettre dans l'eau, en ajoutant de nouvelle eau chaude, et plaçant le linge fin en dessus ; faire bouillir une demi-heure, laisser un quart d'heure, puis retirer et mettre dans une cuve d'eau chaude. S'il reste des taches, frotter légèrement. Passer à l'eau froide.

Blanchissage des toiles de couleur. Les laver avec l'eau où ont bouilli des haricots blancs ; la couleur n'est nullement altérée. On peut employer aussi l'eau de son. Faire sécher à l'ombre, parce que le soleil enlève la couleur. Pour les blanchissages au savon, savonner dans des eaux tièdes et rincer. Ne pas laisser tremper.

Procédé usité en Souabe pour le blanchissage de la bonneterie et du coton filé. Former au coin d'un mur un tas de chaux vive, la couvrir peu à peu de cinq fois autant de cendres passées au tamis, en mouillant à chaque couche.

Mêler cette pâte à de bonne eau froide ; quand la chaux est éteinte, décanter la liqueur surnageante. Elle a un goût caustique, et marque de 10 à 15 degrés à l'aréomètre.

Détordre les écheveaux de coton et les laisser tremper pendant six heures, ainsi que les bonnets et les bas.

Laver ensuite à la rivière, faire bouillir pendant douze heures dans la lessive avec une dissolution d'une livre de savon environ par livre de coton filé ; rabattre le coton pendant l'ébullition, le laver en le retirant. Remettre bouillir dans de l'eau ordinaire avec savon. Sécher au pré ou dans une étuve.

Blanchissage des murs. Un blanchissage économique consiste à barbouiller les murs avec un pinceau d'épis de blé trempé dans un seau d'eau, où l'on a délayé de la chaux vive. (Voy. BADIGEON, PEINTURE.)

BLANC-MANGER (*Offi.*). — *Blanc-manger ordinaire.* Jeter une livre d'amandes dans l'eau bouillante, les retirer, les laver à l'eau froide, en faire une pâte avec six amandes amères, en mêlant peu à peu de l'eau froide, exprimer en tordant dans une serviette, ajouter six onces de sucre, mêler une once de colle de poisson chaude ou six blancs d'œufs, faire prendre à la glace, aromatiser, servir chaud ou froid.

On peut y ajouter de la crème fouettée.

Autre blanc-manger. Fouetter des blancs d'œufs et mêler au blanc-manger, tenir sur des cendres rouges et continuer à fouetter, verser quand le tout est lié.

Blanc-manger chaud. Piler des amandes, faire bouillir de la crème avec du sucre, et les délayer avec, passer en foulant à l'étamine, faire réduire.

Blanc-manger froid. Piler amandes émondées et amères, délayer avec de la crème et passer, verser de la colle de poisson qui a mijoté deux heures dans de l'eau, mettre à la glace. Il faut un bâton et demi de colle pour une livre de blanc-manger.

Blanc-manger renversé. Même préparation. On augmente la quantité de colle de poisson.

Blanc-manger à l'orange. On aromatise avec un morceau de sucre frotté d'orange.

Blanc-manger aux pistaches. Ajouter au blanc-manger ordinaire un lait composé d'un verre d'eau, de trois onces de cédrats confits et d'un peu d'épinards. Glacer par couches.

Blanc-manger au café. Ajouter au lait d'amandes un verre de café pour trois de lait, séparer en deux parties par la gelée.

Blanc-manger nouveau. Prenez quatre onces d'amandes douces, plus six amandes amères ; faites-les blanchir dans de l'eau bouillante pour en ôter l'enveloppe, mettez à mesure dans de l'eau froide, d'où on les retire ensuite pour les piler dans un mortier de marbre au moyen d'un pilon de bois, avec addition de cinq onces de sucre blanc, et de dix onces d'eau pure ajoutée peu à peu. Faites fondre d'autre part, en laissant bouillir jusqu'à réduction à quatre onces de liquide, quatre gros de colle de poisson dans une quantité d'eau suffisante. Passez ainsi à travers un linge, et mêlez avec l'émulsion déjà faite, aromatisez avec une cuillerée de fleurs d'orange, ou, ce qui est plus délicat, avec de l'esprit de citron. Verser dans des pots de crème que l'on doit exposer pendant quelques heures à l'air froid d'une cave.

Blanc-manger aux cédrats, etc. Piler du sucre avec des zestes de cédrats, mouiller avec de l'eau et de la colle de poisson, et mélanger par couches avec le blanc-manger ordinaire. On le peut faire aussi à la vanille, à l'anis, au café, au chocolat, au lait de pistaches, aux avelines.

Blanc-manger aux fraises. Exprimer le suc des fraises, et mêler au blanc-manger, en mettant au moins autant d'eau qu'on ajoute de suc de fraises. On agit de même pour le *blanc-manger aux framboises*; mais on y joint des groseilles rouges.

BLANQUETTE. (Voy. DINDON, VEAU, SAUCE.)

BLANQUETTE. (Voy. POIRE.)

BLANQUETTE. (*Ind. dom.*) C'est une variété de raisin. On en fait dans le canton de Limoux un vin blanc mousseux dit *blanquette de Limoux*, qu'on peut faire aisément partout ailleurs en suivant le procédé indiqué ci-dessous.

Laisser quatre jours les raisins étendus sur le plancher, enlever les grains verts ou pourris, égréner les raisins, fouler, passer le moût au crible et entonner. Au bout de six jours, clarifier le vin dans des filtres de toile très serrée, et remettre dans les barriques nettoyées. Boucher quand la fermentation a cessé, mettre en bouteilles à la pleine lune de mars suivant.

BLATTE. (*Ind. dom.*) *Blatta orientalis.* Cet animal est originaire du Levant.

On détruit ces insectes en mettant sur une planche un appât empoisonné. Les chats, les rats et les belettes en détruisent beaucoup. On les éloigne en introduisant dans les trous, les fentes de murs et les meubles où ils sont cachés avec un pinceau du sublimé corrosif délayé dans de l'eau. (Voy. ANIMAUX NUISIBLES.)

Les blattes habitent surtout les cuisines et les boulangeries. Elles ne courent que la nuit. Elles ont les antennes longues, la tête inclinée, l'abdomen plat en dessus, convexe en dessous, annelé, les ailes en éventail sous des élytres plates, le cervelet large et bordé. Leurs œufs sont très gros. Elles mangent le pain, les provisions, le cuir, la laine, les habits. On tue les blattes en enduisant les fentes et les crevasses que l'on peut utiliser aussi dans la chaux à blanchir les murs d'un mélange ainsi composé :

A six onces de chaux vive et une once de vert-de-gris, le tout mis en poudre, joindre un quart de livre d'eau forte, en remuant jusqu'à ce que la chaux soit éteinte. Ajoutez un quart de livre d'huile de baleine et un fiel de bœuf.

BLÉ. (*Agr.*) Pour la culture du blé, nous renvoyons à CHARRUE, ENGRAIS, LABOUR, MOISSONS, SEMAILLES, et aux noms des mois. (Voy. ces mots.)

Les récoltes de blé actuelles ne sont pas plus considérables que les récoltes anciennes, à cause du terrain que l'on cultive d'autre façon; mais la culture et les instrumens aratoires ont subi des améliorations majeures.

Il y a plusieurs espèces de blé; les principales sont : le froment, l'épeautre, le seigle, le méteil. (Voy. ces mots.)

Le blé de Turquie est originaire d'Amérique, en dépit de son nom : sa véritable dénomination est celle de maïs. (Voy. MAÏS.)

Blé noir. (Voy. SARRAZIN.)

Blé géant de Sainte-Hélène. Le blé géant a été acclimaté en France par M. Louis Noisette. On le sème en décembre, dans les terrains calcaires secs et élevés; sa paille est énorme et grosse comme un roseau. Il produit plus que le blé blanc.

Le blé de Sainte-Hélène peut se cultiver en hiver et au printemps. On sème les grains à six pouces l'un de l'autre. Il rapporte cinq cents grains et plus pour un. Les épis

sont très beaux. La paille est riche et abondante. La farine a des qualités analogues à nos meilleures farines.

Le *blé de Taganroch* offre des inconvéniens que n'a pas le blé indigène. La paille est moins productive, et ne pliant pas sous les oiseaux, elle leur facilite le gaspillage des épis. On le cultive dans quelques parties de la France, et notamment en Champagne.

Culture du blé par la division des pieds. Cette culture, impossible à pratiquer en grand, donne un produit extraordinaire. Voici une expérience de M. Miller, rapportée dans les *Transactions philosophiques* anglaises, et reproduite dans le *Journal des connaissances usuelles.*

Le 2 juin, M. Miller sema quelques grains de blé dans un terrain qui n'était pas même très favorable à la végétation de cette plante. Le 2 août suivant, c'est-à-dire aussitôt que la végétation du blé fut assez avancée pour permettre la division des touffes, il sépara l'une de celles-ci en huit parties, et transplanta chacune d'elles séparément. Ces plantes ayant poussé un certain nombre de nouveaux drageons, il en fit une nouvelle division à trois différentes époques. Une partie fut ainsi traitée vers la mi-septembre, et une autre du 18 septembre au 24 octobre. Il obtint ainsi soixante-sept nouvelles plantes qui furent divisées du 15 mars au 12 avril. Il eut alors cinq cents plantes, et l'on calcula que le nombre des grains produits par un seul grain était de 576,820.

Si, au printemps, on eût fait deux divisions au lieu d'une, on aurait pu se procurer deux mille plantes au lieu de cinq cents.

Pour empêcher, pendant les récoltes, le blé de germer sur pied dans les années pluvieuses, à mesure qu'on le coupe, on le lie par petites gerbes, on les suspend sur des perches à deux pieds de terre, l'épi tourné vers le sol. L'eau glisse sur la paille et ne pénètre pas le grain. En les rentrant, on les fait sécher à un courant d'air, on bat le grain et on le met sur des claies.

Après la récolte, pour faire sécher le blé, on le met dans une étuve. Il est placé le long du mur sur des châssis de bois garnis de toile à claire-voie. A chaque extrémité est un poêle. On laisse là le blé étendu sur deux lignes d'épaisseur, pendant vingt-quatre heures. Quand le grain se casse net sous la dent, il est sec.

Le blé étant sec, on le vanne et on le crible.

On conserve le blé en tonneaux ou en sacs. Conservé en tas, dans les greniers, on est obligé de le vanner et de le cribler plusieurs fois par mois, on l'écrase ainsi, et les rats et les insectes le mangent.

Mis dans des tonneaux de bois de chêne bien secs et bien reliés, on le conserve plus d'un siècle.

Conservation du blé en sacs. Avoir deux bâtons creux, d'un mètre, terminés en pointes, y creuser des trous, de distance en distance, environ cinquante, ceux du bas plus rapprochés. Placer au haut du bâton un tuyau de cuir rendu élastique par un fil d'archal en spirale. Y introduire le tuyau d'un soufflet, et donner ainsi de l'air au grain pendant quelques semaines, tous les trois jours. Le blé se conservera ensuite très bien. (Voy. SILO.)

Maladies du blé. Elles sont produites par des espèces de champignons appelés par les botanistes *uredo*, dont M. Prevost a démontré l'existence. Les cultivateurs les connaissent sous le nom de carie, nielle, charbon, brun. On les prévient par deux opérations pratiquées sur la semence, le chaulage et le vitriolage. Cette dernière, nouvellement substituée au chaulage avec l'urine, la chaux ou les plantes âcres, a réussi complètement. Nous allons indiquer successivement plusieurs procédés préservatifs.

Procédé de M. Nodot, pharmacien. Porter à la température de 20 degrés centigrades un litre d'eau, pour chaque double décalitre de blé; verser, pour vingt-cinq litres, une demi-livre d'acide sulfurique, jeter les grains dedans, remuer, enlever les grains qui nagent, laisser en repos une heure, et verser. Ce procédé détruit tous les germes des champignons. L'acide sulfurique offre moins de danger que le sulfate de cuivre, qui a des propriétés vénéneuses; et la chaux, dont les parcelles forment une poussière nuisible aux yeux, et empêchent de semer à la volée.

Procédé de M. Brard, de Terrasson. Arroser, avant de semer, d'une infusion de 4 onces de vitriol bleu dans l'eau nécessaire pour arroser six doubles décalitres de blé. Par là, la faculté germinative du grain est augmentée, et on n'a pas à craindre que la farine soit noircie et altérée par l'emploi de semences non arrivées à leur maturité, ni par les brouillards, qui n'attaquent que les épis faibles au moment de la floraison.

Procédé de M. Richard, d'Arcis-sur-Aube. Tremper la semence dans de l'eau tiède, brasser, décanter l'eau et laver. Faire ensuite dissoudre dix livres de chaux dans cinq seaux d'eau froide, tremper les grains dans l'eau, les étendre quarante-huit heures, et semer.

Procédé de M. Bonneau-Dubouet, maire de Senat. Pour un hectolitre de blé, prendre huit livres de chaux, deux onces de fleur de soufre, une once de vert-de-gris en poudre. Placer la chaux dans un trou pratiqué au milieu du fumier, et verser de l'eau pour la faire fondre, mêler le froment, jeter le vert-de-gris et le soufre, et remuer. Remettre le froment en tas pendant vingt-quatre heures, retourner deux fois par jour, pendant trois jours, et semer quand il est sec.

Autre procédé. Tremper dans un lait de chaux, retirer, laisser égoutter, mêler avec de la chaux, remuer et semer à peine sec.

Autre procédé. Délayer une partie de suie, deux parties de chaux, brasser et verser le mélange sur les grains. De cette manière, on emploie moins de semence. On a un engrais fécond qui fortifie la plante et la met à l'abri des oiseaux; on la sème immédiatement.

Autre. Prendre quatorze litres d'eau par hectolitre, et cinq onces de sulfate de cuivre (vitriol bleu), faire chauffer, et bien enlever ce qui surnage, laisser reposer, enlever avec un seau et égoutter sur un tamis. Cette opération dure une demi-heure, et on peut semer vingt-quatre heures après. On n'a pas observé d'accidens provenant de l'emploi du blé vitriolé.

Autre procédé. Remuer dans de l'eau et laisser quatre jours en repos un double décalitre de fiente de pigeon ou de poule et de bouse de vache; en couvrir le blé vingt-quatre heures, égoutter le blé en vidant le cuvier où il est placé. Le grain gonfle d'un quart. On peut y ajouter du sulfate de cuivre.

On ne doit prendre pour le chaulage ni de la chaux sortant du four, qui brûlerait le grain, ni de la chaux éteinte, qui n'aurait aucune vertu.

On a employé aussi l'huile, qui empêche l'humidité nécessaire au développement des *uredo*, la suie, le goudron dont on couvre le grain, mais qui a l'inconvénient de le rendre stérile.

Procédé sans chaulage ni vitriolage. Clouer solidement un morceau de bure sur le fond d'une caisse rectangulaire, traverser le diamètre le plus grand de la caisse avec une tringle de bois qui fait une saillie de neuf pouces d'un côté; faire deux autres trous de l'autre côté, agiter fortement la caisse, et jeter sur la droite le blé nettoyé; on a soin de clouer une toile sur le bord gauche. Dans cette machine, l'étoffe fait sur le grain l'effet d'une brosse.

On reconnaît aisément les épis cariés. Le grain a une poudre brune ou noire et puante. Cette maladie se communique par le contact, altère les récoltes, en diminue le produit ordinairement du tiers. De la poudre de blé carié, de l'huile obtenue par distillation du blé carié suffisent pour donner la maladie à des blés très sains. Quand on a des blés malades, le meilleur moyen de les séparer des blés intacts est de laver à l'eau courante. Au reste, l'emploi des épis cariés n'est pas pernicieux aux hommes qui mangent le pain qui en provient.

Pour garantir les blés de la gelée, c'est-à-dire pour empêcher le givre de geler l'épi aux premiers rayons du soleil, il suffit de faire tomber le givre avant, soit en traînant une ficelle sur les blés, soit en arrosant avec la pompe à bras.

Le blé est rongé entre deux pailles par un insecte appelé jule (*jullius terrestris*). C'est un ver long, composé d'anneaux crustacés, qui se roule en spirale pendant le repos, comme les serpens. Il attaque les blés en novembre et en octobre; il attaque surtout ceux venus sur des défrichemens de sainfoin, de trèfle et de luzerne, quand les champs n'ont pas été labourés pendant long-temps. (Voy. JULE.)

Le blé est encore en butte aux attaques des charançons, (Voy. CHARANÇONS), et les lapins y font aussi de grands ravages. (Voy. LAPINS.)

Quand le blé, par son ancienneté, est avarié, faire bouillir trois livres de potasse dans de l'eau, en submerger cent livres de blé, laisser reposer une demi-heure, puis agiter fortement. Laver ensuite à l'eau froide, en agitant fortement, égoutter vingt-quatre heures, et sécher au four, à l'étuve ou à l'air. Cette opération donne un déchet de douze à quinze livres sur cent. Mais aussi le blé est dépouillé de toute âcreté et de toute mauvaise odeur. Il contracte un goût d'avoine et donne une farine d'un blanc roux très nourrissante, qui fournit du pain brun d'une saveur agréable.

BLESSÉS. (*Méd. dom.*) Les blessures sont subdivisées par les médecins en brûlures, froissemens, contusions, distensions, commotions, déplacemens et plaies.

Quand un homme est blessé, ce qui arrive malheureusement trop souvent, et qu'il n'y a près du lieu de l'accident aucun médecin, c'est aux personnes qui l'environnent à lui porter les premiers secours.

Si l'on n'a pas la science du médecin, il faut au moins

en posséder les principales qualités, qui sont : le sang-froid, l'activité sans précipitation, l'examen réfléchi de l'accident.

Les blessures sont plus ou moins dangereuses, suivant l'organe qu'elles attaquent et les instrumens avec lesquels elles sont faites. Les plus graves sont celles de la tête, puis celles de la poitrine et du ventre. Les corps contondans, comme les balles, et les corps piquans, comme les épées triangulaires ; les corps qui, comme les dents des animaux, ou les crochets des serpens, déchirent et broyent les tissus, causent plus de désordre dans l'économie que les corps tranchans qui coupent bien. La blessure est parfois envenimée. (Voy. ABEILLE, RAGE, VIPÈRE.)

Les blessures les plus graves sont celles où les gros vaisseaux sanguins sont luxés ou ouverts, où les os sont fracassés. Elles sont nécessairement mortelles quand le cervelet, la moelle épinière, ou le cœur sont profondément lésés. Et rarement on guérit celles des poumons, du foie, de l'estomac, des intestins, de la rate, du pancréas, de la vessie, de l'artère aorte.

Dans ces circonstances, un médecin est indispensable ; mais si les plaies sont simples et présentent peu d'inflammation, et ne proviennent pas d'une substance vénéneuse, on peut commencer le régime curatif. Il ne faudra pas porter trop loin l'exploration de la blessure dans les plaies un peu larges ou un peu profondes, de peur d'accroître la lésion des organes.

En tous cas, voici la conduite à observer :

Placer le blessé sur un lit, lui enlever les vêtemens qui gêneraient la circulation du sang, ne lui donner ni alimens ni boissons alcooliques, le tenir dans un repos absolu. S'il faut le transporter, que ce soit sur un brancard, sur un matelas soutenu par une échelle, et non dans une voiture, dont même la plus douce le secouerait trop ; rapprocher les lèvres de la plaie. Les ouvriers, quand ils se coupent le doigt, le serrent quelquefois d'un fil. (Voy. COUPURE.)

Laver la plaie avec de l'eau, enlever les corps étrangers, si on peut le faire sans nuire au malade, placer des bandelettes de taffetas d'Angleterre, ou des bandes de toile enduite de diachylon gommé. Soutenir le tout par une compresse et une bande. (Voy. TAFFETAS D'ANGLETERRE.)

Ne point presser la plaie, n'y mettre ni baume, ni eau salée, ni tabac, ni rien d'irritant, ni certaines plantes ou emplâtres ; ne pas contrarier le travail curatif de la nature.

Blessure des artères. Elle se reconnaît au sang rouge et vif qui jaillit. Comprimer l'artère, la placer contre un os, nouez un mouchoir autour du membre en y passant un cylindre de bois ou de métal, ou tamponner la plaie de charpie, soutenir avec des compresses en forme de croix, et serrer.

Si le vaisseau est gros, comprimer l'artère principale, fixer une bande sur une compresse assez longue pour entourer le membre deux fois avec des épingles ; faire deux tours arrêtés par un nœud avec un ruban ; avoir une plaque de carton carrée ; introduire un petit bâton dans l'intervalle entre le ruban et le carton, tordre et arrêter le cordon. Si le sang coule, donner un tour de plus.

Cette opération ne saurait être que provisoire ; car si le membre serré restait long-temps ainsi, il pourrait se gangréner. On doit donc se hâter d'aller chercher un chirurgien.

Si les artères sont petites, appliquer de la charpie imbibée d'une dissolution d'alun astringente, d'extrait de saturne, d'eau de mélisse ou d'eau de Cologne, ou d'esprit-de-vin. Maintenir avec des compresses et une bande.

Pour la blessure du poing, on comprime l'artère radiale ; pour celle du pied et de la jambe, la partie inférieure de la cuisse, un peu au-dessus et en dedans du genou ; pour la cuisse, l'aine ou l'artère sortant du ventre.

Blessures des veines. Le sang est noir, et son écoulement n'est pas interrompu ; il augmente si l'on pousse la veine au-dessous de l'endroit blessé. Quelques boulettes de charpie ou de l'amadou trempé dans du vinaigre suffisent pour l'arrêter. (Voy. AMADOU.)

Blessures empoisonnées. (Voy. PIQURES.)

Blessures par fractures. (Voy. FRACTURES.)

Pendant le temps de la convalescence, ne pas multiplier les pansemens. S'il y a inflammation, mettre un cataplasme de mie de pain bouillie dans du lait, et y ajouter de l'huile d'olive et du beurre ; changer de cataplasme deux fois à vingt-quatre heures, et quand l'inflammation est dissipée, employer une légère emplâtre d'onguent de la mère, ne pas toucher à la plaie, ne rien appliquer de gras et d'huileux, tenir le ventre libre par des lavemens laxatifs, des végétaux rafraîchissans, des pommes cuites, des pruneaux, des épinards, etc. On imbibe les compresses d'eau-de-vie.

BLÉTISSURE. (*Ind. dom.*) On appelle ainsi la pourriture des poires commençant par le centre et se répandant à la circonférence. On l'empêche en trempant les poires dans de la cire fondue.

BLEU. (*Ind. dom.*) — *Bleu de Prusse.* Pour le distinguer de l'indigo, le réduire en poudre et mettre dans un verre qui contient quatre parties d'acide sulfurique. Le bleu de Prusse décompose ainsi donne la couperose verte. L'indigo au contraire conserve sa couleur et se dissout.

Bleu indigo. La teinture de la laine et des étoffes en bleu demande des opérations chimiques assez compliquées ; mais il y a un procédé facile qui donne une couleur bon teint.

Préparer une lessive de cendres (Voy. LESSIVE.), mettre deux onces d'indigo réduit en poudre dans un morceau de linge bien fin, répandre sur le fond de la chaudière une couche de poudre d'indigo, en faisant passer à travers le petit linge, étendre une couche de laine et saupoudrer d'indigo jusqu'à ce que tout l'indigo soit employé, verser la lessive chaude en pluie avec un petit panier de paille, presser la laine et l'imbiber de lessive, couvrir le chaudron de drap et le porter sur des cendres chaudes sans faire bouillir. Remuer deux à trois fois par jour pendant une semaine, retirer la laine et la laver à l'eau fraîche ; faire sécher à l'air ou au-dessous du plancher.

Le résidu de la lessive peut donner encore une teinture bleu clair.

Pour colorer des mets ou bonbons, broyer de l'indigo, le détremper dans l'eau et ajouter un peu de sucre clarifié. Pour teindre toute espèce d'étoffe, on fait dissoudre dans de l'eau de chaux une demi-livre d'indigo, trois livres d'acide sulfurique et quatre livres et demie de potasse. On mélange séparément quatre livres de poudre de tournesol dans de l'urine dont on la recouvre à un pouce et demi. Au bout de vingt-quatre heures, on réunit les deux mixtures.

On extrait une belle couleur bleue de la centaurée commune. (Voy. CENTAURÉE.)

Procédé pour faire les boules de bleu anglais. Prendre une livre de bel indigo, réduire en poudre et agiter dans une chaudière avec trois livres d'acide sulfurique, laisser reposer vingt-quatre heures, dissoudre dix livres de bonne potasse dans une pinte d'eau, et mélanger; ajouter une livre de savon coupé menu, et remuer; ajouter peu à peu toute la solution de potasse en agitant; mêler une demi-livre d'alun pulvérisé bien fin.

Au bout de trois jours, la composition est en pâte. On en fait des boules qu'on expose à l'air pour les faire sécher. Délayée dans l'eau chaude, elle donne une belle couleur bleu-ciel.

Pour passer au bleu, on met dans un baquet d'eau froide quelques gouttes de bleu en liqueur, ou on enveloppe la boule de bleu dans un morceau de toile plié en double, et on frotte entre ses doigts au milieu de l'eau. Le bleu se délaie sans s'enlever par fragmens qui tacheraient le linge.

Si on ne trouve pas le linge assez bleu, on peut aussi bleuir l'empois.

BLOND DE VEAU. (*Cuis.*) Mettre dans une casserole deux quasis et deux jarrets de veau, quatre carottes et quatre oignons, mouiller avec deux cuillerées à pot de grand bouillon, faire réduire, mettre sur un feu doux pour que le veau sue, et que la glace ne s'attache pas trop vite. Quand la glace est d'une belle couleur, remplir de grand bouillon, bien écumer, ne pas mettre de sel.

Blond maigre. Il se fait comme le jus maigre; seulement il faut qu'il n'ait pas beaucoup de chaleur. (Voy. JUS MAIGRE.)

BLONDE. (*Ind. dom.*) On appelle ainsi la dentelle de soie blanche. La fausse blonde est le tulle de soie coupé par bandes et brodé, où la broderie est reprise sur de la blonde en pièce, ou de la blonde peu élevée sur laquelle on a monté des fleurs de très haute blonde découpées.

Madame Élisabeth Celnart a donné la manière suivante d'imiter la blonde.

Couper une bande de papier bleu plus large que votre dessin, fixer l'un des côtés de la bande de blonde avec des épingles fines, disposer sur la blonde de la gaze-blonde ou gaze brochée dont les fleurs conviennent à l'usage qu'on veut faire de la blonde, ménager des intervalles pour faire des jours, fixer chaque fleur avec une épingle, et puis y substituer un bâti à longs points. Après, on fait des œillets, des brides, des jours, des gribouillis et autres ornemens, en imitant les fleurs, avec un surjet à points alongés en soie fine; on passe dessus, à longs points devant; un fil de soie demi-torse, en plaçant les dessins de la fausse blonde à l'endroit, ce qui leur donne de la solidité; ou bien, pour hâter le travail, on peut poser ces dessins à l'envers, et passer le fil de soie pour faire liseré; on découpe le long de ce fil les parties de gaze qui entourent les fleurs.

On démonte en coupant à l'envers chaque point de bâtis; on repasse avec un fer très peu chaud, à travers un papier de soie, à l'endroit et à l'envers. Les fleurs s'adaptent et se collent parfaitement.

Si la blonde est dentelée avant ou après le démontage, on trace des dents avec une soie mi-torse en double; on découpe autour la blonde en laissant un bord, on serre ce bord avec du fil de soie par un surjet à la reine, de manière à ce qu'il fasse un petit cordon le long du tracé. On coud ensuite à l'envers, à points moyens, du picot de blonde, et on découpe comme ci-dessus.

Cette manière de faire la fausse blonde blanche ou noire offre beaucoup d'économie, quoique par la seconde méthode on ne puisse pas la blanchir.

Les blondes se blanchissent comme les bas de soie. (Voy. BAS DE SOIE.) On les blanchit aussi comme il suit : Les débâtir, les repasser, les mettre pliées dans une poche de toile blanche et les tremper vingt-quatre heures dans l'huile d'olive, laver le tout à plusieurs reprises dans une eau de savon très forte, bouillante, et rincer; tremper le sac dans de l'amidon blanc fondu, tirer les blondes du sac et repasser de suite.

BLOUSE. (*Ind. dom.*) Il n'y a point de vêtement plus commode pour l'été à la campagne. Serré avec une ceinture de cuir verni, il n'est pas sans élégance, et laisse aux mouvemens des membres plus de liberté que les redingotes. La blouse a, en outre, l'avantage de pouvoir sans danger être exposée à la pluie, de se salir peu, et de se nettoyer aisément. Elle est moins coûteuse que tout autre costume, et si les préjugés somptuaires l'ont fait bannir de la ville, aux champs elle doit reprendre tous ses droits.

L'étoffe des blouses doit être de préférence en toile écrue.

BLUET ou BARBEAU. (*Agr. — Jard. — Méd. dom.*) Famille des cynanthérées. Les bluets se multiplient dans les blés. Il y en a de simples et de doubles. Les doubles peuvent trouver place dans les jardins : il y en a de bleus, de blancs, et d'autres qui réunissent ces deux nuances. Ils viennent de semence sans culture.

On n'a encore trouvé aucun moyen d'en débarrasser les champs, qu'ils embellissent du reste par leur couleur. L'eau de bluet est bonne pour les maux d'yeux, les boutons, et les rougeurs du visage. La décoction de bluet donne une couleur bleue.

BLUTEAU. (*Ind. dom.*) On appelle blutage l'action de séparer la farine d'avec le son au moyen du bluteau.

Le bluteau est composé de plusieurs cercles qui soutiennent une étamine de soie ou une de laine, ou toutes les deux. On y agite la farine qui passe à travers l'étoffe. Cet instrument a subi peu de perfectionnemens. Dans les moulins, la farine passe successivement par plusieurs étamines, afin d'être mieux subdivisée.

BOBINE. (*Ind. dom.*) Il y a deux espèces de bobines : les unes adhèrent à la broche, de sorte qu'elles tournent avec elles; les autres tournent sur la broche. Celles-ci sont préférables : on dévide plus vite dessus.

BOCAL. (*Ind. dom.*) Un bocal contient ordinairement un peu plus d'une pinte. La meilleure forme de bocal est la forme cylindrique, à goulot très évasé, ou bien la forme carrée avec goulot cylindrique. Le cou doit être très petit et de large diamètre.

Le verre blanc est de beaucoup préférable au verre de couleur pour les bocaux : il permet d'observer les diverses variations des liqueurs qu'on y conserve, plus aisément et avec plus de certitude, et de remédier de suite aux altérations qui pourraient s'y présenter.

BOEUF. (*Anim. dom.*) La plus belle espèce de bœufs est fournie par les taureaux de Schwitz, en Suisse. Un taureau d'un an vaut jusqu'à 150 fr. La castration s'opère dans le mois de mai, avant l'âge de deux ans. Un an après, on peut employer le bœuf. Il travaille jusqu'à dix ans, et vit quatorze ans. On juge de son âge par le nombre de ses cornes.

Pendant que le jeune bœuf grandit, on le fait parquer dans des prés sans humidité. On lui donne du rutabaga, des panais, des racines.

Aucun animal domestique ne rend plus de services que le bœuf. Bête de somme et de labour, il remplace le cheval avec avantage. Il fournit en abondance un excellent aliment; sa peau donne un cuir très solide. Les rognures servent à faire de la colle-forte; les cornes sont employées par les tabletiers, les couteliers, les peigniers; le suif sert à la fabrication des chandelles; le poil de la queue donne du crin; celui de la peau, de la bourre; les os dépouillés de leur gélatine produisent d'excellent bouillon; enfin, tous les débris du bœuf et son fumier sont d'excellens engrais. *Pour les maladies des bœufs*, Voy. BÉTAIL, CALLOSITÉS, ENCLOUURE, ÉPIZOOTIE.

Le bœuf est meilleur que le cheval pour le labour. Ce travail ne l'empêche pas de s'engraisser et d'être vendu cher. Il est moins sujet aux accidens et aux maladies, et plus fort, moins cher à acheter et à élever. Le bœuf de labour doit avoir la tête petite, le cou mince, les épaules larges et arrondies, une large carcasse, un coffre solide, le dos droit et les côtes rondes, les cuisses petites, les jambes droites et nettes.

Le bœuf de labour peut travailler au moins une heure de plus que le cheval. Il va moins vite dans les terrains plats. Quand le commerce des chevaux n'est pas avantageux dans le pays, le bœuf convient bien mieux que le cheval; il fait des sillons d'une profondeur toujours égale et en ligne très droite.

Une paire de bœufs, attelée à collier, peut égaler la force de deux chevaux. Le bœuf consomme trois cinquièmes de plus que le cheval, mais il n'a pas besoin d'avoine, mange plus vite, et coûte moins d'entretien.

Il supporte le froid mieux que le cheval. Six bœufs, de trois à quatre ans, ne coûtent pas plus que quatre chevaux, en comprenant les frais du ferrage. Ils ne font guère plus d'ouvrage que quatre bons chevaux.

Le fumier des bœufs est préférable à celui des chevaux, surtout dans les terres chaudes et graveleuses, et il se consume bien plus vite.

L'engrais d'un bœuf donne vingt pour cent du capital employé, et peut donner sur le prix d'achat un bénéfice de 60 à 100 fr.

Quand on fait labourer un bœuf, si on veut l'entretenir toujours dispos, on le laisse reposer deux jours par semaine. En été, on le fait paître dans des prairies bocagères. On lui donne en hiver deux livres de foin haché avec un tiers de paille de froment. On le tient dans des étables fraîches, ouvertes de tous côtés.

On doit préférer pour l'attelage les colliers aux jougs.

On les habitue au collier en leur attachant au cou une grosse pièce de bois avec un ruban de cuir.

Quand les bœufs ont travaillé trop long-temps, il leur vient de l'enflure et de la chaleur dans toutes les parties lésées par le joug. Il faut alors saigner l'animal et lui appliquer un mélange de suc de plantin, suc de joubarbe, blancs d'œufs, feuilles de mûrier et plâtre en poudre.

Si le mal persiste, prendre de la jusquiame, de la mauve et du plantin, qu'on fait bouillir et qu'on broie, en y ajoutant du beurre, du saindoux, du safran et de la fleur de farine, et fixer avec des bandes ce mélange sur la partie malade. Quand la plaie suppure, on y fait une incision, et on met autour cette composition, en plaçant dans l'incision de l'onguent vert.

Nous avons déjà, à l'article BÉTAIL, donné des indications pour l'engraissement des bœufs; nous allons en ajouter de nouvelles qui compléteront tout ce qu'il est nécessaire de savoir sur cette matière.

Les bœufs qui mangent le plus ont la tête grosse, le mufle rond, le ventre large, les pieds gros et les jambes courtes, les hanches courtes, l'échine très large, la veine d'entre l'épaule et les côtes grosse et ferme.

On peut engraisser un bœuf jusqu'à onze ans. S'il a moins de huit ans, il acquiert beaucoup de graisse. Après onze ans, il est très difficile à engraisser.

Pour les engraisser, on les achète en février, on les fait travailler pendant quelques mois, mais peu, et au besoin, pour les habituer à une nourriture forte. On les nourrit au foin sec; puis, après le mois de mai, quand la pluie est dissipée, dans des pâturages clos où ils acquièrent en peu de temps beaucoup d'embonpoint. Un procédé plus compliqué suivi dans le Limousin est celui-ci :

On les laisse jour et nuit, au mois d'août, dans l'herbe du regain, à moins qu'il ne survienne des gelées; on les fait rentrer au mois d'octobre, et on les appareille. On leur donne des pommes-de-terre, du foin sec à la pointe du jour, puis de la rave avec ses feuilles, qu'on jette dans le bac en petites quantités à la fois, pour éviter l'étouffement. S'il y en a des symptômes, on leur donne de la thériaque dans du vin ou du sel, ou on leur frotte les flancs avec de la paille trempée dans l'eau froide, et le bouvier enfonce son bras graissé dans l'anus du bœuf pour hâter le dégorgement des intestins, puis on le promène quelque temps.

On fait ensuite leur litière, on leur donne encore des raves; à deux heures du foin, et des raves. On les fait boire : on renouvelle la litière; le soir, on leur donne sept à huit livres de foin, en tout vingt-cinq à trente livres.

Au bout d'un mois, on substitue aux racines, qui relâcheraient trop les bœufs, des châtaignes cuites avec des haricots, du seigle, du sarrasin mêlé, à la dose ordinaire de une livre ou deux le matin, et autant le soir. On leur fait boire de l'eau blanchie avec de la farine de seigle et de blé noir. On peut leur donner de temps en temps une cuillerée de plâtre dans leur eau.

On voit que dans ce régime il y a deux périodes : celle de l'accroissement de la chair par les herbages et les racines, celle de l'accroissement de la graisse par les farines et les fourrages secs; cet engraissement dure trois mois. Le prix des bœufs est augmenté de celui des denrées qu'ils ont consommées et de quelque valeur en sus.

On peut engraisser aussi le bœuf simplement avec des navets et de la paille; la litière doit être de feuilles de luzerne ou de roseaux.

Quand on parque les bœufs, on choisit un lieu sec et abrité; on recouvre de mottes de terre et d'une couche de roseaux, de bruyère, de feuilles, de mauve et de paille. On peut se procurer un bon engrais, surtout pour les navets, en renouvelant ces matières chaque jour; et quand elles sont fermenté, jetant dessus de la chaux, de la craie et des cendres.

M. Champion, de Paris, a exécuté un ruban métrique au moyen duquel on peut évaluer le poids de la chair d'un bœuf. Ce procédé a été inventé par M. Dombasle. On entoure la poitrine de l'animal à la ligne la plus saillante de chaque épaule avec le ruban le posant légèrement sur la peau. Au point du sommet du garrot, on trouve sur le ruban marqué en chiffre, le poids des quatre parties du bœuf.

BŒUF. (*Cuis.*) Le bœuf se coupe toujours en travers. Les morceaux les meilleurs pour bouillir sont la culotte, l'aloyau, la côte couverte, la poitrine; on garnit de persil, de saucisses, de sauce tomate, de pommes de terre frites au beurre, de choux, de carottes, de lard, etc. Le bœuf de bonne qualité est d'un rouge noirâtre : on le laisse mortifier trois ou quatre jours en hiver. En le servant, on lui donne une forme carrée, et convexe par-dessus. On l'attendrit en le battant avec un rouleau à pâte sur les deux côtés, et en le foulant.

Bœuf à la mode. Mettre dans une casserole un morceau de tranche, piquer de lard bien frais, mettre dessous une barde de lard mince, assaisonner de sel, muscade râpée, gousse d'ail, bouquet garni, deux cuillerées d'eau-de-vie, un morceau de jarret de veau, remplir d'eau, couvrir et bien boucher, faire bouillir à petit feu, pendant trois heures, retirer la viande et continuer pendant deux heures et demie, passer et dégraisser la sauce.

Autre. Piquer de gros lard et frotter de vinaigre un morceau de bœuf, le poser ensuite dans une marmite sur des bardes, avec poivre, lard, un verre de vin blanc et un autre de bouillon. Enterrer la marmite dans les cendres chaudes, et la laisser toute la nuit, en ayant soin de mettre assez de cendres pour faire commencer à bouillir. Le lendemain retirer, et servir avec un roux composé d'un ognon haché, de farine, de graisse du bœuf, d'ail et de câpres, le tout mêlé au jus du bœuf.

Bœuf à la bonne femme. Couper le bouilli de la veille, faire bouillir dans un plat avec une couche de beurre frais, de la chapelure, du poivre, du sel, de la ciboule, du persil, un verre de bouillon.

Bœuf en miroton. Couper du bouilli froid en tranches, mettre dans une casserole avec un demi-quarteron de beurre, six ognons coupés en rouelles, de la farine, un verre de bouillon et un demi-verre de vin blanc. Quand les ognons sont fondans, parer le bœuf avec poivre, sel, une demi-cuillerée de vinaigre, une de moutarde, et servir.

Bœuf à la sauce tomate, à la sauce piquante. Faire bouillir le bœuf un quart-d'heure dans l'une ou l'autre de ces sauces.

Autre miroton. Passer les tranches à la poêle avec du beurre, du poivre et du sel; quand elles sont rissolées, ajouter du vinaigre et faire sauter.

Bœuf en vinaigrette. Dresser dans un saladier les tranches de bœuf, au milieu mettre anchois, cerfeuil, ciboule, estragon et cornichons hachés, mettre beaucoup d'huile et point de sel, ajouter le vinaigre.

Bœuf rôti ou rostbeef. Faire tourner à feu égal pendant trois heures, servir avec des pommes de terre.

Bouilli à l'anglaise. Saler pendant quatre jours, cuire dans l'eau avec des racines.

Filet de bœuf en venaison. Faire mariner, sauter dans la glace, glacer et poivrer.

Langue de bœuf. Laver, cuire pendant quatre heures, avec de l'eau, un bouquet garni, du lard, du poivre, enlever la peau, fendre, et rabattre en formant un rond, piquer de lardons, et traverser avec une brochette pour la maintenir ouverte, passer et dégraisser le bouillon, faire un roux avec de la farine et du beurre, la faire bouillir trois quarts d'heure, ajouter des câpres.

Filet de bœuf à la polonaise. Ranger les morceaux de filet dans une casserole, et les séparer par des lits de beurre, d'ognons, d'écorce de citron, de sel, de poivre, de muscade, de cannelle et de chapelure; faire cuire trois heures au four, et servir, avec de l'espagnole réduite.

Hachis de bœuf. Hacher, et ajouter un peu de beurre et de l'espagnole réduite, entourer de croûtons ou d'œufs mollets.

Cervelles à la poulette. Faire cuire, saucer avec de l'allemande réduite, avec un peu de champignons, mettre du poivre, du jus de citron, du persil, du beurre, remuer, et servir.

Cervelles à la mayonnaise. Faire blanchir avec de l'eau, du sel et du vinaigre, et cuire dans une marinade; saucer avec une mayonnaise. (Voy. ce mot.)

Palais de bœuf à l'italienne. Couper le palais en petits morceaux, faire réduire avec un verre de vin blanc, des champignons, du persil, des échalottes hachées, bien frire, ajouter de l'espagnole et de la glace.

Côte de bœuf à la milanaise. Cuire comme au vin de Madère, faire sauter dans la sauce du macaroni, avec du parmesan ou du gruyère, du poivre et du beurre, servir la côte dessus.

Bœuf bouilli à la bourgeoise. Faire roussir des ognons en tranches dans un morceau de beurre, mettre un peu de farine, du sel, du poivre, un demi-verre de bouillon, un filet de vinaigre, sauter le bouilli dans la poêle.

Noix de bœuf. Laver la noix, piquer avec la graisse du rognon, garnir avec des ognons glacés, faire cuire la veille, le lendemain mettre dans une sauce espagnole.

Palais de bœuf. Le faire blanchir, nettoyer jusqu'à ce qu'il soit propre, extraire les chairs noires, mettre dans un blanc quatre ou cinq heures. (Voy. BLANC.)

Palais à la béchamel. Le faire sauter dans une sauce béchamel. (Voy. ce mot.)

Cervelles de bœuf. Les faire cuire avec de l'eau, du sel, du vinaigre, de la ciboule, du laurier, du thym, des carottes, des ognons.

Cervelles en matelote. Mouiller avec du vin rouge ou blanc, passer au tamis de soie, sauter des ognons dans le beurre, les poudrer avec une cuillerée de farine, mouiller avec le vin, ajouter des champignons, verser les cervelles sur cette sauce.

Cervelles au beurre noir. Laver et éplucher les cervelles; faire cuire avec des bardes de lard, deux feuilles de laurier, un bouquet garni, du bouillon, du vin blanc, des carottes, des tranches d'ognons, mettre dessous une sauce au beurre noir, et du persil frit.

Langue de bœuf au parmesan. Couper par tranches, en faire des lits avec du parmesan, en arrosant d'espagnole, arroser de beurre fondu le dernier lit, que vous faites au fromage, faire prendre couleur au four de campagne.

Filet de bœuf rôti. Prendre deux livres de filet, piquer, mettre à la broche une heure à un feu vif, arroser avec de l'huile d'olive et servir avec une sauce tomate, ou des olives, du beurre d'anchois, une sauce piquante, des champignons, des truffes, des épinards, de la chicorée.

Sauté de filet de bœuf. Couper et aplatir de petits morceaux, les assaisonner, faire cuire dans le beurre sur un feu ardent, dresser avec un roux; pour faire ce roux, mettre une carotte, des ognons, des clous de girofle, du laurier, un peu de bouillon, du poivre, des cornichons, un filet de vinaigre, faire réduire et passer.

Sautés à la bourgeoise, à la provençale. Faire cuire dans la poêle avec du beurre, ajouter de la farine, un verre d'eau. Pour le sauté à la provençale, ajoutez un peu d'ail, et prenez de l'huile en place du beurre.

Filet de bœuf au vin de Madère. Piquer un filet de bœuf, mettre un bouquet garni et des racines, mouiller d'un peu d'eau-de-vie et d'un verre de vin de Madère, faire cuire, et glacer.

Noix de bœuf et côte de bœuf à l'étouffade. Piquer de lard et de jambon, faire cuire et braiser comme l'aloyau, mouiller de vin blanc et d'eau-de-vie, faire mijoter, réduire le fond.

Rognons sautés. Faire sauter à grand feu avec un morceau de beurre, du persil, des échalottes, du sel, du poivre, des champignons, des muscades, lier avec de la farine, de l'espagnole et du vin blanc, retirer du feu sans bouillir, ajouter du beurre et du citron.

Palais aux fines herbes. Couper le palais menu, mêler les fines herbes avec de la farce, des jaunes d'œufs, du beurre fondu, de la chapelure, et poser le palais dessus, mouiller de vin blanc, couvrir du four de campagne, servir avec l'espagnole.

Cervelles à la sauce piquante. (Voy. SAUCE PIQUANTE.)

Cervelles de bœuf en marinade. Faire cuire dans une marinade, couper par morceaux, mettre du sel, du poivre et du vinaigre, égoutter, et faire frire dans une poêle. (Voy. MARINADE, PATE A FRIRE.)

Langue de bœuf aux cornichons. Faire blanchir une langue pendant une demi-heure, la mettre rafraîchir, piquer avec des lardons assaisonnés de sel et d'épices, faire cuire la langue avec du lard, des tranches de bœuf, des carottes, du thym, des ognons, du laurier, des clous de girofle, du bouillon; laisser réduire pendant quatre ou cinq heures, former avec la langue coupée en deux un cœur, et verser une sauce piquante avec des cornichons.

Langue de bœuf en sauce hachée. (Voy. SAUCE HACHÉE.)

Langue de bœuf en matelote. La faire cuire avec une bouteille de vin blanc, et mouiller de petits ognons sautés dans le beurre, mettre un peu de poivre et des champignons, réduire la sauce, la dégraisser, et verser sur la langue.

Langue de bœuf à la bourgeoise. Mettre dessus une purée de champignons.

Langue de bœuf en papillotes. Arroser d'une sauce à papillotes, mettre une barde de lard dessus et dessous, envelopper de papier huilé, faire griller à un feu doux. (Voy. SAUCE A PAPILLOTES.)

Queue de bœuf aux laitues. Faire cuire comme la langue de bœuf aux cornichons, et mettre autour des laitues braisées. (Voy. LAITUES.)

Queue de bœuf à la Sainte-Menehould. Cuire comme précédemment, tremper dans le beurre tiède, et passer deux fois.

Queue de bœuf à la sauce tomate, aux navets, aux champignons, etc. Faire cuire la queue de bœuf braisée, masquer d'une sauce tomate, ou entourer de petits bâtons de navets, ou de ragoût de champignons, ou de purée de lentilles, de pois verts, d'ognons, de racines, d'ognons glacés.

Entre-côte au jus. Battre et parer la côte de bœuf, la tremper dans l'huile, l'assaisonner de sel et de poivre, faire griller une demi-heure ou une heure, suivant l'épaisseur, à un feu doux, mettre dessous un jus clair. (Voy. JUS CLAIR.)

Entre-côte aux cornichons. Ajouter de l'eau, du sel, du poivre, des échalottes hachées, un peu de vinaigre, de la chapelure de pain et des cornichons.

Entre-côte à la sauce piquante. (Voy. SAUCE.)

Entre-côte au beurre d'anchois. Faire un roux léger mouillé avec du bouillon, et y mettre le beurre d'anchois. (Voy. ROUX.)

Côte de bœuf braisée. Piquer une côte de gros lardons, mettre dans une casserole des bardes, des tranches de veau, des carottes, des ognons, du laurier, des clous de girofle, du thym, un bouquet garni, fouler, arranger la côte dedans, couvrir de lard, ajouter du bouillon, faire bouillir, et mettre au petit feu pendant trois heures, dégraisser et passer la sauce, et la verser sur la côte glacée, après l'avoir fait réduire.

Côte de bœuf aux ognons glacés, à la sauce tomate, etc. Braiser une côte de bœuf, verser une sauce espagnole, et des ognons glacés, ou une sauce tomate, ou des petites racines, ou des concombres, ou des rocamboles, ou sur un roux léger mouillé et réduit, ou des choux et une espagnole, ou des laitues, ou de la purée d'ognons.

Côte de bœuf au vin de Malaga. Préparer une côte braisée, y ajouter des lardons, mettre demi-bouteille de bouillon et demi-bouteille de Malaga, faire cuire, ne pas saler, faire réduire la sauce.

Côte de bœuf à la bonne-femme. La piquer de gros lardons épais, l'assaisonner de poivre et de sel, et la faire cuire avec du beurre, la retourner plusieurs fois, sur un feu ardent, mettre ensuite sur un feu doux pendant une heure, avec du feu sur le couvercle de la casserole.

Côte de bœuf à la provençale. Faire cuire comme pour

la bonne-femme, mais avec de l'huile ; ajouter des ognons frits à l'huile, un verre de vinaigre, de bouillon, du sel et du poivre, servir sans dégraisser.

Filet de bœuf à la Conti. Piquer un filet, beurrer le fond de la casserole, ajouter des ognons, du laurier, un bouquet garni, des clous de girofle, un peu de bouillon, une feuille de papier beurrée, faire bouillir, puis mettre sur un feu doux, en en plaçant sur le couvercle ; le retirer après deux heures de cuisson, ajouter de l'espagnole et du consommé, détacher la pelure du filet, passer à l'étamine, verser la sauce sur le filet.

Gras-double à la poulette; les tétines de vache se préparent de même. Mettre cuire avec trois jaunes d'œufs, citron, persil, champignons, beurre, sel, poivre et muscade, servir avec des croûtons.

Gras-double à la purée d'ognons. Faire chauffer au bain-marie, mettre une purée d'ognons.

Gras-double à la provençale. Mouiller de vin blanc et de consommé, faire cuire pendant huit heures à petit feu avec une livre de lard, des carottes, des ognons, quatre clous de girofle, du piment, un bouquet garni, faire bouillir ensuite avec de l'ail, du persil haché, de la chapelure et des ognons frits dans l'huile.

Langues de bœuf fourrées. Les mettre dans des boyaux de bœuf, les laisser tremper douze jours dans une forte saumure, avec du salpêtre, gingembre, girofle, macis, genièvre, coriandre, laurier, faire sécher à la cheminée et les exposer à la fumée d'herbes aromatiques.

Huile de pieds, mufles et oreilles de bœuf pour faire des fritures. Désosser, laisser dégorger vingt-quatre heures à l'eau courante, faire bouillir à petit feu, bien couvert, pendant quarante-huit heures ; ajouter de l'eau fraîche, enlever l'huile avec une cuillère, et la laisser refroidir deux jours.

Conservation du bœuf salé. Saler et fumer les parties grasses prises dans le dos, dans les côtes, mais non dans les épaules ou les cuisses.

Méthode pour conserver le bœuf. Mettre tremper tout une nuit dans une dissolution d'eau, de sel, et d'une livre de salpêtre pour dix livres de sel, couvrir ensuite de saumure dans un vase, mêler un peu de sel ammoniac, le faire sécher dans un endroit sec sans fumer. On emploie la même préparation pour les jambons. (Voy. JAMBON.)

Saumure qui attendrit le bœuf et le conserve plusieurs mois. Mettre une livre de sel sur dix livres d'eau, environ une demi-livre de sucre, et une demi-once de sel de nitre, faire bien bouillir ; laisser refroidir, saupoudrer de sel la viande et verser dessus la saumure.

En Suisse, on préserve des mouches la chair du bœuf, uniquement en plaçant dans les boucheries des branches de laurier. (Voy. ALOYAU.)

BOIS. (*Agric.*) Le bois est un produit tellement utile, et dont la rareté est tellement préjudiciable, qu'aucune culture n'a été l'objet de plus de dispositions législatives, et qu'on l'a protégé par un code spécial. La production annuelle du bois de chauffage en France est de 9,804,928 cordes. Celle du bois de charpente relativement n'est pas moins considérable.

Tout possesseur de bois doit faire une étude spéciale du code forestier. Il est peu volumineux, et les articles n'en offrent aucune difficulté d'interprétation. Nous croyons donc inutile de donner sur les bois des détails législatifs qui, quelle que fût leur étendue, ne sauraient dispenser de la lecture du code.

Les semis de bois en France réussissent bien, surtout partout où la terre est restée long-temps inculte et improductive. Ils produisent beaucoup, depuis quinze ans jusqu'à cinquante ans. (Voy. FUTAIES, ÉCLAIRCIES.)

Une plantation d'une seule espèce d'arbre réussit mieux qu'un mélange d'arbres divers. La végétation s'arrêtant pour tous à une hauteur égale, les arbres de même espèce ne peuvent se nuire les uns les autres. Cependant on peut mêler des arbres dont la croissance est à peu près égale, et dont les uns ont des racines pivotantes et les autres des racines traçantes.

Les bois ne se multiplient pas par bouture, à l'exception des arbres aquatiques isolés.

Pour les multiplier par semis, on fait des raies à la charrue, on aligne et on entoure de fossés.

Quand le plant lève, on sarcle toutes les herbes et on l'éclaircit s'il est trop épais ; on sème vers le mois de mai, et on éclaircit en juin. La deuxième année, on sarcle également, et on donne un léger labour ; si le bois est assez fort. Pendant les six premières années on peut continuer ainsi les labours, en augmentant la profondeur des sillons. Ils rendent la terre meuble ; au bout de ce temps, les arbres n'ont plus besoin de secours étrangers.

Si on veut planter un bois, on choisit de beaux plants, qui aient le plus de racines possibles, la tige forte et droite, l'écorce vive, sans nœuds, mousse, ni gerçure, de belle venue, de l'âge de deux ans, hauts d'un pied et demi environ.

Il est à propos que le plant soit levé dans un sol plus maigre que celui où l'on veut le planter, parce que trouvant un meilleur fonds, il y viendra beaucoup plus vite.

Le plant doit être arraché le jour même, avec précaution, et en ménageant les racines. On bêche un peu pour voir où les racines peuvent s'étendre : ce travail se fait par un temps humide. Le plant est plus aisé à lever ; il conserve mieux sa vivacité et sa fraîcheur, et il reprend plus aisément.

On plante quand le bois est hors de sève, en novembre, et tout l'hiver, jusqu'en avril exclusivement, s'il ne gèle pas. On ne plante point pendant les grandes pluies qui ont trop délayé la terre, ni quand la terre est trop sèche.

Dans les terrains secs on plante à la fin de l'automne ; dans les terrains humides, à la fin de l'hiver.

Quand le plant est venu de loin, et qu'il est fatigué, on lui coupe la tête, et avant de planter on rafraîchit les racines. On peut planter les brins à la charrue. On ouvre un sillon, un homme met et place les brins dans la raie à trois pieds de distance environ ; la raie suivante de la charrue les recouvre. On fait une autre raie à deux pieds et demi de distance, et on y place les brins vis-à-vis les vides des premiers.

En temps convenable, on donne des labours, mais seulement la seconde année. On laboure deux fois ; la première fois au mois d'avril, par un temps humide, afin que les racines du plant profitent de la pluie et des rosées, et que le labour soit plus aisé; la seconde fois, à la fin de juin, quand les mauvaises herbes commencent à se fortifier. On peut, vers le milieu de septembre, ajouter un troisième labour. Si on en fait la première année, il faut qu'il soit très léger.

Les bois doivent être l'objet d'une surveillance spéciale; on n'y souffrira de feu que celui des charbonnières; on ne fera de chaux qu'à une certaine distance; on empêchera l'ébranchage et l'introduction de bestiaux; on évitera de vendre par pieds d'arbres, parce que l'enlèvement des beaux brins fait dépérir considérablement les autres.

On compte en France soixante-dix-neuf espèces d'arbres forestiers qui croissent depuis quinze pieds jusqu'à cent vingt pieds et plus, et qu'on peut planter en bois; dix-neuf d'entre elles ne réussissent que dans le Midi.

Dix-huit seulement sont employées en bois et en forêts.

On divise les arbres des bois suivant leur grandeur: sont de la première grandeur, ceux qui ont de soixante à cent vingt pieds de haut; sont de la seconde, ceux qui ont de trente à soixante pieds; sont de la troisième, ceux qui ne croissent que de quinze à trente pieds : les premiers sont au nombre de vingt-trois, les seconds de quatorze, les autres de quarante-deux.

Les bois se divisent en futaies et en taillis. (Voy. ces mots.)

Ils se divisent aussi en bois de charpente ou de construction, bois de chauffage, bois d'ébénisterie. Les bois blancs sont ceux qui viennent vite et ont peu de consistance; on ne peut les employer qu'à de petits ouvrages. (Voy. le nom de chaque espèce.)

Le bois des branches est moins bon que celui du tronc.

Tous les arbres ne peuvent pas former des bois dans tous les terrains : il faut des vallées aux uns, des collines aux autres; sur les hauteurs, le mélèze, le bouleau, le pin et le sapin; dans les sols médiocres, dans les sables, dans les pays secs, escarpés et pierreux, le chêne, le charme, le pin maritime, le pin sauvage, le tilleul, le hêtre, le châtaignier; dans les lieux humides et marécageux, le tremble, le frêne, l'aune, le peuplier noir et l'ypréau.

Au midi, l'yeuse et le liège croissent dans les terrains médiocres et montueux.

Quelques arbres qu'on néglige pourraient être employés dans les plantations des bois; ainsi, sur les montagnes, le plane et le sycomore; le micocoulier, le cytise des Alpes, le génevrier commun, le mahaleb et le térébinthe, dans les sables secs et peu profonds.

Les arbres étrangers naturalisés qu'on peut semer sont au nombre de neuf espèces; le marronnier est le plus important. (Voy. MARRONNIER.) Puis vient le robinier. (Voy. ACACIA.) Ils croissent dans les expositions chaudes et sèches.

Dans les terrains marécageux croissent rapidement l'érable à feuilles de frêne, l'érable rouge de Virginie et le platane d'Occident.

Leur bois est plus solide que celui de nos arbres aquatiques indigènes.

En prenant un peu de soin des arbres étrangers de chauffage, de charpente, ou utiles aux arts, qui grainent plus difficilement que les nôtres, on pourrait en composer des bois de bon rapport. Parmi eux, on distingue le cèdre du Liban : le cèdre planté à Paris, au Jardin-des-Plantes, a atteint, en peu de temps, une grosseur prodigieuse. Il y a dans cette classe cent douze espèces d'arbres, dont dix-sept sont des arbres fruitiers.

Il y aurait avantage à acclimater les arbres étrangers transportés en France, et dont on a tenté la culture. Ils sont au nombre de quarante-neuf. Le frêne d'Amérique, le peuplier de Canada, le cyprès de la Louisiane, l'yeuse à glands doux, le pin laricis de Corse, le génevrier, le gaïnier, le tulipier, l'orme de Floride, réussissent très bien. (Voy. ces mots.)

Le prix des bois varie suivant leur âge. Voici le prix par hectare, en francs, de quelques uns des plus usuels.

ANS.	CHÊNE.	CHARME.	BOULEAU.	TREMBLE.
	fr.	fr.	fr.	fr.
10	400	80	420	420
20	400	520	600	500
50	900	650	700	600
40	1,600	1,000	900	1,100
50	2,500	1,650	900	2,100
60	5,000	2,000	Mort.	2,100

La coupe des bois ne doit pas être faite en hiver. A cette époque la sève abonde dans tous les canaux, ce qui la prédispose à la pourriture. Cependant il est d'usage de faire la coupe en hiver et de laisser ensuite mourir en place. Mais le bois, dans les gelées, ne se divise pas aisément et est dénaturé. Après les gelées, on obtient des produits vigoureux, surtout par la méthode de la coupe entre deux terres. On ne doit pas attendre le temps où la sève monte avec trop d'activité. (Voy. ABATTAGE.)

Humphray Davy a indiqué un bon moyen de préparer les coupes, c'est de dépouiller au printemps les arbres de leur écorce, de les laisser ainsi exposés au soleil qui les dessèche et les durcit, et de les couper en hiver. Ils ont acquis alors une aussi grande solidité que ceux de trois à quatre ans de coupe. Généralement, il vaut mieux tuer l'arbre avant de l'abattre; il se dessèche beaucoup mieux.

La coupe des taillis se fait ordinairement tous les dix ans. Au reste, l'intervalle des coupes dépend de la nature du sol et de celle des arbres. Il est plus long pour le chêne que pour les bois blancs. Un bois est en coupe réglée quand on le divise en portions, dont chacune est exploitée à son tour.

On coupe à la hache. La scie échauffe les arbres; la serpe les éclate. Tout autour du taillis, on réserve, outre des baliveaux, une ceinture de meilleur plant de bois, ce qui les met à l'abri des vents. On veille à ce que les arbres ne tombent pas les uns sur les autres. On évite d'introduire les voitures dans le bois, et on enlève le produit de la coupe hors du taillis le plus tôt possible. On doit couper le bois de charpente par un temps très sec, quand le vent du nord en a enlevé l'humidité. On le dépouille de son écorce, et on le place debout à couvert.

Le bois en grume est le bois non encore employé, et auquel on a laissé son écorce.

On appelle bois de brin celui qui n'est pas refendu à la scie, et qui est équarri avec la cognée, dans toute sa grosseur. Il est beaucoup plus solide, le fil n'en étant pas rompu, et le cœur restant intact. Il est plus cher que le bois refendu.

Le bois d'échalas est assez désigné par son nom.

Quand on bâtit, on pose les pièces de bois, de champ, sur leur face la plus étroite; quand elles sont un peu courbes, on met en dessus la partie convexe.

Quand on mesure du bois de charpente ou de chauffage, sur un plan incliné, on s'expose à perdre, jusqu'à 10 pour 100; des calculs géométriques ont établi qu'à longueur égale de bache, et à même hauteur verticale, une pile placée sur un plan incliné contient moins de bois qu'une autre placée sur une ligne horizontale.

On appelle travail du bois, son gonflement par l'humidité et son retrait par la sècheresse. La corruption, qui attire les vers, fait fendre et pourrir le bois, est produite par la sève qui y existe. Ce travail s'oppose à ce que le bois soit convenable à l'ébénisterie, avant d'avoir été séché dans des fours, ou débité plusieurs années d'avance en planches très minces. Il y a plusieurs procédés pour faire acquérir immédiatement au bois des qualités qui le rendent propre à être employé.

Celui de M. Atslée est de l'exposer à la vapeur d'eau; on le courbe et on lui donne toutes les formes qu'on veut; on le soumet ensuite à une forte pression qui réduit son volume de moitié.

Une dissolution de sulfate de fer, dans laquelle on plonge le bois, le conserve bien. Une dissolution de sublimé corrosif en éloigne les vers.

Procédé pour augmenter la densité du bois et l'empêcher de travailler. En exprimer les sucs en le laminant. Le faire passer entre les cylindres d'un laminoir et rapprocher les cylindres à mesure que le bois diminue d'épaisseur. Il sera plus beau, si on a huilé les deux faces avant l'opération. Ainsi préparé, il est tellement souple qu'on peut l'appliquer sur toutes les surfaces, et il acquiert une solidité et un poli semblables à ceux des bois des Iles.

Avant de couvrir les bois d'un vernis quelconque, il importe d'examiner s'il n'a pas intérieurement quelques germes de destruction. Si le bois est mal séché, s'il contient encore de l'eau et de l'humidité, en l'enduisant d'une liqueur bitumineuse, on ne ferait qu'activer le développement de sa désorganisation. Ainsi, on doit attendre que le bois soit bien dépouillé d'élémens aqueux par les années, ou par des procédés de dessiccation, et appliquer le vernis pour empêcher l'introduction de nouveaux principes nuisibles. On peut ensuite, dans l'application du vernis, donner moins de couches aux bois qui, comme le chêne, ont moins de dispositions à se corrompre.

Quand on a de grandes chaudières, on peut faire bouillir le bois, puis le sécher à l'étuve. Il est employable immédiatement, solide d'un tiers de plus, facile à cintrer ou à redresser, moins sujet à se fendre.

La carbonisation de la couche la plus exposée à l'air préserve de la pourriture, mais elle conserve l'humidité interne.

On peut conserver les bois de construction par l'acide pyroligneux. Traité par cet acide, le bois est à l'abri des vers et de la pourriture.

On scie et on façonne le bois; s'il est frais, on le place dans un lieu sec, et on l'enduit, chaque jour pendant un mois, d'une couche d'acide avec une brosse.

On peut aussi empiler les planches dans un bâtiment fermé bien hermétiquement, et y brûler pendant huit à dix jours des copeaux de chêne, dans un poêle. La fumée ne pouvant sortir pénètre le bois, et y introduit l'acide pyroligneux qu'elle contient. Il se forme sur le bois une espèce d'enduit résineux qui contribue encore à sa conservation. Ce procédé peut être applicable même au bois déjà travaillé.

Vernis solide pour les bois. Dissoudre dans l'esprit-de-vin de la tournure de fer, en ayant soin de le faire en plein air pour éviter les vapeurs, et appliquer sur le bois l'espèce d'huile qui résulte de l'opération.

Autre vernis qui brunit le bois. Dissoudre dans deux parties d'esprit-de-vin une partie de gomme laque très pur; exposer le mélange à une forte chaleur, et remuer pendant trois heures; mêler la gelée à une partie et demie d'huile d'olive.

Autre pour les ouvrages extérieurs. Donner une couche de peinture à l'huile, la couvrir avant qu'elle soit mêlée d'une couche légère de sable ou de grès passée au tamis, donner une nouvelle couche par-dessus en appuyant la brosse fortement.

Autre. Enduire de goudron la partie qu'on plante en terre; peindre le reste.

Autre. Prendre six onces de résine, une pinte d'huile, deux bâtons de soufre, mêler, et ajouter de l'ocre, ou autre couleur; donner deux couches de peinture bien chaude. On peut substituer de la colophane à la résine.

Procédé pour garantir le bois des palissades. Tamiser deux parties de cendre de bois, une de sable fin, deux de chaux, les broyer avec de l'huile de lin, en donner sur le bois deux couches, dont la première très épaisse.

Autre pour durcir le bois. Le faire bouillir pendant un quart d'heure dans de la graisse ou l'huile d'olive, ou de lin, ou de pieds de bœuf. (Voy. BŒUF.)

Après cette opération, sa dureté est telle qu'on pourrait en faire des arêtes de flèche. L'exposition au feu le durcit également, mais moins.

Autre. Enduire de snif, de graisse, d'huile de baleine, de colza, de lin, de menthe ou d'olive, avec portion égale de bitume. (Voy. BITUME.)

Il est avantageux surtout pour le bois des toitures, d'être préservé de l'incendie. Pour cela, plusieurs découvertes récentes peuvent être mises en usage.

Procédé de M. Pew. Prendre une partie d'argile cuite, broyée et tamisée, mêlée à une partie de chaux, et une partie de plâtre en poudre.

Joindre ces poudres, conserver dans un lieu sec, à l'abri de l'air, mêler avec de l'eau, et étendre sur les lattes des bâtimens.

Autre. Pénétrer le bois d'une dissolution saline.

Autre. Faire bouillir le bois dans une dissolution de phosphate de soude ou de phosphate de potasse.

Autre. Le faire bouillir dans du borate de soude ou de potasse; laisser refroidir le bois dans la liqueur.

Autre. Pénétrer le bois d'une dissolution d'alun, le peindre d'une couleur composée d'ocre, et de colle forte.

Autre. Dissoudre de la potasse dans de l'eau avec de la colle de farine et un peu d'argile; appliquer sur les bois avec un pinceau. Le bois ainsi préparé peut être charbonné; mais il ne brûle pas. Il est aussi garanti de la pluie. Si on veut donner une couleur au bois, ajouter de l'ocre rouge ou jaune à la mixture.

Autre. Tremper dans une dissolution d'ail.

Pour polir le bois et lui donner un ton brun, réduire de la laque en poudre, dissoudre dans l'esprit-de-vin, exposer à une chaleur de cinquante degrés Réaumur, et mélanger pendant trois heures. Appliquer avec un linge en tampon trempé dans l'huile d'olive, puis frotter légèrement avec un autre tampon ou avec une brosse.

Pour le moyen de les remplacer dans les planchers et dans les toitures, Voy. CARTON, TOIT, VOUTE.

Pour les dorures sur bois, Voy. DORURES.

Bois à employer au tour. (Voy. TOUR.)

Pour les dessins sur bois, Voy. DESSINS.

Pour la peinture des bois, Voy. PEINTURE.

On distingue diverses espèces de bois de chauffage: le *bois flotté*, le *bois neuf non flotté*, qui est beaucoup meilleur, le *bois de compte*, le *bois de gravier*. Le bois de compte est composé de bûches de dix-sept à dix-huit pouces de grosseur, et de cinquante à soixante à la voie.

Le bois neuf vient par bateaux ou par charretées.

Le bois flotté brûle plus vite et a moins de chaleur que le bois neuf. On l'appelle flotté, parce qu'il vient en trains ou radeaux. Ce mode de transport a été imaginé dans le milieu du dix-septième siècle par Jean Rouvet, de la Nièvre.

Le bois de gravier est un bois de hêtre à demi-flotté. Il vient de la Bourgogne et du Nivernais. Les forêts du Morvan en contiennent une grande quantité. Il croît dans les montées pierreuses. C'est un très bon bois de chauffage; pourtant l'orme est préférable, quoiqu'il ne jouisse pas de la réputation qu'il mérite. Le hêtre a l'inconvénient de brûler trop vite; mais il donne beaucoup de chaleur et un bon charbon. Il en est de même du charme et de l'orme. La qualité du bois de chêne dépend du terrain dont il provient. Quelquefois il noircit, et quand il est jeune il pétille; les bois blancs du tremble, du peuplier, du bambou sont mauvais à brûler.

Le cotret de bois doit avoir deux pieds de long. La falourde est un fagot fait de rondins ou de perches coupées, liées par les deux bouts. La corde de bois est de deux stères et demi.

Pour scier le bois, on se sert en Russie et en Allemagne d'une machine très commode: elle est composée d'un chevalet en X dont deux branches sont alongées. Elles portent un axe en bois à l'extrémité supérieure; à cet axe pend une tringle de bois mobile, dans une rainure duquel joue la scie maintenue par un écrou. Au haut de l'arc attaché à la tringle, au-dessus de la scie, est une caisse destinée à lui faire contrepoids et qu'on charge de pierres; une corde à crochet suspendue à la partie antérieure de la caisse permet d'attacher la scie pendant qu'on change de bûche.

La sciure de bois brûlée dans des creux, mélangée avec des mottes, des herbes sèches, de petits copeaux, donne des cendres qui sont un bon engrais. Mêlée avec du goudron produit par la distillation des copeaux de bois, on en fait des briquettes qui servent de combustible.

C'est une mauvaise méthode de juger de la qualité d'un bois par ses cendres: les cendres sont plus ou moins abondantes selon les sels et les différentes parties du bois que l'on emploie. (Voy. CHARBON.)

Bois odorans. Le bois d'aloès, celui du baume de Judée, du laurier, le bois de rose et de Sainte-Lucie, et plusieurs autres, peuvent servir de parfums.

Bois de Campêche. Ce bois fournit une teinture rouge; il est indigène de la Nouvelle-Espagne. On l'emploie en décoction dans la dysenterie, à la dose de trois onces dans deux litres d'eau bouillie jusqu'à réduction de moitié. Il convient dans les cours de ventre contre lesquels on ne peut employer de forts astringens. On en prend trois ou quatre verres par jour. Cette tisane laisse une teinte rouge, mais cette teinte n'étant qu'accidentelle est absolument sans conséquence.

Bois sudorifiques. (Voy. SUDORIFIQUES.)

BOISERIES. (*Ind. dom.*) Les boiseries en chêne sont les plus solides. Le chêne de Hollande qui n'a pas beaucoup de nœuds est très propre à en faire de belles. Quand elles ont été peintes à l'huile, on les lave à l'eau seconde. (Voy. ce mot.) On a depuis peu remplacé le bois dans les panneaux par des plaques de tôle, qu'on a soin de canneler légèrement pour éviter l'effet de la chaleur et du froid sur le métal.

BOISSEAU. (*Comm. us.*) Depuis l'unité de poids et de mesures, le boisseau est remplacé par le décalitre. Le boisseau de Paris contient vingt livres de blé, et se subdivise en seize litrons. Le boisseau de l'Allier contient vingt livres également. Celui de la Vienne vingt-cinq.

BOISSELÉE. (*Comm. us.*) On donne ce nom à l'espace qu'on peut semer avec un boisseau. Dans divers départemens, la Sarthe, l'Allier, etc., la boisselée est de six ares six huitièmes, ou cent soixante-huit toises carrées.

BOISSONS. (*Hyg. — Ind. dom.*) On les divise en boissons non fermentées rafraîchissantes comme l'eau; fermentées simples comme le vin; boissons alcooliques comme le rhum; boissons non fermentées stimulantes comme le thé, le café.

Leur principal effet est de délayer les alimens et de réparer la perte des fluides.

Les boissons, et la quantité qu'il convient d'en prendre, varient suivant les âges, comme les alimens. (Voir BIÈRE, CIDRE, EAU, VIN.)

Les boissons aqueuses sont agréables au goût, étanchent la soif, rafraîchissent, sauf le cas où elles seraient saturées d'acide.

Les boissons produites par la fermentation, prises modérément, excitent l'estomac, stimulent les organes; prises en trop grande quantité, elles sont la source d'une foule de maladies. (Voy. IVRESSE.)

Les boissons alcooliques ont le même effet que les boissons fermentées; seulement il en faut une dose bien moindre pour produire les mêmes résultats. Elles émoussent la sensibilité de l'estomac, causent l'abrutissement physique et moral ; et, si on en fait un usage immodéré, amènent le delirium tremens, l'apoplexie, l'atonie, la démence, une vieillesse précoce, la paralysie. Elles donnent même aux organes la propriété de s'enflammer spontanément.

Les liqueurs alcooliques peuvent être bonnes à très petites doses. Elles ne doivent jamais être prises quand l'estomac est vide. Alors, elles stimulent ce viscère en pure perte. On trouve, dans l'estomac des gens qui ont l'habitude de l'eau-de-vie à jeun, des squirrhes, des cancers, des épaississemens du pylore.

Elles peuvent être utiles dans les climats très humides, très froids ou très chauds, pour s'opposer aux effets énervans de la température. (Voy. EAU-DE-VIE, LIQUEURS, RHUM.)

Pour l'effet des boissons non fermentées stimulantes, Voy. CAFÉ, THÉ.

Boisson à dix centimes le litre. Mêler une livre de marc de confitures de groseilles, une demi-livre de cassonade, trois pintes d'eau; agiter plusieurs fois pendant deux jours; laisser fermenter, et passer.

Boisson de poires et de pommes. Ramasser toutes les pommes et poires tombées; mettre en tas, et faire pourrir jusqu'au quart; couper, et jeter en tonneau; emplir au tiers; ajouter le lendemain une livre de cassonade, une chopine d'eau-de-vie; remplir et boucher; soutirer au bout de six semaines.

Boisson économique. Avoir un tonneau de 240 litres; mettre un bouchon de paille pour empêcher le robinet de s'engorger, ou avoir un robinet à pomme d'arrosoir; y verser par la bonde 25 litres d'orge en drèche (Voy. BIÈRE, DRÈCHE); quatre jours après, mettre 9 livres de graines de genièvre ou 2 livres de coriandre; ne pas remplir le tonneau tout-à-fait, et laisser fermenter un mois. Cette boisson revient à trois centimes le litre. On peut, avant que le tonneau soit vide, remettre de l'eau sur le marc.

Autre. Concasser et faire bouillir, dans deux litres d'eau, de la réglisse effilée, de la graine de genièvre et du raisin de Corinthe; ajouter quatre gouttes d'acide sulfurique.

Boisson économique, presque aussi alcoolique que le vin, et d'un goût agréable : Bouillir, dans quatre litres d'eau, trois onces et demie de tartre en poudre, huit onces de racines de réglisse, pendant un quart d'heure; verser dans un baquet, et ajouter dix-sept litres d'eau; laisser reposer; sur vingt litres ajouter un litre d'esprit-de-vin, ou deux litres d'eau-de-vie.

Autre. Faire bouillir trois onces et demie de crème de tartre, ou une once et six gros d'acide tartrique, avec une livre et demie de sucre dans deux litres d'eau, pendant un quart d'heure; mélanger un demi-setier de vinaigre, une livre et demie de sucre brut, vingt litres d'eau, un litre d'esprit-de-vin ou deux litres d'eau-de-vie, un ou deux citrons, un nouet de coriandre, de fleurs de pêcher et de sureau.

Autre. Faire bouillir un quart d'heure, et exprimer huit livres de groseilles, ajouter des framboises, faire fondre du sucre dedans; ajouter de l'esprit-de-vin et de l'eau, laisser reposer un jour. Cette boisson revient à quatre sous la bouteille.

Autre. Faire bouillir des prunes écrasées avec de la mélasse, et laisser fermenter trois jours. Si la fermentation ne s'établit pas, mettre un peu de levain; ajouter de l'eau-de-vie ou de l'esprit-de-vin, après la fermentation. On peut se servir, pour cette boisson, de cornioles, de sorbes de prunelles, de pommes tombées, de cassis, de crème de tartre, ou d'acide tartrique.

Autre. Vingt-cinq litres d'eau; cinq livres de cassonade; deux onces d'acide tartrique; un quart de litre d'esprit-de-vin; quatre gros de fleurs de sureau; quatre gros de fleurs de mélilot; brasser fortement; faire fermenter dans un lieu tenu à 15 degrés; puis boucher le baril; tenir le liquide clair, coller, et mettre en cruchons; coucher les cruchons; puis, après quelques jours, les relever, et les recoucher après la fermentation.

Autre. Vingt-cinq litres d'eau; sept litres et demi de raisins secs écrasés; une once et demie de levure de bière délayée dans un quart de litre d'eau chauffée à 80 degrés; laisser fermenter quinze jours, soutirer et coller.

Autre. Deux livres huit onces de cassonade, qu'on dissout dans vingt litres d'eau; ajouter une livre de vinaigre et un gros de fleurs de sureau; laisser macérer trente-six heures en agitant; passer, et mettre dans des cruchons très durs, qu'on bouche bien, et qu'on couche à la cave. Au bout de dix à douze jours, la boisson fermente, et devient mousseuse. Elle ne coûte que neuf centimes la bouteille.

Boisson de cosses de pois verts. Faire bouillir ces cosses dans de l'eau, pendant trois heures; filtrer; y ajouter de la sauge et du houblon, et faire fermenter avec de la levure; ajouter une seconde quantité de cosses dans la liqueur de la première cuisson, avant qu'elle soit refroidie.

Boisson rafraîchissante. Une once d'angélique coupée en rouelles; versez dessus deux livres d'eau bouillante; ajouter une once et demie d'eau-de-vie, trois onces de sirop de vinaigre, et de l'huile volatile de citron.

Autre. Trois ou quatre glaces, un citron avec une bouteille de bière.

Autre. Infuser pendant dix jours une once de sommités de grande absinthe, deux gros d'anis étoilé, dans dix onces d'eau-de-vie à 22 degrés; exprimer, passer et filtrer; ajouter une bouteille d'alcool à 27° par once, et deux gros et demi d'essence d'anis; remuer le tout. Quelques gouttes de cette boisson dans un verre d'eau, étanchent la soif parfaitement. Elle est très saine, et légèrement stimulante.

Boisson de fruits rouges. Mettre dans un tonneau cent litres d'eau et deux livres de genièvre, y jeter des noyaux et des queues des cerises, bigarreaux, du marc de confitures de groseilles; casser des poires, pommes et prunes tombées, et les ajouter. Ajouter aussi des grappes de raisin, et des noyaux de prunes.

On peut boire ce mélange dès le mois d'août. On remplace par de l'eau ce qu'on retire de cette boisson.

Boisson de fruits. Prendre quinze livres de groseilles, quinze livres de cassis, dix-huit de petites cerises, brasser dans un tonneau, ajouter une demi-livre de miel et du genièvre bouilli dans trois pintes d'eau; quand il a fermenté, remuer trois ou quatre fois, et remplir d'eau ; mêler une pinte d'eau-de-vie.

Boisson convenable dans les fièvres bilieuses. Mettre dans un pot une cuillerée de miel et un petit verre d'eau-de-vie, et verser de haut un litre d'eau.

Boisson rafraîchissante. Jeter sur deux gros d'acide citrique ou tartrique pulvérisé, huit gouttes d'essence de citron et d'orange, ajouter huit à douze onces de sucre, et un gros de gomme. Quand on veut s'en servir, verser trois cuillerées dans un verre d'eau et remuer. (Voy. BOULEAU, CIDRE, CORMÉ, GENIÈVRE, HYDRO-MEL, PIQUETTE, PRUNELLES, QUALITCHY, SAPI-NETTE, etc.)

BOITE. (*Ind. dom.*) On obtient la boite en versant des seaux d'eau sur du marc de raisin.

BOLET. (*Ind. dom.*) *Boletus hirsutus.* C'est une espèce de champignon très gros qui croît sur les noyers et sur les pommiers ; il contient une très jolie couleur jaune ; en le pilant dans un mortier, et en le faisant bouillir un quart d'heure, on obtient, une once de pulpe, de quoi colorer six livres d'eau ; on passe et on fait bouillir les étoffes dans la liqueur.

La soie, ainsi colorée, passée au savon noir, a une couleur d'or. On peut employer cette couleur dans la peinture.

BOMBYX. (Voy. VER A SOIE.)

BONBONS. (*Hyg. — Ind. dom.*) On donne ce nom à plusieurs préparations ; elles sont nombreuses, mais praticables seulement aux confiseurs.

Bonbons à devises. Prendre de la pâte à pastillage, gros comme un pois, rouler sur un tamis, aplatir l'un des bouts, passer la devise, rouler, replier, et donner la forme d'un pain de sucre.

Bonbons météores. Aromatiser des blancs d'œufs avec de l'eau de rose et de la fleur d'orange, colorer, battre avec du sucre, et quand la mousse est bien montée, la répartir sur des feuilles de papier huilé, ou sur des pains à cacheter ; faire cuire dans un four légèrement chaud.

Une ordonnance de police, de 1830, d'après un rapport du conseil de salubrité, provoqué par de nombreux accidens, défend d'employer des couleurs minérales pour la coloration des bonbons, liqueurs, dragées, etc. ; elle indique, parmi les substances végétales, la gomme gutte et l'orseille, comme substances susceptibles d'être employées ; l'indigo, le bleu de Prusse, etc. ; la cochenille, le carmin, la laque carminée, la laque du Brésil, le safran, la graine d'Avignon, le quercitron, le fustet, les laques qu'on en obtient ; pour le vert, les mélanges de l'indigo et du safran, de graine d'Avignon, de la graine de pavot avec le quercitron et le fustet ; pour le violet, le bois d'Inde ; pour les couleurs diverses, le mélange de ces substances en des proportions convenables ; pour les liqueurs, le bois campêche, l'indigo, le safran et l'indigo mêlés.

Voici quelques autres couleurs qui n'ont aucun danger ; on les prépare en les mélangeant d'eau et de gomme arabique.

Bleu, dissolution de tournesol.

Couleur de bois, bistre ou terre d'ombre.

Jaune, safran en dissolution.

Vert-pré, fleurs de violettes pilées, ou fleurs d'iris, avec quelques gouttes d'alcali.

Vert, safran et tournesol.

Violet, bois d'Inde.

BONDE. (*Ind. dom.*) On a pendant long-temps cherché un système de bondage qui, tout en laissant échapper l'acide carbonique de la boisson en fermentation, empêchât le contact de l'air atmosphérique avec la liqueur du tonneau. Deux inventions récentes sont venues résoudre ce problème.

M. Payen a inventé une bonde propre à faciliter la sortie des gaz pendant la fermentation, tout en tenant clos les tonneaux ; elle est creuse, divisée par un plan en deux cavités, ces deux cavités ne communiquent entre elles que par une ouverture en bas du plan. Une petite quantité de liquide enfermé dans la bonde suffit pour empêcher la sortie des gaz ou la rentrée de l'air, à moins d'une pression intérieure et extérieure d'un à deux pouces d'eau. On a soin d'entretenir cette bonde bien propre.

Bonde de M. Baudron d'Angers. Cette bonde est un cône tronqué ; à l'intérieur il forme entonnoir ; on verse le vin par cet entonnoir ; puis on bouche avec une bille qui n'adhère point, et qui, tout en fermant hermétiquement, laisse échapper l'acide carbonique. Pour que le vin en s'élevant dans la bonde qui plonge au milieu du tonneau ne renferme pas d'air entre le bois et elle, on pratique plusieurs échancrures à la partie inférieure de la bonde.

BONDE. (*Pêch.*) On appelle ainsi une longue pièce de bois qui ferme un trou de la rigole pratiquée à l'endroit le plus creux d'un étang, et qu'on lève pour faire écouler les eaux, quand on veut faire la pêche aisément. (Voy. ÉTANG.)

BONDUC DE CANADA. (*Jard.*) *Gymnocladus Canadensis.* Famille des légumineuses. C'est un arbre d'un beau feuillage, très remarquable quand on le plante isolé ; il veut une terre franche et profonde ; il s'y multiplie de rejetons ou de racines. On sépare du pied ces dernières au mois de mars, et on en relève le bout un pouce au-dessus de terre.

BONHEUR. (*Mor. dom.*) Il y avait chez les anciens une allégorie qui représentait assez exactement l'homme poursuivant toujours une félicité qui toujours échappe. C'était Tantale, les bras tendus vers les fruits que la branche emportait loin de lui en se redressant.

Par ce mot, le bonheur, nous entendons la continuité du bien-être et de la satisfaction intérieure, l'exercice libre de nos facultés.

Il en est du bonheur comme de ces corps simples que les chimistes ne rencontrent jamais à l'état pur, et sans mélange. Le bonheur n'est jamais exempt d'altération. La plus douce joie dépose : il y a de l'amertume dans les plus doux mets, des nuages dans le ciel le plus azuré, des insectes dans le calice des plus belles fleurs, des remords au fond de la conscience la plus pure. Il est rare que quelque solution de continuité ne survienne dans une vie heureuse : elle se trouble d'autant plus facilement qu'elle est plus calme, et qu'il faut un souffle pour la rider. Elle ressemble aux étoffes blanches sur lesquelles tout fait tache.

Le bonheur est relatif : l'un aime le mariage, l'autre le célibat ; celui-ci recherche la chasse et les exercices violens ;

celui-là s'enferme avec des livres; l'un fait des collections de lépidoptères et de scarabées; l'autre est antiquaire, et se fait accapareur de toute la ferraille antérieure au seizième siècle. Les nuances de bonheur varient comme les nuances de caractères, comme les nuances de goût.

Il est une espèce d'hommes rares, et qui se font une spécialité de bonheur qu'il n'est pas donné à tout le monde de comprendre et de pratiquer : ceux-là placent leur bien-être dans celui des autres; ceux-là sont heureux en faisant le bien, et les bénédictions des consolés arrivent douces à leurs oreilles; il y a dans leur cœur un besoin de bien-veillance et de sympathie qu'ils aiment à satisfaire : ils ont une philantropie expansive qui se déverse sur tout ce qui les entoure; ils ont perdu leur journée, non, comme l'empereur romain, quand ils n'ont pas jeté de l'or à quelques courtisans, mais quand ils ne se sont pas livrés à un travail utile et productif. Ce genre de bonheur est le plus pur de tous; il n'est point sujet aux variations instantanées : il est de tous les âges, il ne passe point, il dure autant que l'homme, et sert après lui d'héritage à ses enfans.

BONNE-DAME. (Voy. ARROCHE.)

BONNET. (*Ind. dom.*) Madame Celnart, dans son utile *Manuel des dames*, indique le moyen de faire diverses sortes de bonnets, les bonnets à casque, à la folle, les bonnets de gaze et de tulle.

Il nous semble impossible de donner là-dessus aux dames des conseils, ni sur le choix du genre des bonnets, ni sur les ornemens, ni sur la manière de les tailler. Dans un ouvrage qui a pour but une utilité de longue durée, on ne saurait indiquer des choses de toilette sujettes à être emportées du jour au lendemain par le souffle capricieux de la mode.

BONNET A POIL. Pour nettoyer les bonnets à poil on les bat bien au soleil, on les lave dans une eau de graine de lin passée au tamis, puis on les fait sécher, et on brosse. On peut employer ce procédé pour toutes les fourrures.

BORBORYGME. C'est un bruit sourd produit dans le canal intestinal par le déplacement des gaz qui se sont développés pendant une indigestion antérieure, ou qui accompagnent la digestion. Le borborygme est lié le plus ordinairement à une maladie des organes digestifs, et ne constitue pas par lui-même un état morbide. Son traitement varie avec celui de la maladie qu'il accompagne.

Le borborygme est un des symptômes du choléra. (Voy. CHOLÉRA.)

BORDS DE PLATS. (*Cuis.*) Passer à l'huile des morceaux de mie de pain taillés au couteau, les coller avec de la farine et du blanc d'œuf sur le plat que l'on a fait chauffer avant de servir.

BORDURE. (Voy. BUIS.)

BORNAGE. (*Cod. dom.*) On doit avoir grand soin de régler avec ses voisins le bornage des propriétés, soit que les démarcations soient indiquées par des haies, par des fossés ou par des bornes. De l'incertitude du bornage naissent des procès longs et dispendieux, où l'on perd en frais de justice une valeur triple et quadruple de celle du terrain en litige.

BOSSE. (Voy. CONTUSION.)

BOSTON. (*Récréat. dom.*) Ce jeu est originaire de la ville de ce nom en Amérique. On joue le boston à quatre,

deux contre deux, avec la carte du reversis, et cinquante-deux cartes. Un panier rond contient la mise du joueur.

La partie est en dix tours, huit simples et deux doubles. Après la partie, si l'un des joueurs refuse de partager ce qui est dans la corbeille, on joue jusqu'au dépouillement complet du refusant. Après les dix tours joués, on peut demander à cumuler ce qui appartient et ce qui est dû à la corbeille.

Le premier valet de carreau donne : il y a quatorze atouts, et le valet de carreau, dit *boston*, qui est toujours atout; mais si on joue sa couleur, il est alors remplacé par le valet de cœur.

On distribue, après que le donneur a mis dans la corbeille à sa droite. La carte qui lui reste est l'atout. Il la relève quand le premier joueur a joué. Il peut donner le nombre qu'il veut.

Les cartes vues sont rebattues : c'est une règle essentielle.

Dans la première donne, la carte retournée s'appelle *la belle*, et reste telle toute la partie. Dans les données suivantes, la retourne s'appelle *petite*; on joue en deux couleurs, la belle et la petite; si le gagnant néglige de prendre la corbeille avant les cartes coupées, elle revient aux gagnans futurs.

Chacun parle à son tour; il dit : « Je demande, » s'il veut jouer, et annonce sa couleur; s'il ne veut pas jouer, il dit : « Je passe. » Chaque mot est irrévocable.

Si tous passent, le joueur suivant donne; ceux-là seuls qui acceptent, jouent contre le poursuivant; si tous passent, il joue contre tous, et doit faire cinq levées.

Un joueur qui demande en belle, doit être préféré à un demandeur en petite; celui qui propose *l'indépendance* dans une ou deux couleurs, est préféré; celui qui propose une *indépendance* dans la petite couleur de retourne, passe encore auparavant. Au-dessus d'eux sont le demandeur en belle, et celui qui propose de faire seul neuf levées, ou s'il n'en offre pas davantage, ou si l'on n'offre pas neuf cartes en belle ou en petite.

Pour gagner la corbeille, il faut au moins faire huit levées, être payé de cinq par le demandeur, et de trois par l'acceptant.

L'associé du demandeur profite de l'excédant des cinq levées qui ont été faites et des trois levées que doit faire l'acceptant.

Le joueur qui n'a pas son compte, quand l'autre associé n'a que le sien, perd seul. Il double dans la corbeille qui reste : c'est *faire la bête*.

Les défenseurs seuls peuvent confondre leurs levées. Si les deux demandeurs n'ont pas fait leur devoir, ils paient tout; s'ils n'ont fait que leur devoir, ils reçoivent une simple *consolation*; s'ils ont fait plus, ils reçoivent en conséquence.

Le demandeur sans accepteur, qui fait cinq levées, prend la corbeille et reçoit son paiement.

Le chelem a lieu quand deux associés font tout. Gagnant en belle, ils reçoivent la corbeille et quatre-vingt-seize fiches; en petite, la moitié seulement. Si le joueur n'a pas proposé l'indépendance, il ne recevra que la moitié, outre la corbeille.

L'*indépendance* ou *solo* est l'engagement que prend un

joueur de faire seul huit levées. S'il a demandé à jouer en société, il ne peut jouer l'indépendance que dans la couleur demandée.

La *misère* est l'engagement de jouer avec les cartes reçues sans faire aucune levée dans ce coup. Il n'y a plus aucune espèce d'atout.

On peut être forcé de donner de la carte demandée. Un joueur qui n'en a point n'est pas forcé de couper.

La *renonce* c'est s'abstenir du jeu avant de commencer. On peut aussi renoncer pendant la partie; mais le renonçant en société nécessaire répond du tout. S'il fait six levées avec son associé, il double la corbeille; s'il ne fait que cinq levées, il prend la corbeille, et paie la bête à la corbeille par autant de fiches qu'elle en contenait; si le coup est gagné en indépendance, le renonçant paie la belle, puis le coup et la consolation; s'il est perdu, il double la corbeille, et paie à ses partners ce que le perdant du solo devait leur compter.

Le joueur en solo qui a commencé, et qui perd le coup, porte à la corbeille une première belle, et une seconde pour sa renonce.

Celui qui coupe en renonçant, garde la levée et paie aussi la bête.

Le devoir de huit levées s'appelle *consolation*.

Voici la liste des paiemens qu'on doit exiger avant un autre coup commencé :

Pour le boston, deux fiches, de chacun en tour simple , et quatre en tour double;

Pour huit levées en tour simple, deux fiches, et deux de plus pour chaque levée jusqu'à douze inclusivement;

Pour treize levées, vingt fiches;

Après une demande en belle, acceptée et gagnée, quatre fiches pour le devoir, et quatre pour chaque levée en sus, jusqu'à douze; pour treize levées, quarante;

Dans l'indépendance de petite couleur gagnée, seize fiches pour le devoir, quatre de plus par chaque levée jusqu'à douze; pour treize levées, soixante-douze fiches;

Pour indépendance en belle, le double;

Dans la demande en petite, acceptée et perdue, les défenseurs de coup gagnent deux fiches pour le devoir manqué, et deux pour les levées perdues; pour les suivantes, deux fiches par chaque, jusqu'à quatorze inclusivement; pour la septième, quinze ; pour la huitième, dix-huit, et deux par chacune des suivantes jusqu'à douze; pour treize levées, cinquante-six fiches;

Dans la demande en belle, le double ;

Dans l'indépendance en petite, perdue, seize fiches pour la manque; pour une levée, vingt fiches, et quatre pour chacune des suivantes jusqu'à douze; pour vingt-trois levées perdues, cent trente-six fiches;

Dans l'indépendance en belle, le double ;

Dans la demande en petite, non acceptée et gagnée, pour cinq levées, deux fiches, deux pour chacune des suivantes jusqu'à cent soixante-treize; pour huit levées en sus de devoir, trente-six fiches, plus le devoir double;

Dans une demande en belle, pour huit levées, le double;

Dans la demande en petite, non acceptée et perdue, le joueur paie à chacun, pour son devoir non rempli, deux fiches; pour chaque levée jusqu'à dix, deux fiches ; pour cinq levées, vingt fiches, plus le devoir double;

Dans la demande en belle, le double;

Dans tous les tours doubles, les paiemens sont doublés; ainsi, le gain de la demande en belle acceptée se paie quatre-vingt-seize fiches.

BOTANIQUE. (*Conn. us.*) La botanique est la connaissance du règne végétal. Le mot *botanés* en grec veut dire plante.

Le règne végétal est composé de tous les êtres qui naissent et croissent sans avoir la faculté de locomotion, et dont le développement est dû à une force interne. Ces êtres sont les plantes. Les plantes sont divisées en espèces, subdivisées en genres. Les genres sont composés de la réunion des familles.

La botanique qui s'occupe des plantes utiles à la guérison des maladies s'appelle botanique médicale.

Le meilleur traité élémentaire de botanique le plus clair et le moins volumineux a été publié dernièrement par M. Lefébure, qui s'est occupé toute sa vie d'un nouveau système floral , d'après les méthodes de Tournefort et Linnée. Cet ouvrage destiné à changer la face de la science, est intitulé : *Genera et species de la flore de Paris.*

BOTTELAGE. (*Agric.*) C'est l'action de mettre le foin en bottes. (Voy. FOIN.)

BOTTES. (*Ind. dom.*) Les bottes, surtout en hiver, ont beaucoup d'avantage sur les souliers. Elles sont plus solides, plus durables et moins sujettes à prendre l'eau , surtout avec la préparation suivante.

Moyen de rendre les bottes imperméables. Faire fondre jusqu'à ébullition prochaine un demi-litre d'huile de lin, huit onces de suif de mouton, six onces de cire jaune, quatre onces de résine commune. Avant l'entier refroidissement, appliquer sur les bottes, laisser sécher, et faire pénétrer dans les coutures. On pourrait ainsi apprêter le cuir avant de l'employer. Si ce vernis se détache, graisser avec de l'huile de lin. Ne pas présenter à un feu trop ardent les bottes enduites de ce vernis; entretenir avec le cirage ordinaire.

En collant à la colle forte une peau blanche dans l'intérieur de la botte, on peut rendre ainsi imperméable la semelle intérieure de la botte. Le comité du *Journal des Connaissances utiles*, qui donne ce procédé, a laissé tremper dans l'eau vingt-quatre heures des souliers ainsi vernissés que l'humidité ne pénétra pas sensiblement.

Une écorce de bouleau ou de liège cousue entre deux semelles de cuir garantit les bottes de l'humidité.

Pour nettoyer les bottes ordinaires, Voy. CIRAGE.

Pour les accidens causés par les bottes trop étroites, Voy. CORS.

Pour nettoyer les bottes jaunes. Laver dans une composition faite avec une chopine d'eau et une once d'acide muriatique.

BOUC. (*Anim. dom.*) Les deux espèces de bouc les plus estimées sont le bouc du Thibet, et le bouc de Calabre ; l'un pour son rapport, l'autre pour sa force.

Un bon bouc peut suffire à quatre cents chèvres dans l'année; il doit avoir le corps grand, le cou charnu et court, les jambes grasses, le poil épais, noir et doux, les oreilles grandes et pendantes, la barbe longue et touffue. Si le bouc manque de plusieurs de ces qualités, et à plus forte raison de toutes, on le châtre à six mois. Ceux qui ont des cornes ne sont pas les meilleurs, et sont dangereux par leur pétulance.

Le bouc ne doit point saillir avant deux ans ; il s'épuiserait de trop bonne heure. Après qu'il a été employé pendant trois ans, on peut le châtrer pour l'engraisser. Sa chair, en lui appliquant les préparations culinaires du mouton, peut devenir une nourriture passable.

Quand on fait saillir le bouc, on doit lui donner de bons alimens. Pour s'assurer que la chèvre qu'il saillit sera pleine, on double, on triple les saillies.

La peau des boucs est préparée par les chamoiseurs. On en fait du maroquin. Dans le midi, on en fabrique des outres. Comme les gelées nuisent à la peau, il faut tuer les boucs dans le mois d'octobre, pour préparer leur peau avant l'hiver.

Le suif de bouc peut se mêler à celui de bœuf et de mouton.

BOUCANAGE. (*Ind. dom.*) C'est une préparation usitée chez les sauvages, et dont on peut essayer peut-être avec succès, pour conserver la viande, ou pour lui donner un goût particulier.

On coupe le bœuf ou toute autre viande par aiguillettes, on les saupoudre de sel, et on les expose sur une claie à la fumée, ou du feu d'une chambre, ou d'un feu allumé dans un trou cylindrique.

BOUCHE. (*Hyg.*) Les maladies de la bouche sont presque toutes inflammatoires. Ce sont des aphthes, des boutons ; ou bien le mal de gorge, qui étend ses effets jusque dans l'arrière-bouche. (Voy. AMYGDALES, ANGINES, APHTHES, BOUTONS.)

Dans les inflammations de la bouche, les émolliens conviennent. Une décoction d'eau de plantin et de feuilles d'olivier et de guimauve avec un peu d'alun était recommandée par les médecins du XVᵉ siècle. En délayant un peu de miel dans de l'eau, on fera un gargarisme très efficace.

Dans d'autres cas, l'irritation provient du mal de dents. Pour le traitement, Voy. DENTS.

Eau pour la bouche, composée par M. *Guibourt.* Prendre un peu de cannelle, un gros de vanille, dix-huit grains de coriandre, de girofle, de cochenille, de macis et de safran, une demi-once d'eau de fleur d'orange, neuf gouttes de citron, de lavande, de thym et de teinture d'ambre, un litre d'esprit de pyrèthre à 55°. Faire infuser quinze jours ; mettre dans un flacon bouché à l'émeri. On s'en sert en l'étendant d'eau de fontaine.

BOUCHÉES. (*Cuis.*) *Bouchées à la purée de perdreaux.* Préparer des abaisses comme il est dit aux petits pâtés à la reine, mais moitié moins grandes ; mettre la purée de perdreaux.(Voy. PATÉS, PERDREAUX.)

Bouchées des dames. Battre ensemble de la fécule de pommes de terre, de la fleur d'orange, du sucre en poudre, du sel ; étendre sur du papier, et faire cuire à un feu doux, glacer et faire sécher.

Bouchées glacées. Couper en forme carrée de la pâte de feuilletage, saupoudrer de sucre et faire cuire ; garnir de confitures, de gelée de pommes, de grenades, de marmelade d'abricots, de pistaches, de raisin de Corinthe, de glacé de chocolat.

BOUCHERIE (VIANDE DE). Voy. BŒUF, MOUTON, VIANDE.

BOUCHONS. (*Ind. dom.*) M. Dupré, de Paris, a remplacé les bouchons goudronnés qui s'altèrent, par les frottemens et les transports, par des capsules en plomb. C'est un cornet en forme de cône tronqué, formé d'une mince feuille de plomb. Quand la bouteille est bouchée avec le liége, on place une capsule sur le goulot. On a une corde pendue au plancher, au bout de laquelle est une planchette sur laquelle on pose le pied ; on fait un tour sur la capsule avec la corde, et on serre en faisant tourner la bouteille ; le plomb se moule sur le goulot. Un homme bouche ainsi par heure cent cinquante bouteilles. Il n'en boucherait que cent trente, si à cette opération on joignait l'application du cachet sec du propriétaire sur le plat du bouchon.

Le vin est ainsi parfaitement et solidement conservé, et cette méthode a l'avantage du bon marché. Les capsules coûtent cinq francs le cent ; prix qui n'est pas supérieur à celui du ficelage et du goudronnage.

Quand on veut retirer les capsules, on en coupe la superficie avec un couteau.

Pour ôter au vin le goût du bouchon, on y mêle un peu d'huile d'olive ; on agite fortement, on laisse reposer, et on sépare les deux liquides en filtrant et en transvasant.

On peut empêcher le vin de contracter ce goût, en oignant légèrement le bouchon d'huile à l'intérieur.

On vend chez M. Danger, à Paris, des instrumens destinés à percer les bouchons. Ce sont des cylindres creux, à extrémité dentelée, qui font des trous bien ronds. (Voy. BOUTEILLES.)

BOUCLES D'OR. (Voy. BIJOUX.)

BOUCLES D'OREILLES. Les boucles d'oreilles passent de mode, et il est douteux que leur règne revienne. Beaucoup de parens ne font plus percer les oreilles de leurs enfans, sinon pour cause de santé, et beaucoup de dames se sont débarrassées de cet ornement inutile et incommode.

BOUDIN. (*Hyg.*) Le boudin est lourd et excitant à cause des aromates et du lard qu'on y joint. Altéré par une longue exposition à la fumée, il peut contracter une saveur nuisible. On a vu des personnes, après en avoir mangé de cette espèce, atteintes de symptômes gastriques, cardiaques et cérébraux, analogues à ceux d'un véritable empoisonnement.

Boudin. Mêler du sang, des oignons passés au feu avec du beurre et coupés menu, de la panne, des épices, de la crème, du sel et du poivre, remplir des boyaux en entier, mettre dans un chaudron plein d'eau très chaude sans être bouillante ; quand il ne sort plus de sang, les boudins sont prêts.

Boudin blanc. Mêler des oignons, de la panne pilée, de la mie de pain desséchée dans du lait, du cochon cuit, haché et pilé, de la crème, des œufs, du sel, des épices ; faire cuire avec du lait coupé.

Boudin de veau. Même préparation.

Boudin de sanglier. Conserver le sang avec du vinaigre ou du citron. Faire le boudin comme le boudin ordinaire.

Boudin de volaille. Il se fait avec de la farce à quenelles panée, et se sert avec une demi-glace dessus. (Voy. FARCE A QUENELLES.)

Boudin de foie gras de Strasbourg. Hacher avec de la panne six oignons cuits dans le bouillon; ajouter du sang et de la crème double (une demi-chopine pour un foie), des épices et du sel, poser sur un feu doux; mettre dans les boyaux.

Boudin de lièvre. Piler la viande et passer; ajouter une tétine de veau hachée, pilée et passée, de la mie de pain trempée dans du bouillon, du beurre en quantité égale, des épices, du sel, de l'échalotte, du persil, des jaunes d'œufs; tremper dans du beurre et passer. Faire griller à un feu doux.

Boudin de lapin. Rouler dans la farine de la farce de lapin, masquer d'une sauce à atelets, tremper dans mie de pain, et griller.

Boudin de lapereau. Hacher les chairs, mouiller de consommé les carcasses pour en tirer le suc, piler le tout, ajouter du beurre et une demi-tétine de veau, des œufs, de la crème, des oignons et des épices; mettre dans les boyaux.

Boudin de faisan. Hacher le faisan et en briser les os, hacher des oignons, délayer à la crème et aux œufs, ajouter des aromates; mettre en boyaux.

Boudin de faisan à la Richelieu. Piler le faisan avec quantité égale de pommes de terre et de beurre, mettre des œufs et des épices, rouler les boudins dans la farine, paner et faire griller.

Boudin de perdrix. Il se fait de même que le boudin blanc.

Boudin d'écrevisses. Ajouter à un beurre d'écrevisses des queues d'écrevisses coupées menues, des œufs, des blancs de volaille hachés, des foies gras hachés, une panade à la crème, des oignons, du velouté, des épices et du sel; mettre dans les boyaux.

Boudin portugais. Pour cinq douzaines, faire cuire à la plume quatre livres de sucre, ajouter une livre et demie d'amandes douces, puis brasser deux livres de saindoux, et six décilitres et demi de miel; ajouter deux livres et demie de pain râpé, et deux litres de sang bouilli et écrasé; retirer du feu, ajouter une livre et demie de sucre, une demi-once de cannelle, et un gros de clous de girofle; brasser, et couvrir pendant une demi-heure.

Boudin portugais au maigre. Pour sept douzaines, faire cuire à la plume huit livres de sucre, ajouter deux livres d'amandes, et laisser bouillir; mêler ensuite deux livres ou une livre et demie de beurre fondu, et trois livres et demie de pain râpé; ôter du feu, ajouter un gros ou un peu moins de clous de girofle, une demi-once de cannelle, trente jaunes d'œufs battus; couvrir pour laisser lever; remplir, tremper le boudin dans l'eau bouillante.

On les sert de suite, ou on les frit à la poêle avec une sauce au vin de Madère, ou une sauce au beurre et aux fines herbes.

BOUE. (Voy. ENGRAIS.)

BOUGIE. (Ind. dom.) La bougie est très facile à fabriquer; il suffit d'avoir un moule, d'y verser la cire par un bout et de la retirer par l'autre. Pour quiconque en aura vu faire deux ou trois fois, cette fabrication deviendra aisée.

Bougie optime. — Procédé donné par M. Mérijot pour

sa fabrication. Pour une livre de bougie de 5, prendre cinq grammes de coton, un cinquième de cire, et quatre cinquièmes de suif; pour la couverture de la bougie, on emploie un tiers de cire de première qualité, dans le premier jet; dans le second, trois cinquièmes de cire et deux cinquièmes de suif; dans le troisième, trois décagrammes de cire pure.

Bougie de M. Débitte. Pour douze livres de bougie, prendre onze livres et demie de blanc de baleine, trois quarterons de suif de chèvre épuré et autant de cire, faire fondre au bain-marie chaque chose séparément, et tirer au clair. Ajouter un quart d'once de crème de tartre et autant d'alun de glace; mêler au bain-marie, faire chauffer à 80 degrés, laisser descendre à 60, tirer au clair et verser dans le moule.

Cette bougie supporte une grande chaleur, dure beaucoup, et éclaire très bien.

BOUGRAN. On appelle bougran la grosse toile gommée qu'on met dans le col des habits et sous les boutonnières.

BOUILLIE POUR LES MALADES. Tremper pendant deux heures dans l'eau froide la mie d'un pain mollet, exprimer, ajouter du sucre, du sel et un jaune d'œuf, faire bouillir jusqu'à consistance de bouillie.

On peut remplacer la mie de pain par de la fleur de farine de mil ou de gruau.

BOUILLON. (Hyg.) Le bouillon est éminemment réparateur. Il est composé de tous les principes nutritifs que contient la viande, d'eau, de gélatine, d'osmazome, de graisse et de différens sels. C'est l'albumine qui en est enlevée sous forme d'écume. Les viandes les plus succulentes qui servent à sa confection sont le bœuf et le porc. Dans les convalescences d'inflammations aiguës, on ne doit jamais prescrire le bouillon de bœuf. Les bouillons de viandes blanches, de poulet, de veau, sont beaucoup moins excitans.

Dans les maladies, les bouillons se donnent en quatre doses de trois en trois heures.

Le meilleur bouillon se fait avec la tranche, la culotte et la poitrine de bœuf. Les marmites de terre, surtout celles de Paris, sont meilleures pour le faire. On emplit la marmite d'eau froide, qu'on place devant le feu. On y met le morceau de bœuf, et on retire l'écume à mesure qu'elle monte; on ajoute du sel, un ognon rouge brûlé, une carotte coupée en quatre, deux blancs de poireau, des panais, du céleri, un navet, un peu d'ail, selon les goûts; le tout en botte. On enlève la graisse à mesure, et on fait bouillir, toujours également, pendant huit heures. On a d'excellent bouillon en mettant dans la soupe des os de veau, des carcasses de volailles, des abattis; du collet de mouton, du jambon, une vieille perdrix, et même un corbeau. Si la viande sent l'évent, on met dans la marmite trois ou quatre morceaux de charbon qu'on ôte après quelques heures. Pour servir, on retire d'abord les légumes, on fait griller des croûtes des deux côtés, et on verse le bouillon dessus. La viande ne doit pas être trop grasse.

Bouillon fait en une heure. Couper par petits morceaux une livre de bœuf, un morceau de veau, un demi-poulet, ou un abattis; mettre avec un peu de lard, carottes, ognons, et un demi-verre d'eau; laisser mijoter un quart d'heure, verser une livre et demie d'eau avec du sel; faire bouillir une demi-heure et passer. On peut verser de suite l'eau sans faire mijoter. On couvre hermétiquement.

Bouillon de santé. Faire mijoter de la tranche, du jarret de veau, une poule, quatre pintes d'eau, carottes, navets, ognons, clous de girofle, une laitue, du cerfeuil.

Grand bouillon pour mouiller. Faire bouillir à la crémaillère une des grandes pièces de bœuf désossée, écumer; remettre trois ou quatre fois de l'eau, assaisonner de sel, garnir de légumes, et mettre sur un lit de cendre jusqu'à cuisson.

Bouillon de poulet. Faire bouillir pendant trois heures un poulet avec deux pintes et demie d'eau; ajouter si l'on veut de l'orge mondé et du miel de Narbonne.

Bouillon de veau. Faire bouillir quatre heures de la rouelle de veau, marinée dans trois pintes d'eau, avec de la laitue et une poignée de cerfeuil. On doit peu saler et épicer.

Bouillon pectoral de mou de veau. Couper du mou de veau, faire bouillir avec des jujubes, du cerfeuil et des navets.

Bouillon aux herbes. Faire bouillir pendant une heure et passer : deux pintes d'eau, du beurre frais, de l'arroche, du cerfeuil, de la laitue, de l'oseille (une poignée de chaque) ajoutez gros comme deux noix de beurre frais.

Bouillon aux légumes. Faire bouillir en réduisant dans du beurre quantité égale de carottes, de navets et d'ognons, du panais, du cerfeuil, du céleri, du chou, des laitues, des pois, du sel, du poivre et des clous de girofle; remettre de l'eau et faire bouillir quatre heures.

Bouillon au poisson. Couper un merlan, un saint-pierre et un rouget, mettre dans une casserole avec une gousse d'ail, du persil haché, de l'huile, du sel, du poivre et de l'eau chaude; faire bouillir à grand feu, verser sur des croûtes de pain passées à l'huile. On sert ce mets comme potage.

Bouillon de veau à la minute. Couper en morceaux menus une quarteron de rouelle de veau; mettre dans une pinte d'eau avec une cuillerée de riz, réduire à une chopine, presser le veau et le riz, passer et laisser reposer.

Bouillon aromatique de poulet. Faire bouillir avec du vin blanc, un peu de vinaigre, de l'eau, de la moelle de bœuf, du sel, des rouelles de citron, un clou de girofle, du romarin et de la cannelle.

On donne au bouillon une couleur jaune en ajoutant quelques gouttes de caramel, ou en y mettant deux ognons cuits et un peu brûlés sur une pelle de fer, ou en y mettant des carottes, navets ou panais séchés au four. Pour faire sécher ces légumes, on en enfile des rouelles, et on les met au four encore bien chaud.

Manière de purifier le bouillon vieilli. Quand la soupe est trempée, passer le reste du bouillon et le laisser dans un endroit frais; si la température est chaude, ajouter pour chaque litre dix grains de carbonate de soude : il s'empare de l'acide qui se forme par l'aigrissement du bouillon.

Faire bouillir le bouillon le lendemain pour enlever l'é-cume occasionée par le dégagement de l'acide. Si le bouillon est sur, après plusieurs jours, réitérer.

Ne pas mélanger le bouillon du jour avec le bouillon de la veille.

Si l'on conserve le bouillon plusieurs jours, on le fait bouillir soir et matin, et on le tient au frais sans le couvrir; l'été, il s'aigrit aisément.

BOUILLON-BLANC. (*Jard. — Méd. dom.*) *Verbascum Rapsus.* Famille des solanées. C'est une plante bisannuelle; la tige a de deux à trois pieds; en juillet et août, elle donne des fleurs jaunes en longs épis. Le bouillon-blanc se multiplie de graines dans une terre chaude et légère, au midi; elle croît sans culture dans les bois. On emploie ses fleurs et ses feuilles en infusion, comme pectoral émollient, mais elles ont peu de vertu; deux gros dans une pinte d'eau forment une boisson adoucissante, légèrement parfumée, convenable dans les inflammations. Les feuilles cuites et réduites en pulpe sont un cataplasme émollient. On cueille les fleurs une à une, et on les étend sur du papier au soleil. On les met en sacs quand elles sont parfaitement sèches. On prétend avoir employé avec succès le bouillon-blanc pour la guérison de la rage. Le bouillon blanc s'appelle aussi *millaire.*

BOUILLOTTE. (*Récréat. dom.*) On supprime les sept d'un jeu de piquet.

On joue cinq; la mise est de cinq jetons pour chacun; une fiche vaut cinq jetons.

Pour déterminer les places autour de la table, qui est ronde, on prend un as, un roi, une dame, un valet et un dix. Chaque joueur choisit au hasard.

Le porteur de l'as se met auprès du roi, et ainsi de suite.

Le porteur du roi joue le premier, selon l'usage; mais comme l'as est plus fort que le roi, le porteur de la dame est le premier en cartes.

On remet les cinq cartes dans le jeu.

On convient du prix du jeu.

Chaque joueur met un jeton, le donneur met le dernier.

Le premier en cartes peut se *carrer*, c'est-à-dire mettre plus un, autant de jetons qu'il y en a au jeu. Le second joueur peut *décarrer*, en doublant le jeu plus un jeton; en se carrant on met un jeton sous le flambeau. L'avantage d'être carré, est que si tout le monde passe, tout vous appartient, et si quelque joueur fait le jeu, vous parlez le dernier.

Le jeu fait, le donneur donne une à une trois cartes à chacun, il prend la retourne, et place le talon à sa droite.

Le premier en cartes, quand il n'est point carré, garde le silence, s'il voit le jeu seulement, c'est-à-dire les cinq jetons de mise; ou annonce et ouvre le jeu, s'il voit plus; ou s'il ne voit pas le jeu suffisant, passe.

Les autres répondent successivement; si le second offre plus, le premier est dit *relancé.* Les autres joueurs relancent, on sont obligés de tenir, ou de renoncer et payer autant de jetons qu'il s'en trouve dans le jeu, ou autant qu'ils ont promis d'en tenir.

Chacun découvre son jeu : le premier peut prendre ce qui lui convient dans les cartes du joueur non tenant qui suit la gauche; le second tenant fait de même.

Les plus forts en points ou en cartes de même couleur gagnent; en cas de concurrence le premier en cartes l'emporte.

L'as vaut onze; si on a l'as, le tenant prend, dans les jeux, les autres cartes de même couleur que son as.

Quand tous passent, on remet un jeton et on redonne, à moins de carrage.

Tous les joueurs, au-dessus de celui qui ouvre, peuvent revenir après avoir passé, et tenir ou relancer, si le jeu n'est pas ouvert; mais quand un joueur a ouvert le jeu, ceux qui ont parlé ensuite ne peuvent plus rien faire, et le premier est soumis à ceux qui tiennent contre lui.

En cas de plusieurs tenans, le voisin de celui qui ouvre le jeu déclare le premier ce qu'il joue, et les autres ensuite.

Si le premier ne tient que le jeu et est relancé, il est contraint de tenir ou de renoncer.

On ne peut jouer que ce qu'on a devant soi; c'est faire son va-tout ou *être carré*. Le joueur qui perd tout, et se retire, est dit *carré*.

Le *brelan simple* est composé de trois cartes de même valeur. Il donne deux jetons au jeu, et en reçoit deux de chaque joueur.

Le *brelan carré* donne et reçoit le double. Il se compose de trois cartes semblables à la retourne. Avoir jeu fait, c'est avoir trente et un, vingt et un et la retourne. On peut perdre cependant en relançant avec ce jeu, s'il ne se trouve dans le jeu des autres qu'une carte de votre couleur, tandis qu'en levant avec un as seul, ou un roi qui entraîne à défaut de l'as, on entraîne tous les autres as ou rois.

On ne joue pas moins que le jeu quand plusieurs tiennent. Le plus près, à droite de celui qui ouvre, déclare combien il joue, sauf la relance. Quand tout le monde passe, on met sous le flambeau, pour les cartes, un jeton de la seconde mise.

Une seconde fois, on ne met rien; une troisième fois, on donne deux jetons. Quand une carte est retournée dans le jeu, on refait, après avoir continué la donne pour voir s'il y a des brelans.

Les parties à la-bouillotte ne sont point limitées. Chaque joueur décarré peut être remplacé par un autre.

BOULANGERIE. (*Ind. dom.*) Il est fort peu économique d'avoir chez soi une boulangerie : ou l'on fait le pain en trop grande quantité, et alors il se dessèche et devient mauvais; ou on le fait en trop petite quantité, et alors il revient plus cher que celui du boulanger. Il est préférable de donner sa farine à un boulanger, et de le charger de la confection du pain.

BOULEAU commun. (*Jard.*) *Betula alba.* Famille des amentacées. Cet arbre indigène a une écorce blanche et un beau feuillage. Quelques variétés sont à branches pendantes. Ses fleurs naissent en chatons au mois de mai. On en compose des massifs. Il est charmant sur les pentes des endroits escarpés.

Le bouleau pousse même dans les lieux les plus arides; cependant il aime l'humidité. On le sème à la volée, quand la graine est mûre en décembre, sur une terre ombragée, couverte d'herbes par intervalle, ou récemment bêchée. En tombant naturellement sur le bord des fossés, les graines donnent des rejetons vigoureux.

Pour en faire des massifs, on repique, à la distance de trois pieds en tous sens, du plant de deux ans ; on le recèpe tous les cinq ou six ans. On peut y mêler du chêne.

Bouleau odorant. (*Betula lenta.*) C'est un arbre de Virginie. Il demande une terre humide, légère et substantielle, et du soleil. Il se multiplie de marcottes, de semis et de greffe sur prunier. Le *bouleau à canot*, le *bouleau lutea*, et le *bouleau daurica*, tous trois du Canada, se cultivent de même.

Bouleau nain. (*Betula nana.*) Cet arbuste a un petit feuillage. Il vient de Russie; il se place sur le bord des taillis; il se multiplie de marcottes dans une terre meuble et fraîche au midi. Ses fleurs viennent en mai. On cultive de même les deux variétés, *bouleau pumila*, et bouleau à feuilles d'ortie (*Betula urticifolia*).

L'Amérique septentrionale nous a donné trois espèces, le bouleau à feuilles de peuplier, le bouleau jaune et le bouleau à papier.

Les Lapons emploient le bouleau à allumer le feu, à faire des instrumens de cuisine, vases, assiettes, coffres. L'écorce sert à faire des paniers, et à tanner. Pour la préparer, on la coupe par petits morceaux, et on la laisse macérer pendant quarante-huit heures dans une chaudière avec de l'eau et un peu de sel ; puis on fait bouillir et on verse sur les peaux en frottant; on laisse les peaux deux ou trois jours dans l'infusion : au bout de ce temps, on fait tiédir l'eau, et on y laisse les peaux quelques jours; puis on les fait sécher.

Les jeunes feuilles de bouleau, conservées et séchées en automne, servent de nourriture au bétail.

Huile de bouleau ou bétuline. Les Russes s'en servent pour aromatiser leurs cuirs. Pour la fabriquer, ils mettent l'épiderme des bouleaux dans une chaudière de fer couverte; au milieu du couvercle est un trou auquel un tuyau est adapté; par-dessus le couvercle, on pose une chaudière d'égale grandeur ; on la lute soigneusement bord à bord avec l'autre ; on retourne de manière à ce que le tuyau ait son orifice renversé dans la chaudière vide; on enterre à moitié et on couvre la chaudière supérieure avec de d'argile, du sable et de la bouze de vache. Quand ce mélange est sec, on entoure de feu. La durée du feu est en raison de la quantité d'épiderme.

Cette distillation produit de l'acide pyroligneux, une huile brune, et un peu de goudron. On conserve dans des bouteilles bien bouchées l'huile qui est très volatile.

On couvre les toits, dans les pays du nord, avec de l'écorce de bouleau. On fait d'abord un toit en planches, puis on pose les écorces, et par-dessus des gazons verts très épais. Jamais l'humidité ne pénètre ces toits. Il y a de l'avantage à entourer d'écorce de bouleau la partie des piquets qu'on plante en terre.

On emploie aussi l'écorce pour les bottes. (*Voy.* BOTTES.)

Le bois de bouleau, très propre au chauffage, donne du bon charbon et de la potasse.

On en fait des vases d'une seule pièce, de très bons cerceaux, des échelles, des ouvrages de menuisier, tourneur et tabletier (Voy. BALAI.)

La sève sert en Russie à faire de la bière, un sirop sucré, un vin mousseux. Battue avec de la terre glaise, elle donne aux Cosaques de l'Ukraine une sorte de gomme élastique. Pour enlever la sève on fait un trou d'un ou deux pouces, oblique, à une exposition méridionale. On y adapte un tube, et on place au-dessous un vase. On peut encore avoir de la sève en coupant le bout des branches. On bouche ensuite les trous avec des chevilles, et on répare les coupures avec de la poix. La sève est abondante surtout en hiver, dans les montagnes exposées au midi. Les arbres d'un âge moyen en fournissent davantage. Quand on a cinq ou six bouteilles de sève, on arrête un écoulement qui épuiserait l'arbre. On ajoute pour une bouteille de sève un quarteron environ de cassonade, de la cannelle, de la muscade, des clous de girofle, des citrons en tranches; on fait réduire au trois quarts, en enlevant l'écume. On passe, et on ajoute à la liqueur tiède trois bouteilles de vin blanc, et deux cuillerées de levure de bière; on laisse fermenter pendant vingt quatre heures; on entonne, et on laisse un mois à la cave; on soutire, et on met en bouteilles.

BOULETTES DE VIANDE. (*Cuis.*) Préparer les viandes comme pour un hachis, mettre deux jaunes d'œufs et lier en tournant; former des boulettes, rouler dans une pâte faite d'un œuf, de farine, d'huile et de sel, mettre dans la poêle et faire frire.

Retirer quand elles sont dorées; on en met cinq à la fois. On jette dans la friture du persil qu'on retire dès qu'il casse.

Boulettes de saucisses aux choux. Faire blanchir des feuilles de choux, ôter la peau de huit saucisses crues, les mettre en boulettes et les envelopper de feuilles de choux blanchis, faire cuire dans un bon coulis.

Boulettes de Venie. Hacher le foie et les rognons d'un cochon, avec un peu de lard, ajouter de la cannelle douce, des clous de girofle, du poivre, muscade, sucre, mêler et envelopper dans une crépine de porc, faire cuire avec de la graisse et du vin blanc.

Autre. Hacher deux livres de foie, une once de poumon et de chair, mettre sel, ail, écorce d'orange, figues, épices, girofle et raisins secs, placer dans un boyau.

BOULINGRIN. (*Jard.*) C'est une pièce de gazon isolée, tantôt simple, tantôt mêlée de plates-bandes de fleurs et d'arbrisseaux.

On tond le gazon quatre fois l'an pour le rendre plus velouté. On place dans des endroits découverts les boulingrins, en les entourant d'arbres. On enfonce le boulingrin plus que le reste du terrain, et on l'entoure d'un talus.

BOUQUET. (*Cuis.*) On appelle ainsi un mélange de ciboules, persil, laurier, ail, thym, clous de girofle, liés ensemble.

BOUQUET. (*Hyg.*) On appelle ainsi une réunion de substances aromatiques, dont on fait une eau pour la toilette. En voici les proportions: elle doit marquer de 28 à 30 degrés.

Deux onces de storax, d'écorce de citron et de muscade, six onces de coriandre et de *calamus aromaticus*, une once et demie de girofle, quatre d'iris de Florence, une demi-once d'essence de bergamotte, un gros d'essence de citron, autant de romarin, quinze gouttes d'essence

de roses, deux onces de muscades, une once d'huile de tubéreuse, un quart de gros d'ambre gris, un demi gros de vanille, quatorze pintes d'esprit de vin, une pinte d'eau de fleur d'oranger.

Concasser toutes les substances, excepté l'ambre, la vanille et l'iris; laisser macérer, distiller, ajouter les essences, l'ambre, la vanille et l'iris. Laisser macérer de nouveau, filtrer, et ajouter l'eau de fleur d'orange.

On s'en sert en l'étendant de beaucoup d'eau.

BOURACAN. (*Ind. dom.*) C'est une étoffe de laine non croisée, très raide, dont on fait des vestes et redingotes pour l'été. La couleur grise de cette étoffe jaunit aisément. — Elle a deux tiers de large.

BOURBE. (Voy. CURAGE, ENGRAIS.)

BOURGEON. (*Jard.*) Les bourgeons commencent à pousser aux approches du printemps. Ils ont la forme d'un œil qu'on aperçoit à l'extrémité des branches des arbres. (Voy. ARBRES.)

BOURGEOISE (A LA). V. SAUCE.

BOURGOGNE (VIN DE). Voy. VIN.

BOURRACHE OFFICINALE. (*Jard.*) *Borrago officinalis.* Famille des borraginées. On la sème partout et en tout temps. Elle donne de juin en septembre des fleurs bleues qu'on emploie fraîches ou sèches comme pectoral émollient; mais elle a peu de vertus, et est peu mucilagineuse. Elle peut être salutaire dans toutes les circonstances où on a besoin d'une boisson abondante, aqueuse et tiède.

Cette plante est annuelle. Il suffit d'en semer une fois en avril dans une terre meuble et chaude pour qu'elle se ressème chaque année, si on ne l'arrache pas en sarclant. Les graines se conservent quatre ans; elle fleurit tout l'été; les feuilles se cueillent vertes avant la floraison. La graine se garde deux ans.

La bourrache avait autrefois beaucoup de célébrité. On la mangeait en salade; on faisait avec ses fleurs des confitures et du vin, en faisant bouillir une livre de bourrache avec neuf ou dix livres de bon moût blanc. « *Il mondifie le sang et réjouit le cœur*, dit le médecin de Henri IV. *Il est bon contre la corruption de ladrerie, de chancre, de rogne, contre le battement de cœur.* » Ce vieux praticien lui consacre ensuite ce singulier vers latin :

Flos ego borrago, gaudia cordis ago.

BOURRE. (*Anim. dom.*) La bourre est le poil des peaux de vaches, bœufs et veaux enlevés par le moyen de la chaux. Elle vaut trois sous la livre environ. On en garnit les coussins des harnais, et on en fait le blanc-en-bourre. (Voy. ce mot.)

BOURRÉE. (*Ind. dom.*) Les bourrées se font en ramassant du menu bois, les brindilles de la taille des arbres, et des vignes, le bois mort des haies, les épines, etc. On les fait sécher à couvert, et on les lie en petits fagots. Rien n'est plus utile pour commencer le feu. (Voy. BOIS.)

BOURRELET. (*Jard.*) C'est le nom qu'on donne à un nœud qui vient au bout de quelques années au-dessus d'une greffe, et qui est plus gros que le pied sur lequel elle a été faite. On le reconnaît au cercle avancé qu'il forme. Tout

sujet qui fait le bourrelet n'est jamais bien conditionné. La greffe se joint difficilement à l'arbre greffé, et le suc nourricier ne lui arrive pas directement. Il faut donc, en ce cas, arracher le sauvageon, et en replanter un autre. (Voy. GREFFE. SAUVAGEON.)

BOURRELET. (*Hyg.*) Les meilleurs bourrelets ont des carcasses en baleine et en osier. On n'en saurait trop recommander l'usage. Les chutes fréquentes auxquelles les enfans sont exposés, bien que n'ayant pas d'effets immédiats, causent, par suite des congestions sanguines, des fièvres cérébrales, des abcès, des affections nerveuses, et des dérangemens de la masse cérébrale qui influent sur les facultés intellectuelles.

BOURSE. (*Ind. dom.*) Les meilleures sont en tissus de soie à fermoir. Celles en forme de besace, à anneaux, s'ouvrent difficilement ; celles en maroquin en forme de portefeuille hémisphérique sont pesantes, et tiennent trop de place. Il n'y a que les bourses à jetons qui se fassent en cuir ; elles sont garnies de cordons qui en traversent les plis en sens contraire. Il en est de même des bourses de quête en velours.

On fait des bourses au crochet et au filet. (Voy. ces mots.)

BOUSE. (*Ind. dom.*) La fiente des bœufs et des vaches est un bon engrais. Elle entre dans la composition de différens mortiers grossiers ; on l'emploie dans les maladies des arbres. Séchée, seule, ou mêlée à de la poudre de charbon, elle peut servir au chauffage.

BOUSSOLE. (*Var.*) La boussole simple de poche est une boîte carrée, couverte d'une glace ronde. Elle renferme une petite aiguille d'acier aimantée, qui se tourne toujours vers les pôles. Dans quelques endroits, il y a une légère déclinaison. L'aiguille de la boussole est suspendue au-dessus d'une rose de carton, sur laquelle est un cercle divisé en trente-deux parties égales, qui marquent les trente-deux subdivisions des vents.

Depuis cinq cents ans qu'elle est connue, les savans n'ont pas encore pu trouver la cause des phénomènes de l'aiguille aimantée.

BOUTARGUE. (*Off.*) C'est un mets provençal. Prendre des œufs de poisson, particulièrement de mulet, saupoudrer de sel, mettre en presse entre deux planches, fumer et sécher au soleil ; manger avec de l'huile et du jus de citron.

BOUT-D'AILE. (Voy. PLUMES.)

BOUTEILLES. (*Ind. dom.*) On vient de découvrir récemment un moyen de faire des bouteilles de verre blanc moins chères que celles de couleur. Le procédé n'en a pas encore été rendu public.

Pour mettre le vin en bouteilles, on met un petit robinet au tonneau, et au-dessous une cuvette. On bouche à l'instant fort soigneusement avec un bon bouchon de liége choisi. Il faut être très attentif à choisir de bons bouchons. Si on emploie des bouteilles qui ont déjà servi, on les nettoie avec une demi-poignée de gros plomb de chasse qu'on y agite avec un peu d'eau.

Le vin acquiert des qualités dans une bouteille bouchée avec un morceau de vessie ou de parchemin.

Pour fermer les bouteilles hermétiquement, faire fondre deux parties de cire jaune, ajouter quatre parties de poix-résine, quatre de colophane, et si l'on veut, deux parties de gomme laque, ce qui aromatise et rend moins friable le goudron. On plonge le goulot dans ce mélange, et on tourne la bouteille pour que le goudron s'étende.

Manière de couper un goulot de bouteille. Assujétir la bouteille, tourner une ficelle à l'endroit qu'on veut couper, et la tirer de côté et d'autre avec rapidité. Après avoir échauffé fortement, plonger immédiatement dans l'eau froide. Le changement subit de température sépare les deux parties.

BOUTEILLES EN SUCRE. (*Off.*) Prendre trois livres de sucre et une once de gelée de pommes, faire cuire au cassé, et verser sur une table de marbre graissée de bonne huile d'olive.

Former une boule avec le sucre chaud, souffler avec un tube de verre dont le bout est graissé d'huile d'olive ; en présentant le sucre au feu, avec le pouce et le doigt faire le goulot ; faire le fond avec un moule en bois ; remplir de liqueur. Pour boucher, présenter à une bougie et fermer. Ces bouteilles sont transparentes et d'un bel effet.

Autre moyen. Donner à un papier la forme d'une bouteille, faire cuire le sucre et la liqueur ensemble, couler dans le moule, laisser six heures à l'étuve ; le sucre se candit, et la liqueur se trouve enfermée. On ôte le papier en trempant légèrement dans l'eau.

BOUTIQUE à poissons. (*Pêch.*) Quand on prend beaucoup de poissons, et qu'on veut les conserver, on les met dans une grande boîte carrée appelée boutique. Elle ferme à clef ou à cadenas ; elle est percée de plusieurs trous par lesquels l'eau pénètre.

BOUTONS. (*Hyg. — Méd. dom.*) Les boutons sont l'indice d'un sang vicié et échauffé. Ils sont ordinairement peu dangereux ; mais ils causent des picotemens désagréables, et défigurent quand ils paraissent au visage.

Le traitement des boutons est interne et externe. Interne, il consiste dans l'usage des rafraîchissans, des purgatifs, des bains, de tout ce qui peut tendre à purifier le sang, et à diminuer l'âcreté des humeurs.

Beaucoup de personnes prétendent que les boutons sont contagieux, et qu'on les gagne en buvant dans le même verre, en se servant du même linge, des mêmes effets, en couchant dans le même lit que les personnes qui en ont.

Certains boutons paraissent être héréditaires. Ceux-là, on doit éviter de les faire passer par des moyens extérieurs ; de crainte de répercussions dangereuses.

Les boutons sont, ou vifs, renfermant une lumeur verdâtre ; ou composés, contenant une petite pellicule farineuse, un petit germe, et un peu de sérosité ; ou ronds, contenant un petit germe ; ou plats, ayant à l'intérieur une sérosité très claire.

Les boutons vifs ont pour indice une tache rouge ; on les fait passer avec un peu de suif ou de cérat, et on les lave avec un peu d'eau de guimauve.

Les boutons composés présentent une tumeur qui s'aplatit peu à peu, et laisse quelquefois un point noir. On les nettoie avec du savon. On frotte avec une brosse douce.

Pour les boutons ronds, on emploie le cérat et la pommade de concombres. Le bouton mûrit, et en le pressant doucement, on en extrait le germe; on lave ensuite avec de l'eau légèrement alcoolisée d'eau-de-vie. Quand il se forme une écaille, on l'enlève dès qu'elle est parfaitement sèche.

Les boutons plats ont une couleur jaunâtre, et causent de vives démangeaisons. Si on y met du cérat ou de la pommade, la peau s'amollit, et la sérosité sort. On presse un peu la peau alentour, et on lave avec un peu d'eau de Cologne. La prochaine guérison s'annonce par la formation d'une écaille qui tombe d'elle-même quand elle est sèche.

Les divisions adoptées ici ne sont nullement celles des médecins. Les pathologistes ont renoncé à l'usage du mot *bouton*, trop général selon eux; pour ceux de *papule*, *pustule*, *tubercule*, etc.

BOUTURE. (*Jard.*) C'est une branche vive que l'on coupe et qui reprend en terre sans racines. Il ne faut pas confondre les boutures avec les marcottes. (Voy. MARCOTTE.)

Les boutures doivent être vigoureuses, unies, droites, longues d'un pied ou un pied et demi. On les met dans un terrain bien bêché et labouré, après les avoir par le bout taillées en pied de biche. Si on plante plusieurs boutures, on les met dans des rayons de six pouces de profondeur, à la distance de huit ou neuf pouces. On a soin de sarcler les mauvaises herbes et d'arroser. On active les reprises de boutures en les laissant tremper dans l'eau exposées au soleil avant de les planter.

Un horticulteur de Bohême s'est procuré une plantation de pommiers superbes en plantant une bouture dans une pomme de terre, et mettant ainsi en terre, en laissant un pouce ou deux du scion en dehors. Les arbres qui viennent ainsi n'ont jamais besoin d'être greffés.

Pour faire prendre des boutures sans bourgeons, on les plante dans un sol approprié; on les recouvre d'un châssis. L'air doit être maintenu humide. On peut, avant de les planter, les faire tremper quelque temps dans de l'eau légèrement salée. On peut les découvrir la nuit : la sève qui descend forme alors plus aisément le bourrelet d'où sortent les racines, surtout si un air humide et doux diminue la dureté du bois et lubréfie l'écorce.

On peut leur faire former un bourrelet avant de les planter, ce qui hâte leur reprise. On serre l'endroit où l'on veut couper avec un fil de fer mince qui fait un ou deux tours. Un mois avant de se servir des boutures, on les coupe en rognant légèrement le bas du bourrelet; on les enterre au frais en bottes; et on les plante ensuite à deux pouces de profondeur. Toutes les branches retranchées peuvent être employées comme boutures.

On a récemment essayé la bouture herbacée. On coupe plusieurs boutures en laissant à chacune d'elles une petite portion d'écorce; on dépouille à la base sept à huit lignes; on mouille; on renouvelle l'air, et l'on met à l'ombre; si le soleil est trop ardent. On tient sous une cloche de verre blanc très propre.

Dans cette opération pratiquée sur des rosiers, des daphnés, on a obtenu des plantes très belles et en très peu de temps. La plupart étaient propres à la vente au bout de six mois.

Pour empêcher les boutures de pourrir, on a proposé de les enduire d'un mélange de poix et de térébenthine; mais ce procédé n'a pas encore été essayé notoirement.

BOUTS-RIMÉS. (*Amus. de l'espr.*) Les bouts-rimés sont assez difficiles à faire. Il s'agit de remplir des vers dont on vous fournit les rimes. Les personnes qui donnent les rimes compliquent ordinairement la difficulté et accouplent des mots étranges et tout-à-fait disparates.

Soit donnée, par exemple cette suite de rimes :

> Aspic.
>
> Sentine.
>
> Pic.
>
> Cuisine.
>
> Cordon.
>
> Envie.
>
> Vie.
>
> Pardon.

On pourra la remplir ainsi :

J'abhorre le méchant à l'égal de	*l'aspic.*
Le monde est à mes yeux une impure	*sentine,*
Loin des cités, je veux, retiré sur un	*pic,*
Et des plus simples mets composant ma	*cuisine,*
Ermite séculier sans haire ni	*cordon,*
Oublier des humains l'injustice et l'	*envie,*
Et, par de saints travaux purifiant ma	*vie,*
De mes vieilles erreurs mériter le	*pardon,*

BOUVIER. (*Anim. dom.*) Le bouvier doit être vigilant, robuste, doux, patient. Il doit avoir la voix forte. Il doit, autant que possible, avoir des notions de médecine vétérinaire. Il donnera aux animaux la litière avec soin; il les frottera soir et matin avec des bouchons de paille, surtout quand ils seront en sueur; il leur lavera souvent la queue avec de l'eau tiède. Au retour d'un travail pénible, il ne leur donnera à boire et à manger qu'après qu'ils seront délassés. Quand il fera trop chaud, trop froid ou trop humide, il ne les mènera pas au labour. Il leur donnera la nourriture à des heures bien réglées; il surveillera leur engraissement, et prendra tous les soins nécessaires pour prévenir leurs maladies. (Voy. BÉTAIL, BŒUF.)

BOUVREUIL. (*Anim. dom.*) Le mâle du bouvreuil a la tête noire, les tempes, la gorge, la poitrine, et le ventre rouges, le dos brun cendré. La femelle a également le dos cendré; la tête noire jusqu'aux yeux, la gorge noire, et les ailes et la queue blanches en dessous.

Tous deux chantent, peuvent être instruits à la serinette, et apprendre à imiter le chant de plusieurs oiseaux.

Jeune, le bouvreuil s'élève avec du cœur de bœuf, des vers et de la pâte. On lui donne ensuite du chènevis et des baies d'obier. Quand on le prend grand, il se laisse mourir de faim.

Le bouvreuil peut s'accoupler quelquefois avec une serine. On les met pour cela pendant un an dans une cage séparée à côté l'un de l'autre.

BOYAU. (*Ind. dom.*) En recueillant les intestins grêles de bœuf, on en fait des enveloppes de saucisses. En Espagne, on y met le beurre. On le conserve en longs saucissons suspendus aux solives. Pour préparer des intestins de bœuf, les laver, les dépouiller de la graisse; les laisser tremper plusieurs jours dans de l'eau alcalinée et bien nettoyer, les retourner, y insuffler l'air avec un cylindre creux de sureau, y faire des ligatures; les suspendre en l'air sur des perches de bois dans des hangars bien aérés, jusqu'à ce qu'ils se dessèchent; en exposer ensuite dans un lieu d'une température égale, retirer l'air, et faire des paquets d'enveloppes de saucissons.

Elles se conservent pendant long-temps, si on a soin de les garnir de balles de poivre, de camphre et autres subtances aromatiques.

On peut conserver les viandes et les graisses dedans, surtout si on a soin de tremper auparavant les intestins dans l'huile, et si on les enferme dans des tonneaux remplis de cendre ou de charbon pilé.

BRACELETS. (*Ind. dom.*) On peut faire des bracelets économiques et pourtant fort jolis, avec du taffetas, ou de velours noir, ou des rubans de couleur; on couvre des élastiques enveloppés préalablement dans une bande de peau.

BRAGALOU. (*Jard.*) *Aphyllantes monspeliensis.* Famille des joncées. C'est une plante indigène. Elle est vivace. Sa tige sans feuilles, qui ressemble à celle des joncs, est terminée en juin par une fleur bleu céleste. On la sème au midi, en terre de bruyère sèche. En mars, quand les touffes sont très larges, on sépare les pieds. La variété à fleurs blanches demande un peu plus de soins.

BRAISE. (*Hyg.*) La braise n'est pas moins nuisible que le charbon par ses exhalaisons dans les appartemens renfermés. L'acide carbonique qui s'en dégage forme des couches de plus en plus épaisses sur le sol, en déplaçant l'air respirable, comme cela a lieu dans la combustion du charbon. Il produit l'asphyxie, surtout lorsque plusieurs personnes qui travaillent dans la même chambre contribuent à corrompre l'air. On doit donc prendre toutes les précautions nécessaires pour renouveler l'air. (Voy. AIR, CHARBON, VENTILATEUR.)

BRAISE. (*Cuis.*) On appelle ainsi une certaine manière de cuire les viandes, qui les attendrit.

Foncer une marmite de bardes de lard et de tranches de bœuf, de fines herbes, ognons, carottes, thym, laurier, poivre, sel, muscade, assaisonner de même par-dessus, bien couvrir, et mettre du feu dessus et dessous, en le diminuant à mesure que la cuisson s'avance.

Braise blanche ou demi-braise. On l'emploie pour les poulets. On fonce amplement la marmite de bardes de lard et de tranches de veau, avec moins d'assaisonnement.

BRAISIÈRE. (*Cuis.*) C'est un vaisseau de cuivre étamé, de forme ovale et élevée, avec deux anses et un couvercle garni d'un rebord propre à contenir le feu ou la cendre chaude que l'on met dessus.

BRANCHE. (*Jard.*) Ce sont les bourgeons des arbres développés. On distingue 1° les *branches à bois* qui sont les plus grosses, et qu'on doit conserver en partie dans l'élagage : elles sont garnies de boutons plats; 2° les *branches à fruit* : elles sont plus menues et garnies de boutons doubles, gros et placés fort près les uns des autres : ce sont celles qui donnent les fruits et qu'il est essentiel de conserver; 5° les *branches de faux bois* : elles

croissent sur des branches de l'année précédente, et viennent dans des endroits où on ne les attendait pas : elles sont grosses où elles devraient être menues; elles ont les yeux plats, éloignés les uns des autres, et qui ne donnent aucune marque de fécondité; 5° les *branches chiffonnes*, courtes et fort menues, ne peuvent donner ni fleurs ni fruits; 6° les *branches gourmandes* sortent du tronc ou des grosses branches; la peau en est très unie et très nette; elles forment des jets gros, droits et longs; elles se nourrissent aux dépens de la meilleure partie de la sève de l'arbre.

BRANDADE. (*Cuis.*) L'étymologie de ce mot est le verbe brandir, parce qu'il est nécessaire, pour faire des brandades, de remuer continuellement.

Laisser tremper de la morue vingt-quatre heures dans l'eau; mettre au feu, et la retirer quand elle commence à bouillir. Mettre sur un feu doux du beurre, de l'huile, du persil et de l'ail; et, si vous voulez la brandade verte, des épinards pilés; casser la morue par petits morceaux, et la mettre dans la casserole. De temps en temps ajouter de l'huile, du beurre et du lait.

BRANDEVIN. (Voy. EAU-DE-VIE.)

BRASSE. (*Comm. us.*) C'est une mesure qui comprend toute l'étendue des deux bras : elle vaut environ cinq pieds. On l'emploie surtout pour évaluer la profondeur de l'eau.

BRASSER. (*Ind. dom.*) C'est remuer à force de bras un liquide. (Voy. BIÈRE.)

BREBIS. (*Anim. dom.*) La brebis rend beaucoup de services. Son lait, sa chair, sa laine, son fumier, sont de bon rapport. (Voy. LAINE, LAIT, MOUTONS.)

Une bonne brebis doit être grande et longue, large au dos, épaisse, ronde, forte de reins, avoir les jambes bas-jointées, le cou petit, les tétines longues, les yeux beaux, vifs et rouges; le ventre grand et large; la tête, le cou, le dos et la queue garnis de laine blanche, soyeuse, longue, épaisse et déliée. La peau rougeâtre est un signe de bonne santé; elle pâlit quand elles sont malades. La brebis doit être agile, vive, attentive, d'une démarche libre et alerte, et ne pas rester trop long-temps en place.

Les brebis recherchent les collines, surtout celles couvertes de thym. Les vallées et les prairies les rendent hydropiques, et leur laine y est de moindre qualité. Elles se plaisent à la lumière et au grand jour, et ne prospèrent point dans les bergeries obscures. Les pâturages marécageux leur sont pernicieux. Elles ne veulent point être abreuvées tous les jours; elles aiment le sel; elles sont sensibles plus que les moutons au grand chaud et au grand froid, et demandent de grands soins.

Quand les brebis ont des vers, on les en débarrasse en leur faisant boire de l'eau où l'on a fait fondre deux à quatre gros de sel de cuisine. (Pour leurs maladies Voy. BÉTAIL.)

Les brebis ne vivent pas ordinairement au-delà de dix ans avec quelque profit : leur âge se connaît jusqu'à cinq ans aux dents qu'elles ont dans la mâchoire inférieure. Lorsqu'elles ont huit dents pointues, et point de mâchelières, elles ont un an; à deux ans, elles n'ont que six dents pointues et deux larges et grandes dents au milieu des six autres; à trois ans, elles ont quatre dents pointues, et quatre larges ; à quatre ans, elles n'en ont que deux poin- tues et une large ; à cinq ans, elles n'ont plus de dents pointues.

Les brebis de Flandre, de Bresse, du Tessin, les bre- bis espagnoles sont les plus estimées.

Les brebis portent cinq mois ou vingt-deux sema'nes tout au plus. On les fait saillir en avril et en octobre. Pendant qu'elles sont pleines, on les garantit de toute frayeur, pour éviter l'avortement. Si on veut avoir des agneaux en décembre, on peut commencer la monte en juin ou juillet.

Quand les béliers ont été séparés des brebis, elles n'en- trent en chaleur que quinze à vingt jours après que les béliers sont parmi elles ; leur chaleur revient alors tous les dix-sept jours ; elle dure chaque fois de douze à dix- huit heures. Pour aider des brebis à mettre bas, on leur fait avaler sept à huit baies de laurier dont on ôte l'écorce.

On enferme pendant quatre jours les brebis qui ont agnelé ; on leur donne de bon foin, du son, mêlé d'un peu de sel, et de l'eau tiède blanchie avec un peu de farine de millet ou de froment. Le cinquième jour on peut leur permettre d'aller au champ ; mais il ne faut pas les me- ner dans des pâturages trop éloignés, de peur que leur lait ne s'échauffe.

Les brebis se nourrissent d'herbes, de foin, de paille, de son, de raves, de navets, de joncs hachés, de paille de pois chiche, de vesce, de luzerne, de sainfoin, de feuilles d'ormeau, de frêne, d'aune, de peupliers, de bou- leau, de hêtre, d'osier, etc. Pour leur boisson, elles deman- dent une eau courante. Le changement d'eau, ou la mau- vaise qualité de l'eau leur sont toujours nuisibles. Elles peuvent boire fort peu, si leur herbe est bien fraîche. Pour le nombre de fois qu'il faut les abreuver, on doit suivre leur instinct.

Quand elles vont mettre bas, elles demandent des soins particuliers. Nous indiquerons à l'article MOUTON ceux qu'on leur donne en Angleterre à leur rentrée à l'étable. On doit éviter qu'elles se pressent à la porte de la bergerie en rentran', ce qui peut les faire avorter ; pour l'éviter, on fait placer un tas de fumier devant la porte, les moutons sont obligés de s'arrêter, pour passer par-dessus cette élévation et ne se foulent pas.

On surveille bien, sitôt que l'agnation approche, pour les aider. Sans cette précaution il arrive souvent que l'a- gneau et la mère périssent.

BREDOUILLE. (Voy. TRICTRAC.)

BRELAN. (Récréat. dom.) C'est une espèce de re- versis. Chacun a trois cartes. Le brelan était autrefois di- visé en brelan carré et brelan bouillotte. Ce dernier s'est confondu avec la bouillotte. (Voy. ce mot.)

L'ordre des places, la parole et les relances sont les mêmes qu'à la bouillotte.

Le brelan tricon ou carré est le plus fort. Il est com- posé de trois cartes de la couleur de la retourne.

Les brelans d'as, de rois, viennent ensuite. On appelle brelan trois cartes semblables. On joue ce jeu à trois, quatre ou cinq.

Dans le brelan favori on convient de payer double.

Les remplaçans des joueurs décavés s'appellent ren- trans.

L'argent qu'on met au jeu, chaque fois, s'appelle la passe. Mettre au jeu seulement ce qu'on est forcé d'y mettre, c'est filer.

La carte fausse est celle dont on n'a pas l'as. La cave est le fonds que chaque joueur a devant soi.

Quand il y a deux brelans, les deux porteurs reçoivent. Jouer le tapis, c'est jouer la passe, quand on n'a rien de- vant soi ; voler la passe, c'est avoir mauvais jeu et proposer beaucoup dans l'espoir de n'être pas accepté.

Brelan de valets. Il se joue avec un jeu de piquet. On tire à qui donnera. On donne trois cartes à chacun. Trois sont étalées sur la table ; le reste est au talon.

Le but du jeu est de faire brelan, c'est-à-dire d'avoir trois cartes de même espèce. Le brelan de valets est le plus fort. Si on l'a d'emblée, on gagne sans jouer. A son dé- faut, les autres gagnent.

Si personne n'a de brelan, chaque joueur prend des trois cartes qui restent une et même deux qui lui conviennent, et laisse les siennes. S'il ne veut prendre de cartes, il dit : Je passe. On recommence ainsi jusqu'à ce que l'un des joueurs ait le brelan de valets. Chaque brelan paie un jeton à celui qui lui est immédiatement supérieur.

BRÈME. (*Pêch.* — *Cuis.*) La brème se prend comme la carpe. Elle se prépare aussi en friture. Sa chair est grasse et molle ; elle ressemble à la carpe : ses écailles sont plus grandes ; elle a la tête petite, deux nageoires auprès des ouïes, une sur le dos, deux au milieu du ventre, une depuis l'anus jusqu'à la queue. Les côtés sont de couleur d'or, et le ventre rougeâtre chez les vieilles ; ces deux parties sont blanches chez les jeunes. On trouve ce poisson dans les eaux bourbeuses. (Voy. CARPE.)

BRICOLE. (*Pêch.*) La bricole est composée d'une ficelle où sont attachés les hameçons au bout de petites ficelles transversales, de distance en distance ; à l'une des ex- trémités est un morceau de liège percé ou fendu par le milieu qui tient la ligne. On peut le remplacer par des roseaux en paquet. A l'extrémité opposée, on at- tache une grosse pierre, si on tend la ligne en eau cou- rante.

BRIDAVEAUX. (*Off.*) Prendre de la fleur de farine, détremper de jaunes d'œufs, beurre, sucre, eau rose, un peu de sel et de fromage blanc ; arrondir la pâte, éten- dre sur du papier beurré, et faire cuire dans un four chauffé modérément ; couper par-dessus en losange, quand elle est à moitié cuite, puis servir avec du sucre et du beurre fondu.

BRIDE. (*Comm. us.*) Les personnes qui n'ont pas l'habi- tude de monter à cheval doivent s'abstenir de faire usage du bridon. Pour ne pas se tromper, on l'attache au pom- meau de la selle.

Quand on monte à cheval, on prend la bride avec le pouce et le premier doigt de la main droite, on l'élève et on égalise avec les doigts de la main gauche, en rac- courcissant ou alongeant.

BRIDER. (*Cuis.*) C'est passer une ficelle dans les cuisses d'une pièce pour l'assujétir à la forme que l'on veut lui donner pour la faire cuire.

BRIE. (Voy. FROMAGE.)

BRIGNOLES. (*Off.*) Cette espèce de prune a reçu son nom de Brignoles, ville où on la prépare. On les cueille bien mûres et on les pèle avec les doigts; on les enfile dans de petits tuyaux de paille, placés sur une tige en bois, à deux pouces environ de distance les uns des autres. On les expose au soleil, et on les rentre le soir. Quand les prunes sont presque séchées, on ôte le noyau de chacune, on aplatit le fruit, on l'expose de nouveau au soleil, placé sur des claies, et on met dans des boîtes.

Pour faire des confitures sèches de Brignoles. Faire blanchir un instant des brignoles, les peler, les fendre, ôter les noyaux, dresser les moitiés sur des claies et les faire cuire comme des pruneaux.

BRIN DE BOIS. (Voy. BOIS.)

BRIOCHE. (*Off.*) Prendre une livre de farine, en retirer un quart, y faire un trou, et y mettre une once de levain et de l'eau chaude. Mettre dans un trou fait aux trois autres quarts de farine, du sel, de l'eau, deux livres de beurre, douze œufs; manier, fouler la pâte et y ajouter le levain; séparer la pâte avec les doigts, la couper deux ou trois fois, la mettre dans la farine, et laisser revenir dix à douze heures, y ajouter de la farine, assembler, laisser reposer une heure ou deux, donner la forme de brioche, en arrondissant, puis appuyant sur le milieu et plaçant une une autre boule de pâte, faire cuire sur un papier beurré.

Brioche au fromage. Mêler du fromage de Gruyère à la pâte, au moment d'y ajouter de la farine, dorer avec des œufs battus, faire cuire.

BRIQUES. (*Ind. dom.*) Les briques sont composées de terre argileuse. Elles sont insolubles dans l'eau, inattaquables par les acides et d'une dureté assez durable. Elles forment des constructions peu coûteuses et solides. Elles résistent bien au feu, et ne se calcinent pas comme les pierres. Les murs en brique n'ont pas besoin d'être aussi épais que les murs de moellons.

La fabrication des briques offre des bénéfices sûrs, partout où l'argile est abondante. Quand on veut niveler les champs, on peut en même l'argile à nu, l'extraire, et replacer ensuite la terre végétale.

Pour bâtir en brique, en Angleterre, on a adopté une méthode qui accélère beaucoup le travail. Un cheval tourne un manége garni de lames qui délaient le mortier, un homme prend les briques et surveille, un autre les pose, un autre étend le mortier.

Quand on bâtit une cheminée ainsi, on se passe d'échafaudage, en retirant de chaque côté une brique et en mettant dans l'intérieur des espèces de bâtons d'échelle; au plus élevé, une poulie sert à monter les briques. On emploie ainsi 1,800 briques par heure.

Pour faire la brique, on extrait l'argile en novembre, on la met dans des fosses pleines d'eau. Au printemps, en avril, on la moule avec le manége décrit ci-dessus. On mélange avec de la terre et du sable l'argile trop grasse, et avec de l'argile grasse l'argile trop maigre. On les bat, on garnit ensuite les moules. Un mouleur ordinaire moule, par jour, 5 à 6,000 briques, dans le Nord; dans le midi de la France, il en moule 1,500 à 2,000. On les recouvre de nattes de paille, puis on les fait sécher pendant toute la saison : on les cuit en automne, en les saupoudrant de charbon et les empilant dans un four.

Briques de laitier. On appelle laitier le résidu des forges; on le brasse encore chaud et on le verse dans des moules. On maintient pendant quelque temps le lieu de fabrication à une température élevée. Ces briques sont petites et plates. On les solidifie en y jetant de la poudre de charbon, du sable et des débris de verre.

Briques réfractaires. Mélanger un cent de briques cuites pulvérisées, d'argile plastique et de quartz en poudre, faire sécher à l'ombre, puis porter au feu. Le quartz, pour être pulvérisé plus facilement, doit être chauffé; on y jette, quand il est rouge, de l'eau qui le fait éclater.

Ces briques sont d'une extrême solidité et propres à la construction des fours. On les appelle réfractaires parce qu'elles offrent beaucoup plus de résistance que les autres.

On donne plus de solidité aux briques en les mêlant avec des morceaux de coke concassé, et des cendres de forges.

Procédé pour colorer les briques destinés aux carreaux des appartemens. En noir. Terre rouge, poudre composée d'une partie de verre blanc sur deux d'oxide de manganèse.

Autre. Argile et marc d'huile et de graisse.

En violet. D'oxide de manganèse trois parties, une de sable, terre blanche.

En rouge ou noir. Dissolution de mâchefer et de couperose verte dissoute. — Battitures de fer et débris d'huile.

En jaune. Sanguine rouge de Prusse, une partie de sel marin, et une de râclures de plomb calciné, une de verre. Si on ajoute de la limaille de cuivre ou de manganèse, on a une couleur verte ou bleue. (Voy. CARREAUX.)

BRIQUETS. (*Ind. dom.*) Briquets à allumettes oxigénées. Mettre dans une bouteille de verre de l'acide sulfurique à 66°; dont on imbibe de l'amianthe. Pour la préparation des ALLUMETTES, Voy. ce mot. Ce briquet est improprement appelé phosphorique; on pourrait l'appeler avec plus de justesse *briquet sulfurique.*

Briquet phosphorique à allumettes simples. Prendre un petit tube en verre fermé par un bout, et qu'on place ensuite au milieu d'un bouchon de liége ordinaire. Faire fondre un petit bâton de phosphore dans le tube, et boucher. Pour s'en servir, on enlève un peu de phosphore avec une allumette, on le frotte sur le bouchon. Le frottement enflamme l'allumette. On peut aussi faire ce briquet avec un flacon de cristal ou de plomb.

Briquets phosphoriques. Chauffer un flacon au bainmarie, y mettre huit parties de phosphore fondu, ajouter quatre parties de magnésie, mélanger à 90° Réaumur, et diminuer la chaleur à mesure que le mélange se fait. Mettre la poudre dans des flacons bien bouchés. On se sert d'allumettes ordinaires.

Briquets anglais. Dissoudre un gros de mercure dans douze gros d'acide nitrique à 54°; ajouter onze gros d'esprit-de-vin; chauffer au bain-marie, et quand des vapeurs se forment, ôter. Le refroidissement donnera un précipité de fulminate de mercure. Décanter. Faire évaporer le liquide et recueillir la poudre. Verser dessus quatre gros d'eau, faire dissoudre et évaporer. Mêler à un peu de gomme et appliquer à des allumettes soufrées.

Enduire de colle un des côtés d'une carte, et appliquer de l'émeri en poudre avec le tamis; laisser sécher.

Pour s'en servir, on plie la carte, et on passe l'allumette dans le pli en serrant un peu.

BRIQUETTES DE CHAUFFAGE. (*Ind. dom.*). Mélanger avec de la colle de farine, du charbon en poussière, de terre, de bois ou de tourbe, mettre dans un moule, et faire sécher.

BROC... (*Ind. dom.*) Le broc contient ordinairement deux pintes. Il est en bois, garni de cercles de cuivre, a le ventre fort large et le col étroit.

BROCHE. (*Cuis.*) La broche doit être en fer, et plate. Des petits trous percés de distance en distance reçoivent les brochettes ou hâtelettes en bois ou en argent, où l'on enfile les rognons, et les petits poissons. La longueur de la broche doit être en raison de la cheminée, et de la force du tourne-broche.

BROCHET. (*Pêche.*) Le brochet a la tête longue, et effilée; son museau est long et fort ouvert. Ses dents sont aiguës, et la blessure en est légèrement venimeuse. Ses yeux sont jaunes, sa queue courte, son dos large.

On prend le brochet avec des lignes dites bricoles tendues en eau courante, et au bout desquelles on attache une pierre pour les submerger. Comme il est très vorace, on peut mettre pour appât un petit poisson, une ablette ou un goujon. (Voy. BRICOLES.) On jette la ligne après midi en été, à deux heures en hiver, dans un endroit où il n'y a ni herbes ni branches d'arbres parmi lesquelles le poisson s'embarrasserait. On la laisse jusqu'à neuf heures du matin.

On le prend aussi à la ligne ordinaire, quel'on fait plonger fort avant dans l'eau et que l'on agite de temps en temps.

On chasse le brochet au fusil. On l'attire en dirigeant sur l'eau la réflexion du soleil dans un endroit; quand il est tué, on le tire de l'eau avec une perche.

On peut encore se servir du filet à larges mailles qu'on tend dans les fosses et dans les passages où il guette le petit poisson.

La chair de brochet est ferme et blanche; elle se digère assez bien, mais nourrit peu.

Le brochet est plus délicat s'il est petit. Les œufs ni la laite ne se mangent pas : ils sont purgatifs.

On ne doit pas mettre de brochet dans les étangs; il les dépeuple par son avidité. On a trouvé dans son estomac des grenouilles, des chats entiers, des souris, et même des poissons de son espèce.

Un bon appât pour le brochet est une petite perche, à qui on a coupé l'aileron de dessus le dos, lequel, en piquant, empêcherait le brochet de mordre.

Brochet au court bouillon. Vider le brochet sans faire d'ouverture, ficeler la tête, verser le court bouillon dessus dans la poissonnière, faire mijoter une heure, ou plus si c'est un gros brochet. Servir froid sur une serviette dans un plat avec du persil autour.

Brochet à la portugaise, à l'indienne. Faire cuire au court bouillon, enlever les écailles, mettre chaud sur un plat, masquer d'une sauce à la portugaise, à l'indienne, aux tomates, au beurre. (Voy. SAUCE.)

Brochet à l'allemande. Vider de petits brochets, les couper par tronçons, mettre dans une casserole avec des ognons, du persil en branches, deux feuilles de laurier, trois ciboules entières, deux clous de girofle, du sel, du gros poivre, une bouteille de vin blanc; faire mijoter pendant une demi-heure, retirer, écailler; ôter les nageoires, verser sur les tronçons du court bouillon passé au tamis, égoutter et servir. Faire une sauce avec un morceau de beurre, une cuillerée de farine, de la muscade râpée, du gros poivre, un demi-verre de court-bouillon et une liaison de jaunes d'œufs.

Sauté de filets de brochets. Lever les filets, les couper et parer. Ajouter du persil et de la ciboule, de la muscade, du sel, du poivre, verser du beurre dessus, mettre sur le plat avant de servir une italienne.

Brochet à la Chambord. (Voy. CARPE A LA CHAMBORD.)

Brochet à l'arlequin. Écailler un brochet, le vider par les ouïes, lever la peau d'un côté, piquer le quart de filets d'anchois, le quart de filets de cornichons, le troisième quart de filets de carottes, le quatrième de filets de truffes; farcir d'une farce de poisson, mouiller avec une braise, en ne laissant pas tremper les chairs piquées, mettre sur le feu, arroser souvent, couvrir d'un couvercle avec un feu dessus. Mettre dessous, avant de servir, une sauce hachée.

Brochet au raifort. Faire cuire un brochet vidé dans une bonne marinade; ôter la peau; dresser avec un cordon de raifort râpé; servir à part du beurre fondu.

Filets de brochet à la béchamel. Lever les filets d'un brochet de dessert, après lui avoir ôté les peaux; couper vos filets en forme d'escalopes, faire chauffer dans de l'eau de sel, égoutter, servir avec une béchamel; cuire dans un vol-au-vent ou dans une casserole au riz. Les croquettes et coquilles de brochet se font de même.

Brochet frit. Fendre par le dos, laisser mariner dans le sel pendant deux heures, fariner et faire cuire.

Grenadin de brochet. (Voy. ESTURGEON, FRICANDEAU.)

Salade de brochet. (Voy. SALADE DE VOLAILLE.)

Côtelettes de brochet en papillotes. Apprêter et lever les chairs d'un brochet, supprimer la peau, couper ces chairs en forme de côtelettes de veau ou de mouton, faire cuire dans des fines herbes. (Voy. VEAU.)

Brochet à la sauce-blanche. Faire bouillir les restes d'un brochet cuit au court-bouillon dans une sauce blanche, ajouter du vinaigre ou des câpres.

Brochet mariné. Rejeter la tête et la queue, vider, couper par tronçons, faire cuire dans un tiers de vin, un tiers d'eau, un tiers de vinaigre, du sel, du poivre, de l'ail, enlever la peau quand le poisson est très cuit, frotter de sel, laisser égoutter, sécher à l'étuve, tasser dans un bocal, et couvrir d'huile d'olive. Pour l'employer, on l'essuie et on le fait chauffer dans une sauce aux câpres ou au court-bouillon.

BROCOLI. (*Jard.*) *Brocoli dicta.* Famille des crucifères. C'est une espèce de chou. Quand les brocolis violets sont d'une bonne espèce, ils sont plus délicats que les choux-fleurs. Ils paraissent à la sortie de l'hiver. Le blanc est moins estimé. Les autres espèces de brocoli ne se cultivent pas. Ils viennent plus facilement que les choux-fleurs. On les sème du 10 au 15 juillet; on les repique à deux pieds les uns des autres dans un terrain préparé et fumé avec soin. En novembre, on couvre les pieds de litière. Dans les hivers très rigoureux, on entoure les choux de paille longue qu'on enlève au dégel. Beau-

coup avortent; mais la plupart mûrissent leur graine. On
en garde quelques pieds pour la recueillir.

BROCOLI. (*Cuis.*) Enlever les petites feuilles du tronc,
faire cuire à l'eau bouillante dans une casserole couverte,
avec sel, un filet de vinaigre, et gros comme un œuf de
beurre. Quand la pointe d'une fourchette peut les pénétrer, ils sont cuits. Dresser en pyramide, et servir avec
une sauce blanche. (Voy. CHOUX, CHOUX-FLEURS.)

BRODERIE. (*Ind. dom.*) — *Manière d'imiter la broderie d'or et d'argent.* Calquer un dessin sur un papier
transparent, ou au carreau en piquant avec une épingle,
et ponçant au charbon; découper et poser sur la robe; en
découpant, enlever avec des ciseaux les endroits qui doivent paraître sur la robe.

Faire dissoudre de la colle de poisson dans l'esprit-de-
vin, ou de la gomme et un peu de sucre dans de l'eau,
appliquer avec un pinceau sur les découpures, placer des
feuilles de chrysocale, d'or ou d'argent, ôter les découpures, laisser sécher sous une presse, enlever avec une
brosse ce que la gomme ne retient pas. La robe est ainsi
ornée de très jolis dessins d'or et d'argent.

BRONZE. (*Ind. dom.*) Le bronze est un composé de
cuivre rouge, jaune, et d'un peu d'étain; les proportions
varient suivant l'ouvrage qu'on veut en faire.

Bronze factice. Plusieurs moyens de donner aux cuivres et au plâtre une belle couleur de bronze ont été employés avec succès; ainsi on peut imbiber le cuivre décapé avec l'acide nitrique, en frottant et tenant la couche
humide avec une dissolution de deux gros de sel ammoniac, un demi-gros de sel d'oseille, et un demi-setier de
vinaigre blanc. On fait sécher ensuite à l'étuve.

Autre procédé. Une once de sel ammoniac, une demi-
once d'alun, une demi-once d'arsenic dans une pinte de
fort vinaigre.

Autre. Dans une pinte de vinaigre une once de sel ammoniac.

Autre. Dans un litre de vinaigre, une demi-once de
vert minéral, une demi-once de terre d'ombre, une demi-
once de sel ammoniac, autant de couperose et de gomme
arabique.

On fait bouillir et on passe; on obtient une couleur de
bronze vert.

Si la couleur d'un cuivre bronzé n'est pas assez noire,
faire chauffer la pièce, et avec un pinceau ajouter d'un
mélange d'un quart d'once de noir de fumée, et d'un tiers
de litre d'esprit-de-vin. Polir avec un linge trempé dans
de l'huile verte; exposer au soleil, si l'on veut brunir.

Procédé de Berzélius pour bronzer le cuivre. Faire
bouillir dans du vinaigre une partie de sel ammoniac et
deux de vert-de-gris, écumer, étendre d'eau jusqu'à ce
que la dissolution ne donne pas un dépôt blanc; verser
dans un vase sur la médaille ou statuette ou tout autre
objet, faire bouillir cinq minutes, enlever du feu, décanter, laver et sécher avec soin pour qu'il ne se forme
pas de vert-de-gris.

Lorsqu'on bronze les médailles, on les empêche de se
toucher en les posant debout sur un grillage en bois.

On recouvre les pièces bronzées d'un vernis de laque.

Pour bronzer une statue, ou tout autre objet, on donne
deux couches d'ocre jaune à l'huile. Quand elles sont sè-

ches, on peint d'un vert foncé par-dessus; quand cette
couche est aux trois quarts sèche, on frotte avec une
brosse rude, qu'on salit d'ocre jaune en poudre. On retouche au pinceau les creux et les angles rentrans avec
du vert-de-gris, à l'huile, ou avec de la poudre de cuivre. Quand le tout est sec, on vernit.

Procédé pour les petits objets. Broyer à l'essence, et
délayer au vernis de copal l'ocre jaune, peindre avec un
pinceau de blaireau, polir la couche sèche avec de la pierre
ponce en poudre, poser plusieurs couches de vert, sur la
dernière encore poissante frotter avec un pinceau de blaireau de la poudre de bronze ou de cuivre en poudre;
vernir avec du copal. Pour plus de soin, on peut faire sécher à l'étuve chaque couche et la polir.

Procédé pour bronzer les figures en plâtre. Couvrir
d'un enduit de colle de poisson, étendre une couleur à
l'eau composée de bleu de Prusse, d'ocre et de noir de
fumée; quand la couleur est sèche, donner une couche
légère de vernis d'or; dès que le vernis est à moitié sec,
frotter avec de la poudre d'or ou de cuivre, en couvrir le
vernis, au moyen d'une peau de chamois, trempée dans
cette poudre.

Pour la peinture à l'huile, donner une couche de blanc
de plomb avant d'employer la couleur, mettre la couleur
précédente à l'huile avec un peu du vernis du Japon, à
moins qu'on n'emploie l'or fin; on vernit pour préserver
de la rouille.

Pour la préparation de la poudre d'or, voyez OR.

Bronzes argentés et dorés (méthode pour l'entretien
des). Tremper dans l'eau bouillante, décaper de blanc
d'Espagne, et frotter avec une brosse; ôter ensuite avec
une autre brosse, quand ils sont secs, ce qui reste du blanc
essuyer avec un linge sec.

Autre. Faire bouillir dans une lessive de cendres, avec
un peu de potasse; s'ils sont très sales, essuyer avec soin,
passer dans une liqueur composée de quatre onces d'eau,
d'un gros d'acide nitrique et d'un gros de sulfate d'a-
lumine, essuyer et exposer à la chaleur.

S'il y a des taches grises aux bronzes dorés, on chauffe,
et on retouche au pinceau avec de l'acide nitrique étendu
d'eau.

BROSSES. (*Ind. dom.*) Les brosses de crin, les meilleures de toutes, sont très faciles à faire. On engage les
poils pliés dans une planche percée de plusieurs trous,
on les y arrête par des ficelles ou des fils d'archal qui les
embrassent par le milieu, on couvre ces attaches d'une
peau, on égalise les poils, et la brosse est faite.

*Brosse dentifrice de racine de guimauve, de mauve,
ou de raifort.* Couper en bâton ces racines, en effiler les
bouts, les faire bouillir, avec de la racine de pyrèthre
et de la cannelle en morceaux, les retirer, les mettre
dans l'eau-de-vie pendant vingt-quatre heures, les faire
sécher au four : pour s'en servir, on les trempe dans l'eau
chaude et on s'en frotte les dents.

*Brosse dentifrice, dite de corail, pour les gencives dé-
licates.* Prendre de grosses racines de luzerne, les peler et
les faire sécher, trancher par morceaux longs de trois
pouces, frapper avec un marteau sur chacun des bouts de
la racine pour en détacher les fibres ligneuses, faire in-

fuser dans l'alcool coloré avec de l'orcanette, sécher, bien pulvériser et mettre en paquets.

BROU DE NOIX. On nomme ainsi l'écale verte des noix.

BROU DE NOIX (ratafia de). (Off.) Mettre infuser dans l'eau-de-vie, durant deux mois, des noix vertes pilées, (vingt par pinte), de la muscade et quelques clous de girofle, passer au tamis de soie, faire fondre une demi-livre de sucre par pinte, laisser encore reposer trois mois, décanter, filtrer.

Ce ratafia est cordial et stomachique ; il chasse les vents.

La liqueur de brou de noix détruit les pucerons : on met dans un tonneau huit pouces de brou, un demi-décalitre de cendre, on y verse deux seaux d'eau bouillante, on laisse reposer cinq ou six jours et on remplit d'eau froide. On en met dans un arrosoir en remuant à chaque fois avec un bâton. Les insectes sont détruits par cette eau, sans que les plantes en souffrent.

Si dans un décalitre de brou, sur lequel on a versé plusieurs chaudières d'eau bouillante, on trempe pendant un jour du bois de chêne ou de merisier, le bois acquiert une teinte semblable à celle de l'acajou.

Les étoffes bouillies dans le brou de noix prennent une teinte brune très solide.

BROUETTE. (Agric. dom.) M. Bonafoux, de Turin, a inventé une échelle-brouette qui peut être employée pour la récolte des fruits, la taille des arbres. Cette brouette est composée de deux brancards de sept pieds, réunis par quatre traverses ou échalas. Elle a une partie double qui se replie à volonté. En dressant et ployant la brouette, on obtient une échelle double. Par un autre mécanisme, en unissant les deux parties, on obtient une échelle simple longue de douze à treize pieds.

BROUILLARD. (Hyg.) Monge a donné une définition très juste du brouillard, en disant : Un brouillard est un nuage dans lequel on est, et un nuage est un brouillard dans lequel on n'est pas.

L'air humide du brouillard produit des fièvres, des rhumatismes, des catarrhes. On doit avoir grand soin de ne pas s'y exposer.

Le brouillard est également nuisible aux animaux. On doit les faire rester à l'étable quand le temps est humide.

Le brouillard nuit également aux plantes et donne le charbon aux blés. (Voy. BLÉ.)

BROUSSONETIA. (Jard.) Broussonetia papyrifera. Famille des orties. C'est un arbre de Chine, nommé aussi mûrier à papier. Il a de belles feuilles larges et épaisses, une écorce mélangée de jaune et de brun; il fleurit en mai, il se multiplie de semis faits en avril, ou de rejetons qu'on élève en pépinière jusqu'à ce qu'ils aient cinq pieds de haut, à une exposition méridionale, et mis à l'abri du nord par de grands arbres, dans une terre meuble et substantielle.

BRUANT. (Récréat. dom.) Le bruant s'apprivoise aisément; il a un chant agréable, sans être brillant. On peut l'habituer à venir à un appel et à tirer dans de petits seaux sa nourriture. Cet oiseau vit cinq à six ans.

BRUCHES. (Anim. dom.) Cet insecte est gros et court, de couleur noire, piqueté de blanc ; il détruit les légumi-neuses, les pois, les fèves, les lentilles; on le détruit comme le charançon. (Voy. CHARANÇON.)

BRUGNON. (Jard.) Le brugnon est une espèce de pêche à peau rouge et lisse; il est sans poil et quitte le noyau. La chair est pleine d'eau et d'un goût excellent lorsqu'il a mûri sur l'arbre, jusqu'à ce qu'il se ride et se détache de lui-même. Le brugnon violet musqué, le plus estimé de tous, se mange en août et septembre. C'est un fruit jaune du côté de l'ombre, rouge-noir de celui du soleil. Le brugnon violet tardif et le brugnon jaune donnent en octobre, et sont sujets à pourrir sur l'arbre sans mûrir. (Voy. PÊCHER.)

BRULURE. (Méd. dom.) Le traitement de la brûlure consiste à calmer la douleur dans les premiers momens, à prévenir l'inflammation et à favoriser la cicatrisation des plaies.

Remède contre la brûlure. Bassiner de suite avec du vin rouge, froid en été, chaud en hiver, ou avec de l'eau blanche dans laquelle on bat un blanc d'œuf.

Si la brûlure est sans cloche, on applique de l'éther.

L'encre et la pomme de terre râpée appliquées immédiatement ont de bons effets. Le coton sec a été aussi recommandé; les cataplasmes émolliens conviennent : on les prépare avec de la mie de pain, de la racine de guimauve, des têtes de pavot et de la farine de graine de lin.

Une immersion immédiate dans de l'eau très froide ou glacée, continuée pendant plusieurs heures en ayant soin de renouveler l'eau quand elle s'échauffe, a souvent suffi pour guérir.

Le duvet du roseau d'étang, dit roseau de la passion, collé sur la plaie, en hâte la guérison.

Remède éprouvé. Appliquer d'heure en heure avec des linges une pommade d'eau de chaux battue dans l'huile d'olive. Si la partie est trop irritée, en appliquer avec un pinceau.

Autre. Laver avec de l'eau très froide où l'on a versé de l'extrait de saturne (deux cuillerées d'extrait pour une pinte d'eau). On y ajoute un gros de chaux vive. Quand on y a laissé pendant quelque temps la partie brûlée, on en applique des compresses. On peut, si le bain local est impraticable, arroser avec une éponge.

Quand les cloches sont formées et développées, on les perce avec une épingle, on laisse écouler la sérosité et on enduit de cérat légèrement saturé, mais seulement dans le cas où les souffrances sont calmées.

Dans l'intervalle de l'accident au traitement, on évite la douleur en enveloppant la partie lavée avec une bande.

L'huile est efficace contre la brûlure. Si à une once et demie d'huile on ajoute une once de cire fondue et deux jaunes d'œufs durcis, on obtiendra un onguent qui, étendu sur un linge à froid ou sur du papier, brouillard appliqué immédiatement sur la brûlure et renouvelé deux fois le jour, la guérira promptement.

Quand la brûlure a été produite par l'emploi de la poudre, on ne saurait la guérir sans en ôter les grains en lavant bien la plaie et en les enlevant avec la pointe d'une épingle.

Onguent à étendre deux ou trois fois le jour sur du papier brouillard. Faire fondre, en remuant toujours, deux onces de suif de chandelle, une d'huile de lin ou d'olive, une cuillerée d'eau et une d'eau-de-vie.

Compresse pour la brûlure. Mettre dans un litre d'eau chaude, quatre onces d'alun, de sulfate d'alumine et de potasse, en imbiber un linge, mettre en compresse, et renouveler toutes les compresses sèches à mesure : ce remède est très actif.

En cas de très forte douleur, il est utile de saigner. On met le malade à la diète la plus sévère, et on lui donne une tisane de racine de guimauve. On étend sur la plaie, selon l'intensité plus ou moins grande de la douleur, des cataplasmes émolliens ou du cérat saturné. Quand la suppuration s'établit, on fait quelques tions au linge avec des ciseaux pour faciliter la sortie du pus, et l'on panse plusieurs fois par jour, ordinairement deux fois. On doit éviter de panser trop souvent.

BRUSCAMBILLE. (*Récréat. dom.*) Le jeu de la bruscambille se joue à trois ou cinq personnes, en supprimant deux sept au hasard, en nombre pair, avec un piquet entier ; à quatre, on s'associe deux contre deux.

On convient du prix de la partie, de l'enjeu et du nombre des coups. Les dix et les as s'appellent bruscambille. Chacun reçoit trois cartes : la dernière, que le donneur garde, est l'atout ou triomphe. A mesure qu'on joue une carte, on en prend une autre au talon ; jusqu'à la fin des cartes. L'as d'atout acquiert deux jetons au joueur qui le place ; les autres as, deux jetons, pourvu qu'on fasse la levée. Si les as sont coupés par des atouts, leurs placeurs paient deux jetons à chaque joueur. Les dix se paient suivant les mêmes règles, mais seulement un jeton.

BRUMAIRE. (*Conn. us.*) Brumaire était le second mois de l'année républicaine ; il commençait au 22 octobre et finissait le 20 novembre. Son nom indiquait les brumes fréquentes à cette époque, et la terminaison *aire* avait pour but de peindre par une onomatopée la tristesse des jours d'hiver.

BRUYÈRE. (*Jard.—Agric.*) *Bruyère commune à fleur double. Erica vulgaris flore pleno.* Famille des bruyères. Arbuste indigène. Cette jolie plante donne en août des fleurs doubles de couleur noire. Elle vient de marcottes plantées en avril dans une terre de bruyère un peu humide et ombragée. Elle s'enracine la première année, et se place le printemps suivant.

On cultive plusieurs variétés : *Erica tetralis, alba et purpurea,* qui donnent des fleurs en juillet. *Erica multiflora, alba et purpurea. Erica ciliaris,* dont les fleurs pourpres viennent en août. *Erica herbacea,* la moins haute des bruyères. Elle a en mars et en avril des fleurs d'un rose pourpre.

La bruyère croît dans les terrains légers et arides. Les autres plantes et les arbres ne peuvent pas venir sous son ombrage. La *bruyère géant* a cinq ou six pieds, et la *bruyère commune* deux à trois pieds.

Les terrains que couvre la bruyère sont susceptibles d'être défrichés, et de donner par la suite un bon produit. Mais lorsqu'on n'a pas le fonds nécessaires pour cela, il faut chercher à utiliser les bruyères.

Emploi de la bruyère comme fourrage. Les chevaux, les vaches, les moutons, les chèvres broutent volontiers

l'extrémité des tiges de la bruyère, en hiver surtout. Coupée en été avant son entière maturité, elle conserve toutes ses qualités nutritives, et peut même séché suffire pour plusieurs mois d'hiver. Cette coupe améliore les qualités de la bruyère, renouvelle la plante qui cesse de présenter aux animaux des épousses trop dures. La bruyère dite *brugle impériale* est un bon engrais pour les porcs. Quand la vieillesse la rend impropre à servir de fourrage, on la coupe au printemps pour la brûler en hiver ; en automne, il y a de nouvelles pousses, et l'on peut y mettre les bestiaux, qui en broutent les bouts, et en activent par là la végétation. On peut diviser en portions les champs de bruyère, de manière à en brûler une partie chaque année, et à avoir toujours du fourrage. Quand on coupe la plante en pleine floraison, par un temps susceptible de culture, on a du fourrage d'hiver. On met la bruyère en petits tas, qu'on retourne de temps à autre, et on en forme de grandes meules. Ce fourrage donne une bonne saveur à la chair des moutons.

Emploi comme combustible. Elle sert surtout à chauffer le four ; la grande bruyère a une tige et des racines assez grosses pour donner du charbon.

Emploi comme engrais. Décomposée dans des fosses à fumier, la bruyère donne un bon engrais.

Emploi pour les abeilles. Les fleurs de la bruyère sont recherchées par les abeilles. Ces fleurs sont en grand nombre, et il y en a encore quand beaucoup d'autres plantes ont cessé de fleurir ; mais le miel qui en provient a le goût amer et styptique.

Emploi pour tannage. Le cuir peut être préparé avec une décoction de bruyère, ou une dissolution dans l'eau froide. Il est solide après le tannage, et plus dural le que lorsqu'il a été apprêté avec l'écorce de chêne. Il est bon de mêler la bruyère avec de l'écorce de chêne, parce que le cuir préparé avec la bruyère seule est spongieux.

Emploi pour boisson. Les jeunes pousses de la bruyère entrent dans la composition de l'aile. (Voy. ce mot.) Elles donnent de la force à la bière et la préservent de toute acidité, quand on l'emploie seule ou avec un mélange de houblon. (Voy. BIÈRE.) On pourrait, en la mêlant avec d'autres plantes, en composer une liqueur agréable.

Emploi pour teinture. Récoltée en pleine fleur, bouillie, et en y ajoutant un peu d'alun ou autres sels, la bruyère donne une teinture orange plus brillante que celle de la gaude.

Emploi pour haies et toits. On peut en former des haies sèches, en l'entremêlant couches par couches avec de l'argile ; on en construit de s maraillés de cabanes, et elle est aussi bonne que la paille comme couverture.

Emplois divers. Pour les cabanes des vers à soie, la bruyère est très convenable. Ses petites branches dépouillées de leur écorce font des brosses pour nettoyer les tapis. On en fabrique des balais ; les grosseurs qui naissent au collet de la racine des vieilles bruyères du genre géant, fournissent aux tabletiers et aux tourneurs un beau bois veiné et très dur.

Pour défricher les bruyères, il suffit de les brûler : les cendres font un riche engrais. A Morlaix, on a fait en 1852, sur un terrain ainsi défriché deux ans auparavant, une récolte abondante de froment.

BRUNISSOIR. (*Ind. dom.*) C'est un outil avec lequel on donne du poli à un corps. Il faut qu'il soit plus dur que le corps à polir; on brunit le fer et l'acier en enlevant toutes les petites éminences qui sont sur la surface. On obtient ainsi un lustre noir.

BRYONE. (*Jard. — Méd. dom.*) *Alba-bryona.* Famille des cucurbitacées. Cette plante herbacée a des tiges grimpantes de cinq à six pieds; elle fleurit en juin; on la multiplie par graines ou par éclats de racines. Les racines sont purgatives. Le suc blanc et laiteux qui découle de la plante est amer et purgatif. Elle pourrait remplacer l'ipécacuanha, et le docteur Harmand de Montgarry l'a appelée ipécacuanha européen; la racine séchée avec soin, réduite en poudre, administrée à la dose d'un demi-gros, répétée s'il le faut, provoque le vomissement et des évacuations alvines.

Les méprises de la bryone avec le navet ont occasioné parfois des empoisonnemens analogues à ceux causés par les poisons âcres. Des chiens empoisonnés par trois ou quatre gros de racine de bryone ont présenté à l'ouverture des corps les traces d'une inflammation aiguë; le traitement n'a rien de particulier. (*Voy.* EMPOISONNEMENT.)

Pour récolter les fleurs de bryone et la racine, on arrache cette racine bien sèche en automne, on la lave, on la coupe par rouelles minces que l'on fait sécher en les enfilant un peu séparées les unes des autres en forme de chapelet. On broie cette racine en poudre subtile, et on la donne à jeun le matin dans un verre d'eau. Si le vomitif n'est pas assez énergique, on donne une nouvelle dose une heure après. On l'administre avec succès dans le flux de ventre, les fièvres, les coliques vermineuses, la dyssenterie, les fièvres bilieuses, les fièvres putrides, les fièvres intermittentes, les rhumes, les maux de gorge, la coqueluche, la petite vérole, etc.

BUANDERIE. (*Ind. dom.*) On nomme ainsi le lieu où l'on lave le linge et où l'on fait la lessive. (*Voy.* BLANCHISSAGE, LESSIVE.)

BUCHER. (*Ind. dom.*) Un hangar pour abriter le bois est indispensable; si on le laisse à l'influence de la pluie et du soleil; il s'use et perd sa qualité: il donne moins de chaleur, et produit des cendres presque sans alcali.

BUÉE. (*Voy.* LESSIVE.)

BUDELÉGE GLOBULEUX. (*Jard.*) *Budeleja globosa.* Famille des scrofulaires. Cet arbuste du Chili se multiplie de marcottes ou de boutures, en avril, que l'on tient en pots et qu'on rentre l'hiver, jusqu'à la troisième année; alors on les plante dans une terre de bruyère fraîche, à demi-ombragée et à l'abri du nord. L'hiver, on couvre le pied avec de la paille. Ses fleurs sont jaunes et en boules odorantes, ses feuilles sont blanches en dessous.

BUFLE. (*Ind. dom.*) Le bufle est du genre des bœufs, plus grand et plus alongé, ayant la peau très dure, les cornes noires, la tête garnie de poils, les cuisses grosses et courtes. Le bufle pourrait se naturaliser dans les parties méridionales de la France. Il s'apprivoise aisément, mais est quelquefois dangereux dans les chaleurs ou quand il est excité; il fait plus d'ouvrage et mange moins que le bœuf. Son harnais consiste en un anneau de fer ou de

cuivre qui traverse ses narines, et dans lequel on passe une corde.

Les femelles des bufles donnent du lait dès qu'elles approchent du mâle.

La peau du bufle passée à l'huile sert pour la ganterie et l'équipement des troupes.

BUFFLÈTERIE. (*Voy.* ARME.)

BUGLOSSE. (*Jard. — Méd. dom.*) *Anchusa italica.* Famille des borraginées. Cette plante présente une analogie parfaite avec la bourrache dans sa composition et dans ses effets; on l'employait autrefois de la même manière. La graine se garde trois ans. (*Voy.* BOURRACHE.)

BUGRANDE. (*Jard.*) *Bugrande à feuilles rondes. Ononis rotundi-folia.* Famille des légumineuses. C'est une plante des Alpes; elle est vivace et quelquefois ligneuse; elle donne, de mai en juillet, de grandes fleurs roses. On la sème en mars, en pots, sur terreau végétal. On repique à une exposition sèche, en pente, au midi.

Bugrande frutescente. (*Ononis fructicosa.*) Cet arbuste donne en avril des fleurs d'un joli vert; elle se sème aussi en mars. On couvre l'hiver avec des feuilles, et on repique au printemps suivant.

BUIS. (*Jard.*) *Buxus sempervirens.* Famille des euphorbes. C'est un arbrisseau indigène. Il y a des variétés à feuilles étroites et à feuilles panachées. Non taillé, garni de branches latérales, et placé au deuxième rang au-devant des massifs, il fait un effet charmant. Il se sème, ou se multiplie de marcottes et de boutures faites en juin à l'ombre, arrosées souvent et replantées en mars la deuxième année, dans une terre franche et légère, au midi. Il fleurit en mars.

Buis de Mahon. (*Buscus balearica.*) Cet arbuste est plus délicat, mais demande à être cultivé de même. On couvre le pied en hiver. Ses feuilles sont larges et d'un beau vert. Ses fleurs sont odorantes: elles viennent en mai.

Les décoctions de la feuille ou des racines sont si amères qu'on ne les pourrait boire sans vomissement. En les faisant macérer dans l'alcool, affaibli à 22°, on en obtient un très énergique purgatif. On a fait l'essai de cet extrait sur des chiens, chez lesquels il a déterminé des évacuations alvines. Vingt grains administrés à un adulte ont provoqué quatre selles muqueuses, avec coliques assez vives. Cet extrait employé convenablement a guéri des fièvres intermittentes. Employé en place de houblon dans les falsifications de la bière, il lui communique des propriétés purgatives.

La racine de buis sert aux tourneurs pour faire des tabatières, des toupies, etc.

Les horticulteurs examinent en ce moment si l'on doit conserver ou non le buis nain pour les bordures.

Les adversaires du buis représentent que des insectes nombreux y sont attirés, y pondent et y vivent; que la tonte des bordures au commencement de l'été ne peut détruire ces insectes. Que le buis, en outre, efrite la terre d'une manière désastreuse.

Les défenseurs du buis observent qu'il retient mieux que toute autre plante la terre des plates-bandes, et s'oppose à l'éboulement; qu'il orne le jardin par sa verdure constante, que par la tonte avant la sève, on peut diminuer le nombre des insectes; qu'en outre le feuillage couché dans une fosse, piloté, recouvert d'un demi-pied de bon terreau, donne une terre excellente, peu hantée par les larves des insectes, et bien propre à la culture des melons et autres plantes délicates.

Nous laissons à nos lecteurs le soin de peser et comparer ces diverses raisons.

BUISSON. (*Agric.*) C'est un petit bois qui n'a pas assez d'étendue pour être appelé bois, ou une réunion de petits arbustes, comme le houx, le genêt, l'aubépine.

Pour essarter les buissons, on enlève d'abord tous les arbres, qu'on coupe le plus près de terre possible. Ensuite on déracine et on brûle les épines et menus bois qui restent, pour amender la terre.

On peut, si l'on veut, donner un profond labour, et semer sur ce terrain du sainfoin, du trèfle, de la vesce, des pois, des fèves et de l'avoine. On peut ne pas arracher les racines, en les couvrant de terre fraîche bien battue.

BUISSON ARDENT. (*Jard.*) *Trespilus pyracantha.* C'est un arbuste de Virginie, appelé aussi néflier pyracanthe; il se multiplie de marcottes; il a des fleurs en mai, et des fruits rouges en corymbes d'un joli effet. (Voy. NÉFLIER.)

BUISSON. (*Cuis. — Off.*) On appelle ainsi un mets arrangé en forme de dôme. On dit buisson d'écrevisses, buisson de meringues. (Voy. ÉCREVISSE, MERINGUE.)

BULBE. (*Jard.*) Les bulbes ou oignons des fleurs sont sujets à divers accidens. Ils peuvent se perdre après que leurs fanes ont été détruites. On peut en bêchant les endommager ou les changer de place : on évite ces accidens par le procédé suivant :

Avoir un pot à fleurs défoncé ou un cercle de terre cuite d'un diamètre suffisant, haut de quatre pouces et épais de quelques lignes, l'enfoncer dans la plate-bande à deux ou trois pouces, le remplir de terre jusqu'aux bords et planter les bulbes dedans.

BUPLÈVRE. (*Jard.*) *Buplevrum fructicosum.* Famille des ombellifères. C'est un arbuste indigène toujours vert. On le sème en mars, au midi, sur terre de bruyère, dans des pots enterrés, à une exposition sèche. La première année on le recouvre de feuilles pendant le fort de l'hiver;

au printemps, on le repique dans une terre sableuse : il fleurit en juillet.

BUPRESTE. (*Anim. dom.*) Cet insecte ressemble aux cantharides. Il a le corps plus alongé, les pattes plus longues et plus grosses, des serres et des dents. Caché sous l'herbe, il fait enfler les bœufs qui l'avalent et les suffoquent. Les bouviers l'appellent pour cela enfle-bœuf.

Remède. Enfoncer dans l'anus du bœuf une corne percée jusqu'à ce qu'il rende des vents, donner des lavemens d'huile de noix et de son.

BURAT, BURE. (*Ind. dom.*) Ce sont des étoffes de laine grossière. La trame de la bure est croisée. Les paysans s'en servent encore, et sa solidité doit la faire rechercher à la campagne par ceux qui se livrent comme eux aux travaux champêtres. Le burat mince et léger était employé à faire des uniformes dans quelques couvens. Maintenant il est peu d'usage.

BUSC. (Voy. CORSET.)

BUSE. La buse est de la grosseur d'une poule. Elle est couleur de rouille, et a le bec recouvert d'une peau jaune à la partie supérieure.

Cet oiseau de proie mange les poussins, les pigeons et les lapins. Il se nourrit aussi de rats, de taupes et d'oiseaux ; à défaut d'autre nourriture, il prend des scarabées, des vers de terre et d'autres insectes.

Il est très difficile à approcher. On le guette, à l'affût, au pied de l'arbre où il se perche le soir.

BUTOME A OMBELLE. (*Jard.*) *Butomus ombellatus.* Famille des joncées. C'est une plante aquatique indigène. On l'appelle aussi jonc fleuri ; elle est vivace ; elle aime le bord des eaux, l'exposition au soleil. Ses fleurs viennent en juin ; elles sont grandes, roses, et disposées en ombelles.

BUVARD. (*Ind. dom.*) Le buvard est un cahier de papier gris qui a la propriété d'absorber l'humidité de l'écriture fraîche. On le place entre la table et le papier sur lequel on écrit ; et à mesure qu'on a rempli une feuille on la pose dans le buvard.

Quelques buvards sont reliés et contiennent plusieurs compartimens de portefeuille qui servent à serrer des papiers, et en outre un encrier et un sablier portatifs.

C.

CABANE. (*Ind. dom.*) On a souvent besoin de construire une cabane, soit pour le repos pendant la promenade, soit pour l'abri des chasseurs, ou des gens qu'on emploie, et ce travail est tellement facile qu'on le peut le considérer comme une récréation champêtre. Il y a pour cela plusieurs manières de procéder.

Cabane carrée à pignons. On encadre par un tracé fait sur le sol une surface rectangulaire oblongue. A chaque angle ou fiche solidement dans la terre un piquet d'égale grosseur. Dans l'intervalle, et sur l'alignement de chaque côté du rectangle, on plante d'autres piquets de distance en distance, et on couronne par une perche placée hori-

zontalement, qui va d'un bout à l'autre de la ligne, à la partie antérieure et postérieure de la cabane ; on pose deux perches qui, partant de l'extrémité des piquets angulaires, vont se réunir à leur sommet ; on attache sur l'espèce de fourche que forme leur point de jonction une perche qui occupe toute la longueur de l'édifice, et est parallèle au plan de celles qui couronnent les piquets.

La carcasse étant ainsi faite, on s'occupe de garnir. On prend du bois de ramée sec, des grandes bruyères, du genêt épineux, des joncs, et on les entrelace ensemble en les attachant aux piquets, de manière que la partie de chaque tresse, dont un bout touchera la surface intérieure d'un piquet, en touche l'extérieure par l'autre bout. Toute la cabane étant ainsi garnie, sauf l'espace réservé pour la porte entre deux piquets, on garnit les interstices de mousse qu'on enfonce avec des bâtons, ou de terre glaise, ou de terre ordinaire mêlée de bouze de vache, ou de bourre et de feuillages.

Le toit par lequel on peut finir la construction, est composé d'une charpente de lattes fixées obliquement dans la longueur les unes à côté des autres, et d'une couverture qu'on y attache. Cette couverture peut être de paille, de bruyère, d'écorce, de jonc, qu'on applique par couches bien égales.

Cabane circulaire en colombier. On a une corde de suffisante longueur, terminée par deux fiches de bois. On en plante un bout dans la terre, et en s'en servant comme d'un centre de rotation, on trace un cercle. Pour placer les piquets à distance bien égale, on a une autre corde de même longueur, dont on attache un bout au bout de la première qui sert de centre; on obtient ainsi un diamètre mobile, et on plante les pieux aux points où il touche la circonférence, en face les uns des autres. Le toit se dispose en cône. Les matériaux des murs et de la toiture sont les mêmes.

Cabane plate à terrasse. Dans cette cabane, les piquets de la partie antérieure doivent être un peu plus élevés, afin de faciliter l'écoulement des eaux. Les lattes du toit se posent horizontalement. On peut les couvrir d'écorce d'arbres, principalement de bouleau, et garnir d'épais carrés de gazon qu'on réunit hermétiquement. Pratiquée avec soin, ce mode de toiture peut s'appliquer à toutes les cabanes. Il est d'un bel effet, surtout si le gazon est semé de fleurs.

Cabane en piquets. Elle n'est composée que de piquets bien droits et serrés. On enduit d'une forte couche de bitume pour les mieux réunir. (Voy. FABRIQUE, KIOSQUE.)

CABANE *de berger.* (*Anim. dom.*) Elle est en planches, et portée sur quatre roues pleines et épaisses. Un brancard placé devant permet de la trainer à bras et d'y attacher un cheval.

CABAS. (*Var.*) Les cabas ont remplacé les paniers et les sacs. Ils ont sur les paniers l'avantage d'être moins larges et moins gênans. Ils contiennent plus que les sacs, et n'ont pas moins d'élégance.

Les cabas furent d'abord en osier; on les fabrique maintenant en paille tressée, ou en lanières de cuir et d'étoffe. On les enjolive en teignant la paille de diverses couleurs.

A la ville, le cabas n'est toléré que le matin et en négligé. Il faut cependant excepter de cette proscription le cabas en tapisserie : ce cabas, fait sur un canevas, et garni à l'intérieur d'un carton, est d'un joli effet, et peut servir de sac à ouvrage aux dames les plus élégantes.

A la campagne, le cabas est de mise partout, et il se transforme à volonté en sac, en panier à fruits. Il est peu propre à ce dernier usage à cause de sa flexibilité; il pourrait comprimer et écraser les fruits. Mais cette même flexibilité permet d'en faire une espèce de siége, en le substituant à la promenade aux mouchoirs qu'on étale ordinairement sur le gazon.

CABILLAUD ou MORUE FRAICHE. (*Cuis.*) Vider le cabillaud, le laver, en ficeler la tête, le faire cuire à petit feu dans de l'eau bien salée, servir avec une sauce à la crème. On peut le faire cuire également au court-bouillon: la sauce à la crème peut être remplacée par une sauce aux huitres.

Cabillaud aux fines herbes. Assaisonner de sel, poivre, muscade, poudrer le cabillaud de chapelure, le mouiller de vin blanc, et l'arroser de beurre fondu, le faire cuire au four en l'arrosant pendant la cuisson, le servir avec des fines herbes cuites et du beurre.

Cabillaud à la hollandaise. Le faire écumer dans l'eau bouillante, l'égoutter, le servir avec une serviette dessous et des pommes de terre autour, accompagné d'une saucière de beurre fondu.

Cabillaud farci. Farcir de merlans et d'anchois pilés, mouiller de vin blanc, paner de mie de pain et de fromage, arroser de beurre fondu, saucer d'une sauce à la Sainte-Menehould, faire cuire au four.

CABINET. (*Var.*) Des cabinets sont presque nécessaires à toutes les pièces de l'appartement.

Un cabinet attenant à l'office reçoit divers ustensiles qui ne servent pas ordinairement.

Un cabinet attenant à la chambre à coucher sert à la toilette, et reçoit le lavabo, le bidet, le linge et les meubles nécessaires aux soins hygiéniques.

Chez les personnes occupées d'un travail de bureau, un cabinet est destiné spécialement au travail. Il doit être assez grand, bien aéré et clair, et contenir une bibliothèque, une table et des casiers. Le plus grand ordre y régnera: on n'y reçoit jamais. C'est un sanctuaire impénétrable dont on ne doit jamais troubler la solitude.

Dans la salle à manger, le cabinet attenant sert à mettre le bois de chauffage.

Dans la basse-cour, on peut faire un cabinet pour les perdrix et les cailles; pour cela, on réserve une niche dans l'épaisseur du mur, et on la ferme avec un cadre en toile métallique. (Voy. CAILLE.)

On appelle cabinet de verdure un espace de terrain entouré de charme taillé en murs, ou d'un treillage recouvert d'arbustes rampans.

CACALIE A FEUILLES DE LAITERON (*Jard.*) *Cacalia sonchifolia.* Famille des corymbifères. Cette plante est originaire de l'Inde. Elle réussit dans nos climats au soleil, dans un terrain chaud et léger. Elle est annuelle, et donne ses fleurs en juillet. Elles sont d'un beau rouge orangé.

CACAO. (*Off.*) Le cacao est le fruit du cacaotier (*theobroma cacao*), qui croit particulièrement en Amérique.

Ce fruit est en cosses de trois lignes d'épaisseur, dont chacune contient vingt ou trente amandes : ces amandes ont un goût amer.

Mangées crues, elles sont échauffantes, toniques et stomachiques.

Le cacao préparé donne le chocolat. (Voy. CHOCOLAT.)

On compte plusieurs sortes de cacao : le cacao Caraque, celui d'Haïti, de l'île Sainte-Madelaine, de Berbiche, de Cayenne. Nous les avons rangés par ordre de qualité dans cette nomenclature.

On reconnait le Caraque à la moisissure de quelques unes de ses parties internes et à la poussière terreuse qui en recouvre parfois la surface. C'est le seul rebut ons des cacaos, qui après la récolte soit terré, c'est-à-dire mis en terre cinq à six semaines. Cette opération a pour but de lui faire perdre son goût acerbe.

Les écorces du cacao donnent une boisson agréable. On les fait bouillir dans très peu d'eau, qu'on laisse évaporer; on ajoute une pinte de lait et un peu de sucre; et, après avoir laissé bouillir trois quarts d'heure, on passe au tamis. Cette préparation nourrissante peut remplacer le café au lait avec avantage.

Crème de cacao. Torréfier et piler deux livres de cacao, avec deux gros de cannelle; ajouter trois pintes d'eau-de-vie, distiller au bain-marie, ajouter deux livres de sucre dans une pinte d'eau. On peut augmenter cette dose, si on préfère une saveur sucrée à la saveur légèrement amère du cacao. On ajoute trois gros d'essence de vanille; on filtre, et on met en bouteilles.

Beurre de cacao. Il s'extrait par expression à chaud ou par ébullition des semences du *theobroma cacao.* A froid, il est solide et cassant; mais il est liquéfié par la seule chaleur des mains. Il est d'un jaune pâle, et d'une odeur agréable. Il se rancit facilement à l'air, et on doit le conserver dans des vases fermés hermétiquement.

Le beurre de cacao est adoucissant au plus haut degré; on l'emploie dans les maladies des enfans, pour faciliter les évacuations alvines; on en prépare une crème pectorale, convenable dans les toux sèches et opiniâtres.

Crème pectorale de beurre de cacao. Mêler beurre de cacao, sirop de baume de tolu, sirop de capillaire (une once de chacun), ajouter une demi-once de sucre en poudre, donner par cuillerée à café.

CACHEMIRE. (*Var.*) Le cachemire nous a été apporté de l'Inde par les Turcs. MM. Ternaux frères ont fabriqué les premiers cachemires français, en tirant les matières premières des Indes, puis ils ont fini par acclimater chez nous les chèvres du Thibet.

Les cachemires français sont moins coûteux et supérieurs en qualité à ceux du Thibet. On persiste cependant à attacher plus de prix à ceux qui ont traversé les mers.

Pour la manière de les conserver, voy. CHÂLES, DRAPS, ÉTOFFE.)

CACHET. (*Var.*) On compte diverses espèces de cachets qui se distinguent les uns des autres par la matière dont ils sont formés, ou par les caractères qu'ils sont destinés à reproduire.

On fait des cachets en cuivre, en or, en agathe, en cornaline, et autres pierres de couleur. On emploie pour les manches de bois blanc, le bois d'ébène, l'ivoire. Les cachets les plus élégans sont les cachets formés d'une seule pierre, les plus nouveaux sont faits d'écaille incrusté d'or.

Mais le travail de l'ouvrier pouvant ajouter un grand prix à l'œuvre, la valeur d'un cachet dépend souvent moins de la matière que de la manière dont elle est sculptée et ciselée. Ainsi, peu de cachets sont préférables à ceux d'ivoire qu'on fabrique à Dieppe.

Les cachets à armoiries sont toujours de mode, et leur bel effet donne lieu de regretter que l'application en soit réservée à un petit nombre.

Les cachets à initiales ont l'inconvénient de mettre les étrangers dans la confidence de votre correspondance par la seule inspection de l'extérieur de la lettre cachetée. Les cachets à devises sont proscrits par les gens de goût, bien que certaines de ces devises soient ingénieuses; et il arrive souvent que l'écrivain met tant d'esprit dans la recherche de la devise qu'il ne lui en reste plus pour la lettre.

Les cachets les plus simples sont les meilleurs; ils sont unis ou légèrement cannelés. Les cachets cannelés font mieux pénétrer la cire dans le papier, et rendent les indiscrétions plus difficiles.

CACHETER (Cire à). (Voy. CIRE.)
Pain à cacheter. (Voy. PAIN.)

CACHOU. (*Méd. dom.*) *Catheeu-terra Japonica.* Le cachou est un suc résineux, d'une saveur de violette. C'est un extrait de la noix d'arec; *acacia cathecu.* Il y en a trois espèces: le cachou rougeâtre, le cachou brun, et le cachou brun-foncé.

On se le procure pur en le faisant dissoudre dans l'eau, passant au tamis, et l'évaporant, jusqu'à consistance d'extrait.

Le cachou est très astringent; il convient dans les catarrhes et les hémorrhagies. On en fait du sirop, des pilules, des pastilles dans lesquelles on l'associe à diverses substances amères ou aromatiques.

On prend le cachou délayé dans de l'eau, comme astringent: c'est une boisson agréable. Le célèbre chocolatier Debauve a mêlé avec succès le cachou au chocolat. (Voy. ce mot.)

Les pastilles de cachou sont prescrites dans les diarrhées, la dysenterie. On les prépare en les mêlant avec moitié de sucre ou un peu plus de l'eau gommée; on y mêle aussi de l'iris dont le cachou a le goût, de la violette, de l'ambre gris, de la fleur d'orange, de l'esprit de vanille, de l'essence de cannelle et de la cannelle en poudre.

Le cachou en décoction donne une belle couleur dont les nuances varient depuis le jaune feuille-morte jusqu'au brun-savoyard, suivant que la décoction est plus ou moins concentrée.

On la fixe sur le coton, la soie et la toile au moyen des sels de cuivre et des nitrates qu'on emploie ordinairement dans les teintures.

On rapporte le cachou des Indes: il est quelquefois falsifié avec du sable fin.

CACTUS. (*Jard.*) *Cactus opuntia.* Famille de cactiers. On nomme ainsi une suite nombreuse de plantes grasses, à formes très variées, mais principalement en cierges et en raquettes superposées; elles sont presque toutes originaires des Indes et de l'Amérique méridionale. On les cultive dans les serres.

Cactus grandiflorus. Une des plus belles variétés est le cierge à grandes fleurs. Ses tiges serpentent et sont couvertes de gros boutons d'où partent de longs poils. La fleur en est d'une belle couleur et d'une odeur très suave; elle produit un fruit jaune de la forme d'un ananas et d'un excellent goût.

Cactus peruvianus. Il s'élève à une grande hauteur. Ses fleurs sont jaunes et ses fruits rouges; ces derniers sont de la grosseur d'une noix.

Cactus ficus indica. Il produit un fruit fade, qui a la propriété (dit-on) de rendre rouge l'urine de celui qui le mange.

Cactus flagelliformis. Il produit des fleurs d'un rouge cramoisi très éclatant.

La cochenille vient sur le cactus à cochenille ou nopal, arbre du Mexique, naturalisé dans nos climats.

La famille des cactus est très considérable. Quelques uns se cultivent en France en pleine terre. Ce sont des plantes vivaces, et qui se multiplient aisément en toutes saisons, par écla's. (Voy. COCHENILLE.)

CADENAS. (*Jar.*) Le cadenas est une espèce de serrure mobile. M. Regnier de Paris en a, sous l'empire, perfectionné la fabrication. Grâce à de nouvelles combinaisons, les objets les plus précieux peuvent être renfermés à l'aide d'un cadenas. Les meilleurs sont les *cadenas à lettres et à chiffres.* Après avoir formé un certain nom avec les lettres placées sur des anneaux de cuivre qui entourent le cadenas, on les mêle, et le cadenas ne peut être ouvert qu'en rétablissant le nom. Les cadenas à chiffres ont le même mécanisme.

CADRAN SOLAIRE. (*Ind. dom.*) Les cadrans solaires étaient connus des Egyptiens et des Juifs. L'exécution s'en est depuis perfectionnée, au point qu'il est facile avec un peu de soin d'en fabriquer soi-même, si l'on a quelques connaissances préliminaires.

Cadran horizontal. On a un triangle de métal qu'on pose perpendiculairement au cadran dans une rainure, et qu'on maintient en coulant du soufre, de la cire, ou du plomb fondu. Ce triangle dont l'ombre est destinée à marquer l'heure, s'appelle style.

On a soin de chercher sur une carte de géographie la latitude du lieu où l'on est. Cette latitude est pour Paris de 48 degrés 50 minutes, l'angle du style doit être égal à la latitude.

Sur le plan du cadran qui est carré, en tôle, ou en ardoise, ou en marbre, ou en cuivre plané, on tire la ligne de midi au-dessus de laquelle se place le style; puis on tire une ligne perpendiculaire qui est celle de six heures du matin et du soir, et forme avec celle de midi deux angles droits, à la pointe du style. Le point central est celui des deux angles droits. Le meilleur moyen de tirer les autres lignes sans avoir recours à de longs calculs géométriques qui ne sont pas à la portée de tous, est de placer à midi le cadran sur la méridienne du lieu. On a une bonne montre, et quand cette montre marque midi, on met l'heure du cadran d'accord avec celle de la montre. Ce cadran ainsi pour toutes les heures; et à mesure que l'ombre du style indique une heure sur le cadran, on tire du point central une ligne au bout de laquelle on écrit l'heure en chiffres romains. Avec un peu d'attention, on obtient ainsi toutes les heures; le cadran doit être très horizontal. On s'en assure en le couvrant d'eau, et en examinant si l'eau s'écoule également partout. Le support peut être en pierre, ou en briques; on simplement on peut le placer sur un mur d'appui, une fenêtre; il faut que le support soit aussi bien horizontal.

Cadran vertical. On peut le tracer à l'aide d'un cadran horizontal. On fait concorder les méridiennes des deux cadrans; on passe et arrête une ficelle dans un trou au centre du cadran horizontal, on la tend dans la direction du style, qu'on fait aboutir au mur où le cadran doit être tracé. On prend une lampe; on fait avec

sa lumière marquer midi au cadran horizontal, l'ombre de la ficelle sur le mur est la ligne de midi au cadran vertical. Toutes les heures sont indiquées ainsi nécessairement par l'ombre de la ficelle.

CADRAN DE SURETÉ. (*Ind. dom.*) C'est un cadran que M. Mariotte inventa en 1810. Il peut servir à toute espèce de fermeture; quand on veut essayer d'ouvrir, sans connaître le secret, il fait partir un pistolet; allume une chandelle et sonne une cloche.

CADRE. (*Ind. dom.*) Recette pour nettoyer les cadres dorés: Battre ensemble une demi-once d'eau de javelle, et une once et demie de blancs d'œufs, tremper dans la liqueur qui en résulte une brosse douce et frotter le cadre; donner, après l'opération, une couche du vernis qu'emploient les doreurs sur bois, et qu'on trouve chez les peintres en bâtimens; si le cadre se salit de nouveau par la suite, on peut user une seconde fois de cette recette.

CAFÉ. (*Off. — Hyg.*) *Coffea arabica.* Famille des rubiacées. Nous ne dirons rien ici ni de la découverte du café, il y a deux siècles, par un berger surpris de l'insomnie inusitée de ses chèvres, ni de son premier emploi par des moines, auquel ce berger communiqua ses observations, ni des discussions qu'il excita en Orient et en Occident, ni des premiers cafés établis ro s la régence; il importe aux ménages non de connaître l'histoire du café, mais de faire de bon café et d'en connaître les propriétés.

Le café est originaire de l'Arabie Heureuse; en France, il ne vient qu'à grand'peine à douze ou quinze pieds, tandis qu'en Arabie il monte à trente ou quarante.

Si les colonies en produisent, ce n'est que parce qu'un capitaine de vaisseau nommé Déclieux en transporta, du Jardin-des-Plantes à la Martinique, un pied, qu'il arrosait en sacrifiant sa ration d'eau; en France, on n'a pas essayé, et probablement on essaierait vainement de le naturaliser, même dans le Midi. Ainsi nous n'avons pas à nous occuper de la culture du café.

Le café ne nourrit point. Il est stimulant; il active toutes les fonctions; il excite la circulation, les sécrétions, les contractions musculaires; il a une influence marquée sur la masse cérébrale; il facilite la digestion et dissipe la pesanteur d'estomac; il convient aux personnes grasses, pituiteuses, asthmatiques, aux lymphatiques dont les organes ont besoin d'être excités; il est nuisible aux sanguins, dont il accroît l'irritation naturelle, aux hystériques, aux hémorrhoïdaires, aux nerveux; quoiqu'il ne soit pas un aliment, il peut calmer la faim en donnant une nouvelle vigueur.

L'excitation produite par le café n'est que factice et momentanée. À un surcroît de forces succèdent bientôt la prostration et la fatigue.

Les femmes en Egypte prennent avec avantage du café dans les suppressions des menstrues. En France, on l'a employé avec succès dans les asthmes périodiques; il neutralise les effets narcotiques de l'opium et est utile dans les fièvres.

Nous allons ranger les différens cafés du commerce par ordre de qualités:

Café Moka; il a une couleur jaunâtre et une bonne odeur. Café Bourbon, il est blanchâtre, inodore, de forme longue.

Café Cayenne.

Café Martinique et Guadeloupe.

Café de Saint-Domingue.

Le café du commerce est mondé, c'est-à-dire qu'il est dépouillé de son enveloppe au moyen d'un moulin.

Le café arrive quelquefois mariné, mouillé avec de l'eau de mer; on lui ôte son goût salé en le jetant dans l'eau bouillante; on le fait ensuite sécher au soleil, ou à un feu modéré.

La torréfaction du café est une chose importante : trop rôti, il perd sa qualité, échauffe et resserre. Dans le cas contraire il charge l'estomac et est amer. Quoique pour la torréfaction, on ait vanté l'argent et les vaisseaux de terre dont le vernis éclate et s'écaille, il faut brûler le café dans un tambour de fer. La broche qui le traverse à l'entrée et à la sortie, est coupée pour boucher hermétiquement. On doit faire en sorte que le café soit bien renfermé, soit pendant la torréfaction, soit après, afin qu'il ne perde rien de son odeur ni de ses principes volatils. La manivelle et l'ouverture du tambour doivent être sur la même ligne pour que le café ne s'échappe pas quand on regarde s'il est suffisamment rôti. Le temps de la torréfaction varie selon la qualité. Les diverses espèces de café n'exigent pas le même temps. On doit donc éviter de mélanger du café de plusieurs natures.

Le feu doit être très égal et modéré; on reconnaît que le café est rôti suffisamment quand il répand un parfum et qu'il a acquis une couleur cannelle. Toutes les fois qu'on l'examine, il faut bien vite refermer.

Dès qu'il est rôti à point, on l'ôte du feu et on l'agite en l'air pendant quelques minutes; puis on trempe le tambour dans l'eau froide pour empêcher les principes du café de s'évaporer.

Si le moulin est neuf, il faut s'attendre à ce que le café contracte une odeur de fer désagréable.

On attend, pour pulvériser le café, qu'il soit entièrement refroidi; autrement il serait pâteux et la poudre ne serait pas si fine. En Orient on pulvérise dans un mortier, et le café en est meilleur. Ici, on se sert d'un moulin; le café ne saurait être trop moulu, afin qu'il se dépouille dans l'eau de toutes ses parties aromatiques. On peut le moudre deux fois, en serrant la seconde fois la vis du moulin.

On doit mettre le moins de temps possible entre la torréfaction et l'infusion du café. Pour l'infusion du café, on se sert de l'appareil à la du Belloy, inventé par M. de Belloy, ferblantier, consistant en un double fond, destiné à recevoir un bain-marie, en un fouloir qui tasse le café, et un crible par lequel il filtre.

Si on manque de cet appareil, on prend une cafetière large par la base et étroite en haut, le couvercle est percé d'un trou au centre, par lequel avec une cuillère ou un moussoir à chocolat on agite l'infusion de café. Les proportions de cette infusion doivent être de deux onces et demie de café par pinte d'eau bouillante. On jette le café dans l'eau bouillante, on laisse pendant deux heures la cafetière sur des cendres chaudes, sans faire bouillir.

On fait aussi le café en versant de l'eau bouillante dessus. Pour éviter la mousse, on ne verse l'eau que peu à peu.

On peut aussi mettre le café dans l'eau froide, à raison d'une once pour trois tasses et demie d'eau : on le fait bouillir jusqu'à ce qu'il se précipite. On le clarifie avec un petit morceau de colle de poisson, ou en versant un peu d'eau froide sur les derniers bouillons; on le laisse reposer et on le verse doucement dans un autre vase.

Si on veut se servir du marc de la veille, on le fait bouillir; on décante, et on jette sur une nouvelle quantité de café placée dans une chausse. On passe plusieurs fois l'infusion si l'on veut.

L'infusion anglaise de M. Accum se fait dans un vaisseau cylindrique percé de petits trous, qui a pour une tasse un pouce et demi de diamètre et cinq pouces et demi de haut. On y met une couche de café, et on y verse de l'eau bouillante en couvrant la couche exactement. On reçoit l'infusion dans une tasse placée au-dessous.

On peut torréfier et infuser le café en plusieurs parties dont la première sera moins brûlée que l'autre, aura acquis la couleur de chapelure de pain, et aura perdu moins de son poids. On mêlera ensuite les deux infusions faites séparément.

On servait autrefois le café dans la salle à manger après le repas. Aujourd'hui, une table au milieu du salon reçoit les tasses et les verres à liqueurs. La maîtresse de la maison sert d'abord le café bouillant et les liqueurs ensuite.

Le bon café est de couleur marron, presque noir, clair et limpide.

Le café au lait et à la crème est un déjeuner peu substantiel et peu salutaire. Le café et le lait ont des qualités contraires qui se neutralisent, et ne laissent qu'un délayage pour boisson. Il est, au reste, laxatif.

Les femmes se trouvent mal souvent de l'usage du café au lait; elles ne peuvent le digérer aisément; il donne parfois des fleurs blanches, ou augmente la quantité de cette évacuation.

Café à la crème. Prendre de la crème très épaisse, la mettre dans un poêlon, ne pas la faire bouillir, verser le café le premier et la crème par-dessus, sucrer peu.

Café au lait à l'anglaise. Prendre trois grandes cuillerées de café, faire bouillir une pinte de lait, et pendant qu'il bout, mettre le café dedans, agiter jusqu'à parfait mélange, laisser déposer et décanter.

Café à la sultane. Avoir de l'écorce de café, lui faire prendre couleur dans une terrine sur un feu de charbon, en remuant pour empêcher de brûler. Faire bouillir de l'eau, et l'y jeter avec un quart de pellicule de café.

Café au jaune d'œuf. On met d'abord dans un vase du sucre et un jaune d'œuf; on y verse peu à peu une tasse de café, une tasse d'eau, et une cuillerée d'eau de fleur d'orange. On fait chauffer au bain-marie en tournant toujours le mélange, pour l'empêcher de se figer.

On emploie la racine de chicorée pour falsifier le café.

On reconnaît qu'on a mêlé de la chicorée, avec du café moulu, en jetant une pincée de café soupçonné dans un tube de verre où il y a un peu d'eau. Le bon café surnage et n'enlève rien à l'eau de sa transparence. Le café-chicorée colore l'eau en rouge, ou précipite une poussière rougeâtre ou couleur de bière forte. Plus cette poussière sera abondante, plus le café contiendra de chicorée.

La décoction de café non torréfié, ou *café citrin,* est tonique et convient dans les fièvres intermittentes. Pour la préparer, on couvre d'eau le café, on l'expose à un feu léger, on le dessèche au four, et on le moud ; on fait bouillir dans un vase de terre une once de café épuré, dix-huit onces d'eau, et on réduit à six onces. La dose en poudre dans les fièvres est d'un scrupule toutes les deux heures et demie; en décoction, elle est plus considérable. Deux onces de poudre et seize de décoction ont souvent guéri des fièvres intermittentes très violentes.

Café (glace au). (Voy. GLACES.)

Café (crème au). (Voy. CRÈME.)

Pour faire une liqueur avec le café, prendre deux livres de bon café moka ou martinique fin, faire brûler jusqu'à ce qu'il prenne une belle couleur cannelle claire, piler dans un mortier, ajouter quatre litres d'esprit-de-vin, et laisser infuser quatre jours, distiller et mettre en bouteilles.

On obtient, d'une part, de la liqueur en versant aussi dans l'alambic un litre d'eau de fontaine; d'une autre part, on verse six livres d'eau bouillante sur dix livres de sucre, et on laisse opérer la dissolution sur des cendres chaudes; on en mélange deux livres par chaque livre de liqueur distillée; s'il se forme un dépôt de sucre, on décante. On peut aromatiser avec de la cannelle ou du citron. Il faut quelque temps à la liqueur pour déposer tous ses principes âcres.

On transporte le café au loin en le réduisant en essence. Voici plusieurs procédés pour faire de l'essence de café, qu'on mêle avec de l'eau pour s'en servir :

Faire infuser dans quinze onces d'eau bouillante une once de café, passer, faire bouillir jusqu'à déduction de trois onces et demie. Ajouter une cuillerée d'eau-de-vie.

Autre. Jeter huit onces de café en poudre dans deux livres d'eau bouillante; après l'infusion, passer, remettre huit onces d'eau sur le marc, et passer en exprimant. Faire évaporer jusqu'à réduction.

On augmente la qualité des essences en les concentrant. Bien mises en bouteilles, elles se gardent aisément.

Café en tablettes. Piler du sucre en quantité suffisante, le délayer avec une forte infusion de café, en faire une pâte qu'on verse chaude dans des moules en ferblanc de la contenance d'une once. Faire sécher les tablettes à l'étuve, et les mettre dans des boîtes par lits divisés avec du papier blanc.

Pour s'en servir, on verse dessus de l'eau bouillante ou du lait. Cette préparation est très utile en voyage.

Café (crème de). Faire macérer dans quatre pintes d'eau-de-vie une demi-livre de café, passer au tamis de crin, distiller jusqu'à réduction de moitié, ajouter une pinte et demie d'eau filtrée et trois livres et demie de sucre blanc, filtrer dans un entonnoir fermé pour prévenir l'évaporation des esprits volatils aromatiques.

Café de betteraves. Ce café a été inventé par M. François de Neufchâteau. (Voy. BETTERAVE.)

Café de châtaignes. (Voy. CHATAIGNES.)

CAFETIÈRES. (*Ind. dom.*) Les meilleures cafetières sont celles à feu supérieur, inventées par M. Lemare, en 1825. Viennent ensuite celles de M. Morize : elles sont à double filtre sans ébullition. On peut citer encore celle de M. Laurens à filtre sans évaporation et celle que

M. Sénée fit connaître en 1815. M. Nast est l'auteur d'une cafetière dite arabique en porcelaine. Les cafetières à la Dubelloy en ferblanc, en argent ou en porcelaine, sont les plus usitées.

CAILLE. (*Chass. — Hyg.*) La caille est un petit oiseau de passage, grivelé. Le mâle a le cou, la queue, le bec et les ailes d'une couleur noire. Le ventre de la femelle est d'un blanc sale; le dos et les ailes sont jaunâtres. Les jeunes cailles n'ont pas le plumage aussi rayé que les vieilles.

On prend facilement les cailles au moyen d'un appeau. Leur cri est facile à imiter. Elles sont peu défiantes, et se prennent avec toute sorte de filets.

Les cailles multiplient beaucoup : elles font quatre pontes par an, dont deux dans nos climats, au mois de mai et au mois d'août.

On engraisse les cailles parmi la volaille, si on les prend jeunes. On les place aussi dans des cabinets de basse-cour. (Voy. ce mot.)

On garnit les coins de ces cabinets d'un peu de paille. On y met dans une caisse un peu de sable sec, et dans un vase plat de l'eau qu'on a soin de renouveler tous les jours. Ce cabinet doit être exposé au soleil et entretenu très proprement.

On donne aux cailles pour nourriture du millet, du chènevis et du grain; on peut y joindre de petites cigales.

On place aussi les cailles dans des mues en osier, de forme rectangulaire oblongue. Le plafond de ces mues doit être fait d'une toile de serge; les cailles risqueraient en sautant de se briser la tête contre le plafond, s'il était d'une matière dure.

Les cailles sont bonnes à manger en septembre. Leur chair est délicate; c'est un bon aliment.

On fait chanter les cailles dans la saison où elles se taisent, en les privant peu à peu de lumière, les laissant dans l'obscurité l'espace de quinze jours, et leur rendant progressivement la clarté au commencement d'août.

CAILLES. (*Cuis.*) — *Cailles à la broche.* Les vider, ne pas plumer la tête, barder et arroser d'huile, faire cuire pendant vingt minutes.

Cailles en ragoût. Les vider, les flamber; hacher les foies avec de la farce assaisonnée d'un peu de sel, de gros poivre, de persil, de jus de citron et de beurre; remplir les cailles avec ce mélange, les mettre dans la casserole sur un lit de bardes, avec du citron, du beurre et une feuille de laurier; mouiller avec un peu de vin blanc.

Cailles à la bourgeoise. Faire un roux, ajouter à ce roux une cuillerée de jus, et avant de servir, verser sur les cailles le mouillement dans lequel elles auront cuit.

Cailles à l'espagnole. Les vider, les faire cuire à la poêle dans de bon bouillon avec moitié de vin blanc, les poser sur des croûtons, et les entourer d'une sauce espagnole un peu claire sous laquelle on jette un peu de glace.

Cailles au chasseur. Vider et flamber les cailles, les placer sur un feu ardent avec du sel, du poivre et un peu de fines herbes; les sauter souvent; ajouter une cuillerée de farine, un demi-verre de vin blanc, du bouillon; retirer avant que la sauce ait bouilli.

Cailles aux truffes. Passer au feu pendant quelques

15

minutes des truffes hachées, du lard râpé, du sel, du poivre, des épices, un peu de persil; farcir les cailles de ce
mélange, les brider et les couvrir de bardes de lard; ajouter des morceaux de veau en dés, une carotte, sept ou huit
petits ognons un clou de girofle, des épluchures de truffes, du beurre; laisser revenir l'assaisonnement, y mettre
un verre de vin blanc et un verre de bouillon; faire cuire
les cailles une demi-heure dans cet assaisonnement.

Cailles au gratin. Piler des foies de cailles avec de la
farce cuite, du poivre, des épices, et très peu de sel, en
remplir les cailles désossées, les coudre et les couvrir
de bardes de lard; faire cuire dans du velouté; saucer
d'une italienne.

Cailles au laurier. Ajouter entre les cailles, lorsqu'on
les sert, des feuilles de laurier qu'on a fait blanchir. Saucer
d'une sauce composée de tranches de jambon et de veau,
vin blanc, consommé, espagnole réduite, une demi-gousse
d'ail, beurre de piment et citron.

Cailles aux pois. Foncer une casserole de jambon; veau
et bardes de lard, bouquet assaisonné, carotte, ognon
piqué de deux clous de girofle, mouiller de bonne graisse,
mettre les cailles dessus, couvrir de bardes, faire cuire
avec du feu dessus et dessous, masquer de pois.

Cailles aux laitues. Faire cuire comme ci-dessus, entremêler de laitues, glacer et saucer d'une espagnole.
(Voy. SAUCE ESPAGNOLE.)

Cailles en croustades. Farcir les cailles après les avoir
désossées, les cuire avec un verre de vin de Madère, faire
frire des croustades dans du beurre clarifié, les vider et y
mettre les cailles; servir avec une sauce à la financière.
(Voy. SAUCE FINANCIÈRE.)

Cailles à l'anglaise. Les faire cuire avec du lard, une
cervelle de veau séparée en deux, des petites saucisses, du
sel, du poivre, un verre de Madère et du consommé; masquer d'un ragoût mêlé à la Toulouse. (Voy. ce mot.)

Cailles en caisses. Huiler une caisse de papier plissé,
la foncer de fines herbes, remplir les cailles de farce et de
fines herbes, les poudrer de poivre et de sel, les couvrir de lard et d'un rond de papier beurré. Faire cuire
les cailles pendant une heure à un feu doux sur le gril, en
séparant la caisse du gril par une feuille de papier huilé.

Cailles en papillotes. Les mettre rôties froides dans
une darcelle (Voy. ce mot); les envelopper de lard et de
jambon, et les faire griller en papillotes.

Cailles en prunes. Farcir les cailles après les avoir désossées, passer dans le corps au milieu une patte coupée
qui représente la queue d'une prune, faire cuire avec du
feu dessous et dessus dans un mouillement de vin de Madère, beurre fondu et jus de citron; saucer d'une demi-
glace réduite.

Cailles au riz. Les faire cuire dans du consommé avec
quelques saucisses, ajouter du riz, du beurre et du velouté; glacer, saucer d'une espagnole.

Cailles au macaroni. Substituer seulement, au riz indiqué ci-dessus, du macaroni à la napolitaine.

Cailles grillées. Les couper en deux, les faire cuire
dans une casserole avec lard, huile et aromates, les paner
et faire griller. Faire une sauce avec le mouillement du
bouillon et du jus de citron.

Cailles à la milanaise. Tremper les cailles dans une
sauce allemande, les paner avec de la mie de pain et du
fromage de Parmesan, les faire cuire doucement dans du
beurre; servir avec une sauce tomate.

Pâté de cailles. Avec de la pâte à dresser, préparer une
croûte; faire cuire les cailles avec un morceau de beurre
et des fines herbes; prendre les foies et les mêler avec
une farce cuite, mettre cette farce dans le fond du pâté, et
ranger dessus les cailles bardées de lard, couvrir le pâté
d'une couche mince de pâte, le dorer, le faire cuire cinq
quarts d'heure, retirer le lard, le dégraisser; servir avec
une sauce à la financière. (Voy. PATE A DRESSER.)

Petit pâté chaud en caisse. Mettre une caille farcie dans
une croustade faite en pâte à dresser, après l'avoir couverte
de lard; faire cuire au four, lever les couvercles, et saucer d'une financière.

CAILLÉ. (*Ind. dom.*) On appelle *caillé* la partie caséeuse du lait séparée du sérum par une chaleur modérée ou par l'effet de certaines substances.

Le lait se caille par le seul repos.

Quelques fleurs, celles du cardon d'Espagne, par
exemple, et celles dont nous parlerons à l'article *Caille-
lait,* ont la propriété de faire cailler le lait, et une décoction de ces fleurs, ajoutée au lait, le coagule promptement.

Le lait caillé sert à faire des fromages. Il est nourrissant, mais par fois difficile à digérer; il ne convient pas à
tous les estomacs. (Voy. FROMAGE, LAIT.)

CAILLE-BOTTE. (*Ind. dom.*) C'est une masse de lait
épaissi. Pour la préparation, placer du lait dans un vase,
et l'exposer à un feu très doux et continu. Quand le lait est
suffisamment épaissi, le laisser refroidir, et ajouter du
sucre.

CAILLE-LAIT. (*Ind. dom.*) *Gallium.* Famille des
rubiacées. On a donné ce nom à cette plante, parce que
ses fleurs ont la propriété de faire cailler le lait. On
distingue le caille-lait rouge, le caille-lait des marais, le
caille-lait aquatique, le caille-lait des pierres, et beaucoup
d'autres espèces. Les racines de ces plantes donnent une
belle teinture rouge. Quand les animaux les broutent
long-temps, leurs os ont souvent une couleur rouge. Les
caille-laits sont astringens et céphaliques.

CAISSE. (*Var.*) On appelle ainsi les papiers dans lesquels on enchâsse les biscuits. On donne aussi ce nom aux
boîtes dans lesquelles on place les pâtes et confitures sèches. Les plus solides et les plus légères qui préservent le
mieux les objets des insectes et de l'air extérieur, sont en
sapin, et doublées de papier en dedans.

Les orangers et les grenadiers se placent dans des caisses
carrées. Le meilleur bois pour les faire est le bois de
chêne. On les peint pour empêcher la pourriture, et il
est bon d'employer les divers vernis destinés à assurer
la durée des bois. (Voy. BOIS.)

CAISSE DE PAIN. (Voy. CROUSTADE.)

CALÉFACTEUR. (*Cuis.*) On appelle ainsi une espèce de fourneau économique inventé par M. Lemare. Ce
fourneau, exposé en 1815, obtint une médaille d'argent,
et fut approuvé par l'Académie des sciences, sur le rapport de MM. Thénard et Fourrier.

Il est composé d'un vase externe et d'une marmite, de deux capsules et de vases additionnels. Le vase externe contient le combustible, de l'eau qu'il fournit par un robinet, un tuyau de vapeur qui peut faire cuire des légumes dans le vase latéral, et faire chauffer un bain de pieds. Ce vase entoure le pot au feu où les viandes contenues dans la marmite. La cuisson, après quelques minutes d'ébullition, peut s'y continuer sans feu.

La grande capsule entre à moitié dans la marmite, et peut contenir un plat qui chauffe au moyen de la chaleur ascendante de la marmite. La capsule supérieure recouvre le tout. On y fait cuire des plats de coction facile.

Un four de campagne se met sur cette capsule.

Il y a des caléfacteurs plus petits qui servent seulement de pots au feu, et d'autres avec lesquels, moyennant deux sous de charbon, on prépare plusieurs plats superposés. Leur prix varie suivant la grandeur, de vingt-six francs à soixante-sept. Nous croyons inutile d'indiquer la manière de s'en servir, qui est très simple, et sur laquelle on peut avoir de l'inventeur tous les renseignemens nécessaires.

Caléfacteur à œufs. (Voy œufs.)

CALEÇON. (*Ind. dom.*) Une aune et demie de toile en trois quarts suffit pour faire une paire de caleçons. Les caleçons de coton sont moins solides que ceux de toile, et leur frottement use les pantalons.

CALANDRE. (*Var.*) On nomme ainsi une machine composée de cylindres qui servent à presser et à moirer les tissus. On peut s'en servir pour repasser le linge. Il est mieux lustré qu'avec les fers et se détériore moins. Mais trop d'apprêt ainsi donné use les étoffes et leur ôte de leur durée.

CALENDRIER. (*Conn. us.*) Le calendrier est la table de l'ordre des jours de l'année.

Le calendrier adopté en France depuis la fin du seizième siècle est celui de Jules-César, dit grégorien, parce qu'il fut réformé sous le pontificat de Grégoire XIII. Il est en usage par toute l'Europe, excepté en Russie et en Grèce.

Le calendrier républicain fut substitué, en France, au calendrier grégorien, en 1792, et aboli le 1er janvier 1806.

On fixa le commencement de l'année au 22 septembre, jour où tombe l'équinoxe d'automne pour l'Observatoire de Paris.

Le 1er vendémiaire an I correspond au 22 septembre 1792, jour de l'ouverture de la Convention nationale. Les autres mois correspondent de la manière suivante aux mois actuellement en usage :

1er brumaire.	22 octobre.
1er frimaire.	21 novembre.
1er nivose.	21 décembre.
1er pluviose.	20 janvier.
1er ventose.	19 février.
1er germinal.	20 mars.
1er floréal.	19 avril.
1er prairial.	19 mai.
1er messidor.	18 juin.
1er thermidor.	18 juillet.
1er fructidor.	17 août.

Les 17, 18, 19, 20 et 21 septembre sont les cinq jours complémentaires.

Il est facile, au moyen de ces indications, de vérifier les concordances, en tenant compte des légères différences produites par les années bissextiles.

Calendrier républicain. Il peut être de quelque intérêt et de quelque utilité pour l'agriculteur. Les saints de chaque mois sont remplacés par les noms des plantes qui sont dans ce mois l'objet de quelque travail agricole. La semaine est divisée en dix jours dont voici les noms : primedi, duodi, tridi, quartidi, quintidi, sextidi, septidi, octidi, nonidi, décadi. A chaque quintidi du mois est le nom d'un animal, choisi parmi ceux qui nécessitent dans ce mois des soins particuliers. Les décadis sont les jours de fêtes nationales.

Les noms des mois substitués aux nôtres ont l'avantage d'être plus sonores, mieux appropriés aux diverses saisons, et de ne pas être tirés d'une mythologie usée et décrépite. On a cherché à donner de l'harmonie imitative à leurs terminaisons : la terminaison *aire* des mois d'automne rappelle la tristesse de cette partie de l'année ; les mois en *ose* sont les mois les plus froids et les plus humides ; *al* exprime le retour de jours meilleurs ; *or* peint la végétation se développant dans toute sa force sous l'influence d'un soleil ardent.

VENDÉMIAIRE, premier mois ; il tire son nom du mot *vindemia* (vendange).

1 Raisin. 2 Safran. 3 Châtaigne. 4 Colchique. 5 CHEVAL. 6 Balsamine. 7 Carotte. 8 Amaranthe. 9 Panais. 10 *A l'Être Suprême.* 11 Pomme-de-Terre. 12 Immortelle. 13 Potiron. 14 Réséda. 15 ANE. 16 Belle-de-Nuit. 17 Citrouille. 18 Sarrasin. 19 Tournesol. 20 *Au Genre humain.* 21 Chanvre. 22 Pêche. 23 Navet. 24 Amarillis. 25 BŒUF. 26 Aubergine. 27 Piment. 28 Tomate. 29 Orge. 30 *Au Peuple français.*

BRUMAIRE, deuxième mois ; il tire son nom des brumes et brouillards qui nous annoncent l'hiver.

1 Pomme. 2 Céleri. 3 Poire. 4 Betterave. 5 OIE. 6 Héliotrope. 7 Figue. 8 Scorsonère. 9 Alisier. 10 *Aux Bienfaiteurs de l'humanité.* 11 Salsifis. 12 Mâcre. 13 Topinambour. 14 Endive. 15 DINDON. 16 Chervis. 17 Cresson. 18 Dentelaire. 19 Grenade. 20 *Aux Martyrs de la liberté.* 21 Bacchante. 22 Azerole. 23 Garence. 24 Orange. 25 FAISAN. 26 Pistache. 27 Marjonc. 28 Coing. 29 Cormier. 30 *A la Liberté et à l'Égalité.*

FRIMAIRE, troisième mois ; ainsi nommé de frimats ou givres qui sont ordinaires pendant ce mois.

1 Raiponce. 2 Turneps. 3 Chicorée. 4 Nèfle. 5 COCHON. 6 Mâche. 7 Choufleur. 8 Miel. 9 Genièvre. 10 *A la République.* 11 Cire. 12 Raifort. 13 Cidre. 14 Sapin. 15 CHEVREUIL. 16 Ajonc. 17 Cyprès. 18 Lierre. 19 Sabine. 20 *A la Liberté du monde.* 21 Érable-Sucre. 22 Bruyère. 23 Roseau. 24 Oseille. 25 GRILLON. 26 Pignon. 27 Liège. 28 Truffe. 29 Olive. 30 *A l'amour de la patrie.*

NIVOSE, quatrième mois ; ce nom vient du mot latin *nives*, qui signifie neiges.

1 Tourbe. 2 Houille. 3 Bitume. 4 Soufre. 5 CHIEN. 6 Lave. 7 Terre végétale. 8 Fumier. 9 Salpêtre. 10 *A la haine des tyrans et des traîtres.* 11 Granite. 12 Argile. 13 Ardoise. 14 Grès. 15 LAPIN. 16 Silex. 17 Marne.

18 Pierre à chaux. 19 Marbre. 20 *A la Vérité.* 21 Pierre à plâtre. 22 Sel. 23 Fer. 24 Cuivre. 25 CHAT. 26 Étain. 27 Plomb. 28 Zinc. 29 Mercure. 50 *A la Justice.*

PLUVIOSE, cinquième mois; ainsi nommé du latin *pluvia*, pluie.

1 Lauréole. 2 Mousse. 3 Fragen. 4 Perce-Neige. 5 TAUREAU. 6 Laurier-Thym. 7 Amadouvier. 8 Mézéréon. 9 Peuplier. 10 *A la mort du tyran.* 11 Ellébore. 12 Brocoli. 13 Laurier. 14 Avelinier. 15 VACHE. 16 Buis. 17 Lichen. 18 If. 19 Pulmonaire. 20 *A la Pudeur.* 21 Thlaspi. 22 Thymelé. 23 Chiendent. 24 Traînasse. 25 LIÈVRE. 26 Guède. 27 Noisetier. 28 Ciclamen. 29 Chélidoine. 50 *A la Gloire et à l'Immortalité.*

VENTOSE, sixième mois; ainsi appelé du latin *ventus*, qui signifie vent.

1 Tucilage. 2 Cornouiller. 3 Violier. 4 Troêne. 5 BOUC. 6 Asaret. 7 Alaterne. 8 Violette. 9 Marceau. 10 *A la Frugalité.* 11 Narcisse. 12 Orme. 13 Fumeterre. 14 Vélar. 15 CHÈVRE. 16 Epinard. 17 Doronic. 18 Mouron. 19 Cerfeuil. 20 *Au Courage.* 21 Mandragore. 22 Persil. 23 Cochléaria. 24 Paquerette. 25 THON. 26 Pissenlit. 27 Siloge. 28 Capillaire. 29 Frêne. 50 *A la Bonne Foi.*

GERMINAL, septième mois; il tire son nom du mot latin *germinare*, qui signifie germer.

1 Primevère. 2 Platane. 3 Asperge. 4 Tulipe. 5 POULE. 6 Blette. 7 Bouleau. 8 Jonquille. 9 Aulne. 10 *A l'Héroïsme.* 11 Pervenche. 12 Charme. 13 Morille. 14 Hêtre. 15 ABEILLE. 16 Laitue. 17 Mélèze. 18 Ciguë. 19 Radis. 20 *Au désintéressement.* 21 Gainier. 22 Romaine. 23 Marronnier. 24 Roquette. 25 PIGEON. 26 Lilas. 27 Anémone. 28 Pensée. 29 Myrtile. 50 *Au Stoïcisme.*

FLORÉAL, huitième mois; son nom vient du latin *flos*, fleur.

1 Rose. 2 Chêne. 3 Fougère. 4 Aubépine. 5 ROSSIGNOL. 6 Ancolie. 7 Muguet. 8 Champignon. 9 Hyacinthe. 10 *A l'Amour.* 11 Rhubarbe. 12 Sainfoin. 15 Bâton d'or. 14 Chamérisier. 15 VER A SOIE. 16 Consoude. 17 Pimprenelle. 18 Corbeille d'or. 19 Arroche. 20 *A la Foi conjugale.* 21 Statice. 22 Frétillaire. 23 Bourrache. 24 Valériane. 25 CARPE. 26 Fusain. 27 Civette. 28 Buglose. 29 Sénevé. 50 *A l'Amour paternel.*

PRAIRIAL, neuvième mois; ainsi nommé parce que c'est le temps de la récolte des foins dans les prairies.

1 Luzerne. 2 Hémérocalle. 3 Trèfle. 4 Angélique. 5 CANARD. 6 Mélisse. 7 Fromental. 8 Martagons. 9 Serpolet. 10 *A la Tendresse maternelle.* 11 Fraise. 12 *au 51 mai.* 15 Pois. 14 Acacia. 15 CAILLE. 16 OEillet. 17 Sureau. 18 Pavot. 19 Tilleul. 20 *A la Piété filiale.* 21 Barbeau. 22 Camomille. 23 Chèvrefeuille. 24 Caille-lait. 25 TANCHE. 26 Jasmin. 27 Verveine. 28 Thym. 29 Pivoine. 50 *A l'Enfance.*

MESSIDOR, dixième mois; il tire son nom du mot latin *messis*, qui signifie moisson.

1 Seigle. 2 Avoine. 3 Ognon. 4 Véronique. 5 MULET. 6 Romarin. 7 Concombre. 8 Echalottes. 9 Absynthe. 10 *A la Jeunesse.* 11 Coriandre. 12 Artichaut. 15 Giroflée. 14 Lavande. 15 CHAMOIS. 16 Tabac. 17 Groseille. 18 Gesse. 19 Cerise. 20 *A l'âge viril.* 21 Menthe. 22 Cumin. 23 Haricots. 24 Orcanète. 25 PINTADE. 26 *Au 14 Juillet.* 27 Ail. 28 Vesce. 29 Blé. 50 *A la Vieillesse.*

THERMIDOR, son nom vient du mot grec *therma*, chaleur.

1 Épeautre. 2 Bouillon blanc. 3 Melon. 4 Ivraie. 5 BÉLIER. 6 Prêle. 7 Armoise. 8 Carthame. 9 Mûres. 10 *Au Malheur.* 11 Panis. 12 Salicor. 15 Abricot. 14 Basilic. 15 BREBIS. 16 Guimauve. 17 Lin. 18 Amande. 19 Gentiane. 20 *A l'Agriculture.* 21 Carline. 22 Câprier. 23 *Au* 10 *Août.* 24 Aunée. 25 LOUTRE. 26 Myrthe. 27 Colza. 28 Lapin. 29 Coton. 50 *A l'Industrie.*

FRUCTIDOR, douzième mois, du mot latin *fructus*, fruit.

1 Prune. 2 Millet. 3 Lycoperde. 4 Escourgeon. 5 SAUMON. 6 Tubéreuse. 7 Sucrion. 8 Apocyn. 9 Réglisse. 10 *A nos Aïeux.* 11 Pastèque. 12 Fenouil. 15 Epine-Vinette. 14 Noix. 15 TRUITE. 16 Citron. 17 Cardière. 18 Nerprun. 19 Sagette. 20 *A la Postérité.* 21 Églantier. 22 Noisette. 25 Houblon. 24 Sorgho. 25 ÉCREVISSE. 26 Bigarade. 27 Verge-d'or. 28 Maïs. 29 Marron. 50 *Au Bonheur.*

Les cinq jours complémentaires, appelés sanculotides, sont consacrés aux fêtes de la Vertu, du Génie, du Travail, de l'Opinion, des Récompenses et de la Révolution.

On voit que ce calendrier peut servir de mémento aux habitans de la campagne. Il a besoin d'être complété par des détails; c'est pourquoi nous donnons à l'article de chaque mois les indications nécessaires aux travaux d'agriculture, d'horticulture et de ménage. (Voy. JANVIER, FÉVRIER, etc.)

Le calendrier grégorien fut rétabli par un sénatus-consulte du 22 fructidor an XIII. Le 1er janvier 1806, époque où il recommence à être en usage, correspond au 11 nivose an XIV.

Le calendrier ecclésiastique emploie des supputations particulières pour régler l'époque où tombe le jour de Pâques, et par suite les fêtes mobiles.

Ainsi, le cycle solaire est une période de vingt-huit ans, après laquelle les dimanches et les autres jours de la semaine reviennent toujours dans le même ordre et aux mêmes quantièmes de mois, tant que les années sont bissextiles.

Pendant le cours de ce cycle, on marque les dimanches de l'année par des lettres dites *lettres dominicales* : A indique le 1er janvier, B le 2; on continue ainsi jusqu'à ce qu'on trouve un dimanche, si le premier et le second jour sont des jours ouvrables. On conçoit que la lettre qui indique le premier dimanche, indique aussi l'époque de tous les autres : le même ordre de lettres ne revient que tous les vingt-huit ans.

Le cycle lunaire est une période de dix-neuf ans, au bout de laquelle les phases de la lune se trouvent aux mêmes jours de l'année que dix-neuf ans auparavant. On appelle aussi ce cycle, *cycle de méton*, et *nombre d'or*, parce que les Athéniens l'avaient fait afficher en lettres de ce métal.

L'indiction est une période de dix-huit ans: la première indiction commence trois ans avant Jésus-Christ. Ces trois périodes forment ensemble un cycle de sept mille neuf cent quatre-vingts ans, et elles reviennent ensemble au bout de ce temps.

Jules Scaliger fit cette découverte en 1583, en examinant le calendrier Julien. On appelle ce cycle la période julienne. (Voy. ALMANACH.)

GALICOT. (*Var.*) Le calicot est une étoffe de coton devenue commune, et qu'on vend à très bas prix. On peut s'en servir pour doublures et pour draps de campagne ou rideaux. Elle est inférieure de beaucoup à la percale pour la finesse et la solidité.

CALLICARPE D'AMÉRIQUE. (*Jard.*) *Callicarpa americana.* Famille des gatilliers. Cet arbuste est originaire de la Caroline. Il donne de petites fleurs en septembre. Ses fruits sont d'un beau rouge. On le sème en mars dans une terre de bruyère, fraîche et ombragée, qu'on couvre de feuilles la première année. Il se multiplie aussi de marcottes.

CALMANDE. (*Var.*) On appelle ainsi un tissu de laine et de soie, ou de laine et de poil de chèvre. Il sert à recouvrir les souliers. Il a l'inconvénient de se couper.

CALMANS. (*Ind. dom.*) On donne ce nom aux remèdes qui apaisent la violence des douleurs. Ce sont principalement ceux dans lesquels il entre de l'opium, ce qui les faisait autrefois désigner sous le nom d'opiat. Le sirop de pavot, la décoction de têtes de coquelicot, l'extrait de gentiane, et d'autres plantes émollientes s'emploient comme calmans.

Les calmans qu'on peut administrer soi-même dans les affections nerveuses, mais à très petites doses, sont : l'éther et le sirop de diacode. Quelques gouttes suffisent.

Dans les aphtes des enfans, on peut donner deux à trois gros de sirop de diacode.

On donne les calmans, mais avec précaution, dans l'avortement, la fièvre pourprée, dans les vomissemens causés par obstruction chez les enfans, dans le dévoiement des enfans, après qu'on a débarrassé les intestins; la dysenterie, le crachement de sang, etc.

Quelques gouttes de laudanum donnent des propriétés calmantes aux cataplasmes appliqués sur les abcès.

CALLOSITÉS. (*Méd. dom.*) Les callosités qui viennent aux pieds des animaux se traitent par la cautérisation. On les coupe, et on les brûle avec un caustique. (Voy. CAUSTIQUE.)

CALOMEL. (Voy. MERCURE.)

CALOMEL. (*Méd. dom.*) *Calomelas.* Le calomélas ou calomel est un protochlorure de mercure; il est usité surtout chez les Anglais. Comme il ne retient pas le sublimé de mercure, il n'est point vénéneux. A la dose de deux grains renouvelés deux, trois et quatre fois en vingtquatre heures, on l'emploie comme purgatif et vermifuge. Dans les maladies des chiens, on le donne avec succès dans des boules de beurre.

CALORIFÈRE. (*Ind. dom.*) Le calorifère est un poêle qu'on place dans un appartement inférieur, ou même dans la cave, et dont la chaleur chauffe toute la maison. L'air du calorifère passe entre des plaques métalliques et élève la température. Un mètre carré de surface métallique chauffé médiocrement peut élever 445 mètres carrés à 20 degrés de chaleur. On voit que, par le moyen du calorifère, on peut avec beaucoup moins de combustible arriver à des résultats bien plus grands.

Le foyer est composé d'une grille dans laquelle brûle de la houille; les tuyaux qui conduisent l'air chaud passent entre les solives des planchers et le bois recouvert de plâtre. Les bouches de chaleur sont toujours placées du côté opposé à la cheminée, parce que celle-ci attire l'air nécessaire à la combustion. (Voy. CHEMINÉE.)

CALVILLE. (Voy. POMME.)

CALYCANTHE. (*Jard.*) *Calycanthus floridus.* Famille des rosacées. Cet arbrisseau se rapproche de la ronce par le fruit; il ressemble au myrthe par le port; les fleurs sont d'un violet pourpre analogue à celles de l'anémone. Il se multiplie par drageons et aime l'ombre et une terre fraîche. Il donne en avril des fleurs odorantes d'un rouge brun. On l'appelle vulgairement pompadour ou arbre aux anémones.

Calycanthe nain. (*Calicanthus nanus.*) Il est originaire de l'Amérique septentrionale. Il se cultive de même.

Calycanthe précoce. (*Calycanthus precox.*) Il fleurit en décembre et se cultive de même. Les marcottes sont deux ans à s'enraciner.

Liqueur de calycanthus. Réduire en poudre les branches des calycanthes; les faire infuser au soleil pendant un mois dans de bonne eau-de-vie, à la dose d'un gros par litre; ajouter suffisante quantité de sucre. Filtrer dans un entonnoir de verre bien clos.

CAMARINE A FRUIT NOIR. (*Jard.*) *Empetrum nigrum.* Famille des bruyères. On cultive cet arbuste comme la bruyère; seulement on le couvre de feuilles en hiver. (Voy. BRUYÈRE.)

Camarine de Portugal à fruit blanc. Empetrum album. Même culture.

CAMBOUIS. (*Ind.dom.*) Le cambouis est un mélange de graisse et de fer qui s'amasse au moyeu des roues des voitures et des machines.

Quand les mains sont salies par du cambouis, on frotte avec de l'huile d'olive, puis avec du son bien sec et du savon.

Moyen d'enlever les taches de cambouis. Frotter la tache avec de l'essence de térébenthine, laver ensuite avec de la poudre de sel d'oseille délayée dans un peu d'eau si toutefois la couleur de l'étoffe n'est pas susceptible.

Autre. Beurrer du papier gris, l'étendre sur l'endroit, promener dessus une cuillère dans laquelle il y a un charbon jusqu'à ce que toutes les parties grasses soient volatilisées.

CAMÉCERISIER. (Voy. CHÈVREFEUILLE.

CAMÉLÉE A TROIS COQUES. (*Jard.*) *Cneorum tricoccum.* Famille des térébinthacées. C'est un arbuste indigène toujours vert. Il donne en juillet des fleurs jaunes et petites. On le sème en mars, à une exposition chaude, à l'ombre, mais à l'abri du nord, dans une terre de bruyère sèche. On couvre de feuilles l'hiver; on tient pendant un an en pots pour rentrer en cette saison.

CAMÉLIA. (*Jard.*) *Camelia japonica.* Famille des orangers. Les variétés sont nombreuses. Elles se cultivent en serres chaudes; elles nous viennent toutes du Japon.

La camélia réussit dans la terre de bruyère, à une température moyenne. Une bonne terre pour les camélias doit être composée d'une partie de terre de bruyère mêlée d'un peu de sable fin, de deux parties de bonne terre franche, et d'autant de terreau à orangers bien consommé. On arrose plus fréquemment, à l'époque de la floraison, avec un mélange d'eau, d'urine et de débris animaux. Les vases doivent être assez grands, et on doit, lors des rempotages, avoir soin de ne pas nuire aux racines. Les vases, s'ils étaient trop larges, auraient également des inconvéniens.

Madame Adanson a fait pousser dans des hivers rigoureux le camélia du Japon en l'accoutumant par degrés au froid, l'abritant par un massif d'arbres au nord, et répandant de la litière au pied. Elle l'enterrait avec le pot dans le terreau végétal pur, l'arrosait l'été, et entourait le pied de marc de café, ce qui donne à cet arbrisseau beaucoup de vigueur.

On tire en Chine de la semence du camélia une huile pour les cheveux qui ne rancit jamais.

CAMELOT. (Conn. us.) C'est une espèce d'étamine très raide, composée de laine et de soie. Elle est à bon marché; elle se coupe aisément. Il en faut deux aunes pour faire un pantalon.

CAMISOLE. (Conn. us.) Cet habillement de nuit nécessite l'emploi d'une aune trois quarts d'étoffe en trois quarts.

CAMOMILLE. (Jard. — Hyg. dom.) Anthemis. Famille des corymbifères. Le genre des camomilles est très nombreux; les deux espèces les plus cultivées sont la camomille romaine et la camomille pyrèthre.

La camomille romaine (anthemis nobilis) se multiplie par éclats. Elle croît dans toute terre, mais principalement dans une terre franche. Pour la culture, voy. ANTHEMIS.

Les fleurs de toutes les camomilles sont usitées dans la médecine. Elles abondent pendant tout l'été.

Elles sont blanches et font un bel effet en bordures. Elles viennent en mai; elles sont radiées et le centre est jaune.

On les récolte en tondant les plantes; on les fait ensuite sécher.

La camomille est stomachique et anti-spasmodique, fébrifuge, carminative. Elle agit surtout comme excitant tonique; elle a quelque efficacité dans les fièvres intermittentes.

La camomille donne une huile de couleur bleue, qui est diurétique. On l'emploie peu.

La racine de camomille pyrèthre est très bonne contre les maux de dents qui viennent de catarrhes ou d'obstructions.

La camomille puante (anthemis cotula) a deux pieds de haut, et se multiplie de graines dans une terre maigre et légère. Elle s'appelle vulgairement maroute; elle est excitante et antispasmodique.

CAMPAGNOL. (Var.) Mus arvalis. Ce petit quadrupède ressemble au rat. Il a des dents incisives très jaunes, une grosse tête, une queue courte et tronquée. Il dévaste les semailles, mange le grain et les racines; il se fait, dans les trous qu'il creuse, des provisions de graines, de glands, et de racines. On le détruit comme le rat. (Voy. RAT.)

CAMPANULE. (Jard.) Campanula. Famille des campanulacées. C'est une espèce dont les variétés sont nombreuses; on ne cultive dans les jardins que les variétés à fleurs doubles, blanches et bleues.

La campanule pyramidale (Campanula pyramidalis), est la plus estimée de toutes. On la sème dans une bonne terre, au soleil; après la floraison, on en sépare les pieds.

On place encore dans les jardins la campanule à feuilles de pêcher. (Campanula persicifolia). Elle est vivace, et se cultive de même que la précédente. Elle fleurit en juin.

La campanule raiponce. (Campanula rapunculus). Elle est vivace, et à fleurs doubles. On emploie la racine en salade; elle a un goût piquant, comme le raifort; on la sème en septembre ou octobre.

La campanule à feuilles d'ortie. (Campanula urticifolia). Elle est vivace; ses fleurs nombreuses, blanches et doubles, viennent en juin. On sépare les pieds en septembre.

La campanule gantelée. (Campanula trachelium.) Elle est vivace; les fleurs paraissent de juin en septembre. On la sème dans un terrain léger et frais, et en septembre on sépare les pieds. Elle perd ses feuilles.

La campanule agglomérée. (Campanula glomera). On la sème en mars, elle se ressème d'elle-même; elle est vivace; elle perd ses feuilles.

La campanule à grandes fleurs. (Campanula grandiflora.) Elle est originaire de Sibérie; elle fleurit de juin en août; elle se sème en pot, au mois de mars; on repique dans une terre fraîche et légère, au soleil. Elle perd ses feuilles, et ne les reprend qu'en avril.

La campanule laineuse. (Campanula eriocarpa.) Cette belle plante est originaire du Caucase; cultivée dans un bon terreau, elle atteint quatre pieds de hauteur, et présente une tige garnie de feuilles grandes et velues, et de fleurs d'un bleu violet.

La campanule à feuilles rondes. (Campanula carpatica.) C'est une plante traçante et vivace, dont les larges touffes se couronnent en juin de larges fleurs bleues. Après la floraison, on sépare les pieds; elle veut une terre légère et fraîche.

La campanule en gazon. (Campanula cespitosa ou bocconi.) C'est une plante vivace, qui forme un joli gazon émaillé en juin de petites fleurs blanches; elle se cultive comme la précédente.

La campanule à larges feuilles. Même culture. On la connaît en botanique sous trois noms: celestina, latifolia, sinensis.

La campanule à grosses fleurs. (Campanula medium). Elle est bisannuelle, et originaire d'Italie; elle se sème au mois de mars, en pépinière, dans une terre franche et légère. On recouvre très peu la graine; on repique le plant en septembre et l'on n'arrose pas. Les fleurs viennent de juin en juillet; elles sont très grandes, blanches ou bleues.

La campanule lactiflora se sème en mars, et se ressème d'elle-même. Elle se distingue des autres par l'odeur agréable de ses grandes fleurs.

CAMPÊCHE. (Jard. — Var.) Haematoxylum. Famille des légumineuses. Le bois de cet arbre sert pour les tein-

-itures noires, grises et violettes. Ses graines sont odorantes et d'un goût piquant. Son bois a de belles veines, ne se corrompt jamais, et acquiert un beau poli. Ses feuilles sont aromatiques.

Le campêche tire son nom de la ville de Campêche, dans l'Amérique méridionale. Avec quelques soins, on l'acclimaterait aisément dans nos contrées.

CAMPHRE. (*Méd. dom. — Var.*) Le camphre se trouve comme huile essentielle dans beaucoup de plantes de la famille des labiées. On l'extrait pour le commerce du *laurus camphora*, arbre qui croît en Chine, au Japon, à Ceylan, à Bornéo, à Sumatra. On l'obtient en distillant du bois de *laurus* coupé par morceaux. On le purifie en le faisant chauffer dans un matras de verre : il se fond et se condense à la partie supérieure du matras.

En solution avec l'alcool, le camphre s'emploie comme tonique à l'extérieur. On s'en sert dans la médecine vétérinaire. Il s'allume aisément, et brûle sans résidu.

Le camphre est antiputride et calme le système nerveux.

L'eau-de-vie camphrée, c'est-à-dire légèrement saturée de camphre, arrête les progrès de la gangrène et calme les douleurs que causent les engelures. Le camphre placé dans une armoire en éloigne les insectes; mais il a l'inconvénient de communiquer au linge une odeur très forte.

CANAPÉ. (Voy. ANCHOIS, HORS-D'ŒUVRE.)

CANARD. CANE. CANETON. (*Anim. dom.*) On distingue plusieurs espèces de canards, qui s'accouplent toutes, et forment des métis par leur mélange.

Canard commun. Le canard gris domestique, dont il y a une grosse et une petite espèce, s'appelle canard commun ou barboteux.

La plus belle espèce de canards domestiques est celle de Normandie. Ceux de Rouen sont délicieux. Les canards de petite dimension sont préférés par quelques uns aux gros canards de meilleure qualité, parce qu'ils sont plus féconds, plus vivaces, moins difficiles à soigner et moins coureurs, et par suite moins exposés, en désertant la ferme pendant plusieurs jours, à être la proie des animaux carnassiers ou des voleurs.

Une couvée de dix-huit canards vaut de huit à douze fr.

Les canetons peuvent être conduits à l'eau par une poule. Ils aiment l'eau courante, et on ne saurait les élever sans avoir au moins un bassin dont le bord en talus leur permette d'aller à l'eau.

Le canard n'est bon que d'août en janvier : c'est pendant ces six mois qu'on l'engraisse. En février, on tue les canards, et on ne conserve qu'un mâle choisi parmi les plus beaux, pour chaque huitaine de femelles.

Le canard est peu délicat; mais il lui faut de l'eau; il dépérit dans les endroits secs. Il mange de tout : des herbages, des racines, des fruits, du pain, des farineux, des criblures, des résidus de brasseries, des balayures de greniers, des grenouilles, des limaçons, de la viande même corrompue.

Le duvet du canard, dont on peut le dépouiller tous les deux mois dans la belle saison, donne un fort produit. Ses plumes sont moins estimées que celles de l'oie.

Le fumier du canard est brûlant : on le mêle aux composts froids. (V. ce mot.)

Un seul canard suffit à dix canes.

La cane pond partout, même dans l'eau. Elle couve également dans tous les coins, et souvent elle couve inaperçue, et paraît tout-à-coup suivie de ses canetons. Elle peut pondre, sans couver, de cinquante à soixante œufs depuis mars jusqu'en mai. Ses œufs sont aussi nourrissans que ceux de poule. Le blanc cuit ressemble à de la colle.

La cane se dépite aisément. C'est ce qui a fait confier l'incubation et la conduite des canetons à des dindes et à des poules; mais la différence des mœurs rend les effets de cette éducation moins favorables que ceux de l'éducation naturelle.

C'est à la fin de février ou au commencement de mars que la cane est disposée à couver. On la sépare alors des mâles, dont la présence et même la voix entendue de loin pourrait la distraire. On lui met un ou deux œufs à la place où elle pond, et on lui apporte sa nourriture dans le canardier en petite quantité, et trois fois par jour. Pendant qu'elle mange, on ôte les vieux œufs, et on les remplace par huit à neuf bons œufs.

On peut aussi mettre les œufs sous des poules.

Pendant trente jours que dure l'incubation, on veille à ce que rien ne dérange les canes, et deux fois par jour on leur donne de l'avoine dans un vase plein d'eau.

Dès que les canetons sont éclos, ils vont à l'eau; mais il a été expérimenté que l'eau de pluie qui tombait sur eux leur était nuisible dans le mois qui suit leur naissance, et qu'elle pouvait même les faire périr. On ne doit donc les laisser sortir que si le temps est beau et sec.

On donne à manger aux petits canards, peu et souvent : d'abord du pain trempé dans du lait; de la bouillie d'orge, des pommes de terre cuites écrasées. Le second mois, on leur donne du son, de l'avoine, du sel, de la salade hachée, le tout délayé dans du caillé. La pâte de farine de sarrazin, l'avoine, les choux cuits, les pommes de terre, les fruits, les glands, la salade, le jeune trèfle, sont pour eux de bons alimens. Il en est de même d'une pâtée de feuilles d'orties tendres avec de la farine de blé de Turquie, de sarrazin ou d'orge. Les herbes crues ou hachées, l'orge, le gland écrasé, les restes de viande et de soupe, les petits poissons, leur conviennent également. On peut délayer leur pain émietté dans du cidre ou un peu de vin, ou leur donner du son trempé dans de l'eau dès qu'ils ont acquis un peu de force.

Les canetons doivent être nourris à part des gros canards, qui, venant en concurrence avec eux à la pâture, les maltraiteraient et les empêcheraient de manger.

Dans le Languedoc, on enferme les canards dans un endroit obscur pendant dix jours, on les gorge de nourriture, et quand leur queue fait éventail, c'est l'indice qu'ils sont gras. On les retire, on les lave, et on les tue.

Canards de Barbarie. Le canard musqué ou de Barbarie aime les grandes eaux, les étangs; il ne s'apprivoise pas aussi facilement que le canard ordinaire. On est quelquefois obligé de lui lier les ailes; mais on ne saurait, sans nuire à sa santé, lui arracher les plumes. S'il ne trouve pas dans les eaux et sur les bords une nourriture suffisante, on y ajoute des lavures mêlées d'un peu de vase, de l'avoine délayée dans de l'eau avec de la mie de pain.

Un canard de Barbarie peut suffire à six à huit canes. Les canetons demandent plus de soins que les autres.

Canard sauvage. (Chass.) Le canard sauvage a le plumage moins varié que le canard domestique. On lui fait la chasse dans les fortes gelées. (Voy. CANARDIÈRE.)

Pour surprendre des couvées de canards dans les îlots des étangs, on va battre les herbes, on les fait sortir de leur retraite, et en les resserrant dans un coin à l'aide d'un bateau, on les prend au filet. On prend les canards la nuit au filet; on attache des lacets de crin à des piquets dans l'endroit de la rivière où les canards vont le plus souvent, et où on les a attirés en jetant du grain. Pendant la nuit on se promène dans un bateau avec une lanterne allumée. Les canards viennent en troupes vers le bateau et se prennent eux-mêmes.

Le canard sauvage se mêle volontiers au canard domestique. Ses œufs peuvent être couvés avec succès par une cane ordinaire.

Les habitans du nord fabriquent de petites cages dont le fond est à bascule. Ils placent dedans des œufs, et les assujétissent sur des arbres auprès des rivières. La cane sauvage vient y faire sa ponte, et on prend les œufs qu'on fait couver à une cane.

Canard métis. Le métis du canard de Barbarie avec la cane ordinaire s'appelle *malard* dans quelques parties de la France. Il a un plumage vert foncé, et est d'une grosseur intermédiaire entre le canard de Barbarie et le canard commun. Les métis sont rarement féconds entre eux; mais ils le deviennent avec une cane ordinaire.

CANARD. *(Cuis.)* Le canard domestique bien engraissé est excellent. On le mange le plus ordinairement à la broche. On le plume, on le vide, on le flambe et on le trousse auparavant, et on y place deux feuilles de sauge.

Il cuit à un feu vif et égal en une demi-heure. On le sale à moitié cuisson, et on l'arrose avec sa propre graisse.

Avant de servir, on ôte la tête, le cou et les ailerons. On met, durant cinq minutes dans la lèche-frite, des pommes-de-terre cuites à l'eau qu'on sert dessous. On peut farcir de saucisses, châtaignes, champignons.

Canard aux navets. Préparer un canard en le troussant, mettre dans une casserole un demi-quarteron de beurre et une cuillerée de farine, faire un roux blond qu'on mouille avec une chopine d'eau bouillante ou de bouillon, ajouter un peu de sel et du poivre et un bouquet garni. Quand le tout bout, on place le canard sur des morceaux de lard, et on le laisse cuire deux heures. On le sert avec des navets cuits pendant deux heures à part dans un demi-quarteron de beurre, avec gros comme une noix de sucre.

Canard au vin blanc. Le trousser, le poser le ventre en dessous dans une casserole sur une barde de lard, ajouter un bouquet garni, un peu de coriandre, une gousse d'ail, un clou de girofle, la moitié d'une carotte, un ognon, gros comme un œuf de beurre manié avec une pincée de farine, un verre de vin blanc, et deux verres de bouillon; faire bouillir une heure et demie, passer et servir.

Canard aux petits pois. Après avoir troussé le canard, le faire revenir des deux côtés avec un morceau de beurre et un peu de lard; retirer ensuite, ainsi que le lard; mettre dans le beurre un peu de farine, faire un roux coloré,

mouiller avec chopine de bouillon chaud ou d'eau bouillante, ajouter du poivre et un bouquet garni, replacer le canard et le lard, faire cuire deux heures, laisser réduire et dégraisser la sauce, ôter le bouquet, ajouter un litre de pois que vous mettrez avec le canard une heure avant de le retirer.

Canard aux olives. Faire comme ci-dessus pour la cuisson. Découper en spirale des olives en faisant tourner un couteau autour du noyau, jeter ces sortes de rubans dans de l'eau bouillante, les égoutter ensuite, leur faire jeter un bouillon dans la sauce du canard. La quantité d'olives pour un canard est le contenu d'un grand verre.

Canard à la bourgeoise. Larder et faire cuire avec du vin blanc, du bouillon, du lard et un bouquet garni.

Canard à la purée. Ajouter au canard cuit à la bourgeoise une purée quelconque de navets, de lentilles, etc.

Canard en salmi. Faire un roux, le mouiller de bouillon, d'eau et d'un demi-verre de vin rouge, ajouter du lard, des échalotes et des zestes de citron, le tout haché; faire cuire une heure, couper des morceaux de canard et servir.

Canard aux bigarades. Faire cuire le canard entre des bardes, pendant une heure; mettre au feu sauce espagnole travaillée, gros poivre, zeste, jus de bigarade; faire jeter un bouillon et verser sur le canard. Le citron peut remplacer les bigarades.

Canard en aiguillettes. Faire au canard, après la cuisson, huit incisions à l'estomac, y verser une sauce de deux cuillerées de blanc de veau, poivre, sel, muscade, une cuillerée d'échalottes, le tout ayant bouilli légèrement.

Canard aux haricots. Masquer d'une sauce de haricots vierges. (Voy. ce mot à l'article SAUCE.)

Filets de canards à l'orange. Lever les estomacs de quatre canards, les faire mariner dans l'huile avec un ognon, du persil, du sel et du poivre, les faire cuire une demi-heure à la broche, lever les filets en leur laissant la peau, mettre dans une demi-glace et les servir avec une sauce à l'orange, sur un plat, dressés en couronne.

Cuisses de canards en macédoine. Lever les estomacs et les cuisses, assaisonner de sel et de gros poivre, faire cuire comme le canard à la sauce bigarade, mettre au milieu une macédoine.

Canards à diverses sauces. On peut masquer le canard de beurre d'écrevisses, de ravigotte verte, de petites racines de concombres, d'ognons, de verjus avec glace de veau, beurre et espagnole, de chou avec lard, cervelas et saucissons, de choucroûte mouillée avec du fond de pot, etc.

Canard sauvage. Le jeune canard sauvage se nomme *halbran;* on ne le mange qu'en août; il est moins bon que le canard fait. On emploie de préférence le canard sauvage pour le rôti, tandis que le canard privé est réservé pour l'entrée.

Les ailes et les tranches de l'estomac, qu'on nomme les aiguillettes, sont les morceaux les plus délicats du canard.

Canard sauvage à la broche. Le faire cuire une demi-heure à un feu vif et égal, arroser avec la graisse qui tombe du corps, le retirer de la broche, et presser dessus un citron; le jus doit ruisseler quand on découpe.

Filets de canards sauvages à l'orange. (Voy. plus haut.)

Salmis de canards sauvages au chasseur. Couper les estomacs, lever les cuisses, dépecer la carcasse, mettre du sel et du poivre, arroser de quatre cuillerées d'huile d'o-live et d'un demi-verre de vin, exprimer le jus de deux citrons dans la sauce.

Salmis de canards sauvages. Les faire cuire après les avoir pilés avec six échalottes, du poivre et du persil; ajouter quatre cuillerées d'espagnole, un demi-verre de vin blanc, autant de bouillon, de la muscade, faire ré-duire, passer la sauce en foulant, et servir.

Escalopes de filets de canards sauvages. Couper des filets en escalopes, faire cuire avec huile d'olive, sel et poivre, servir dans une poivrade réduite avec des croûtons et du jus de citron.

Salaison des canards. Deux jours après les avoir tués, fendre la partie inférieure, enlever les cuisses, les ailes, la chair du croupion et de l'estomac, couvrir de sel pen-dant quinze jours en ajoutant un peu de nitre et des feuil-les de laurier; retirer, piquer de girofle, épicer, couper en quatre quartiers, et mettre dans des pots.

Le canard non salé peut se garder deux à trois jours, et, en hiver, huit à dix jours.

CANARDIER. (*Ind. dom.*) La maison des canards est simplement une espèce de cabinet avec une porte sembla-ble à celle du poulailler. (Voy. POULAILLER.)

On n'y met ni juchoir ni nids. Comme les canards sa-lissent beaucoup, à des jours réglés, deux ou trois fois la semaine, on enlève le fumier, et on remet de la paille fraîche. On place le canardier à portée de la marre ou de la fosse de la basse-cour.

CANARDIÈRE. (*Chasse.*) Une canardière est une grande mare au milieu des prairies, dans un terrain ma-récageux et plein de roseaux, loin des bois et des haies. Un homme s'y met à l'affût; des canards privés, apportés exprès, attirent le canard sauvage par leurs cris, et on le tue aisément. Cette chasse se fait le matin quand les ca-nards sortent des eaux pour aller dans les terres.

Canardière. C'est un fusil très long, dont on se sert dans la chasse aux canards; on l'appuie sur une fourche à bord d'un bateau ou sur la rive; il porte très loin.

CANARI. (Voy. SERIN.)

CANDI. (Voy. SUCRE.)

CANE-PETIÈRE. (*Chasse.*) On a appelé ainsi cet oi-seau, parce qu'il s'accroupit sur la terre comme la cane, dont il diffère essentiellement.

La cane-petière a la tête comme celle d'une caille; le bec ressemble à celui d'un coq; elle a trois doigts à cha-que patte; les plumes de son ventre sont blanches, et cel-les du dos de plusieurs couleurs; on tue cet oiseau diffi-cilement, parce qu'il a le vol très rapide. La cane-petière se nourrit de grains, de mouches, de fourmis : c'est un bon aliment.

On la prépare comme le canard.

CANIF. (*Ind. dom.*) Pour tremper les canifs, broyer un quart de lie de vin rouge, autant de lie de vin blanc, un quart d'once de suie de forge, une demi-once de corne râpée et autant de raifort sauvage; étendre ce mélange sur les canifs, laisser sécher, les tremper ensuite dans un creuset de fer rempli de plomb jusqu'à un pouce près, et

chauffer au rouge blanc; tremper l'un après l'autre les canifs dans l'eau froide en maintenant le creuset à cette température.

Pour la manière de les repasser, voy. RASOIR.

CANNE. (*Ind. dom.*) Les cannes les plus simples sont les meilleures. On est exposé à perdre souvent une canne, à l'oublier par mégarde, ou à la briser; il est donc fort inu-tile d'employer de fortes sommes à en acheter une en bois exotique, rehaussée d'un pommeau de pierres pré-cieuses, ou d'une plaque d'or, d'autant plus que les haies des champs nous fournissent la matière de cannes jolies et élégantes.

Les tiges de jeunes poiriers sauvages donnent des cannes en bois noueux; on les passe au feu : l'écorce s'enlève, et le bois se marbre de roux et de brun foncé.

Si, autour d'une épine blanche, on tourne, en février, un fil d'archal, en formant une spirale, la sève produira, dans les intervalles, desrenflemens curieux.

On fait de charmantes cannes de vigne sauvage, en coupant une tige qu'on laisse un mois dans la chaux ré-cemment éteinte pour la colorer. On la suspend ensuite, par un bout, au plancher, et, à l'extrémité opposée, on attache un poids pour la dresser. Ces cannes sont remar-quables par leur flexibilité.

CANNELON. (*Off.*) Le cannelon est un moule de fer-blanc dans lequel on donne une forme aux glaces, aux neiges et aux pâtes fines.

CANNELLE. (*Var.—Off.*) Cinnamomum. On désigne ainsi l'écorce du cannellier dépouillé de son épiderme. Le cannellier (*laurus-cinnamomum*) est un arbre de la famille des laurinées.

La cannelle est très excitante et très tonique. On l'em-ploie en eau distillée, en poudre, en fusion, en huile vo-latile, en teinture simple ou éthérée et en sirop.

La cannelle n'est connue en France que depuis 1749. Le voyageur Poivre la rapporta de la Cochinchine.

Huile de cannelle. Faire macérer pendant quarante-huit heures une once de cannelle dans une chopine et demie d'esprit-de-vin; distiller au bain-marie, bien mêler, ajouter ensuite six gouttes de teinture d'ambre, et deux livres un quart de sirop de sucre.

CANTHARIDE. (*Ind. dom.*) La cantharide est un insecte coléoptère. A l'état de larve, il vit sous terre et se nourrit de racines; à l'état parfait, il a une tête en forme de cœur, six pattes, de longues antennes noires, et des élytres longues et flexibles, d'un vert doré avec reflet bleuâtre. Rassemblées en grand nombre durant l'été, les cantharides exhalent une odeur vireuse, forte et dange-reuse à respirer.

Les cantharides se rencontrent dans presque tous nos départemens. On connaît leur emploi comme vésicatoire.

On trouve les cantharides sur les frênes, les lilas, les rosiers, les peupliers, et sur les grosses souches. Si l'arbre est petit, pour les recueillir, on tend un drap dessous, on secoue, et on les reçoit dans la toile. Cette opération se fait le matin, quand les cantharides sont encore engour-dies par la fraîcheur de la nuit.

On a soin de se couvrir le cou et la tête, car une can-tharide, en tombant dans le cou, causerait des boutons.

16

On les met dans un vase de terre, et on les fait mourir en les arrosant avec du vinaigre.

On choisit un temps calme pour récolter les cantharides sur les gros arbres ; on étend sous l'arbre un drap, on fait rougir une pelle, et on y verse du vinaigre. L'acide acétique qui se dégage monte dans les branches, et les cantharides tombent asphyxiées. On les ramasse et ont les met dans le vinaigre. Ce vinaigre peut encore servir après à frotter soit les membres paralysés, soit la peau avant l'application du vésicatoire, ou à délayer la moutarde dans tarde sinapismes.

On fait sécher les cantharides à l'ombre, sur des cendres de papier ; on les remue avec un petit rateau, à manche long, pour éviter la poussière, qui donne des pustules, des démangeaisons violentes, et même des inflammations de vessie.

Les pharmaciens achètent les cantharides sèches à six francs la livre. Elles se conservent dans des boîtes ou dans des barils garnis de papier et bien clos. (Voy. VÉSICATOIRE.)

On ne peut se servir des cantharides que lorsque la dessiccation est parfaite ; mal conservées, elles sont la proie des mites et des anthrènes qui en détruisent les parties les plus actives. La poudre a une couleur jaune brunâtre, et une odeur nauséabonde. C'est un poison assez violent ; un gros chauffé pendant un quart d'heure dans un gros et demi d'huile d'amandes douces a donné la mort à un chien vigoureux, au bout de deux heures, après des vomissemens, des frissons, et une agitation convulsive ; chez l'homme, elle agit principalement sur les organes de la reproduction, qu'elle excite. La même dose qui tue un chien suffit pour faire périr un homme.

En cas d'empoisonnement par les cantharides, on fait avaler beaucoup d'eau tiède, pour provoquer l'expulsion du poison. Administrer le camphre à haute dose, y joindre des préparations huileuses.

CAOUTCHOUC. (*Var. — Ind. dom.*) Le caoutchouc est connu sous le nom de gomme élastique. On l'extrait à l'aide d'incisions faites dans plusieurs arbres des Indes Orientales et Occidentales. On coule le suc encore liquide dans des moules en forme de poire. Il est connu depuis 1756, et employé dans les arts depuis environ quinze ans.

On a découvert en Angleterre dans le Derby-Shire, et en France, près d'Angers, une sorte de caoutchouc fossile, qu'on a nommé bitume élastique.

Le caoutchouc sert à faire des appareils de chimie et de chirurgie.

On l'emploie pour faire des balles élastiques. On les obtient en le coupant par lanières, et en le roulant autour d'un morceau de liége taillé en boule. On recouvre ensuite d'une légère couche de laine, et on entoure le tout d'une peau de gant.

Le caoutchouc sert à enlever les traces du crayon de mine de plomb. Mêlé aux vernis, le caoutchouc en accroît la bonté. Mêlé à la cire, il la rend imperméable.

Pour dissoudre le caoutchouc, on le met dans l'éther, après qu'il a bouilli plusieurs heures, et qu'on en a fait une pâte ; ou bien on en met deux livres et demie dans vingt livres d'essence de térébenthine, et l'on fait dissoudre au bain-marie. En ajoutant deux livres et demie de gomme, et cinq de poix de Bourgogne, dix de vernis au copal, et délayant dans cent livres d'eau de chaux, on obtient une composition qui, appliquée sur le cuir avec une brosse, le rend complètement imperméable. On peut, avec la quantité indiquée, préparer un grand nombre de peaux.

On obtient par la distillation du caoutchouc une huile noire, légère, très inflammable, à raison de 92 pour 100. On laisse l'alambic fermé jusqu'à refroidissement complet, à cause de la facilité de combustion de ce produit. On prend même soin de séparer l'alambic du foyer par un mur intermédiaire.

Cette huile dissout toutes les résines, et aussi le caoutchouc à froid. On l'applique avec un pinceau. Une dissolution de caoutchouc, versée dans l'eau, laisse échapper la gomme sous forme d'une pellicule très blanche, dont il serait facile de faire des gants.

On fabrique avec le caoutchouc sur un moule en bois des pantoufles chaudes, légères et commodes, qui vont à tous les pieds.

On a remplacé le fil de laiton par des bandes de caoutchouc dans la composition des jarretières et des bretelles.

Le caoutchouc, coupé en lanières fines, se dissout aisément dans l'huile de charbon de terre, à une température un peu élevée : les proportions varient ; mais elles sont ordinairement d'un quart de pinte d'huile pour douze onces de gomme. On étend ce vernis à chaud sur les étoffes qu'on veut rendre imperméables. Si on veut accroître la solidité de l'étoffe, on étend sur le vernis une autre pièce d'étoffe de même grandeur, on les fait adhérer d'une manière indissoluble, en les comprimant entre deux cylindres, et on les sèche à l'étuve. Les deux étoffes n'en forment ainsi qu'une seule.

Quand les poires de caoutchouc sont d'une égale épaisseur et bien unies, on peut les étendre, et les dilater en couches fort minces. On laisse une poire tremper tout entière à l'exception du goulot dans de l'éther pendant dix à vingt-quatre heures. Si le goulot était aussi facile à dilater que le reste, la bouteille se déchirerait facilement. On l'attache à un tube de laiton, et on souffle par intervalles pour étendre bien exactement. On obtient ainsi des feuilles minces de caoutchouc, qu'on peut transformer en ballons en les remplissant d'hydrogène. En faisant simplement bouillir des poires de caoutchouc dans de l'eau, et insufflant d'abord avec force, on obtient aisément une dilation considérable.

Les variations de température font souvent crever ces sortes de ballons.

On a fabriqué avec le caoutchouc des sacs en toile imperméables pouvant contenir de l'eau, des vessies, des portefeuilles qu'on pouvait plonger dans l'eau sans mouiller les papiers qu'ils contenaient. Le caoutchouc est encore la base d'un apprêt qui rend les chapeaux imperméables, appliqué à chaud. On obtient cet apprêt en dissolvant la gomme dans l'huile de pétrole blanche.

Des bouteilles de caoutchouc contenant du parchemin écrit sont restées sans altération pendant plus de deux ans dans la boue d'un ruisseau. Du caoutchouc a été trouvé intact dans la terre après des siècles.

Pour boucher le goulot d'une poire de caoutchouc, on enduit l'intérieur de la poire de dissolution de caoutchouc dans l'huile de pétrole. On fait plusieurs attaches avec une ficelle imbibée de la même dissolution.

On peut aussi tenir le goulot dans l'eau bouillante, en enlever une couche légère, et coller de suite, ou faire dissoudre la gomme en passant dans le goulot un fer très chaud, puis coller.

Vernis pour tous les objets, solives, cartons, bateaux, etc. Deux onces de caoutchouc, deux livres d'huile de lin, deux onces de litharge. Sur les murs, on l'applique en les enduisant d'essence de térébenthine, ou en les séchant avec de la paille. On peut ajouter de la craie à la litharge.

CAPILLAIRE. (*Méd. dom. — Off.*) *Adjantum.* Famille des fougères. C'est une plante commune dans le midi de l'Europe; on la cultive à Montpellier. Une poignée bouillie dans deux pintes d'eau avec un peu de réglisse donne une tisane pectorale.

Sirop de capillaire. Laver le capillaire dans l'eau fraîche, le poser dans une chausse, y verser bouillant un sirop de quatre livres de sucre et d'une pinte d'eau.

CAPILOTADE DE VOLAILLE. (*Cuis.*) Lever les restes de volaille, les placer dans une casserole, dans une autre casserole mettre du beurre, un peu d'échalottes, du persil et des champignons, le tout haché, puis quand le beurre est chaud, quatre cuillerées de consommé, autant d'espagnole, faire réduire et dégraisser la sauce, la verser sur les débris de volaille, et laisser mijoter vingt minutes: la capilotade de dindon se fait de même.

CAPRE. (*Jard. — Off.*) Les câpres sont le bouton de la fleur du câprier (*Kabanis spinosa*). Cet arbuste est originaire d'Asie, et il se cultive en grand dans l'Afrique et dans la Provence. Le câprier redoute le froid et l'ombre. Il se plante en séparant chaque individu par un espace de dix pieds; il multiplie beaucoup. On le laboure au printemps; en automne, on coupe les montans à six pouces de terre, et on couvre de terre toute la plante. Il fleurit en été, pendant toute la saison.

Les femmes et les enfans se chargent de la récolte. On ne laisse pas trop grossir les fleurs; on les jette, à mesure qu'on les cueille, dans du vinaigre salé. Les fleurs, qui oubliées dans la cueillette viennent en graines, sont ramassées quand elles sont vertes et de la grosseur d'une olive; on les confit pour les hors-d'œuvre.

Le câprier réussit dans toute la France, mais il produit moins; On le plante à une exposition méridionale, et abritée du nord par un mur.

On le rabat avant les froids, et on le couvre de paille et de cosses de pois.

CAPUCINE. (*Jard.*) *Tropæolum.* Famille des géraniums. C'est une plante annuelle dans nos climats; il y en a deux espèces, l'une grande et grimpante, l'autre petite. On sème les capucines au 15 avril, dans une terre amendée et légère, à une exposition chaude. Elles fleurissent depuis la mi-juin jusqu'aux premières gelées. La graine mûrit tout l'été: elle est bonne pendant plus de quatre ans. Les boutons et les graines s'emploient en cuisine.

Pour préparer les graines de capucine en câpres, les cueillir lorsque leur intérieur n'est pas encore solide; les laisser flétrir à l'ombre pendant quatre heures; en remplir le vase jusqu'à deux doigts du bord; y mettre le vinaigre qui doit les couvrir; placer le couvercle et laisser le tout infuser pendant huit jours. Ce délai passé, on les met dans une passoire pour les faire égoutter, et on reçoit le vinaigre dans un autre vase. Lorsque les capucines sont ressuyées, on les passe dans un nouveau vinaigre dans lequel on les laisse encore huit jours, puis on les retire pour les faire égoutter et leur donner une troisième préparation semblable en tout aux deux premières. Enfin, on les conserve dans ce nouveau vinaigre, où l'on jette quelques poignées de sel.

Les capucines sont aussi bonnes que les câpres et sont d'un plus grand produit, en ce qu'un pied de capucine donne autant qu'un câprier et tient beaucoup moins de place: les câpriers sont d'ailleurs d'une culture plus difficile, tandis que la capucine vient partout, et qu'on la met aisément le long des arbres fruitiers, des espaliers, des berceaux, qu'elle orne de ses fleurs et de son feuillage.

Les boutons de capucine se préparent en les laissant simplement dans du vinaigre avec du poivre et du sel.

La capucine est tonique et antiscorbutique.

CARAMEL. (*Off.*) On appelle ainsi le sucre chauffé jusqu'à ce qu'il ait acquis une couleur roussâtre. Quelques bouillons de plus le brûleraient, et il ne pourrait plus être d'usage. On s'en sert pour donner de la couleur au potage et à quelques liqueurs.

Manière de faire du caramel pour colorer le bouillon. Mettre dans une cuillère du sucre et de l'eau, faire chauffer, et ajouter encore un peu d'eau.

Si on fait du caramel en grande quantité, ce qui est facile en substituant un vase à la cuillère indiquée, on en prévient l'altération, et on le conserve en y ajoutant quelques cuillerées de bonne eau-de-vie.

CARAQUE. (*Voy.* CACAO.)

CARAT. (*Var.*) Ce mot est très employé, et cependant peu de personnes en connaissent au juste la signification. Pour déterminer le degré de pureté de l'or, on l'a supposé divisé en vingt-quatre parties qu'on a nommées carats. L'or dont les parties sont d'or pur, est de l'or à vingt-quatre carats. S'il contient un vingt-quatrième d'alliage, c'est de l'or à vingt-trois carats, et ainsi de suite.

CARDES. (*Cuis.*) On appelle cardes les feuilles de côte des cardons et celles de la bette-poirée. (*Voy.* ces mots.) Autrefois pour confire les cardes, on les faisait bouillir, on les séchait entre deux linges, et on les faisait cuire dans un sirop de sucre ou de miel.

Cardes au blanc. Prendre des cardes, les couper en morceaux, en ôter les fils, en garder seulement le bas de la côte, les mettre dans une marmite, où l'eau bouillante les recouvre de deux pouces, avec le jus d'un citron ou du vinaigre blanc, du sel, et gros comme un œuf de beurre; quand elles cèdent sous le doigt après avoir bouilli, les égoutter, les faire bouillir dans une sauce blanche, avec du sel, du poivre, du persil et de la ciboule hachés, lier avec un jaune d'œuf, et servir.

Cardes au fromage. Les sauter, quand elles sont cuites,

dans une sauce blanche avec du gruyère râpé; enduire de fromage râpé, de beurre et de mie de pain le dessus des cardes, et faire gratiner au four de campagne.

CARDÈRE. (*Jard. — Méd. dom.*) *Dipsacus fullonum.* Famille des dipsacées. Les chardons à bonnetiers ou cardères se sèment en juin dans une terre grasse et bien préparée. Quand le plant est levé, on sarcle et on transplante en septembre. Ils donnent cinq à six têtes. On coupe celle de la tige, qui est la plus grosse, et celles qu'on trouve superflues; par cette opération les autres deviennent plus belles.

Les cardères moyennes conviennent aux drapiers, et les plus grosses aux bonnetiers.

Les fleurs des cardères fournissent en abondance du miel aux abeilles.

Il est bon d'en planter près des ruches.

CARDON. (*Jard.*) *Agnara cardunculus.* Famille des agnarocéphales. C'est une plante vivace et pivotante. On distingue le cardon de Tours et le cardon d'Espagne.

On les cultive dans un terrain profond et bien fumé. En mars, on bêche de nouveau : on trace des rayons à dix-huit pouces l'un de l'autre, et on recouvre des deux côtés un espace pour pouvoir butter les cardons à la mi-septembre. Pour ne pas perdre cet espace, il est facile d'y planter de la salade ou des légumes de peu de durée.

Les trous où l'on plante les graines sont de petites fosses de six pouces carrés, à dix-huit pouces les unes des autres. On met dans chaque trou trois à sept graines, suivant que la qualité en est bonne ou incertaine. On les recouvre légèrement avec un râteau, et on arrose tous les deux jours, en cas de sécheresse. Au bout de quinze jours, les plantes commencent à paraître. On ne laisse qu'une feuille à chaque place.

On fait blanchir les cardons au mois de septembre. En les récoltant, on coupe près de terre; les nouvelles pousses croissent avec plus de vigueur, et sont bonnes pour l'hiver. Pour les faire blanchir, on les lie avec de la paille; on les garnit de paille longue, on les relie, et on les butte avec la terre des côtés, jusqu'à huit pouces de leur extrémité. Il sont blancs au bout de quarante jours. On peut ne commencer le buttage qu'au 8 ou au 10 octobre.

On réserve quelques pieds pour graine. Au 15 avril, on substitue un peu de paille à la terre du buttage pour empêcher l'effet de la transition de l'obscurité à la lumière. On ôte les feuilles pourries et on bêche autour sans endommager les racines. Les plantes ainsi soignées durent plusieurs années. La graine est mûre en septembre : elle peut se garder au moins dix ans. Pour l'empêcher de se pourrir aux pluies du commencement de l'automne, on la préserve par un petit abri dans les jours pluvieux.

Cardons au jus. Prendre quatre gros cardons bien blancs, ôter les feuilles, détacher les côtes une à une, les couper en tronçons de trois pouces de long, enlever les filandres, et mettre à mesure les morceaux dans l'eau fraîche; couper la racine en deux ou trois tranches alongées, faire bouillir jusqu'à cuisson dans de l'eau avec un peu de beurre, de sel et de jus de citron. Il faut environ deux heures de cuisson.

On prépare les cardons en les faisant bouillir dans du consommé, en les masquant d'un blanc. (Voy. BLANC.)

On les mouille aussi d'espagnole, de velouté, de béchamel. (Voy. BÉCHAMEL.)

On en fait de la purée qu'on met en croustades.

CARIE. (Voy. BLÉ.)

CAROTTES. (*Agric. — Jard.*) *Daucus carotta.* Famille des ombellifères. Plante bisannuelle et pivotante. Dans quelques localités du midi, on l'appelle *pattenade.*

La carotte est très saine et nutritive; elle convient aux hommes et à divers animaux, bœufs, chevaux, chèvres, cochons, lapins, moutons, vaches, volailles. Elle contient en abondance du sucre, de la fécule et du mucilage.

Il y a plusieurs variétés de carottes : la *blanche*, qui se cultive plus aisément en grand, surtout dans les terrains humides; la *jaune*, qui est fort tendre, mais peu savoureuse, et convient dans les terres peu profondes; la *jaune courte*; la *rouge*, et la *petite rouge*.

La carotte réussit très bien après le blé. On peut lui faire succéder des plantes traçantes comme l'orge et l'avoine. Un hectare de carottes produit plus que trois hectares de navets.

On sème huit à dix livres de carottes par hectare, les grosses à trois pieds, les moyennes à deux, les petites à quinze pouces. Elle demande un sol profond, doux, léger, meuble, ou ameubli par des cultures et fumiers préparatoires; s'il est humide et compacte, on le divise en sillons, et on y mêle du sable, du terreau, ou des engrais consommés. S'il est pierreux ou nouvellement fumé, il ne convient pas à la carotte.

On peut semer dès le mois de février. On fait trois labours : avant l'hiver, pendant l'hiver, et au moment de semer; on laboure profondément, et l'on herse. Quelques cultivateurs emploient deux charrues qui suivent le même sillon. La graine doit avoir deux ans; à cet âge, elle est moins sujette à monter.

On peut semer jusqu'en mai. Si l'on sème en juillet et en août, on couvre de litière et de feuilles avec soin pendant les froids. Dans les climats doux, on peut semer même en hiver. On frotte la graine entre les mains pour en détacher le velu, on la met avec de la cendre ou du sable fin, et on sème à la volée. Après le semis, on herse. Elle germe au bout de vingt-cinq jours. Semées en février, les carottes sont bonnes à la mi-mai.

Quand les feuilles sont développées, on détruit les mauvaises herbes, on éclaircit et on aligne.

Si les lignes sont éloignées de trois pieds, on bine à la houe à cheval.

En les laissant à huit ou neuf pouces l'une de l'autre, on les bine à la houe à main, et on recommence cinq ou six semaines après.

Quand on replante des carottes, on a soin de ne pas casser le pivot, et de les préserver du hâle en les couvrant d'herbages et de paille.

On détruit les carottes qui montent en graine la première année, leur semence n'étant pas bonne.

On doit s'abstenir, avant le mois d'octobre, de couper les feuilles des carottes, ce qui suspend la végétation, à moins qu'on ne puisse arroser facilement, ou que le temps soit assez pluvieux.

Les carottes s'arrachent à la fin de l'été. Si on ne craint pas le froid, on peut les laisser en terre. Autrement, on les arrache en novembre, et on les met en lits sur du sable dans une cave ou dans une fosse profonde couverte de terre et de chaume. Pour conserver les carottes plus tendres, on coupe la surface des côtes; on a ainsi de la carotte toute l'année.

On sème avec avantage les carottes parmi les autres récoltes; on les retrouve après la moisson.

Les carottes s'arrachent avec une fourche à quatre dents ou une petite charrue.

Dans le jardin potager, on prépare en automne et en février le terrain, en le fumant et le bêchant. On fait des planches de cinq rayons, à huit pouces de distance, et d'un pouce et demi de profondeur; on sème comme ci-dessus, on recouvre au râteau, et on arrose. Quand le plant a quatre ou cinq feuilles, on éclaircit. On sarcle, on serfouit. Pour conserver en terre pendant l'hiver, on recouvre de sable sec et d'un peu de paille.

On garde pour la graine les plus grosses carottes, longues et colorées. On sépare les variétés, parce qu'on a remarqué que leur mélange faisait dépérir les espèces. On coupe les ombelles à mesure qu'elles brunissent dans le centre. On fait sortir les graines, et quand elles tombent, on les met en sacs. Elles durent trois ou quatre ans. Celles des branches latérales peuvent être semées la première année sans courir le risque de monter.

Conservation des carottes. Les carottes se gardent tout l'hiver. Dans le midi, quand on n'a pas à craindre les gelées, et que le sol n'est pas humide, on les laisse en pleine terre, en ayant soin de les couvrir de paille. Dans les pays plus froids, on les arrache avant les fortes gelées; on leur coupe la fane; on les range les unes près des autres sur un plan incliné, et on les couvre de sable. On enterre ainsi chaque rang de légumes dans une couche de sable; on peut même supprimer le sable dans un endroit bien sec, où il ne gèle pas.

CAROTTE. (*Cuis.*) La carotte sert à parer les ragoûts. Elle se confit au sucre et au vinaigre; on en tire de l'eau-de-vie; on extrait de ses racines une sorte de café, en les traitant comme celles de la chicorée. (Voy. CHICORÉE.)

On peut en faire du sucre comme de la betterave. La carotte rouge renferme une huile volatile très active.

Purée de carottes. Éplucher, laver et couper en tranches minces sept à huit carottes, ajouter deux côtes de céleri blanc, du sel et du poivre; mettre bouillir le tout avec un morceau de beurre et beaucoup d'eau. Quand les carottes sont cuites, écraser et passer.

On mange aussi les petites carottes à la sauce blanche. On en fait des cheveux d'ange. (Voy. ce mot.)

Esprit de carottes. Prendre une certaine quantité de carottes, les faire sécher l'air, couper les zestes et les queues, hacher, réduire en pulpe dans un chaudron avec partie convenable d'eau, exprimer le suc, ajouter du houblon en très petite quantité et de la levure.

Quand ce liquide a fermenté deux ou trois jours, on distille. L'eau-de-vie qu'on en retire est semblable pour le goût à l'eau-de-vie de grains, et rectifiée peut marquer 56 degrés à l'aréomètre de Baumé. Le résidu des carottes, les têtes et les queues sont donnés aux cochons, qui s'en nourrissent avec plaisir, et en acquièrent de l'embonpoint.

CAROUBIER. (*Jard.*) *Ceratonia siliqua.* C'est un arbre d'Espagne et d'Italie, qu'on pourrait naturaliser dans le midi de la France. Il est gros et tortueux, toujours vert. Il croît partout, même sur les rochers et sans culture. Il fleurit deux fois.

Son bois peut servir au chauffage. Il peut être également employé dans l'ébénisterie et la marqueterie. Il a des veines rouges et roses sur un fond jaune.

Le fruit du caroubier, appelé caroube, est en gousses, et a un goût doucereux. Les chevaux et les bestiaux le mangent avec avidité. Il sert aussi de dessert. En Espagne, on le mêle avec les amandes du cacao.

On plante le caroubier sur un terrain mélangé de pierres amoncelées. On le recouvre de paille l'hiver, et on arrose dans les premières années. On ne fume jamais; mais, s'il y a assez de terre végétale, on peut donner quelques labours. On sème aussi en pépinière, et on plante au bout de quatre ans.

On greffe le caroubier mâle sur le caroubier femelle pour avoir des produits sur tous les arbres. Une branche mâle suffit pour féconder à peu de distance trente arbres femelles.

L'ombre et les racines du caroubier nuisent aux autres plantes.

CARPE. (*Péch.*) Genre cyprin. On trouve la carpe dans toutes les eaux douces. Elle multiplie beaucoup, croît avec célérité, et parvient en peu d'années à la longueur d'un demi-pied. Elle vit de végétaux, de larves d'insectes, et de petits insectes aquatiques qu'elle trouve dans la vase. Elle se plaît dans les eaux dormantes. Elle est souvent la proie des brochets, qu'elle ne peut repousser, n'ayant pas de dents ni d'autres moyens de défense. Le carpeau est une espèce de carpe naturellement inféconde. Il devient très gras et très gros. Sa chair est excellente.

Les carpes de rivières sont meilleures que celles des étangs, qui ont quelquefois un goût de vase. Les carpes de Seine et surtout celles de Loire sont très estimées.

C'est surtout en mars, mai et juin que les carpes sont bonnes. Elles mordent à tous les appâts, en juin, juillet et août, et se laissent prendre beaucoup plus facilement pendant ces trois mois. Pour pêcher la carpe à la ligne, on a de bons hameçons et des lignes de soie. On se sert pour appâts d'asticots, de fèves, ou de morceaux de viande. Pour attirer davantage le poisson, on frotte si l'on veut l'hameçon avec la composition suivante : deux grains de musc, quatre gouttes d'huile d'aspic, un grain de camphre. Quelques jours avant de pêcher, on peut jeter dans l'endroit destiné à la pêche un appât composé de haricots à moitié cuits, de miel, de quelques grains de musc et d'un peu d'aloès en poudre.

On entortille une partie de la ligne autour de son bras, ne laissant que la longueur convenable, et on la jette obliquement de manière à ce qu'il y en ait quelques pieds qui filent sur le bord et sur la surface de l'eau. Le poisson l'apercevrait si elle était jetée perpendiculairement. Le liège doit être sur la surface de l'eau quand l'hameçon est au fond. Quand on sent la carpe tirer, on lève prestement, et quand on la sent prise, on file la partie de la ligne qu'on a entortillée autour de son bras, on laisse la carpe se débattre, afin qu'elle n'ait plus de force pour échapper, quand on la prend avec la main ou avec un truble. (Voy. TRUBLE.)

Quand on prend une carpe qui paraît languissante, on l'assomme de suite.

On chasse à coups de fusil les carpes qu'on surprend sur le bord des eaux, entre les joncs, ou dormant le museau dans la bourbe.

Quand le fond du lieu où l'on pêche est garni de racines d'arbres, de grands herbages, de crônes, c'est-à-dire de cavités où se réfugie le poisson, on se sert du tramail. (Voy. ce mot.)

Pour s'en servir, on plante, le long du bord, des piquets à six pieds de distance les uns des autres. Il ne faut pas que ces piquets soient blancs, car autrement le poisson s'en épouvanterait; on les fiche solidement, on y perce à fleur d'eau un trou où l'on met une cheville. Ces chevilles servent à attacher une corde qui traverse les perches, et qui est arrangée de manière à avoir du jeu. Ces perches doivent être placées huit jours avant la pêche, pour que le poisson s'y habitue.

Après avoir jeté dans une place nette, à cinq heures du soir environ, l'appât indiqué ci-dessus, on pêche sur les trois heures après midi. Le filet d'un côté est attaché à la corde passée dans les chevilles, et de l'autre à un pieu. On bat l'eau, et on laisse tomber promptement les plombs du filet, les carpes troublées se prennent en cherchant à gagner leurs retraites.

Pour pêcher les grosses carpes dans les étangs, prendre une vieille carcasse de bateau, mettre au fond un appât de marc de chènevis, de miel, de musc, et, si vous pouvez vous en procurer, de chair de héron. On prépare cette chair en la mettant dans une bouteille bien bouchée, que l'on laisse quinze jours ou trois semaines dans du fumier chaud. On place par-dessus l'appât des branchages et des débris de vieilles haies, et on fait foncer le bateau dans une eau assez profonde pour que le poisson y puisse entrer sans être vu. On laisse dans l'eau pendant trois mois; au bout de ce temps, à l'aide de deux autres bateaux et de cordes, on retire de l'eau le bateau submergé. Les grosses carpes s'y trouvent ordinairement en très grand nombre.

CARPE. (Cuis.) Pour toutes les préparations de la carpe, on la fait dégorger dans un seau d'eau, si elle est vivante; on la lave, on la vide, et on ôte les ouïes. On l'écaille en partie, si on la sert au bleu. En la faisant dégorger, on met dans l'eau une cuillerée de vinaigre, si on craint que la carpe n'ait le goût de vase. Si la carpe a des œufs, on ne les sert pas; mais on laisse la laite, si la carpe est laitée.

Le palais de la carpe, appelé langue de carpe, est le morceau le plus délicat. On le prépare comme les laitances. La carpe à laite, qui est le mâle, est de meilleur goût que la femelle.

Carpe frite. Ôter la tête de la carpe, fendre le ventre, ciseler un peu le dos, frotter de sel fin et de jus de citron, rouler dans la farine, couler la carpe dans la friture très chaude, la retourner au bout d'un quart d'heure; quand elle est cuite et que le dessus paraît croquant, la faire égoutter, poudrer de sel fin, et servir.

Carpe à l'étuvée. Couper en tronçons une carpe et une tanche, sans perdre de sang, faire roussir dans un poêlon un demi-quarteron de lard en morceaux, les jeter dessus le poisson, avec du sel, du poivre, un bouquet garni, de l'ail, une chopine de bon vin rouge, mettre sur un feu ardent; quand vous voyez paraître le premier bouillon, allumer le vin, et, quand l'alcool a cessé de brûler, jeter dans la poêle une demi-livre de beurre roulé dans la farine; placer le poêlon sur un feu doux et laisser mijoter pendant une demi-heure, y ajouter, avant de servir, des œufs bien cuits et rissolés dans une casserole avec un peu de lard, du sel et du poivre : bien lier les sauces.

Carpe farcie. Lever la peau sans la déchirer, faire une farce avec la chair et des laitances, assaisonner de champignons, thym, muscade, clous de girofle, sel, fines herbes, poivre, le tout haché; remplir la peau de cette farce, faire cuire dans une casserole avec un roux, du vin blanc, du beurre bien manié, un peu de bouillon; laisser environ trois pouces d'arêtes à la queue et à la tête pour conserver la forme.

Carpe au bleu, au court-bouillon. Prendre une carpe de quatre à cinq livres, la mettre dans une poissonnière avec du sel, deux gousses d'ail, un ognon, des carottes, un pied de céleri, des morceaux de lard, un bouquet garni, du poivre rouge; la submerger avec du vin rouge mêlé de moitié d'eau et d'un verre de vinaigre. Faire cuire à petit feu pendant une heure, garnir une serviette de persil et la poser dessus; servir avec une sauce au jambon, ou à l'huile et au vinaigre.

Carpe à la sauce blanche. La faire cuire comme ci-dessus, écailler, verser dessus une sauce blanche aux câpres.

Carpe sur le gril. La ciseler dans sa longueur, la faire mariner avec du sel, du poivre et de l'huile d'olive; la mettre sur le gril à petit feu, tremper une branche de sauge dans l'huile et en oindre la carpe pendant qu'elle cuit. Servir avec une farce à l'oseille, ou de la sauce aux câpres.

Carpe à la Chambord. Remplir le corps de laitances, en levant les écailles et la peau d'un côté, que l'on pique de lard fin; faire cuire au four; mouiller de vin blanc; ajouter du laurier, thym, persil, clous de girofle, tranches d'ognons; faire mijoter une heure, et à l'entour dresser des quenelles de carpes, des ris de veau glacés, de petites noix de veau glacées, des écrevisses, des truffes, des crêtes et des rognons de coqs. Si le mouillage n'est pas assez assaisonné, y ajouter de l'espagnole, et faire cuire les garnitures dedans.

Carpe en matelote. (Voy. MATELOTE.)

Quenelles de carpes. Lever les chairs, ajouter des anchois; procéder comme pour les quenelles de volaille. (Voy. ce mot.)

Carpe à l'allemande. Couper une carpe en morceaux en enlevant seulement le gros intestin; baigner d'une sauce faite de deux bouteilles de bière, avec sel, gros poivre, épices, tranches d'ognons; faire réduire sur un feu ardent, servir avec la sauce.

Sauté de filets de carpes. Lever les filets de carpes, les arranger dans le sautoir avec du beurre qu'on verse chaud dessus, du sel., du. poivre, du persil haché, de la muscade. Au moment de servir, faire. bouillir, et quand. les filets sont cuits, servir.

Laitances de carpes. Faire cuire. dans du vin blanc, égoutter, servir avec une sauce espagnole ou allemande, et du velouté et du jus de citron.

Laitances de carpes frites. Les bien laver; faire jeter un bouillon à un feu ardent, tremper dans la pâte, et faire frire.

Caisse de laitances de carpes. Faire mijoter les laitances avec un morceau de beurre, du sel, du poivre, du persil, des échalottes, de la muscade et des épices. Gratiner et huiler une caisse en papier; verser les laitances dessus, les mettre ainsi sur le gril, gratiner les laitances, et faire prendre couleur au four de campagne.

Aspic de laitances de carpes. (Voy. ASPIC DE CRÊTES et ROGNONS DE COQS.)

Fricandeau de carpes. Laver les filets; faire cuire dans une bonne marinade, servir avec un ragoût de laitances dessus.

CARRÉ (*Jard.*) On doit avoir égard pour la formation des carrés à l'étendue et à la forme du jardin. S'ils sont trop petits, les allées seront trop multipliées, et il y aura perte de terrain. On doit les séparer par des allées convexes, et si le terrain en est trop humide, on creuse des conduits pour l'écoulement des eaux, assez profondément pour que la bêche ne puisse les atteindre.

CARRÉ DE MOUTON. (*Cuis.*) Voy. MOUTON.

Carré de veau. (Voy. VEAU.)

CARREAU. (*Méd. dom.*) Le carreau est une maladie qui attaque principalement les enfans, et dont les caractères principaux sont la tuméfaction et la dureté du ventre, la maigreur des extrémités, l'engorgement inflammatoire des ganglions du mésentère. On la confond quelquefois avec l'entérite : elle est souvent mortelle, et jette chaque année la désolation dans bien des familles.

Causes. L'enfance, le sexe féminin, le tempérament lymphatique, le froid humide, une alimentation insuffisante, des alimens de mauvaise nature, ou trop de substances végétales, l'allaitement par une nourrice scrofuleuse ou phthisique, les indigestions fréquentes, les médicamens irritans, la malpropreté, les liqueurs fortes, les narcotiques.

On ne saurait trop recommander aux mères de faire suivre autant que possible à leurs enfans un régime hygiénique capable d'éloigner tout ce qui pourrait prédisposer au carreau. De légers soins peuvent prévenir les conséquences les plus funestes.

Symptômes. Tristesse, pâleur de visage, tuméfaction et sensibilité du ventre, vomissemens glaireux, diarrhée de matières grisâtres, constipation qui alterne avec la diarrhée, perte de l'appétit, quelquefois appétit démesuré, malaise, sécheresse de la peau, amaigrissement de la face et des membres, soif habituelle, douleurs sourdes au ventre, tubercules durs et sensibles au toucher à l'intérieur des intestins.

Traitement. Cataplasmes, lavemens et bains émolliens dans le principe. Si la maladie fait des progrès, application de flanelle, alimentation de viande rôtie, de bouillon,

du vin trempé pour boisson, infusions de houblon, de patience, de bardane et de rhubarbe; le matin à jeun, une cuillerée de vin antiscorbutique; exposition du malade au soleil dans un lieu sec et aéré. Seize grains de rhubarbe en poudre réunie à de l'acétate de potasse.

Il faut, au reste, au traitement du carreau les prescriptions d'un bon médecin. Elles doivent être appliquées immédiatement, car quand la maladie est bien déclarée, elle est ordinairement incurable, et la médication que nous avons conseillée ne peut que prolonger quelque temps la vie du malade.

M. Nauche a proposé pour remède de passer autour du ventre, en plusieurs tours, une bande d'environ quatre pieds de long sur huit ponces de large, qui soutient le ventre, et qu'on serre peu à peu.

M. Mollot conseille de donner aux enfans du gruau, de la semoule, du sagou, de la fécule de pommes de terre pour nourriture; de baigner le ventre d'une décoction d'herbes émollientes, d'appliquer une emplâtre de ciguë sur le ventre; de faire boire du petit-lait clarifié, de purger avec vingt grains de rhubarbe infusés dans un verre d'eau, pris en trois portions trois jours de suite. Il en faut quarante-huit grains donnés en deux jours pour un enfant au-dessus de deux ans. On donne chaque jour quatre grains d'un mélange d'un gros de calomélas, avec trois gros de poudre d'iris; on fait prendre après du petit-lait, après l'avoir purgé de nouveau.

CARREAUX DES APPARTEMENS. (*Ind. dom.*) *Manière de faire les carreaux en terre cuite.* Pétrir deux parties égales d'argile rouge et d'argile blanche, leur donner la forme, laisser sécher vingt-quatre heures, marbrer en versant de la terre rouge sur le carreau, et par intervalle un peu de terre blanche : on remue le carreau pour opérer le mélange.

Carreaux dits enflammés. On les plonge dans une terrine pleine de terre rouge sur laquelle il y a un peu de terre blanche.

Carreaux d'une seule couleur. On n'emploie qu'une seule espèce de terre.

Carreaux à dessins. Pour obtenir une couleur noire, faire bouillir dans trois verres d'eau cinq onces de sulfate de zinc et une once de manganèse, appliquer sur les carreaux une couche de terre blanche et les parsemer de gouttes de couleur.

On polit les carreaux en les frottant sur un marbre uni; on les laisse sécher et on les cuit.

Le carreau de faïence est employé dans les bains et dans les petits cabinets; les grands carreaux servent au pavage des cuisines; les carreaux à six pans sont réservés pour les appartemens.

Les carreaux sont ordinairement colorés en rouge; on en bouche les trous avant d'y appliquer la couleur avec une pâte de colle de peau, de blanc d'Espagne et de sciure de bois.

On compose la couleur avec deux livres de colle de Flandres et cinq livres de gros rouge.

On peut substituer à la colle de Flandres une colle de rognures de peau ou de cornes, avec une once de gomme de cerisier par livre.

On fait tremper la colle vingt-quatre ou quarante-huit heures à l'avance, et on la fait bouillir dans huit litres d'eau, en ajoutant un quart de savon râpé par livre : on ajoute ensuite la couleur; on l'étend très chaude avec un vieux balai.

On broie ensuite à l'huile une demi-livre de rouge de Prusse; on ajoute une livre d'huile et un quart de litharge en poudre ; on donne une couche par-dessus la première; la troisième couche se fait à la colle, et on place l'encaustique par-dessus. On peut se contenter des deux couches à la colle; mais la peinture a moins de solidité. (Voy. AP-PARTEMENT, ENCAUSTIQUE, PARQUET, PEINTURE.)

CARRELET. (*Pêch.* — *Cuis.*) Genre pleuronecte. Ce poisson de mer est commun sur les côtes d'Europe. Il remonte quelquefois les rivières; il a la tête petite et large, la mâchoire supérieure plus longue que l'inférieure, le corps brun d'un côté et jaunâtre de l'autre.

Carrelet au gratin. Prendre deux plats qui aillent au feu, en graisser un de beurre frais, poudrer avec du poivre, du sel et de la chapelure, poser le carrelet dessus, arroser de citron, garnir de chapelure, poivre, sel, muscade et beurre, verser dessus doucement un demi-verre de bouillon, faire mijoter à un feu doux, couvrir avec l'autre plat, garnir de cendres rouges.

Carrelets grillés. Huiler les carrelets, ajouter du poivre et du sel, faire griller sur un feu un peu ardent, masquer d'une sauce aux câpres.

Carrelets à la bonne eau. Les faire cuire et les servir avec une bonne eau. (Voy. ce mot.)

Carrelet frit. Vider, ôter les ouïes, rogner avec des ciseaux la queue et les nageoires, laver à plusieurs eaux, rouler dans la farine, faire couler dans la poêle remplie de beurre fondu ou d'huile d'olive, retourner au bout d'un quart-d'heure, égoutter, servir brûlant après une demi-heure de cuisson, avec du sel fin et un citron dans une assiette.

Carrelets à la bonne femme. Beurrer un plat, y mettre les carrelets avec du sel, poivre, persil, vin blanc, chapelure de pain, faire bouillir dix minutes.

CARRY. (*Cuis.*) C'est un assaisonnement anglais qu'on emploie comme la moutarde : il est digestif et très irritant.

Pulvériser, et conserver dans des flacons bien bouchés, une once de curcuma, de poivre long un gros, autant de gingembre, cinq gros de poivre noir, sept onces de coriandre, demi-gros de cannelle, autant de girofle et de muscade.

CARTES. (*Récréat. dom.*) Les cartes à jouer furent inventées en 1394, par le peintre Jacquemin Gringonneur pour amuser Charles VI. Il est inutile en donner la description. On a tenté de substituer aux vieilles figures celles de héros grecs; et pendant la révolution celle des vertus républicaines ; mais l'usage a prévalu contre ces réformes.

On sait qu'un jeu de cartes est l'image de la guerre; les figures sont de grands capitaines et guerriers, et des héroïnes ; les trèfles indiquent les fourrages, les piques l'arme de ce nom, les carreaux les magasins d'armes, le cœur le courage nécessaire aux combattans.

Les cartes se vendent en jeu ou en sixain, paquet de six jeux, ou à la grosse. Elles se divisent en jeux entiers de cinquante-deux cartes; en jeux d'hombre composés de quarante cartes, et où manquent les dix, les neuf et les huit. En jeux de piquet de trente-deux cartes, où manquent les deux, trois, quatre, cinq et six.

Règles communes à tous les jeux de cartes. Quand on a développé les cartes, on s'assure si le jeu est bon, puis on les mêle très vite. Il y a deux manières de mêler : la première en les faisant passer par côté à plat l'une sur l'autre; la seconde en les partageant en deux parties dont on tient l'une demi-serrée dans sa main gauche, tandis qu'on fait passer de la main droite les cartes de l'autre moitié entre celles de la première.

On fait couper ensuite à son voisin de gauche : celui-ci, après avoir divisé les cartes en deux parties, doit poser sur la table celle qu'il a prise dessus sans la regarder; on remet cette partie par-dessous.

Distribuer des cartes s'appelle *donner* ou *faire.* On commence par son voisin de droite et on finit par soi-même; on fait attention à ne pas montrer le dessous des cartes. On les tend en tenant la masse de la main gauche et enlevant celles qu'on donne en éventail, les couchant un peu, et les prenant par un seul point entre le pouce et l'index.

Lorsqu'en donnant on laisse voir une carte, c'est aux joueurs à décider si elle doit être mise à l'écart, si la *donne* doit être recommencée, ou si on doit la mettre la dernière du *talon.*

Le *talon* est ce qui reste des cartes après la distribution : on le met de côté.

Il est bon pour aller plus vite d'avoir deux jeux. Un joueur ramasse les cartes de l'un pendant que le donneur distribue celles de l'autre. Ces jeux doivent se distinguer par le revers; l'un aura un revers blanc, l'autre un revers sablé.

Dans quelques maisons on fait laisser aux joueurs une rétribution pour le paiement des cartes. Cet usage est de mauvais ton aujourd'hui.

La *donne* se tire au sort, à la plus grosse carte : pour cela, chacun regarde en coupant ; ou bien on donne à découvert. On tire à la plus basse carte, si la donne est désavantageuse.

Pour inviter à jouer, on présente une carte ou une fiche à ceux qu'on veut inviter.

On étale les cartes en éventail pour *lire dans son jeu.* On les arrange par ordre de valeur et de couleur avant la première carte jouée.

A mesure qu'on fait des levées, on les place devant soi : on ne peut jamais regarder ni le jeu ni les levées de l'adversaire; mais les parieurs ont le droit d'examiner le jeu des joueurs pour lesquels ils parient. Quand un tiers veut conseiller un joueur, il doit d'abord en demander la permission aux adversaires.

Il faut jouer avec calme, ne témoigner ni joie du gain ni douleur de la perte, ne pas ramasser avec avidité l'argent gagné, ne faire aucuns mouvemens brusques qui décèlent des sentimens peu élevés.

C'est aux jeunes gens à demander aux personnes plus âgées combien elles veulent jouer : s'il y a des dames, c'est à elles qu'on fait cette demande.

On ne doit pas quitter brusquement une partie commencée; quand elle est finie, on est libre de remettre son jeu à un autre : mais, si l'on gagne, l'usage veut qu'on ne se refaire pas immédiatement, et qu'on laisse à ceux qui perdent, le temps de tenter de nouveau la fortune.

On doit payer de suite ce qu'on doit.

Quand on se retire, on passe devant les tables sans saluer pour ne pas distraire les joueurs.

Ces règles générales sont invariables pour tous les jeux. Les règles particulières se diversifient à l'infini. Nous avons soin de les mentionner toutes à leur place. (Voy. AMBIGU, BELLE, BÊTE, BOSTON, BOUILLOTE, BRISQUE, etc.)

CARTHAME. (*Agr.*) *Cartamus tinctorius.* Famille des carduacées. On l'appelle aussi safran bâtard. C'est une plante herbacée, à racine ligneuse et vivace, et dont les fleurs ont une belle couleur rouge qu'on emploie en teinture, pour le rose, le cerise et le ponceau.

Le carthame est haut de deux pieds; ses fleurs paraissent en juillet et en août; ses graines ont une coque assez forte. On le sème dans un terrain sablonneux, à raison de douze livres par hectare, après deux labours, sur des rayons, ou à la volée. Les semailles se font au midi de la France, en avril; au nord, au mois de mai. Il n'a pas besoin d'arrosement ni de culture. Les fleurs, d'abord jaunâtres, deviennent successivement rouges. On les récolte à mesure, et on sépare du calice les fleurons; on laisse le calice sur la plante, si l'on veut avoir des graines. L'humidité ferait noircir les fleurons si le temps n'était pas sec lors de cette opération, à laquelle on peut employer les enfans.

Ces fleurons donnent une couleur rouge et une autre jaune; la première seule sert à la teinture des étoffes de soie, de lin et de coton. Originaire d'Égypte, où il croît sans culture, le carthame était l'objet d'un commerce considérable, avant qu'on le cultivât dans quelques parties de la France.

On sépare la matière jaune des fleurons en les lavant avec de l'eau salée, qui entraîne la couleur jaune, et est sans effet sensible sur la couleur rouge. On les laisse ensuite sécher, jusqu'à ce qu'ils soient bons à employer.

On se procure la graine en conservant la tête de la fleur. Cette graine, soumise à la presse, donne vingt-cinq pour cent de bonne huile à brûler.

Les tiges sèches peuvent servir de combustible, ou de nourriture aux bêtes à laine et aux chèvres.

Les oiseaux, surtout les perroquets, aiment beaucoup la graine de carthame.

Le carthame n'est point déplacé dans les jardins. Il fleurit en août ou en septembre.

CARTON. (*Ind. dom.*) — *Recette pour faire du carton.* On prend une partie de pâte de vieux papier, demi-partie de colle, une de craie, une d'huile de lin, deux de terre, dite terre bolaire; on étend ce mélange sur une planche, dont les rebords ont l'épaisseur de la couche, et qu'on a couvert de papier; on couvre d'un autre papier et d'une planche, et on presse légèrement.

Proportions pour un autre carton plus dur et très blanc. Une partie et demie de pâte de papier, une de colle, et deux de terre bolaire.

Proportions pour un carton élastique. Une partie de pâte de papier, une de colle, trois de terre bolaire, une d'huile de lin.

Autre. Une partie de pâte de papier, demie de colle,

trois de terre bolaire blanche, une de craie, une et demie d'huile de lin.

Carton très dur. Une partie et demie de papier, deux de colle, autant de craie et de terre bolaire blanche.

Carton-ardoise. Mêler jusqu'à consistance dans un mortier, terre bolaire et carbonate de chaux en poudre, pâte de papier, ou de rognures de livres bouillies, dont on exprime l'eau avec une presse; ajouter de l'huile de lin et colle forte. Après la fabrication on peindra à l'huile de lin siccative, et au blanc de céruse. On peut couvrir des toits avec ce carton; on le place en plaque avec des clous, et on unit avec un ciment d'huile, de blanc de céruse, et de craie. On peint le tout à l'huile.

M. Mézières a inventé, en 1817, un carton-pierre beaucoup plus solide que le plâtre et le bois. Il se moule parfaitement, et peut servir à la décoration des bâtimens.

M. Walet et Hubert en ont découvert en 1825 une autre espèce, qui a les mêmes propriétés. On s'en sert avantageusement pour remplacer le plâtre dans le moulage des statues.

CARVI. (*Jard.*) *Carum carvi.* Famille des ombellifères. On cultive peu le carvi. La racine de carvi a été rendue mangeable par la culture. On extrait des semences une huile volatile qu'on pourrait employer en médecine comme excitante. On se sert, comme telle, de l'infusion de carvi à la dose de deux gros.

CASCARILLE. (*Var.*) On appelle ainsi l'écorce d'une plante de l'Amérique méridionale, de la famille des euphorbiacées (*crotus cascarilla*). On lui attribuait autrefois beaucoup de propriétés médicales. On l'emploie maintenant pour aromatiser le tabac.

CASIMIR. (*Ind. dom.*) C'est une étoffe de laine croisée et solide. On en fait des gilets et des pantalons. C'est un vêtement d'hiver et d'été. On distingue le casimir uni, et le casimir à côtes. L'un et l'autre peuvent se laver. Le casimir à côtes se porte spécialement l'hiver.

CASSE DU MARYLAND. (*Jard.*) *Cassia marylandica.* Famille des légumineuses. C'est une plante vivace. Elle fleurit en août et octobre. Les fleurs sont jaunes à anthères noires. Elle veut une bonne terre légère et une exposition méridionale. On sépare les pieds quand elle a cessé de fleurir.

CASSE. (*Méd. dom.*) *Cassia fistula.* Famille des légumineuses. C'est la pulpe d'un arbre appelé canéficier. On l'emploie maintenant comme laxatif très doux. Ses propriétés purgatives ne paraissent avoir d'effet que sur des individus de faible constitution. On s'en sert dans le traitement empirique de la colique des peintres; mais on la remplace aujourd'hui par des médicamens indigènes, et l'usage en est presque abandonné.

Préparation laxative de casse. Faire cuire au bain-marie, jusqu'à réduction d'un tiers, partie égale de pulpe de casse et de sirop de violettes. La dose est d'une demi-once à deux onces.

La casse d'Alexandrie, en Égypte, est meilleure que celle d'Amérique.

CASSÉ. Cuisson au cassé. (Voy. SUCRE.)

CASSEROLE. (*Cuis.*) Les casseroles sont de fer-blanc et de cuivre étamé. Les premières ne peuvent guère servir qu'à faire des panades. Les secondes sont nécessaires

17

pour toutes sortes de ragoût. Elles ne sauraient être trop bien étamées. Leur couvercle doit les fermer hermétiquement. (Voy. CUIVRE.)

On fait aussi maintenant des casseroles en fer battu et en fonte épurée : l'une et l'autre sont d'un très bon usage.

Pour bien étamer une casserole, mêler deux livres et demie d'étain, quatre onces de zinc, autant de cuivre jaune en baguettes, autant de bismuth et de salpêtre, chauffer les objets qu'on veut étamer, les saupoudrer de sel ammoniac, passer dans l'étamage, essuyer avec du coton ou des étoupes, et tremper l'objet dans l'eau. (Voy. ÉTAMAGE.)

CASSEROLE AU RIZ. (Cuis.) Prendre une quantité de riz proportionnée à la grandeur du plat qu'on veut servir, l'éplucher, le laver, le faire blanchir, le mouiller avec du bouillon bien gras, le saler, dresser de la mie de pain autour du riz sur le plat, faire un couvercle qu'on puisse enlever facilement, et faire prendre couleur dans un four très chaud.

Avant de mettre le riz dans cette sorte de pâté, le mouiller d'un verre d'eau, le faire bouillir à grand feu, le dégraisser, le manier jusqu'à ce qu'il soit froid. Servir avec un ragoût quelconque ; décorer le bord de la casserole d'œufs mollets avec des truffes et des filets de volaille.

CASSIS. (Jard.) Groseiller noir. Ribes nigrum. Il se cultive comme le groseiller blanc et rouge, et il est comme lui de la famille des cactiers. (Voy. GROSEILLER.)

Les baies de cassis sont stomachiques.

CASSIS. (Off.) Liqueur de cassis. Égrener du cassis, en prendre six livres, faire infuser dans six litres d'esprit-de-vin avec un gros de macis, autant de cannelle et d'anis étoilé, et une demi-once de cachou en poudre.

Au bout de six semaines, tirer l'alcool au clair, et exprimer le jus des grains. Si on a six litres de jus, ajouter neuf bouteilles de vin blanc et trois livres de sucre, laisser dans le tonneau plusieurs mois, ou même un an, coller, soutirer, filtrer, et mettre en bouteilles.

Ratafia de cassis. Écraser une demi-livre de merises, une livre de cassis, ajouter un quarteron de feuilles de cassis hachées, et un demi-gros de cannelle en poudre. Mettre infuser le tout dans trois pintes d'eau-de-vie pendant trois semaines, avec une chopine d'eau dans laquelle on fait fondre deux livres de sucre. Laisser reposer, passer à la chausse, mettre en bouteilles, et bien boucher.

La confiture de cassis se fait de même que celle de groseille, en y ajoutant de la cannelle. (Voy. ce mot.)

CASSONADE. (Off.) Quand on fait le sucre, et que le sirop a atteint le degré de cuisson nécessaire, on le verse dans des moules. Le sucre brut est pilé et divisé suivant ses degrés de blancheur : c'est ce qu'on nomme la cassonade. Elle diffère du sucre en ce qu'elle n'a pas été soumise à l'opération du raffinage. Son nom vient de ce que les Portugais, qui les premiers l'ont introduite en Europe, la mettaient dans des caisses appelées casses.

CASTOR. (Var.) Le poil du castor est principalement employé dans la fabrication des chapeaux. (Voy. ce mot.) On estime beaucoup ses fourrures. La peau préparée est un bon cuir dont on fait des couvertures de coffres, des tamis, des chaussures.

CASTOREUM. (Var.) Le castoreum a de l'analogie avec la civette et le musc : son odeur est très forte et volatile ; il se trouve dans deux poches situées sous les aines

du castor mâle ; on l'emploie en médecine et dans les parfums. Chaque castor en produit quatre onces. Celui qui vient de Sibérie et que les Russes mettent dans le commerce est le plus estimé.

CATALPA. (Voy. BIGNONE.)

CATAPLASME. (Méd. dom.) Le mot grec cataplasma signifie application. Le cataplasme est ordinairement composé d'une bouillie épaisse de farine de lin, de fèves, de seigle, de froment, de pommes de terre. On en fait aussi de riz, de mie de pain cuite dans l'eau, ou le lait, ou l'huile, et de pulpe de racines ; ils produisent des effets analogues à ceux d'un bain local, avec cet avantage qu'ils peuvent s'appliquer plus aisément et d'une manière non interrompue. Si on ajoute à un cataplasme quelques substances aromatiques, il faut ne les mêler qu'au moment de l'appliquer, parce que la chaleur en anéantirait les effets. Si on veut joindre au cataplasme de l'extrait de saturne ou du laudanum, on arrose seulement la surface du cataplasme, parce que l'incorporation en deviendrait trop coûteuse.

Les cataplasmes irritans de farine de moutarde ne doivent pas être soumis à la coction, qui ferait évaporer leurs parties volatiles. On doit seulement délayer la farine avec le vinaigre bouillant.

On doit préférer pour cataplasmes les substances mucilagineuses, et employer peu celles qui sont susceptibles de s'aigrir, comme le lait, les graisses, la mie de pain.

On ne doit préparer les cataplasmes, ni trop clairs, ce qui salirait sans nécessité les parties voisines et les vêtemens du malade ; ni trop épais, ce qui les rend peu actifs et gênans par leur poids.

Il faut donc qu'ils ne soient ni trop solides ni trop liquides. La chaleur doit pouvoir être supportée par le dos de la main. Avant de l'appliquer, on rase la partie, s'il y a lieu. On change le cataplasme quatre fois par jour, ou plus, suivant les cas.

Les cataplasmes adoucissans sont les plus usités. Parmi eux, sont les feuilles de mauve, la mie de pain, les ognons de lys bouillis et réduits en pâte.

Les cataplasmes résolutifs font disparaître l'inflammation d'une partie blessée sans exciter la suppuration. Ainsi agissent les farines de lin et de fève, bouillies dans une décoction de fleur de sureau avec quelques gouttes d'acétate de plomb et un peu d'oseille ; ainsi agit la fleur de camomille sèche pilée avec un peu de camphre et mise à sec en sachet.

On a proposé et essayé avec succès le remplacement des cataplasmes par des éponges coupées en lames minces et imbibées de décoctions mucilagineuses un peu épaisses, ou par du molleton de laine placé entre un morceau de linge fin qu'on applique sur la peau et un morceau de taffetas gommé qui empêche l'évaporation ; on imbibe cette laine avec des mêmes liquides.

CATARRHE. (Méd. dom.) Les catarrhes sont en très grand nombre. On donne ce nom à toute inflammation aiguë ou chronique des membranes muqueuses, avec augmentation de la sécrétion ordinaire de ces membranes. C'est aux médecins seuls qu'appartient le traitement de ces diverses affections.

On désigne sous le nom de catarrhe suffoquant une

sorte d'asthme qui attaque principalement les enfans. Il faut, dès qu'ils en sont attaqués, les mettre dans un bain très chaud et leur faire boire une potion antispasmodique. Si l'enfant n'a qu'un an, il prendra une demi-once d'eau de tilleul, avec un gros de sirop de diacode. La dose sera d'un gros de plus pour un enfant de deux ans; à trois ans, il en peut supporter une demi-once. Si la maladie persiste, on fait prendre un bain de pied à la farine de moutarde.

CAVE. (*Ind. dom.*) Dans la construction d'une cave, on doit chercher à obtenir d'abord une température égale. On sait qu'à une certaine profondeur les variations dans le chaud et le froid, lesquelles viennent de l'air extérieur ou de la masse terrestre, ne se font nullement sentir. On doit creuser suffisamment la cave, et pour éviter l'effet des changemens subits de l'atmosphère, en tourner les ouvertures au nord. Les rayons du soleil, en s'introduisant par les soupiraux, varient la température de la cave. La cave ne doit être ni trop sèche ni trop humide. L'humidité moisit les tonneaux, les bouchons, les légumes qu'on conserve par couches à la cave. La sécheresse dessèche le vin dans les futailles, le fait transsuder. Son seul avantage est de conserver les cercles; mais dans une cave sèche, il se perd jusqu'à deux bouteilles et plus de vin par pièce en un mois.

On diminue ce défaut en supprimant ou rétrécissant une partie des soupiraux, et en les garantissant des rayons du soleil par un mur en talus ou une planche couverte de terre; quand il fait très chaud ou très froid, il peut même être utile de les fermer tout-à-fait.

On diminue les effets de l'humidité en empêchant le contact du tonneau avec la terre. Pour cela, on fait défoncer la cave d'un pied; on remplit ce défoncement avec de la terre glaise bien battue et bien liée, et on recouvre cette couche d'un peu de terre bien sèche et d'un lait de chaux très épais. On peut aussi placer les tonneaux sur des chantiers élevés, et pour empêcher le bois des chantiers de s'échauffer, mettre entre eux et les tonneaux des pierres ou des briques. Il est toujours bon d'avoir des chantiers pour tirer le vin plus aisément. On agrandit les anciens soupiraux, et on en ouvre d'autres.

Quand les murs de la cave ressuent, on établit un courant d'air, en perçant de quelques trous ronds de deux pouces de diamètre le haut de la porte d'entrée. On enduit le mur d'un lait de chaux bien épais.

Le sol des caves doit être bien uni et battu. On sable les places où l'on met les vins en bouteilles.

On met les tonneaux à l'entrée et les bouteilles au fond pour éviter de les briser en entrant et sortant. On fait, si l'emplacement est assez vaste, une petite séparation qu'on garnit de planches percées pour y ranger les bouteilles vides.

On range les bouteilles de la manière suivante, pourvu que les bouteilles soient toutes du même calibre. On pose le premier rang par terre sur trois lattes; puis on couche le second rang en sens inverse, en le séparant par une seule latte. On continue ainsi, et on peut empiler jusqu'à vingt rangs. Les bouteilles sont contenues de chaque côté par des planches qui font une case de la largeur d'une latte.

Quand on a plusieurs espèces de vins, on écrit leurs noms sur des étiquettes en bois, que l'on accroche au-dessus des cases.

La lumière de la cave doit être très modérée. La lumière trop vive est une cause de dessiccation; l'obscurité favorise la pourriture. On doit éloigner de la cave les bois verts, les vinaigres, et toutes les substances en fermentation.

La cave doit être assez profonde et assez retirée pour être à l'abri des secousses, du tremblement produit par le passage des voitures chargées, et par le tonnerre. Les mouvemens brusques mêlent la lie au vin et le font tourner.

C'est un grand tort, dans la construction des maisons, de mettre à la cave les fosses des latrines : le vin en contracte un mauvais goût, et ce voisinage produit l'acétification. Les vapeurs méphitiques des immondices, surtout pendant l'été, la fermentation des matières putrides agglomérées, détériorent en quelques mois les meilleurs vins, même quand ils sont en bouteilles.

On doit visiter les pièces souvent pour voir si elles ne fuient pas par quelques fentes. Tous les deux mois au moins, on remplit les pièces qui ne sont pas en perce avec du vin de même qualité, car elles perdent toujours plus d'un verre de vin par mois.

CAUCHEMAR. (*Méd. dom.*) Le cauchemar survient le plus souvent pendant le sommeil; quelquefois, mais rarement, il accompagne la veille.

Symptômes. On rêve qu'on ressent une difficulté de respirer, ou qu'on éprouve la faim et la soif. On entend des voix terribles; des spectres hideux vous passent devant les yeux, et des animaux bizarres s'élancent pour vous dévorer. On respire une odeur fétide; l'estomac, le larynx et le poumon sont affectés à la fois, et l'on fait de vains efforts pour pousser des cris.

Causes et traitement. Le cauchemar tient à une position dans le lit capable de gêner la circulation, à une souffrance des organes digestifs, à un exercice insolite du cerveau, excité par une forte contention d'esprit et par des affections morales, ou à une imagination vive et ardente. Il est lié quelquefois à des maladies du cœur et du poumon. Le traitement dépend des causes qui lui donnent naissance. S'il vient de l'estomac, il suffit de manger peu, et de s'abstenir d'alimens le soir. S'il tient à une prédisposition du cerveau, on emploie comme remède le repos intellectuel et les distractions.

CAUSTIQUE. (*Méd. dom.*) On appelle ainsi diverses substances qui servent à cautériser les plaies, comme l'alun, le muriate d'antimoine, etc. On emploie les caustiques à l'état pulvérulent, à l'état mou, à l'état liquide, et à l'état solide. A l'état pulvérulent, on se servait de l'alun calciné, des poudres d'iris, de sabine, qui ont été remplacées toutes par le nitrate d'argent (la pierre infernale). Le nitrate d'argent peut s'appliquer avec un peu de charpie sur une verrue préalablement coupée et amollie par un cataplasme : à l'état solide, on le place dans un porte-crayon, on humecte un peu la plaie, et on promène légèrement à la surface le nitrate d'argent.

Pour cautériser une plaie, une verrue, ou un cor, on se sert du nitrate d'argent, ou encore de quelques gouttes de muriate d'antimoine liquide qu'on fait couler dans la plaie en pratiquant de légères incisions, ou de beurre d'antimoine, ou simplement d'un fer rouge. L'alun sert à la cautérisation des boutons. •

CAUTÈRE. (*Méd. dom.*) Le cautère est une espèce d'ulcère que l'on produit artificiellement et que l'on empêche de se cicatriser en y plaçant un corps étranger.

On applique le cautère sur tous les points du corps, qui, pourvus d'une certaine quantité de tissu cellulaire, sont éloignés des saillies osseuses, du trajet des tendons et des muscles sur lesquels le corps étranger retenu par les bandages pourrait comprimer douloureusement le fond de l'ulcère.

Pour appliquer un cautère, on fait avec le bistouri une petite incision qu'on remplit de charpie, et qu'on entoure d'une bande; on laisse ainsi jusqu'à ce que la suppuration soit établie, c'est-à-dire pendant quatre à cinq jours.

On fait aussi des cautères en collant à la peau un emplâtre agglutinatif, au milieu duquel on place dans une ouverture un morceau de potasse caustique entouré d'un peu de charpie. Si les parois sur lesquelles on l'applique sont minces, le caustique produit son effet en quatre ou cinq heures; sinon, après douze heures.

Si on enlève l'appareil, il se produit une escare qui tombe au bout de douze jours par l'emploi d'onguent de la mère.

On empêche le cautère de se fermer en y mettant un globe de racine d'iris, un petit pois, ou une petite orange, qu'on maintient avec une feuille de lierre, une compresse et une bande. On renouvelle ce corps tous les jours. Quand la suppuration vient à cesser, on l'excite en couvrant le pois d'onguent de la mère, ou de pommade épispastique, ou de pommade au garou.

CÉANOTHE D'AMÉRIQUE. (*Jard.*) *Ceanotus Américanus.* Famille des nerpruns. Cet arbuste de Virginie a des fleurs en juin, en panicules légers et d'un bel effet. Il se multiplie de marcottes et semis en mars, dans une terre de bruyère fraîche et à demi-ombragée. On le met en place quand il a deux ou trois ans, et on le couvre de feuilles pendant les gelées. Il veut beaucoup d'humidité.

CÉDRAT. (*Off.*) Le cédrat est une espèce de citron, plus gros, plus odorant et plus aromatique que le citron commun.

Cédrats confits. Couper de beaux cédrats en quartiers, les faire cuire à grands bouillons dans une bassine avec de l'eau; quand la tête d'une épingle passe facilement à travers, les mettre dans l'eau fraîche, les faire confire comme les oranges, en les glaçant ou en les mettant au candi. (Voy. ORANGE.)

Conserve de cédrats. Râper les cédrats en les frottant contre un pain de sucre, faire fondre du sucre au petit cassé, y jeter les râpures, et mettre la conserve dans des pots. Il faut une livre de sucre pour trois cédrats.

Liqueur de cédrat. Distiller avec de l'eau-de-vie, du jus de zeste de citron. (Voy. CITRON.)

CÈDRE DU LIBAN. (*Jard.*) *Larix cedrus.* Famille des conifères. C'est un très bel arbre, d'un aspect imposant, lorsqu'il est seul surtout. On le sème en pots au mois de mars dans une terre de bruyère. On ne laisse qu'un pied dans le pot, et l'hiver on le couvre de feuilles, jusqu'à ce que le pied ait atteint la hauteur de dix-huit

pouces; on change de pot chaque printemps au mois de mai, en remplaçant le vieux pot par un plus grand.

On le met alors en place, dans une terre franche et légère, à l'ombre, dans une exposition aérée. On garnit de terre de bruyère le tour des racines; pendant deux ans, on couvre le pied de litière.

Le cèdre du Liban est originaire du Levant. Avec les soins indiqués, il acquiert bientôt une grande hauteur. Il vit près de deux siècles, et résiste très long-temps à la pourriture; il donne une résine nommée *cedra* ou manne mastichine. On tire de son bois une huile dite *oxicède*, qu'on emploie dans les maladies de peau. Le cèdre a tous les caractères botaniques du pin et du mélèze. Il ressemble au premier par son bois, et au second par ses feuilles.

CEINTURE. (*Ind. dom.*) Les ceintures à boucles sont les plus usitées. Leur longueur dépend de la grosseur de la taille; il faut ordinairement, pour les faire, une demi-aune et un huitième de ruban; elles n'ont pas besoin de doublure. Cependant, comme les ardillons de la boucle ne manqueraient pas, au bout d'un certain temps, de déchirer le ruban, on peut, à l'endroit où ils pénètrent, placer en dessous un morceau de taffetas d'une couleur analogue à celle de la ceinture; pour que les points ne se voient pas, on fait de chaque côté un pli rentré, et on coud cette doublure à petits points devant sur la lisière du ruban. Comme en serrant, la boucle s'étend, on met le morceau de doublure un peu en arrière du point de jonction qu'on a mesuré.

CÉLASTRE GRIMPANT. (*Jard.*) *Celastrus scandens.* Famille des nerpruns. C'est un arbrisseau originaire du Canada. Sa tige est sarmenteuse, et serpente facilement et avec grâce aux pieds des vieilles souches. Il croît de semis et de marcottes dans une terre fraîche et meuble. Ses fleurs viennent en mai; elles forment des grappes blanches; des fruits rouges leur succèdent.

Le *célastre de Virginie* (*celastrus bullatus*), exige la même culture. Il a des fruits d'un beau rouge.

CÉLERI. (*Jard.*) *Apicus graveolens.* Famille des ombellifères. Le céleri est bisannuel. Ses côtes sont remarquablement grosses. On en cultive plusieurs espèces dont les meilleures sont le grand céleri long, et le céleri plein. On compte encore le turc, le nain frisé, et le céleri à grosses racines qui ne se butte jamais. Les semences les plus nouvelles sont les meilleures. Il vient dans un bon terrain. On le sème depuis janvier jusqu'en juin, ordinairement au 15 avril, et on l'arrose. Le terrain doit être bien bêché et fumé. On fait un ou deux rayons peu profonds, et on sème clair. Le plant paraît, quinze ou dix jours après. Il lui faut beaucoup de chaleur, d'eau et de fumier. On doit donc arroser le jeune plant tous les deux jours. On l'éclaircit quand il a un pouce de haut. Quand il a six à sept pouces, on le repique sur deux rangs espacés d'un pied; chaque plante doit être séparée d'un pied de la plante voisine, et placée dans de petites fosses de six pouces de profondeur. On sarcle toutes les fois qu'il est nécessaire.

On a soin de ménager un intervalle de quatre pieds pour pouvoir servir au buttage du plant de céleri.

On repique les pieds les plus forts, on ôte avec l'ongle les rejets ou œilletons dont la tige est garnie quelquefois, et avec la serpette on rogne le bout des feuilles.

On arrose régulièrement tous les deux jours jusqu'au 1er septembre.

Quand le céleri a un pied de haut, on le butte en emplissant les petites fosses au niveau du sol. Dix jours après, on le lie et on le butte encore. Dix autres jours plus tard, on fait un troisième buttage. S'il gèle à plus de cinq degrés, on couvre les buttes avec de la paille longue.

On réserve pour graine quatre ou cinq pieds. On les débutte en mars; on les recouvre de paille pendant quelques jours pour prévenir le hâle; on les nettoie ensuite et on bêche autour légèrement. A la fin d'août, la graine est mûre; elle se conserve quatre ans.

Le céleri-rave ne se butte pas. On le couvre de litière sèche dans les grands froids. Ce céleri est le seul dont la racine se mange.

Le céleri sauvage a une saveur amère et désagréable.

Le céleri n'est bien tendre qu'après les premières gelées. Passé le mois de janvier, il est rarement encore bon. Transplanté en août, il donne en automne et en hiver.

CÉLERI. (*Cuis.*) *Céleri à l'espagnole.* Oter les premières côtes dures, parer la tête, couper les pieds de même longueur, les faire blanchir à grande eau, avec du sel, pendant vingt minutes, les rafraîchir, les mettre égoutter, les faire bouillir une demi-heure avec gros comme un œuf de beurre, du poivre, cinq cuillerées d'espagnole et six de consommé; servir avec cette sauce, ou avec un roux léger mouillé de bouillon.

Céleri frit. Le faire blanchir comme ci-dessus, verser dessus un roux blanc mouillé avec du bouillon, le faire cuire; quand il cède au doigt, le mettre dans la friture chaude, le poudrer de sucre, et le glacer avec une pelle rouge.

Céleri au velouté. Couper du céleri en petits morceaux, le faire blanchir, le passer quand il est cuit. Le mettre dans une casserole avec un peu de sel, du poivre, de la muscade, trois cuillerées de velouté; faire réduire, mettre à l'entour des croûtons. On peut remplacer le velouté par de la farine, et mouiller avec du bouillon.

Céleri à la sauce blanche. Ne laisser que les cœurs de quelques pieds de céleri; enlever toutes les grosses feuilles, toutes les parties dures et filandreuses, laver bien ce qui reste, fendre en morceaux, faire cuire vingt minutes avec du sel, du vinaigre, un peu de beurre; puis faire bouillir dix minutes dans une sauce blanche, lier avec un jaune d'œuf, et servir.

Céleri au jus. Faire bouillir un quart d'heure après la cuisson dans un verre de jus, avec une cuillerée de coulis. Si le jus n'est pas assez nourri, ajouter du lard gras et un ognon piqué d'un clou de girofle; mettre un peu de sucre, lier la sauce avec de la fécule de pommes de terre.

CELSIE LANCÉOLÉE. (*Jard.*) *Celsia lanceolata.* Famille des solanées. C'est une plante vivace originaire d'Egypte. Ses fleurs viennent en mai; elles sont d'une belle couleur carmin, à onglets bruns. On sème la celsie en mars, dans des pots qu'on enterre au midi. La terre de bruyère est celle qui lui convient le mieux. On sépare les pieds en octobre, on change la terre et on la rentre. On peut enterrer, lors du semis, les pots dans une couche sourde.

CENDRE. (*Ind. dom.*) On doit recueillir avec soin les cendres, soit pour la lessive, soit pour les engrais. Les meilleures sont celles du bois des arbres fruitiers, et celles d'orme et de chêne; puis, celles de tremble et de charme. Les tiges de vigne et de groseillers donnent des cendres très actives qui pourraient altérer le linge, si on n'en tempérait la causticité par des cendres de bois blanc. Les tiges d'oseille, de fèves, de haricots, les coquilles d'œufs, le gazon séché, le marc de vendange, donnent de très bonnes cendres. C'est à tort qu'on prétend que les cendres de châtaignier tachent le linge; mais les pelures de châtaignes bouillies ont cet inconvénient. Les plantes herbacées donnent plus de cendres que les plantes ligneuses; elles sont abondantes en potasse. Il faut les sarcler dans les champs avant qu'elles mûrissent leurs graines, et brûler celles que les bestiaux refusent de manger, vers la fin de l'été.

Les cendres de lessive ne doivent contenir ni trop d'alcali, ce qui brûlerait le linge, ni pas assez, ce qui laisserait le linge presque aussi sale qu'auparavant. Le sel qui se dépose dans la lessive réduite s'appelle salin; blanchi par la calcination, il prend le nom de potasse. Le sel des cendres de plantes marines s'appelle soude. Les cendres de bonne qualité doivent produire dix livres de potasse par cent livres.

Les cendres de bois résineux donnent très peu de salin.

Les cendres de bois pourri en fournissent en abondance.

Les cendres des bois flottés contiennent d'autant moins de potasse qu'ils sont restés plus long-temps sous l'eau.

On doit distinguer, parmi les cendres, les cendres lessivées et les cendres alcalines. On emploie les deux espèces comme engrais, la première de préférence dans les terrains froids et compactes, la seconde dans les lieux bas, humides et encombrés de plantes marécageuses. Plus les plantes sont jeunes, plus l'engrais est fécond; la qualité des cendres s'accroît par le mélange avec l'huile ou les débris animaux.

Les cendres de lessive se mêlent aux composts. (Voy. ce mot.)

Les cendres vives se répandent en septembre sur les prés nouvellement fauchés; elles détruisent les joncs, et raniment la verdure.

Les cendres de houille et de charbon de terre ne peuvent servir que comme engrais.

Les cendres de la tourbe peuvent être répandues sur les jachères : elles donnent dix livres de salin par quintal de tourbe, ou deux onces de potasse.

Les cendres des bruyères et des fougères sont bonnes pour les terres profondes et grasses. (Voy. TOURBE, BRUYÈRE.)

On améliore les cendres destinées aux lessives, en les mouillant et en les plaçant sur un bâtis au-dessus du foyer; le feu les échauffe et leur donne de la force.

CENTAURÉE. (*Méd. dom.*) Famille des cynarocéphales. Les centaurées forment un genre très étendu. Les bluets en font partie. (Voy. BLUET, CHARDON.)

Les plus connues sont la grande et la petite centaurée.

Grande centaurée. (*Centaurea officinalis.*) Cette plante croît sans culture dans les bois. On l'emploie peu en médecine, bien qu'on l'appelle centaurée officinale. Elle est réputée vulnéraire, stomachique et apéritive; mais son efficacité n'est pas bien constatée.

Centaurée (petite). (*Jard.*) Famille des gentianes. Les tiges sont droites, les feuilles en forme de fer de lance; les fleurs d'un rose foncé viennent de juin en août; elle se multiplie de graines au printemps dans une terre légère un peu sèche. Les sommités fleuries s'emploient comme stomachiques toniques : elles ont les effets des amers.

CENTIARE. (*Comm. us.*) C'est la centième partie de l'are. (Voy. ARE.)

CENTIMÈTRE. (*Comm. us.*) C'est la centième partie du mètre. Il équivaut à un peu plus du tiers d'un pouce.

CEP. (Voy. VIGNE.)

CÉPHALANTE OCCIDENTAL. (*Jard.*) *Cephalantus occidentalis.* Famille des rubiacées. Cet arbuste est originaire de l'Amérique septentrionale. Il veut une exposition ombragée; il se multiplie de rejets et de marcottes qui sont deux ans à s'enraciner. Il donne en août des bouquets arrondis de fleurs blanches. Il demande une terre de bruyère humide et mêlée de marc d'étang.

CÉRAT. (*Méd. dom.*) Les cérats sont des médicamens externes qui servent à divers usages.

Cérat simple pour empêcher l'appareil d'adhérer aux bords de la plaie. Faire fondre au bain-marie trois parties d'huile d'amandes douces, ou de bonne huile d'olive; laisser refroidir, et quand le mélange sera presque froid, le battre dans un mortier, pour qu'il n'y ait plus de grumeaux; ajouter pendant cette opération une eau distillée propre à aromatiser le mélange; c'est ordinairement l'eau distillée de rose. Ce cérat se rancit vite. On le fait aussi sans eau.

Cérat de saturne. Ajouter, pour composer ce cérat, cinq à six gouttes d'extrait de saturne liquide par once de cérat simple.

Ces deux cérats sont employés pour faire les pansemens; mais ils le sont, surtout le premier, plutôt pour empêcher les pièces de l'appareil de coller aux bords de la plaie que comme moyen curatif.

Le second jouit de quelques propriétés dessiccatives, à cause de l'extrait de saturne qu'il contient; on l'applique sur les brûlures légères.

Cérat soufré. Mêler exactement dans un mortier un demi-gros de fleur de soufre ou soufre sublimé par once de cérat simple. Ce cérat est employé pour frictionner les boutons de gale, panser les plaies ou ulcères qui accompagnent quelquefois cette maladie, et pour tous les boutons en général.

Cérat opiacé. Ajouter dix-huit à vingt grains d'opium brut par once de cérat simple. Pour bien effectuer le mélange, il convient de délayer d'abord l'opium dans un jaune d'œuf bien frais, et de l'ajouter ensuite peu à peu au cérat.

Ce cérat est employé pour panser les ulcères douloureux, et frotter les gerçures de la peau.

Cérat qui s'emploie en frictions dans le croup. Mêler à une once de cérat ordinaire un gros de carbonate d'ammoniaque.

Cérat dit pommade de Goulard. Mêler quatre onces de cire jaune, neuf onces d'huile rosat, deux onces de sous-acétate de plomb liquide; un demi-gros de camphre pulvérisé.

Cérat rosat pour les lèvres. Mêler une once de cire blanche, deux onces d'huile d'amandes douces, un gros d'écorce de racine d'orcanette; chauffer au bain-marie, passer, et ajouter six gouttes d'huile volatile de rose.

Cérat cosmétique. Faire fondre au bain-marie un gros de cire blanche et un gros de blanc de baleine, dans seize gros d'huile d'amandes douces; mêler dans un mortier de marbre, en agitant vivement, douze gros d'eau de roses distillée, et un gros de teinture alcoolique de baume de la Mecque.

Cérat dessiccatif de céruse, ou onguent blanc de rhasis. Mêler cinq gros de cérat simple sans eau, et un gros de céruse pure. Ce cérat dessèche très vite; mais il rancit et durcit très promptement, à cause de la combinaison qui s'opère entre l'huile et l'oxide de plomb. On le prépare à mesure qu'on en a besoin.

CERCEAUX. (*Ind. dom.*) Le bois de chêne, le bois de bouleau, celui de châtaignier, font de bons cercles. Il en est de même du bois d'acacia robinier. On fait aussi des cercles en fer.

On doit examiner de temps en temps les cercles, et voir si l'air de la cave et le temps ne leur ont fait subir aucune détérioration. Quelquefois, à l'époque des équinoxes, ils se trouvent tous pourris en dessous, bien que neufs en apparence, et se rompent tout d'un coup tous ensemble. Avant de les mettre à la cave, on fait bien de les barbouiller de chaux et de sable.

CÉRÉALES. (*Agr.*) On appelle ainsi les substances alimentaires dont on tire de la farine, savoir :

Le froment, le seigle, l'orge, le riz, le maïs, le millet et l'avoine. (Voy. ces mots.)

Ces substances sont très nourrissantes; elles épuisent la terre quand leurs graines viennent en maturité; en botanique, elles sont désignées par le nom de graminées.

CERF. (*Chass.*) *Cervus.* Genre des ruminans. Les formes élégantes du cerf, sa taille légère, ses membres fort flexibles et nerveux, sa tête armée de bois, sa course rapide en font le plus bel animal de nos parcs. (Voy. BICHE.)

Le jeune cerf se nomme faon jusqu'à l'âge de six mois. Le cerf n'a des cornes qu'à un an. Au commencement de la seconde année, deux dagues paraissent, et le jeune faon prend le nom de daguet. Chaque année lui poussent deux petits andouillers, jusqu'à sept ans. A la sixième année, on l'appelle cerf de dix cors jeunement; à la septième cerf de dix cors.

Le cerf vit très long-temps; on prétend qu'il vit jusqu'à deux siècles. Il est d'un naturel doux et pacifique, excepté dans le temps du rut où il devient furieux et attaque les hommes. On dit alors, quand il crie, qu'il raie. La chasse en devient très dangereuse. Le rut commence dans les premiers jours de septembre et dure environ cinq semaines.

Le fort du rut est depuis quatre heures du soir jusqu'à neuf heures du matin.

On chasse le cerf avec des chiens dressés exprès, habitués aux sons du cor, accouplés par meute, et placés en relais, de distance en distance. Cette chasse coûteuse ne peut guère être pratiquée que par les princes et les propriétaires terriers très riches.

Les mois de juillet et d'août sont favorables à la chasse au cerf, parce qu'alors il court moins vite et moins longtemps.

Pour que le cerf soit mangeable, il faut qu'il soit gras, tendre, très jeune : sa chair est alors fort nourrissante. « Le faon est bien bon, pourvu qu'il soit tué grandelet, » dit un vieil auteur.

Mais à mesure que l'animal vieillit, à partir de sa troisième année, sa chair devient dure, compacte, difficile à digérer, pesante sur l'estomac.

Quand le cerf est en rut, de septembre en octobre, il a une odeur presque aussi forte que celle du bouc, et on ne doit pas alors se servir de sa chair.

En soumettant un jeune cerf à la castration, on en pourrait faire un animal domestique dont la chair serait très bonne à manger, tendre et salutaire.

On prépare le cerf comme le chevreuil. (Voy. ce mot.)

Les cornes du cerf sont de même nature que les os. Les râclures que les tabletiers en séparent servaient autrefois à préparer une gélatine dont les médecins faisaient un fréquent usage. On retirait aussi des cornes de cerf l'huile de dippel et le carbonate d'ammoniaque, qu'on obtient aujourd'hui des os et autres matières animales.

Les cornes de cerf servent aux couteliers pour faire des manches de couteaux. Ils préfèrent celles qu'on arrache de dessus sa tête, à celles qui tombent naturellement.

La peau du cerf sert à faire des ceinturons et des gants.

CERFEUIL. (Jard.) Scandix chærefolium. Famille des ombellifères. C'est une plante annuelle. On la sème tous les quinze jours depuis le 1er mars jusqu'au 1er octobre. Le cerfeuil veut être à l'ombre l'été. Dans cette saison il est huit jours à lever. Le dernier semis passe l'hiver, et donne la meilleure graine. Elle mûrit en juillet ; on la recueille dans des draps, quand elle est bien noire. On la laisse sécher au soleil : on la vanne, on la froisse et on la serre. Elle peut se garder trois ans.

On sème le cerfeuil à la volée ou en rayons. Si l'on veut en avoir au printemps de bonne heure, on doit le mettre à l'abri, et l'exposer au midi. Dans les grandes chaleurs, on le sème à l'ombre d'un mur, et on l'arrose tous les jours. Faute d'eau, il devient jaune et coriace.

Il y a une espèce de cerfeuil vivace qu'on appelle cerfeuil musqué ou myrrhe, scandix odorata. C'est une plante originaire d'Espagne. Elle a les feuilles plus grandes que le cerfeuil ordinaire, et une odeur d'anis. La graine mûrit en été ; on la sème au printemps ; elle ne lève très souvent qu'au bout d'un mois et demi. Semé dans un terrain humide, ce cerfeuil perd son arome.

Le cerfeuil se mange dans les salades et dans la soupe, il a un excellent goût.

Le cerfeuil contient en abondance une huile volatile. Il a cessé d'être employé en médecine. Il a cependant quelques qualités diurétiques et apéritives.

CERISE. (Voy. CERISIER.)

CERISIER. (Jard.) Cerasus. Famille des rosacées. Le cerisier commun ou griottier (cerasus vulgaris fructu rotundo) a beaucoup de variétés :

Le guinier à gros fruit noir a un fruit gros et noir luisant, à queue longue ; il mûrit à la fin de juin ;

Le bigarreautier cœur de pigeon, mûrit en juin ;

Le cerisier royal hâtif a un fruit gros et sucré ; il mûrit au commencement de juin ;

Le cerisier de Hollande donne un très beau fruit ; il mûrit en juillet ;

Le cerisier royal tardif donne un gros fruit à queue longue, d'un goût excellent ; il mûrit à la mi-juillet ;

Le cerisier de Montmorency ou gros gobet, à courte queue, donne un fruit très gros, à queue très courte ; il mûrit en juillet. C'est la meilleure espèce de cerisier ;

Le cerisier-griottier à ratafia donne un gros fruit noir, très acide, qui mûrit en septembre ; il vient de drageons et rapporte peu ;

Le cerisier-griottier fruit blanc mûrit à la fin de juillet ; son fruit est sucré, et à la queue longue.

On plante des noyaux de cerisier au mois de février, après les avoir fait germer dans du sable l'hiver dans une bonne terre franche et humide. On ne fume pas le cerisier ; il se plaît sur le bord des ruisseaux. On le place en plein vent ; on le greffe au mois de septembre de la même année, s'il est assez fort, ou l'année suivante en fente sur un merisier sauvage à fruit noir. Si on le greffe sur un cerisier Sainte-Lucie, les fruits sont moins bons ; ils chargent trop, et les arbres produisent beaucoup de rejets. Pour toute culture, on bêche souvent au pied. En y mettant un peu de chaux, on hâte la maturité des fruits.

Le cerisier royal tardif charge trop, de sorte qu'il ne pousse pas assez de bois et que les fruits tombent avant la maturité. Pour remédier à cette disposition, on coupe tous les yeux à fruits des pousses de l'année et le gros bouton des branches.

CERISIER. (Jard. d'agrém.) Cerasus. Les cerisiers d'orangerie sont rustiques ; ils demandent une terre fraîche et franche : on ne les fume point.

Cerisier à feuilles de pêche. C. persicifolia. Cet arbre croît très vite. Le bois en est dur et coloré. Il donne des fleurs en avril. Il se multiplie de semences ou de greffes près de terre.

Cerisier à fleur double. Cerasus flore pleno. Famille des rosacées. Les fleurs viennent en avril. Elles sont grandes et doubles. On le greffe en fente sur le merisier. (Voy. MERISIER.)

Cerisier à feuilles de tabac. Cerasus nicotianæ folia. C'est un arbre de l'Ukraine, naturalisé. On le greffe sur le merisier. Il donne un mauvais fruit.

Cerisier odorant de Sainte-Lucie. Cerasus mahaleb. Cet arbrisseau se multiplie de semis. Son bois est odorant, de couleur violette, et sert à faire un tour divers petits meubles et ustensiles. Il se multiplie de semis ; ses fleurs viennent en avril. Elles ont un parfum agréable.

Cerisier nain ragouminier. Cerasus pumila. Arbuste originaire du Canada, qui donne des fleurs au mois d'avril, en très grande quantité, et parfume le jardin des suaves odeurs. On le sème, ou on le marcotte, ou on le greffe en fente sur un prunier à six pouces de terre.

Cerisier tardif. Cerasus serotina. Cet arbrisseau est originaire de l'Amérique septentrionale. Ses fleurs sont en grappes et ses fruits noirs.

Faux cerisier. Chamo-cerasus. Arbrisseau des Alpes.

Cerisier azarero ou de Portugal. Cerasus lusitanica. C'est un arbrisseau toujours vert; les feuilles en sont luisantes; les fleurs viennent en juin. Elles sont blanches et en longues grappes. On sème ce bel arbre aussitôt que les fruits sont mûrs. Pendant trois ans, on entoure de mousse le plant pour le conserver. On l'expose au midi en l'abritant et l'ombrageant un peu. Les marcottes sont trois ans à s'enraciner. Elles demandent une terre de bruyère légère et fraîche.

Cerisier de Caroline. Cerasus Caroliniana. C'est un arbrisseau toujours vert. Il se cultive comme le précédent.

Le bois des cerisiers s'emploie en meubles, en cerceaux, en échalas. Il est ordinairement d'une couleur jaunâtre.

CERISE. (*Off.*) Le fruit du cerisier est acide, rafraîchissant. Il séjourne peu dans les intestins et désaltère plus qu'il ne nourrit.

Manière de conserver les cerises fraîches pendant plusieurs années. Empiler des cerises après en avoir ôté la queue et les placer dans un bocal de verre; faire jeter quelques bouillons à l'eau d'un bain-marie dans lequel on place le bocal, et après l'ébullition, retirer le bocal, le boucher, et le poser sur une planche, à la cave, le goulot en bas.

Modification du même procédé. Ôter les queues; mettre les cerises dans des bouteilles, avec trois onces de sucre par bouteille, boucher, placer les bouteilles dans une chaudière avec du foin et de l'eau, retirer après deux bouillons, goudronner et conserver dans un endroit frais et sec.

Confitures de cerises. Prendre six livres de cerises bien mûres, en exprimer le jus, y ajouter quelques cerises *griottes* pour donner de la couleur, mettre égale quantité de sucre en poudre. Ôter les noyaux de six livres de cerises que l'on jette dans le jus; quand il approche de la cuisson, faire bouillir un quart d'heure.

Gelée de cerises. Extraire le suc d'une quantité quelconque de cerises, mêler un quart de groseilles, mettre quantité égale de sucre, le faire cuire au petit cassé, et quand il est cuit, y verser le jus en remuant avec l'écumoire. La gelée est cuite lorsqu'elle adhère à l'écumoire.

Marmelade de cerises. Prendre six livres de cerises, ôter les queues et les noyaux, mettre dans une bassine sur un feu doux jusqu'à réduction de moitié, faire cuire trois livres de sucre au petit cassé, y verser les cerises, et remuer jusqu'à parfait mélange. La marmelade est suffisamment cuite, lorsqu'à travers on voit le fond de la bassine.

Compote de cerises. Couper à moitié les queues des cerises, les laver à mesure, faire cuire le sucre à la nappe, et lorsqu'il bout y verser les cerises, faire jeter quelques bouillons, enlever l'écume, et mettre dans la composition.

Cerises à mi-sucre. Prendre trois livres de cerises, en ôter les queues et les noyaux, faire cuire deux livres de sucre au petit perlé, y jeter les cerises et leur donner quelques bouillons, les retirer, les égoutter et les mettre dans un vase de terre vernissé; faire cuire de nou-

veau le sucre *à la nappe,* et leur faire jeter dedans quelques bouillons, les placer de nouveau dans le vase; les égoutter le lendemain, après qu'ils ont passé la nuit à l'étuve, les poudrer de sucre et les faire sécher. On ajoute à la seconde cuisson un peu de sucre pour que les cerises s'en imprègnent.

Cerises en boîtes. Prendre six livres de cerises et trois livres de sucre en poudre; ôter les queues et les noyaux, les mettre dans un vase de terre par lits entremêlés de couches de sucre, les laisser ainsi pendant quarante-huit heures pour les soumettre à une fermentation légère; verser ensuite dans une bassine, donner trois ou quatre bouillons, laisser refroidir, égoutter sur des claies, et mettre dans des boîtes. On peut les mettre en bouquets attachés avec des fils, ou en broche en conservant les queues de quelques unes et les garnissant de cerises sans queue. Les confiseurs appellent ces sortes de cordons des *cerises bottées.*

Tourte de cerises. Ôter les queues et les noyaux, faire jeter aux cerises quelques bouillons, les placer dans une abaisse de feuilletage avec un rebord de cette pâte, faire cuire et saupoudrer de sucre.

Cerises à l'eau-de-vie. Procédé de M. Cadet de Vaux. « Pour faire des cerises à l'eau-de-vie, dit M. Cadet de Vaux, on se borne communément à laisser infuser au soleil la cerise dans l'eau-de-vie à laquelle on ajoute du sucre et quelques aromates.

» Or, tout fruit, cerise, prune, pêche, abricot, mis ainsi dans l'eau-de-vie, sans être au préalable confit et pénétré de sucre, lui abandonne son eau pour s'emparer de son esprit. Ce fruit alors n'est plus qu'une espèce d'éponge rendue coriace par la partie spiritueuse dont il est pénétré, tandis que la liqueur qui noie le fruit n'a plus que la force du vin, et fait une liqueur plate; aussi les femmes font-elles peu fête aux cerises à l'eau-de-vie : la recette que voici conviendra davantage à la délicatesse de leur palais.

» Prenez des cerises précoces à leur point de maturité, ôtez-en la queue, écrasez-les à la main, concassez-en le noyau, mettez-les dans une poêle à confiture avec du sucre, faites bouillir jusqu'à réduction d'un tiers; versez cette compote toute bouillante dans l'eau-de-vie, à laquelle vous ajouterez votre aromate, et laissez infuser au soleil. Lorsque la saison des framboises sera venue, vous en ajouterez, si vous le jugez à propos, à votre infusion.

» La cerise à confire, la *montmorency*, le *gobet-à-courte-queue* mûrit la dernière de toutes, et à un mois d'intervalle de la cerise précoce; alors vous passerez, exprimerez, et filtrerez l'infusion; ce sera déjà un excellent ratafia de cerises et de framboises; c'est dans ce ratafia que vous mettrez vos cerises.

» Votre fruit ne changera plus son eau contre de l'eau-de-vie pure, mais bien contre une liqueur ayant déjà la saveur, l'odeur de la cerise et de l'aromate que l'on y aura joint. La cerise conservera son volume et sa couleur; elle sera très agréable à manger et plus facile à digérer que ne l'est celle imbibée d'eau-de-vie. »

Cerise à l'eau-de-vie. Procédé ordinaire. Faire infuser pendant quinze jours, dans l'eau-de-vie en remuant de temps en temps quatre gros de coriandre et autant d'anis étoilé, deux gros de cannelle, un gros de clous de girofle, et un demi-gros de macis, pour six livres de cerises. Faire infuser séparément les cerises dans deux litres d'eau-de-vie, décanter, et mêler à l'eau-de-vie quatre livres de sirop de sucre cuit à la plume. On peut joindre aux cerises du jus de mûres.

Autre procédé de M. Cadet de Vaux. Recueillir le jus de six livres de guignes sur un tamis, y mêler deux litres d'eau-de-vie, un demi-gros de cannelle, huit clous de girofle, douze onces de sucre, mettre en bocal, couvrir d'un parchemin mouillé auquel on fait quelques trous, exposer au soleil et agiter de temps en temps pour dissoudre le sucre. Lors de la maturité des cerises tardives, couper les queues de six livres de fruit, remplir les bocaux aux deux tiers, verser dessus à travers un filtre la liqueur du premier bocal, couvrir comme ci-dessus, et laisser quinze jours au soleil.

Eau de cerises. Écraser et casser les cerises, les placer dans un cellier à 15° ou 20°, laisser fermenter douze à quinze jours, distiller, et si l'on veut obtenir une qualité meilleure, distiller de nouveau le produit de la distillation. (Voy. KIRSCH.)

Vin de cerises. Oter les queues, mettre le fruit dans un panier au-dessus d'un tonneau, pétrir dans le panier jusqu'à ce qu'il ne reste que les peaux et les noyaux, les joindre au reste, brasser, et laisser fermenter ; soutirer au bout de deux mois. On peut y ajouter des merises, des framboises, des groseilles, et de l'esprit-de-vin, pendant que la liqueur est en ébullition.

Sorbet de cerises. Piler dans un mortier trois livres de cerises et deux livres de merises, verser une chopine d'eau et une cuillerée d'acide citrique ; laisser infuser trois heures, y jeter les noyaux écrasés, ajouter vingt-deux onces de sucre, filtrer, mettre en bouteilles, boucher, faire chauffer les bouteilles dans un chaudron entre des lits de foin, cacheter, et conserver dans un endroit frais.

Autre manière de faire du vin de cerises. Prendre cinquante parties de cerises, les écraser, les mettre en tonneaux, laisser fermenter dix jours, après avoir ajouté dix parties de raisins secs. Ce vin revient à trois sous la bouteille.

Cerises en chemises. Prendre de belles cerises, leur couper la moitié de la queue, les tremper dans une neige faite de blancs d'œufs, les rouler dans du sucre en poudre, les ranger sur un papier, et les mettre quelque temps à l'étuve.

Cerises au caramel. Faire cuire du sucre au cassé, tremper les cerises dedans en les prenant par la queue. On peut faire de très bonnes cerises à l'eau-de-vie en mettant dans l'eau-de-vie les cerises préalablement passées au caramel.

Ratafia de cerises. Exprimer du jus de cerises avec moitié de jus de framboises, et un quart de guignes noires ; piler les pulpes et les noyaux dans un mortier, laisser cuver pendant cinq jours, et passer à travers un tamis. Ajouter quantité égale d'eau-de-vie, un quarteron de sucre et un quart de gros de cannelle par pinte ; mettre dans une cruche de terre, et laisser reposer deux mois ; au bout de ce temps, passer à la chausse et mettre en bouteilles.

Manière de dessécher les cerises. Mettre un lit de ce-

rises sur une claie, l'introduire dans le four après que le pain en a été retiré, et lorsque la chaleur n'est pas au-dessus de quarante degrés, ôter les cerises à demi-cuites, les exposer à l'air, substituer d'autres claies garnies pour ne pas perdre la chaleur du four, remettre trois fois au feu à huit ou dix heures d'intervalle, et laisser sécher.

CERNEAUX. (*Off.*) *Manière de faire les cerneaux.* Prendre des noix fraîches qui ne soient pas trop mûres, les ouvrir et les séparer en deux parties, les bien laver, les mettre tremper dans de l'eau bien fraîche avec un filet de vinaigre, ou mieux du verjus, très peu de poivre et du sel, les servir avec cette sauce.

CERTIFICAT. (*Cod. dom.*) Il n'y a jamais de passeport plus en règle que ceux des gens qui ont à craindre quelques démêlés avec la police.

Le certificat est une espèce de passeport domestique au moyen duquel un individu cherche à se faire admettre à votre service.

Une foi aveugle dans ce témoignage pourrait quelquefois devenir nuisible. Le certificat est facile à obtenir, se refuse rarement et seulement en cas de fautes graves, et il est parfois bien plus une preuve de la bonté des maîtres que des qualités du domestique.

Ne vous contentez donc pas d'attestations souvent vraies et légitimes, mais souvent douteuses et équivoques. Prenez des renseignemens, faites une enquête, scrutez les antécédens de la personne qui se présente. Le temps que vous emploierez à ces investigations peut vous éviter bien des ennuis.

CÉRUSE. (*Var.*) La céruse est une couleur blanche qu'on obtient de lames de plomb décomposées par l'acide carbonique ; en chimie, on la connaît sous le nom de sous-carbonate de plomb. Son exhalaison donne une maladie terrible connue sous le nom de *colique des peintres.* (Voy. COLIQUE.)

Comme la céruse s'altère facilement, on la broie sur un porphyre particulier. (Voy. COULEURS, VERNIS.)

CERVELAS. (*Cuis.*) *Manière de faire les cervelas.* Prendre douze livres de viande de cochon, hacher et arroser de vin rouge, mêler deux livres de lard frais coupée en dés, une once et deux gros de bon poivre blanc, une poudre composée d'un gros et demi de girofle, d'un gros de macis, d'un gros de basilic sec, d'un gros de thym, d'un demi-gros de sariette, de dix onces de sel blanc et d'une once de salpêtre ; ajouter des échalottes coupées menues, des zestes d'orange râpés ; introduire dans les boyaux, ficeler par les deux bouts, et suspendre dans la cheminée pendant dix jours. Pour les conserver, ranger dans un pot, et couvrir de saindoux.

Cervelas de Milan. Après avoir haché menu six livres de lard frais, ajouter une livre de fromage, une demi-once de clous de girofle, de cannelle et de noix muscade, une once de gingembre, une demi-once de poivre et une once de sel, le tout réduit en poudre, en faire une pâte avec un peu d'eau, et l'introduire dans des boyaux. Ces boyaux ne peuvent se garder qu'environ six jours en été, et un mois en hiver.

CERVELLE. (Voy. AGNEAU, MOUTON, VEAU.)

CHABOT. (*Pêch.*) *Cottus golio.* C'est un poisson très commun dans nos rivières ; il s'appelle aussi meunier, âne, tête d'âne, ou têtard, à cause de la grosseur de sa tête. Il vit d'insectes, de vers, de poissons plus petits que lui. Il nage avec une vitesse prodigieuse.

On peut s'en servir comme d'un appât dans les pêches aux truites, aux perches, aux brochets, aux anguilles.

Le corps de ce poisson est brun, tacheté de noir, jaune en dessous, enduit de mucosités.

On le mange en friture comme le goujon, après l'avoir vidé et lavé.

CHAGRIN. (Voy. PEAU DE CHAGRIN.)

CHAISE-PERCÉE. (Conn. us.) La chaise-percée doit être placée dans le cabinet attenant à la chambre à coucher. La plus grande propreté est nécessaire dans l'entretien de ce meuble. L'eau chlorurée sera employée pour y faire des lotions fréquentes. (Voy. CHLORE.)

Le couvercle en sera nettoyé et ciré avec soin.

CHALES. (Ind. dom.) On a remarqué que le savon, par son alcali, altérait les tissus des châles de cachemire. On lui substitue avec avantage la racine d'une plante en usage dans tout l'Orient; c'est la saponaire d'Orient (ischkar), leontice, leontopetalon, de la famille des berbéridées. On en trouve à Paris chez les principaux parfumeurs.

CHALEF A FEUILLES ÉTROITES. (Jard.) Oleagnus angustifolius. Famille des chalefs. Cet arbre du Levant a des fleurs blanches et cotonneuses dont le parfum est agréable et pénétrant. Il se multiplie de rejets et de marcottes; on le place au midi, bien abrité, dans une terre légère et sablonneuse. On peut le multiplier de boutures, en octobre, et en pots, que l'on rentre l'hiver.

Le chalef à larges feuilles, oleagnus orientalis, se cultive de même; mais il est moins délicat.

CHAMBRE. (Conn.us.) Chambre à coucher. La chambre à coucher doit être bien aérée, assez haute et assez large, surtout si elle est destinée à un ménage. Le carrelage doit être très uni, pour que l'on puisse sans peine déranger le lit. Le lit sera de préférence à bateau et à dossiers renversés, les roulettes à équerre, bien solidement fixées.

La couleur des rideaux dépend des goûts : il vaut mieux qu'ils ne soient pas blancs, ce qui les rend trop susceptibles de jaunir et de se tacher.

La cheminée de la chambre à coucher doit avoir une tablette très large, sur laquelle on puisse déposer au besoin de petits objets. Une petite pendule est placée dessus. On place utilement dans la chambre à coucher une petite bibliothèque composée de quelques rayons, et où l'on dépose les livres qui servent à un usage habituel, et qu'on veut lire le soir avant de se coucher. Dans l'épaisseur du mur, quelques placards profonds reçoivent le linge de corps; une commode à dessus de marbre sert au même usage.

Chambre à donner. Il est nécessaire à la campagne d'avoir au moins une chambre libre pour loger un ami ou un parent qui vient vous rendre visite. On ne saurait sans impolitesse lui refuser l'hospitalité.

Cette chambre sera commode, simplement meublée. Le lit en est la pièce la plus importante. Un bon fauteuil y sera près de la cheminée. Les objets de toilette, quelques chaises, une glace, un placard et une table à écrire, compléteront l'ameublement.

Chambre de décharge. Il est bon d'avoir une chambre de décharge pour garder les ustensiles dont le besoin n'est pas journalier. On ne met dans cette chambre ni chaises ni autres meubles que des armoires et une table. Les murs sont garnis de rayons à plusieurs rangs qui en font le tour, le long desquels sont placés des clous à crochet.

Dans cette pièce, on serre les légumes secs, les pois, les haricots, les lentilles. Aux clous à crochet, on suspend dans des gourdes le grain des volailles, les graines potagères avec les étiquettes qui les distinguent. On peut dans cette chambre placer une armoire spécialement destinée à contenir les remèdes usuels qui doivent composer une pharmacie domestique. (Voy. PHARMACIE.)

Aux solives du plancher sont placés des crochets bien solidement fixés, auxquels, au moyen d'un croc emmanché au bout d'un long bâton, on accroche divers objets.

Dans les coins de cette chambre, on place quelques souricières à ressort, et on les visite chaque jour. On ne doit point mêler de l'arsenic à l'appât, de peur que quelque imprudence ne le répande parmi les substances alimentaires.

CHAMOIS. (Var.) Antelope rupricapra. Ordre des ruminans. Le chamois habite les montagnes d'Europe; il y en a beaucoup dans le Dauphiné et dans les Pyrénées. La chair est un très bon mets; la peau surtout est très estimée; ses pores étant étroits, elle est chaude et douce, et se savonne comme du linge. On en fait dans quelques pays des camisoles qui soulagent beaucoup les personnes sujettes aux rhumatismes. La ganterie se sert de cette peau avec avantage.

CHAMPAGNE. (Voy. VIN.)

CHAMPIGNONS. (Jard.) Agaricus fungus. Famille des champignons. (Voy. AGARIC, BOLET, MORILLE, MOUSSERON, TRUFFE.)

Des champignons, les uns sont de bons alimens, les autres des poisons violens. Dans certaines provinces du midi, les paysans en font leur nourriture habituelle. Sur nos tables, ils sont recherchés des gourmets.

Les meilleurs doivent être mangés en petite quantité. Ils peuvent donner des coliques, des rapports, des indigestions. Ils se digèrent difficilement, nourrissent peu, et sont échauffans.

Cependant leur usage général et leur danger nous déterminent à leur consacrer un assez long article.

Nous n'entrerons point dans le détail des espèces nombreuses de champignons, dont les principales sont d'ailleurs indiquées par l'instruction que nous publions ci-après.

Les champignons se passent de culture. Ils paraissent surtout depuis le mois de juillet jusqu'au mois de novembre pendant les pluies d'automne. Ils durent huit jours généralement. Quelques espèces cependant sont annuelles. Le bolet à amadou, qui, à la fin de l'hiver, chaque année, s'accroît d'une nouvelle couche de tubes, peut vivre jusqu'à quinze ans.

Les champignons aiment l'humidité; on en trouve dans les caves et dans les souterrains. Ils se multiplient surtout dans les bois de pins, et sur un sol calcaire. Les uns croissent solitaires, les autres en groupes, en touffes, en longues traînées, en larges cercles, qu'on appelle cercles des sorcières. Si on détruit ces cercles deux années de suite, les mêmes espèces croissent solitaires et dispersées. Les champignons servent de nourriture aux vers, aux insectes. Quelques espèces sont mangées par les animaux. Ils purifient l'air, en absorbant les miasmes nuisibles.

On considère comme suspects, les agarics lactescent, sanguin, émétique, amer, bulbeux, verruqueux, et généralement tous ceux qui ont une saveur acide, amère, âcre, corrosive; ceux qui ont une odeur nauséabonde, ou enivrante, ou fade, ou fétide, comme l'amanite bulbeuse, l'amanite citrine, l'amanite blanche, l'amanite mouchetée, l'agaric annulaire, le phallus impudique; ceux qui sont d'une substance aqueuse et diversement colorés; ceux qui se décomposent rapidement.

Les bons champignons, qui offrent un goût et une odeur agréables, sont la véritable oronge, le bolet comestible, les morilles, les champignons de couche, ceux des prairies à feuillet rose; les ceps, les moulles, les mousserons, l'agaric virescens, la boule de neige. Le type de tous ces champignons est le champignon de couches, qui a un goût de noisette; un goût piquant d'ail ou de piment n'annonce pourtant pas de mauvaises qualités.

Les bons champignons ont le parenchyme blanc, et sont fermes et secs.

On juge des champignons par le goût, l'odeur, et les nuances; mais ces indices n'offrent rien d'aussi certain que la couleur de la pulpe. Les champignons, qui, entamés, offrent une teinte livide, ou verte, ou noire, ou bleue; les champignons à chair grenue et molle, à viscosités, à pellicules de couleur ou blanchâtres, doivent être rejetés.

Les bons champignons ont ordinairement une couleur d'un beau jaune pur et doré; cependant ils ont aussi une couleur blanchâtre ou brune; la couleur jaune pâle semble indiquer une espèce vénéneuse; le rouge violet indique une bonne qualité; le rouge sanguin, tout le contraire.

La position du champignon donne aussi un moyen d'en apprécier la qualité. Les bons champignons se trouvent dans les lieux découverts, le long des haies, sur la lisière des bois, dans les gazons et les bruyères, dans les pâturages, dans les broussailles, dans les prairies sèches. Les mauvais se réfugient dans les caves, dans les taillis touffus, dans les rigoles profondes, dans les lieux sombres et humides.

Les vieux champignons s'altèrent, fermentent et deviennent nuisibles. Quand ils sont trop mûrs, la chair en est flasque, et les vers la mangent. Il faut prendre les champignons seulement lorsqu'ils sont jeunes, et que les feuillets n'ont pas encore bruni. Si la digestion en est pénible, on la facilite avec de l'eau légèrement alcoolisée d'eau-de-vie.

On désigne en cuisine par le nom de champignon pleureur, celui qui est vieux cueilli.

Dans l'extrême Nord, où l'on mange beaucoup de champignons, et où leur action vénéneuse est moins énergique, on mange la fausse oronge après l'avoir souvent lavée, et après l'avoir plongée dans de l'eau vinaigrée ou saturée de sel, où elle macère quelques heures.

Voici, au reste, l'instruction populaire publiée, sur les champignons, par ordre de la Préfecture de Police, à Paris.

« Les champignons les plus propres à servir d'aliment sont, de leur nature, difficiles à digérer. Lorsqu'ils sont mangés en grande quantité, ou qu'ils ont été gardés quelque temps avant d'être cuits, ils peuvent causer des accidens fâcheux.

» Il y a des champignons qui sont de vrais poisons, lors même qu'ils sont mangés frais.

» Pour les personnes qui ne connaissent point parfaitement ces végétaux, et qui ont l'imprudence d'en cueillir dans les bois ou dans les champs, nous allons indiquer les principaux caractères propres à distinguer l'espèce des champignons; ensuite nous décrirons en abrégé plusieurs espèces bonnes à manger; enfin, nous placerons à côté de ces espèces la description des champignons qui en approchent par la ressemblance, et qui cependant sont pernicieux.

» Le champignon est composé d'un chapeau ou tête, et d'une tige, sorte de queue ou pivot qui le supporte. Lorsqu'il est trop jeune, il a la forme d'un œuf, tantôt nu, tantôt renfermé dans une poche ou bourse. Quand le chapeau se développe sous forme de parasol, il laisse quelquefois autour de la tige les débris de la bourse, qui prend le nom de collet.

» Le chapeau est garni en dessous de feuillets serrés qui s'étendent du centre à la circonférence.

» Bons champignons. Champignon ordinaire. (Agaricus campestris.) On le trouve dans les pâturages et dans les friches. Il n'a point de bourse; son pivot ou pied, à peu près rond, plein et charnu, est garni d'un collet très apparent. Son chapeau est blanc en dessus; ses feuillets sont d'une couleur de chair ou de rose plus ou moins claire.

» C'est ce champignon que l'on fait venir sous couche, et c'est le seul champignon de couche qu'il soit permis de vendre à la halle et dans les marchés de Paris. Il ne peut nuire que lorsqu'on en mange en trop grande quantité, ou qu'il est dans un état trop avancé.

» Mauvais champignons. On peut confondre avec cette bonne espèce une autre qui est très pernicieuse : c'est le champignon bulbeux (agaricus bulbosus), ainsi nommé parce que la base de son pivot est renflée en forme de bulbe, autour duquel on retrouve des vestiges d'une bourse qui renfermait le chapeau. Il a aussi le collet comme le bon champignon. Les feuillets sont blancs et non pas rosés; le dessus du chapeau est tantôt très blanc, tantôt verdâtre; quelquefois le chapeau verdâtre est parsemé en dessus de vestiges ou débris de la bourse.

» C'est ce champignon, surtout celui qui est blanc en dessus, qui a trompé beaucoup de personnes, et qui a causé des accidens funestes.

» Il faut rejeter tout champignon ressemblant d'ailleurs au champignon ordinaire, dont la base du pied ou pivot est renflée en forme de bulbe, qui a une bourse dont on retrouve les débris, et dont les feuillets du chapeau sont blancs et non pas rosés.

» Bons champignons. Oronge vraie. (Agaricus aurantiacus.) Ce champignon a une bourse très considérable. Il est ordinairement plus gros que le champignon de couche. Son chapeau est rouge en dehors, ou rouge orangé; ses feuillets sont d'une belle couleur jaune; son support ou pied jaunâtre très renflé, surtout par le bas: il est garni d'un collet assez grand et jaunâtre. Ce champignon, qu'on trouve dans les taillis à Fontainebleau et dans le midi de la France, est un mets très délicat et très sain.

» *Oronge blanche.* (*Agaricus ovoïdus*). Elle est moins délicate que la précédente; elle a la même forme, une bourse et un collet pareils; elle n'en diffère qu'en ce que toutes les parties sont blanches.

» *Mauvais champignons. Oronge fausse.* (*Agaricus pseudo-aurantiacus.*) Son chapeau est en dessus d'un rouge plus vif et non orangé, comme celui de l'oronge vraie; il est parsemé de petites taches blanches, qui sont les débris de la bourse. Son support est moins épais, plus arrondi, plus élevé; les restes de la bourse ont plus d'adhérence avec le bulbe qui est à la base du support. La réunion de la couleur rouge du chapeau et de la couleur blanche des feuillets est un indice assuré pour distinguer la fausse oronge de la vraie.

» La fausse oronge se trouve dans les environs de Paris et en divers lieux de la France, notamment dans la forêt de Fontainebleau; c'est un des champignons les plus vénéneux, et qui produit les accidens les plus terribles.

» Plusieurs autres champignons bulbeux et malfaisans ont des rapports moins marqués avec l'oronge vraie : les uns sont recouverts de tubercules nombreux et d'un enduit gluant; les autres ont une couleur livide, une odeur désagréable, et la seule vue les fait rejeter.

» *Bons champignons. Mousserons.* Ils croissent au milieu de la mousse, ou dans les friches gazonnées. Ils sont d'une couleur fauve; le chapeau, de forme plus ou moins irrégulière, est couvert d'une peau qui a le luisant et la sécheresse d'une peau de gant. Le pivot, plein et ferme, peut se tordre sans être cassé. On en distingue de deux espèces : l'une plus grosse, plus irrégulière, à pivot plus gros et par proportion plus court; c'est le *mousseron ordinaire* (*agaricus mousseron*); l'autre est plus menu, son chapeau est plus mince, son support est plus grêle; c'est le *faux mousseron* (*agaricus pseudo-mousseron*). Ils sont bons à manger tous les deux, et d'un goût fort agréable.

» *Mousserons suspects.* On peut confondre avec ce mousseron plusieurs petits champignons de même couleur et de même forme, qui n'ont point son goût agréable. On les distinguera, parce que la surface de leur chapeau n'est pas sèche, qu'ils sont d'une consistance plus molle, que leur support est creux et cassant.

» Parmi les champignons feuilletés, il en est encore beaucoup que l'on peut manger impunément; mais comme ils ressemblent à d'autres plus ou moins dangereux, il est prudent de s'en abstenir.

» On doit cependant encore distinguer la *chanterelle.* (*Agaricus cantharellus.*) C'est un petit champignon jaune dans toutes ses parties. Son chapeau, à peu près aplati en dessus, prend en dessous la forme d'un cône renversé, couvert de feuillets épais semblables à de petits plis, et est

terminé inférieurement en un pied très court. Cette espèce est recherchée.

» Parmi les champignons non feuilletés, nous ne parlerons point du *cèpe* ou *bolet* (*boletus esculentus*), dont une espèce est très estimée dans le Midi, mais dont on fait peu de cas à Paris, non plus que des vesses de loup, dont on fait très rarement usage, à cause du peu de goût qu'elles ont, et parce que leur chair se change trop promptement en poussière.

» *Bons champignons. Morille.* (*Phallus esculentus.*) Sur un pivot élargi par le bas, porte le chapeau toujours resserré contre lui, ne s'ouvrant jamais en parasol, inégal et comme celluleux sur sa surface extérieure. Ce champignon croît dans les taillis, au pied des arbres; il est sain et très recherché.

» *Mauvais champignons. Le satyre* (*phallus impudicus*), qui ressemble à la morille par son chapeau celluleux, a un pied très élevé sortant d'une bourse. Le chapeau est plus petit, et laisse suinter une liqueur verdâtre. Ce champignon exhale une très mauvaise odeur et est très dangereux.

» *Bons champignons. Gyrole* ou *clavaire.* (*Clavaria coralloïdes.*) Ce champignon diffère de tous les précédens; c'est une substance charnue ayant une espèce de tronc qui se ramifie comme le chou-fleur, et se termine en pointes mousses ou arrondies. Sa couleur est tantôt blanchâtre, tantôt jaunâtre, tirant sur le rouge. Son goût est assez délicat. On ne connaît dans ce genre aucune espèce pernicieuse.

» On ne saurait trop recommander à ceux qui ne connaissent pas parfaitement les champignons, de ne manger que ceux qui sont généralement reconnus pour bons : le *champignon de couche*, le *champignon ordinaire*, l'*oronge vraie*, l'*oronge blanche*, les *deux mousserons*, la *chanterelle*, le *cèpe*, la *morille* et la *gyrole*.

» *Accidens causés par les champignons.* Les personnes qui ont mangé des champignons malfaisans éprouvent plus ou moins promptement tous les accidens qui caractérisent un poison âcre, stupéfiant, savoir : des nausées, des envies de vomir, des efforts sans vomissement, avec défaillance, anxiétés, sentiment de suffocation, d'oppression, souvent ardeur avec soif, constriction à la gorge, toujours avec douleur à la région de l'estomac; quelquefois des vomissemens fréquens et violens, des déjections alvines (selles ou garderobes) abondantes, noirâtres, sanguinolentes, accompagnées de coliques, de ténesme, de gonflement et tension douloureuse du ventre. D'autres fois, au contraire, il y a rétention de toutes les évacuations, rétraction et enfoncement de l'ombilic.

» À ces premiers symptômes se joignent bientôt des vertiges, la pesanteur de la tête, la stupeur, le délire, l'assoupissement, la léthargie, des crampes douloureuses, des convulsions aux membres et à la face, le froid des extrémités et la faiblesse du pouls. La mort vient ordinairement terminer en deux ou trois jours cette scène de douleur.

» La marche, le développement des accidens, présentent quelque différence, suivant la nature des champignons, la quantité qu'on en a mangé, et la constitution de l'individu. Quelquefois les accidens se déclarent peu de temps après le repas; le plus ordinairement, ils ne surviennent qu'après dix à douze heures.

» Le premier soin, dans tous les cas, doit être de procurer la sortie des champignons vénéneux. Ainsi, on doit employer un vomitif, tel que le tartrite de potasse antimonié, ou *émétique ordinaire;* mais, pour rendre ce remède efficace, il faut le donner à une dose suffisante, l'associer à quelque sel propre à exciter l'action de l'estomac, délayer, diviser l'humeur glaireuse et muqueuse, dont la sécrétion est devenue abondante par l'impression des champignons. On fera donc dissoudre, dans un demi-kilogramme (une livre ou chopine) d'eau chaude, deux à trois décigrammes (quatre ou cinq grains) de tartrite de potasse antimonié (émétique), avec douze à seize grammes (deux ou trois gros) de sulfate de soude (sel de Glauber), et on fera boire à la personne malade cette solution par verrées tièdes, plus ou moins rapprochées, en augmentant les doses jusqu'à ce qu'elle ait des évacuations.

» Dans les premiers instans, le vomissement suffit quelquefois pour entraîner tous les champignons, et faire cesser les accidens; mais si les secours convenables ont été différés, si les accidens ne sont survenus que plusieurs heures après le repas, on doit présumer que partie des champignons vénéneux a passé dans l'intestin, et alors il est nécessaire d'avoir recours aux purgatifs, aux lavemens faits avec la casse, le séné et quelque sel neutre, pour déterminer des évacuations promptes et abondantes. On emploiera dans ce cas, avec succès, comme purgatif, une mixture faite avec l'huile douce de ricin et le sirop de pêcher, que l'on aromatisera avec quelques gouttes d'éther alcoolisé (*liqueur minérale* d'Hoffmann), et que l'on fera prendre par cuillerées plus ou moins rapprochées.

» Après ces évacuations, qui sont d'une nécessité indispensable, il faut, pour remédier aux douleurs, à l'irritation produite par le poison, avoir recours à l'usage des mucilagineux, des adoucissans, des aromatiques que l'on associe aux fortifians, aux nervins. Ainsi, on prescrira aux malades l'eau de riz gommée, une légère infusion de fleurs de sureau coupée avec le lait, à laquelle on ajoutera de l'eau de fleurs d'orange, de menthe simple et un sirop. On emploiera aussi avec avantage les émulsions, les potions huileuses aromatisées avec une certaine quantité d'éther sulfurique. Dans quelques cas, on sera obligé d'avoir recours aux toniques, aux potions camphrées; et, lorsqu'il y aura tension douloureuse du ventre, il faudra employer les fomentations émollientes, quelquefois même les bains, les saignées; mais l'usage de ces moyens ne peut être déterminé que par le médecin, qui les modifie suivant les circonstances; car l'efficacité du traitement consiste essentiellement, non pas dans les spécifiques ou antidotes, dont abuse si souvent le public, mais dans l'application faite à propos de remèdes simples et généralement bien connus. »

Les Membres composant le Conseil de Salubrité,

Signé PARMENTIER, DEYEUX, THOURET, HUZARD, LEROUX, DUPUYTREN, C. L. CADET.

A ces indications médicales nous en ajouterons quelques autres qui complèteront cette matière.

Outre l'emploi de l'émétique et de l'eau chaude prise en grande quantité, on peut exciter la gorge avec les barbes d'une plume, les doigts, ou tout autre corps.

Comme il reste toujours une certaine quantité de poison dans les intestins, on administre de la mauve, avec un ou deux gros de sel de Glauber. Si les champignons étaient déjà passés dans les intestins, on donne des lavemens préparés ainsi qu'il suit :

Faire bouillir pendant un quart d'heure, dans un litre d'eau, deux onces de casse, un demi-gros de séné, une demi-once de sel d'Epsom. En cas de non-succès, donner un lavement d'un litre d'eau dans lequel on fait bouillir une once de tabac pendant un quart d'heure. Avant d'appliquer ce remède, on le passe à travers un linge, et on le laisse refroidir.

On fait boire de demi-heure en demi-heure la potion suivante par cuillerées : une once et demie de fleurs de pêcher, autant d'huile de ricin, quelques gouttes de la liqueur d'Hoffmann.

Dans le cas de convulsions graves, de tension du bas-ventre, de grande fièvre, on s'abstiendrait de purgatifs, et on appliquerait sur les parties douloureuses des décoctions de plantes émollientes, comme la guimauve, la graine de lin.

Après la disparition des accidens, on peut donner une potion de trois à quatre onces d'eau de fleur d'orange, un quart d'once d'éther, deux onces de sirop de capillaire et de l'eau sucrée.

Culture des champignons. Le champignon de couche (*fungus sativus equinus*) se reproduit par le *blanc de champignons,* amas de semences blanches qu'on trouve sur les vieilles couches, et qui dans un lieu sec se conserve deux ans et plus.

Les semences de champignons sont très légères, et sont portées par les vents à de grandes distances. Le fumier de cheval paraît en contenir. On fait ainsi les couches pour faire venir des champignons sans employer le blanc : creuser une tranchée plus ou moins profonde suivant que le terrain est humide et fort ou sec et léger; mettre au fond de la tranchée quelques plâtras et des pierres calcaires; faire une couche de deux pieds de large avec du fumier court de cheval nourri de foin, et non de vert ni de son. Cette couche doit être arrondie, avoir une forme convexe, et avoir une élévation de deux pieds au-dessus de terre; quand elle est bien foulée avec les pieds, on la consolide de chaque côté avec la terre retirée de la tranchée, et on la couvre de deux pouces de terre légère, mêlée à un peu de sable ou à du terreau bien consommé. Au mois d'avril, on la couvre d'environ deux pouces de litière longue. Au mois de juillet, on voit paraître quelques champignons qui se multiplient ensuite : on y récolte la substance blanche dite *blanc de champignons* qui sert de graine.

Couche appelée meule. Le long d'un mur bien exposé, ou dans un endroit frais, ou même à la cave, selon qu'on veut récolter, l'été ou l'hiver, on forme une couche comme ci-dessus qu'on remanie afin de l'empêcher de trop s'échauffer; on y répand de l'eau, et quand on sent la couche tiède, on y fait des trous à six ou huit pouces de distance les uns des autres, et on y sème du *blanc de cham-*

pignons, en morceaux larges comme la moitié de la main. On bat deux jours après les talus de la couche avec le dos d'une pelle; puis on la couvre d'un doigt de terre et de quelques doigts de fumier long. Huit jours après, on remplace ce fumier par un autre, et huit autres jours plus tard on recouvre encore de pailles longues. Dans les temps secs donner une mouillure, dans les temps froids augmenter les couvertures, regarder tous les trois jours en été, et tous les cinq jours en hiver, s'il y a des champignons. Les récolter par un temps sec, quand leur chapeau est épanoui. Couper près de terre, au lieu d'arracher, pour que la terre ne se mêle pas aux champignons.

On fait cette culture avec avantage dans les anciennes carrières. Comme les rats et les mulots se logent dans ces couches et mangent les champignons, il faut tendre des piéges pour les détruire. (Voy. RAT.)

Pour avoir des couches de champignons en hiver, on les fait au commencement de juillet; pour en avoir au printemps, au commencement de décembre; pour en avoir en été, au commencement de mars.

On place avec avantage les couches des champignons d'hiver sous un hangar bâti contre un mur exposé au midi. On les met dans le voisinage d'une serre, et on fait passer autour de la fosse un conduit de cheminée creux de deux pieds, sur huit pouces de large. La fumée qui y circule donne une douce chaleur. On a soin d'étendre de la litière au-dessus de ce conduit, qui, échauffée légèrement, activera la végétation.

Couche indiquée par M. Daniel Pelhau, jardinier américain. Prendre douze à quinze voitures de litière pour une couche de trente pieds de long sur quatre pieds de large. Mettre cette litière en tas sous un abri pendant huit jours. Faire également un tas de quatre tombereaux de tan, et le laisser ainsi douze jours sous un hangar, en ayant soin de le placer quatre fois autour la litière, pour que ces deux fumiers soient prêts en même temps. Remuer le tan souvent pour en exposer à l'air toutes les parties, étendre également des crottins de cheval sur une épaisseur de deux pouces, avoir soin de les dégager de leur menue paille.

La fosse destinée à recevoir la couche sera creuse de trois pieds. On y placera d'abord deux pieds de fumier bien foulé, puis quatre pouces de tan, un pied de fumier, un lit de tan de deux pouces, et six pouces du fumier le plus court du tas; au bout de quinze jours, on mettra encore deux pouces de tan, un lit de crottin de quatre pouces et un pouce de fumier très court.

Après avoir laissé ces mélanges pendant cinq à six semaines, on mêle exactement de bonne terre franche avec égale partie de fumier bien consommé et passé au crible; on étend ce terreau sur une épaisseur de trois pouces et demi.

Au bout de quatre semaines environ on commence à apercevoir de petits filamens blancs. On donne alors de l'eau une fois par semaine en quantité suffisante pour arroser sans produire un excès d'humidité nuisible. Les champignons commenceront à pousser, en forme de boutons ronds, de couleur blanche, en parasol à lames internes d'un beau rouge pâle. On aura soin de les recueillir avant que ce rouge pâle ne se change en une

teinte noire, ce qui indiquerait que le champignon est trop vieux pour avoir un goût agréable.

Une couche ainsi faite peut, pendant huit à dix mois, ou même un an, donner d'excellens champignons.

Champignons en caisse. Avoir une caisse de bois de sapin, humecter de la bouse de vache sèche avec de l'eau nitrée, la mêler avec de la terre, semer le blanc sans le briser, le couvrir d'un pouce de terre, placer la caisse dans une écurie ou dans une étable; on a ainsi d'excellens champignons.

CHAMPIGNONS. *(Cuis.)* Lavage et préparation des champignons. Ôter le foin, c'est-à-dire ôter les feuilles et les tubes qui sont au-dessous du chapeau, ainsi que le pédicule, couper par morceaux, les faire tremper dans de l'eau froide, où l'on met un peu de vinaigre pour les faire blanchir, et un peu de gros sel. Cette préparation diminuerait les qualités délétères des champignons de mauvaise espèce.

On mange les champignons de plusieurs manières très variées, à la sauce blanche, sur le gril, avec de la chapelure, du beurre, des anchois, en beignets, aux ognons; ils entrent dans un grand nombre de ragoûts. Les cocherelles ne se mangent que sur le gril, parce que ces champignons ont trop d'eau et se racornissent.

L'*hydne* s'apprête à la graisse et au bouillon. Le bolet domestique peut se manger cru à la poivrade; le bolet *langue de bœuf* en salade, avec de la chicorée, ou cuit sous les cendres : un seul peut faire un plat.

Sauce pour manger les champignons. Mêler des gousses d'ail, de l'huile d'olive, un peu de vinaigre blanc, de l'ognon et du poivre : piler le tout.

Croûte aux champignons. Prendre des champignons fraîchement cueillis, les peler, les couper en morceaux, les tremper, les égoutter, les mettre dans une casserole avec du beurre, une pincée de persil et de ciboule hachés, un peu de farine et du poivre; mouiller avec une cuillerée d'eau chaude, faire bouillir dix minutes, faire griller quelques tranches de mie de pain et les placer sur le plat avant de servir, verser la sauce sur les croûtes, après l'avoir liée avec deux jaunes d'œufs et un filet de jus de citron.

Purée de champignons. Les faire sauter dans de l'eau avec du jus de citron, les égoutter, les hacher le plus fin possible, les presser bien fort dans un linge blanc, les faire réduire après les avoir passés dans du beurre, avec six grandes cuillerées de velouté, et autant de consommé qu'on ajoute quand le beurre est tourné en huile. On remplace le velouté par une cuillerée à bouche de farine, et le consommé par du bouillon.

Champignons blancs pour galantine. Mettre les champignons dans une casserole avec du beurre et du jus de citron, les faire bouillir quelques minutes.

Champignons à la provençale. Couper en deux les champignons, les mettre mariner avec de l'huile, du sel, du gros poivre, de l'ail; les cuire dans la poêle avec de l'huile, à grand feu, y ajouter deux pincées de persil haché, du citron et une douzaine de croûtons de pain mollet.

Champignons à la bordelaise. Les mettre dans un plat en terre, et les laisser mariner une ou deux heures dans l'huile, les placer sur le gril en ayant soin de les tourner, quand ils seront cuits d'un côté.

Mettre dans une casserole de l'huile, du persil et de la

ciboule hachés, de l'ail, un filet de verjus ou du jus de citron : servir les champignons avec cette sauce.

Oronge à l'italienne. La faire frire dans l'huile après l'avoir épluchée, et la manger avec une sauce verte un peu forte.

Oronge aux fines herbes. La faire cuire, la renverser dans un plat, garnir sa cavité, de fines herbes, de mie de pain, d'ail, de poivre, de sel, et de sa tige hachée. Arroser le tout d'huile d'olive.

Oronge à la romaine. La faire cuire avec du vin, du beurre, un jaune d'œuf, un bouquet garni.

Poivré à feuilles roussâtres ou latyron de Roussette, confit et grillé. On le prépare de même que les cornichons, en y mettant beaucoup de poivre et d'ail. On le cuit aussi sur le gril avec du beurre frais, de l'huile, du poivre et du sel.

Champignons-clavaires au lard. Mettre les champignons dans la casserole entre des bardes de lard, ajouter du sel, du poivre, un morceau de jambon, et du persil. Laisser cuire une heure bien couvert. Servir avec un coulis ou avec une sauce blanche.

Cocherelles sur le gril. Prendre des cocherelles, ôter les queues, les fendre en deux, si elles ne sont pas ouvertes, les poser sens dessus dessous sur le gril à petit feu, les arroser avec de l'huile où l'on a mêlé poivre et sel, une pincée de persil et ciboule hachés ; servir au bout de dix minutes.

Champignons de couches sur le gril. Enlever la peau, les faire cuire une demi-heure avec un morceau de beurre, du poivre et du sel.

Champignons en fricassée. Blanchir les champignons à l'eau bouillante, les remettre dans l'eau froide, les égoutter et les mettre dans une casserole avec un morceau de beurre fin, ajouter une pincée de farine, du persil, du poivre et du sel, mouiller avec de l'eau tiède ou un peu de bouillon, lier la sauce avec un jaune d'œuf délayé dans l'eau, ajouter un peu de citron.

Le *bolet comestible,* le *bolet orangé,* les *clavaires,* le champignon de couche, le champignon *jaunelet* ou *chanterellé,* le champignon des bruyères ou *agaric boule de neige* sont excellens préparés de cette manière. L'*agaric poivré* ou *vache blanche des vergers* est moins délicat, un peu amer et pesant : il demande plus de cuisson.

Sauce aux champignons. Les Anglais appellent cette sauce *mushroom-kecthup ;* ils s'en servent pour donner aur ragoûts la saveur des champignons. Ils la conservent en un lieu sec, dans des flacons bouchés hermétiquement.

Mettre les champignons dans un pot de grès par lits, avec du sel, ajouter une gousse d'ail par livre de champignons, quatre clous de girofle, un peu de cannelle et un peu de muscade ; on laisse pendant trois jours, et on passe la liqueur qui en résulte.

Manière de conserver les champignons. Les enfiler de manière à ce qu'ils ne se touchent pas, les faire sécher à l'ombre et au four, les suspendre dans des sacs en un endroit bien sec ou les mettre dans des boîtes.

Autre. Prendre des champignons fraîchement cueillis, les faire cuire avec de l'huile ou du beurre frais, laisser réduire à moitié, les mettre en bouteilles quand ils sont refroidis, leur donner un bon bouillon au bain-marie, et les conserver en bouchant bien les bouteilles.

Champignons marinés. Les frotter de sel, les faire tremper dans de l'eau et du lait, les exposer pendant cinq minutes à un feu doux dans une casserole avec un peu de sel, les faire sécher sur un linge, les mettre dans un pot de grès, faire bouillir du vinaigre avec un gros de macis, du poivre, du sel et de la muscade, et le verser bouillant sur les champignons ; couvrir, quand ils sont refroidis, avec un morceau de parchemin.

CHANCRES. (*Méd. dom.*) Ce mot qui, en thérapeutique, désigne une foule d'affections ulcéreuses, est employé ici pour indiquer les petits ulcères malins qui surviennent au visage. Ils annoncent un sang vicié et chargé d'humeurs.

Caustique du frère Côme pour les chancres du visage indiqué par madame Adanson. Mettre vingt-neuf grains de cinabre dans une cuillère de fer, le faire rougir un peu en le torréfiant, le retirer du feu, y ajouter cinq grains d'arsenic en poudre et une pincée de poudre de semelles de souliers brûlées, mêler bien le tout, et le mettre dans un flacon sec et bien bouché pour s'en servir au besoin.

Pour s'en servir, mettre une pincée de cette poudre dans un petit vase de terre, mouiller un petit pinceau dans de l'eau, et l'employer pour amalgamer la poudre en forme de pâte, et pour enduire légèrement de cette poudre toute la surface du chancre et de ses bords calleux. Cette application soigneusement terminée, recouvrir la plaie d'une toile d'araignée que vous appliquez avec le bout d'une allumette aplatie et trempée dans de l'eau ; bien unir l'appareil, qu'on doit ensuite laisser tomber de lui-même. Il faut regarder de temps en temps s'il ne s'élève pas des callosités ou chairs fongueuses ; à la surface et sur les bords si cela arrivait, on retoucherait encore avec la pâte jusqu'à ce que ces callosités fussent parfaitement détruites ; après quoi, la plaie guérit facilement en appliquant dessus un peu de charpie très fine qu'on maintient avec une mouche enduite sur les bords de colle mêlée de vinaigre.

Le cérat et les cataplasmes émolliens, la pommade de concombres sont efficaces contre les chancres. Un traitement interne rafraîchissant doit accompagner les soins extérieurs.

CHANDELLE. (*Ind. dom.*) *Procédé facile pour fabriquer la chandelle de ménage.* Dans un vase contenant une once de chlorure de chaux par litre d'eau, jeter de vieux morceaux de chandelles, et les graisses que vous ne consommez pas ; mettre ensuite ce suif, après l'avoir lavé, dans un chaudron de cuivre avec de l'eau, à raison de deux litres et demi d'eau pour cinq kilogrammes de suif ; passer le suif fondu à travers un tamis, enlever l'eau, ôter les parties du suif trop sales qui se sont précipitées au bas du pain. Ajouter, pour cinq kilogrammes de suif, trois quarts d'once de sel de nitre, autant de sel ammoniac en poudre, trois onces de poudre d'alun calciné, passer après ébullition quand la surface sera unie.

Préparer les mèches avec égale partie de coton, de fil et de lin, les tremper dans une casserole contenant en fusion du suif, un peu d'huile de pétrole et de camphre ; dresser les mèches dans les moules, couler le suif, exposer les chandelles à la rosée pendant quinze jours, ou les faire blanchir en eau courante dans une boutique à poissons. (Voy. ce mot.) Faire sécher à l'air froid.

On conserve les chandelles dans un lieu bien sec. Elles se gardent mieux au grenier qu'à la cave, dont l'humidité les altère. La chandelle la plus récente est la moins bonne. Les débris de suif lavés à l'eau, se mêlent à la pâtée des cochons.

Chandelles qui n'ont pas besoin d'être mouchées. Enduire les mèches d'une couche de bismuth à l'huile, ou mêler au suif un gros de bismuth par livre, ou appliquer avec une brosse sur les mèches du nitrate de bismuth réduit en poudre impalpable et broyée à l'huile.

Mélanges pour faire de bonnes chandelles.

Chandelles économiques. Faire bouillir des os pilés à petit bouillon, ajouter un dixième de suif de mouton, mettre ce mélange dans des moules, suspendre les chandelles pour les faire sécher.

Autre. Prendre des chandelles ordinaires de huit à la livre, faire fondre deux livres de cire blanche et une demi-livre de bon suif, y plonger les chandelles jusqu'à ce qu'elles soient couvertes d'une couche suffisante de ce mélange, les faire sécher. Cette chandelle ressemble à de la bougie; elle se fond lentement, et ne coule pas.

Chandelle dite claralbine. Prendre deux onces de colle de poisson, autant de sous-carbonate de potasse, autant de muriate d'ammoniaque, faire dissondre chaque substance séparément dans de l'eau, et les mêler à quinze livres de suif fondu.

En fabriquant des chandelles, on est exposé, par les odeurs fétides du suif, à des accidens nerveux, à des fièvres putrides, des bouffissures, des maux de poitrine.

On doit avoir soin de bien aérer le lieu où on les fabrique.

La vapeur d'une chandelle qu'on brûle ou qu'on éteint est nuisible; aussi ceux qui en sont incommodés doivent, s'il leur est possible, substituer à son usage celui de la bougie, ou des lampes à double courant d'air, qu'on trouve chez tous les lampistes, et qui sont construites de manière à n'avoir ni odeur ni fumée. (Voy. BOUGIE.)

Les chandelles ont aussi l'inconvénient de n'avoir pas une lumière toujours égale; l'obligation de les moucher est fatigante et interrompt le travail.

CHANSONS, (*Var.*) Il fut de mode, du temps des petits soupers, de chanter au dessert, et cet usage est encore en vogue dans quelques provinces arriérées, où tout convive est, bon gré mal gré, transformé en chanteur à la fin du repas. Cette coutume est réputée de mauvais ton et c'est avec justice : elle tue la gaieté loin de la réveiller. Il n'y a jamais de joie de commande et d'expansion par ordre.

En règle générale, on ne doit jamais chanter à table, surtout dans les repas de noce, où certains individus, honnêtes gens du reste, se croient forcés d'apporter le tribut de leurs fastidieux épithalames. D'ailleurs, la célébration du bonheur et de l'amour des époux est souvent une mystification.

La chanson n'est admise que dans les repas où l'on s'affranchit d'étiquette, dans les cercles intimes, dans les déjeuners de garçons. Quand elle y paraît, il faut qu'elle vienne spontanément, d'un commun accord, par élan, et

qu'elle soit l'expression d'un besoin simultané d'hilarité bruyante. C'est alors que la chanson, surtout la chanson en chœur, a des effets brillans; c'est alors qu'elle triomphe, qu'elle anime, qu'elle impressionne, qu'elle cause une sorte d'ivresse douce et sans danger, qu'elle fait oublier toutes douleurs passées et à venir, qu'elle dispose les convives à une sympathie affectueuse, qu'elle est une source d'agréables émotions.

Le meilleur recueil de chansons est l'*Anthologie* de M. Castel (1828). Tout le monde connaît les chansons de Collé, Panard, Armand Gouffé, Désaugiers, celles du Caveau moderne, et les odes de Béranger. Ces dernières sont populaires, et il n'est pas rare d'entendre de pauvres diables, groupés autour d'une table boiteuse, se délasser de leurs misères en chantant en chœur d'une voix avinée : *Les gueux sont des gens heureux.*

CHANTERELLE. (Voy. CHAMPIGNONS.)

CHANTERELLE. (*Chass.*) On appelle ainsi l'oiseau qui sert d'appeau pour attirer les autres dans les pièges. C'est surtout la perdrix femelle que l'on pose au bout d'un sillon pour appeler le mâle.

CHANVRE. (*Agric.*) *Cannabis.* Famille des orties. Cette plante, originaire des Indes, est depuis long-temps naturalisée en Europe. On en tire du fil en abondance. Les graines, par expression, donnent une huile bonne à brûler; on les emploie en médecine, en décoction, dans la jaunisse.

Le chanvre se sème en avril ou mai, dans une terre grasse, mêlée de sable et d'argile. On la fume et on la laboure deux ou trois fois, suivant qu'elle est plus ou moins meuble.

On sème très épais, et on surveille surtout le matin et le soir avant le lever et le coucher du soleil pour que les oiseaux ne viennent pas manger la graine.

Quand le chanvre est frappé de la grêle avant la floraison, il faut faire aussitôt la coupe de ce qui a été meurtri. On coupe obliquement à un pied et demi au dessus de la terre, ou peu au dessous de l'endroit frappé.

C'est en août que le chanvre se récolte; si on veut avoir les graines, il faut attendre qu'elles soient mûres pour récolter le chanvre mâle et femelle; mais alors la filasse est de moindre qualité; elle sera meilleure, si on n'attend pas la maturité des graines. Il vaut mieux, quand on n'a qu'un petit champ à récolter, arracher brin à brin le chanvre mâle après la floraison, et laisser sur pied le chanvre femelle.

Les habitans des campagnes appellent chanvre mâle celui qui porte la graine, et l'autre chanvre femelle. C'est prendre l'un pour l'autre.

Quand le chanvre est cueilli, on le laisse en javelles debout pendant une nuit et un jour, puis on le rouit.

Le rouissage a pour but de priver le chanvre des matières gluantes qui font adhérer les fibres ensemble, et de faciliter l'extraction des fils. Il dure jusqu'à ce que la filasse soit aisée à détacher de la chenevotte.

Dans le rouissage par l'eau, la fermentation s'établit plus vite dans l'eau stagnante et par un temps chaud; mais la filasse qui a roui dans une rivière est beaucoup plus belle.

Au lieu de conserver les javelles, il vaut mieux les délier et les placer sur des perches liées en radeau, en couches transversales; on les lie au radeau, et on pose quelques pierres pour submerger. Si l'on ne veut pas que le soleil blanchisse la couche supérieure de filasse, on met par-dessus de la paille ou du jonc.

Le chanvre roui à l'eau est plus fort, et s'emploie pour les cordes, les sacs, les voiles.

Les ordonnances de police placent le rouissage dans la première classe des établissemens insalubres. Les émanations du rouissage causent des fièvres tiphoïdes, corrompent les eaux, font périr le poisson. En eau courante, qui passe rapidement et en grandes flaques sur le chanvre, il est peu dangereux; mais en eau dormante, il a une action putréfiante très énergique, et cause un grand dégagement d'hydrogène carboné et sulfuré.

On doit éloigner des habitations l'étang de rouissage, y jeter de temps à autre un peu de charbon en poudre, y faire passer, si l'on peut, après le rouissage, un filet d'eau courante, l'assainir et le vider en hiver, renouveler l'eau en y dirigeant l'eau pluviale.

Quand on retire le chanvre qui a roui, il faut se placer sous le vent de manière à éviter les exhalaisons. On enlève les chanvres à l'aide de crochets, pour ne pas entrer dans l'eau de macération.

· *Rouissage en eau courante.* M. A. Chevalier a proposé de construire au bord des rivières des routoirs formés de claies et d'argile tassée et mêlée de paille, ou mieux de murs de pierre et de ciment.

Les rontoirs seraient loin des habitations, un peu au niveau de l'eau. Ils auraient deux ouvertures praticables à volonté pour introduire et faire sortir l'eau; un tuyau carré en planches conduirait au fond l'eau qui y entrerait. On placerait le chanvre sur un radeau de perches, submergé avec des pierres; avant de le retirer, on établirait un courant d'eau par le moyen du tuyau et d'une rigole opposée, et l'eau de rouissage se mêlerait peu à peu et sans danger à l'eau de la rivière.

· *Le rouissage à l'air* s'appelle aussi *serénage*, *rorage*, *rosage*. On expose sur un pré fauché, ou dans la chènevière, ou sur des fossés, ou dans un champ, le chanvre à l'eau des pluies ou de la rosée, ou à des arrosemens, pendant un mois ou six semaines. On le met quelquefois humide en tas pour faire fermenter. Cette opération donne une belle filasse. Si on plaçait le chanvre sur un sol ferrugineux, comme celui de certaines parties de la basse Bourgogne, la filasse se tacherait de taches brunes. Sur un pré il sert d'engrais; mais il rouit moins bien. Le chanvre doit toujours être très peu serré.

Le chanvre roui à l'air s'appelle chanvre gris, et est plus fin que le chanvre à l'eau. On l'emploie pour la toile.

Rouissage à la neige et à la gelée. Il s'opère aux premières neiges en posant le chanvre sur des sillons en travers, et le laissant une partie de l'hiver. Il devient très blanc.

Rouissage dans la terre. On le met dans une fosse, dont on arrose la terre si elle est trop sèche, garnie de paille et de jonc : on recouvre également de jonc et de paille, puis de terre. On arrange quelques tiges de manière à pouvoir les retirer pour examiner l'état de l'opération. Ce rouissage s'opère sans exhalaison d'aucun gaz putride, parce que la terre absorbe les émanations qui se forment.

Rouissage sur terre. On entoure dans un champ un espace en forme de routoir, on trempe le chanvre dans l'eau, et on le laisse là quinze jours ou un peu plus, après l'avoir couvert de paille bien tassée.

Rouissage abrégé de M. Luce. Faire bouillir en ajoutant un ferment putride; on peut ainsi obtenir du chanvre roui en deux heures et demie.

Ferment de M. Prozet pour rouissage. Sur deux cent quarante pintes d'eau, une livre de chaux, une de potasse, ou six livres de cendres calcinées.

Rouissage de M. d'Houdt. Faire tomber, de quatre pieds de haut, une nappe d'eau sur du chanvre placé sur un grillage, d'heure en heure, pendant dix à douze jours.

Quand le chanvre est roui, on a un instrument composé de quatre traverses attachées par une charnière, et s'emboîtant. On pose le chanvre entre elles et on le broie.

Le teillage du chanvre se fait à la main. Il consiste à séparer le filament de la tige qu'on appelle chenevotte.

Le teillage du chanvre répand une poussière légère qui est peu dangereuse. Le broyage, par les détritus qu'il répand, dessèche la poitrine, provoque l'enrouement et la toux, et même à la longue cause des asthmes et des phthisies. On doit donc le pratiquer en plein air, le dos au vent, et boire des boissons rafraîchissantes, du vin trempé, du lait, de l'eau de gomme, de guimauve.

On se sert en Auvergne d'une espèce de moulin appelé *maille*, pour peigner le chanvre après l'avoir teillé. Il est composé d'une meule de granit, d'un pied d'épaisseur, qui tourne dans un bassin également en granit. On met le chanvre sous la roue en paquets d'environ deux livres, après l'avoir tressé.

M. Christian a inventé une machine qui, tout en donnant plus de chanvre, fait toute seule l'office du rouissage et du broyage, et laisse une grande force au chanvre qui conserve ses parties gommeuses.

Quand le chanvre est bien nettoyé, on le met en poignées, et on le fait sécher. Le chanvre grossier constitue les étoupes.

On blanchit ensuite le chanvre, ordinairement en l'étendant sur un pré à la rosée.

Procédé de M. Emmest pour blanchir le chanvre. Le faire bouillir dans une dissolution de sous-carbonate de potasse; réduire en poudre du charbon de bois, en teindre de l'eau légèrement : une demi-once de charbon suffit pour six à sept livres de fil; y plonger le chanvre, laisser vingt-quatre heures, et si la couleur paraît bonne, après qu'on a essayé sur un échantillon traité avec de l'eau de savon chaude, ôter le chanvre, l'étendre sur l'herbe pendant quelques jours en le retournant souvent, rincer à grande eau, aiguisée, si l'on veut, d'acide hydrochlorique, laver à l'eau de savon, puis à l'eau froide, et faire sécher sur l'herbe.

Le chanvre de Chine (*cannabis indica*), et le chanvre de Sibérie (*cannabis siberica*), pourraient être naturalisés en France. La première espèce atteint neuf à dix pieds, et la seconde dix à onze pieds; ils donnent une très belle filasse.

Le chanvre du Piémont monte à une hauteur moyenne de dix-huit pieds. Il est très beau et vigoureux.

On mêle avec avantage le chanvre et la luzerne. On fait semer d'abord le chanvre, puis la luzerne en aussi grande quantité que s'il n'y avait pas de chanvre; de huit pieds en huit pieds, du nord au midi, on fait pratiquer de petites allées, pour avoir des courans d'air. On arrache le chanvre mâle le premier, et cette opération, loin de nuire à la luzerne, lui tient lieu d'un hersage. Cet essai, pratiqué dans un été sec, où la luzerne ne serait venue seule que très faiblement, a été couronné d'un plein succès.

CHAPEAUX. (*Var.*) *Chapeaux d'homme*. Les chapeaux d'homme en castor ont été généralement remplacés par les chapeaux en soie, qui coûtent moins cher, et sont aussi bons. On les porte ordinairement noirs; le gris n'est convenable que dans l'été.

Les fonds de chapeaux acquièrent plus de solidité, si on mêle à la pâte végétale de papier gris qui sert à les fabriquer, moitié de liége réduit en petits grains ou en poudre.

Vernis pour rendre les chapeaux imperméables. Faire fondre au bain-marie cent vingt-cinq grammes de gomme laque, dans un quart de litre d'alcool, ajouter cinq grammes de mélasse et trois têtes d'ail, délayer cinq grammes de craie de Briançon dans de la colle de poisson dissoute à l'alcool, et les joindre aux autres substances; appliquer à chaud.

Autre. Faire chauffer dans un gros d'huile d'amandes, deux gros de gomme arabique, ajouter dix-huit grains, de cire vierge coupée, faire fondre séparément sept onces de colophane, et les bien mêler à la composition au moment de s'en servir.

Autre. Faire dissoudre dans un litre d'eau, trois livres de gomme laque, et un peu de sous-carbonate de potasse; y plonger les chapeaux, les faire sécher, et les frotter avec une brosse rude; les tremper ensuite dans de l'eau légèrement acidulée avec de l'acide sulfurique.

Moyen d'empêcher les chapeaux d'être endommagés par la pluie. Secouer le chapeau, l'essuyer avec beaucoup de soin, en se servant pour cela d'un linge ou d'un mouchoir, dans le sens du poil; le faire sécher au feu à distance. Quand il est sec, le brosser tout autour avec une brosse douce.

On peut, avant de brosser, passer deux ou trois fois doucement sur le chapeau, un fer à repasser modérément chauffé.

Chapeaux de femme. Madame Elisabeth Celnart a indiqué aux dames la manière de faire leurs chapeaux elles-mêmes.

Il nous semble utile de remplacer ses prescriptions par le conseil d'abandonner aux modistes la fabrication des chapeaux.

Il faut, dans la confection de cette partie d'habillement, une habileté manuelle que peut donner la grande habitude; ce serait vainement qu'on se proposerait dans ce travail un but d'économie; on gaspillerait toujours beaucoup d'étoffe, et l'on perdrait beaucoup de temps pour arriver à avoir un chapeau sans élégance, sans grâce et sans solidité.

Chapeaux de paille. On prend pour faire les chapeaux une paille qui offre une belle tige, et ne soit pas trop rude. On met les fétus dans l'eau, dès qu'ils ont été arrachés; on les fait bouillir et on les expose au soleil; on les arrose de temps en temps; elle devient d'un beau jaune et très souple.

Les chapeaux de paille d'Italie ont valu autrefois, en première qualité, jusqu'à douze cents francs; mais ils ont bien diminué de prix. (Voy. PAILLE.)

CHAPELURE. (*Cuis.*) Pour faire de la chapelure, on prend du pain légèrement rôti, et on le râpe. Les boulangers la vendent aussi à la livre La chapelure est employée dans beaucoup de ragoûts.

CHAPON. (*Anim. dom.*) Le chapon est le poulet auquel on a fait subir l'opération de la castration pour le rendre plus gros et plus délicat. On pratique cette opération lorsque le poulet a deux mois et demi ou trois mois, pendant l'été, et surtout en juin : on fait une incision à la partie qui enveloppe les testicules de l'oiseau, en les cherchant avec le doigt et les retirant; on coud ensuite la plaie, et on la frotte de beurre ou d'huile d'olive. On peut aussi les saupoudrer d'un peu de cendre.

Le chapon est un mets recherché; les cuisses sont plus estimées que les ailes.

Le chapon peut couver; il a toute l'assiduité et la patience d'une poule.

On enferme le chapon pour l'engraisser dans des mues fort obscures et très étroites; on pratique un trou pour le bec et le cou, et un autre pour le passage des excrémens. On a soin d'ôter les plumes de dessous la queue, et de tenir la cage propre, pour empêcher la vermine.

Des pâtons de farine de froment et d'orge, des côtes de choux cuites, le son bouilli, la mie de pain détrempée dans du lait, conviennent pour l'engraissement. Il est ordinairement terminé au bout de vingt à vingt-cinq jours.

CHAPON. (*Cuis.*) *Chapon au gros sel*. Plumer un chapon, le vider et le trousser, placer une feuille de papier beurrée sur son ventre, le mettre dans une casserole, avec de l'eau jusqu'à moitié, du sel, des carottes, des ognons, du thym, du laurier, un bouquet garni, faire cuire doucement pendant deux heures; dégraisser ensuite la cuisson, la faire réduire jusqu'à ce qu'elle soit d'une couleur brune, mouiller d'un peu d'eau; faire cuire la sauce, la lier d'un roux et de fécule, servir le chapon.

Chapon rôti. Trousser les pattes en dehors, et couvrir le chapon de bardes de lard, arroser de beurre, servir avec du cresson, du sel et du vinaigre.

Chapon au riz. Oter le cou du chapon, le piquer sur les deux côtés de l'estomac avec du lard fin, le trousser, et ficeler à l'endroit des pattes et des ailes; le mettre dans une casserole, avec moitié eau et moitié bouillon, du poivre, du sel, de la muscade râpée, quelques ognons, des clous de girofle, deux carottes, un demi-quarteron de jambon, couvrir. Au bout d'une heure, ajouter du riz bien lavé et épluché, le laisser cuire une heure à petits bouillons, sans remuer, ou en remuant toujours, de crainte qu'il ne s'attache; retirer le chapon, ranger le riz autour, ajouter un peu de jus.

Chapon à la Grimod de la Reynière. Mettre dans la même marmite avec du bouillon un chapon, deux pigeons, et trois livres de tranche; ajouter des carottes, navets, ognons, céleri, poireaux; deux clous de girofle, des laitues; dresser les légumes autour du chapon.

Chapon poêlé. Faire cuire une heure avec des bardes de lard, couvert de tranches minces de citron et de lard, avec une poêle par-dessus.

Manière de faire cuire le chapon au quatorzième, quinzième et seizième siècles. «On met le chapon bardé de lard bien menu en un grand pot neuf, afin d'y être au large. On le larde aussi de cannelle et de clous de girofle, et pour y donner bon goût, on ajoute un quarteron ou demi-livre de raisins de Corinthe, une poignée de dattes, et autant de prunes sèches; un bon verre d'hypocras, un quarteron de sucre, demi-livre de moelle de bœuf, deux fois autant de bon bouillon de mouton et de bœuf que d'hypocras; de façon que la tierce partie du pot soit vide, avec feuilles de laurier, marjolaine et serpolet, de chacun une poignée avec du sel. On couvre le pot d'un drapeau net et blanc sous le couvercle, et de la pâte tout autour, afin que la fumée ne s'évapore. On y peut ajouter aussi une once ou demi-once de cannelle, et une drachme ou deux de poudre de menue espèce. On fait cuire le pot sur des charbons vifs assez loin du feu, que la flamme n'y touche point, de peur de le brûler : il doit cuire tout à l'aise l'espace de deux heures, y remettant de la braise vive. C'est une viande fort délicieuse, saine, et de grande nourriture pour vieilles gens débilités.»

On peut servir le chapon avec du consommé, une aspic, un beurre d'écrevisses, une sauce tomate, un suprême, un velouté lié, des champignons sautés, des rocamboles, un ragoût de crêtes et de rognons. (Voy. ces mots.)

CHARANÇONS. (*Anim. nuis.*) *Curculio.* Famille des coléoptères. Ces insectes sont très nombreux, de couleur brillante; volent rarement, mais sautent avec agilité. Ils attaquent beaucoup de légumes.

On en compte plus de quatre cents espèces. Celle qui attaque le blé se nomme spécialement *charançon* ou *calandre.* Elle passe l'hiver dans des trous, et au printemps, quand la température est à douze degrés, la femelle vient pondre dans les grains dont elle perce la peau. La larve se change en nymphe, puis en insecte au bout de trente-cinq à quarante jours. Une seule femelle peut, en un an, produire des générations de plus de six mille individus. On juge par là des ravages qu'ils causent.

Le meilleur moyen de les détruire est d'empêcher leur reproduction en mettant le blé dans des trous dont la température soit au-dessous de 10 degrés de chaleur. (Voy. SILOS.)

Les odeurs fortes, le cambouis, la térébenthine, le goudron, même la fleur de sureau, ou des tiges de jusquiame, d'absinthe, de sauge, de tanaisie, de tabac, des branches de pin femelle, éloignent les charançons.

Si l'on couvre les blés de laine grasse, les charançons sont attirés par l'odeur du suint; et y périssent : on enlève les tissus et on les trempe dans l'eau. On peut substituer aux tissus, des haricots ramés.

Moyen de préserver le grain des charançons et calen- dres. Tremper des draps de toile dans l'eau, en couvrir le grain après les avoir tordus. Au bout de quelques heures, on trouve les charançons sur les draps, que l'on enlève, et on noie les insectes en les trempant dans l'eau.

Autre. Couvrir le blé de tiges de chanvre, puis les enlever et les secouer dans l'eau courante.

Autre. Laisser le grenier pendant six mois plein de foin, enlever ensuite le foin et y mettre du grain.

Autre. Enfermer du chènevis ou de la sarriette en poudre dans de petits sacs, disposer ces petits sacs de distance en distance sur les sacs de blé ou de farine ; leur odeur suffit pour faire périr tous les insectes.

Autre. Mettre dans un coin du grenier la vanne ou balle de la navette, après avoir récolté cette graine au mois de mai : les insectes qui sont friands de ces débris s'y rendent en foule; on les ramasse avec des pelles et on les brûle. En répétant cette opération deux fois, on peut en débarrasser complètement le grenier.

Vieille recette. Mettre dans le grenier où repose le froment quelques fardeaux d'hièbles, après qu'elles auront été séchées à couvert.

Autre. Mettre force poireaux pelés tout autour du froment, et sur celui-ci quelques linges mouillés, qui se trouvent le lendemain chargés de *charançons.* Mais il faut changer les linges tous les jours.

Autre. Teindre les greniers avec de la chaux vive éteinte dans une eau où l'on a fait bouillir de l'hièble, de l'absinthe et de l'hysope.

Autre. Nous ne donnons qu'avec méfiance ce singulier procédé indiqué par M. Havet.

« Un laboureur très estimable a entièrement purgé sa maison de ces pernicieux insectes, par un procédé facile à exécuter. Au mois de juin, époque où les greniers et les granges étaient vides, il fit amasser dans des sacs des fourmis de la grosse espèce, et les fit répandre dans les endroits infectés. Aussitôt les fourmis se jetèrent sur les charançons, et les dévorèrent jusqu'au dernier, puis elles disparurent toutes. Depuis lors ce cultivateur n'a plus vu de charançons chez lui. »

Les fumigations de soufre et de sulfure de mercure ou cinabre réussissent contre les charançons. (Voy. ANIMAUX NUISIBLES.) La chaux pulvérisée et mêlée exactement au blé les fait périr, mais oblige à vanner de nouveau le blé avant de le faire moudre.

Charançon du pommier. (*Curculio mali.*) Famille des coléoptères tétramérés. Ce charançon attaque les pommiers, spécialement les quenouilles et nains, et dépose ses œufs dans les fleurs, que dévore le ver qui en sort. On diminue ses ravages en détachant les pétales qui lui servent de refuge et de nourriture. (Voy. CHARBON.)

Le charançon de la vigne (*Attelabe*) fait quelquefois perdre la récolte par sa multiplicité. On ne peut guère le tuer qu'en le cherchant avec soin et en l'écrasant. On l'appelle aussi lisette, ou brèche, ou becmare.

Charançon du chou. On l'appelle aussi oscime. Il pique les racines de la plante, en fait jaunir les feuilles et moisir la tige. On l'éloigne en se servant de charbon comme engrais.

On trouve des charançons sur le pin, le bouleau; l'aratichant, l'oseille, la bardane, la patience, le plantin, les crucifères, les pois et autres légumes. (Voy. CHENILLE.)

Les *charançons-sinchèmes* détruisent les fruits à noyaux, les noisettes, les baies. Les *bruches* attaquent les légumineuses. Les *lixes*, logés dans la tige des plantes et surtout du felandrium, font périr les chevaux qui en mangent.

Pour les moyens à employer contre eux, voy. ANIMAUX NUISIBLES, CHEVAL.)

CHARBON. (*Ind. dom.*) Le charbon se divise en charbon de matières végétales ou charbon de bois, et charbon animal, charbon de terre ou de mine. On en a tiré aussi d'une espèce de schiste qu'on trouve dans le Puy-de-Dôme.

Le charbon à l'état pur constitue le diamant.

Le charbon a la propriété d'absorber les gaz dégagés par les matières en putréfaction. C'est ce qui le fait employer dans les filtres et fontaines dépuratoires. Berthollet a conseillé, ce qui a toujours réussi, de charbonner l'intérieur des tonneaux, pour empêcher la corruption de l'eau douce embarquée sur mer. On peut faire des couvercles de sièges d'aisances concaves, où l'on place de la poudre de charbon; l'odeur des fosses est absorbée et ne se répand pas au-dehors.

Les Égyptiens se servaient du charbon dans la préparation de leurs momies.

Le charbon s'emploie à la clarification et décoloration du miel, du sucre et d'autres liquides. On préfère, pour le raffinage, le charbon d'os, qui a plus d'énergie et agit davantage comme décolorant.

On emploie le charbon à polir le fer et l'acier.

Le charbon entre dans la composition de l'encre d'imprimerie. Mélangé avec le soufre et le salpêtre (nitrate de potasse), il constitue la poudre à canon. Il entre dans les peintures en noir et en gris. On l'emploie aussi en pharmacie.

Comme aliment, le charbon peut se mêler à la nourriture des cochons, des oies, des canards, quelques semaines avant de les tuer. Leur chair en acquiert un meilleur goût.

CHARBON DE BOIS. Le charbon de bois s'extrait du bois de la manière suivante:

Les bûches sont placées circulairement à plat autour d'un pieu entouré de bois sec, sur un terrain battu. On les couvre de bûchettes debout et d'un très fort lit de bûches à plat en plus grande quantité au centre qu'aux bords. On recouvre le tout de gazon, de feuilles et de terre. On enlève le pieu du milieu et on y substitue des charbons allumés. Le bois sec s'enflamme, et quand le feu a pris, on bouche le trou du milieu avec une plaque de gazon. Le charbonnier vei le à des trous aux parties qui ne sont pas suffisamment échauffées pour y attirer la fumée, et retouche les crevasses de l'enveloppe. Quand la carbonisation est suffisante, on étouffe le feu en chargeant dessus de la terre mouillée; et quand tout est froid, on enlève le charbon.

On obtient aussi le charbon en chauffant le bois dans des vases en fonte. Un tuyau adapté recueille les gaz et l'acide pyroligneux d'où l'on extrait ensuite l'acide acétique et le goudron. Le charbon obtenu ainsi est plus léger que celui des forêts.

Si l'on remplit de charbon pulvérisé ou de menu poussier recueilli sur l'aire tous les interstices entre les portions de bois qu'on veut carboniser, on obtient un bon produit. Ce menu charbon empêche le contact de l'air.

Procédé de carbonisation en petit. Adapter à un petit fourneau un tambour en tôle où l'on réserve un espace vide pour la fumée.

Remplir le tambour, de bois de sapin fendu et coupé convenablement, bien luter le tambour et allumer. Au bout de trois heures, le bois est en charbon.

Autre. Avoir un tuyau de tôle ou de fonte creux, le placer dans le foyer en guise de bûche économique, après l'avoir rempli de bois coupé convenablement, et en avoir bien bouché les deux bouts. Une journée suffit pour faire le charbon.

Emploi du charbon de bois comme chauffage. Le charbon peut non seulement être employé en morceaux, mais en poussier. Une motte d'une livre et du diamètre de cinq pouces et demi, préparée avec du charbon pilé, et un vingtième d'eau dure quarante-huit heures. Dans la combustion du charbon la chaleur n'est pas portée au-dehors comme dans la combustion du bois. Les exhalaisons nuisibles de l'acide carbonique qui se dégagent sont combattues aisément par l'aération. (Voy. AIR, APPARTEMENT, ASPHYXIE, CHLORE.)

A vec partie égale de charbon de bois et de parenchyme de pomme de terre humide, de sciure de bois, de débris, et un cinquième d'argile, on forme des mottes qui donnent un feu vif, égal et durable. (Voy. BRIQUETTE.)

Emploi du charbon pour conserver l'eau. En combinant six livres quatre onces de charbon et deux onces six gros d'acide sulfurique à soixante-six, on obtient une dose dont la force égale celle de seize livres de charbon employé seul, et qui suffit pour désinfecter cent litres d'eau corrompue, ou pour conserver de l'eau potable. On purifie l'eau corrompue en agitant à plusieurs reprises, et laissant reposer, ou simplement en jetant le charbon dans les eaux stagnantes.

Emploi du charbon comme filtre. On place au milieu de la fontaine ou du tonneau une toile bien tendue et forte à l'aide d'un cerceau; on la couvre de quatre pouces de charbon bien sec, et place par-dessus une autre toile de la même manière, et on verse l'eau dans la partie supérieure; elle se purifie en tombant lentement dans la partie inférieure: telle est la théorie de tous les filtres dont la fabrication subit plus ou moins de perfectionnement.

Emploi du charbon pour préserver les pieux de la pourriture. On fait un trou qu'on emplit de poussier de charbon où l'on scelle le pieu, ou bien on l'enduit d'huile. On y applique du poussier, et quand tout est sec, on place par-dessus deux couches de vernis.

Emploi du charbon pour conserver la glace. Comme le charbon est mauvais conducteur du calorique, on s'en sert pour conserver la glace l'été. On fait un trou en terre, on y place un poinçon plein de glace, et on l'entoure de charbon réduit en poudre.

Emploi du charbon pour conserver les alimens. On essuie la viande qu'on veut conserver, on étend sur un linge une couche bien égale de charbon concassé, et bien lavé, et séché à l'air, on serre bien la viande dans ce linge avec des ficelles, et on la garde dans un endroit frais. Elle se conserve ainsi pendant très long-temps. Si on veut, par ce procédé, conserver du gibier et des volailles, on les vide et on remplit l'intérieur de charbon. Quand on veut faire cuire la viande ainsi conservée, on la lave d'abord à grande eau pour enlever toutes les particules de charbon. On peut aussi préparer ainsi de la viande crue.

Pour désinfecter des viandes dont la putréfaction est déjà commencée, on les plonge d'abord dans de l'eau bouillante, on les lave ensuite à l'eau froide, en les débarrassant de toutes les moisissures et saletés, on les enveloppe dans un linge comme ci-dessus, on les met dans une chaudière avec du poussier de charbon, et trois parties d'eau pour chaque partie de viande; on fait bouillir deux heures, et on lave à l'eau froide.

On désinfecte un morceau de bouilli qui a éprouvé seulement un léger commencement de décomposition, en éteignant dans le vase où il bout quelques morceaux de charbon, et même en y jetant quelques morceaux de charbon concassé grossièrement.

Quand une graisse a un goût rance, on peut la faire bouillir avec du charbon concassé, on la passe, et elle reprend son goût naturel.

Emploi du charbon pour décolorer le vinaigre ou autres liquides. Pour le vinaigre, on doit mettre le charbon dans la proportion de dix à douze pour cent, ainsi que pour les huiles et les miels, dix-neuf pour cent pour les sirops; ils passent une première fois impurs, et une seconde fois remis sur la chausse, ils se clarifient; quatre pour cent seulement pour les eaux-de-vie, la plupart des vins et les alcools teints par leur séjour dans un tonneau qui avait contenu du vin.

On calcine du charbon de bois dans un vase bien luté, qu'on expose à un feu actif, en le couvrant de sable et de grès. On retire ce charbon, on le sépare du sable, on le pile promptement en poudre très fine, et on l'introduit dans le liquide; on remue de temps en temps, et après trois jours, on filtre ou on décante.

Si l'on ne se sert pas de suite du charbon, on le conserve dans un lieu bien sec et à l'abri du contact de l'air, en ayant soin qu'il ne s'altère par aucun mélange.

Emploi du charbon comme engrais. Le charbon végétal, mêlé aux semences, active la végétation dans les terres grasses et humides, dans les terres crayeuses et légères; dans les terres siliceuses, il a peu d'influence. Il ne doit pas être mis en trop grande abondance. Uni avec la terre des jardins, il en augmente la légèreté. Il préserve les échalottes, les ognons et les choux, et généralement tous les légumes, des charançons, des vers, de la moisissure, quand on en répand un demi-pouce sur la terre labourée et fumée, avant le semis. Il agit en absorbant les rayons caloriques et en échauffant le sol, en décomposant l'eau par son affinité avec l'oxigène, et en mettant à nu l'hydrogène qui active la végétation.

Les engrais sont d'autant plus actifs qu'ils contiennent plus de carbone ou charbon pur.

Le charbon est encore meilleur quand on le retire des eaux stagnantes où on l'a jeté pour désinfecter. Son influence ne se prolonge pas au-delà d'une année.

On emploie aussi comme engrais le charbon végétal provenant de la décomposition du bois enfoui dans la terre. Il a les mêmes qualités.

Emploi du charbon pour détruire les animaux nuisibles. Cet emploi peut être dangereux; mais on peut le pratiquer dans des greniers carrelés. On place du charbon dans des réchauds: on a soin de l'allumer peu et de se ménager un courant d'air. Quand les réchauds sont en place, on ferme hermétiquement toutes les ouvertures: le gaz acide carbonique se dégage. Les charançons, les souris, les rats, etc., sont détruits par cette opération. On prend des précautions pour ouvrir le grenier, afin de n'être pas exposé aux vapeurs. (Voy. ANIMAUX NUISIBLES.)

Emploi médical du charbon. Le charbon fait cicatriser les ulcères et en arrête les ravages. Il est employé contre la teigne, en pâte ou mêlé à des pommades. On s'en sert dans l'atonie, dans les maladies des poumons, dans les catarrhes, les fièvres, et même le choléra. (Voy. DARTRES, DENTS, HALEINE, TEIGNE.)

A la dose d'un gros pendant la durée de l'accès, il a réussi contre les fièvres; à la dose de quinze à vingt grains, trois fois par jour, contre les diarrhées rebelles.

On fait des pastilles de charbon contre la mauvaise odeur de l'haleine, en le mêlant avec du sucre et quelques aromates.

Emploi du charbon pour conserver les sangsues. (Voy. SANGSUES.)

CHARBON ANIMAL. (Voy. NOIR ANIMAL.)

Charbon de schiste. Ce charbon, produit de schiste carbonisé à vase clos, a les propriétés du charbon animal, mais est moins actif.

Charbon de terre. Le charbon de terre vaut à Paris 4 fr. 50 c. les cent kilogrammes. C'est le mode de chauffage le plus économique. Il a l'inconvénient de répandre une mauvaise odeur. Pour éviter cette odeur, on pratique derrière le foyer plusieurs ouvertures en bas, et une autre au milieu, ce qui contribue à l'activité de la combustion. Les foyers les plus commodes pour brûler le charbon de terre sont des grilles en forme de coupe.

Le charbon de houille est plus connu sous le nom de coke. (Voy. COKE.)

CHARBONNIÈRE. (*Var. dom. — Chass.*) *Parus major.* Passereau du genre mésange. Il est plus gros que toutes les autres espèces de son genre, et a la tête noire, ainsi qu'une partie du cou, ainsi qu'une bande noire depuis le cou jusqu'au bas de la poitrine; une raie jaunâtre lui traverse les ailes, qui sont variées de jaune, de bleu et de cendré; tout le fond du plumage est d'un jaune tendre.

Ce petit oiseau très commun rend service en détruisant les insectes qu'il cherche dans l'écorce des arbres. Il mange aussi des graines et quelquefois des abeilles.

Il est très vif et très remuant; il s'élève facilement en cage; mais enfermé avec d'autres, il est disposé à les attaquer et à leur percer le crâne à coups de bec.

CHARDON. (*Agric.*) *Carduus.* Famille des cynaro-céphales. Le genre des chardons est très nombreux. Ils croissent sans culture. Les chevaux, les ânes, les vaches, les chèvres, les mangent avec plaisir; surtout le chardon lancéolé (*carduus lanceolatus*), le chardon frisé (*carduus crispus*), et le chardon des marais.

Le duvet cotonneux qui est entre les feuilles du calice des chardons peut se filer comme du coton.

Chardon à foulon. (Voy. CARDÈRE.)

Chardon des marais (*carduus palustris*). Dans le nord, on mange ses jeunes pousses et ses racines.

Cardon-marie (*carduus marianus*). Il a quelques propriétés sudorifiques et fébrifuges. Ses feuilles et ses semences ont une saveur amère.

Chardon penché (*carduus nutans*). Ses fleurs caillent le lait.

Chardon-bénit (*centaurea benedicta*). Famille des synanthérées. C'est une plante herbacée, annuelle, qui croît dans les champs sans culture. Elle est légèrement fébrifuge.

Le chardon roland, ou *panicaut*, appartient à la classe des ombellifères. Il croît sans culture. Sa racine est un assez bon aliment.

Chardon étoilé, chausse-trappe (*centaurea calcitrapa*). Famille des synanthérées. On l'employait autrefois dans les maladies des voies urinaires; mais il est tombé en désuétude.

Pour détruire les chardons dans les jachères, labourer à sillons étroits au mois de mars, herser et labourer quelques semaines après. Le labour doit avoir quatre pouces de profondeur. On peut semer la même année du blé, la terre ayant le temps de se raffermir. On peut aussi passer dans le champ un rouleau de fonte qui broie les mauvaises herbes.

CHARDONNERET. (*Récr. dom.*) Le mâle du chardonneret a le tour du bec et les épaules noires; la femelle les a bruns. Il vit jusqu'à vingt ans.

Les meilleurs chardonnerets à élever sont ceux qui viennent des couvées du mois d'août dans les broussailles, ou sur les pruniers et les orangers. La couleur du chardonneret des haies est plus foncée que celui des aulnes.

Pour prendre le chardonneret dans le nid, il faut attendre que toutes les plumes lui soient poussées. On le nourrit avec de petites boulettes à la brochette. Ces boulettes se font de noix et de massepains, ou d'échaudés, d'amandes mondées, et de semences de melon; le tout pilé. On en donne trois ou quatre à chaque repas. On fait boire l'oiseau avec un petit plumasseau de coton imbibé d'eau, présenté au bout d'une allumette non soufrée.

Quand le chardonneret commence à manger seul, on lui donne du chènevis broyé avec de la graine de melon. Quand il est fort, il se nourrit seulement de chènevis. On peut y joindre du mouron, du senneçon, de la graine de chardon.

Le chardonneret chante très bien. En le plaçant près d'un serin, d'une linotte, ou d'une fauvette, on forme une sorte de petit chœur.

Le chardonneret s'accouple avec la femelle du serin de Canarie. On a de beaux mulets de chardonneret et de serins, quand la femelle est blanche ou jonquille.

Pour habituer un chardonneret à vivre avec une serine, on lui ôte le chènevis et on lui donne du millet, de la navette et de la graine d'alpiste, nourriture ordinaire des serins.

Le chardonneret est sujet à l'épilepsie. (Voy. OISEAUX.)

CHARLOTTE DE POMMES. (*Off.*) Peler des pommes; en ôter le cœur et les couper par petits morceaux, y ajouter du sucre et un peu de cannelle en poudre, faire cuire à la consistance de marmelade et laisser refroidir; couper de la mie de pain très mince, la tremper dans du beurre tiède, l'arranger dans un moule, mettre la marmelade de pommes dedans, et au milieu, de la marmelade d'abricots, entourer ensuite avec de la mie de pain trempée dans le beurre, faire cuire dans un four ou sur la cendre rouge, avec un couvercle et du feu dessus. On peut mettre les deux marmelades par couches, et substituer à la mie de pain, de la pâte, à laquelle on donne la forme d'une casserole.

CHARME COMMUN. (*Jard.*) Carpinus betula. Famille des amentacées. C'est un arbre indigène d'un bel effet; il se sème partout, mais il réussit spécialement dans une terre franche et un peu fraîche. Quand on enlève ses branches d'en bas, il s'élance davantage et prend une forme pyramidale.

Charme à feuilles de chêne. Carpinus quercifolia. C'est une variété du charme commun. On le greffe dessus en fente plutôt qu'on n'approche.

Charme à fruit de houblon. Carpinus ostrya. C'est un arbre cultivé en Italie, mais originaire du Canada.

Charme de Virginie. Carpinus Virginiana. Il se multiplie des semis de la graine, faits aussitôt après la maturité, dans un terrain léger, à une exposition demi-ombragée.

Le bois de charme fait de très bons maillets à refendre des roues, des poulies. C'est un excellent bois de chauffage. Il sert aussi aux gros charronnages.

Quand le bois de charme ne sèche pas à couvert après la coupe, il se détériore et finit par tomber en poussière.

Le bois de charme est difficile à travailler parce qu'il est rebours et s'enlève par esquilles.

On profite de sa facilité à prendre toutes les formes qu'on veut lui donner, pour en faire des tonnelles, des allées, des murs de verdure. Les charmilles viennent mieux de graines que de jeunes plants. Elles sont composées d'arbres plus droits et plus beaux.

Il coule du pied des vieux charmes une gomme transparente de couleur de gomme jaune : elle est sans usage.

CHARMILLE. (Voy. CHARME.)

CHARPENTE. (Voy. BOIS.)

CHARRETTE. (*Ind. dom.*) Moyen de suspendre des bancs dans les charrettes. Dans la longueur de la charrette, on étend deux petits câbles parallèles attachés par-devant à une traverse qui réunit les brancards, et passés sur une autre traverse et fixés sur un rouleau derrière la voiture. On pose dessus deux planches taillées sur champ, en forme de bateau dont la courbe cannelée entre dans le câble, et qu'on fixe par des petites traverses. Dans des entailles de la ligne droite de ces planches on pose des bancs bien rembourrés. On empêche les planches de sorair des cannelures, au moyen de deux petits morceaux de bois en forme d'étriers.

Les charrettes pour déblais et remblais doivent pouvoir se décharger indifféremment par-devant, par-derrière ou par-côté.

Moyen simple pour enrayer les charrettes. Ce moyen consiste simplement en un sabot, formé d'une pièce de bois un peu plus large que la roue et légèrement creusée en gouttière pour recevoir celle-ci. Ce sabot est joint par une charnière à une chambrière, fixée, comme à l'ordinaire, au brancard, et il est retenu par une chaine qui l'entraine et le fait glisser sur le terrain. Au moyen de cet appareil, on conçoit que non seulement la vitesse est modérée dans les descentes par l'enrayage de la roue, mais que la charge supportée par la chambrière ne presse plus sur le dos du cheval, qui ainsi est plus libre dans ses allures. Arrivé au bas de la descente, on fait reculer la charrette de deux pas et on replie la chambrière sous le brancard.

CHARPIE. (*Ind. dom.*) La charpie se fait avec de la vieille toile blanche et bien lavée que l'on effile; elle doit être fine, souple, douce à la main, inodore, longue de cinq travers de doigt. La charpie dont les fils carrés à leur bout et dénués de souplesse conservent fortement l'empreinte des tissus qui les a fournis, est rude, mal liée, dure au toucher, et doit être rejetée du pansement des plaies.

La charpie une fois faite ne doit pas être exposée à la poussière. Comme elle absorbe facilement les émanations, on doit la rejeter si elle est malpropre; et si elle a séjourné dans une atmosphère malsaine, on doit, avant de la serrer, l'exposer à la lumière et à un courant d'air pur et sec. Dans des magasins humides, elle fermente, moisit, et même se putréfie. Elle contracte facilement une odeur délétère d'hydrogène sulfuré.

La charpie ne doit jamais être réemployée.

La charpie cardée est en usage depuis plus de quarante ans à Genève, dans le traitement des plaies et ulcères. Les effilures de toiles, même celles de toiles de coton, défendent très bien la surface des plaies de l'impression de l'air toujours irritant. On ne doit enlever le matelas de coton cardé que lorsqu'il est détaché par la suppuration qui s'établit à la plaie. On le remplace alors par un autre.

CHARRUE. (*Agr.*) La charrue a subi de nos jours un grand nombre de perfectionnemens. Malheureusement ils trouvent des obstacles dans la routine et l'ignorance.

La charrue est composée de diverses pièces qui ont toutes des noms et des usages particuliers.

Le *soc* sert à fendre la terre; il doit présenter la forme d'un demi-coin. On le fait le plus mince possible, sans cependant nuire à sa solidité.

Le *coutre*, qui fend aussi la terre, doit former également un demi-coin, dont la partie droite s'appuie sur la tranche de terre, et dont la partie oblique regarde la raie ouverte. Il doit avoir au moins trois pouces de largeur; il se place un peu à gauche du soc et en avant de la pointe, et il est incliné pour couper la terre de dessous en dessus.

Le *versoir*, destiné à verser la terre, doit être aussi en demi-coin. Il ne doit verser la terre qu'après qu'elle est parfaitement soulevée.

Thaër, dans son *Traité des instrumens d'agriculture*, conseille de fermer entièrement la partie gauche de la charrue par des lames de tôle, depuis le soc et le versoir.

Si les lignes de la charrue sont fort prolongées, et si elle présente un angle aigu, le tirage sera plus considérable; si l'angle est trop obtus, la terre sera levée avec beaucoup plus d'efforts. On doit donc adopter un terme moyen.

Les charrues à angle aigu remuent mieux la terre.

Les charrues sans avant-trains sont préférables aux autres. Le tirage des chevaux est bien plus facile, et ils ne perdent rien de leur force. Le point d'appui est moins éloigné du sol. Elles ont toujours l'inconvénient de nécessiter la présence constante du laboureur aux mancherons.

La charrue inventée par *Jean-Joseph Grangé*, garçon de ferme à Saint-Harol (Vosges) a trois leviers; elle fonctionne sans qu'il soit nécessaire de se tenir derrière pour diriger le soc; elle fait des sillons réguliers dans les terrains en pente, et dans les terrains plats; elle laboure à la largeur et à la profondeur voulues.

La charrue *Grangé* fut essayée, pour la première fois, à Bayon, près Lunéville, le 16 octobre 1852; au commencement de l'année suivante, elle était déjà en usage dans beaucoup de fermes des départemens circonvoisins.

Moyennant une légère dépense de dix-huit francs pour les charrues à avant-train, on peut en faire appliquer le mécanisme à toutes les charrues par un fabricant d'instrumens aratoires.

La charrue de *Roville*, perfectionnée par M. Mathieu de Dombasle, est employée dans le Midi; elle convient à tous les terrains. On fait généralement les versoirs en fonte, à moins que le sol ne soit humide. On l'attelle de deux chevaux, ou trois à la file, si le sol est humide; elle fait des raies de neuf à dix pouces de largeur, et de quatre à huit de profondeur; simple avec un versoir en bois, elle coûte quarante francs; avec un en fer, soixante; avec un en fonte, soixante-cinq francs.

La charrue dite de *Norfolk* sert aux défrichemens des landes, et aux défoncemens.

La charrue du *Berry*, employée dans le Nivernais, le Bourbonnais, une partie du Perche, et presque tout le midi, fait un mauvais labour, et laisse subsister toutes les racines des mauvaises plantes.

La charrue de M. *Chatelain*, de Nancy, a été récemment mise en usage. Le soc de cette charrue est plat, et fait en même temps l'office du coutre; le versoir est façonné d'après des mesures invariables. Il n'y a ni coutres, ni leviers; le tirage se fait sur côté, et laisse ainsi le soc et le versoir de la charrue à découvert, ce qui facilite le labour en évitant un engorgement sous l'axe. Plusieurs essais ont répondu en tous points à ce que l'auteur s'était promis; il a construit sa charrue de manière à se tenir constamment en équilibre sans force, sans gêne, sans pression sur la ligne de tirage qui s'établit de la puissance à la résistance, quand la charrue est en action, et sans que cet équilibre soit détruit en quelque profondeur qu'on laboure, au moyen d'un régulateur bien simple qui fait toujours retrouver à l'instrument son équilibre parfait. Par cet équilibre, aucune force n'est perdue, elle agit tout entière sur la résistance, sans pression ni sur le corps de la charrue ni sur l'avant-train, et il n'est pas toujours nécessaire d'avoir un aide pour la maintenir.

La charrue *Brabançonne* a été perfectionnée par M. Forget; elle est double, garnie de chaque côté d'un soc tronqué et d'une vrille; les mancherons sont mobiles, et fixés par une cheville. Quand on arrive au bout d'un sillon, ils servent à renverser et à faire tourner la charrue. Le coutre est placé en avant des socs, et vissé. Une espèce d'arc qui s'abaisse à volonté remplace les roues, et glisse quand la charrue marche.

Cette charrue faite à Barleux, près Péronne (Somme), s'est répandue dans les environs; elle a été depuis fabriquée à Paris, pour être mise dans le commerce.

On a inventé en Angleterre une charrue à vapeur. Une charrue de cette sorte à six socs avec un ouvrier, fait le travail de douze charrues attelées de trente-six chevaux et conduites par douze laboureurs.

Au concours de 1833, à Grignon, les charrues essayées ont donné les résultats suivans, en évaluant en kilogrammes la dépense de forces nécessaires, pour le tirage de chacune, par minute :

Charrue du Berry, avec quatre chevaux.	40 kil.	699 gr.
Charrue du Parc de Versailles, avec trois chevaux.	6	473
Charrue Belge de Polders, à versoir en fer, avec deux chevaux.	4	422
Charrue Belge, à versoir en bois, avec deux chevaux.	4	861
Charrue du Brabant, avec deux chevaux.	5	968
Charrue de Dombasle, petit modèle ancien, avec deux chevaux.	5	646

Emploi de la charrue pour la culture de la vigne. (Voy. VIGNE.)

CHASSE. (*Hyg.* — *Cod. dom.*) Considérée hygiéniquement, la chasse est un exercice peu salutaire, parce qu'il est rare qu'on s'y livre avec modération, et qu'on se fatigue beaucoup trop; on y est d'ailleurs exposé à de dangereuses alternatives de chaud et de froid, et à des changemens de température, à l'humidité, et aux accidens imprévus qu'occasione l'usage des armes à feu.

Elle a, en outre, l'inconvénient de nuire aux récoltes, de causer souvent du dégât dans les bois, et de détruire des haies et des clôtures.

La chasse est, chez quelques individus, à l'état de passion. Elle leur fait négliger toute affaire et tout autre plaisir. Ils chassent en tout temps, et bravent la pluie et le froid pour tuer une perdrix. Ils y mettent une précipitation qui nuit à leur succès, un bon chasseur doit être de sang-froid, et ne point précipiter ses coups.

La chasse à cheval, à la grosse bête, est très dangereuse. Aussi est-elle presque abandonnée.

Les lois ont fait du droit de chasse un accessoire du droit de propriété, qu'on peut affermer, mais qu'on ne saurait en distraire absolument, et que le fermier ne peut exiger. On peut toutefois prendre le gibier sur des terres non closes, sauf l'action du propriétaire. En tous cas, on ne peut à la chasse suivre le gibier sur le terrain d'autrui, et traverser ce terrain sans coupler ses chiens.

Autrefois le droit de chasse appartenait aux seigneurs de fief noble ou non noble, dans l'étendue de leur fief, et aux seigneurs hauts-justiciers, dans l'étendue de leur haute-justice; mais ce dernier droit n'était que personnel, à moins que le haut-justicier fût d'un état à ne pouvoir l'exercer lui-même.

La chasse est ouverte chaque année, par un arrêté du préfet de chaque département. Avant l'ouverture, on ne peut chasser même sur son terrain, à moins qu'il ne soit clos. Elle est toujours interdite dans les bois et forêts de l'Etat et des particuliers; les rapports des gardes forestiers font foi contre les délinquans.

Tout propriétaire peut faire détruire chez lui toute espèce de gibier, et construire, pour l'éloigner, tous ouvrages, même gênant l'exercice du droit de chasse de la propriété adjacente. Les préfets font faire des battues et chasses tous les trois mois ou plus souvent, contre les loups, renards, blaireaux, et autres animaux nuisibles.

On peut chasser avec lacs, tirasses, tonnelles, traîneaux, fil de laiton, pièces et pans de rets, colliers de fil et de soie, et autres filets.

Les délits de chasse sont poursuivis devant les tribunaux de police correctionnelle. La poursuite appartient, en temps ordinaire, aux propriétaires et au procureur du roi, et en temps de chasse, au propriétaire seulement, sauf l'action pour port-d'armes. Les poursuites se prescrivent par un mois.

On se munit, pour chasser, d'une permission de port-d'armes. Le décret du 4 mai 1812 prononce la peine de 30 à 60 francs d'amende, pour le fait de l'absence de permission; ce port d'armes est valable pour un an.

Il est défendu à tous officiers de la force publique de désarmer les chasseurs. Leurs procès-verbaux font foi jusqu'à inscription de faux.

Le propriétaire d'un enclos peut chasser chez lui sans port-d'armes, et y faire chasser qui il lui plaît.

CHASSELAS. (Voy. RAISIN.)

CHASSIS. (*Jard.*) C'est un bâtis léger de planches de chêne réunies pour ne former qu'un seul corps, et garnies de carreaux de verre blanc. On couvre de châssis les couches préparées, où l'on place des plantes délicates. On les penche un peu pour avoir plus de soleil, et pour faciliter l'écoulement des eaux qui sont jetées en dehors par des gouttières de fer-blanc. On a soin de bien mastiquer les fentes des châssis, et de les peindre, pour les défendre de la pluie. Quand on veut donner de l'air, on les lève, et on les referme le soir.

On fait aussi des châssis en forme de toit, dont on environne des carrés entiers, et qu'on peut entourer et couvrir de fumier l'hiver.

CHAT. (*Anim. dom.*) *Felis.* C'est un animal de l'espèce féline; il donne son nom au genre très nombreux dont font partie le lion, le tigre, le léopard, la civette, etc.

Le chat se rapproche du tigre par ses allures. Il est très carnassier, et déchire les alimens plutôt qu'il ne les mâche. Il s'apprivoise rarement d'une manière très complète; il est plus attaché au domicile qu'au maître.

Toutes les variétés du chat, ainsi que celles du chien, viennent d'une seule espèce, différenciée prodigieusement par l'éducation et une longue domesticité.

La chatte produit cinq ou six petits qu'elle place dans un endroit obscur, et dont elle prend grand soin. Ils naissent les yeux fermés, et ne voient clair qu'à huit jours. Le mâle les dévore quelquefois. Ils sont jolis, lestes, familiers, et aiment à jouer. Quand ils sont forts, on doit leur donner, de temps en temps, de petites souris; ils s'en amusent en les faisant sauter entre leurs pattes, et les mangent ensuite.

Le chat est très propre. Il cache ses excrémens, et nettoie son corps avec sa langue; il est très coureur et aime à grimper; il se plaît au soleil; il aime à se rouler sur une herbe nommée à cause de cela, herbe au chat; il la sent de loin et y accourt avec empressement. (Voy. HERBE AU CHAT.)

La fourrure des chats est électrique, et la nuit, dans l'obscurité, elle produit des étincelles; c'est ce qui l'a fait employer dans les rhumatismes, pour frictionner les parties douloureuses.

Il est essentiel d'avoir un ou plusieurs chats. On leur donne la soupe tous les matins, et on la leur met dans l'endroit où il est urgent de les attirer. Ils ne doivent jamais entrer dans les appartemens, où ils gâteraient les meubles. On les laisse dans les caves, les greniers, les granges, les remises. On les traite avec douceur, mais sans les rendre trop familiers, car alors ils deviennent paresseux, et ne prennent plus les souris. On fait placer dans les corridors une caisse plate pleine de cendres, où ils font leurs ordures.

En Angleterre on se sert des chats pour la garde des espaliers. On attache, au pied du mur, avec une chaîne légère, mais assez longue, un gros chat dont l'aspect fait fuir les rats et les oiseaux.

Les chats sont sujets à la rage; mais ils en sont atteints bien plus rarement que les chiens. On a des exemples de rage communiquée par des chats, et déclarée deux ou trois mois après la morsure. (Voy. RAGE.)

Le chat angora est remarquable par ses poils longs, soyeux et touffus. Il est de couleur blanche ou rousse, rarement noir. Les angoras sont des animaux de luxe, moins utiles qu'un chat commun.

Le chat chartreux a un poil couleur de souris.

Le chat espagnol réunit quatre ou cinq couleurs variées.

Le chat sauvage est plus long et plus gros que le chat domestique. Sa fourrure est d'un gris brun; il porte le long du dos des bandes noires. On ne le trouve que dans les grandes forêts, où il détruit une très grande quantité de gibier. On le chasse avec des bassets, ou bien on le prend au piège.

La chair du chat est bonne, et a le goût du lapin. On en mangeait beaucoup en Espagne autrefois : « On mange en Espagne, dit un ancien auteur, des chats sauvages, desquels on ôte la tête et la queue. Ils y sont communs comme les lièvres. La chair en est chaude et molle. »

La fourrure des chats est épaisse et douce au toucher. On en fait des gants, des manchons, des casquettes. On peut filer aussi celle des angoras.

Les boyaux de chat servent à faire de petites cordes pour les instrumens de musique.

CHATAIGNIER, CHATAIGNE, CHATAIGNERAIE. (Agr.) Castanea vulgaris. Famille des amentacées. Le châtaignier se sème en novembre dans toute terre, mais principalement dans un lieu montueux, dans une terre chaude, épaisse et sablonneuse. On bêche la terre, et on fait des rayons profonds de trois pouces. On sème à trois pouces de profondeur. A deux ans, le plant est bon à repiquer.

Si on le repique en juillet, on l'espace de trois pieds en tous sens.

Le châtaignier demande une exposition demi-ombragée. Il fait un très bon effet en avenue; on l'espace alors de trente-six pieds au moins. On le greffe en flûte ou en écusson à la pousse du 1er au 10 avril. La deuxième année, les greffes commencent à fleurir; mais elles ne sont en rapport qu'au bout de six à sept ans. S'il vient de semis, le châtaignier donne des fruits à sa quinzième année, sous une bonne exposition.

Le châtaignier fleurit en juillet; le fruit est mûr en octobre. Il supporte les plus grands froids; il aime l'humidité.

Châtaignier d'Amérique. (Castanea Americana.) On greffe cette espèce par approche sur le châtaignier commun. Elle est belle, et encore peu connue; elle se cultive de même que le précédent.

Châtaignier à feuilles diverses. (Castanea heterophilla.) On le greffe sur le châtaignier commun, dont il est une variété.

Châtaignier nain. (Chincapin ou castanea pumila.) C'est un arbrisseau d'Amérique. Ses fruits sont petits et très bons. Il se multiplie de semis et de marcottes, dans une terre de bruyère, et dans un terrain mêlé de sable. Il aime l'ombre. Quand il est jeune, on couvre le pied en hiver.

On choisit de préférence pour les châtaigneraies une exposition méridionale, un sol froid, argileux, poudreux et fangeux selon les saisons. En automne, on le défonce avec une charrue à la Norfolk ou simplement à la bêche, à la profondeur de dix pouces. On enfouit les racines des plantes qui garnissaient le sol. On prépare la semence au printemps, on laboure et on sème du blé noir. L'année suivante, on fume, et on fait une nouvelle récolte de blé noir.

On arrache ensuite les plants de la pépinière, et on recèpe à cinq ou six pouces du collet. On choisit des plants qui, placés en pépinière après deux ans de semis, y sont restés trois ou quatre ans, et y ont acquis un pouce et demi de diamètre. On plante en les posant en quinconce. Les tiges doivent être éloignées de quatre pieds les unes des autres, et les rangs, de six pieds.

Pour l'entretien et la propreté des châtaigneraies, l'écoulement des eaux, et la destruction des plantes parasites, on laboure trois fois par an à l'extirpateur. On peut faire au bout de six ans une première coupe, qu'on renouvellera tous les six ans, en recépant au niveau du sol et nettoyant la souche. On en obtiendra des bois de cercles très bons et très forts. La coupe doit se faire avant la fin de l'automne, et toujours le plus près possible de la nouvelle sève; chaque coupe peut rapporter de 400 à 600 fr. par hectare; pendant cent vingt ans environ que dure la châtaigneraie, chaque hectare rapporte de 8,000 à 10,000 fr. Les frais d'établissement, indépendamment de la valeur du sol, vont à 1,900 fr. environ.

La châtaigne commune à gros fruit, dite partatonne, est productive et excellente. Les châtaignes les plus estimées sont celles appelées marrons de Lyon, d'Aubray, d'Agen, de Luc.

Le châtaignier se plante en taillis, en allées, en futaies. Il remplace avec avantage les ormes le long des routes.

Les charpentes de châtaigniers sont très belles. Celle de l'église de Chartres est intacte depuis des siècles. On voit des solives de châtaignier encore saines au bout de mille ans.

Le bois de châtaignier, en grosses pièces ou refendu en lames, est excellent pour faire des treillages. Il ne pourrit pas aisément. En futailles, il réunit la solidité à l'impénétrabilité et à la dureté; mais il sert principalement à faire des cercles. On l'emploie aussi comme bois de chauffage. Le bois de châtaignier brûle très difficilement, et s'éteint avec facilité. Ce n'est qu'en le réduisant en petits copeaux, qu'on parvient à l'allumer. On pourrait donc essayer de le placer dans les forêts, de manière à être exposé le premier aux incendies qui peuvent survenir.

L'écorce de châtaignier est propre au tannage, et contient deux fois plus de tan que celle du chêne. Le cuir préparé avec cette écorce est ferme, solide et flexible.

On tire de l'écorce du bois de châtaignier une matière colorante. Elle est à celle du bois de campêche comme 1.837 est à 1. Cette couleur est inaltérable à l'air et à la lumière. Mêlée avec le fer, elle est d'un noir bleuâtre. Elle peut remplacer la noix de Galles dans la fabrication de l'encre.

Les châtaigniers couvrent le Limousin et l'Auvergne. Malgré la bonté de leurs fruits, comme alimens, on aurait de grands avantages à les remplacer par des céréales. C'est ce que Turgot proposa en vain, il y a plus de soixante ans.

Les châtaignes bouillies sont nourrissantes; mais elles sont venteuses; elles se digèrent facilement; elles conviennent aux vieillards, auxquels la pulpe de ces fruits offre peu de résistance.

On fait de la farine et du pain avec les châtaignes. On en extrait du sucre, et une boisson fermentée. En Italie, en Corse, on fait des galettes avec de la farine de châtaignes. On n'a pu parvenir à en faire du pain levé.

L'eau de châtaigne est bue avec avidité par les bœufs et par les cochons. Les cochons mangent les châtaignes, même verreuses et pourries. Desséchées et brisées, elles servent de nourriture à la volaille.

On fait cuire les châtaignes, ou sous la cendre, ou rôties dans une poêle à un feu clair, ou bouillies à l'eau ou au lait.

Procédé pour faire cuire les châtaignes. Les faire bouillir dans un pot avec un peu de sel et un bouquet de fenouil, pendant une demi-heure; les mettre dans un brûloir à café, et tourner à un feu clair jusqu'à ce qu'elles soient rissolées. Le suc d'abord développé par la cuisson est ainsi concentré par la dessiccation, et les châtaignes acquièrent un goût exquis. On peut aussi les faire bouillir dans l'eau, les fendre, et les cuire après sous la cendre.

Quand on les fait bouillir, il ne faut pas les laisser trop long-temps sur le feu, car elles deviennent fades. De même quand on les fait rôtir, il ne faut pas les exposer à un feu trop ardent, ou trop continu, ce qui les dessécherait et les brûlerait. Si elles achèvent de cuire entre deux linges par leur propre chaleur, elles ont plus de goût.

Châtaignes à la limousine. Enlever l'écorce; les mettre dans l'eau bouillante; quand la seconde pellicule se détache, avec un bâton branchu remuer en tous sens fortement pour la séparer tout-à-fait. Les retirer, les secouer dans un crible, et les laver à l'eau froide. Faire cuire sans eau dans une marmite de fer couverte, à un feu doux.

Les châtaignes ramassées en plein soleil s'exposent à la lumière pendant sept à huit jours sur des claies, qu'on retire tous les soirs, et qu'on pose les unes sur les autres dans un endroit chaud. Ainsi traitées, elles se conservent plus long-temps, et supportent de longs trajets sans avaries. S'il fait mauvais temps, on les fait sécher sur les claies. Séchées ainsi, elles ont un goût plus sucré que les châtaignes fraîches. On peut les mettre dans le sable, en lieu sec.

On conserve aussi la châtaigne en la faisant bouillir pendant vingt minutes, et en l'exposant ensuite à la chaleur du four, une heure après la cuisson du pain. On la tient dans un lieu sec. Pour s'en servir, on la fait réchauffer au bain-marie, ou on la laisse renfler à l'humidité. (Voy. MARRONS.)

Manière de faire le café de châtaignes. Faire chauffer dans un bassin de cuivre une livre de morceaux de betteraves desséchés, verser dessus trois gros d'huile d'olive, et remuer sur le feu pendant cinq minutes; ajouter une once de châtaignes séchées, faire griller dans un brûloir ordinaire, jusqu'à ce que le tout soit d'un brun foncé. Moudre le mélange aussitôt, et ne pas le conserver, parce qu'il perd toujours de sa qualité quand on le garde. On doit attendre, pour ôter du brûloir cette préparation, que l'odeur des châtaignes se fasse seule sentir, et que celle des betteraves ait complètement disparu.

Le liquide qu'on obtient par infusion de cette poudre a le goût du café, avec des propriétés analeptiques tout opposées.

On fabrique en grand le café de châtaignes dans la Saxe.

Manière de faire le sucre de châtaignes. On prendra des châtaignes douces non gâtées par l'humidité, non colorées trop fortement par les séchoirs.

On dépouille ces châtaignes de leur enveloppe, soit à la main, soit en les battant avec un fléau, soit en roulant dessus un gros rouleau de bois; on extrait, si l'on veut, la pellicule.

On les fait ensuite sécher à l'étuve dans une chambre chauffée et fermée hermétiquement; on les remue avec un râteau pour hâter la dessiccation.

Quand elles sont cassantes et dures, on les concasse grossièrement; on les met infuser dans de l'eau qui les couvre; on soutire cette eau; au bout de six heures, on fait deux infusions à l'air pour empêcher la fermentation; on fait bouillir cette eau jusqu'à consistance de sirop en réduisant : on filtre, quand la liqueur marque 58 degrés à l'aréomètre de Réaumur.

On fait bouillir et évaporer dans des chaudières plates, évasées et peu profondes, pour que le sirop se cristallise bien; on le remue de temps en temps pour y faire entrer de l'air; on le délaie avec un peu d'eau, quand il est cristallisé, et on le soumet à une forte pression. On a ainsi un sucre que le raffineur peut rendre très blanc et très pur.

Les châtaignes qui ont servi à faire du sucre, si elles ne sont soumises à une forte pression, et séchées vite au soleil ou au four, s'altèrent en fermentant. Séchées, on les moud, et on en tire une farine qui, mêlée au froment, fait de bon pain.

Châtaignes d'eau. (*Trapa natans.*) Plante aquatique. On l'appelle aussi macre et saligot.

Pour semer la châtaigne d'eau, on la jette simplement dans un étang. Elle donne en abondance. Pour garder la châtaigne, en attendant qu'on la plante, on la met dans un pot avec de l'eau, qu'on renouvelle trois fois par semaine.

L'eau doit être profonde de trois à quatre pieds. Le fond sera vaseux; purement composé d'argile ou de glaise, il ne serait pas convenable.

Le fruit est une belle amande en forme de cœur, qui n'est pas séparée comme la châtaigne par des filamens. C'est un aliment sain et agréable, mais sentant un peu le marécage.

CHATAIGNIER (Pomme de). Voy. POMME.

CHAT-HUANT. (*Class.*) *Trix stridula.* Genre chathuant. Il est gros comme un pigeon; il a sur la tête un cercle de plumes raides, variées de blanc, de brun et de roux dans les mâles, de brun et de roux dans les femelles. Le plumage est moucheté. Les jambes sont couvertes de plumes. Le bec est couleur de corne, et les ongles bronzés. Il se tient dans le creux des arbres et en sort la nuit. Il détruit les rats, les souris, les petits oiseaux, le gibier, les pigeons, les œufs, la volaille. Il est difficile à tuer la nuit. Il vaut mieux le guetter, observer le lieu où il se réfugie, et le surprendre pendant le jour.

CHATOUILLES. (*Pêch.*) On appelle ainsi de petites lamproies qui se tiennent dans la vase des rivières. (Voy. LAMPROIES.)

CHAUDIÈRE. (Voy. CUIVRE, SUCRE.)

CHAUFFERETTES. (*Ind dom. — Var.*) Les chaufferettes ordinaires sont en bois. Elles sont doublées en tôle,

et le couvercle percé de trous se lève quand on veut remplir les chaufferettes. Elles ont l'inconvénient d'altérer gravement la santé, de pouvoir communiquer le feu aux vêtemens, de répandre souvent de mauvaises odeurs, et d'être sans usage si l'on n'a de la braise.

Madame Chambon a imaginé une chaufferette, dite augustine, qui est bien préférable à celles employées jusqu'à ce jour.

Elle est composée d'une partie qui contient une lampe, et d'un réservoir placé au-dessus et rempli de sable. En diminuant ou augmentant la grosseur de la mèche, on fait varier la chaleur. Le réservoir est chaud à 45 degrés au bout de quarante minutes, et conserve long-temps la chaleur. On peut, en se couchant, le retirer et le mettre à ses pieds enveloppé d'une serviette. L'augustine peut aussi servir de veilleuse, et chauffer des boissons ou du linge.

CHAULAGE. (Voy. BLÉ.)

CHAUME. (*Ind. dom.*) On appelle chaume la paille qui sert à faire des toits. La misère qui règne dans beaucoup de campagnes ne permet pas d'employer d'autre couverture. On peut y mêler des joncs, des roseaux, et des tiges des plantes aquatiques fanées au soleil après la coupe. On attache les chaumes sur les toits avec de gros osiers ou des baguettes de menu bois. Des perches de chêne à trois pieds l'une de l'autre en travers servent de chevrons. Plus les liens sont serrés, plus le chaume est pressé et distribué également partout, plus la couverture est durable.

Le chaume pour toiture a l'inconvénient d'être très inflammable. Pour le rendre de plus difficile combustion, on prépare un mortier de 7|10e de terre glaise, 4|10 de sable, autant de chaux vive et de crottin de cheval. On l'applique à la truelle sur la surface du chaume, et lorsque la dessiccation de l'enduit produit des fentes, on les bouche à mesure.

Autre procédé. On trempe les bottes de paille dans l'argile, ou bien on verse sur le toit une bouillie d'argile.

Autre. On étend sur le chaume deux couches d'un mélange composé d'une partie de sable fin, deux de cendres de bois, trois de chaux éteinte.

Autre. Mêler un hectolitre de scories de houille, ou de chaux en pâte, 4|2 d'argile, 42 liv. 4|2 de sang de bœuf, 5|4 de liv. de bouze de vache; appliquer ce mélange sur la paille.

Autre. 4|2 hectolitre de chaux en pâte, 4 de briques, 4|4 de glaise, 6 liv. 4 onces de sang. 7 liv. 4|2 de bouze de vache. On peut substituer, à la poudre de briques, du sable de rivière; à la bouze, du crottin ou de la balle de blé; au sang, eau des mares.

Autre. Faire macérer quarante-huit heures des rognures de peaux de gants, faire bouillir, mêler au résidu de la chaux vive éteinte; enduire sur les deux faces.

Autre. Mêler à la chaux une décoction de branches de figuier, de racines de chicorée, et de plantes à suc laiteux. La mousse dite *fontinale incombustible*, qui croît en abondance dans les étangs, les fontaines, et celle dite *barbula ruralis* qui vient sur les arbres, étendues sur le chaume, diminuent beaucoup les chances d'incendie.

Virgile, dans les *Géorgiques*, recommande de brûler les chaumes dans les champs, en donnant pour raison de la bonté de cette pratique, que le feu ouvre la terre pour laisser passer les sucs nourriciers, on la resserré pour la garantir de trop d'humidité. On sait aujourd'hui l'action chimique des chaumes brûlés.(Voy. ÉCOBUAGE.)

Quand on veut enlever le chaume, on l'arrache avec un râteau et on le met en meules, jusqu'à ce qu'on l'emploie.

CHAUSSE. (Off.) La chausse est une toile ou étoffe de laine doublée et cousue en forme de capuchon pour y faire passer les liquides. La chausse pour les sirops et le sucre, attachée à un carrelet par les quatre coins, est appelée en terme d'office *blanchet*.

CHAUSSÉE. (Voy. ÉTANG.)

CHAUVE-SOURIS. (*Chass.*) *Vespertilio.* Chéiroptères de l'ordre des carnassiers. Ces animaux sont très communs en France; ils ressemblent à la souris par la couleur et la forme des poils, et ils ont des membranes prolongées en forme d'ailes jusqu'au bout des doigts. (Voy. PRONOSTIC.)

Les chauves-souris mangent les œufs des poules et des pigeons. Une chauve-souris clouée à la porte d'un poulailler sufit, dit-on, pour écarter les autres.

Les chauves-souris mangent aussi les abeilles, les fruits, le menu gibier, et même la volaille.

CHAUX. (*Ind. dom.*) La chaux est appelée en chimie protoxide de calcium. On l'extrait en calcinant au rouge blanc le carbonate de chaux des pierres, le marbre, les coquilles d'huîtres, et principalement les pierres dites pierres à chaux. On la dégage par la calcination de l'acide carbonique; on la mêle ensuite avec de l'eau qu'elle absorbe; elle est d'une saveur caustique, et douée de propriétés alcalines.

La chaux, dite hydraulique, est extraite de pierre à chaux contenant de l'argile. Elle est maigre, et acquiert plus de dureté sous l'eau que dans l'air. Elle contient ordinairement sur 100 parties, de 60 à 75 parties de calcaire, et de 25 à 40 d'argile.

On se procure une chaux hydraulique factice en faisant cuire et pulvérisant 50 parties d'argile, et les mêlant bien à 25 parties de chaux éteinte en poudre; on brasse ce mélange délayé avec un peu d'eau, on en fait des tuileaux, et on les cuit dans un four à chaux pendant douze ou quinze heures, on les réunit ensuite avec un mortier de chaux et de sable fin.

La première cuisson de l'argile peut se faire sur des plaques de fonte, dans des cheminées ordinaires. Si l'argile menaçait de se vitrifier pendant cette opération, on y mêlerait un quart de chaux éteinte dont on tiendrait compte ensuite.

Toute pierre qui a la propriété, après avoir été chauffée, de fuser, de faire pâte, et de s'échauffer mise en contact avec l'eau, est une pierre de chaux ou carbonate calcaire: les pierres dures sont meilleures que les pierres marneuses.

On reconnaît la pierre à chaux, en ce qu'exposée au feu continu, elle perd depuis un tiers jusqu'à moitié de son poids. On préfère celle d'une couleur noirâtre et d'une teinte bleuâtre plus ou moins foncée.

La chaux est grasse ou maigre, selon la quantité de mortier qu'elle fournit. Maigre, elle contient moins d'acide carbonique, et les pierres qui la donnent renferment des détritus et de la silice en assez grande quantité;

elle est plus convenable que la chaux grasse dans les constructions destinées à être placées sous l'eau, surtout si elle contient de l'argile.

Les chaux non hydrauliques, placées sous l'eau, se conservent à l'état pâteux; mais hors de l'eau, elles s'emparent peu à peu de l'acide carbonique de l'atmosphère et deviennent très dures.

Les chaux grasses s'échauffent beaucoup quand on verse de l'eau dessus, et se dilatent avec craquement. Les chaux maigres s'échauffent peu et augmentent moins de volume; réduites en poudre, elles donnent avec l'eau une pâte courte et peu liante. Elles contiennent 25 parties et plus de magnésie.

Les chaux hydrauliques placées à l'air deviennent crayeuses, et n'acquièrent qu'une faible ténacité; l'addition de sable argileux à la chaux grasse ordinaire la rend très hydraulique.

Il y a divers procédés de calcination de la chaux et de construction des fours à chaux.

On peut calciner simplement en tas, avec le procédé usité pour la carbonisation. (Voy. CHARBON.)

Dans les Indes, pour calciner, on construit une voûte avec les plus grosses pierres de chaux. On couvre de pierres cette voûte, en y réservant une ouverture. On couvre les pierres de terre ou de gazon; on met du feu sous la voûte par le trou réservé.

Les fours sont dits intermittens, quand après avoir cuit une certaine quantité de chaux, on éteint le feu; on la laisse refroidir, pour enlever et remplacer les pierres cuites par d'autres.

Les plus simples sont faits ainsi: on creuse un trou circulaire dans la fente d'un coteau; on en crépit les murs de mortier de terre, de pierres ou de briques réfractaires. On fait une voûte avec les pierres calcaires, et on entasse par-dessus d'autres pierres en laissant des intervalles pour faire pénétrer la flamme. Au haut est un trou pour laisser passer la fumée. Le bois est disposé sous la voûte. On l'enflamme avec des fagots et du bois très sec; le bois de corde est le meilleur. On en brûle un stère et quatre cinquièmes pour deux mètres cubes de chaux de pierre dure. On brûle cinq stères de même bois employé seul, pour la même quantité de chaux. Il faut douze heures de cuisson, et un feu bien dirigé.

Quand on brûle de la tourbe, on peut creuser un trou sur le penchant d'une colline, et poser alternativement de la tourbe et des couches de pierres à chaux. On laisse devant le four une ouverture qui donne passage à un courant d'air.

MM. Deblinne et Denop ont inventé un four pour calciner la chaux avec de la tourbe, le quel a remporté le prix proposé par la Société d'encouragement. La tourbe placée sur une grille échauffe peu à peu toute la masse jusqu'au rouge-blanc.

Dans les fours continus ou coulans, la combustion ne s'arrête pas, et on recharge à mesure qu'on retire de la chaux. Ces fours dépensent moins de combustible. Ils ont la forme d'un cône tronqué. On reconnaît que la calcination y est suffisamment avancée à la diminution de la fumée. On extrait alors environ les deux tiers de la chaux par un trou ménagé à la partie inférieure, et on en remet une quantité égale de nouvelles pierres. On emploie ces fours aux environs de Paris, en Belgique, en Angleterre, en Prusse.

On appelle *biscuits* les parties mal calcinées qui ne sont d'aucun usage.

Voici l'indication d'une construction de four à chaux commode et peu coûteuse.

Dans une petite tour, on bâtit un cône tronqué en briques réfractaires, ou avec des pierres long-temps exposées à l'air, et de l'argile des fours. La base du cône est en haut. En bas, sont deux fortes barres de fer ou de fonte. Au-dessous, est un espace voûté où l'on met le bois, le charbon ou la tourbe.

Les pierres se placent dans le cône espacées convenablement. On tient le foyer exempt de cendres. Si l'on brûle de la tourbe ou du charbon, on fait le cône moins profond, et on ménage des ouvertures pour accélérer la combustion. Autrement, il suffit, pour faire pénétrer l'air, de déranger quelques pierres.

La calcination doit varier, suivant que la chaux est grasse ou maigre. Un feu trop soutenu pourrait vitrifier les pierres à chaux maigres, mais il n'altère nullement celles à chaux grasse.

La calcination exige un temps plus ou moins long. Quand la pierre est anciennement tirée de la carrière, on fait bien de l'arroser avec de l'eau avant de la chauffer.

Il est bon dans une maison de campagne d'avoir une certaine quantité de chaux éteinte en réserve. On la place dans une fosse carrée de trois pieds de profondeur. A côté, on élève un rang de briques posées sur leur plat; on fait un carré au-dessus; on y laisse une ouverture d'un pied du côté qui longe la fosse et qu'on bouche avec une planche; on conserve la chaux à l'abri de l'air, après l'avoir éteinte.

Pour cela, on en met environ un demi-tonneau, dans le bassin; on verse dessus un tonneau d'eau peu à peu, on agite avec un instrument de bois appelé *bouloir*, on en retire les pierres mal cuites qu'on renvoie au chaufournier. On ôte ensuite la planche, et on fait couler la chaux dans le trou. On recommence ainsi jusqu'à ce que le trou soit plein. Quand l'eau s'est évaporée, elle laisse une chaux liante et grasse, qui a foisonné une fois p'us que si on l'avait éteinte par les procédés usuels des maçons.

On recouvre alors de sable fin la chaux, qui se conserve ainsi un temps illimité. On en tire au besoin, en replaçant le sable après le tirage.

La bonne chaux absorbe deux fois son poids d'eau; la mauvaise, une fois.

On se sert de la chaux liquide pour blanchir les murs. On évite l'odeur putride qu'elle exhale alors, en y mêlant, pour cinq livres de chaux, deux onces de chlorure de chaux sec.

Dans les jardins, on écarte les limaçons et autres insectes en entourant les semis de chaux pulvérisée. On y mêle avec avantage un peu de sel.

La chaux a des propriétés désinfectantes, surtout si elle est mêlée avec le chlore. (Voy. CHLORURE DE CHAUX.)

On se sert de la chaux dans les fabriques pour dégager d'acide carbonique la soude et la potasse, la chaux ayant beaucoup d'affinité pour cet acide.

La chaux comme engrais réussit dans tous les terrains, excepté les terrains calcaires, où elle est nuisible. On laboure la terre avant de l'y placer, et on lui donne une demi-fumure. On met ensuite la chaux en petits tas qu'on couvre d'un peu de terre. La chaux se mêle d'elle-même au sol. Cette opération se fait au mois d'avril pour les terres qu'on veut semer en blé l'automne suivant. Il n'est pas nécessaire que la chaux soit éteinte. Les terrains humides lui doivent une régénération complète. Elle rend les terres fortes plus faciles à cultiver.

En mêlant à de la chaux vive, à raison d'un kilogramme un quart pour trente litres, un hectolitre et demi d'eau bouillante, où on laisse infuser un hectolitre et demi de grain, on active la germination, et le grain ainsi préparé est hors de terre au bout de dix jours, au lieu de ne paraître qu'au bout de vingt jours à peine. Ce procédé de chaulage, si utile dans les années de disette, est dû à M. Alfroy fils, pépiniériste à Lieursaint. (Voy. BLÉ.)

La chaux *fusée*, ou réduite en poudre par la longue exposition à l'air, ne peut être utile à rien.

L'eau de chaux sert en médecine, dans la gravelle, pour laver les ulcères, et dans les maladies de peau. Dans la gravelle, on en prend depuis une pinte jusqu'à deux par jour. On la prépare en mêlant peu à peu à huit litres d'eau commune une livre de chaux vive, en laissant reposer et filtrant. On peut la faire avec des écailles d'huîtres calcinées: elle est plus active.

CHÉLIDOINE. (*Méd. dom.*) *Chelidonium majus. Éclaire.* Famille des papavéracées. La chélidoine croît sans culture dans les lieux stériles, entre les pierres des vieux murs et les décombres. Ses fleurs sont jaunes. De sa tige s'écoule, lorsqu'on la casse, un suc âcre et laiteux, qui irrite les parties avec lesquelles il se trouve en contact. On peut se servir de ce suc pour corroder les verrues et les cors. Ce suc est purgatif, à la dose de vingt-quatre à trente-six gouttes. Il est très actif, et ne doit être administré qu'avec la plus grande précaution. La dose de l'extrait de chélidoine est de quatre à douze grains. Il convient dans l'hydropisie.

Petite chélidoine. Famille des renonculacées. Elle ressemble à la renoncule. On a composé des onguents anti-hémorroïdaux avec les tubercules de sa racine.

CHEMINÉE. (*Ind. dom.*) Les cheminées donnent plus ou moins de chaleur, suivant leur construction.

Ainsi les cheminées dites à la Rumfort donnent de 5 à 7 pour cent, et celles dites calorifères donnent 50 pour 100.

La cheminée à la Lhomond donne 12 pour 100 de chaleur. Elle est garnie de plaques métalliques polies dont les surfaces réfléchissent le calorique.

Dans la cheminée dite à la Désarnod, qui donne 55 pour 100, les parois métalliques isolées forment le foyer. Elle est poêle et cheminée à volonté.

La cheminée dite *économique* consomme très peu de bois, épargne le charbon, coûte peu, et sert à cuire tous les mets auxquels il faut une chaleur soutenue, à faire le pot aux feu, à maintenir des entrées chaudes, à faire chauffer de l'eau. Elle se vend à Paris.

Dans les cheminées-calorifères qui donnent le moyen

d'empêcher les cheminées de fumer et d'obtenir plus de chaleur, on laisse entre le mur et la plaque un vide de deux ou trois pouces de large; on y amène un tuyau en fonte qui communique avec le dehors, et conduit dans la chambre l'air extérieur ainsi chauffé. Un courant d'air s'établit par là, qui renouvelle l'air vicié de l'appartement sans qu'on ait besoin d'ouvrir les fenêtres, et empêcher la fumée de se répandre à l'intérieur.

Une bûche en tôle ou en fonte, creuse et percée de trous à ses deux plans, de manière à y établir un courant d'air, augmente considérablement la chaleur de la cheminée. MM. Chevalier et le Normand ont construit, sur cette donnée, une cheminée dans laquelle est incorporé un tuyau qui sert de bûche de fonds. Les deux extrémités de ce tuyau communiquent avec deux autres tuyaux plus petits qui traversent les parois de la cheminée, et ont leur issue dans la chambre.

On peut imiter cette construction dans les cheminées ordinaires, garnir de soupapes ces tuyaux, et les faire déborder à quelques pouces dans l'appartement.

La combustion absorbe dix ou vingt mètres cubes d'air par kilogramme de bois. L'air de l'appartement doit donc être renouvelé. Autrement, l'air extérieur cherchant à entrer par le haut du tuyau, comprimera la fumée et la refoulera dans la chambre.

Lorsque les cheminées fument par défaut d'air, que les jointures des croisées et des portes sont trop serrées, et que l'air extérieur ne pénètre pas, on peut remplacer un carreau par un moulinet, ou disposer au fond du foyer entre les chenets un tuyau en coude qui transmette à la chambre l'air extérieur tout chauffé.

Quand les cheminées sont trop grandes, que leurs ouvertures ne sont pas en rapport avec la hauteur du tuyau de conduite, et que l'air n'étant pas suffisamment échauffé condense la fumée, on réduit provisoirement avec des planches l'ouverture de la cheminée, et lorsqu'on a observé la largeur convenable, on fait faire un ouvrage en maçonnerie.

Quand on fait du feu dans deux pièces qui se communiquent, si l'air n'est pas suffisant pour alimenter les deux foyers, on procède comme dans le cas de défaut d'air. On peut aussi réunir les deux tuyaux de cheminées en un seul, ou simplement bien fermer les portes.

Quand le tuyau est trop court, quand la fumée est refoulée dans les tuyaux par un obstacle extérieur, tel qu'un édifice trop élevé, on ajoute un tuyau vertical supplémentaire en tôle, ou un tuyau mobile en coude.

Quand une porte établit un courant d'air oblique qui rappelle la fumée dans la chambre, on met un paravent, ou l'on change les gonds de côté pour faire ouvrir la porte en sens inverse.

Quand, la température d'une chambre sans feu étant plus basse que celle de l'atmosphère, le vent chasse dedans la fumée des cheminées voisines, on évite cet inconvénient au moyen d'un devant de cheminée hermétiquement fermé.

Si la trop grande ouverture d'un tuyau enlève une trop grande quantité de calorique à la chambre et fait

fumer, on peut employer une espèce de trappe de tôle qu'on place à dix-huit pouces du feu, et avec laquelle on diminue à volonté le tuyau.

Cette fermeture est surtout nécessaire dans les anciennes cheminées dont les tuyaux ont une très grande largeur.

On met encore un rideau de tôle au chambranle de la cheminée.

Quand le peu de longueur de la cheminée en diminue la vitesse d'ascension, on peut y ajouter le placement d'une trappe dans le tuyau.

Le feu est d'autant plus prompt à s'allumer que le manteau de la cheminée est plus bas. Aussi l'emploi du rideau de tôle ne saurait-il être trop recommandé. La hauteur des cheminées est un des principaux élémens du tirage.

On augmente la réflexion, et, par conséquent, la chaleur, par l'emploi de surfaces paraboliques de métal polies qu'on a soin d'entretenir très propres. Dans la cheminée à la Désarnod, les faces demandent au contraire à être dépolies.

Le tirage doit conserver à la cheminée le plus de chaleur possible. Pour cela, on doit proportionner le tuyau à la colonne d'air qui parcourt son intérieur. Le tirage est d'autant plus fort que le tuyau de cheminée est plus exhaussé, surtout dans les étages inférieurs; il est bon, pour conserver la chaleur, de rétrécir le passage de la cheminée à son origine. L'air, utile au déplacement de la fumée, doit venir perpendiculairement, et du plus bas possible.

Pour calculer l'ouverture qui doit empêcher de fumer un foyer qui manque d'air, on allume le feu, on laisse la fumée se répandre. Puis, on entr'ouvre une porte ou une croisée, jusqu'à ce que l'écartement dissipe la fumée. On mesure alors la largeur de l'écartement, et la hauteur de la porte et de la croisée. Le produit de la multiplication de ces deux nombres, l'un par l'autre, donne la superficie carrée de l'ouverture à pratiquer.

Quand les cheminées sont placées en face d'une porte et d'une fenêtre, il est presque certain qu'elles fument. On doit donc éviter cette disposition.

Les cheminées d'une maison de campagne doivent être ramonées au moins deux fois l'an. On doit, avant d'allumer le feu, faire le ramonage du bas avec un long balai.

C'est un très mauvais usage de pratiquer dans les murs autant de cheminées qu'il y a de foyers; mais les ordonnances de police qui défendaient de faire des tuyaux dans l'épaisseur des murs sont malheureusement tombées en désuétude. Outre que ces constructions nuisent à la solidité des murs, elles sont dispendieuses, et offrent une colonne d'air longue et difficile à échauffer.

Un seul tuyau suffit dans un mur. On le met à chaque étage en communication avec les foyers par des tuyaux de cinq ou six pouces de diamètre. Sa largeur totale est égale à autant de fois une surface de trois pouces qu'il y a de foyers. Le mélange de fumées augmente la température; la fumée arrive chaude en plus grande abondance, et a moins de surface à échauffer. Le tirage se fait toujours bien.

On a depuis long-temps remarqué que la fumée n'occupait jamais que la colonne du centre, tandis que l'air froid du dehors garnissait les angles. Pour remédier à cet inconvénient, on a construit des cheminées cylindriques en terre vernissée qui malheureusement se rompaient. On a placé des cheminées à l'extérieur; ces cheminées ont le défaut de manquer de solidité.

Les cheminées en tuyaux de fonte sont très dipendieuses; leur pesanteur exige qu'on augmente l'épaisseur des murs où on les place. On doit avant de les placer, les enduire d'un vernis de bitume; autrement elles s'oxideraient facilement, surtout si le plâtre était frais.

M. Gourlier, architecte, a inventé un système de cheminées en briques, liées parfaitement avec le mur, carrées et taillées, de manière à se joindre hermétiquement, et à former, par la réunion des échancrures d'une de leur surface, un cylindre parfait d'un diamètre de huit à neuf pouces. On le lie avec de la chaux ou de la terre à poêle. Cette sorte de cheminée peut s'élever au-dessus du toit sans l'appui d'un mur.

Moyen d'empêcher le vent de faire fumer. M. Evard a inventé une mitre mobile pour empêcher les cheminées de fumer. Le tuyau dans cet appareil se termine par un autre tuyau rond en tôle. Trois tringles de fer sont attachées intérieurement au tuyau de tôle, s'élèvent de deux pieds au-dessus, et réunissent leurs sommets à une demi-boule de fer. Cette demi-boule est taraudée, et reçoit une vis; avec cette vis, on pose sur les tringles un cône en tôle mobile, qui, poussé par le vent, s'incline, va toucher le tuyau, et empêche l'action du vent de ce côté, tandis que la fumée sort par l'autre.

Quand on ramone, on desserre la vis, et on enlève le cône.

Un autre appareil est celui de M. Millet, consistant en un cylindre de tôle ou de cuivre, fermé par un bout coniquement, et posé sur la cheminée. Lorsque le vent souffle, le cylindre tourne, de manière que son embouchure est exposée à la direction du vent.

Feu de cheminée. Lorsqu'une cheminée a pris feu, un moyen usuel de l'éteindre est de boucher le foyer avec un drap mouillé, après avoir répandu sur les charbons allumés une livre de fleur de soufre environ : il se dégage aussitôt une grande quantité de gaz acide sulfureux qui empêche le contact avec l'air atmosphérique. On laisse quelque temps la cheminée fermée pour ne pas laisser entrer l'air, et pour bien éteindre.

On garantit du feu les cheminées, en éteignant de la chaux mêlée avec de l'argile, et en donnant dans le tuyau deux ou trois couches, sur lesquelles la suie ne s'attache pas. La police de Munich a recommandé l'emploi de cet enduit.

On peut placer aussi, dans le tuyau, des plaques de tôle mobiles à charnières, qui le ferment exactement. L'une est au-dessus du tuyau, l'autre en haut. Quand on fait du feu, on les lève. Lorsque le feu prend, on tire les plaques avec un fil de fer. La suie enflammée tombe sur la plaque inférieure, et le feu est étouffé.

CHEMISE. (*Ind. dom.*) *Chemise de femme.* Il faut, pour le corps, deux aunes et un quart, et un quart pour les manches; si l'on en fait plusieurs à la fois, l'échan-

crure de la gorge de chacune fournit une manche, de sorte que trois quarts suffisent pour les manches de six chemises. Si l'on veut doubler les entournures, ce qui contribue à la solidité des chemises, on ajoute, pour six chemises, trois quarts de plus. Cette doublure doit suivre la coupe biaisée des entournures, et s'accorder avec le droit fil du corps, pour ne pas occasioner de déchirures. L'entournure a neuf pouces de haut. Il vaut mieux lever d'un seul côté la largeur des pointes, du haut en bas, plutôt que d'en lever des deux côtés. Dans une toile de deux tiers, la base de la pointe a sept pouces et demi. Les épaules ont deux pouces trois quarts de large pour l'ouverture de la gorge; il est bon d'avoir un patron. Cette ouverture doit avoir sur le devant sept pouces de haut, et sur le derrière, deux pouces trois quarts. On doit supprimer les lisières qui se déchirent toujours, et faire partout des coutures rabattues. (VOY. TOILE.)

Chemise d'homme. Il faut en tout deux aunes et demie pour une chemise d'homme : une aune trois quarts pour le corps, une demi-aune pour les manches; la largeur du cou est de seize pouces pour la plus grande taille, avec un quart de haut; un demi-quart de hauteur pour la doublure des poignets; quatre pouces en carré pour les goussets des manches; sept pouces et demi de long pour les bandes des épaules. On fera bien, pour empêcher les entournures de s'user par le frottement des bretelles, d'ajouter en doublure une bande de trois pouces de large et d'une demi-aune de long. Il faut, pour ce surcroît, une demi-aune par cinq chemises, parce que l'on fait dix bandes dans la largeur d'une toile de deux tiers. Pour la coupe de la chemise, on laisse le pan de derrière plus long de trois pouces que celui de devant; les entournures ont dix pouces de haut; l'ouverture des côtés d'en bas a neuf pouces; celle de la gorge, un peu moins d'un quart. On laisse cinq pouces de plein sur chaque épaule; le bas du poignet plié en deux, doit avoir cinq pouces de large, y compris les coutures, et la levée, qu'on fait pour les réduire à ce point, se reporte au haut de la manche; pour donner de la grâce au col, on diminue sa hauteur par derrière, et on l'échancre par le bas. On donne aussi plus d'ampleur au bas, en biaisant un peu la coupe des deux côtés.

On place la marque sur le devant de l'entournure, afin qu'il ne soit pas nécessaire de déplier la chemise, pour la voir. Les chemises de femme se marquent à la même place.

On met la lisière dans le sens le plus large du col, mais en hauteur. De cette manière, la toile se coupe moins.

Les chemises de jour se plient d'abord en deux, dans la longueur; en même temps on plie les pointes et les manches. On les replie ensuite de nouveau en long, puis transversalement, de manière à porter l'ourlet du bas sur les épaulettes, puis encore une fois en long.

Les chemises de nuit se plient en six dans leur longueur en plaçant les manches entre les plis. On fait quatre plis en travers; sous le dernier, se place le col, s'il est rabattant; s'il est montant, on le laisse dépasser les parties repliées.

CHÊNE. (*Agric.—Jard.*) *Quercus robur.* Famille des

amentacées. Le chêne vient dans tout terrain. Il réussit surtout dans les terrains profonds, dans les terres douces et fertiles. Dans les sols humides, il n'a ni la force ni la solidité requise pour la charpente. On connaît les nombreux usages de son bois. Il a des racines pivotantes.

Le fruit du chêne ou gland sert à engraisser les cochons et la volaille. Les glands de quelques espèces se mangent comme les châtaignes.

Les feuilles de chêne nuisent aux plants sur lesquels on les met l'hiver comme couverture.

Voici le procédé indiqué par madame Adanson pour faire des taillis de chêne. On fait défoncer une planche sur un pied de profondeur; on amende la terre avec du terreau végétal; lorsqu'elle est dressée, on la recouvre aussitôt de glands qui se touchent tous. On met dessus trois pouces de terreau, en octobre, suivant que le plant a sept à huit pouces de long. On le fait arracher alors, contre le préjugé qui veut que le chêne ne se transplante pas. On l'enlève avec soin, sans attaquer le pivot. On met le plant dans un panier, et avec un gros plantoir, on le repique à la distance de deux pieds en tous sens dans un terrain profondément bêché en septembre. Il est facile d'éclaircir ensuite. Pas un pied ne manque, par cette méthode. L'année suivante, on fait donner une façon.

Nous allons indiquer les variétés du chêne qu'on peut cultiver avec avantage.

Chêne pédonculé. Quercus pedunculata. Cet arbre croît dans toute terre. Il est abondant dans nos forêts.

Chêne tauzin. Quercus tauza ou *noir rouvre.* Cet arbrisseau donne des rejetons enracinés. Ses feuilles sont très découpées.

Chêne à rameaux pendans. Quercus pendula. Cet arbre est une variété du *pedunculata.*

Chêne pyramidal. Quercus fastigiata. Cet arbre ressemble par l'aspect à un peuplier. Il se multiplie de semis.

Chêne des Apennins. Quercus apennina. C'est un arbrisseau tortueux. Il vient de semis dans un terrain sec. Ses feuilles restent vertes jusqu'en janvier. Elles sont blanches en dessous.

Chêne à feuilles de houx. Quercus gramuntia. Arbrisseau toujours vert, à petites feuilles oblongues et piquantes. On le sème en terre de bruyère et en pots. La troisième année, on le met en place, exposé au midi. Jusqu'à ce qu'ils soient assez forts, on les couvre de feuilles l'hiver.

Chêne cerris. Quercus cerris. Cet arbrisseau a des feuilles velues, très découpées. Les jeunes pousses sont couvertes d'un duvet couleur de rouille. Il se multiplie de semis.

Chêne kermès. Quercus coccifera. C'est un arbuste toujours vert. Ses feuilles sont petites et piquantes. Il se cultive comme le chêne à feuilles de houx. La gale-insecte qui vient sur ce chêne donne une couleur écarlate en y joignant une dissolution d'étain.

Chêne liége de Provence. Quercus suber. C'est un arbre toujours vert, à feuilles rondes, dentelées et ondulées. On le sème dans une terre grasse de bruyère, au midi, en pente, et on le cultive comme le précédent.

Chêne yeuse. Quercus ilex. Cet arbrisseau est tortueux, toujours vert. Son feuillage est beau. On le sème en terre de bruyère, au midi. On garantit le plant des gelées avec des feuilles.

Variétés exotiques. — Chêne yeuse à glands doux. Quercus Ballota. Arbre d'Espagne. L'yeuse à glands doux peut réussir en grand dans nos provinces méridionales. Il devient aussi haut que les plus grands chênes. Sa verdure est perpétuelle. Ses fruits sont très gros et bons à manger. On en fait en Espagne une grande consommation. Le bois est très dur et peut être employé à toute espèce d'ouvrages de charronnage et de charpente. Dans les jardins cette yeuse se multiplie de semis. Pendant les fortes gelées, on le couvre de feuilles. Il veut un terrain sablonneux.

Chênes de l'Amérique du nord. — Chêne oliviforme. Quercus oliviformis.

Chêne écarlate. Quercus coccinea.

Chêne à gros fruit. Quercus macrocarpa. Les feuilles en sont très grandes.

Chêne blanc. Quercus alba. L'écorce est blanche, les feuilles grandes et découpées.

Chêne rouge. Quercus rubra. Il a des feuilles larges et dentelées. Elles prennent une teinte rouge avant de tomber.

Chêne quercitron. Quercus tinctoria. Ses feuilles sont longues et sinuées.

Chêne aquatique. Quercus aquatica. Ce bel arbre se cultive comme le liége.

Chêne à feuilles en faux. Quercus fulcata.

Chêne ferrugineux. Quercus nigra ou *ferruginea.* C'est un arbre des États-Unis.

Chêne velu. Quercus velutina de Bosc.

Chêne à feuilles de châtaignier. Quercus prisca ou *castanea.*

Chêne bicolore. Quercus bicolor. Il veut une bruyère humide.

Chêne vert de Caroline. Quercus virens.

Chêne à feuilles de saule. Quercus phellos. Il ressemble entièrement au saule par ses feuilles.

Chêne de banister. Quercus banisteri. C'est un arbrisseau à feuilles cendrées en dessus.

Chêne de Catesbi à feuilles lobées. Quercus Catesbœi.

Chêne à feuilles lyrées. Quercus lyrata.

Tous les chênes d'Amérique sont des arbres superbes, vigoureux, et d'une croissance rapide. Quelques uns font des jets de six à sept pieds par an. On peut citer surtout l'aquatique, le rouge, le quercitron, le chêne à feuilles de châtaignier et ses variétés, le chêne ferrugineux. On les plante quand ils ont dix-huit pouces de haut, en mottes, dans une terre de bruyère. Si l'on a des glands, on sème en place dans un terrain défoncé, frais sans être humide.

Chêne liége d'Italie. Quercus suber. Cet arbre à feuilles oblongues, blanches en dessous, et repliées, se cultive comme le chêne de Provence.

Chêne de Portugal à feuilles velues en dessous. Quercus lusitanica. Même culture.

Chêne télani de Candie. Quercus ægylops. Il a des feuilles luisantes en dessus, blanches en dessous, et à bords piquans. Même culture.

Chêne grec. Quercus esculus. Il se plante en bruyère, au midi. Il a des feuilles découpées. Le gland en est bon à manger.

Chêne hétérophile. Quercus heterophilla. Arbre d'Espagne. Il a des feuilles molles, variées dans leurs formes. Elles ne tombent que lorsque celles des autres espèces paraissent.

CHÈNEVIS. (*Conn. us.*) La graine de chanvre ou chènevis est fort aimée des oiseaux. Il faut en donner aux pigeons et aux poules qu'on veut faire pondre en hiver, parce qu'elle les échauffe beaucoup.

L'huile de chènevis est bonne à brûler et à faire du savon noir. (Voy. CHANVRE.)

CHÈNEVOTTE. (*Ind. dom.*) Ce sont les menues pailles du chanvre. On peut en faire des allumettes en les soufrant.

CHENIL. (*Chass.*) On appelle ainsi les lieux où l'on garde les meutes. Il est rare qu'on entretienne en France une grande quantité de chiens, et nous laissons ce luxe à l'Angleterre, où, il y a peu d'années, le duc de Richemond avait un chenil qui lui avait coûté 475,000 francs.

Le chenil est un espace carré dans un angle de la basse-cour. Il est bon d'y avoir au milieu un bassin d'eau vive. Dans un coin est un bâtiment composé de deux chambres basses à cheminées, où, au retour des chasses, on fait du feu pour sécher et délasser les chiens. On expose le chenil à l'orient, et non au midi, ce qui, dans les grandes chaleurs, prédisposerait les chiens à la rage. Si on ne peut avoir de fontaine, on donne souvent de l'eau fraîche à la meute, et quand elle a fait de grandes chasses, on la rafraîchit avec de bon lait. Les murs du chenil doivent être bien blanchis et fermés de vitres. On peut laisser la porte ouverte pendant le jour. Le parque doit être composé de planches percées. Tout l'édifice demande à être entretenu très proprement.

CHENILLES. (*Agric. — Jard.*) Les chenilles naissent de l'œuf des papillons. Elles sont en quantité d'autant plus considérable que ces œufs ne peuvent être altérés même par un froid de 40 degrés.

La chenille a un ennemi mortel dans la punaise des bois. Dès que la punaise voit une chenille, elle s'élance vers elle, s'attache à sa tête, et lui crève les yeux. La chenille meurt en moins de six minutes.

On échenille en février ou en mars, pendant la nuit ou le matin. On fait brûler, au-dessous des arbres où s'attroupent les chenilles, du soufre ou du cinabre; on peut y ajouter de la paille mouillée. On recherche avec soin tous les anneaux d'œufs laissés sur les branches, et on les brûle. Dès le mois de février et de mars, on allume sous les arbres des vases pleins de soufre en poudre. L'humidité de la fumée donne aux œufs un vernis qui les rend apparens. On les enlève alors avec une brosse de crin.

Les chenilles attaquent tous les choux. Il faut, le matin et le soir, quand elles sont réunies, les chercher avec soin, les mettre dans un pot, et les écraser en masse; sans cela on n'aurait pas une bonne récolte.

Moyen de détruire les chenilles. Mettre sur les branches des arbres de petits morceaux d'étoffe de laine, ou de drap. Les chenilles s'y réfugient la nuit contre la fraîcheur, et on les enlève le matin.

Autre. Arroser les plantes avec une décoction de sureau, d'hièble, de jusquiame, de potasse, d'eau de lessive ou de savon.

Moyen de détruire les chenilles des arbres. Ce moyen est fort usité en Amérique. Il consiste à faire au tronc de l'arbre un trou qui pénètre jusqu'au cœur, et qui soit de dimension à y couler le petit doigt, si l'arbre présente trois à six pieds de circonférence, en augmentant ou diminuant la largeur du trou suivant la grosseur de l'arbre. On remplira exactement ce trou avec du soufre en poudre, et on le bouchera solidement avec une cheville de bois. Au bout de quelques jours, les chenilles, pucerons et autres insectes, auront abandonné l'arbre. Il est très vraisemblable que le soufre, absorbé par les vaisseaux de l'arbre, se combine avec l'oxigène que les plantes produisent en abondance, et s'échappe des pores du végétal à l'état d'acide sulfureux, que nous avons déjà vu être éminemment délétère pour les animaux.

Moyen de détruire les chenilles des groseillers. Arroser les feuilles, et avec un tamis, les saupoudrer de poudre d'ellébore noire. Ce procédé détruit aussi les charançons.

Moyen d'éloigner les chenilles des légumes. Planter entre les légumes quelques tiges de chanvre.

Autre. Planter de petites perches au-dessus des légumes, y fixer des têtes de harengs, et les remplir d'assa-fœtida. Ce procédé met également en fuite les oiseaux et les souris.

Moyen d'éloigner les chenilles des arbres. Assujétir au haut de la tige une grosse motte de terre.

Autre pour les petits arbres. Enduire la tige de glu, après avoir bien secoué l'arbre : les chenilles ne pourront y remonter.

Solution amère pour détruire les chenilles. On fait de l'eau de savon avec une demi-livre de savon noir dans 50 livres d'eau; on y met ensuite des champignons des bois, ou gros bolets bruns fétides, à la dose d'une livre et demie; on agite de temps en temps, et on laisse pourrir pendant quelques jours. On ajoute ensuite une demi-once de noix vomique râpée. On arrose avec cette solution les plantes qu'on veut garantir.

On lave avec avantage le pied des arbres avec de l'eau saturée de snie et de cendre. La fiente de vache brûlée chasse par sa fumée toute espèce d'insectes. Il en est de même du soufre. On étend des draps sous l'arbre, on fait une fumigation avec de vieux linge trempé dans le soufre qu'on brûle au bout d'un bâton. On ramasse les chenilles à mesure qu'elles tombent.

On peut tuer les chenilles à coups de pistolet. On a un petit pistolet de poche à embouchure évasée. On y met demi charge de poudre; si l'arbre où se réfugient les chenilles est très élevé, on place le pistolet au bout d'une grande perche en adaptant un fil à la gachette; on dirige le canon à un pied de l'embranchement des rameaux où les chenilles font leurs nids et s'amassent; on décharge à cette distance. Ce coup de pistolet les détruit toutes sans noire aux bourgeons. L'auteur de cette recette a tué ainsi dans un an plusieurs millions de chenilles. (Voy. ANIMAUX NUISIBLES, LIMACES, PUCERONS.)

CHEPTEL. (*Cod. dom.*) On appelle cheptel un bail par

lequel un propriétaire donne à un fermier, moyennant des conditions convenues, des animaux à garder et à nourrir.

On distingue plusieurs espèces de cheptel.

Le cheptel simple, dans lequel on stipule que le preneur profitera de la moitié du croit et de la laine, et supportera la moitié de la perte.

Le cheptel à moitié, dans lequel on met en commun deux troupeaux.

Le cheptel donné au fermier, dans lequel on livre la ferme garnie de bestiaux, à condition d'en rendre de pareille valeur à la fin du bail.

Le cheptel donné au colon est un cheptel simple dans lequel le bailleur se stipule une plus grande part de profit; il ne peut prendre que la moitié du laitage, et le preneur ne peut être tenu de supporter toute la perte. (Voy. BAIL.)

CHERVIS. (Jard.) Sium sisarum. Famille des ombellifères. Cette plante est vivace. On la sème au 4er mars, dans une terre bien léchée, franche, dure et profonde, en planches de cinq rayons, chacun d'un pouce et demi. On recouvre avec le râteau. Quand le plant est assez fort, on l'éclaircit à quatre pouces de distance; on le sarcle, on le serfouit, et on l'arrose quelquefois. Il est meilleur si on le renouvelle chaque année. La graine dure quatre ans.

Le chervis est bon à manger depuis le mois de novembre jusqu'au moment où il monte. Il est sain et délicat. On le prépare comme la scorsonère. (Voyez ce mot.)

En triturant dans l'eau la racine du chervis, on en obtient un amidon.

CHEVAL. (Anim. dom.) Il y a cinq espèces de chevaux : 1° les chevaux de charroi et de roulage; 2° les chevaux de trait; 3° les chevaux de selle; 4° les chevaux de course; 5° et de chasse.

Les causes de la diversité des races des chevaux sont : la transmission héréditaire de l'organisation physique de ces animaux, les différences de nourriture, de localité, de travail.

Si l'on veut avoir de bons chevaux, il faut choisir une jument vigoureuse, de formes arrondies, à tous crins, et de l'âge de quatre ans à dix ans, et un étalon fort et vigoureux qui n'aura pas moins de six ans.

La monte se fera au commencement du printemps. On ne tiendra point l'étalon par le bridon, mais on le laissera aller à la jument.

On reconnait qu'une jument est pleine lorsqu'elle est plus grasse que les autres ne le sont, surtout en hiver. Quand, après avoir fait faire quelque exercice à la jument, on la met à l'écurie au râtelier, si l'on pose la main sous le ventre de l'animal, on doit sentir le poulain remuer.

On ne doit point faire sortir les jumens pleines quand il pleut.

Si la jument avorte, on la met à la diète et à l'eau blanche.

Le terme de la gestation est de douze mois; il varie cependant un peu, parce que la formation du poulain avance plus ou moins, suivant que la mère se porte bien ou mal.

Le poulain demande une surveillance active.

On a prétendu qu'il fallait nourrir peu les poulains; mais ils ont besoin, autant que d'autres chevaux, d'alimens substantiels.

Quand un poulain passe trop rapidement du pâturage à l'écurie, et ne peut sortir librement, il se détériore, et acquiert facilement des défauts.

Le lait écrémé, du grain et du foin le font profiter tant que dure la croissance. Le petit lait est aussi un aliment sain pour les poulains et les jumens.

Pour la castration du cheval, le vétérinaire l'abat, lui lie les pieds de derrière, et les arrête avec une corde. Après avoir fait l'opération à l'aide du bistouri, on jette au cheval de l'eau sur le dos et sur le ventre à plusieurs reprises. Le lendemain, on le passe à l'eau. On se sert aussi, pour la castration, d'un caustique placé dans de petits bâtons creux. Cette opération doit toujours être faite par une température moyenne. Le grand froid et le grand chaud lui sont également nuisibles.

La castration des chevaux de selle s'opère entre dix mois et un an. Pour le cheval de trait, on attend que les parties, dont la force est nécessaire au tirage, soient développées, ce qui a lieu à quatre ans.

On doit donner aux poulains une nourriture abondante pendant la croissance. L'avoine concassée, les carottes, les panais, les pommes de terre, leur conviennent. On les laisse courir dans les prairies, et pour qu'ils puissent galoper en toute sûreté, on évite les terrains coupés et rocailleux.

On reconnaît l'âge du cheval aux dents, et surtout aux taches noires de celles des coins d'en haut.

Les maquignons font aux dents des vieux chevaux une raie avec une lime, y mettent de la poudre noire, et les vendent ainsi pour jeunes. On rend cette fraude inutile en frottant les dents de sel d'oseille. Les taches fausses disparaissent.

Les douze dents de devant des poulains sont, jusqu'à deux ans et demi, courtes, blanches, et sans cavité. Vers cet âge, les deux dents de lait de devant de chaque côté de la mâchoire, dites pinces, tombent et sont remplacées par deux autres, creuses en dessus, plus fortes et plus noires. Les deux dents de lait mitoyennes tombent à trois ans et demi. Les deux dents des coins tombent vers quatre ans et demi, et repoussent lentement. Les coins d'en haut repoussent les premiers, et ce n'est qu'à cinq ans que la dent dépasse la gencive d'environ une demi-ligne; elle croit d'une ligne jusqu'à cinq ans et demi, et de quatre à cinq lignes, de cinq ans et demi à six ans. Cet âge se reconnait aussi à l'usure complète du creux des pinces; les dents des coins ont au milieu une tache noire qui diminue sensiblement jusqu'à la septième année. Alors le cheval ne marque plus; c'est-à-dire que la tache noire des coins a disparu. Quelques uns, mais rarement, la gardent jusqu'après la huitième et la neuvième année.

La dent longue et jaune, l'os de la ganache pointu, le palais décharné, indiquent un vieux cheval.

Les crochets sont quatre dents rondes et aiguës qui passent entre les dents de devant et les dents mâchelières.

Plus ils sont usés, plus le cheval est âgé. Les jumens ont rarement des crochets, qui d'ailleurs ne servent point à faire connaître leur âge.

Quand on achète un cheval, il faut l'examiner avec attention. Les marchands de chevaux sont peut-être de tous les commerçans ceux qui, par un usage immémorial, se croient le plus en droit de tromper. On remarque si, après la marche, le cheval se soulage tantôt sur un pied, tantôt sur l'autre, ou en avançant un pied de devant. C'est signe qu'il a les jambes fatiguées. On le regarde aux yeux et dans la bouche. On manie la ganache, pour voir si elle est bien ouverte. On observe si les naseaux sont sains. On lui fait lever le pied, et on frappe sur le fer, afin de savoir s'il n'est pas difficile à ferrer. On le fait trotter, ayant soin d'examiner s'il ne boite pas; on voit s'il mange bien et sans tic.

Pour juger de la force d'un cheval, on lui fait soulever un poids d'un certain nombre de livres, au moyen d'une corde roulant sur une poulie placée au haut d'un poteau. La force d'un cheval est ordinairement de 75 kilogrammes soulevés avec une vitesse d'un mètre par seconde. On estime qu'elle égale celle de sept hommes.

Si le cheval a la bouche trop sensible, on mêle une livre d'infusion de roses, une once d'alun pulvérisé, et quatre onces de miel, et au moyen d'une petite seringue on lui injecte ce liquide sur les lèvres.

L'étrille et la brosse sont nécessaires au cheval pour le nettoyer et faciliter la transpiration. On étrille le cheval légèrement, on l'époussette avec un morceau de toile, on brosse la crinière, et on en tire la crasse avec l'étrille. On démêle les crins de la queue avec un bon peigne; si le peigne était cassé, la queue se déchirerait. On peut rendre les dents du peigne plus coulantes en les frottant d'un peu d'huile. Si la queue est sale, on la décrasse au savon noir; on achève le pansement en frottant le cheval avec le morceau de toile; la brosse est bien préférable au bouchon de paille.

Quand un cheval revient d'une longue route, on le visite, on le fait manger. S'il a de l'enflure sur le dos, on le frotte d'eau-de-vie, où l'on a délayé du savon, ou de beurre frais avec de la poix de Bourgogne. S'il est las, on lui frotte les jambes d'un mélange bouilli d'une pinte de vinaigre, de bouse de vache, et d'un quarteron de sel.

Quand un cheval est en voyage, on ne lui fait pas faire beaucoup de chemin les premiers jours, et on ne lui donne pas trop d'avoine. On augmente ensuite les fatigues et la nourriture progressivement. On le passe à l'eau quelquefois; on ne le laisse pas boire tout d'une haleine.

S'il gratte du pied dans l'eau, c'est qu'il veut se coucher, et n'a plus soif. Le cavalier doit alors tenir la bride haute, et le sortir de l'eau.

Quand un cheval à l'écurie reste debout par trop longtemps, et refuse de se coucher, on lui en fait contracter l'habitude en lui serrant la base de la queue avec une corde. La douleur le force à s'étendre; on desserre alors la corde, qu'on serre de nouveau s'il se relève.

La nourriture a une grande influence sur la bonté des chevaux. La pratique des assolemens, les semis de prairies artificielles, contribuent à l'amélioration des races. L'éducation des chevaux est avantageuse dans les pays où les pâturages sont abondans, et où le prix du foin ne dépasse pas en terme moyen 2 francs par 50 kilogrammes. La dépense du cheval en plein travail est de dix litres d'avoine, 7 à 8 kilogrammes de foin et 8 kilogrammes de paille.

On mêle avec avantage, à la nourriture des chevaux, des racines, des carottes hachées.

De bons alimens pour les chevaux sont: le pain de munition qu'on achète dans les casernes, le pain de pomme de terre mélangé avec de la farine grossière, le pain fait avec le résidu de la pulpe de pomme de terre quand on fabrique de la fécule, le pain composé d'un tiers de farine de froment, d'un tiers d'orge, et d'un tiers de fèveroles.

On emploie en Angleterre, surtout pour les chevaux de chasse, des boules très nourrissantes, dont deux données le matin suffisent pour soutenir un cheval tout le jour. Chacune de ces boules est grosse comme un œuf; la pâte dont elles sont formées se prépare ainsi:

Couper une livre de figues par morceaux, pulvériser cinq onces de fenouil, d'anis, et de tormentille, quatre onces de fleur de soufre, de réglisse, de cornes de cerf, et de racine d'année; mêler le tout, verser une décoction d'hysope et de pas-d'âne en du vin blanc, dans lequel on aura fait dissoudre au feu du réglisse, du sucre, du sirop et du miel (quatre onces de chaque); ajouter deux onces d'anis, et un peu de farine. On conserve la pâte, ainsi faite, dans un vase de terre, en la couvrant d'huile.

Pour un cheval qui est dégoûté ou ne mange pas, prendre deux boules de cette pâte, ajouter deux onces de thériaque en poudre, trois drachmes de poudre de girofle et une noix muscade également en poudre, casser les boules par petits morceaux, faire avaler cette mixture au cheval, puis le faire un peu promener, le couvrir bien, et le laisser reposer.

Bonne nourriture pour les chevaux. Donner en deux fois douze livres de pommes de terre cuites à l'eau, mêlées avec de la paille hachée.

Autre. Donner par jour huit livres d'un pain de farine d'orge et de fèveroles.

Les chevaux aiment beaucoup le sel; les poulains les plus farouches s'apprivoisent quand on leur en présente, et le mangent dans la main.

Moyen de rétablir la santé d'un cheval. Mêler deux bottes de chiendent avec des carottes, en donner chaque jour au cheval.

Fumier de cheval. Un cheval produit par an dix tombereaux de fumier de 1,000 kilogrammes. Son crottin est bon pour les couches; il est très chaud. Quand ce crottin vient de mauvaises digestions, il favorise le développement de quelques mauvaises herbes. Il est recommandable pour sa force et la promptitude avec laquelle il fermente et conserve sa chaleur; mais il diffère beaucoup, et ses propriétés fécondantes ne sont point les mêmes, selon l'espèce de végétaux dont les chevaux ont été nourris, et selon les substances qui leur ont servi de litière; le fumier des chevaux nourris de foin et d'avoine est le meilleur. Il convient surtout dans la culture des jardins pour avancer la végétation des primeurs et pour corriger les terres froides.

Cheval de trait. Les chevaux de trait sont les plus nombreux. Ils s'élèvent aisément dans les prairies artificielles; on a trouvé de l'avantage à les y placer avec des bœufs, parce que les bœufs mangent des herbes que les chevaux dédaignent, et réciproquement. Ce sont ceux dont l'éducation est plus avantageuse.

Le produit annuel d'un cheval de trait est évalué à 500 francs par an, déduction de tous frais d'entretien et de nourriture.

Cheval de labour. Le type de reproduction du cheval de labour est le cheval dit *boulonais.* L'avant-bras de ce cheval est très nerveux et très prononcé.

Le cheval est moins bon que le bœuf dans les labours. Il coûte plus, ne vaut rien quand il devient vieux, et est plus maladif. Il est vrai qu'il est plus actif, et qu'il accélère le travail.

Le cheval de labour doit avoir une carcasse très large, le dos bien droit et court, les jambes nettes et courtes, de l'agilité et de la force.

Cheval de selle et de course. (Voy. ÉQUITATION.)

Le meilleur est le cheval anglais, qui est un cheval d'Arabie naturalisé; il s'est amélioré continuellement par de grands soins. Les Anglais ont soin de tirer d'Afrique des jumens barbes qu'ils donnent à leurs étalons.

Le cheval de course doit avoir beaucoup d'haleine, de légèreté et de sûreté; un corps alongé, une encolure relevée; les épaules plates, les jambes nerveuses. Il faut qu'il soit sensible à l'éperon.

M. Segundo a inventé un mors qui s'adapte à toutes les catégories de chevaux qu'il a formées, savoir : les chevaux à bouche très dure; chevaux à bouche dure; à bonne bouche; à bouche très sensible; chevaux qui portent au vent; chevaux qui s'encapuchonnent. La langue passe dans ce mors sans être gênée. La gourmette est élastique. Les branches du mors, en se pliant, permettent au cheval de manger tout bridé.

Les chevaux qu'on fait courir forment une spécialité, élevée seulement par de riches propriétaires.

Les courses de chevaux servent à améliorer la race des chevaux de course, ou plutôt à améliorer les chevaux que l'on fait courir, car ils ne sont presque jamais destinés à la reproduction.

Cheval de chasse. Les chevaux de course peuvent servir à la chasse. On les habitue au bruit du fusil et de la lumière; on les accoutume à s'arrêter au plus léger signe, et à rester calmes, la bride sur le cou, pendant qu'on ajuste.

Cheval de cavalerie. Les chevaux tartares, transylvains et hongrois sont très estimés comme chevaux de cavalerie légère.

Maladies des chevaux et remèdes. — Mal de ventre. Mettre dans un litre de vin une once d'éther sulfurique, une cuillerée de laudanum, et faire avaler ce mélange au cheval. Donner des lavemens d'eau tiède. Pour en facili-

ter l'effet, nettoyer d'abord l'intérieur du canal de l'anus, en y introduisant le bras, préalablement frotté d'huile, et en extrayant toutes les matières étrangères. Bouchonner le ventre et les côtes; faire promener l'animal au pas, de quatre heures en quatre heures; lui donner un demi-litre d'huile de chènevis, de noix ou de navette, y mêler de l'éther et du landanum. Pratiquer une saignée, et tenir à l'eau blanche.

Morfondure ou courbature. Saigner; mais si la maladie provient d'une transition du chaud au froid, la saignée ferait déclarer une fluxion de poitrine; la remplacer dans ce cas par un séton au poitrail. Tenir le cheval chaudement; le mettre à l'eau blanche; il faut lui donner pendant quelques jours une demi-livre de miel.

Diarrhée chronique du cheval. Tenir l'animal dans une écurie chaude, le faire boire peu, et chauffer légèrement sa boisson ; le mettre au fourrage vert, lui faire prendre des amers, de la gentiane, un peu d'alun sans sel, avec de l'esprit de corne de cerf ou de l'huile de térébenthine; si ces moyens ne sont pas suffisans, lui mettre sous le ventre un séton. L'usage des astringens et de l'alun à forte dose peut donner des tumeurs aqueuses au ventre et aux cuisses, ou autre part, et même occasioner une hydropisie de poitrine. On ne doit pas s'effrayer de voir la diarrhée continuer quelque temps, le cheval n'en perd nullement sa force; ses cuisses n'enflent pas, comme il arrive parfois au printemps, ni en automne, et cette maladie semble le préserver de la gourme.

Immobilité ou paraplégie. C'est une paralysie des muscles attenans à la colonne vertébrale. Elle est produite par une affection de la moelle épinière. Elle est très dangereuse. Le meilleur remède est la cautérisation, à partir des épaules jusque sur la croupe. On se sert pour l'opérer de deux trainées de poudre qu'on place de chaque côté de la crète de l'épine vertébrale, et auxquelles on met le feu.

Vertige ou vertigo du cheval. Tenir l'animal à l'écurie, lui donner à boire de l'eau pure avec une poignée de gros sel par seau, ou de l'eau blanche sans son; faire avaler sept ou huit fois par jour une décoction de deux poignées de camomille dans quatre pintes d'eau bouillante. On peut remplacer la camomille par une poignée de sauge, d'absinthe, ou de romarin. Donner des lavemens tièdes de cette décoction en la coupant avec de l'eau.

Si, après plusieurs jours, les accidens ne diminuent pas; saigner, et mettre un séton à chaque fesse, le couvrir d'onguent suppuratif, placer sur le dos du cheval des couvertures de laine.

Catarrhe du cheval ou coryza. Cet écoulement, qui a lieu par les naseaux du cheval, est contagieux. Le séparer des autres chevaux, lui appliquer au poitrail un séton enduit d'onguent vésicatoire; lui faire prendre tous les matins à jeun deux cuillerées de miel et de gentiane en poudre mêlées à une cuillerée de kermès minéral, ou une demi-livre de miel avec une demi-once de gentiane en poudre. Faire des fumigations sous le nez du cheval, après l'avoir enveloppé d'une large couverture, pour éviter la déperdition des vapeurs. Ces fumigations se font avec de l'encens ou des baies de genièvre qu'on brûle sur des charbons allumés. On tient l'animal chaudement, et on évite les courans d'air.

Farcin. Le farcin est très contagieux. On doit employer pour l'animal qui en est attaqué, et pour le nettoiement de l'écurie et des harnais, les mêmes soins que dans la morve. Il exige un traitement suivi par un vétérinaire habile.

Fourbure. On fera une saignée un peu forte. Ensuite on devra lotionner (laver à plusieurs reprises) les boulets des extrémités affectées, en frottant avec de l'eau froide vinaigrée; ensuite on appliquera, sur le boulet, le paturon et la couronne, un cataplasme composé de suie, de blancs d'œufs et de vinaigre, le tout bien battu. On renouvellera cette application tous les jours, et on laissera l'animal en repos pendant vingt-quatre heures. Si on est près d'une rivière, on lui fera prendre des bains jusqu'aux genoux pendant un quart d'heure, et on les répètera trois fois par jour, jusqu'à ce qu'il marche librement.

Gale. Le premier soin doit être de séparer l'animal ou les animaux qui en seront atteints, à cause de la contagion. On grattera les endroits couverts de gale, et on les lavera avec une décoction de tabac en feuilles, qui se compose en faisant bouillir quatre onces de ces feuilles dans quatre litres de vinaigre. Aussitôt qu'on l'aura retirée du feu, on y ajoutera une livre de sel et une demi-livre d'essence de térébenthine. Cette décoction s'emp'oie tiède, et convient à tous les animaux. On continue de l'employer tiède jusqu'à ce que l'animal ait cessé de se gratter. On le place ordinairement au soleil, ou dans une écurie ou étable lorsqu'on doit le frotter avec cette composition, afin qu'elle pénètre mieux dans la peau.

Gourme. Mêler à une demi-livre de miel une demi-once de réglisse en poudre, et autant de sel de nitre; donner à jeun tous les matins. Si la ganache du cheval est engorgée d'un abcès, frictionner, pour le faire mûrir, avec de l'onguent populéum, et percer avec le bouton du manche d'une pelle. Si la maladie fait des progrès, mettre un séton au poitrail. Préserver le cheval du froid.

Efforts — Effort de reins. Saigner pendant un quart d'heure à la queue, en en coupant un ou deux nœuds; frictionner les reins avec de l'essence de térébenthine; si l'animal ne guérit pas en huit jours malgré les soins, faire appliquer le feu par un vétérinaire.

Effort d'épaule ou *écart.* On saigne le cheval à l'encolure, on mêle de l'essence de térébenthine au sang recueilli, et on oint l'épaule du cheval de ce mélange. On laisse le cheval pendant un quart d'heure exposé au soleil, s'il fait beau, sinon on le garde à l'écurie. On lui attache les jambes pendant plusieurs jours, on fait des lotions avec de l'eau-de-vie camphrée et du vinaigre tiède mêlés en parties égales. Si l'animal boite, on place un séton à la pointe de l'épaule. Pour dernier remède, on lui fait appliquer le feu.

Effort de jarrets. Prendre les blancs de six œufs, les délayer dans un demi-setier de vinaigre, ajouter une poignée de suie, et appliquer ce mélange en cataplasme sur la partie malade. Si l'effet en est trop irritant, on y substitue un cataplasme de fleurs de mauve. Quand la dou-

leur est passée, on frictionne avec de l'eau-de-vie camphrée. Si elle persiste, il faut encore avoir recours au feu.

Déplacement de l'os de la cuisse, dit effort de la hanche. Raser le poil, appliquer de l'onguent vésicatoire sur la jointure, au-dessous de la hanche; continuer ce traitement pendant huit jours. S'il est insuffisant, mettre un cautère ou un séton, et appliquer le feu.

Mal de gorge. Appliquer sur la gorge un cataplasme de mauve ou de son, donner des lavemens d'eau de son et de mauve, faire des injections dans la bouche, faire respirer les vapeurs d'eau de mauve au cheval, et lui donner chaque jour une demi-livre de miel avec une demi-once de réglisse en poudre. Si le mal de gorge offre de la gravité, frictionner la gorge à l'extérieur avec de l'onguent vésicatoire. Donner de l'eau blanche pendant plusieurs jours.

Colique. Faire avaler en une seule fois 4 à 5 onces de térébenthine avec 2 ou 3 gros d'huile de genièvre, 1 once d'esprit de nitre dulcifié, le tout dans une livre d'eau.

Toux simple. Faire macérer pendant quelques heures dans une livre de vinaigre quatre à cinq onces d'ail, passer avec expression, ajouter une livre de mélasse, et faire prendre cette potion en quatre fois dans un jour.

Toux chronique. Substituer au breuvage précédent une décoction de une ou deux onces d'ail dans deux livres de lait.

Inflammation d'entrailles. Faire une bouillie avec deux onces de farine de moutarde, une once d'ammoniaque liquide, et d'eau en suffisante quantité; frotter le ventre du cheval avec ce mélange.

Tic du cheval. C'est l'habitude de roter en mangeant, d'ouvrir la bouche et de remuer la tête continuellement. Le tic produit quelquefois des effets semblables à la météorisation. (Voy. BÉTAIL.)

On fait prendre au cheval enflé par suite du tic une bouteille d'eau avec deux cuillerées d'ammoniaque, et on le promène quelque temps jusqu'à ce que les vents qui le gênent aient disparu.

Rétention d'urine. Mêler une once de térébenthine, trois jaunes d'œufs, une livre d'eau de menthe; faire prendre en deux fois à une heure d'intervalle.

Hydropisie. Faire bouillir, jusqu'à réduction à deux litres, cinq litres de bière forte et une poignée d'absinthe; ajouter une demi-once de poivre-long, autant de grains de paradis, trois onces de mélasse, deux à quatre onces de savon blanc d'Espagne; faire avaler le tout en une dose, promener le cheval jusqu'à ce qu'il soit en sueur, le tenir à un régime doux avec tisane fortement saturée de sel de nitre; réitérer ce traitement tous les trois jours.

Ulcère dit crapaud. Laver la plaie, panser avec des étoupes sèches, comprimer avec des éclisses de fer; panser le lendemain, et comprimer encore. S'il y a des végétations, en couper les extrémités avec des ciseaux, continuer le même traitement.

Morve. La morve est contagieuse. Dès qu'un cheval jette par une narine, ce qui en est le symptôme, on le sépare de suite; on lave la place, le râtelier, la mangeoire, et toutes les parties à l'eau bouillante, et on soumet les chevaux de la même écurie à un traitement préservatif.

M. Balestera, médecin vétérinaire, a appliqué avec succès à la guérison de la morve l'onguent mercuriel. Il fait raser le poil interne des quatre membres, qu'il lave ensuite avec de l'eau de mauve tiède, et il frictionne avec de l'onguent mercuriel double. A chaque friction, il emploie une once d'onguent. Il en faut pour chaque traitement quatre à six livres.

M. Cottereau a guéri la morve des chevaux en introduisant dans leurs poumons des vapeurs de chlore, d'iode ou de brome. Ce remède mis en pratique en divers endroits a très bien réussi. Après la guérison, on lave les harnais avec de l'eau chlorurée.

M. Leblanc a inventé un appareil composé d'un vase échauffé par un bain-marie, dans lequel on verse le chlore liquide, et qu'on fixe sous les naseaux du cheval après l'avoir enveloppé.

On peut donner le chlorure de sodium liquide à la dose de deux à quatre gros par jour en en faisant des bols avec de la farine d'orge.

Nettoyage de l'écurie et des harnais des chevaux morts morveux. Laver avec de l'eau chlorurée à la proportion d'une partie de chlorure de sodium pour douze parties d'eau, après avoir démonté la selle et la bride; enduire les cuirs avec de l'huile de pied de bœuf, assainir l'écurie par des lavages, à la dose d'une bouteille de chlorure pour la place de deux chevaux. Ce procédé a été éprouvé par M. Labarraque. On peut substituer à l'eau chlorurée une dissolution de gaz chlore dans deux fois son volume d'eau.

Remède contre la fièvre des chevaux. Saigner le cheval et le tenir au régime blanc. Après la disparition de l'inflammation, donner au moyen d'une corne, deux fois par jour d'abord, et ensuite une fois, sept onces et demie d'une décoction réduite au tiers et composée avec une partie de gentiane, une de graine de persil, une poignée de rue dans quantité d'eau suffisante.

Remède contre la fièvre intermittente du cheval. Faire prendre pendant huit jours une once et demie par jour de poudre de quinquina; et pendant les dix jours suivans, de la poudre de gentiane.

Remède excellent pour le cheval poussif. Faire avaler au cheval des boulettes de levain et de vin cuit. Mêler à l'eau de sa boisson un peu de farine d'orge.

Plaies des chevaux, cors, durillons, causés par le frottement du collier ou des harnais. Frotter avec de l'onguent populéum, enlever les callosités, panser la plaie avec de la teinture d'aloès. Si les chairs repoussent trop vite, remplacer cette teinture par de l'égyptiac.

Quand les plaies surviennent dans le temps des grandes chaleurs, on se sert d'essence de térébenthine.

Blessures produites par la selle. Faire dissoudre trois gros d'acétate de plomb cristallisé dans trois onces de vinaigre distillé, huit onces d'eau et quatre onces d'esprit-de-vin, bassiner la partie malade plusieurs fois par jour. On peut avec cette solution laver toutes les plaies des chevaux pour en hâter la guérison.

Gourme, glandes, blessures des chevaux. Frotter la gourme, faire avaler gros comme une noisette de graisse d'oie. Dans les glandes et blessures, frotter de cette graisse la partie lésée.

Verrues et grappes des pieds des chevaux. Faire bouillir une demi-livre d'escargots, autant de navets avec une once de miel, une livre d'huile de lin, une livre de graisse, quatre onces de cire, quatre de suif, une livre de gallipot, une demi-once de soufre, autant de vert-de-gris. Frotter les verrues.

Autre. Faire un onguent avec une livre de cire jaune, autant de beurre, de poix, de graisse de cerf, une demi-livre de térébenthine, autant d'huile et de savon, un quarteron de jus d'ognons.

Remède pour les maladies de la corne. On gratte bien la corne, on l'enduit avec une plume trempée dans les préparations ci-après indiquées, et on échauffe avec un fer chaud.

Onguent. Faire fondre une livre de beurre, autant de cire jaune et térébenthine, avec une demi-livre de poix et de graisse de cerf.

Autre. Faire épaissir au feu parties égales d'huile de laurier, d'huile de genièvre et de vitriol.

Autre. Faire fondre une livre de poix avec autant de suif, un quarteron de cire et de vieux-oing.

Liniment des cavités des pieds des chevaux blessés. Pâte de farine de graine de lin, de savon et d'huile de barbade, quantité égale.

Fissure des sabots. Frotter de saindoux la naissance de l'ongle, râper avec une râpe légère, appliquer avec des étoupes de l'onguent populéum, et le contenir par une ligature en ruban de fil.

Ulcères de la langue des chevaux. La laver plusieurs fois par jour avec une solution d'alun dans de l'eau, une once par bouteille, ou d'une once de vitriol blanc, deux gros par litre.

Moyen de guérir les écorchures, tumeurs et blessures des chevaux. Piler une demi-livre d'alun, une demi-livre de sulfate de fer, trois onces de vert-de-gris, trois onces de sel ammoniac, trois onces de sulfate de zinc, mettre sur le feu et réduire le tout en remuant toujours, ajouter quarante grains de camphre, et quinze de safran.

Cette composition s'appelle pierre à guérir. Pour s'en servir, en dissoudre gros comme un gros pois dans une chopine d'eau; verser sur un morceau de drap, et en frotter tous les quarts d'heure la partie lésée, y laisser une compresse.

Moyen d'empêcher la neige d'adhérer aux pieds des chevaux. Pour empêcher la neige de diminuer la sûreté et la vitesse de la marche d'un cheval, en s'amassant dans la partie creuse de ses pieds, on graisse fortement de saindoux, ou on bien bourre de crottin bien serré la partie des pieds appelée fourchette.

Purgatif pour les chevaux. Délayer dans du sirop de noirprun deux gros de mercure doux ou calomélas, deux gros d'aloès pulvérisé, deux gros de jalap en poudre, une demi-once d'amandes douces.

Onguent vésicatoire pour les chevaux. Faire fondre quatre onces de poix noire, autant de poix résine, et trois onces de cire jaune dans deux onces d'huile d'olive, mêler en remuant, et ajouter quatre onces d'euphorbe pulvérisée, et six onces de cantharides; agiter le mélange jusqu'au refroidissement complet, pour empêcher les poudres de se précipiter au fond.

Onguent à appliquer tous les deux jours en friction pour la gale des chevaux. Huit onces d'onguent mercuriel, autant de fleur de soufre, deux onces de cantharides, autant d'euphorbe en poudre, quatre onces d'huile de pétrole, deux livres d'axonge.

Onguent pour la guérison des eaux des jambes des chevaux. Faire fondre ensemble sept onces de graisse de porc, un grain d'onguent égyptien ; ajouter une once de sulfate de zinc en poudre. On peut aussi mélanger à froid dans un mortier.

Vers des chevaux. Quand le cheval a des vers, il a des symptômes analogues à ceux des tranchées, mais dont il faut bien saisir les différences. Il se roule, il bâille, il se mord les côtés, s'agite, se frappe avec les pieds de derrière, écume ; ses flancs se couvrent de sueur.

Remède. Prendre un peu de noix vomique pulvérisée, la mettre dans un quart de pinte de vinaigre tiède, et la faire avaler au cheval. On le fait ensuite marcher pendant un quart d'heure.

Autre. Faire une pilule de farine, de miel, et d'un peu de limaille de fer. On peut employer ce remède comme préservatif, en le mêlant aux alimens.

Plantes et insectes nuisibles aux chevaux. Le feuillage du merisier est intolérable aux chevaux.

On appelle paraplégie (voy. plus haut), une maladie mortelle que contracte le cheval qui a avalé des charançons. On doit éloigner le cheval des lieux où croît la ciguë aquatique (*fœlandrium aquaticum*), sur laquelle vivent ces insectes.

Certaines espèces de mouches déposent leurs œufs dans le nez des chevaux. On doit surveiller le nez du cheval, et le nettoyer souvent. (Voy. CHARANÇON.)

La viande des chevaux écarris à Londres est cuite et vendue dans les rues pour la nourriture des chiens et des chats. Le bouillon sert à faire une pâtée excellente pour l'engrais des cochons et la volaille.

Cette viande chez nous sert d'engrais. La peau du cheval se vend de 8 à 15 francs.

CHEVALIER. (*Chass.*) *Tringa equestris.* C'est un échassier du genre vanneau, gros comme la caille, qui fréquente le bord des rivières, des étangs, et la mer. Il s'apprête comme la bécasse.

CHEVÊCHE. (*Strix passernia.*) C'est un oiseau du genre chat-huant, gros comme un merle, ayant le bec noir, le corps brun tacheté de blanc, la queue traversée de bandes roussâtres, les jambes chargées d'un duvet jaunâtre, les ailes plus longues que la queue.

Cet oiseau mange beaucoup de rats ; il détruit les moineaux ; les gens de campagne l'appellent oiseau de la mort, et prétendent qu'il annonce la mort aux familles dont il hante les maisons.

CHEVEUX. (*Hyg*). Cet article concerne principalement les cheveux des dames, bien qu'avec quelques modifications, il puisse également s'adresser aux hommes; mais il est surtout destiné à indiquer au beau sexe le moyen de conserver et d'entretenir une de ses plus brillantes parures.

L'âge, les maladies aiguës, les veilles, les travaux d'esprit, sont funestes aux cheveux, les font tomber, ou les blanchissent.

Quand on démêle les cheveux, on les tire bien en droite ligne pour ne pas les casser. Les cheveux longs et épais doivent se séparer en plusieurs parties qu'on peigne séparément.

On les frotte ensuite avec une brosse de crin très dure, ou avec de fines racines de riz. S'ils ne sont pas d'une nature graisseuse, très longs, ou couverts naturellement d'une espèce de pellicule farineuse, il n'est pas nécessaire de les peigner tous les jours au peigne fin d'ivoire. Il faut éviter de les passer au fer, et de les créper : ces pratiques les déssèchent et les tordent. Quand on les lie avec un cordon, on ne doit pas trop le serrer, et ne point prendre de cheveux dans les nœuds.

Quand, le soir, on défait sa coiffure, on en ôte toutes les épingles noires, et on secoue les mèches de cheveux à mesure. On les natte après les avoir démêlés, en en faisant plusieurs tresses qu'on met à part. Les cheveux non nattés se froissent, se mêlent, salissent l'oreiller. Si l'on sort d'un lieu où la poussière a pu s'attacher aux cheveux, on les essuie avec une serviette sèche, et le lendemain on les passe au peigne d'ivoire. Dans l'hiver, il est bon de frotter doucement les cheveux de temps à autre avec un linge chaud, de les humecter d'huile antique.

En été, on essuie les cheveux avec un linge fin, quand ils ont été mouillés par la sueur. On les oint d'un peu de pommade pour empêcher l'effet de la sueur et de la sècheresse. Les grandes chaleurs sont nuisibles aux cheveux.

L'humidité nuit aussi aux cheveux, les empêche de friser, inconvénient que la pommade augmente, loin de le détruire. Pour leur rendre leur souplesse, on fait dissoudre dans de l'eau un peu de gomme arabique; on trempe ses doigts dans cette dissolution, et on en humecte les boucles de cheveux. Dès que la boucle est collée, on la peigne légèrement; on la repasse encore entre les doigts nus, et on fait la boucle.

L'application des huiles et pommades qui ont pour but la conservation des cheveux dépend de leur nature. Secs et rudes, ils en exigent beaucoup. Gras, ils demandent au contraire d'être lavés avec du savon. Les pommades doivent être toujours fraîches, et légèrement parfumées. Trop de parfum attaquerait les nerfs, causerait des migraines, et « c'est sentir mauvais que de sentir trop bon. »

En hiver, les huiles et pommades se figent. On les rancit en les faisant chauffer. Il vaut mieux, pour l'usage, les tremper dans l'eau tiède.

Dans l'entretien des cheveux trop gras, on s'exposerait à les déssécher, si on remplaçait l'eau de savon par des eaux alcoolisées, comme de l'eau de lavande et de Cologne. On les dégraisse encore très bien avec un jaune d'œuf cru, dont on frotte les cheveux, qu'on lave ensuite à l'eau tiède.

Les dames donnent de la force à leurs cheveux, et les empêchent de s'effiler et de devenir crochus, en les coupant tous les quinze jours, d'un demi-pouce environ. S'ils sont inégaux, on coupe un peu plus certaines mèches. Une fois cette opération faite, les cheveux s'alongent toujours ensemble et conservent une égale longueur.

Quand les cheveux tombent en très grande quantité, et qu'on ne voit pas de moyens d'en arrêter la chute , on fait couper très court ou raser complètement. Ils repoussent alors très vite, surtout si on active leur croissance en se frottant la tête avec une dissolution de savon de toilette dans un peu d'eau-de-vie. Au bout de quelques années, une chevelure magnifique remplace la perruque que votre chauveté temporaire vous avait forcé de prendre.

Au reste, il ne faut user de ce moyen qu'à l'extrémité , et seulement quand les racines des cheveux qui tombent n'ont pas péri ; car, dans ce cas, rien ne saurait les ranimer.

Recette pour empêcher les cheveux de tomber. Prendre un demi-gros de poudre de quinquina , la mêler par parties à trois gros de moelle de bœuf battue dans l'eau pour la blanchir , fondue au bain-marie ou à un feu modéré, délayée dans un gros d'huile d'amandes. On peut remplacer le quinquina par du sulfate de quinine, ou par deux onces de rhum ou deux onces et demie de vin vieux, qu'on mêle bien exactement en le battant dans un mortier avec la moelle et l'huile d'amandes.

Autre. Broyer ensemble 99 100ᵉˢ de pommade à la rose, et un centième de poudre très fine de cantharides.

Pommade de Disley pour la conservation des cheveux. Faire fondre au bain-marie six onces d'huile de noisettes , sept onces et demie de moelle de bœuf, quatre onces de graisse d'ours, ajouter huit onces d'eau-de-vie de Cognac ; retirer du feu, en remuant jusqu'au réfroidissement, aromatiser avec un quart d'once d'essence de bergamote, un gros d'essence de rose, un demi-gros d'essence de girofle, autant de cannelle et de macis ; conserver dans des vases bien bouchés.

Eau pour dégraisser les cheveux. Mêler trois onces d'eau de roses, une once d'esprit de jasmin, une once d'essence de savon ; s'en servir avec une brosse ou une éponge.

Huile dite de castor pour faire croître les cheveux. Prendre deux onces d'huile de fèves de tonka, quatre onces d'huile d'olive dans laquelle on fait infuser des feuilles de rose, à raison de quatre onces de feuilles par demi-livre d'huile ; ajouter six livres d'une infusion de feuilles de buis ; à raison de deux onces pour six onces d'huile d'olive; mêler vingt-sept grains d'essence de cannelle, quarante-huit grains d'essence de rosephire, neuf grains d'essence de sassafras, vingt-deux grains de fleurs d'oranger, quatre grains d'essence de Portugal, neuf d'essence de bergamote; faire du tout une pâte avec du beurre de cacao.

Huile pour faire pousser les cheveux. Mêler égale portion d'huile et d'esprit de romarin, ajouter quelques gouttes d'huile de muscade, oindre tous les jours les cheveux d'un peu de ce liniment, dont on augmente chaque jour la proportion.

Rusma ou dépilatoire oriental. Cette préparation sert à enlever les poils et les cheveux qui descendent trop bas ou sont gênans, et font un mauvais effet. Les cheveux ne reparaissent plus.

Prendre une once de chaux vive, la mêler avec un quart d'once d'orpiment ou sulfure d'arsenic; faire bouillir ce mélange dans une livre de lessive alcaline assez forte. Pour l'essayer, plonger une plume dedans ; quand les barbes tombent, le *rusma* est prêt. Comme il est très actif, on doit l'appliquer avec beaucoup de précaution ; sinon, l'on s'exposerait à de graves maladies de peau. Il faut d'ailleurs y mettre de la graisse de porc pour l'adoucir.

La crème parisienne, autre dépilatoire, a l'inconvénient de laisser reparaître les cheveux au bout de quelques jours.

Dépilatoire de Laforest. Délayer avec du savon et de l'eau une once de vif-argent, une demi-once d'orpiment, et autant de litharge.

La coloration des cheveux blancs ou rouges est une pratique à rejeter. Comme les cheveux repoussent très vite, ils trahissent bientôt la supercherie par leurs nuances diverses. Le peigne de plomb noircit les cheveux roux, mais il les salit ; les teintures métalliques dont on se sert nuisent à la transpiration, salissent la tête , causent des douleurs d'oreille, des inflammations, quelquefois même des maladies dangereuses; il ne faudra jamais essayer de teindre les cheveux que sous la direction d'une personne suffisamment instruite.

Voici toutefois quelques recettes pour teindre les cheveux.

Mêler deux onces de sulfure de plomb, une de chaux pulvérisée, avec quantité suffisante d'eau de rose et de blancs d'œufs; imbiber avec un pinceau les cheveux de cette solution , et les couvrir d'un serre-tête. Au bout de trois heures, les cheveux ont une couleur châtin; si on garde la tête couverte jusqu'au lendemain, ils demeurent noirs.

Autre couleur analogue. Mêler à l'eau de rose et aux blancs d'œufs une once de litharge en poudre , autant de carbure de fer , deux onces de chaux vive.

Autre couleur, noire. Tremper le peigne dans une solution d'un demi-gros de nitrate d'argent en huit onces d'eau distillée de roses, après avoir oint d'une pommade grasse le front et les parties nues sur lesquelles les cheveux sont appliqués, pour les empêcher de prendre la même couleur.

On fait des tableaux en cheveux sur des feuilles d'ivoire. On a des cheveux de diverses nuances qu'on dégraisse séparément en les faisant bouillir. On conserve les uns longs ; les autres coupés très fin forment une espèce de poudre. On dessine sur l'ivoire au crayon, ou l'on calque. On fait une pâte de cette poudre avec une dissolution de gomme adragant, et on commence à ombrer et à colorer. Les feuilles des arbres se font avec des cheveux longs; frottés de gelée de colle de poisson pour les coller ensemble, et découpés en petits lozanges. Le ciel se peint à la sépia ou à l'encre de Chine. On peut aussi y employer d'autres couleurs.

CHEVEUX-D'ANGE. (*Off.*) C'est un très bon plat de dessert. On mange les chauds ou froids, dressés en pyramide.

Prendre des carottes tendres, les couper en long , par filets très menus, ôter l'écorce d'un ou deux citrons, et la couper en filets également menus; mettre dans une casserole avec les carottes un verre d'eau bouillante, faire mijoter à petit feu, jusqu'à ce que l'eau soit évaporée; ajouter le jus des citrons employés, et un quarteron et demi de sucre en poudre; remuer souvent, et servir lorsqu'il ne reste plus de jus.

CHÈVRE-chevreau. (*An. dom.*) *Capra hircus.* La chèvre est la femelle du bouc. (Voy. bouc.)

La chèvre donne de bon lait et en abondance : la quantité en varie de deux à cinq litres; la brebis n'en donne pas autant; et beaucoup de vaches ont peine à en fournir plus. Ce lait est très blanc, meilleur que celui de brebis, moins liquide que celui d'ânesse, plus épais que celui de vache.

La chèvre fournit du lait matin et soir, pendant quatre ou six mois. Le chevreau ne tête guère qu'un mois. On fait couvrir les chèvres en mai.

La chèvre étant susceptible d'attachement, on peut l'employer comme nourrice, quand le lait d'une mère est insuffisant pour allaiter l'enfant.

Un peu avant sa délivrance, la chèvre souffre beaucoup. Il est bon alors de la mettre au foin.

En octobre ou au commencement de novembre, la chèvre met bas deux chevreaux. On les nourrit avec des feuillages et du fourrage sec ou vert. Leur chair est bonne, surtout à un mois; mais elle est un peu filandreuse. On n'en laisse jamais qu'un à la mère.

La chèvre produit d'un an jusqu'à cinq et six ans; elle ne vit guère plus de huit.

Une bonne chèvre doit avoir la taille haute, le poil épais, les mamelles grosses, les cuisses fortes, les jambes grosses. Les chèvres blanches passent pour les meilleures, mais les noires ou rougeâtres sont plus vigoureuses.

Les chèvres aiment les lieux escarpés, et les plantes qui les tapissent, les lierres, les lichens, les muguets. Elles périssent dans les marécages. Si on les approche des bois ou si on les laisse errer dans les vergers, elles dévastent tout, rongent l'écorce des arbres et broutent les jeunes pousses. Elles donnent plus de lait, quand on les élève à l'écurie; mais leur litière doit être fréquemment renouvelée et bien sèche.

La chèvre n'est pas difficile sur les alimens. « Jamais, dit un proverbe, chèvre ne mourut de faim. » Elle engraisse plus vite que la brebis, et à moins de frais. L'hiver, on peut la nourrir en partie d'herbages et de feuilles sèches.

L'herbe chargée de rosée qui nuit aux moutons rend le lait de la chèvre plus abondant. Si on donne à la chèvre du feuillage fermenté dans des cuves avec un peu d'eau, par exemple des feuilles de vigne, le lait augmente. Aussi les vignerons ont-ils de l'avantage à élever des chèvres.

La chèvre n'est point sujette aux maladies, pourvu qu'on la tienne proprement : le fumier lui nuit. On ne lui met de litière qu'en hiver, et on la change tous les jours. Elle supporte aisément les plus grands froids et les plus grandes chaleurs.

La crème de lait de chèvre est très épaisse. Le beurre qu'elle donne est en petite quantité, et n'est pas aussi agréable au goût que celui de vache; il se conserve longtemps frais. Les fromages de lait pur, ou de lait mêlé à celui de vache ou de brebis, sont gras, moelleux, et de bon goût.

Le suif de chèvre est le meilleur de tous pour les chandelles.

Les peaux de chèvres sont employées pour faire le maroquin. On peut les rendre aussi douces que celles de daims et de chamois.

Les cornes de chèvres font des boîtes et des ouvrages de tabletterie.

Les boyaux font des cordes à violons et des hygromètres.

Le poil des chèvres sert à faire des tissus, des feutres, des camelots, des étoffes, des bouracans, des ceintures, des cordages, et à remplir des coussins.

Comme aliment, la chèvre ne se mange guère, non plus que le bouc; mais le chevreau est délicat.

Quand les chèvres ont la fièvre, par excès de nourriture, on les fait jeûner et reposer. On peut pratiquer aussi une saignée.

Quand les chèvres, après avoir mis bas, sont enflées, et que l'arrière-faix n'est pas bien venu, on leur fait avaler un verre de bon vin rouge.

Quand les mamelles sont desséchées par les grandes chaleurs, on les frotte de crème, et on mène paître la chèvre à la rosée.

Le chevreau frais ne peut se garder qu'un jour. Il se rôtit comme l'agneau. (Voy. agneau.)

Pour couper le chevreau, on divise chaque partie en côtelettes simples ou doubles; on sépare les deux cuisses, et l'on coupe le gigot par tranches. Ces tranches sont le morceau le plus délicat.

CHEVRETTE. (*Cuis.*) La chevrette est une espèce de coquillage du genre des *crustacés-sessiliocles.*

La chevrette est d'un rouge tirant sur le noir. Elle est plus petite et moins estimée que la crevette; elle s'apprête de même; elle est de fort légère digestion. On la sert aux malades. La saison des chevrettes est en hiver.

chevrette. (*Off.*) Ce sont des fers triangulaires à trois pieds sur lesquels on pose les marmites, bassines, poêles, afin de donner de l'air au feu des fourneaux.

CHÈVRE-FEUILLE des jardins. (*Jard.*) *Lonicera caprifolium.* Famille des chèvre-feuilles. Ce n'est pas le même arbuste que celui des haies. Il est indigène et sarmenteux; il donne en juin des fleurs odorantes.

On le place en haies ou en treillages. Il veut une exposition à demi-ombragée, et un bon terreau. On le multiplie de marcottes qui s'enracinent la première année.

Chèvre-feuille de Virginie. (*Lonicera sempervirens.*) Il fleurit de mai en octobre. Ses fleurs sont inodores, jaunes en dedans, écarlates en dehors. Même culture.

Chèvre-feuille étrusque. (*Lonicera etrusca.*) Depuis mai jusqu'en juillet, il est chargé de fleurs très odorantes. Il veut un bon terreau et du soleil.

Chèvre-feuille de Minorque. (*Lonicera balearica.*) Il est toujours vert. Ses fleurs viennent en juin. Elles sont sans odeur. On le place au midi, au pied d'un mur.

Chèvre-feuille à fleurs jaunes. (*Lonicera flava.*) Arbrisseau de Caroline. Ses belles fleurs à couronne odorante et d'un beau jaune d'or, viennent au mois de mai. Même culture.

Chèvre-feuille russe ou camécerisier de la Tartarie. (*Lonicera tartara.*) Il fleurit en avril; il y a une variété à fleurs roses, une autre à fleurs blanches, et une troisième très rare à fleurs écarlates.

Caméoerisier des Pyrénées. (Lonicera pyrenaica). Cet arbuste fleurit en mai.

Caméœrisier xylosteon. (Lonicera xylosteon.). Ce bel arbuste des Alpes donne des fleurs roses en mai. Il a des variétés à fruit noir et à fruit bleu.

Caméœrisier des Alpes. (Lonicera alpigena.) Il a de gros fruits rouges comme des cerises.

Les caméœrisiers ne sont point sarmenteux. Ils veulent une terre légère, une exposition au soleil. Ils se multiplient de marcottes ou de séparation de pieds.

Chèvre-feuille des bois. (Lonicera Peryclimenum.) C'est un arbrisseau à tiges rampantes. Les fleurs sont en grappes très denses.

CHEVREUIL. (Chass.) Cervus capricus. Il est du genre du cerf, et de l'ordre des ruminans. Il est plus petit et encore plus élégant que le cerf. Il se nourrit d'herbages et de feuilles.

Le chevreuil se rencontre au printemps dans les taillis en automne, dans les petits bois; en hiver, dans les forêts. On le chasse avec des chiens courans, ou mieux on le tire à l'affût.

CHEVREUIL. (Cuis.) Pour dépouiller un chevreuil, on fait un jour entre la peau et la chair; on y introduit le poing. Quand il est dépouillé, on lui fend l'os quasi, et l'on sépare le cou du corps. On coupe les quartiers de derrière, en laissant le filet très gros; on lève les épaules, et on sépare la poitrine du carré.

Le chevreuil en été peut se garder frais un jour et demi; en hiver huit jours. Il faut, pour le rôtir, une heure, ou une heure et demie.

Le chevreuil est bon surtout en novembre et en décembre, où il demande à être gardé deux jours pour être suffisamment mortifié. Il a une odeur sauvage et se sert avec des sauces très épicées. Il peut rester huit jours dans les marinades, où on le met pour lui donner du goût.

Quand on a tué un chevreuil, on prend le sang tout chaud, on le passe, on y mêle poivre, très peu de sel, un bon morceau de lard, un ou deux ognons, du thym et du persil, et on bat le tout avec des œufs frais. On met dans la poêle un gros morceau de beurre, et quand il fond, on y verse le mélange, et on le fait cuire comme une crêpe.

Filet de chevreuil. Mettre le filet dans une terrine avec du vinaigre, du sel, du poivre, du laurier, thym, ognons, persil en branches, girofle, ciboule; laisser mariner quarante-huit heures, étendre dans une casserole des bardes de lard, des tranches de chevreuil et des carottes, poser les filets dessus, les couvrir d'un papier beurré, ajouter une demi bouteille de vin blanc, du bouillon, un peu de sel, faire mijoter une heure, glacer, dresser sur le plat, et servir avec une sauce piquante ou un roux.

Filet de chevreuil sur le gril. Lever un filet de chevreuil, le nettoyer avec soin, le piquer de deux rangs de petits lardons, le saler, poivrer, verser dessus de l'huile, le laisser ainsi pendant quatre heures, le mettre ensuite sur le gril une bonne demi-heure à un feu vif; quand il est cuit d'un côté, retourner de l'autre; servir avec une sauce piquante et un cordon de cornichons autour du plat.

Gigot de chevreuil. Piquer le gigot, le mariner à l'huile comme le filet, le mettre une heure à la broche à un feu vif, l'arroser avec l'huile de la marinade, et en le

retirant avec du jus d'un citron; servir en même temps dans une saucière une sauce piquante dans laquelle on met le jus de chevreuil qu'on a dégraissé.

Côtelettes de chevreuil. Après quatre heures de marinade dans l'huile, saler, poivrer, et griller à grand feu pendant une demi-heure, servir avec une sauce piquante aux cornichons et à l'ail.

Côtelettes de chevreuil braisées. Les faire sauter dans du beurre tiède, laisser sur un feu ardent jusqu'à ce qu'elles résistent sous le doigt, les égoutter, les tremper dans une sauce piquante, ou faire la sauce suivante :

Prendre un peu du beurre du sautoir, un peu de vinaigre, faire réduire, verser une cuillerée à bouche de farine, autant de bouillon, du sel, du poivre, une feuille de laurier; passer à l'étamine la sauce réduite.

Épaules et carrés de chevreuil. En ôter les nerfs, les piquer, et les faire cuire à la broche; servir avec une poivrade.

Chevreuil en civet. Faire un roux léger avec du beurre, y faire cuire des morceaux de collet ou de poitrine de chevreuil, avec un peu de lard, mouiller de vin rouge et d'eau; ajouter du thym, du laurier, de l'ail, du sel, du poivre, des petits ognons passés dans le beurre, et des champignons, dégraisser; faire réduire la sauce si elle est trop longue; servir avec des croûtons.

Cervelles de chevreuil. Les faire cuire dans une marinade et les faire frire.

Escalopes de chevreuil. Lever les chairs des deux épaules, les couper par escalopes, aplatir avec le manche du couteau, arrondir d'égale grandeur, faire sauter avec beurre fondu; sel, poivre, ail et laurier; avant de servir, mettre à un feu ardent. Quand elles résistent au doigt, ajouter beurre, poivrade et glace de gibier, lier le tout; servir avec des croûtons autour.

Filets sautés à la minute. Faire sauter les filets dans le beurre, puis les faire cuire à un feu ardent, en glacer le gras avec une demi-glace qu'on fait prendre au four de campagne, servir à la poivrade avec des croûtons de pain entre chaque filet.

Côtelettes sautées. Les faire sauter dans de la glace de gibier.

Émincé de chevreuil. Émincer un chevreuil rôti, le mettre en petits morceaux dans une bonne poivrade, ne pas laisser bouillir, dresser avec des croûtons.

Omelette de chevreuil. Prendre des tétines de chevreuil, les faire blanchir à l'eau, les couper par rouelles, les faire frire, les hacher, et les mêler avec les œufs pour faire une omelette.

Crépinettes de chevreuil. Couper des chairs de chevreuil en petits dés; ajouter autant de champignons, un quart d'ognons, ou de truffes, de la tétine de veau, du beurre, de l'espagnole; envelopper de crépinette de cochon, placer sur un plafond beurré, faire prendre couleur au four, glacer, dresser sur un plat, servir avec un aspic.

Hachis de chevreuil. Hacher bien les chairs d'un chevreuil rôti, avec des fines herbes cuites, mettre dans une poivrade bien réduite, avec du beurre, servir avec des croûtons de pain à l'entour.

Saucisses de chevreuil. Prendre deux livres de chair,

de chevreuil, ôter les peaux et les nerfs, ajouter une livre de lard gras, hacher fin, assaisonner de sel, poivre, épices, muscades; enveloper de crépine, aplatir, faire griller, servir avec sauce piquante.

CHICORÉE. (*Jard. — Agr.*) *Chicorée frisée. Chicorium endivia.* Famille des semi-flosculeuses. C'est une plante annuelle; les meilleures variétés sont celles de Meaux et d'Italie; cette dernière est préférable, parce qu'elle monte moins aisément.

On la sème le 25 juin très clair, dans un terrain fumé, bêché; les rayons doivent être espacés d'un pied, et très peu profonds; le plant est aussi espacé d'un pied. On recouvre au râteau et on arrose, à moins que la terre ne soit fraîche ou que le temps ne soit à la pluie. Au bout de cinq jours la chicorée lève. Il vaut mieux semer en place que de repiquer, cette dernière opération retardant la récolte de huit jours.

On sarcle, on senfouit et on arrose souvent; vers la mi-août, on met un lien en bas, à midi, par un temps sec. On met quatre jours après un second lien en haut.

On en lie ainsi une petite partie à la fois, et en dix à douze jours les bottes ainsi liées blanchissent. On peut aussi faire blanchir la chicorée en la couvrant de litière sèche; elle est de cette manière moins exposée à pourrir, mais il faut renouveler la litière toutes les fois qu'il a plu.

La chicorée se ressème au 15 juillet; elle paraît alors au bout de huit jours. On la fait blanchir en posant une tuile sur chaque cœur.

Pour avoir de la graine, on lève en octobre quelques beaux pieds de chicorée qui n'ont pas été liés. On les expose au pied d'un mur au midi, dans une bonne terre; ils passent l'hiver, et la graine est mûre au mois de juillet. On la perdrait, si on ne coupait les tiges un peu avant l'entière maturité. Pour l'enlever, on laisse les branches une heure dans l'eau; on les fait sécher à moitié; et on les bat de suite. La graine se garde douze ans et plus; elle monte moins, si on la sème quand elle a quatre ou cinq ans.

CHICORÉE SAUVAGE. (*Agr.*) *Chicorium intybus.* Famille des chicoracées. Elle croît sans culture dans les bois; ses fleurs sont bleues.

On emploie la chicorée sauvage comme fourrage.

La chicorée sauvage se sème dans une terre profonde, bien ameublie, au printemps ou en automne; elle dure quatre ans; elle se cultive comme la carotte. (Voy. ce mot.)

Une coupe sur un arpent de 100 perches peut produire plus de cinquante-cinq milliers pesant.

On en sème 12 kilogrammes par hectare, ou un boisseau par arpent. On fauche avant que les tiges soient grosses. On en fait trois à quatre coupes par an, réglées ou non. Si on les règle, on en fait une en avril, la seconde en juin, la troisième en août, la quatrième en octobre. C'est un des fourrages qui donne le plus abondamment, et il a l'avantage de venir un des premiers; il ne craint ni les vents, ni les pluies, ni la gelée, ni la sécheresse; il épuise peu la terre.

On sème la chicorée seule, ou avec de l'orge, de l'avoine et du seigle; elle atteint sept à huit pieds de haut; elle est moins élevée dans la seconde coupe.

Les moutons, les cochons, les bœufs, les chevaux, les vaches, recherchent la chicorée; elle ne leur donne jamais la météorisation. On la mêle à leurs autres alimens dans la proportion d'un tiers pour les bêtes à cornes, et d'un sixième pour les vaches; elle donne bon goût à la viande, surtout à celle des cochons; les vaches qui en mangent ont un tiers de lait de plus. Madame Adanson prétend qu'en trop grande quantité, elle purge le bétail. Pour la conserver pour l'hiver, on la fane et on la dessèche au soleil par un beau temps, et on la met à la cave par couches, comme les carottes. (Voy. ce mot.)

En médecine la chicorée s'emploie comme dépurative; la racine est stomachique. Le sirop de chicorée composé qu'on emploie comme purgatif, contient de la rhubarbe.

Dans les jardins la chicorée sauvage se sème le 25 juin, en des rayons espacés seulement de six pouces. Quand le plant a cinq à six feuilles, on l'éclaircit à quatre pouces. En novembre on l'arrache, on coupe les feuilles à fleur de racines, on couche les racines la tête en dehors sur un lit de sable à la cave, on couvre de fumier de cheval. Sur chaque couche de sable de deux pouces, on ajoute des racines, et on forme ainsi un tas de deux pieds et demi qu'on entretient humide. La chicorée pousse alors des feuilles longues d'un pied, et d'un blanc jaunâtre. C'est une bonne salade; on la nomme barbe de capucin. On coupe ces feuilles quand il y en a assez, et il en repousse d'autres.

La chicorée scarole (*endivia latifolia*), se cultive comme la chicorée frisée.

Préparation du café-chicorée. La racine de chicorée que l'on emploie pour cet usage est plus grosse que la précédente, et donne moins de fanes. Elle semble appartenir spécialement au département du Nord et à la Belgique.

On arrache les racines au printemps, on les lave, on les coupe dans la longueur, on les hache, et on les fait sécher dans des étuves chauffées à 50°.

On les grille dans un moulin à café, on les moud ensuite, et on mêle cette poudre au café.

Moyen de reconnaître le mélange de la chicorée au café. (Voy. CAFÉ.)

Le café ainsi préparé est plus sain pour les personnes nerveuses que le café pur, parce qu'il est moins stimulant; mais, au reste, la chicorée n'a rien de l'arome du café.

CHICORÉE (*Cuis.*) La chicorée blanche se mange en salade, ainsi que la chicorée sauvage. Quand on prépare la chicorée pour garnir des ragoûts, on la fait cuire dans l'eau bouillante, et quand elle est bien égouttée et hachée, on l'assaisonne avec du beurre, du jus ou du bouillon, et on la sert avec le rôti, après l'avoir passée à l'étamine.

Chicorée au jus. Faire blanchir et fendre les chicorées par le milieu, les ficeler; mettre sel, poivre, muscade; les placer entre des bardes avec un morceau de veau, du mouton ou du bœuf, ognons, carottes, girofle, bouquet garni; mouiller avec des dégraissis de consommé, faire cuire pendant trois heures, égoutter et servir.

Chicorée au velouté. Ne garder que le blanc de la chicorée, l'échauder avec de l'eau bouillante et un peu de sel; quand elle fléchit sous le doigt, la rafraîchir, l'égoutter, exprimer l'eau, la hacher, la mettre avec du beurre dans une casserole; ajouter sel, poivre, du consommé et du velouté; faire réduire, et servir avec des croûtons quand elle est bien épaisse.

Chicorée au maigre. Prendre de la chicorée blanche, effeuiller les têtes, laver bien, faire blanchir un quart d'heure à grande eau bouillante avec une poignée de sel, en exprimer toute l'eau, blanchir, et mettre dans une casserole avec un quarteron de beurre, du poivre, une cuillerée de farine et un peu de bouillon ou de lait, qu'on ajoute quand elle commence à sécher. Servir avec des croûtons autour.

Chicorée à l'eau en potage. Émincer des chicorées frisées, les passer dans un morceau de beurre, mouiller d'eau, faire bouillir trois quarts d'heure avec sel, poivre et un peu de muscade, lier la sauce avec des œufs au moment de servir, et verser sur le pain.

Manière de conserver la chicorée. La jeter dans l'eau bouillante sans la cuire, la passer dans l'eau fraîche, la faire égoutter, la mettre dans une saumure; ôter la saumure après vingt-quatre heures, et en remettre une nouvelle. Mettre la chicorée en pots. Pour la manger, on la lave avec soin à plusieurs eaux; on la fait cuire à grande eau, et on la hache pour la fricasser.

Autre. Oter les côtes dures et vertes qui enveloppent le blanc, échauder les chicorées, les rafraîchir, les mettre dans une saumure, et couvrir de beurre clarifié.

Autre. Faire des lits de chicorée et de sel dans un tonneau, couvrir avec un rond de bois qui entre dans le tonneau, et mettre un poids sur le couvercle.

CHIEN. (*Anim. dom.*) Ordre des carnassiers. Le chien est le type d'un genre dont le loup et le renard font partie.

On trouve le chien dans l'état de domesticité en toutes les parties du monde, et dans beaucoup de pays où le cheval, le bœuf, le mouton et l'âne ne peuvent pas vivre. Cette domesticité a fait subir une grande altération à ses formes extérieures et à ses habitudes, et a perfectionné son instinct à tel point, qu'aucun animal ne le surpasse en intelligence. Aucun n'entre en relation plus immédiate avec l'homme, auquel il est fidèle malgré les mauvais traitemens.

Le chien ne sue pas : il transpire par la langue qu'il laisse pendre et retire successivement. Il se jette dans l'eau sans être incommodé. Quand il est en route, il marche au-devant de son maître en faisant de longs détours, et quand il est fatigué, il suit lentement derrière.

La queue du chien est toujours inclinée à gauche. Le corps est couvert de poils. Le chien vit quatorze à quinze ans; on en a vu cependant vivre jusqu'à vingt.

Les chiens mangent de tout. Ils digèrent même les os les plus durs; ils cherchent les charognes. Ils ont de la répugnance pour la chair de certains animaux, tels que bécasses, canards, corbeaux. Quoique voraces, ils se contentent de ce qu'on leur donne.

On doit modérer la gourmandise du chien par l'éducation, l'accoutumer à voir devant lui du gibier ou des viandes sans y toucher, et même à tenir immobile sur son museau un mets qu'il aime. S'il a l'habitude de manger des œufs, on en fait durcir sous la cendre, on les lui présente brûlans, et on réitère deux ou trois fois ce stratagème.

La chienne a dix mamelles, quatre de plus que le mâle. Elle prend grand soin de ses petits, quand elle craint pour leur sûreté.

La chienne fait six, sept, et même douze petits. Les petits chiens ne voient clair que le dixième ou douzième jour. Ils perdent leurs premières dents à quatre mois. On reconnaît l'âge des chiens par leurs dents au nombre de quarante-deux. Elles sont, dans la jeunesse, blanches, tranchantes et pointues; elles deviennent avec l'âge rousses, inégales et noires.

Chiens de chasse. Quand les petits chiens de chasse ont quinze ou vingt jours, on les purge avec un peu de manne fondue dans du lait, et quand ils ont six semaines, on commence à les sevrer en leur donnant du lait ou de la mouée et de la soupe claire. On les habitue à cette nourriture en les séparant de leur mère pendant le jour, et en la leur présentant pendant la nuit. Au bout de quelques jours, on ne les nourrit plus que de soupe. Quand ils ont six mois, on les passe dans le grand chenil, on les met au pain d'orge, et on ne leur donne de la mouée que deux fois par semaine. A neuf ou dix mois, on les fait rapporter, aller à l'eau, arrêter. Si ce sont des chiens courans, on les accouple, on les promène, on les fait obéir au fouet; mais en les récompensant et les traitant avec douceur. A un an, ils vont à la chasse avec de vieux chiens. A dix-huit mois, ils vont aux grandes chasses. On ne doit les corriger que lorsque cela devient nécessaire.

Chiens courans. C'est surtout en Angleterre qu'on a perfectionné la race des chiens courans.

Un bon chien distingue la piste d'un animal qu'il poursuit d'avec celle d'un autre qui vient à croiser la première trace. Il peut abandonner la piste pour la reprendre plus loin.

On a vu des chiens courans poursuivre un renard pendant trente heures. En 1822, dans une chasse au daim chez le comte de Derby, l'animal fut poursuivi par les chiens pendant l'espace de soixante milles anglais (22 à 24 lieues). Il y eut environ vingt chevaux qui périrent de fatigue.

Il y a plusieurs espèces de chiens courans, à oreilles pendantes, ayant la jambe forte, le poil court, la queue relevée. Ils sont blancs, noirs, fauves, ou tachetés. Ils suivent à la piste le gibier, le lièvre, le chevreuil, le sanglier, etc.

Chien basset. Il a les oreilles larges, longues et pendantes, les jambes très courtes, quelquefois droites, et souvent torses. Il est utile dans la chasse au chien courant.

Chien braque. Il diffère du précédent par la moindre longueur du museau et des oreilles, par des jambes plus alongées et un corps plus épais.

Chien terrier anglais. On l'emploie en meutes pour chasser le renard, le lièvre et le lapin. Il a le poil court et lisse, les yeux, le dessous du corps et les pattes d'un jaune roux foncé. Il s'attache à son maître exclusivement. Il est très alerte et très intelligent.

Chien terrier d'Écosse. Il a l'extrémité des oreilles recourbée, le poil blanc ou brun, long et touffu; son odorat est excellent. Il poursuit avec acharnement les renards, les lièvres, les lapins, les putois, les fouines, les rats, les hérissons.

Chien épagneul anglais ou *blood-dog.* Ce chien, dont

la race est presque perdue, était dèstiné à aller sur la piste des voleurs, et à rechercher les objets volés. Son nom de *blood-dog*, chien de sang, vient de ce qu'il suivait les traces des animaux blessés. Une loi avait levé une taxe pour l'entretien de ces chiens, et il était ordonné à tout propriétaire de leur ouvrir la porte quand ils se présentaient, sous peine d'être considéré comme complice d'un vol.

Chien épagneul. C'est un très bon chien d'arrêt; il est couvert de poils longs et soyeux. Ses oreilles sont pendantes comme celles du chien courant, et ses jambes plus élevées; il est blanc ou marron, ou tacheté de ces deux couleurs et de noir. On en fait également un chien de garde et de compagnie.

Chien couchant ordinaire. Il n'a pas le poil aussi long que l'épagneul; sa queue est plus droite.

En alliant les individus qui tiennent long-temps le gibier en arrêt avec l'épagneul qui découvre facilement un gîte, on a obtenu des races plus parfaites pour la chasse.

Chien de garde. La légèreté du sommeil du chien en fait un excellent gardien. Il est très vigilant, et au moindre bruit avertit la maison par ses aboiements. On lui confie avec sécurité la garde des maisons, des boutiques, des fermes, des troupeaux, des marchandises laissées dans les lieux ouverts. Il est d'autant plus redoutable la nuit, s'il a été enfermé tout le jour.

Les meilleures races pour chiens de garde sont le dogue et le mâtin. On leur fait mettre un collier garni de pointes de fer, fermé à cadenas. On les attache pendant le jour à la chaîne, et dans des niches grandes, spacieuses, bien garnies de paille, à côté desquelles on place à l'ombre une auge pleine d'eau bien propre. La captivité du chien pendant le jour est indispensable, pour l'empêcher de se familiariser avec les étrangers, et lui conserver son activité pendant la nuit; on le lâche le soir.

La nourriture d'un chien de garde se compose le matin, d'une soupe de trois quarterons de gros pain bis avec de l'eau grasse, et d'une soupe pareille le soir à quatre heures. On y ajoute les gros os de la cuisine.

L'article 30, titre II, de la loi du 6 octobre 1791, renvoie devant les tribunaux correctionnels celui qui a tué méchamment et sans nécessité un chien de garde sur le terrain d'autrui.

Mâtin. Le mâtin a la queue retroussée en haut, les oreilles à demi pendantes; il y en a de gris, de blancs, de bruns et de noirs; ils sont grands, vigoureux et légers; avec des soins et une bonne nourriture, ils acquièrent une taille énorme. C'est à l'aide de ce chien que les Anglais ont détruit tous les loups de leur île.

Dogue de forte race. Le dogue a le corps ample et musculeux, le museau raccourci, la tête et le corps gros, les oreilles petites et à demi pendantes, des lèvres épaisses en abat-joue, les jambes courtes et fortes, le poil ras, blanc et noir. Telle est la description sommaire de la race de chiens la plus vigoureuse et la moins intelligente.

Le dogue est féroce, hardi, disposé à attaquer tous les animaux.

Le bull-dog anglais (*chien de taureau*), est employé dans les combats d'animaux qui se pratiquent en Angleterre depuis un temps immémorial. Ces combats, abolis

en France par la révolution, ont été rétablis sous l'empire. Le bull-dog s'attache à son adversaire, et ne le lâche pas. Un de ces chiens, qui avait saisi un taureau au cou, ne le lâcha pas, bien que son maître, par suite d'un pari, lui eût coupé successivement les quatre pattes.

Dogue ordinaire. Il est de plus petite taille que le précédent. Il a les narines séparées par une fente profonde.

Doguin ou carlin. Il a les lèvres moins pendantes, et la taille plus petite.

Chien barbet. Le chien barbet est le plus susceptible d'éducation. C'est un chien barbet que choisissent les Savoyards pour monture à leurs singes. Ces chiens ont de longs poils bouclés, de couleur noire, blanche ou mêlée. Ils aiment beaucoup à aller à l'eau.

Chien de Malte. Il est petit, il a les poils longs et soyeux. C'est un chien de salon.

Chien de berger. Sa taille est moyenne, ses oreilles courtes et droites; il est couvert de longs poils sur tout le corps, excepté sur le museau; il est de couleur noire ou brun foncé.

Chien-loup. C'est une variété du chien de berger. Sa tête est couverte de poils; sa queue est très relevée; il est blanc, noir, ou fauve.

Chien de Terre-Neuve. Ce beau chien, originaire de l'île de Terre-Neuve, a le corps à peu près semblable pour les proportions à celui du chien de berger. Il est d'une taille élevée, alongé, blanc, tacheté de noir. Il est couvert de longs ploils soyeux, et sa queue est touffue et retroussée. Il est très agile, et doué d'une grande force musculaire. Il est fidèle à son maître, et peu familier avec les étrangers.

Le chien de Terre-Neuve court mal, mais nage très bien. Il a entre les pieds une membrane semblable à celle des oiseaux palmipèdes. Il est employé en Angleterre dans le sauvetage des naufragés. On lui attache une corde au cou, et on le met à l'eau, après qu'il a atteint le vaisseau près d'échouer. Cette corde établit une communication entre la terre et le navire.

La grande taille et la force de ces chiens les rendent très propres au trait. Trois de ces chiens peuvent traîner à une lieue et demie de distance un poids de 150 à 200 livres.

Le chien de Terre-Neuve est très vigilant pour la garde, mais il aboie rarement. Les Anglais l'ont dressé à la chasse; il arrête très bien.

Le chien de Terre-Neuve remplit exactement les commissions qu'on lui donne. Un Anglais, demeurant de l'autre côté de l'eau, vis-à-vis Falmouth, avait dressé un chien à traverser l'eau tous les matins, et à aller à la poste chercher ses lettres qu'il rapportait.

Chien turc levrier. Il est sans poil, et n'a qu'une touffe sur le front.

Danois. Le danois a le corps dégagé. Il est blanc avec des taches noires. Son poil est ras et sa queue relevée. Il aime à courir avec les chevaux et au-devant des voitures. C'est un chien de luxe.

Levrier commun. Ce chien gracieux a les formes sveltes et alongées, le museau effilé, les jambes longues et très minces, le corps arqué, la queue longue, le poil ras, blanc, noir, gris, et de diverses couleurs. Il court avec une rapidité incroyable, et atteint bientôt les lièvres les plus agiles.

Chien du Saint-Bernard. Ces chiens rôdent la nuit, pendant qu'il neige. Ils ont l'odorat très-fin, et découvrent les malheureux voyageurs même sous plusieurs pieds de neige. Alors ils aboient, ils grattent avec leurs pattes, et avertissent les moines de l'hospice. Ils portent au cou une gourde pleine d'eau-de-vie. Un de ces chiens, ayant sauvé vingt-deux personnes, fut décoré d'une médaille.

Chien de trait. On a l'usage en Hollande, en Allemagne, en Sibérie, et dans tout le nord de la France, d'employer les chiens au tirage des fardeaux, ou à la conduite de petites voitures.

Les chiens du nord surtout sont propres à cet attelage. On employait autrefois les chiens à tourner la broche.

Maladies des chiens. Quand les chiens sont incommodés, leur instinct les porte à manger du chiendent, ce qui leur cause souvent un vomissement salutaire.

Si un chien est fatigué, on le saigne, et on lui donne des lavemens, et ensuite du lait coupé. Il est bon de lui graisser les pattes avec du suif de chandelle.

La maladie des chiens est une espèce d'inflammation des membranes muqueuses. Elle atteint les jeunes chiens avant l'âge d'un an.

On met à la diète, à l'usage du bouillon de tête de mouton, et on frictionne le dos avec une brosse un peu rude, dès les premiers symptômes. On fait vomir le chien avec deux grains d'émétique dans du lait; si la dose est trop forte pour l'animal, on la remplace par dix grains d'ipécacuanha en boulettes avec du beurre, de demi-heure en demi-heure, jusqu'à ce que les vomissemens soient provoqués. On donne ensuite du lait et des lavemens émolliens.

On peut faire vomir également avec des boules de beurre de deux à dix grains de turbite minéral. On fait ensuite prendre tous les jours une ou deux cuillerées de sirop de quinquina.

Si le mal ne cède pas, et s'il s'écoule de l'humeur par le nez, on pose au cou un ou deux sétons, qu'on panse deux fois le jour, avec un onguent suppuratif. On lave les yeux avec de l'eau de mauve, et on injecte aussi de cette eau dans le nez.

Quand il y a des symptômes de douleurs nerveuses, on donne au chien trente gouttes d'éther dans un verre de lait, mêlés dans un vase bien bouché pour empêcher l'évaporation. Si, après le traitement, il y a quelques infirmités qui persistent, on administre une seconde fois de la même manière l'éther.

Quand la guérison est certaine, on purge le chien deux fois à huit jours d'intervalle avec de la manne ou du sirop de nerprun. La manne doit être fondue dans du lait sur un feu doux, à la dose d'une demi-once pour les jeunes chiens, et de deux onces et demie pour les gros.

Pilules pour la maladie des chiens. Un huitième d'once de muriate doux de mercure, autant de poudre de tribus, un gros et demi d'oxide d'antimoine sulfuré rouge, un quart de gros de tartrite de potasse antimoniée; on délaie dans du sirop de nerprun, et on forme avec la pâte des pilules. Les proportions que nous avons indiquées sont pour 90 pilules. On en donne une ou deux pendant deux ou trois jours, suivant la force de l'animal.

Les emplâtres de poix, l'eau de luce et le vinaigre, aspirés par le nez, sont de mauvais remèdes, irritans, et destructifs de la finesse de l'odorat.

On prévient la maladie des chiens en les purgeant tous les mois jusqu'à l'âge de dix mois à un an. Si elle vient malgré cette précaution, elle est moins dangereuse.

On purge avec la manne, avec 56 à 72 grains de rhubarbe en poudre, ou 15 à 25 grains de poudre de jalap, suivant la force du chien.

Traitement de la maladie des chiens indiqué par M. Barthélemy aîné, professeur de l'Ecole Vétérinaire d'Alfort. Pour toute nourriture, bouillon ou soupe maigre. Vomitif composé de deux ou trois grains d'émétique dissous dans un verre d'eau tiède, dont on fait avaler les deux tiers à l'animal, le matin à jeun; réservant l'autre tiers pour être administré une demi-heure plus tard, quand, au bout de ce délai, la première dose n'a pas fait vomir; un bon verre d'eau tiède après chaque vomissement.

Le lendemain, ou le surlendemain seulement, si l'émétique a fatigué le corps, administration d'un gros d'aloès, délayé dans un verre d'eau tiède; même prescription les deux ou trois jours suivans, en réduisant toutefois la dose d'aloès à 45 ou 54 grains; alors, l'animal purgeant beaucoup, on lui accorde un ou deux jours de repos; puis on revient à l'usage de l'aloès comme précédemment; ainsi de suite, jusqu'à parfaite convalescence.

Les doses indiquées sont applicables à un chien couchant de six à huit mois. Dans tous les cas, elles doivent être proportionnées à l'âge et à la taille de l'animal. Tous les médicamens et toutes les boissons doivent être administrés de force. Quand l'enchifrènement est considérable, comme lorsque les narines sont en grande partie bouchées, il est avantageux de faire respirer à l'animal, pendant deux heures par jour environ, la vapeur qui s'élève de l'eau bouillante : un ou deux sétons animés avec de l'onguent vésicatoire et placés sur les deux côtés du cou, produiront aussi de bons effets toutes les fois qu'une toux opiniâtre compliquera la maladie.

Onguent éprouvé pour la gale des chiens. Prendre un quarteron de tabac en carotte, autant de poudre à canon, un peu de sel, un demi-quarteron de fleur de soufre; faire infuser vingt-quatre heures, dans une bouteille et demie de vinaigre et dans la même dose d'urine, faire bouillir, et appliquer chaud; laisser trois jours, et laver ensuite avec du savon vert.

La dose indiquée peut suffire à trois chiens.

Autre. Un verre d'huile de noix ou autre, et un quarteron de soufre. On laisse reposer le chien malade pendant deux jours : au bout de ce temps, on le lave, on le brosse, et on le graisse de cet onguent. On le fait promener le sixième jour et on le purge en mettant dans sa soupe un peu de fleur de soufre; le septième jour, on le lave avec de l'eau tiède et du savon; pendant le traitement on le nourrit de pain et d'eau; on change souvent sa paille, et on le tient très propre.

Chancres des oreilles des chiens de chasse. Au lieu de

cautériser, ce qui endommage les oreilles, tremper la partie malade deux ou trois fois par jour dans de l'huile de navette.

Si l'on veut cautériser, on se sert d'un fer chaud, d'huile de vitriol ou d'eau forte.

Blessures. Pour les blessures, on emploie la filasse, qu'on trempe dans la térébenthine, et qu'on tamponne. On injecte aussi les plaies avec de l'eau-de-vie et de l'eau tiède.

Quand un chien est éventré, on lui lave les boyaux, on les rentre; on coud la plaie, on la panse avec de l'eau de boule, et on soutient les chairs avec un cuir épais et un bandage. S'il a la fièvre, on le saigne. On met le chien jusqu'à guérison au bouillon pour tout aliment.

Fractures. S'il y a fracture, on prend des blancs d'œufs mêlés avec un peu d'eau-de-vie, et bien battus; on remet la partie, on l'enveloppe de filasse trempée dans les blancs d'œufs, et ou assujétit avec des attelles et des ligatures. Si la partie enfle, on perce avec un bistouri plusieurs trous pour l'écoulement des eaux qui engorgent; on humecte la filasse tous les jours avec de l'eau-de-vie ou de l'eau. On musèle le chien pendant qu'il n'a point à manger. Dix ou douze jours après l'accident, on renouvelle l'appareil. On laisse le chien au chenil jusqu'à guérison.

Efforts. Quand un chien est alongé, c'est-à-dire que les nerfs de ses jambes sont tendus, on lui donne du repos; on frotte souvent les nerfs avec de l'huile de laurier mêlée à de l'éther; on tâche de faire ployer la jambe du chien et on la lie avec un long ruban qu'on serre fortement.

Puces. On frotte le chien avec une infusion d'un quarteron de feuilles de tabac dans un litre de vinaigre. La durée de l'infusion est de vingt-quatre heures.

Empoisonnement des chiens par la noix vomique. Dès qu'on s'aperçoit de l'accident, placer sous le nez du chien un linge bien imprégné d'une solution de chlore ou d'eau de javelle, lui faire avaler à plusieurs reprises avec un dé à coudre un quart de verre de solution de chlore ou d'eau de javelle. Quand il peut se lever, le saigner et lui donner un peu de lait.

La chair de chien n'est pas mauvaise, mais elle est un peu glutineuse. Elle était, chez les Grecs, aussi estimée que celle du mouton, et les chiens de lait étaient recherchés chez les Romains : on en mange encore en Chine, en Arabie, au Canada, dans les îles de la Société. L'autorité de ces peuples pourra peut-être déterminer quelque gastronome à tenter un essai culinaire.

La fourrure du chien sert à faire des manchons, des gants, des lisières de drap, etc.

Les excrémens du chien, sous le nom d'album græcum, sont employés en médecine.

CHIENDENT. (*Agric.*) *Triticum repens.* Famille des graminées.

Le chiendent se multiplie par les traces de ses racines; il croît partout. La charrue coupe les racines sans l'anéantir.

On a conseillé pour détruire le chiendent, de labourer à la fourche ou à la pelle à dents, et d'enlever toutes les racines une à une. On peut aussi labourer par un temps humide et enlever le chiendent par un hersage, quand une sécheresse postérieure l'a rendu de facile extraction.

M. Mathieu de Dombaslé propose de tenir la terre meuble par de bons labours, précédés immédiatement de hersage, en automne, en mars et en avril. Le chiendent périt dans les sols entretenus bien meubles. Dans les sols dits de *terre blanche*, où les gelées n'ameublissent pas la terre, on ne donne pas de labour d'automne; on laboure en hiver par un beau temps. Pour empêcher le chiendent de gagner les champs voisins, on fait à l'entour un sillon très profond qui défend toute communication avec les racines du chiendent.

Les feuilles et les racines de chiendent sont excellentes pour la nourriture des chevaux et des bœufs, des moutons, des lapins; on les conserve en les séchant après les avoir lavées. Avant de les donner aux bestiaux, on les trempe dans l'eau chaude. Un quintal de chiendent est bien plus nourrissant qu'un quintal de foin; on peut le réduire en poudre comme la paille. Dans les pays où les disettes sont fréquentes, les racines de chiendent réduites en farine servent d'aliment. Le chiendent, dit *pied de poule*, sert en Pologne à faire un bon gruau. Les racines de chiendent servent aussi à fabriquer des brosses. On l'emploie en médecine comme diurétique émollient, en décoction; mais les services que rend cette plante sont loin de compenser les dommages qu'elle cause à l'agriculture. Sa tisane a peu de propriété, et l'accroissement de la transpiration cutanée qui se manifeste après son emploi, peut être attribuée à l'eau seule.

M. Chevallier, en soumettant le chiendent à l'analyse chimique, y a trouvé assez de sucre pour qu'on puisse espérer d'en retirer de l'alcool.

Le sirop pectoral de chiendent guérit les toux opiniâtres, à la dose de cinq à six cuillerées par jour.

Prendre une livre et demie de chiendent, racines de guimauve, de grande consoude (de chaque un quarteron), cinq onces de *polygala seneca*, cinq pommes de reinette, sept têtes de pavot; faire bouillir dans trois livres d'eau et réduire, filtrer avec expression, ajouter une livre de sucre par livre de liquide, faire cuire à la grande plume, aromatiser avec une demi-once de fleur d'orange, retirer du feu, et mettre dans des pots à confitures.

La boisson de chiendent, surtout en y ajoutant un peu de mélasse ou de cassonade, est salutaire et ressemble à la bière. Elle se fait en coupant et faisant sécher les racines au printemps et à la fin de l'automne. On les fait bouillir avec du houblon et l'on y met de la brasse de bière; on laisse fermenter et on entonne.

En distillant de la poudre de chiendent, délayée avec de l'eau et de la levure, on obtient une eau-de-vie assez bonne.

CHIFFRES. (*Comm. us.*) On connaît dans le système de la numération trois sortes de chiffres : les chiffres arabes, dont on se sert communément, les romains et les financiers.

Les premiers, au nombre de sept, sont les suivants : I, qui vaut un; V, qui vaut cinq; X, qui vaut dix; L, cinquante; C, cent; D, cinq cents, et M, mille.

Qu'on se souvienne que tout chiffre placé à la gauche

d'un autre plus grand que lui diminue celui-ci de la valeur du premier, ainsi IV ne vaut que 4, XL ne vaut que 40, XC ne vaut que 90, etc.

Valeur des chiffres romains.

I......	1	XX......	20	DC......	600
II......	2	XXX......	30	CM......	900
III......	3	XL......	40	M......	1000
IV......	4	LX......	60	MC......	1100
V......	5	LXIV......	64	MM......	2000
VI......	6	LXX......	70	MMD......	2500
VII......	7	XC......	90	MCL......	1150
VIII......	8	C......	100	MDCCCXXV..	1825
IX......	9	CC......	200	MD......	1500
X......	10	CCC......	300	MMIX......	2009
XI......	11	CD......	400	MCD......	1400
XII......	12	D......	500	DCLXX......	670

On exprime les chiffres financiers en lettres italiques de la manière suivante :

Valeur des chiffres financiers.

i ou *j*......	1	*x*......	10	*lxxx*......	80
ij......	2	*xij*......	12	*xc*......	90
iij......	3	*xb*......	15	*c*......	100
ib......	4	*xx*......	20	*ic*......	200
b......	5	*xxb*......	25	*ibc*......	400
bj......	6	*xl*......	40	*bic*......	600
bij......	7	*l*......	50	*bijc*......	700
biij......	8	*lxb*......	65	*g*......	1000
ix......	9	*lxx*......	70	*gbc*......	1500

Signes employés dans l'arithmétique et l'algèbre.

+ Signifie plus; c'est le signe de l'addition.
— Signifie moins; c'est le signe de la soustraction.
× Signifie multiplié par.
| Signifie divisé par.
= Signifie égal.

CHIMIE. (*Conn. us.*) La chimie a pour but l'analyse des corps et l'étude des parties qui les constituent. Les chimistes du moyen âge qui cherchèrent le moyen de fabriquer de l'or, s'appelaient alchimistes, en ajoutant à leur titre la particule arabe *al* qui répond à *super*, et emporte une idée d'excellence.

La chimie a fait d'immenses progrès de nos jours, surtout depuis la nouvelle nomenclature. Elle tend maintenant, comme toutes les sciences, à être rendue applicable aux arts et à l'économie domestique, et nous devons aux efforts faits dans ce but une foule de découvertes utiles.

En agriculture, la chimie donne les moyens de fertiliser les terrains, en indiquant les élémens dont ils sont composés. La cuisine elle-même est une série de mélanges chimiques. C'est par la chimie qu'on extrait des substances végétales les sucres de fécule, l'esprit-de-vin, l'eau-de-vie, et divers autres sucs appropriés aux besoins de l'homme. Dans les arts, la chimie a produit de grandes et utiles machines, et une foule de procédés.

On ne reconnaissait autrefois que quatre élémens indécomposables, l'air, le feu, la terre et l'eau. On a reconnu aujourd'hui cinquante-six élémens constitutifs des corps, qu'on désigne sous le nom de corps simples, et qu'on divise en corps simples métalliques et non métalliques.

Les diverses combinaisons de ces corps forment tous les autres.

Les corps sont solides, liquides, aériformes; ils sont élémentaires ou composés. Ils sont formés d'une multitude de petits atomes liés ensemble par la force de cohésion, force plus grande dans les solides que dans les liquides.

Les corps dits élémentaires sont les suivans :

Fluides impondérables.

Calorique. — Lumière. — Fluide électrique.

Corps pondérables non métalliques.

Oxygène. — Hydrogène. — Bore. — Carbone. — Phosphore. — Soufre. — Sélénium. — Iode. — Brome. — Chlore. — Azote. — Phtore. — Silicium. — Zirconium.

Substances simples métalliques.

Magnésium. — Calcium. — Strontium. — Baryum. — Sodium. — Potassium. — Lithium. — Manganèse. — Zinc. — Fer. — Étain. — Cadmium. — Aluminium. — Glucynium. — Ystrium. — Thorium. — Arsenic. — Molybdène. — Chrôme. — Tungstène. — Columbium. — Antimoine. — Urane. — Cérium. — Cobalt. — Titane. — Bismuth. — Cuivre. — Tellure. — Plomb. — Mercure. — Nickel. — Osmium. — Rhodium. — Iridium. — Argent. — Or. — Platine. — Palladium.

On appelle oxydes les composés formés d'oxygène et d'un corps simple, qui sont en général insipides, ne rougissent pas l'infusion de tournesol, et n'ont pas une saveur aigre. On appelle acides les composés d'oxygène et de corps simples qui ont les qualités contraires. Il y a au reste quelques acides qui ne contiennent pas d'oxygène.

L'oxygène se combinant et s'unissant dans diverses proportions, on appelle un corps, selon qu'il est plus ou moins oxygéné, peroxyde, tritoxyde, deutoxyde, protoxyde, ou simplement oxyde, si la substance simple ne peut former avec l'oxygène qu'un seul oxyde. Quand l'oxyde est combiné avec l'eau, on l'appelle hydrate.

Si l'oxygène en se combinant avec un corps simple forme un seul acide, on ajoute la terminaison *ique* au nom du corps; ainsi l'on dit : acide carbonique. S'il y a deux acides, le moins oxygéné est désigné par la terminaison *eux*; ainsi l'on dit : acide sulfureux. S'il y en a trois, le nom du moins oxygéné est précédé du mot *hypo* (c'est-à-dire au-dessous); ainsi on dit : acide hypophosphorique.

Cette nomenclature créée par Guyton-Morveau, modifiée de concert avec l'auteur par Lavoisier, Fourcroy et Berthollet, est d'un usage général. Thomson adopta les dénominations de protoxyde, de deutoxyde, etc.

Le célèbre Suédois, M. Berzélius, a proposé des modifications : il distingue trois sortes d'oxydes : ceux qui ne sont pas assez oxydés pour s'unir aux acides (suboxydum); ceux qui le sont trop (superoxydum), ceux qui le sont suffisamment, désignés par la terminaison latine *cum* (oxydum ferricum). Les oxydes métalliques, selon qu'ils sont plus ou moins oxydés, sont terminés en *osum*, *eum*, *icum*. Ainsi : oxydum aurosum, aureum, auricum. Il en est de même des sels. Ces modifications n'ont pas encore généralement été adoptées.

La chimie tend tellement à se populariser, les mots

chimiques reviennent si souvent dans les moindres recettes, qu'il est presque indispensable de connaître au moins la nomenclature chimique, afin d'avoir quelques notions sur des substances employées journellement, qu'on voit partout et dont le nom est écrit dans les livres les plus élémentaires.

Quand un corps est mêlé avec de l'hydrogène, on ajoute le mot *hydro* ; ainsi : acide hydro chlorique. Les produits non acides formés d'hydrogène et d'une substance simple sont appelés hydrures.

Quand deux corps simples se combinent ensemble, le nom du composé est terminé en *ure*. Exemple : chlorure d'argent.

Selon les proportions, on dit protochlorure, deutochlorure, tritochlorure. Ce principe ne s'applique pas aux métaux, aux composés desquels on donne le nom d'alliage, et celui d'amalgame quand le mercure en fait partie.

Les sels composés d'un acide et d'une ou de deux bases reçoivent des noms qui expriment leur nature. Si l'acide est terminé en *ique*, on change sa terminaison en *ate* ; et en *ite*, s'il est terminé en *eux*. Ainsi on dit carbonate de chaux, tartrite de potasse, hypophosphate, hypophosphite, protosulfate, deutosulfate, hydrochlorate, protohydrochlorate. Les sels avec excès d'acide s'appellent sur-sels : ainsi ; sur-sulfate de protoxyde de potassium. Les sels avec excès de la base sont des sous-sels.

Pour les combinaisons des corps, leurs usages dans les arts, les sciences, la médecine, l'industrie domestique, nous renvoyons aux *Élémens de chimie* de M. Orfila (in-8°, 1851) ; et pour la partie de la chimie qui se rapporte à la culture, aux *Élémens de chimie agricole* par sir Humphray Davy (in-12), traduit de l'anglais.

Cette partie de la chimie est très importante. En effet, l'action des engrais et des composts est une action complètement chimique, et il est rare que dans le même lieu il ne se trouve des terres dépourvues d'un principe qui se rencontre en abondance dans une terre voisine. Il ne s'agit donc que d'opérer des mélanges avec intelligence.

CHIONANTHE DE VIRGINIE. (*Jard.*) *Chionanthus virginica.* Famille des jasminées. Il fleurit en juillet. Ses fleurs sont en belles grappes blanches. Il lui faut une terre de bruyère humide, au soleil, au bord des eaux. On n'en trouve que rarement de francs de pied. On les greffe très près de terre en fente sur de jeunes frênes. On appelle aussi cet arbre boule de neige.

CHIPOLATA. (*Cuis.*) Pour faire ce ragoût, tourner des morceaux de carottes en olives, ainsi que des navets, ognons et marrons ; faire blanchir et cuire dans un consommé avec un peu de sucre, ajouter des saucisses cuites à l'eau avec des marrons, de petit lard, des champignons et de l'espagnole ; travailler la sauce.

CHLORE, CHLORURES, CHLORATES. (*Chim. dom.*) Le chlore est un corps simple non métallique. (Voy. CHIMIE.)

On se procure le chlore en gaz en versant de l'acide sulfurique sur du sel et du manganèse. C'est une vapeur jaunâtre, d'une odeur suffocante.

Le chlore se combine avec l'eau, avec des oxydes et des substances minérales pour former des chlorures de chaux, de sodium, etc.

Le chlore gazeux vient d'être récemment appliqué par le docteur Gannal, et depuis par le docteur Cottereau, à la guérison de la phthisie pulmonaire. Au moyen d'un appareil que ce dernier a inventé, il fait respirer au malade du chlore qui agit sur les poumons comme anti-putride et cicatrise les tubercules.

Le chlore n'est respirable qu'en très petite quantité, à cause de son odeur irritante.

La vapeur du chlore peut causer l'asphyxie, et provoquer des toux et des crachemens de sang. On en combat les effets en faisant boire du lait froid par doses peu abondantes à plusieurs reprises.

Le chlore est un désinfectant très actif : nous avons vu souvent M. le baron Thénard, pendant son cours de chimie, enlever complètement l'odeur à un morceau de cadavre putréfié en le plongeant dans de l'eau chlorurée. Le chlore blanchit la cire, le papier, les toiles ; il purifie l'air le plus vicié, même s'il est mêlé avec la chaux, l'acide carbonique de l'air mettant dans ce cas à nu le chlore qui décompose les émanations nuisibles. Il détruit les mauvaises odeurs de la boue ; lors des vidanges des fosses d'aisances, il empêche les gaz délétères de brunir les bronzes et les meubles. Il combat les exhalaisons du charbon.

Le chlore agit sur toutes les matières colorantes. Il les décompose en s'emparant de leur hydrogène. Il convertit l'indigo, l'une des couleurs les plus solides, en une teinte jaune paille.

Berthollet avait indiqué les propriétés du chlore, qu'il désignait sous le nom d'acide muriatique oxigéné. Guyton-Morveau en découvrit les propriétés anti-putrides, et inventa un appareil encore usité pour les fumigations. Walter prouva que, combiné avec la chaux, il ne perdait rien de ses propriétés, et cessait d'avoir sur les organes respiratoires une action irritante. M. Labarraque appliqua les chlorures de chaux et de potasse à la préparation des boyaux ; à la désinfection des cadavres, des halles aux poissons, des lazareths, des puisards, des égoûts, des fosses d'aisances, des harnais ayant servi à des chevaux morveux ; à l'assainissement de l'air, et comme préservatif des épidémies. (Voy. CHEVAL, ÉPIDÉMIE, FOSSES D'AISANCES.)

Chlorure de chaux. Le chlore combiné avec la chaux conserve toutes ses propriétés.

Fabrication du chlore pour désinfecter. Mettre du chlorure de chaux liquide dans une terrine, [verser de l'acide sulfurique étendu d'eau, ou bien verser de l'acide sulfurique sur le chlorure de chaux sec, dans la proportion d'une once d'acide pour deux de chlorure : le chlore se dégage. Il faut faire cette opération de manière à ne pas gêner la respiration.

Le chlorure de chaux, liquide ou sec, se prépare en faisant passer, dans un lait de chaux ou dans la chaux en poudre, un courant ou simplement une solution de chlore. On l'emploie ensuite en le délayant dans l'eau.

Le chlorure de chaux sec et autre, coûte 25 à 30 centimes la livre. L'acide sulfurique a le même prix.

L'eau chlorurée se prépare en délayant deux livres de

chlorure de chaux sec dans seize litres d'eau, agitant bien avec un bâton, laissant déposer, décantant ou filtrant. Une demi-livre de chlorure dans un sceau d'eau donne quinze bouteilles de liquide. Deux onces pour un litre suffisent.

Avec de l'eau chlorurée ou blanchit très bien le papier, la toile, le coton; des lavages dans la maison, faits avec cette eau, détruisent toutes les mauvaises odeurs des plombs, des urinoirs, des lieux d'aisances. On s'en sert pour désinfecter les draps d'un lit où a reposé long-temps un malade. Quelques gouttes enlèvent aux urines les plus fétides toute leur odeur. Une cuvette pleine de cette eau suffit pour faire disparaître l'odeur de la peinture fraîche (Voy. PEINTURE.)

Le chlorure de chaux employé en médecine a souvent guéri des plaies gangréneuses, ou du moins a préparé la guérison en changeant leur nature. Il guérit de la morsure des vipères. (Voy. VIPÈRE.)

Des fumigations de chlorure gazeux, mêlé à de l'eau, ont guéri des toux opiniâtres. L'autopsie du cadavre d'une personne qui avait succombé à une inflammation d'estomac, après avoir été traitée pour la phthisie par M. Cottereau, a prouvé que les ulcérations tuberculeuses des poumons s'étaient cicatrisées.

Dans les maladies du foie, on administre des bains et fumigations de chlore. Des bains avec un mélange d'acide nitrique et d'acide hydrochlorique combattent avec succès ces maladies.

Dans la médecine vétérinaire, le chlorure s'emploie contre la morve des chevaux. (Voy. CHEVAL.)

Le chlorure de chaux désinfecte parfaitement l'esprit-de-vin. On mélange pour cela vingt-quatre grains de chlorure avec deux gros de charbon animal. Vingt-quatre grains par litre suffisent à la purification en vingt-quatre heures.

Pour l'emploi du chlore dans les magnanières ou ateliers de vers à soie, Voy. VER A SOIE.

Le chlorure de chaux, placé dans un vase, dans la chambre de personnes attaquées d'affections de poitrine, et renouvelé tous les deux ou trois jours, a suffi quelquefois pour amener la guérison.

On peut se servir du chlorure de chaux pour mesurer la pureté relative de l'air de deux endroits différens. On place dans chacun d'eux un vase de même dimension rempli de chlorure de chaux, et on le laisse vingt-quatre heures. Il se forme dessus une couche solide, dont l'épaisseur indique le plus ou moins de matières étrangères dont l'air était saturé.

Les lavages de chlorure de chaux réitérés pendant huit jours ont suffi pour guérir la gale des moutons sans altérer leur toison.

Le chlore hâte la germination des graines. On les met tremper pendant douze heures dans de l'eau qui ne vienne pas d'un puits; on ajoute au bout de ce temps une ou deux gouttes de chlore par verre d'eau, et on agite en ce moment le mélange; après six heures de macération au soleil, on jette les graines sur un linge, on les mêle de terre sèche, on les sème et on les arrose avec l'eau chlorurée dont on s'est servi. Il ne faut faire ainsi macérer que les racines qui en ont besoin, qui sont difficiles à lever ou dont les semis sont retardés.

Le chlorure de chaux active aussi la germination des graines, si, après l'avoir exposé à l'influence de la lumière pour produire un dégagement d'oxigène, on l'applique en dissolution. On peut aussi laisser infuser les graines quelque temps dans une dissolution chaude.

Procédé facile pour obtenir le chlore pour l'assainissement. Mettre en poudre vingt-cinq grammes de minium, soixante-quinze grammes de sel marin, ajouter quarante grammes d'acide sulfurique, et un litre et demi d'eau dans une bouteille : agiter. Le chlore se dissout dans l'eau, où se forme un précipité blanc.

Autres Chlorures. Le *chlorure d'azote* découvert par M. Dulong, en 1811, a peu de propriétés. Chauffé à 50 degrés, ou mis sur du phosphore, il produit une très violente détonation.

Le *chlorure de calcium* se prépare en saturant de craie l'acide hydro-chlorique, filtrant et faisant évaporer le résidu. On le conserve dans des flacons bien bouchés. On le fait entrer dans l'encollage des toiles, ce qui permet aux ouvriers tisserands de travailler dans des lieux secs, leurs fils étant ainsi assouplis, sans qu'il soit nécessité de travailler dans une cave.

Le *chlorate de potasse* a les mêmes propriétés que le chlorure de chaux, ainsi que le chlorure de soude. Le chlorure de soude se prépare en mêlant quatre onces de chlorure de chaux à deux livres d'eau; on ajoute une solution de huit onces de sous-carbonate de soude cristallisée, délayée dans de l'eau non filtrée.

On emploie avec succès le chlorure de soude à l'intérieur en cas de phthisie, à la dose de vingt à trente gouttes, dans une solution de cinq à six onces.

Dans la dysenterie épidémique, on a employé avec succès le chlorure d'acide de sodium. On le prend dans une infusion d'eau de riz, à dose légère ; il réussit également bien dans la météorisation des bœufs, à la dose de trois cuillerées dans un litre d'eau salée. (Voy. BÉTAIL.)

Chlorure de manganèse. (Voy. COLLE.)

L'eau de Javelle, qu'on fabriqua d'abord à Javelle, près Paris, est un chlorure d'oxide de potassium, étendu de sous-carbonate de potasse. Mal employée, ou en trop grande quantité, elle altère les étoffes.

Préparation de l'eau de Javelle. On fait dissoudre, dans quarante litres d'eau, quatre livres de potasse; on passe la solution à travers un linge ; on ajoute une livre neuf onces de manganèse d'Allemagne, deux livres et demie de sel de cuisine et trois livres d'eau. On prépare le tout dans un appareil particulier. L'eau de Javelle avec le temps perd ses qualités. Il est bon de n'en avoir que pour un mois.

Chlorure d'argent. On s'en sert pour argenter le fer. Pour cela, dissoudre de l'argent dans l'acide nitrique, verser dessus de l'eau salée, prendre le précipité qui se forme, le laver sur un filtre, le laisser sécher, en frotter le fer en y mêlant un peu de crème de tartre. Avant de frotter le fer, on le traite comme pour l'argenture ordinaire. (Voy. FER.)

Les chlorates se préparent en combinant l'acide chlorique avec les bases.

Le chlorate de potasse entre dans la composition des allumettes oxigénées, mêlé avec moitié de son poids de soufre, de gomme et de cire à cacheter en poudre. On en fait une poudre à canon plus forte que la poudre ordinaire. On en obtient le gaz oxigène pur.

Le sel marin est de l'hydrochlorate de soude.

M. Gay-Lussac est auteur d'un instrument dit chlo-romètre, servant à calculer la force des chlorures.

CHOCOLAT. (*Offi.*) Le chocolat est un composé de sucre et de cacao. (Voy. CACAO.)

Les fabriques de chocolat de Bayonne doivent leur ré-putation à leur ancienneté. Mais elles ont été dépassées par celles de Paris, surtout par celle de MM. Debauve et Gallais (rue des Saints-Pères), justement célèbre, et van-tée par les médecins comme par les gourmets les plus distingués. *Cette maison flaire comme baume dans toute l'Europe*, a dit Brillat-Savarin.

On aromatise le chocolat avec de la vanille, de l'am-bre; on y fait entrer du salep, du cachou, de l'osmazome; on le met en bonbons, en pastilles; on en fait des statues, des portiques, des bustes, des pistolets et une foule de bonbons de formes diverses.

On obtient le chocolat en pilant les amandes de cacao dans un mortier, après les avoir mondées et torréfiées. Pour trois livres de cacao, on met trois livres de sucre. On broie à l'aide d'un rouleau de fer sur une table de mar-bre ou de pierre dure, chauffée en dessous.

On a remplacé les bras dans la fabrication du chocolat par des machines, dont quelques-unes sont à vapeur.

Le chocolat est un peu tonique et restaurant. Les pitui-teux, les personnes faibles, les vieillards se trouvent bien de son usage; il n'est pas toujours, comme on le croit, de facile digestion; c'est ce qui a engagé plusieurs fabricans à le mêler à d'autres substances et à composer ainsi des cho-colats analeptiques, anti phlogistiques et autres.

Le chocolat peut être employé avec avantage dans les convalescences.

En poudre, il peut servir à corriger les mauvaises qua-lités de l'eau. Pris à jeun en petite quantité et sans pain, il combat les influences délétères des brouillards et de l'humidité.

Parmi les chocolats aromatisés, nous citerons encore ceux que MM. Debauve et Gallais ont inventés ou perfec-tionnés : les chocolats analeptiques au salep, à l'ar-row-root, au tapioca, le chocolat sédatif à la fleur d'o-range, le chocolat sédatif au cachou, le chocolat avec arome de café, le chocolat stomachique, les chocolats amygdalins aux pignons doux, au lait d'amandes, au so-conusco (nom du cacao de Guatimala), à la théobromine, à l'ambre gris, à une ou deux vanilles, etc.

Le chocolat antiphlogistique de M. Boutigny d'Évreux, pharmacien, est tonique, digestif, et a eu de bons effets dans la convalescence du choléra, dans la chlorose, et dans les scrofules. Il a été employé avec succès pour les mala-des débilités par le docteur Marc et divers autres médecins.

Théobrôme, ou chocolat à la minute, froid ou chaud, au lait ou à l'eau. C'est à MM. Debauve et Gallais que l'on doit encore cette utile découverte. Les personnes auxquelles on défend l'usage du thé et du café, celles que les fruits, les crudités, les déjeuners à la four-chette incommodent, et pour lesquelles une tasse de bon chocolat est une nourriture trop substantielle, trouve-ront dans le théobrôme une alimentation à la fois agréable et salutaire. Dans cette préparation, les prin-cipes des excellens cacaos de Caracas et de Soconusco

sont rendus solubles immédiatement dans le lait, qui de-vient par cette addition savoureux, tonique et digestif. En moins de deux minutes, on se procure un fort bon dé-jeûner qui peut être considéré comme un moyen hygiéni-que fort utile pour les enfans, les dames délicates, les gens de lettres, les personnes nerveuses, et celles aux-quelles on prescrit le régime du lait. Le théréobrôme est inaltérable et commode à transporter. Par la facilité de son emploi, il présente, aux voyageurs et aux personnes qui n'ont pas de ménage, une ressource précieuse. C'est un objet intéressant d'exportation pour les climats chauds, où, soit à la glace, soit mélangé avec la neige, il fournit une substance alimentaire des plus exquises et des plus agréables à l'estomac. On peut le prendre à l'eau aussi bien qu'au lait, et à toutes les températures; il est aussi très agréable, pris à la cuillère, ou étendu sur le pain.

Le fromage à la crème, la bouillie, le riz, le maïs, et les pâtes féculentes préparées au lait, sur le feu, acquièrent de nouvelles propriétés nutritives et salutaires par l'addition du théréobrôme; il peut être employé pour préparer des gla-ces, des crèmes, et d'autres friandises sucrées. Ce nouveau produit a, dès son apparition, obtenu la faveur générale. Le théréobrôme, qu'on pourrait appeler *chocolat-thé*, à cause de sa légèreté et de sa finesse, partage avec le thé chinois les honneurs des soirées du monde élégant. Il emprunte tour à tour avec succès au café ou à la vanille leur arome délicieux, au salep ses principes analeptiques, au lait d'amandes des propriétés rafraîchissantes. Enfin, les mé-decins ont accueilli ce nouveau mode d'alimentation par des suffrages unanimes.

Manière de préparer le chocolat. Pour bien préparer le chocolat, il faut verser dans la chocolatière autant de ver-res d'eau ou de tasses de lait qu'on veut employer de tasses de chocolat; quand la liqueur commence à bouillir, on y verse le chocolat coupé par morceaux, on remue de temps en temps, afin qu'il fonde bien et ne s'attache pas, et on laisse bouillir à petit feu pendant dix minutes. On peut aussi faire le chocolat la veille, il suffit le lendemain de le faire bouillir pendant deux ou trois minutes. Veut-on prendre le chocolat mousseux, on se sert de la chocola-tière, et l'on agite le moussoir quand la liqueur a monté trois fois. On ne doit se servir pour faire le chocolat que de vaisseaux de cuivre étamé ou d'argent (le ferblanc lui communiquant un mauvais goût), et faire usage de char-bon de bois; on peut aussi employer le caléfacteur Lemare.

Chocolat à la crème. Prendre de bon chocolat, ne pas le râper, le couper en trois ou quatre morceaux; pour une once mettre une tasse et demie d'eau bouillante, faire cuire à grand feu, et réduire d'un tiers, remettre ce tiers en bonne crème.

Voici la manière de faire le chocolat indiquée dans une cantate par le célèbre poète italien Métastase.

« Tu seras curieuse de savoir comment la liqueur s'ob-tient. Fais bouillir sur des charbons ardens une eau lim-pide dans un vase alongé, jettes-y la pâte que tu veux faire fondre; aussitôt tu verras la liqueur monter en bouil-lonnant. Aie soin alors d'éloigner le vase du feu, sans l'enlever totalement à l'action de la chaleur. Introduis dans la chocolatière un bâton court et dentelé, qui, pressé entre les deux mains et remué en divers sens, agite et divise la liqueur dont la mousse s'élève et se gonfle. Verse-le alors dans la tasse en l'agitant toujours. Bois enfin, assise, et médisant doucement du prochain. »

Le chocolat préparé d'après ces indications a une saveur plus délicate. (Voy. la *Monographie du cacao* par M. Gallais.)

Les chocolats qui contiennent de la farine et beaucoup de sucre sont mauvais et pesans.

On falsifie le chocolat avec de l'amidon, de la fécule de pomme de terre, des lentilles, des pois pulvérisés, de la pâte de cacao privée d'huile par expression, etc.

Le bon chocolat bouilli dans l'eau laisse surnager des yeux ou des gouttelettes de beurre de cacao fondu. Il ne doit former au fond de la tasse aucun sédiment rude ni terreux, et s'il n'est au salep ou au tapioca, il ne doit pas se prendre en gelée par le refroidissement. Il ne doit avoir aucun goût âcre ni rance.

Le chocolat falsifié avec de la farine laisse dans la bouche un goût pâteux, donne au premier bouillon une odeur de colle, et se convertit par le refroidissement en une espèce de gelée.

Quand le chocolat a été dépouillé du beurre de cacao, et qu'on a remplacé le beurre par des graisses ou par de l'huile, il a une odeur de fromage.

Quand le chocolat a été préparé avec des amandes de cacao mal mondées ou gâtées, piquées des vers, mal dépouillées de leurs germes, sucrées avec un mauvais sucre, il se forme au fond du vase où on le prépare un dépôt noirâtre abondant.

Le chocolat moisit s'il n'est gardé dans un endroit sec.

Conserve de chocolat. Faire fondre un quarteron de chocolat râpé dans un peu de sucre, faire cuire une livre de sucre à la plume, et mettre le chocolat dedans. Dresser la conserve très chaud.

CHOCOLATIÈRE. (*Off.*) Cafetière où se fait le chocolat. Le couvercle n'est pas attaché avec une charnière : il est mobile, et par le trou placé au milieu, on introduit le manche du moulinet.

CHOLÉRA-MORBUS. (*Méd. dom.*) Le choléra épidémique est originaire du Bengale. Il y sert comme de contrepoids à l'activité prodigieuse de la multiplication de l'espèce, en enlevant dans la saison jusqu'à huit cents personnes par jour à Calcutta seulement.

De 1817 à 1825, il a tué dans l'Inde environ quatre millions d'individus.

Dans nos climats, cette maladie n'était que sporadique, c'est-à-dire qu'elle ne frappait que des individus isolés. Ce fut au mois de mars 1832 qu'elle commença à Paris ses effrayans ravages.

Le choléra est épidémique, mais n'est pas contagieux. Il dure de trois heures jusqu'à trois, quatre, et même dix jours. Il n'est pas aussi énergique sur les femmes et sur les enfans. On a vu cependant des enfans en être atteints à l'occasion d'une forte impression morale éprouvée par leurs nourrices.

La chaleur, surtout si elle est jointe à une grande humidité, accroît les ravages du choléra en accroissant l'irritabilité gastrique.

Les classes pauvres sont surtout atteintes par le choléra, et ses approches doivent appeler sur elles spécialement les soins de l'autorité et la bienfaisance des particuliers.

Causes prédisposantes du choléra. Les écarts de régime, la débauche, les excès de boisson, les indigestions, la malpropreté, les mauvais vêtemens, les habitations humides, la nourriture malsaine et insuffisante, les alimens gras, rances et huileux, la chair de porc, les moules, les huîtres malsaines, les fruits, les légumes crus, les concombres, les fraises, les cerises et les melons ; les boissons mal faites, les poisons, les champignons, les viandes salées, fumées et faisandées, les œufs de poissons, les médicamens mercuriels, les transpirations répercutées, les exercices et le travail immodéré, le manque d'air frais et pur, la frayeur, les passions violentes, qui, comme la colère, jettent un grand trouble dans l'économie, les maladies aiguës ou chroniques, comme les phthisies et les gastrites, la goutte, les dartres, l'hystérie, les fièvres malignes et intermittentes, l'eau froide bue en trop grande abondance, les glaces, le refroidissement subit, les spasmes, l'irritation des intestins, l'abondance de la bile, et, parmi les causes les plus actives, la peur d'avoir le choléra.

Traitement prophylactique. Renouveler l'air des appartemens, s'abstenir de tout excès, vivre sobrement, se tenir l'esprit tranquille, faire des fumigations de chlore, blanchir les murs à la chaux caustique ; laver avec du chlorure de chaux préparé à la dose d'une demi-livre de chlorure de chaux en poudre pour douze litres d'eau, tous les endroits où se forme un dégagement de gaz putrides ; mettre dans les chambres des assiettes pleines d'eau chlorurée qu'on change tous les jours. M. Payen conseille de s'envelopper d'une émanation continuelle de chlore, en trempant une fois en vingt-quatre heures dans une solution chlorurée un linge qu'on exprime fortement, et qu'on enveloppe dans la cravate.

Les poussières de charbon animal, les fumées de la houille, de la poudre, des plantes aromatiques, ont été reconnues comme préservatives.

Le baron Larrey recommande l'usage des ceintures de flanelle, qui entretiennent la transpiration, et protègent les reins et le bas-ventre.

Symptômes. Nausées, pesanteur de tête, amertume de la bouche, douleur aiguë à l'estomac, anxiété, soif, chaleur brûlante des entrailles, rapports aigres, vents, coliques, vertiges, oppression, tranchées, gonflement du ventre, crampes et contractions dans les jambes et dans les bras, pouls lent et intermittent, pulsation manquant après d'autres qui se suivent régulièrement.

Vomissemens de restes d'alimens, de bile, de matières vertes et jaunes, suppression des urines, nombreuses évacuations alvines, couleur de sang noir mêlée aux excrémens, pouls très rapide et incertain, soif ardente, hoquet fréquent, abattement, syncopes, froideur du corps, surtout des extrémités, face cadavéreuse, pouls petit, sueurs froides et visqueuses, convulsions, amaigrissement subit, extinction de voix, respiration faible et entrecoupée, affaiblissement, délire.

Toute diminution des symptômes est d'un favorable augure. Les sueurs abondantes et le retour des urines annoncent la guérison.

Les médecins ont divisé ces symptômes en quatre périodes : la première période d'incubation est celle du malaise, des vents, de la soif; la seconde est celle des vo-missemens et des déjections; la troisième est celle de l'abattement; la quatrième est la période de réaction pro-duite soit par les seules forces de la nature, soit par sa guérison. Le pouls revient, le froid cesse; la peau perd la sécheresse; la face s'anime; les yeux reprennent leur éclat, la voix reprend sa clarté, les crampes disparaissent. La sueur est abondante et dure plusieurs jours; l'urine coule rouge, et d'abord en petite quantité.

Le choléra, plus que toute autre maladie épidémique, doit être combattu de suite. Passé la première heure, il acquiert un caractère de gravité tel qu'il est bien difficile d'y remédier.

Prendre en grande quantité une infusion de menthe, de thé, de camomille, ou, d'eau chaude seulement, frotter avec de la flanelle le ventre et surtout le bas-ventre; faire chauffer du sable, ce qu'on peut pratiquer à l'aide d'un moulin à café; l'enfermer dans un drap, et l'appli-quer sur le ventre.

Dans les cas peu graves, donner la potion anti-émétique de Rivière ou de Haen, avec vingt-quatre gouttes de li-queur d'Hoffmann, et un gros de thériaque. On ne doit point donner d'émétique, qui serait très nuisible.

Employer les opiacés intérieurement et extérieurement, donner de l'opium jusqu'à sept à huit grains, dans quatre à cinq heures; donner aussi de l'opium en lavement.

Dans les cas extrêmes, on peut donner par cuillerées, de demi-heure en demi-heure, la potion du docteur Gallereux: elle se compose d'un mélange composé d'une once d'eau de fleur d'orange, dix-huit grains d'ipécacuanha, une demi-once de sirop diacode, dix gouttes d'éther sulfurique; on y ajoute une boisson acidulée avec le sirop de vinaigre; vers la fin du traitement, on donne, pendant deux ou trois jours, du sirop de rhubarbe à faible dose; et l'on amène à l'état de simple inflammation gastrique par de l'eau d'orge, de veau, du petit lait, de l'eau pannée, de la li-monade, des lavemens.

Instruction rédigée par l'Académie royale de médecine sur les premiers signes du choléra, et sur les soins à donner aux personnes qui en sont atteintes.

Le choléra épidémique ne se déclare guère d'une ma-nière soudaine: presque toujours plusieurs symptômes en signalent d'avance l'invasion.

C'est dès l'apparition de ces accidens précurseurs, qu'il faut se presser de les attaquer vivement; l'expérience l'a démontré; ce traitement de prévoyance a d'immenses avantages contre chaque cas en particulier, et contre l'é-pidémie en général. Quand on peut ainsi combattre à temps les symptômes qui servent d'acheminement au choléra, on a toute chance d'arrêter la maladie dans son principe, ou, du moins, de lui préparer une issue facile et favorable.

Les plus fréquens de ces symptômes avant-coureurs sont les borborygmes ou grouillement d'entrailles, la co-lique, le dévoiement.

Aussitôt qu'ils se déclarent, même à des degrés fai-bles, que l'on se hâte de prendre du repos, de garder le lit et de faire diète.

A cela joindre:

Un bain de jambes très chaud, d'un quart d'heure de durée, pris immédiatement avant de se mettre au lit, et que l'on a rendu plus actif en y ajoutant du sel, du savon, du vinaigre ou de la moutarde en poudre.

Des cataplasmes faits avec la mie de pain, ou la pomme de terre ou la farine délayée dans une forte décoction de tê-tes de pavots, ou bien ces mêmes cataplasmes préparés à l'eau, et arrosés de laudanum; on en recouvre tout le bas-ventre, et l'on a soin de maintenir ces cataplasmes con-stamment chauds et humides.

Une infusion de fleur de mauve, de violettes, de tilleul, ou bien de l'eau de riz légère, et que l'on donnera par demi-tasses toutes les heures avec la gomme arabique.

Des demi-lavemens ou des quarts de lavemens avec la décoction, soit d'amidon, soit de son, auxquels on ajoute moitié d'une forte décoction de tête de pavot, ou de feuilles de laitue, et mieux encore six à huit gouttes de la teinture de Rousseau, ou quinze à vingt gouttes de laudanum de Sydenham.

Si les accidens persistent et augmentent, on aura re-cours à des moyens plus actifs.

Aux personnes d'un tempérament faible, lymphatique, lorsque la langue est molle, épaisse, humide et recou-verte d'un enduit blanchâtre, jaunâtre, on donne l'ipé-cacuanha, et l'on soutient les effets du vomissement par de fréquentes doses d'eau chaude.

Chez les individus jeunes, robustes, sanguins, sujets aux inflammations, on emploie les sangsues appliquées à l'anus ou sur le bas-ventre. Souvent on fait précéder les sangsues d'une saignée au bras, plus ou moins considé-rable, suivant l'âge ou les forces du malade.

Toutefois, pour décider de la nécessité de l'ipécacuanha, ou de la saignée, dans ces circonstances, l'avis d'un homme de l'art serait fort désirable.

Le soir, à l'heure du sommeil, on prend une pilule d'extrait gommeux d'opium d'un grain, ou une pilule de cynoglosse de cinq grains. On peut prendre aussi, soit deux gros de diascordium, soit un gros de thériaque dans un tiers de lavement, plusieurs fois dans les vingt-quatre heures.

On fait usage des sinapismes appliqués successivement aux pieds, aux jambes, aux cuisses, et même sur l'ab-domen. Les sinapismes sont dans cette période d'une grande efficacité.

Les borborygmes, la colique, le dévoiement, ne sont pas les seuls signes précurseurs du choléra; il s'annonce encore quelquefois par des douleurs au creux de l'es-tomac, par le manque d'appétit, par des envies de vomir, par des maux de tête, par des lassitudes, et par des crampes.

Sans doute l'ensemble des moyens que nous venons d'indiquer s'applique également à ces derniers symp-tômes; leur localité spéciale exige cependant aussi quel-ques soins particuliers.

Ainsi, aux douleurs d'estomac et aux vomissemens, on oppose des applications de sangsues, des cataplasmes sur le creux de l'estomac; la glace prise fréquemment par petits morceaux; cinq à six gouttes d'éther dans une cuillerée d'eau fraîche, la potion anti-émétique de Rivière.

On combat les crampes par des bains chauds, par des frictions avec les flanelles chaudes, par le massage, par des ligatures ou bandes de linge serrées fortement autour des membres, par un liniment composé avec huile essentielle de térébenthine, deux parties; laudanum de Sydenham, une partie; huile de camomille camphrée, une partie; et dont on frotte fréquemment les jambes, les cuisses, les bras et l'épine du dos.

Si les urines commencent à se suspendre, on donnera cinq à six gouttes d'éther sulfurique, ou quatre grains de sel de nitre dans une cuillerée d'eau sucrée, réitérée toutes les deux heures.

Quant à la température des boissons en général, on pourra suivre les désirs du malade et les lui donner chaudes, froides, ou même glacées, à sa volonté.

Si le refroidissement gagne le malade, on cherchera à le réchauffer par des couvertures suffisantes, par des briques chaudes, par des sachets pleins de son ou de sable bien chauffés, par des bouteilles de grès remplies d'eau bouillante, par le massage, par des frictions sèches et chaudes, par l'urtication, c'est-à-dire en frappant les membres et le corps à de fréquentes reprises, avec des orties fraîches.

Mais s'il faut agir à l'intérieur pour rétablir la chaleur, c'est alors que l'on donnera avec avantage les infusions de menthe, de sauge, de mélisse; le café pur et bien chaud, de petites quantités de vin pur, et même le punch.

Dans le but de se prémunir contre l'invasion de la maladie, on se doit toujours chaudement couvrir. On entretiendra sur soi, autour de soi, dans les vêtemens et dans les habitations une constante propreté; on aura soin de renouveler souvent l'air des logemens en ouvrant fréquemment les croisées depuis le lever jusqu'au coucher du soleil; on ne commettra aucune sorte d'excès, on se garantira de l'humidité et de la trop grande fraîcheur, on évitera les surcharges de l'estomac et les indigestions, on insistera particulièrement sur une nourriture frugale et saine, mélangée autant que possible et dans de sages proportions, de viandes, de poissons, de légumes frais et de fruits; ceux-ci devront être toujours de bonne qualité, bien mûrs et en quantités modérées.

Avec ces précautions, on peut n'avoir aucune crainte de l'épidémie. Ce sont là les véritables, les seuls préservatifs de ce mal : tous les élixirs, tous les vinaigres, tous les sachets et autres prétendus spécifiques contre le choléra ne sont qu'une insigne tromperie.

Principaux traitemens du choléra. Les traitemens antiphlogistiques paraissent être ceux qui conviennent le mieux. Dans le choléra léger, il suffit, en général, pour dissiper les accidens, d'administrer en abondance des boissons mucilagineuses. Si les accidens persistent, on donne par fractions du laudanum et de l'extrait gommeux d'opium. On fait prendre des bains tièdes prolongés, et l'on fait sur la région abdominale des fomentations émollientes et narcotiques. Ces moyens ont réussi dans l'Inde et en Europe à un grand nombre de médecins.

M. Roche conseille l'application de quinze à trente ou quarante sangsues à l'épigastre; on fait prendre en même temps de l'eau pure, froide, et même glacée, à petites doses.

On prescrit ensuite le laudanum, si l'inflammation n'est pas trop violente. On a vu plusieurs exemples de guérisons obtenues, quand le mal avait fait des progrès, par l'application d'un large vésicatoire sur la région épigastrique.

Dans l'état nerveux du choléra, l'éther sulfurique à la dose de trente gouttes dans un demi-verre d'eau sucrée, a fait cesser les selles et les vomissemens. Mais si l'état inflammatoire était arrivé, il ne pourrait qu'être dangereux. Le docteur Deville en a obtenu de bons effets en le combinant avec le laudanum.

Lorsqu'on emploie les saignées générales, à la place des sangsues, chez les individus très robustes, les malades éprouvent un violent désir de manger. Il faut se garder de le satisfaire, car la mort survient alors au milieu d'horribles convulsions.

M. Alibert a employé d'heure en heure une pilule d'un grain de sulfate de quinine, et, quand les accidens diminuent, une cuillerée de vin de quinquina toutes les demi-heures.

M. Gerdy a placé avec succès des sinapismes et des vésicatoires sur l'estomac.

M. Petit étendait tout le long du dos une bande de flanelle trempée dans une once d'essence de térébenthine, et un gros d'ammoniaque liquide, et y promenait un fer à repasser bien chaud.

M. Biett guérit treize cholériques sur dix-neuf, en administrant, dans deux ou trois cuillerées d'eau, 24 à 58 grains de charbon végétal en poudre ou palpable.

On a remarqué que le choléra épargnait les endroits où dominent des exhalaisons d'huiles essentielles, comme l'huile essentielle de térébenthine et de goudron. On a employé avec succès en frictions et à l'intérieur l'huile de cajéput, qui provient des feuilles d'un arbuste dans les Moluques. On pourrait la remplacer par des huiles de menthe, de romarin, de rue, de laurier, de térébenthine camphrée, à la dose de quinze à vingt gouttes dans un verre d'infusion de camomille, ou autres boissons. L'huile de Dippel, à raison de douze gouttes à l'intérieur et de soixante gouttes par frictions, a amené d'heureux résultats, ainsi que quelques gouttes d'ammoniaque dans les infusions, et des frictions d'eau ammoniaquée.

Les saignées de deux ou trois palettes ont réussi dans la seconde période du choléra, ainsi que les sangsues à l'anus au nombre de 15 à 50. Dans quelques cas où la maladie avait moins le caractère inflammatoire, elles ont été nuisibles.

Le sulfate de soude à la dose d'une demi-once dans une tasse de thé léger a été donné à Varsovie avec succès après l'ipécacuanha. On a donné aussi avec le même succès les potions suivantes, par cuillerées, toutes les heures.

Deux onces d'eau distillée de tilleul, avec une once d'eau de menthe, une d'eau de mélisse, une once d'éther sulfurique, vingt gouttes de laudanum de Sydenham.

Autre. Deux onces de sirop de gomme, un grain d'hydrochlorate de morphine.

On combat les vomissemens opiniâtres en faisant prendre successivement les potions suivantes :

1° Un demi-gros de bicarbonate de soude, deux onces

d'eau de tilleul, une once d'eau de mélisse, dix gouttes de laudanum de Sydenham, une demi-once de sirop d'écorce d'orange;

2° Deux gros de suc de citron, ou de solution d'un demi-gros d'acide tartrique, deux gros d'eau commune.

Les crampes cèdent aux frictions de flanelle imbibée de laudanum, de teinture de cantharides, ou de linimens composés ainsi qu'il suit :

Deux onces d'huile d'olive ou d'amandes douces, deux gros de camphre, deux gros d'ammoniaque liquide, un gros de laudanum liquide de Sydenham.

Autre. Une once d'essence de térébenthine, un gros d'ammoniaque liquide.

Pendant le refroidissement, on a placé aussi le malade avec avantage dans une espèce d'étuve composée d'une double couverture en ferblanc : on y introduisait de l'eau chaude, et on le couvrait d'un drap.

Le refroidissement se traite par des stimulans à l'intérieur, et à l'extérieur par des sachets de sable chaud, des bouteilles de grès pleines d'eau chaude, des affusions d'eau à 15° ou 20°.

M. Magendie a employé dans ce cas la potion suivante en petits verres toutes les demi-heures :

Deux livres d'infusion de tilleul, quatre de jus de citron, une demi-livre d'alcool, autant de sucre.

Autre potion. Quatre onces d'eau de cannelle ou de menthe poivrée, une demi-once d'acétate d'ammoniaque, vingt à trente gouttes de laudanum de Sydenham, une demi-once de sirop d'éther, une demi-once de sirop de gomme.

Traitement employé à Smyrne. Frictions fortes et continues avec de la laine, et des compresses d'huile essentielle; alcool, vinaigre, moutarde, cantharides, camphre, infusion de camomille avec eau de menthe, ou mélisse, ou deux à trois gouttes d'huile de menthe. Quand la transpiration est rétablie, on couvre le malade de couvertures, en ayant soin qu'il n'ait pas froid. Au bout de quelques heures, on le laisse dormir.

Recette pour friction tiède. Une chopine d'esprit-de-vin, une demie de bon vinaigre, une demi-once de camphre trituré, demi-once graine de moutarde en poudre, deux gros de poivre pilé, un gros de cantharides, une cuillerée à café d'ail pulvérisé.

Traitement polonais. Dès le début, faire des lotions et immersions d'eau chlorurée.

Traitement gallicien. Faire prendre du thé et de la menthe poivrée, frictionner d'esprit-de-vin.

Traitement des îles Moluques. Prendre dès le début de l'huile de cajeput à la dose de cinquante gouttes, deux ou trois fois.

Traitement du docteur Hahnemann, inventeur de l'homœopathie. Faire des fumigations de camphre, se frotter de camphre, s'envelopper d'une couverture camphrée, prendre de minute en minute une cuillerée de camphre dissous dans l'esprit-de-vin, et mêlée avec de l'eau chaude.

Traitement de MM. Gallois et Brière de Boismont. Pratiquer une saignée au début; de trois heures en trois heures donner trois ou quatre grains de calomel avec un grain d'opium, et dans l'intervalle, des amers et de la teinture de rhubarbe. Dériver par des bains, des sinapismes, des moxas, des vésicatoires. Bien couvrir le malade.

Au milieu de tant de traitemens divers, il n'appartient qu'au praticien de faire un choix. Nous n'avons au reste cité que ceux dont on a pu apprécier les bons effets dans les divers hôpitaux de Paris, dans lesquels la maladie a été observée pendant tout son cours. L'instruction rédigée par l'académie de Médecine pourra suffire (dans les cas les plus ordinaires) à la médication.

Sitôt qu'on a obtenu du mieux, on emploie les saignées locales et les antiphlogistiques. La convalescence est longue, et les moindres écarts de régime sont funestes. On doit garder le lit, et ne rompre la diète que peu à peu. La chambre du malade sera maintenue à une température égale; l'estomac sera stimulé par de légères infusions amères de petite centaurée, ou du vin de quinquina. Quand l'appétit est marqué, le bouillon de poulet, puis le bouillon ordinaire, puis les potages à la fécule, au salep, au pain, seront successivement donnés. On passe ensuite aux gelées de viandes, à la volaille. On permet quelques cuillerées de bon vin vieux. On évite avec soin tout ce qui peut fatiguer les organes digestifs. La convalescence peut durer de trois semaines à un mois.

Nous avons cru devoir entrer dans d'assez longs détails sur cette terrible maladie; heureux si la disparition du choléra rend nos prescriptions inutiles, et si, après avoir plongé tant de familles dans le deuil, il s'éloigne pour jamais de nos contrées!

CHOLÉRINE. (*Méd. dom.*) La cholérine est un choléra à son début, et peu intense. Elle a les mêmes causes et les mêmes symptômes. Au premier malaise, on se met au régime, on prend un bain tiède très court, et quelques lavemens émolliens.

Si les borborygmes persistent, faire diète, prendre une infusion chaude de thé, de camomille ou de tilleul, avec une cuillerée de sirop diacode, ou quatre à cinq gouttes de laudanum de Sydenham; provoquer la transpiration en se couvrant dans un lit.

S'il y a des coliques : repos, abstinence, tisane de riz, avec sirop de coings, ou limonade légère avec de la gomme arabique, deux à cinq grains de poudre de Dower toutes les trois à quatre heures, bains tièdes, demi-lavemens de décoction de racine de guimauve, de graine de lin ou de son, avec addition d'une tête de pavots, cataplasmes émolliens. Si la maladie persiste, employer le traitement du choléra. (Voy. CHOLÉRA.)

CHORÉE. (*Méd. dom.*) Ce nom vient de *choréa*, du grec, *danse*. On l'appelait autrefois danse de saint Guy, ou saint Weit, du nom d'une chapelle près d'Ulm, où l'on allait invoquer saint Weit contre ses funestes effets. C'est une espèce de convulsion qui attaque les enfans de l'un et de l'autre sexe, depuis l'âge de dix ans jusqu'à quatorze ans. C'est un délire qui se manifeste par des bonds, des pas, des pirouettes, des éclats de rire sans motifs, une sorte de bâillement. Cette maladie n'est point douloureuse, et semble être occasionée par un dé-

rangement des centres nerveux qui coordonnent les mouvemens volo. taires.

Le sexe féminin, l'enfance, une frayeur vive, un accès
de colère, des contrariétés violentes et répétées, parfois
l'onanisme, la présence des vers, la difficulté de la menstruation, sont les causes prédisposantes de la chorée.

La nature suffit quelquefois pour dissiper la chorée.
On l'a guérie en administrant la valériane. M. Dupuytren
a eu recours avec succès aux bains froids et aux affusions
de même espèce. On tient le malade, on lui jette de l'eau
froide à plusieurs reprises, on lui verse de l'eau froide sur
la tête. Ce simple traitement a dissipé quelquefois en
quinze jours ou un mois une chorée de plusieurs années.
Il importe d'ailleurs, pour asseoir la base d'un traitement,
de connaître les causes morales ou physiques qui ont contribué au développement de la chorée, afin de détruire le
mal en le combattant dans ses principes.

CHOU. (Jard) Brassica oleracea. Famille des crucifères. Le chou a de nombreuses variétés.

On sème les choux dans un terrain fort, bien fumé,
frais, exposé au soleil. On bêche, on ratelle, et l'on couvre de deux pouces de sable humide bien fin. On fait des
rayons, à six pouces de distance les uns des autres, qui
traversent le sable et effleurent la terre. On sème clair, on
rabat le sable au rateau; jusqu'à la levée des graines, on
arrose tous les soirs. Quand le plant a deux feuilles, on
éclaircit, puis on raffermit la terre avec la main; on arrose tous les deux jours. Quand le plant a six feuilles, on
le met en place avec la houlette et non avec le plantoir, à
deux pieds de distance, où deux pieds et demi, suivant
l'espèce; on l'enfonce jusqu'à l'œil, on rejette tous les
pieds effilés; on mouille. On bêche une fois au moins
avant la récolte. On arrose tous les deux jours; on sarcle
avec soin.

Les choux épuisent beaucoup la terre; on ne peut
en remettre avec succès dans la même planche qu'au bout
de trois ans.

Quand le carré est sec, on fait à la fin de novembre des
rigoles d'un pied de large sur huit pouces de profondeur;
on enterre les plus beaux choux pommés, on remet un
peu de terre entre chaque pied, et quand les gelées sont
fortes, on recouvre de paille longue qu'on ôte au dégel.

Au mois de mars, on replante quelques beaux choux
pour graines dans des trous garnis de fumier. On étaie les
tiges, et on les préserve des oiseaux. Les graines mûrissent du 15 juillet au 15 août, et se conservent bonnes dix
ans et plus.

Chou cavalier. Ce chou est en arbre. Il est d'une
grande ressource pour la nourriture d'hiver des bestiaux.

Si on veut avoir de ces choux pour le bétail, auquel ils
donnent un très bon goût, au mois de mars, avril et mai,
on les sème au mois de juin précédent. Si on veut en avoir
l'hiver, on sème en mars et avril; dans ce cas, on laboure
avant l'hiver, on fait des sillons de trois pieds où l'on répand du fumier, on enterre ensuite à la charrue; les
plants sont placés à trois pieds de distance les uns des autres, et l'on passe la charrue en rond et en travers entre
les intervalles. Chaque plant se trouve ainsi butté.

Chou à rejets de Bruxelles. On le sème au 15 mai, il

se mange de novembre jusqu'en mars. On en réserve
plusieurs pieds pour graines, outre ceux dont les pommes
sont les plus dures et les mieux formées. Ces graines sont
nombreuses et très petites.

Chou-rave ou de Siam. On mange l'espèce de rave qui
est au-dessus du collet des racines. Il se sème au 1er mai,
et résiste bien à l'hiver.

Chou d'York nain hâtif. Il pomme bien et vite. C'est
une des espèces qui dégénèrent le moins. On le sème
du 25 au 28 mai. Il est bon à la fin d'août. On le ressème
au 25 août. Il est bon en avril et en mai suivant.

Chou-cabus, blanc, de Bonneuil. On le sème au premier mai, et du 15 au 20 août; le dernier semis donne
au printemps.

Les choux-cabus arrivent à une énorme grosseur, sont
bas, et pomment bien; cependant quelquefois ils montent
en graine au lieu de pommer. On emploie, pour les en
empêcher, les épines de l'aubépine. Ces épines sont enfoncées transversalement entre le premier et le second étage
de feuilles; on les y abandonne, et elles déterminent
une extravasation de sève considérable; la floraison, et par
conséquent la fructification, n'ont pas lieu, et les feuilles
supérieures recevant toute la nourriture, se multiplient et
s'agglomèrent.

Chou marin ou crambé. (Crambe maritima.) Ce
chou croît naturellement sur nos côtes, et surtout sur
celles d'Angleterre. C'est une très bonne espèce encore
peu connue en France. Il est très sain, vient avant l'asperge, et est facile à forcer. Il peut durer six à sept
années.

Les feuilles du crambé sont grandes, azurées; elles se
dessèchent en automne. La tige est très rameuse, et
porte des fleurs blanches.

On sème le crambé de février en mai, dans une terre
saine, légère, amendée, défoncée; on le sème aussi en
septembre, sous châssis et sur de vieilles couches.

Les rangs sont espacés de deux pieds.

Chaque trou reçoit sept à huit graines espacées d'environ
deux pouces; on sème plus près, si l'on sème en pépinière, pour un an seulement. La graine avorte quelquefois. On arrose pour faire lever, et on répand des cendres
après la rosée pour écarter les tiquets. On enlève les
plants superflus, et on les replante.

Le crambé peut venir aussi de pieds éclatés, ou de
simples boutures de racines. On le repique aussi en
amandes, c'est-à-dire quand il n'a que ses feuilles séminales. Il se multiplie de rejets.

A la fin de février ou de mars, on fait blanchir le
crambé, c'est-à-dire qu'en le privant d'air et de lumière,
on obtient une plante blanche et tendre. Pour cela on l'entoure de terreau, de sable, de cendres, de graviers, ou de
pots qu'on bouche bien exactement par des bourrelets en
terre. Si on emploie des châssis, on doit les couvrir de
nattes, ou substituer des panneaux de bois aux vitres. La
couverture de litières ou de cendres est préférable pour
les cultures étendues, et celle des pots pour les petites;
on laisse à l'air quelques pieds pour avoir de la graine.

Quand les pousses du crambé ont cinq ou six pouces,
on les coupe sans endommager les yeux inférieurs qui
doivent donner des choux pour l'année suivante.

On fait blanchir en décembre, en couvrant de fumier les intervalles qui sont laissés entre les pots; on a ainsi au bout de trois semaines des choux très bons à manger; on les blanchit aussi en les plaçant dans des tranchées, sur du fumier, et en les couvrant de châssis. On peut encore les replanter sur une couche de feuilles, chargée de terre légère et couverte de châssis.

On peut couper avec l'ongle les fleurs des pieds non destinés à grainer, pour éviter un épuisement inutile.

Chou-navet. Il grossit beaucoup dans un terrain léger, profond, et bien fumé. La racine est unie et de la forme d'une betterave; mais elle devient fourchue et boiseuse; on le bine au 15 mai, en place. S'il ne pleut pas, on arrose de suite, et on recommence les jours suivans. On trace des rayons peu profonds à un pied de distance, et tous les dix ou douze jours on met quatre ou cinq graines qu'on recouvre légèrement avec un râteau. Elles sont six jours à lever. Quand le plant a quelques feuilles, on ne laisse qu'un chou en place. Il peut rester tout l'hiver en terre.

Le chou-navet se prépare comme le navet. Les vaches le mangent avec plaisir. (Voy. NAVET.)

Brocoli. (Voy. ce mot.)

Chou-fleur (*Brassica oleracea bœtrytis.*) On cultive le tendre, le demi-dur et le dur. Le demi-dur est préférable.

On sème très clair du 1er avril au 25, à bonne exposition. Il est rare d'avoir de bonne graine qui ne dégénère pas et ne produise pas des choux branchus. On transplante comme il est dit plus haut. On repique le plant avec la houlette, au cordeau, en plaçant les choux-fleurs à dix-huit pouces de distance les uns des autres, après avoir fait de petits fossés de neuf pouces de large sur autant de profondeur, avoir mis par-dessus quatre pouces de fumier de cheval bien consommé, et rempli le reste avec la terre enlevée. On arrose, et on recouvre le terrain de litière courte à moitié consommée. On arrose tous les deux jours avec l'arrosoir à pomme. Quand les choux-fleurs commencent à tourner dans le centre, on détache les feuilles d'en bas avec précaution, pour hâter la formation de la pomme. Ces feuilles se donnent aux vaches. On bêche dans les intervalles à demi-fer de bêche, on enterre la litière, on en remet de nouvelle. Quand la pomme est formée, on rabat dessus deux ou trois des feuilles du dehors. On a ainsi de beaux choux-fleurs dès le commencement d'octobre.

On se procure des choux-fleurs en hiver, en semant la graine au commencement de juillet sur couche, à une exposition méridionale.

Quand les plants sont un peu forts, on laisse un espace de douze à quatorze pouces. Vers la mi-novembre, quand il commence à geler, on les met dans du terreau, en laissant beaucoup de terre à la racine; à mesure que les feuilles se forment, on coupe celles qui ne se soutiennent plus. On en conserve ainsi jusqu'en février.

On peut aussi semer au 20 août, au midi. On éclaircit le plant à deux ou trois pouces; on le rechausse de sable fin et sec jusqu'à l'œil.

On garnit, avec la main, de litière de cheval, courte,

et à moitié consommée. Quand viennent les gelées, on met de la paille longue et froissée, dont on forme sur les choux un petit monticule. A la fin de mars, on repique comme ci-dessus; les choux-fleurs poussent en juin.

On récolte les choux-fleurs en avril. Pour les conserver, et les garantir du soleil, on couvre de larges feuilles ceux qui sont avancés en fleurs. Ce sont ces choux qui donnent la graine.

Moyen de conserver les choux. Enterrer leurs racines sous le sable, dans un endroit frais.

Autre. Couper la tige à demi, ou trois pouces hors de terre, creuser la moelle à un pouce, suspendre avec des cordes au plafond, mettre la partie creusée en dessus, et la remplir d'eau tous les matins.

Autre. Enlever les feuilles vertes et la tige, de manière à ne garder que la pomme, mettre dans un tonneau bien sec, et garder dans une cave qui ne soit pas exposée à une trop grande humidité.

Conservation des choux-fleurs. Les couper en novembre au-dessus de la pomme, les effeuiller complètement, et les pendre la tête en bas au plafond d'une serre.

Charançon du chou. (Voy. CHARANÇON, CHARBON.)

Insectes qui attaquent les choux. Les chenilles n'attaquent pas les choux sur lesquels on répand des feuilles de fougère.

CHOU. (*Cuis.*) Le *chou crambé* est bon à manger de mars en avril. On le fait cuire à l'eau, avec sel et vinaigre. On dresse les feuilles entières sur un plat, avec une sauce blanche. On le prépare comme les asperges et les choux-fleurs.

Le *chou rouge* est recommandé dans le bouillon aux personnes de poitrine délicate. Le mariner, en le saupoudrant de sel; après vingt-quatre heures, le faire égoutter, le couvrir de vinaigre bouilli après l'avoir mis dans un bocal avec du macis, girofle, quatre épices et cochenille pilée. On confit de même le chou-cabat.

Le *chou brocoli* se dresse comme des asperges, et se sert à l'huile.

Le *chou-navet* se prépare en supprimant l'écorce, faisant blanchir, et assaisonnant de sauce au beurre, velouté, ou espagnole.

Les *petits choux de Bruxelles* s'accommodent en les faisant cuire à grande eau, et les assaisonnant avec beurre, sel, poivre et velouté.

Autre assaisonnement. Prendre une livre de choux, ôter les feuilles qui s'écartent, faire cuire avec de l'eau bouillante, du sel et une cuillerée de bonne graisse. Quand ils sont cuits, égoutter et les sauter dans une sauce blanche à l'anglaise, servir de suite pour que la sauce ne tourne pas en huile. On peut remplacer la sauce blanche par une sauce au jambon, et servir avec des saucisses.

Choux à la crème. Blanchir les choux, les hacher, passer au beurre frais, les poudrer de farine, les mouiller de crème, ajouter du fromage de Gruyère râpé, et servir.

Soupe aux choux. Passer les choux au beurre; quand il commence à roussir, mouiller avec de l'eau, mettre du sel, du poivre, et laisser bouillir environ une heure ; verser sur le pain.

Autre. Faire blanchir les choux coupés en quatre, les rafraîchir, les égoutter, les fouler, garnir le fonds de la casserole avec des tranches de veau qu'on couvre de lard, y mettre les choux entre des bardes de lard, puis carottes, ognons, clous de girofle ; mouiller de bouillon gras, faire mijoter environ deux heures, verser sur le pain.

Boulettes aux choux. (Voy. BOULETTES.)

Chou à la flamande pour garnir le bœuf. Oter les côtes d'un chou rouge, couper les feuilles en rubans d'un demi-pouce de large, le faire cuire à petit feu, avec un peu de poivre et de bouillon gras ; à moitié cuisson, ajouter une cuillerée de vinaigre et un demi-quarteron de beurre, laisser réduire jusqu'à siccité presque complète ; la cuisson dure deux heures.

Chou piqué. Prendre un beau chou bien ferme, ôter les côtes du milieu, le ficeler, le blanchir un quart d'heure à l'eau bouillante, le faire égoutter et ôter la ficelle, le larder avec une demi-livre de petit lard coupé en lardons de six pouces de long, faire un roux blond avec un quarteron de beurre, une cuillerée de farine et deux verres de bouillon ; placer le chou dans le milieu, ajouter du poivre et un bouquet garni pendant la cuisson, retourner souvent ; au bout de deux heures, dégraisser la sauce qui doit être épaisse et d'une belle couleur, dresser le chou sur le plat en l'arrondissant et verser la sauce dessus.

Chou fricassé au gras. Effeuiller un chou rouge, le hacher avec un ognon et un peu de persil, faire cuire à petit feu pendant une heure et demie, avec un verre de jus, du poivre et du sel. Au moment de servir, ajouter une pincée de farine, un filet de vinaigre et un demi-quarteron de beurre manié avec la farine.

Chou farcis. Oter les cœurs, mêler de la moelle de bœuf et du persil haché menu à une farce de restes de viande et de lard, étendre chaque feuille, la garnir de farce en en mettant davantage au milieu, ficeler les feuilles et faire cuire dans un roux à petit feu, durant quatre heures.

Choux-fleurs. On choisit les têtes blanches, fermes et serrées ; celles d'un blanc sale et grenues doivent être rejetées. On les sert à la sauce blanche ou blonde, à la sauce tomate, au jus, au beurre blanc et en salade, ou écrasées en purée avec du beurre et des croûtons.

Pour conserver les choux-fleurs, on les épluche, on les plonge dans l'eau bouillante, on les rafraîchit, on les met en bocaux, on les bouche bien et on les fait bouillir une demi-heure au bain-marie.

Choux-fleurs marinés. Les mettre dans un plat de terre, les saupoudrer de sel, les mettre dans une saumure bouillante, les égoutter, et le lendemain les enfermer dans des bocaux avec du vinaigre, muscade et macis. Au bout d'un mois, ils sont bons à manger.

Soupe aux choux-fleurs. Égoutter deux choux-fleurs, prendre du béchamel maigre, qu'on lie avec un jaune d'œuf, un quarteron de beurre fin, du sel, du poivre, un peu de muscade ; couper les choux-fleurs en œufs de pigeon, les mêler dans la farine, les faire frire, les égoutter, les mettre dans une soupière, et verser dessus du consommé comme pour le potage en tortue. (Voy. ce mot.) Servir à part du fromage coupé.

Choux-fleurs au fromage. Faire une sauce blanche ordinaire un peu copieuse, sans liaison ; dresser dessus un lit de choux-fleurs à demi hachés, couvrir de fromage de Gruyère râpé, poivrer et remettre de la sauce, alterner de couches de gruyère et de choux-fleurs, étendre deux poignées de panure bien fine sur la surface du plat, avec du fromage, poser sur le plat le four de campagne ; servir bouillant. On peut mêler des choux-fleurs ainsi préparés avec du macaroni.

Choux-fleurs frits. Les faire cuire à moitié dans de l'eau bouillante, avec sel, vinaigre et beurre ; les faire frire d'une belle couleur.

PETITS CHOUX (*Off.*) Faire une pâte avec deux cuillerées de farine, un verre et demi d'eau, deux œufs, du sel, du sucre, les zestes d'un citron et du beurre en suffisante quantité, les diviser sur un plateau graissé en les espaçant suffisamment. Faire cuire cinq minutes sous le four de campagne.

Petits choux au fromage blanc. Placer dans une casserole quatre cuillerées de farine, faire un trou au milieu, verser peu à peu deux verres d'eau bouillante avec une forte pincée de sel et un demi-quarteron de beurre frais, tourner toujours jusqu'à ce que la pâte soit bien ferme, la retirer du feu, la battre en y mêlant alternativement des œufs et du fromage blanc ; quand la pâte est bien liée, en rouler les morceaux dans la farine, gros comme des œufs à peu près, les ranger dans le fond d'une tourtière, mettre cuire à un feu doux pendant une demi-heure, en couvrant le four plein de braise ; poudrer de sucre fin. Les choux doivent être renflés, presque noirs en dedans et d'une belle couleur d'or.

Choux pralinés aux avelines. Mettre dans une casserole un demi-verre d'eau, autant de lait, une once de beurre, y mêler de la farine à la consistance de pâte, ajouter encore une demi-once de beurre, des œufs, une once et demie de sucre en poudre, du sel, de la fleur d'orange, et une cuillerée de crème fouettée ; faire les choux, masquer d'avelines émondées et hachées avec du sucre et du blanc d'œuf ; mettre cuire à un feu doux.

On remplace les avelines par des amandes ou des anis blancs ; on parfume les choux de sucre râpé sur des oranges ou des cédrats. On peut aussi les glacer avec du sucre.

CHOUCROUTE. (*Cuis.*) Sauer-kraut (chou aigri), c'est un aliment nourrissant, tonique, peu convenable aux gens industrieux, anti-scorbutique.

Les Tyroliens fabriquent beaucoup de choucroûte ; ils émigrent à la fin d'août et vont de villages en villages fabricant de la choucroûte.

La choucroûte se fait avec des choux pommés ou cabus, ou mieux avec des *milans*, qui donnent une choucroûte plus tendre et plus blanche.

On cueille les choux par un temps sec, on les prend durs et compactes, on leur ôte toutes les feuilles vertes, gâtées ou rongées des insectes ; on les lave avec de l'eau fraîche et on les laisse égoutter dans des paniers.

On creuse l'intérieur de la tige, on la rétire. Cette opération a pour but de retirer la partie du chou la moins propre à faire la choucroûte. On en fait un mets au gras ou au maigre, en apprêtant ses débris comme les choux-fleurs.

CHO

On a, pour creuser, un petit instrument dont la lame est arrondie dans toute sa longueur, et qui est emmanché à peu près comme une tarière.

Les choux se placent dans un tonneau de chêne bien cerclé. Si le tonneau a une odeur désagréable, on lui ôte un de ses fonds, on le lave avec de l'eau et un peu d'acide sulfurique, on l'échande avec de l'eau bouillante dans laquelle on peut mettre quelques baies de genièvre, on le recouvre d'une toile, et pendant vingt-quatre heures on laisse égoutter.

Le tonneau se place debout à la cave sur des planches. On n'a pas besoin d'y mettre des robinets.

On réduit les choux en rubans avec une espèce de rabot. Pour cette préparation on, place l'instrument sur les bords d'une cuve ; on remplit de choux une petite caisse, et en frottant contre le rabot, on obtient des tranches minces qui tombent dans la cuve.

On frotte le tonneau de farine et d'un peu de sel. On prend les choux dans la cuve ; on en forme une couche de trois pouces, qu'on saupoudre de sel ; on ajoute une autre couche de choux qu'on foule avec un pilon de bois. Après avoir foulé, on saupoudre de sel, et on met une couche qu'on foule encore, et ainsi de suite, jusqu'à ce que le tonneau soit plein. Sur la dernière couche, on étend une toile humide saupoudrée de sel ; on couvre d'un couvercle qu'on fait peser sur les choux au moyen de cailloux.

La pression doit être proportionnée à la quantité de choux ; elle doit être de vingt à vingt-cinq kilogrammes pour un demi-hectolitre.

Le sel doit être en raison d'un kilogramme par hectolitre. Quelques personnes n'en mettent pas. On peut, en petites doses, selon les goûts, aromatiser la choucroûte avec du poivre, des baies de genièvre, ou des graines de carvi.

Les cailloux sont, pour comprimer la choucroûte, préférables aux pierres, dont quelques parcelles se mêlent avec l'eau de végétation, et aux poids de fer qui donnent à la choucroûte un goût ferrugineux.

La fermentation s'établit le deuxième jour. L'eau monte ; elle est verte, trouble et fétide. On l'enlève après avoir ôté les cailloux, la toile et le couvercle. On nettoie les bords du tonneau avec de l'eau fraîche ; on saupoudre de sel ; on replace la toile bien lavée, puis le couvercle, et on recouvre d'eau bien pure. Il faut que la choucroûte soit bien submergée.

Il se forme sur cette eau une peau blanche qu'on y laisse tant que l'eau est claire ; mais dès qu'elle se trouble, il faut la renouveler comme ci-dessus.

Tous les quinze jours, on renouvelle l'eau qui recouvre la choucroûte. On lave la toile, les bords du tonneau, les cailloux ; on tient la choucroûte à une température constante. Si elle se gelait, on la retirerait avec des coins de fer, et on ferait dégeler dans de l'eau douce les parties qu'on voudrait manger. Après le dégel, on renouvellerait la saumure.

Quand on veut transporter la choucroûte, on augmente la quantité de sel.

On a soin de bien couvrir le tonneau. Sans cette précaution, l'été, les femelles de la grosse mouche à bandes jaunes sur le ventre, appelée *syrphe tenace* ou *syrphe pendante*, y déposeraient une multitude d'œufs dont les larves corrompraient la choucroûte.

La choucroûte est bonne à manger un mois ou un mois et demi après sa préparation. Elle se mange chaude ; froide, elle est indigeste.

Quand on prend de la choucroûte dans le tonneau, après avoir ôté l'eau, on laisse la surface bien plane ; on la saupoudre de sel, on change la saumure, et on recouvre.

On lave la choucroûte dans une ou plusieurs eaux, selon qu'elle est nouvelle ou vieille. On exprime bien l'eau de lavage.

On fait frire du lard ou moitié de saindoux et moitié de graisse de rognons de bœuf. On y fait roussir un ognon découpé ; on y ajoute la choucroûte, avec un peu de bouillon, et on la laisse cuire quatre heures à un feu doux ; on la remue pour l'empêcher de brûler ; on la mange avec du lard, des pommes de terre frites, de la viande, etc.

Quand la choucroûte cuit dans un vase de fer, elle se noircit. Il vaut mieux la cuire dans un pot de terre. Dans un vase récuré avec du sable, elle court risque de s'attacher.

On cuit aussi la choucroûte à l'eau ; mais alors elle devient fade.

Choucroûte à l'alsacienne. La mettre dans un pot avec un tiers d'eau, et du lard ; faire réduire de moitié ; ajouter un verre de vin blanc, du sel, de la graisse d'oie ou de porc et faire cuire jusqu'à évaporation. La manger avec de petites saucisses frites, en buvant de la bière.

La choucroûte est d'autant meilleure qu'elle est plus réchauffée.

On peut faire aussi de la choucroûte de navets. Il suffit de les peler, de leur ôter la tige et la queue, et de les hacher. Cette choucroûte, pour être bonne, quand on l'apprête en cuisine, exige plus de graisse que la choucroûte du chou. On la fait au reste de même, dans des pots de grès, par couches, et la cuisson en est analogue.

On peut faire aussi de la choucroûte de carottes.

CHOUCAS. (*Chass.*) *Corvus monedula.* C'est un oiseau du genre corbeau, à plumes noires, à reflets violets ou verdâtres, à bec et pieds noirs avec un espace cendré sur la tête. Il mange les insectes et les graines ; il se plaît sur les clochers, mais niche sur les arbres. L'hiver, il émigre. On l'apprivoise aisément.

CHOUETTE. (*Chass.*) *Strix ulula.* C'est un oiseau de proie du genre chat-huant, gros comme un ramier. Il a le plumage mêlé de blanc, de gris et de roux. Il habite les vieilles masures, et est grand destructeur des rats et des souris. Quand il paraît le jour, tous les oiseaux lui font la guerre. Le chasseur à la pipée doit s'attacher à imiter le cri de la chouette, pour attirer les oiseaux. (Voy. PRONOSTIC.)

CHRÉTIEN. (Voy. POIRE.)

CRYSANTHÈME DE JARDIN. (*Jard.*) *Chrysanthemum coronarium.* Famille des corymbifères ; c'est une plante annuelle originaire du Levant. On la sème en mars, en place ou en pépinière. Il faut une bonne terre légère et fraîche, et une exposition méridionale. Les fleurs sont grandes, jaunes, et viennent de juin en septembre. On ne recherche que les pieds à fleurs doubles.

CIBOULE. (*Jard.*) *Allium fissile.* Famille des asphodèles. Cette plante est annuelle et vivace, si elle est bien cultivée dans un terrain léger et amendée suffisamment. On la sème au 1ᵉʳ mars en rayons profonds d'un pouce, que l'on recouvre légèrement au râteau; elle est vingt-cinq jours à lever. Quand le plant a la grosseur d'un tuyau de plume de corbeau, on le relève, et on le plante quatre par quatre à six pouces en tous sens, et à deux de profondeur, dans une terre bien bêchée. On réserve de ce semis quelques pieds pour graines; elles mûrissent du 1ᵉʳ au 20 septembre. En sacs de papier, dans un lieu sec, elles se gardent quatre ans.

On ressème de la ciboule au 15 juillet; elle est dix jours à lever. On lui laisse passer l'hiver en pépinière. On repique ce plant au 1ᵉʳ mars.

CICATRICES. (*Méd. dom.*) Les cicatrices doivent être tenues à l'abri de tout contact rude, de tout frottement prolongé, à l'aide de linges plus ou moins épais, ou même en les recouvrant de plaques de cuir bouilli. La plus grande propreté leur est nécessaire; elles sécrètent souvent une matière qui forme des croûtes, et au-dessous desquelles il survient des ulcérations. Il faut se garder d'enlever les croûtes, mais les faire tomber, ou mieux encore prévenir leur formation à l'aide de fréquentes lotions et d'onctions légères, faites avec des corps gras.

Lorsque le tissu des cicatrices menace de s'ouvrir, on les lave avec de l'eau fraîche ou légèrement blanchie d'extrait de saturne.

Les applications de poix et autres stimulans alcooliques sont nuisibles, bien qu'on y ait souvent recours et que l'usage semble les avoir consacrés.

Quand les cicatrices, en adhérant aux muscles et aux tendons, nuisent à l'exécution des mouvemens, ou quand elles sont très étendues, elles sont un motif d'exemption du service militaire.

CIDRE. (*Ind. dom.*) Le cidre est composé de matière sucrée, d'albumine, de froment, d'acide malique, d'un principe colorant, d'un peu de tannin et d'acide gallique, et d'aromes particuliers qui lui donnent de la verdeur, de la douceur et des goûts différens.

Le cidre qui n'est pas encore parfait cause des dysenteries. Quand il est aigre et qu'il a passé à la fermentation acide, il est encore plus nuisible. Il est très sain, la première année, immédiatement après la fermentation.

Un arbre peut donner des fruits pour 128 à 150 litres de cidre.

Un hectare peut produire 14 à 15 hectolitres, suivant que le nombre d'arbres varie.

Les bons cidres sont produits par les fruits des terrains légers, secs et pierreux. Quelques terrains produisent un fruit qui donne un cidre difficile à conserver plus d'une année, et sujet à devenir aigre et dur. Pour ces sortes de crus, il faut ne piler les pommes que lorsqu'elles sont pourries aux deux tiers, mais sans être noires ni pourries entièrement. Les terrains maigres donnent des cidres légers que l'on améliore, en faisant bouillir, pour un tonneau de 150 litres, dix litres de cidre doux, pendant une heure,

avec un litre d'alun. On jette ce mélange dans le tonneau, on bouche, on laisse refroidir, et on remplit le tonneau.

La couleur des bons fruits à cidre est le rouge et le jaune, la couleur verte donne une liqueur âpre et de mauvaise qualité : le fruit doit être jaune, un peu amer, mais pas trop acide, et abondant en suc. On ne doit l'ôter de l'arbre que lorsqu'il est bien mûr, qu'il tombe au moindre choc, et répand une odeur suave. Les pommes que les vents font tomber donnent un cidre inférieur.

Les pommes sauvages et trop vertes ne peuvent faire qu'une boisson bonne à boire immédiatement : on les concasse grossièrement et on les jette dans un tonneau plein d'eau. En Irlande cependant on admet dans la fabrication du cidre ces pommes qu'on mêle avec toutes sortes de fruits. On a ainsi un cidre acide et moins sucré que le cidre ordinaire.

Le triage est une opération très importante : on sépare avec soin les diverses qualités de pommes, celles qui sont vertes ou rouges, d'avec celles qui sont jaunes, ou d'un jaune mêlangé de rouge. Chaque espèce se conserve à part, pendant quelques jours. La mise en tas pratiquée à l'air est nuisible, en ce que les pluies d'automne inondent les fruits, et leur ôtent leur vinosité. On place les pommes dans des greniers ou sous un hangar, et on les y laisse jusqu'à ce qu'elles aient parfait leur maturité.

Il faut éviter de mettre en tas, surtout quand il fait très chaud, et de laisser pourrir et fermenter toutes sortes de pommes et de poires, ce qui peut communiquer au cidre un goût désagréable : on a soin, avant de faire le cidre, d'ôter les pommes vertes et pourries.

On trie les pommes, on les étend pour les faire ressuyer, on les râpe, on les pile, ou on les broie; on laisse le jus deux ou trois jours dans la cuve, bien lavée à l'eau chaude, et arrosée d'eau-de-vie, pour prévenir le goût de bois moisi que le cidre contracte aisément.

En faisant du cidre, sitôt après la cueillette, on obtient du jus de moindre qualité, mais en plus grande abondance.

Pour broyer les pommes, on a plusieurs moyens.

Le plus commun est une meule posée verticalement et tournant dans une auge.

Un autre est un moulin mû par des roues dentées, et composé de rouleaux.

Les râpes à pommes de terre et à betteraves peuvent aussi être employées.

Quand il y a, dans les instrumens de broyage, du fer en contact avec les pommes, on lave avec soin pour que l'acide malique des pommes ne se combine pas avec le métal, et ne donne pas au cidre un goût de malate de fer.

Le fruit doit être broyé, de manière à ce qu'on aperçoive à peine la peau et les pépins.

Après avoir broyé le fruit, il est bon de l'étendre en le retournant fréquemment pendant vingt-quatre heures, afin qu'il absorbe l'oxigène de l'air. On le remet ensuite au moulin avec le suc extrait la première fois.

Les fruits ainsi broyés s'appellent la pommage, et le suc obtenu, le moût.

On ne doit pas presser la pommage immédiatement au

sortir du moulin : on laisse pendant douze ou seize heures les pommes en cuve; elles macèrent, et sont bonnes à employer, sitôt qu'il s'en dégage de l'acide carbonique, avec une odeur vineuse.

On forme avec les pommes des carrés, qu'on alterne avec des sacs de toile, ou de la paille ou des roseaux très propres, et on soumet au pressoir.

Les meilleurs pressoirs sont ceux à arbre et à vis.

Quand le jus est exprimé, on le passe au tamis de crin. On le laisse dans la cuve, comme nous l'avons dit plus haut. Quelques fabricans préfèrent cependant l'entonner de suite.

On remplit les tonneaux à un pouce ou deux de la bonde, pour que la lie puisse s'écouler. On recueille la lie pour servir de levure. On remplit après que la fermentation a cessé, et on bondonne. On réserve un trou de vrille où l'on met d'abord un brin de paille, puis un fausset.

Tous les mois au moins, on remplit le tonneau. On soutire au printemps, et quelques semaines après, on colle et l'on met en bouteilles.

Plus la déjection de pulpe est abondante, et plus elle est bonne; plus alors le cidre est de bonne qualité.

On peut laisser le cidre sur la lie, il acquiert plus de force. Il est bon de carboniser l'intérieur des tonneaux avant d'entonner.

Le petit cidre est le cidre formé par l'eau jetée sur le marc. Le marc sert à engraisser les cochons; desséché au soleil, et brûlé, il donne une cendre bonne à faire la lessive et à répandre dans les terrains humides.

Le petit cidre se fait aussi avec des poires, des pommes, des cormes, des prunelles, des baies de genièvre, qu'on fait infuser pendant huit à dix jours.

Le cidre noircit souvent quand il est mis dans de petits fûts. On doit nettoyer avec soin tous les tonneaux et barils, et y brûler une mèche soufrée.

On conserve mieux le cidre dans de grands tonneaux. Pour le transporter, on doit mettre le cidre doux immédiatement dans de petits tonneaux.

On reconnaît la plus ou moins bonne qualité relative de deux cidres en les distillant et les comparant avec l'aréomètre de Gay-Lussac. Il est utile alors d'ajouter de l'alcool au cidre qui est inférieur. On obtiendra ainsi une liqueur de meilleure conservation. On ne doit pourtant pas mettre une trop grande quantité d'alcool.

Dans la fabrication du cidre grossier, on précipite les opérations. On porte les pommes en masse au moulin, et l'on entonne, sitôt après l'expression. Ce cidre est dur et piquant; on rejette de l'eau sur le marc pour faire du petit cidre.

Le cidre est sujet aux droits de circulation, d'entrée et de débit. Le tarif des droits est fixé chaque année.

Cidre, procédé de M. Boutigny-d'Evreux. Faire bouillir pendant cinq minutes quinze litres de cidre doux avec un quarteron de fleurs de coquelicot, soufrer une barrique de soixante litres, entonner le cidre et achever de remplir la barrique avec du cidre non bouilli; laisser pendant un ou deux mois, selon la saison, et mettre en bouteilles.

Moyen d'enrichir le cidre, de le rendre plus fort, plus mousseux et plus alcoolique. Au moment où les pommes

sont réduites en pâte, ajouter du sucre en suffisante quantité : trois ou quatre pour cent. On peut aussi mettre le cidre dans les tonneaux, et remplacer le sucre par du sirop de fécule.

Autre. Presser les pommes triées et râpées sur-le-champ; faire bouillir et réduire le suc au tiers ou à moitié, porter dans la cuve, et quand il a jeté son écume, entonner. Faire une boisson bonne à boire de suite, en jetant sur le marc un peu d'eau.

Moyen d'améliorer le cidre. Quand le cidre commence à fermenter et à bouillir, transvaser dans un autre tonneau; passer la lie et l'écume, dont on tire une liqueur qu'on met à part; faire trois transvasemens d'après les mêmes règles; verser pour cent pots, un pot de la liqueur retirée de l'écume. On fait ainsi aux Etats-Unis un très bon cidre, qu'on peut garder dix ans sans altération.

On obtient un meilleur produit en mêlant au cidre, de bonne cassonade, à raison d'un kilogramme et demi pour cinquante litres environ.

Cidre économique. Faites sécher au four la quantité que vous jugerez convenable de pommes coupées par tranches; mettez dans un tonneau où il y ait eu du vin blanc ou rouge, remplissez-le d'eau aux trois quarts, versez-y un verre de levain de bière et deux litres de mélasse; mettez au fût un léger bondon de papier, et laissez fermenter pendant trois à quatre jours. Si l'on est en hiver, il est bon de placer le tonneau dans un lieu chaud, et de le remplir d'eau et de le bien boucher, avant que la fermentation vineuse passe à l'acide. Un mois après, on pourra le mettre en perce. Quand il sera à moitié vide, on obtiendra encore une bonne piquette, en le remplissant de nouveau avec de l'eau. Dans certaines contrées de la Normandie et du Maine, lorsque les fruits sont peu abondans, les habitans pauvres n'ont pas d'autre boisson que cette piquette.

On frelate le cidre avec du miel, de la mélasse, et on en fait ainsi une véritable potion purgative. Le cidre de Paris fait avec des fruits hors de vente et du sirop de fécule est une boisson plate et peu fortifiante.

La litharge et même le cuivre entrent aussi dans la falsification du cidre. On reconnaît la présence du cuivre en plongeant dans le liquide une lame de fer bien décapé qui se recouvre de cuivre lorsque le cidre contient de ce métal dissous.

Cidre de poires. (Voy. POIRÉ.)

Cidre factice. Prendre trois kilogrammes de raisins secs, cent vingt-cinq grammes de genièvre, trente-deux grammes de coriandre, dix grammes de cannelle, le tout concassé, trois cent quatre-vingts grammes de caramel, autant de cassonade et un demi-litre d'eau-de-vie. En remuant ce mélange tous les deux jours dans un tonneau avec un bâton, on obtient une bonne boisson au bout de quinze jours, si la cave est à la température de dix degrés. On soutire, on colle, et on met en bouteilles pendant huit jours; on tient les bouteilles couchées et levées alternativement.

Autres. Brasser cinquante livres d'eau, six livres de cassonade, quatre onces d'acide tartrique, ou trois quarterons de crème de tartre, un litre d'esprit-de-vin, deux onces de fleurs de sureau, autant de fleurs de mélilot; laisser fermenter à une température de 15° Réaumur. Au bout de dix jours, soutirer, coller; mettre en bouteilles; coucher les bouteilles, et les relever de temps en temps, si la fermentation menace de les briser.

Cette boisson, qui revient à 5 centimes la bouteille, a un peu le goût de vin muscat.

Cidre factice de M. Nodot de Sémur. Mêler dans un tonneau, agiter et laisser macérer deux jours cinquante livres de verjus, un demi-litre de vinaigre framboisé, trois livres trois quarts de sucre brut, vingt-cinq litres d'eau filtrée, une once et demie de gingembre, et autant de fleurs sèches de sureau, passer à travers un linge, mettre en bouteilles, boucher et coucher à la cave; pour empêcher la rupture des bouteilles, on les dresse pendant la fermentation.

Cidre de fruits secs. Mettre dans une tonne d'eau dix livres de pommes sèches, autant de poires, deux d'eau-de-vie, deux de mélasse, échauffer le tonneau avec de l'eau bouillante, laisser fermenter huit jours, et mettre en bouteilles.

Cidre de Berg-op-Zoom. Faire infuser à froid pendant trois jours dans cinq litres d'eau trois quarterons de cassonade, une poignée de fleurs de violettes, un demi-gros de coriandre, et autant de fleur de sureau, un demi-verre de vinaigre blanc; mettre en bouteilles, et ficeler. On doit avoir soin de coucher les bouteilles pendant quelques jours, parce que cette boisson développe beaucoup de gaz. Elle est très digestive, et son goût approche de celui du cidre. Elle revient à un sou le litre.

CIGALE. (*Agric.*) Genre des hémiptères. Les larves des cigales vivent dans la terre. L'espèce la plus commune est verte et de la grosseur d'un cerf-volant. Le mâle porte sur l'abdomen une sorte de tambour écailleux, au moyen duquel il fait entendre un bruit monotone.

Les cigales dévastent les champs; leur multiplication est telle, qu'on a vu des maladies pestilentielles se déclarer par suite de l'infection de leurs cadavres, unis à ceux des sauterelles. Dans les champs, il est difficile de leur faire la guerre. Dans les jardins, on peut saupoudrer les plantes de cendre, de suie ou de chaux.

CIGARRE. (Voy. TABAC.)

CIGOGNE. (*Conn. us.*) *Ardea ciconia.* Échassier du genre héron. On distingue la cigogne blanche, la cigogne noire, et plusieurs variétés de chacune. Elles nichent sur les toits et les cheminées. Elles s'apprivoisent aisément, et sont utiles dans les jardins. Elles dévorent les lézards et les serpens.

Elles émigrent dans les saisons trop froides.

CIGUË. (*Méd. dom.*) *Cicuta niger.* Famille des ombellifères. On distingue la grande et la petite ciguë, la ciguë aquatique.

La plus employée est la grande ciguë, ou ciguë tachetée (*conium maculatum*), bien que beaucoup moins active que la ciguë aquatique: c'est celle qu'on employait à Athènes pour faire périr les condamnés à mort. La plante est d'une couleur sombre, et exhale une odeur fétide, qui, respirée long-temps, peut produire le narcotisme. On emploie en médecine les feuilles et les tiges, comme narcotiques, à la dose de deux grains en pilules, dans les maladies nerveuses sans fièvre;

Le suc de ciguë est un poison, et plusieurs individus ont succombé pour avoir mangé des alimens où elle avait été introduite comme assaisonnement. La petite ciguë, prise par erreur au lieu de persil, a donné la mort à des hommes robustes, à la dose de quelques onces.

Les symptômes de cet empoisonnement sont un abattement général, un assoupissement invincible, une chaleur vive au ventre, des convulsions douloureuses où le corps se raidit violemment, un pouls lent, une respiration difficile, une irritation très intense de l'estomac.

Le seul remède est la provocation du vomissement et la saignée; les opiums sont dangereux.

La ciguë tachetée a jusqu'à cinq pieds de haut. Ses feuilles sont grandes, ses fleurs blanches forment des ombelles.

Elle réussit dans une terre substantielle, humide, et à l'ombre. Elle se multiplie de graines au printemps. Si on la sème en pépinière, on repique à trois pieds de distance. (Voy. CHARANÇON, CHEVAL.)

CIMENT. (*Ind. dom.*) Le ciment ordinaire se fait avec des tuiles ou des briques pilées et mélangées de chaux vive. On a découvert que le ciment des Romains, si célèbre par sa durée et sa solidité, ne devait tout son mérite qu'à l'art de mêler la chaux plus ou moins grasse avec un sable plus ou moins argileux.

Ciment de Pouilly. Le ciment romain de Pouilly a été découvert par M. Lacordaire, ingénieur en chef des ponts-et-chaussées au canal de Bourgogne. On l'a substitué au ciment anglais de Parker, ciment dont est faite en partie la voûte du passage sous la Tamise à Londres. Employé à des jetées au Havre, à Brest et à Lorient, il a montré une solidité à toute épreuve, une ténacité qui ne cédait qu'à une force de rupture d'un à trois kilogrammes par centimètres carrés, à une force d'écrasement de cinquante-trois à cent quatre-vingt-sept kilogrammes pour la même mesure.

En gâchant le ciment de Pouilly avec de la limaille de fer ou du minerai, ou des morceaux de fer, on lui communique plus de force. On le gâche comme le plâtre, avec un tiers de sable siliceux. On l'expédie par tonnes de Pouilly en Auxois, et de divers entrepôts.

Ce ciment convient surtout pour bassins, citernés, fontaines, conduits d'eau, fosses d'aisances, piles de ponts, écluses, tuyaux, réservoirs, et autres constructions exposées à l'humidité. Dans les ornemens d'architecture, il remplace la pierre de taille. On en construit des façades de maisons, avec quelques précautions dans la structure de la charpente. On l'applique avec succès aux terrasses.

On en a fait des ponts très solides sur le canal de Bourgogne, en le mêlant à de petites pierres brutes.

On a revêtu en ciment de Pouilly les greniers à sel de Lyon, et l'action corrosive du sel ne s'est pas fait sentir.

Des auges construites à Vincennes avec ce ciment sont restées intactes. Des conduits de fontaines en ciment substitués à des conduits en fonte ont réussi complètement. Voy. MORTIER, MUR.)

On a donné le nom de ciment romain au ciment anglais de Parker. On appelle aussi de ce nom un ciment composé avec une pierre qu'on trouve dans une montagne près de Vassy (Haute-Marne). Il a la teinte de la pierre ordinaire. Il s'emploie avec deux tiers de chaux, et offre l'apparence du stuc.

Ciment pour canaux très durable, et ressemblant au marbre granit à petits grains. Prendre une partie de poudre de battiture de fer, trois parties de cailloux calcinés, quatre parties d'ocre rouge, autant de briques pulvérisées, deux parties de chaux vive; le tout mesuré au poids et non au volume; mélanger dans un cuvier, en ajoutant un peu d'eau, et agitant bien pour opérer une mixture parfaite; le laisser sécher avec soin, avant de le mettre en contact avec l'eau.

Ciment pour raccommoder le verre, la faïence et la porcelaine. Rapprocher les parties cassées, après les avoir frottées d'huile de lin; coller avec de la cire verte; laisser sécher un mois. Au bout de ce temps, la pièce a acquis une solidité qui résiste au feu.

Autre. Mettre les parties brisées en contact après les avoir enduites de la substance gélatineuse et blanchâtre qu'on trouve dans une vésicule des gros limaçons. Laisser bien sécher.

Autre. Dissoudre dans l'alcool une once de mastic en larme et une once de colle de poisson dans l'eau-de-vie; ajoutez un quart d'once de gomme ammoniaque en poudre; mêler en exposant au feu. On en fait usage en faisant chauffer les objets qu'on veut recoller, et plaçant dans l'eau chaude la fiole qui contiendra le ciment.

Ciment chinois très tenace pour raccommoder la porcelaine. Faire bouillir cinq minutes un morceau de verre blanc, le piler très fin, le passer au tamis, et le broyer sur un marbre avec du blanc d'œuf.

Ciment pour les fentes des ustensiles de fer. (Voy. FER.)

Autre. Mêler des blancs d'œufs avec un peu de craie, ou de chaux vive.

Autre. Ajouter de l'ammoniaque, et un peu de plâtre à de la colle de gomme arabique.

Autre. Faire fondre de la colle forte dans l'eau; ajouter un peu d'alcool, et un tiers pesant d'ammoniaque. Cette colle prend dès qu'on l'applique, et fond aisément tant que l'alcool n'est pas évaporé. On doit, avant de l'appliquer, chauffer les pièces, en les trempant dans l'eau chaude; essuyer et coller.

Ciment pour raccommoder des pierres. Prendre du soufre fondu, et en souder la cassure.

Autre. Prendre une partie de cire, sept de résine, et un peu de plâtre fin; fondre le tout ensemble.

Ciment pour ajuster les pierres des fontaines, et boucher les crevasses des réservoirs. Délayer dans un quart de vinaigre, en remuant d'heure en heure pendant six heures, quatre parties de limaille de fer pur; sceller avec ce ciment des agrafes dans la pierre, et l'introduire entre les fentes de la pierre parfaitement sèche.

Ciment pour poser des robinets. Faire fondre une partie de résine, une de bitume, une demie de cire jaune; ajouter, par portions, quatre parties de poudre de brique pilée; appliquer à chaud sur l'endroit bien sec.

Autre. Mettre dans une chaudière sur le feu parties égales de poix liquide et de vieux suif. Quand l'écume monte après l'ébullition, retirer; laisser refroidir; faire une pâte avec quelques pincées de chaux pilée.

Ciment pour bassins. Délayer sept livres de brique pilée et tamisée, et une livre de litharge dans suffisante quantité d'huile de noix ou autre. Mouiller les murs, et appliquer ce mortier avec la truelle. Il devient si dur qu'il raye le fer.

Ciment pour préserver de l'humidité le sol des caves. Mêler dans de l'eau égales parties de chaux nouvellement éteinte, de cendres tamisées, et de brique pilée et tamisée.

Ciment chaud des fontainiers. Prendre craie, cailloux de rivière, verre, écume de fer, une partie; quatre parties de vieilles tuiles, sept de poix-résine, une d'huile de ricin ou de suif; faire bouillir la poix et le suif, et y verser les autres matières pulvérisées; remuer sans cesse jusqu'à ce que le mélange durcisse, en y jetant quelques gouttes d'eau; mettre un peu d'eau au fond d'un vase, et y verser le ciment. Pour s'en servir, on le fait fondre sur le feu, dans un poêlon de fer; on l'applique sur la pierre des fontaines. Il refroidit de suite, et acquiert beaucoup de solidité.

CINÉRAIRE. (*Jard.*) *Cineraria maritima.* Famille des corymbifères. C'est une plante indigène; elle est toujours verte et vivace. Elle demande à être semée en avril, en terreau végétal, passé au crible. On recouvre très peu la graine. En août, on repique en place, au midi, et l'on arrose jusqu'à la reprise. Les feuilles sont blanches et diaprées; les fleurs sont en corymbes; elles viennent de juin en septembre.

CINNAMOMUM (LIQUEUR DE). (*Off.*) Concasser deux onces de cannelle, deux gros de macis, une demi-once de bois de réglisse; faire infuser dans trois litres d'eau-de-vie; y joindre deux litres de sucre distillé dans un litre et demi d'eau, et distiller.

CIRAGE. (*Ind. dom.*) Les préparations les plus usuelles pour cirer les souliers, et les garantir de l'humidité, sont l'huile de poisson mêlée au noir de fumée, ou un composé d'un œuf, de demi-cuillerée de vinaigre, et de noir de fumée ou d'ivoire.

Cirage anglais. Mêler avec un pilon trois onces de poudre de noir d'ivoire, autant de mélasse, et une cuillerée d'huile d'olive; ajouter le jus de deux citrons, deux pincées de gomme arabique et deux cuillerées d'esprit-de-vin; remuer; verser dans le mélange une pinte de bière, et en tournant, y incorporer goutte à goutte une cuillerée d'acide sulfurique; mettre en bouteilles. On étend ce cirage avec une brosse; on remue avant de s'eu servir.

Cirage en pâte. Faire fondre dans un litre et demi d'eau chaude une once et demie de gomme et deux livres de sucre candi, ajouter peu à peu trois livres de noir d'ivoire, puis une demi-once d'indigo et trois quarts d'once d'acide sulfurique, broyer comme une couleur, mettre dans des boîtes et laisser sécher. On délaie avec de l'eau, du vinaigre ou de la bière.

Cirage commun. Mêler une once de poudre de gomme délayée dans de l'eau chaude, un pot de vinaigre, deux onces d'acide sulfurique, huit onces de poudre de noir d'ivoire, huit onces de mélasse.

Autre. Faire dissoudre, dans trois quarts de pinte d'eau chaude, une partie de sucre candi, trois seizièmes de gomme arabique, remuer et ajouter une partie et demie de noir d'ivoire; et puis, en agitant, incorporer peu à peu trois quarts d'acide sulfurique, puis un peu de craie pulvérisée; remuer jusqu'à ce que l'effervescence produite par ces mélanges soit passée. On délaie ce cirage avec de l'eau, de la bière ou du vin.

Autre sans acide. Faire dissoudre un quart de gros de sel de tartre dans quatre onces d'eau de rivière, mettre sur le feu, ajouter deux onces et demie de cire jaune coupée en petits morceaux, ajouter et mêler une once de noir de fumée; retirer quand le fourneau est presque froid.

Cirage de M. Colmant, breveté. Chauffer dans un mortier en fer un litre et demi de bière et un litre d'eau, avec neuf hectogrammes de mélasse, ajouter quatre kilogrammes de noir d'ivoire et deux de sucre candi en poudre, unir la pâte en la battant, et la mettre dans des boîtes.

Autre cirage. Faire bouillir jusqu'à réduction de moitié, dans trois litres de vin rouge, une once de noix de galle concassée et une once de morceaux de bois de campêche; passer, ajouter trois livres d'eau-de-vie, une de cassonade et une once de couperose verte, laisser infuser le tout, en remuant; retirer après la fusion et conserver dans des bouteilles bien bouchées.

Cirage imperméable. On en frotte la chaussure qu'on laisse une demi-journée sans essuyer. Mêler par la fusion quatre onces de graisse de porc, huit onces de suif, deux onces de térébenthine, deux onces de cire jaune, autant d'huile d'olive.

Cirage imperméable pour les voitures et les harnais. Faire fondre une demi-livre de litharge et quatre livres de cire jaune, ajouter trois quarterons de noir d'ivoire dans le liquide à demi refroidi, remettre bouillir, retirer du feu et mêler de l'essence de térébenthine; laver le cuir avec de l'eau seconde, puis avec de l'eau, le noircir avec de l'encre, le graisser avec de l'huile de poisson, donner une couche de cirage et polir à la brosse sèche.

On peut colorer ce cirage en y ajoutant du bleu de Prusse.

Le même cirage se fait sans litharge, dans les proportions suivantes : une once de noir d'ivoire, quatre onces de cire jaune, une demi-once de bleu de Prusse, une livre de térébenthine.

CIRE. (*Ind. dom.*) La cire se trouve dans le pollen des fleurs, sur la pellicule intérieure de beaucoup de fruits, et sur les baies de certains arbres exotiques. Mais on désigne plus particulièrement sous ce nom la matière des cellules des abeilles.

La cire des abeilles est blanche, cassante, insipide, inodore. (Voy. ABEILLES.)

La cire sert à faire la bougie. Mêlée avec l'huile d'olive, elle forme le cérat. On en prépare des figurés et on s'en sert pour injecter les vaisseaux dans les préparations anatomiques. C'est avec la cire principalement que les Égyptiens embaumaient leurs momies, ainsi qu'il résulte des expériences du docteur anglais, Granville. (Voy. RUCHE.)

Pour préparer la cire, quand on a retiré le miel des alvéoles, on la lave à l'eau fraîche en la pressant avec les mains, on la met dans un sac de grosse toile claire, qu'on lie tout en haut; on pose ce sac au fond d'un chaudron, sur une assiette, pour qu'il ne s'attache pas; on le couvre d'une pierre d'un poids convenable, on met de l'eau dans le chaudron et l'on fait bouillir; quand toute la cire est fondue, on la retire à la surface de l'eau, on laisse refroidir; on la presse entre les mains, on la fait fondre dans une casserole et on la verse dans de petites terrines avec un peu d'eau bouillante, on couvre d'un linge épais pour que la cire refroidisse lentement : la crasse se précipite au fond. On enlève la cire le lendemain, on l'enveloppe et on jette le marc.

La cire ainsi préparée se vend de 50 à 48 sous la livre. Elle sert surtout à frotter les appartemens. On la rend plus belle par le blanchiment.

Blanchiment de la cire à l'air, en Allemagne. Fondre la cire dans l'eau, la laisser déposer, la faire filer en lames au moyen d'un cylindre qu'on tourne dans l'eau, et l'étendre pendant trois mois, en renouvelant l'eau quand elle est totalement évaporée; la faire refondre ensuite, quand elle a perdu sa couleur jaune. Dans cette opération les parties les plus sèches prennent le dessus et les parties grasses moins fines se précipitent.

Si la cire n'est pas assez blanche, on la met au soleil et on en forme ensuite des petits pains. Si, quand elle est bien blanche, on la laissait au soleil, son éclat diminuerait.

On blanchit la cire plus rapidement en y versant du chlorure de chaux et agitant fortement le mélange.

Cire factice pour bougie. Prendre de la graisse ou du suif, l'étendre d'huile de térébenthine, placer le mélange dans une boîte ronde, revêtue intérieurement de feutre et percée au fond de petits trous. Disposer cette boîte de manière à pouvoir, par la pression, exprimer l'huile et la partie fluide de la graisse. Faire bouillir avec un peu de charbon animal pour enlever l'odeur de térébenthine, filtrer bouillant et laisser refroidir.

Cette cire est fragile; mais, mêlée à un cinquième de cire d'abeilles, elle donne de bonne bougie.

L'huile et la graisse, exprimées, épurées par le charbon, peuvent donner un bon savon avec une addition de potasse ou de sulfate de soude.

On falsifie la cire dans le commerce avec de la fécule de pommes de terre. Pour reconnaître cette fraude, on fait fondre la cire dans un bain-marie et on la dissout ensuite dans l'essence de térébenthine. La cire pure se dissout, et les substances étrangères se précipitent au fond. En décantant et en pesant le dépôt, on reconnaît la proportion de matières falsifiantes.

Cire pour meubles. (Voy. MEUBLES.)

CIRE A CACHETER. (*Ind. dom.*) Prendre un poids égal de gomme laque, de vermillon, et de térébenthine pure, les remuer et mêler sur un feu doux, en rouler un morceau sur une plaque de cuivre légèrement chauffée. Pour la cire noire, on remplace le vermillon par du noir d'imprimeur.

Autre qui se ramollit et s'emploie à froid. Faire fondre à un feu modéré, quatre parties de cire blanche; ajouter une partie de térébenthine, une de cinabre.

Autre. On peut ajouter à la laque de la colophane, à raison d'un gros par quart d'once de gomme laque, et un drachme de minium; on vernit les bâtons avec du cinabre et de la poie-résine fondue.

Cire à cacheter qui a servi. Enlever les cachets, les broyer, passer au tamis de crin, faire fondre la poudre et la rouler en bâtons.

Autre. Placer les cachets dans un panier de fil de fer à claire-voie, les exposer à la vapeur de l'eau chaude. La cire se détache du panier et tombe au fond du vase d'eau; on la retire et on la met en bâtons.

Vernis fait avec la cire à cacheter. Dissoudre une once et demie de cire, au bain-marie, dans un demi-setier d'esprit de vin.

CIRSAKAS. (*Var.*) C'est une étoffe des Indes, en soie et coton, rayée de blanc et de jaune. On en fait des imitations à Seez. (Orne.)

CISTE. (*Jard.*) *Ciste ludanifère.* (*Cistus ludaniferus.*) Famille des cistes.) C'est un bel arbuste du levant, toujours vert. Ses feuilles sont très odorantes; ses fleurs sont grandes, blanches, à onglets bruns : elles viennent en mai. On le place près d'un mur, au midi, en terre de bruyère; l'hiver, on couvre le pied de feuilles.

Ciste à feuilles de peuplier. (*Cistus populifolius.*) C'est un arbre de Portugal toujours vert. Ses fleurs sont blanches, elles viennent en juin. Même culture.

Ciste indigène à feuilles de sauge. (*Cistus solufolius.*) Il fleurit en juin. Même culture.

CITRONIER. (*Jard.*) — *Citrus.* Famille des orangers. On ne le cultive qu'en serre et comme l'oranger. (Voy. CE MOT.)

CITRON. (*Jard.*) Les citrons nous viennent du midi. On les emploie dans beaucoup d'assaisonnemens, soit en râpant l'écorce soit en exprimant le suc qui contient une essence aromatique. Ces fruits sont très rafraîchissans et très sains.

Ratafia de citron. Piquer un citron de clous de girofle, le mettre infuser dans une pinte d'eau-de-vie pendant un mois, jeter ensuite dans la pinte un sirop de sucre, laisser reposer la liqueur quinze jours, puis filtrer. Exprimer le suc du citron après avoir enlevé l'écorce, le passer au bout de quatre jours de repos. Pour une partie de suc, en prendre deux de sucre, que l'on frotte avec l'écorce du citron, faire fondre le sucre dans le jus de citron, et mêler à l'eau-de-vie.

Conserve de jus de citron. Prendre trois citrons, en exprimer le jus, laisser réduire à moitié sur un feu modéré, ajouter une livre de sucre cuit au cassé, retirer du feu, et verser la conserve dans des pots.

Conserve de citrons. Prendre un citron, le râper avec un morceau de sucre d'une livre, détacher du sucre les râpures, et y presser la moitié du jus de citron; faire cuire le sucre à la grande plume, retirer du feu; quand il a reposé, y jeter le citron en remuant avec la cuillère, jusqu'à ce que le sucre forme une petite glace. Verser la conserve dans les pots. On fait de même toutes les conserves de cédrats, de bigarades et de bergamottes.

Confitures de citron. Faire blanchir à l'eau les citrons coupés par quartiers; quand ils sont assez attendris, faire cuire du sucre au lissé, y jeter les citrons, faire donner

un bouillon et retirer. Le lendemain, ôter les citrons d'avec le sucre, le faire cuire à la nappe, et y remettre encore les citrons, après trois ou quatre bouillons. Le troisième jour, faire de même en ajoutant un peu de sucre; le cinquième, faire cuire le sucre au perlé, donner au citron trois ou quatre bouillons, et mettre deux jours à l'étuve.

Conserve de fleurs de citron. Prendre deux livres de sucre et six onces de fleurs de citron; faire cuire le sucre au petit cassé, puis y jeter les fleurs, donner un bouillon au mélange; retirer, quand le sucre paraît enfler.

Marmelade d'écorce de citron ou d'orange. Jeter les écorces dans l'eau bouillante. Quand elles commencent à s'amollir, les retirer pour les jeter dans l'eau fraîche; les mettre sur un tamis, pour les faire égoutter, et les confire comme des abricots.

CITRONNELLE. (*Jard.*) C'est la même plante que l'armoise. (Voy. ce mot.)

CITRONNELLE. (*Off.*) Couper des zestes de citron, faire un sirop de sucre fondu à l'eau fraîche; distiller les zestes à l'alambic, avec de l'eau et de l'eau-de-vie, à un feu vif; y joindre le sucre, passer à la chausse, et laisser clarifier.

Voici les proportions pour faire cinq pintes : quatre citrons, une livre et un quart de sucre, trois pintes et un demi-setier d'eau-de-vie, deux pintes et demi-setier d'eau pour le sirop de sucre.

On nomme aussi citronnelle une infusion d'un jus de citron dans du thé.

Ratafia de citronnelle. Dans un litre d'eau-de-vie, laisser infuser [deux] mois les zestes de trois citrons, un peu de cannelle et de coriandre.

CITROUILLE. (*Jard.*) Il y en a de deux espèces :

La citrouille jaune (cucurbita), et la citrouille d'Amérique. Elles se cultivent comme les concombres. (Voy. ce mot.)

Les citrouilles sont sensibles au froid. On les cueille à midi par un beau soleil. On les laisse sécher quelques jours, et on les serre dans un lieu sec, à l'abri des gelées, sur la paille, l'œil en dessous, séparées les unes des autres.

La graine bien mûre et séchée se conserve sept à huit ans. Les nouvelles graines lèvent plus promptement, et fleurissent plus tard.

Les citrouilles sont une excellente nourriture pour les vaches.

CITROUILLE. (*Cuis.*) En prenant des citrouilles, calculer la diminution considérable qu'elles éprouvent par la cuisson; ôter l'écorce et la graine, couper la chair en dés, la faire cuire avec eau, sel et beurre; faire une sauce avec un demi-quateron de beurre frais, une demi-cuillerée de farine, et quand le beurre est fondu, ajouter un verre et demi de bon lait, un peu de sel, et un peu de sucre, en ayant soin de remuer toujours. Quand la sauce bout, y mettre la citrouille, et lui faire jeter quelques bouillons en remuant la casserole de temps à autre.

La courge melonne, le giraumon, le bonnet d'électeur s'accommodent de même.

CIVET. (Voy. LAPIN, LIÈVRE.)

25

CIVETTE. (*Jard.*) *Allium schœnoprasum.* Famille des asphodèles. C'est une plante vivace très rustique. On la dispose en bordure ; elle s'élargit beaucoup, on la relève tous les trois ans pour la diviser ; on la tond quand elle est en fleurs. Quand elle a perdu ses feuilles, on peut la rechausser avec du terreau.

CIVETTE. (*Var.*) Cette substance se trouve dans une vésicule près de l'anus, chez deux petits quadrupèdes du genre *vivera.* On l'emploie dans la parfumerie, et particulièrement pour aromatiser le tabac.

Poudre de civette. Piler la civette avec égale partie de sucre candi.

CLAPIER. (*Ind. dom.*) Le clapier est la retraite destinée aux lapins. (Voy. LAPIN.)

L'humidité étant funeste aux lapins, on doit avant tout aérer le clapier. Le carrelage de leur demeure doit aller en pente, depuis leurs loges jusqu'au côté opposé, au bas duquel une rigole conduit les eaux au dehors. On met leur nourriture dans un petit ratelier le long de la rigole. Au-dessous du carrelage, à trois pouces, on place des planches percées de trous pour laisser écouler l'urine.

Tous les matins on remet de la paille bien sèche, et chaque semaine on enlève la paille accumulée les jours précédens. Ce fumier est un bon engrais.

La porte du clapier doit être à claire voie et exposée au midi.

A côté du clapier est une loge pour le mâle : elle doit avoir quatre pieds carré. On lui conduit les femelles quand on veut les lui faire couvrir. Dès qu'elles ont mis bas, on ne doit plus le laisser avec elles, il les gênerait dans l'allaitement et l'éducation de leurs petits.

On a également une petite loge destinée aux lapereaux qu'on sépare de leur mère, à un mois, pour l'usage de la cuisine.

On place près de la porte, afin de pouvoir la vider sans troubler les lapins, une petite auge en pierre où l'on met de l'eau très claire et très pure qu'on renouvelle tous les jours.

Une chambre de quatre pieds de long sur trois de large suffit pour deux mères et leur portée. On sépare un des côtés par une cloison en brique, en deux loges, pour chacune des mères.

CLAVALIER A FEUILLES DE FRÊNE. (*Jar.*) *Zanthoxylum fraxineum.* Famille des térébinthacées. Cet arbrisseau du Canada, à tige très épineuse, se multiplie de rejetons dans une terre fraiche et douce ; fleurs en mars.

CLAVELÉE. (Voy. BÉTAIL, MOUTON.)

CLAYON. (*Off.*) C'est une espèce de claie d'osier sur laquelle on étend des fruits confits ou pelés pour les laisser sécher ou égoutter à l'étuve ; ou sur laquelle on étend des fleurs qu'on veut conserver sèches.

CLAYTONE DE VIRGINIE. (*Jard.*) *Claytonia. Virginica.* Famille des portulacées. C'est une plante vivace ; on sème aussitôt maturité de la graine, en la recouvrant peu d'une terre de bruyère, assez ombragée. Les fleurs paraissent en avril ; elles forment des grappes blanches rayées de rose. Quand elles sont passées, on sépare les pieds.

CLÉMATITE. *Jard.*) Clématite à feuilles simples.

(*Clematis integrifolia.*) Famille des renonculacées. C'est une plante vivace d'Allemagne ; elle perd ses tiges, elle donne de juin en août de belles et grandes fleurs d'un bleu foncé ; aussitôt après la floraison, on sépare les pieds ; elle veut du soleil.

Clématite noire. (*Clematis nana.*) C'est une plante vivace, à fleurs blanches en panicules. Ces fleurs paraissent en juin, même culture.

Clematis sylvestris latifolia. Variété de la même culture.

Clématite odorante. (*Clematis flammula.*) C'est un arbuste sarmenteux indigène. Il donne en juillet des fleurs blanches odorantes. On le multiplie de boutures qui s'enracinent dans l'année. On le place au midi, près d'un treillage, dans une terre chaude et légère ; les marcottes prennent difficilement.

Clématite à fleurs bleues d'Espagne. (*Clematis vitialla.*) Fleurs en juillet, bleues et doubles. On peut le greffer en pente sur le précédent ; même culture.

Clématite viorne. (*Clematis viorna.*) Arbuste de Caroline. Ses fleurs viennent en juin et d'un blanc lilas.

Clématite vitulba. Cette plante croit dans les bois, sur les tertres, sur le bord des fossés. On l'appelle vulgairement *herbe aux gueux.* Elle vient de semences.

Quand les pousses de la clématite sont tendres, on peut les manger cuites en guise d'asperges.

Les moutons, les chèvres et les ânes, mangent avec plaisir la clématite. En la coupant au moment où elle va fleurir, et en la mettant en bottes, après l'avoir exposée quelques jours au soleil, on en fait un bon fourrage. On peut la semer comme telle dans toutes terres, surtout dans les terres légères et calcaires ; elle fleurit en juillet et en août. On la récolte vers cette époque ; on peut la semer en lignes à quatre pieds de distance en tous sens ; elle se cultive comme la vigne.

La clématite vieillie sur pied et non désséchée contient un principe âcre qui est purgatif.

CLÉTRA. (*Jard.*) Les clétra se multiplient de rejetons ou de marcottes dans une terre humide et ombragée.

Clétra en arbre. (*Clétra arborea de Michaux ou Acuminata.*) Bel arbrisseau de Caroline ; fleurs en août, blanches et grandes.

Clétra panicule. (*Clétra paniculata.*) Arbuste de l'Amérique du Nord ; fleurs en août, blanches, en panicules.

Clétra à feuilles d'aulne. (*Clétra alnifolia.*) Famille des bruyères. C'est un arbrisseau de l'Amérique Septentrionale ; fleurs en août ; blanches, odorantes ; en longs épis.

CLOCHE. (*Off.*) On doit avoir dans l'office six à huit cloches de toile métallique pour couvrir les mets et les fruits ; autrement les mouches les salissent.

CLOCHE. (*Cuis.* — *Off.*) On appelle cloche le couvercle de cristal, dont on couvre les fromages ; plus agréables au goût qu'à l'odorat.

La cloche est encore une espèce de four de campagne qui sert à faire cuire des compotes ou des marmelades.

On appelle aussi cloche la glace d'un biscuit que l'on souffle.

CLOCHE. (*Ind. dom.*) On a besoin, dans une grande maison, de plusieurs cloches pour sonner le dîner et donner différens signaux.

Cloche de campagne économique. Elle consiste simplement en un anneau de métal triangulaire fixé sur une traverse entre deux poteaux. Le marteau est attaché à une traverse mobile qui joue au moyen d'une poulie.

Raccommodage de cloches fêlées. Retourner la cloche, et scier en angle les bords de la fente, y adapter un morceau de bois, le retirer, et en faire un moule qu'on remplit en métal de cloche, chauffer à blanc la cloche et le morceau, l'introduire à coups de marteau, et saupoudrer de borax : ou bien fermer l'endroit à réparer avec des plaques de fer, et couler du métal fondu, en saupoudrant également avec le borax.

CLOCHE. (*Jard.*) Les cloches à facettes de M. Thouin, et les cloches en terre cuite de MM. Roziers et Cadet-de-Vaux sont celles dont on doit recommander l'usage.

CLOCHE DU PLONGEUR. (*Var.*) C'est une machine qui sert à plonger, et permet de demeurer quelque temps sous l'eau ; elle est composée d'une cloche en cuivre d'une capacité suffisante. On la fait descendre lentement au fond de l'eau pour que le plongeur puisse supporter la pression de l'air comprimé. Des poids aident à la submersion. Le sommet de la cloche est éclairé par une forte lentille. Une pompe foulante, dont le tuyau de cuir pénètre dans l'intérieur de la cloche, sert à remplacer, par de l'air pur, l'air vicié, que laisse échapper un robinet placé à la partie supérieure de la cloche.

CLOPORTE. (*Var. dom.*) *Oniscus asellus.* Genre des crustacées. Les cloportes attaquent toutes les provisions, les fruits, les légumes. On les détruit comme les blattes. (Voy. BLATTES.)

CLOTURE. (*Cod. dom.*) Tout propriétaire peut clore un domaine d'une haie, d'un mur ou d'un fossé. (Voy. HAIE.)

Le fossé doit avoir quatre pieds de large pour que la propriété soit réputée close. Le propriétaire, qui se clot par un fossé, doit laisser, au talus de la berge du côté du voisin, une largeur proportionnée à la profondeur du fossé.

Tout fossé de clôture est réputé mitoyen, s'il n'y a preuve du contraire.

Ce fossé mitoyen doit être entretenu à frais communs. Tout mur de séparation est également réputé mitoyen jusqu'à l'héberge, ou hauteur du bâtiment le moins élevé.

CLOU. (*Ind. dom.*) Le clou est un gros bouton accompagné d'inflammation et suivi de suppuration. Il est l'indice d'un sang vicié, et on ne s'en débarrasse bien qu'en employant les tisanes et les purgatifs.

La terminaison des clous s'opère par la suppuration que l'on provoque par des emplâtres ; ordinairement ils percent d'eux-mêmes, et il en sort un pus mêlé de sang. Cette petite masse s'appelle vulgairement *bourbillon.*

Quant à la manière de le soigner et de le guérir, le clou n'exige qu'un régime doux et rafraîchissant. On entretient l'ouverture de l'abcès jusqu'à ce qu'il ait rendu tout le pus qu'il pouvait contenir, et l'on garde le régime jusqu'à ce que l'inflammation soit tout-à-fait disparue, et le clou entièrement fermé.

On peut appliquer sur le clou un emplâtre de diachylon, ou un cataplasme émollient. (Voy. CATAPLASME.) Quand la tumeur est percée, on panse avec de l'onguent de la mère.

Une légère purgation, selon l'ordonnance du médecin que vous aurez consulté, termine parfaitement la guérison du clou et fait disparaître la cause locale qui avait provoqué son apparition.

CLOUS. (*Comm. us.*) La qualité du fer importe dans la fabrication des clous. Ils doivent être solides, et plutôt flexibles que faciles à briser.

Les clous des chevaux doivent être malléables, et pouvoir se tordre et se courber sans se casser. Ils obtiennent cette qualité, quand on les fabrique à l'aide de charbon de bois mêlé de coke.

COBALT. (*Ind. dom.*) Le cobalt est un corps simple métallique. Son nom, qui signifie malfaisant, lui a été donné à cause des émanations d'arsenic qui s'exhalent de ses mines.

En mélangeant trois parties d'oxide de zinc et une d'oxide de cobalt, on obtient un très beau vert ; on varie les nuances en changeant les proportions. Une partie de cobalt purifié et deux parties de fer calciné donnent un beau noir fixe.

COCHENILLE. ((*Var. — Off.*) La cochenille est un insecte qui vient sur le cactus dit nopal. Son éducation, qu'on ne pratiquait autrefois que dans l'Amérique méridionale, a été tentée avec succès à Malaga, et dans plusieurs parties de l'Espagne. (Voy. CACTUS.)

Cochenille pour teindre les liqueurs. Prendre une once de cochenille, la piler dans un mortier avec une once de crème de tartre, et deux gros d'alun de glace ; mettre le tout bouillir avec un demi-setier d'eau ; prendre le marc, après l'ébullition.

On a une couleur violette, en ajoutant une égale quantité de bleu de Prusse.

COCHERELLES. (Voy. CHAMPIGNONS.)

COCHLÉARIA. (*Jard.*) Famille des crucifères. On cultive surtout le *cochléaria officinalis.* Il a des tiges de huit à dix pouces, un peu couchées, des feuilles ovales et luisantes. Il est annuel ou bisannuel suivant la culture.

On le sème au mois de mars, dans toute terre. Il réussit mieux dans une terre légère, substantielle et fraîche, nouvellement béchée. On recouvre peu la graine ; on éclaircit le plant, on sarcle, et on arrose souvent. On le place à l'ombre, en contre-bordure ; on le tond, si on veut le conserver. Il fleurit en mai jusqu'en juillet. Les feuilles sont antiscorbutiques, à un haut degré. On peut le manger en salade.

COCHON. (*Anim. dom.*) *Sus.* Ordre des pachidermes. Le cochon est un des animaux domestiques les moins coûteux et les plus productifs. Il s'accommode de tout, vit dans toutes les parties du monde, et ne craint ni le froid ni le chaud.

En général le poil du cochon est noir dans le midi, blanc dans le nord.

On appelle verrat le cochon non châtré; le cochon châtré se nomme porc, pourceau, cochon; la femelle truie ou laie.

La graisse de l'homme, comme celle des animaux qui n'ont point de suif, est mêlée assez également avec la chair, tandis que le lard du cochon, placé au-dessous de la peau, recouvre tout le corps. Une autre singularité qui n'est pas moins remarquable, c'est que le cochon ne perd aucune de ses premières dents. Il est, avec trois ou quatre autres animaux, tels que l'éléphant et la vache marine, le seul qui ait des défenses ou dents canines très alongées en demi-cercle, ressortant hors de la gueule. (Voy. PANNE, SAINDOUX.)

Le cochon, répandu chez tous les peuples du monde, provient du sanglier que l'homme a su apprivoiser, malgré son caractère féroce et brutal. Le sanglier, dans l'état sauvage, ne diffère du cochon à l'extérieur qu'en ce qu'il a des défenses beaucoup plus longues, le grouin ou bout du nez beaucoup plus fort, la tête et les pieds plus gros, les oreilles plus courtes, les poils ou soies plus rudes et constamment noirâtres.

Les cochons transportés en Amérique sont devenus marrons, et se sont retransformés en sangliers.

Le cochon est très fort: dans l'île Minorque, raconte un voyageur, on attelle un cochon, un âne, un cheval et une vache pour labourer la terre; et le cochon remplit sa tâche avec autant d'énergie que les trois autres animaux.

Le grouin du cochon est doué d'une force musculaire extraordinaire. Il sillonne et retourne la terre comme on pourrait le faire avec un instrument en fer. Quelques cultivateurs, pour bien défoncer un terrain, le sèment avec des topinambours, dont ils abandonnent la récolte aux cochons qui creusent en tous sens pour trouver les tubercules de cette plante, et ameublissent ainsi le champ qui leur est livré.

La finesse d'odorat du cochon le rend propre à découvrir les truffes qui végètent assez profondément en terre. Dans le Périgord où croissent les truffes si recherchées par les gourmets, on conduit, dans les localités où l'on présume qu'il peut s'en trouver, des cochons qui, en parcourant le terrain, sont avertis par leur odorat du lieu précis où elles sont placées. Alors ils fouillent la terre avec leur grouin pour parvenir aux truffes dont ils sont très friands, et à faire leur profit. Mais après les avoir détournés en leur jetant quelques grains de maïs pour les encourager à continuer leur recherche, on fouille la terre plus avant avec un instrument, et l'on récolte les truffes qui se trouvent au lieu indiqué.

Pendant le rut et la gestation, on donne des tripes à la truie.

La truie porte cent à cent deux jours, et rentre en chaleur immédiatement après; elle pourrait au besoin faire annuellement trois portées. Dès qu'elle a mis bas, on lui donne une nourriture abondante et fortifiante.

Chaque portée est de six à douze petits. Elle vaut de 60 à 120 francs. On doit avoir soin que les verrats ne soient pas écrasés et même dévorés par le père ou la mère. Pendant la croissance on leur donne du petit-lait, de la farine d'orge, de seigle et de maïs, de la laitue, de

la chicorée, des racines, des navets cuits, des pommes de terre et une nourriture légère. On fait boire à la mère de l'eau blanche dans un seau peu profond pour que les cochonnets ne se noient pas en y tombant.

On sèvre les cochonnets en leur donnant du caillé chaud en l'absence de leur mère, et en les laissant dans la cour. Au bout d'un mois, on accroît leur nourriture. S'il y a de gros cochons avec eux, on les fait manger à part. Ils sont sevrés deux mois après leur naissance.

Si la portée est très nombreuse, on empêche la mère d'allaiter plus de trois semaines: on fait sortir la mère de son toit avec quelques poignées de grains, et on lui dérobe quelques uns de ses petits. On n'en laisse que huit à dix; les mâles sont plus forts et se vendent mieux que les femelles.

Les plus belles races de cochons sont:
Le grand verrat normand;
Le verrat anglo-chinois;
Le verrat de Shorsire.

Les cochons de Siam sont plus petits que ceux de nos races ordinaires; ils ont le corps peu alongé et peu garni de poils, surtout dans la partie postérieure, les jambes courtes, les oreilles petites, le col court ainsi que la queue, le boutoir plus raccourci que les cochons ordinaires, le poil d'un noir plus ou moins foncé. Ils sont très féconds, et donnent une chair blanche et très délicate. C'est par le croisement de cette race qu'on a obtenu une variété dont le ventre traîne jusqu'à terre, qui a le corps rond et ramassé, les os très petits, qui prend très facilement et très promptement la graisse. Il existe une espèce de cochon de Guinée qui a beaucoup d'analogie avec celle-ci. Le cochon à grandes oreilles produit les individus les plus forts en taille; il a de nombreuses variétés et est le plus répandu en Europe: il se trouve en Espagne dans une grande beauté. On possède encore dans les parties méridionales de ce pays une petite race excellente qui ressemble beaucoup au cochon chinois: elle existe aussi dans le royaume de Naples. Les Anglais ont une grande variété de races excellentes qu'ils ont obtenues par des croisemens; ils préfèrent, en général, celles provenant par un mélange judicieux des fortes races avec les petites. Elles s'engraissent dans un âge moins avancé, ce qui offre un plus grand bénéfice au cultivateur. Les fermiers anglais élèvent aussi des races à haute taille dont les individus, poussés à l'engraissement, pèsent jusqu'à mille et douze cents livres. Enfin, nos grandes races de Normandie, du Périgord et du Poitou sont très renommées. Nous avons en outre des variétés nombreuses plus ou moins remarquables. On s'est appliqué depuis quelques années à perfectionner ces races qui ont grand besoin d'être améliorées dans la plus grande partie de nos départemens. On a croisé le cochon domestique avec le sanglier, ce qui a produit des marcassins dont la chair conserve toujours un petit goût sauvage. Les Allemands, ainsi que les Américains qui se sont en général donnés beaucoup de soin pour améliorer les races de cochon, en ont obtenu de très belles.

Le cochon acquiert toute sa croissance à l'âge de deux ou trois ans; il peut vivre jusqu'à vingt ou vingt-cinq ans. La femelle fait ses petits à l'âge de dix-huit mois ou deux ans, après les avoir portés pendant quatre mois environ. Quoiqu'elle n'ait pas plus de douze mamelles, souvent elle met bas jusqu'à quinze et même vingt petits. Le maréchal Vauban a calculé qu'une seule truie, en dix années de temps, à raison de deux portées par an, pourrait produire six millions de cochons, quantité correspondante à celle qui peut être élevée sur le sol de la France. Si l'on suivait cette multiplication, dit Vauban, jusqu'à la douzième génération, il y en aurait autant que toute l'Europe pourrait en nourrir; et si l'on continuait seulement jusqu'à la sixième, il est certain qu'il y aurait de quoi en peupler abondamment toute la terre.

Le cochon demande à être entretenu tout aussi proprement que tout autre animal. Si on ne renouvelle pas sa litière, il dépérit. On peut observer qu'il ne fait jamais ses ordures que dans un coin de son toit, loin de son auge. Il ne se vautre que pour se rafraîchir, comme le cerf, et pour se débarrasser de la vermine.

Les cochons aiment beaucoup la luzerne, et le fumier qu'ils font en la paissant est un bon engrais. L'avoine, les pois, le trèfle, le maïs, l'épeautre, les noisettes, les châtaignes, les glands, les fèves leur conviennent beaucoup.

L'orge avec le lait, les pommes de terre mêlées avec de la farine d'orge ou de pois, les engraissent rapidement. Trois cuillerées de sel trois fois la semaine, une cuillerée de fleur de soufre et de nitre les préservent de maladies. Les fruits et les herbages rendent leur chair molle; les choux et les raves leur donnent un goût fétide.

Le petit-lait, le caillé, le sarrasin, les eaux de vaisselle, les orties hachées, les tripailles, les fruits gâtés, le son, les mauvais grains, les feuilles des arbres, les racines, les poissons, la sciure de bois mêlée de sang de bœuf, les choux, les vers, les insectes, les serpens même peuvent servir de nourriture au cochon. En Amérique, on les emploie pour détruire les serpens les plus venimeux. Ils saisissent avec adresse et sans jamais être mordus les serpens à sonnettes.

Les grains sont meilleurs à donner au cochon, quand ils ont trempé dans l'eau pendant vingt-quatre heures.

On peut mettre un cochon à l'engrais à huit ou dix mois pour fournir le petit salé; à dix-huit, pour qu'il donne du lard.

L'engrais du cochon dure deux mois environ : le bénéfice est de 40 à 60 francs sur le prix d'achat. Le capital employé rapporte 55 pour 100. On choisira un cochon de la portée du printemps, et on le châtrera. La castration est d'autant moins dangereuse qu'elle est faite dans un âge moins avancé.

Un hectolitre de glands suffit à l'engrais du cochon, et donne à sa chair un goût délicieux. Une eau, dans laquelle on a fait infuser du charbon de terre, mêlée aux alimens du cochon, favorise le développement de son embonpoint.

On commence l'engrais avec une nourriture cuite et fermentée; on le finit par des farineux. Les eaux ferrugineuses pour boisson sont très salutaires à l'animal. En lui donnant de temps en temps un peu de soufre et d'antimoine, on active son engraissement.

On doit pendant l'engrais laver le cochon fréquemment et le bouchonner. Le frottement entretient la peau en bon état.

Bonne nourriture pour accroître la graisse du cochon de deux ans. Mêler du grain, de l'eau, et une cuillerée à soupe de plâtre. On donne cet aliment, dans l'engraissement, pour exciter l'appétit et la soif, et aider la digestion.

Autre usitée en Normandie. Piler des pommes à cidre, mêler un quart de farine d'orge, en donner trois fois par jour au cochon; y joindre des pommes et des poires cuites. (Voy. AMIDON, CHÂTAIGNE.)

Le cochon mange avec avidité les pommes de terre. Il les préfère et elles lui sont plus profitables quand elles ont commencé à germer.

On maintient l'appétit et la santé des cochons pendant l'engraissement, en mêlant à leur nourriture de la noix de galle pilée avec du charbon (Voy. CHARBON); ou aussi en leur donnant par jour deux poignées d'avoine salée. On met pour cela, dans un pot, des couches d'avoine et de sel, et on arrose le tout d'un peu d'eau. Si l'eau était en trop grande abondance, l'humidité ferait gonfler l'avoine.

On leur donne les alimens et la boisson à des heures réglées. Pour les faire dormir, on mêle de l'eau de son et de la farine d'avoine.

Le fumier de cochon convient aux tubercules. Il est durable, mais froid. Il réussit dans les terres granitiques. On le mélange avec du fumier de bêtes à cornes, et on le fait fermenter avant de s'en servir, pour suppléer au travail que la digestion ne lui a pas fait subir dans le corps de l'animal. Mis au pied d'un arbre, il empêche les pucerons d'attaquer les racines, et les fait périr.

Maladies des cochons. Ladrerie. Cette maladie atteint les cochons quand ils sont vieux. Elle est caractérisée par des vers dans le tissu sous-cutané, par une faiblesse générale, la chute facile des soies, l'abattement, la blancheur de la peau, l'amaigrissement, la tristesse, l'enrouement, l'atonie, de petits boutons blancs à la base de la langue.

Des langueyeurs sont chargés d'aller dans les foires visiter la langue des porcs, et reconnaître la ladrerie.

La ladrerie s'acquiert dans les pâturages humides; elle est quelquefois héréditaire; l'humidité du toit à porc la développe.

Cette maladie contagieuse, à laquelle l'animal est sujet surtout dans l'Orient, a fait interdire la chair de porcs aux Juifs et aux Mahométans.

On frotte avec de jeunes orties les grains de la langue, pour les arracher. On les bassine avec une infusion de sel et de sauge dans du vinaigre. On donne au cochon de la grande chicorée, du sel et des orties hachées dans du caillé. On isole l'animal dès le début de la maladie.

Quand les pustules de la langue sont bien formées, on peut répandre dessus de l'antimoine mêlé à de la farine d'orge.

La chair du cochon ladre surnage dans l'eau; elle est flasque, molle, et ne peut pas se conserver.

Catarrhe ou enflure des glandes du cou. Saigner sous la langue, frotter le cou avec de la farine de froment mêlée de sel, frotter ensuite rudement à contre-poil avec de l'eau de lessive.

Sang au feu. Cette dangereuse maladie peut faire périr le cochon dans vingt-quatre heures. Il cesse de manger, il agite son eau avec son groin, il fouille la terre, il se couche; sa respiration est gênée. Proche des dents, se forme sur les gencives une excroissance charnue, conique, de trois à quatre lignes de haut et d'autant de diamètre. Plus la couleur violette de cette excroissance est foncée et plus l'animal est en danger.

Le coucher et le maintenir à terre sur un sol en pente. Lui tenir le groin ouvert avec un bâton, dont une extrémité touche le palais, et l'autre la mâchoire inférieure; couper la pustule avec des ciseaux, et bien égoutter le sang qui le tuerait infailliblement, s'il pénétrait dans sa gorge.

Bassiner la plaie avec deux ou trois seaux d'eau jetés peu à peu. Au bout d'une heure, lui donner à manger en petite quantité. Si le lendemain la pustule renait, renouveler l'opération.

Soies. Dans cette maladie les racines de quelques soies s'enfoncent sous la gorge, et menacent d'étouffer le cochon. On tire le petit bouquet avec les doigts, on cerne en faisant une légère incision avec un rasoir, on racle jusqu'à ce qu'il soit détaché, et on frotte la plaie avec du beurre.

Remède préservatif pour les cochons, inventé par M. Gazave, médecin à Lombez. Avoir de bonnes carottes, les faire bouillir, et en extraire le suc, y ajouter deux gros de tartre acidule de potasse pour les petits porcs, une demi-once pour les moyens, une once à dix gros pour les plus gros. Quand on les voit indisposés, en jeter une pincée dans leur nourriture.

Emploi du cochon mort de maladie. Quand le cochon meurt, on en enlève la graisse, on la met en pain, et on la vend. Elle sert à graisser les roues des voitures et des machines. Les os réduits en poudre s'emploient comme engrais, où ils se vendent aux fabricans de noir d'os.

La viande, répandue sur le sol et enfouie à la bêche, est un bon engrais.

La peau du cochon sert à faire d'excellens cribles; elle est employée à confectionner des selles, des harnais, des reliures de livres, et a d'autres usages, comme le cuir, après avoir reçu les mêmes préparations. Conservée avec ses poils, elle sert à couvrir des malles. On fait avec ces mêmes poils, ainsi qu'avec ceux du sanglier qui sont plus rudes, des brosses, des pinceaux, etc.

COCHON. (*Cuis.*) Le cochon, pour être bon à préparer en charcuterie, ne doit être ni trop jeune, ni trop vieux. Jeune, il ne peut être mangé que frais; et vieux, il ne peut qu'être mauvais, dur et fibreux. Il doit donc avoir d'un an à deux ans et demi tout au plus.

Les services que le cochon nous rend après sa mort sont d'une grande importance. Sa chair est d'une ressource immense pour la nourriture des habitans des villes, mais principalement pour ceux des campagnes. Elle est très substantielle et même très saine pour les personnes qui s'occupent de travaux actifs. Les Romains nourrissaient leurs athlètes avec de la viande de porc. Les personnes sédentaires ou délicates ne digèrent pas facilement cette viande, dans les climats froids ou tempérés : elle leur convient cependant dans les pays chauds tout aussi bien que

les viandes les plus délicates, telles que celles de volaille. Nous avons vu avec surprise donner dans les hôpitaux du midi de l'Espagne la chair de porc bouillie aux convalescens, aussitôt après qu'ils relevaient de graves maladies; l'expérience a prouvé que, dans ce cas, cette viande est aussi saine que toute autre. A la Chine, la viande de cochon est si savoureuse, qu'on n'en donne pas d'autre aux malades.

Le cochon est le seul animal dont toutes les parties du corps soient également bonnes à manger. La tête, les oreilles, des jambes, des pieds, la langue, les viscères, le sang, rien n'est perdu. La viande se mange fraîche ou salée; la tête, désossée et ajustée avec d'autres parties de son corps, forme un mets très recherché. Il en est de même de la hure ou tête de sanglier. On prépare les pieds de manière à attendrir les os au point qu'ils sont bons à manger; c'est ce qu'on appelle pieds de Sainte-Menehould, ville renommée pour ce genre de préparation; la chair de porc, hachée menue, donne des saucisses, qui ne sont pas moins recherchées sur nos tables que les boudins, composés de viande, de sang et de lard, le tout enveloppé dans ses boyaux. La graisse des intestins, qu'on désigne sous le nom de saindoux et qui diffère du lard, est un excellent assaisonnement pour les légumes; elle est aussi employée dans la pâtisserie, pour les fritures, et même dans plusieurs arts. (*Voy.* ANDOUILLES, BOUDINS, SAUCISSES.)

La chair du porc, très succulente dans sa fraîcheur, est d'une grande ressource pour les campagnes où on la mange avec des choux, des pommes de terre ou autres légumes dont elle forme l'assaisonnement. Nos ancêtres en faisaient un très grand usage; car la France, anciennement couverte de forêts, nourrissait un très grand nombre de cochons. Elle n'était pas moins estimée chez les Romains qui, dans leurs repas splendides, faisaient servir des cochons entiers et farcis de grives, d'huitres, et assaisonnés de vin et d'épices. C'est ce qu'ils nommaient un *porc à la troyenne,* faisant allusion au cheval de Troie.

La viande de cochon se mange le plus généralement après avoir subi la salaison; car elle prend mieux le sel et se conserve plus long-temps que celle des autres animaux. Elle est surtout d'une grande ressource dans les voyages de long cours pour la marine, ou dans les ménages de campagne qui tuent un ou plusieurs cochons pour leur consommation annuelle.

Après avoir tué un cochon, on grille ses poils avec de la paille, on le vide et on le dépèce en morceaux. On apporte quelque différence dans la salaison du lard, de la chair et des jambons. On frotte et on saupoudre le lard avec du sel égrugé menu et bien sec; quelques personnes y ajoutent moitié salpêtre, ce qui lui donne plus de consistance. On dépose les pièces dans une auge ou grand vase en bois, et on les laisse dans cet état pendant un mois, ayant soin de les retourner fréquemment et d'y ajouter du sel si c'est nécessaire. On les retire ensuite du vase, on les met auprès d'une cheminée ou dans un endroit très sec. Après les avoir laissées dans cet état pendant trois semaines ou un mois, on les suspend au plancher. Pour faire avec la viande ce qu'on nomme petit salé, on la coupe en morceaux en retranchant les os qui ont peu de chair, le col, les jambes et la tête; on frotte bien ces morceaux avec du sel dans lequel on met un peu de salpêtre, et on les dépose dans un vase au fond duquel se trouve une couche de sel; on les arrange ainsi, la peau tournée vers le haut, par lits, sur lesquels on répand un peu de sel. Il faut avoir soin de les presser aussi fortement que possible, afin qu'il ne reste entre eux aucun vide. On peut aussi ajouter du salpêtre, mais non pas en trop grande quantité, ce qui rendrait la viande dure. Le tout étant ainsi disposé, on couvre le vase et on le laisse ainsi pendant un mois ou six semaines, époque où la saumure vient à monter à la surface. Il serait nécessaire, dans le cas où elle ne recouvrirait pas toute la viande, d'en ajouter de nouvelle qui s'obtient en faisant fondre du sel dans l'eau; car sans cette précaution, la conservation ne serait pas aussi bonne. (Voy. JAMBON, LARD.)

On peut employer la méthode suivante lorsqu'on veut préparer du jambon avec les cuisses du cochon; on peut également apprêter les épaules : on les frotte bien avec du sel et on les pose ainsi sur une planche ou dans un vase pour laisser écouler la saumure. Quelques personnes les couvrent entièrement de sel. On les frotte de nouveau au bout de cinq jours comme on avait fait la première fois, en ajoutant au sel une once de salpêtre : après les avoir laissés ainsi sur une planche ou dans un vase avec la saumure, on les suspend dans la cheminée pour les fumer, ou même dans un lieu sec sans fumée, ainsi que le pratiquent quelques personnes, et le salé peut, dans ce dernier état, se conserver jusqu'au moment des grandes chaleurs.

Tête de cochon aux truffes, en fromage. (Cuis.) Faire dégorger douze heures à l'eau fraîche la tête d'un cochon, gratter le dedans des oreilles, la fixer au fond d'une marmite avec une broche de bois, et la faire cuire cinq heures avec un bouquet garni, du basilic, quatre gousses d'ail, et quatre poignées de sel; à mesure que l'eau diminue, en remettre, et écumer; mettre une demi-livre de truffes bien lavées, brossées et passées à l'eau fraîche dans une casserole avec un verre de vin blanc; et du sel, les faire bouillir un quart d'heure; ajouter le vin de leur cuisson dans la marmite où est la tête. Quand la tête de cochon est cuite, l'égoutter; la désosser; ôter la peau du palais et le globe de l'œil, la couper; la poivrer fortement; la ranger par lits dans un vase en l'alternant de lits de truffes; couvrir le tout avec une assiette plate, et presser fortement; en laissant un poids toute une nuit sur l'assiette. Ce mets est très bon pour déjeuner et pour hors-d'œuvre froid.

Tête de cochon à la mode de Troyes. Couper la tête très longue; la bien flamber; la laver, la ratisser, la desosser, étendre bien également les chairs, les saler avec du sel de cuisine et une once de sel de nitre; laisser mariner pendant huit jours avec thym, poivre, sauge, laurier, ail, bouquet garni, genièvre et coriandre; bien égoutter, farcir de truffes, langues, jambon, oreilles de cochon, cornichons, chair à saucisses, pistaches, le tout mariné et coupé en filets; faire cuire comme ci-dessus.

Oreilles de cochon à la bourgeoise. Couper des ognons en quartiers; ajouter une cuillerée de farine, un demi-verre de vinaigre, un verre de bouillon, du poivre et du sel; sauter dedans les oreilles émincées; servir avec des croûtons.

Oreilles en gâteau. Les couper en deux; les bien laver; les mariner dans une saumure avec genièvre, coriandre, laurier, girofle, ail, thym, basilic, sauge, un peu de salpêtre; égoutter, faire cuire dans une braisière avec eau, vin blanc, et un peu d'eau-de-vie; au bout de six heures, les ranger dans un moule avec des lardons, les presser avec un poids, les laisser refroidir, et servir avec de la gelée.

Oreille de cochon à la purée de lentilles. Nettoyer l'intérieur d'une oreille de cochon bien grasse et échaudée; en ôter les poils, la mettre dans un pot et la faire bouillir pendant quatre heures avec une pinte d'eau froide, un petit ognon, du persil et trois tasses à café de lentilles; remettre de l'eau bouillante à mesure qu'elle s'évapore. Au moment de servir; décanter l'eau, passer les lentilles, mettre l'oreille dessus avec un peu de poivre. On peut remplacer les lentilles par d'autres purées.

Langue de cochon fourrée. La faire bouillir dans l'eau pendant un quart d'heure, lui enlever la première peau, la laver, la laisser égoutter, la mettre dans un pot de grès saupoudrée de sel. Ce sel fondu, en remettre jusqu'à ce que la langue soit bien salée; y ajouter des fines herbes, la mettre dans un boyau, et la suspendre à la cheminée. Quand elle est bien fumée, ce qui dépend de la quantité de feu qu'on allume dans l'âtre, on la fait cuire dans de l'eau salée, ou dans le bouillon.

Filets mignons de cochon. Leur donner une forme ronde, foncer une casserole de lard, veau, ognons, carottes, clous de girofle, bouquet de persil, ciboule, laurier; placer dessus les filets couverts de papier beurré; ajouter une cuillerée à pot de bouillon; faire cuire une heure; égoutter, glacer, servir avec de la chicorée, des concombres, une sauce tomate, ou autre.

Filet de cochon. On peut le faire cuire à la broche avec une sauce piquante, le mettre en fricandeau, ou en faire un beef-steak, en le coupant en travers de l'épaisseur et le battant avec un couperet. On peut l'accommoder aux carottes et aux ognons comme la rouelle de veau à la bourgeoise. (Voy. VEAU.)

Filets mignons en entrée. Parer les filets, les piquer; les mariner vingt-quatre heures; les faire cuire; les glacer; et servir avec une poivrade.

Escalopes de filets mignons. Les parer comme des beef-steaks; les sauter avec du beurre fondu; les servir avec une sauce d'une noix de glace, de beurre; de deux cuillerées d'espagnole; autant de consommé; de poivrade, et de jus de citron.

Pieds de cochon à la Sainte-Ménehould. Prendre des pieds échaudés et bien propres, les fendre en long par le milieu entre les deux os, faire des bandes de toile qu'on tourne autour de chaque moitié de pied, en serrant ferme et attachant le bout avec un fil; assaisonner comme la tête de cochon, et les faire cuire le même temps; laisser refroidir, détacher les bandes; frotter les pieds avec de l'huile fine et du poivre; les rouler avec soin dans la mie de pain; et les mettre sur le gril à un feu vif pendant un quart d'heure. Les bandes blanchies peuvent resservir.

Pieds de cochon aux truffes. Les faire cuire avec thym, laurier, bouquet garni, carottes, un peu de saumure, une demi-bouteille de vin blanc, deux cuillerées de bouillon;

les laisser mijoter pendant huit heures, les retirer quand ils sont à moitié froids; ôter les os, faire une farce de mie de pain, de blancs de volaille, de tétine de veau, de truffes coupées en tranches et hachées, trois ou quatre jaunes d'œufs, des épices, du sel, du gros poivre, un peu de crème; envelopper cette farce dans les pieds en en conservant la forme; tremper les pieds dans le beurre tiède, les paner, et griller à un feu doux.

Pieds de cochon à la choisi. Couper par filets des pieds ou des oreilles, les faire blanchir et cuire dans une braise, les passer au beurre, et les laisser mijoter avec des ognons, trois cuillerées d'espagnole et un peu de moutarde.

Fromage de foie de cochon. Hacher trois livres de foie, deux livres de lard, une demi-livre de panne, ajouter persil, ciboule, sel, poivre, épices, foncer la casserole de bardes de lard, ajouter la farce, et entremêler de couches de lardons; mettre au four pendant trois heures.

Foie de cochon sauté. Émincer un foie, faire fondre un morceau de beurre dans un sautoir, y placer le foie, avec sel, poivre, ail et laurier; faire cuire à grand feu, servir avec poivrade, beurre, échalottes et persil hachés.

Émincé de cochon à l'ognon. Faire frire des oignons, les mettre cuire dans du consommé, réduire à glace, ajouter de l'espagnole, du beurre, les restes d'une échine de cochon rôtie, faire chauffer au bain marie; servir avec des croûtons. On peut remplacer les ognons par une sauce poivrade.

Cou-de-gin de Modène. Assaisonner des chairs de jambon avec sel, poivre, épices, muscade et ail; en remplir des couennes de jambon, les mettre dans le sel pendant huit jours, les mettre ensuite fumer; faire dessaler, quand on veut les servir, et cuire à grande eau pendant une heure.

Côtelettes de cochon à la purée d'ognons. Paner les côtelettes comme celles de veau, les battre avec le plat du couperet, les saler et les poivrer des deux côtés, les frotter d'huile, et les rouler dans la mie de pain, les mettre trois quarts d'heure sur le gril; ne les retourner qu'une fois.

Couper des ognons en rouelles, les mettre dans une casserole avec du beurre, et les faire jaunir également en les remuant. Quand ils sont très jaunes, les mouiller avec un demi-verre d'eau ou de bouillon, ajouter du poivre et du sel, faire cuire trois quarts d'heure, passer, et ajouter, si on veut, une cuillerée de moutarde, servir la purée avec les côtelettes.

Côtelettes de cochon sur le gril. Laisser en parant un demi-pouce de gras, faire griller, et servir avec une sauce-robert ou autre.

Côtelettes à la milanaise. Les paner au fromage et à la mie de pain, et les servir avec du macaroni.

Côtelettes de cochon en crépinettes. Les faire sauter comme les côtelettes de veau, les entourer d'ognons comme les côtelettes de mouton en crépinettes; envelopper de crépine chaque côtelette. Servir avec une poivre.

Crépinette de foie de cochon. Hacher du foie de cochon avec une fois et demie autant de gras, assaisonner d'épices, de sel et de poivre, et entourer de foie de cochon. On peut, au lieu de foie, se servir de cervelle.

Grosse pièce de cochon. Couper le quartier du cochon jusqu'à la première côte près le rognon, passer dans les flancs de petits hatelets, mettre à la broche et faire cuire quatre heures.

Échine de cochon. Laisser l'épaisseur d'un doigt de graisse qu'on cisèle, couper en carré, embrocher, mettre à la broche, et faire cuire deux heures. Servir avec une sauce tomate.

Rognons de cochon au vin de Champagne. Mettre sur le feu les rognons émincés, avec beurre, sel, poivre, muscade, persil, échalotte, le tout haché fin. Quand les rognons commencent à cuire, ajouter une cuillerée de farine et un verre de vin blanc.

Queues de cochon à la purée. Les faire cuire avec bouillon, lentilles, carottes, ognons, girofle, laurier, sel et poivre; passer la purée à l'étamine.

Queues à la Villeroi. Quand elles sont cuites, les paner à l'œuf, les faire frire; les servir avec du persil frit.

Cochon de lait à la broche. Bien saigner le cochon de lait, le mettre à la crémaillère dans une chaudière bien pleine d'eau froide. Quand la soie s'en détache aisément, le retirer et le râcler avec un couteau. Le tour des yeux, les oreilles, et le bout des pieds sont très difficiles à nettoyer; on en vient à bout en retrempant de temps en temps le cochon dans la chaudière.

Quand le cochon est bien propre, le vider, lui mettre dans le corps un bouquet garni, du basilic, du poivre et du sel; le coudre et le retrousser de l'agenouillant, lui relever la queue sur le dos en la piquant dans la peau, le faire dégorger douze heures dans l'eau fraîche, l'essuyer, le frotter de farine, le mettre à la braise à petit feu, le dorer sans cesse avec une plume, bien imbibée d'huile ou de beurre, le saler à moitié cuisson, augmenter le feu pour le dernier quart d'heure. Après deux heures de cuisson, servir avec des citrons entiers, une sauce piquante ou une sauce aux échalotes.

Pour découper le cochon, en détacher la tête qu'on fend en deux, ce qui empêche la peau de perdre son croquant et de se ramollir, lever ensuite les épaules, puis les cuisses, puis couper en losange à la naissance de la queue, fendre en long l'épine du dos, et séparer les côtes en morceaux. Les côtes, la peau, la queue, la tête et les pieds de devant sont les meilleurs morceaux.

Les restes froids s'accommodent comme la blanquette de veau, et les restes des restes font une friture excellente. On peut aussi les faire griller à grand feu, après les avoir mis mariner dans de l'huile avec sel, poivre et jus de citron.

On peut garnir le corps du cochon de lait avec les farces suivantes:

Hacher un foie de veau, égale quantité de lard, sauge, épices, sel et poivre.

Autre. Foie de cochon, tétine, beurre, mie de pain, deux œufs entiers, trois jaunes d'œufs, une pincée de sauge, des fines herbes et du bouillon.

Pour donner au cochon domestique le goût de marcassin, on le met dans une marinade de vinaigre, thym, basilic, laurier, sauge, ail, coriandre, sel, genièvre, girofle, poivre, ognons, absinthe, persil, menthe, mélilot, et on le laisse huit jours. Il faut prendre un cochon noir qui ne soit pas trop gras.

COCO. (*Var.*) Le coco est le fruit du cocotier (*cocos nucifera*). On l'importe en France; mais il perd dans le trajet beaucoup de ses qualités comme aliment : le lait qui est au milieu de la noix s'aigrit, et privée d'une partie de ses principes sucrés, la noix se durcit et s'altère.

On peut employer la noix des petits cocos à faire des grains pour les chapelets, de petits bijoux, de petits paniers sculptés. Sciée verticalement en deux, elle donne deux coupes qu'on polit, et sur lesquelles on grave des figures en relief. En la sciant horizontalement, un peu au-dessus du milieu, et en la montant, on en fait des sucriers, des boîtes à ouvrages. En y adaptant des manches, on en fabrique des cuillères de voyage.

CODE. (*Cod. dom.*) Les codes composent le droit des Français. Le *code civil*, commencé le 22 août 1793, fut achevé le 21 mars 1804. Il est divisé en trois livres, qui traitent des personnes, des biens, et des différentes manières dont on acquiert la propriété.

Le *code de procédure* traite des actes, ou manière de procéder en justice devant les divers tribunaux, et des procédures diverses.

Le *code de commerce* est divisé en quatre livres ; le premier traite du commerce proprement dit ; le second, du commerce maritime ; le troisième, des faillites ou banqueroutes ; le quatrième, de la juridiction commerciale.

Le *code d'instruction criminelle* traite de la police judiciaire, et de la justice.

Le *code pénal* traite au livre premier des peines en matière criminelle et correctionnelle. Le livre deux traite des personnes punissables, accusables ou responsables pour crimes ou délits ; le livre trois, de diverses peines pour crimes et délits contre l'État ou les particuliers.

Le *Code forestier* règle les attributions de l'administration forestière, et le mode de conservation des bois et forêts.

Le *Code de la pêche fluviale* traite du droit de pêche, de l'administration et régie de la pêche.

Quelques publications, notamment le *Journal des Connaissances utiles*, ont essayé de répandre la connaissance des lois en reproduisant des fragmens de règlemens spéciaux. Mais rien dans un extrait ne saurait donner une idée complète des codes, et suppléer à un examen attentif des lois qui nous régissent.

Les différens codes ont été modifiés par des lois successives. Il n'entre pas dans notre plan d'examiner de quelles modifications ces codes seraient encore susceptibles. Tels qu'ils sont, nous pensons que la connaissance en est indispensable à tous les citoyens.

L'ignorance des lois vous arrête dans les circonstances les plus usuelles de la vie, vous expose à des embarras, à des discussions, à des procès, et par suite à la rapacité des gens du barreau ; on se trouve, vis-à-vis ceux qui savent les lois, dans un état préjudiciable d'infériorité, et les avocats vous tiennent dans une sorte de tutelle, dont ils abusent trop souvent.

Il est donc utile d'avoir chez soi les codes, et d'en acquérir une teinture superficielle, ce qui est l'ouvrage de peu de temps, et est à la portée de l'intelligence la plus som-

violente. Il suffit que de cette teinture il vous reste le souvenir du nom de chaque titre, et de ce qu'il contient ; quand quelque occasion vous force d'avoir recours aux lois, les titres vous indiqueront où vous trouverez la solution de la difficulté qui vous embarrasse ; et la lettre du code, méditée avec soin et commentée judicieusement, vous éclairera plus, et à moins de frais, que les conseils des jurisconsultes.

CŒUR. (*Hyg.*) Les causes des maladies du cœur varient comme ces maladies elles-mêmes, et demandent les soins des médecins éclairés. Elles se développent et s'augmentent par l'abus des excitans, les exercices violens, les coups sur la région du cœur, les excès, les mouvemens de colère, les passions vives. En mettant de la régularité dans leur régime et dans leur conduite, les personnes qui sont atteintes de maladies de cœur contribueront, autant que leurs médecins, à la prolongation de leur vie.

COIGNASSIER. (*Jard.*) *Coignassier du Japon. Cydonia japonica.* Famille des rosacées. Cet arbrisseau fleurit en mai, d'un beau rose. On l'expose en espalier au midi. Il lui faut une terre légère végétale. Il se greffe sur néflier ou pommier, ou vient de marcottes, qui sont trois ou quatre ans à s'enraciner.

Coignassier commun. (*Pyrus cydonia.*) Il se greffe sur le poirier ; il se cultive comme le précédent.

Coignassier de Portugal. (*Cydonia lusitanica.*) C'est une bonne variété. La chair de ses fruits est plus tendre que celle des autres.

COING. (*Off.*) *Manière de conserver des coings.* Les prendre bien mûrs ; les frotter avec un linge blanc pour en enlever le duvet, les couper par quartiers, les mettre en bocal. Les coings sont très astringens.

Eau de coings. Râper des coings et en exprimer le jus, ajouter quantité égale d'eau-de-vie et un quarteron de sucre pour une livre et demie de ce mélange, aromatiser avec un clou de girofle, quelques grains de coriandre, quelques amandes amères, et de la cannelle ; mettre dans un tonneau bien bouché ; remuer tous les jours pendant un mois ; soutirer au bout de six semaines, bien remuer, et passer à la chausse, après avoir ajouté, pour quatre bouteilles de liqueur, une demi-bouteille de vin blanc de Champagne ou de Pouilly ; mettre en bouteilles. Cette liqueur s'améliore en vieillissant.

Ratafia. Sur douze litres de jus exprimé, ajouter six litres d'eau-de-vie, un quart de gousse de vanille, trois clous de girofle, deux gros de macis ; exposer six semaines dans un endroit chaud, puis ajouter une demi-livre de sucre par litre, et faire cuire au perlé ; passer à la chausse et mettre en bouteilles.

Vin de coings. Faire fermenter le jus avec deux livres de cassonade, une demi-livre de levain pour vingt-cinq pintes de liqueur, couper les coings par quartiers, les faire cuire, ajouter le sucre et le levain, délayer dans l'eau chaude, brasser et faire fermenter ; passer, et mettre en bouteilles.

Gelée de coings. Peler les coings, les couper en quatre, ôter les pepins, mettre dans une bassine. Quand ils tombent en marmelade, retirer et passer avec expression, remettre avec quantité suffisante de sucre, clarifier avec des blancs d'œufs, cuire à la nappe jusqu'à ce que les derniè-res gouttes tombent en filant, aromatiser avec de l'écorce d'orange ou de citron.

Confitures de coings. Couper les coings, les faire blanchir pendant vingt minutes, les retirer sans les égout-ter, mettre trois quarterons de sucre par livre de fruit, les faire cuire pendant trois heures en remuant. Cette confiture doit être transparente.

Compote de coings. Les faire cuire à moitié dans l'eau bouillante, les retirer, les couper par quartiers, en les pe-lant et en ôtant les cœurs; les faire bouillir un quart d'heure avec un verre d'eau et un quarteron de sucre.

Sirop de coings. Râper la chair des coings, en expri-mer le suc, le laisser déposer, le passer, prendre par quatre onces de suc une livre de sucre clarifié, faire cuire au perlé, et mettre froid en bouteilles.

COKE. (*Var.*) Le coke est le produit de la houille brûlée à vase clos ou à l'air libre.

Le coke ne répand aucune odeur, ne fond pas au feu comme la houille. On en consume beaucoup dans les usi-nes à fer.

On distingue le coke boursoufflé, produit par les houil-les compactes, et le coke coagulé, produit par les houilles grasses.

COLCHIQUE D'AUTOMNE, (*Agric. — Méd. dom.*) *Colchicum autumnale.* On le nomme aussi safran bâ-tard, safran des prés, tue-loup, veillotte, veilleux, tue-chien.

Le colchique croît dans les prairies, surtout dans celles qui sont basses et humides. Les fleurs sont en corolles; la racine forme un bulbe. Les feuilles ne paraissent qu'au printemps, et n'accompagnent point les fleurs. Les bulbes se ressèment d'eux-mêmes; chaque bulbe est remplacé par un autre.

Les feuilles du colchique ont une odeur nauséabonde qui empêche le bétail de les manger. Desséchées, il s'en nourrit sans danger.

Le suc des racines est un poison violent, qui, mêlé à un appât, détruit les loups et les renards.

En cas d'empoisonnement par ce suc, on fait évacuer le poison en excitant la gorge avec les doigts, et on donne ensuite des adoucissans.

Le colchique est employé contre la goutte et les rhu-matismes, et forme la base de l'élixir d'Husson, de la poudre d'Aillet. On doit le prendre en très petite quan-tité.

Vin de colchique. Faire macérer pendant dix jours deux onces de semences de colchique dans un litre de vin de Malaga, tirer au clair et filtrer. La dose est de trente à soixante-dix gouttes.

Au reste, l'action du colchique est due à la substance dite vératrine qui s'y trouve.

Le seul moyen d'extirper le colchique des prairies est d'en faire enlever les bulbes par des ouvriers. Ces bul-bes sont placés à six ou sept pouces de profondeur. On les enlève avec la bêche, et on replace ensuite la terre.

Le bulbe râpé donne quinze pour cent d'amidon. En le plaçant dans un tonneau avec de l'eau et de la levure de bière, on fait fermenter la pâte qui résulte de la râ-pure dans un lieu chaud; on recouvre quand le mélange

a un goût acide, et on ferme les tonneaux en les lais-sant exposés à une température de dix ou douze degrés.

Quand l'eau rousse de la couche moisie qui se forme à la surface n'est plus trouble, on décante; on y ajoute de nouvelle eau qu'on décante encore; on passe au tamis de crin, on lave, et on obtient une bonne fécule.

COLIQUE. (*Méd. dom.*) L'usage des mauvaises bois-sons, des fruits acerbes, le froid humide succédant à une forte chaleur, l'accumulation de gaz dans les premières voies, l'inflammation de certaines membranes des intes-tins, l'irritation des nerfs qui aboutissent à la cavité ab-dominale, des obstacles quelconques aux déjections, sont autant de causes de diverses coliques, dont la nomencla-ture n'appartient qu'aux livres spéciaux de médecine.

Un remède simple contre les coliques est la potion sui-vante :

Prendre par petites cuillerées deux onces de fleur d'o-range, vingt-cinq gouttes de laudanum, dix gouttes d'é-ther, et un peu de sucre.

L'application de serviettes chaudes sur le ventre est aussi très efficace.

On appelle colique de plomb ou colique des peintres une maladie à laquelle sont exposés ceux qui manient des couleurs, les plombiers et les peintres. M. Gendrin pro-pose le remède suivant qu'il a appliqué avec succès :

Prendre quatre litres d'eau, un gros ou un gros et demi d'acide sulfurique, et du sirop de gomme en suffisante quantité pour sucrer; faire boire au malade cette dose par verres en un jour. S'il n'était pas mieux, réitérer le lendemain : une seule dose suffit ordinairement.

La propreté, des lotions fréquentes, des bains, l'air de la campagne, sont des moyens de prévenir cette maladie.

COLLES. (*Ind. dom.*) *Colle à bouche.* Pour la faire, prendre une once de colle de poisson, deux gros de sucre candi blanc, un gros de gomme adragant, des rognures de parchemin; faire bouillir dans une chopine d'eau claire jusqu'à réduction de moitié. On se sert de ce mé-lange refroidi en l'humectant avec la salive; on en frotte le papier qu'on étend sur celui avec lequel on veut le coller. (Voy. ALBUM.)

Autre recette. Fondre dans cinq pintes d'eau six livres de colle de Flandres et une demi-livre de sucre candi.

Colle de gomme arabique. Faire dissoudre de la gomme dans un peu d'eau-de-vie, ou dans de l'eau alcoolisée, avec un peu de sucre fondu, et garder dans des flacons bien bouchés.

Colle ordinaire. Délayer de la farine de blé dans de l'eau, et la faire cuire en ajoutant un peu de vinaigre. (Voy. ESSENCE.)

Colle forte. En coupant du vélin ou du parchemin, et le faisant dissoudre dans l'eau, on obtient une colle forte blanche et diaphane. On la rend inaltérable à l'eau en y mêlant, au moment de s'en servir, par la fusion, de l'huile siccative de lin.

On obtient la colle forte jaune ou noire en faisant bouil-lir des pieds, os, et cuirs de bœuf; on la place ensuite sur une pierre, on la coupe par morceaux, et on la fait durcir au soleil.

Moyen de reconnaître la qualité de la colle forte. Met-tre une once de colle dans deux livres d'eau de puits, porter le soir le vase qui contient ce mélange dans une cave à la température de dix degrés, et le laisser douze heures. Si la colle est fondue, elle est de mauvaise qualité; si elle a augmenté de poids, elle est d'autant meilleure qu'elle est plus pesante; mais il faut qu'après s'être ainsi gonflée, elle reprenne à l'air sa première sécheresse.

Un chirurgien américain vient d'appliquer la colle forte au moulage en plâtre. Il en couvre la figure, et moule en ménageant un rebord en argile; il l'enlève en coupant par parties, et forme en les réunissant par des bandelettes et des chevilles.

La colle forte, rendue liquide par l'addition du vinaigre ou de l'alcool, peut se garder long-temps liquide et s'employer froide.

Colle de menuisier. Prendre toute sorte de parties gélatineuses de vieux animaux, les faire tremper dans de l'eau de chaux, les faire bouillir avec soin, et écumer; ajouter dans l'eau un peu d'alun et de fine poudre de chaux. Quand le liquide ne donne plus d'écume, qu'il est assez consistant, et prend une couleur brunâtre, le couper en plaques. Cette colle doit s'enfler dans l'eau sans se fondre, être exempte de taches et transparente.

La *colle de poisson* ou *icthyocolle* est une gélatine tirée de la pellicule intérieure de la vessie natatoire de plusieurs sortes d'esturgeons; elle vient de Russie. L'icthyocolle en feuilles est la meilleure. M. Goubly, de Lyon, en a extrait des écailles de la carpe lavées avec l'acide hydrochlorique, bouillies avec trente-deux grammes de sulfate d'alumine et de potasse par cent litres, et décolorées par quelques grammes d'acétate de plomb. Il a obtenu pour ces procédés un brevet d'invention.

La colle de poisson, quand on veut s'en servir, se découpe en petits morceaux; on la met dans une terrine, on ajoute de l'eau-de-vie en suffisante quantité, et on fait dissoudre la colle sur des cendres chaudes.

On l'emploie à coller le bois, la marqueterie, les métaux, les pièces de rapport.

On se sert de la colle de poisson dans la clarification des vins: un gros, dissous dans une bouteille de liquide, peut coller une pièce de vin de 500 bouteilles. On laisse la colle tremper trente-six heures, et on la pile ensuite, pour qu'elle fonde mieux. (Voy. VIN.)

C'est dans la proportion d'un vingt-cinquième qu'on en fait une gelée en la mêlant avec les entremets.

On obtient une assez bonne colle de poisson en faisant bouillir des peaux et débris de poissons. Quand la décoction a bien réduit, on en fait des gâteaux.

Colle de riz. On délaie à l'eau froide la farine de riz, et on la fait cuire sur un feu doux jusqu'à ce qu'elle soit prise. Cette colle est d'un beau blanc, et devient presque transparente en séchant; sa force est telle, que les papiers collés par elle se déchirent plutôt que de se détacher; aussi l'emploie-t-on de préférence pour les articles de cartonnage qui exigent de la propreté en même temps que de la solidité, comme boîtes à thé, coffres de toilette, etc. Elle est, de toutes manières, bien supérieure à la colle de farine de blé, et elle convient particulièrement pour les ouvrages de reliure, pour attacher les copies des manuscrits, gravures, etc., qu'on veut avoir dans les livres.

En mettant moins d'eau, pour faire cette colle, on lui

donne assez de consistance pour se modeler en bustes, statues, bas-reliefs et autres objets semblables, qui, en séchant, prennent un beau poli, et sont susceptibles de se conserver long-temps, au moyen de quelques précautions, comme celle qui consiste à les tenir couverts et à l'abri de l'humidité. On fait au Japon, avec cette substance, des bijoux qui imitent la nacre de perle, au point de tromper les acheteurs.

Colle pour le papier. Dans la fabrication du papier, le chiffon battu et transformé en pâte est perméable. On le colle avec une colle de gélatine alunée, ou d'empois, ou avec la colle de M. Camus, composée de 100 kilogrammes de pâte sèche, de 18 seaux d'eau, de 12 kilogrammes d'amidon, et d'un kilogramme de résine dissoute dans 500 grammes de carbonate de soude.

Une autre colle est celle-ci: 100 kilogrammes de pâte sèche, 4 kilogrammes de colle de Flandre, 8 kilogrammes d'alun; en diminuant les proportions, il serait facile de préparer cette colle, et de coller soi-même le papier. Après avoir bien imprégné les feuilles en les promenant dans la cuve où est la colle, on les met en presse pour les faire sécher.

Voici un procédé pour les petites quantités de papier.

Faire fondre dans une pinte d'eau une once de colle de Flandre, une de savon blanc, ajouter une demi-once d'alun, laisser refroidir, et étendre avec un pinceau ou une éponge.

On obtient une bonne colle pour le papier en réunissant des vieux os, qu'on met pendant quarante-huit heures en contact avec de l'eau, où l'on verse, pour un seau d'eau de trente litres, huit à dix litres de chlorure de manganèse.

On renouvelle l'eau, et l'on laisse ainsi les os tremper pendant trente à quarante jours. On les lave, on les gratte ensuite, et on les passe à l'eau bouillante, en ajoutant un centième de potasse blanche dans la chaudière. On obtient ainsi une très bonne colle.

Le chlorure de manganèse est très abondant dans les imprimeries sur toile et les fabriques de papier.

Colle pour rejoindre la faïence et la terre de pipe. Prendre une poignée de farine de fleur de froment, la pétrir avec un peu d'eau, la placer au-dessus du filet mince d'une fontaine, et pétrir toujours, jusqu'à ce qu'il ne reste plus que le gluten. C'est une partie insoluble dans l'eau, qui la laisse très claire. On étend une couche de gluten mince sur un des côtés du vase brisé; on rajuste avec l'autre en on laisse sécher. Cette colle s'emploie de suite, et ne se conserve pas.

Colle de pommes de terre. Râper une livre de pommes de terre crues dans un litre d'eau froide, faire bouillir en tournant toujours; laisser mijoter quelques minutes, retirer du feu, et ajouter un quart d'once d'alun pulvérisé. (Voyez CIMENT.)

COLLET. (*Chass.*) Le collet est un nœud coulant de crin attaché à un petit morceau de bois qu'on enfonce en terre, et où l'oiseau attiré par l'appât se prend les pieds ou les ailes. On place les collets à l'endroit des ruisseaux où les oiseaux viennent boire; autrement, quand on les a disposés dans un champ, on attire les oiseaux à la pipée.

COLLYRE. (*Méd. dom.*) On appelle ainsi les médicamens qu'on emploie dans les maladies des yeux. On distingue les collyres liquides et les collyres en poudre. Les premiers s'appliquent avec une compresse de linge bien fin, qu'on recouvre d'une bande de linge plus grossière. Les seconds s'appliquent par insufflation au moyen d'un tuyau de plume. (Voy. YEUX.)

COLOMBIER. (Voy. PIGEON.)

COLOMBINE. (*Agr. — Jard.*) Les excrémens des pigeons sont connus sous ce nom. C'est un engrais très chaud, qu'il faut avoir soin de recueillir dans les colombiers. Il s'expédie à de grandes distances, et forme une branche de commerce importante. Il convient principalement aux prairies, aux terres humides et froides, aux vignes. On le délaie dans l'eau, et on le verse sur les plantes.

COLOPHANE. (*Ind. dom.*) La colophane est indispensable à tous ceux qui se servent d'instrumens de musique à archet.

La belle colophane se fait en distillant de la térébenthine de Venise. C'est un très mauvais moyen d'en fabriquer en mêlant du galipot ou de l'essence de térébenthine avec du vinaigre.

La bonne colophane doit être jaune et transparente; elle doit blanchir les crins de l'archet, et ne pas noircir les cordes aux points de contact de l'archet et des cordes; elle doit, quand on en frotte l'archet, tomber en matière blanche; écrasée en poudre, elle ne doit pas coller au doigt.

Manière de faire de la colophane. Prendre du *galipot* ou résine de pin, le faire fondre dans un pot de terre à un feu modéré; à mesure que la substance se fond, la verser dans un autre pot à travers une toile neuve. Mettre le galipot en rouleaux ou en tablettes.

Colophane pour les contre-basses. Ajouter au galipot, partie égale de poix blanche.

COLOQUINTE ou CHICOTIN. (*Jard.*) *Cucumis colocynthis.* Famille des cucurbitacées. Elle se cultive comme le concombre. (Voy. CONCOMBRE.)

COLOQUINTE. (*Méd. dom.*) La chair de la coloquinte est spongieuse, légère, blanchâtre, quand elle est sèche, sans odeur et très amère. C'est un violent purgatif; en poudre à la dose de dix à douze grains, elle produit une purgation assez abondante. L'extrait alcoolique de coloquinte est encore plus actif, et deux grains de colocynthine, matière tirée de la coloquinte, ont encore des effets plus sensibles; l'action de ce médicament est si énergique, que quelques grains d'extrait, avec lesquels on se frotte le ventre, purgent dans un temps très court.

La coloquinte est un poison âcre. Il n'en existe pas de contre-poison. On traite l'empoisonnement par cette substance en provoquant le vomissement, et donnant ensuite des boissons adoucissantes.

COLZA. (*Agr.*) *Florussica colza.* Famille des crucifères. Le colza se cultive principalement pour les graines, qui donnent une bonne huile.

Le colza se sème aux mois de juillet ou d'août, en place, en rayons, en planches, à la volée. On le sème aussi en pépinière, pour être repiqué.

On récolte le colza en juillet; on n'attend pas l'entière maturité, parce que ces plantes s'égrainent beaucoup. Il suffit qu'un tiers des gousses commence à s'ouvrir et à avoir de la transparence, et que les graines soient d'une couleur brune foncée. On peut, s'il n'y a pas à craindre de la grêle, les laisser exposées à la pluie pendant huit ou quinze jours pour les faire gonfler. On traite ensuite les graines comme celles de la navette. (Voy. ce mot.)

Pour repiquer du colza en gros replant, on emploie la charrue. Le colza vient même quand la racine est presque à fleur de terre. Si le colza est petit, on laboure, on herse, et on plante en faisant des trous avec un plantoir. On peut avoir plusieurs plantoirs placés à distance convenable et attachés par des nœuds à un cordeau. Un semeur est occupé à chaque plantoir. Chaque extrémité en est tenue par un homme. Les semeurs, en allant à reculons, plantent chacun un pied à chaque station.

La paille de colza, coupée très menue, échaudée, et mêlée avec du tourteau d'huile ou du son, est pour les moutons supérieure à celle de tous les autres grains. Elle contient 45 pour 100 de parties nutritives. Mêlée au fumier, elle donne un très bon engrais.

Il en est de même du tourteau de colza, à raison de dix hectolitres à l'hectare.

COMBUSTIBLE. (*Ind. dom.*) Les différens combustibles sont indiqués aux articles : BOIS, BRIQUETTE, CHARBON, CHEMINÉE, COKE, HOUILLE, etc.

On obtient un bon combustible en plaçant du poussier de charbon allumé dans une terrine.

On évite les dégagemens d'acide carbonique, en disposant près de la terrine quelques vases d'eau de chaux.

On obtient encore un bon combustible en plaçant dans une chaufferette fermée hermétiquement de la chaux sur laquelle on verse un peu d'eau. Ce mélange élève promptement la température.

MM. Couteault, Davesne, Lemare, et autres, ont inventé plusieurs appareils culinaires pour économiser le combustible. On peut se les procurer à Paris. Ceux de M. Lemare ont le plus de réputation. (Voy. CALÉFACTEUR.)

COMÈTES. (*Conn. us.*) Les comètes sont des astres de forme particulière dont plusieurs nous apparaissent à diverses époques. Quelques-unes, qui passent dans la partie du ciel que nous voyons le jour, ne sont visibles que par une éclipse totale de soleil. Elles se meuvent en divers sens autour du soleil.

Les comètes étaient autrefois des causes de terreurs paniques. De nos jours encore, quelques personnes, même très éclairées, établissent une certaine connexité entre l'idée de comète et celle de destruction du globe.

On pense que les comètes sont composées de vapeurs. On aperçoit à travers leur épaisseur les moindres étoiles. Leur mouvement augmente en approchant du soleil, pour diminuer ensuite. Quelquefois, d'abord simples nébuleuses, elles acquièrent une queue en approchant du soleil, ce qui ferait supposer que les queues sont des émanations produites par les rayons solaires.

Les comètes sont très nombreuses. On en a observé plus de 500. Elles décrivent des ellipses très allongées.

La comète de 1852 a une période de 6 ans trois quarts. Elle passa très près de la terre, et l'aurait rencontrée, si notre globe avait eu un mois d'avance. La comète de 1855 a une période de 76 ans.

Les comètes sont attirées par les planètes et dévient dans leur course. On en vit une, en 1767, traverser le système des satellites de Jupiter. La planète ne fut nullement dérangée; mais la comète change a sa période de 50 ans contre une de 5 ans; changée de nouveau, en 1769, par le même phénomène, elle acquit une période de 20 ans.

Les comètes se composent d'une masse de lumière à anfractuosités, avec un noyau brillant au sommet, et des queues lumineuses; les queues sont d'immenses traînées qui ont souvent plus de 100 millions de lieues de longueur. La queue de celle de 1680, après son passage au périhélie, de 20 millions de lieues de longueur qu'elle avait, s'éleva à 40.

COMMÉLINE TUBÉREUSE. (*Jard.*) *Commelina tuberosa*. Famille des joncées. C'est une plante originaire du Mexique; elle est annuelle, mais peut devenir vivace par la culture. Si on la sème en place, on la met au midi dans un terreau mêlé de bruyère. On peut la semer aussi dans un pot. Quand le plant a quatre feuilles, on n'en laisse que deux dans le pot, on coupe les tiges défleuries, et la première année on rentre en hiver le pot dans un lieu sec et à l'abri des gelées. On la replace en mai, après avoir changé la terre; en automne, on coupe les tiges, et on couvre le pot de mousse. Pourvu qu'on ait soin de la couvrir et de changer la terre, elle se conserve très bien l'hiver; elle se ressème d'elle-même, fleurit la même année, et ne se perd plus. Ses fleurs viennent en juillet; elles ont trois pétales, et sont d'une belle couleur d'azur.

COMMERCE (JEU DU). (*Récréat. dom.*) On joue dix à douze à ce jeu; l'as y vaut onze. Les joueurs à ce jeu s'appellent commerçans.

Chaque joueur reçoit trois cartes, et met au jeu des jetons. Le donneur ou banquier dit : Qui veut commencer? Le premier en cartes, et les autres joueurs successivement, s'ils veulent commencer, disent : *Pour argent.* C'est demander une carte du talon à la place d'une des leurs, en payant un jeton. Ils peuvent dire aussi : *Troc pour troc.* C'est demander à changer une carte avec son voisin de droite. Les coups à ce jeu sont le *point*, la *séquence* et le *tricon*. (Voy. AMBIGU, WHIST.)

Si le premier joueur se tient à son jeu, il arrête le commerce.

Alors celui qui a le point, la séquence ou le tricon, les plus forts, gagne.

S'il n'y a ni séquence, ni tricon, et plusieurs points égaux, le banquier gagne de préférence aux commerçans.

Le banquier commerce ou troque comme les autres; mais il ne donne pas de jeton pour commercer. Quand il ne gagne pas la poule, il doit un jeton au commerçant; il en doit un aussi, s'il ne gagne pas, ayant point, séquence ou tricon.

Petit commerce. (Voy. ce mot.)

Loterie-commerce. (Voy. LOTERIE.)

COMMÈRE. (Voy. MA COMMÈRE, accommodez-moi.)

COMPOST. (*Agr.*) On entend par ce mot divers mélanges de fumiers et de terre préparés, de manière à en activer les facultés fertilisantes. On fait les composts végétaux de la manière suivante :

Étendre sur un sol imperméable une couche de pelures de fossés de huit pouces, ajouter une once de chaux vive, et une couche de fumier et d'herbages; ne pas trop fouler pour que l'air puisse pénétrer, arroser un peu, et remuer de temps en temps.

On peut aussi, à de la terre contenant un sixième de chaux, mêler du fumier, de la tourbe et des herbes de marais. On obtient ainsi un bon engrais pour les prairies, qu'on sème au mois de mars.

On mêle aux composts des os, des boyaux, des intestins, des débris d'animaux, des restes de boucherie, des chiffons hachés, des poissons morts.

Les balayures des granges contenant de mauvaises graines doivent être employées seulement pour les prairies.

Le résultat des composts est un terreau formé par la décomposition, et qui n'a perdu aucun de ses gaz, grâce à l'emploi des substances absorbantes, et à l'alternement des couches de fumier par des couches terreuses.

On peut employer pour les composts les gazons, la tourbe, les mauvais foins, les balayures, la suie, la chaux, les lies, les marcs de fruits, la marne, les cornes, les cuirs, la mousse, les feuilles pourries, surtout celles de pins, de hêtres, de châtaigniers, de noyers, d'aunes, de saules et de peupliers, les roseaux, les plantes aquatiques, le petit genêt, les bruyères, et autres substances. On les mêle à l'urine et aux excrémens des animaux.

M. Edouard Chausson, de Paris, a mis dans le commerce un compost dont il faut, pour un terrain peu substantiel et fatigué, 24 hectolitres par hectare, et pour fumer les prés, 8, 10 et 12 hectolitres, suivant la qualité des terrains.

Il est composé de couches de chaux éteinte, de terre, de poudrette, de marc de raisin, de plantes pourries, de cendres, de boue, de marc, de fumier de cheval et de volaille et de mouton, de terreau des couches, d'épluchures, de résidus de curage, de balayures. Chaque couche est arrosée avec du suc de fumier de bestiaux; les composts sont retournés plusieurs fois à la bêche, et mêlées à la pelle.

On en saupoudre la terre qu'on veut améliorer, après l'avoir labourée, par un temps calme et un peu humide. Il redonne de la vigueur aux plantes retardées ou endommagées par les froids. C'est une bonne fumure pour les céréales, les graines oléagineuses, les betteraves, le tabac, la vigne, les choux, les légumes, les avoines, l'ognon, l'orge, le seigle, le maïs, etc.

Ce compost se vend, à Paris, rue de l'Hôpital-Saint-Louis, n° 15, à raison de 5 francs l'hectolitre.

COMPOTES. (*Off.*) Un grand nombre de compotes se font de même manière. On fait un sirop avec un demi-verre ou un verre d'eau et un quarteron de sucre, et on place les fruits dans un compotier avec le sirop dessus. Ou bien on fait bouillir un quart d'heure dans le sirop.

COMPOTIER. (*Off.*) C'est le petit vase de cristal, d'argent ou de vermeil dans lequel on met les fruits cuits.

confits ou en compote. Quand on sert un compotier de cristal, on doit le recouvrir de son couvercle.

COMPRESSES. (*Méd. dom.*) Elles se font avec des morceaux de toile, carrés ou longs suivant le besoin, et pliés en deux ou en quatre, selon l'épaisseur qu'on veut leur donner.

COMPTES. (*Conn. us.*) Il y a peu de règles à donner, relativement aux comptes, et chacun les fait comme il l'entend et selon sa fortune. Voici toutefois une manière que plusieurs emploient, et dans laquelle ils ont trouvé des avantages.

On fait un état de ses revenus bruts, on place à côté celui des impositions, puis la dépense journalière de la table, qu'on cumule de mois en mois et qu'on suppute à chaque fin d'année, puis successivement, dans diverses colonnes, les frais de la maison, le chauffage, l'éclairage, le blanchissage, la consommation du vin, les gages des salariés, l'achat du linge de toilette, la nourriture, l'achat des animaux domestiques, les frais divers, les aumônes, les frais de jardinage et d'agriculture, les réparations. Chaque spécialité aura sa colonne, et chaque colonne sera précédée d'une petite colonne servant à indiquer la date. Une colonne générale avec des renvois recevra les observations.

A la fin de chaque mois, les additions de chaque colonne seront faites avec soin, et réunies en total général. Il est bon que, comparée au revenu, la dépense lui soit inférieure de quelque chose; alors on place au-dessous de la source du revenu celle de la dépense, et on en soustrait le chiffre des économies.

COMPTONIA A FEUILLES DE CÉTÉRAC. (*Jard.*) *Comptonia asplenifolia.* Famille des amentacées. Charmant arbuste de l'Amérique du Nord. Il fleurit en avril, et se multiplie de rejetons, en bruyère fraîche, au nord.

COMPUT. (Voy. CALENDRIER.)

CONCIERGE. (Voy. PORTIER.)

CONCOMBRE. (*Jard.*) *Cucumis.* Famille des cucurbitacées. Plante annuelle. Les variétés les meilleures sont le jaune et le blanc.

On sème du 15 avril au 1er mai, en pleine terre ou en place, suivant la saison, dans un sol meuble et bien fumé. On fait des carrés de six pouces remplis de bon terreau, espacés de trois pieds en tout sens; on place dans chacun cinq ou six graines; on recouvre peu. Quand le plant a deux feuilles, on ne laisse qu'un concombre en place. On sarcle, on bêche, et on arrose très souvent. Quand les bras ont cinq ou six pouces de long, on les rogne avec des ciseaux, on en supprime la tige montante du centre.

Quand les concombres commencent à nouer, on retranche les bras de dessus qui s'entrecroisent et échauffent ceux de dessous.

La graine de concombre se conserve dix ans. Elle est meilleure la première année.

En retranchant les concombres surabondans, en ôtant l'intérieur, et les coupant par morceaux, on les donne aux vaches, qui les mangent très avidement.

Concombre sauvage. (*Momordica ilaterium.*) On se procure les graines en laissant les fruits sur pied jusqu'à ce qu'ils pourrissent. On les sème sur couche à melons, de décembre en mars, et on replante sur couche ou en pleine terre. On expose au soleil, et on arrose souvent. Les fruits et les racines sont purgatifs.

CONCOMBRE. (*Hyg.*) *Pommade de concombres.* Prendre quatre livres de graisse de porc préparée, une livre de suif de veau purifié; faire fondre, passer, ajouter trois livres de suc de concombres, mêler, décanter le suc, et le remplacer par du nouveau jusqu'à ce que la graisse sente bien le concombre; faire fondre au bain-marie, ajouter trois gros d'amidon par livre.

On peut neutraliser l'odeur des graisses par quelques gouttes de bergamote, de fleur d'oranger. Les graisses se préparent en les pilant dans un mortier, les lavant, les égouttant, en les faisant fondre au bain-marie, et ajoutant un peu de benjoin et d'eau de rose double.

Quand on veut se servir de la pommade de concombres, on la bat avec une spatule. On fait ces opérations dans des vases d'étain ou de cuivre étamé; on les fait successivement pour empêcher l'acidification.

Autre moyen. Râper des concombres blancs, les mettre dans égale quantité d'huile, les faire chauffer au bain-marie, filtrer après avoir laissé mijoter quelque temps sans faire bouillir; remettre dans l'huile avec une nouvelle dose de concombres, et replacer au feu. Recommencer ainsi jusqu'à six fois.

Autre. Couper deux pommes de rainette, deux livres et demie de concombres, autant de melons, les mettre dans une chopine de lait avec une livre de graisse de porc. Après avoir laissé huit heures au bain-marie, faire figer la pommade qu'on passe avec expression, la laver de plusieurs eaux, la remettre au bain-marie une seconde fois, et la conserver dans des pots.

CONCOMBRE. (*Cuis.*) La chair de concombre est peu nutritive, mais très rafraîchissante.

Concombres à la maître-d'hôtel. Les faire sauter dans une casserole avec beurre, épices, ciboules et persil hachés.

Concombres à la poulette. Les faire sauter dans une casserole avec du beurre, de la farine, de la crème et du bouillon; lier la sauce avec des jaunes d'œufs et un filet de vinaigre.

Concombres à la Béchamel. Les mettre dans une sauce béchamel maigre sans les faire bouillir. (Voy. BÉCHAMEL.)

Procédé pour conserver les concombres. En ôter la graine, couper les concombres par morceaux, les jeter dans l'eau bouillante; les laisser égoutter, ôter ceux qui sont trop mous, mettre les autres dans des pots de grès avec du sel gris; jeter la saumure et la remplacer, au bout de vingt-quatre heures; ajouter du vinaigre, et couvrir les pots avec du beurre. Quand on veut se servir des concombres, on les lave dans plusieurs eaux; on les fait ensuite cuire à grande eau.

Autre. Saler les concombres, les mettre dans un pot de grès, et les comprimer avec un poids; décanter l'eau, remettre de nouveaux concombres quand le pot est plein aux trois quarts; conserver à la cave.

Tranches de concombres marinées. Les laisser vingt-quatre heures dans une saumure, les couvrir de vinaigre bouillant, avec sel, poivre et gingembre.

Concombres liés en potage. Prendre deux concombres, les peler, ôter les graines, les couper en petits morceaux, leur faire jeter leur eau avec un peu de sel, les passer sur un linge, les sauter ensuite dans le beurre légèrement, ajouter une poignée d'oseille et un peu de cerfeuil; mouiller de bouillon le potage, laisser bouillir un quart d'heure; lier au moment de servir avec un peu de crème et trois jaunes d'œufs, et verser sur le pain.

Concombre farci. Prendre un gros concombre, y faire une ouverture, et vider toute la pulpe molle avec la queue d'une cuillère; peler un peu épais, faire blanchir dix minutes à l'eau bouillante avec du sel. Hacher des viandes cuites de différentes espèces; assaisonner comme le hachis de mouton; introduire cette farce dans l'intérieur du concombre, boucher l'ouverture avec un morceau de navet ou de carotte; mettre le concombre dans une casserole entre deux bardes de lard; ajouter deux verres de bouillon, du poivre, un bouquet garni; servir avec le jus et un petit roux pour sauce.

Salade de concombres. Couper de jeunes concombres en rouelles, les poudrer de sel fin, leur laisser rendre leur eau pendant une heure, égoutter, servir en hors-d'œuvre avec poivre et vinaigre.

Concombre au blanc. Prendre deux concombres moyens, les fendre en deux, ôter les graines et la pulpe avec une cuillère, les peler un peu épais pour qu'ils ne soient pas amers; les diviser en morceaux égaux, faire cuire une heure à l'eau bouillante avec du sel et un filet de vinaigre, égoutter bien sans les écraser. Mettre dans une casserole un demi-quarteron de beurre et demi-cuillerée de farine, faire fondre en tournant, et mouiller avec un verre d'eau bouillante; ajouter les concombres, poivre, sel, une pincée de persil, de la ciboule, un peu d'ail, le tout haché. Faire bouillir dix minutes, lier avec trois jaunes d'œufs, un filet de citron; servir.

Concombres au jus. Éplucher et parer les concombres sans les faire blanchir, les poser sur un plat avec un peu de sel fin et quelques tranches d'ognons. Au bout d'une heure, les égoutter, et ôter les ognons; foncer une casserole de bardes de lard, poser les concombres dessus, les couvrir de jus épaissi par un roux, ajouter du poivre, faire cuire une demi-heure à petit feu, ôter le lard, dégraisser la sauce, et servir. On peut mettre les concombres ainsi fricassés autour d'un gigot rôti.

CONFITURES. (*Off.*) Les confitures sont un aliment sain et agréable. Plusieurs villes de France sont célèbres pour leurs confitures. La gelée de Rouen, les mirabelles de Metz, les groseilles de Bar, les raisins de Montpellier, sont recherchés des gourmets.

Pour faire les confitures, on doit choisir les fruits les plus mûrs et le sucre le plus blanc et le plus sec; le feu doit être entretenu vif. La bassine doit être préalablement chauffée, en y mettant un peu d'eau qu'on ôte dès qu'elle bout. Il vaut mieux cuire à petites parties qu'en totalité : le fruit garde mieux son parfum.

Les confitures sont cuites quand une goutte en tombant sur une assiette froide conserve la forme d'une perle; on les met dans les pots, on les tient quelques jours dans un endroit sec et à l'ombre, et on couvre. Un premier papier, qu'on met en contact avec les confitures, est imbibé d'eau-de-vie; le second papier se place par-dessus. On le lie, ou mieux, on le colle avec de la colle de pâte. Ainsi fixé, il empêche mieux les effets décomposans de l'air. Si l'on veut conserver les confitures plus longtemps, on renouvelle les papiers souvent.

Les confitures demandent plus de cuisson dans les années pluvieuses que dans les années sèches. Le sucre doit être de très bonne qualité. La cassonade donne des confitures grasses, épaisses et sans transparence. Le miel est employé par quelques personnes en guise de sucre; mais il donne un produit moins bon, et est bien peu économique. Il rancit plus facilement.

Quand on fait cuire une grande quantité de confitures à la fois, ce qui est toujours nuisible, il faut avoir soin de passer autour de l'intérieur de la bassine une éponge mouillée, pour empêcher la confiture de perdre sa couleur uniforme.

On couvre aisément les pots de confitures de la manière suivante : couper des carrés de papier, les passer successivement dans une assiette pleine d'eau, et les appliquer à la surface du pot avec une serviette douce; détacher le papier superflu. En séchant, le papier se colle parfaitement; en donnant un léger coup, il se détache d'une seule pièce.

Pour enlever le sucre qui s'est candi à la surface des pots de confitures, avant de les entamer, on verse dessus un peu d'eau tiède, et on met le pot au bain-marie.

Quand elles sont ainsi préparées, elles demandent à être mangées promptement, autrement il s'y établirait une fermentation qui les gâterait.

Dans la fabrication des confitures, si l'on veut substituer au sucre le miel, on prend du sirop de miel, et quand il bout, on y jette les fruits. (Voy. MIEL, et les noms des divers fruits.)

Procédé économique pour faire des confitures avec toute espèce de fruits. Mettre les fruits dans des pots, couvrir de cassonade en poudre, placer au four après la cuisson du pain, ou au milieu d'un chaudron plein d'eau, de manière à ce que l'eau ne pénètre pas; retirer quand ils sont cuits, et conserver dans un lieu sec.

Confitures dites des Indes. Faire un sirop avec une livre de sucre à un feu clair et modéré, confire séparément des zestes de citrons, et les ajouter au sirop, y joindre une demi-livre d'amandes, huit onces de beurre, une livre de farine, parfumer avec de l'eau de rose avant de retirer du feu.

CONSERVATION D'ALIMENS ET DE SUBSTANCES DIVERSES. (*Ind. dom.*) Plusieurs substances alimentaires que la nature donne en abondance à certaines époques, deviennent rares dans d'autres saisons, et même arrivent à manquer totalement. Il est donc très utile de connaître les moyens de les préserver des causes de décomposition qui existent dans l'atmosphère, et nous mettrons le plus grand soin à ajouter à l'article relatif à chaque genre de nourriture les recettes propres à le conserver.

Nous n'indiquerons pas avec moins d'attention les différens moyens de conserver les meubles, les bois, les charpentes, les draps, les laines, les vêtemens, les graines, les objets d'histoire naturelle, et autres objets. (Voy. BEURRE, CHOUX, etc.)

CONGRE. (*Pêch. — Cuis.*) C'est un poisson du genre

murène. Il ressemble à l'anguille. Sa pêche est pénible, parce qu'il se défend long-temps et a la vie très dure. Il s'apprête comme l'anguille de mer, dont il est une variété.

CONSERVES. (*Off.*) Le procédé général pour toutes les conserves est de faire cuire le sucre au petit cassé, d'y verser les fruits, et de retirer quand le mélange se boursoufle. (Voy. CERISES, CITRONS, etc.)

CONSOMMÉ. (*Cuis.*) Mettre dans deux pintes d'eau une volaille, deux livres de bœuf, carottes, poireaux, ognons, clous de girofle, bouquet garni ; faire réduire à petit feu jusqu'à diminution des deux tiers, et dégraisser.

Consommé de volaille. Prendre des débris de volaille, deux livres de veau, ajouter l'assaisonnement ci-dessus. Quand le consommé est très épais, clarifier avec un peu d'eau fraîche et des blancs d'œufs.

CONSOUDE (GRANDE). *Symphitum officinale.* La tige de cette plante a un à deux pieds de haut. Ses fleurs paraissent en mai et en juin ; elles sont rouges, blanches ou jaunâtres. Elle se multiplie facilement de graines ou d'éclats.

La racine sèche ou verte s'emploie comme émollient.

CONSTIPATION. (*Méd. dom.*) La constipation ou rétention extraordinaire des matières fécales peut avoir lieu chez les personnes qui se portent habituellement bien ; mais quelquefois elle devient très opiniâtre, et alors elle gêne les fonctions animales.

Les personnes sédentaires, celles qui ont une santé délicate, doivent veiller à ce que la constipation ne soit pas trop prolongée.

En cas de constipation, on ne doit faire aucun usage d'alimens aromatisés ou qui resserrent et échauffent.

L'exercice violent et le repos absolu sont également nuisibles ; il faut faire usage d'adoucissans et de relâchans, et, en général, de boissons délayantes.

Pour relâcher le ventre, on emploiera des lavemens avec quelques cuillerées de beurre frais ou de bonne huile d'olive, et la constipation disparaîtra de suite.

CONTAGION. (*Hyg.*) Ce mot vient du latin *contingere*, toucher. Diverses maladies sont susceptibles de se communiquer par le contact, la rougeole, la scarlatine, la variole, la gale, etc.

Les précautions à prendre en cas de contagion ne diffèrent pas essentiellement de celles auxquelles il faut recourir dans les épidémies. (Voy. ce mot.)

Les individus atteints de maladies contagieuses doivent être tenus isolés et, s'ils succombent, on ne doit pas se servir de leurs vêtemens, à moins de les laver avec soin dans du chlorure de chaux.

CONTRAINTE PAR CORPS. (*Cod. dom.*) La contrainte par corps est prononcée contre toute personne condamnée pour dette commerciale, au paiement d'un principal de 200 francs et au-dessus. N'y sont pas soumis des femmes et filles non réputées marchandes publiques, les mineurs non réputés majeurs pour faits de commerce, les veuves et héritiers avant les délais fixés par la loi, les débiteurs âgés de soixante-dix ans. La durée de l'emprisonnement varie suivant la quotité de la somme. On doit

des alimens au détenu ; la somme en est, à Paris, de 50 francs, et dans les autres villes de 25 francs pour trente jours. Le débiteur élargi faute de consignation d'alimens, ne peut plus être incarcéré pour la même dette.

CONTRAT. (*Cod. dom.*) Toute personne peut contracter, sauf les mineurs non commerçans ni émancipés, les interdits, les femmes mariées non autorisées, les morts civilement. L'erreur sur la substance de l'objet du contrat, la violence, le dol, la lésion des sept huitièmes en cas de ventes mobilières, sont des causes qui vicient le contrat. Le contrat contraire aux lois, aux bonnes mœurs et à l'ordre public, ne peut avoir d'effets.

CONTRIBUTIONS. (*Cod. dom.*) Les contributions actuelles sont directes ou indirectes.

Les contributions directes sont la foncière, la personnelle et mobilière, celle des portes et fenêtres, celles des patentes, et les redevances sur les mines.

Les contributions indirectes pèsent principalement sur les denrées alimentaires, le vin, le cidre, le sel, etc.

Les contributions directes sont votées pour un an. On y ajoute les *centimes additionnels* destinés aux dépenses administratives, et les *centimes facultatifs*, dont on autorise la perception pour besoins locaux jusqu'à un certain maximum.

Les contributions foncière, personnelle et immobilière sont des impôts de répartition, c'est-à-dire qu'on les répartit proportionnellement.

Les contributions des patentes et des mines sont des impôts de quotité, c'est-à-dire éventuels et fixés approximativement.

L'impôt foncier est réparti entre les arrondissemens par le préfet et le conseil-général, auquel sont adressées les demandes en réduction. Le conseil peut y joindre un impôt extraordinaire qui ne peut excéder 5 centimes du principal des trois contributions de répartition. Le conseil d'arrondissement divise l'impôt entre les communes. Les conseils municipaux délibèrent sur la proposition de l'impôt extraordinaire.

La fixation du revenu est établie par le cadastre et les plus forts imposés, en présence de l'inspecteur des contributions. Les commissaires répartiteurs rédigent en même temps la matière du rôle de la contribution personnelle, et celles des ouvertures des portes et fenêtres imposables.

Chaque mois les contribuables doivent payer leur douzième échu, sous peine d'être immédiatement poursuivis par le percepteur, et d'être saisis après les formalités de la *contrainte*, de la *garnison*, et du *commandement*.

Les demandes en réduction d'une évaluation inexacte, en rectification, en décharge pour non-possession, en remise ou modération pour gêne ou accidens, s'adressent au préfet du département.

Dans la contribution des patentes, on distingue plusieurs catégories, qui paient chacune en proportion de la population, de leur commerce, et de leur industrie.

CONTUSION. La contusion a lieu quand les tissus sont choqués, sans solution de continuité à la peau. C'est une espèce de blessure ou de meurtrissure avec tumeur qui est produite par l'action d'un corps dur, sur des parties molles recouvertes de peau, sans qu'il y ait ni perte de sang ou de toute autre substance, ni lésion apparente, telles que, coup à la tête, aux genoux, etc., etc.

Lorsque la contusion a été forte et qu'il y a congestion d'humeur, alors il se forme une espèce de tumeur qui dégénère souvent en un abcès qu'on est obligé d'ouvrir ou de percer en employant le bistouri.

Si la contusion est légère, on la lave avec de l'eau-de-vie camphrée, ou avec de l'eau de sel, ou de l'eau et du savon noir.

CONVALESCENCE. (*Hyg.*) La convalescence est annoncée par la cessation des symptômes graves, la diminution des douleurs, le retour du sommeil, la cessation de la soif, l'humidité de la langue et de la bouche, une diminution dans le nombre des pulsations artérielles, dans la chaleur et la sécheresse de la peau; le retour de l'appétit, la constipation, la dureté des matières fécales provenant de l'absorption considérable que cause la réparation des pertes des organes, l'accélération du pouls et l'anhélation au moindre exercice, une extrême irritabilité cérébrale, une extrême sensibilité, l'impatience du froid et de la chaleur, le besoin d'exercice, de mouvement musculaire, le retour des sécrétions suspendues. Ces phénomènes varient suivant l'espèce de la maladie. La convalescence est plus longue chez les vieillards et les gens lymphatiques que chez les jeunes gens et les hommes vigoureux.

On doit dans le régime des convalescens porter surtout son attention sur l'organe qui a souffert, et éviter tout ce qui pourrait reproduire la maladie; après cet organe, on observera avec un soin particulier ceux qui lui sont liés le plus immédiatement. On s'occupera ensuite des autres, en ayant pour principe de ne les rendre que par degrés aux fonctions qu'ils accomplissaient pendant l'état de santé.

Il faut éviter toutefois de soustraire pendant trop longtemps les organes débilités ou souffrans à des excitans un peu actifs, ce qui les conserverait dans un état fâcheux d'atonie ou de faiblesse.

CONVULSIONS. (*Méd. dom.*) Les convulsions sont des mouvemens désordonnés des muscles produits par diverses causes. Elles ont lieu principalement chez les enfans et les femmes. Elles sont causées par l'exercice insolite des sens, les désordres dans le cours régulier des menstruations, la présence des vers dans les intestins, l'irritation des organes, le travail de la dentition, l'exaltation du cerveau. Elles ont divers siéges et diverses formes, et sont continues ou intermittentes. Elles sont moins dangereuses chez la femme que chez l'homme.

On combat les convulsions par les antispasmodiques, les bains, les pédiluves, les saignées. La variété de leurs causes rend le secours du praticien nécessaire à leur traitement. Quand elles sont produites par une habitude vicieuse, comme celle d'accès de colère, la volonté seule suffit pour les maîtriser. (Voy DENTITION.)

COPAL. (*Var.*) Le copal est de deux espèces : le copal oriental dur, et le copal occidental tendre. Le premier est produit par la *valeria nidrea*, arbre d'Afrique, de la famille des gutiifères. Il est transparent; il ressemble à l'ambre, et est comme lui électrique par le frottement. On en fait des bouts de pipes et des porte-cigares. Le second copal est produit par le *rhuscopallinum*, arbre du Brésil, de la famille des térébinthacées : il est moins transparent que l'autre et plus odorant.

On emploie le copal dans les vernis. Le copal tendre en fait de plus blancs; mais ce vernis s'écaille plus aisément que celui dont le copal dur est la base, défaut qu'on peut corriger en ajoutant un peu de résine élémie.

Le copal est insoluble dans l'esprit-de-vin pur.

Vernis copal à l'éther. On réduit en poudre fine un quart d'once de copal, on l'introduit peu à peu dans un flacon d'une once d'éther; on agite le mélange une demi-heure, et on laisse reposer jusqu'au lendemain. Si la solution ne paraît pas complète, on ajoute un peu d'éther. Pour empêcher ce vernis de sécher trop promptement, on le couvre d'une couche de térébenthine.

Vernis copal gras. On fait fondre une livre de copal, on y ajoute deux livres d'huile de lin siccative très chaude. Ce vernis plus ou moins rouge s'applique sur la tôle, le fer, les voitures, etc.

Vernis copal à l'essence. On dissout au bain-marie en agitant quarante-huit grammes de poudre de copal dans deux cent cinquante grammes d'essence de térébenthine épaissie à l'air.

Autre. Dans soixante grammes d'huile volatile de lavande, on dissout trente-deux grammes de copal, et l'on ajoute cent quatre-vingt-dix grammes d'essence de térébenthine avec du copal blanc. Ce vernis est incolore.

Vernis copal à l'esprit-de-vin. On dissout trente-deux grammes de copal dans cent vingt-huit grammes d'esprit-de-vin saturé (0,75 de son poids) de camphre. On filtre, et on mêle avec huit cents grammes d'autre alcool dans lequel on a fait fondre trente-deux grammes de résine élémie.

Vernis blanc au copal pour le carton, le bois, les métaux. On ramollit le copal en l'arrosant peu à peu d'huile de romarin ou de lavande. On le pulvérise ensuite; on le met dans un verre avec un peu d'huile de romarin. Quand il est bien dissous et qu'il a reposé deux heures, on y mêle de l'alcool goutte à goutte. On laisse reposer, et on décante.

Vernis copal de Berzélius. Quand sur de la gomme copal pulvérisée on verse par parties de l'ammoniaque caustique liquide, le copal se convertit en une masse gélatineuse; on la chauffe à 55° Réaumur, on y met de l'alcool peu à peu en remuant.

On a ainsi un beau vernis clair et sans couleur, qu'on emploie dans plusieurs branches d'industrie. (Voy. CUIR.)

On dissout le copal comme l'ambre. (Voy. AMBRE.)

COQ. (*Anim. dom.*) Le coq normand est celui qui donne les meilleurs poulets. (Voy. POULE.)

Le coq vierge bardé est un bon rôti. Les vieux coqs ne sont bons qu'à mettre dans le pot-au-feu; si on les sert ainsi bouillis, on les met du gros sel sur l'estomac.

COQ DE BRUYÈRE. (*Cuis.*) (Voy. TÉTRAS.) Les coqs et les poules de bruyère se préparent comme le faisan. (Voy. ce mot.)

27

COQUELICOT. (*Agric.*) *Papaver rhœas.* Famille des papavéracées. Cette plante annuelle croît spontanément dans les blés. On n'emploie que les pétales de ses fleurs en infusion. Elles sont émollientes et sudorifiques.

COQUELOURDE. (*Jard.*) *Coquelourde des jardins.* *Agrostema coronaria.* Famille des caryophyllées. Cette plante vivace est originaire d'Italie. On ne cultive guère que la variété à fleurs doubles de couleur rouge. On la sème dans un terreau léger, à une exposition méridionale. Comme elle craint l'humidité, pendant les neiges et les grandes pluies, on la couvre de pots renversés qu'on enlève ensuite. On doit, pour conserver la plante, ôter toutes les feuilles sèches et pourries. Tous les ans, en juillet, on en sépare les œilletons : c'est par eux qu'elle se multiplie. On les plante, on les arrose, et on les préserve du soleil pendant quelques jours.

Coquelourde à fleurs simples. C'est une plante vivace et rustique; elle se multiplie de semences ou d'éclats. Ses fleurs sont d'un rouge cramoisi et d'un bel effet.

Coquelourde fleur de Jupiter. (*Agrostema flos Jovis.*) C'est une plante vivace de Suisse. On la multiplie, en mars, de semis qu'on recouvre très peu, ou en séparant les pieds, dans une terre blanche et légère, en pente, au midi. Les fleurs paraissent de mai en juin; elles sont d'un rouge vif en dessus et d'un beau blanc en dessous.

COQUELUCHE. (*Méd. dom.*) La coqueluche est une variété du catarrhe pulmonaire, accompagnée de toux violente et de vomissemens glaireux. Elle attaque surtout les enfans, et semble être chez eux contagieuse.

Il y a deux périodes de la coqueluche. Dans la première, il y a rhume, toux sèche et forte, fièvre, respiration gênée, accablement, inappétence. Dans la seconde, la toux revient par quintes, et la fièvre par accès.

Traitement prophylactique. Éviter les changemens brusques de température et le contact des individus que la maladie a frappés.

Traitement. Quand il y a des symptômes fébriles et inflammatoires, pratiquer une saignée; dans le cas contraire, donner un léger vomitif, mettre à la diète, administrer des lavemens émolliens, faire boire des tisanes mucilagineuses et gommeuses, du lait, du petit-lait. Dans la seconde période, faire prendre des bains de vapeur, stimuler l'intérieur par des vésicatoires sur le sternum, donner en boisson une infusion de fleurs de coquelicot, un mélange de sirop de coquelicot et de sirop de kina pris à la dose d'une demi-once par jour, ou même une once, ne permettre au malade que des repas légers et une nourriture principalement végétale en petite quantité à la fois, interdire les boissons spiritueuses et les épices, faire porter des gilets de flanelle.

COQUILLAGE. (*Var.*) On nettoie les coquillages sales et ternis en passant sur les parties qu'on veut laver un pinceau imbibé d'acide sulfurique. On répète cette opération si un premier lavage ne suffit pas. Il faut éviter de laisser tomber de l'acide sur les vêtemens ou les mains, qu'il brûlerait.

COR. (*Méd. dom.*) Le cor est un épaississement de l'épiderme causé par la compression des chaussures ou des bas, ou par une irritation des pieds survenue à la suite de frottemens. Il y a donc un moyen d'empêcher le cor de naître en ne portant pas de souliers trop étroits, et surtout trop courts, ni des souliers beaucoup trop larges dans lesquels les bas font des plis, ni des bas rudes et grossiers.

Le cor cause des douleurs en pressant la chair vive dans laquelle il s'enfonce comme un clou.

Un cor à son début est facile à guérir : il suffit de le frotter avec une pierre-ponce après l'avoir amolli par un bain, de le couper, ou de l'arracher avec les ongles, ou de le comprimer avec de petits linges fins. Mais en vieillissant, il devient de plus en plus difficile.

On peut aussi, quand le cor est récent, l'amollir avec un peu de suif, serrer par-dessus une bande de mousseline empesée, la laisser jusqu'à ce qu'elle s'use, et détruire le cor ainsi ramolli avec la pierre-ponce.

Autre recette. Prendre une feuille de lierre, la laver, la faire tremper quelques heures dans du vinaigre, l'appliquer sur le cor, et l'y maintenir avec un peu de coton de lampe; bien nouer, et quand le cor se jaunit, l'enlever avec un canif.

Le meilleur moyen de se débarrasser des cors est encore leur extraction par un bon pédicure, au moyen d'une aiguille de forme particulière emmanchée dans un manche de scalpel.

Quand le trou qui subsiste après l'extirpation des cors est profond, on y met un emplâtre de diachylon gommé; s'il l'est peu, on se contente de le laver avec de l'eau légèrement alcoolisée.

Les caustiques ont de bons effets; mais ils doivent être appliqués avec grande précaution, de peur de trop les étendre et d'attaquer les parties saines. Pour les appliquer, on coupe le cor avec un rasoir jusqu'à ce qu'on éprouve une légère douleur qui avertisse qu'on touche à la chair vive; on mouille la surface du cor avec de la salive, et on promène doucement dessus pendant quelques minutes un morceau de nitrate d'argent (Voy. CAUSTIQUE); on applique ensuite un peu de taffetas gommé.

La cautérisation forme une plaque noire au bout d'un jour. On laisse tomber cette plaque, ou on l'enlève avec le rasoir; on recommence à couper et à appliquer le nitrate jusqu'à l'entière extirpation du cor. Celui qui donne ce procédé l'a éprouvé plusieurs fois pour la guérison des cors, poireaux, verrues, durillons, et toujours avec un succès complet.

Avant de couper un cor, on doit se garder de prendre un bain de pieds. Il est vrai que l'immersion dans l'eau tiède facilite la section du cor; mais elle amollit encore plus les parties voisines.

Voici, au reste, diverses préparations recommandées pour les cors :

Prendre une demi-once de poix, un demi-scrupule de sel ammoniac dissous dans du vinaigre, un drachme de diachylum, un quart d'once de galbanum, en couvrir le cor. Quand on ôte cet emplâtre, le cor tout corrodé s'enlève aisément.

Autre. Frotter tous les jours le cor avec un peu de potasse caustique.

Onguent contre les cors. Faire chauffer dans une très

petite quantité d'eau dix parties d'urine, autant de carbonate de soude, et quatre parties de cire; en étendre un peu sur de la peau, du papier ou du taffetas, et couvrir le cor; enlever au bout de huit jours, et couper. Renouveler cette opération jusqu'à guérison parfaite.

Autre pour le même usage. Mêler au feu une partie de résine de Bourgogne, quatre d'huile de lin, et un peu de litharge. C'est un onguent très tenace.

Autre. Mêler parties égales de ciguë, de vigo, de diachylum; en faire une bouillie, et la placer sur le cor avec une petite rondelle de peau. Au bout de huit jours environ, enlever le cor, et le couper avec un rasoir.

Autre. Prendre pour cinq centimes de couperose verte qu'on réduira en poudre très fine, la faire infuser pendant vingt-quatre heures dans un moyen verre d'eau de rivière.

En se couchant, on coupe le cor le plus près possible sans cependant le faire saigner. La couperose infusée forme au fond du verre un dépôt; on en prend avec le bout du doigt, à peu près comme la valeur d'une petite prise de tabac qu'on pose sur le cor coupé, où l'on fixe avec un petit linge, en ayant soin d'envelopper le pied avec un mauvais torchon, dans la crainte de tacher de rouille les draps du lit. On garde la nuit cet appareil qui n'occasione aucune douleur; on l'ôte en se levant: le cor n'existe plus et ne reparaîtra jamais.

CORAIL. (*Var.*) C'est un polype qu'on trouve principalement dans le golfe de Venise. Il ressemble à un petit arbrisseau dépouillé de feuilles. On en fait des bijoux, des colliers pour les enfans. Il entre dans les poudres dentifrices.

CORBEAU. (*Chass.*) *Corvus.* Le genre corbeau comprend les choucas, les corneilles. Le corbeau proprement dit est gros comme un coq, et a le plumage noir avec des reflets. Il est très vorace et ne vit que de chair. Il détruit le gibier. Il est très difficile à tuer.

En hiver, on le prend de la manière suivante : On fait un trou conique dans la terre, et on y place un cornet de papier enduit de glu. Au fond, on met de la viande. Le corbeau l'aperçoit en volant, se précipite, et s'englue en voulant le saisir.

Le corbeau s'apprivoise aisément; dans le pot-au-feu, il donne un excellent bouillon. (Voy. PRONOSTIC.)

CORBINE. (*Corvus corone.*) La corbine diffère du corbeau par la taille. Le plumage est noir tirant sur le violet. Elle dévore beaucoup d'œufs de perdrix, de fruits, de noix. Elle vit en été séparée, et en hiver, par troupes.

CORDES. (*Ind. dom.*) Pour donner plus de solidité aux cordes, faire dissoudre dans quinze litres d'eau une livre de colle de Flandres, ajoutez une forte décoction d'écorce de chêne ou de châtaignier. On peut remplacer la colle de Flandres par une décoction de rognures de peaux. La gélatine de la colle se combine avec le *tannin*, et donne de la solidité aux fils de chanvre.

CORDIAL. (*Méd. dom.*) Les cordiaux sont des remèdes stimulans. Cette expression est remplacée en médecine par plusieurs autres. Le vin vieux, le quinquina, les alimens succulens, l'air frais, l'eau de Luce, la liqueur d'Hoffmann, l'alcali volatil fluor, les eaux de menthe

et de cannelle, l'eau de la reine de Hongrie, sont des cordiaux.

CORÈTE DU JAPON. (*Jard.*) *Corchoras japonica.* Famille des liliacées. Cet arbuste se multiplie de rejetons, en bruyère humide et ombragée. Il donne en avril des fleurs doubles d'un beau jaune.

CORIANDRE. (*Var.*) *Coriandrum sativum.* Famille des ombellifères. C'est une plante annuelle et rustique, originaire du Levant. Sa tige a dix-huit pouces de haut; les feuilles sont très découpées, les fleurs blanches ou rosées. On récolte les graines en septembre. Elles se conservent deux ans, et s'emploient en cuisine. On la sème au soleil, en mars, en rayons. Elle se ressème ensuite d'elle-même.

La coriandre est carminative et excitante. Son goût se rapproche de celui du fenouil et de l'anis. On en fait des bonbons.

CORIOPE. (*Jard.*) *Coriope à trois ailes.* (*Coreopsis tripteris.*) Famille des corymbifères. Cette plante vivace vient de Virginie. Elle se multiplie par la séparation des pieds dans une bonne terre, au soleil. Ses tiges ont six pieds de haut; elle les perd l'hiver. Elle donne de juillet en septembre des fleurs jaunes dont le disque est brun.

Coriope à feuilles de pieds d'alouette. (*Coreopsis delphinifolia.*) C'est une plante vivace et rustique, originaire de l'Amérique septentrionale. Elle vient en mars, par la séparation des pieds. Elle donne en juillet une abondance de fleurs d'un très beau jaune.

Coriope élégant. Coreopsis elegans. Cette belle plante vivace se sème au mois de mars en bruyère et en pots. On la repique au midi. Les fleurs paraissent en juillet. Elles sont d'un beau jaune à onglets bruns et veloutés.

Coriope alternifolia. Plante rustique et vivace, très haute. On la cultive en en séparant les pieds.

Coriope lanceolata. Même culture. Cette variété est importante par ses traces.

CORMIER. (Voy. SORBIER.)

Cormé, ou boisson de fruits de cormier. Soumettre les cormes à la presse, et les faire fermenter dans l'eau avant qu'elles soient molles. Cette liqueur est aussi forte que le cidre.

CORNE. Pour souder ensemble deux morceaux de corne, on les ramollit avec de l'eau chaude, ou rapproche les parties, et on serre fortement avec une pince les deux bords qu'on a préalablement amincis avec une lime.

On forme ainsi de grandes plaques. Pour donner à la corne une forme quelconque, on la met dans l'eau bouillante, puis on la place dans des moules de fer chauffés, qu'on serre avec une presse. On a soin de ne pas pousser la chaleur au point de griller la matière, et de ne pas toucher avec les doigts ou approcher un corps gras, ce qui nuirait à l'adhésion des parties.

CORNEILLE. (*Chass.*) C'est une espèce de corbeau de petite taille.

CORNET ACOUSTIQUE. (*Méd. dom.*) C'est un instrument indispensable aux personnes affectées de surdité. Il est en forme de petite corne, en écaille, avec un rebord en argent. Les paysans peuvent en faire de plus simples, en coupant l'extrémité supérieure d'une corne de vache.

CORNICHON. (*Jard.*) Le cornichon se sème et se cultive comme le concombre dont il est une variété. On supprime les fruits qui grossissent trop et empêcheraient la plante d'en produire beaucoup de petits. On réserve quelques fruits sur un pied pour graine. Après la récolte, on arrache les pieds qui fatigueraient la terre inutilement. Ils sont excellens dans les composts. (Voy. ce mot.)

Mode de préparation des concombres et des cornichons. On se procure un baril de bois de chêne bien cerclé, et dans l'un des fonds on pratique un trou de deux pouces de diamètre, auquel on adapte un bouchon. On fait une saumure à l'eau froide, et pour l'éprouver on y fait flotter un œuf. On alterne des lits de sel, de cornichons et d'estragon, et on remplit de saumure. A mesure que l'eau se salit, on la remplace par de l'eau fraîche. Lorsque l'eau est claire et nette, on remplace la première saumure par une nouvelle, et l'on met à la cave. On doit consommer de suite les cornichons d'un baril entamé; ils se garderaient alors difficilement plus d'un mois. En renouvelant tous les trois mois la saumure, on les conserve toute l'année.

On tire du baril les cornichons avec une fourchette de fer, sans les remuer.

Autres méthodes. Essuyez les cornichons avec un linge un peu rude, rangez-les par lits au fond d'un vase jusqu'à deux ou trois doigts du sommet, vous verserez par-dessus le meilleur vinaigre que vous pourrez vous procurer, et vous en emplirez le vase; vous y mettrez ensuite deux ou trois poignées de sel, et vous le fermerez avec soin au moyen d'un morceau de toile et d'une feuille de parchemin. Six semaines après, vous le découvrirez et renouvellerez le vinaigre. Les cornichons ainsi préparés sont fermes, suffisamment verts et d'un bon goût. Le vinaigre de bois étant le plus pur est préférable et n'a aucun inconvénient.

Si l'on tient à avoir des cornichons d'une belle couleur verte, on les fait d'abord mariner dans de la saumure pendant un ou deux jours, et on verse dessus du vinaigre bouillant; on les retire ensuite et on les jette dans un bocal avec du vinaigre très fort et quatre à cinq onces d'esprit de sel marin par cruche de quinze à vingt livres.

On peut encore jeter les cornichons dans du vinaigre bouillant, les y laisser deux ou trois minutes, les retirer du feu, et vingt-quatre heures après, les mettre dans un bocal avec de fort vinaigre.

Enfin, l'on peut aussi faire bouillir les cornichons dans de l'eau pendant trois ou quatre minutes; les plonger ensuite dans de l'eau très froide, et lorsqu'ils sont égouttés, on les arrange à l'ordinaire.

Pour assaisonnemens, on y mêle du piment, des clous de girofle, du poivre, de la graine de moutarde, de l'ail, de l'échalotte, des petits ognons, de la roquette, de l'estragon, du gingembre, des câpres, du fenouil, etc.

En préparant les cornichons, on doit éviter de se servir de vases en cuivre ou de terre vernissée, car le vinaigre dissout toujours une certaine quantité de cuivre des premiers, ou du plomb qui entre dans l'enveloppe des seconds. Dans l'un et l'autre cas, l'usage des cornichons ainsi préparés peut avoir des inconvéniens graves. Remarquez que lorsque le vinaigre bout lentement, ou qu'on le laisse refroidir dans les vases de cuivre, ce métal se dissout en

plus grande quantité que si on faisait bouillir le vinaigre à grand feu. Rejetez aussi l'emploi du vert-de-gris, des cristaux de Vénus, de la couperose bleue, ou même de l'alun. Des vases de grès, de verre ou de bois sont les seuls qui conviennent; ils doivent être bouchés avec soin et tenus à la cave. On prépare de la même manière les épis de maïs, les petits ognons, etc.

Autre procédé. Détacher les cornichons de sorte que la queue reste à la plante; les piler dans une livre de sel égrugé pour un cent; les mettre par lits dans un vase; les égoutter; les mettre dans un bocal avec de l'ail, de l'estragon et du piment vert; verser dessus du vinaigre bouilli, et puis ajouter des écorces de melons, de petits melons, de grosses tiges de pourpier.

Autre. Mettre dans un pot de grès cinq livres de cornichons, avec ail, girofle, poivre, sel, pimprenelle, estragon, petits ognons, graine de moutarde, macis, épices, anis, gingembre, muscades, échalottes; verser dessus du vinaigre bouillant; le lendemain, retirer le vinaigre et le faire bouillir encore; le surlendemain, recommencer; couvrir d'un morceau de toile.

Autre. Jaunir les cornichons dans un mélange d'eau et de bière, qu'on remue deux fois par jour; les couvrir ensuite de feuilles de vigne; y verser dessus de l'eau bouillante jusqu'à ce qu'ils redeviennent verts, les submerger d'une marinade bouillante de vinaigre distillé, avec ail, échalottes, poivre noir, sel, macis et laurier.

Quand les cornichons se gâtent, parce qu'ils ont été mal bouchés, ou parce que le vinaigre est mauvais, on ajoute du sel et du poivre-long, et on fait bouillir de nouveau le vinaigre.

L'alun, employé souvent dans la préparation des cornichons, peut déterminer des coliques et des douleurs d'estomac.

CORNOUILLER, CORNOUILLES (*Jard.*) *Cornouiller blanc. Cornus alba.* Famille des chèvrefeuilles. Arbuste du Canada. Les tiges en hiver sont rouges; fleurs blanches en mai; fruits blancs. Demi-ombre; terre fraîche et légère, un peu humide. Multiplication de drageons et de boutures, qui s'enracinent la première année.

Cornouiller alternifolia (*Cornouiller cerulea.*) Cornouiller mâle. *Cornus mascula.* Cet arbrisseau indigène se multiplie de marcottes dans un terrain frais et meuble. Fleurs en février; le fruit est rouge, en forme de jujube, et bon à manger.

Cornouiller à grande fleur de l'Amérique du Nord. (*Cornus florida.*) Fleurs en avril, d'un blanc sale, à collerettes très larges. Les marcottes s'enracinent la première année. Terre de bruyère fraîche, avec terre franche. Demi-ombre.

Cornouiller circinata.

Cornouiller stricta.

Cornouiller paniculé. (*Cornus paniculata.*) Il fleurit en juin. Fleurs blanches et panicules nombreuses.

Cornouiller canadensis. Il a trois pouces de haut.

C'est une plante vivace et traçante. Elle se sème dans une terre de bruyère, fraîche et ombragée; les fleurs viennent en mai, blanches et d'un bel effet; les fruits sont d'un rouge corail très éclatant. Il se multiplie de ses traces.

Cornouiller sanguin. (*Cornus sanguinea.*) Famille des caprifoliacées. Sa hauteur est de douze à quinze pieds. Ses feuilles rougissent en automne ; ses fleurs sont blanches, et en ombelle ; sa graine est dure ; ses baies sont noirâtres, et contiennent une huile d'un beau vert. Il se reproduit par semis, boutures, ou éclats de pieds, avec beaucoup de facilité.

Son bois est dur et employé à la fabrication d'instrumens de menuiserie.

Le cornouiller croît partout, dans les terrains les plus arides et les plus humides. Il fait de belles haies, dont les bestiaux mangent les feuilles avec plaisir.

On peut en récolter le fruit vers la fin de septembre, ou en octobre, et en extraire une huile à brûler, peu sapide et peu odorante, qui brûle plus long-temps que l'huile d'olive, mais qui a une teinte verte. Cette huile épurée pourrait servir d'assaisonnement.

Etendre la récolte sans l'entasser, de peur de fermentation, et en la remuant. L'écraser quand elle est à moitié desséchée ; faire bouillir, et pour l'empêcher de fermenter, en enlever le mucilage en la battant avec de l'eau.

Cent livres de fruit ont donné trente-quatre livres d'huile.

Les cornouilles sont le fruit du cornouiller mâle. On les cueille dès qu'elles prennent sur l'arbre une couleur un peu rougeâtre. On les mange après les avoir laissées quelque temps brunir sur la paille.

On peut les préparer comme des olives. On les met dans une forte saumure, et on les couvre de fenouil et de feuilles de laurier.

COROMILLE DES JARDINS. (*Jard.*) *Coromilla emerus.* Famille des légumineuses. C'est un arbrisseau indigène, d'un bel effet devant les massifs. Il se multiplie de drageons. Terre légère et chaude. Fleurs en avril, jaunes, tachées de rouge.

Coromille couronnée. (*Coromilla coronata.*) Indigène. Les fleurs jaunes en couronne, viennent en juillet.

On expose ces deux espèces au midi. L'hiver on couvre de paille le pied de la seconde espèce.

COROSSOL A TROIS LOBES. (*Jard.*) *Annona triloba.* Famille des anones. Arbrisseau de l'Amérique du Nord ; fleurs en mai, fruit bon à manger. On le sème dans des pots, en terreau mêlé de bruyère, à une exposition méridionale et sèche, aussitôt la maturité ; pendant deux ans, on le rentre l'hiver ; puis on le met en place avec le pot.

CORSET. (*Hyg.*) Il y a des corsets de plusieurs sortes : corsets à un seul gousset, à goussets doubles, à pièces doubles, à pattes, à la paresseuse, demi-corsets, corsets pour femmes enceintes, corsets élastiques et demi élastiques. Ces derniers sont préférés par beaucoup de personnes ; les corsets à la paresseuse qui ne se lacent pas conviennent aux dames qui ont beaucoup d'occupations. Les demi-corsets ou ceintures sont bons pour les femmes enceintes. Les corsets à deux goussets sur la hanche sont meilleurs que ceux à un seul gousset. Les corsets en basin

se déchirent aisément, ceux en coutils de fil sont préférables. Tous corsets doivent bien emboîter la taille.

Quelques corsets servent à diminuer les imperfections de la taille. Ils sont en certains endroits rembourrés, avec du coton en ouate, piqué à petits points, qui servent ou à cacher les parties concaves auxquelles ils s'appliquent, ou à placer autour des parties qui font saillie. Si l'habitude de coudre et de broder a rendu l'omoplate droite plus grosse que la gauche, on y remédie en ayant un corset un peu colleté, et mettant au niveau des premiers œillets du coton avec un peu de peau blanche pour le cacher.

Les œillets en métal usent les lacets, mais comme les œillets non métalliques s'usent également, et sont très longs à faire, il vaut mieux se servir des autres.

Avant de mettre le corset, il faut bien écarter les plis de la chemise, pour qu'ils ne gênent pas quand on est lacée. On arrange bien les épaulettes sur le bord des épaules. On pousse le busc vers le bas pour l'empêcher de presser trop la gorge. En laçant, on évite de serrer à mesure ; quand tous les œillets sont lacés, on serre un peu plus lâche vers le haut et le bas, et plus ferme au milieu, ce qui contribue à l'élégance de la tournure. On ne doit jamais sacrifier sa santé au désir de plaire, et il faut songer toujours que si un corset serré avec soin donne de la grâce à la taille, en revanche il déprime la poitrine, gêne la circulation, et peut causer diverses maladies. Quand le corset est mis, on tire la chemise à droite et à gauche vers les manches. On délace en tirant la boucle inférieure, et non pas celle du haut.

Les femmes grasses feraient bien de se lacer dès le matin légèrement, et en commençant par en haut. Les femmes maigres, au contraire, devraient se lacer par en bas.

CORTUSE DE MATTHIOLE. (*Jard.*) *Cortusa matthiole.* Famille des lysimachies. C'est une plante vivace de la Suisse. On la sème au mois de mars, ou on la multiplie par la séparation des touffes ; ses fleurs paraissent en mai ; elles sont charmantes, elles forment des ombelles rouges et blanches. Il lui faut une terre de bruyère fraîche et ombragée.

COSMÉTIQUE. (*Hyg.*) La plupart des cosmétiques sont autant d'ennemis de la fraîcheur, du velouté et de l'éclat du teint. Ils rendent le visage blème et livide. On fera donc bien de rejeter toutes les crèmes, pâtes et essences, composées de substances minérales, comme talc, mercure, céruse, litharge, corail, étain de glace, sel de saturne, esprit de nitre, alun calciné.

Nous indiquerons toutefois dans le cours de cet Ouvrage certaines substances dont l'usage est innocent. (Voy. EAU, PEAU, RIDES, etc.)

Cosmétique de M. Chaumont, parfumeur, dit crème du Bengale. Échauder et piler deux livres d'amandes douces et amères, y ajouter deux onces de blanc de baleine, et autant de cire vierge, et de savon purifiés, fondu au bain-marie : puis une once d'eau de rose triple, autant d'esprit de rose, et d'esprit d'amandes amères, d'essences de rose, de vanille, et de benjoin ; délayer avec quatre litres d'eau ; filtrer, colorer avec un demi-gros de carmin dissous dans un demi-setier d'eau, avec un quart de gros de gomme adragante.

Eau cosmétique de Jean-Marie Farina. Prendre un litre de coriandre, autant d'esprit d'angélique, de ravène-zara, d'extrait de jasmin, de tubéreuse, d'esprit de citron, un litre et demi d'essence de rose, autant d'essence de Portugal, un demi-litre d'essence d'angélique et de fleurs de benjoin, quatre gros d'essence de girofle, autant d'essence de cédrat et de bergamote, deux gros d'essence de menthe, et autant de néroli; distiller au bain-marie dans deux litres et demi d'esprit-de-vin, mettre en bouteilles, et conserver à une température de 15 degrés. Cette eau est excellente pour la toilette.

COSSUS. (*Agr.*) Les cossus sont des insectes lépidoptères, rougeâtres, à odeur forte, qui vivent dans le tronc des arbres.

Les cossus attaquent l'orme et le saule, quelquefois le peuplier et le chêne. Les larves vivent entre l'aubier et la seconde écorce, et s'y nourrissent pendant trois ans; au bout de ce temps, après plusieurs métamorphoses, elles sortent sous la forme de bombyx ou papillon de nuit. Elles viennent d'œufs pondus en juillet et en août, au bas de la tige de l'arbre.

Les cossus font dépérir l'écorce, suinter la sève dans la partie où ils sont; leurs excrémens sont une sorte de sciure de bois; l'arbre qu'ils rongent languit et finit par mourir.

On doit faire la recherche de leurs œufs. On les enlève, ou on les écrase. Quand on aperçoit aux pieds des arbres et le long du tronc les signes de la présence des cossus, on coupe l'écorce malade, on tue les chenilles, et on recouvre la cicatrice de l'arbre avec un mélange de terre franche et de bouze de vache. Quand l'écorce est complètement morte, on doit pénétrer jusque dans l'aubier et avec un fer pointu, le nettoyer, et atteindre l'insecte.

Les arbres voisins de ceux attaqués par le cossus sont garantis de ces insectes, si on entoure leur tronc de terre, de bouze de vache et de paille bien liée.

COTELETTES. (*Cuis.*) La meilleure préparation des côtelettes est la plus simple. On prend la côtelette un peu grasse et de moyenne grosseur; on la place sur un feu un peu clair, sans être trop ardent; on retire au bout de quatre minutes, au moment où le jus commence à couler, en conservant encore la couleur sanguinolente. (*Voy.* AGNEAU, CHEVREUIL, COCHON, MOUTON, SANGLIER, VEAU.)

COTON. (*Conn. us.*) Le coton qui sert à la fabrique des mousselines, percales, calicots, etc., est le produit d'une plante qui est herbe ou arbuste suivant le plus ou moins de chaleur du climat. On l'a essayé avec succès en Espagne et en France, à Toulon et à Aix, dans des terres à chanvre.

Le coton le plus estimé est celui des îles d'Amérique; ensuite, vient le coton du Levant, etc.

Le coton filé est coloré par diverses substances, par sa résine, la colle du tisserand, la crasse des mains; on le nettoie en le faisant bouillir pendant deux heures dans de la soude caustique; puis, en le plaçant dans du chlorure de chaux, ou en exposant le fil au pré pour que l'oxigène de l'air acidifie la substance colorante. On le

plonge ensuite dans un bain tiède d'acide sulfurique très étendu.

Les déchets de coton cardés avec soin, et lavés dans une forte lessive, peuvent s'employer à faire des tentures.

Pour reconnaître si un tissu est de coton ou de laine, on effile une pièce, et on présente un fil à la chandelle. Le fil de coton brûle avec rapidité tout entier, dès qu'il est allumé. Le fil de laine retiré de la lumière, cesse de brûler, et exhale une odeur animale d'ammoniaque.

Cotonnier annuel. (*Gassipium annuum.*) Cette plante de Sibérie produit un bon coton. Rapportée par M. de Humboldt en Prusse, et confiée à M. Bouche, jardinier de la Société d'Horticulture, elle a parfaitement réussi. On pourrait en essayer la culture en France.

COU. (*Hyg.*) Quand le cou grossit et se gonfle, ce que peut produire l'usage de certaines eaux qui prédisposent aux goîtres, ou l'usage de cols, de fichus trop serrés, on remédie à cet accident en portant pendant la nuit autour du cou un collier de taffetas contenant du sel de cuisine.

Quand des efforts, des éclats de voix ou de chant, ont fait grossir les muscles du cou, on doit s'abstenir d'élever la voix, de parler long-temps et haut, et se frotter chaque soir le cou avec de l'huile d'olive.

COUCHES. (*Jard.*) Les couches facilitent la germination et le développement des plantes, surtout de celles qui pour végéter ont besoin d'une grande chaleur.

Par la manière de faire les couches, on obtient la durée et le degré de chaleur nécessaire.

Les couches doivent être placées sur un terrain plus sec qu'humide, et pourvues d'un abri naturel ou artificiel contre les vents du nord.

La longueur des couches est indéterminée. Leur largeur varie de deux pieds et demi à quatre pieds, et leur hauteur, de deux à trois pieds.

On les divise:

1° *En couches chaudes*, qui se composent avec du fumier de cheval, qui sort de l'écurie et est en fermentation; il fournit une chaleur élevée, mais qui baisse rapidement et demande bientôt des *réchauds*, c'est-à-dire d'autre nouveau fumier chaud.

2° *En couches tièdes*, que l'on forme avec du fumier de cheval, de vache, et des feuilles mélangés. Leur chaleur est moins forte, mais plus durable. Ces deux couches se recouvrent de terreau, si les plantes qu'on y sème n'y doivent pas rester. Dans le cas contraire, on mêle au terreau un quart, moitié, ou les trois quarts de terre ordinaire.

3° *En couches sourdes*, qu'on fait en avril et en mai avec les mêmes matériaux que les autres, dans une tranchée, couverte en dessus de terre mélangée de terreau et ameublie, en forme bombée. Ces couches conviennent aux melons de deuxième et troisième saison, aux patates et aux plantes vigoureuses.

On empêche la chaleur de s'évaporer de la terre, en mettant par-dessus de la litière ou du fumier chaud et sec.

On emploie pour les couches sourdes les fumiers de cheval, d'âne, de mulet, de cochon, le marc de raisin et de pommes, les fougères, les bruyères, le tan, les feuilles vertes.

On fait un fossé d'un pied au plus, large de sept pieds; on le remplit d'un premier lit bien tassé de feuilles et litière, d'un second de fumier à demi-consommé, et de lits de fumier s'élevant à deux ou trois pieds, et couverts de dix pouces de bonne terre végétale. On soutiendra les côtés par des planches ou par de la litière longue, fraîche, maintenue avec des piquets.

On mesure la chaleur de la terre avec un thermomètre bien gradué. M. Régnier est l'auteur d'un thermomètre à couches.

On échauffe aussi les couches sourdes par des réchauds, qu'on renouvelle au besoin. C'est pour cela qu'on laisse de chaque côté un espace d'un pied et demi pour faire le réchaud.

Dans les jardins d'agrément, on fait des couches en février, pour avoir du terreau, pour avancer, ou refaire certains arbrisseaux, pour semer des graines de fleurs, et pour planter des plantes exotiques.

On les place les unes à côté des autres dans des encaissemens en briques, en pierre, ou en maçonnerie, qu'on appelle bâches. On les couvre de terre, et on sème les graines assez clair, à la profondeur voulue; on les recouvre d'un peu de terre au pied, et, s'il est nécessaire, on les abrite de cloches et de châssis.

Couches de plâtras. Creuser la terre à deux pieds de profondeur, ranger des plâtras jusqu'au bord, puis à deux pieds au-dessus du sol, couvrir de vieille paille la face supérieure, pour empêcher la terre de glisser; placer de la terre, et planter.

Ces couches durent plusieurs années. Elles activent la végétation par la décomposition que forment la circulation de l'air entre les plâtras, l'action des rayons du soleil, et le dégagement de l'humidité. Quand elles sont usées, comme elles abondent en nitre, elles servent d'engrais.

On peut alterner les couches de plâtras avec des couches de fumier.

Dans les serres, on peut chauffer les couches avec des tuyaux dans lesquels on fait circuler de la vapeur d'eau. On mêle des feuilles vertes au fumier de cheval, pour faire venir les primeurs et les plantes exotiques.

On emploie avec avantage les couches qui ont servi à élever des fleurs pour y placer des plantes qui languissent, en ayant soin de les mouiller.

Couche à champignons. (Voy. CHAMPIGNON.)
Couches à melons. (Voy. MELONS.)

COUCOU. (*Chass.*) *Cuculus canorus.* Le coucou est un oiseau de l'ordre des pies. On lui donne ce nom à cause du cri qu'il forme en chantant. Il ne chante qu'au printemps, et disparaît de nos contrées dès l'automne. Le coucou est aussi grand que l'épervier; mais son bec est moins crochu et moins fort. Le plumage qui couvre le dessus de son corps est cendré, traversé de lignes noires, d'un blanc sale, et strié de brun sous le ventre. Les plumes de ses pieds sont de couleur safranée. La femelle ne construit pas de nid. Elle va pondre ses œufs dans celui des oiseaux plus faibles qu'elle. Cependant pour plus de sûreté, elle a l'instinct de ne pondre qu'un seul œuf dans chaque nid.

Les petits coucous sont ainsi nourris par une mère étrangère, jusqu'à ce qu'ils soient en état de s'envoler, et de pourvoir seuls à leur nourriture.

Les coucous sont carnassiers et voraces. Ils ne se nourrissent que de chairs, de petits oiseaux et d'insectes; ils ne mangent les fruits que lorsqu'ils sont tout-à-fait dépourvus d'autre nourriture.

COUCOU (Jeu du). (*Récréat. dom.*) On joue au coucou de cinq à vingt personnes avec un jeu de piquet ou un jeu entier. L'as est la plus basse carte.

On tire la donne à la plus haute carte. Le donneur prend une carte au talon, et sans la montrer la passe à chaque joueur. Si la carte convient à un joueur, il dit: Content, et la prend; si non, il s'adresse à son voisin de droite, et dit: Contentez-moi. Le voisin est forcé de changer sa carte avec la carte offerte, à moins qu'il n'ait un roi, ce qu'il annonce, en disant: Coucou. On continue jusqu'à ce que vienne le tour du donneur. Alors, si celui-ci dit: Contentez-moi, la carte qu'il doit changer est celle de dessus le talon.

Le tour fait, la plus basse carte paie un jeton. S'il y a des as, tous les as paient, et à leur défaut, tous les deux.

Il revient trois cartes au donneur.

Le joueur qui a perdu se retire. Celui qui reste le dernier avec des jetons gagne tout ce qu'on a mis au jeu.

COUCOU DE CELLES. (*Cuis.*) Ce sont de petites citrouilles vertes grosses comme un œuf.

On les fait bouillir, cuire entre des bardes de lard avec du sel, un bouquet garni, et du bouillon.

On les fait mijoter un quart d'heure dans de l'espagnole réduite.

Coucous de Celles marinés. Les éplucher et émincer; les assaisonner de sel, de gros poivre et vinaigre. Les laisser mariner quelques heures; les exprimer; les mettre dans un compotier, arroser d'huile et de vinaigre avec poivre.

COULEURS. (*Ind. dom.*) On compte cinq couleurs principales dont le mélange forme les autres couleurs. Voici quelques unes des substances qu'on emploie pour composer chacune de ces cinq couleurs, et leurs nuances.

Blanc. Craie blanche, blanc d'Espagne, céruse.

Bleu. Bleu de Prusse, indigo, bleu extrait de la centaurée commune ou bleuet.

Jaune. Ocre de rue, ocre jaune, terre de Sienne, terre d'Italie, jaune de Naples, jaune minéral, jaune de chrome, jaune d'antimoine, stils de grains jaunes, gaude, orpin, massicot, safran des Indes, safran bâtard, oxides jaunes de fer.

Rouge. Ocres rouges, rouge de Prusse, rouge d'Angleterre, terres de Sienne et d'Italie calcinées, oxides rouges de fer, carmins et laques carminées, laques rouges de Venise et d'Italie, minium, cinâbre et vermillon.

Noir. Noirs d'ivoire, d'os, de charbon, de fumée, de sarmens de vigne, de noyaux de pêche, noir de composition fait avec les résidus du bleu de Prusse.

On mêle ces couleurs pour produire les orangés, les verts, les bruns, les violets; quelques substances les donnent aussi naturellement:

Orangé. Mine orange.

Vert. Vert-de-gris, acétate de cuivre cristallisé, dit verdet, terre verte, verts de Hongrie, de Scheele, de Schweinfurt, de Liebig, vert de vessie, d'iris.

Brun. Terre d'ombre, stil d'Angleterre, terre de Cologne, terre de Cassel, bitume, bistre.

Violet. Oxides violets de fer, pourpre de Cassius.

Beaucoup de couleurs sont des poisons, et on doit en broyant se garantir de leurs poussières. Les peintres ont plusieurs maladies spéciales, notamment la colique des peintres produite par les oxides de plomb. Aussi dans le broyage en grand, les Anglais ont adopté un moulin qui préserve de tout danger les ouvriers.

Nous indiquerons dans le cours de cet Ouvrage les moyens de faire aisément diverses couleurs, ou d'en extraire de plantes. (Voy. BISTRE, BLEU.)

Dans les couleurs à l'eau, on ajoute un peu d'alun et de gomme, ce qui les rend plus solides. Les couleurs à l'huile se broient avec l'huile de lin. L'huile de noix est préférable pour les couleurs blanches.

On broie d'abord toutes les couleurs à l'eau de rivière bien pure.

On la pose sur une table plane, carrée, unie, appelée porphyre, non qu'elle soit toujours de cette matière, mais parce que le porphyre est une des pierres les plus dures, et, par conséquent, les plus propres à cet usage.

Une mollette de pierre très dure, à base polie et légèrement convexe, taillée en cône tronqué, sert à broyer les couleurs. Si la pierre de ces instrumens était tendre et poreuse, il s'en détacherait des parcelles qui altèreraient les couleurs.

Une lame de fer mince et flexible, emmanchée dans un manche de bois, sert à rassembler et remuer les couleurs, en les rapprochant du centre. On recueille la couleur ainsi préparée sur du papier gris, on la laisse sécher, et on la met dans des bocaux en petits tas qu'on nomme trochisques; elle se garde très difficilement. Dès qu'on a broyé, on nettoie les outils du broyage avec le plus grand soin, avec du sablon et de l'eau, pour ne pas laisser de traces qui altèreraient la couleur qu'on broierait après.

Pour broyer à l'huile, on prend un trochisque, et on procède comme ci-dessus en substituant l'huile à l'eau, jusqu'au nettoiement des outils inclusivement. On les lave avec de l'huile pure et un peu de mie de pain, si la couleur était sèche.

Les couleurs à l'huile sont mises dans des vases de terre vernissés, puis dans des vessies, faites de morceaux de vessie de cochon, et grosses comme un œuf de pigeon.

Mélange pour rendre inaltérables à la pluie, les couleurs destinées à peindre à l'extérieur. On prend cinquante pintes d'eau, dans lesquelles on fait bouillir trois livres un quart de vitriol vert, on ajoute dans le liquide bouillant sept livres et demie de résine, bien pulvérisée, puis la matière colorante en quantité suffisante, selon la force des principes colorans, et dix livres de farine de seigle. On mêle ensuite une pinte un quart d'huile de chènevis. Ce mélange s'applique chaud, et suffit pour peindre une surface de 2,155 pieds carrés.

Moyen pour faire des pains de couleurs à l'huile. Broyer les couleurs avec de l'huile de térébenthine dans laquelle

vous aurez dissous du mastic en larmes pulvérisé, à la dose de quatre onces pour une pinte. Faire chauffer légèrement le plateau à broyer, et en faisant tourner la mollette, joindre un mélange de blanc de baleine, fondu dans de bonne huile de pavot, mouler et laisser sécher.

Si l'on veut mettre les couleurs en vessie, on humecte d'huile davantage. Quand on veut s'en servir, on délaye avec de l'huile seule, ou avec un mélange d'huile et de térébenthine.

Quand, dans un mélange de couleurs, on veut obtenir un précipité, on doit faire bouillir le liquide destiné à former le précipité, pour le débarrasser des parcelles d'air qu'il contient. Les deux liquides mélangés doivent être d'une température égale, et l'on ne doit pas verser de l'eau froide pour refroidir celle qui a bouilli.

Moyen de conserver les couleurs à l'huile en vessies. On fait entrer un petit bâton cylindrique dans le col de la vessie humide, et on le serre tout autour avec une ficelle; ce qui, en séchant, lui fait prendre la forme d'un tuyau, à travers lequel, après avoir retiré le bâton, on fait passer les couleurs, quand on en a besoin. On bouche ensuite le col avec le même bâton. Cela vaut beaucoup mieux que de faire un trou à la vessie pour en exprimer le contenu, et de remplir ce trou avec un tampon, ou de le laisser ouvert au préjudice des couleurs qui y restent. On a, en outre, l'avantage de pouvoir se servir plusieurs fois de la même vessie.

On peut encore, au lieu de bâton, attacher dans le col de la vessie un tuyau de plume, dont on ferme l'extrémité supérieure avec un petit bouchon. Des couleurs ainsi préparées peuvent se porter en voyage, sans danger de s'altérer.

On appelle couleurs *lucidoniques*, celles qui sont préparées de manière à sécher très vite et sans odeur. Pour les faire, on cuit de la térébenthine de Venise, on échauffe une pierre à broyer, et on broie dessus, avec les couleurs bien sèches, on ajoute ensuite suffisante quantité d'esprit-de-vin pour délayer. Si on veut employer cette couleur pendant l'été, on ajoute à la térébenthine un sixième d'huile siccative. Ces couleurs ont été inventées par madame Cosseron. Une maison peinte avec ces couleurs peut être habitée la même semaine.

Pour peindre la menuiserie, on concasse de la céruse, on la calcine dans un poêlon; quand elle prend une couleur jaune, on la retire. On la broie à l'huile grasse. On y ajoute de la térébenthine, et sur les meubles, panneaux, portes, etc., qu'on veut peindre, on applique d'abord trois ou quatre couches de cette couleur; quand elles sont bien sèches, on polit avec un linge sur lequel on applique de la céruse en poudre impalpable, et on peint avec les couleurs suivantes broyées à l'huile grasse.

Blanc. Céruse.

Vert. Deux parties de céruse, une de vert-de-gris. Cette couleur réussit surtout si le fonds poli est gris très clair.

Bois de chêne. Ocre de rue, et terre d'ombre; elle est d'autant plus claire que l'ocre est plus abondant.

Bleu. Bleu de Prusse et céruse, mêlés selon les nuances qu'on veut obtenir.

Bois de noyer. Blanc de céruse, ocre de rue, un peu de noir.

Gris de lin. Laque, bleu de Prusse, céruse, broyés séparément, et mélangés selon la nuance qu'on désire.

Marron clair. Jaune de Naples et rouge d'Angleterre.

Marron foncé. Rouge d'Angleterre et noir d'ivoire ou de fumée.

Jaune. Ocre de Berry; pour le jaune pâle, on ajoute du blanc de céruse.

Rouge. Rouge d'Angleterre et vermillon.

Jonquille. Céruse et orpin. L'orpin ne se broie qu'à la térébenthine, et veut être employé sur-le-champ : il y en a de trois sortes, de nuances variées.

Couleur d'or. Orpin mêlé de blanc de céruse, et d'un peu de vermillon.

On peint avec ces couleurs, en donnant deux ou trois couches les unes sur les autres, à mesure qu'elles sont sèches. On polit ensuite avec la pierre ponce. On vernit avec du vernis blanc ou brun, et on polit le vernis sec avec la pierre ponce.

Couleur solide pour peindre les meubles, imitant le bois d'acajou, composée par M. Charles Celnart. Dans deux litres d'eau, une demi-livre de bois de campêche et une once de bois jaune; faire bouillir deux heures dans un vase de cuivre ou de terre, et non dans un vase de fer, qui donnerait à la couleur une teinte noire.

Appliquer sur le bois trois ou quatre couches, selon que l'on désire la couleur plus ou moins foncée. Passer sur le bois une couche d'eau pure, avec assez d'acide sulfurique pour que l'eau soit aigre. La couleur devient rouge, et s'il y a beaucoup d'acide sulfurique, elle prend une teinte rouge cerise avec des reflets jaunes. En séchant, elle devient d'un violet sale. Faire fondre une partie de cire jaune, et ajouter une partie de térébenthine. La couleur reprend tout son éclat quand on s'est servi de cet encaustique.

On peut aussi la polir à la cire, ou appliquer trois ou quatre couches de bon vernis à l'esprit-de-vin.

Belle couleur facile à obtenir. Prendre une livre un quart d'acide hydrochlorique ou esprit de sel, une livre d'acide nitrique, 78 grammes d'étain effilé, mélanger les deux acides, en évitant de respirer les vapeurs qui s'exhalent. Jeter l'étain par petites parties à mesure qu'il se dissout. S'il y a un résidu, décanter avec soin. Conserver dans un flacon bouché à l'émeri. Cette couleur est d'un jaune citron; mêlée à la cochenille, elle donne l'écarlate.

COULEUVRE. (*Conn. us.*) La couleuvre est un reptile de la famille des serpens, elle est ovipare. Ses mâchoires sont garnies de dents, sa tête est couverte de neuf ou dix écailles, son ventre est traversé de plaques transversales, sa queue est conique.

On en distingue de plusieurs espèces : la couleuvre à collier, ainsi nommée à cause de deux taches jaunâtres aux côtés du cou; ce reptile est innocent et doux; il ne siffle que lorsqu'on l'irrite, et mord très faiblement. On le trouve le long des eaux et dans les haies humides; on lui donne le nom d'anguille de haie et de serpent d'eau; il nage très bien et avec rapidité.

Couleuvre à quatre raies. Les quatre raies brunes qui suivent sa longueur lui ont valu ce nom; elle ne se trouve que dans nos provinces méridionales.

La couleuvre lisse est commune en France, sur les montagnes et dans les bois. Sa longueur n'excède presque jamais un pied et demi.

Dans le Midi de la France, dans le Poitou, dans la Bretagne, on mange la couleuvre sous le nom *d'anguille de haie*.

Les gastronomes qui en ont goûté assurent que c'est un excellent mets. Il se prépare comme l'anguille.

On a prétendu qu'il fallait garder les couleuvres, parce qu'elles détruisaient les insectes et les vers. Mais une nourriture qu'elles recherchent avec avidité, c'est le becfigue, le rossignol, la fauvette; et ces oiseaux détruisent en un jour plus d'insectes qu'une couleuvre en plusieurs mois.

La couleuvre poursuit les oiseaux dans les haies où ceux-ci sont attirés en plein midi par les reflets brillans du reptile. Ils paraissent saisis d'un tremblement convulsif, de vertiges, et se laissent tomber. La couleuvre s'en empare; la facilité de la dilatation des muscles de ses mâchoires lui permet d'avaler d'un seul coup un rossignol.

La morsure des couleuvres n'est jamais mortelle. On en guérit le gonflement en frottant la partie d'huile d'olive, d'eau de sel ou d'alcali, et en se rafraîchissant au moyen de quelques bains et de quelque boisson antiphlogistique.

COULIS. (*Cuis.*) Un coulis est un jus passé à l'étamine, tantôt blanc, tantôt roux, dont on se sert pour lier les sauces. Les coulis sont très nourrissans et très échauffans.

Les roux s'appellent aussi coulis. (Voy. ROUX.)

Coulis gras. Beurrer le fond d'une casserole, y placer trois livres de maigre de veau, clous de girofle et ognons; faire prendre une couleur blonde, et mouiller d'un demi-litre de bon bouillon; faire cuire cinq à six heures, retirer la viande, et passer au tamis.

Coulis maigre. Faire cuire à petit feu avec de l'eau, pois secs, panais, carottes, et autres légumes, exprimer le jus en pressant fortement, et passer. On le fait simplement aux lentilles ou aux pois.

Coulis d'écrevisses. Faire bouillir des écrevisses dans l'eau, en pilter les coquilles, les délayer avec du bouillon et passer au tamis. Si vous voulez le coulis au gras, mêler du jus de veau, avec jambon, ognons et carottes; si c'est au maigre, mettre du poisson.

Coulis aux champignons. Faire bouillir des bolets avec des rôties de pain; quand ils sont bien cuits, passer en purée, ajouter du beurre, sel et assaisonnemens.

COUPE-LÉGUMES. (*Agric.*) Le coupe-légumes est un instrument au moyen duquel les légumes, placés dans une sorte d'auge, sont divisés par de petites lames de couteaux aiguisées et solidement fixées.

COUPE-PATE. (*Off.*) C'est un moule de cuivre rouge ou mieux de fer-blanc, qui sert à couper la pâte de toutes les pâtisseries, mais principalement de petits pâtés.

COUPERET. (*Cuis.*) On doit se garder d'aplatir avec le couperet les côtelettes et les beefsteaks. Le couperet ne sert qu'à couper les grosses viandes, les côtelettes, et l'extrémité des os.

28

COUPS. (Voy. CONTUSIONS.)

COUQUES. (*Off.*) C'est une excellente pâtisserie. Faire bouillir un litre de bonne crème, la verser dans une casserole, où sont seize jaunes d'œufs, des zestes de citron, une demi-once de sel, et deux onces de sucre. Ne pas laisser bouillir; passer à l'étamine. Quand le mélange est refroidi, prendre deux litrons de farine bien levée, et l'ajouter avec un quarteron de beurre; bien manier la pâte, et la mettre dans un linge fariné; la laisser revenir dans un endroit chaud; au bout de quelques heures, ajouter de nouvelle farine. Couper les couques en œufs, dorer, et mettre cuire au four chaud. Quand elles sont cuites, faire un petit trou à chacune, et y mettre du beurre salé.

COUPURES. (*Méd. dom.*) *Remède.* Quand on s'est coupé, faire sortir les caillots de sang; bien nettoyer la plaie; rapprocher les bords, envelopper la partie blessée avec un linge que l'on fixe avec un bout de fil. Les applications de corps gras sont nuisibles. (Voy. BLESSURES.)

Autre. Couvrir la blessure de sucre pilé, auquel on joint de la gomme en poudre, ou de la farine, et appliquer la pellicule interne d'un œuf cru, avec une bande.

Autre. Tremper un linge dans du blanc d'œuf, et l'appliquer.

Autre : dissolution dite Eau rouge. Faire dissoudre de la résine dans de l'alcool; rapprocher les bords de la plaie, entourer d'un linge, verser dessus l'eau rouge; l'alcool s'évapore, et la résine forme un vernis qui empêche le contact de l'air.

Autre. Mettre une compresse d'eau-de-vie ou de vin et d'huile, ou du taffetas d'Angleterre. Si la coupure tenait de la déchirure, l'application du taffetas ne ferait que renfermer le pus de l'abcès qui se formerait.

Autre. Appliquer sur la partie blessée une compresse trempée d'eau-de-vie qu'on entretient mouillée, et sur laquelle on a frotté une boule d'acier, dite de Nancy.

Autre pour les larges coupures. Tremper de la charpie dans le baume du Commandeur, la maintenir avec une bande, et chaque jour imbiber la charpie de baume.

Au bout de trois jours lever l'appareil, et panser avec du cérat saturné.

Autre. Appliquer de l'amadou sur la plaie, et le laisser quelques jours maintenu avec une compresse.

Si la blessure est pleine de sang coagulé, avant de panser enlever la tache noirâtre qu'il forme, avec un peu d'eau tiède et de vin.

COURBATURE. (*Méd. dom.*) La courbature est une légère indisposition qui survient souvent à des personnes assujéties à des travaux pénibles, ou à des exercices violens. Elle se manifeste par des douleurs dans les membres, par la lassitude, le mal de tête, et le manque de forces physiques.

Les courbatures ne peuvent devenir dangereuses que lorsqu'on n'y fait point attention dès qu'elles commencent. C'est pourquoi nous recommandons aux individus qui en reconnaîtront les symptômes, de se mettre au régime, de se rafraîchir, et de prendre du repos. Si la courbature ne cessait pas, ils feraient appeler le médecin.

COURT-BOUILLON. (*Cuis.*) Pour faire cuire un poisson quelconque, au court-bouillon, le vider, l'écailler, le laver, l'envelopper d'un linge maintenu avec de gros fil, le mettre dans une poissonnière avec bon vin, épices, une feuille de laurier, thym, ail, rouelles d'ognons, girofle; faire cuire à un feu très clair; faire prendre le feu à la poissonnière; le laisser s'éteindre; laisser réduire aux deux tiers; ôter le poisson et le servir froid ou chaud.

Un poisson ainsi préparé, peut se garder d'un mois à six semaines, dans un endroit frais, sans aucune altération.

COURTILLÈRE. (*Jard.*) Les courtillères ressemblent aux grillons. Elles se nourrissent de vers et d'insectes. On les nomme aussi courteroles, ou taupes-grillons. Bien qu'elles ne mangent pas les racines, elles soulèvent la terre et amènent par leurs ravages le dénichement des plantes. Elles déposent leurs œufs dans de petites galeries circulaires, au nombre de cent ou cent cinquante. On les tue en versant dans leurs trous de l'eau, et ensuite un peu d'huile. L'huile les étouffe quand elles remontent pour éviter d'être noyées.

Sur les couches, entre la terre et le fumier, on place un ou deux doigts de suie, qui tue les courtillères quand elles veulent pénétrer dans la terre. En démolissant des couches ainsi préparées, des cadavres de courtillères ont été trouvés en grande quantité.

Si l'on enfonce dans les couches de petits pots dont le trou est bouché, on prend beaucoup de courtillères. Elles tombent dedans en courant la nuit, et ne peuvent sortir.

On peut les détruire au printemps et en été, en enlevant des plaques de gazon garnies d'herbe fraîche, qu'on place dans les carrés, et qu'on arrose soir et matin. Les courtillères se rassemblent dessous, et on les tue. On change les gazons de temps à autre, et on arrose avec soin. On peut aussi employer une grande caisse remplie de fumier dont la chaleur les attire: elles entrent par des trous pratiqués sur les côtés; on bouche ensuite les trous avec des ardoises, et on tue les courtillères dans la caisse.

On détruit aussi les courtillères en arrosant avec de l'eau saturée de fumier de poissonnerie, ou en sondant leurs trous avec le doigt, et en les y attaquant au fond. Au mois de mai, juin et juillet, elles tracent des trous circulaires d'environ huit à douze pouces de diamètre aux centres desquels se trouvent les nids. On doit les y chercher, et si on ne les rencontre pas, unir la terre en piétinant.

On agit de même quand on manque une courtillère. Elle remonte au bout de quelque temps en soulevant la terre à sa sortie. On jette alors dans le trou de l'eau et de l'huile.

On peut habituer les chats à chasser et manger les courtillères, en laissant une courtillère s'enterrer à moitié, et lâchant un chat dessus, ou en le faisant jouer avec des courtillères mortes. Mais les chats qui mangent des insectes dépérissent si on ne leur donne du lait.

Les cochons qui avalent, en fouillant, des courtillères, périssent infailliblement.

COURGE PASTÈQUE (*Jard.*) *Cucurbita utricla.* Cucurbitacée. On la cultive beaucoup en Provence. C'est une bonne espèce, mais délicate. On la sème sur une couche à melons, en même temps qu'eux. (Voy. MELON.)

Les feuilles de la courge sont marbrées; le fruit est de moyenne grosseur. Il a l'écorce verte, la chair rouge, fine et sucrée. On la mange comme le concombre.

Confiture de courges. Couper les courges par petits morceaux, les laisser reposer dans un linge blanc, les jeter le lendemain dans l'eau bouillante, les faire cuire dans un sirop de sucre cuit à la plume, à raison d'une demi-livre par livre de fruit.

Autre. Couper la courge par tranches, enlever l'écorce et le cœur, piquer les tranches de zestes de citron, les placer par couches en les alternant de couches d'épinards, faire cuire au perlé un sirop de quantité égale de sucre dans une pinte d'eau. Mettre les courges dans le sirop.

COURLIS. (*Chass.*) Le courlis est un oiseau échassier du genre bécasse. Le courlis commun abonde en France; il est de la grosseur du chapon. Les plumes qui couvrent le dessus de son corps sont grises, avec des taches d'un brun noirâtre; celles de dessous sont blanches, mouchetées de noir. Cet oiseau est de passage; il vit en société sur le bord des étangs. Sa chair est estimée; il s'apprête comme la bécasse. (Voy. ce mot.)

COUSINS. (*Ind. dom.*) *Culex.* Genre des diptères. Pour détruire les cousins qui infestent une chambre, allumer une lanterne de verre, après l'avoir frottée de miel délayé dans du vin. Les cousins, attirés par la lumière, viennent s'engluer en foule dans le miel.

L'eau fraîche, l'alcali volatil, l'eau mêlée à la terre à foulon, sont de très bons remèdes contre la piqûre des cousins.

COUSSIN. (Voy. MOUSSE.)

COUTEAUX. (*Ind. dom.*) Pour entretenir les couteaux toujours propres et affilés, on pulvérise très fin de la brique; on la tamise, on l'étend sur une grosse planche, et l'on frotte les couteaux dessus.

COUTILS. (*Conn. us.*) Il y a des coutils de toute grandeur, depuis cinq huitièmes de large jusqu'à cinq quarts, et du prix de 26 sous jusqu'à 6 fr. 18 sous. Il y en a de blancs, de gris, de rayés de blanc et de bleu. Les meilleurs coutils pour pantalons sont à petites raies, en fil pur, ou en fil et coton, ce qui les rend plus solides.

Le plus beau coutil pour lits est celui de Bruxelles.

COUTRE. (Voy. CHARRUE.)

CRABE. (*Cuis.*) On appelle crabe divers coquillages du genre des crustacées.

Le crabe s'apprête comme le homard.

CRAIE. (*Ind. dom.*) C'est une espèce de chaux carbonatée d'une belle couleur blanche.

La craie de Briançon, ou talc de Venise, que les bottiers désignent sous le nom de poudre de savon, sert à faire couler le pied dans la botte.

La craie d'Espagne est un talc blanchâtre ou verdâtre dont la cassure est à grains fins ou écailleux : on l'emploie dans les couleurs à l'huile et à la détrempé; elle sert, étendue d'eau, à nettoyer les vitres.

Craie pour les queues de billard. Faire infuser à froid deux tiers d'amidon, ou plus si vous la voulez plus tendre, et un tiers de blanc d'Espagne; teindre en bleu par le bleu de Prusse, ou en vert en y ajoutant du stil en grains.

Quand la pâte sera rendue assez consistante par l'évaporation, mettre en bâtons, et faire sécher.

CRAMPE. (*Méd. dom.*) La crampe est une espèce d'engourdissement douloureux lequel force de contracter le membre qui en est atteint. C'est particulièrement dans les extrémités inférieures que la crampe se manifeste. Une fausse position suffit pour la faire naître; ordinairement elle ne dure qu'un moment. Lorsqu'elle prend dans le lit, il faut aussitôt se jeter à bas, et appliquer le pied par terre à nu, en se gardant bien, aussitôt qu'elle est passée, de faire des mouvemens trop brusques, parce qu'elle reviendrait immédiatement et d'une manière plus vive.

Les personnes qui y sont sujettes ne doivent point aller se baigner *en grande eau* étant seules; elles y courraient risque de la vie.

Si, après avoir étendu sa jambe ou son bras fortement, en le maintenant appuyé sur quelque chose le plus longtemps possible, on ne se trouve pas débarrassé de la crampe, il faut frictionner avec la paume de la main la région souffrante; cela suffit souvent pour la faire disparaître.

Les personnes sujettes aux crampes feront fort bien de coucher avec des chaussettes de laine, et de tenir toujours leurs jambes étendues pendant le premier sommeil, qui est le temps où les crampes prennent le plus ordinairement; mais on ne saurait trop leur recommander de ne pas s'exposer dans une eau profonde.

Remède. On évite les crampes en plaçant en travers dans le lit, sous le matelas, à la hauteur du mollet, de longues pincettes, ou une barre de fer d'un pouce environ d'écarrissage. Ce procédé est dû au docteur Chrétien, de Montpellier.

Autre. Appliquer sur la partie affectée une plaque de liége.

CRANSON. (*Jard.*) *Cochlearia armoraca.* Famille des crucifères. C'est une plante vivace, presque indestructible, âcre et piquante. On s'en sert beaucoup en Angleterre, où on la râcle pour la manger avec le bœuf et le mouton. Elle se multiplie de racines dans un sol gras, humide et profond. Elle a des traces très étendues, qui obligent à la séparer des autres plantes. Elle aime le bord des ruisseaux.

CRAPAUD. (Voy. CHEVAL.)

CRAPAUD. (*Conn. us.*) C'est un quadrupède rampant, ovipare, du genre des batraciens. Il est malpropre et dégoûtant. Lorsqu'on l'irrite, il lance par l'anus une liqueur puante sur celui qui l'attaque.

Le crapaud peut causer, en lançant son venin, quelque irritation sur la peau; mais il n'est nullement dangereux.

CRAYON. (*Ind. dom.*) Autrefois les crayons de mine de plomb, garnis en bois de cèdre, se tiraient d'Angleterre; ils se vendaient 20 et 50 sous la pièce. C'est à M. Conté que l'on doit la fabrication indigène des crayons qui portent son nom, et dont les numéros indiquent les degrés de dureté.

Le nom des crayons-conté vient de celui de leur inventeur, qui obtint du gouvernement un brevet en l'an III. Ses crayons ordinaires étaient formés de deux parties de carbure de fer ou mine de plomb, et de trois d'argile bien pure. Avec moins d'argile ils étaient plus tendres, et l'on en variait la dureté en variant le mélange.

On faisait chauffer la mine au blanc avant de s'en servir, puis on mêlait bien en broyant très fin; on les mettait dans des cannelures de moules bouillis dans le suif pour empêcher l'adhésion, et on les faisait cuire au four, puis on les mettait perpendiculairement dans un creuset plein de cendre tamisée, dont on lutait le couvercle, et on exposait à un feu plus ou moins grand, selon la dureté qu'on leur voulait donner.

Pour les crayons bien noirs, on ajoutait un peu de noir de fumée.

Les crayons à tracer des plans étaient, avant d'être moulés, trempés dans la cire ou le suif bouillant.

Pour les crayons colorés, on mêlait à l'argile blanche, de la terre d'aulne calcinée, ou du rouge de saturne qui donnait une couleur aurore, ou du carmin et des laques, ou de l'indigo, du bleu de Prusse, ou des oxides de fer. On ne cuisait pas ces crayons comme les autres, de peur de les brûler, et, après les avoir durcis à l'étuve, on les faisait bouillir dans le suif, la cire, ou l'huile.

Pour la monture des crayons, on se servait de bois de cèdre ou de genévrier.

Pour les crayons à dessin, on préparait des moules avec un composé par fusion d'étain, de régule d'antimoine et de zinc, en on y mettait les crayons.

Les crayons de plomb s'obtenaient en mêlant du plomb et du régule d'antimoine, et un peu de mercure.

C'est sur ces données qu'ont travaillé les fabricans de crayons, et en diminuant la main d'œuvre, en perfectionnant les instrumens de travail, ils sont arrivés à pouvoir donner à bas prix de très bons crayons.

Crayons de fusain. (Voy. FUSAIN.)

Crayons de plomb. Mêler trois parties de plomb sur une de mercure.

Crayons lithographiques. (Voy. LITHOGRAPHIE.)

Crayons à dessiner sur pierres. Faire chauffer et fondre dix-huit parties de savon de suif desséché, autant de cire blanche sans suif, ajouter en remuant continuellement trois parties de noir de fumée bien tamisé, verser dans des moules en bois ou en métal frotté d'huile; si l'on n'a pas de moules, on peut entourer de quatre morceaux de bois une plaque de métal, y verser la matière de l'épaisseur qu'on veut donner aux crayons, retirer les morceaux de bois, et couper rapidement les crayons avec un couteau.

Crayons rouges. Délayer dans un mortier de l'hématite en poudre, passer au tamis, agiter dans un liquide, laisser déposer vingt-quatre heures, décanter, mêler de la colle de poisson ou de la gomme arabique dans la proportion suivante :

Pour une once d'hématite,

Crayons tendres, 18 grains de gomme arabique;

Crayons de dureté moyenne, 21 grains;

Crayons durs, 22 grains;

Crayons très durs, 27 grains;

Crayons brillans, 56 grains de colle de poisson.

On fait épaissir à un feu modéré le mélange d'hématite et de solution de colle, on broie avec soin, et on passe la pâte à travers un cylindre pour faire des crayons.

Crayons de mine colorée. Prendre de gomme laque trois onces dissoute dans deux onces d'esprit-de-vin, une

de térébenthine liquéfiée au feu, quatre d'argile lavée, tamisée, séchée et en poudre, six de couleurs broyées à l'eau.

Mêler la gomme à l'argile, ajouter la térébenthine et la couleur, broyer, sécher légèrement à l'air, et faire une pâte, mouler, et exposer un quart d'heure à un feu vif, dans une boîte de tôle hermétiquement fermée.

Les couleurs qu'on peut employer sont, le bleu de Berlin, l'orpin fin, le blanc de plomb, le carmin pur, le vermillon de Hollande.

Ces crayons sont plus ou moins durs, selon la plus ou moins grande quantité de gomme laque.

CRÈME. (*Ind. dom.*) La crème sert principalement à faire le beurre. (Voy. BEURRE.)

La crème se dégage naturellement du lait qui repose, à une température de dix à douze degrés. A une température plus élevée, le lait s'aigrit; à une température moindre, il se coagule.

Le premier lait de la vache est moins chargé de crème que le second. Il est bon de laisser téter le veau pendant quelques instans avant de traire : on obtient ainsi une crème épaisse et abondante.

La crème doit être mise dans de longs vases cylindriques de fer-blanc, à orifice étroit. Dans les grandes chaleurs, elle est sujette à bouillonner. On peut éviter ce travail de la crème en suspendant les vases qui la contiennent dans de l'eau de puits bien fraîche.

Crème de Saint-Gervais. Cette crème se fabrique aux environs de Blois. Elle doit ses qualités à sa fabrication. Elle se fait dans des caves fraîches, d'une température toujours à peu près égale, tenues très proprement. On porte le lait dans ces caves, où on le laisse le temps nécessaire. On arrête la crème dans le vase par une planchette, et on vide le lait dans un autre vase; on bat ensuite la crème cinq à six minutes avec une batte pour y bien faire pénétrer l'air.

Tous les vases sont vernissés et bien entretenus. Les caves n'ont aucune odeur de laiterie.

A Saint-Gervais, on nourrit les vaches de vert et d'herbes ramassées dans les champs, de feuilles de choux-cavaliers en petite quantité, de paille, de son, de foin, de navets, de feuilles d'ormeaux détrempées dans de l'eau de son.

CRÈME. (*Off.*) *Crème à meringues.* Prendre un quart de litre de crème, une cuillerée à café de gomme adragant pulvérisée, trois à quatre onces de sucre, trois blancs d'œufs frais, et le quart d'une gousse de vanille. Battre avec un petit balai, jusqu'à ce qu'il se forme une mousse. On peut colorer et aromatiser avec diverses substances solides ou liquides.

Crème grillée. Faire praliner des amandes douces, ajouter de la fleur d'orange pralinée, mettre infuser le tout dans un litre de crème, passer l'infusion, y battre quatre jaunes d'œufs, ajouter deux œufs entiers, les battre, les passer à l'étamine, faire prendre au bain-marie.

Crème soufflée. Faire refroidir la crème, fouetter six blancs d'œufs, les mêler à la crème, la faire prendre dans un moule beurré.

Crème minime. Faire pocher quatre œufs frais dans du lait, avec une once de sucre, du sel, de la fleur d'o-

range pralinée ; égoutter les œufs, ajouter trois jaunes
d'œufs, une once de sucre, une demi-cuillerée d'huile,
et autant de farine dans le lait ; faire prendre la crème,
et au moment de bouillir, la verser sur les œufs.

Crème à la religieuse. Délayer quatre jaunes d'œufs
dans de la farine, avec sucre, sel, aromate au choix ;
ajouter un demi-setier de lait bouillant, faire prendre la
crème. Quand elle est froide, la border avec des jaunes
d'œufs durs sucrés, et aromatiser.

Crème renversée. Battre six œufs frais, le blanc et le
jaune, faire cuire au caramel un quarteron de sucre dans
une cuillerée d'eau, verser le caramel dans une écuelle
chauffée, et la tourner pour la garnir en tout sens. Faire
bouillir une chopine de lait, ajouter de la vanille ou autre
aromate, et un quarteron et demi de sucre ; au bout de
quatre bouillons, retirer la vanille ; délayer le lait avec
des œufs, verser le mélange dans l'écuelle, faire cuire
une demi-heure au bain-marie à grands bouillons ; laisser
refroidir la crème dans l'eau ; poser l'écuelle sur le plat
dans lequel on sert, et la retourner lestement sans briser
la crème ; verser dessus une crème simple à la fleur d'o-
range ou au zeste de citron.

Crème légère. Faire une neige de huit blancs d'œufs
frais, faire bouillir une chopine de lait, et faire une crème
avec les huit jaunes. Quand elle est faite, y mêler les
blancs, verser le lait dans un plat creux qui aille au feu,
poudrer le dessus avec du sucre râpé, mettre cinq minutes sous le four de campagne. Quand le dessus est doré
et glacé, servir de suite.

Crème blanche. Faire réduire à un tiers une chopine
de crème ; laisser refroidir à moitié ; prendre un peu de
farine délayée avec de l'eau dans une cuillère ; passer au
tamis, mettre dans un plat sur la cendre chaude, faire
prendre la crème avec du feu dessous et dessus.

Crème frite. Faire bouillir une chopine de lait, avec
des zestes de citron ; ajouter huit œufs et de la farine ; puis, du sel, un quarteron de sucre, gros comme
un œuf de beurre, de la fleur d'orange, huit jaunes
d'œufs, quatre macarons, huit massepains ; verser sur
un plafond beurré, la pâte bien épaisse et froide. La
tremper dans des œufs battus, parer, et faire frire d'une
belle couleur.

Crème à la vanille. Prendre huit œufs frais, séparer
les jaunes, et les broyer dans un petit saladier, mettre
sur le feu une chopine de bon lait, ajouter un quarteron
de sucre et un demi-bâton de vanille dans le lait bouillant ; au bout d'un quart d'heure, ôter la vanille, verser
le lait sur les œufs peu à peu en tournant avec une cuillère, tourner toujours sur un feu vif ; dès que la crème
commence à s'épaissir, la verser sur un plat creux en
continuant de remuer.

On peut aromatiser avec de la cannelle, ou de la fleur
d'orange.

Crème fouettée. Battre avec des verges d'osier une
demi-livre de sucre en poudre, une pinte de crème
épaisse, un blanc d'œuf battu, mettre la mousse dans un
panier à fromage garni d'une toile, laisser égoutter quelques instans ; l'aromatiser avec du jus de fraises, de framboises, ou avec de l'essence de rose ou de vanille bouillie.

Petits pots. Quand le lait est bouillant et parfumé, em-

plir les pots, et faire cuire au bain-marie, avec de l'eau.
Couvrir d'un couvercle plat une casserole où on les place,
après avoir mis de l'eau bouillante dedans ; la faire monter par l'ébullition jusqu'à six lignes du bord, pendant
un quart d'heure. Quand les pots sont en terre de pipe, la
crème présente beaucoup de trous et de bulles d'eau.

Crème au chocolat. Pour quatre petits pots, prendre
un demi-quarteron de chocolat à la vanille, le faire cuire
et réduire pendant une demi-heure dans trois petits pots
d'eau bouillante, avec une once de sucre ; ajouter un
petit pot de lait ; délayer le lait avec les jaunes d'œufs, et
faire cuire au bain-marie.

Crèmes au thé, au café, etc. On peut mêler à la crème
une cuillerée de thé vert qu'on passe au bout de trois
bouillons, ou deux tasses de café très fort et très clair,
ou du lait d'amandes pilées qu'on passe comme le thé, ou
du caramel qu'on pose dans le plat qui doit recevoir la
crème, ou une décoction de café citron, ou des pistaches ou du vert d'épinards. (Voy. CAFÉ.)

Crème pâtissière au cédrat, au citron, à l'orange.
Mettre dans une casserole trois jaunes d'œufs, une cuillerée à bouche de farine, délayer avec un verre et demi
de crème bouillante, ajouter une once de beurre cuit,
râper deux onces de sucre, deux zestes de cédrat, écraser
le sucre avec des macarons ; si la crème est trop liquide,
ajouter deux jaunes d'œufs. Dans le cas contraire, ajouter
de la crème ; mêler, et servir le tout dans un vase.

On parfume cette crème également avec du chocolat,
de la fleur d'orange, du rhum, du marasquin, du café,
de la vanille. On y mêle des avelines pralinées dans du
sucre cuit ou soufflé, des pistaches, des amandes amères,
du cédrat confit, du vert d'épinards, des raisins de Corinthe, de la moelle de bœuf fondue, par laquelle on
remplace le beurre.

Crèmes en liqueurs. Crème de rose. Mêler une livre
d'eau de rose avec une chopine d'esprit-de-vin, à 56°,
ajouter quatorze onces de sucre blanc, colorer avec dix
grains de cochenille et d'alun.

Crème de cacao. (Voy. CACAO.)

Crème des barbades. (Voy. BARBADES.)

Crème d'absinthe. (Voy. ABSINTHE.)

Crème de kirsch. Faire fondre, dans deux onces d'eau
et cinq onces de kirsch, quatre onces de sucre blanc, filtrer en ayant soin de prendre des précautions pour empêcher la volatilisation de l'alcool ; ajouter une demi-
goutte de teinture d'ambre.

Crème de rhum. Mêler parties égales d'eau filtrée et
de rhum distillé ; ajouter une livre de sucre par bouteille,
filtrer dans un entonnoir fermé.

CRÈME DE CATAY. (*Hyg.*) Cette composition blanchit la peau, et en facilite les fonctions. On la doit à
M. Jean-Marie Farina.

Faire fondre au bain-marie dix-huit grains de térébenthine de la Mecque, deux onces d'huile d'amandes
douces, un gros de blanc de baleine, une demi-once de
fleur de zinc, une de cire blanche, trois onces d'eau de
rose ; remuer sans cesse pour opérer ce mélange, aromatiser avec une essence quelconque.

CRÊPE. (*Var.*) Le crêpe est une étoffe de soie dont
la chaîne est frisée ; il y a du crêpe simple qui est le plus

commun et le moins fort, et du crêpe double. La largeur varie, ce à quoi il faut faire attention en achetant. Les plus beaux crêpes se fabriquent à Bologne en Italie; mais ceux de Lyon ont presque atteint le même degré de perfection. En noir, on n'emploie que celui dit noir-bleu, qui ne jaunit point. Le crêpe se nettoie assez bien.

CRÊPES. (*Cuis.*) Mettre dans une terrine trois cuillerées à ragoût de farine de froment bien pleines, faire un trou au milieu, et y placer une cuillerée d'huile d'olive, trois œufs entiers, et deux pincées de sel fin, verser peu à peu trois verres de lait. Faire fondre, dans une poêle sur un feu clair, gros comme une noix de saindoux frais, verser au milieu de la poêle une cuillerée et demie de la bouillie préparée, bien étendre la pâte sur toute la surface de la poêle en agitant; quand la crêpe est sèche et dorée d'un côté, la sauter pour la retourner de l'autre. La faire couler sur un plat, et procéder ainsi pour le reste de la pâte.

CRÉPINETTES. (Voy. COCHON.)

CRESSON. (*Jard.*) *Sysymbrium nasturtium.* Famille des crucifères. Plante vivace. On le sème au printemps, en mars, sur le bord des eaux courantes. A défaut d'eau courante, on remplit à moitié, avec de bonne terre, ou du marc d'étang, des baquets qu'on pose près d'un puits. On y sème la graine, ou on y pose les racines de la plante. On couvre d'eau qu'on renouvelle de temps en temps pour qu'elle ne se corrompe point. Il fleurit en juin; la graine dure deux ans.

Cresson alénois. (*Lepidium sativum.*) C'est une plante annuelle. La variété frisée est la meilleure. On le sème en mars, en terre meuble et fumée, peu à la fois. On renouvelle les semis tous les quinze jours, en réservant les pieds du premier pour graine. La graine dure deux ans. Celle de l'année monte trop vite, et il ne faut pas la semer.

On doit en écarter les oiseaux, qui en sont très friands. On récolte la graine avant l'entière maturité. On lie les tiges en paquets, on les suspend au grenier, et on les bat quand elle sont bien sèches.

Le *cresson à feuilles vertes* très bon pour fournitures.

Le *cresson à petites feuilles brunes*, difficile à cultiver.

Le *cresson à grandes feuilles brunes* réussit dans l'eau profonde. On entoure les jeunes plants de terre humide, et on les place en rangées parallèles dans un pouce et demi d'eau. On nettoie et on replante les lits deux fois par an. Les lentilles d'eau et autres racines nuisent au cresson, et on doit avoir soin de les enlever.

Ce cresson ne vient bien que dans l'eau courante. Il dépérit dans un terrain fangeux. La craie et le gravier lui conviennent.

Les lits doivent être renouvelés tour à tour en mai, juin, septembre et novembre, pour qu'on puisse récolter à différentes époques. On coupe le plus souvent possible.

Le *cresson de Para.* (*Spilantus oleraceus.*) Famille des radiées. Si on l'arrose souvent, il réussit très bien dans nos climats. Les fleurs et sommités infusées fortement, constituent la liqueur odontalgique, dite Paragnay-Roux. On appelle aussi ce cresson *bident à saveur de pyrèthre.*

Élixir odontalgique de Para. Mêler et filtrer deux onces d'alcool rectifié, autant de suc de fleur de cresson de Para, ajouter un gros de charbon animal, laisser s'opérer le mélange pendant quelques jours, en agitant les liqueurs; filtrer de nouveau. En imbibant de cet élixir un morceau d'amadou qu'on applique sur la dent malade, on calme les douleurs des dents.

Cresson de l'Inde. (*Senebiera pinnatifrida.*) Il a été naturalisé en 1828, par M. Bosc. Le cresson de l'Inde forme sur le sol de jolies petites rosaces, et donne des feuilles pendant tout l'hiver, et principalement au premier printemps, alors que l'estomac demande une nourriture fraîche et nouvelle. Ses feuilles sont plus tendres, moins piquantes au palais que celles du cresson alénois. Il ne redoute pas le plus grand froid, et n'a pas besoin d'eau dans les plus fortes chaleurs.

CREUSETS. (*Ind. dom.*) On fabrique d'excellens creusets avec la composition suivante.

Prendre quatre parties d'argile; en décanter, brûler et pulvériser très fin trois parties, décanter seulement la quatrième; former une pâte, laisser sécher à l'air quand le creuset est fait, et faire cuire.

Autre composition. Deux parties de terre de pipe, et une partie de sable siliceux pulvérisé assez fin pour que les grains passent par le trou d'une grosse aiguille.

On fait avec les mêmes mélanges de bonnes cornues.

Les creusets fabriqués avec le second ont été soumis, sans entrer en fusion, à une température de 166° au pyromètre de Wedgwood. Les creusets de *Hesse*, regardés comme les meilleurs, fondent à 130° de ce pyromètre.

CREVASSES. (*Méd. dom.*) Les crevasses s'appellent aussi gerçures ou fissures. Les lèvres exposées à un vent froid, humectées trop fréquemment de salive, deviennent faciles à fendre au mouvement du rire, à l'éternument, aux secousses de la toux. L'onguent rosat est un remède sûr contre ce petit accident. Le froid vif produit le même effet sur les mains. Les préparations huileuses en sont le remède. On emploie avec succès, quand la douleur est calmée, les acétates de plomb, le cérat saturné, l'ail cuit dans l'huile, ou le composé suivant : une once de moelle de bœuf, deux de graisse de veau, deux gros de camphre, une demi-once de miel, autant d'huile d'olive.

Le travail crevasse les mains des agriculteurs et des jardiniers. On y remédie en faisant fondre ensemble de la cire vierge et de l'huile à parties égales, et en en frottant les mains.

Crevasses au sein des nourrices. Il vient souvent au sein des nourrices, et particulièrement à celles qui le sont pour la première fois, des ulcères produits par des tiraillemens que l'enfant exerce sur cette partie. Il faut alors tenir le sein très propre, protéger le mamelon, l'en conserver soin alongement, au moyen d'un chapeau de cire, ou de gomme élastique, ou bien le couvrir d'un linge blanc enduit de cérat blanc, de pommade de concombre, d'un mélange d'axonge et de beurre de cacao, d'un peu d'huile fraîche et souvent renouvelée; les mucilages de guimauve, de graine de lin, de semence de coing, sont aussi de fort bons adoucissans. Si le petit ulcère, devenu moins douloureux, persiste néanmoins, on fait des progrès, l'eau de plantin, de rose, ou autres astringens légers, comme le vin, le sucre, l'eau-de-vie incorporée au blanc d'œuf, le cérat de saturne ou l'onguent blanc de Rhasis, le populeum, peuvent être employés avec succès.

CREVETTE. (*Cuis.*) C'est un coquillage du genre des crustacées sessiliocles.

La crevette, pour la table, doit être d'un beau rouge pâle, ne pas être collante au toucher, avoir une bonne odeur et la queue ferme.

Les crevettes les plus estimées sont celles qu'on apporte de Rouen.

Pour servir les crevettes, remplir le plat de quelques herbes, couvrir d'une serviette en carré, mettre au milieu du persil, et arranger à l'entour les crevettes en pyramide.

CRIBLE. (*Ind. dom.*) Le crible sert à dépouiller le grain de la poussière, des balles, des pierrailles et des insectes. Le meilleur crible est celui nommé *tarare*.

CRIC. (*Ind. dom.*) Il est bon à la campagne d'avoir un cric. On sait qu'avec cet instrument, qu'on doit à Archimède, on peut avec une petite force soulever les plus pesans fardeaux.

CRIN. (*Ind. dom.*) Le crin crépi, qu'on a fait bouillir pour le faire friser, sert à garnir les meubles. Il est vendu jusqu'à deux francs la livre. Les tapissiers le mêlent souvent à la bourre et à la mauvaise laine. (Voy. MEUBLES.)

CRIOCÈRES. (*Jard.*) Les criocères ont les yeux échancrés, le corps long, les élytres brillantes; leur corselet produit un bruit aigu en frottant contre le sternum.

Les larves dévorent les liliacées, les asperges, les graminées, les plantes aquatiques.(V. ANIMAUX NUISIBLES.)

Criocère des asperges. (Voy. ASPERGES.)

CRISTAL. (*Ind. dom.*) Pour donner de la force au cristal, ainsi qu'à la porcelaine, on les place dans de l'eau de puits, qu'on fait bouillir : ils deviennent plus solides et plus résistans au feu. (Voy. VASES.)

CRISTALLISATIONS POUR ORNER UNE CHEMINÉE. (*Ind. dom.*) Mêler ensemble une partie d'argent, une partie de mercure, une d'acide nitrique, et un peu d'eau distillée, y plonger pendant quelque temps un sac de toile fine contenant cinq ou six gros de mercure purifié; la superficie du sac se couvre peu à peu de jolies cristallisations.

Autre. Faire fondre du soufre, mettre dans un creuset en forme de sébille. Quand le refroidissement l'a couvert d'une croûte, y faire un trou au milieu, et décanter doucement. En enlevant la croûte supérieure, on trouvera le fond tout garni de jolies cristallisations.

CRISTAUX. (*Off.*) On appelle cristaux tous les verres à tiges ou sans pieds, les compotiers, les coupes à neiges et à glaces.

CROCHET. (*Ind. dom.*) Le crochet est un petit instrument d'acier replié dont on se sert pour relever les mailles quand on fait du tricot ou de la broderie.

CROCUS. (Voy. SAFRAN.)

CROIX OU PILE (jeu de). (*Récr. dom.*) Il consiste simplement à jeter en l'air une pièce de monnaie. On a gagné ou perdu, selon qu'elle tombe du côté de la face qui

portait autrefois une croix, ou bien du côté du revers qui dans ce jeu ce nomme *pile*.

CROIX DE JÉRUSALEM. (Voy. LYCHNIDE.)

CROQUE-EN-BOUCHE. (*Off.*) Arranger sur un plafond des morceaux de pâte à choux gros comme des œufs de pigeon, les dorer, faire un trou au milieu, faire cuire, et glacer avec du sucre au cassé.

Croque-en-bouche d'oranges. Couper les oranges en quartiers, en ôter la peau blanche, tremper les quartiers dans du sucre cuit au cassé, servir de suite pour que le sucre ne se ramollisse pas.

Croque-en-bouche de génoises. Préparer des génoises à l'orange (voy. ce mot), les détailler avec un coupe-pâte pour en former des anneaux, les mettre pendant quelques minutes à la bouche du four, masquer avec de la glace royale, orner de gros sucre, les coller avec du sucre cuit au cassé, garnir le milieu de chaque génoise avec une cerise confite.

Croque-en-bouche de feuilletage. Découper du feuilletage, masquer d'une cerise ou de glace royale, après avoir cuit au four sur une plaque.

Croque-en-bouche de marrons. Éplucher de beaux marrons, les faire griller et les tremper dans du sucre cuit au caramel. On fait de même le croque-en-bouche d'amandes et de noix vertes.

CROQUETTES DE RIZ. (*Cuis.*) Voy. RIZ.

CROQUETTES A LA PARISIENNE. (*Off.*) Piler avec deux onces de sucre, de la vanille ou autre aromate, ajouter huit onces de farine et quatre blancs d'œufs fouettés, glacer sur une plaque enduite de cire vierge, et laisser au four toute la nuit.

CROQUIGNOLES. (*Off.*) Prendre une demi-livre de farine, une livre de sucre en poudre, de la fleur d'orange, du sel, du beurre, des blancs d'œufs; manier la pâte, beurrer des plafonds, et y disposer les croquignoles; faire cuire à un feu doux.

Croquignoles à la Chartres. Piler des amandes douces, les mouiller avec des blancs d'œufs, ajouter deux litrons de farine, du sel, des zestes de citron, une demi-livre de sucre, des œufs; couper la pâte en croquignoles, la dorer, et faire cuire au four.

Croquignoles aux avelines. Émonder huit onces d'avelines, les torréfier dans un poêlon, les piler en les mouillant de blancs d'œufs, ajouter huit onces de farine, huit de sucre, quatre jaunes d'œufs et du sel; manier la pâte et en faire des croquignoles.

Croquignoles aux pralines. Prendre de la pâte à croquignoles et en entourer des pralines.

CROUP. (*Méd. dom.*) Le croup est une maladie particulière aux enfans, surtout d'un à sept ans; de dix à douze, elle devient plus rare. Elle frappe plutôt les enfans mâles que les filles. Les enfans les mieux constitués en sont atteints comme les plus débiles. Elle est épidémique. Elle dure quelques heures, ou huit à dix jours, selon les cas. Quoique beaucoup de personnes pensent qu'elle n'attaque qu'une seule fois, les récidives sont fréquentes.

Causes immédiates et prédisposantes. Air froid et humide, changemens brusques de température, comme il en survient au printemps et en automne, convalescence de la rougeole, de la petite-vérole ou autres maladies.

Symptômes. Ils sont quelquefois difficiles à reconnaître; mais dès qu'on suppose seulement la présence du croup, il faut en hâte aller chercher un médecin, et porter les secours les plus prompts.

Difficulté de respiration, râle, voix rauque, toux qui ressemble au cri d'un jeune coq, oppression, besoin de distendre la poitrine, changement subit du visage de la rougeur à la lividité, saillie des yeux, sueur froide, abattement général, suffocation, anxiété, mouvemens irréguliers, agitation.

Traitement prophylactique. Vêtir bien chaudement les enfans en automne, ne pas les mettre trop vite en habits d'été, ne pas leur tenir les cheveux trop courts, et leur couvrir les bras, les jambes et les pieds de tissus de laine et de coton, ne pas les exposer à un soleil trop ardent, éviter qu'ils soient surpris par une transition subite du chaud au froid, et réciproquement.

Traitement. Donner les secours les plus prompts, placer des sangsues au-devant du cou, mettre l'enfant pendant ce temps dans un bain de vapeurs émollientes. Pour cela, l'envelopper d'une couverture, et mettre à ses pieds, ou entre ses jambes, un vase plein d'infusion bouillante de mauve ou de sureau.

Après l'application des sangsues, retirer l'enfant du bain, le bien essuyer, l'envelopper bien chaudement, lui donner par cuillerées à café, de demi-heure en demi-heure, la potion suivante jusqu'à ce qu'il vomisse : un grain d'émétique, une once de sirop d'ipécacuanha, deux gros d'oxymel scillitique, quatre onces d'eau distillée.

Si les accidens sont graves, on peut appliquer deux petits vésicatoires entre les épaules. On tient en évaporation, dans la chambre du malade, une infusion bouillante de fleurs pectorales, avec un peu d'éther.

La toux et l'enrouement que le croup laisse après la guérison n'ont rien de dangereux, si la respiration est libre.

CROUSTADES. (*Cuis.*) Ce sont des croûtes ou mies de pain qu'on a fait frire.

CROÛTONS FRITS. (*Cuis.*) Faire gratiner des croûtes de pain grillées; quand on a fait évaporer le bouillon dans lequel on les a mises, les détacher avec d'autre bouillon et les servir dans la soupière.

Autre. Chapeler deux pains à café, lever la croûte, les faire mijoter dans une cuillerée de bon consommé, les faire gratiner, les ranger dans un plat, et casser sur eux des œufs frais qu'on fait prendre comme des œufs sur le plat, servir avec du consommé.

CROÛTONS AUX CERISES. (*Off.*) Passer de petits croûtons au beurre, faire chauffer des confitures de cerises, et arranger dessus les croûtons, couvrir de sucre en poudre.

On fait aussi les croûtons à la marmelade d'abricots.

CUBÈBE. Le cubèbe est une sorte de poivre; ses fruits sont sphériques et gros comme des grains de poivre commun; on s'en sert comme d'assaisonnement.

CUCUBALE FRANGÉ. (*Jard.*) *Cucubalus fimbriatus.* Famille des caryophyllées. Cette plante vivace et rustique vient de l'Amérique septentrionale. On la multiplie par séparation du pied en septembre; sa tige, haute de

six pieds, porte en juillet des fleurs campanulées et frangées, grandes et blanches.

CUIR A RASOIR. (Voy. RASOIR.)

CUIR (*Ind. dom.*) Les tanneurs préparent les peaux avec de l'écorce de chêne; on se sert aussi de rafles de raisin et de liqueurs, ou de suie, ou de goudron dissous dans de l'eau avec de la chaux d'acide gallique, en tenant les peaux imprégnées de ces substances dans des caves.

Les corroyeurs se servent, pour conserver les cuirs, d'huiles de rabette, de colza, de noix, de poisson, de térébenthine, de poix de bourgogne. Leurs procédés demandent des connaissances techniques spéciales qu'il est inutile d'indiquer ici.

Les cuirs de bœuf et de cheval sont tannés, chez les Kalmouks, de la manière suivante :

On échaude les peaux fraîches, on enlève le poil et on gratte avec des couteaux tranchans; on les unit, on les lave à l'eau courante, et on les trempe une semaine dans du lait aigri.

En exposant les cuirs au soleil, quand on les sort de l'eau, et en les découpant par morceaux qu'on coud encore humides avec des fibres d'animaux et qu'on fait sécher à la fumée, on obtient des vases durs, solides et transparens; on les façonne pendant qu'ils sèchent, soit avec les mains, soit en les remplissant de sable et de cendre.

Cuir de Russie. (Voy. PEAU.)

Voici différentes préparations qui donnent au cuir de l'éclat, le teignent en diverses couleurs, et le garantissent de l'humidité. (Voy. COPAL, VERNIS.)

On doit faire précéder leur application de lavages au moyen d'une éponge trempée dans la cire fondue, et essuyer avec un linge.

Vernis noir. Étendre une première couche de vernis d'huile de lin, mêlé à du noir de fumée calciné dans un vase couvert, laisser sécher, et appliquer, après un lavage, du noir de fumée broyé dans égale partie d'huile et de vernis copal, puis une couche préparée au vernis copal seulement; on polit avec de la pierre ponce pulvérisée, et on lustre avec un morceau de feutre mouillé, couvert de poudre de corne de cerf calcinée et pulvérisée.

Pour le *vernis blanc*, on substitue au noir de fumée du blanc de plomb et du blanc de céruse.

Pour le *vernis vert*, on mêle du blanc de céruse avec du verdet cristallisé.

Pour le *vernis rouge*, dissoudre une partie de copal dans deux parties d'huile et de térébenthine, ajouter quantité égale de vernis à l'huile de lin et suffisante partie de vermillon.

Pour le *vernis rose*, on emploie du cinabre, et pour le *vernis bleu*, du blanc de plomb à l'huile, puis du bleu de Prusse au copal.

Pour le *vernis jaune* sur des cuirs blancs, on fait bouillir de la gaude, de la lessive d'alcali, de la cochenille et de l'alun; on en teint les cuirs et on couvre d'un vernis copal. Sur des cuirs de couleur, on mêle au vernis de l'ocre clair et du blanc de plomb pour la première couche; on polit et on applique, pour la seconde, du jaune de Cassel broyé avec du vernis copal.

La couleur du cuir se fait avec une couche d'ocre et de

blanc à l'huile de lin, et une d'ocre et de jaune de Cassel au vernis copal.

Beau vernis résistant pour le cuir, imitant la porcelaine du Japon. Broyer du carbonate de baryte avec du vernis blanc à l'huile, peindre le cuir avec cette composition, donner une seconde couche avec du vernis de blanc copal et du carbonate de baryte, polir avec du feutre quand les couches sont sèches, puis avec la pierre ponce; enfin, passer par-dessus, avec une brosse, de la poudre de corne brûlée.

Manière de vernir les ceinturons, les gibernes et tous les cuirs. Polir et râper le cuir, enduire le côté intérieur d'une couche d'eau de colle de Flandre, avec un vingtième d'huile cuite; polir après que cette couche a séché, et recommencer si le cuir n'est pas assez uni; délayer de l'huile grasse forte, avec égale quantité de vernis copal, du noir de fumée, de l'essence de térébenthine, mêler en plaçant dans un pot de fer sur des cendres chaudes; étendre le cuir préalablement chauffé, donner une couche, faire sécher le cuir lentement, polir au charbon pilé et tamisé ou à la pierre ponce, donner une seconde couche et polir, donner une troisième sans polir.

On peut mêler le noir de fumée à l'eau de colle.

Cuir pour chaussure. La bonté des chaussures dépend beaucoup de la coupe du cuir et de sa qualité. Le cuir uni est préférable à celui sur lequel on a pratiqué l'opération de la cambrure. La coupe doit être faite de haut en bas et à fibre droite. On fait joindre le cuir sur la jambe, en pratiquant une couture à la cheville du pied.

CUISINE. La cuisine est une partie des plus importantes de l'économie domestique. Comme toute science, elle a son vocabulaire spécial, ses mots techniques peu compréhensibles à ceux qui ne sont pas initiés aux études gastronomiques. Pour éviter au lecteur de feuilleter notre volume, nous réunissons ici tous les verbes indiquant des actions culinaires.

Quant aux diverses préparations des alimens, on les trouvera à leur place, ainsi que les noms des ustensiles de cuisine. (Voy. AGNEAU, AIL, ALOSE, ALOUETTE, ALOYAU, ANCHOIS, ANDOUILLES, ANGUILLES, ARTICHAUT, ASCHARDS, ASPERGES, ASPIC, etc.)

Affiner une poêle. Mettre du beurre sans le faire brûler, y jeter ensuite du gros sel, et frotter avec un torchon.

Blanchir. Passer dans l'eau bouillante légumes, viandes blanches, ou autres.

Braiser. Faire cuire de manière à ce qu'il n'y ait aucune évaporation sensible.

Brider. Passer une ficelle dans les cuisses d'une volaille pour lui donner une forme agréable.

Cendrer. Couvrir de cendre un feu trop ardent.

Ciseler. Faire des entailles par intervalles aux viandes pour les faire griller.

Clarifier. Passer un liquide pour l'épurer.

Coller. Éclaircir le vin.

Débrider. Ôter la ficelle qui a servi à brider.

Faire dégorger. Mettre les viandes dans l'eau froide pour les nettoyer, et leur enlever le sang. La cervelle, les pieds et la tête de veau se font toujours dégorger.

Désosser. Enlever les os, et rendre ensuite à la pièce sa première forme.

Échauder. Jeter les alimens dans l'eau bouillante avant de les préparer.

Émincer. Faire des tranches de viande peu larges et très minces.

Éplucher. Enlever l'épiderme des légumes en ratissant.

Étouffer. Faire cuire les viandes dans une marmite ou casserole fermée hermétiquement.

Faisander. Faire acquérir du fumet au gibier en le gardant.

Farcir. Remplir de farce.

Flamber. Passer au feu de la volaille ou du gibier après l'avoir plumé, pour en brûler le duvet.

Foncer. Mettre au fond d'une casserole des bardes de lard ou de jambon avant de placer le mets qu'on veut faire cuire.

Fraser. Bien manier une pâte.

Frapper de glace. Entourer de glace une bouteille de vin mousseux, pour y concentrer l'acide carbonique.

Frémir se dit d'une eau qui commence à bouillir légèrement.

Glacer. Étendre sur les viandes des coulis ou des sauces qu'on applique au moyen d'un pinceau.

Habiller. Préparer un animal pour la cuisine. Ainsi plumer, vider et flamber une volaille, écailler et vider un poisson, écorcher et vider un lièvre.

Limoner. Enlever la vase d'un poisson en l'échaudant.

Faire mariner. Mettre dans une préparation quelconque pour donner du goût.

Marquer. Arranger les viandes dans la casserole.

Masquer. Cacher la forme des mets par un entourage.

Faire mijoter. Faire cuire à petit feu.

Mincir. Couper en rouelles des betteraves ou des concombres pour salade.

Mitonner. Faire imbiber du pain dans du bouillon très chaud.

Mouiller. Mettre un liquide dans la cuisson.

Paner. Poudrer de mie de pain.

Parer. Ôter les peaux et graisses, qui déforment un morceau de viande.

Passer. Faire faire plusieurs tours à un mets dans la casserole.

Piquer. Garnir de lard menu.

Faire rafraîchir. Mettre un mets blanchi à l'eau fraîche.

Refaire. Retourner de la volaille ou du gibier dans une casserole jusqu'à ce que la chair se gonfle.

Retrousser. Ficeler une volaille ou du gibier, les pattes en-dessous. On dit aussi *trousser en poule.*

Faire revenir. Passer la viande dans le beurre très chaud.

Faire sauter. Agiter dans tous les sens les mets dans la poêle ou dans la casserole.

Singer. Jeter sur un mets quelques pincées de farine, et mouiller ensuite.

Tamiser. Passer au tamis.

Travailler se dit d'une sauce qu'on fait réduire le temps suffisant.

Tourner. Arrondir un cul d'artichaut, ou des navets, des carottes, etc., pour leur donner une forme.

Tourner des olives. Oter le noyau avec la pointe d'un couteau, et remettre dans de l'eau fraîche, pour leur rendre leur première forme.

Trousser. Avec une aiguille et de la ficelle assujétir une volaille ou une pièce de gibier.

Trousser en pélican. Mettre les pattes sous le ventre, les ailes écartées, la tête tenue droite au moyen d'une brochette.

Trousser en tarte. Cacher les pattes sous l'estomac.

Vanner. Mêler la sauce en l'enlevant avec une cuillère, et la laissant retomber.

CUISINE. (*Hyg.—Conn. us.*) La cuisine sera vaste, bien aérée, claire, d'un abord facile, peu éloignée de la salle à manger, sans que pourtant les émanations de la cuisine puissent parvenir dans le lieu où l'on dîne. Les fourneaux seront placés sous les fenêtres, pour éviter les exhalaisons du charbon. On éclairera de préférence avec des lampes, pour plus de propreté.

La cheminée de la cuisine doit être vaste, à manteau élevé; mais avoir un tuyau étroit pour obtenir plus de calorique avec moins de bois. Le fourneau doit être propre, et garni de carreaux de faïence.

La table de chêne au milieu de la cuisine doit être maintenue très nette, et ratissée tous les jours. Un fort billot à trois pieds sert à tailler les grosses viandes. Des planches de sapin supportent les petits ustensiles et les boîtes contenant les épices.

De forts clous tiennent suspendues les batteries de cuisine, dont on dressera un état : les casseroles, les poêles, les marmites, les daubières, les plafonds à tourte, les cafetières, les poissonnières, les chaudrons, les bassines à confiture, une tourtière et un four de campagne, les chaudières à laver la vaisselle, le tout bien étamé.

A la campagne, où la cuisine est le lieu de réunion des ouvriers, on doit avoir une table très longue au milieu, avec un banc de chaque côté, et autant de tiroirs qu'il y a de domestiques, afin que chacun puisse y serrer son couvert, un verre et une serviette. Le bout de la table sera destiné à la cuisinière, et aura un tiroir à compartimens, pour ranger les couteaux et les lardoires.

A côté de la cheminée, on place un cuvier qui sert à contenir les cendres. On ne jette rien dans le feu qui puisse tacher le linge, si on destine les cendres à la lessive. (*Voy.* CENDRE.)

Le cuvier, de crainte du feu, sera de préférence en terre. Sur la cheminée de la cuisine d'une campagne se placera une grande lanterne.

L'évier doit être grand et commode. A la campagne, l'évier, s'il est possible, déchargera les eaux grasses dans une fosse à fumier ou dans une auge pour les cochons. A côté de cet évier, un vaisselier pour égoutter les assiettes.

Sous le manteau de la cheminée, sera un petit four à pâtisserie. En dessous, un cuvier à lessive permanent dans un carré de maçonnerie, ou une place réservée pour en mettre un au besoin. Un grand placard garni de bonnes planches de chêne n'est pas un meuble inutile.

La fontaine est placée dans l'endroit le plus frais, l'été, et plus près de la cheminée l'hiver.

Le charbonnier de la cuisine est placé dans un renfoncement quelconque.

CUISINIER. (*Cuis.*) Il est rare, à moins qu'on ne soit très riche, qu'on ait un homme pour gouverner sa cuisine. Ce n'est que dans les grandes maisons qu'on possède des cuisiniers. Pour être consommés dans leur art, il leur faut d'indispensables dispositions primitives, un tact très exercé, un odorat subtil, un palais très fin, et le goût de leur état.

M. Grimod de la Reynière, considérant les émanations délétères du charbon, la chaleur, l'éclat du feu et le manque d'air pur qui vicient la santé des cuisiniers, les engage à se purger souvent.

CUISINIÈRE. (*Cuis.*) Dans les rôtissoires de fer-blanc, dites *cuisinières*, la cuisson est plus égale et exige moins de combustible; mais les viandes cuites ainsi sont moins savoureuses que celles cuites à la broche. Ces cuisinières exigent une grande surveillance.

CUISINIÈRE. (*Cuis.*) Voici ce que dit sur les cuisinières l'*Almanach des Gourmands.*

« Il faut d'abord se pénétrer de la vérité d'un principe, c'est qu'il est presque impossible d'avoir une bonne cuisinière si elle est chargée dans la maison d'un autre service que celui de la cuisine. C'est un axiome dont paraissent douter la plupart des bourgeois de Paris, qui, faisant de leur cuisinière leur servante, leur bonne et leur camériste, sont cependant ensuite étonnés que la plupart de leurs ragoûts soient manqués, leurs sauces tournées, et leurs rôtis calcinés. Il ne peut en être autrement, dès qu'une cuisinière se trouve l'esclave de la sonnette; et pour peu qu'on soit initié dans le grand art de la gueule, il est aisé de le concevoir.

» Une bonne cuisinière ne peut être que cela. Tout autre office dans la maison lui doit être étranger.

» Maîtresse de son temps, elle le consacrera tout entier à l'exercice de son art. Levée avec le jour en hiver, et à six heures en été, son premier soin doit être de mettre sa cuisine en état, et d'y tenir tout dans un ordre parfait et dans une propreté extrême. Ces soins préliminaires remplis, elle mettra son pot-au-feu, et ne sortira qu'après l'avoir bien écumé; elle ira ensuite au marché. De retour au logis, elle préparera son dîner, dont le menu aura été arrêté la veille par ses maîtres; elle marquera ses entrées, disposera ses entremets, piquera ou bardera ses rôtis; en un mot, se mettra en état de commencer à l'heure convenable, afin que le service n'éprouve aucun retard.

» Lorsque cette heure sera arrivée, elle trempera ses potages, dressera tous ses plats, et les disposera dans l'ordre où ils doivent paraître. Si c'est elle qui est chargée de l'office, elle aura préparé dès le matin son dessert, et donnera une attention particulière au café, qui doit toujours être fait sans ébullition, selon l'excellente méthode inventée par l'illustre M. de Belloy.

» Après le dîner, elle comptera et serrera l'argenterie, mettra la vaisselle en état, fera ses comptes du jour, etc. Le soir, si c'est l'usage de la maison, elle ira compter avec ses maîtres, et fera avec eux le travail du lendemain, c'est-à-dire la rédaction du menu; bien entendu que la desserte aura été resserrée avec soin, en distinguant les plats qui doivent reparaître avec ou sans déguisement, des reliefs qui sont abandonnés.

» On voit par cet aperçu, qu'une bonne cuisinière, outre son talent d'artiste, doit savoir parfaitement bien acheter, compter et écrire lisiblement. On est, de plus, en droit d'exiger d'elle beaucoup d'activité, de mémoire, de propreté, de docilité et de zèle. Elle ne doit jamais montrer d'humeur; bien entrer dans les vues d'économie de ses maîtres; savoir tirer parti de tout, tant pour l'honneur que pour le profit de la table; ne point attirer d'étrangers dans la cuisine, fût-ce même ses plus proches parens, etc., etc.

» Dans les maisons où une cuisinière jouit d'assez de confiance pour avoir elle-même la garde des provisions (ce qui est rare), elle doit en dresser un état exact, pour s'en rendre compte à elle-même, et pouvoir justifier de leur emploi. Elle ne doit confier à qui que ce soit la clef de la chambre qui les renferme; il faut qu'elle écrive ce qu'elle en prend au fur et à mesure de la consommation; enfin, elle doit les ménager avec autant de soin que si on allait chercher ces denrées en détail, afin de faire mentir, autant que possible, le proverbe qui dit que *provision est profusion*.

» Enfin, la probité d'une cuisinière doit être à l'abri de tout soupçon; les profits légitimes ou réputés tels sont assez considérables dans une grande maison, pour la dispenser de se mettre mal avec sa conscience en en cherchant de frauduleux. Cependant, nous ne lui défendons pas de recevoir des gratifications des habitués de la maison, même des étrennes de la part des fournisseurs, pourvu que les intérêts du maître n'en souffrent point...

» Rien n'est plus rare à Paris qu'un bon sujet de cette classe. Heureux le maître qui en possède une qui joigne à quelque talent, de la douceur, de la probité et de la propreté; il doit être indulgent sur le reste. Mais nous le répétons, pour avoir le droit d'exiger d'une cuisinière toutes les qualités d'un véritable artiste, il faut la traiter comme telle, et non pas en servante. Il faut qu'occupée exclusivement de l'achat, de la préparation des denrées, et de tout ce qui concerne la cuisine, tous les autres objets de la maison lui soient étrangers; il faut lui donner des gages honnêtes, et les augmenter d'année en année, selon le contentement qu'on en éprouve; il faut la traiter avec bonté et douceur, mais sans familiarité; il faut ne lui rien passer dans tout ce qui regarde l'apprêt des victuailles; enfin, on doit exciter son amour-propre en le flattant à propos; ce mobile étant chez les femmes plus puissant encore que l'intérêt.

» Avec ce soin, on parviendra à former de bonnes cuisinières, et à les conserver long-temps telles. »

Cet article peut être lu avec fruit, et par les maîtres, et par les cuisinières. C'est une théorie complète de leurs devoirs réciproques qui forme une espèce de code à l'usage des uns et des autres.

CUISSON. (*Cuis.*) La *Cuisinière bourgeoise* donne le tableau suivant du temps de la cuisson des rôtis les plus usuels; à la broche, avec une cuisinière, il faut un quart de temps de moins, et un tiers avec une cuisinière et une coquille à charbon.

	Heures.	Minutes.
Alouettes bardées.	»	20
Quartier d'agneau.	1	50
Gigot.	»	45
Bécasse grasse.	»	50
Idem, maigre.	»	15
Bœuf dix livres.	2	50
Idem, cinq livres.	1	50
Gros canard.	»	45
Gros cochon de lait.	2	15
Petit cochon de lait.	2	»
Gros dindon.	1	50
Dindon moyen.	1	»
Faisan.	»	45
Gros lapin.	1	45
Petit lapin.	»	50
Levraut.	»	45
Gros lièvre.	1	50
Gigot de mouton de six livres.	1	50
Épaule.	1	50
Idem, de quatre livres.	1	»
Oie grasse.	1	15
Perdreau.	»	20
Pigeon.	»	50
Porc frais de quatre livres. . .	2	»
Idem, de deux livres.	1	15
Poularde et chapon gras. . . .	1	»
Poularde moyenne.	»	45
Poulet.	»	45
Quatre livres de veau.	2	»
Deux livres.	1	5
Huit à dix livres de venaison.	2	45
Quatre livres.	1	»

Le mot *cuisson* sert en outre à désigner le bouillon ou la sauce dans lesquelles on a fait cuire les alimens.

CUIVRE. (*Chim. — Méd. dom.*) Le cuivre est un métal qu'on extrait des mines à l'état de sulfure. Il s'oxide à l'air; combiné avec d'autres métaux, il produit le bronze, la matière des cloches; avec le zinc, il donne le laiton et le chrysocale. On le mêle avec l'or et l'argent des monnaies. Seul, il constitue la plupart de nos ustensiles de laboratoire et de cuisine. Malheureusement la facilité avec laquelle il est attaqué par un grand nombre de substances, peut exposer à des accidens que l'étamage ne prévient pas toujours. On doit donc l'entretenir avec beaucoup de propreté.

On emploie le cuivre combiné avec d'autres corps en médecine, avec de grandes précautions et à petites doses, et en très peu de cas.

L'oxidation du cuivre produit le vert-de-gris; il y a du danger à boire de l'eau qui a séjourné à froid dans un vase de cuivre. Du vinaigre contenu dans un tonneau à robinet de cuivre se sature de vert-de-gris. Un poisson ou de la viande refroidis dans une marmite en cuivre, un mets laissé dans une casserole de ce métal, suffisent pour déterminer ou un empoisonnement, ou de vives douleurs intestinales.

Quand l'étain de l'étamage est usé, et que le cuivre est mis à nu, on ne doit plus se servir de l'ustensile détérioré jusqu'à un nouvel étamage.

Les symptômes de l'empoisonnement par le vert-degris se font sentir dix à douze heures après le repas. Le malade se réveille avec un mal de tête violent, une faiblesse excessive ; des crampes, des coliques très vives sont suivies de nausées, et du vomissement des alimens ingérés et de matières bilieuses. Un tremblement dans les membres survient ; des sueurs abondantes se développent, des évacuations alvines ont lieu ; le pouls est petit, inégal et très fréquent.

Traitement. Provoquer les vomissemens en faisant boire aux malades beaucoup d'eau tiède, débarrasser le canal digestif en provoquant des évacuations alvines par des lavemens légèrement huileux ; donner du lait en boisson ; appliquer des sangsues à l'anus ; saigner, si l'individu est fort.

On a donné avec succès, à la dose d'une demi-once, du charbon pulvérisé dans huit onces d'eau, administré par cuillerées. On termine le traitement en soumettant le malade à un régime lacté.

Le sucre est un bon antidote contre les oxides de cuivre et de plomb, et les acétates de cuivre. Une dose de vertde-gris capable de tuer un chien a été donnée sans danger par M. Orfila, mêlée à une grande quantité de sucre ; il agit en décomposant les sels de cuivre. Dès les premiers soupçons d'empoisonnement, on peut faire dissoudre un blanc d'œuf battu dans un verre d'eau, et on le donne au malade. On réitère la dose. Quand les coliques sont calmées, on donne des lavemens mucilagineux.

On substitue avec avantage aux ustensiles en cuivre ceux de fonte étamée, et principalement ceux de la fonderie de Dreux-Foulonval (Eure-et-Loire).

CUIVRE. (*Ind. dom.*) On polit le cuivre à l'émeri, on applique ensuite, avec une étoffe de laine, de la pierreponce, de l'eau, du crocus, de la terre pourrie. On peut employer une seule de ces substances, ou toutes successivement. On nettoie le cuivre avec une once de sel de l'oseille par pinte d'eau de rivière, et on le frotte ensuite de tripoli et de blanc d'Espagne.

Le cuivre acquiert un brillant très durable si on le frotte au moyen d'un chiffon, avec une bouillie d'essence de térébenthine et de rouge d'Angleterre.

On obtient un beau vernis pour le cuivre, en faisant dissoudre dans douze onces d'esprit-de-vin, sur un feu très modéré, deux onces de gomme laque d'une part, et d'autre part, dans une même quantité d'alcool, demi-once de copal en larmes ; on ajoute trois grains de *terramérita*. On laisse reposer, on filtre, et on conserve en bouteilles. Le retranchement de la terra-mérita donne un vernis pâle.

Pour souder le cuivre, il y a plusieurs mélanges qui donnent des soudures différentes : huit parties de cuivre et une de zinc forment un produit facile à fondre ; deux parties de cuivre de plus augmentent la solidité. Quand on emploie plusieurs soudures successivement, on met la plus simple par-dessus. Elle est composée de deux parties d'étain et de plomb, qu'on applique avec un fer rouge.

Pour garantir les planches de cuivre de la rouille et des taches, on broie de la craie en poudre très fine, et on la passe sur les planches. On y verse ensuite une disso-

lution de colle de poisson bien battue, coupée en petits morceaux, et dissoute dans du vin blanc sur un bain de sable chaud. Cette dissolution forme un vernis très clair et très dur, et qui est plus transparent si on passe la dissolution de colle dans un linge fin. Quand on veut enlever ce vernis, on verse tiède sur la planche du vin blanc.

Pour blanchir et polir le cuivre jaune ou rouge, prendre de la terre à poêle, ou toute autre terre alumineuse bien fine, y mêler une petite quantité de mercure métallique.

Le cuivre recouvert d'un vernis se nettoie facilement avec une eau tiède légèrement vinaigrée.

Pour nettoyer le cuivre doré, frotter avec une brosse douce dans une eau de savon noir, plonger dans de l'eau bien pure, et frotter de nouveau, faire sécher à l'air, et, au moyen d'un linge fin ou d'une peau de gant, faire reparaître l'éclat des parties brunies, sans toucher aux parties mates.

Procédé pour argenter le cuivre. Dissoudre une demionce d'argent dans une once d'acide nitrique, ajouter du sel et une pinte d'eau, filtrer, mêler au précipité qui reste sur le filtre deux onces de crème de tartre en poudre, une demi-once de ceruse et de sel. Polir le cuivre à la pierre-ponce ; frotter d'abord de sel, puis avec la poudre obtenue. (Voy. CHLORATE D'ARGENT.)

Autre. Broyer deux parties de feuilles d'étain et deux de mercure, ajouter une partie d'argent, mêler, et y joindre huit parties de poudre d'os calcinés ; tremper une toile dans l'eau, prendre un peu de ce mélange et l'appliquer sur le cuivre rouge ; frotter ensuite à sec. On peut, pour faciliter l'adhésion, donner au métal une couche de nitrate saturé de mercure.

On colore le cuivre en un beau moiré si l'on fait bouillir du cuivre jaune dans une dissolution de sulfate de cuivre, avec quelques petits clous, à la dose d'une livre de sulfate pour deux livres d'eau.

En plongeant le cuivre jaune dans une dissolution de vert-de-gris et de limaille de fer dans du vinaigre, on obtient un cuivre de couleur rougeâtre.

Le bronzage du cuivre rouge s'opère en appliquant sur la pièce, après l'étamage, avec un pinceau, du rouge d'Angleterre, ou colcothar ; on fait sécher ensuite à l'action du feu ; on laisse refroidir, on polit avec un marteau d'acier ; on fait tomber toute la couleur, et on recommence cette opération jusqu'à trois fois pour donner la teinte convenable. Quand on ne peut polir certains endroits au marteau, on les lustre avec un mélange de sanguine et de mine de plomb, et on les frotte ensuite avec un morceau de peau de chamois.

Procédé pour bronzer le cuivre. (Voy. BRONZE.)

Pour distinguer le cuivre de l'or, il n'y a qu'à toucher avec une baguette de verre ou un pinceau trempé dans de l'eau forte. Si c'est du cuivre, l'acide rend bleue ou verte la partie touchée : l'or pur n'est pas altéré. On le distingue aussi au poids, à quantité égale, l'or étant deux fois plus lourd.

Eau pour nettoyer le cuivre. On mêle à deux onces d'eau une demi-once d'acide sulfurique et un gros d'alun ; on en frotte le cuivre, qui devient très brillant. On augmente la dose d'acide si l'objet est en mauvais état, et on y joint de la brique pilée.

Autre. Faire dissoudre dans de l'eau du blanc d'Espagne ou de la craie de Briançon.

Autre. Frotter les cuivres avec de la poudre de charbon délayée dans l'huile, polir avec du tripoli étendu sur un morceau de peau.

Étamage du cuivre. (Voy. ÉTAMAGE.)

Cuivre blanc. Le métal appelé cuivre blanc est composé de 55,59 de cuivre, 18,74 de nickel, 51,20 de zinc. On en fait à prix modéré des cuillères et des fourchettes qui ont la couleur de l'argent, et ne sont pas d'un usage plus dangereux.

Les Chinois se servent, sous le nom de *pack-fong*, d'un alliage dont on ne connaît pas bien ni la matière ni les proportions, mais qui a de l'analogie avec le cuivre blanc. On le croit composé de minerai de cuivre, de zinc et de nickel.

CUL-BAS (JEU DU). (*Récr. dom.*) Dans ce jeu, cinq ou six personnes jouent avec un jeu de cartes entier. La donne se tire à la plus basse carte. Le donneur distribue, par deux et trois, cinq cartes à chacun, et étale huit cartes de dessus le talon, qu'il laisse ensuite de côté.

Chaque joueur regarde s'il n'a pas des cartes pareilles aux cartes étalées. Il peut changer la couleur, ainsi troquer un roi de cœur pour un roi de pique. Il peut aussi troquer un trois contre trois as, ou tout autre point pour la monnaie de ce point.

On dit de celui qui ne trouve pas de cartes semblables aux siennes qu'il fait cul-bas. Le joueur suivant peut le tirer de ce mauvais pas en s'arrangeant de ses cartes, s'il n'en trouve pas à échanger avec celles étalées.

On ne peut lever qu'une carte à la fois; cependant, si on a trois dames, trois valets, on peut avec les trois cartes de valeur égale prendre un valet ou une dame étalés.

Quand trois sept ou trois huit sont sur le tapis, celui qui a le quatrième peut lever les trois autres.

Le joueur qui a quatre cartes pareilles peut les écarter toutes.

Celui qui s'est le plus tôt défait de ses cinq cartes gagne l'enjeu, et reçoit des joueurs autant de jetons qu'il leur reste de cartes.

CULTIVATEUR. (*Agric.*) On nomme ainsi un instrument aratoire inventé par M. Châteauvieux. Il trace plusieurs sillons à la fois. Il est très répandu en Angleterre, et presque inconnu en France, où il a été inventé.

CULTURE. (*Conn. us.*) La culture se divise en cinq classes : agriculture ou culture en plein champ; praticulture, culture des prairies; horticulture, culture des jardins; viticulture, culture de la vigne; arboriculture et sylviculture, culture des arbres, bois et forêts.

On appelle cours de récolte, ou cultures alternes, les assolemens. (Voy. ce mot.)

Cultiver une plante, c'est placer sa graine dans un sol labouré, veiller à son accroissement, et en recueillir les produits en temps convenable.

Cette opération exige plusieurs choses : elle suppose dans le cultivateur la connaissance des plantes qu'il sème, et de leurs diverses propriétés; il devra en outre connaître la composition chimique des terrains, les plantes qui y réussiront, celles qui doivent y dépérir, les moyens d'amender le sol et d'en accroître les qualités.

Il sera au fait des saisons propres aux semis et aux récoltes des divers produits, et aura examiné les circonstances atmosphériques favorables ou nuisibles.

Il pourra apprécier la valeur relative des instrumens d'agriculture, et juger de leur degré de puissance.

Il saura élever les animaux domestiques, les entretenir en bon état, les préserver des maladies ou les guérir; il saura combattre les animaux nuisibles.

Il sera capable de diriger la gestion d'une ferme, de tracer les plans des constructions qu'elle nécessite.

Il sera instruit du régime à suivre dans les rudes travaux de la campagne pour se conserver en bonne santé, des principales maladies qui assiègent l'homme des champs, et de leurs remèdes.

Il pourra au besoin repousser ou intenter une action judiciaire, et ne sera pas étranger aux lois qui concernent les campagnes.

On voit que la fonction du cultivateur, loin d'être inférieure, est une des plus élevées et des plus nobles de la société. La botanique, la chimie, la géologie, la physique, la mécanique, l'histoire naturelle, l'économie domestique, l'hygiène, la médecine, la médecine vétérinaire, le droit, sont des sciences de son ressort, et le résultat de ses efforts est entre tous un des plus utiles. (Voy. à chaque plante son mode de culture spéciale, et les mots AGRICULTURE, AMÉLIORATIONS, ANIMAUX DOMESTIQUES, ANIMAUX NUISIBLES, ASSOLEMENS, etc., etc.)

Les cultures que nous indiquons sont supposées faites dans l'Ile-de-France, par conséquent dans le climat de Paris; pour les parties plus chaudes ou mieux abritées, ou sur les côtes, il faut hâter les semis; dans le nord, au contraire, on doit les retarder, et augmenter les abris et les couches de litière et de paille.

CUMIN. (*Jard.*) Le cumin est une plante de la famille des ombellifères. Ce genre ne présente qu'une seule espèce qu'on cultive dans les jardins, où elle demande une exposition très chaude, pour que la graine, seule partie utile de la plante, puisse venir à la maturité nécessaire.

Le cumin sert à l'assaisonnement; les pigeons en sont très friands : on pétrit du cumin avec de la terre glaise dans leur colombier pour les y retenir.

En Hollande, on met cette graine dans les fromages. Elle est aromatique et éminemment carminative.

CUNIGHANIA SINENSIS. (*Jard.*) Famille des conifères. C'est un bel arbre encore fort rare. Il ressemble à un sapin; le bout des rameaux est comme frisé. Plantation au printemps, en friche, quand il a deux pieds de haut; on le place à l'abri du nord par de grands arbres et à l'ombre, en bruyère fraîche; on couvre le pied de litière pendant deux ans.

CUPIDONE BLEUE. (*Jard.*) *Catananche cœrulea.* Famille des chicoracées. Cette plante vivace, indigène, se sème en place au mois d'avril, dans une serre légère et sèche, au midi. On la couvre de feuilles pendant les gelées; on ne doit pas la transplanter; les fleurs paraissent en septembre; elles sont grandes et d'un beau bleu.

CURAÇAO *ou* CUIRASSEAU. (*Off.*) Acheter chez les

droguistes une demi-livre d'écorces d'oranges sèches, c'est ce qu'on nomme *cuirasseau*, en ôter le blanc, les laisser infuser pendant quinze jours, au soleil ou près du feu, dans quatre bouteilles d'eau-de-vie, ou mieux dans deux bouteilles d'eau et autant d'alcool, en remuant tous les jours; au bout de ce temps, verser l'eau-de-vie dans un grand flacon de verre, ajouter une livre et demie de sucre candi concassé, boucher avec soin quand le sucre est bien dissous, passer la liqueur à la chausse, en prenant des précautions pour ne pas laisser évaporer l'esprit; mettre en bouteilles, et fermer hermétiquement.

Autre manière. Prendre une demi-livre de cuirasseau, le bien laver, l'égoutter sur un tamis, le mettre infuser quinze jours, en remuant chaque jour, dans un bocal, avec quatre litres d'eau-de-vie et un litre d'eau; au bout de ce temps, distiller, et y ajouter deux livres trois quarts de sucre fondus dans un litre et demi d'eau; filtrer et mettre en bouteilles.

CUSCUTE. (*Agric.*) *Cuscuta europæa.* La cuscute fait de très grands ravages dans les champs de luzerne, de trèfle ou de sainfoin; ses racines, en s'étendant, détruisent celles de toutes les autres plantes qu'elles atteignent, et produisent des espaces vides au milieu des champs. Avant de semer, on doit vanner avec soin et enlever toutes les graines de cuscute; s'il en reste et lorsqu'elles germent, le seul moyen de les détruire est de couvrir de paille hachée toutes les plantes attaquées par la cuscute, et d'y mettre le feu, ou bien couper ces plantes avec la serpette.

CUVE ou FOUDRE A VIN. (*Ind. dom.*) On choisit de bonnes pierres, d'un grain dur, serré, compacte. Dans un emplacement abrité, on fait enlever la terre à la profondeur de douze pieds, on couvre le fond d'une couche de chaux et tuiles écrasées, de trois pouces d'épaisseur; on pose ensuite des pavés carrés, de deux pieds de long et d'un pied de large; on remplit les joints avec du ciment de Pouilly, on place une couche de ciment de Pouilly qu'on recouvre d'un nouveau pavage, en coupant tous les joints à angles droits.

C'est sur cette base qu'on place les foudres; on ménage l'ouverture d'une bonde pour placer un entonnoir. Les foudres sont construits en pierres de taille bien unies, avec du ciment romain; on couvre avec de grandes pierres en réservant une ouverture; on réunit les pierres de la couverture avec le même ciment. La surface intérieure des foudres se lave, avant qu'elles soient mises en usage, avec de l'eau, puis du vin, puis de l'eau-de-vie. Le vin se garde très long-temps dans ces cuves. Comme il se développe beaucoup d'acide carbonique quand on veut vider et nettoyer les cuves, il faut descendre au fond des seaux remplis d'eau de chaux; on agite cette eau qui s'empare de l'acide carbonique; on peut nettoyer ensuite avec sécurité. Au reste, c'est quand ces cuves sont neuves que le gaz acide carbonique se développe en grande quantité par le mélange des acides du vin avec la surface des pierres calcaires; plus tard les accidens sont moins à craindre. (*Voy.* FOUDRE.)

Les cuves en bois employées à la vendange sont souvent détériorées par l'humidité. Le bois est souvent attaqué

d'un travail particulier, dont le résultat est d'altérer le vin et de lui donner un mauvais goût. Dès qu'on s'aperçoit que le vin a contracté une saveur de moisi, on le jette dans une cuve où l'on fait cuver du raisin; la fermentation enlève le mauvais goût.

Mais comme on ne peut pas employer ce moyen en tout temps, on lui substitue les suivans, qui s'appliquent également aux futailles et aux tonneaux.

On retire de suite le vin, on le colle fortement; on réduit en pâte dans un litre d'eau une livre de papier sans colle déchiré, et on le met dans chaque pièce de deux hectolitres. On visite avec soin, lors de la vendange, les cuves et les tonneaux : on les lave avec soin à l'eau chaude, dans laquelle on a mis quelques feuilles de pêcher; on agite cette eau chaude en tout temps, on rince, et on passe dedans un peu d'eau-de-vie.

Quand les cuves ont un mauvais goût, on les défonce, on donne, à l'aide d'un pinceau, une couche très légère d'acide sulfurique sur les parois internes de la cuve; l'effet de cet acide est de carboniser la surface du bois, de détruire le mauvais goût existant, et de prévenir celui qui pourrait se développer par la suite; on enlève ensuite l'acide avec de l'eau de chaux; on fait un dernier lavage à l'eau claire, et on passe de l'eau-de-vie dans la cuve; on ne doit point remplacer l'eau de chaux par l'eau chlorurée, qui laisserait dans la cuve un goût particulier. En employant l'acide sulfurique, il faut se rappeler qu'il est très corrosif, et qu'il brûle les parties des vêtemens ou du corps sur lesquels il tombe.

CYCLAMEN D'EUROPE. (*Jard.*) *Cyclamen europæum.* Famille des lysimachées. Cette plante vivace, indigène, à racine tubéreuse, se multiplie par ses tubercules ou par ses graines. On sème la graine en pot et en terre de bruyère; aussitôt la maturité, qui vient en juillet, on la recouvre de six lignes; elle lève en octobre. On peut planter aussi les tubercules, en ayant soin de les enfoncer très peu; le plant fleurit au bout de trois ans; c'est quand il a fleuri seulement qu'on le transplante et qu'on le repique en place; il perd ses feuilles; on le sarcle à la main; quand il gèle très fort, on le recouvre de feuilles. Ses fleurs sont d'un brun rayé violet, elles paraissent en août; elles n'ont pas d'odeur.

Cyclamen d'Italie. (*Cyclamen hederæ folium.*) Les fleurs sont d'un violet clair. Même culture.

Cyclamen de Cos. (*Cyclamen coum.*) Les feuilles sont en-dessus d'un vert superbe, et en-dessous d'un rouge pourpre. Les fleurs sont très odorantes; elles ont une couleur violette très foncée.

Cyclamen de Perse. (*Cyclamen percisum.*) Ses fleurs sont d'un blanc pur et portées sur de longs pédoncules.

CYGNE. (*Anim. dom.*) Le cygne est un oiseau de l'ordre des oies et du genre canard.

Le cygne est d'un entretien dispendieux; il se nourrit d'herbes aquatiques et d'insectes, mais il faut ajouter à cette nourriture insuffisante, environ trois livres d'avoine par jour.

Quand on achète des cygnes, il faut les examiner avec soin. Les marchands chaponnent souvent les mâles. Comme cette fraude est difficile à reconnaître, il vaut mieux se procurer des petits et les élever soi-même.

CYNOGLOSSE printanière. (*Jard.*) *Cynoglossum omphalodes.* Famille des borraginées. C'est une plante indigène, basse, vivace et rustique. Elle se multiplie par la séparation du pied en septembre. Elle veut une terre franche, humide. Les fleurs paraissent à la fin de février ; elles sont d'un beau bleu d'azur.

Cynoglosse officinale. (*Cynoglossum officinale.*) Langue de Chine. Cette plante est fade et sans odeur. Elle passe pour narcotique. Mais toutes ses préparations ont été abandonnées, excepté les pilules de cynoglosse dans lesquelles elle sert à déguiser la présence de l'opium.

CYPRÈS commun. (*Jard.*) *Cupressus sempervirens.* Famille des conifères. Cet arbre est originaire de Crète. Il s'élève de trente à quarante pieds ; il a des rameaux étroits en pyramide, d'un très bel effet.

Il veut une terre graveleuse, chaude et légère, au midi.

On sème la graine en mars, dans une terre légère de bruyère ; en pot, mis sous des châssis tièdes. On la recouvre de trois lignes de sable fin ; on la repique, la seconde année, dans de petits pots ; on sépare les pieds, et on met en pleine terre au bout de quatre ans. On les couvre de feuilles l'hiver.

Cet arbre fleurit au printemps. Son fruit est arrondi et conique. Le bois est brun, odorant, dur, et propre à être tourné.

Cyprès à rameaux pendans. (*Cupressus pendula.*) Belle variété.

Cyprès à feuilles glauques de Portugal. (*Cupressus lusitanica.*) C'est un arbre de serre, de vingt à vingt-cinq pieds de haut. Il se multiplie de graines, de boutures et de greffes par approche sur le cyprès commun.

Cyprès de la Nouvelle-Hollande. (*Cupressus australis.*) C'est un bel arbuste à rameaux menus, à feuilles d'un vert sombre ; ses fleurs sont d'un beau jaune. C'est un arbuste de serre. On le multiplie de boutures, de marcottes, de greffe par approche, ou de graines.

Cyprès austral pendant. Variété du précédent.

Cyprès austral à tiges triangulaires. (*Cupressus triquetis.*) Cet arbuste de la Nouvelle-Hollande est encore très rare.

Cyprès de Tournefort. (*Cupressus turnefortis.*) Arbuste du Levant. Il résiste mieux à l'hiver que le cyprès commun.

Cyprès oriental. (*Cupressus orientalis.*) Il est sensible aux gelées.

Cyprès de la Louisiane ou *cyprès chauve de marais.* (*Cupressus distichis, axodium distichium.*) On le sème en avril et en mars, et on transplante en avril suivant. On sème en couche au nord, à l'abri ; on arrose souvent. La première année on couvre le semis.

Il réussit très bien dans les tourbières submergées pendant l'hiver, et en terre de bruyère, à toute exposition. Il fleurit en mars, et on coupe ses fruits en octobre.

Il se dépouille chaque année de ses feuilles. Son feuillage peu touffu est analogue à celui de l'acacia. Il par-

vient à une très grande hauteur. Dans les marais de la Basse-Louisiane, on en voit de cent quarante pieds d'élévation sur quarante de circonférence.

Le bois du cyprès chauve est peu fort, élastique, moins résineux que celui des pins ; on ne le travaille pas.

Les feuilles du cyprès chauve en décoction donnent une couleur cannelle.

Cyprès à noix. (*Cupressus nucifer.*)

Cyprès à feuilles de thuya ou *cèdre blanc des Anglais.* (*Cupressus thuyoides.*) Cet arbre du Canada est toujours vert. Il s'élève de soixante-dix à quatre-vingts pieds ; ses graines sont très fines.

Le bois de cyprès se travaille aisément, a une bonne odeur, et acquiert une couleur rosée, quand on l'a exposé à la lumière. Il réunit une légèreté extrême à une incorruptibilité très grande ; il travaille peu, et est rarement attaqué de vers. Le charbon de ce bois est très bon pour fabriquer la poudre.

CYPRIPÈDE, sabot de vénus. (*Jard.*) *Cypripedium calceolus.*) Famille des orchidées. C'est une plante indigène à racines bulbeuses. Elle est basse et vivace. On la multiplie par la séparation des bulbes, après la défloraison. Il faut la placer à l'ombre, dans une bruyère humide, et en pot, dans une serre, si l'on craint les ravages des taupes. On la couvre de mousse l'hiver.

CYTISE. (*Jard.*) *Cytise des Alpes. Cytisus laburnus.* Famille des légumineuses. Arbrisseau. On l'a cultivé en grand dans un terrain regardé comme stérile, formé de marne blanche, exposé en pente douce du midi au nord ; on a repiqué un jeune plant provenu du semis de l'année précédente : il y a parfaitement réussi.

À la huitième année, une plantation de cytise des Alpes peut faire des cercles.

On peut ensuite le couper de cinq ans en cinq ans. C'est une culture avantageuse dans les pays vignobles.

Le cytise se multiplie de graines. Fleurs en grappes jaunes au mois d'avril. Il y a une variété odorante à feuilles larges.

Cytise à épis. (*Cytisus nigricans.*) Il vient de semis ou de greffe en fente sur le cytise des Alpes, dans un terrain léger, au midi. Fleurs jaunes en épis ; tiges odorantes en juin.

Cytise à fleurs pourpres. (*Cytisus purpureus.*) Arbrisseau d'Italie. Fleurs en mai, très nombreuses d'un pourpre clair.

Cytise à deux fleurs. (*Cytisus biflorus.*)

Cytise à trois fleurs. (*Cytisus triflorus.*)

Cytise velu. (*Cytisus hirsitus.*) Arbrisseau indigène en larges buissons à fleurs jaunes, en mai. Semis au mois de mars, en pente, au midi, à exposition sèche.

Cytise trifolium des jardiniers. (*Cytisus cessilifolius.*) Arbrisseau d'Italie. Il prend de boutures. Fleurs jaunes en mai.

Tous ces arbustes se sèment en pots, au midi ; on les couvre de feuilles l'hiver, et on les met en place la troisième année.

D.

DACTYLOGIE. (Voy. surdité.)

DAGUET. (Voy. cerf.)

DAIM. (*Chass.* — *Cuis.*) Le daim est un ruminant du genre cerf, de moindre grandeur, et distinct seulement par les cornes. Ces cornes, comme celles du cerf, se renouvellent tous les ans.

La femelle du daim s'appelle daine.

Le daim est plus facile à chasser que le cerf. Il est moins robuste, et se laisse plus facilement approcher.

Le cuir de daim est excellent pour faire des gants et des culottes.

Le daim bien gras est aussi bon que le chevreuil. On le prépare de même. Les parties de derrière sont estimées.

Daim à l'anglaise. Poudrer de sel le quartier de daim ; faire une pâte ferme avec trois livres de farine, une demi-once de sel, six œufs, un peu d'eau ; la laisser une heure dans un linge ; en entourer le quartier, puis envelopper le tout d'un papier beurré, faire cuire pendant trois heures ; faire prendre couleur à la pâte, et servir avec de la gelée de groseilles dans une saucière.

Les cuisses de daim peuvent se servir moitié panées, moitié lardées, avec des petits pâtés en garniture et une poivrade dessous.

DALÉE. (*Jard.*) Dalea. Famille des légumineuses. On en compte deux espèces, toutes deux vivaces, de l'Amérique du Nord. La dalée (*dalea purpurea*), à longs épis de fleurs violettes, et la dalée à fleurs blanches (*dalea alba*). On les sème au mois de mars, en pots, dans la terre de bruyère. On les multiplie aussi par séparation des pieds en septembre. On les place, au soleil, en terre de bruyère.

DAHLIA pinné. (*Jard.*) Dahlia pinnata. Famille des corymbifères. C'est une grande plante vivace du Mexique à racines tuberculeuses, à tiges herbacées. Il y en a de simples et de doubles : on compte plus de cent cinquante variétés doubles, dont quarante sont très belles et très distinctes les unes des autres. Il y a en tout environ trois cents variétés.

Les fleurs des dahlias paraissent en juillet ; elles sont très grandes, cramoisies, blanches, de nuances qui varient du pourpre au lilas, de l'orange au serin. Les dahlias simples se multiplient de graines qu'on sème de mars en avril, au soleil, dans une terre légère. Le plant se repique quand il a cinq ou six feuilles. Il fleurit la première année en septembre ; mis en terrain sec et léger, à bonne exposition, au-devant d'un massif ; il se ressème de même, et se conserve l'hiver si on le couvre d'un peu de litière.

Les tubercules des dahlias placés dans des grands pots en janvier et mis en terre, puis dépotés et mis en pleine terre après les gelées, donnent des fleurs plus promptement.

Il faut laisser à ces tubercules un peu du collet. On les plante perpendiculairement à un pied, au midi. On forme un creux autour pour arroser, car le dahlia est très avide d'eau pendant l'été.

Les dahlias doubles demandent plus de soin que les simples. On ne peut guère espérer d'en obtenir de graines d'individus simples. Ils donnent eux-mêmes peu de graines. On n'en trouve qu'en la cherchant avec soin sur les têtes sèches. On peut les multiplier en séparant les tubercules. On les relève en novembre, et on les range à l'abri de la gelée sur du sable sec. On les remet en terre vers le 10 mars ; les feuilles ne reparaissent qu'au mois de mai. On soutient les tiges avec un tuteur ; en pépinière les dahlias se mettent à la distance de trois à quatre pieds les uns des autres.

On a compris les variétés de dahlias dans les onze classes suivantes : fleurs blanches à fond blanc, fleurs lilas, fleurs roses, fleurs violettes, fleurs pourpres, fleurs amarantes, fleurs rouges, fleurs coccinées, fleurs ponceau, fleurs nuancées, fleurs jaune pur.

On a fait récemment des expériences sur le dahlia comme plante alimentaire. Les tubercules coupés en tranches, mis pendant une heure et demie dans l'eau bouillante, et roussis dans le beurre, sont une nourriture saine et excellente. Des graines de dahlia semées en mars, transplantées en juin et bien fumées, ont produit chacun cinq ou six tubercules de la grosseur d'un œuf. Le tubercule, planté comme la pomme de terre, se multiplie encore davantage, surtout dans un sol léger et sablonneux ; le dahlia épuise peu la terre. M. Thiébaut de Berneaud publia le premier, en 1822, un mémoire sur les qualités nutritives du dahlia. Les racines cuites à la vapeur ou bouillies, sont mangées avec plaisir par les moutons, les vaches et le cheval. Les feuilles peuvent aussi servir de nourriture aux bestiaux. Les tiges sont un bon engrais.

DALLES. (*Ind. dom.*) Les dalles conviennent dans les antichambres et dans les salles à manger ; les blanches se font en marbre ou en granit ; les noires en ardoises. On les nettoie avec de l'eau et du savon noir, ou mieux avec de l'eau chlorurée. (Voy. chlore.)

DAMAS. (*Conn. us.*) Le damas est une étoffe de soie pour meubles. Le plus beau damas est celui de Gênes, puis vient celui de Turin ; celui de Lyon, quoique fort beau, est d'une qualité inférieure. La largeur de ce dernier est de vingt-un pouces et demi ; elle est un peu plus grande que celle du damas d'Italie. Les damas qu'on fabrique à Abbeville, à Caux et en Hollande, sont de moindre valeur et très légers.

DAMASSÉ (*Linge*). (Voy. serviettes.)

DAMES (jeu de). (*Récréat. dom.*) On joue aux dames avec des pions, dont douze sont en bois d'ébène ou de palissandre, douze en ivoire, en os, ou en bois de houx. Le damier est composé de petits carreaux ou cases noirs et blancs.

On joue en avançant le blanc sur du blanc, ce qu'on nomme faire un pas. Dans les dames à la française, les pions prennent en avant et en arrière, et ne peuvent sauter plusieurs cases en marchant.

Dame touchée, dame jouée. Un pion est touché quand on a mis le doigt dessus.

Lorsqu'on veut toucher un ou plusieurs pions, on dit *j'adoube*, autrement la règle précédente aurait lieu, et l'adversaire pourrait faire jouer à son gré l'un des pions touchés.

Quand un pion a devant lui un pion de l'adversaire, et derrière celui-ci une case blanche vide, il passe par-dessus, l'enlève, et se place à cette case. Si le même cas se représente, il continue, et enlève tous les pions par-dessus lesquels il passe de cette manière. Il ne doit enlever aucun pion qu'après s'être arrêté.

Si l'on néglige de prendre, l'adversaire peut *souffler*, c'est-à-dire s'emparer du pion, ou obliger à prendre.

Si, ayant à prendre d'un côté, on lève un autre pion par erreur, on s'expose à être soufflé, ainsi que, lorsqu'ayant à prendre de plusieurs côtés, on ne le fait pas du côté le plus fort. Celui qui touche le pion à souffler n'est plus maître de faire prendre. Dès qu'on a joué, on ne peut plus souffler, et l'adversaire, s'il y a encore lieu, peut réparer son oubli au coup suivant. Un coup est censé joué lorsqu'on a placé ou quitté un pion. Un pion qui en prend plusieurs autres ne peut pas repasser par les mêmes cases, et est obligé de s'arrêter sur la case où il a passé déjà. On doit prendre les dames de préférence aux pions, à moins qu'il n'y ait trois pions contre une dame, ou même deux dames.

Quand un pion est arrivé sur la case de la dernière ligne de son adversaire, il devient dame. On le distingue en le recouvrant d'un pion de même couleur.

Si un pion, arrivé sur une case où il doit être damé, a encore à prendre, il demeure pion.

Une dame peut aller d'une extrémité à l'autre du damier, peut prendre sur toute la ligne s'il y a des cases libres.

Quand deux joueurs d'égale force restent l'un avec trois dames, et l'autre avec une dame sur la ligne du milieu, la partie est nulle. Si la dame n'a pas la ligne du milieu, quoiqu'il y ait plusieurs coups, l'adversaire ne peut pas obliger le possesseur de la dame unique à jouer plus de quinze coups. Si cependant il fait une remise, on lui accorde cinq coups, après lesquels il a perdu si l'autre joueur a conservé sa dame.

Dans quelques parties, lorsque le jeu en est arrivé là, on fixe le nombre des coups, et l'on ne peut l'excéder. Un coup n'est complet que lorsque les deux joueurs ont joué.

Quand, au bout d'une partie de cette sorte, un joueur qui n'a qu'une dame offre à l'autre qui a deux dames et un pion, ou une dame et deux pions, de les lui damer pour compter ensuite les coups limités : l'adversaire est forcé d'accepter, ou la partie est nulle.

Si, à la fin d'une partie, on a une dame et un pion, on doit donner le pion quand on le peut. On joue mieux avec une dame seule.

Quand un joueur a fait une fausse marche, l'autre peut tenir le coup pour bon, ou le faire recommencer.

Faire tout pour tout. C'est donner à prendre un certain nombre, pour reprendre le même nombre.

Pionner. C'est se faire prendre des pions, et en prendre alternativement.

Faire le coup du repos. C'est se mettre derrière des pions en prise, et disposer un coup inévitable, en laissant marcher son adversaire.

Faire une lunette. C'est séparer des pions derrière lesquels il y a une case vide, de manière à laisser entre eux une autre case où l'adversaire peut se placer.

On tire au sort à qui commencera pour la première partie; pour les autres, le gagnant joue le premier.

Jeu de dames à la polonaise. Dans ce jeu, le damier a cent cases, il y a quarante pions. On les place indifféremment sur les cases blanches ou noires; l'usage en France est de les placer sur les premières, et en Allemagne sur les secondes; les pions ne sautent pas plusieurs cases et ne prennent qu'en avant.

Le jeu de dames est originaire de Pologne. Il fut joué pour la première fois, en 1727, au Palais-Royal, par un Polonais et un des officiers du régent.

On appelle tric-trac au jeu de dames les deux cases blanches à l'extrémité du damier. Le tric-trac se place devant chaque joueur.

Dames rabattues. Pour ce jeu, chaque joueur a quinze dames sur un tric-trac. Chacun les place sur les flèches de son côté. Il en met sur chacune des trois premières, deux seulement, et trois sur les autres, en les superposant. Le commençant est déterminé par le plus gros dé; il jette ensuite le dé, et rabat deux ou trois dames, selon le nombre qu'il a fait. Le joueur qui amène six, abat trois dames sur la case qui joint la bande de séparation; le cinq prend sur la cinquième case, et ainsi de suite.

Si on fait un doublet, on n'abat qu'un point, et l'autre joueur abat l'autre. Celui qui a fait le doublet recommence.

Quand les deux joueurs ont rabattu un nombre, ils ne le jouent plus, s'il revient. Le joueur qui a le premier rabattu toutes ses dames, les lève dans le même ordre où il les a jouées, à mesure qu'il regagne.

Quand un joueur, ayant abattu, fait un doublet, l'adversaire qui n'a point tout rabattu ne peut en profiter.

DANSE. (Voy. BAL.).

DAPHNÉ. (*Jard.*) *Thymelia.* Famille des thymélées. C'est un genre de plantes nombreux : quelques unes sont cultivées dans nos jardins.

Bois joli. (*Daphne mezereum.*) Il se multiplie de graines, ou mieux de marcottes et de boutures. Venu de graines, il ne fleurit qu'au bout de six ans. Ses fleurs sont roses et paraissent avant les feuilles au printemps.

Daphné à fleurs terminales, ou petit thymélée des Alpes. (*Daphne cneorum.*) Il donne deux fois par an des fleurs roses ayant l'odeur du lilas des Indes, qui durent un mois chaque fois. Il s'arrondit en buisson. Il est rustique, et ne craint pas les froids.

DARD. (*Pêche. — Cuis.*) C'est un poisson du genre cyprin, long d'un pied, à dos brun, à ventre blanc. Il se plaît dans les eaux courantes. Sa chair est délicate et savoureuse, mais trop remplie d'arêtes. On le mange en friture ou à la sauce blanche.

DARIOLE. (*Off.*) Verser dans un moule quatre cuillerées de farine, gros comme un œuf de beurre, six cuillerées de sucre en poudre, les zestes d'un citron, huit jaunes d'œufs, deux verres de crème, et un peu de sel ; dorer, et faire cuire au four.

DARTRES. (*Méd. dom.*) Les dartres farineuses, sèches et légères, et qui ne laissent sur la peau que des écailles minces, ne doivent jamais être lavées avec des substances qui les fassent disparaître sur-le-champ : elles seraient sujettes à se répercuter. On les fait passer complètement en les lavant avec de l'eau tiède salée, sans les frotter.

Pour les dartres plus tenaces, le docteur Nel, de Marseille, a employé le traitement suivant :

Bains tièdes, deux fois par semaine ; tisane de chicorée et de chiendent, trois fois par jour, en pilules : protochlorure de mercure en poudre, extrait de chicorée, extrait de fumeterre, extrait de douce-amère, soufre doré d'antimoine, de chacun un gros ; demi-gros de résine de gayac, sirop de nerprun, quantité suffisante pour faire une pâte. On divise le mélange en 140 pilules.

Les bains sulfureux sont recommandés pour les dartres ; les bains tièdes ordinaires sont efficaces pour la guérison des dartres peu malignes.

On peut étendre sur les parties malades la pommade suivante : deux gouttes d'essence de roses, une once de cérat, autant de poudre de charbon.

DATE. (*Cod. dom.*) La date d'un acte privé est fixée, ou par sa relation dans un acte authentique, ou par la formalité de l'enregistrement, ou par le jour de la mort de l'un des signataires.

DATTES. (*Off.*) Les dattes sont le fruit du dattier (*phœnix*), famille des palmiers. Elles se sont multipliées à Paris, depuis que nous possédons des colonies en Afrique. C'est un aliment sucré et savoureux. Elles sont nutritives et adoucissantes ; on les emploie comme telles en médecine.

DATURA. (Voy. STRAMOINE.)

DAUBE. (Voy. DINDON.)

DAUCUS. (Voy. CAROTTE.)

DAUPHINELLE. (*Jard.*) Famille des renonculacées.

Dauphinelle des jardins. (*Delphinium ajacis*) ou *pied-d'alouette.* C'est une plante annuelle de Maroc. La variété très double., à tige unique et pyramidale, à six ou sept nuances, est la seule qui mérite d'être multipliée. On la cultive comme la reine-marguerite. (Voy. ce mot.)

Dauphinelle à grandes fleurs. (*Delphinium grandiflorum.*) C'est une plante vivace de Sibérie. Les fleurs sont d'un beau bleu d'azur : avec quelques soins, elles se succèdent de juin en septembre. On sème la graine en mars, en pots, dans un terrain végétal. On ne repique le plant que la deuxième année, au midi et à l'abri. On en sépare les pieds. La graine donne une variété à fleurs blanches. Elle perd ses feuilles.

Dauphinelle élevée. (*Delphinium elatum.*) Elle vient aussi de Sibérie et est vivace. Les tiges ont six à sept

pieds de haut, et se garnissent de longs épis de grandes fleurs bleues. On la sème en mars, dans tout terrain, à toute exposition. On repique en automne.

Dauphinelle à fleurs doubles. (*Delphinium florepleno!*) Elle ressemble à la dauphinelle à grandes fleurs. Les feuilles sont différentes. Elle fleurit de mai en septembre. Les fleurs sont très doubles, d'un beau bleu, en épis. On sépare les pieds en mars. Elle perd ses feuilles. On la sème à l'abri, au midi.

Dauphinelle intermidens. C'est une plante vivace de Sibérie. Ses tiges ont cinq à six pieds de haut ; ses fleurs sont en longs épis d'un bleu pâle moucheté de noir. Elle se cultive comme la dauphinelle élevée.

DÉ A COUDRE. (*Ind. dom.*) Cet instrument indispensable à toute ménagère doit être de préférence en argent ou en or. Ceux qui ne tiennent pas au luxe extérieur se serviront avec autant d'avantage des dés en acier bronzé. Les dés de cuivre durent autant, mais ils sont malpropres, noircissent les doigts, et sont sujets à s'oxider.

Les dés d'ivoire n'ont aucune solidité.

Les dés qui sont ouverts par le bout, et ressemblent à une large bague en cône tronqué, donnent mauvaise grâce en cousant, exposent à des piqûres, et forcent à piquer l'aiguille transversalement. Ils ne peuvent guère servir que dans les bordures de souliers.

Quand on achète un dé, il faut avoir soin d'en prendre un dont les trous soient en rapport avec la grosseur des aiguilles que l'on emploie le plus ordinairement dans ses travaux de couture.

DÉBILITANS. (*Méd. dom.*) Les causes débilitantes sont les douleurs, les maladies, les excès, les passions, les progrès de l'âge, la diète, le régime lacté, ou composé presque exclusivement de légumes aqueux, l'alimentation insuffisante, l'abus des boissons tièdes, et celui des bains chauds, l'influence prolongée d'un air humide, l'habitation dans les lieux bas, froids, humides et soustraits à l'action solaire, le froid extrême, la chaleur forte et prolongée, l'inaction, les saignées générales ou locales, les suppurations abondantes, tous les médicamens qui accroissent les sécrétions, tels que les vomitifs, les purgatifs, les diurétiques, les sudorifiques, ceux qui sont doués de propriétés émollientes, les narcotiques : toutes ces causes amènent l'épuisement des forces vitales, et se combattent par un régime nourrissant, un air pur, des vins généreux, des médicamens toniques, un exercice modéré.

DÉCALITRE. (*Conn. us.*) Le décalitre contient dix litres, ou quinze livres de blé. Le double décalitre contient vingt litres : dans quelques départemens, on s'en sert sous le nom de décalitre. (Voy. LITRE.)

DÉCAMÈTRE. (*Conn. us.*) Le décamètre se compose de dix mètres. (Voy. MÈTRE.)

DÉCASTÈRE. (*Conn. us.*) C'est une nouvelle mesure de bois à brûler de dix stères, ce qui équivaut à cinq voies de Paris. (Voy. STÈRE.)

DÉCATISSAGE. (*Ind. dom.*) Le décatissage est l'enlèvement de l'apprêt des étoffes, et surtout du drap, pour l'empêcher d'être taché par la pluie. Quand on donne du drap à décatir, pour empêcher une substitution facile à faire, on enlève soi-même un morceau dentelé inégalement, qui sert à faire reconnaître l'étoffe confiée au décatisseur.

Pour décatir chez soi, on mouille un gros drap jaune qu'on tord ensuite jusqu'à ce qu'il n'y reste plus d'eau, et on le laisse étendu pendant douze heures sur le drap qu'on veut décatir.

Les casimirs et les draps gris ne se décatissent pas.

DÉCEMBRE. (*Agric.*) L'entretien des sillons d'écoulement doit être un des principaux soins du cultivateur pendant l'hiver. Dans les temps de pluie ou de fonte de neige, on doit visiter exactement et fréquemment tous les champs semés en blé, colza ou autres plantes d'hiver, pour faciliter l'écoulement des eaux. On recommande le même soin pour les terres argileuses qui doivent être cultivées et ensemencées de bonne heure au printemps; car si l'eau y séjourne pendant l'hiver, cela retardera peut-être de quinze jours, ou même davantage; l'époque où la terre se trouvera en bon état de culture.

C'est sur la fin de ce mois, ou en janvier, que les brebis commencent à mettre bas dans beaucoup de bergeries. Il n'y a aucun objet dans une ferme qui exige plus d'assiduité que celui-ci; il dépend du berger de faire réussir un plus ou moins grand nombre d'agneaux, et par conséquent d'augmenter ou de diminuer beaucoup le produit d'un troupeau. Un fermier, quelque confiance qu'il puisse avoir dans son berger, ne doit jamais manquer d'exercer, dans cette occasion, une surveillance assidue. Le succès des agneaux dépend beaucoup de la nourriture qu'on donne aux mères. Une nourriture fraîche, composée de racines, comme pommes de terre, navets, betteraves, etc., nécessaire pour leur procurer une abondante quantité de lait.

Il serait bon qu'à la fin du mois, et mieux encore au 28 avril, époque générale du renouvellement des baux, les cultivateurs s'occupassent de la comptabilité et de l'inventaire de leurs opérations agricoles pendant l'année. Sans cette précaution, ils ne peuvent espérer de tirer de la culture tout le profit qu'ils peuvent en attendre.

L'époque ci-dessus, s'il s'agissait d'une spéculation agricole sur les bestiaux, devrait être fixée à celle où la vente s'en fait ordinairement, parce qu'alors seulement on peut déterminer les profits et la perte de cette exploitation. C'est ce que font la plupart de nos marchands de bestiaux normands.

Cette comptabilité doit être tenue en parties doubles. Ce mode s'applique sans aucune difficulté aux comptes d'une exploitation rurale, de quelque genre qu'elle soit. M. Matthieu de Dombasle, qui le premier a recommandé cet inventaire, en a tracé le mode d'une manière assez étendue, et il en fait lui-même usage chaque année.

DÉCEMBRE. (*Jard.*) Il y a peu de choses à faire à la pleine terre pendant ce mois, à moins qu'on n'ait des défoncemens à opérer ou à continuer. Si cependant le potager est en terre forte, on peut, quand la gelée ne s'y oppose pas, labourer grossièrement la terre des carrés vidés, afin que les gelées futures la pénètrent, car elle s'échauffera mieux au printemps, et les semis et plantations y prospéreront d'autant plus qu'elle aura été plus divisée. On s'occupe d'ailleurs à porter les engrais et fumiers où l'on

doit les enterrer, à démolir les anciennes couches, à séparer la terre ou le terreau du fumier non consommé, à mettre celui-ci de côté pour faire les paillis, ou pour l'enterrer. Pendant les pluies ou le froid rigoureux, on fait des paillassons, on raccommode les outils, les coffres et les châssis, on nettoie les graines et on s'occupe de se procurer celles dont on manque. Si la pleine terre n'occupe guère, les couches, au contraire, occupent beaucoup : il faut en faire successivement, et pour de nouveaux semis, et pour repiquer le plant de ceux faits dans le mois précédent. Ainsi, on en fera pour recevoir les concombres semés en petits pots sur couches dans le mois de novembre, pour repiquer sous cloche des laitues crêpée et gotte, de la romaine, des choux-fleurs, pour semer de la laitue à couper, des radis, des laitues gottes et romaines destinées à pommer, des concombres bons à succéder à ceux semés dans le mois précédent, et enfin les premiers melons en pots, destinés à être mis en place trois semaines après sur une autre couche neuve. Toutes les couches de primevères se font à quinze ou dix-huit pouces l'une de l'autre; et quinze jours après qu'elles sont semées ou plantées, on emplit de fumier neuf les intervalles, pour entretenir leur chaleur ou les réchauffer. On continue d'ailleurs à forcer des asperges en pleine terre, et à en planter sur couches tous les quinze jours, parce que les dernières s'épuisent très vite. Si le froid vient à surprendre la végétation des fraisiers quatre-saisons sur les châssis, on les entoure d'un bon réchaud de fumier neuf, fait dans une tranchée autour des châssis, ou simplement posé sur la terre. Toutes les cultures précoces ou forcées doivent être soigneusement garanties des froids de la nuit par de la litière ou de bons paillassons.

Quand il ne gèle pas trop fort, on taille tous les pommiers et poiriers, excepté ceux qui pèchent par trop de vigueur, mais on doit attendre jusqu'en février, ou jusqu'à ce qu'on ne craigne plus de fortes gelées, pour tailler les arbres à fruits à noyau, parce qu'ils ont le bois plus tendre et qu'ils pourraient être endommagés s'il survenait des gelées un peu fortes après leur taille; du reste, il n'y a rien à faire aux uns et aux autres, à moins qu'on ne les laboure, et qu'ils n'aient besoin de quelques engrais. Les travaux de la pépinière ne consistent guère que dans la levée des arbres lorsqu'il ne gèle pas, et dans la fumure et le défoncement des carrés que l'on se propose de planter si l'on a de jeunes semis de tulipier, catalpa, en terrine ou en pleine terre; il sera prudent d'avoir toujours sous la main des feuilles ou de la litière pour répandre dessus, la veille de fortes gelées. Dans les travaux de pleine terre du jardin d'agrément, il ne peut y avoir à faire que des changemens de distribution, des plantations, des défoncemens pour renouveler des gazons, des rechargemens d'allées enfoncées ou dégradées, d'élagages pour obtenir quelque point de vue nouveau ou obstrué par la crue de certains arbres, etc.

Il faut entretenir les serres chaudes entre 10 et 20 degrés de température, renouveler l'air toutes les fois qu'il est possible, arroser convenablement les plantes qui poussent un peu, celles qui paraissent dans l'inaction, et les tenir toutes dans le plus grand état de propreté, en ôtant les feuilles et les tiges altérées, et en binant la terre des pots. Quand le soleil est vif, qu'il gèle dehors, on détermine une légère vapeur humide dans la serre en seringuant de l'eau en forme de pluie sur les feuilles des plantes, et en en répandant un peu dans les sentiers ; cette opération doit se faire au plus tard à] midi, afin que l'humidité soit à peu près dissipée à la nuit. La bâche aux ananas se tient à peu près à la même température que la serre chaude. Quant à la serre tempérée et à l'orangerie, il suffit que le thermomètre de Réaumur n'y descende pas au-dessous de zéro ; mais on ne s'opposera pas à ce que le soleil y produise une chaleur de 4 à 10 degrés quand il luit, et on profite de ces momens pour renouveler l'air. Chasser l'humidité, en ouvrant plus ou moins les châssis ou les croisées, aux deux extrémités, et même au milieu de la serre et de l'orangerie, avec l'extrême précaution de les refermer avant la disparition du soleil, afin de retenir dedans la chaleur. Les plantes de terre tempérées et d'orangerie se tiennent aussi dans un grand état de propreté; mais on les arrose moins, parce qu'elles ne poussent que peu ou point ; les grosses caisses d'orangers, grenadiers, lauriers-rose, n'ont même pas besoin d'être arrosées du tout pendant l'hiver. Les poêles ou fourneaux ne suffisent pas toujours seuls pour entretenir une température convenable dans les serres, lorsque le froid est très vif dehors; il faut donc avoir toujours sous la main des paillassons que l'on déroule sur le verre, et que l'on tend au-devant des croisées. Quand les fortes gelées menacent, les couvertures sur les vitres pendant la nuit sont même préférables à l'augmentation du feu des fourneaux, parce que dans le premier cas la chaleur est plus uniforme par toute l'étendue de la serre, tandis que dans le second cas, ce qui avoisine le foyer est chauffé avec excès et ce qui est près du verre ne l'est pas assez.

DÉCEMBRE. (*Ind. dom.*) *Travaux de ménage.* On visite avec soin toutes les conserves, on répare celles qui s'altèrent et on enlève ce qui pourrait nuire à leur bonté. On entame les conserves de légumes et de fruits. La viande de boucher et le gibier sont dans ce mois de bonne qualité.

DÉCIMAL. (CALCUL) (*Conn. us.*) Le calcul décimal est la numération par dizaines, centaines, et est obligatoire en France depuis le 1er janvier 1806. Il a été préféré au système duodécimal, ou numération par douzaine, bien que celui-ci présentât plus de diviseurs. Son usage est maintenant universellement répandu.

DÉCIMÈTRE. (*Conn. us.*) C'est une mesure de longueur qui compose la dixième partie du mètre; elle équivaut à trois pouces huit lignes et demie. (Voy. MÈTRE.)

DÉCOCTION. (*Méd. dom.*) La décoction est le produit de l'ébullition, jusqu'à réduction de moitié environ, d'eau dans laquelle on a mis des plantes et des racines. L'expérience a constaté que l'infusion donnait des produits meilleurs que la décoction. Le bois de gayac seul fournit, par décoction, un extrait plus abondant et plus balsamique que celui préparé par infusion.

Les bouillons sont des décoctions plus ou moins concentrées.

Décoction d'orge. Prendre une cuillerée à bouche d'orge,

faire bouillir dans un litre et demi d'eau, jusqu'à réduction d'un litre ; ajouter à la fois deux gros de racine de réglisse; passer. On fait de même les décoctions de chiendane, de riz, de semence de sauge, de guimauve, de bourrache, chicorée, asperge, oseille, mauve, saponaire, quinquina. Si l'on emploie des racines fraîches, on les lave, et l'on accroît la dose de moitié.

DÉCOCTION CULINAIRE. (*Cuis.*) C'est une préparation inventée par madame Aglaé Adanson, qui remplace les bouquets garnis, le poivre, et autres condimens. On en met une cuillerée dans chaque mets; elle se conserve dans des flacons bien bouchés, et peut se garder au frais deux mois l'été, quatre mois l'hiver.

Mettre dans une casserole une forte poignée de sel, une cuillerée à café de poivre, une pincée de muscade, quatre clous de girofle, quatre feuilles de laurier, deux branches de thym, six gousses d'ail, huit échalottes, une poignée de persil, une cuillerée à café de coriandre, deux branches d'estragon, deux cuillerées de vinaigre blanc, quatre tranches de carotte, un ognon en rouelles, deux branches de céleri, quatre branches de cerfeuil, une branche de basilic, une poignée de morille, si l'on peut s'en procurer; verser dessus une chopine d'eau bouillante, et faire réduire à un verre; passer dans une flanelle.

DÉCOMBRE. (*Ind. dom.*) On peut extraire des décombres les pierres et les briques pour raccommoder les chemins et faire des cailloutages. Le mortier qui reste ensuite est très bon pour répandre sur les prairies humides, au pied des arbres fruitiers et surtout dans des fosses autour des pêchers; on mêle aussi les décombres aux composts et aux couches. (Voy. ces mots.)

DECUMARIA SARMENTEUX (*Jard.*) *Decumaria barbara.* Famille des myrtes. Cet arbuste rampant de la Caroline est propre à garnir du côté du nord le penchant des massifs, dans une terre sablonneuse, noire et franche; ses fleurs en corymbe, odorantes, viennent en juillet.

DÉCUVAGE. (Voy. VIN.)

DÉFRICHEMENT. (*Agric.*) Autant les défrichemens de landes, de bruyères, de ronces sont utiles, autant sont nuisibles les défrichemens qui consistent dans la transformation de bois en terres labourables : aussi ne peut-on les commencer qu'après en avoir averti l'autorité. Sur les observations du conservateur opposant, le préfet statue.

Les propriétaires devront s'imposer l'obligation de défricher annuellement une certaine étendue, ou d'en abandonner pendant quelques années le produit à ceux qui se chargeraient du défrichement. (Voy. BRUYÈRE, LANDES.)

DÉGEL. (Voy. GELÉE.)

DÉGRAISSAGE. (Voy. TACHE.)

DÉGUSTATION. (Voy. VIN.)

DÉJEUNER. (*Hyg.*) Le déjeûner doit toujours être léger. Un repas copieux, pris le matin, vous laisse lourd pour toute la journée ; ce n'est que lorsque les occupations demandent une grande dépense de force, qu'un déjeûner à la fourchette devient nécessaire. On déjeûne ordinairement en petit comité. Les invitations d'apparat sont réservées pour le dîner; quelques amis intimes sont seuls admis. Les plus élégans déjeûners se composent d'huîtres, de quelques hors-d'œuvre, de saucisses, de boudins, de pieds de cochon farcis, de rognons, de quelques pièces froides, d'un pâté, de fruits de la saison, de fromage et de confitures.

DÉLAYANS. (*Méd. dom.*) Les délayans sont des médicamens qui modifient la composition des fluides; ils conviennent dans les inflammations aiguës, les affections cutanées, fébriles, les gastro-entérites.

L'eau, en boissons, en bains, en lavemens, est le meilleur et peut-être l'unique délayant; ce n'est que pour complaire au malade et faciliter la digestion de l'eau pure, qu'on y ajoute du sucre, du miel, de la gomme, etc. On doit administrer les délayans tièdes et à grandes doses.

DÉLIRE. (*Méd. dom.*) Le délire est le désordre des facultés intellectuelles produit par l'aliénation, les fièvres ou l'ingestion de quelques substances. Le délire fébrile est accompagné de dérangement des fonctions nutritives; son invasion est rapide; il est de courte durée; c'est ce qui le distingue de la folie le délire, qui n'empêche pas l'action de l'estomac, s'annonce long-temps d'avance et est presque incurable. Une sorte de délire suit l'ingestion des liqueurs alcooliques, et celui de certains narcotiques, l'opium, le datura, le solanum, la jusquiame noire. Dans le délire fébrile, le seul qui se présente assez fréquemment pour que nous ayons à nous en occuper, la face est rouge, les yeux brillans, la tête encombrée, les oreilles bourdonnent, la voix changée; le malade perd le fil de ses idées, rabâche, crie, rit sans motif, a des visions, devient furieux; cette irritation insolite n'est pas toujours un symptôme alarmant; mais quand il est violent et sombre, quand il alterne avec des convulsions et des syncopes, il annonce le plus grand danger. Le traitement consiste dans la saignée, des applications réfrigérantes à la tête, des bains de pieds; il dépend, au reste, de la cause occasionelle, et nécessite l'intervention du médecin.

On appelle *délire tremblant* une maladie nerveuse qui est causée par l'abus des liqueurs fortes et quelquefois par des blessures graves; son invasion est souvent subite; il est accompagné de secousses, de contractions des muscles, d'insomnie, de constipation, de fureur; quand il se prolonge, il dégénère en folie à l'état aigu. Il se guérit ordinairement de lui-même; on le traite avec l'opium pris à la dose d'un demi-grain, et de deux ou trois grains, si les accidens persistent.

DÉMANGEAISONS. (*Méd. dom.*) Les démangeaisons ou prurit sont des irritations de la peau qui ont quelquefois un caractère dartreux; elles sont accompagnées souvent de pustules qui donnent, quand on se gratte, une sérosité farineuse.

Les personnes maigres et bilieuses, les enfans et les vieillards, sont les plus sujets aux démangeaisons; quand les démangeaisons sont rebelles, elles exigent le traitement des dartres. (Voy. DARTRES.)

DEMI-BAIN. (Voy. BAIN.)

DEMI-DEUIL. (Voy. DEUIL.)

DEMOISELLE. (Voy. LIBELLULE.)

DENIER. (*Conn. us.*) C'est la douzième partie d'un sou de l'ancienne monnaie. On n'emploie plus ce mot qu'au figuré.

DENT DE CHIEN OU ÉRYTHRONE. (*Jard.*) *Erythronium* ou *dens canis*. Famille des liliacées.

Érithrone doré. Erithronium aureum. Plante vivace, originaire de Virginie. Jolies fleurs en avril, jaunes, s'élevant sur une petite tige rouge au milieu des feuilles. Sa racine a à peu près la forme d'une dent de chien; on la sème en pots au printemps, au nord, en bruyère; elle se multiplie de séparation des cayeux.

Érythrone indigène. Fleurs en mars, blanches en dedans, rouges en dehors; même culture.

DENT DE LION. (*Agric.*) *Leontodeon. Dens leonis.* Famille des chicoracées. Cette plante est très commune dans les champs; les bestiaux la broutent avec plaisir, mais les chevaux la refusent. On mange en salade les jeunes feuilles.

DENTELLES. (*Conn. us.*) Les dentelles sont plus chères que les broderies, mais aussi elles durent beaucoup plus long-temps et sont d'un plus bel effet. Les dentelles les plus chères sont celles d'Angleterre; les plus jolies sont les malines; après viennent les valenciennes, qui joignent la beauté à la solidité. Celles d'Alençon se font remarquer par l'élégance de leurs dessins. On fabrique, pour remplacer les dentelles, des blondes de soie et de fil qui ont peu de durée. Les blondes de soie ne peuvent pas être blanchies, et ne peuvent être portées long-temps. On imite le point de valencienne commune, avec de la mousseline, au moyen d'une grosse aiguille.

DENTS, DENTITION. (*Hyg. — Méd. dom.*) Les dents sont composées d'une masse osseuse, d'une espèce d'aubier qui enveloppe cette masse, et de l'émail. Elles sont placées dans des alvéoles, que remplissent une partie molle et une membrane appelée *périoste-alvéolo-dentaire.* L'inflammation de cette membrane cause des douleurs vives, qui s'étendent dans toute la tête.

Les dents trop blanches sont rarement solides. Les meilleures dents sont celles dont la blancheur légèrement jaunâtre annonce un ivoire dense, serré et pesant.

Ce qu'on nomme le tartre des dents est formé d'un soixante-sixième de phosphate de chaux, 0,09 de carbonate de chaux, 0,14 de mucosités animales, 0,05 de phosphate de magnésie et d'oxide de fer, 0,07 d'eau. Ces concrétions, analogues à la salive, sont plus abondantes chez les individus gloutons que chez ceux qui vivent sobrement. Quand on néglige de manger des deux côtés, elles s'amassent du côté inactif.

Quelques enfans ont des dents en naissant; généralement elles commencent à sortir du cinquième au huitième mois.

Dès les premiers symptômes de la dentition, on donne à l'enfant de bon lait; on ne le charge pas trop de vêtemens, et on le tient dans un air libre et pur. On lui fait boire de l'eau d'orge coupée avec du lait, ou de l'émulsion d'amandes douces écrasées avec de l'eau, du sucre, ou un peu de miel.

Quelquefois, en lui fait prendre de l'eau panée, des gelées animales, du bouillon de poulet ou de bœuf avec de la croûte de pain séchée au four; l'enfant montre peu d'appétit et du dégoût pour les solides.

Les *symptômes de la sortie des premières dents* sont les suivans: chaleur, gonflement, rougeur et douleur sourde des gencives, aplatissement de leur bord circulaire, salivation abondante, avidité en tétant, démangeaison du nez, accroissement des urines et des déjections, tristesse de l'enfant, agitation pendant le sommeil, insomnie, mauvaises digestions, diarrhée verte, vomissement, constipation, fièvre, irritation du système nerveux. Quelquefois l'enfant a des convulsions. (Voy. CONVULSIONS, ENFANT.)

On doit éloigner tout ce qui pourrait resserrer les gencives, et empêcher la sortie des dents. Pour empêcher l'humidité de la tête de tomber dans la bouche et d'irriter les gencives, on brosse la tête avec soin, et on la couvre de linges légèrement chauds. Les sérosités de la tête sont ainsi entraînées au dehors, mieux que si la tête de l'enfant restait découverte.

On doit nettoyer avec soin la bouche des enfans avec de l'eau miellée et un linge fin pour la débarrasser du mucus blanchâtre qui la tapisse. Le sirop violat de capillaire ou de guimauve, avec la décoction de figues grasses, l'huile d'amandes douces, le beurre frais, conviennent pour amollir les gencives.

Dents des enfans. La sortie des dents coûte souvent beaucoup aux enfans, et quelques uns succombent aux maux qu'elle occasione. On doit à cette époque, si elle est douloureuse :

1° Leur tenir le ventre libre par des lavemens faits avec une décoction de mauve, sans y rien ajouter; mais ils ne sont point nécessaires si l'enfant a en même temps la diarrhée;

2° Leur diminuer un peu la quantité des alimens par deux raisons : l'une, c'est que l'estomac devient plus faible qu'auparavant; l'autre, c'est qu'il y a quelquefois un peu de fièvre;

3° Leur augmenter un peu la quantité de boisson : la meilleure pour eux est, sans contredit, l'infusion de tilleul, qu'on blanchit avec un peu de lait;

4° On leur frotte souvent les gencives avec un mélange de parties égales de miel et de mucilage de pepins de coings, et on leur donne à mâcher une racine d'altéa ou de réglisse.

C'est souvent dans le temps de la sortie des dents que les enfans se nouent.

Les hochets de métal dont ils se frottent les gencives, loin de les amollir, les irritent, et nuisent au passage des dents; il est bon de les remplacer par une racine de guimauve, ou un bouchon de liége, ou du cuir. Les hochets de cristal, d'or, d'argent, apaisent momentanément la douleur par la compression; mais ils enflamment les gencives.

M. Botot, célèbre dentiste, propose, pour faciliter l'éruption des dents, des fumigations de vapeur d'eau très chaude. On fait parvenir la vapeur dans la bouche de l'enfant par la partie étroite d'un entonnoir de carton. On répète cette opération en la faisant durer peu de temps chaque fois.

Quand la gencive est ramollie, et que l'on aperçoit les contours des dents prêtes à percer, on y applique du jus de citron avec le bout du doigt et un linge.

A mesure que les accidens paraissent, on emploie les calmans, les narcotiques, les bains tièdes, les fomentations générales, les cataplasmes sur le ventre. Quand l'enfant ressent engorgement et chaleur à la tête, et est ainsi exposé à des convulsions, on peut appliquer une sangsue

derrière l'oreille. Si l'engorgement persiste, on renouvelle plusieurs fois ce remède, qui n'a aucune action quand la tête n'est pas plus chaude que le reste du corps.

Quand les premières dents ont paru, elles sont sujettes à se casser, surtout si elles ont poussé avec trop de promptitude. On doit éviter ce qui peut nuire aux dents, les boissons froides après les alimens chauds, l'accumulation du tartre, les frottemens de corps durs. Les mères doivent nettoyer elles-mêmes les dents de leurs enfans avec un cure-dent, les bien essuyer avec un linge doux, en enlever le limon, gargariser les gencives avec de l'eau tiède, faire tiédir légèrement leurs boissons, et habituer leurs enfans dès le plus bas âge à entretenir leurs dents proprement.

Quand les dents de lait sont cariées, ce qui arrive souvent, on ne peut empêcher la carie de se communiquer qu'en les faisant arracher. Cette opération est douloureuse, mais sans danger et très prompte. Les dents, même molaires, offrent alors si peu de résistance, qu'on peut souvent les enlever avec un simple fil. Les dents arrachées repoussent jusqu'après la seconde dentition. Quelques enfans ont l'habitude de pousser leurs dents avec leur langue : elle se penchent alors en avant, et rendent la bouche difforme pour toujours. Les mères doivent y veiller.

C'est vers l'âge de sept ans que la seconde dentition a lieu : les incisives s'ébranlent et s'arrachent au moindre effort; elles sont remplacées par des dents plus larges et plus fortes. La deuxième grosse dent molaire paraît vers onze ou douze ans; la troisième, dite dent de sagesse, tarde jusqu'à l'âge de vingt-un ans.

L'émail des dents se couvre facilement de tartre, si on ne le chasse chaque jour avec une brosse et de l'eau fraîche. De temps en temps, on se sert de poudre et d'opiat. On doit proscrire avec soin l'usage du vinaigre, du citron, de la crème de tartre employée seule, et des acides minéraux qui blanchissent les dents en en détruisant le poli et la solidité, surtout quand elles sont minces. Si les gencives sont gonflées, molles ou saignantes, on met dans l'eau dont on se sert de l'eau-de-vie de gayac (voy. ce mot), de l'esprit de cochléaria, de l'eau de Cologne, de l'eau-de-vie ou du rhum. Il est bon de se rincer la bouche à l'eau fraîche après avoir mangé des alimens sucrés, qui attaquent l'émail des dents.

Opiats, poudres et eaux. Il faut éviter de se servir trop souvent des opiats et des poudres : il suffit de les employer tous les trois ou quatre jours. Les eaux alcooliques étendues d'eau servent à nettoyer la bouche.

Poudre dentifrice. Trois onces de corail, deux onces de biscuit de mer, une once et demie de pierre-ponce préparée, deux gros de cannelle, une demi-once de girofle. On peut ajouter une once et demie de sang-dragon, une once d'yeux d'écrevisse, une demi-once de myrrhe; deux onces de laque rose, sept grains de musc, autant d'ambre; on en fait un opiat en y joignant quatre onces de sirop de mûres, et trois onces de miel de Narbonne.

Charbon en poudre. Il nettoie les dents sans en altérer l'émail; on peut y mêler égale quantité de croûte de pain brûlée et de sucre, et un quart de crème de tartre.

Quinquina en poudre. On peut le mélanger au charbon et au sucre; il fortifie les gencives. Il est bon d'y ajouter dix gouttes d'essence de menthe par once. On peut le remplacer par du sulfate de quinine.

Corail porphyrisé. On doit l'employer avec précaution; il pourrait attaquer l'émail des dents. Il est utile d'y ajouter d'autres substances.

Mélange pour les dents. Une once de pierre-ponce ou de corail, deux gros de crème de tartre, un demi-gros de cochenille, quatre gouttes d'essence de girofle ou de menthe.

Autre. Réduire en poudre très fine une once de marbre ou de craie, deux onces de crème de tartre, deux onces de pierre-ponce, une demi-once d'alun calciné, autant de cochenille, vingt-quatre grains d'essence de girofle ou de bergamote. On en fait un opiat en y ajoutant du miel ou du sirop de sucre. Cet opiat se boursoufle en le faisant. On attend pour s'en servir que le gonflement ait cessé. On en prend une petite quantité avec une brosse, et on en frotte les dents.

Eau pour les dents et les gencives. Hacher deux livres de cochléaria, quatre onces de cresson, une demi-once de zestes de citron, un demi-gros de racine de pyrèthre; faire infuser huit jours dans l'eau-de-vie, et distiller au bain-marie.

Autre. Élixir de M. Leroy de Lafaudiguières. Concasser deux gros de racine de pyrèthre, un gros de cannelle, un gros de gayac, deux muscades, un gros de girofle, ajouter douze gouttes d'essence de romarin, autant de bergamote, une chopine d'esprit-de-vin; faire infuser, et filtrer au bout de huit jours.

Mixture odontalgique. Une once de charbon en poudre, un demi-gros de chlorate de potasse, le tout broyé avec de l'essence de menthe et réduit en pâte. On en frotte les dents le soir : la mixture agit toute la nuit, et décompose le phosphate de chaux sur les dents. Le matin, on se nettoie les dents avec un mélange de quatre onces d'eau-de-vie, quatre onces d'eau de menthe et une cuillerée de chlorure de soude; on se rince la bouche avec le même mélange; les dents deviennent promptement très blanches; la carie des dents gâtées à demi s'arrête; l'haleine est constamment fraîche et odorante.

Teinture de Grénough. Prendre deux gros de benjoin, deux gros de myrrhe, neuf onces de cochléaria, un gros de cannelle, un gros de girofle, un litre d'esprit-de-vin, autant de vin blanc; mettre infuser huit à dix jours dans l'esprit-de-vin; passer, et ajouter le vin blanc.

Lotion pour les dents. Faire dissoudre un peu de savon parfumé dans de l'eau mêlée d'eau de Cologne, ajouter un gros de racine de pyrèthre pulvérisée.

Préparation du docteur Chaussier. Préparer un gargarisme avec une livre d'eau, une demi-livre d'esprit-de-vin, un demi-gros de sel ammoniac. On peut se rincer la bouche après avoir nettoyé ses dents dans de l'eau où l'on verse quelques gouttes d'une dissolution d'un gros de sel ammoniac dans une chopine d'eau-de-vie.

Eau de Botot. Concasser deux gros de cannelle, deux gros de cochenille, quinze grains de semence d'anis, deux gros de girofle, faire infuser pendant huit jours au soleil, dans deux litres d'eau-de-vie à 22 degrés, filtrer au papier gris, en prenant des précautions pour empêcher l'évaporation des aromates, ajouter un demi-gros d'huile essentielle de menthe poivrée; conserver dans des bouteilles bien bouchées.

Eau-de-vie de gayac pour les dents. Mettre infuser pendant huit jours dans un litre d'eau-de-vie, en ayant soin de remuer tous les jours, deux onces de résine de gayac concassée, quatre gros de girofle, deux gros de coriandre et de cannelle, les zestes d'un citron. Au bout de huit jours, filtrer au papier gris.

Cure-dents. Les cure-dents les meilleurs sont ceux de plumes, à cause de leur flexibilité. Quand les gencives sont d'un rouge rose, tendues et brillantes, ils servent à pratiquer des saignées locales. On doit les employer pour enlever les corps étrangers arrêtés soit entre les dents, soit dans le creux des dents cariées.

Éponges. Elles doivent être douces; on les attache au manche des brosses; on les fait en coupant des éponges fines par petits morceaux, les lavant, et les faisant sécher au soleil. On les teint en rouge en les soumettant à l'ébullition dans une livre d'huile et un demi-quarteron d'orcanette.

Brosses. Les brosses les plus douces sont les plus convenables. On les dirige de bas en haut ou de haut en bas. Les brosses de soie de sanglier sont dures et blessent les gencives. Les racines de guimauve, de réglisse, de chiendent, qu'on fait bouillir et sécher ensuite dans l'eau, peuvent remplacer les brosses. (Voy. BROSSES.)

Racines pour les dents. Faire sécher des racines de guimauve coupées en tranches; leur faire prendre au bout de chaque tranche la forme d'un pinceau en les coupant avec un canif, les faire bouillir dans un mélange d'huile d'olive, de girofle et d'orcanette, ajouter un gros de sang-dragon, une once de gomme laque, une demi-livre d'esprit-de-vin rectifié, chauffé au bain-marie.

Gratte-langue. C'est une petite lame d'écaille ou de corne dont on se sert pour enlever les sels qui se déposent sur la langue, et qui contribueraient par leur accumulation à altérer l'émail des dents.

Si l'on reste long-temps sans se nettoyer les dents, le tartre les attaque, et devient tellement épais qu'on ne saurait l'enlever sans le secours du dentiste. Si on ne le fait, les dents se gâtent, les nerfs se découvrent, et tombent en suppuration. Des abcès à la gencive surviennent et causent de vives douleurs.

Si les dents sont inégales, on peut les faire égaliser avec la lime. On sépare aussi avec cet instrument les dents trop rapprochées; l'emploi de la lime n'a aucune espèce de danger.

Maux de dents. Le principal est la carie; elle est plus commune chez les adultes que chez les vieillards. Le femmes y sont plus disposées que les hommes, et les lymphatiques plus que les sanguins. Les habitans des villes, des pays humides et marécageux, y sont sujets.

Le choc de corps durs, le broiement de noix, de noyaux, les boissons trop chaudes qui jaunissent l'émail des dents; les rhumatismes à la tête provenant de lotions trop fréquentes à l'eau froide, les alimens sucrés, les remèdes mercuriels, la grosse venaison, les fruits acides, les dragées, les mets alternativement chauds et froids : toutes ces causes contribuent à altérer les dents, et à les carier. Alors les nerfs se trouvent à découvert, et le contact de l'air et des alimens froids occasione une vive douleur.

Il arrive souvent qu'en voulant soulever des poids et déboucher des bouteilles avec la mâchoire, on se brise une ou deux dents. Cet accident est irrémédiable. Dans le cas de carie, si elle n'est que superficielle, on emporte la partie cariée avec une lime.

Pour les gencives chargées de boutons, ou de petits ulcères, il faut recourir au traitement des aphthes. (Voy. ce mot.) Quand elles sont enflammées et irritées, on les gargarise avec une décoction tiède de guimauve, de mauve, de rose trémière, à la dose d'une demi-once de racine sèche, ou d'une once de racine fraîche dans une chopine d'eau. On peut ajouter à la décoction une tête de pavot blanc. On y ajoute sur la joue l'application de cataplasmes de la même décoction, ou de farine de lin. (Voy. CATAPLASMES.)

Si le mal persiste, on emploie les sangsues ou un petit vésicatoire, ce qu'il faut se garder de faire sans l'avis d'un médecin, et des bains de pieds.

Quelquefois il se forme des abcès dans la gencive ; il faut les faire ouvrir le plus tôt possible. On suit le même traitement pour les fluxions.

Si la carie est profonde, on garantit la dent malade par des moyens qui ôtent au nerf sa sensibilité ; on empêchera le contact de l'air en plaçant dans le trou un petit tampon de coton imbibé d'essence de pyrèthre, avec addition de vingt gouttes d'opium par gros, ou d'huile, ou de sirop de laudanum, qu'il faut se garder d'avaler, ou d'éther seul ou mêlé au laudanum, ou une pilule d'un quart de grain d'opium qu'on laisse fondre dans la bouche. On peut fermer le trou de la dent avec un peu de cire, ou de résine oliban. On peut aussi brûler le nerf avec du coton sur lequel on gratte une très petite quantité de nitrate d'argent.

Essence pour les maux de dents. Un gros d'esprit-de-vin camphré, cinq grains de baume du commandeur, quinze gouttes de teinture d'opium, cinq gouttes d'essence de menthe.

Autre. Cinq grains d'acétate de plomb, autant de sulfate de zinc, broyés et réduits en pâte avec addition de neuf grains de teinture d'opium. On introduit cette pâte avec du coton dans la dent, et on renouvelle une ou deux fois par jour.

Quand les dents sont fracturées, ou ébranlées, on doit s'abstenir d'alimens solides, ne prendre que des bouillons ou des tisanes avec un biberon, maintenir les mâchoires par un bâillon, et laisser cicatriser.

Aucune opération d'extraction, de limage ou de plombage ne saurait être pratiquée pendant la durée de l'inflammation locale. Ces opérations détermineraient une douleur qui aggraverait les accidens.

L'extraction des dents est d'autant moins pénible que la tête du malade a un point d'appui plus solide. Le

meilleur gargarisme, après l'opération, est l'eau tiède aiguisée de vinaigre. L'instrument le plus usuel en France pour l'arrachement, est appelé clef anglaise, ou de *Garengeot*. Quelquefois les dents emportent avec elles des débris des alvéoles, ce qui accroît la souffrance, mais sans empêcher la guérison.

Quand l'extraction d'une dent est suivie d'hémorrhagie trop prolongée, on emploie l'acide sulfurique étendu d'eau, ou bien on bouche l'alvéole avec de la charpie.

Les dents peu tenaces sont arrachées à l'aide d'une sorte de pince très forte, à bec court et garni de dentelures, à branches solides et alongées. On nomme cet instrument *davier*.

Le plombage des dents a pour but de garnir les cavités des dents cariées ; il se fait avec des feuilles de plomb laminé, ou mieux avec des lames d'or, d'argent ou de platine.

Quelques personnes font remplacer les dents qui leur manquent par des dents artificielles. Les plus usuelles sont fixées dans la racine limée au niveau de la gencive, au moyen d'un pivot en or ou en platine. Cette opération n'est pas sans danger, et les matières cariées accumulées dans la racine peuvent donner lieu à des abcès et à des fluxions. Avant d'appliquer une fausse dent, il faut avoir soin de bien nettoyer la racine, et de la creuser avec un équarrissoir.

DÉPÔT. (*Cod. dom.*) On évite beaucoup de désagrémens en ne laissant rien en voyage dans les hôtels de la route. Si on a été forcé de déposer quelques objets, et que leur restitution amène quelques difficultés, c'est devant le tribunal civil que l'aubergiste dépositaire non salarié doit être assigné en restitution de dépôt.

DÉPURATIFS. (*Méd. dom.*) Les dépuratifs agissent en provoquant les sécrétions et en en augmentant la quantité. Nous en parlerons aux articles DÉLAYANS, DIURÉTIQUES, PURGATIFS.

DERMESTES. (*Ind. dom.*) Ce sont des insectes coléoptères à corps ovale et oblong, avec deux ailes membraneuses, repliées sous des élytres dures et écailleuses. Ils vivent sur les fleurs, mais ils viennent dans l'intérieur des habitations, et leur larves attaquent les pelleteries, les collections d'histoire naturelle, les plumes, la corne, le lard.

On chasse les dermestes par des fumigations de tabac, de soufre, par l'odeur du camphre, et par les moyens indiqués à l'article ANIMAUX NUISIBLES.

DÉROUILLEMENT. (Voy. ROUILLE.)

DESCENTE. (Voy. HERNIE.)

DÉSINFECTION. (Voy. AIR, CHAUX, CHLORE, ÉPIDÉMIE, LIEUX D'AISANCES, FOSSES D'AISANCES, TABAC, URINE, etc.)

DÉS (JEU DE). (*Récréat. dom.*) Le jeu de dés est très ancien. On sait que les dés sont des cubes solides marqués de points depuis un jusqu'à six. On les emploie dans le tric-trac, le reversis, et autres jeux de hasard. (Voy. TRIC-TRAC, etc.)

On joue aux dés, à deux, avec un cornet de cuir. On parie qu'on amènera tel nombre. On tient le cornet couvert, de la main gauche on le secoue , et on jette les dés sur la table.

On continue à jouer alternativement jusqu'à l'épuisement de l'enjeu.

Les doublets se nomment *rafles*, et se paient double si on les a devinés, et simple si on s'est trompé.

On peut avec deux dés amener trente-six coups différens, et avec trois dés deux cent seize coups, ou 56 × 6; avec deux dés, il est rare que l'on fasse les doublets. Il y a deux manières de faire 5, trois de faire 4, quatre de faire 5, cinq de faire 6, six de faire 7, cinq de faire 8, quatre de faire 9, trois de faire 10, deux de faire 11, une de faire 12. Avec trois dés, il y a à parier 1 contre 8 qu'on amènera 10 et 11. La combinaison la plus facile est ensuite 9 ou 12, puis 8 ou 13, puis 7 ou 12, etc.

Dés. (*Cuis.*) Couper la viande ou les légumes en dés, c'est leur donner la forme de petits ou gros cubes. Les croustades pour potage doivent être coupées en dés.

DESSÈCHEMENT. (Voy. MARAIS.)

DESSERT. (*Hyg.*) Le dessert n'a pas pour but l'alimentation solide et substantielle des convives. C'est seulement, pour ainsi dire, une récréation de l'estomac. C'est un temps d'arrêt après le voyage gastronomique du dîner, destiné plutôt à titiller doucement le palais des gourmets, qu'à satisfaire l'appétit.

Il devra donc être composé d'alimens légers , de fruits, de compotes , de feuilletages, le tout accompagné de bon vin généreux.

Dans quelques maisons qui passent pour luxueuses, on garnit la table de dormans (voy. ce mot), de vases en porcelaine , de cristaux , de plateaux dorés ou argentés , de fleurs artificielles, et çà et là, dans de beaux vases, quelques massepains ou quelques fruits sont enfouis dans des flocons de mousse. Il faut fuir cette abondance stérile , et remplacer tous ces édifices par de bons fruits mis en regard et rangés avec symétrie. On ne doit pas doubler les plats , mais mettre en face les unes des autres les différentes variétés.

Le dessert doit être accompagné de digestifs. Ainsi le gruyère, le chester, le roquefort persillé, s'y montrent avec avantage.

Pour les vins de dessert, voy. DINER.

DESSIN. (*Conn. us.*) Le dessin linéaire est presque indispensable. Le meilleur moyen de l'apprendre n'est pas de suivre la méthode ancienne, et de faire copier d'abord à l'élève un œil , puis un nez , puis des portions de figures. On doit donner à l'élève l'idée des proportions, en lui faisant tracer des figures géométriques , en les lui faisant diviser exactement.

On lui fait ensuite copier la nature autant que possible, et, à défaut, de bons modèles d'après la bosse.

On peut apprendre à dessiner seul au trait, de la manière suivante :

On donne à l'élève un modèle, qu'il copie sur une ardoise d'abord , puis sur papier. Le même modèle est calqué sur une plaque transparente de corne ; l'élève, après avoir dessiné, applique cette plaque sur son dessin, et compare.

Pour fixer le dessin au fusain, on fait fondre à froid une partie de cire blanche dans six parties d'essence de térébenthine, et avec un pinceau on donne plusieurs couches derrière le dessin. L'essence s'évapore; la cire reste , et fixe le fusain solidement.

Les peintres du seizième siècle , avant de dessiner, faisaient faire le fusain à l'huile. (Voy. FUSAIN.)

DÉTREMPE. (Voy. PEINTURE.)

DÉTRITUS. (*Agr.*) On appelle ainsi les débris de substances végétales; ils composent le terreau végétal, et sont très utiles dans les composts. (Voy. ce mot.)

DEUIL. (*Conn. us.*) La forme et la couleur des vêtemens de deuil a varié chez tous les peuples; aujourd'hui encore elle n'est pas la même partout. Le deuil en Chine est blanc; bleu en Turquie, en Syrie, en Arménie; jaune en Égypte; gris en Éthiopie; l'Europe entière a adopté le noir.

Jusqu'au règne de Charles VIII, le blanc a été en France la couleur de deuil. Le roi d'Angleterre, qui ne s'habille jamais en noir , porte le rouge pour couleur funèbre. Le chancelier de France est le seul homme du royaume qui ne porte point le deuil.

Des règles d'étiquette spéciale déterminent le mode des deuils de cours, où personne ne peut paraître sans être en deuil quand le roi le porte. Nous ne ferons qu'une mention superficielle de ce cérémonial, suivi seulement par un petit nombre , et dans d'assez rares circonstances; le grand deuil de deux à six mois, le petit deuil de trois jours à trois semaines, sont tous deux déterminés par le roi.

Deuils particuliers. L'usage exige, aussitôt qu'on a perdu quelque membre de sa famille, que l'on fasse part de ce malheur à toutes les personnes qui ont eu avec le défunt des relations d'affaires ou d'amitié. Les lettres que l'on envoie alors contiennent l'invitation d'assister au service et d'accompagner le convoi.

Une pareille invitation ne peut guère se refuser, à moins qu'on ait de légitimes motifs d'empêchement. Chacun s'y rend en costume noir. L'ordonnance du service est ordinairement confiée à un maître de cérémonies. Voici les règles à cet égard.

A l'inhumation d'un personnage distingué, la plus grande marque de respect est de porter le cercueil à bras, tandis que le corbillard et les voitures de deuil suivent; toutes les personnes qui assistent au convoi marchent alors silencieusement, la tête découverte. Les pauvres, portant sur la tête une pièce de drap noir, et à la main un flambeau allumé, sont rangés autour du cercueil.

Les domestiques du défunt accompagnent le cercueil en grande livrée, le crêpe au bras, un flambeau à la main; sa voiture, drapée en noir, suit à vide. S'il était revêtu de grades militaires, on conduit à la suite du cercueil un cheval de parade que l'on a eu soin de faire jeûner pour lui donner l'air abattu. Les insignes du défunt, les décorations des ordres qu'il portait et de son grade, sont placés sur le cercueil. Les plus proches parens tiennent les cordons du corbillard; les fils du défunt sont seuls exempts d'assister à cette triste cérémonie.

A l'inhumation d'une demoiselle, on place sur son cercueil une couronne de roses blanches; de jeunes per-

sonnes vêtues en blanc et couvertes d'un voile, suivent à pied le corbillard, et quatre d'entre elles en tiennent les cordons.

Grands deuils. Ils se partagent en trois temps : la laine, la soie noire, et le petit deuil où les habits coupés. On ne porte le grand deuil que pour père, mère, grand-père, grand'mère, mari, femme, frère et sœur.

Grand deuil pour père et mère : six mois. — Habillement des dames. Les six premières semaines, vêtement de laine noire; pendant les trois premières, coiffure et fichu de crêpe noir; les trois suivantes, coiffure et fichu de crêpe blanc, garni d'effilé uni. Les six semaines suivantes, vêtement de soie noire; en hiver, le pou de soie; en été, le taffetas, les coiffures et garnitures en crêpe blanc garni d'effilé. Les trois derniers mois, le blanc uni ou le noir et le blanc.

Habillement des hommes. Les six premières semaines, vêtement noir, bas de laine, les bijoux et ornemens bronzés.

Pour grand-père, grand'mère : quatre mois et demi. — Habillement des dames. Le premier mois, vêtement de laine noire; les quinze premiers jours, coiffure et fichu de crêpe noir; les quinze jours suivans, coiffure et fichu de crêpe blanc garni; les six semaines suivantes, vêtement noir de soie. En hiver, le pou de soie; en été, le taffetas; les coiffures et garnitures en crêpe garni d'effilé; les deux derniers mois, petit deuil en noir et blanc.

Habillement des hommes. Le premier mois, vêtement noir, les bas de laine, bijoux et ornemens en acier bronzé; les six semaines suivantes, l'habit de drap avec boutons, les bas de soie noire; les deux derniers mois, en habit; l'habit noir, bas blancs de soie; en frac, la veste, la culotte et les bas noirs.

Pour un mari : un an et six mois. Les trois premiers mois, vêtement de laine; pendant les six premières semaines, coiffure et fichu de crêpe noir; pendant les six semaines suivantes, coiffure et fichu de crêpe blanc, les six mois suivans, en soie noire; en hiver, pou de soie; en été le taffetas. La coiffure en crêpe blanc garni d'effilé, les trois derniers mois en noir et blanc, et les six dernières semaines en blanc uni.

Pour une femme, six mois. Les six premières semaines, l'habit de drap sans boutons, les souliers bronze, les bas de laine; les six semaines suivantes, habit de drap avec boutons, bas de soie noire; les trois derniers mois, habit noir, bas blancs de soie et frac; la veste, la culotte et les bas noirs.

Pour frère et sœur, deux mois. — Habillement des dames. Les quinze premiers jours, laine noire, garniture de crêpe; les quinze suivans, soie noire; pou de soie noire en hiver; taffetas en été; le dernier mois, petit deuil.

Habillement des hommes. Les quinze premiers jours, grand deuil; les quinze suivans, l'habit avec les boutons; le dernier mois, petit deuil.

Deuils ordinaires. Ils se portent pour les oncles, tantes, cousins germains, oncles à la mode de Bretagne, et cousins issus de germains.

Dans les deuils ordinaires, les dames peuvent porter des diamans, et les hommes des bijoux d'argent.

Pour les oncles et les tantes : trois semaines. — Habillement des dames. Les huit premiers jours, en soie noire, etc. (ou noir et blanc); les sept derniers jours petit deuil.

Habillement des hommes. Les quinze premiers jour, grand deuil ou habit noir en drap, etc.; les derniers jours petit deuil.

Pour cousins germains : quinze jours. — Habillement des dames. Les huit premiers jours, en soie noire, etc. (ou noir et blanc); les sept derniers jours petit deuil.

Habillement des hommes. Les huit premiers jours, habit de drap noir, etc. (ou noir et blanc); les sept derniers jours petit deuil.

Pour oncles à la mode de Bretagne : onze jours. — Habillement des dames. Les six premiers jours, en soie noire (ou noir et blanc, etc.); les cinq derniers petit deuil.

Habillement des hommes. Les six premiers jours, habit de drap noir, etc.; les cinq derniers jours petit deuil.

Pour cousins issus de germains : huit jours. — Habillement des dames. Les cinq premiers jours, en soie noire; petit deuil les trois derniers.

Habillement des hommes. Les cinq premiers jours, en drap noir, etc.; les trois derniers jours, le petit deuil.

Les fonctionnaires en costume et les militaires portent un crêpe au bras et à l'épée; les ecclésiastiques portent un crêpe au chapeau.

DÉVOIEMENT. (Voy. DIARRHÉE.)

DIABLOTINS. (Off.) Couper en dés de la crème renversée à la vanille, fariner les dés, les faire frire, les égoutter quand ils sont noirs, et les poudrer de sucre. (Voy. CRÈME.)

DIABLOTINS. On appelle ainsi de petites pastilles faites avec une sorte de chocolat; on y incorpore quelquefois un peu de chicotin.

Diablotins. (Ind. dom.) Ce sont de petits pétards. Pour les faire, couper des bandes de la largeur d'un demi-pouce. Fixer, à un bout de chacune, avec de la colle, un peu de poudre de verre. Ajouter un peu de poudre fulminante. Sécher à l'air; superposer les deux bouts, et les serrer d'une bande de parchemin ou de papier. Le frottement enflamme la poudre, quand on tire le pétard.

En voyage, dans les auberges où l'on couche, on peut attacher un de ces pétards, à la partie de la chambre, une extrémité sur la porte et l'autre sur le mur. La détonation vous réveille si l'on veut entrer.

DIABOLINI. (Off.) Ce sont de petites dragées de Naples préparées avec du sucre, de la pâte de gomme arabique, de l'essence de cannelle, de l'essence de girofle et de la cannelle en poudre, et quelquefois un peu de musc, d'ambre et de poudre à la vanille. Ces dragées sont stimulantes.

DIACHYLUM. (Voy. EMPLATRE DE DIACHYLUM.)

DIACODE. (Voy. SIROP DIACODE.)

DIAMANT. (Conn. us.) Le diamant est composé de

carbone pur. Mis dans le feu, il brûle sans laisser de résidu. C'est le corps le plus dur qui existe dans la nature. Il est en lames, que l'on peut enlever successivement, ce qu'on appelle *cliver*, et ne se polit qu'avec sa propre poussière qu'on nomme égrisée. Sa couleur varie : il y en a de blancs, de rouges, de jaunes, de bleus, de bruns, de verts et de noirs. Les plus communs sont les blancs. On trouve les plus beaux aux Indes, dans la chaîne des montagnes de Gates. La rareté de cette pierre, la difficulté de son extraction, et les dépenses qu'elle exige, constituent sa valeur.

Les diamans sont passés de mode. Leur prix énorme, leur peu d'utilité réelle, leurs nombreuses imitations les ont fait abandonner.

Le diamant de l'empereur de Russie pèse 100 carats; celui du roi de France 156; celui du grand-duc de Toscane 159; celui du Grand-Mogol 279; celui du roi de Perse 495; celui du roi de Portugal 1,610 carats. On estime ce dernier 5,000,000 de francs, et le diamant de la couronne 1,200,000 francs.

DIAMÈTRE. (*Conn. us.*) Le diamètre d'un cercle est la ligne droite qui va d'un point de la circonférence à un point opposé en passant par le centre.

DIAPENSIA LAPONICA. (*Jard.*) Famille des lysimachies. C'est une plante basse et vivace. On la sème en bruyère un peu humide, au nord. Elle fleurit en juillet. Les fleurs sont basses. Elle se multiplie de séparation des œilletons.

DIARRHÉE. (*Méd. dom.*) On compte plusieurs espèces de diarrhées. Elles ont des symptômes particuliers. Avant de les énumérer, nous dirons quelques mots des symptômes généraux.

Ils consistent dans l'inappétence, la chaleur de l'abdomen, le trouble des digestions, les coliques, les nausées, les borborygmes, les défaillances, un sentiment de chaleur et de cuisson à l'anus, l'accroissement de la chaleur cutanée, la fréquence du pouls. Quelques prescriptions conviennent au traitement de toutes les diarrhées. Ainsi, la diète, l'abstinence de substances animales, les bains, les frictions, les vêtemens de flanelle, l'exercice, l'air pur.

Il ne faut pas confondre les diarrhées avec l'inflammation du colon, appelée colite ou dyssenterie. (Voy. ce mot.)

La diarrhée stercorale est commune chez les personnes qui mangent trop, ou qui mangent des alimens malsains. Elle a lieu une heure après le repas et s'annonce par un abattement général, et est accompagnée de borborygmes et de coliques. Dans cette diarrhée, les matières stercorales sont noirâtres et fétides. Elle n'a pas de gravité, si on ne l'exaspère pas par des écarts de régime. Pour la guérir, s'abstenir d'alimens qui ont une influence funeste sur l'estomac, ne pas le surcharger, aider la digestion avec un peu de bon vin, prendre des lavemens d'eau de riz.

La diarrhée dite éphémère se traite de même. C'est un relâchement subit qui se déclare à la suite d'un refroidissement survenu pendant la digestion.

La diarrhée nerveuse vient à la suite d'une vive impression morale, d'un froid vif, ou d'un accroissement de l'électricité dans l'atmosphère. Elle épuise beaucoup. Elle est exaspérée par le régime lacté, les boissons délayantes. Elle cède ordinairement à un régime composé de bouillons gras froids, d'œufs frais, de viandes rôties, de vin de Bordeaux étendu d'eau; à l'usage des gilets de flanelle, aux frictions sèches sur le corps, à l'exercice, au grand air. Le diascordium agit efficacement contre elle, ainsi que les infusions de menthe poivrée, de mélisse, de sauge, de romarin, de laurier. (Voy. DIASCORDIUM.)

La diarrhée bilieuse, assez commune au printemps chez les personnes brunes, sèches, à système nerveux très développé, dure rarement plus de trois à quatre jours. C'est une sécrétion très abondante de la bile. Elle est presque toujours salutaire. Quelquefois elle vient à la suite d'un accès de colère, ou sans cause appréciable. Des bains, quelques lavemens, un peu de limonade, du petit lait, du bouillon de veau ou du bouillon d'herbes, une diète plus ou moins sévère suivant le nombre des selles, composent tout le traitement. Si elle persiste, on applique quelques sangsues à l'anus.

La diarrhée muqueuse se développe sous l'influence du froid humide. Les selles sont formées dans ce cas en totalité ou en partie d'un mucus transparent et visqueux. On la combat par l'eau de riz gommeuse, et des lavemens chargés d'amidon et légèrement opiacés. Si elle résiste, on emploie le diascordium. C'est une diarrhée de cette sorte que produisent les purgatifs salins.

La diarrhée séreuse consiste en des selles semblables à de l'eau légèrement trouble, quelquefois même extrêmement limpide. Elle provoque la soif et la chaleur à la peau. Elle affaisse et maigrit considérablement les malades; elle est de courte durée, et se termine parfois d'une manière funeste.

Cette diarrhée, chez les enfans, est symptomatique de la dentition. (Voy. DENTITION.) Il y a souvent dans ce cas du danger à l'arrêter. Quand le travail de la dentition est douloureux, il irrite sympathiquement le cerveau ou les voies digestives; et, en arrêtant tout-à-coup la diarrhée, on peut craindre de la voir subitement remplacée par des convulsions. Il faut donc, en général, se borner à la maintenir dans de justes limites : boissons gommeuses, lavemens émolliens et opiacés, régime féculent et lacté. Lorsqu'elle est très violente, que les enfans deviennent tristes, perdent l'appétit et maigrissent, on la combat par des saignées locales et une diète sévère.

Le traitement est le même pour les adultes; on y ajoute de l'infusion de rhubarbe et d'ipécacuanha. Il ne faut jamais la guérir chez les hydropiques, dont elle fait disparaître l'épanchement.

La diarrhée des convalescens est due à ce que les alimens ne séjournent pas assez dans l'estomac. Le malade va quatre ou cinq fois à la garde-robe, et les selles sont à demi consistantes. Le meilleur remède est un verre de bon vin pris après le repas.

La diarrhée des enfans provient d'un trop brusque sevrage, ou de la mauvaise qualité du lait des nourrices. On la guérit dans le premier cas en lui rendant le sein; dans le second, en le changeant de nourrice.

DIASCORDIUM. (*Méd. dom.*) C'est un électuaire astringent et narcotique, où il entre des feuilles de scordium. Il a été inventé par Frascator, médecin italien. Il agit comme astringent et narcotique dans toutes les diarrhées qui ne sont pas accompagnées d'accélération du pouls ni de chaleur de la peau. La dose est de 24 grains pour les enfans, jusqu'à un gros et demi à deux gros par jour pour les adultes. Il se compose du mélange des substances suivantes :

Une once et demie de feuilles de scordium, une demi-once de roses de Provins, racine de bistorte, de gentiane, de tormentille, de casse, de cannelle, de dictame, de semences de berberis, de styrax calamite, de galbanum, de gomme arabique, deux onces de bol d'Arménie, deux gros de laudanum, autant de gingembre et de poivre-long, deux livres de miel rosat, suffisante quantité de vin d'Espagne.

DICTIONNAIRES. (Var.) La forme la plus commode pour résumer une science et la rendre de facile étude, est sans contredit celle du dictionnaire. Elle permet à l'homme à qui ses occupations interdisent l'examen des généralités, de s'enquérir sans peine des détails dont il a besoin.

Les dictionnaires peuvent suffire, avec de la persévérance, pour apprendre une langue. On ne saurait se dispenser d'avoir dans sa bibliothèque un bon dictionnaire français : celui de Boiste et celui de l'Académie sont restés les plus estimés, malgré la concurrence du dictionnaire Landais, utile quant à la partie grammaticale, mais incomplet et rédigé avec trop de précipitation.

On fera bien d'y joindre quelques dictionnaires des langues les plus répandues en Europe, ainsi que des langues mortes. Ainsi le dictionnaire grec de M. Planche, le dictionnaire latin de M. Noël, le dictionnaire de poche anglais (pocket Dictionnary), le dictionnaire italien de Martinelli (Dizionario portatile italiano-francese e francese-italiano), 1819, in-18, oblong 4ᵉ édition ; le dictionnaire allemand de M. Zay, 1833, in-18, suffisent pour l'usage.

Parmi les dictionnaires scientifiques, les encyclopédies occupent le premier rang. La première, malgré les progrès survenus depuis son apparition, est encore un bon ouvrage. L'encyclopédie de M. Courtin est dans beaucoup de bibliothèques. L'Encyclopédie Méthodique contient des parties bien traitées.

Si nous étions désintéressés dans la question, nous pourrions ajouter que notre ouvrage est le complément indispensable de tout dictionnaire de sciences usuelles. Rédigé avec soin par des savans spéciaux, il constituera une véritable Encyclopédie des ménages, et sera une collection de monographies essentielles à connaître pour tout individu désireux d'améliorer sa condition. Plus de six mille articles y contiendront toutes les recettes utiles au bonheur domestique. La faveur toujours croissante du public nous engage à redoubler d'efforts pour faire de ce livre le vade-mecum de toutes les familles.

DIERVILLE jaune. (Jard.) Diervilla lutea. Famille des chèvrefeuilles. Cet arbuste rustique du Canada se multiplie de rejetons. Fleurs jaunes en juin.

DIÈTE. (Hyg.) Le médecin Molin, dit Dumoulin,

contemporain de Louis XIV, disait qu'il laissait pour lui succéder trois grands médecins : l'eau, l'exercice et la diète.

L'école de Salerne la recommandait aussi, en indiquant comme les trois meilleurs médecins, la gaieté, le repos modéré et la diète.

La diète prévient et souvent suffit seule pour guérir un grand nombre de maladies. Si, dès que l'on se sent une indisposition légère, on se met à la diète, on voit bientôt se dissiper tous les symptômes alarmans.

Au reste, la nature, dans la plupart des indispositions, vous indique la diète en vous privant d'appétit, et il est nuisible de la contrarier en s'efforçant de manger quand elle s'y refuse.

DIGESTION. (Hyg.) Il est essentiel à la digestion de ne pas distendre trop l'estomac, de bien diviser les alimens par la mastication, et d'y mêler les boissons en les prenant à petits coups.

Si la digestion est pénible, on la facilite avec un verre d'eau sucrée ou de bon vin. Ceux dont l'estomac est débilité emploient avec avantage des pastilles de bi-carbonate de soude.

La digestion s'opère mieux, selon quelques uns, pendant le sommeil que pendant la veille ; le sommeil suspend les mouvemens volontaires, et les mouvemens involontaires augmentent ; selon d'autres, il faut une action modérée de la part du corps, et une position verticale. Cette opinion réunit le plus grand nombre de partisans.

DIGITALE. (Jard.) On appelle ainsi ces plantes parce que leurs fleurs ont la forme d'un dé à coudre, en latin digitalis.

Digitale à grandes fleurs ou ambiguë. (Digitalis ambigua.) Famille des scrophulariées. C'est une plante vivace des Alpes, fleurs en longs épis jaunes, au mois de juillet. On sème en mars dans tout terrain, et à toute exposition. On repique en automne.

Digitale dorée. (Digitalis aurea.) On la sème dans une terre légère, à une exposition chaude. Fleurs d'un jaune doré.

Digitale laineuse. (Digitalis lanata.) Plante bisannuelle d'Orient. Fleurs blanchâtres, tachées de pourpre, en août. Culture de la digitale ambiguë.

Digitale pourprée. (Digitalis purpurea.) Plante bisannuelle. Elle croît dans les taillis, sur les collines stériles, dans toute la France tempérée et dans le nord. On emploie ses feuilles en médecine, en poudre. On lui a reconnu une action très énergique, mais qui n'a pas été suffisamment étudiée. Elle a été classée par quelques uns dans les diurétiques, par M. Orfila dans les substances narcotico-âcres.

DINDON. (Anim. dom.) Meleagris gallo pavo. Le dindon est un gros oiseau de l'ordre des gallinacées. Les plus estimés sont ceux de la grande espèce, chargés sous le cou de rugosités. Ils étaient autrefois d'un noir absolu, la domesticité a varié leur plumage. Quelques uns sont parfaitement blancs.

Les dindons, ou coqs-d'Inde, n'étaient pas connus des anciens. Ils sont originaires de l'Amérique du Nord, où on les trouve encore par bandes, à l'état sauvage, plus gros et plus forts que ceux d'Europe ; leur chair est rouge et délicate. Ils furent apportés en Espagne vers 1525. Au seizième siècle, c'étaient des oiseaux de luxe, et, en 1566, Charles IX passant par la ville d'Amiens, reçut avec beaucoup de gratitude un présent de douze dindons.

Quand on laisse les dindons avec les autres volatiles domestiques dans un lieu un peu resserré, ils battent les poulets, les canetons, et quelquefois les tuent.

Le dindon perche, et il ne demande pour tout abri qu'un juchoir surmonté d'un chapeau de paille, et une perche plantée verticalement et garnie de bâtons transversaux, ou un gros arbre. Il a besoin de percher en plein air pour se bien porter. Un petit toit séparé reçoit les couveuses ; il doit être muni d'un nid de paille, large et profond, et de quelques bâtons pour les dindonneaux.

La dinde peut pondre de 20 à 40 œufs. Elle ne pond ordinairement que pour couver. Elle est sujette à s'échauffer sur le nid.

Un dindon mâle suffit à six femelles. Il n'est pas nécessaire qu'il reste toujours avec les poules d'Inde pour les rendre fécondes ; on peut les séparer : elles n'en produisent pas moins de bons œufs.

La femelle fait rarement deux pontes par an. On la fait couver de bonne heure pour avoir des dindonneaux à l'automne. Elle couve avec ardeur : on voit qu'elle veut couver, quand elle reste dans le nid après la ponte : elle se dérange à peine pour prendre sa nourriture. L'incubation est de 30 jours ; si le 31e les petits ne sont pas éclos, on peut, sans l'ôter du nid, lui remettre de nouveaux œufs.

Sur quinze à vingt œufs couvés, il n'y en a guère que dix à douze qui réussissent, et dont les dindonneaux parviennent à trois mois.

Les jeunes dindons sont très difficiles à élever, et l'on n'est sûr du succès de leur éducation qu'après qu'ils ont *pris le rouge*, c'est-à-dire lorsque leur crête a poussé.

On reconnaît difficilement le dindonneau mâle du dindonneau femelle. Au sortir de la coquille, la femelle est plus grosse et a un piaulement plus faible ; plus tard, le mâle est plus haut sur pattes ; les pattes de la femelle sont moins fortes et dépourvues d'ergots.

Le dindonneau est très vorace, et la moindre souffrance de la faim le fait mourir. Il craint beaucoup l'humidité et le froid. On le tient chaudement ; on ne le fait sortir que lorsqu'il ne pleut pas et qu'il n'y a plus de rosée. On nourrit les jeunes dindons en leur donnant souvent à boire et à manger avec une pâtée de jaunes d'œufs, de persil haché, de sel, de son et de pain : on met quatre jaunes d'œufs pour quinze dindonneaux. On peut mouiller la pâte de caillé ou d'eau, ou même d'un peu de vin. On leur donne la pâtée matin et soir, et à midi de l'orge bouillie. On les mène paître deux fois le jour. On peut hacher avec leur pâtée du fenouil, de la camomille puante, de l'armoise, de l'absinthe, du petit glouteron. Le bon froment et les petits ognons hachés leur conviennent aussi.

La pousse de la crête les rend tristes et languissans pendant quinze jours. On les laisse coucher dehors ; on leur donne une pâtée de pain, d'eau, de vin et de sel ; à midi, de l'orge sèche. Après cela, ils deviennent très robustes. On les nourrit alors d'orge, de glands, de pommes de terre cuites. On les fait paître dans les prés et les chaumes, où, sans nuire à la récolte, ils détruisent les grillons, les sauterelles et autres insectes. Le fumier qu'ils répandent est très chaud.

A l'âge de quatre ou cinq mois, les dindons deviennent les plus robustes des oiseaux ; ils bravent la neige et les fortes gelées, et couchent dehors en tout temps.

On engraisse également bien les dindons en les mettant en mue, dans un lieu sec et obscur, ou en les laissant courir.

Pour les engraisser, tous les matins, on leur donne des orties hachées avec de l'avoine, du son, du fromage blanc, des pommes de terre cuites écrasées et mêlées avec de la farine de sarrasin, de maïs, d'orge ou de fève ; on tient leurs alimens très propres, et on ôte tous les jours les restes qui s'aigriraient. Tous les soirs, pendant les derniers huit jours, on leur fait avaler une demi-douzaine de boulettes de farine d'orge.

Une dinde bien engraissée pèse de 20 à 25 livres.

Le dindon s'engraisse rapidement, surtout l'hiver. La durée de l'engrais est de quinze jours à un mois.

On élève beaucoup de dindonneaux aux États-Unis. On ne fait couver que des œufs frais, et si la dinde n'est pas disposée à couver, on les met sous une poule. On engraisse les dindons avec du maïs et des glands.

En Irlande, on donne aux dindonneaux, dès leur naissance, des grains de piment. Pendant les trois premiers jours, on prépare pour vingt-huit dindons quatre quarts de poule qu'on délaie avec du lait ; ensuite, on ajoute au lait un peu de farine d'avoine, deux œufs et un peu d'orties hachées ; quinze jours après, on augmente la dose d'orties ; à trois semaines, on multiplie beaucoup les orties ; on peut substituer le lait de beurre au lait, après quinze jours. On engraisse les dindonneaux avec du lait ou du petit lait et de la farine d'avoine.

Maladies des dindonneaux. Les principales sont connues sous les noms de la *figère* et des *ourles* ; elles sont dangereuses surtout quand ils commencent à prendre le rouge.

Remède primitif et curatif. Faire cuire quatre poignées de feuilles d'orties et deux de fenouil, les hacher avec cinq jaunes d'œufs durs, trois poignées de son, une demi-once de fleur de soufre, un demi-quart de poudre de chasse ; leur donner ce mélange huit à neuf jours de suite, le matin à jeun ; au bout de trois à quatre jours, on supprime la fleur de soufre qui exciterait trop leur avidité ; pendant la journée on leur donne la pâtée ordinaire de feuilles d'orties cuites et hachées, de légumes cuits, de son. Dans le temps du rouge, on fait prendre le remède pendant cinq à six jours, et on supprime la fleur de soufre le second jour.

Quand les dindons sont attaqués de la pépie, ils sont tristes, ont les yeux battus, laissent pendre leurs ailes et s'isolent ; on les examine, et quand on voit à la langue le bouton blanc de la pépie, on le coupe avec des ciseaux ; on leur donne ensuite tous les jours, pendant deux mois, des boulettes de beurre et de rue.

DINDON. (*Cuis.*) La dinde est recherchée sur toutes les tables. Quand on achète une dinde, il faut examiner si elle n'est pas amère, et le seul moyen est d'insérer un doigt dans l'orifice stercoral et de le goûter ; ce singulier procédé est indiqué dans tous les almanachs des gourmands.

Les dindonneaux sont bons à manger à la fin d'octobre, à Noël et jusqu'à la fin de janvier, après cela ils maigrissent et deviennent coriaces. Quand on trousse un dindon, ôter le cou et en rabattre la peau sur le dos; laisser les pattes; lui mettre dans le corps un œuf de beurre pétri avec sel, ciboules et persil hachés, une demi-cuillerée de vinaigre; arroser souvent; quand il est à moitié cuit, le flamber avec un morceau de lard frais enveloppé de papier blanc et piqué dans une brochette qu'on suspend au-dessus du dindon de manière à ce que la graisse enflammée pénètre les chairs; le saler légèrement en dessus, le piquer des deux côtés; au bout de deux heures, retirer du feu, et servir avec le jus dégraissé.

Les cuisses froides se mettent sur le gril, et se servent avec pain, sel, purée d'ognons ou une sauce Robert. Les blancs se préparent en blanquette; on en fait aussi des croquettes et des quenelles, ou on les met en capilotade; on les met encore en hachis avec de la béchamelle, ou au roux blanc.

Vieux dindons en daube. Prendre un vieux dindon, ôter les pattes, les ailerons et le cou, piquer une demi-livre de rouelle de veau avec du lard, le faire revenir et le mettre dans le corps du dindon; poser le dindon dans une daubière, mettre l'estomac sur une barde de lard, et une autre barde sur le dos; ajouter un bouquet garni, un ognon piqué de girofle, un peu de cannelle en poudre, du poivre, deux cuillerées d'eau-de-vie, emplir d'eau ou de bouillon; couvrir et garnir le couvercle d'un linge mouillé, faire cuire à petit bouillon pendant quatre heures sans interruption, passer le jus dans un linge serré et en arroser le dindon.

Dindon farci. Prendre une demi-livre de truffes, les laver, les couper en tranches, hacher les pelures avec persil, ciboule, poivre, sel, lard et le foie du dindon, les pétrir avec les tranches, mettre la pâte dans le dindon et le coudre trois jours avant la cuisson; l'envelopper de papier blanc huilé et le mettre à la broche.

On peut farcir de pommes de terre crues, tournées en noix et pétries avec beurre, fines herbes, poivre et sel, ou de marrons qu'on passe à la poêle pour les éplucher plus facilement, ou des champignons hachés avec des fines herbes.

Dindon dans son jus. Le mettre dans une casserole entre des tranches de veau et des bardes de lards mouillées de bouillon, avec épices et bouquet garni; faire cuire très doucement.

Dindon en remoulade. Couper les blancs d'un dindon rôti, et verser dessus une sauce ainsi faite: délayer dans deux cuillerées d'huile et une de vinaigre, persil, ciboule, estragon, cresson alénois, gousse d'ail, le tout haché très fin; ajouter poivre et sel, une cuillerée de moutarde, un jaune d'œuf dur.

Abatis aux navets. Prendre les abatis, le foie et le gésier, flamber les ailerons, la tête et le cou, brûler les pattes, nettoyer le gésier, le couper en quatre; faire revenir le tout dans un demi-quarteron de beurre avec un quarteron de petit lard, retirer en ne laissant que le beurre, le faire roussir avec une cuillerée de farine et deux verres d'eau; ajouter les abatis, du poivre et un bouquet

garni; tourner des navets comme de grosses olives, les faire blanchir un quart d'heure à l'eau bouillante, les égoutter, les mettre dans le ragoût avec un peu de sucre; après deux heures de cuisson, égoutter et servir.

Galantine de dindon. Flamber le dindon, le désosser, ôter les nerfs et les cuisses, lever une partie des chairs de l'estomac et des cuisses, y joindre des chairs de poule ou de veau avec autant de lard gras, du poivre, du sel, des épices, des fines herbes; hacher le tout; larder le dindon de menus lardons, assaisonner avec sel, poivre et épices; étendre, par couchés, de la farce, des truffes, des lardons, des volailles, des foies gras, des filets mignons, de la langue à l'écarlate; rouler le dindon et en coudre les chairs, l'envelopper de lard et de laurier, le faire cuire pendant trois heures avec lard, sel, jarrets de veau, carottes, ognons, persil, ciboule, laurier, thym, girofle, débris de dindon et trois cuillerées à pot de bouillon; l'en retirer, extraire le jus de la sauce, y ajouter un œuf entier, le battre avec la sauce et en faire une gelée, avec feu dessus et dessous.

Dindon en surprise. Le faire rôtir, lui verser dans l'estomac un *salpicon* (voy. ce mot), couvrir le salpicon d'une farce à quenelles, paner avec de la mie de pain et du parmesan; faire prendre couleur au four.

Dindé à la Godard. La faire cuire comme un fricandeau, garnir et servir de pigeons, riz de veau piqué, écrevisses, abatis de volailles, quenelles; servir avec une sauce à la financière. (Voy. SAUCE.)

Dindonneau en cochon de lait. Le mettre à la broche, l'arroser d'huile, servir avec une sauce à la diable. (Voy. SAUCE.)

Dindonneau en tortue. Le désosser, lui faire des pattes de tortues avec six pattes d'écrevisses, faire la tête avec celle d'une grosse écrevisse, piquer de truffes, faire cuire avec force sel, poivre, farce cuite, salpicon sur des bardes de lard; mouiller de vin blanc, consommé et jus de citron; faire mijoter pendant une heure.

Dindonneau à l'estragon. Le faire cuire une demi-heure à la poêle, décorer d'estragon, saucer d'un aspic ou d'un beurre d'écrevisses.

Dindonneau à la régence. Couvrir les pattes de bardes de lard, mouiller avec consommé; faire cuire avec lard, carottes, ognon, bouquet garni, sel et poivre; glacer le lard, servir glacé avec une sauce à la financière et des écrevisses.

Dindonneau en mayonnaise. Le couper par morceaux, le mettre mariner avec huile, vinaigre, sel, poivre et ravigotte hachée; dresser sur un plat, garnir le tour de gelée ou de salade, saucer d'une mayonnaise, décorer d'anchois, d'olives tournées, de câpres, d'œufs durs, de cornichons.

Atelets de dindon. Couper des tranches de dindon, les mettre dans une sauce à atelets, avec champignons, truffes et lard, les paner à l'œuf, les faire frire, les saucer d'une demi-glace.

Ailerons en haricot. Les faire mijoter une heure et demie entre des bardes de lard, avec feu dessus et dessous; les servir avec de petits navets; on les saute dans un roux léger avec du bouillon et un bouquet garni, à grand feu;

on peut aussi les passer au beurre fondu, les griller et les servir avec une sauce à la maître d'hôtel.

Ailerons en haricot vierge. Santer les navets dans du beurre sans faire roussir, ajouter du velouté ou une cuillerée de farine, du bouillon, du poivre et du sel, mettre les ailerons dessus; quand ils sont cuits, lier la sauce avec deux jaunes d'œufs.

Ailerons à la chicorée. Piquer les ailerons de lard fin, les faire cuire sur des bardes, des tranches de veau, carottes, ognons, girofle, laurier; mettre par-dessus un rond de papier beurré et une cuillère à pot de bouillon; faire mijoter pendant une heure avec feu dessus et dessous, les servir avec de la chicorée dessous.

Ailerons à la chipolata. Les faire sauter dans le beurre sur un feu ardent; ajouter deux grandes cuillerées de bouillon, une feuille de laurier, de gros poivre, du petit lard blanchi, des champignons, du persil, de la ciboule à moitié revenue; mettre des petits ognons, des marrons, des saucisses blanchies; avant de servir, une liaison de jaunes d'œufs.

Ailerons au soleil. Faire cuire comme les ailerons à la chicorée, les paner, les mettre dans une omelette d'œufs crus et les faire frire; servir avec du persil frit.

On masque aussi les ailerons de petits pois et d'une demi-glace, ragoût aux truffes; on peut les farcir d'olives et d'une farce cuite, les griller après les avoir panés à l'anglaise.

Blanquette de dindon. Faire cuire des champignons dans l'eau et le citron, les sauter dans le beurre, ajouter du consommé, faire réduire le tout à moitié, lier avec un jaune d'œuf, verser la sauce sur des blancs de dindon roti.

Dinde en relevé de potage. La garnir de quenelles, champignons, truffes, marrons, saucisses, lard; faire cuire avec lames de jambon, veau, girofle, bouquet garni, lard; couvrir d'un papier beurré, mouiller de bouillon et de vin blanc; faire cuire deux heures à petit feu, faire réduire la sauce de moitié, dégraisser, ajouter dessus des crêtes et des rognons de coq; servir comme relevé de potage.

Dinde à la flamande. La faire cuire dans une poêle entre des bardes, l'entourer de laitues et de choux à la flamande.

Manière de conserver les dindons. Les couper par quartiers, les couvrir de graisse de porc, et les garder dans des pots de terre bien bouchés.

DINER. (*Conn. us. hyg.*) Quand on dîne seul ou avec sa famille et ses amis, on n'a pas besoin d'études gastronomiques, et l'intérêt personnel de votre estomac suffit pour vous guider. Mais il est certaines occasions où l'on doit des dîners de cérémonie, et alors il y a dans le service un ordre dont on ne saurait se départir.

Pour les règles à suivre en ce cas, voy. SERVICE, ENTRÉES, MENU.

Il y a dans le dîner un ordre hygiénique qu'on observe en toute occasion. Au commencement paraissent quelques mets propres à stimuler les forces de l'estomac; puis viennent les alimens solides qui apaisent la première faim, et sont d'autant mieux digérés qu'ils sont introduits dans un organe dont la vigueur n'a pas encore été énervée; on leur fait succéder les alimens de plus facile digestion, et l'on termine par ceux qui ne demandent qu'une faible action de la part de l'estomac. Les substances animales séjournent assez long-temps dans le tube intestinale. Les substances végétales y demeurent moins, et les fruits y passent très promptement. Il en résulte que le mélange de tous ces alimens ingérés successivement suivant l'ordre indiqué est réduit à la fois en chyle et ne forme qu'une masse homogène. La distance légère qui sépare leur inglutition est compensée par la différence de vitesse de leur digestion, et ils arrivent tous ensemble dans les intestins.

Les vins sont une importante partie du dîner. Le Mâcon est un bon ordinaire, le Madère sec convient après le potage. Au troisième service, le Bordeaux-Laffite, le vin de Romanée, l'Hermitage, le Côte-Rotie, le Sauterne, le Saint-Péray; au dessert, le Porto, le Malvoisie, le Jurançon, le Moscat, le Malaga, le Tokai, et pour terminer, le Champagne mousseux. On place devant chaque convive un verre pour chaque espèce de vin, en réservant les plus petits verres aux vins les plus précieux.

Il arrive quelquefois qu'on sert des plats uniquement pour la montre et qu'on ne les offre pas. C'est surtout au dessert qu'on se permet cette inconvenance. On sentira aisément toute la mesquinerie de cet escamotage.

Le potage est l'introduction nécessaire de tout dîner. Le bœuf le suit, accompagné de moutarde et de hors-d'œuvre; puis paraissent les entrées plus ou moins nombreuses, suivant le nombre des convives et le luxe de la table; le rôti leur succède; les légumes et les plats sucrés qui suivent sont compris sous le nom d'entremets; enfin le dessert. (Voy. ce mot.)

Le maître de maison doit veiller à ce que les verres et les assiettes soient toujours garnis : il doit avoir horreur du vide. (Voy. AMPHYTRION.)

DIRCA DES MARAIS. (*Jard.*) *Dirca palustris.* Famille des thymalées. Cet arbuste, de Virginie, fleurit en mars avant la foliation. On le multiplie de séparation des rejets, ou de semis en pots enfoncés à fleur d'eau; on le plante à l'ombre, dans du marc d'étang, en terre de bruyère très humide. L'écorce de dirca est dure et flexible comme du cuir; on peut l'employer à faire des cordages.

DISSOLVANS. (*Conn. us.*) L'eau est le dissolvant des sels et des gommes; l'esprit-de-vin ou l'essence de térébenthine dissolvent les résines.

DISTILLATION. (*Conn. us.*) La distillation est l'art de décomposer les substances par l'intermédiaire du calorique.

La distillation en grand et considérée comme commerce, nécessite une autorisation et le paiement d'un droit; dans les grandes exploitations, elle demande des appareils particuliers; il peut être utile de les posséder pour faire soi-même de l'eau-de-vie et diverses liqueurs. Ces appareils se composent de fourneaux en briques réfractaires dont les tuyaux tournent en spirale autour de la chaudière, suivant le procédé de Chaptal, et d'alambics qui doivent être construits d'après les indications de MM. Duportal, Sellier de Blumantal et Derosne.

Pour les ménages moins considérables, il est facile de distiller avec l'alambic que nous avons mentionné. (Voy. ALAMBIC.)

Pour distiller au bain-marie, on met au bain-marie les substances qu'on veut distiller, et on place le bain-marie dans la cucurbite ou partie de l'alambic adaptée au fourneau.

Le vase dans lequel on place l'objet à distiller doit [recevoir également partout l'action de la chaleur et être exposé à un feu toujours égal; l'ascension des vapeurs ne doit pas être gênée.

DIURÉTIQUE. (*Méd. dom.*) Ce nom est dérivé du grec *dia*, par, et *ouros*, urine. On le donne à toutes les substances qui ont la propriété d'accroître la sécrétion urinaire. Cette sécrétion s'accroît par toutes les émotions vives, après le repas, en raison de la dose des liquides ingérés, par la suppression de l'action sécrétoire de la peau que produit le froid; on urine moins et l'on transpire plus en été. Les diurétiques les plus usuels sont, la bourrache, la pariétaire, la buglosse, le suc de citron, d'orange, de groseille, le petit houx, le chardon roland, le raifort sauvage, l'arrête-bœuf, les graines de lin, de genièvre, de carotte, toutes les boissons acidulées, tous les vins blancs, et principalement ceux du Rhin; on les emploie principalement dans les inflammations des voies urinaires, dans le traitement des femmes en couches, et dans l'hydropisie.

DIVISION. (*Conn. us.*) La division, pour être bien faite, demande à être raisonnée, et la difficulté qu'on éprouve à la résoudre vient de l'absence de logique.

On définit la division : un nombre nommé dividende qu'on partage en autant de parties que le marque le diviseur.

On peut aussi considérer cette opération comme une multiplication renversée. Dans cette hypothèse, le dividende est le produit d'une multiplication dont le diviseur est un facteur, et le quotient, l'autre facteur.

Soit par exemple à diviser :

$$56{,}452 \mid 88$$

Il s'agit de trouver quel nombre, multipliant 88, donnera 56,452.

Le premier soin doit être de chercher de combien de chiffres ce nombre sera composé. Si l'on multiplie par 1,000 le plus petit nombre de quatre chiffres, on voit de suite qu'on aura un produit trop fort; 100, le plus petit nombre de trois chiffres, donnera un produit trop faible. Le quotient sera donc composé de centaines, et intermédiaire entre les nombres de trois chiffres et ceux de quatre. On doit chercher d'abord les centaines du quotient et opérer la division de 564. On place la virgule ainsi : 564,52.

Le produit étant soustrait comme à l'ordinaire, et le second chiffre devant représenter les dizaines, on place la virgule après les dizaines. Le chiffre des unités du quotient sera obtenu nécessairement par l'addition ou reste de l'unité du dividende. On aura pour quotient le nombre de 641, plus un reste de 24, qui, multiplié par 88, donnera exactement 56,452.

DODÉCATHÉON DE VIRGINIE. (*Jard.*) *Dodecatheon media*. Famille des lysimachies. C'est une plante vivace ; elle se multiplie de séparation de pieds à la défloraison, dans une terre légère ou en bruyère demi ombragée; elle se propage peu; elle perd ses feuilles, et ne les recouvre qu'en mars. Les feuilles sont de couleur lilas, penchées, et réunies douze à seize en ombelles; elles viennent en avril.

DOGUE. (Voy. CHIEN.)

DOIGTS. (*Méd. dom.*) Les bagues trop étroites peuvent produire l'étranglement des doigts; il faut donc les enlever dès qu'elles gênent. Pour cela, on huile le doigt, on tire en arrière la peau de la base du doigt, et on fait avancer l'anneau. Quand il est arrivé à l'articulation, on lâche les tégumens, et l'anneau est porté de lui-même par-dessus le renflement articulaire.

DOMBEYA. (*Jard.*) Famille des malvacées. C'est un genre de plantes exotiques, ainsi nommé du botaniste français Dombey. Le dombeya-amélide, seul de tous, a fleuri en France, pour la première fois, à Neuilly, il y a deux ans, dans le jardin du roi. Il a atteint une grande hauteur.

DOMESTIQUES. (*Conn. us.*) Le nombre de domestiques est proportionné aux diverses fonctions que nécessite la tenue de la maison. En général, plus le travail est divisé, mieux il se fait, et les cumuls d'emplois sont nuisibles à la régularité du service.

Pour une famille, à la campagne, il suffit des domestiques suivans : une femme de ménage pour l'entretien des appartemens, pour mettre le couvert, servir, repasser, plier le linge, raccommoder, diriger la lessive.

Une cuisinière n'ayant à s'occuper que de sa cuisine. (Voy. CUISINIÈRE.)

Une femme de basse-cour pour le lavage de la vaisselle et le soin des animaux domestiques.

Un jardinier, qui ira chercher les provisions à la ville, pansera un cheval, fera divers petits ouvrages, et dirigera un jour chaque semaine le curage des étables.

Quel que soit d'ailleurs le nombre de vos domestiques, ne les souffrez jamais oisifs, et donnez-leur vous-même l'exemple de l'activité.

Traitez-les avec douceur et humanité; ne vous emportez jamais; et si de graves motifs vous forcent à les congédier, conservez, en le faisant, le sang-froid convenable, et n'ayez pas l'air de céder à une aveugle colère.

Faites-vous aimer et non craindre; attachez-vous ceux qui vous entourent; si votre sévérité seule les maintient, toutes les fois qu'ils croiront pouvoir vous nuire impunément, il n'y manqueront pas.

Ayez le moins de domestiques possible; ce sont autant de surveillans que l'on se donne, que l'on initie, malgré soi, à sa vie privée, et dont la curiosité maligne pénètre dans les secrets de votre intérieur.

Le domestique de la vieille souche est rare et précieux. C'était une espèce de serf qui, entré au service d'un individu dans son enfance, devenait partie intégrante de la famille, et payait jusqu'à la mort à son maître le tribut de sa fidélité et de son dévouement. C'était un factotum intègre et zélé, familier sans insolence, respectueux sans bassesse, conseiller sans importunité, et ne se mêlant des affaires de la maison que lorsqu'il y était appelé par ses fonctions ou par la voix du chef de famille.

Maintenant on change chaque jour de domestiques, sans en trouver un à son gré. Cela est dû plutôt à l'exigence des maîtres qu'à l'imperfection des serviteurs. La phrase du *Barbier de Séville* est toujours applicable : Aux qualités exigées dans un domestique, il y a bien peu de maîtres qui fussent dignes d'être valets.

Domestiques ruraux. Les domestiques ruraux se louent dans l'usage, à dater du 11 novembre jusqu'à la Saint-Martin suivante, pour une année. Si, entrés avant le 11 novembre, ils y restent après, ils sont sensés, à défaut de dérogation expresse, s'être loués, par tacite reconduction, pour une année à partir du 11 novembre.

DOMINOS (JEU DE). (*Récréat. dom.*) Les dominos sont ou simplement en os, ou en ivoire, ou composés d'une face d'ébène et d'une face d'ivoire.

Les jeux les plus usuels commencent par le double blanc et vont jusqu'au double six. Quelques uns cependant ont le double sept et le double huit.

Chaque nombre s'allie à tous les autres. Ainsi, il y a double blanc, blanc et as, blanc et deux, etc.

Dans la partie ordinaire, on retourne tous les dominos pour cacher les points ; on les mêle.

Chacun en prend six. Le reste mis à l'écart se nomme *le talon de la cuisine.*

Chaque joueur examine ses dominos ; le premier à jouer, en met un à plat sur la table, en le nommant. On commence ordinairement par un double. L'adversaire a moins de chances d'avoir dans son jeu le nombre demandé. Il est bon dans le cours de la partie de chercher à faire un *partout*, c'est-à-dire mettre des deux côtés le même nombre, soit pour fermer le jeu, quand tout un nombre est épuisé, soit pour faire *bouder*.

Le joueur boude, quand il n'a pas le nombre demandé. Il prend au hasard à la cuisine, jusqu'à ce qu'il trouve. S'il n'y en avait plus au talon, il prendrait le talon tout entier.

Celui qui place le premier tous ses dés, fait *domino*. Il gagne. Celui qui, le jeu fermé, a le moins grand nombre de points, gagne aussi.

Dans la *partie du tête à tête*, dans le cas où personne ne fait domino, chacun a six dés, et se propose de gagner cent points. Plus on a de points, le jeu fermé, plus on gagne. On doit placer le nombre dont on a le plus, et se débarrasser de ses doubles.

On joue aussi la partie du tête à tête, aux points, à douze dés.

Dans la *partie de la poule*, chacun met au jeu une somme qui appartient à celui qui compte le premier cent points.

Dans le *domino voleur*, on joue deux contre deux.

DOMITE (PIERRE DE). (Voy. FOUR.)

DOMMAGE. (*Cod. dom.*) Ceux qui, par leur faute ou leur imprudence, causent la mort des animaux ou bestiaux appartenant à autrui, sont punis de diverses peines. En cas de violation de clôture, le maximum de la peine est toujours prononcé.

La loi punit également les dommages aux chemins, aux bois, aux champs ; l'action pour dommages aux champs est de la compétence du juge de paix.

DORMANT. (*Off.*) C'est un ornement en glaces, ou en bronze, ou en porcelaine, ou même en argent, qu'on place au milieu de la table, et qui sert de décoration pendant tout le repas. Il se nomme ainsi *surtout.*

DORURE. (Voy. BRONZE, CADRE, OR.)

DOUCE-AMÈRE. (*Jard. — Méd. dom.*) *Solanum dulcamara.* Famille des solanées. C'est un arbuste grimpant qui croît dans les haies ; il fleurit de juin en septembre.

On coupe les tiges après le mois d'août, on prend celles de deux ou trois ans qui sont grises. On les coupe par tronçons de deux ou trois pouces, pour les faire sécher.

Ces tiges sont dépuratives. On les a employées avec succès dans l'hydropisie, en décoction, à la dose de deux gros jusqu'à deux onces par jour, à prendre par parties. Quand l'estomac ne peut supporter la décoction, on prend l'extrait de douce-amère ; quatre grains d'extrait équivalent à un gros de décoction.

DOUCHE. (*Méd. dom.*) On donne le nom de douche à une colonne de liquide ou de vapeur qui vient frapper d'une manière continue une certaine partie du corps. Suivant la direction des douleurs, elles sont dites descendantes, ascendantes, ou latérales, chaudes ou froides ; elles sont toujours stimulantes, et, appliquées improprement au traitement de l'aliénation, elles augmentent presque toujours l'exaspération physique et morale des malades. Elles peuvent, dans ce cas, être remplacées par les affusions d'eau froide. Elles réussissent dans certaines paralysies, dans les ankyloses incomplètes (voy. ANKYLOSE), dans les raideurs musculaires qui succèdent aux blessures.

DOULEUR. (*Méd. dom.*) La douleur dans les maladies varie suivant l'âge, le sexe, la susceptibilité du sujet. Le meilleur sédatif est l'opium ; toutes les fois que la douleur a une marche intermittente, on y ajoute avec avantage le quinquina. Les éthers engourdissent aussi les sensations douloureuses ; mais on ne saurait appliquer ces remèdes sans consulter un médecin, qui détermine si leur action ne peut être nuisible.

Quand la douleur est produite par des inflammations ou des fractures, le mouvement doit être sévèrement interdit.

Quand la douleur provient d'une lésion locale, on doit diriger les sédatifs contre la cause physique. Ainsi, on dégorge la partie tuméfiée, on en enlève les esquilles. Si elle provient d'un corps étranger introduit dans une cavité naturelle, on fait l'extraction de ce corps.

DRACOCÉPHALE A FEUILLES D'HYSOPE. (*Jard.*) *Dracocephalum ruyschianum.* Famille des labiées. On le sème, au mois de mars, en terre légère, à bonne exposition, ou on sépare les pieds en automne. Les fleurs, qui viennent en juillet, sont en épis et d'un beau bleu.

Dracocéphale perlé. (*Dracocephalum tanegatum*). Plante vivace de la Caroline. Tiges droites, plus hautes que dans l'espèce précédente ; fleurs en juillet, d'un blanc tacheté de pourpre ; même culture.

DRAGÉES. Les dragées sont faites de menus fruits,

ou d'amandes, recouverts de sucre par couches. Les plus estimées sont celles de Verdun. On les aromatise au marasquin, à la vanille, à la rose, à la bergamotte, à la fleur d'orange. (Voy. BONBONS.)

DRAGONNIER A FEUILLES OVALES. (Jard.) Dracœna boreâlis. Famille des asperges. Plante vivace du Canada; multiplication de rejetons en racines. Elle perd ses feuilles; il faut la couvrir l'hiver. Ses fleurs sont blanches et en corymbes; elles viennent en juin. On la place au soleil en terre de bruyère.

DRAP. (Conn. us.) Draps pour habits. Les draps bleus et verts de première qualité sont ceux de Louviers.

Les draps noirs sont ceux de Sedan; ils ont cinq quarts de large; les plus recherchés sont ceux désignés sous le nom de Paynon et Poupart.

Les draps d'Elbœuf de toutes couleurs sont très estimés et très durables; ils ont cinq quarts de large.

Les draps de Picardie sont solides, mais d'un tissu grossier.

On juge de la qualité d'un drap en regardant la trame au jour; si elle serrée, le drap est bon; si elle laisse passer de la lumière, le drap est de peu de durée.

Le drap cuir-laine, inventé, en 1819, M. Guibal-Anneveaute, de Castres (Tarn), est très solide pour pantalon.

Draps de lit. Les draps de toile sont meilleurs que ceux de coton, qui durent peu, et dont le duvet s'attache à la peau et l'irrite.

La cretonne est la meilleure toile pour draps. Les draps de Courtrai sont les plus fins : comme ils n'ont que trois quarts, on en met trois lés, ce qui fait monter l'aunage d'une paire à vingt-quatre aunes. Pour que le lit soit entièrement recouvert, et qu'on n'aperçoive pas la couverture, il faut, pour un lit de quatre pieds, quinze aunes de toile en cinq quarts, et pour un lit de trois pieds et demi, quinze aunes en quatre quarts.

Draps imperméables. (Voy. CAOUTCHOUC.)

On rend le drap imperméable en le plongeant pendant un certain temps dans une dissolution d'acétate de plomb et d'alun, par parties égales.

Extraction de l'indigo des vieux draps: (Voy. INDIGO.)

DRAVE DES PYRÉNÉES. (Jard.) Draba pyrenaica. Famille des crucifères. Plante basse et vivace. Fleurs pourpres en mai. Exposition au nord en bruyère humide; séparation des pieds en septembre.

DRÈCHE. La drèche ou malt est l'orge préparée pour faire la bière. (Voy. BIÈRE.)

Cette opération a pour but de la faire germer, en lui communiquant une chaleur humide, et en convertissant une partie de la fécule en sucre. L'art du fabricant de drèche doit être de ne laisser tremper l'orge que jusqu'à ce qu'elle devienne souple, sans laisser au radicule qui paraît, le temps de monter en tige.

L'orge en drèche augmente de sept à dix pour cent en volume; mais elle perd de son poids.

La chaleur influe sur la couleur et la qualité de la drèche : séchée à 54°, elle est blanche; à 57°, jaunâtre; à 65°, brune.

La drèche moisie doit être rejetée, ainsi que la drèche trop nouvelle.

Pour comparer la valeur de diverses drèches, on en prend quantités égales; on les concasse, on les fait macérer également dans le même volume d'eau; on passe l'infusion, et on l'essaie au pèse-sirop : le degré le plus élevé annonce la meilleure drèche.

DRIADES A HUIT PÉTALES. (Jard.) Drias octopetale. Famille des rosacées. Plante basse et vivace des Alpes. On sépare les pieds en septembre. On la place en bruyère humide, en pente, au nord. Fleurs blanches et jolies en juin.

DROGUES. (Voy. FALSIFICATION.)

DUC. (Var.) Strix buba. Genre chat-huant. Le duc n'est commun en France que dans les montagnes. Il paraît gros comme une oie, à cause de la quantité de ses plumes. Il a, au-dessus de chaque œil, un pinceau de plumes en forme d'oreilles ou d'aigrettes. Il se nourrit de petits levreaux et d'oiseaux. On l'apprivoise très aisément quand il est jeune.

DURILLON. (Méd. dom.) Les durillons consistent dans l'épaississement de l'épiderme qui survient aux parties soumises à une pression habituelle. On les nomme aussi calus. Ils se manifestent aux mains et aux pieds. Celui du gros orteil s'appelle ognon. Ils diffèrent des cors en ce qu'ils ont plus de superficie que de profondeur.

On les guérit en les soustrayant d'abord aux causes déterminantes. On les ramollit avec des bains et des cataplasmes émolliens (voy. CATAPLASMES), avec des emplâtres de savon. On peut les user avec de la pierre-ponce ou avec une petite lame de bois sur laquelle on fixe, au moyen de bonne colle forte, de l'émeri, de la limaille de fer et du verre pilé.

DUVET. (Conn. us.) C'est la seconde plume de l'estomac des palmipèdes, oies, cygnes, canards. On en fait des lits et des oreillers très doux, qui se relèvent d'eux-mêmes quand on les affaisse. Le beau duvet se vend six francs le livre; il en faut une livre et demie pour un oreiller, et seize livres pour un lit.

DYSSENTERIE. (Méd. dom.) La dyssenterie, en médecine, est appelée colite, et, selon son caractère de gravité et de durée, prend les noms de colite chronique, légère, intense ou aiguë. La diarrhée ordinaire ou aiguë des enfans est analogue à la dyssenterie. (Voy. DIARRHÉE.)

La dyssenterie attaque les individus de tout âge et de tout sexe, mais principalement les hommes. Elle est commune vers la fin de l'été et pendant l'automne, surtout quand la température est chaude et humide. Elle est contagieuse.

Causes. Les miasmes des matières animales en putréfaction, l'immersion d'une partie du corps dans l'eau quand on est en sueur, l'usage du pain mal fait, les fruits verts, surtout le raisin, la chair rôtie de veau et de porc frais, celle des animaux malades, les indigestions répétées, les boissons fraîches prises après le repas, les poussières des métaux, les vins doux non fermentés, les eaux stagnantes, le refroidissement subit des pieds, les mouvemens de colère et de frayeur.

Chez les enfans, un mauvais lait, l'usage prématuré d'alimens trop substantiels, les douleurs de la dentition, les impressions trop vives éprouvées par les nourrices.

Traitement préservatif. Se préserver de l'humidité, empêcher les écarts de régime, s'abstenir de fruits verts, de viandes faisandées; quand on habite une contrée humide, porter de la flanelle sur la peau; en un mot, éviter les causes.

Symptômes. La dyssenterie s'annonce par des douleurs abdominales, des borborygmes, une évacuation de matières stercorales liquides et de mucus blanchâtre et sanguinolent. Ces évacuations se multiplient avec tranchées; le malade s'affaiblit : ses traits pâlissent, surtout après chaque selle ; le pouls est petit et très irrégulier ; l'amaigrissement s'accroît; quelquefois l'appétit est conservé.

Traitement. Abstinence complète d'alimens; décoction de riz, d'orge, de racine de guimauve, de mauve, de graine de lin, sucrée avec les sirops de gomme ou de guimauve; demi-lavemens fréquens composés avec de l'eau et un peu d'amidon, ou avec de l'eau et des décoctions de graine de lin, de son ou de racine de guimauve. Quand les coliques sont douloureuses, ajouter un peu de laudanum liquide, ou de la tête de pavot, ou du cerfeuil; appliquer sur le ventre des cataplasmes de farine de lin, ou de mie de pain et de vin, ou de son ; arroser avec du laudanum, si les douleurs sont intenses; faire boire tiède et peu à la fois, placer le malade dans un endroit sec et chaud, à un air pur, à la campagne si on le peut. L'opium est bon dans les colites sans fièvre, à la dose d'un grain d'extrait dans cinq ou six onces d'eau gommée et sucrée donnée par cuillerée.

Dans la convalescence, les fruits astringens, les coings, les nèfles, les grenades, sont utiles.

L'eau-de-vie chlorurée, le chlorure d'oxide de sodium mêlé à de l'eau-de-vie dans la proportion d'une cuillerée à bouche par litre, a été employée avec succès contre la dyssenterie épidemique. (Voy. CHLORE.)

E.

EAU. (*Conn. us. — Ind. dom. — Méd. dom. — Hyg.*) L'eau est un fluide composé de deux gaz comme l'air, c'est-à-dire d'une partie de gaz *oxigène* et de deux parties de gaz *hydrogène*.

L'eau se présente à nous sous trois états différens : à l'état liquide, à l'état solide ou de glace, et à l'état de vapeur.

L'eau pèse 70 livres (35 kilogrammes) le pied cube. On ne peut la comprimer qu'en employant des moyens extraordinaires.

L'eau qui tombe du ciel est à peu près aussi pure que l'eau distillée, et, dans cet état, c'est un liquide insipide ou sans saveur, sans couleur et sans odeur; mais les eaux qui s'échappent du sein de la terre et donnent naissance aux sources, aux fontaines, aux ruisseaux, et par suite aux rivières et aux fleuves, contiennent presque toujours quelques substances terreuses ou salines en dissolution. Quand elles sont naturellement chaudes, on les nomme *eaux thermales.*

L'Auvergne est riche en eaux purgatives et en eaux chaudes, et la fontaine de Saint-Alyre de Clermont a la propriété d'incruster tous les objets que touchent ses eaux.

L'eau salée est plus abondante que l'eau douce, puisqu'elle forme toutes les mers.

L'eau est le meilleur de tous les niveaux; elle obéit à la moindre pente, se refuse à monter au-dessus de son niveau naturel, et sa pesanteur jointe à sa vitesse, ou à la hauteur de sa chute, est employée à faire marcher non seulement nos moulins à blé, mais une infinité de forges et de manufactures.

L'eau est un des élémens de l'existence; c'est la boisson naturelle de l'espèce humaine et de la plupart des animaux; c'est le principe essentiel de la végétation.

L'eau, comme la plupart des autres liquides, a la propriété de s'évaporer, surtout quand le soleil darde ses rayons à sur elle. Cette eau, qui s'échappe ainsi, se mêle à l'air sans en altérer la pureté; mais cependant, quand elle s'y accumule en trop grande quantité, elle donne naissance aux nuages, aux brouillards, à la pluie ou à la neige. Si les mares se tarissent en été, si le linge mouillé sèche à l'air, si les chemins couverts d'eau et de boue se raffermissent au soleil, tout cela tient au phénomène de l'évaporation naturelle de l'eau.

Par suite de ce phénomène, les vents qui nous apportent constamment la pluie sont ceux qui passent sur l'Océan ou sur la Méditerranée; par la même raison, quand le soleil vient à briller aussitôt qu'il a plu, c'est un signe certain qu'il va repleuvoir encore.

L'eau se distingue en huit espèces : eau de mer, eau de puits, eau des mares et étangs, eau des fleuves et rivières, eau de neige, eau de source, eau de pluie, eau distillée.

L'eau de mer n'est point potable.

L'eau obtenue par la fonte des glaces qui couvrent la surface de la mer, est très douce et très potable, quand elle a été aérée. On rend l'eau de mer potable en la distillant : on peut l'employer à faire du pain en faisant le levain à l'eau douce, puis continuant avec l'eau de mer.

L'eau de puits est plus ou moins bonne suivant les sols qu'elle traverse. Celle qui se trouve dans un terrain de sable quartzeux est savoureuse et saine. Chargée de sels calcaires, elle pourrait à la longue donner la gravelle. Pour l'essayer, y faire fondre un peu de savon blanc : s'il se sépare de l'eau en flocons, elle contiendra du carbonate de chaux, et sera mauvaise ; si elle décompose seulement un peu de savon, elle est de meilleure qualité ; si elle dissout tout le savon, elle est très bonne.

Autre moyen de reconnaître les qualités de l'eau de puits. Y faire cuire des haricots ou autres légumes secs : s'ils restent durs et coriaces, même après plusieurs heures de cuisson, l'eau doit être rejetée.

On doit abandonner l'usage de l'eau des puits qui sont viciés par le voisinage des mines, les infiltrations des fosses d'aisances, ou autres causes délétères.

L'eau de puits qui tient du sulfate de chaux en dissolution peut être employée au savonnage, si on lui fait subir l'opération suivante :

Faire fondre dans deux ou trois litres d'eau bouillante une ou deux livres de potasse ou de soude; laisser reposer; verser le mélange dans l'eau de puits, l'eau devient blanche. On l'agite, et on la laisse reposer un peu. On ajoute ensuite une petite quantité de nouvelle eau saline; si elle ne blanchit plus l'eau de puits, on laisse reposer, on tire au clair. Ainsi préparée, elle savonne parfaitement bien.

On peut aussi rendre l'eau propre au savonnage en y suspendant par seau d'eau un nouet de deux poignées de cendres tamisées.

Autre moyen. Y verser une solution de sous-carbonate de soude ou de potasse, dans la proportion de quatre onces pour cinquante litres. Le sous-carbonate de soude vaut vingt francs le cent. Il agit en transformant le sulfate de chaux, par la dissolution dans l'eau, en sulfate de soude.

On peut remplacer les sels par des cendres de bois. On essaie sur un litre combien la purification de l'eau demande de lessive de cendres, et on applique le résultat en grand.

Si l'eau est viciée par la présence du carbonate de chaux, la faire bouillir ; l'acide carbonique se dissipe, et le carbonate de chaux tombe au fond du vase. On décante alors avec soin. (Voy. PUITS.)

L'eau de neige n'est potable que lorsqu'elle a été agitée fortement à l'air. En général, toute eau qui n'a pas été aérée, a des qualités pernicieuses. (Voy. NEIGE.)

L'eau de source en été ne doit être bue qu'avec précaution à cause de sa grande fraîcheur.

On doit la puiser à une certaine distance de la source, pour l'obtenir bien aérée. Elle doit être limpide, inodore, et dissoudre le savon.

Pour en enlever l'acide carbonique, il faut, avant de s'en servir, l'exposer à l'air dans un vase à large surface.

Si, par suite de sécheresse, l'eau était viciée, faites-la passer d'un vase dans un autre, en la versant d'un peu haut; vous parviendrez ainsi à la mêler à une grande quantité d'air qui la rendra plus légère.

Lorsque vous voulez rafraîchir une bouteille d'eau, après l'avoir enveloppée d'un linge mouillé, suspendez-la par le cou à une corde que vous agiterez comme le balancier d'une horloge; l'eau du linge mouillé, en s'évaporant, empruntera à l'eau de la bouteille une partie de la chaleur qui lui est nécessaire pour passer de l'état liquide à l'état de vapeur; par conséquent il en résultera un abaissement de température de quelques degrés. C'est par la même raison que l'arrosage des rues et des maisons rend la chaleur plus facile à supporter, et cette fraîcheur est d'autant plus grande que l'évaporation est accélérée par un courant d'air.

Moyen de rafraîchir l'eau. Mettre la carafe qui la contient dans un vase qui contient de l'eau et du salpêtre. En mêlant de la neige ou de la glace au salpêtre, on augmente le froid au point de produire de la glace.

Le même résultat s'obtient en mêlant de la glace pilée ou de la neige avec du gros sel marin.

L'eau de rivière donne une bonne boisson, et l'on a tort de se servir d'eau de puits quand on peut se procurer de l'eau de rivière. Si cependant des fabriques, des ateliers de blanchisseuses, des fosses de rouissage, placés le long de ses bords, la corrompent, on devra renoncer à son usage, ou la filtrer avant de s'en servir. On la filtre au charbon, ou simplement en mettant au fond de la fontaine une couche de gros cailloux, et par-dessus du sable fin.

Quand l'eau est seulement troublée par des pluies d'orage et mêlée de sable et de limon, il suffit de la laisser reposer dans un vase, et de décanter ensuite doucement.

Quand l'eau coule sur un fond sablonneux, entre des bords qui ne sont pas encombrés de roseaux et d'herbes aquatiques, et lorsqu'elle dissout bien le savon, elle est bonne à boire.

L'eau des mares et des étangs peut quelquefois servir au blanchissage, mais elle demande à être purifiée pour être potable.

Pour purifier ces eaux, dont l'usage habituel peut occasioner des maladies graves, telles que l'anthrax ou charbon, et des fièvres putrides et malignes, il suffit de les déposer dans des tonneaux où l'on jettera un ou deux boisseaux de charbon de bois que l'on aura soin d'agiter de temps en temps, et de mélanger : ce procédé enlèvera à ces eaux toute mauvaise odeur. Si l'on n'a pas de charbon, en brûlant la surface intérieure des tonneaux avant d'y déposer l'eau, on obtient le même résultat. Le charbon, jeté en quantité proportionnée au volume d'eau, dans les puits et les citernes, rend leur eau, quelque corrompue qu'elle soit par la présence de substances animales ou végétales exempte de mauvaise odeur : on peut alors la boire sans danger.

On peut la purifier en composant un filtre avec un lit de cailloux, un lit de sable, un lit de charbon en poudre grossière et un lit de débris de tuiles, lequel empêche l'eau qu'on verse dans la fontaine de déranger les couches. Quand ce filtre n'a plus d'action sur l'eau, on le change.

Autre moyen dépuratif pour une petite quantité d'eau. Prenez le plus grand entonnoir que vous pourrez trouver; bouchez-le par le bas avec une petite éponge; remplissez-le au tiers, avec de la poudre de charbon de bois bien lavée, et recouvrez le tout de deux travers de doigt de sable propre. Fixez l'entonnoir ainsi préparé au-dessus d'une carafe, et versez sur le sable l'eau puante, qui sera bientôt filtrée; recommencez à verser, si vous avez besoin d'une plus grande quantité.

On peut remplacer le charbon par de la braise. On prépare le charbon en le passant au tamis, et ne gardant que le charbon qui reste sur la surface du tamis.

On purifie l'eau en y versant quelques millièmes de son poids d'une solution de chlorure.

Le charbon pour filtre se prépare en prenant de la braise du four, la lavant avec soin, et la faisant sécher. On la place dans un vase de grès ou dans un creuset, on lute le couvercle avec de la terre glaise, et quand elle est sèche, on place le vase au milieu d'un amas de charbon qu'on allume. Quand le vase est rouge, on éteint le feu, et on laisse refroidir. La braise retirée est propre à l'usage auquel on la destine.

On augmente la solidité du filtre en posant entre chaque couche des séparations de bois de chêne ou de châtaignier qu'on fait préalablement bouillir dans l'eau, et qu'on perce de petits trous. On nettoie ces bois avec du sablon quand on renouvelle le filtre.

Si, pour faire une fontaine à filtre, on emploie un tonneau, il faut en carboniser l'intérieur, ce qui s'opère en l'enduisant avec un pinceau d'acide sulfurique à 66 degrés. On lave ensuite le tonneau, jusqu'à ce que l'eau soit privée de tout acide. L'eau qu'on fait bouillir devient légèrement astringente, mais elle perd ses mauvaises qualités.

Pour détruire les qualités malfaisantes de l'eau des mares, le meilleur moyen est de conduire dans les mares les eaux pluviales par des conduits bien propres. Les bords des mares doivent être construits en talus, garnis de gazon pour empêcher l'éboulement, et plantés d'arbres qui préviennent l'action funeste des rayons solaires. On doit avoir soin de curer souvent les mares, et d'en enlever les joncs et les grandes herbes. Quand on prendra de cette eau pour les usages domestiques, on aura toujours soin de la filtrer plusieurs fois, et de la mêler avec un peu de vinaigre ou d'eau-de-vie.

L'eau de pluie est très pure, très propre au savonnage, et très saine. Si on recueille celle qui tombe des gouttières, il faut laisser perdre la première eau jusqu'à ce qu'elles soient bien nettoyées. Les citernes qui la reçoivent doivent être très propres.

L'eau distillée est la boisson la plus salutaire. On la distille avec un petit alambic dont le serpentin est d'étain au titre. On doit l'aérer avant de s'en servir.

Si on ne veut employer l'eau de pluie aux usages domestiques, on peut la faire servir à des jets d'eau. On reçoit l'eau des toits dans un réservoir de briques ou dans une auge en pierre, qu'on a soin d'élever au-dessus du niveau du bassin où l'on veut pratiquer le jet d'eau, et on la conduit dans ce bassin par des tuyaux dont l'extrémité, dirigée verticalement et fermée d'un robinet, la laisse échapper à volonté.

La bonne eau doit être bien transparente, laisser échapper de petites bulles d'air, quand elle est transvasée; elle doit cuire facilement les légumes, et faire crever aisément les pois secs et autres légumes dont la farine n'est pas entièrement soluble dans l'eau, chargée de substances hétérogènes; ne pas altérer la couleur des légumes verts qu'on y fait cuire, donner un produit fort et savoureux, quand on y met infuser des plantes, et ne point laisser de précipité quand on y fait dissoudre du savon.

Le repos est un moyen d'assainir l'eau. Quand l'eau est chargée de chaux, de magnésie, ou d'hydrochlorate de chaux, ces matières tendent à se séparer des particules aqueuses, et se précipitent au fond du vase qui contient l'eau.

L'eau qu'on emploie en industrie doit être très pure: pour la fabrication de la bière, pour celle des couleurs, surtout de la laque, du carmin et de l'outre-mer, l'eau douce est préférable à l'eau dure, c'est-à-dire chargée de sels et d'un goût prononcé.

L'eau la plus limpide est nécessaire pour le blanchissage; le rouissage ne saurait se faire dans l'eau dure. Dans la teinture des étoffes, l'eau dure empêche la dissolution des matières colorantes, et endommage les nuances par le mélange des substances dont elle est saturée.

En médecine l'eau s'emploie à l'intérieur en boissons; à l'extérieur en lotions et en bains. (Voy. BAINS.)

Dans presque toutes les infusions ou décoctions, elle agit seule, et l'addition de fleurs, de feuilles, ou de fruits, est complètement insignifiante. Elle forme le principal ingrédient des gargarismes, des douches, des cataplasmes, des injections, des fomentations. (Voy. ces mots.)

L'eau chaude sucrée calme presque instantanément les coliques stomacales et intestinales. Elle est excitante, sudorifique, expectorante. Appliquée à la peau, elle gonfle les tissus, y appelle le sang, et hâte la suppuration. L'eau chaude, dit Hippocrate, adoucit la peau qui est dure, relâche celle qui est trop tendue, ouvre les pores, fond les humeurs, dispose aux sueurs; elle est somnifère; elle soulage et adoucit la tension des nerfs, et arrête les convulsions.

Administrée en abondance et coup sur coup, l'eau tiède provoque le vomissement; elle est calmante et laxative; appliquée à la peau, elle amollit les tissus, sans y appeler le sang.

L'eau froide est la plus salutaire des boissons; elle est recommandée dans les inflammations de la vessie et de l'urètre; elle est rafraîchissante, calmante, diurétique; à l'intérieur, elle est sédative, enlève l'irritation, et prévient la suppuration des plaies.

L'eau à l'état de glace se donne dans les fièvres graves, par petits morceaux, pour calmer la soif; elle est astringente, répercussive, tonique, résolutive.

L'eau agit d'autant plus efficacement qu'elle est plus pure. Ainsi au premier rang se trouve l'eau distillée, puis l'eau de pluie, de source, de rivière, et enfin l'eau de puits et celle de la mer.

Cours d'eau. La législation relative aux eaux a rapport aux eaux courantes et aux eaux stagnantes. Pour les premières, voyez le Code civil, depuis l'article 538 jusqu'à 644. Elle est complétée par des ordonnances et arrêts de la Cour de cassation, dont voici les principales dispositions.

La police des cours d'eau doit veiller à ce que leur hauteur ne soit préjudiciable à personne. Les règlements relatifs à l'irrigation sont faits par les préfets, qui ordonnent aussi le curage, et répartissent les contributions nécessaires à l'entretien des eaux.

On ne peut sans l'autorisation du préfet détourner l'eau des rivières navigables ou flottables. On peut pratiquer dans les autres des saignées en se conformant aux usages locaux.

Le chemin de hallage qu'on doit laisser libre le long des cours d'eau est de trente pieds du côté où les bateaux tirent, et de dix pieds de l'autre bord, à peine de 500 francs d'amende, pour les rivières navigables.

Pour les rivières flottables, il est de dix pieds seulement, et de quatre pour les ruisseaux où le bois se jette à bûches perdues.

Le propriétaire d'un canal et d'un cours d'eau peut, en aliénant l'un, se réserver l'autre.

Les règlemens administratifs sur les cours d'eau peuvent être réformés par l'autorité administrative supérieure; jusque là, les tribunaux doivent les appliquer. Ils peuvent les interpréter, mais non les modifier.

Les règlemens sont exécutoires, malgré des titres privés antérieurs portant concession de droits plus étendus au profit de particuliers.

L'eau qu'on amène dans un canal n'est pas tellement la propriété du maître du canal, qu'il puisse empêcher d'y laver, d'y puiser, ou de l'employer à tout autre usage qui ne lui cause d'ailleurs aucun préjudice sensible.

Celui qui, étendant à une terre labourable convertie en prairie, l'eau qui traverse son héritage, en rend ensuite un moins grand volume à son cours ordinaire, est sujet à l'action en complainte.

Le préfet, dans les cours d'eau non navigables, fixe la hauteur des ouvrages, et fait détruire les travaux non autorisés. Les tribunaux sont compétens pour en ordonner la destruction, quand ces travaux nuisent aux droits acquis des riverains.

Le préfet seul a le droit de déterminer pour la première fois la position d'une vanne, et doit être appelé à l'opération relative à cette fixation.

Le droit de jouir tous les jours d'un cours d'eau ne peut être réduit à une jouissance limitée, dans l'intérêt de l'agriculture.

Quand deux riverains allèguent respectivement des droits exclusifs à l'usage des eaux, sans produire de titres, les juges peuvent attribuer à chacune des parties une jouissance égale et commune; l'excédant des eaux sur les besoins communaux peut s'acquérir par transaction et possession; le juge de paix est compétent pour statuer de la possession annale, d'après titre non contesté, d'une eau publique et communale.

EAUX MINÉRALES. (Méd. dom.) On les divise en eaux acides non gazeuses, eaux acidules gazeuses, eaux salines, eaux ferrugineuses, eaux sulfureuses. Dans les premières domine une petite quantité d'acide non effervescent; dans les secondes, l'acide carbonique; dans les troisièmes, des sels, du sulfate de chaux ou de magnésie, du chlorure de sodium, du carbonate de chaux ou de sonde; dans les deux dernières, le fer et l'acide hydrosulfurique. Il y a une très grande quantité de sources minérales en réputation. Le voyage, l'exercice, le grand air, entrent pour beaucoup dans les guérisons qu'elles ont opérées. Elles ne contiennent que des sels connus, faciles à administrer sans dérangement, et dont l'usage bien raisonné est bien plus efficace que l'emploi des eaux. On en fabrique d'ailleurs aisément d'artificielles.

Eau de Seltz. Cette eau est stomachique et agréable à boire; elle aide la digestion et stimule les forces de l'estomac. Voici comment on la prépare :

Prendre 4 grammes de carbonate de chaux, 7 de carbonate de magnésie, 3,7 de carbonate de soude cristallisé, 26 grammes de chlorure de sodium, 5 litres d'acide carbonique, 10 litres d'eau. On fait dissoudre d'abord les sels, et on introduit l'acide carbonique, en le comprimant, dans les bouteilles où l'on a réparti le mélange.

L'eau de Seltz commune, dite par les Anglais *soda-water*, est moins compliquée. Dissoudre dans une bouteille d'eau un gros de carbonate de soude, y verser un gros d'acide tartrique, et boucher de suite.

L'eau de Vichy est à peu près composée des mêmes principes. L'acide tartrique et le bi-carbonate de soude valent, l'un 50 sous la livre, l'autre 50 sous.

Les eaux de Seltz préparées avec du carbonate de soude et un acide sont plus purgatives que celles que l'on prépare en saturant l'eau de gaz acide carbonique; elles laissent un résidu salin, tandis que les autres ne laissent pas de résidu nuisible. L'acide nitrique donne des cristaux prismatiques à dix pans; l'acide tartrique laisse des sels en aiguilles; l'acide sulfurique donne une poudre blanche de sulfate de soude.

Fabrication de l'eau de Seltz à Genève. Recueillir le gaz acide carbonique de la chaux, l'introduire dans un tonneau rempli d'eau. Ce tonneau est à l'intérieur garni d'une roue qui, en tournant rapidement, mêle exactement l'eau au gaz. On met de suite en bouteilles, et l'on bouche rapidement.

On fabrique aussi l'eau de Seltz au moyen d'un appareil particulier. On introduit, dans une bouteille qui contient du carbonate de chaux, de l'acide sulfurique mêlé avec cinq ou six fois son poids d'eau; on bouche cette bouteille avec un bouchon à vis, qui s'y adapte parfaitement. Le gaz, produit par ce mélange, traverse un tuyau recourbé, passe à travers un soufflet, et se rend dans un petit baril, suspendu solidement sur un axe, rempli à moitié d'eau de source et bouché hermétiquement; on place alors sur le soufflet un poids qui force le gaz à passer dans le baril. On opère le mélange en faisant tourner vivement le baril sur son axe au moyen d'une manivelle. Un robinet placé entre le soufflet et le baril empêche le gaz de sortir. Après cette préparation, on met l'eau acidulée dans des bouteilles de grès, qu'on bouche solidement.

Une méthode plus simple pour la composition de l'eau de Seltz est celle-ci : emplir le quart d'eau d'une bouteille, y ajouter une once de craie blanche ou de marbre pulvérisé, avec une once d'acide tartreux cristallisé; bien boucher; quand l'eau de la bouteille a contracté un goût piquant et qu'elle mousse, décanter, et verser dans une autre bouteille où l'on a mis dix grains de carbonate de soude et cinquante grains de sel marin; bien boucher, et remuer la bouteille jusqu'à parfaite dissolution des sels.

EAUX DE TOILETTE. (*Hyg.* — *Ind. dom.*) Sous ce titre, nous comprenons diverses préparations qui servent à aromatiser l'eau pure destinée à la toilette.

Eau de Cologne non distillée. Mêler une demi-once d'huile essentielle de romarin, autant d'essence de bergamotte, trois gros d'essence de citron, deux gros d'essence de lavande, un litre d'esprit-de-vin à 56 degrés.

Autre recette. Mêler un quart de gros d'essence de néroli, un gros de thym, six grains de cannelle, un quart de gros de romarin, un gros de cédrat, un demi-gros d'essence de citron, un litre d'esprit-de-vin; on y peut ajouter de l'eau des Carmes et de l'essence de girofle.

On obtient un produit d'une grande perfection en distillant ces mélanges au bain-marie. Quelquefois on place dans le filtre des fleurs d'oranger fraîchement cueillies, lorsqu'on passe le mélange.

Eau des Bayadères, de Naquet, parfumeur. Faire infuser pendant dix jours dans six litres d'eau-de-vie ou d'esprit-de-vin, deux onces d'essence de bergamotte, une once d'essence de citron, autant d'essence de Portugal, une demi-once de néroli, une demi-once d'essence de petit grain, deux gros d'essence de romarin, deux onces de benjoin en infusion alcoolique, vingt gouttes d'essence de roses, une once de poudre de baume de tolu, deux gros de cochenille en poudre pour colorer le mélange; filtrer après l'infusion.

En distillant cette eau après infusion, et supprimant le tolu et la cochenille, on obtient une eau de Cologne très concentrée, qu'on étend dans dix fois son volume d'esprit-de-vin.

Eau de Chypre. Mêler parties égales d'esprit de jasmin, de rose, de violette et de bergamotte, obtenus par infusion; ajouter un peu de néroli et quelques gouttes d'esprit d'ambre et de musc.

Eau d'ange pour la peau. Faire infuser des fleurs de myrthe dans l'eau, et distiller.

Autre procédé. Distiller dans deux pintes d'esprit-de-vin quatre onces de benjoin, deux onces de storax, une demi-livre d'eau de rose, une demi-once de calamus aromaticus; ajouter ensuite une demi-livre d'esprit de fleur d'orange, autant de rose, un demi-gros d'ambre; bien boucher.

Eau d'Ispahan de MM. Laugier. Une demi-livre d'essence d'orange de Portugal, vingt-cinq grammes de romarin, dix grammes de menthe, seize à dix-huit grammes de girofle, autant de néroli, seize litres d'esprit-de-vin.

Eau pour la bouche. Mettre dans un flacon bien bouché et faire infuser quinze jours dans un litre et demi d'esprit-de-vin, un gros de clous de girofle, autant d'essence de Portugal, une once d'essence de menthe poivrée, deux onces de gingembre, trois onces de cannelle, et quinze grains d'essence de roses dissoute dans une once d'eau.

Eau pour aromatiser les bains, pour laver la bouche, dite eau des odalisques de Bacheville. Faire infuser pendant huit jours dans deux bouteilles d'esprit-de-vin, une demi-bouteille d'eau de rose et un demi-gros d'essence de menthe, deux gros de crème de tartre soluble, une demi-once deux gros de storax, deux gros et demi de baume de tolu, autant de baume du Pérou, un quart de gros de cochenille en poudre, une demi-once de galanga, une demi-once deux gros de pyrèthre, autant de souchet, un demi-gros de vanille, autant de cannelle, autant d'angélique et de semence d'aneth, un gros d'écorces sèches d'oranges; filtrer après l'infusion.

L'eau de Stahl diffère peu de cette préparation.

Eau de miel. Faire macérer pendant un mois dans un vase bien bouché trois livres et demie de coriandre, quatre onces de muscades concassées, autant de storax, six onces de girofle, cinq d'écorces de citron, trois onces de calamus aromaticus, dans sept pintes et demie de bon esprit-de-vin et quatre onces d'eau. Distiller pour obtenir

11 pintes de liqueur environ, ajouter deux pintes et demie d'eau de fleur d'oranger, douze gouttes d'essence de roses, un demi-gros d'ambre gris en poudre, une once de vanille; faire macérer huit jours, et filtrer.

Eau de Portugal. Prendre de l'essence d'oranges de Portugal et la faire infuser dans de l'esprit-de-vin à 36 degrés; laisser reposer dans un endroit chaud pendant six semaines. Les proportions sont variables suivant l'odeur qu'on veut obtenir.

Eau des sultanes. Faire infuser, huit jours, dans un litre d'esprit-de-vin, trois onces de storax calamite; filtrer, et ajouter deux pintes d'eau de Chypre.

Eau de Jouvence pour le teint. Mêler dans une pinte d'esprit-de-vin un demi-setier de fleur d'orange, huit onces d'eau d'œillets, deux gros d'essence d'orange de Portugal, autant d'essence de citron.

Eau de mille-fleurs. Mêler à de l'eau de bouquet huit onces d'esprit de réséda, une once de lavande, une once de bergamotte.

Eau d'ambre. Dans une pinte d'esprit-de-vin, faire infuser pendant quinze jours une demi-livre d'ambrette, un gros d'ambre, deux grains de musc.

Eau de roses. Prendre cinq pintes d'eau, dix livres de roses qui commencent à s'épanouir, en séparer le calice, mettre celles qu'on ne veut pas employer de suite dans un tonneau, bien foulées avec une couche de sel, et distiller le reste. On fait de même l'eau d'écorce de citron, de marjolaine, de menthe, d'œillet, de cédrat, de serpolet, etc.

Eau des rosières. Cette eau convient pour parfumer le linge, et l'eau de toilette. Mêler quatre parties d'esprit-de-vin, une d'esprit de jasmin, une d'esprit de fleur d'orange, deux d'esprit de concombres, autant d'esprit de céleri et d'esprit de racines d'angélique, trois quarts de teinture de benjoin, quelques gouttes de baume de la Mecque.

Eau de Paris, de M. Laugier. On fait infuser dans une pinte d'alcool une demi-once d'eau de mélisse des Carmes, un quart d'once d'essence de citron, autant d'essence de Portugal et d'essence de bergamotte, un quart de gros de romarin, un demi-gros de néroli. On tient le vase dans un endroit chaud pendant huit jours, et l'on filtre.

Eau régénératrice. On distille d'abord un demi-kilogramme de bergamotte dans trois livres d'alcool et quatre hectogrammes d'eau de rivière, après vingt-quatre heures d'infusion. Quand on a retiré trois litres de cette distillation, on ajoute un kilogramme et demi d'écorce de bigarades concassées, quatre hectogrammes d'eau de fontaine. On fait infuser vingt-quatre heures, et on distille encore jusqu'à trois litres de produit. On se sert de ces trois litres avec quatre hectogrammes d'eau pour distiller trois kilogrammes d'écorce d'oranges de Portugal. Les trois litres obtenus sont enfin distillés de nouveau avec quatre kilogrammes d'eau, autant de feuilles d'estragon, autant de feuilles de menthe et de cannelle fine, deux kilogrammes de fleurs de roses.

EAU DE BOUQUET. (Voy. BOUQUET.)

EAU DE BOTOT. (Voy. DENTS.)

Eau des princes pour la bouche. Faire infuser, dans de l'alcool à 26 degrés, quatre grammes de cannelle, autant de girofle, huit grammes de semences d'anis vert; ou trois cent vingt grammes d'esprit d'anis, trois décagrammes de teinture d'ambre gris, deux grammes de teinture de musc, cinq décagrammes d'essence de menthe, seize grammes de sous-carbonate de potasse, autant d'essence de cannelle et de vanille; placer dans un lieu chaud pendant quelques semaines; filtrer. (Voy. COSMÉTIQUE.)

Il serait inutile de nous étendre davantage sur les recettes de préparations toutes destinées à parfumer l'eau, et dont la nomenclature a été variée à l'infini par le charlatanisme des parfumeurs. Le lecteur pourra aisément inventer lui-même toutes sortes d'eaux de toilette en créant de nouvelles combinaisons aromatiques, et en mêlant des huiles essentielles, en distillant ou mettant infuser des fleurs. (Voy. AROMATES, ESSENCES.)

EAUX MÉDICINALES. (*Méd. dom.*) Cet article comprend diverses eaux d'un usage usuel qui ont certaines propriétés curatives.

Eau de gomme et de riz. Faire dissoudre, dans un litre de tisane de riz, deux onces de beau miel ou de sucre, une once de gomme arabique, aromatiser avec une cuillerée d'eau de fleur d'orange et un peu de cannelle. Cette eau est expectorante et adoucissante.

Eau de mélisse des Carmes. Prendre trois livres de sommités de mélisse, trois onces de sommités d'absinthe, autant de girofle, six onces de zestes de citron, deux onces de noix muscade, trois onces de cannelle, deux onces de racine d'angélique, une once de coriandre, un gros de macis; faire macérer le tout pendant trois jours dans six pintes d'esprit-de-vin, et distiller au bain-marie pour retirer cinq pintes d'eau de mélisse. On peut faire aussi cette eau par infusion; elle est vulnéraire et stomachique. On la prend par petites cuillerées.

Eau de la reine de Hongrie. On l'emploie dans les défaillances pour ranimer le malade. C'est une infusion de romarin dans l'alcool. Prendre trois pintes d'esprit-de-vin, quatre livres de sommités de fleurs de romarin, une livre de marjolaine, autant de lavande.

Cette eau est digestive et antispasmodique. On en donne depuis un demi-gros jusqu'à un gros dans de l'eau ou dans du vin.

Eau factice de fleurs d'oranger. On imite l'eau de fleurs d'oranger en délayant dans une bouteille d'eau quatre onces de sous-carbonate de magnésie; on y ajoute une once de néroli; on mêle exactement en versant peu à peu une nouvelle quantité d'eau, et remuant sans cesse. Au bout de vingt-quatre heures, on filtre au papier joseph. Le néroli qu'on ramasse sur le filtre peut servir encore, mais avec une moindre dose d'eau.

Eau de fleurs d'oranger. Verser dans un alambic trois onces de fleurs d'oranger; ajouter par-dessus cinq pintes d'eau; bien luter et distiller. La fleur d'oranger donne un litre et demi par livre de fleur. Cette eau sera meilleure si on supprime les pétales des fleurs avant de s'en servir. Cette eau est stimulante, digestive, antispasmodique.

Eau des Chartreux pour compresses sur les blessures. Piler légèrement des fleurs de balsamines, les mettre dans une bouteille, boucher hermétiquement, et exposer au soleil jusqu'à ce qu'une grande partie soit réduite en liqueur.

Eau dessiccative pour les plaies. Faire fondre dans une chopine d'eau bouillante un gros d'acétate de plomb. Quand l'eau est froide, y ajouter une once d'eau-de-vie camphrée.

Eau vulnéraire. Couper grossièrement une once de feuilles récentes d'absinthe, d'angélique, de basilic, de calamus, de fenouil, d'hysope, de mélisse, d'origan, de romarin, de rue, de sarriette, de serpolet, de thym, une once de fleurs de lavande, les faire infuser dans une pinte et demie de forte eau-de-vie, ou d'alcool à 50 degrés. Passer la liqueur et la mettre en bouteille, ou la distiller, si on veut l'avoir très blanche. On obtient de l'eau vulnéraire de moins bonne qualité par l'infusion des plantes ci dessus indiquées dans du vin blanc ou rouge. Dans ce dernier cas, l'eau s'appelle *eau rouge.*

L'eau vulnéraire s'emploie à l'extérieur pour frotter les entorses. Son usage intérieur est nuisible.

Eau très efficace pour arrêter les hémorrhagies. Mêler du vinaigre de bois avec de la terre calcaire, et soumettre ce mélange à la distillation.

EAUX DÉTERSIVES. (*Ind. dom.*) Sous ce titre, nous mentionnerons les eaux qui servent à ôter les taches.

Eau de javelle. Nous avons dit ses compositions et ses usages à l'article *Chlore.* Voici son mode de préparation.

Faire dissoudre dans neuf livres d'eau une livre de sous-carbonate de potasse; laisser déposer et filtrer; réduire en poudre dix onces de sel marin décrépité, et quatre onces et demie d'oxide de manganèse; placer ces deux poudres dans un matras; adapter au matras deux tubes, introduire par l'un de ces tubes dix onces d'acide sulfurique, recevoir par l'autre le gaz chlore qui se dégage, et le conduire dans la dissolution de sous-carbonate de potasse. Quand on a fait ainsi du chlorure de potassium, ajouter trois livres de sulfate de soude; laisser déposer trois heures; décanter, et mettre en bouteilles bien bouchées.

Autre procédé. On a une chaudière à moitié pleine d'eau, on y place deux bouteilles de grès; dans l'une, on met quatre onces d'oxide de manganèse et une livre d'acide muriatique; dans l'autre, une livre de potasse fondue dans huit litres d'eau. On met à fleur du col de la première bouteille un tube de verre ou de plomb qu'on lute avec soin, et dont l'extrémité recourbée plonge jusqu'au fond de la seconde bouteille. On réserve à cette bouteille un petit trou pour donner passage à l'air. En faisant du feu sous la chaudière, on réduit à l'état de vapeur les matières contenues dans la première bouteille. Quand la cessation du bouillonnement avertit qu'elles ont cessé de se précipiter dans la dissolution de potasse, on laisse refroidir : le mélange obtenu est de l'eau de javelle.

Cette eau ainsi préparée revient à quatre sous la bouteille, au lieu de vingt-quatre sous la livre, prix qu'elle coûte chez les épiciers.

Eau pour enlever les graisses sur les étoffes. Mêler dans une bouteille, qu'on bouche bien ensuite, quatre onces d'essence très pure de térébenthine, une once d'éther sulfurique, autant d'esprit-de-vin à 40 degrés.

Pour se servir de cette eau, dont l'action est celle de toutes les huiles essentielles sur les corps gras, on place l'étoffe tachée sur un linge plié, et on frotte avec un linge fin jusqu'à ce que l'étoffe soit sèche et la tache enlevée. Si la tache est ancienne, on chauffe légèrement la place avec un charbon allumé dans une cuillère d'argent.

Eau pour détacher. Mettre dans un pot de terre une bouteille d'eau tiède, ajouter un peu de savon blanc, y faire dissoudre une pâte faite avec une once de soude, deux cuillerées de fiel de bœuf, et un peu d'essence de lavande. Pour s'en servir, en placer un peu sur la tache, frotter avec une brosse, bien laver ensuite avec de l'eau tiède: sans cette précaution, la composition ne ferait que substituer une tache à une autre.

Eau pour nettoyer le cuivre. On s'en sert en l'étendant sur un linge et en frottant le cuivre. Deux onces d'eau, une demi-once d'acide sulfurique, un gros d'alun. Si le cuivre est très sale, on augmente la dose d'acide sulfurique, et on peut ajouter un peu de brique tamisée.

Eau seconde. On appelle ainsi ordinairement de l'acide nitrique étendu d'eau.

L'eau seconde des peintres sert à nettoyer et rafraîchir les peintures à l'huile, et à les enlever de dessus les bois au besoin.

Cette eau se prépare au moyen d'une dissolution de trois livres de potasse, une livre de cendre gravelée (lie de vin calcinée) dans six litres d'eau.

Pour laver les peintures à l'huile, on en met un demi-setier dans un litre d'eau, et on l'applique bien également, afin de ne pas faire de taches, avec une éponge ou un gros pinceau. Comme l'eau seconde enleverait la peinture si elle séjournait long-temps dessus, on lave aussitôt à grande eau, et on emporte en même temps l'eau seconde et la crasse.

Ce procédé ne s'applique pas aux peintures vernies, qui se lavent à l'eau de savon.

Les peintures en détrempe peuvent se nettoyer à l'eau seconde très affaiblie; mais il faut les laver presque aussitôt à l'eau de rivière. On peut aussi employer une éponge trempée d'un côté dans l'eau seconde, et de l'autre dans l'eau simple, en la retournant alternativement.

EAU-DE-VIE. (*Ind. dom.*) La fabrication de l'eau-de-vie a pris en France une grande extension, surtout depuis 1789. On en fabrique annuellement 915,417 hectolitres, dont une grande partie est exportée à l'étranger. Nos plus célèbres eaux-de-vie sont celles de l'Hérault, de l'Aude, du Gard, du Gers, et surtout de la Charente et de la Charente-Inférieure. Les départemens de Loir-et-Cher, Gironde, Lot-et-Garonne, Var, Loire-Inférieure, Dordogne, Deux-Sèvres, Bouches-du-Rhône et Landes, fabriquent aussi des eaux-de-vie estimées.

L'eau-de-vie fut d'abord employée comme médicament stimulant et tonique; ce n'est que depuis la révolution que le secret de la distillation, jusqu'alors peu répandu, devint familier à l'industrie manufacturière.

On extrait de l'eau-de-vie du vin, du marc de raisin, du cidre, du poiré, des grains, des pommes de terre, de la fécule, des mélasses, des résidus de brasserie, des prunes, des cerises, des sorbes, du genièvre, de la bière, etc.

L'eau-de-vie la plus répandue est l'eau-de-vie de vin; elle s'obtient par la distillation. Dès que le vin bout, il commence à donner de l'eau-de-vie, et ne cesse que lorsque les vapeurs qui s'élèvent ne sont plus susceptible de s'enflammer à l'approche d'une lumière.

Pour donner à l'eau-de-vie nouvelle toutes les qualités de la plus vieille eau-de-vie, il suffit d'y verser par bouteille cinq ou six grains de potasse dissoute dans un peu d'eau, et de bien agiter. Cette liqueur perd, par ce moyen, l'acide qui lui reste, et acquiert le goût et toutes les propriétés de l'eau-de-vie la plus vieille. On peut employer encore pour la vieillir et lui donner une couleur agréable, la teinture de cachou ou le caramel, ou l'entonner dans des vaisseaux de bois neuf. Ce dernier moyen peut se pratiquer artificiellement en laissant tremper des copeaux de chêne dans de l'esprit, et mêlant une partie de l'extrait qui en résulte dans l'eau-de-vie. Tous ces moyens n'ont rien de nuisible à la santé.

Autre procédé. Verser dans l'eau-de-vie nouvelle six gouttes d'alkali volatil, et bien remuer la bouteille.

L'alkali décompose tout l'acide de la bouteille, aussi bien que la potasse.

Autre. Enterrer l'eau-de-vie dans la neige, ou l'exposer au froid pendant 56 à 48 heures.

L'eau-de-vie peut être altérée par des substances âcres qu'on y ajoute pour lui donner plus de force, ou par le cuivre des appareils distillatoires qui s'y mêle.

Si l'usage modéré et peu fréquent de l'eau-de-vie est salutaire pour relever les forces abattues, l'excès cause des tremblemens nerveux, des paralysies, des obstructions, et même la combustion spontanée. Nous avons vu dernièrement un ouvrier du faubourg Saint-Martin frappé de mort subite après avoir bu une bouteille d'eau-de-vie.

L'usage de l'eau-de-vie à jeun est très pernicieux; il excite en pure perte l'estomac vide, et y détermine une irritation qui peut amener de graves maladies.

Recette éprouvée pour imiter l'eau-de-vie de Cognac. Prendre de l'esprit-de-vin à trente-deux degrés, faire une infusion de capillaire, à raison d'une demi-once pour deux litres d'eau; passer à la chausse, puis ajouter une demi-livre de sucre pour la même dose; mêler à cette infusion de l'esprit-de-vin jusqu'à ce qu'il soit descendu de 52° à 18° ou 22°; ajouter pour 20 litres une poignée de copeaux blancs de sapin bien frais. Si l'eau-de-vie n'est pas assez colorée, la jaunir avec un peu de caramel. Quand l'eau-de-vie a un léger goût de résine, la soutirer et la mettre en bouteilles.

Eau-de-vie de marc de raisin. Faire fermenter le marc dans des vases clos, et distiller.

On obtient de même de l'eau-de-vie, du marc du cidre et du poiré.

Eau-de-vie de grains. On concasse légèrement les grains dans un cuvier. Quand ils ont fermenté, on verse un peu d'eau chaude dans le fond de la cucurbite de l'alambic; on y jette les grains, et on remue toujours jusqu'à ébullition; on lute ensuite l'appareil, et on distille.

Les eaux-de-vie de grains et celles de marc de raisin conservent souvent une odeur particulière qu'on ne peut détruire. Le seul moyen de les en débarrasser est de les

33

distiller une seconde fois, en y mêlant par livre un demi-gros de chlorure de chaux dissous dans quatre fois son poids d'eau. On met à part la première mesure, à cause de l'odeur du chlore qu'elle conserve.

Procédé pour fabriquer l'eau-de-vie de pommes de terre. Mettre les pommes de terre dans un vaisseau de bois clos, les cuire à la vapeur, afin de faciliter leur réduction en pâte; les agiter avec un morceau de fer; ajouter de l'eau bouillante et un peu de potasse, que l'addition d'une petite quantité de chaux vive rend caustique, pour dissoudre l'albumine qui empêche les pommes de terre de se convertir en amidon; filtrer cette eau et la faire évaporer. C'est de ce résidu que l'on tire l'eau-de-vie par distillation. On lui ôte le goût végétal qui lui est particulier en y mêlant du chlorate de chaux.

Eau-de-vie de racines de massette. (Voy. MASSETTE.)

Eau-de-vie de sorbier. On tire cette eau-de-vie des baies du sorbier des oiseaux. (Voy. SORBIER.) On les prend bien mûres; on les écrase dans un baquet, et on verse dessus de l'eau bouillante. Quand l'eau ne marque plus que 22 degrés au thermomètre de Réaumur, on y mêle de la levure de bière en quantité suffisante pour faire fermenter; on couvre le vase qui contient le mélange. On reconnaît que la fermentation a cessé quand l'écume paraît à la surface, et qu'une chandelle allumée placée à l'ouverture du vase ne s'éteint plus. On distille alors. Pour purifier le produit obtenu, on réduit en poudre des charbons éteints, c'est-à-dire qui brûlent sans flamme, et on en ajoute une livre pour la valeur de trente bouteilles. On met l'eau-de-vie dans un tonneau qu'on bouche avec soin, et, pendant deux jours, on agite quatre fois par jour; on passe ensuite la liqueur dans un tamis de flanelle, et on distille une seconde fois. L'eau-de-vie obtenue ainsi est d'un goût supérieur à celui de l'eau-de-vie de grains.

Eau-de-vie de prunes. Prendre des prunes qui commencent à mûrir, les écraser dans une cuve; au bout de dix à quinze jours, quand elles ont fermenté, et qu'elles ont une saveur acide, placer de l'eau chaude dans la cucurbite d'un alambic, y verser d'abord le plus épais, puis le plus clair des prunes; remuer jusqu'à ce que l'eau bouille; mettre le chapiteau, et distiller. Cette eau-de-vie, d'abord très blanche, prend ensuite une couleur d'or. On la conserve au frais dans des vases bien bouchés. Le marc qui reste au fond de la cucurbite sert à engraisser les cochons et leur communique un bon goût. La petite eau, quand elle froide, placée près d'un poêle allumé, dans un vase qui a contenu du vinaigre, se transforme au bout de six semaines en un vinaigre trouble et brunâtre.

Eau-de-vie de pruneaux. Prendre des pruneaux entiers, y ajouter de la poudre d'iris de Florence, et pour cinquante livres de pruneaux un quarteron de sucre brut. L'iris sert à donner un bon goût : un demi-gros suffit pour cent livres de fruit.

Quand le mélange a fermenté pendant quinze jours, on distille. Le premier produit donne à l'aréomètre 44°. Une seconde distillation donne de l'eau-de-vie à 25°.

Si l'on veut faire l'opération en grand, vingt-huit quintaux de prunes sèches, quatorze livres de sucre, et une

once de poudre d'iris, donnent une pièce de bonne eau-de-vie de 50 veltes.

Eau-de-vie de carottes. (Voy ICHNOUSES.)

Eau-de-vie d'hièbles. (Voy. HIÈBLES.)

Eau-de-vie d'arbouses. L'arbousier donnant peu de fruits, parce que ses fleurs sont faciles à couler, la fabrication d'eau-de-vie d'arbouses est peu économique. Les baies peuvent cependant donner plus du dixième de leur poids en eau-de-vie. On les traite comme les grains. On peut les mêler avec les fruits des ronces sauvages.

Eau-de-vie de sureau. (Voy. SUREAU.)

Eau-de-vie d'Andaye. (Voy. ANDAYE.)

Eau-de-vie de gayac. (Voy. DENTS.)

Eau-de-vie de cerises. (Voy. KIRSH.)

Eau-de-vie camphrée. Pour la préparer, faire fondre dans un litre d'eau-de-vie quatre gros de camphre. Elle s'emploie en lotions et en compresses dans les contusions et les foulures.

Eau-de-vie de lavande. Prendre deux litres de bonne eau-de-vie, quatre poignées de fleurs de lavande, mettre le tout dant un pot de grès, et bien boucher.

On emploie cette eau, comme la précédente, dans les coups violens. On fait avec les boules de Nancy une eau appelée *eau de boule.*

Autre procédé. Prendre trois onces d'essence de lavande : on en aura assez pour aromatiser douze pintes d'esprit-de-vin bien pur.

Eau-de-vie dite divine. Mêler à quatre litres d'eau-de-vie trois livres et demie de sucre, huit onces d'eau de fleur d'orange, deux gros d'essence de bergamotte, un gros et demi d'essence de citron; laisser quelques jours dans un vase bien bouché, puis filtrer si la liqueur est trouble, et mettre en bouteilles.

ÉBÈNE. (Conn. us.). L'ébène est un bois noir, dur, et susceptible d'un très beau poli. Le véritable ébénier vient du diospiros, ébénier de l'île Ceylan.

ÉBÉNIER FAUX. (Jard.) *Ebenus.* Famille des légumineuses. C'est un arbrisseau à feuilles argentées en dessous, à fleurs nombreuses et jolies. Il est originaire de l'île de Candie. On ne le cultive qu'en serre.

ÉBOURGEONNEMENT. (Jard.) L'ébourgeonnement est le retranchement des jeunes pousses et des bourgeons superflus. Il se pratique au printemps. (Voy. BOURGEONS, ESPALIERS.)

ÉBRANCHEMENT. (Jard.) C'est l'enlèvement des branches superflues. (Voy. BRANCHES, ESPALIERS.)

ÉBOUSEMENT. (Agric.) On appelle ainsi la méthode d'engrais qui consiste à répandre la fiente des bestiaux dans les prés ou sur les parterres. Les sels que contient cette fiente sont absorbés, et en se desséchant au soleil elle perd ses qualités; il vaut donc mieux la laisser sur place. Elle améliore l'herbe, et change peu à peu une mauvaise prairie en prairie productive. Cependant, lorsqu'au pied des arbres où les animaux s'abritent il y a beaucoup de fientes, il faut les répandre au loin.

ÉCAILLE. (Var.) L'écaille se vend au poids, environ dix francs l'once, lorsqu'elle a été travaillée. C'est d'après ce taux qu'on peut évaluer les objets d'écaille. L'écaille blonde est plus estimée que l'écaille brune.

ÉCARLATE. (*Ind. dom.*) Lorsqu'un drap de couleur écarlate est sali, on lui rend sa couleur primitive en frottant fortement les endroits altérés avec du jus de citron.

ÉCARTÉ (*Récr. dom.*) L'écarté a été adopté par la mode, et se joue dans presque tous nos salons. Son usage général a donné lieu à la fabrication de tables d'écarté, à pied croisé, et de boîtes d'écarté en bois de citronnier, au milieu du couvercle desquelles le mot *Écarté* est incrusté en clous d'acier. L'intérieur de ces boîtes est partagé en trois compartimens longitudinaux; deux jeux de cartes sont dans les cases latérales, posés chacun sur un ruban qui sert à les enlever. La case du milieu contient, d'un côté, quatre jetons bleus; de l'autre, quatre jetons rouges.

On convient de l'enjeu. La donne appartient à la plus forte carte. Le donneur distribue cinq cartes, par trois et deux, ou deux et trois.

La retourne est atout : si on tourne le roi, il compte pour le donneur. Celui qui l'a en main le marque; mais il doit l'annoncer avant de jouer, soit verbalement, soit en le jouant de suite, soit en le montrant.

Le premier à jouer propose d'écarter, s'il a de mauvaises cartes. Il doit demander de suite toutes les cartes qu'il désire, et ne peut toucher à celles qu'il a mises à l'écart.

On place l'écart de côté à l'opposite du talon. Le joueur est libre d'accepter ou de refuser des cartes. Celui qui joue sans écarter perd deux points s'il ne gagne pas le coup. On peut proposer plusieurs fois.

En cas de mauvaise donne, le coup ne se joue point, et la main passe à l'adversaire; mais si après donne sur écart le donneur reconnaît avoir moins de cartes qu'il ne lui en faut, il complète son jeu avec celles que l'adversaire a jetées; ou, si ce dernier a montré son écart, il complète son jeu avec une carte du talon.

Quand, après donne sur écart, on a plus de cinq cartes, et qu'on s'en aperçoit, on fait tirer au hasard les cartes superflues, qui sont mises à l'écart.

Quand, dans ce cas, on joue sans s'en apercevoir, on perd le point, et, en outre, le droit de compter le roi. Quand le joueur n'a pas mêlé les cartes de la seconde donne avec celles de la première, et qu'il s'aperçoit qu'il en a reçu plus qu'il ne lui en faut, la réduction s'opère sur les secondes cartes reçues.

Si, en donnant sur écart, on retourne par mégarde comme la première fois, l'adversaire peut demander un second écart, qui ne saurait lui être refusé.

Le coup est nul, si dans le jeu il y a des cartes de la première donne retournées, à moins qu'il n'y ait que la onzième. S'il y a des cartes retournées au-dessous de la douzième, que le coup soit joué sans réclamation, et qu'on n'ait pas porté ces cartes à vue, le coup est valable.

Le gagnant est celui qui fait le plus grand nombre de levées. Celui qui fait cinq levées ou la *vole* gagne le point.

Quand on n'a pas de la couleur demandée, on coupe avec un atout, et à défaut d'atouts, on donne une carte quelconque, et de préférence les plus faibles.

ÉCHALOTTE. (*Jard.*) *Allium ascalonicum.* Famille des asphodèles. L'échalotte est de culture difficile. Les arrosemens, et l'alternative de l'humidité et du soleil la font pourir. On la sème, soit en octobre, soit à la fin de février, dans un terrain sec, meuble, et léger; à l'orient; le terrain doit avoir été fumé depuis long-temps avec du fumier de cheval bien consommé, mêlé avec des décombres. (*Voy.* DÉCOMBRES.)

On bêche bien la terre avant de semer; on sépare les caïeux, on enlève la grosse peau qui les recouvre, et les débris de vieilles racines. On plante avec le pouce et l'index un caïeu tous les trois pouces, à un pouce et demi de profondeur, en octobre; à un demi-pouce, au printemps. On espace les rayons de six pouces. Au mois de mars, on serfouit les échalottes plantées en automne, et on les déchausse à la main, pour mettre l'œil à fleur de terre.

La même opération se pratique en août pour les échalottes semées au mois de mars. On continue les serfouissages toutes les fois qu'il est nécessaire.

Les vieilles échalottes qui montent se mettent en terre dans un coin. Quand les feuilles sont hautes et fortes, les cayeux grossissent et se remplissent. Ils sont alors bons à employer pour la cuisine.

Quand les feuilles des échalottes sont entièrement sèches, on les arrache, on étend toutes les tiges au soleil, on les nettoie, et on les porte au grenier, où on les étale sur le plancher.

ÉCHANTILLON. (*Var.*) Il est bon de conserver des échantillons de ce qu'on achète, avec l'indication de la qualité et du prix.

On parviendra ainsi à connaître la valeur des étoffes et des denrées, telles que sucre, vin, etc.

ÉCHAUDÉ. (*Off.*) Ce gâteau tire son nom de la cuisson de la pâte à l'eau bouillante qui précède la cuisson au four.

Pour les préparer, faire un trou rond dans un quarteron de farine, y casser vingt œufs, ajouter si la pâte est trop ferme; y joindre une livre de beurre, une demi-once de sel, et une demi-once de sous-carbonate de soude arrosé de vinaigre; l'acide carbonique qui se dégage de ce mélange fait gonfler la pâte; l'acétate de soude qui se forme est en trop petite quantité pour être nuisible.

Quand la pâte est bien pétrie, on la laisse reposer dix à douze heures dans un linge saupoudré de farine. On en forme des échaudés, et on les place dans une chaudière d'eau qui commence à bouillir. On remue la chaudière, ce qui fait monter les échaudés. Quand ils sont fermes, on les retire, et on les met dans l'eau froide, où on les laisse deux heures; on les fait ensuite égoutter, on les dore, et on les met au four.

ECCHYMOSE. (*Méd. dom.*) On nomme ecchymose l'infiltration du sang dans le tissu cellulaire. Les ecchymoses sont ordinairement produites par les coups, les chutes, les compressions. Elles offrent d'abord une teinte d'un noir bleuâtre, qui varie du centre à la circonférence, de manière à passer au brun clair, au jaune foncé, au jaune serin et au jaune clair.

Des applications d'eau fraîche, la compression et le repos, guérissent aisément l'ecchymose.

ÉCHECS (jeu d'). (*Récréat. dom.*) Le jeu d'échecs est un des jeux les plus anciens, et l'application qu'exigent ses combinaisons en fait plutôt un exercice mathématique, qu'un délassement de l'esprit.

Les échecs se composent de trente-deux pièces. Il y en a seize blanches et seize noires.

Le jeu se joue sur une table carrée que l'on nomme échiquier; l'échiquier est divisé en soixante-quatre cases carrées alternativement blanches et noires.

Les pièces sont divisées en huit pions noirs, et huit pions blancs. Il y a, en outre, de chaque couleur, deux tours, deux cavaliers, deux fous, une reine et un roi.

La matière des échecs est l'os ou l'ivoire pour les pièces blanches, le bois de palissandre ou d'ébène pour les pièces noires.

Les deux joueurs se placent en face l'un de l'autre, de manière que chacun ait à sa droite la case blanche de l'angle. Les deux tours se placent sur les deux cases angulaires; les cavaliers à côté des tours, les deux fous à côté des cavaliers; la reine noire se place sur la case noire qui reste à remplir, la reine blanche sur la case blanche; le roi occupe la place suivante. Ces pièces occupent la dernière ligne; les pions, placés les uns à côté des autres, occupent l'avant-dernière.

Chacune des pièces a une marche différente; c'est principalement cette variété qui rend le jeu difficile.

Marche des pions. Les pions marchent en suivant les bandes perpendiculaires de l'échiquier, et en avançant de leur place vers le jeu de l'adversaire. Ils ne peuvent jamais reculer.

Les pions ne font ordinairement qu'un pas, en allant de la case où ils sont à celle qui est devant eux; mais, quand on joue un pion pour la première fois, on fait à volonté faire deux pas au pion que l'on avance. Au coup suivant, les pions reprennent leur marche ordinaire.

Il y a sur l'échiquier deux espèces de cases, les unes se touchent par un côté commun, et sont de couleur différente; les autres ont un angle commun, et sont de semblable couleur.

Quand un pion a un pion adverse sur une case contiguë de la première espèce, il ne peut avancer. Quand il en rencontre un sur une case contiguë de la seconde, il marche obliquement, et prend le pion qui lui est opposé, en l'enlevant de l'échiquier et se mettant à sa place. Chaque prise compte pour un coup, et on ne joue pas comme aux dames autant de coups qu'il y a de pièces à prendre. On n'est pas non plus obligé de prendre, comme aux dames.

Si un pion a été joué, et qu'un pion adverse qu'on joue pour la première fois fasse deux pas, et que ce pion ait été dans le cas d'être pris, s'il n'eût fait qu'un pas, le second pas est considéré comme nul.

On dit que ce pion a *passé prise*, et on le prend en *passant*. Le pion qui le prend se place donc sur la case que le pion à prendre devait occuper, selon les règles ordinaires; quand un pion arrive aux cases occupées primitivement par les grandes pièces de l'adversaire, il est à *dame*, et il peut, au choix de celui qui le conduit, acquérir la valeur de n'importe quelle pièce, à l'exception du roi.

Marche des tours. Les tours suivent les bandes perpendiculaires, ou les bandes parallèles aux bases. Elles font à volonté plusieurs pas, et ne peuvent être arrêtées que par des pièces de leur couleur.

Si elles rencontrent une pièce de l'adversaire, elles la prennent, l'enlèvent, et se mettent à sa place.

Marche des cavaliers. Le cavalier va du noir au blanc, ou du blanc au noir.

Il traverse la case de couleur différente qui est devant lui, n'importe de quel côté, et se pose sur une des deux cases voisines de celle qui suit immédiatement. Il peut aller en arrière.

Marche des fous. Les fous suivent les lignes droites formées par les cases de même couleur contiguës de la seconde espèce. Il y a dans chaque jeu un fou blanc, et un fou noir, qui ne quittent pas leur couleur. Ils prennent comme les tours, sauf la différence de leur marche.

Marche de la dame. La dame a la marche de la tour et celle du fou.

Marche du roi. Le roi peut aller à volonté à l'une des cases contiguës de première ou de seconde espèce qui l'avoisinent. C'est la prise du roi qui détermine la fin de la partie, quand même toutes les autres pièces resteraient. Tous les efforts de chaque joueur tendent à mettre en prise le roi adverse, qui se garantit de son mieux.

Quand le roi d'un joueur court risque d'être pris au coup suivant, l'autre joueur l'avertit en disant : échec au roi. Si le roi en danger ne peut être sauvé, il est vaincu, est *échec et mat*. Un joueur qui ne voit pas qu'il fait *mat*, fait un *mat aveugle*. L'usage veut que la partie n'en soit pas moins gagnée.

Si un joueur, se trouvant dans l'impossibilité de jouer sans mettre le roi en prise, s'arrête, la partie est remise, et ce joueur est *pat*.

Les pièces du côté du roi se nomment *pièces du roi*; celles du côté de la dame, *pièces de la dame*.

Le roi peut *roquer* des deux côtés. Si, le roi et la tour n'ayant pas été joués, l'intervalle entre eux est vide, on peut mettre la tour à côté du roi, qui saute par-dessus, et se place de l'autre côté, soit sur la case de son cavalier, soit d'autre part sur celle du fou de sa dame; cela s'appelle roquer. On peut jouer les tours à côté du roi sans roquer.

Le roi ne peut roquer quand il reçoit *échec*, quand il se trouve en *échec* à la case que le *roc* lui destine, quand la tour se trouve en prise à la case qu'elle vient occuper à côté du roi.

On avertit le joueur qui veut roquer de ces trois cas, en disant : Pour le premier, vous êtes échec; pour le second, vous tombez sous l'échec; pour le troisième, vous passez sous l'échec.

On conçoit que les diverses combinaisons du jeu d'échecs ne peuvent s'apprendre que par l'habitude. Voici une partie qu'on peut jouer, pour s'exercer, après avoir rangé les pions sur l'échiquier.

1. *Blanc.* Le pion du roi, deux pas. *Noir.* Le pion du fou de la dame, deux pas.

2. *Blanc.* Le fou du roi à la quatrième case du fou de sa dame. *Noir.* Le cavalier de la dame, à la troisième case de son fou.

5. *Blanc.* La dame à la troisième case du fou du roi.

Noir. Le cavalier de la dame à la quatrième case de la tour pour prendre le fou.

4. *Blanc.* Le fou prend le pion du fou du roi noir, qui se trouve échec et mat.

Ce mat si promptement obtenu s'appelle l'*échec du berger.*

Aux échecs on ne doit pas toujours prendre une pièce, car se mettre en prise est souvent une ruse de guerre de la partie adverse.

Les échecs ne se jouent que de la manière que nous avons indiquée.

Quelques joueurs retranchent leur dame, la remplacent par un certain nombre de pions, ordinairement sept à huit, et luttent ainsi contre leurs adversaires qui ont conservé leur dame.

Il y a sur le jeu d'échecs un assez grand nombre de traités. *Traité du jeu d'échecs*, par Philidor. *Recueil du jeu d'échecs*, par M. Stama. *Traité théorique et pratique du jeu d'échecs*, par une Société d'amateurs. Tous ces ouvrages indiquent diverses parties plus ou moins compliquées. Napoléon a composé un *Traité du jeu d'échecs* qui est resté manuscrit.

ÉCHELLE. (Voy. BROUETTE.)

ÉCHENILLAGE. (*Cod. dom.*) La loi du 26 ventose an IV, qui ordonne l'échenillage et le brûlement, sur-le-champ, des bourses et toiles qui sont tirées des arbres, haies ou buissons, doit être publiée dans le cours de janvier à la diligence des maires. (Voy. CHENILLE.)

ÉCHO. (*Conn. us.*) L'écho est un effet de l'air. Lorsque le son rencontre un obstacle, tel qu'une maison, un mur, un rocher, etc., l'air, qui est parfaitement élastique, réfléchit ce son, et semble en produire un pareil, que l'on appelle écho. Le son produit alors le même effet qu'une balle d'enfant lancée contre un mur et revenant vers le lieu d'où elle est partie. L'écho varie de direction suivant la disposition de l'obstacle; de sorte que, quelquefois, la personne qui parle n'entend pas l'écho, et que d'autres entendent l'écho sans entendre la personne qui parle. S'il se trouve plusieurs obstacles placés à différentes distances, alors chaque obstacle produit un écho; et c'est ainsi qu'il y a des échos qui répètent ce que l'on a dit trois fois, quatre fois, et même plus; à cause de cela on les nomme échos tautologiques ou babillards.

Il ne peut y avoir d'échos qu'autant que les sons directs et réfléchis se suivent les uns les autres à un intervalle de temps suffisant; car si les derniers parviennent à l'oreille avant que l'impression des sons cesse, le son ne sera pas doublé, mais il sera seulement rendu plus intense. On peut donc faire des échos factices dans les jardins.

ÉCLAIRCIES. (*Agric.*) La pratique des éclaircies dans les forêts est nécessaire pour leur donner de l'air et de la lumière et pour les faire végéter avec vigueur. Sans les éclaircies, après avoir poussé ensemble vigoureusement pendant quelque temps, les jeunes arbres sont étouffés les uns par les autres et dépérissent.

Avec les éclaircies, les arbres poussant beaucoup plus vite, on arrive plus vite à obtenir un produit et l'on gagne tous les arbres qui auraient péri sur pied. Le bois est plus dur, plus vigoureux et plus durable. Les arbres peuvent

servir à divers usages, tandis que sans éclaircies, ils ne peuvent guère servir qu'au chauffage; les troncs doublent de diamètre en très peu de temps.

On commence les éclaircies dans les forêts d'écorces résineuses, quand le semis a six ans d'âge; on arrache quelques brins à un pied de distance.

A neuf ans, on fait à la serpe et à fleur de terre la seconde éclaircie, et on augmente d'un pied l'espacement des brins pour espacer les brins de réserve.

On fait successivement les autres éclaircies à 12 ans, à 15, à 20, à 30 et à 40 ans. On augmente l'espacement d'un pied jusqu'à la quinzième année; on le porte ensuite à un pied et demi. A 40 ans, les arbres auront autour d'eux un rayon vide de dix pieds.

Les sujets viciés, faibles, surmontés par les autres, les bois morts et pourris, les bois blancs, seront enlevés avec soin. Les brins d'extraction s'abattront rez-terre et à la hache.

Les éclaircies seront moins fortes dans les montagnes que dans les plaines, à cause de la violence des vents. Les vents du sud et du sud-ouest amènent des orages et des pluies qui détrempent la terre et déchaussent les racines. A l'exposition au midi, le soleil nuit aux arbres; au nord et à l'est, les vents durcissent la terre et affermissent les racines des arbres.

On éclaircit moins les arbres à feuillage peu touffu et à faibles racines, que les arbres capables de résister aux vents, à la neige et au soleil.

Les frais des premières éclaircies sont à peine couverts; mais les perches, les chevrons, le petit bois des éclaircies suivantes, donnent un produit abondant.

ÉCLAIRE. (Voy. CHÉLIDOINE.)

ÉCLAIRS. (Voy. ÉLECTRICITÉ.)

ÉCLIPSE. (*Conn. us.*) Les éclipses, dont la cause est si vulgairement connue aujourd'hui, étaient un objet de terreur pour tous les anciens peuples, et sous les empereurs de Rome, on vit souvent les soldats, effrayés d'une éclipse, refuser de continuer le combat.

Il y a éclipse, quand la lune, étant nouvelle, le soleil, la lune et la terre sont sur la même ligne.

Si la lune intercepte les rayons du soleil, dont le diamètre apparent est plus petit que le sien, il y a éclipse totale de soleil; si elle n'en cache qu'une partie, il y a éclipse partielle; si, le centre des deux astres étant confondu, on aperçoit un cercle brillant formé par le soleil autour de la masse noire de la lune, il y a éclipse *annulaire* du soleil.

Si l'orbite lunaire ne faisait pas angle avec l'écliptique, il y aurait éclipse de lune à toutes les lunaisons.

Quand la lune est pleine, et la terre placée entre elle et le soleil, l'ombre de la terre se projette en cône sur la lune qui traverse ce cône, et devient invisible. Le cône projeté étant bien plus grand relativement à la lune que ne l'est la masse de la lune relativement au soleil, les éclipses de lune, totales ou partielles, sont plus fréquentes que celles de soleil.

Les éclipses de lune se voient aisément à l'œil nu. Les éclipses de soleil demandent à être examinées à travers des verres noircis.

ÉCOBUAGE. (*Agric.*) L'écobuage se borne le plus ordinairement à enlever à la bêche des gazons qui couvrent le sol, et à les brûler sur le lieu même pour en
répandre les cendres.

On écobue avec succès les terrains tourbeux, les terres
incultes chargées d'herbes, les vieux pâturages couverts
de mousse, les coteaux crayeux, les vieux sainfoins, les
prés humides et garnis de joncs.

Les terrains sur lesquels il n'y a pas encombrement de
végétation, les terrains sablonneux, les sols fertiles, ne
doivent pas être soumis à l'écobuage.

Dans les sols qui produisent des genets, des fougères,
des bruyères, on met ces plantes en tas, on les recouvre
de pelures de gazon, et on y met le feu. On fait cette
combustion à la fin de l'été et à la fin de l'hiver, et l'on
sème ensuite du seigle.

Dans certaines provinces d'Italie, on sème des pavots,
et on y met le feu. On détruit ainsi un grand nombre
d'insectes. Aussitôt après l'écobuage, on laboure profondément : les larves des insectes qui auraient survécu périssent dans les cendres, surtout s'il survient de la pluie.

L'écobuage de l'argile réussit, quand la terre est trop
légère ou pulvérulente, ou quand elle est trop compacte.
On met l'argile en tas, en ménageant des intervalles entre les morceaux, et conservant une cavité au centre; on
remplit cette cavité de broussailles. Quand le feu a
changé la couleur des morceaux de terre, on les brise et
on les répand légèrement. On peut accroître l'effet de
l'opération en répandant un peu de chaux à l'automne,
la seconde année.

L'écobuage réussit surtout si on l'applique à la tourbe.
On allume le feu avec des bourrées, on y jette des morceaux de tourbe; on pratique des trous avec une fourche
dans le tas, on ajoute à mesure des couches de tourbe et
des broussailles; les cendres qu'on retire de cette opération sont un excellent amendement.

M. Boutigny, d'Évreux, a obtenu des laitues de 8 à
10 pouces de diamètre, en faisant précéder leur semis
par un brûlis de cosses de pois, d'herbes et de fanes de
pommes de terre, qu'il enterra par un labour.

En répandant une certaine quantité de paille sur un
terrain, et en y mettant le feu, M. Parkinson a obtenu
une cendre qui, enterrée à la charrue, a donné pendant
vingt ans de très belles récoltes sans autre engrais.

Quand on a écobué sur le sol crayeux, il est bon d'y semer des turneps ou des choux, qu'on fera manger aux bestiaux. On y fera succéder de l'orge ou de l'avoine. Cette
pratique est employée avec succès en Angleterre pour les
terrains argileux, les terres franches, les terres marneuses, les terres sablonneuses, les tourbières et les marécages. Dans ces derniers sols, on ajoute de la chaux aux
cendres.

La vallée de Grésivaudan (Isère), dont les moissons sont
magnifiques, est, de temps immémorial, écobuée tous les
cinq ou six ans.

Les bons effets de l'écobuage paraissent être dus non
seulement à l'incinération, mais à la présence du charbon.
Autour des manufactures de tourbe carbonisée, partout
où des poussières de charbon se répandent, dans les

lieux même où séjournent des copeaux de bois convertis
en charbon par l'enfouissement, on remarque une amélioration du sol qui ne permet pas d'attribuer aux cendres seules les résultats de l'écobuage.

ÉCONOMIE DOMESTIQUE. L'économie domestique est
l'application de l'économie politique à l'administration
de l'intérieur, c'est-à-dire la science de la production,
distribution et consommation des richesses dans la famille.

Elle comprend donc plusieurs branches. Dans la première sont contenus tous les procédés, toutes les recettes
d'industrie domestique, l'œnologie, la cuisine, le jardinage, etc. Dans la seconde, se trouve l'administration du
ménage, la régulation de l'emploi des revenus, la tenue
des comptes de dépenses ordinaires et extraordinaires,
enfin tout ce qui regarde la distribution et la consommation des richesses.

Il n'existe point de traités complets d'économie domestique. S'il en existait, peut-être nous serions-nous abste-
nus du travail long et difficile que nous avons entrepris.
Rassembler en un corps d'ouvrage tout ce qui a rapport
à cette science utile, éviter aux lecteurs de longues recherches, donner à tous les moyens faciles d'améliorer leur
sort, répandre l'instruction usuelle, réunir en foyer toutes les connaissances nécessaires pour jeter un grand jour
sur l'économie domestique, tel a été le but de nos efforts.

ÉCORCHURES. (*Méd. dom.*) Pour les guérir, on
lave les plaies, on rapproche les chairs, on place dessus de
petits morceaux de taffetas d'Angleterre, en ne couvrant
pas entièrement l'écorchure, pour que le sang ou l'humeur puissent en sortir.

Quand on est écorché par suite de longues routes à
pied ou à cheval, du beurre frais, du suif ou du sain-doux,
dont on couvre les parties écorchées, sont les remèdes
les plus efficaces.

ÉCREVISSES. (*Pêch. — Cuis.*) L'écrevisse est du
genre des crustacés pédiocles. On distingue les écrevisses
de mer et celles de rivières. (Voy. HOMARD, LAN-
GOUSTE.)

L'écrevisse de rivière (*astacus fluviatilis*) se trouve
dans les eaux courantes. Elle mue tous les ans. Elle multiplie prodigieusement. La femelle porte sous sa queue
d'abord ses œufs, puis ses petits.

Les *yeux d'écrevisse* s'emploient en médecine : ce
sont des corps durs qu'on trouve dans l'estomac des écrevisses, et qui sont destinés à la reproduction des écailles.

On prend les écrevisses, à la main, dans les trous et
sous les pierres, le jour ou la nuit, avec des flambeaux. A
la brune, où elles sortent d'un trou, on les prend au filet. Le filet est attaché à un cercle de fer suspendu par
trois ficelles à un bâton. Au centre, est un morceau de
viande putréfiée; elles y accourent, et on les retire en
levant le filet.

En été, on les pêche avantageusement avec un fagot
d'épines, au milieu duquel on place de la viande. Elles
s'embarrassent dans les branchages, et en enlevant le fagot, on les y trouve en grand nombre.

Les écrevisses se conservent vivantes dans des baquets
où l'on met des orties et de l'herbe fraîche, ou bien un

peu d'eau. Si l'on mettait trop d'eau, elles périraient ; la grande consommation d'air qu'elles font exige qu'elles ne soient pas couvertes, et que l'eau soit renouvelée.

Les écrevisses pour entremets doivent être grosses. Les meilleures ont des œufs sous la queue. Quand elles changent de peau, elles sont molles. On les cuit vivantes. On les lave à deux eaux, on les vide, ce qui se fait en tirant l'écaille du milieu de la queue, et en enlevant les boyaux. On les met dans une casserole large à un feu ardent, avec un verre de vinaigre. Pour trente grosses écrevisses, un verre d'eau, une demi poignée de sel fin, deux pincées de poivre, deux gousses d'ail. Au bout d'une demi-heure, on dresse les écrevisses en buisson sur du persil.

Écrevisses à la crème. Oter les petites pattes des écrevisses et la coquille de la queue, couper le bout des grosses pattes et celui de la tête, verser dessus une sauce à la crème avec un peu de muscade râpée.

ff. *Écrevisses en matelote.* Les faire cuire au vin, les éplucher, les mettre dans une sauce à matelote, les servir avec des croûtons de pain passés au beurre.

On peut faire cuire les écrevisses dans du vin blanc, avec des ciboules, des ognons, du persil en branches, des feuilles de laurier, sel et poivre.

(Voy. BEURRE D'ÉCREVISSES, COULIS D'ÉCREVISSES.)

ÉCRITURE. (*Conn. us.*) Les nouvelles méthodes d'écriture dites américaines, de Castairs, etc., offrent de grands avantages, s'apprennent facilement, et rectifient la plus mauvaise écriture.

L'âge de huit à neuf ans est le plus favorable pour apprendre à écrire aux enfans, parce que les muscles de la main étant souples et tendres, un maître les accoutume facilement à bien tenir la plume.

De la patience, de la douceur, une attention continuelle sur la tenue de la plume, de la tête et du corps, qui doivent toujours être dans une situation régulière et aisée, sont les principales qualités d'un bon maître d'écriture.

Procédé pour faire revivre les écritures effacées. Laver le papier ou le parchemin avec une dissolution d'un gros de prussiate de potasse et d'une demi-goutte d'acide sulfurique dans une once d'eau distillée.

Autre. Mettre le parchemin dans de l'eau de puits fraîche, le placer sous presse entre deux papiers. Après avoir réitéré l'opération trois fois, l'écriture devient lisible.

Autre. Prendre un pot de trois chopines en terre vernissée, y mettre par tranches, jusqu'aux trois quarts, des ognons blancs et trois noix de galle dont on a enlevé la première peau et l'écorce ; remplir le pot d'eau, faire bouillir le tout, passer avec expression ; passer de nouveau, et laisser refroidir. On peut y ajouter un peu d'alun pendant que la composition est sur le feu.

Pour s'en servir, la faire chauffer dans un petit pot ou dans une cuillère. Pâteuse quand elle est froide, elle devient claire par l'élévation de sa température. On en imbibe un linge, qu'on passe sur les caractères illisibles ; on présente ensuite le parchemin au feu pour les faire pénétrer par la composition.

Autre. Prendre cinq ou six noix de galle, les broyer, les faire infuser au soleil pendant deux jours dans une

chopine de vin blanc. On applique cette infusion avec un pinceau, et l'écriture reparaît à l'instant. Si la teinture est trop faible ou trop forte, on y remédie aisément.

ÉCUME DE MER. (*Var.*) L'écume de mer est une argile qui contient beaucoup de magnésie. On l'emploie à faire des têtes de pipes et de cannes.

ÉCUREUIL. (*Anim. dom.*) *Sciurus* L'écureuil est de l'ordre des rongeurs ; il a la queue en barbes de plumes, la tête d'un rat, les oreilles courtes, terminées par un pinceau de longs poils. Il grimpe avec beaucoup d'agilité ; son cri est semblable à celui de la fouine. Il habite des nids qu'il se fait dans le cœur des vieux arbres, et où il amasse l'été ses provisions pour l'hiver.

L'écureuil s'apprivoise aisément. On le nourrit de noix, de noisettes, de glands, de fruits, de sucre, de pain, etc. Il devient très familier.

ÉCURIE. (*Anim. dom.*) Les observations relatives aux étables peuvent s'appliquer aux écuries. (Voy. ÉTABLES.)

ÉCUS. (*Conn. us.*) Le premier décret de démonétisation fixa les écus de 6 livres à 5 francs 80 centimes. On a reconnu depuis qu'ils étaient d'une valeur supérieure. Ceux à l'effigie de Louis XV, à leur poids légal de 29 grammes, valent 5 francs 90 centimes ; les autres écus de six livres non altérés ne valent que 1,160 francs le sac de 1,200.

ÉCUSSON. (Voy. EMPLATRE, GREFFE.)

ÉDREDON. (*Conn. us.*) L'édredon est le duvet de l'eider, canard du Nord. On s'en sert pour emplir des couvre-pieds. Il en faut deux livres. On le présente au feu quand il est comprimé, parce que la chaleur le dilate. Il se vend de vingt à trente francs la livre, et ne rend pas de services à proportion de son prix, car la chaleur qu'il procure est brûlante et desséchante.

ÉDUCATION. (Voy. ENFANS.)

EFFRAIE. (*Chass.*) *Strix flammœa.* Genre chathuant. Cet oiseau est gros comme une corneille. Il a le bec blanc à crochet brun, les yeux très ouverts, l'iris jaune, les plumes bigarrées de blanc, de gris, de jaune et de brun ; le dessous, blanc, est tacheté de points noirs ; les pieds couverts d'un duvet très fin, les doigts blancs et les ongles noirs. Il habite les clochers et les vieilles murailles. Il vit de petits oiseaux, mais surtout de mulots et de rats.

EFFRITEMENT. (*Agric.*) L'effritement est la corruption du sol par les excrétions végétales, qui y mêlent une matière nuisible aux plantes de la même famille qui viendraient après, et incapable de les alimenter. Cette matière est au contraire favorable à certaines espèces. Ainsi les légumineuses, par leurs excrétions douces, préparent le terrain pour les graminées et les céréales. Si, après des plantes qui effritent, comme le soleil, les choux, le chanvre, les pommes de terre, etc., on est forcé de semer des plantes de la même famille, on fume, et on enterre le fumier par un temps humide, après avoir extrait toutes les racines de la plante précédente. Il faut rechausser continuellement les tiges des plantes vivaces qui effritent.

ÉGAGROPILE. (*Anim. dom.*) On appelle ainsi une masse arrondie, grosse comme une noix ou un œuf, formée par des poils dans l'estomac des ruminans qui ont l'habitude de se lécher, comme le bœuf, la chèvre, le cerf. Ces concrétion nuisent à la santé des animaux.

ÉGLANTIER. (*Jard.*) *Rosa canina.* On donne aussi à cette plante le nom de rosier sauvage et de chinorodon. On comprend dans les églantiers la rose des montagnes, la rose rampante des champs, la ronce à fleurs rouges. Tous ces arbrisseaux croissent sans culture dans les haies.

Églantier des jardins. (*Rosa eglanteria.*) Cet arbuste d'Allemagne est admis dans les jardins. Les feuilles sont rudes, petites et odorantes; les pétales sont jaunes. Il y en a une variété à fleurs doubles. On le cultive comme le rosier.

Les fleurs et les feuilles de l'églantier peuvent servir à composer une tisane émolliente. Le jus de ses fruits peut remplacer, au besoin, le jus de citron. On en fait une boisson de la manière suivante:

Prendre trois doubles décalitres de fruits d'églantier bien mûrs, qu'on nomme communément gratte-culs, quelques baies de sureau, si l'on veut, pour donner de la couleur, un double décalitre d'orge germé, douze livres de sucre brut, deux cents litres d'eau. Laisser fermenter le tout à une température de 40 degrés Réaumur; mettre en bouteilles après la fermentation.

ÉGLEFIN. (*Cuis.*) C'est un poisson des mers du Nord, du genre gade. Il est long d'un pied et demi.

L'églefin a quelque analogie avec le cabillaud; il en diffère par des yeux plus grands et plus à fleur de tête, par une raie le long de chaque côté du corps et par un plus bec pointu. Les écailles sont fines, et la peau d'un bleu ardoise.

On l'apprête comme le cabillaud. (Voy. ce mot.)

ÉGOUT. (*Hyg.*) Les égoûts ont une influence très nuisible sur la salubrité. Les différentes eaux grasses qu'on y jette, en s'unissant avec le sulfate de chaux des constructions qu'elles traversent, produisent des sulfures de sodium, et autres sulfures alcalins qui noircissent le sable avec lequel ils sont en contact.

On doit donc éviter d'employer le plâtre (sulfate de chaux) dans les constructions des conduits d'égoûts. Cette mesure d'assainissement est aussi applicable à l'hygiène publique qu'à l'hygiène privée des grandes maisons et des fermes.

Le curage des égoûts donne un bon engrais. (Voy. ENGRAIS.)

Il se dégage des égoûts du gaz hydrogène sulfuré qui noircit toutes les peintures et dorures, et est très délétère. On évite ces émanations, en Angleterre, en faisant descendre verticalement par un tuyau en fonte de fer, les eaux dans une auge en pierre qui, lorsqu'elle est remplie, déverse ses eaux dans le canal de l'égoût. L'auge a un pied de profondeur, et le tuyau y descend à six pouces du fond. L'eau qui reste dans l'auge, au-dessus de l'orifice de l'égout, empêche les odeurs méphitiques de se répandre, et celle qui s'écoule nettoie l'auge continuellement.

ÉLAGAGE. (Voy. BRANCHES.)

ÉLASTIQUE. (Voy. CAOUTCHOUC.)

ÉLECTRICITÉ. (*Conn. us.*) L'électricité existe dans la plupart des corps; il ne faut que les chauffer ou les frotter pour que ce fluide devienne sensible à l'œil, soit par des étincelles, soit en attirant les corps légers. Il suffit de frotter le dos d'un chat, la nuit, à rebrousse-poil, quand il fait bien froid, pour que l'on aperçoive des étincelles sur son dos; si vous frottez de la cire à cacheter sur du drap, et que vous l'approchiez de quelques corps légers, elle les attirera et les retiendra attachés à sa surface. Les petites étincelles du chat, les faibles attractions de la cire, les éclairs dépendent du fluide électrique.

Franklin, le premier, est parvenu à extraire l'électricité des nuages qui la contiennent. Il avait remarqué que les corps pointus soutiraient ce fluide de nos machines avec une telle force, qu'ils en atténuaient les effets presque subitement, et il imagina de soutirer la foudre par le même moyen. En cela il avait deux points de vue, celui de diminuer le danger de l'orage pour tous, et de garantir les édifices qui seraient porteurs de ces pointes de fer que l'on nomme *paratonnerres*.

Les métaux sont les meilleurs conducteurs de l'électricité; la foudre tombe plus souvent sur les pointes de fer ou de tout autre métal; elle les suit de préférence aux autres corps, tandis que le verre, la soie, la cire et quelques autres substances, se refusent à son passage; c'est pourquoi il est excessivement dangereux de se mettre à l'abri sous les arbres et de sonner les cloches quand le tonnerre est près de nous; car les arbres sont autant de pointes dans l'espace, et le plus léger ébranlement dans l'air peut déterminer la foudre à tomber sur tel point plutôt que sur tel autre.

Le fluide électrique se développe aussi par le contact de corps hétérogènes, par le changement de température, par la décompositon des corps composés et par la combinaison des corps simples.

Le fluide électrique est un excitant de la végétation. M. Becquerel s'est assuré par plusieurs expériences qu'il pourrait, à volonté, accélérer ou retarder la végétation dans un végétal, ou seulement dans quelques unes de ses parties.

L'électricité est *vitrée* ou *positive*, *résineuse* ou *négative*. Les électricités de même nom se repoussent; la combinaison des deux électricités s'appelle électricité neutre.

Si un corps électrisé est approché d'un cylindre non électrisé, les deux électricités se décomposent dans le cylindre. Ainsi le corps étant chargé d'électricité vitrée, attirera l'électricité résineuse par un bout, et repoussera par l'autre l'électricité vitrée. Un espace électrisé restera au milieu. (Voy. TONNERRE.)

On s'est assuré que l'électricité entrait pour beaucoup dans le travail de la digestion, en dirigeant un courant électrique sur l'estomac rempli d'alimens. Les fonctions de ce viscère se font alors avec une grande rapidité.

L'électricité a été appliquée en médecine avec succès dans certains cas, principalement dans les paralysies. On l'a employée dans les accouchemens difficiles, pour déterminer, à travers les parois de l'abdomen de la mère, si l'enfant était encore vivant.

ÉLECTUAIRE. (*Méd. dom.*) On donne ce nom à divers médicamens composés.

L'électuaire de rhubarbe et de séné composé, dit autrefois catholicum double de rhubarbe, est un purgatif doux. La dose en est de 4 gros à 2 onces.

La thériaque est un électuaire dans lequel il entre un grand nombre d'ingrédiens. La formule en a été donnée par Gallien; elle est maintenant peu employée. On ne saurait guère reconnaître quelles sont ses qualités dominantes. Elle contient 70 grains de parties aromatiques, 21 d'astringens et d'amers, 42 de résineux, 21 d'opiacés, 58 de parties gommeuses.

ÉLIXIR. (*Méd. dom.*) Les préparations dites élixirs de longue vie sont généralement peu efficaces. Voici cependant la recette d'un élixir stomachique et légèrement purgatif qui peut avoir de bons effets. Elle a été trouvée dans les papiers du médecin suédois Jernel, qui mourut à 104 ans, d'une chute de cheval. Son aïeul, auteur de la recette, en prenait sept à huit gouttes matin et soir dans le double de vin rouge, de thé et de bouillon. Il mourut à 150 ans. La mère de Jernel mourut à 107 ans, et son père à 112. Ces cas de longévité sont dus, à la vérité, au moins autant à un bon régime qu'à l'usage de la liqueur. Toutefois la recette a été reproduite par plusieurs auteurs. Nous la transcrivons d'après la note manuscrite originale trouvée chez le docteur :

« Une once d'aloès succotrin, un gros de zédoine, un gros de gentiane, un gros du meilleur safran, un gros de rhubarbe fine, un gros d'agaric blanc, un gros de thériaque de Venise, un gros de kina.

» Mettez en poudre et passez au tamis les sept premières drogues, après quoi mettez-les en bouteilles, avec la thériaque, jetez dessus une pinte de bonne eau-de-vie, bouchez bien d'un parchemin mouillé. Quand il sera sec, piquez-le de plusieurs trous d'épingle, afin que la fermentation ne casse pas la bouteille. Mettez-la à l'ombre pendant neuf jours, remuez matin et soir.

» Le dixième jour, décantez, conservez la liqueur qui sortira claire.

» Remettez sur les drogues une seconde pinte d'eau-de-vie, laissez-la comme l'autre neuf jours, et remuez-la de même.

» Au dixième jour, mettez du coton dans un entonnoir, couvert d'un linge, filtrez à plusieurs reprises; mêlez et conservez dans des bouteilles bien bouchées.

» Le docteur Jernel prescrit cet élixir comme restaurant antispasmodique, cordial, vermifuge, dépuratif, calmant les douleurs de la goutte et l'empêchant de remonter à l'estomac, guérissant les indigestions; il recommande d'en prendre pour les maux de cœur une cuillerée à bouche tout pur, pour les indigestions deux cuillerées dans le quart de thé, pour ivresse deux cuillerées tout pur, pour la goutte qui remonte trois cuillerées tout pur, pour les vers une cuillerée à café à jeun pendant huit jours, pour les coliques deux cuillerées dans quatre d'eau-de-vie, pour suppression une cuillerée à jeun pendant trois jours, pour se purger trois cuillerées en se couchant. Cet élixir n'opère que le lendemain. »

Quelques uns modifient cette recette, en supprimant la zédoine, ajoutant à la seconde infusion une once de poudre de sucre candi et un gros de cinnamome, et ne mettant que neuf gros d'aloès. Ils laissent infuser chaque fois pendant quinze jours.

Élixir de Garus. Il convient dans les indigestions, les faiblesses d'estomac, les coliques venteuses. La dose est d'une à deux onces. C'est aussi une bonne liqueur de dessert.

Concasser un gros et demi d'aloès, autant de myrrhe, trois gros de girofle, autant de muscade, un gros de macis, une demi-once de cannelle, autant de safran du Gatinais; faire infuser le tout pendant huit jours dans cinq litres d'esprit-de-vin; passer avec expression; ajouter seize livres de sirop de capillaire, et une livre d'eau de fleurs d'oranger, mettre en bouteilles, et bien boucher, après avoir passé au papier gris. On peut distiller avant d'ajouter le sirop et l'eau de fleurs d'oranger.

Autre recette. Faire macérer quatre jours huit gros de safran, six gros de cannelle, trois de girofle, un de muscade, autant d'aloès et de myrrhe, dans dix livres d'alcool; distiller, ajouter quatre onces de capillaire et huit livres d'eau bouillante; faire infuser pendant douze heures, passer avec expression; faire fondre à froid dans le mélange douze livres de sucre blanc; ajouter deux gros de safran et d'alcool, laisser reposer deux jours, et filtrer.

Élixir de Muguet. (Voy. MUGUET.)

Élixir odontalgique. Mêler à quatre onces d'eau-de-vie de Gayac un gros d'eau-de-vie camphrée, et six gouttes d'essence de menthe; en verser une vingtaine de gouttes dans le verre d'eau avec lequel on se rince la bouche.

Autre. Mêler parties égales de teinture de quinquina et d'esprit de cochléaria.

ELLÉBORE. (*Jard.*) *Helleborus.* Famille des rosacées. On compte plusieurs espèces d'ellébores. On les cultive dans les jardins; elles viennent partout, en toute terre. Les racines s'emploient en médecine vétérinaire pour faire des cétons; les anciens s'en servaient contre la folie.

L'ellébore blanc ou véraire (*veratrum*), est très vénéneux. On s'en sert en médecine.

ÉMAIL. (*Conn. us.*) L'émail se prépare sur l'or et sur le cuivre rouge. On fait sur émail des peintures charmantes dont l'application demande de grands soins. On fabrique encore avec l'émail, à la lampe, des yeux artificiels, des cygnes, etc.

L'émail commun est un mélange de quatre parties de plomb et d'étain oxidés, autant de sable, et d'une partie de sel marin, que l'on fait cuire jusqu'à demi-vitrification. On distingue l'émail blanc; l'émail bleu, obtenu par addition d'oxide de cobalt; l'émail jaune, coloré par un mélange d'égales parties d'oxide blanc d'antimoine, de blanc de plomb, d'alun et de sel ammoniac; l'émail vert, coloré par l'oxide de chrôme et le peroxide de manganèse; l'émail rouge, teint au moyen de l'oxide de cuivre; l'émail violet, teint par le peroxide de manganèse; l'émail noir, teint par le protoxide de fer; l'émail camaïeu est celui dont la peinture est d'une seule couleur.

L'émail s'achète en pains de deux à trois livres. Celui de Venise est le plus dur; celui de Sèvres est très estimé.

Les étiquettes de jardins, d'objets à numéroter, de

cases, sont peintes avec avantage au moyen de l'émaillage.

La lampe d'émailleur est un appareil qui donne un jet de flamme très violent, au moyen duquel on rend le verre malléable, ainsi que les émaux.

ÉMANATIONS. (Voy. AIR, ÉGOUTS, ÉPIDÉMIE.)

EMBONPOINT. Quand l'embonpoint s'accroît au point de ressembler à de la bouffissure, il faut suivre un régime approprié. Les longues courses, les veilles, l'agitation, l'étude, conviennent dans ce cas. On prend peu d'alimens, et des alimens légers. On s'abstient de viandes, de bouillons et de légumes farineux. Les fruits secs, les salades, les confitures, sont alors une excellente nourriture.

ÉMERAUDE. (Conn. us.) Ce nom veut dire corps brillant. La véritable émeraude du Pérou est en prisme hexagone, d'un beau vert pré. L'émeraude du Brésil s'appelle ainsi *tournaline verte*. L'émeraude mérillon est de la chaux fluatée, taillée en octaèdre régulier.

Le vert de l'émeraude est dû à la présence du chrôme.

Les émeraudes raient le verre; elles s'électrisent vitreusement. La dioptase ou émeraudine, s'électrise résineusement; elle doit sa couleur au cuivre, et ne raie pas le verre.

ÉMERIL. (Conn. us.) L'émeril ou fer oxidé quartzifère est une substance très dure, qu'on trouve en mines dans certaines parties de l'Europe, les îles de Jersey, l'Espagne, la Saxe, la Suède, la Pologne. On la broie à l'aide d'un moulin d'acier, et on la réduit en poussière. Cette poussière sert à polir tous les corps, excepté le diamant. (Voy. FLACON.)

ÉMÉRILLON. (Chass.) *Flaco œsalon.* C'est un oiseau du genre faucon, gros comme un pigeon, à longues ailes, à plumage roux bigarré de gris et de noir, à pieds jaunes et ongles noirs. Il demeure dans les bois des montagnes. On s'en servait jadis dans les chasses au vol, et on l'élevait pour cela dans les fauconneries.

ÉMÉTIQUES. (Méd. dom.) Toutes les substances provocatrices du vomissement sont désignées sous le nom d'émétiques.

La manière la plus ordinaire de provoquer le vomissement est le chatouillement de l'arrière-bouche. Elle était employée chez les Romains de l'empire, pour les mettre à même de recommencer de suite leurs festins.

La vue de certains objets, le balancement, le mouvement d'un vaisseau, l'eau tiède, les alimens trop abondans, peuvent produire le vomissement.

L'influence de la volonté peut produire elle-même un effet semblable. Un médecin nommé Montègre, qui a fait un grand nombre d'expériences sur la digestion, s'acquit la faculté de vomir quand il le voulait.

L'émétique, qu'on extrait de la racine d'ipécacuanha, est un puissant vomitif. On l'administre dissoute dans l'eau.

La substance connue sous le nom d'émétique est du tartrite d'antimoine ou de potasse. On en fit usage pour la première fois dans le dix-septième siècle.

Dans un grand nombre de maladies, quand le malade à la peau médiocrement chaude, la circulation peu accélérée, la langue pâle et large, recouverte d'un enduit muqueux et jaunâtre, quand la soif est médiocre et la bouche pâteuse et pleine d'une saveur amère, on peut administrer des émétiques. Ils sont dangereux dans la grossesse, les inflammations des organes digestifs, et les congestions cérébrales.

Les contractions produites par les émétiques sont très douloureuses, si l'estomac est dans l'état de vacuité. Aussi en facilite-t-on les effets avec des liquides et même des solides. L'eau tiède est le véhicule le plus communément employé.

EMPLATRES. (Méd. dom.) Les emplâtres servent à appliquer sur les plaies, les cautères et les vésicatoires. Le plus usité est celui de diachylon gommé, composé de six onces de poix blanche, de trois onces de cire jaune, autant de térébenthine, une once de gomme ammoniaque, autant de galbanum, de sagapénum, de bdellium, et de quatre onces d'eau.

L'emplâtre ou onguent Canet à pour base le colcothar ou oxide rouge de fer. Il est efficace dans les maladies de peau.

L'emplâtre épispastique est composé de parties égales de résine jaune, de cire, de graisse de porc, et de cantharides.

On conserve les emplâtres en les plongeant dans de la cire jaune fondue au moment où elle se fige.

On appelle écussons les emplâtres composés de morceaux de peau, de taffetas ou de toile sur lesquels on étend une conche mince de substances médicamenteuses. Ceux des cautères se font en diachylon gommé; le milieu est fendu en quatre pour donner passage à la pierre à cautère; on rabat dessus les quatre lambeaux triangulaires, et on applique sur le tout un second écusson non percé.

Emplâtre ou onguent de la Mère. Cet emplâtre, dont nous avons indiqué divers emplois, et qui a des propriétés suppuratives, fut inventé par une religieuse appelée la mère Thècle.

Prendre deux livres d'huile d'olive, graisse de porc, beurre, cire jaune, de chacun une livre; chauffer dans une grande bassine jusqu'à ce que ces substances fument et brunissent; ajouter en remuant continuellement une livre de litharge pulvérisée; quand le mélange a acquis une couleur brune, y faire fondre quatre onces de poix noire; laisser reposer et passer.

On doit prendre des précautions en faisant cet onguent, pour que les vapeurs de la bassine où il chauffe ne soient pas en communication avec le feu ou avec la lumière.

EMPOISONNEMENT. (Méd. dom.) Les poisons agissent, par quelques parties du corps qu'ils pénètrent, avec plus ou moins d'énergie, suivant l'état de santé du malade, la chaleur ou la froideur du climat, la facilité avec laquelle les vomissemens ont lieu, l'état de vacuité ou de plénitude de l'estomac. L'empoisonnement peut être lent ou aigu.

Dans tout empoisonnement par des poisons irritans, il y a sentiment de chaleur, nausées, soif vive, coliques, gêne plus ou moins forte de la respiration, inflammation de l'estomac, et sentiment de chaleur et de cuisson dans la région épigastrique, convulsions et douleurs insupportables.

Dans l'empoisonnement par des narcotiques, l'individu perd peu à peu le sentiment et l'intégrité de son intelligence; les membres sont immobiles; la peau se couvre de sueur.

L'introduction d'un poison narcotico-âcre cause une raideur convulsive; la respiration se suspend, les yeux semblent saillans et fixes. Cet état cesse tout-à-coup. Il y a un moment de calme, pendant lequel le malade vous regarde d'un air hébété, puis les contractions recommencent. Il y a quelques exceptions à ces règles symptomatiques.

Dans l'empoisonnement par des poisons *septiques*, qui accélèrent la putréfaction, il y a suspension momentanée des fonctions de la vie, abattement, respiration lente, difficile, affaiblissement du pouls. Une substance vénéneuse septique à l'état gazeux peut donner la mort instantanément. Si le poison est le venin de quelque animal introduit par une blessure, la partie lésée devient le siège d'une tuméfaction livide; des syncopes, des nausées, des vomissemens, des mouvemens convulsifs surviennent, et sont souvent suivis de mort. Le venin de la rage est de ce genre. (Voy. RAGE, VIPÈRE.)

Si l'empoisonnement est accidentel, commencez par rassurer le malade sur le danger qu'il court. S'il est volontaire, surveillez ses actions, afin de l'empêcher d'augmenter la dose du poison; éloignez de l'empoisonné tout individu suspect, et ne confiez qu'à une personne sûre le soin de préparer ses alimens et boissons.

Dans l'un et l'autre cas, de prompts secours sont nécessaires.

Si l'empoisonnement est causé par des *substances âcres et corrosives*, comme l'arsenic, le but qu'on doit se proposer est de les faire rendre par le vomissement, puis par les selles, et de calmer ensuite l'irritation de l'estomac et des intestins. On fera d'abord boire au malade, de deux minutes en deux minutes, un verre d'eau tiède miellée jusqu'à ce qu'il vomisse, et l'on entretiendra ce vomissement par la même boisson; en même temps, on lui donnera des lavemens d'eau chaude miellée. Si l'on n'a pas de miel, on peut le remplacer en faisant fondre quatre gros de gomme arabique dans chaque pinte d'eau.

Si le vomissement ne s'opérait pas, on le déterminerait en portant les doigts dans le gosier du malade, ou en y introduisant une plume du côté de ses barbes, que l'on aurait trempées dans l'huile pour qu'elles n'irritent pas la gorge. Dès que la personne empoisonnée aura suffisamment vomi, ce dont on jugera par la cessation des effets du poison, on laissera l'eau miellée, et on la remplacera par du lait froid, que l'on boira par gorgées de moment en moment.

Le même lait froid sera donné en lavement. Si, malgré cela, le ventre était encore douloureux, le malade serait mis dans un bain entretenu tiède, où il resterait plusieurs heures. D'heure en heure le malade prendra une cuillerée de la potion suivante, jusqu'à ce que les douleurs de l'estomac et des intestins ou les crampes des membres soient entièrement calmées :

Eau de tilleul. . . . . . 2 onces.
Eau de fleur d'oranger . 2 onces.

Laudanum de Rousseau . 20 gouttes.
Sirop diacode. . . . . . 1 once.
Le tout mêlé.

Lorsque ce sont des substances narcotiques (c'est-à-dire provoquant le sommeil), telles que opium, décoction de têtes de pavots, etc., prises à grande dose, qui ont causé l'empoisonnement, on fera fondre quatre grains d'émétique dans trois verres d'eau, et l'on en fera boire un verre au malade de quart d'heure en quart d'heure, jusqu'à ce que le vomissement soit bien établi; lorsqu'il aura vomi suffisamment, on lui fera prendre un lavement d'eau froide, dans laquelle on aura fait fondre deux cuillerées de sel de cuisine. Quand ce lavement aura produit son effet, on donnera au malade une tasse de café à l'eau, que l'on fera en versant un verre d'eau bouillante sur une once de café brûlé et en poudre. On laissera refroidir.

Pour boisson, de l'eau sucrée, par verre, dans laquelle on mêlera une cuillerée de vinaigre.

Si l'état de stupeur et d'engourdissement, effet ordinaire de ce poison, ne cessait pas, il faudrait agiter beaucoup le malade, lui faire boire du vinaigre pur, et lui donner un lavement d'eau froide, dans laquelle on mettrait quatre onces de vin émétique.

Lorsqu'une personne se trouve empoisonnée par l'usage du pain de seigle ergoté, ce qu'elle reconnaît à la chaleur excessive et au fourmillement des pieds, à la pesanteur de la tête, à des envies de vomir, etc., elle doit prendre de l'eau miellée (par verre), dans laquelle on mettra une cuillerée de vinaigre et autant de fleur d'oranger.

Si l'empoisonnement a pour cause les moules, il faut encore mettre le malade à l'usage de l'eau tiède miellée, jusqu'à ce qu'il vomisse, et suivre ce qui est prescrit ci-dessus pour l'empoisonnement par les substances âcres et corrosives. Lorsque le malade aura suffisamment vomi, on lui fera prendre quelques lavemens d'eau chaude, et une infusion légère de tille sucrée.

Dans le cas où des champignons de mauvaise qualité auraient produit l'empoisonnement, les secours à donner seraient les mêmes que ceux indiqués ci-dessus pour l'empoisonnement par les substances âcres et corrosives. (Voy. CHAMPIGNONS.)

Poisons avec leurs principaux contrepoisons. Acide nitrique, eau forte, eau seconde, sulfurique, huile de vitriol, hydrochlorique, phosphorique, ou tout autre acide. — *Eau de savon, lait, magnésie.*

Alcalis, potasse, soude, ammoniaque, chaux, carbonate de potasse, de soude, et d'ammoniaque. — *Eau vinaigrée et acidulée.*

Sels de plomb, extrait de saturne, barite, strontiane, et leurs sels. — *Sulfate de soude, de potasse et de magnésie, eau de Sedlitz, d'Epsom et d'Égra, eaux de source carbonatées, lait, eau albumineuse.*

Alcalis végétaux. — *Décoction de noix de galle, de quinquina, eaux sulfureuses minérales, eau de chaux.*

Oxide d'arsenic, sels de zinc. — *Lait, dissolution de bi-carbonate de soude.*

Sels d'étain. — *Lait, décoction de noix de galle, bicarbonate de soude.*

Sels d'antimoine. — *Décoction de quinquina ou de noix de galle, eaux minérales sulfureuses.*

Oxides de cuivre, vert-de-gris. — *Eau albumineuse, gluten dissous par le savon noir, lait, décoction de noix de galle.*

Sels de mercure, sublimé. — *Eau albumineuse, gluten, décoction de quinquina, de noix de galle, lait.*

Sels d'argent, nitrate d'argent. — *Sel commun dissous.*

Chlore et chlorures alcalins. — *Eau albumineuse.*

EMPOTAGE. (*Cuis.*) C'est un bouillon dont on se sert pour mouiller tous les potages. On met dans une marmite du bœuf, du veau, une vieille poule ; on mouille avec deux cuillerées à pot de bouillon, et on fait réduire ; on ajoute ensuite du grand bouillon, et on garnit la marmite de légumes ; l'assaisonnement du grand bouillon dispense de mettre du sel. Au bout de trois heures et demie, quand les viandes sont cuites, on passe l'empotage au tamis.

EMPRUNT (jeu de l') (*Récr. dom.*) Le nom de ce jeu vient de ce qu'il se passe en emprunts continuels. On tire la donne au sort. Si l'on est six, chacun reçoit huit cartes ; si l'on est quatre, chacun en reçoit dix ; si l'on est trois, on a chacun douze cartes en ôtant du jeu tous les trois.

Chacun met un jeton au jeu ; le premier en cartes en met deux ; on convient de ce que paieront les dernières cartes qui resteront en main aux derniers joueurs. Quand le premier joueur a joué une carte, le suivant est obligé de jouer celle qui suit de même couleur ; par exemple, si le premier joue un roi, le second joue la dame ; s'il ne l'a pas, il l'emprunte à son voisin de gauche moyennant un jeton ; si celui-ci ne l'a pas, le second l'emprunte à un autre, et s'il ne trouve pas à l'emprunter, il la cherche dans le talon, et la prend en payant au jeu un jeton ; le troisième joueur ayant alors à placer le valet, agit de même pour cette carte ; le quatrième place la carte suivante, et ainsi de suite.

Après le coup, le premier joueur recommence. S'il a beaucoup de cartes de même couleur dans la main, le jeu est de forcer les adversaires d'emprunter, et de leur faire rester dans la main le plus de cartes possibles. On joue jusqu'à ce que l'un des joueurs soit débarrassé de toutes ses cartes en jouant ou en prêtant. Ce joueur gagne et reçoit le prix convenu pour tout ce qui reste aux autres joueurs.

L'as, à ce jeu, ne compte que pour un.

On peut aussi jouer ce jeu en commençant par les plus basses cartes, et remontant jusqu'aux plus élevées, au lieu de descendre de ces dernières aux autres.

ÉMULSION. (*Méd. dom.*) On donne ce nom à tout médicament liquide, laiteux, provenant de la division extrême dans l'eau d'une huile et d'un mucilage. On les prépare en pilant et mêlant une livre d'eau, une once de sucre et une once de substances émulsives.

L'émulsion simple au lait d'amandes douces est tempérante et rafraîchissante ; elle calme la soif, la chaleur intérieure et la fièvre, et facilite les sécrétions des reins et des intestins. On y ajoute quelquefois un peu d'eau de

fleur d'oranger ; l'émulsion de pignons doux et de semence de potiron ont les mêmes propriétés. L'émulsion de chènevis est sédative et légèrement narcotique.

ENCAUSTIQUE ou COULEUR ROUGE POUR CIRER LES APPARTEMENS. (*Ind. dom.*) Prendre une livre un quart de colle de Flandre, la faire dissoudre sur le feu dans six pintes d'eau, et la passer à travers un torchon ; délayer ensuite avec cela six livres de rouge de Prusse, le mettre sur le feu, et appliquer la couleur quand elle sera bien chaude, sans bouillir ; en mettre deux couches, puis préparer l'encaustique. A cet effet, mêler trois quarterons de cire avec trois litres d'eau dans une casserole, faire bouillir le tout, et y ajouter peu à peu un quarteron de potasse dissoute, en remuant avec une cuillère de bois : laisser refroidir cette composition, puis l'étendre sur les carreaux avec un gros pinceau, sans frotter plus de deux fois au même endroit, dans la crainte d'enlever la couleur ; enfin, prendre une brosse, et frotter les carreaux avant que l'encaustique soit entièrement sec ; on promène la brosse au bout d'un long manche de bois ou en passant le pied dessus. La brosse doit être large et rude. Pour entretenir le poli du plancher, il faut frotter une ou deux fois par semaine.

Autre procédé. Prendre cinq onces de soude et deux onces de chaux vive, les faire bouillir une demi-heure dans une marmite de fer avec trois litres d'eau ; laisser déposer, tirer au clair, ajouter trois onces de cire jaune râclée ; faire bouillir une heure le mélange en le remuant de temps en temps ; laisser refroidir après avoir enlevé les morceaux de cire mal unis avec les premières substances. Cette encaustique est d'excellente qualité et se conserve long-temps. On l'emploie comme la précédente. C'est l'encaustique du commerce.

Autre. Broyer dans un mortier échauffé, en ajoutant peu à peu un litre d'eau bouillante, quatre onces de cire jaune fondue avec une once d'huile de térébenthine et huit jaunes d'œufs. Quand le tout est mêlé, on applique avec une brosse, un pinceau ou une éponge. Elle sèche en deux heures l'été, en trois heures l'hiver. On la fait reluire avec une brosse rude.

Cette encaustique, ainsi que la précédente, peut servir aux appartemens parquetés. Pour s'en servir sur les carreaux, il faut auparavant les peindre en détrempe.

Autre. Faire dissoudre quatre onces de sel de tartre dans quatre litres d'eau, ajouter une livre de cire jaune, et deux onces de savon. Frotter le mélange étendu avec une brosse, lorsqu'il est entièrement sec.

ENCENS. (*Var.*) L'encens est une gomme résine. On distingue l'encens mâle, en petites lames très pures, et l'encens femelle en grosses lames impures.

Encens d'église. Pulvériser et mêler trois onces un quart d'oliban, un gros de graine de genièvre, un demi-gros de storax, une once et un demi-gros de benjoin, autant de baume de tolu ; passer au tamis de crin.

ENCRE. *Recette pour de bonne encre à écrire.* Noix de galle douze onces, couperose verte quatre onces, vitriol de cipre une demi-once, gomme arabique deux onces, vert-de-gris une demi-once, alun de roche une once, sucre candi une once, une pincée de bois d'Inde. Concasser grossièrement la noix de galle, la mettre dans un pot de terre, verser dessus quatre pintes d'eau bouillante, et remuer de temps en temps avec une spatule de bois ; ensuite y mettre toutes les autres drogues pilées ; placer le pot auprès d'un feu modéré, l'y laisser six heures de temps, et remuer souvent avec la spatule ; laisser ensuite refroidir sur le marc pendant la nuit, et le lendemain verser doucement dans une bouteille.

Si l'on veut remettre sur le marc quatre pintes d'eau bouillante, la laisser infuser quatre heures, ensuite la faire bouillir doucement pendant douze heures, on aura de la petite encre aussi bonne que la première.

Autre recette pour faire l'encre double sans feu. Mettre dans un pot de terre 12 onces de noix de galle concassée, verser dessus un pot de vin blanc ou de poiré sans eau, de bière ou d'eau de neige, de pluie ou de puits ; laisser infuser pendant cinq jours ; y ajouter 12 onces de couperose verte, 4 onces de gomme arabique, 1 once de sucre candi, une demi-poignée de sel et une pincée de bois d'Inde. Laisser infuser de nouveau pendant deux ou trois jours. Peu après avoir versé doucement cette première encre dans des bouteilles, on peut ajouter pareille quantité de liquide, qui, sept à huit jours après, donne encore de bonne encre.

Autre. Prendre une livre de noix de galle d'Alep (les plus noires et les plus pesantes sont les meilleures), six onces de vitriol vert effleuré, autrement appelé couperose verte, et six onces de gomme arabique.

Faire concasser grossièrement la noix de galle, la mettre infuser à froid pendant vingt-quatre heures dans quatre litres de bière, y ajouter la gomme arabique après l'avoir également concassée ; agiter et laisser fondre la gomme. Ce mélange étant opéré, y verser la couperose, agiter de nouveau, et laisser reposer la liqueur pendant plusieurs jours sur son marc : elle se dépurera naturellement, et sera bonne à mettre en bouteilles pour en faire usage.

Cette encre acquiert en vieillissant une couleur noire très intense, et l'on reconnaîtra qu'elle est supérieure à la plupart de celles qui se trouvent dans le commerce.

Autre. Faire bouillir dans un vase de terre une once et demie de racine de tormentille pilée avec un demi-setier d'eau ; au bout d'une demi-heure, y ajouter trois gros de sulfate de fer et un gros de gomme arabique ; passer et mettre en bouteilles. Cette encre a une odeur de rose.

Autre. Faire fondre dans un verre d'eau deux onces de gomme de cerisier ou de prunier, ajouter deux livres de tan et de brou de noix, ou d'écorce de chêne, et trois litres d'eau, faire bouillir une heure, ajouter une livre de couperose verte, et laisser bouillir un demi-quart d'heure ; passer, et mettre en bouteilles.

Encre dite indestructible. Concasser trois livres de noix de galle, verser dessus neuf pintes d'eau bouillante, ajouter dans ce mélange décanté une livre un quart de gomme arabique, qu'on fait dissoudre dans trois pintes d'eau ; mêler au tout six gros de nitrate de fer ; laisser déposer, décanter, et ajouter trois onces de charbon animal en poudre impalpable.

Encre d'Orient. Pulvériser et broyer avec quantité d'eau suffisante une demi-once de noir de fumée, autant de sulfate de fer, une once de noix de galle, deux onces de gomme arabique. On fait usage de ce procédé en Perse.

Autre encre éprouvée. Cette encre a été inventée par M. Braconnot. Une seule plumée peut écrire plusieurs pages. Elle peut servir à marquer le linge et servir à la teinture. Elle résiste aux agens chimiques les plus énergiques. On doit la conserver bien bouchée : elle se garde ainsi indéfiniment. Faire dissoudre dans l'eau bouillante 20 grammes de potasse, ajouter 10 grammes de rognures de peau de reliure et trois grammes de fleur de soufre, faire bouillir jusqu'à siccité dans un vase de fonte ; faire fondre le résidu en tournant toujours et évitant qu'il ne s'enflamme ; y mettre ensuite la quantité d'eau suffisante, et filtrer.

L'encre se couvre quelquefois de petits flocons blancs, qui sont une véritable végétation. On préserve l'encre de cet accident en y mettant un peu de deutoxide de mercure avec la pointe d'un canif. Si la moisissure est déjà formée, on la voit disparaître par degrés.

Poudre d'encre. Faire une poudre d'une once de couperose verte desséchée au feu, de deux gros de gomme arabique et d'une once de noix de galle ; passer au tamis. Quand on veut avoir de l'encre, on délaie avec une liqueur quelconque. Cette poudre s'améliore en vieillissant.

Encre de Chine. Faire rougir au feu, pendant une heure, du noir de fumée dans un creuset de terre et le laisser refroidir. Faire dissoudre une once de colle de poisson dans six onces d'eau bouillante, et se servir de cette dissolution pour broyer le noir de fumée sur un porphyre chaud.

Lorsque ce mélange est réduit en pâte, il faut le mettre dans de petites formes pour le laisser sécher.

Encre d'imprimerie. Faire bouillir de l'huile de lin dans un pot de terre, y mettre le feu et la laisser brûler un quart d'heure environ ; l'éteindre ensuite et la laisser refroidir doucement. Lorsqu'elle est bien refroidie, il faut la broyer avec un sixième de son poids de noir de fumée ; un peu d'essence de térébenthine suffit pour l'éclaircir lorsqu'elle se trouve un peu trop épaisse. Quelques imprimeurs y font entrer d'autres substances, telles que la suie, l'eau-de-vie, la colle de pieds de bœuf, mais elles ne sont d'aucune utilité.

Cette encre peut être employée pour écrire sur le papier, le linge, les toiles, etc. ; outre ces avantages, elle a encore celui d'être indestructible ; elle ne peut être enlevée de dessus le papier, et ce n'est que par de fortes lessives, souvent répétées, qu'on parvient à l'enlever de dessus la toile, encore ne disparaît-elle jamais complètement.

Encre sympathique. — Premier procédé. Prendre une once d'oxide de cobalt, la réduire en poudre très fine et la mettre dans un vase quelconque ou dans une fiole à eau de Cologne, verser par-dessus une once d'esprit de sel fumant, et mettre le vase sur des cendres chaudes ; la chaleur doit être augmentée par degré jusqu'à ce que le mélange entre en ébullition ; alors il faut laisser bouillir pendant une heure, en ayant soin de remuer de temps en temps avec un bâton. Après l'avoir retiré du feu, il faut le laisser refroidir, et y ajouter ensuite deux onces d'eau que l'on fait chauffer en remuant pendant quelques minutes; après avoir passé cette liqueur à travers du linge, on peut la mettre dans un flacon où elle se conserve fort bien pendant long-temps.

Les caractères que l'on trace avec cette encre disparaissent en séchant; mais il est facile de les faire reparaître en approchant du feu le papier. On peut acheter cette encre toute faite chez les fabricans de produits chimiques, sous le nom d'hydrochlorate de cobalt.

Deuxième procédé. Prendre une once de sucre de plomb, la faire dissoudre dans six onces d'eau et passer le tout à travers un linge pour l'avoir clair; les caractères que l'on trace avec cette liqueur deviennent sensibles au moyen d'une ou deux pincées de sulfure de fer ou de sulfure de potasse mises dans un vase et sur lesquelles on verse quelques gouttes d'huile de vitriol mêlée avec six fois son poids d'eau. Le papier étant promené au-dessus de ce mélange, la vapeur qui s'en dégage noircit les caractères et les rend visibles : le vinaigre peut remplacer l'huile de vitriol si le sulfate de potasse a été employé.

Troisième procédé. Faire dissoudre deux gros de nitrate de mercure dans une once d'eau; ces caractères sont invisibles après avoir séché. Quand on veut les faire reparaître, il suffit de tremper dans l'eau le papier sur lequel ils ont été tracés; ils disparaissent de nouveau en séchant. Pour obtenir des caractères jaunes avec cette encre, on la trempe dans une dissolution d'un gros de sel de Duobus par once, ou bien l'on passe sur l'écriture une éponge trempée dans cette eau : une dissolution de potasse donne une couleur orangée.

Quatrième procédé. Faire dissoudre un gros de couperose verte dans trois onces d'eau, et écrire avec cette liqueur. Pour faire paraître l'écriture, tremper le papier dans une décoction de noix de galle.

Cinquième procédé. Faire dissoudre dans de l'eau pure du sulfate de manganèse, et un peu de gomme arabique. Les caractères tracés deviennent visibles en trempant, dix minutes, le papier dans de l'eau de javelle. Si on a écrit entre les lignes invisibles avec de l'encre noire, l'eau de javelle la fait disparaître.

Cette encre est de la composition du docteur Pajot la Forêt; avec une légère modification, on en fait une encre pour marquer le linge. A cet effet, on fait une pâte demi-liquide avec une partie de sulfate de manganèse, une partie d'eau distillée, deux parties de sucre en poudre, et un seizième de noir de fumée. On n'a pas besoin de mordant; on trempe la marque quand elle est sèche, dans une solution de potasse caustique.

Sixième procédé. Faire dissoudre, d'une part, un peu d'amidon dans de l'eau chaude, et de l'autre, un peu d'iode dans de l'esprit-de-vin; on écrit avec l'amidon. Cette écriture est tellement fixe, qu'elle ne s'efface pas même quand on la frotte avec du caoutchouc. Quand on veut faire paraître les caractères, on passe dessus un pinceau trempé dans la dissolution d'iode; ils prennent une couleur bleu-pourpre qui ne disparaît qu'après que le papier a été long-temps exposé à l'air.

Procédés divers. Écrire avec de l'acide sulfurique, étendu de six fois autant d'eau, ou avec du suc d'ognon, ou simplement avec du lait; les caractères paraissent en approchant le papier du feu.

Encre qu'on efface à volonté. On écrit des caractères invisibles avec l'encre du troisième ou du quatrième procédé; on brûle une poignée de paille de seigle, on en délaie les cendres dans un peu d'eau, et on écrit avec ce mélange, entre les lignes tracées à l'encre sympathique. On fait bouillir dans un verre d'eau une demi-once de noix de galle ; on en mouille une éponge qui, passée sur les écritures, enlève celle de charbon de paille de seigle, et rend l'autre visible.

Autre. On écrit avec de l'encre ordinaire, et dans les intervalles des lignes on écrit avec une dissolution de blanc de plomb dans un peu d'eau. On trempe le papier dans du chlorure de chaux, qui fait disparaître l'encre ordinaire et donne à la dissolution une couleur rouge.

Compositions d'encres de diverses couleurs. — *Encre rouge.* Faites bouillir dans un bassin en cuivre quatre onces de bois de Fernambouc en poudre, avec un peu plus d'une chopine d'eau; faites réduire cette liqueur à moitié; filtrez et ajoutez-y un gros de gomme arabique en poudre. Quelques pincées de sulfate d'alumine pulvérisée la rendront d'un rouge plus vif.

Autre. Quatre grains de carmin, douze de gomme arabique; ajouter peu à peu une once d'alcali volatil.

Encre violette. Faites bouillir trois onces de bois de Fernambouc et une once de bois d'Inde dans une pinte d'eau, ajoutez-y un gros de gomme arabique concassée et quelques pincées d'alun.

Encre jaune. Faites bouillir pendant une heure, dans une chopine d'eau, quatre onces de graine d'Avignon concassée, et une demi-once de sulfate d'alumine; ajoutez-y un gros de gomme arabique.

Encre rose. Faites dissoudre une demi-once de gomme arabique dans trois onces d'eau rose, et détrempez avec cette eau suffisante quantité de vermillon ou de cinabre.

Encre verte. Prenez du vert-de-gris, du sucre de rue et de safran en égale quantité, broyez le tout, et infusez-le dans de l'eau gommée.

Encre bleue. Pulvérisez, dans un mortier, une once de crème de tartre et une once de vert-de-gris, laissez le tout dans une vase de terre pendant deux ou trois jours; ajoutez-y trois onces d'eau, et continuez de chauffer pendant six heures; filtrez la liqueur, et ajoutez-y un gros de gomme arabique en poudre; cette encre sera d'un beau bleu foncé.

Nouvelle encre ineffaçable pour marquer le linge et les étoffes. Cette encre indélébile, éprouvée et perfectionnée par le docteur Laforêt, offre aux maîtresses de maison un moyen sûr d'éviter chaque jour la perte de leur linge, ou l'échange qui s'en fait souvent dans les lessives et chez les blanchisseuses. Si l'on ajoute qu'un nom entier, tracé sur le linge avec cette encre, coûtera dix fois moins qu'une marque ordinaire avec du coton, la préférence pour le premier mode ne devra pas être douteuse.

Pour composer cette encre à marquer, faire dissoudre sept grammes (deux gros) de sous-nitrate d'argent fondu dans six gros d'eau distillée; ajoutez à cette solution deux gros de mucilage épais de gomme arabique (c'est ce qui forme l'encre à marquer). Pour faire usage de cette encre, il est nécessaire que le linge soit imprégné d'un mordant, afin de fixer pour toujours les lettres qu'on trace sur le linge; on prépare ce mordant de la manière suivante :

Faire dissoudre une demi-once de sous-carbonate de soude dans quatre onces d'eau distillée; ajouter à cette solution une demi-once de mucilage épais de gomme arabique ; c'est ce qui forme le mordant ou la liqueur préparatoire.

Pour faire usage de l'encre, mouiller d'outre en outre avec le mordant la partie du linge que l'on veut marquer; la sécher ensuite près du feu, et quand elle est parfaitement sèche, écrire dessus avec l'encre à marquer au moyen d'une plume propre, et laisser sécher. Les lettres sont d'abord pâles; mais elles deviennent bientôt noires en les exposant à la lumière, et plus vite encore si on les expose aux rayons du soleil, ou si l'on a eu la précaution de faire dissoudre dans la liqueur préparatoire un peu de colle de poisson ou de Flandre. L'écriture est ainsi fixée pour toujours sur le linge ou les étoffes.

Encre facile à faire pour marquer le linge. Mêler une once d'encre d'imprimerie avec un gros de nitrate d'argent en poudre.

Autre. Écrire avec une dissolution concentrée de muriate d'étain, après avoir imprégné le linge du mordant suivant : faire tremper un quart d'heure le coin du linge qu'on veut marquer dans une dissolution de deux grammes de gomme arabique, trois grammes de prussiate cristallisé et neuf grammes d'eau pure. Quand le linge est sec, le polir avec un lissoir de verre.

On peut encore écrire sur la place ainsi préparée, avec une dissolution de huit grammes de noix de galle concassée qu'on fait bouillir une demi-heure dans quantité d'eau suffisante, et auxquels on ajoute quatre grammes de sulfate de fer.

Autre. Faire dissoudre dans trois onces et demie d'eau une once d'acétate de manganèse ou d'hydrochlorate de manganèse. Tremper la partie du linge qu'on veut marquer dans une dissolution d'une once six gros de prussiate de potasse et de deux gros de poudre de gomme arabique. Laisser sécher; polir avec un morceau d'ivoire; écrire avec la dissolution de manganèse; toucher les lettres quand elles sont sèches avec un pinceau imbibé d'une solution de potasse caustique. On peut donner plus de couleur à l'encre avec une petite quantité d'indigo en poudre : elle devient très noire. Les sels indiqués peuvent se remplacer par du nitrate de manganèse, avec égale partie de noix de galle et moitié d'encre commune, et par parties égales de carbonate et d'acétate de manganèse dissous peu à peu dans de l'eau acidulée d'acide nitrique. Quand le mélange est froid, on ajoute un peu de gomme et d'indigo.

Autre procédé pour le linge fin. Après avoir lustré le linge avec une forte solution de gomme arabique, ou avec la liqueur indiquée dans le premier procédé, on écrit avec une solution de chlorure de platine étendu de deux fois son poids d'eau. On passe avec une autre plume sur les caractères une solution faible de muriate d'étain; ils prennent une belle couleur pourpre inattaquable. Avec un gros de chlorure de platine du prix de 1 franc, on peut marquer cent cinquante pièces de linge.

Autre. Dissoudre de la gélatine dans de l'eau, ajouter une cuillerée d'eau de riz à ce sirop; après avoir imbibé le linge de cette préparation, écrire avec du chlorure d'or étendu; quand il est sec, repasser les caractères avec du sulfure de potasse.

Les sels ci-dessus mentionnés, ainsi que tous ceux indiqués dans le courant de cet ouvrage, se vendent tout préparés chez les fabricans de produits chimiques.

Les encres indiquées résistent à l'action des lavages, du blanchîment, des lessives les plus fortes, etc. Pour former des caractères distincts sur une étoffe, il faut conduire tous les traits de la plume en descendant, et la plume doit avoir un bec court et raide. Il est plus commode de se servir d'un cachet de buis gravé en relief. Pour faire usage de ce cachet, on met dans une soucoupe de porcelaine un morceau de drap plié en double, qu'on humecte bien avec l'encre à marquer; on pose son cachet sur le drap ainsi mouillé, qui se charge d'encre à marquer, qu'on applique sur le linge, et il est marqué.

On peut remplacer le mordant, en frottant le linge d'une pincée de poudre de quatre gros de sous-carbonate de potasse desséchée, et d'une once de gomme arabique.

Encre pour les dessins au lavis. Faire fondre dans trois quarts de livre d'eau bouillante six onces de colle de poisson, dissoudre dans deux onces d'eau une once de suc de réglisse; mêler les deux liqueurs, et y incorporer une once de noir d'ivoire; faire évaporer l'eau au bain-marie. Cette encre peut remplacer l'encre de Chine.

Encre lithographique. Prendre de vieille huile de lin, la faire bouillir une heure, y mettre le feu, et la laisser brûler jusqu'à consistance d'un vernis très épais. Ce vernis est moins doux lorsqu'il est chaud que lorsqu'il est froid ; le broyer avec un huitième de son poids de noir d'ivoire ou de fumée, ou de noir obtenu par la carbonisation de noyaux de pêches ou d'abricots, ou de lie de vin. On peut remplacer l'huile de lin par l'huile de noix; si elle est trop épaisse, on y ajoute un peu d'essence de térébenthine. Cette encre peut aussi servir pour l'imprimerie.

ENDÉMIES. (*Méd. dom.*) Les maladies endémiques sont des maladies propres à certains pays; qui y règnent continuellement, ou qui y apparaissent constamment à diverses époques. Ces maladies sont dues le plus souvent à des causes locales. C'est donc aux administrations locales à en prévenir les ravages par de sages mesures d'assainissement.

Les maladies endémiques disparaissent partout où l'homme s'éclaire et acquiert de l'aisance, partout où les besoins diminuent; car il devient loisible à chacun de se procurer des alimens sains et une habitation convenable ; on voit ces maladies s'éloigner avec la misère. Tel est l'ordre de la nature, qu'on ne saurait sans se nuire veiller exclusivement à son intérêt; que les fléaux qui attaquent la masse obligent tous les individus à s'allier pour les détruire. Ce n'est que par un effort commun que les habitaus des lieux malsains où règnent les maladies endémiques peuvent parvenir à les en chasser. Les précautions à prendre, qui sont en partie celles prescrites contre les maladies épidémiques, ne sauraient être appliquées partiellement avec efficacité. (Voy. ÉPIDÉMIE.)

ENDUIT. (Voy. HYDROFUGE.)

ENFANS. (*Hyg.*) Cet article peut être considéré comme la suite de celui d'accouchement, et pour éviter au lecteur de feuilleter le Dictionnaire, nous ferons ici un traité complet de l'hygiène de l'enfant, en le prenant à sa naissance et le conduisant jusqu'à la puberté.

Quand un enfant est né, après les soins indiqués à l'article *Accouchement*, on lui fait rendre les mucosités qui se sont amassées dans ses intestins pendant la grossesse. Le premier lait de la mère, clair, légèrement acide, a la propriété de faire évacuer ces matières étrangères. En médecine, ce lait s'appelle *colostrum*, et le mucus, *méconium*. En même temps que l'enfant est délivré par sa mère d'une surabondance de lait, il lui est utile en débarrassant les mamelles trop pleines. Si la mère n'a point de lait, on fait prendre un peu d'eau miellée ou sucrée; mais rien n'est nuisible comme l'usage de donner au nouveau-né du vin, des cordiaux, des purgatifs. S'il était nécessaire de faire évacuer les matières accumulées dans les intestins, on lui donnerait dans une once d'eau ordinaire une once de sirop de chicorée composé. (Voy. CHICORÉE.) Il faut diminuer la dose pour les enfans faibles. Ce purgatif évite à l'enfant une sorte de jaunisse qui dure huit jours.

Il n'y a pas lieu de s'étonner des cris de l'enfant qui vient de naître : les changemens qu'il éprouve, la différence du milieu où il est et de celui où il était, celle de la température, le contact de l'air, produisent cet effet, et les cris par lesquels l'enfant, pendant les premières années, manifeste ses besoins, s'ils ne sont pas trop violens, dilatent la poitrine, et la rendent propre à la respiration.

On ne doit présenter le sein à l'enfant qu'après que le *colostrum* a produit son effet. Quelquefois il refuse de prendre le sein immédiatement.

Si l'enfant a des tranchées et paraît en proie à une irritation nerveuse, on remplace le sirop de chicorée ci-dessus indiqué par une once de manne en larmes dans une once et demie d'eau. On a soin de placer l'enfant sur le côté pour favoriser l'expectoration, en ayant soin de le changer souvent de côté, pour ne pas comprimer toujours les mêmes parties. On ne le placera jamais sur le dos.

Il est utile que la mère allaite son enfant : il ne saurait trouver ailleurs rien qui remplaçât les soins maternels, et elle ne saurait guère s'en abstenir que dans le cas où, faible et maladive, il est dans l'intérêt de l'enfant qu'elle renonce à l'accomplissement de ce devoir.

Il est, au reste, dans l'intérêt de la mère qu'elle nourrisse elle-même. Le lait qu'elle refuse à l'enfant est la source de maladies dangereuses et de vives douleurs, et elle ne peut impunément se soustraire au vœu de la nature. Il n'y aurait donc pas un motif valable pour elle de se dispenser d'allaiter, dans l'irrégularité de ses habitudes et l'incompatibilité de ses goûts et de ses mœurs avec ses devoirs de mère.

Il y a d'ailleurs une raison de sentiment qui doit déterminer la mère à sacrifier un peu de ses plaisirs pour allaiter elle-même : ne répugnera-t-elle pas à voir l'enfant prodiguer sa tendresse à une autre femme ?

Il est prouvé par des détails statistiques authentiques que l'allaitement mercenaire est une cause très active de dépopulation, et le célèbre Boerhaave pensait que la plupart des maladies des enfans ne sont convulsives que par la faute des nourrices. Il est prouvé que la mauvaise éducation physique et primitive que reçoivent les enfans confiés à des mains étrangères influent sur la santé de toute leur vie.

Si l'on est forcé de prendre une nourrice, il faut tâcher qu'elle réunisse l'âge, le caractère et la constitution physique de la mère; elle est d'autant plus convenable que son lait est plus récent. Nous traiterons à l'article *Nourrice* des qualités qu'elle doit avoir.

Le lait de la mère est pour l'enfant le meilleur des alimens. On lui présente le sein cinq ou six fois par jour. S'il tette avec trop d'avidité, on l'ôte de temps en temps du mamelon. Jusqu'à quatre ou cinq mois, il tette pendant la nuit; on l'habitue ensuite à ne se nourrir que le jour.

On ne doit jamais donner le sein à un enfant après une émotion vive, un accès de colère, de joie, de frayeur, toutes circonstances qui corrompent et altèrent le lait. Si cependant cet accident arrive, on fait vomir l'enfant avec un peu de sirop d'ipécacuanha étendu d'eau tiède, ou même un grain ou un demi-grain d'émétique dans quatre ou cinq onces d'eau de tilleul, avec une demi-once d'eau de mélisse simple et une once de sirop de guimauve, le tout administré en trois fois; si la première ne produit pas d'effet, on lui fait boire ensuite un peu d'eau sucrée, légèrement aromatisée avec de l'eau de fleur d'oranger. On ne le laisse téter de nouveau qu'après que la nourrice est dans un état parfait de tranquillité.

Après l'accouchement, avant de faire téter l'enfant, on examine s'il n'a pas le filet. C'est une membrane qui s'étend depuis le frein de la langue jusqu'à son extrémité, et que l'accoucheur ou un chirurgien doivent couper. Dans ce cas, il faut se garder d'attaquer l'artère sublinguale. Après l'opération, on empêche la réunion des parties séparées en y passant le doigt frotté d'un peu de sel. Il faut se garder de faire cette section du filet sans utilité.

Quelquefois l'enfant en tétant tient sa langue tellement appliquée à son palais, qu'on l'y croirait adhérente, ce qui peut l'empêcher de téter; la mère doit alors, avant de lui présenter le sein, lui baisser la langue avec une cuillère à café, jusqu'à ce qu'il ait contracté l'habitude de la baisser lui-même.

Quand un enfant a trop tété, qu'il a des aigreurs, qu'il rend des vents, on lui desserre la poitrine, et on lui donne un peu d'eau sucrée avec de la fleur d'orange, ou un peu d'infusion de camomille romaine.

Pour ce qui regarde l'allaitement artificiel, nous ajouterons à l'article *Biberon* la mention du biberon d'Arbo. Désirant ne donner au public que des notions bien complètes, nous avons fait faire sous nos yeux différentes

épreuves comparatives de ce biberon et de celui de madame Lebreton. Ce dernier nous a semblé présenter pour inconvénient principal la nécessité d'un entretien très attentif et d'une propreté minutieuse, qui n'est pas ordinairement l'apanage des mercenaires à qui l'on confie les enfans. Nous avons vu des nourrissons atteints d'aphthes à la bouche par suite de l'accumulation de matières animales et de lait aigri dans les pièces qui composent ce biberon.

Le biberon d'Arbo demande moins de soins. Le mamelon qui le surmonte est en liége enchâssé dans du buis ou de l'ivoire. Cette dernière substance est préférable, le buis étant sujet à se gonfler, et rendant par là l'enlèvement du bouchon difficile, quand on veut nettoyer le vase qui contient le lait.

Sans nous départir des éloges que nous avons donnés aux biberons Lebreton, nous recommandons l'usage des biberons d'Arbo toutes les fois qu'on est contraint d'abandonner les enfans aux soins des bonnes.

Beaucoup de lait, beaucoup de sommeil et beaucoup de flanelle, voilà, dit John Hunter, tout ce qu'il faut à un enfant qui vient de naître pour prospérer et devenir robuste.

On ne devra jamais exciter les enfans au sommeil par du sirop diacode, du sirop de pavot, ou du laudanum, sans l'ordonnance expresse du médecin.

Le lait de la mère, quand elle est bien constituée, suffit à l'enfant dans les trois ou quatre premiers mois; il en faut peu à l'enfant pendant ce temps. On ne doit pas croire que l'enfant demande à téter toutes les fois qu'il crie. Ses souffrances autres que celles de la faim peuvent causer sa douleur, et quand il a faim, il le témoigne par des signes non équivoques avant de se plaindre. Il suit sa nourrice des yeux, crie quand elle s'éloigne et suce son doigt.

A mesure que l'enfant avance en âge, on lui donne des alimens plus solides et en plus grande abondance, du lait frais ou tiède, avec du pain cuit à l'eau, de la bouillie. Quand il a six à huit mois, on lui donne deux ou trois fois le jour du bouillon gras avec du pain. On doit s'abstenir de l'usage des bouillies faites avec les farineux non fermentés, qui donnent des aigreurs, des coliques, des diarrhées, des convulsions, et rejeter les épices, confitures, sucre, pâtisserie, qui échauffent et irritent. (Voy. ALIMENT, LAIT.)

La bouffissure n'est pas chez les enfans un signe de santé. Les enfans gras sont, plus que les autres, sujets aux affections spasmodiques et convulsives, aux catarrhes suffocans. Leur peau se fend et se coupe plus facilement. Cet accident est même particulier aux enfans pléthoriques.

On le prévient en lavant la peau avec une eau légèrement saturnée, en la frottant de lycopode ou de sciure de bois blanc tamisée.

La nourriture au biberon peut suffire; mais il faut couper le lait qui ne serait pas assez léger. Plus tard, l'enfant se trouve très bien d'avoir une chèvre pour nourrice, et quand la mère ne peut nourrir, et qu'on peut se procurer une chèvre, il ne faudra pas le négliger. On donnera à la chèvre du sel, de bon foin, et quelques herbes aromatiques.

On sèvre l'enfant, selon sa force, à un an ou quatorze mois. On lui donne alors quatre ou cinq fois par jour à manger, mais jamais pendant la nuit.

Les bains donnent de la vigueur aux enfans; mais si l'on plonge l'enfant nouveau né dans l'eau froide, comme le conseillent quelques uns, il y a à craindre qu'il souffre du changement brusque d'une température de 28 à 50 degrés, où il se trouvait dans l'utérus, à une température bien inférieure. On le lavera donc à l'eau tiède. On l'habituera ensuite à l'eau par des lotions avec l'éponge et des bains entiers réitérés souvent, et l'on diminuera par degrés la température de l'eau.

C'est surtout aux enfans faibles que les bains froids conviennent. En les plongeant dans l'eau, on les tient couchés presque horizontalement de manière à les mettre en même temps tout entiers dans l'eau jusqu'au cou. On fera bien de ne commencer l'usage des bains froids qu'après la chute du cordon ombilical, et la dessiccation parfaite du nombril.

Quand les enfans ne marchent pas encore, on doit les porter au-dehors; souvent on les change de bras, pour qu'ils ne contractent pas l'habitude de se pencher plus d'un côté que de l'autre, ce qui peut à la longue déformer leur taille. Les deux fesses doivent poser sur le bras, et le dos tout entier avoir un point d'appui sur la personne qui porte l'enfant. Il ne faut jamais laisser pendre la tête de l'enfant, ce qui engorge le cerveau.

Une sorte de vanité fait désirer aux parens de voir leur enfant marcher de bonne heure. Dès le sixième mois, on l'attache avec des lisières, et on dirige ses premiers pas. Par l'usage des lisières, l'enfant se penche en avant, devient voûté, la poitrine rentre en dedans, et la respiration est gênée. Il faut essayer de faire marcher l'enfant vers le neuvième ou dixième mois, quand ses forces sont développées. On le laisse se rouler par terre, et peu à peu il s'habitue tout seul à marcher. On le promène, on le tient par la main, en ayant soin de changer souvent de main, pour éviter qu'une épaule s'élève plus que l'autre.

Les maillots dont on enveloppe les enfans, les langes, se remplacent avec avantage par du son. On met l'enfant entièrement nu dans une boîte garnie de coussins : un oreiller, qui descend jusqu'au bas de l'épine dorsale, empêche le son d'entrer dans la bouche ou les yeux. Le reste du coussin repose sur du son, que l'hiver on fait chauffer légèrement. L'enfant est toujours propre, les déjections étant absorbées par le son, qu'on a soin de renouveler. Il est toujours à l'aise, et conserve la liberté complète de ses mouvemens. Une couverture légère et une camisole suffisent l'hiver pour le garantir du froid. Quand on le lève, on expose ses reins à un feu clair, et on les frictionne avec un linge chaud. Cette pratique facilite les excrétions et développe la vigueur du système musculaire.

Nous avons observé, dans diverses parties de la France, une pratique non moins utile pour les enfans qui commencent à marcher : elle consiste à *mettre* l'enfant *en cage* après l'avoir couché sur un tapis. Pour qu'il n'aille pas en roulant se heurter contre quelque corps dur, on le couvre d'une large cage circulaire en osier, semblable aux mues sous lesquelles on place la volaille. L'été, il est

facile de le placer ainsi à demi-ombre sur un gazon bien sec ; il n'exige point de surveillance, et prend ses ébats sans danger et avec grand profit pour tous ses membres. Cette coutume est bien préférable à celle des paniers roulans, qui tiennent l'enfant dans une position forcée, fatiguent ses jambes, courbent son épine dorsale, et l'obligent à prendre sa poitrine pour point d'appui.

L'enfant ne doit pas être tenu trop chaudement, ce qui le rend mou, délicat, et l'expose à gagner un rhume ou une fluxion au moindre changement de température. Il supporte très bien le froid ; et les bandes, langes, tétières et flanelles, dont il est empaqueté comme une momie dès sa naissance, nuisent au développement de ses membres ; les os et les muscles, si flexibles à cette époque, prennent le pli que leur font faire les linges dont ils sont garrottés, et, de bien constitués qu'ils étaient dans l'origine, deviennent difformes. Les maillots ont occasioné un grand nombre de déviations de la colonne vertébrale, de hernies, et d'autres défauts de conformation.

En outre, la compression nuit à la digestion et à la respiration, cause la phthisie, les convulsions, et des indigestions répétées.

Les habits des enfans doivent être très simples. Il y a certaines mères qui inspirent dès le plus bas âge à leurs fils ou à leurs filles le goût de la toilette et du luxe. On leur fait considérer comme un grand avantage un habit de drap superfin, taillé artistement et à la mode. Qu'ils aient des habits commodes, larges, aisés, sans ligature. Leur tête sera légèrement couverte jusqu'à ce que les cheveux croissent, et on les habituera ensuite à aller tête nue. Tant que l'enfant ne marche pas, on ne lui donne pas de chaussure. Quand il marche, on lui met des souliers à cordons, ou mieux des sabots de bois léger. En Angleterre, les enfans ne portent jamais de bas, et s'en trouvent bien.

Pendant la nuit, on ne les vêtira que d'une seule chemise, sans bandes, sans liens, sur des linges bien secs, qu'on change dès qu'ils sont sales. On bannit du costume tout ce qui peut gêner la circulation : les cols, les jarretières, les ceintures. Les enfans doivent à ces soins d'avoir une constitution robuste ; leur poitrine se bombe et s'élargit : avec un système contraire, elle se rétrécirait, et les enfans courraient risque de mourir de consomption avant vingt ans.

Dans la première enfance, on met à l'enfant une chemise large, un fichu, un lange de toile qui vient sous les aisselles, et dont la partie inférieure passe entre les cuisses. Ce lange sera peu serré et ne gênera pas les mouvemens. On le change quand il est mouillé, et on lave la peau avec de l'eau tiède.

On accoutume les enfans, sitôt qu'on le peut, à s'habiller et à se servir seuls.

On trouvera à l'article *Dentition* ce qu'il est nécessaire de savoir touchant cette époque souvent critique de la vie des enfans. On en préviendra d'ailleurs les accidens par l'hygiène que nous conseillons.

C'est à cette époque que les enfans sont exposés aux convulsions, surtout s'ils sont nés d'une mère dont l'accouchement a été malheureux, s'ils ont des vers, s'ils

sont mal nourris, si leurs nourrices ont des passions vives, s'ils sont chargés d'embonpoint et ont une tête volumineuse.

Les premiers symptômes des convulsions sont, un sommeil agité, une respiration inégale, une raideur insolite des bras, des tressaillemens nerveux. Ils sont suivis de la crise convulsive plus ou moins prolongée, pendant laquelle le malade salive, vomit, paraît suffoqué, a les membres distendus, et perd connaissance. Il arrive parfois que l'enfant meurt dans l'accès, ou qu'il reste paralytique ou épileptique.

Les convulsions des enfans viennent ordinairement de la grande irritabilité des nerfs. Une sangsue derrière l'oreille, ou au cou, ou aux tempes ; un léger vomitif après l'accès, tel est le traitement suivi avec avantage. Quelquefois un purgatif doux, comme l'huile d'amandes douces, le sirop de chicorée, succède avec avantage au vomitif.

Quand des convulsions dangereuses et répétées accompagnent la dentition, on est parvenu quelquefois à les guérir en incisant la gencive.

Les frictions sèches sur la peau des enfans entretiennent la transpiration et les rendent robustes. On les pratique le matin, au lever, avant d'habiller l'enfant.

On ne doit donner de viande aux enfans qu'après le sevrage, et quand ils ont des dents pour la broyer. On commence par leur en donner une très petite quantité.

Voici quelques préparations alimentaires fort avantageuses à la santé des enfans :

Mettre dans un vase de terre deux onces de croûte et de mie de pain bien cuit, cassé et brisé ; faire bouillir dans un litre d'eau, laisser réduire jusqu'à moitié, écraser le pain en le passant à l'étamine, ajouter deux gros de sucre et suffisante quantité de lait. Cette boisson tiède peut remplacer le lait de la mère. A mesure que l'enfant grandit, on rend cette boisson plus épaisse. On peut ajouter un peu de gomme arabique. On a soin de la tenir toujours assez fluide pour qu'elle soit facile à digérer. On y mêle un peu de bouillon de viande.

La panade se fait avec l'eau, le pain, un peu de sel, un morceau de beurre, et un jaune d'œuf.

Le fruit convient aux enfans, et ils en mangent avec avidité ; mais s'il n'est pas mûr, il affaiblit, cause des vents et engendre des vers.

Une nourriture très saine usitée en Écosse est la soupe d'avoine, bouillie dans du lait ou de la petite bière. On fait bien sécher l'avoine au four et on la fait moudre, après avoir soigneusement épuré chaque grain de sa balle. La farine de froment ou d'orge peut remplacer celle d'avoine. Mais la pellicule qui recouvre le blé n'est pas aussi nourrissante que celle de l'avoine, et celle de l'orge est malsaine.

La viande bouillie est moins bonne aux enfans que la viande rôtie ; la pomme de terre leur convient ; on augmente insensiblement la quantité des viandes, surtout de celles qui sont gélatineuses. Si les enfans sont faibles, on leur retranche complètement les légumes. Ils acquièrent plus de force par ce régime. L'abstinence d'alimens solides et la diète les énervent au contraire et les disposent aux écrouelles et au rachitisme. En cas de constipation, toute viande, autre que la viande blanche ou le veau, est contraire.

'A trois ans, l'enfant peut manger de tout. Son régime, quoique simple, doit être très varié, et il ne faut point l'assujétir à un seul genre de nourriture. On ne lui laissera pas contracter de goûts ou de répugnances pour certains mets. Il est également nuisible de lui faire envisager comme récompense, quand il se conduit bien, des gâteaux ou des sucreries : on l'habituerait ainsi à la gourmandise.

Le miel en tartines est préférable à toute sucrerie et au beurre. Pour le déjeûner des enfans, du laitage, de la panade de pain bouilli pendant quelques heures avec addition successive d'eau chaude, sucrée et aromatisée de fleur d'oranger; de la semoule, du salep, de la bouillie de farine de froment légèrement rôtie, constituent aussi un bon déjeûner.

Les alimens échauffans, le vin, le café, sont mauvais pour les enfans. Il est nuisible de les conduire dans les grands dîners. En général, toute éducation molle et délicate leur est contraire. Les mener de bonne heure dans les réunions, dans les bals, c'est nuire en même temps à leur corps et à leur esprit, et leur inspirer le goût de la dissipation et de l'oisiveté.

L'eau mêlée à un quart de vin est la meilleure boisson. Jamais d'eau-de-vie, ni de liqueurs fortes; rarement du vin pur, et fort peu à la fois.

Les évacuations excrémentitielles des enfans demandent à être réglées. Leur régularité est d'une extrême conséquence pour la distribution des sucs nutritifs. Trop fréquemment expulsées, elles débiliteraient l'individu. On l'alimente à des heures fixes; en réglant les heures des repas, on règle en même temps toutes les fonctions. Deux déjeûners à quatre ou cinq heures d'intervalle, et un dîner sont suffisans. Quand l'estomac est embarrassé, le sirop antiscorbutique est le meilleur analeptique qu'on puisse donner aux enfans : il facilite les digestions, fortifie l'estomac, et supplée au défaut d'exercice, si diverses causes le rendent impossible au grand air.

Les enfans dorment beaucoup, surtout quand ils viennent de naître. Leurs lits ne doivent pas être placés dans des chambres étroites ou des cabinets. On les couche de préférence sur le côté, les jambes et les bras un peu pliés. Quoique le bercement les habitue à ne s'endormir qu'après qu'on les a balancés, il leur est favorable en renouvelant l'air fréquemment, en imprimant à toutes les parties des secousses modérées, et en les distrayant de leurs douleurs.

On couche les enfans suivant les saisons, à sept heures et au plus tard à neuf. On doit de bonne heure les aguerrir contre l'obscurité qui les effraie naturellement, mais avec laquelle ils finissent par s'apprivoiser.

Il est très nuisible de contraindre les enfans à un travail physique ou intellectuel au-dessus de leurs facultés. Les fatigues prématurées sont la cause de la faiblesse et de la dégénération toujours croissante de la population industrielle des grandes villes. Tout exercice forcé tend à développer une partie du corps au détriment de toutes les autres; elle épuise la vitalité, dépense avant l'âge une vigueur qui avait besoin d'être mûrie, et abrège l'existence.

Les enfans restent faibles, si on les tient dans l'inaction, et contractent des dispositions aux scrofules et au rachitisme.

Les enfans ont un besoin continuel de mouvement, qui est absolument nécessaire pour le développement des leurs organes. Une vie sédentaire et peu active affaiblirait leur constitution et nuirait à leur santé; mais le choix et la régularité des exercices qu'il leur convient de faire ne sont point des objets aussi indifférens qu'on le pense. Rien n'est plus propre que la gymnastique pour développer non seulement les facultés physiques des enfans, mais encore pour leur inspirer du courage, de la présence d'esprit et une grande force d'âme. A la campagne, les enfans les plus robustes sont ceux qui usent de tous les exercices de la gymnastique naturelle, c'est-à-dire qui se donnent beaucoup de mouvement, courent, sautent, grimpent dans les arbres, escaladent les murs, montent à cheval, se lancent sur la glace et se livrent à la natation.

La partie gymnastique devrait donc être prescrite dans toutes nos écoles; elle accoutumerait nos jeunes gens à se tenir droits, à marcher avec fermeté, et donnerait à leur corps de la souplesse, de l'agilité, de l'aplomb et de la grâce. Sous ce point de vue, la gymnastique ne réussirait pas moins aux filles, que des marches et évolutions qu'on pourrait leur faire exécuter. Les jeunes garçons devraient être aussi exercés au maniement des armes; parvenus à l'âge d'homme, ils se trouveraient ainsi en état de servir au besoin comme soldats.

Un air pur est encore plus nécessaire aux enfans qu'aux grandes personnes : dans les pays chauds il périt peu d'enfans, parce qu'on ne les renferme presque jamais dans la maison; et dans les pays froids, ce sont ceux qui sont le plus fréquemment en plein air qui se portent le mieux et deviennent les plus robustes. C'est pour cette raison que les hommes qui habitent les montagnes du pays de Galles, de l'Écosse, de l'Irlande, sont beaucoup moins sujets à la goutte et aux maladies chroniques que ceux qui ont été élevés différemment, les vicissitudes des saisons et les diverses modifications de l'atmosphère ayant beaucoup moins de prise sur leur santé.

On habituera les enfans peu à peu à une température plus froide, à un air plus vif. Quand l'action de l'air leur rend la peau rouge, c'est qu'ils ont la peau très fine; si elle est blanche, elle deviendra brune.

Dans l'intérieur, la chambre des enfans sera sèche et bien aérée, exposée au midi ou à l'est, éclairée par une lumière pure et vive, sans être trop directe.

Il importe beaucoup de ne pas laisser prendre de mauvaises habitudes aux enfans; on doit les accoutumer de bonne heure à conserver une grande propreté sur leur personne, à ne point négliger leurs dents, à se laver tous les jours le visage et les yeux avec de l'eau froide, à se lever de bonne heure et à ne pas manger avec trop d'avidité.

Un extérieur agréable vaut mieux que toutes les recommandations. C'est pourquoi il importe de prévenir ou de corriger, dès qu'on s'en aperçoit, les petites défectuosités dont un enfant paraît menacé, autant du moins qu'on peut le faire sans nuire à sa santé. Rien n'y est plus contraire, par exemple, que les efforts qu'on laisse ou fait faire aux jeunes filles pour se procurer une taille fine au moyen d'habillemens trop serrés : il faut éviter de même les autres modes de compression ou de contrainte employées pour leur toilette.

Il convient d'accoutumer de bonne heure les enfans à voir des étrangers. Ils se guériront de cette timidité, de cette gaucherie naturelles à leur âge, et apprendront à se comporter avec une modeste assurance, également éloignée d'une présomption et fatigante vanité, ainsi que d'une ridicule fausse honte, défauts qui peuvent nuire essentiellement à leur bonheur à venir.

S'il arrive quelque accident à un enfant, il n'est pas toujours facile, surtout à la campagne, de consulter de suite les gens de l'art, et il arrive souvent que quelques heures perdues ou mal employées aggravent beaucoup un mal qu'on aurait pu prévenir ; il est donc à propos d'enseigner aux enfans les premières précautions à prendre, tant pour se préserver des maladies, que pour remédier aux divers accidens qui peuvent leur survenir. Ainsi on leur prescrira de ne pas se mettre dans l'eau s'ils sont échauffés ; s'ils viennent de se brûler, on leur conseillera d'appliquer de l'huile sur la partie brûlée, ce qui préviendra la formation de l'ampoule. Si c'est une contusion, l'application de l'huile la dissipera aussi en quelques heures. Elle dissipe également les douleurs nerveuses, spasmes et contractions produites par des piqûres d'aiguille. Un enfant vient-il de se donner une entorse, qu'il aille de suite plonger la partie blessée dans l'eau froide, et la douleur disparaîtra. Il est mille autres remèdes pareils que la raison et l'expérience indiquent.

L'instruction des enfans ne doit ni commencer de trop bonne heure, ni les assujétir à un travail sédentaire trop prolongé ; il faut le proportionner à leur force. On doit exercer leur mémoire sans la surcharger, exciter leur attention sans exiger d'eux de trop grands efforts, développer leurs facultés physiques en même temps que leurs facultés intellectuelles, entremêler les exercices du corps et ceux de l'esprit, et diriger l'emploi du temps de manière que l'instruction soit toujours pour les élèves un amusement plutôt qu'un objet de fatigue ou de dégoût. Car ce n'est que par-là que les jeunes gens peuvent acquérir cette connaissance des hommes et des affaires, qui est indispensable pour jouer un rôle honorable dans la société.

Enfin l'objet le plus important de l'éducation consiste à former le caractère moral des enfans, à poser solidement les bases des principes qui doivent servir de règles à leurs passions, à les tenir dans de justes bornes, les disposer à respecter toujours la vérité, à remplir fidèlement tous leurs engagemens.

« Prenez, dit à ce sujet M. Roux-Ferrand de Nismes, dans un ouvrage inédit, l'éducation des enfans au berceau, et efforcez-vous de faire naître en eux des sentimens bienveillans.

» Parlez-leur toujours sans impatience, sans colère, sans aigreur ; ne leur inspirez point une crainte funeste pour ceux qu'ils doivent chérir autant que respecter.

» Faites-leur sentir de temps en temps que vous avez sur eux une autorité réelle, mais calme.

» Servez-vous bientôt et souvent de l'influence des exemples. La sympathie naturelle de l'enfance avec nous rendra facile et profitable cette manière d'agir sur eux.

» Que vos caresses n'aient jamais d'excès et qu'elles soient accordées à propos comme récompense.

» Donnez à l'enfant des habitudes réglées.

» Il ne faut rien vouloir que de juste et raisonnable, mais le vouloir avec fermeté et sans jamais céder.

» Corrigez avec calme et sérieux ; ne grondez pas, ne criez pas surtout.

» Inspirez bientôt de la pudeur aux enfans, de quelque sexe qu'ils soient.

» Évitez la jalousie entre eux en mettant le plus jeune sous la protection de l'aîné, à qui le rôle de protecteur interdit tous sentimens de haine s'il se voit préférer un nouveau venu.

» Faites sentir aux enfans le prix de la vérité ; ne riez pas devant eux des ruses qu'ils emploient, des mensonges qu'ils disent pour obtenir ce qu'ils veulent ; déconcertez ces ruses et ne recevez leurs caresses intéressées qu'avec froideur.

» Attirez leur confiance, obtenez l'aveu de leurs petites fautes et pardonnez-les après une morale douce. Soyez toujours vrais vous-mêmes : tous les autres intérêts doivent être sacrifiés à ceux de la vérité ; tout est réparable auprès des enfans, hors le mensonge.

» Faites bientôt connaître aux enfans l'idée de devoir.

» Tirez parti de l'active imagination des enfans pour leurs jeux ; mais gardez-vous d'en abuser en leur faisant peur de quelque manière que ce soit.

» Évitez les longs discours, et choisissez le moment où l'enfant sera le mieux préparé pour lui donner des notions morales ou religieuses.

» Faites naître chez lui le désir de bonnes actions chaque fois que l'occasion s'en présente, et dès les premières années, attachez-vous à inspirer le devoir plutôt qu'à le dicter.

» Les contes que l'on fait aux enfans, la peur d'êtres imaginaires, ne peuvent servir qu'à les rendre crédules et faibles. Supprimez les ogres et croquemitaine, et autres correcteurs fantastiques, et remplacez-les par de justes et claires notions du bien et du mal, et de leurs conséquences, mises à la portée de leur raisonnement faible encore. »

Nous recommandons à tous les parens la lecture de l'admirable chapitre de Montaigne, intitulé : *De l'institution des enfans.*

ENFANT. (*Cod. dom.*) L'enfant conçu est réputé né toutes les fois qu'il s'agit de son intérêt.

La naissance de l'enfant doit être déclarée au maire dans les trois jours, par le père, et à défaut du père, par le médecin, ou la personne chez laquelle est l'accouchée. L'acte de naissance est rédigé en présence de deux témoins. Les parens doivent veiller à ce que le nom de famille soit orthographié correctement, pour éviter par la suite de longues et coûteuses discussions.

L'enfant jusqu'à la majorité est sous l'autorité et la surveillance de ses parens ou d'un tuteur. Le père administre les biens de son enfant jusqu'à l'âge de dix-huit ans accomplis. Après la mort du père, la mère non remariée est tutrice légale. (Voy. le titre *de la Paternité* et *de la Filiation*, et celui *de la Tutelle*, Code civil, livre Ier).

ENFLE (JEU DE L'). (*Récréat. dom.*) C'est un jeu d'enfant; on prend plus ou moins de cartes, à volonté. La donne se tire au sort. Les cartes distribuées, le voisin de ganche du donneur jette la carte qui lui plaît; chacun doit fournir la couleur demandée; celui qui n'en a pas est forcé d'enfler, c'est-à-dire de prendre dans son jeu toutes les cartes qui ont été jouées. S'il se trouve le second ou le troisième à jouer, il ne prend que les cartes jouées précédemment. Pour gagner, il faut se débarrasser le premier de toutes ses cartes. Chaque fois qu'on est forcé d'enfler, on en avertit en disant : J'enfle. Quand c'est au tour de celui qui a enflé, comme il possède beaucoup de cartes de même couleur, il lui est facile de faire enfler les autres.

ENGELURE. (*Méd. dom.*) Les engelures sont des inflammations de la peau avec engorgement du tissu cellulaire sous-cutané. Les lymphatiques, les scrofuleux, les gens mal nourris, y sont particulièrement disposés.

Les engelures comprennent deux périodes distinctes. Dans la première, rougeur, gonflement, démangeaison, chaleur, couleur d'un rouge-violet, engourdissement. Dans la seconde, ampoules vésiculeuses contenant une sérosité roussâtre et sanguinolente, ulcérations plus ou moins profondes.

Les engelures sont rares chez les vieillards. Elles viennent de préférence aux pieds et aux mains des personnes jeunes. Elles sont ordinairement accompagnées d'inflammations, de douleurs piquotantes et de démangeaisons.

Pour préserver autant qu'on pourra ceux qui y sont sujets, il faut faire en sorte qu'on se garantisse des premiers froids avec soin; mais surtout qu'on ne s'expose pas imprudemment dans la saison rigoureuse; il faut attendre pour le faire que la communication avec le centre de la chaleur soit rétablie, et que la circulation du sang aux extrémités ait repris son cours habituel.

On prendra garde aussi de ne point s'exposer à se refroidir tout-à-coup après avoir eu bien chaud; car c'est ce passage extrême entre les degrés de température qui engendre le plus souvent les engelures aux peaux tendres et délicates.

Lorsque l'on a voulu soigner des engelures, on a observé qu'un moyen très avantageux était de les humecter avec son urine; on en a reconnu les bons effets; ou bien encore de se frotter les mains et les pieds avec la première neige qui vient à tomber. Lorsqu'il provient des ulcérations, on les lave avec du vin pur, ou bien encore on se sert de cérat dans lequel on mêle un peu d'extrait de saturne. Quand elles s'enflamment, on y met des cataplasmes froids de farine de lin; on y fait des lotions avec de l'eau végéto-minérale. (Voy. ce mot.) Si elles font des progrès, on doit s'interdire l'usage du membre malade.

L'emploi des bas de laine, des souliers fourrés, et, pour les mains, des gants de poil ou de laine, rend la peau trop délicate. On doit laver au commencement de l'hiver ses mains et ses pieds à l'eau froide, si l'on veut donner du ton à la peau. On ajoute à l'eau pure un peu d'esprit-de-vin, d'eau-de-vie camphrée, ou de décoctions de tan ou de marrons d'Inde.

Onguent contre les engelures. Mêler deux gros de borax en poudre et une once d'onguent rosat; frictionner le soir les parties malades, et les envelopper d'un linge.

Moyen de guérir les engelures. Prendre un bain d'eau chaude dans lequel on aura mis une pierre d'alun et trois gousses d'ail.

Autre. Les préserver du contact de l'air au moyen d'une bande de toile un peu serrée. Les laver d'eau à laquelle on mêle de l'eau-de-vie camphrée, de l'alcali volatil, de l'acide muriatique, de l'eau de chaux.

Autre. Les laver plusieurs fois par jour avec de la teinture alcoolique de benjoin. Il suffit d'une bouteille de cinquante centimes pour guérir plusieurs engelures.

Pommade pour les engelures. Étendre sur les engelures une demi-once de cire blanche, une once de moelle de bœuf, trois onces de saindoux; le tout cuit à un feu doux dans un vase de faïence. Quatre jours suffisent pour la guérison radicale.

Lotion pour les engelures. Faire cuire dans deux litres d'eau un pied de veau, le retirer quand il est cuit; ajouter au bouillon un quarteron d'alun, un poisson (moitié d'un demi-setier d'eau-de-vie, et gros comme une noisette de camphre. Cette lotion s'applique trois fois par jour; si les engelures sont crevées, on y joint un morceau de toile cirée verte qu'on fait chauffer légèrement.

Autre. De l'eau chaude saturée de son; on frotte ensuite les engelures avec de la fleur de graine de moutarde.

Liniment pour les engelures crevées. Mêler deux gros de laudanum de Rousseau avec deux onces d'eau de chaux et deux onces d'huile d'amandes douces; étendre cette lotion sur un linge fin, et panser matin et soir les ulcérations.

Savon pour étendre sur les engelures. Faire dissoudre un gros de camphre dans trois gros de teinture de benjoin, ajouter deux gros d'hydriodate de potasse (cette substance a des qualités résolutives); mêler ensuite à chaud une demi-once d'acétate de plomb liquide, quatre onces d'amandes douces, deux onces de lessive des savonniers.

Pommade pour le même usage. Faire fondre à feu doux un gros de cire, une demi-once de graisse de porc; quand le mélange est sur le point de se refroidir, ajouter un demi-gros de camphre pulvérisé, un demi-gros de teinture de baume de Tolu, deux grammes d'acide hydrochlorique. On étend cette pommade pendant sept à huit jours sur les parties affectées.

ENGOULEVENT. (*Chass.*) *Caprimulgus.* On le nomme aussi tette-chèvre, corbeau de nuit, crapaud-volant. Il est gros comme une pie, a le gosier très-large, une bande blanche des deux côtés de la tête, et le bec formant de la pointe à la base un angle très obtus. Solitaire et caché le jour, il sort le soir, et détruit les insectes, qu'il saisit dans son bec toujours ouvert. Cet oiseau ne paraît dans nos contrées qu'au printemps et en automne. Il est bon à manger rôti, ou préparé comme la bécasse. (Voy. ce mot.)

ENGRAIS. (*Agric. — Jard.*) Engraisser un terrain, c'est y déposer et mêler des substances propres à le rendre fertile. Amender ce même terrain, c'est corriger sa nature et le rendre plus propre à la production des végétaux. Ainsi des cailloux qui ne peuvent être considérés comme engrais, amendent certaines terres fortes et compactes, en servant à les diviser et les rendre plus pénétrables à l'humidité et à la chaleur.

Les engrais concourent à la végétation en fournissant aux racines une grande quantité de mucilage en état de dissolution et uni au carbone.

L'eau, ou toute autre émanation des engrais, s'infiltre en état de vapeurs dans les pores des racines, quand elle a été mise en cet état par la chaleur du soleil.

Toute espèce de terre peut être rendue fertile par des mélanges, excepté la terre magnésienne, qui, lorsqu'elle entre pour plus d'un cinquième dans une composition de terre quelconque, la rend inapte à toute production végétale.

Les engrais se composent ordinairement de carbone sous divers états, de matières azotées, mêlées à l'azote, et de sels qui agissent souvent sur les plantes comme excitans. En général, toutes les matières organiques sont des engrais plus ou moins bons, suivant leur nature et suivant la faculté plus ou moins grande avec laquelle ils cèdent leurs parties constituantes à la végétation.

Le *Journal des Connaissances utiles* distinguait les diverses classes d'engrais suivantes :

1re CLASSE. *Engrais animaux.*

1er genre. *Urineux.*

Espèces. 1 Colombine; 2 fiente de poule; 3 urine de l'homme et des quadrupèdes; 4 gadoue liquide (matières fécales tirées des fosses d'aisances); 5 égout des étables, des écuries, etc. Ces engrais sont les plus recherchés, surtout ceux des animaux bien gras.

2e genre. *Stercoraux.*

Espèces. 1 Excrémens humains; 2 des animaux carnivores; 3 des moutons; 4 des chevaux; 5 des bœufs et vaches; 6 des chèvres; 7 des porcs; 8 le parcage. On emploie les stercoraux comme les urineux.

3e genre. *Parties molles et liquides des animaux.*

Espèces. 1 chairs; 2 sang; 3 dépouilles; 4 égout des tueries; 5 poisons. Ces substances contiennent beaucoup de mucilage, d'huile, de gélatine; ils se décomposent aisément. Leur effet est peu durable.

4e genre. *Parties dures des animaux.*

Espèces. 1 Os; 2 cornes, sabots; 3 ongles; 4 poils, plumes; 5 débris de laine, bourre. Ces substances broyées et répandues sur le sol se décomposent lentement, et leur effet dure long-temps.

2e classe. *Végéto-animaux.*

1er genre. *Des étables et écuries.*

Espèces. 1 Fumiers; 1 Porcs; 2 moutons; 3 chevaux; 4 bœufs et vaches; 5 lapins.

2e genre. *Des manufactures.*

Espèces. Débris des cuirs tannés, résidu des buanderies, écume des raffineries, etc.

Il vaut mieux employer les fumiers frais et entiers plutôt que d'attendre qu'ils soient modifiés par la putréfaction et la fermentation.

3e CLASSE. *Engrais végétaux.*

1er genre. *Engrais difficilement décomposables.*

Espèces. Pailles, chenevottes, sciures de bois, marcs d'olives, de raisins, navettes, colza, tourteaux de lin, etc.

2e genre. *Facilement décomposables.*

Espèces. Lupins moulus, séchés au four ou cuits à l'eau, graines avariées, récoltes enfouies en vert, plantes des marais. La fermentation de toutes ces matières a lieu dans le sol.

4e CLASSE. *Engrais animaux minéralisés.*

1er genre. *Naturels.*

Espèces. Composts animaux, noir animal, coquilles.

2e genre. *Artificiels.*

Espèces. Charbon de bois, balayures des magasins.

5° CLASSE. *Stimulans de la végétation.*

1er genre. *Alcalis ou sels naturels.*

Espèces. Chaux, soude, plâtre, gypse, potasse, sel marin, nitre, phosphate, nitrate, calcaires, hydrochlorate, etc.

Ils stimulent la végétation; la chaux brûle les mauvaises herbes, change le carbone en acide carbonique, forme des composés qui ont une action lente, amende le sol en passant à l'état de craie, en se saturant d'acide carbonique. Elle réussit dans les terrains tourbeux et argileux, humides, landes et bruyères. Des chaux qui contiennent de la magnésie sont nuisibles. (Voy. MAGNÉSIE.) La chaux en trop grande abondance nuit à la végétation : il en faut 100 livres par perche carrée.

Le plâtre agit comme stimulant, ainsi que le sel, le salpêtre, la craie, le gravier calcaire, le sulfate de soude, le chlorure de chaux, les sels de potasse, le phosphate calcaire. Leurs différens sels se décomposent et se mêlent aux plantes en formant différentes combinaisons. (Voy. PLATRE, SEL, etc.)

2e genre. *Composés artificiels.*

Suie, cendres de bois, de tourbe, de houille, vases marines, plâtras, décombres, résidus des savonneries, buanderies, boues.

Le poids des engrais secs est égal au poids des graines, plantes, ou herbes qui viennent sur le sol fumé, et il paraîtrait que certaines terres agissent seulement comme soutien des plantes. On a fait croître des végétaux sur du sable pur arrosé d'eau.

Selon M. Payen, on distingue trois espèces d'engrais qui ont chacune leurs propriétés caractéristiques : les engrais animaux, composés de débris d'animaux; les engrais végétaux, formés de débris de végétaux, tels que pailles, fourrages, feuilles, etc.; les engrais mixtes, provenant du mélange des deux précédens. La première espèce est sans contredit celle qui favorise le plus le développement de la végétation.

Toutes les substances animales sont d'excellens engrais; parmi elles, on doit mettre au premier rang la chair ordinaire ou musculaire, le sang, la corne et la gélatine. Toutes ces substances, séchées et réduites en poudre, produisent un excellent effet sur les terres. En général, les corps d'animaux qui périssent; les excrémens et dépouilles de ceux qui sont tués dans les abattoirs ou les boucheries, et dont on profite rarement, peuvent contribuer puissamment à la fécondité du sol.

Ces corps et débris, tels que cornes, boyaux, plumes; les résidus de tanneries, tels que crins, laines, poils, peaux, et, par la même raison, les chiffons, vieux souliers et vieux cuirs, décomposés par la chaux vive, qui leur enlève leur mauvaise odeur, sont très utiles à la végétation. Il en est de même des os pulvérisés par le moyen de la chaux ou réduits en cendres.

Ces engrais conviennent particulièrement aux prairies froides et humides et aux jardins potagers. Les débris de poissons couverts de chaux, et ensuite mêlés de terre, sont très favorables aux semailles, ainsi que le résidu des fontes de graisses chez les chandeliers, et ceux des raffineries de sucre, composés en majeure partie de sang, de mucilage et de chaux.

Les os employés sans préparation ni mélange conviennent aux terres calcaires, crayeuses et graveleuses qui en absorbent plus particulièrement les huiles. Dans les terres glaises tenaces, ils produisent peu d'effet.

Les dépouilles des végétaux ont une action puissante sur la végétation, surtout lorsqu'on les rassemble et qu'on les met en putréfaction en y mêlant quelque peu de substances animales ou de chaux.

Les principaux engrais végétaux sont : 1° les résidus des plantes oléagineuses (qui fournissent de l'huile ou de la graisse), après l'extraction de ces huiles.

2° Les plantes qui croissent dans les mares et lacs d'eau douce, telles que la charagne ou girandole d'eau; dans les rivières et les marais, telles que les joncs, glaïeuls, etc. Comme ces plantes contiennent beaucoup d'eau, leur effet comme engrais n'agit que pendant peu de temps et pour une seule récolte; elles se décomposent promptement, et ne produisent que peu de chaleur. On doit les employer fraîches et avant leur dessèchement.

3° Les pailles sèches, les plantes céréales et légumineuses. L'usage est de les faire fermenter pour obtenir leur décomposition, fermentation qui leur enlève une partie de leur substance nutritive. Quelques agronomes les font hacher menu et enterrer dans les champs qu'elles sont destinées à engraisser, au lieu de leur faire subir à l'air l'action de la fermentation. Ils assurent que, par leur décomposition plus lente dans le sol qui les contient, elles ne perdent rien de leur substance, et que leur action fertilisante se fait sentir pendant plusieurs années. Cet usage commence à être pratiqué en Angleterre.

4° Les balayures de cuisine, les mauvaises herbes, les tiges du tabac, la paille de maïs, la fane des pommes de terre, les feuilles de choux, de carottes et de salsifis, etc., sont autant d'excellens engrais; il en est de même des tiges de tournesol, de topinambours ou poires de terre, des plantes marines, surtout des *varecs*.

5° Le bois et la sciure pourris, le tan épuisé. Quant au bois vert, aux écorces et substances tout-à-fait ligneuses, elles ne peuvent servir comme engrais qu'après avoir subi une fermentation qui rende facile la séparation et la dissolution de leurs parties constituantes.

Les sels solubles ne font qu'exciter les forces végétales, mais ne contribuent pas à l'organisation proprement dite. Ils ne peuvent être comparés aux engrais.

Les sels insolubles et les oxides, qui forment ce que l'on désigne ordinairement sous le nom de terres, ne peuvent être considérés que comme susceptibles d'améliorer et corriger le sol dont ils peuvent faire partie; ce sont de véritables amendemens que l'on se procure assez facilement.

Le charbon absorbe les rayons calorifiques de l'atmosphère et échauffe ainsi le sol. Comme amendement, cette substance, dit M. Payen, a des propriétés qui ne peuvent être mises en doute, en raison de ses facultés précipitantes et absorbantes. En général, les matières qui contiennent du carbone dans un grand état de division sont celles qui favorisent le plus la nutrition des plantes, parce qu'elles sont solubles plus facilement en acide carbonique, lequel est dissous dans l'eau et absorbé ensuite par la plante. On a remarqué qu'après quelque temps les places à fourneau deviennent presque toutes fertiles. Chaque jour le charbon acquiert de la valeur comme engrais : c'est qu'il renferme en lui seul les subsances animales, végétales ou mixtes; en effet, il se compose, pour cent parties en poids :

De terre sableuse en poudre très fine, 77,10; eau, 10,60; sels solubles, 8,25; matière organique azotée, 4,5. Total égal, 100,00.

On voit qu'il ne contient de véritable engrais que 4 centièmes ou 12 centièmes de matière bien active, en y comprenant les sels. On ne doit donc l'employer, en agriculture et horticulture, qu'autant qu'il reviendrait à bon marché. Il est probable qu'il agirait mieux sur les terres humides que sur les terrains secs.

L'usage d'enterrer des récoltes en vert pour amender les terres est très profitable.

L'utilité de cette méthode est fondée sur ce que les plantes vivantes portent dans la terre une surabondance de *carbone*, une humidité durable, et prolongent l'effet des labours en y laissant des vides.

Les plantes à racines épaisses ou tiges charnues, à feuilles nombreuses, sont préférables pour servir d'engrais.

C'est dans les terrains secs et légers que cette pratique est la plus avantageuse.

Dans les localités argileuses et humides, il conviendrait au contraire d'enterrer des plantes à tiges très ramifiées, très sèches et dures, de composition très lente, afin qu'elles laissassent plus long-temps le sol en état de division.

Les plantes que l'on préfère le plus généralement en France pour cet usage sont, le *lupin blanc*, le *colza*, et autres plantes à semences huileuses, le *sarrazin*, et surtout la spergule, la vesce, les pois, la fève de marais, les turneps.

On doit enterrer les récoltes en vert immédiatement à l'époque où les fleurs commencent à s'épanouir, ou après les avoir fait manger sur place et écraser par le bétail. Il ne faut pas laisser passer l'époque de la floraison.

C'est surtout en Angleterre qu'on emploie les végétaux sur pied à cette destination, après avoir fait pâturer légèrement les récoltes avant de les enterrer. On les fait parcourir par du bétail de toutes les espèces, surtout par des cochons. Ces derniers s'y engraissent, et par là contribuent au paiement de la semence, qui autrement serait trop coûteuse.

Une attention bien importante à avoir, c'est de bien enterrer la récolte en vert; ce que l'on ne fait pas ordinairement avec assez de soin. Si l'on a coupé les plantes en temps convenable, qu'elles soient bien enterrées et appropriées à la nature du sol, l'humidité et la chaleur venant par suite, on obtiendra une fécondité prodigieuse. Cette pratique prouve l'avantage qu'il y a à enterrer les fumiers frais : on facilite la décomposition des récoltes enfouies en vert en y mêlant de la chaux.

Il a été constaté qu'il y a économie à vendre ses pailles et à enfouir en vert, surtout si on emploie des récoltes qui fleurissent entre le moment d'une récolte et celui des semailles de la récolte suivante, qui donnent une grande masse de substance végétale, et se contentent d'un sol maigre et fatigué. (Voy. LUPIN, SARRAZIN, SEIGLE.)

L'enfouissement s'opère en fauchant d'abord, rangeant la récolte fauchée parallèlement aux sillons, et enterrant à la charrue. Les plantes semées ensuite n'ayant besoin de nourriture qu'à mesure de leur accroissement, la décomposition lente des récoltes enfouies leur procure un aliment durable, bien préférable aux sucs promptement épuisés des engrais pourris.

Le procédé de l'enfouissement des récoltes en vert est indiqué par la nature, qui, chaque année, engraisse le sol des dépouilles des arbres et des plantes. Il est cependant encore peu connu. En 1851, à peu de distance de Paris, M. Bertillon, agronome distingué, qui voulut l'essayer sur une récolte de seigle dans un champ en friche depuis long-temps, faillit être la victime de la fureur des paysans attroupés. Ce ne fut qu'avec beaucoup de peine qu'il se lava du reproche de vouloir affamer le pays, et que le maire de la commune parvint à empêcher sa maison d'être brûlée par une foule ignorante et routinière.

Les boues du curage des canaux et égouts, dont on a ôté les débris de vase et de poterie, sont excellentes, surtout celles des canaux sur les côtes, dans lesquels on laisse pénétrer l'eau de mer. Elles donnent un terreau composé de débris et de sel marin. Quand elles sont sèches, on les étend avant le labour. Elles ont les propriétés des stimulans et des engrais.

Les boues ne doivent jamais être enfouies, mais étendues à la surface du sol. Il en est de même de la poussière des routes, des terres lessivées, qui ont servi aux salpêtriers, des débris de murs. (Voy. GRAVOIS.)

Dans les pays où l'on fabrique de la bière, les débris de drèche bouillis sont utilement répandus sur les orges et les raves en pleine végétation. Ils agissent par leur gluten et leur amidon. Il en est de même des tourteaux d'huile gâtés. On mêle ces gâteaux aux urines des bestiaux pour empêcher les oiseaux de les manger.

Les eaux de fumier qu'on recueille peuvent se transporter avec facilité dans les champs pendant l'hiver, au moment où l'on a peu d'ouvrage, et où le sol, durci par la gelée, n'est pas endommagé par les charrois. Quand elles viennent à geler, on les casse par morceaux on les tire avec des crocs, et on les porte sur des prairies, auxquelles, lors du dégel, elles communiquent leurs sels. Cette opération se renouvelle à mesure qu'il se forme d'autre glace. On évite par là la perte que produirait le débordement de la fosse à fumier et les frais d'entonnage.

Les engrais liquides sont très efficaces. L'urine d'une vache peut engraisser seule un hectare de terre. On la recueille dans un fossé garni de terre glaise. Outre la vidange indiquée plus haut pour l'hiver, on vide la fosse tous les deux mois, et on entonne l'urine en ajoutant les deux tiers d'eau. Le liquide s'échappe par un robinet percé de petits trous pour arroser également. Les autres urines et les eaux de savon et de lessive améliorent le sol considérablement par les sels qu'ils contiennent en dissolution. On augmente la qualité des engrais liquides en hâtant leur fermentation au moyen d'une livre de sulfate de fer (couperose verte) pour trente hectolitres de liquide.

L'agriculteur ne doit jamais oublier que beaucoup de choses, qu'on abandonne comme inutiles, donnent de bons engrais. Ainsi les débris animaux et végétaux, les poussiers, les plâtres, les charbons, les déblais, les matières fécales, etc.

Prix moyen de divers engrais, pour un hectare ou trois arpens de Paris.

Noir animal, 1,200 kilogrammes, à 10 francs les 100 kilogrammes, 120 francs.

Résidu des raffineries, 2,000 kilogrammes, à 8 francs les 100 kilogrammes, 160 francs.

Poudre d'os, 1,200 kilogrammes, à 9 francs les 100 kilogrammes, 198 francs.

Viandes sèches, 700 kilogrammes, à 30 francs les 100 kilogrammes, 210 francs.

Fumier, 54,000 kilogrammes, à 40 centimes les 100 kilogrammes, 216 francs.

Râpures de cornes, 1,125 kilogrammes, à 50 francs les 100 kilogrammes, 556 francs 50 centimes.

Boues, 80,000 kilogrammes, à 50 centimes les 100 kilogrammes, 400 francs.

La Cour royale de Paris a décidé, par arrêt du 29 janvier 1855, que le créancier de sommes à lui dues pour ventes d'engrais, ne peut en réclamer le bénéfice comme créancier privilégié pour frais de récolte.

(Voy. FUMIER, GADOUE, et les noms des divers engrais.)

ENGRAISSEMENT. (*Anim. dom.*) Les indications que nous plaçons à l'article de chaque animal sur la manière de l'engraisser, nous dispensent de donner de l'extension à cet article. En général, on doit commencer par donner de la chair au moyen d'alimens pas trop substantiels, épais et froids, et l'on finit par donner de la graisse au moyen d'une nourriture claire, chaude et substantielle.

ENREGISTREMENT. (*Cod. dom.*) L'enregistrement sert à donner une date fixe aux actes. Un receveur est chargé d'en recevoir les inscriptions dans un registre spécial, et perçoit sur la somme ou valeur énoncée dans l'acte, un droit fixe ou proportionnel.

ENRAYEMENT. (Voy. CHARRETTE, VOITURE.)

ENROUEMENT. (*Méd. dom.*) *Gargarisme contre l'enrouement.* Dix onces de décoction d'orge, quatre gros de sirop diacode, un gros de sulfate d'alumine. On accroît par degrés la dose de cette dernière substance; si le mal ne cède pas. On se gargarise trois ou quatre fois par jour.

ENTE. (*Jard.*) Ente est le synonyme de greffe. Ce mot exprime tantôt la petite branche qu'on se propose de greffer, tantôt la partie greffée dun arbre. (*Voy.* GREFFE.)

ENTÉRITE. (*Méd. dom.*) L'entérite est l'inflammation de la membrane muqueuse des instestins grêles. On en distingue deux espèces principales.

L'entérite *villeuse* a lieu principalement pendant les chaleurs, et chez les individus nerveux et irritables. Les alimens épicés, les salaisons, le gibier, l'abus des alcooliques et du vinaigre, les indigestions répétées, l'habitude de surcharger son estomac, la suppression de la transpiration des pieds, sont autant de causes qui lui donnent naissance. Dans cette maladie, le ventre est gonflé et douloureux, la peau chaude. Le malade éprouve des coliques; la constipation est opiniâtre, et seulement interrompue par une diarrhée bilieuse accompagnée de vents; les urines sont rouges et peu abondantes; la soif est vive, la bouche amère, l'appétit nul, la figure jaunâtre et terne. Ces symptômes augmentent d'intensité; il se manifeste de l'anxiété, de l'oppression, du délire et des mouvemens convulsifs.

L'entérite villeuse débute rarement d'une manière violente. On en est averti par une soif plus vive que de coutume, la diminution de l'appétit, la saleté de la langue, une chaleur incommode à la peau quelques heures après le repas. Il faut, dès les premiers symptômes, s'abstenir de vin, de liqueurs et de café; se mettre à un régime végétal, puis à la diète absolue; prendre des boissons délayantes; appliquer sur le ventre des cataplasmes émolliens, administrer des lavemens de même nature.

L'entérite *folliculeuse* s'annonce par de la faiblesse, du malaise, un peu de dévoiement, du trouble dans les fonctions digestives. Le ventre devient sensible à la pression; la bouche est pâteuse; des coliques passagères sont suivies de selles muqueuses; de temps à autre de petites sueurs et des rapports acides. Il existe un abattement considérable. L'urine, épaisse et trouble, laisse un résidu grisâtre.

Dès les premiers symptômes, se servir de fécules, de panades, de laitage, suivre un traitement antiphlogistique. Si le mal persiste, le secours d'un praticien devient nécessaire.

Quand l'entérite augmente, on pratique des saignées locales, au moyen de sangsues appliquées aux flancs et autour du nombril. Si l'inflammation n'est pas intense, cinq à six gouttes de laudanum de Rousseau, trois à quatre gros de sirop diacode dans une tisane émolliente, contribuent d'une manière efficace à la guérison. Dans la convalescence, bains tièdes, régime végétal, lait, sucre, fécule, bouillon, frictions sèches sur la peau, exercice modéré.

L'entérite *folliculeuse* attaque principalement les femmes, les enfans, les lymphatiques, les individus à peau fine et à cheveux blonds; l'humidité, le froid, les alimens de mauvaise qualité, les eaux malsaines, la provoquent.

ENTONNOIR. (*Ind. dom.*) On commence à faire usage en France d'un entonnoir qui sert dans le royaume de Valence à transvaser les huiles. Il est muni, à sa partie supérieure évasée, d'une espèce de gouttière ou canal recourbé. Ce canal plonge par son extrémité dans le vase que l'on veut vider.

On puise la liqueur dans ce vase avec une cuillère que l'on fait passer au-dessus de la gouttière, de sorte que rien ne se perd dans le transport, et que toutes les gouttes du liquide sont recueillies.

ENTORSE. (*Méd. dom.*) Les entorses sont le tiraillement qu'éprouvent les ligamens des extrémités osseuses, lorsqu'ils ont reçu un coup qui les attaque sans chasser l'os de sa place et produire une luxation; elles surviennent au poignet, au coude, au jarret, au pied. On appelle *éreintés* ceux chez lesquels la distorsion se fait sentir dans l'épine dorsale.

Quand une entorse est négligée, la douleur augmente; l'engorgement devient plus considérable, l'articulation suppure, et les os se carient quelquefois.

Traitement de l'entorse. Plonger la partie malade dans de l'eau très froide, légèrement saturnée. Se faire transporter, si on est loin de son domicile. Si le transport est impossible, entourer le membre de son mouchoir trempé dans l'eau froide, et marcher lentement. Une fois arrivé, s'abstenir de tout mouvement, et garder un repos absolu; on applique ensuite des compresses trempées dans un mélange d'eau-de-vie et de sel, et on humecte souvent.

Si l'on peut se procurer de la glace et l'appliquer sur le linge qui touche la peau, cela devient un moyen très utile. On aura soin de placer la partie lésée de manière à ce qu'elle ne pose pas à faux. Lorsque l'on a trop tardé et qu'il survient un gonflement inflammatoire, au lieu de ce remède on emploiera des cataplasmes émolliens (graine de lin ou simplement mie de pain délayée dans du lait), des bains locaux et une diète plus ou moins sévère, selon la gravité du mal.

On peut faire bouillir dans les cataplasmes une décoction de têtes de pavot ou de feuilles de mauve, et les arroser de laudanum.

S'il y a inflammation, on peut employer les compresses d'eau végéto-minérale après les cataplasmes de farine de lin, et l'eau blanchie avec un peu d'extrait de saturne.

L'eau à la glace ne saurait s'employer sans danger, lorsque l'individu vient de manger, ou qu'il est affecté d'une maladie de poitrine, ou si c'est une femme ayant l'indisposition périodique de son sexe.

Quand la douleur est dissipée, on combat la faiblesse des tissus par du vin chaud et de l'eau-de-vie camphrée.

S'il se forme un dépôt, il faut appeler un médecin.

Liniment pour les entorses. Mêler de la suie de cheminée dans quatre blancs d'œufs battus, ajouter un peu d'alun et quelques gouttes d'opium.

Après la guérison, on soutient la partie lésée avec quelques ligamens qui la serrent. S'il y a rigidité de l'articulation, on emploie le traitement de l'ankilose. (*Voy.* ce mot.)

ENTRECOUPER. (*Ind. dom.*) Entrecouper est couper une étoffe pour vêtemens dans le sens qui offre le moins de pertes. Les étoffes de quelques parties d'habillement se biaisent, c'est-à-dire se coupent toujours en travers. Pour les autres, on apprendra à les entre-couper, en posant les patrons dans différens sens, toujours à droit fil, jusqu'à ce qu'on rencontre le sens qu'on désire.

ENTREMETS SUCRÉS. (*Off.*) On appelle ainsi les crèmes, les blancs-manger, les œufs à la neige et au lait, les flans, les petits choux, les beignets, les charlottes, les pommes au beurre, les gâteaux de riz et autres, les soufflés, les crêpes. (Voy. ces mots.)

ÉPEAUTRE. (*Agr.*) *Triticum spelta* est une espèce de blé. Il est très commun en Allemagne. Le grain en est petit et plus noirâtre que le froment ordinaire. Il y en a de deux espèces, l'une simple, et l'autre qui a double bourse et toujours deux grains en chaque gousse. L'épeautre tient le milieu entre le froment et l'orge. Il diffère du premier en ce que l'épi est plat et uni, et la barbe plus large et plus déliée.

Il y a une espèce d'épeautre appelée seigle blanc, qu'on nomme aussi blé barbu.

L'épeautre est moins estimé que le froment. En 806, Charlemagne en fixa le prix à trois deniers, et celui du froment à six deniers. (Voy. BLÉ, MOISSONS, etc.)

ÉPERLAN. (*Pêch. — Cuis.*) L'éperlan est du genre salmone; il doit son nom à sa blancheur, analogue à celle de la perle.

Les éperlans que l'on apporte à Paris sont ceux qui remontent la Seine du côté de Rouen.

On doit choisir les éperlans bien frais, gras, brillans, et ayant une légère odeur de violette ou de concombre.

Avant d'apprêter les éperlans, on les vide, on les écaille, on les essuie bien, et avec une brochette on les enfile par les yeux.

Éperlans frits. Les tremper dans du lait, les fariner, faire frire, servir avec du persil frit.

Éperlans au gratin. (Voy. MERLANS AU GRATIN.)

Éperlans à la bonne eau. Les faire bouillir dans une sauce à la bonne eau, avec un peu de persil.

Éperlans à l'anglaise. Faire bouillir un quart d'heure du vin blanc, avec des tranches de citron, un peu d'huile, du sel et du poivre, y faire cuire les éperlans; ajouter dans la casserole du beurre manié avec de la farine, du persil, des échalotes, une gousse d'ail pilée; servir avec cette sauce.

ÉPERVIER. (*Chass.*) *Accipiter.* Genre faucon. L'épervier commun (*falco nisus*) est gros comme une pie, tacheté de brun et de roux sur le dos, de gris, de blanc, et de brun sous le ventre. On en connaît une variété très rare, entièrement blanche. Il attaque tous les oiseaux, même les lièvres et les lapins.

L'épervier des alouettes ou *cresserolle* (*falco tinnunculus*) a toutes les plumes bigarrées de gris, de roux et de noir, les pieds jaunes, les ongles noirs et vigoureux. Il habite les clochers et les trous. Il se nourrit d'oiseaux.

Il fait entendre presque continuellement en volant des cris aigus.

ÉPERVIER. (*Pêch.*) On connaît la forme de ce filet. Pour le jeter, il faut d'abord ôter son habit, afin que les mailles ne puissent pas s'y attacher, et que le pêcheur ne soit pas entraîné par la pesanteur des plombs et la violence de l'impulsion. On passe la main gauche dans la boucle de la corde attachée à la queue du filet; puis de la même main empoignant tout l'épervier environ à deux pieds du bas, on en prend le tiers avec la main droite, et on le jette sur l'épaule gauche. On tient un autre tiers du filet de la main droite, et on laisse pendre le reste. Quand tout est ainsi en état, on se lève tout droit; on se campe ferme sur ses pieds; puis s'élançant un peu à gauche, et se rejetant promptement sur la droite, on jette l'épervier tout entier dans l'eau; on fait en sorte qu'il tombe ouvert en rond. Les plombs dont il est garni le font descendre, et il enferme tout le poisson qui se rencontre dessous.

ÉPHÉMÈRE. (*Jard.*) *Tradescantia.* Famille des joncées.

Éphémère de Virginie. (*Tradescantia Virginica.*) Plante vivace qui croît à toute exposition et demande peu de soins. Elle fleurit en mai; les fleurs sont violettes ou blanches.

Éphémère à fleur rose. (*Tradescantia rosea.*) C'est une plante vivace, de Caroline, dont les fleurs roses ou lilas sont d'un bel effet; elles viennent de mai en octobre. On sépare les pieds pour la multiplier. On arrose l'été, et l'on couvre de feuilles l'hiver.

ÉPICES. (*Cuis.*) Le terme générique d'épices embrasse la cannelle, le poivre, le gingembre, le girofle, le piment, etc.

Assaisonnement des quatre épices. Piler et passer au tamis égales parties de cannelle, de girofle, de muscade et de poivre.

ÉPIDÉMIE. (*Méd. dom.*) On appelle épidémie les maladies qui ont leurs causes dans l'altération de l'air, et qui tant que dure cette altération agissent avec plus ou moins de force sur tous les individus.

Les foyers de putréfaction sont : les fosses d'aisances, les fabriques de poudrette, les boyauderies, les cimetières, les amas d'herbes fermentées, les terres chargées de débris végétaux, les marais d'eau douce et salans, les silos, les terrains inondés, la boue, les puisards, etc.; l'action de ces foyers est en raison directe de la chaleur et de l'humidité.

La chimie n'a pu saisir qu'une petite quantité des émanations délétères. On a reconnu dans certains endroits circonscrits de l'acide carbonique, de l'acide hydrosulfurique, de l'ammoniaque, de l'azote, de l'hydrogène carboné; mais beaucoup d'atmosphères infectes ont été analysées sans résultat.

Il n'y a donc de constaté que la nécessité d'en éloigner les habitations, de détruire toutes les causes d'infection, soit en desséchant les marais, soit en les curant avec soin pendant l'hiver, et en coupant les végétaux qui s'y nourrissent, soit en encaissant les rivières sujettes aux débordemens, soit en enlevant avec soin toutes les immondices, en desséchant les urines avec le plâtre, etc.

Une grande accumulation d'individus favorise l'action des miasmes épidémiques. On en combat les effets par le renouvellement de l'air qu'on agite fortement, en déplaçant l'air par la déflagration de la poudre à canon, par de grands feux, etc.

Nous croyons devoir citer un extrait de l'instruction publiée lors de l'invasion du choléra, par M. A. Chevalier, chimiste, membre du conseil et de la commission centrale de salubrité.

Les causes qui contribuent le plus à la propagation des épidémies sont : l'altération de l'air, sa sécheresse ou son trop d'humidité, la présence d'eaux stagnantes, le défaut d'eau potable, la mauvaise qualité des alimens, la malpropreté des maisons, le mauvais choix que l'on fait des habillemens, enfin la malpropreté des individus eux-mêmes.

De l'altération de l'air. — L'air peut être altéré par la réunion d'un grand nombre de personnes vivant dans un lieu resserré où cet air ne pourrait se renouveler. Dans les cas d'épidémie, il est urgent d'éloigner les fumiers des habitations, de vider les mares contenant l'eau de fumier, d'enterrer les débris des animaux, les fumiers et toutes les matières qui doivent servir d'engrais. Il en est de même des matières fécales, des urines, etc. Ces produits, extraits plus tard, n'auront point perdu de leur efficacité, et deviendront d'excellens engrais. Si l'on ne veut pas les enterrer, on peut les répandre sur les terres qu'on veut fumer, ou tout au moins les éloigner des villages et des lieux habités, en les plaçant sous un courant d'air qui n'en porte pas les miasmes sur les habitations.

L'air peut encore être vicié par le mauvais état des ruisseaux où les eaux stagnantes forment des cloaques. Chacun doit alors s'entr'aider et donner lieu à l'écoulement des eaux. En versant de l'eau pure sur le sol, on augmente le volume d'eau et on détermine l'entraînement des matières qui étaient en fermentation et qui pouvaient être nuisibles.

L'air peut aussi être rendu malsain par la présence, dans les rues, de boues et de matières organiques répandues sur le pavé. Ces matières doivent être enlevées avec soin, et traitées comme les fumiers, c'est-à-dire éloignées des villages et converties en engrais.

De l'eau. — Si l'eau employée comme aliment n'était pas courante, et qu'elle provînt de mares et de puits, il faudrait examiner si, par le repos, elle n'a pas contracté de mauvaise qualité, par exemple, une odeur infecte assez souvent suivie d'un goût désagréable. Dans ce cas, on devrait, avant de s'en servir pour boisson, la filtrer à travers du charbon. On peut encore, pour plus de sûreté, ajouter à l'eau destinée à servir de boisson une cuillerée de vinaigre naturel ou d'eau-de-vie pour chaque pinte d'eau.

De la viande. — La viande doit toujours être fraîche et de bonne qualité. Toutes les fois qu'elle a subi la moindre altération ou qu'elle provient d'animaux morts de mort naturelle, elle doit, en temps d'épidémie, être rigoureusement rejetée. Les viandes salées, fumées, épicées, ne sont pas convenables, et on doit, autant que possible, s'en abstenir.

Des légumes. — On doit user sobrement des légumes, surtout dans le printemps; et les manger, autant que possible, concurremment avec la viande. On doit préférer les pommes de terre lorsqu'elles sont mûres, les

petits pois, les asperges, les haricots verts, les carottes. Les haricots, les lentilles et les pois secs, doivent être réduits en purée.

De la bière et du cidre. — On doit s'abstenir de boire de la bière et du cidre qui auraient un mauvais goût et qui auraient passé à la fermentation acide. On ne doit faire qu'un usage convenable de ces boissons; un usage immodéré pourrait donner lieu au développement de la maladie.

Du vin. — Le vin est la boisson qui est la plus usitée dans nos climats; il faut aussi qu'on en fasse un usage modéré; prise en excès, elle assimile à la brute, et dispose, par un affaiblissement marqué, à contracter les maladies régnantes.

Le vin dont on veut faire usage doit être de bonne qualité; nous n'entendons pas seulement signaler l'usage des vins fins, mais des vins naturels et qui n'ont pas été travaillés; les vins aigres, les vins falsifiés, amers, acides, doivent être rejetés de l'usage économique : ils sont dangereux à la santé.

De l'eau-de-vie. — L'eau-de-vie, qu'on peut regarder comme une boisson nécessaire à un grand nombre d'individus, n'est pas salubre prise à jeun; nous croyons qu'elle peut avoir une influence fâcheuse lorsqu'une épidémie règne. Il serait convenable que ceux qui en font usage mangent auparavant une croûte de pain, ou mieux encore qu'ils substituent à l'eau-de-vie pure une boisson alcoolique préparée de la manière suivante :

Eau-de-vie ordinaire, une bouteille;
Feuilles d'absinthe sèches, un gros;
Feuilles de menthe sèches, un gros.

Laissant infuser pendant trois jours, puis tirant à clair, cette liqueur serait moins nuisible.

De la propreté des maisons. — D'après notre opinion et des observations nombreuses, la propreté des maisons est pour l'homme une condition nécessaire à l'entretien de la santé. Des cas nombreux attestent que l'épidémie a fait des ravages considérables dans les lieux infects. On doit donc aérer les lieux que l'on habite, fermer les issues qui pourraient aboutir des pièces où l'on couche à celles où l'on nourrit des animaux, où l'on conserve des bestiaux; faire blanchir à la chaux les murs qui seraient sales et recouverts d'une matière brune, composée en partie de matières animales qui se sont condensées sur ces murs; balayer souvent, laver, si faire se peut, les planchers, puis déterminer la dessiccation par l'aération; éloigner, ainsi que nous l'avons déjà dit, les tas d'immondices, les fumiers, les puisards; laver les pierres et tuyaux qui servent à l'écoulement des eaux ménagères; exposer les matelas, draps, et tout ce qui fait partie du lit, à un courant d'air; nettoyer les rideaux de lit, et particulièrement les rideaux en laine, qui absorbent les matières animales provenant des émanations fournies par les individus qui habitent les maisons; nettoyer avec soin les vases où l'on dépose les urines, se servir à cet effet de cendres et d'eau chaude, enfin entretenir partout une propreté qui est une garantie de santé et la meilleure précaution contre les maladies.

Des vêtemens. — On ne saurait, en tout temps, prendre

dre trop de précautions dans le choix de ses habits, soit pour se garantir des accidens qui peuvent résulter de l'intempérie des saisons, soit pour pouvoir entretenir ses vêtemens dans un état de propreté nécessaire à la santé.

Les vêtemens en laine ont l'avantage de nous abriter davantage contre les injures de l'air : ils sont préférables, mais ils ont le grave inconvénient d'absorber les émanations et de les retenir assez fortement. Il faut donc laver ces vêtemens de temps en temps, et si l'on craint que le lavage ne les déforme, comme cela arrive pour les habits, on doit les aérer, et, si faire se peut, placer dans l'armoire où on les met une assiette sur laquelle on a mis quatre onces de chlorure de chaux. Il suffit de les laisser passer douze heures dans l'atmosphère chargée de chlore pour opérer l'assainissement.

Quant aux habits de coton, de lin et de fil, ils peuvent être lavés avec facilité : on doit donc changer d'habits et leur faire subir un lavage le plus souvent possible.

Le linge de corps, tel que chemises, bas, etc., doit être propre, et chacun doit en changer le plus qu'il peut, suivant ses facultés.

De la propreté du corps. — La propreté du corps est indispensable à la santé; elle permet au système cutané de faire ses fonctions, et elle entretient l'homme dans un état convenable. On doit donc 1° se laver souvent les mains et les pieds; 2° prendre de temps en temps des bains, ce qui peut se faire plus ou moins économiquement, selon les lieux. Il n'est pas nécessaire, pour prendre un bain, d'avoir une baignoire; un tonneau défoncé par un bain, les chaudières qui servent à faire la lessive, peuvent mettre le cultivateur à même de prendre un bain sans faire de grandes dépenses. Nous recommandons l'usage des bains parce que nous avons vu, étant interne dans les hôpitaux, des malheureux apportés à l'hôpital être guéris par l'administration d'un ou deux bains, et sans qu'il eût été fait usage d'aucun médicament.

De quelques précautions générales. — Outre les recommandations que nous avons faites, nous dirons qu'il est nuisible à la santé de dormir avec des fenêtres ouvertes, de se découvrir quand on a chaud, de marcher pieds nus sur le pavé, enfin de poser l'une des parties chaudes du corps sur un corps froid, de dormir en plein air dans des lieux frappés par le soleil, ou dans les lieux humides; des maladies graves ont été causées par ces habitudes que nous signalons comme étant des plus dangereuses.

De la désinfection. — Nous ne terminerons pas cet avis sans indiquer les moyens simples de désinfection qui peuvent être employés dans les lieux infects.

Si un lieu ne peut être assez aéré pour que l'odeur disparaisse, il faut le laver avec une solution de *chlorure de chaux*, préparée de la manière suivante : on prend une livre de chlorure de chaux sec, qui peut, en temps ordinaire coûter un franc; on met ce chlorure dans un baquet avec deux seaux d'eau; on remue, on laisse déposer, puis on tire à clair; la liqueur, qui fournit trente bouteilles de chaux liquide, peut servir à assainir les chambres, allées, escaliers, lieux d'aisances, les cours, les plombs, etc. Le résidu jeté dans les ruisseaux est encore un moyen de salubrité.

On peut avec cette eau laver les murs des étables, des toits à porcs, etc.; elle assainit promptement. (Voy. AIR, CHAUX, CHLORE, CHOLÉRA, FUMIGATION, etc.)

Le décret du 13 septembre 1810 établit plusieurs classes d'établissemens insalubres, qui sont soumis à des conditions plus ou moins rigoureuses. La première classe comprend les fabriques d'amidon, de bleu de Prusse, de charbon de terre et de bois épurés, de colle forte, de suif fin, de parchemin, de poudrette, de taffetas, de toiles et de cuirs vernis, d'huile de pieds et de cornes de bœuf, d'acide sulfurique, de minium, de sel ammoniac, de soude artificielle; les boyauderies, les fours à chaux, les routoirs, les tueries, les triperies, etc. Dans la seconde classe sont rangées les fabriques de noir d'ivoire ou de fumée, de blanc de céruse, de taffetas ciré, de tabac, les chandeliers, les couverturiers, les hongroyeurs, les mégissiers, les dépôts de cuirs verts, les fonderies de suif en branches, les salles de dissection, les vacheries, les blanchisseries de toile par le chlore. Enfin la troisième classe contient les établissemens qu'on peut laisser avec quelques soins près des habitations, les fabriques d'alun, de boutons, de colles de parchemin et d'amidon, de cornes transparentes, de papiers peints, de savon, de vitriol, les brasseries, les fonderies de cuivre, etc.

C'est surtout pendant les épidémies que la surveillance de l'autorité sur ces établissemens doit redoubler. Ceux qui les habitent ou sont obligés de séjourner dans le voisinage, doivent plus que tous autres employer des moyens propres à éloigner l'épidémie.

La constitution, les passions, le refroidissement, la mauvaise digestion, les blessures, les chutes, les excès, toutes les causes qui peuvent troubler la santé, tendent à favoriser l'épidémie. Dans une maladie épidémique, chaque individu est, en quelque sorte, comme un soldat sur un champ de bataille, exposé continuellement à une attaque périlleuse, et n'évitant les blessures et la mort qu'en luttant avec courage contre le danger.

ÉPIERRAGE. (*Agric.*) L'épierrage est l'opération par laquelle on enlève les pierres d'un champ. Un vieux proverbe disait : « Si tu veux que ton champ paie tes peines, porte loin de lui les pierres qui le couvrent. »

Cet adage n'est pas toujours vrai. Dans les terres légères et peu profondes, les pierres conservent l'humidité, et préservent de l'influence directe des rayons du soleil. Dans les vignobles surtout, les pierres hâtent la maturité des fruits. L'épierrage ne convient que dans les terres fortes et argileuses, qu'il faut amender, après en avoir enlevé les pierres, avec de la marne et de la chaux.

ÉPIGÉE RAMPANTE. (*Jard.*) *Épigea repens.* Famille des bruyères. Cet arbuste de Virginie se multiplie de rejetons, dans une terre de bruyère fraîche, à l'ombre. Il est toujours vert, et donne en juillet des fleurs d'un rose pâle.

ÉPILEPSIE. (*Méd. dom.*) L'épilepsie, ou mal caduc, a deux faces. Le plus ordinairement ses symptômes sont une syncope subite avec convulsion, une respiration embarrassée, l'engorgement des vaisseaux du cou, un visage livide, une écume blanchâtre qui sort de la bouche. Quelquefois il n'y a point d'écume; l'attaque, qui ne dure parfois qu'une minute, consiste dans la perte subite de connaissance avec insensibilité générale, et le malade revient à lui sans mémoire de ce qui s'est passé.

Dans l'intervalle des accès, l'individu semble être en état de santé parfaite. La forme effrayante de cette maladie la faisait considérer autrefois comme infligée par la colère céleste. A Rome, quand un épileptique tombait, on interrompait les assemblées publiques.

Quelquefois l'épilepsie est précédée de symptômes précurseurs, d'éblouissemens, de bourdonnemens d'oreilles, d'une altération sensible dans le caractère, d'une irritabilité extrême, d'hallucinations variables; une sensation quelconque, douleur, froid, chaleur, démangeaison, se développe dans un point du corps et remonte jusqu'à la tête.

Après l'accès, le malade est très fatigué, ses yeux s'ouvrent avec stupeur; il sent un besoin extrême de sommeil, et après le repos, revient peu à peu à son état naturel.

Chez la plupart des épileptiques, la mémoire et l'intelligence s'affaiblissent peu à peu à mesure que les attaques se renouvellent; quelquefois la démence suit une extrême irritabilité, des emportemens violens, un besoin désordonné d'action musculaire.

L'épilepsie est plus fréquente avant qu'après l'époque de la puberté, et chez les femmes que chez les hommes, chez les pauvres que chez les riches. Le tempérament nerveux y dispose le plus. La peur, la suppression d'hémorrhagies habituelles, les excès de boisson et autres, les chagrins, les violentes commotions morales, exaspèrent cette maladie.

Traitement. Éloigner les causes morales et physiques capables d'agir sur le cerveau, soumettre le malade à un régime léger et rafraîchissant, à des bains tièdes avec applications réfrigérantes, appliquer périodiquement des sangsues au siège chez les individus à tête grosse et habituellement injectée, placer des moxas à la nuque.

Le remède qui compte le plus grand nombre de succès est l'essence de térébenthine, à dose assez forte. Dans l'accès, on emploie les substances en usage pendant les attaques de nerfs. (Voy. NERFS.)

Le lit d'un épileptique doit être large et assez bas pour prévenir les chutes. Il faut qu'il y ait le moins de meubles possible dans l'appartement qu'il habite, que les cheminées soient grillées, que la température soit toujours peu élevée.

ÉPILOPE-SAINT-ANTOINE. (*Jard.*) *Epilobium spicatum.* Famille des onacres. Cette plante indigène et vivace donne en juin de beaux épis de fleurs pourpres. Elle a l'inconvénient d'être traçante. On la place au bord de l'eau.

Epilope angustissimum. Jolie variété des Alpes, non traçante. On la sème au printemps, en pots, où il faut la laisser deux ou trois ans enterrée.

ÉPIMÈDE DES ALPES, ou *chapeau d'évêque.* (*Jard.*) *Epimedium alpinum.* Famille des vinetiers. Plante vivace. Elle donne au mois d'avril des fleurs jaunes et brunes en panicules. On la multiplie en mars de séparation de

pieds, au nord, dans une bruyère humide. Elle est traçante.

ÉPINARDS. (*Jard.*) *Epinacia seracea.* Famille des atriplices. Il y a deux variétés d'épinards, toutes deux annuelles. L'une, à feuilles larges et rudes, se cueille feuille par feuille, est, après la cuisson, d'un vert foncé, supporte mieux les chaleurs, et est moins douce au goût. L'autre, à feuilles étroites et pointues, se cueille en rasant toute la plante, est d'un vert tendre, souffre l'été, et depuis mai jusqu'en mars a une saveur douce, qui devient âcre plus tard.

Quand on cultive ces deux variétés ensemble, elles se mêlent, et perdent leurs caractères distincts.

On sème les épinards au mois d'août; ils donnent en octobre, novembre, mars et avril. On les place dans une terre bêchée, amendée, en rayons d'un pouce de profondeur, espacés d'un pied pour la première variété, de dix pouces pour la seconde. On sème clair, et on éclaircit le plant de la variété à feuilles rondes, au moins à trois pouces.

On peut semer les épinards au premier mars pour les manger en mai. Ils sont alors quinze jours à lever. On en sème ensuite à l'ombre tous les mois, ou quinze jours; on récolte de juin en septembre. La graine mûrit en juillet. Il n'y a de bonne que celle de l'année. Cependant elle se garde trois ans.

Manière de conserver les épinards. Les mettre en bouteilles, et leur donner un quart d'heure de bouillon au bain-marie.

Les épinards ne sont bons qu'au printemps et en automne. En été, ils sont âcres; on les remplace alors par de jeunes feuilles de disette, dont on ôte les queues et les côtes. (Voy. BETTERAVE, DISETTE.)

Épinards au gras. Ôter les queues et laver, jeter les épinards dans l'eau bouillante avec une poignée de sel, les retirer avec la passoire et les plonger dans l'eau fraîche, les égoutter, les presser pour en faire sortir l'eau, les hacher; faire fondre dans une casserole un quarteron de beurre, et y mettre les épinards avec sel, poivre et farine et un peu de muscade râpée, les mouiller avec du bouillon, du coulis et du jus de rôti, y ajouter de la graisse de volaille. Servir à l'entour des croûtons blondis dans le beurre.

Épinards au maigre. Faire cuire les épinards comme ci-dessus, et mouiller avec de la crème ou du bon lait. On peut ajouter du sucre.

Épinards à l'anglaise. Mettre les épinards dans de l'eau avec du sel, bien submergés. Quand ils fléchissent sous le doigt, les hacher après qu'ils sont rafraîchis; ajouter sel, poivre, muscade râpée; quand ils sont chauds, retirer du feu, et y mêler un morceau de beurre. On peut ajouter aux épinards ainsi préparés du velouté, du consommé, de la crème. S'ils sont trop mouillés, on fait réduire.

ÉPINE-VINETTE. (*Jard.*) *Berberis vulgaris.* Arbuste indigène qui croît en buisson, à la hauteur de 6 à 8 pieds; multiplication de graines, rejetons, boutures et marcottes; celles-ci sont deux ans à s'enraciner, et doivent être séparées en automne, époque à laquelle il faut aussi éclater et replanter les rejetons ; cet arbuste est résistant et n'exige que peu de soins ; il vient en toute terre.

Les filets de l'étamine de l'épine-vinette sont très sensibles et s'agitent au moindre toucher. Les feuilles ont une saveur acide, ainsi que les fruits. On en fait une très bonne limonade. Les confitures d'épine-vinette des montagnes de Sainte-Seine, en Bourgogne, sont très estimées.

Les racines d'épine-vinette donnent une bonne teinture jaune.

Conserve d'épine-vinette. Mettre un verre d'eau dans une bassine d'argent, y ajouter une livre d'épine-vinette, grosse, bien rouge et très mûre, avec une demi-once de poudre de graine de fenouil. Après trois ou quatre bouillons, exprimer le jus sur un tamis ; remettre le jus sur le feu et y ajouter une livre et demie de sucre cuit au cassé. Après quelques bouillons, la conserve est cuite.

Compote d'épine-vinette. Faire cuire du sucre à la plume, y jeter l'épine-vinette et lui faire donner sept à huit bouillons ; l'écumer, et la servir.

Marmelade d'épine-vinette. Égrener deux livres et demie d'épine-vinette, les faire fondre sur le feu avec un demi-setier d'eau, les égoutter sur un tamis, les faire dessécher au feu, en les remuant avec une cuillère jusqu'à ce que le jus se détache de la bassine ; mettre ensuite l'épine-vinette dans deux livres et demie de sucre cuit à la plume, donner un bouillon, et empoter.

ÉPIZOOTIE. (*Méd. dom.*) Les causes des épizooties sont : l'impureté de l'air dans les étables (voy. ÉTABLES), la mauvaise eau, la mauvaise nourriture, l'air trop sec, la malpropreté, la fatigue des animaux, leur séjour trop prolongé dans des pâturages marécageux. (Voy. EAU, FOURRAGES.)

Les animaux malades doivent être tenus isolés dans un endroit aéré et chargé d'un peu de chlore gazeux. C'est surtout pour eux qu'on doit redoubler de soins hygiéniques et de propreté. Les personnes qui soignent les animaux malades ne doivent pas entrer dans l'étable des bestiaux en bonne santé. Les litières enlevées de dessous les premiers ne doivent pas être mêlées aux autres litières, mais portées au loin et enfouies dans les champs, ou désinfectées avec du chlorure de chaux sec. Si les étables ont été infectées, on fait coucher les bestiaux en plein air, dans un lieu sec.

Les animaux malades doivent être soignés et bouchonnés le plus souvent possible ; d'habiles vétérinaires les examineront soigneusement ; le bouvier se lavera soigneusement les bras et les mains avec de l'eau chlorurée, et évitera de toucher sans nécessité la bouche et l'anus des bestiaux. S'il se blesse en les pansant, la plaie doit être cautérisée de suite. (Voy. CAUSTIQUE.)

Pour préserver les bœufs de l'épizootie, on fait infuser, dans quatre litres de bon vinaigre blanc, des cendres, deux onces d'absinthe, de la rue, de la sauge, de la lavande et un demi-gros de camphre ; on met dans l'étable les herbes qui ont servi à l'infusion. Le matin et le soir, on étend cette infusion dans partie égale d'eau, on en trempe une éponge, et on en frotte les naseaux et le museau des bœufs et des vaches.

Un bon préservatif est le lavage des animaux à l'eau mêlée au chlorure d'oxide de sodium. On nettoie également bien les étables et les litières avec du chlorure de chaux délayé dans de l'eau, à la dose de deux onces par litre. (Voy. CHLORE, FUMIGATION.)

Ces précautions sont indispensables si les animaux sains ont été en contact avec les animaux malades.

Des précautions pénales sont prises contre l'épizootie. « En cas de signes, même équivoques, d'épizootie, tout détenteur ou gardien d'animal soupçonné d'être malade doit avertir le maire, et tenir l'animal renfermé, même avant que le maire ait répondu, sous peine d'un emprisonnement de 6 jours à 6 mois, et d'une amende de 16 à 200 francs. » (Code pénal, art. 459.)

« Sont punis d'un emprisonnement de 2 à 6 mois, et d'une amende de 100 à 500 francs, ceux qui, au mépris des défenses de l'administration, laissent leurs animaux ou bestiaux infectés communiquer avec d'autres ; et s'il résulte une contagion parmi les animaux, l'emprisonnement est de 2 à 5 ans, et l'amende de 100 à 1,000 francs. » (Code pénal, art. 460 et 461.)

« Les bestiaux morts sont enfouis, dans la journée, à 1 mètre 25 centimètres de profondeur (4 pieds), dans le terrain du propriétaire ou dans le lieu désigné par le maire, à peine d'une amende d'une journée de travail et des frais de transport et d'enfouissement. » (Loi du 28 septembre, titre II, art. 13.)

ÉPONGE. (*Comm. us. — Hyg.*) L'éponge est un polypier *polymorphe*, formant une masse de fibres flexibles, agglutinée et très poreuse.

Les éponges nettoient parfaitement la peau, mais demandent à être entretenues avec une grande propreté.

Quand on fait avec les éponges de petits biberons, il faut la renouveler souvent. Le lait qui s'amasse dans les cellules de l'éponge contracte une odeur acide et putride qui rend l'éponge d'un usage dangereux. En médecine, les éponges fines imbibées de décoction peuvent servir de cataplasmes ; en chirurgie, elles peuvent remplacer la charpie dans les pansements.

On employait autrefois l'éponge charbonnée à l'intérieur contre les engorgemens scrofuleux : comme son action est due à l'iode qu'elle contient, on l'a abandonnée pour ce dernier médicament.

On a construit avec des éponges une sorte de pompe pour élever l'eau. Une corde de crin sans fin passe sur deux poulies dont la dernière est plongée dans l'eau ; un nombre d'éponges proportionné à la quantité d'eau qu'on veut élever, taillées en forme de coin, est attaché à la partie antérieure de la corde. Les éponges se chargent d'eau, montent dans une espèce d'entonnoir, où elles perdent leur eau par la compression, et rentrent dans l'eau par le côté opposé.

ÉPUISEMENT. (*Agric.*) L'épuisement du sol a lieu quand des végétaux quelconques en ont absorbé toute la matière productive. Ainsi certaines plantes à suc âcre et laiteux, les pavots, les euphorbes, détériorent le sol, et la plupart des végétaux qu'on fait succéder à ces plantes ne réussissent pas.

ÉPUISEMENT. (*Méd. dom.*) C'est un état de faiblesse qui ôte à toutes les parties du corps leur énergie, et qui est ordinairement la suite de quelques grandes maladies, ou d'exercices violens trop répétés, ou enfin de débauches de tout genre.

L'épuisement, lorsqu'il n'est que la suite d'une grande maladie, se répare petit à petit avec le régime de la convalescence. Celui qui provient d'excès dans les travaux, et même dans les plaisirs, doit se terminer peu à peu par le repos et la sagesse en toute chose.

Quant à celui causé par la débauche, arrivé à une certaine période, il n'y a plus de remède.

ÉQUINOXE. (*Comm. us.*) L'équinoxe est le temps de l'année où, le soleil se trouvant perpendiculaire à l'équateur, il y a égalité de jour et de nuit. Le soleil éclaire alors également les deux pôles. L'équinoxe du printemps arrive le 21 mars, et l'équinoxe d'automne le 21 septembre. (Voy. SOLSTICE.)

ÉQUITATION. (*Comm. us.*) L'art de monter à cheval s'appelle équitation, du mot latin, *eques*, cavalier ; il enseigne à se tenir ferme sur le dos de cet animal et à diriger tous ses mouvemens.

Il fait connaître au cavalier l'assiette la plus favorable, lui apprend à garder une posture libre et dégagée, et les moyens d'accorder ses mains et ses talons dans la direction de sa monture. Il donne aussi des instructions pour dresser un cheval, pour acquérir la grâce et la souplesse des mouvemens. Nous ne donnerons ici que les règles générales. Nous nous adressons à ceux qui n'ont jamais entendu parler de cet art, afin de leur apprendre à éviter les accidens qui menacent un homme à cheval, quand il ne connaît pas les dangers de sa position et les moyens de s'en garantir.

Précautions pour monter à cheval. Avant que de monter à cheval, on jettera un coup d'œil sur la bride : elle doit être placée dans la bouche au-dessus des crochets. La gourmette, qui est cette petite chaîne formée de mailles qui sert à déterminer l'action et la résistance du mors ne doit être ni trop serrée ni trop lâche. Les sangles doivent être bien affermies, et tout le reste du harnais dans le meilleur état possible.

Quand vous aurez tout visité, vous vous approcherez de l'épaule gauche du cheval.

Prenez alors les deux rênes de la bride et le pommeau de la selle de la main gauche.

Mettez la moitié du pied gauche dans l'étrier, et, vous appuyant de la main droite sur l'arçon de derrière, sautez le plus légèrement qu'il vous sera possible, et placez-vous en selle.

Posture de l'homme sur le cheval. Quand on est sur le cheval, toutes les parties du corps doivent être dans une attitude aisée. La position la plus solide et la moins gênante pour le cavalier est aussi la plus libre et la moins ennuyeuse pour le cheval.

Le point d'appui du corps est le milieu de la selle ; il faut qu'elle partage les deux fesses du cavalier, en lui faisant sentir le plus fort de l'appui sur les deux os formant leur pointe. On se tiendra assez en avant sur la selle pour que la ceinture soit collée au pommeau.

Si l'on tirait une ligne verticale, elle passerait sur le sommet de la tête d'un bon cavalier et tomberait au milieu des fesses.

La tête doit être élevée sans affectation.

Le bas des reins un peu plié en avant.

Les épaules plates par derrière.

Les bras tomberont naturellement par leur propre poids.

Les cuisses occuperont une position égale. On les étendra et alongera également de chaque côté du cheval ; il faut les abandonner à leur pesanteur sans les serrer, relâchant au contraire les muscles qui les entourent, afin qu'ils puissent s'aplatir par le poids des cuisses, et leur permettre de porter dans leur partie inférieure.

Les jambes, tombant naturellement, prendront leur véritable position entre l'épaule et le ventre du cheval.

La pointe du pied regardera l'oreille du cheval ; le bout sera appuyé fortement sur l'étrier, et le talon un peu en dehors pour ne pas piquer mal à propos le cheval. C'est ce qu'on appelle *dérober l'éperon.*

Division du corps de l'homme à cheval. On divise le corps de l'homme en trois parties ; savoir, deux parties mobiles et une partie immobile.

La partie immobile, qui est sans doute la plus essentielle, prend depuis les hanches jusqu'aux genoux inclusivement. Cette partie doit s'unir si étroitement au cheval, qu'elle ne forme, pour ainsi dire, qu'un seul et même corps avec lui.

Ce sont les fesses, les hanches, les cuisses et les genoux qui composent cette partie.

Le tronc, la tête et les bras forment l'une des deux parties mobiles ; les jambes et les pieds constituent l'autre.

De l'assiette. L'assiette est le point de la partie immobile qui pose sur la selle. C'est ainsi qu'on dit d'un cavalier qu'il a une bonne assiette, lorsqu'il a de la fermeté dans son aplomb.

De la tenue à cheval. Le premier besoin d'un cavalier c'est d'acquérir une position dans laquelle il ait de la tenue et de la solidité. La meilleure tenue est celle où l'on trouve l'équilibre bien établi : c'est la plus sûre et la plus aisée. Quand une des parties du corps ne coopère pas à maintenir cet équilibre, il est bientôt détruit. Pour se rendre cette tenue familière, il faut surtout ne pas avoir peur.

Quand le cavalier maintient sur la selle un équilibre parfait de manière à s'identifier en quelque sorte avec son cheval, dans tous ses mouvemens par le poids et contre-poids de toutes les parties de son corps, on dit qu'il a de la *justesse* dans son *assiette.*

L'aisance résulte de la justesse, et permet à l'homme à cheval de faire l'usage qu'il veut de ses parties mobiles.

C'est un principe parmi les meilleurs écuyers que la plus grande justesse fait la plus grande aisance, et que la plus grande aisance produit la plus grande justesse.

Des aides. Les *aides* sont les avertissemens dont se sert le cavalier pour faire connaître ses volontés au cheval.

On peut tirer parti de tout le corps pour multiplier ces avertissemens. Il suffit de connaître les aides de la main et des jambes.

La position de la main la plus commode pour le cavalier et pour la justesse des opérations de la bride, est à quatre pouces au-dessus de l'encolure (c'est la partie du cheval depuis la tête jusqu'aux épaules), et à six pouces de l'estomac, ayant les deux mains à environ deux ou trois pouces l'une de l'autre.

La main gauche est celle qui est destinée au gouvernement de la bride. Elle doit être fermée, les nœuds des doigts directement au-dessus de l'encolure, et les ongles regardant le corps. Le pouce tombera sur le plat des rênes, qui seront séparées par le petit doigt, sans qu'il s'ouvre entièrement dans aucune de ses articulations.

Cette tension douce qui fait sentir au cheval que le mors obéit à la main, et qui fait sentir à la main la résistance de l'animal, est ce qu'on appelle en termes de manége *sentir la bouche du cheval*. C'est cette action mutuelle du mors sur la main et de la main sur le mors qui constitue le mécanisme du gouvernement de la bride.

Quand le cheval n'obéit pas aux indications de la bride, on emploie les jambes.

C'est en les tenant fermées et en tournant un peu la pointe des pieds en dehors, sans ouvrir les genoux, qu'on lui fait sentir vigoureusement les éperons derrière les sangles. On les y laissera assez long-temps pour qu'il les sente bien, mais pas assez pour l'irriter.

De la bride. Nous avons déterminé quelle est la position de la main, il nous reste à dire quels sont les emplois qu'elle fait de la bride.

Sitôt que l'on se met en selle, on saisit les rênes avec le pouce et le premier doigt de la main droite près du pouce de la gauche, on les élève perpendiculairement, sans serrer le coude contre le corps ni le remonter du même côté, et entr'ouvrant les doigts de la main gauche, on égalise la bride, en raccourcissant ou alongeant les rênes.

Les rênes étant égales, on ferme alors la main, et l'on rend le bras droit à sa position ordinaire.

Avant de mettre le cheval en mouvement, on doit toujours *le rassembler*, c'est-à-dire l'avertir qu'il va marcher.

Les rênes ajustées, il faut s'asseoir, se grandir du haut de sa taille, parler à l'animal ou le caresser, et baisser la main pour lui donner la liberté de se porter en avant. Le cheval ayant obéi, l'on placera la main à sa première position, et l'on n'emploiera plus d'aides que pour entretenir l'allure.

Quand on n'est pas habitué à monter à cheval, et que l'on trouve plus de deux rênes, on est souvent embarrassé, et même en danger de se brouiller. Nous conseillerons aux personnes qui auront peu de principes d'équitation de s'abstenir de faire aucun usage du bridon ou du filet. Lorsque la bride de leur monture sera par hasard accompagnée de ces additions, on attachera les rênes du filet ou du bridon au pommeau de la selle, ou bien on les prendra entre le pouce et le premier doigt.

Des airs du cheval. Les mouvemens du cheval sont appelés *airs* par les connaisseurs en équitation. Nous parlerons ici de sa marche.

Le *pas* est de toutes les allures celle qui donne le plus de sécurité.

Pour augmenter l'allure ordinaire de l'animal, on l'aide proportionnellement à ce qu'on désire en obtenir, en lui rendant la main. Le cheval ayant obéi, on cesse l'action des aides, et la main retourne à sa position.

Pour ralentir le pas, il faut retenir un peu la main et

augmenter progressivement l'effet des rênes, jusqu'à ce que le cheval soit mis au degré d'allure exigé. On doit toujours établir une proportion entre l'action des aides et l'effet des rênes.

En augmentant l'effet employé pour ralentir le pas et faisant sentir l'appui du mors sur la bouche du cheval, on l'obligera à s'arrêter; mais il faut alors augmenter doucement l'effet des aides pour éviter qu'il recule.

Aussitôt qu'il aura obéi, on lui rendra la main par degrés, en tournant les ongles en dessous, pour le récompenser de sa docilité; puis on lui rendra tout-à-fait la main, mais toujours par degrés, sans abandonner les rênes. Il est à propos de le caresser, en lui parlant et le frappant de la main droite sur l'encolure.

La même force qui oblige le cheval à s'arrêter, augmentée par degrés, le fera reculer. Il faut dans ce mouvement mettre le plus de justesse possible pour que le cheval ne recule pas de travers.

Si l'animal jette ses hanches à gauche, on le redressera en employant le secours de la jambe gauche, qui se fermera un peu contre son flanc. S'il se recourbe à droite, on emploiera l'autre jambe pour obtenir un résultat contraire.

Pour changer la direction, on doit toujours rassembler le cheval.

Quand on voudra tourner à droite, on relèvera les doigts pour tendre la rêne droite.

Il faut faire le mouvement opposé pour tourner à gauche.

On conseille de décrire un quart de cercle de cinq pas pour tourner, afin d'éviter que le cheval croise ses jambes de devant et ne tombe.

Manière de diriger la marche du cheval. La marche du cheval doit être soutenue par les aides, et sa direction réglée par la main qui tient la bride.

Si l'on veut aller *au pas*, il ne faudra, quand l'animal aura ralenti son allure, que presser légèrement ses flancs après l'avoir rassemblé. Lorsqu'on lui rend la main, il est très important de la faire accompagner par l'avant-bras; car si l'on baisse seulement la main, la rêne gauche est relâchée, et la main droite, demeurant toujours tendue, se fait sentir sur la barre du mors, et peut tromper le cheval.

La manière de rendre la main sans danger est de baisser l'avant-bras, en augmentant le creux du dessus du poignet, en sorte qu'elle puisse se soutenir au niveau du coude, et conserver en même temps sa direction perpendiculaire à l'arçon de la selle, et la ligne de l'encolure.

Le pas, si les aides sont en harmonie avec la bride, est doux, ferme et très commode : toutes les fois qu'il n'y a pas d'accord, cette allure devient inégale.

La position du cavalier au trot est celle qu'il a gardée au pas ; mais cette allure exige plus de souplesse, parce que les réactions se font sentir plus fortement. La souplesse, à cheval, amortit ces réactions ; augmente l'aplomb, et donne de la grâce.

Il ne faut jamais s'oublier à cheval : cette règle est importante, surtout dans cette allure. Le cavalier doit avoir la bride juste, laisser l'animal se déployer, et à cet effet rendre la main, sans pour cela l'abandonner.

Pour résister aux secousses violentes du trot, il faut suivre ses mouvements prompts et saccadés. Cette flexibilité doit être proportionnée à la dureté de l'allure : il ne faut pas prévenir ni retarder l'accord qui doit exister entre les ressorts du cavalier et les secousses du cheval.

Du sang-froid, de la flexibilité, de la justesse, voilà tout ce qui est nécessaire pour ne pas s'écarter de sa ligne un instant, pour que l'assiette ne vacille pas, et que l'on soit toujours bien en selle.

Quand on passe du trot au pas, ce qu'on fait en rassemblant le cheval et tirant la bride par degrés, ou (en terme de manége), par demi-arrêts, il faut bien éviter de porter le haut du corps en avant.

Pour partir au galop, soit du trot, soit du pas, on s'assurera si l'animal est d'aplomb sur ses jambes, et le cavalier lui fera sentir la rêne gauche en la raccourcissant, mais pas d'une manière assez forte pour lui faire changer de direction, puis il lui donnera un coup de cravache sur l'épaule droite ou le pressera des talons, en lui rendant un peu la main au même temps : le cheval se mettra franchement à l'allure désirée.

Ce qu'on vient de recommander pour le trot doit être appliqué au galop. Il faut sentir son cheval dans la main et faire souvent l'action de prendre et reprendre l'assiette, afin de cadencer le galop.

Quand le galop est juste à droite, le cavalier sentira sa cuisse droite rouler en dedans et la gauche rouler en arrière; au contraire, si le cheval galope juste à gauche, le cavalier sentira sa cuisse gauche rouler en avant; on éprouve dans ce dernier mouvement une réaction désagréable qui dérange l'assiette.

Dans le premier cas, on dit que le cheval galope sur le pied droit; dans le second, qu'il galope sur le pied gauche.

Pour le saut, il ne faut que rassembler le cheval, employer les aides nécessaires, et lui lâcher les rênes, que l'on reprend aussitôt que le saut est fait.

C'est dans la secousse violente du saut que le cavalier a besoin de tout son aplomb. Qu'il ne se penche pas sur l'encolure, qu'il ne porte pas son corps en arrière, qu'il se tienne ferme sur ses étriers, et surtout qu'il ait du courage.

VOCABULAIRE : *main*. On entend par main chacune des deux parties dans lesquelles on divise le cheval à l'égard de la main du cavalier.

Avant-main. C'est la tête, l'encolure, le train de devant.

Arrière-main. Les reins, la croupe et les extrémités du derrière.

Marcher à main droite se dit lorsque le cheval avance le côté gauche et s'incline en dedans du manége.

Marcher à main gauche. Le mouvement opposé.

Main de la bride. La main gauche du cavalier. On dit qu'un cavalier *n'a pas de main*, lorsqu'il se sert mal de la bride, et ne sait pas donner les aides avec justesse.

Appui à pleine main, *bouche à pleine main*, se disent du cheval qui a l'appui ferme, sans peser ni battre la main.

Appui au-delà de la pleine main, *bouche plus qu'à pleine main*. Ces mots désignent un cheval qu'on arrête avec force et qui obéit avec peine, quoique sans forcer la main.

Faire partir un cheval à pleine main. C'est le pousser de vitesse.

Cheval à toute main. Cheval qu'on manie facilement.

Cheval à une main. Celui qui n'a de la disposition à tourner que d'un côté.

Effet de la main. Ce sont des mouvements qui servent à conduire le cheval.

Sourd à la main. Qui n'est pas dans la main.

Forcer la main, *gagner la main*. C'est être insensible aux aides de la bride.

Travailler un cheval de la main. Employer seulement la bride pour le manier.

Mener un cheval à la main. Le promener sans qu'il soit monté.

Cheval de main. Celui qui est destiné à relayer un autre cheval.

Cheval à deux fins ou *à deux mains*. Le cheval commun qui sert à la selle et au cabriolet.

ÉQUIPEMENT D'UN CHEVAL. L'équipement d'un cheval se compose de la selle et de la bride.

La *selle* se divise en quartiers.

Le *pommeau* forme une petite proéminence sur le devant de la selle; la partie de derrière qui décrit la figure d'un arc, est désignée sous le nom d'*arçon*. L'intervalle qui sépare ces deux parties est le *siège*.

Le *poitrail* est cette courroie qui passe sur la poitrine du cheval, et maintient la selle en l'empêchant de tourner.

On trouve quelquefois une courroie qui va du poitrail jusqu'aux *sangles*, elle s'appelle *fausse martingale*.

Les *sangles* passent par-dessous le ventre du cheval, et servent à retenir la selle sur le dos de l'animal.

Les *étriers* sont ces deux appuis dans lesquels on place le pied pour monter à cheval, et qui servent de point de repos pour soutenir l'équilib. e.

La *croupière* s'attache à la partie postérieure de la selle, et passe sous la queue du cheval : elle est indispensable pour éviter que la selle se porte en avant.

La *tétière* est la partie qui sert de base pour soutenir toutes les autres pièces de la bride. Elle vient tomber sur la tête du cheval, derrière les oreilles.

Le *frontal* est placé sur le front au-dessous des oreilles.

Les *montans* sont attachés de chaque côté de la tête, à la partie supérieure, par une boucle qui se trouve à la tétière.

La *sous-gorge* retient la bride en passant sous la gorge du cheval, et s'attachant du côté gauche à la tétière.

La *muserole* est fixée dans les passans qui sont cousus aux montants de la bride, et passe sur le chanfrein du cheval.

Les *rênes* s'attachent aux anneaux du mors, et viennent à la main du cavalier.

Le *mors* est composé de trois pièces principales : les *branches*, *l'embouchure* ou les *canons*, et la *gourmette*.

Les *branches* sont ces barres droites ou recourbées, où

les rênes s'attachent, et que l'on voit hors de la bouche de l'animal.

L'embouchure traverse de l'un à l'autre côté des barres dans l'intérieur de la bouche du cheval.

La gourmette est placée sur la barbe, et soutenue par deux anneaux, ou par un crochet et un anneau, qui l'unissent aux barres.

Il est très-important de s'informer du caractère, des habitudes et des vices du cheval qu'on va monter pour la première fois, sans le connaître.

Lorsqu'on est à cheval, il faut se tenir toujours en garde. Un moment d'oubli peut devenir fatal au cavalier.

La force est inutile avec un animal plus puissant que l'homme. Il ne faut donc pas le punir avant d'employer l'adresse pour le détourner de ses caprices.

Quand le cheval s'obstine à désobéir à la bride, le cavalier doit tout faire pour vaincre sa répugnance.

ÉRABLE. (Jard. Acer. Famille des érables.)

Érable commun. (*Acer campestre.*) Il est propre à faire des avenues. On sème la graine dans un terrain frais. Le bois fait de très-jolis meubles, et différents ouvrages de menuiserie.

Érable sycomore. (*Acer pseudo platanus.*) Arbre naturalisé. Beau ports, mêmes usages : même culture.

Érable sucre. (*Acer saccharinum.*) Cet arbre de Pensylvanie se multiplie au mois de mars, dans une terre franche et fraîche, de semis et de boutures. On peut aussi le greffer en fente sur le sycomore. Il a les feuilles palmées, et donne ses fleurs en mai.

Les Canadiens tirent du sucre de cet arbre.

En 1810, le prince d'Auersperg établit une fabrique de sucre d'érable. On tire le sucre de l'érable en hiver par incision ; on fait bouillir, et sur deux cents livres de liqueur on obtient quinze livres de sucre. Il est dur, un peu transparent, d'une couleur rousse et d'une odeur suave.

Érable opale. (*Acer opalus.*) Cet arbrisseau de la Suisse, à feuilles lobées et dentelées, se cultive comme l'érable à feuilles de frêne.

Érable rouge. (*Acer rubrum.*)

Érable dasycarpans ou *eriocarpans.* Variété peu distincte du précédent.

Érable lobe. (*Acer lobatum.*)

Érable à épis. (*Acer spicatum.*)

Érable de Montpellier. (*Acer monspessulanum.*) Cet arbrisseau, à feuilles trilobées, est d'un bel effet.

Érable de Tartarie. (*Acer tartaricum.*) Il a les feuilles en cœur, et fleurit en mai.

Érable plane. (*Acer platanoides.*) Bel arbre indigène. Culture de l'érable commun.

Érable à feuilles laciniées. (*Acer laciniata.*) Variété du précédent sur lequel on le greffe.

Érable cotonneux. (*Acer tomentosum.*) Arbre à tige rouge, à feuillage d'un bel effet. Fleurs en mai. Il est originaire de la Virginie. Même culture.

Érable heterophyle. (*Acer heterophyllum.*) C'est un arbrisseau toujours vert, d'Orient, dont le feuillage très-

petit dure jusqu'à son renouvellement. Il se multiplie de marcottes ou de semis, au Midi.

Érable à feuilles de frêne. (*Acer negundo.*) Cet arbre de l'Amérique septentrionale fait un très-bel effet dans les jardins. Son bois est vert et couvert d'une sorte de poudre blanche. Il se sème en mars. On le multiplie aussi de boutures de jeune bois d'environ cinq pieds de long, en terre franche et fraîche. Il croît très-bien en cepée. Les boutures s'enracinent la première année, et les fleurs viennent en avril.

Érable hybride. (*Acer hybridum.*) Cet arbre est très-beau, mais peu connu.

Érable à feuille d'aubier ou duret. (*Acer opulifolium.*) Le bois en est extrêmement dur.

Érable jaspé. (*Acer striatum.*) Cet arbre, de l'Amérique du Nord, se cultive comme l'érable commun. Il se greffe en fente sur le sycomore ; mais il croît mieux de semis. Ses feuilles sont très-belles. Son bois est jaspé de blanc sur un fond vert ou rouge. Ses fleurs viennent en avril.

Érable de Crète. (*Acer triloba* ou *cretica.*) Joli arbrisseau. Même culture. On le multiplie aussi de marcottes, ainsi que les deux derniers.

ERGOT. (Méd. dom.) On appelle ergot une espèce de corps d'un violet brunâtre, qui se développe sur les graminées, et principalement sur le seigle. Il se compose du grain de seigle avorté, et d'un champignon particulier.

Sa présence dans le pain cause épidémiquement à ceux qui en font usage des fourmillements dans les membres, des pesanteurs de tête, des convulsions, des spasmes, des vertiges, une chaleur brûlante, une sorte d'ivresse, des douleurs aiguës d'estomac, quelquefois la gangrène de quelques parties du corps. On y oppose la saignée au début, des boissons acidules très-abondantes, du lait, des fécules, des légumes, des aliments doux et de facile digestion, l'application de cataplasmes de fleurs de sureau, avec addition de camphre sur les membres douloureux.

S'il y a gangrène, on emploie le traitement de cette affection. (Voy. GANGRÈNE.)

En médecine, on emploie l'ergot dans les symptômes morbides qui suivent et accompagnent les accouchements, à la dose de vingt-quatre grains en poudre, ou en infusion dans du vin, ou dans une infusion de menthe ou de tilleul. Le seigle ergoté accroît les contractions utérines, facilite en une ou deux heures les accouchements les plus pénibles, rend inutile l'emploi du forceps et arrête les pertes de sang. Son action s'épuisant en deux heures, il faut renouveler son emploi. Il ne convient qu'aux femmes peu irritables, et à bassin bien conformé, qui, pendant leur travail, ont des douleurs de reins, dont les contractions utérines se ralentissent ; si d'ailleurs l'enfant se présente bien, que le col utérin ne soit pas dur et résistant, et que la poche des eaux soit déchirée. Dans les autres cas, on ne doit s'en servir qu'avec prudence et précaution, et à faible dose, surtout chez les femmes jeunes, nerveuses et très-irritables.

Les effets avantageux du seigle ergoté pour accélérer les accouchements ont été constatés par un grand nombre d'heureuses épreuves. Aussi nous engageons tous les accoucheurs à en porter toujours avec eux, pour s'en servir au besoin.

ÉRIGERON DES ALPES. (*Jard.*) *Erigerum Alpinum.* Famille des corymbifères. On le multiplie de séparation de pieds en septembre, en bruyère demi-ombragée. Les fleurs sont grandes, bleues, à disque jaune. Elles paraissent en juillet.

ÉRINE DES ALPES. (*Jard.*) *Erinus Alpinus.* Famille des pédiculaires. Plante basse, vivace. Séparation des pieds en septembre, en terre de bruyère fraîche délayée. Elle donne en mars des fleurs roses en grappes.

ERS ou **ERVILIER** (*Agr.*) *Cervilia.* Famille des légumineuses. L'ervilier est une sorte de graine qui réussit dans les terrains maigres. Comme aliment, il est malsain et indigeste. Les pigeons et les moutons en sont friands. Il fait périr les cochons et les poules. Il y a plusieurs autres espèces d'ers : l'ers de Sologne (*ers soloniense*), l'ers sèche (*ers hirsutum*). Toutes donnent un bon fourrage.

ÉRYSIPÈLE. (*Méd. dom.*) L'érysipèle est une inflammation de la peau, caractérisée par une teinte rouge avec gonflement du tissu cellulaire. Ses causes sont : la malpropreté, les frottements durs et réitérés, l'attouchement de plantes vénéneuses, le contact de certains insectes, l'application de topiques irritants, les piqûres d'instruments imprégnés de matières animales en putréfaction, la variole, les affections de l'ame qui irritent le système nerveux. Il s'exaspère sous l'influence des aliments grossiers, des viandes gâtées, des épices, des liqueurs spiritueuses.

L'érysipèle n'est pas contagieux; il est fréquent au printemps et en automne, et attaque de préférence les individus à peau fine et délicate. Il s'annonce par des malaises, des nausées, de la lassitude ; puis survient une tuméfaction légère, et une rougeur plus ou moins forte qui disparaît par la pression, et se reproduit immédiatement. Ces accidents augmentent d'intensité, et sont accompagnés de fièvre, de chaleur, d'insomnie, d'embarras gastrique. Peu à peu les symptômes se dissipent; l'épiderme tombe par écailles; les croûtes se détachent, et l'érysipèle se résout. Quelquefois aussi l'érysipèle se termine par la gangrène. Cette terminaison est annoncée par une douleur vive, et la peau, de rouge et luisante, devient bientôt livide et plombée.

L'érysipèle attaque plusieurs parties du corps, mais celui de la face est le plus commun. Il est souvent accompagné de délire et d'affection du cerveau.

Traitement. L'érysipèle simple est peu dangereux. Lotions avec de l'eau fraîche, ou des décoctions de feuilles de mauve ou de sureau, ou bien de racine d'althéa, boissons délayantes, eau acidulée avec le sirop de vinaigre, limonade, petit lait. S'il y a inflammation, saignée générale, et saignée locale à une certaine distance du point affecté; bains de pieds et lavements laxatifs si l'érysipèle est à la face.

L'érysipèle peut présenter quelque complication, et être persistant; alors le médecin doit être consulté.

On confond quelquefois avec l'érysipèle une maladie appelée érythème, consistant en des rougeurs permanentes avec gonflement. On combat l'érythème par des bains tièdes et des émolliens.

ERYTHRONE. (Voy. DENT DE CHIEN.)

ESCALOPE. (SAUCE.) (*Cuis.*) Lever des filets de levraut, les couper par morceaux, les mettre avec un morceau de beurre, une demi-livre de lard, sel, poivre, muscade, girofle, ognon, carotte, bouquet garni; faire revenir à grand feu, mouiller de vin rouge d'Espagne, d'espagnole et de consommé; faire cuire les viandes à feu doux ; passer; mouiller d'une cuillerée à pot de blond de veau; faire réduire; ajouter du sang de lièvre, avec un peu de beurre ; bien remuer pour que le sang ne caille pas, et passer de nouveau.

ESCARBOT. (*Jard.*) Les escarbots sont des insectes coléoptères qu'on trouve principalement dans les fumiers et sur les charognes ; ils ressemblent aux hannetons, et nuisent également aux plantes.

La chaux vive, jetée dans les trous des escarbots, ou semée sur le sol, fait périr ces insectes. Si le soir on place un peu de mélasse sur un morceau de bois qu'on laisse flotter sur un baquet plein d'eau, enfoncé en terre, les escarbots accourent, et se noient, en voulant saisir l'appât.

ESCARGOT, ou *Hélice des vignes.* (*Helix pomaria.*) Genre des coquilles univalves.

Pour chasser les escargots, on choisit un temps doux et pluvieux, au printemps ou en automne, le matin ou le soir. On place autour des plantes, des tas de feuilles de choux et de poireaux : on y trouve bientôt les escargots réunis en grand nombre. C'est là le meilleur moyen de les détruire. La chaux vive et la poudre de tabac n'arrêtent ces animaux que tant qu'elles sont sèches. Les poules qu'on emploie pour les chasser grattent la terre et endommagent les légumes. Le canard et le goéland piétinent beaucoup.

ESCARGOTS. (*Cuis.*) Le gros escargot de vignes est le meilleur. On accommode les escargots en les mettant dans l'eau avec une poignée de cendres; après un quart d'heure d'ébullition, on retire la coquille; on lave les escargots à plusieurs eaux, et on les prépare soit en friture, soit en matelote, soit à la poulette, à la tartare, ou avec une sauce à l'ail.

ESCARGOT. (*Méd. dom.*) Le bouillon d'escargots est très mucilagineux; on l'emploie avec efficacité dans les maladies de poitrine. On en prend plusieurs tasses par jour, pur ou coupé avec du lait.

ESCARBOUCLE. (*Conn. us.*) C'est le nom qu'on donnait autrefois au grenat.

ESCOURGEON. (*Agr.*) *Hordeum.* Famille des graminées.

On appelle vulgairement cette plante *orge carrée.* Elle ressemble à l'orge.

Il vaut mieux semer l'escourgeon en août qu'en septembre. Le grain en est petit et de qualité médiocre ; mais c'est un bon fourrage. On le coupe au printemps, quinze jours avant le trèfle. On l'emploie vert ou sec. Il convient aux chevaux et aux bœufs.

Après la fauchaison, le terrain peut être employé à la plantation des pommes de terre ou à d'autres récoltes. Le blé peut le remplacer avantageusement.

La graine de l'escourgeon n'est bonne à semer que pendant un an.

ESPAGNOLE (sauce). (*Cuis.*) Mettre dans une casserole et sur un grand feu, avec une bouteille de vin blanc et une cuiller à pot de gelée, une noix de veau, le quart d'une noix de jambon, deux perdrix ou du faisan, quelques carottes et ognons, dont un piqué de clous de girofle : faire réduire, mouiller avec du jus et un roux ; ajouter un peu de thym, du laurier, des champignons, du persil et de la ciboule, des échalotes ; faire bouillir à petit feu pendant trois heures ; saler.

Espagnole travaillée. Prendre de l'espagnole, autant de consommé, une poignée de champignons ; faire bouillir à feu vif ; écumer et dégraisser ; passer à l'étamine, et tenir la sauce chaude au bain-marie. On peut ajouter du vin blanc.

ESPALIERS. (*Jard.*) On appelle espaliers les arbres à fruit palissés contre les murs.

Les espaliers réussissent plus sur les murs noirs que sur les murs blancs. Nous avons vu nous-même, dans un verger du château de Bois-le-Vicomte (Seine-et-Marne), une expérience décisive faite à ce sujet par M. Guesde, fermier de cette propriété. Un mur sur lequel s'appuyait un pêcher fut peint en noir d'un côté, et laissé en blanc de l'autre. Les fruits du côté noirci se firent remarquer par leur grosseur, et la végétation de ce côté acquit une activité supérieure. Le mur avait été coloré avec deux couches successives de goudron de houille bouillant. Ce goudron a de plus la propriété de chasser, par son odeur, les insectes qui se cachent soit dans les fentes des murailles, soit sur les branches des arbres.

Cette pratique serait, au reste, nuisible dans les lieux exposés à des gelées tardives : les fleurs dont l'épanouissement aurait été hâté seraient saisies par le froid, et il est préférable de chercher à retarder le développement des bourgeons, et à les préserver du froid. Pour cela, on enduit les murs de plâtre, et on garantit la tige des espaliers avec des planches mobiles de quelques pouces de long placées en avant et appliquées contre le mur.

On multiplie les espaliers en entrecoupant les jardins de murs. M. Thenderson a obtenu de meilleurs fruits et en plus grande abondance, qui mûrissent au moins dix jours plus tôt, en inclinant les siens du côté du soleil, du sommet à la base, et les écartant de la perpendiculaire par un angle de 55 degrés ; ces espaliers sont en bois, étayés sur des poteaux crépis de ciment romain, goudronnés et peints en noir à l'huile. Quand les arbres sont en fleurs, leur exposition étant aussi froide que celle des arbres en plein vent, on les protége avec des canevas.

Ces murs, ainsi inclinés, réfléchissent les rayons solaires, et produisent une chaleur telle qu'elle peut brûler la main. L'espace réservé derrière sert à des semis de champignons, ou à des hangars et serre-légumes.

La chaleur produite par les murs des espaliers ne se fait sentir qu'à quelques pouces de la muraille. On doit donc palisser les arbres très-près du mur, et rapprocher sans cesse les branches de la muraille. On évitera de retrancher par la taille les branches qui partent du corps de l'arbre ; la taille, ainsi pratiquée, fait porter les bourgeons en avant, et les éloigne du foyer du calorique ; les fruits perdent alors toute leur qualité et toute leur saveur.

Direction des arbres en espalier, par M. Sieule, jardinier du château de Pralin.

Ce jardinier emploie surtout sa méthode pour les pêchers. Il les laisse en entier, et forme sur l'arbre deux branches inclinées à l'horizon de 75 dégrés. Au printemps, avant la floraison, avec un instrument très-tranchant, il enlève les bourgeons ; il en laisse un vers le quart en bas, un autre vers le milieu, un troisième aux trois quarts, un quatrième à l'extrémité de la branche. Pendant l'été, il palisse ; il taille les branches latérales au mois de novembre, de façon à en ôter les trois quarts ; il laisse entières les deux grandes branches. Au printemps suivant, il ne leur laisse que quatre bourgeons disposés comme les premiers ; il n'en laisse aux latérales que trois, dont l'un continue la direction de la branche. Pendant l'été, il palisse.

Il continue ainsi chaque année. Le nombre des bourgeons se triple, et il obtient, la quatrième année, deux cent quarante-deux branches.

Dans un pêcher, avec cette méthode, il obtient d'abord annuellement environ seize fruits ; la seconde, il en a cinquante-deux ; la troisième, cent-soixante ; la quatrième, quatre cent vingt-quatre.

ESPÉRANCE (jeu de l'). (*Récr. dom.*). On joue ce jeu avec deux dés entre plusieurs personnes. Chaque joueur met un ou deux jetons pour la poule. On tire au sort à qui a les dés. Si celui qui a les dés amène un as, il donne un jeton à son voisin de gauche ; s'il amène un six, il met un jeton à la poule ; s'il a ces deux nombres à la fois, il donne un jeton à son voisin de gauche, et en met un à la poule. S'il n'avait qu'un jeton, la poule aurait la préférence ; tous les autres nombres sont indifférents, excepté les doublés. Quand un joueur amène un doublé, au lieu de passer le cornet à son voisin, il le garde ; s'il amène encore deux doublés, il gagne la poule. Quand on n'a plus de jetons, on est mort, et on ne reçoit plus le cornet à son tour ; quand le joueur placé à sa droite amène un as, il le fait *ressusciter* en lui donnant un jeton. C'est de l'*espérance* de la résurrection que le jeu tire son nom.

Celui qui est encore possesseur d'un ou de plusieurs jetons, quand il n'en reste plus à aucun autre joueur, gagne la partie.

ESPRIT. (*Ind. dom.*). On nomme *esprits* les produits obtenus par la distillation. Tous les esprits se composent de même, et les proportions seules varient. On prend douze à quinze parties pour les substances solides, comme la fleur d'oranger, le céleri, les concombres, l'angélique, etc. ; quatre à cinq parties pour les huiles et teintures ; on y ajoute de quinze à vingt parties d'esprit-de-vin, et environ autant d'eau fraîche de rivière. Les substances végétales solides se distillent ; les autres se préparent par une simple infusion, en agitant plusieurs fois par jour et tirant ensuite les esprits au clair. Pour certains esprits, les quantités varient, et l'on ne peut arriver à les connaître que par l'expérience. Au reste, les quantités sont peu importantes, et changent suivant les goûts des personnes et les objets auxquels on désire employer la préparation. (Voy. les noms des divers esprits.)

Procédé pour rectifier les esprits. On remplit à moitié une vessie de l'esprit qu'on veut rectifier, eau-de-vie, ou alcool, ou autre. On l'expose au soleil ou à l'étuve, l'eau s'évapore à travers les pores de la vessie; l'alcool reste, et en peu de temps l'esprit est rectifié.

Esprit-de-vin. (Voy. ALCOOL.)

Esprit de cochlearia. Faire infuser trois jours dans un litre et demi d'esprit-de-vin, deux livres et demie de feuilles fraîches de cochlearia pilées, et une demi-livre de racines de raifort hachées : distiller. On obtient par la distillation trois livres de liqueur. Cette préparation est anti-scorbutique.

Esprit de vinaigre. (Voy VINAIGRE.)

ESQUINANCIE (Voy. ANGINE.)

ESSAIM. (*Ann. dom.*) (Voy. ABEILLE, MIEL, RUCHE.) Une même ruche ne dure guère que sept ou huit ans, mais chaque année elle peut essaimer, c'est-à-dire que la mère ruche, ou souche, produit un essaim qui va s'établir ailleurs. Les essaims sortent de la ruche dans le courant du mois de mai ou de juin; dans les années chaudes et humides, ils avancent de quinze jours; ils retardent dans les années froides et sèches. Il ne faut pas confondre avec les essaims les vieilles mouches qui sont chassées par les autres, ou celles qui abandonnent leurs paniers faute de provision.

Dans le temps de l'essaimage, on surveille les abeilles avec soin. Quand les bourdons sortent pendant la chaleur du jour, et qu'ils font du bruit devant les ruches, que les abeilles descendent sur le siége de la ruche, qu'elles sont oisives, que l'entrée de la ruche est mouillée et que l'eau s'en exhale à cause de la grande chaleur qui y règne, qu'on entend des bourdonnements toujours croissants, c'est signe que l'essaim veut prendre sa volée : c'est ce qu'on nomme jeter.

Un ou deux jours après, l'essaim se foule à la porte de la ruche, en grand silence, puis il part tout-à-coup. Dans les ruches exposées à l'orient, le départ a lieu de neuf heures à deux heures; dans les ruches exposées au midi, quelques heures plus tard ; au couchant, de dix heures du matin à trois heures; dans les temps chauds, les abeilles jettent depuis huit heures du matin, jusqu'à quatre heures du soir. La jeune reine qui doit conduire la bande se montre la première. S'il y a plusieurs reines, l'essaim, ne sachant laquelle suivre, rentre dans la ruche, ou se divise en plusieurs bataillons. Les petites pluies fines n'empêchent pas les abeilles de sortir; mais le vent et les pluies un peu fortes les retiennent dans la ruche.

Il n'y a pas d'essaim quand les petits bourdons sont sortis avant la Saint-Jean, quand une ruche a été pillée par d'autres mouches, quand le panier étant dépourvu de provisions au printemps, les mouches sont trop faibles pour donner des essaims, quand la rigueur de la saison ayant fait périr beaucoup d'abeilles, celles qui restent tuent la jeune reine qui devait sortir, et gardent l'essaim comme renfort.

Si, dans ces cas, il sort un essaim, et que le pays ne soit pas fertile en fleurs et en sarrasin, il dépérit, et résiste rarement à l'hiver ; dans les contrées sèches, dégarnies et sablonneuses, il faut empêcher qu'une ruche s'épuise en jetant plus d'une ou deux fois. On examine si les rayons sont à découvert : s'il n'y a pas de vide c'est un signe que la ruche jettera encore. On fait alors une entrée de l'autre côté de la ruche, en bouchant la première, ce qui force les abeilles à un travail qui les retient. On peut aussi agrandir la ruche, si l'on désire y retenir les abeilles.

Si l'on voit que les abeilles s'attachent autour de la ruche et tardent à sortir, on les fait rentrer en les enfumant avec un vieux linge ; on frotte l'entrée de la ruche avec des feuilles de sureau et d'hièble. Les mouches retenues dans la ruche, pressées et échauffées, essaiment promptement. Après le départ, il faut frotter l'entrée avec du thym, des roses et de la mélisse, pour faire disparaître les premières odeurs ; ces opérations se font le soir et le matin.

Quand l'essaim est en marche, on lui jette avec un balai de l'eau, de la poussière ou du sable. S'il s'arrête et s'attache en grappes à des branches d'arbres, on place une ruche au bout d'une perche, et on en couvre l'essaim. Il est bon d'avoir des gants, et de se couvrir la figure d'un masque.

La ruche, où l'on recueille l'essaim, doit être éloignée de la mère ruche, pour que les abeilles ne soient pas tentées d'y rentrer; elle doit être bien aérée; on ne doit pas l'exposer d'abord au grand soleil.

On peut arrêter les essaims, en plantant des perches devant les ruches; on les lie par le haut avec d'autres perches mises en travers, et on y attache quelques bottes de jonc, de genet ou de bouleau.

En Corse, on emploie une méthode particulière pour fixer les essaims d'abeilles : l'homme qui garde les ruches, dans le temps où partent les essaims, tient sur ses épaules une petite ruche vide, dont le fond et les bords ont été frottés avec l'écorce de citron; il approche de l'essaim, et l'asperge avec du jus de citron dont il a rempli sa bouche. L'odeur attire les abeilles, et il suffit qu'une seule entre dans la petite ruche pour que toutes les autres la suivent.

Quand les mouches vont au champ, nettoient leur ruche, l'enduisent de propolis, vont au haut de la ruche pour bâtir les rayons et bourdonnent, c'est un indice qu'elles resteront dans la ruche.

Quelques uns s'assurent de leur séjour en les enfermant pendant vingt-quatre heures.

Quand plusieurs essaims à la fois sortent de la ruche, on tient sur leurs pelotons deux ruches renversées : en les enfermant, on fait en sorte qu'il en tombe autant dans l'une que dans l'autre, et on éloigne les deux ruches pour qu'ils ne se mêlent plus.

Quand on n'a pas de ruche prête au moment de l'essaimage, on enveloppe provisoirement l'essaim d'une serviette.

Quand un essaim est trop faible, par suite du mauvais temps, ou de la trop grande fécondité de la reine, on peut y ajouter un autre essaim. On enfume le soir la ruche de l'essaim faible, et on met sans danger sous cette ruche les abeilles nouvellement prises qu'on jette rudement sur une nappe. Elles montent dans la ruche, et le lendemain travaillent avec les autres.

Quand l'essaim est faible et tardif, on prévient la disette en lui donnant dans une assiette, du miel, un quarteron de sucre, et un demi-verre d'eau-de-vie, le tout mêlé. On couvre ce mélange d'un papier percé de petits trous, pour empêcher les mouches de s'engluer.

Les essaims qui sortent les premiers sont les meilleurs.

Quand on n'a pu arrêter les essaims, ils s'enfuient. On en trouve au mois d'avril dans les bois; l'heure la plus propre à cette recherche est quatre heures après midi. On les recueille en les enfumant avec du foin par dessus leur trou, et les obligeant à se réfugier dans des ruches.

Le propriétaire d'un essaim a le droit de le réclamer et de s'en ressaisir tant qu'il n'a pas cessé de le suivre; autrement l'essaim appartient au propriétaire du terrain sur lequel il s'est fixé.

Il n'est pas permis de troubler les abeilles dans leurs courses et leurs travaux. En conséquence, même en cas de saisie légitime, une ruche ne peut être déplacée que dans les mois de décembre, janvier et février. (Loi du 28 septembre 1791.)

ESSENCES. (*Économ. dom.*) Pour préparer des essences odorantes, on enlève le matin, quand la rosée est évaporée, les pétales des fleurs de jasmin, de roses, de jonquilles, de la violette, de tubéreuses, etc.; on les nettoie avec soin: on les expose au soleil, si leur odeur est assez durable pour qu'on ne craigne pas de la voir disparaître.

On imbibe du coton de bonne huile d'amandes douces, et on place les fleurs dans des boîtes de fer-blanc, en les alternant de couches de coton ainsi préparé. On les met en presse avec une pierre polie, et on expose le tout dans un endroit chaud pendant sept à huit jours; au bout de ce temps, on comprime fortement le coton, et l'huile en sort chargée de l'odeur des fleurs; ce moyen est même le seul pour extraire l'essence de certaines plantes dont l'odeur est très-difficile à fixer.

Cette huile peut servir à faire des pommades, et à aromatiser de l'esprit-de-vin. Pour obtenir ce résultat, prendre deux onces de l'huile ainsi préparée, la mettre dans une bouteille avec de l'esprit-de-vin; agiter fortement pendant plusieurs jours de suite; ajouter deux ou trois fois de nouvelle huile, jusqu'au moment où l'alcool sera imprégné de l'odeur des fleurs; enlever l'huile et filtrer. On se procure ainsi une essence suave et très-odorante.

On prépare encore les huiles de senteur en pilant les substances aromatiques, les mettant dans l'huile d'amandes douces ou dans l'huile d'olive, et les faisant bouillir deux heures au bain-marie. On exprime fortement, et l'on filtre au papier. L'huile d'olive a sur l'huile d'amandes l'avantage de rancir moins facilement.

Les essences odorantes, comme celles de girofle, de lavande, de menthe, de poirée, d'anis, de bergamotte, ont diverses propriétés. Mises dans l'eau de pluie, elles l'empêchent de se corrompre; mises dans la colle de pâte, elles empêchent la moisissure; la colle se durcit, mais revient à son premier état quand elle a été humectée. On peut ajouter à l'essence un peu de sucre brut et une très-petite quantité de sublimé corrosif, pour écarter les insectes et empêcher la colle de fermenter.

On appelle simplement *essence* l'essence de TÉRÉBEN-THINE. (Voy. ce mot.)

L'*essence grasse* qui sert à peindre la porcelaine s'obtient en faisant évaporer à l'air et à l'ombre de l'essence ordinaire. Quand elle est réduite, elle ne doit plus peser que douze pour cent.

Essence de gayac. (Voy. GAYAC.)

Essence d'Orient. On appelle aussi cette substance *blanc* d'ablette. (Voy. ABLETTE.)

ESSENCE DE GIBIER. (*Cuis.*). Prendre deux lapins, deux perdrix, un quart de veau, une livre de tranche;

mettre ces viandes dans une marmite avec une bouteille de vin blanc; faire réduire jusqu'à consistance de glace; remplir moitié de consommé, moitié de grand bouillon; ajouter carottes, ognons, girofle, thym, basilic; quand les viandes sont cuites, passer à travers un tamis.

Essence de légumes. Mettre dans une marmite trois livres de tranche, une poule, un jarret de veau, carottes, navets, ognons, laitues, céleri, cerfeuil, girofle, le tout mouillé de grand bouillon; écumer, et quand les viandes sont cuites, passer au tamis.

ESTOMPES. (*Ind. dom.*) Les estompes sont des cylindres faits avec de la peau roulée sur elle-même et collée, de façon que les extrémités présentent des cônes allongés que l'on taille comme un crayon. Les dessinateurs s'en servent pour étendre le crayon et former des ombres.

On se procure des estompes moins coûteuses, et qui donnent au dessin plus de moelleux, en taillant en estompes les tiges du topinambour (*helianthus tuberosus*), ou celles du sureau (*sambucus nigra*). On fait sécher ces tiges à l'ombre, et après leur parfaite dissécation, on les coupe par morceaux, et on les prépare.

ESTRAGON. (*Jard.*) *Artemisia dracunculus.* Famille des flosculeuses. Cette plante vivace se plante en contre-bordure. On la multiplie, soit en juin, de boutures à l'ombre dans du terreau, soit en septembre, par la séparation des pieds dans une terre chaude, franche et fumée avec soin. Elle demande à être arrosée dans les sécheresses et changée de place tous les trois ans.

Cette plante, très-aromatique, s'emploie dans les assaisonnements, les salades, les fruits confits au vinaigre.

ESTURGEON. (*Cuis.*) Genre *acipensère.* L'esturgeon remonte souvent les grands fleuves, en suivant les bateaux de sel; il vient frayer dans les rivières, et y suit les saumons pour les dévorer.

Quand on le pêche, il donne des coups de queue capables de renverser un homme.

La chair de l'esturgeon a le goût de celle du veau; ses œufs sont très-estimés; c'était un des mets les plus recherchés chez les romains.

Il y a deux espèces d'esturgeons:

Le grand esturgeon (*acipens er huso*), qui se pêche dans la Méditerranée, et atteint vingt-cinq pieds de long.

Le petit esturgeon (*acipens er sturio*), qu'on trouve dans les fleuves, en France. Il parvient rarement à vingt pieds de long.

La peau de l'esturgeon est dure et armée de plaques osseuses en losanges.

Quand on a un esturgeon entier, on le vide par la gorge et par l'anus; on ôte les ouïes; on lève avec un couteau les plaques latérales; on le lave bien, et on le met égoutter; on le prépare ensuite de diverses manières. On en tire une sauce maigre excellente en le traitant comme le blond de veau.

Esturgeon à la broche. Piquer l'esturgeon avec du lard ou des filets d'anchois; le faire mariner dans du vin blanc; le mettre en broche, et l'arroser pendant la cuisson avec une marinade. Quand il paraît cuit, le retirer et le servir avec une poivrade.

Esturgeon au four. Fendre le ventre de l'esturgeon, l'arroser d'huile, de vin blanc et du jus d'un citron; ajou--

ter sel, poivre et girofle; faire cuire au four, en arrosant avec sa cuisson; glacer, dresser sur le plat avec la marinade dessous, servir avec une sauce à l'huile.

Esturgeon au court-bouillon. (Voy. COURT-BOUILLON.) Il se cuit comme la carpe, seulement il demande plus d'assaisonnement; on place du feu dessous et dessus, et on arrose souvent; quand il est cuit, on le sert avec une sauce italienne dans laquelle on ajoute un morceau de beurre et du court-bouillon réduit.

Esturgeon en fricandeau. Lever la peau et les plaques, battre l'esturgeon comme une cotelette, le piquer de petit lard ou de filets d'anguilles et d'anchois; le mettre sur des bandes de veau et de jambon avec des carottes, ognons et bouquet garni; le mouiller de vin blanc, et couvrir d'un papier beurré; faire cuire et glacer, passer le jus au tamis, et y ajouter pour sauce trois cuillerées de vin d'Espagne.

OEufs d'esturgeon. (Voy. KAVIAR.)

ÉTABLE. (*Anim. dom.*) L'étable doit être aérée, sèche, pavée solidement, pour que les urines n'imprègnent pas le sol. Les planchers doivent être assez élevés, et les murs disposés de manière à être lavés facilement. Les bestiaux n'y doivent pas être trop resserrés; les fumiers anciens doivent être éloignés non-seulement de l'étable, mais du voisinage.

Quand les bestiaux ont parqué long-temps dans des prairies marécageuses, il convient de placer dans l'étable un vase contenant sept à huit onces de chlorure de chaux sec. Le chlore se dégageant lentement, et sans nuire à la santé des bestiaux, absorbe les miasmes qui se sont attachés à la peau des animaux. Il a été constaté que leur poil retenait des matières qu'on peut facilement dissoudre dans l'eau et qui la putréfient très-rapidement.

L'air de l'étable ne doit pas être trop sec. Quand la sécheresse est telle qu'elle pourrait favoriser le développement des épizooties, on la combat par de fréquents arrosements.

Il faut étriller les vaches tous les deux jours, et leur laver la queue; laver les auges et les rateliers avec de l'eau et du vinaigre.

On ménage des fenêtres et des ouvertures oblongues dans le mur de l'étable; on les couvre de paillassons quand on veut engraisser les bœufs. On tient le ratelier très-propre.

On enlève tous les jours la poussière et les toiles d'araignées. Les fumiers sont retirés, et l'on étend à la place une litière nouvelle.

Le ratelier reçoit le fourrage par une trappe placée au-dessus, et qui communique avec le grenier. De cette manière, aucune partie du fourrage n'est perdue.

Quand les étables sont destinées à l'engrais des bestiaux, elles doivent être très-sombres. Leur température y sera moyenne et égale.

Les étables sont plus ou moins longues, suivant le nombre des bestiaux. Ordinairement elles sont larges de quinze pieds. Une place de trois pieds et demi à quatre pieds suffit pour chaque animal. Elles ont huit à dix pieds de hauteur.

On élève le sol de huit à neuf pouces au-dessus du sol extérieur; on le pave et on lui donne un peu de pente pour faire écouler les urines. Une rigole, placée au bas de la pente, réunit les urines, et les conduit dans la fosse à fumier. Cette fosse est garnie de briques et de bitume. On y puise le suc de fumier au moyen d'une pompe.

On se procure un excellent engrais en mettant sous la litière des mottes de terre qui recueillent les sucs des fumiers et se mêlent aux excréments des bestiaux. On enlève cet engrais toutes les semaines; on le met en tas, et on le porte immédiatement dans les champs.

Pour faire le sol des étables solide et bien sec, on bat la terre, on y place des moellons, des cailloux et du mortier; puis on y répand une couche de chaux maigre fusée, de cinq centimètres, qu'on recouvre de petits morceaux de pierres et de cailloux. On bat cette couche, et on l'arrose de chaux dans laquelle on a délayé des briques pilées ou du sable fin, et on opère le nivellement.

On peut aussi carreler le sol en briques posées de champ, ou seulement le paver.

Les rigoles transversales doivent être à une demi-toise environ des pieds de derrière des animaux.

Les murs des étables doivent être chaque année blanchis à la chaux. Après une épizootie, on joint à la chaux du chlorure de chaux pour désinfecter, et prévenir le retour de la maladie. On met une bouteille de chlorure de sodium de Labarraque dans un seau d'eau; on frotte avec un petit balai, et on lave ensuite à l'eau pure. Les crèches doivent être bien jointes, et les rateliers à hauteur convenable. Les anneaux qui servent à attacher les vaches seront à cinq pieds les uns des autres. On attache les vaches avec un collier de cuir plutôt qu'avec une corde passée entre les cornes.

ÉTABLES *disposées pour les phthisiques.* (Voy. PHTHISIE.)

Les étables ou écuries à la limousine offrent un mode de construction très-avantageux. Au milieu est pratiqué un corridor, le long duquel sont placés les rateliers et les mangeoires, de sorte que l'étable est divisée en deux parties, et que de chaque côté les animaux ont le dos tourné au mur. On peut surélever la partie du milieu pour entretenir plus pur l'air de l'étable. Cette disposition facilite la visite et le nettoiement des mangeoires.

ÉTAIN. (*Ind. dom.*) L'étain est un métal blanc, solide, grenu, malléable et ductile. Il entre dans beaucoup de préparations; appliqué sur des lames de fer il constitue le fer-blanc. Six parties d'étain et quatre-vingt-huit parties de cuivre forment le métal des canons; vingt-deux parties d'étain et soixante-dix huit parties de cuivre, le métal des cloches.

On fabrique l'étain en le mêlant avec du plomb. Un certain craquement qu'on nomme *stridor*, ou cri de l'étain, indique sa pureté quand on le plie sous la main.

Les sels d'étain sont vénéneux.

Étain de glace ou *bismuth.* Ce métal a la propriété de s'amalgamer avec le mercure. La facilité de son emploi dans l'étamage des glaces a valu son nom; il se vitrifie aisément. Dissous dans l'acide nitrique, il donne une encre invisible qui ne paraît que par l'addition d'une dissolution de sonfre dans l'eau.

Pour donner à l'étain l'apparence de l'argent, on fait fondre parties égales de cuivre fin et d'étain doux; on y ajoute égales parties de bismuth et d'antimoine, puis on broie le tout avec un peu de résine, de sel ammoniac et de térébenthine. On le met en boules, et on le fait sécher à l'air. La poudre de ces boules, répandue sur l'étain fondu jusqu'à ce qu'il devienne blanc et dur, lui donne la couleur de l'argent.

L'étamage ordinaire se fait avec l'étain pur, ou un alliage d'étain et de plomb. On étame le cuivre d'une manière plus solide et plus durable, en alliant une partie d'étain avec une partie de fer. On chauffe le cuivre un peu au-dessous du rouge, et on applique avec force le lingot d'alliage dont on frotte lentement la pièce. On la laisse ensuite refroidir, et on gratte légèrement la surface de cuivre avec un racloir.

On étame ensuite avec une couche d'étain pur. (Voy. CUIVRE.)

L'étamage au zinc, employé par quelques ouvriers ambulants, donne un étamage brillant, mais facilement attaquable par les acides. On reconnaît ce genre d'étamage en faisant bouillir pendant quelques instants du vinaigre dans la pièce étamée. La surface du zinc est détériorée par l'acide acétique du vinaigre. Le zinc est d'ailleurs vénéneux, et a plus d'affinité avec l'oxigène de l'air qu'avec l'étain.

Étamage métallique pour préserver de l'oxidation les objets en fer ou en cuivre. Prendre cinq livres d'étain, huit onces de zinc, huit onces de bismuth, huit onces de cuivre jaune en baguette, huit onces de salpêtre pour purifier.

Ces matières se combinent de manière que l'alliage qui en résulte est dur, blanc, sonore. Le peu de cuivre qui entre dans la composition ne produit aucun vert-de-gris, parce que le bismuth le décompose totalement.

Les objets que l'on veut enduire ne doivent être chauffés, autant qu'il est possible, que dans la matière même, mise en fusion dans des tuyaux de tôle.

On les retire lorsqu'ils ont la chaleur suffisante, et on répand dessus du sel ammoniac; on les passe rapidement, couverts de ce sel, dans le vernis; on les essuie avec des étoupes ou du coton, comme cela se pratique pour l'étamage ordinaire, et de suite on trempe dans l'eau le morceau enduit.

Avant de passer dans cet étamage les batteries de fusils ou de pistolets, on en retirera les ressorts intérieurs.

Étamage du bronze. Le bronze étamé est employé dans certains départements du nord pour les ustensiles de cuisine. Pour en conserver l'étamage intact, on met dans le baquet, où ils trempent avant d'être lavés, un peu d'étain et des morceaux de crême de tartre. Le tartre d'étain qui se forme rétablit les parties de l'étamage endommagées.

On étame également le cuivre de l'intérieur des machines, pour en éviter l'oxidation, avec parties égales de zinc et de cuivre.

On étame tous les métaux, même la fonte, avec deux livres d'étain, quatre onces de limaille d'acier, autant de cristal concassé, deux onces d'étain de glace, deux de borax. On fait rougir les lingots composés avec ces substances, et on en frotte la pièce à étamer, en chauffant plus fortement que pour l'étamage ordinaire. On peut donner ensuite une couche d'étain.

On étame les objets en plomb en les plongeant dans un bain d'étain dont la température est immédiatement supérieure à celle de la fusion du plomb. On couvre les parties à étamer d'un mélange d'huile dans lequel on fait bouillir de la résine en poudre. Les parties qu'on veut préserver de l'étamage se couvrent de colle et de noir de fumée. On prépare les ustensiles légers, à la main, et les objets pesants avec des cordes et une poulie qui les descendent dans le bain d'étain.

L'opération réussit mieux si l'on tient ce bain sous une couche d'huile ou de matière résineuse.

Le plomb ainsi préparé est garanti de l'oxidation, et inattaquable aux acides.

ÉTAMINE (*Cuis.*) L'étamine est une étoffe de laine dont on se sert pour passer les liqueurs. (Voy. CHAUSSE.)

ÉTAMINE. (Voy. FLEURS.)

ÉTANG. (*Péche.*) L'étang est un réservoir d'eau douce où l'on conserve du poisson. Il est composé du réservoir, placé ordinairement dans un vallon; d'une chaussée, ou mont de terre tenace, qui soutient les eaux; d'une *poële,* fossé où s'amasse le poisson quand on vide l'étang, et d'une bonde, grande pièce de bois, qui sert à boucher l'ouverture qu'on laisse dans la chaussée, et à faire écouler les eaux.

La queue de l'étang est l'endroit par où l'eau y entre; La grille, ou décharge, celui par où on la fait sortir quand elle est trop abondante. Le relais, est le réservoir où l'on reçoit l'eau superflue.

Le sol de l'étang doit être au-dessous des sources qui l'alimentent, et ces sources doivent être abondantes pour l'alimenter en tout temps. Pour construire la mare de l'étang, on creuse un fossé de six pieds de large, dont la profondeur atteint la terre ferme. La terre qu'on en retire sert à élever le côté opposé à l'étang. On garnit dans toute sa profondeur la chaussée de glaise bien battue, en forme de talus.

Au bout de l'étang est un fossé d'environ six pieds de large sur trois pieds de profondeur, lequel vient aboutir au bassin qui se trouve au-devant de la bande. Ce bassin reçoit le poisson. Il doit être garni de terre glaise, ainsi que tout le voisinage de la bande.

Le talus, en dedans et au dehors, doit être très-prolongé.

Un fossé placé au bout de la chaussée sert à recevoir l'eau dans les grandes crues. On place au-devant un grillage en bas, pour retenir le poisson.

Un étang doit pouvoir se vider à volonté. On lui donne une pente d'environ quinze pieds de la queue à la bande. Les terres que procure le nettoyage de l'étang, battues avec la *demoiselle,* servent à exhausser la chaussée. La largeur de la chaussée est en rapport avec l'étendue de l'étang. On n'y doit jamais planter d'arbre. Loin de rendre le sol solide, ils facilitent l'infiltration de l'eau.

Le sol de l'étang doit être couvert de terre végétale et de sable gras; des herbes aquatiques en garnissent les bords. Il est bon d'y laisser entrer les bestiaux, dont le fumier augmente les qualités nutritives de l'eau, et donne bon goût au poisson. Quand le terrain est maigre et mauvais, on peut y jeter un peu de fumier bien consommé.

Les poissons bons à mettre en étang sont la carpe, à

raison de deux cents carpillons de deux ans par arpent. La tanche et l'anguille, qui se multiplient aisément, n'ont pas besoin d'y être mises en grande quantité. La perche, le brochet, dont la voracité nuisible est à craindre, et qui, par conséquent, doivent être très-peu nombreux, sont mis seulement quand les carpes ont deux ans. On emploie aussi le meunier, le véron, la menuise, l'écrevisse, etc.

C'est ordinairement au mois de mars qu'on empoissonne l'étang. (Voy. ALEVIN.) L'alevin s'appelle aussi feuille.

La profondeur des étangs varie de quatre à huit pieds.

Quand la surface de l'étang gèle, on fait des trous dans la glace près de la bonde, et on y met des bouchons de paille pour les tenir ouverts.

La bonde de l'étang doit être de très-bon bois, bien bouchée aux jointures. Elle se lève avec des vis et des léviers.

Quand l'étang est desséché par l'été, il n'y a pas de remède. On retire le poisson, et on sème le sol après l'avoir labouré. Si l'eau revient l'hiver, le poisson prospérera, parce que le labour aura donné à l'étang la qualité de terre neuve.

ÉTANG. (Cod. dom.) On nomme étang un amas d'eau retenu par des ouvrages de mains d'hommes. Chacun peut en faire sur ses héritages, pourvu qu'il ne nuise ni au public, ni à autrui. (Voy. CODE CIVIL, art. 524, 538, 564, 1582, 1583.)

La loi du 11 septembre 1792 autorise les préfets à ordonner la destruction des étangs sur la demande des conseillers municipaux, d'après l'avis des sous-préfets, lorsque, d'après les avis et procès-verbaux des gens de l'art, les étangs peuvent occasionner, par la stagnation de leurs eaux, des maladies épidémiques ou épizooties, ou que, par leur position, ils sont sujets à des inondations qui envahissent ou ravagent les propriétés inférieures.

Les préfets ne sont pas chargés du règlement des eaux d'un étang, propriété privée. Ce règlement est de la compétence des tribunaux.

Quand le propriétaire d'un étang, par des constructions nouvelles, ou un nouveau mode d'écoulement des eaux, apporte un préjudice notable aux propriétés inférieures, les tribunaux peuvent, sans excéder les bornes de leur pouvoir, ordonner le rétablissement des lieux dans leur ancien état, et même déterminer le mode et les moments de l'écoulement des eaux, de manière à ce qu'elles ne puissent nuire aux propriétés inférieures. (Arrêt de la Cour de cassation, du 16 février 1852.)

ÉTEIGNOIR. (Ind. dom.) On doit à la campagne attacher à chaque flambeau un éteignoir avec un petit chaînon de fer. Cette précaution est surtout indispensable dans le temps des récoltes, la moindre étincelle d'une chandelle qu'on souffle pouvant mettre le feu.

ÉTHER. (Méd. dom.) Les éthers sont des corps obtenus par l'action des acides sur l'alcool. Le plus commun est l'éther sulfurique ou hydratique, qu'on prépare avec l'alcool et l'acide sulfurique : il est incolore, d'une odeur suave et pénétrante, il brûle dans l'eau, il est très-facilement inflammable. Il s'altère à la longue, surtout dans les flacons à demi remplis, que l'on ouvre de temps en temps;

on doit le conserver dans des flacons à l'émeril. (Voy. FLACONS.)

L'éther à l'intérieur est stimulant, son action est toute instantanée; il calme les douleurs nerveuses et rhumatismales. Présenté sous le nez, il ranime les individus en état de syncope, de convulsion, ou d'asphyxie. La dose est de cinq jusqu'à trente gouttes dans une potion. Il convient dans les douleurs nerveuses de l'estomac, dans les affections hystériques et épileptiques, dans les spasmes et dans toutes les névralgies. Il faut le prendre vite, parce qu'il est très-volatil : si on le verse sur un morceau de sucre, il s'évapore pendant la mastication, et le sucre arrive presque seul dans l'estomac.

Le sirop d'éther a moins d'activité que l'éther pur.

Le mélange de deux onces d'éther, de deux onces d'esprit-de-vin, et de deux onces d'huile éthérée, forme la liqueur anodine d'Hoffmann.

ÉTIQUETTES (Ind. dom.) Les étiquettes pour les plantes et objets d'histoire naturelle, peuvent s'écrire en émail. Les étiquettes en bois se déteignent facilement et s'effacent.

Les étiquettes de zinc sont solides et durables, et résistent à l'humidité. On dissout dans dix parties d'eau une partie de vert-de-gris en poudre, une partie de sel ammoniaque en poudre, une demie partie de noir d'ivoire ou de fumée. On met les poudres dans un verre, et on y ajoute l'eau par degrés, on agite le mélange et on s'en sert pour écrire sur le zinc. (Voy. JARDIN.)

ÉTOFFES. (Conn. us.) Pour garantir les étoffes des vers, des teignes, des escarbots, on place dans les armoires de petits morceaux de bon cuir de Russie, ou un sachet de camphre, ou encore des herbes aromatiques, et la plante appelée VÉTIVER. (Voy. ce mot.)

Pour le dégraissage et le blanchiment des étoffes, voyez BLANCHISSAGE, EAU POUR DÉTACHER, LESSIVE, TACHES, etc.

Étoffes de soie. (Voy. SOIE.)

Pour colorer les étoffes, on peut délayer les couleurs avec une forte solution de gluten dans du vinaigre blanc.

Pour reconnaître la bonté des couleurs des étoffes, on les expose pendant quinze jours à l'air, au soleil ou à la pluie. Mais comme certaines couleurs, bien qu'altérables par certains acides, résistent à ces épreuves, il est nécessaire d'en indiquer d'autres.

On essaie le rouge, la garance, le jaune, le vert, et autres couleurs analogues, en faisant bouillir pendant cinq minutes dans une pinte d'eau un huitième de l'étoffe à essayer, avec un quart d'once de savon.

On essaie les couleurs bleues, la couleur de chair, le cramoisi, l'écarlate, le violet, le ponceau, la couleur fleur de pêcher, en faisant bouillir la même quantité d'étoffe à essayer dans une pinte d'eau, avec une demi-once d'alun dissous.

Pour les couleurs brunes, on fait dissoudre une once de tartre dans une pinte d'eau, et on fait bouillir un quart d'once de l'étoffe à essayer dans la dissolution, pendant cinq minutes.

Toutes les étoffes de soie et les cotons peints sur un fond rouge peuvent être altérés par l'humidité. On dit alors qu'ils sont piqués; quand les piqûres sont anciennes elles deviennent irremédiables; quand elles sont nouvelles, tremper du calicot blanc dans de l'eau de puits fraîche, le presser fortement au sortir de l'eau, pour en faire sortir la plus grande quantité d'eau possible, tordre l'étoffe altérée sur ce calicot, rouler avec soin les pièces l'une sur l'autre, les envelopper de linge propre, et les laisser pendant un jour à la cave. En déroulant, on trouve toutes les taches fixées sur le calicot.

Autre moyen. Plonger l'étoffe dans de l'eau où l'on a dissous du protochlorure d'étain. Cette substance absorbe l'oxigène qui causait les piqûres.

Quand des étoffes sont imprégnées de miasmes nuisibles, après les lavages au chlorure de chaux, on les expose à une température sèche de 78 deg. Réaumur : la chaleur sèche a la propriété de détruire les matières contagieuses.

Pour donner aux étoffes de coton, de laine, de toile, de feutre, etc., une solidité telle qu'elles puissent remplacer le cuir, on fait chauffer quatre onces de colle ordinaire, on y ajoute peu à peu deux onces d'huile de lin bouillie, puis une demi-once de noir d'ivoire ou de fumée, une once de blanc de plomb, et autant de terre de pipe : ou donne une couche de cette composition sur l'étoffe bien tendue; quand la couche est sèche, on en place une autre, et ainsi de suite, jusqu'à épaisseur convenable. On polit ensuite en passant entre des rouleaux, ou en frottant avec le tripoli ou la pierre ponce. L'étoffe ainsi préparée peut servir à tous les usages du cuir.

Étoffes imperméables. (Voy. CAOUT-CHOUC.)

ÉTOILES. (*Conn. us.*) On appelle étoiles les corps célestes dont on ne peut constater les mouvements.

Les étoiles fixes, situées à une immense distance, paraissent rester stationnaires ; on en compte quinze ou vingt de première grandeur, cinquante à soixante de seconde, mille de troisième, et quinze à vingt mille jusqu'à la septième grandeur. Les autres ne sont visibles qu'au télescope. Les plus voisines sont à des milliards de lieues, et leur lumière met plus de trois ans à nous parvenir.

On a classé les étoiles en constellations. On voit quelquefois de nouvelles étoiles qui disparaissent plus tard. Quelquefois la lumière d'une étoile diminue et augmente ensuite de nouveau. L'une d'elles met trois cent trentequatre jours à sa révolution. Une autre brille quinze jours ; sa lumière diminue pendant trois mois; elle est invisible cinq mois, et reprend pendant trois mois son éclat, pour le perdre ensuite.

La proximité des étoiles entre elles fait croire qu'elles tournent dans des systèmes planétaires et cométaires. Les étoiles dites *nébuleuses* sont supposées être de la vapeur d'eau condensée dans l'atmosphère.

ÉTOURDISSEMENT. (*Méd. dom.*) C'est une sorte de vertige ou de pesanteur considérable de la tête, avec trouble dans la vue, bourdonnement d'oreilles, flageollement des jambes. L'ivresse, l'abus des plaisirs des sens, la vapeur du charbon, la plénitude de l'estomac, causent ordinairement des étourdissements. (Voy. ASPHYXIE, IVRESSE.)

L'étourdissement peut provenir de la surabondance du sang. Une saignée suffit pour le faire disparaître. L'étourdissement simple se dissipe en s'asseyant et prenant un verre d'eau fraîche.

ÉTOURNEAU. (*Chass.—Cuis.*) *Sturnus.* Genre des passereaux. L'étourneau est moins gros que le merle; il a le bec jaune et brun; les plumes noires avec des raies rousses et des reflets verts. Il se nourrit d'insectes, de baies et autres petits fruits. Il gaspille les cerises et les raisins, dont on l'éloigne au moyen de mannequins de paille ou de bois qui servent d'épouvantails. Il niche sur les arbres et dans les clochers.

L'étourneau se prépare comme la mauviette. Il faut lui arracher la langue dès qu'il est tué, sinon il est amer.

ÉTUVE. (*Ind. dom.*) L'étuve de M. Darcet est un petit appareil peu coûteux et commode pour dessécher un grand nombre d'objets. C'est une boîte en sapin dans laquelle se trouve engagé le verre d'une lampe à double courant d'air. Un grillage en fer sert à supporter les objets qu'on veut faire sécher. Une espèce de tuyau distribue également l'air échauffé dans toute la boîte. La température du milieu de l'intérieur est telle que le noir de fumée que produit le quinquet est complétement absorbé. On obtient la température qu'on désire en baissant plus ou moins la mèche de la lampe, et en ôtant plus ou moins de bouchons de liége placés à l'extrémité supérieure de l'appareil. Cette étuve exige peu de soins, et ne coûte d'entretien qu'environ cinq centimes par heure, la lampe brûlant environ 54 grammes d'huile.

EUPHORBE. (*Jard. — Méd. dom.*) Les euphorbes sont une famille très-nombreuse de plantes à suc laiteux. Elles sont toutes plus ou moins corrosives, et beaucoup sont des poisons pour les hommes et les animaux. L'épurge (*euphorbia lathyris*) et l'ésule sont de violents purgatifs. On les prend en infusion à la dose de 50 grains. L'euphorbe de l'ipécacuanha, qui donne le médicament de ce nom, est une plante de Virginie, dont les tiges encore fraîches sont un poison violent.

Le remède contre l'empoisonnement par les euphorbes est le même que contre l'empoisonnement par les plantes âcres et laiteuses. (Voy. EMPOISONNEMENT.)

ÉVANOUISSEMENT. (*Méd. dom.*) L'évanouissement est précédé de malaise au cœur, d'anxiété, de vertige, de pâleur de visage; les paupières se ferment: la personne tombe.

Cet accident diffère de l'*asphyxie* en ce que le pouls, quoique très-faible, donne néanmoins des signes de sa présence, sinon au poignet, du moins vers la région du cœur.

J'ai observé deux degrés bien distincts dans l'évanouissement. Dans le premier, le patient peut encore tenir compte de son existence; il sent et entend sans pouvoir cependant exprimer ses sensations; dans le second, il n'a aucune connaissance, aucun sentiment : le pouls est si faible, qu'à peine un homme habile peut le distinguer.

Il y a des évanouissements pour cause morale et nerveuse, par suite d'une grande perte de sang, par l'effet de la plénitude de l'estomac, enfin par un excès de faiblesse.

Pour obvier momentanément à ces accidents, il faut d'abord éloigner toutes les causes qui auraient pu occasionner l'évanouissement; en général employer les odeurs fortes et piquantes, les barbes de plume dans le nez, sortir le malade au grand air, desserrer ses vêtements, lui jeter de l'eau fraîche au visage, lui bassiner le visage avec de l'eau mêlée d'eau de Cologne, de mélisse, de menthe, de la reine de Hongrie.

EXPECTORANTS. (*Méd. dom.*) Ce sont les médicaments qui possèdent la propriété d'accroître la sécrétion de la membrane muqueuse pulmonaire, et de favoriser l'expulsion des matières contenues dans les voies aériennes. Les principaux sont les infusions de plantes de la famille des labiées, la gomme arabique, la gomme ammoniaque, l'ipécacuanha à dose fractionnée, l'eau chaude sucrée.

EXPROPRIATION. (*Con. dom.*) Les lois d'expropriation pour cause d'utilité publique, ont été modifiées par une loi du 9 juillet 1853. L'évaluation des indemnités a été attribuée à des jurés; les tribunaux prononcent l'expropriation, quand l'utilité a été constatée et déclarée par une loi pour les grands travaux, par une ordonnance pour des travaux moindres. (On trouvera cette loi importante au Bulletin des lois, n° 107, et dans le Code rural, chapitre IX, titre 1er, de 164 bis à 252 inclusivement.)

EXTIRPATEUR OU GRAND DÉFRICHEUR. (*Agr.*) C'est une espèce d'araire à plusieurs socs, dont l'effet est de briser les terres en friche, et d'arracher les racines les plus fortes et les plus profondes. Cet instrument fait beaucoup d'ouvrage, mais il est cher et exige un fort attelage : ainsi, jusqu'à ce qu'il soit simplifié et fabriqué à

meilleur compte, il ne conviendra qu'aux personnes riches qui ont des défrichements à opérer.

Il ne faut pas confondre l'extirpateur avec le scarificateur. Dans l'extirpateur, les pieds plats coupent la surface de la terre horizontale; dans le scarificateur, des lames de diverses formes enlèvent la terre, en la tranchant verticalement.

EXTIRPATEUR ANGLAIS. Cet instrument est une espèce de tarière conique pour extirper les herbes à racine pivotante; il est emmanché comme une bêche. On l'enfonce en terre, et en le tournant plusieurs fois comme un vrille, on enlève la plante tout entière avec un peu de terre qu'on remet ensuite.

EXTRAIT. (*Conn. us.*) Un extrait est un corps retiré d'une substance à l'aide d'un dissolvant, et ramené par l'évaporation à une consistance molle et solide. On peut faire des extraits de toutes les plantes.

EXUTOIRES. (*Méd. dom.*) On appelle exutoire tout moyen d'établir des suppurations artificielles. (Voy. CAUTÈRE, VÉSICATOIRE.) Les exutoires doivent être appliqués quand le malade est sans fièvre et sans symptômes d'irritation. Il est dangereux de les supprimer quand ils sont anciens. On doit le faire avec précaution, lentement et en stimulant les sécrétions de la peau par des laxatifs légers, des bains chauds, des vêtements de laine.

F.

FABAGELLE COMMUNE. (*Jard.*) *Zygophyllum fabago.* (Famille des rutacées). Plante vivace de Syrie. Cette plante se multiplie de drageons ou de semis en pots qu'on rentre la première année. On l'expose près d'un mur, au midi, dans un terrain sec et léger. Les fleurs de juin en septembre sont d'un rouge orangé mêlé de blanc.

FACE. (*Méd. dom.*) Les altérations de la face fournissent différents symptômes qu'il est utile de connaître, les variations de la santé s'y réfléchissent comme dans un miroir.

La constitution sanguine est annoncée par un teint vermeil et fleuri. Quand la couleur rouge du visage s'augmente, c'est un indice d'une inflammation quelconque. Chez les femmes, la rougeur vive précède l'époque menstruelle, l'âge critique, ou l'hystérie. Les rougeurs qui paraissent dans ces différents cas sont désignées sous le nom de feux.

Dans la phthisie pulmonaire, les joues sont le siége de plaques rouges, très vives surtout quand la maladie est accompagnée de fièvre. Dans les maladies des voies respiratoires, la face est bouffie, légèrement violette, couverte de sueur, froide, et quelquefois pale; les ailes du nez se soulèvent, et la bouche reste entrouverte. On ob-

serve cet état dans le croup. Dans les maladies du cœur qui occasionent une gêne dans la circulation, la face est très injectée.

La pâleur plombée et les yeux cernés sont produits par l'habitation dans des lieux humides, l'onanisme, la fatigue et tous les excès.

Dans les maladies bilieuses, la face est d'une pâleur verdâtre.

Chez les convalescents, la pâleur de la face est unie à la bouffissure. Cette bouffissure disparaît ordinairement d'elle même. Chez les individus lymphatiques et scrophuleur, elle est presque permanente, tantôt blafarde, tantôt rougeâtre.

L'amaigrissement rapide de la face est le signe de maladies graves et d'une atteinte profonde portée à la nutrition.

Dans les congestions au cerveau, et dans les maladies nerveuses, il y a chaleur du front et des joues.

La face riante et gaie chez un malade annonce la convalescence. Pour les maladies de la face, voy. BOUTONS, ÉRYSIPÈLE, etc.

FAÇON. (*Agr.*) On appelle façons les labours et les cultures que l'on donne aux terres et aux vignes. Labourer, biner, herser, sont autant de façons. L'important est de donner ces façons, en temps convenable. (Voy. Les noms des mois.)

FACSIMILÉ. (Voy. FIEL DE BOEUF, PIERRE.)

FAGOT. (Con. us.) Le fagot est composé de branches d'élagage. Il ne se débite guères que dans les campagnes. Il vaut de 6 à 10 sous. Les meilleurs fagots sont ceux de bois de chêne et de charme. Outre les broutilles, ils doivent être garnis de quelques branches d'une grandeur convenable.

FAIBLESSE. (Méd. dom.) La faiblesse, quand elle ne dépend pas d'un vice de constitution, d'une maladie, ou d'excès prolongés, n'est nullement dangereuse. Elle se guérit par une alternative de repos et d'exercice modéré, des mets succulents, un peu de bon vin, des frictions faites avec de la flanelle.

FAIENCE. (Conn. us.) La faïence, connue des Égyptiens, fut renouvelée à Faenza, dans la Romagne. Un Italien en introduisit la fabrication en France, à Nevers. L'émaillage fut inventé au XVIe siècle par Bernard de Palisy.

La faïence est plus solide quand elle a été bouillie dans de l'eau avec un nouet de cendres. (Voy. CRISTAL.)

Assiettes de faïence. (Voy. ASSIETTE.)

La gravure sur faïence est une découverte toute récente. On la fait en humectant du papier joseph avec de l'eau saturée de quatre onces de salpêtre par litre. On imprime la gravure sur ce papier avec une planche de cuivre légèrement frottée d'huile, et une couleur d'une partie de cobalt et de deux parties de fer calciné, et de suffisante quantité de gomme et d'alun. On décalque l'impression du papier sur le biscuit de faïence, et on met ensuite en émail. Pour différentes couleurs, il faut différentes planches de cuivre qui impriment séparément.

FAIM. (Hyg.) La faim est la sensation perçue par l'estomac qui nous fait appéter les aliments. Elle diminue après l'ingestion des aliments, et est remplacée enfin par la satiété.

La perte de l'appétit indique l'inaptitude de l'estomac à recevoir et à élaborer les aliments. Le retour de la faim annonce celui de la santé. Cependant quelquefois des sensations morbides trompent le malade, qui se remet en danger par une alimentation inconsidérée.

Dans quelques circonstances la faim subsiste, quoique l'estomac ne soit pas convenablement disposé à recevoir des aliments. C'est ce qui arrive dans la grossesse. L'indication de satisfaire la faim ne doit pas être dans ce cas entièrement rejetée. On se conduit d'après la nature des accidens, et les inconvéniens attachés à l'ingestion ou à la privation d'alimens.

L'abstinence forcée est suivie d'une avidité extrême. Alors, sans mesurer l'alimentation à l'état des forces digestives, on se jette sur les premiers mets qui se présentent, et souvent on meurt victime d'une indigestion douloureuse.

Le choix des aliments peut être déterminé par des appétits et des dégoûts exclusifs. Ainsi dans la grossesse, l'estomac, sympathiquement affecté, repousse certains alimens, et en appète d'autres. On appelle fin canine ou cynorexie un besoin impérieux de manger, qui survient même aussitôt après un repas copieux. Cette espèce de névrose, ou

si on l'aime mieux d'échauffement d'estomac ou de promptitude de digestion, est ordinairement causée par un exercice forcé ou la présence de vers dans le conduit intestinal. (Voy. VERS.)

On a vu plusieurs fois des personnes sortant de table être tout à coup saisies d'un besoin de manger irrésistible, et même tomber en défaillance si elles ne prenaient quelque chose aussitôt.

Dans ce cas, il faut avaler un peu de vin pur, ou un demi-verre d'eau-de-vie, en ne se laissant pas aller au désir de prendre des alimens solides.

FAINE. (Voy. HÊTRE, HUILE.)

FAISAN. (Chass. — Anim. dom.) Phasianus. Famille des gallinacés.

On distingue le faisan commun, le faisan doré de la Chine, et le faisan d'argent. Ces deux derniers demandent plus de soins que le faisan commun. Au reste, ils s'élèvent et se nourrissent de même.

La chair des faisans est estimée depuis long-temps. Galien les recommande. « On en fait grand cas, dit un vieil » auteur, ès tables des grands seigneurs. »

Le faisan mâle ressemble à un coq; il a le plumage bleu et couleur de feu, la tête cendrée. Il suffit à sept poules. Il peut s'allier à la poule de basse-cour, et en avoir des petits plus gros que ceux de la faisane, et assez semblables aux faisandeaux.

Les faisans mâles sont jaloux, et se livrent entre eux des combats acharnés; il faut donc les séparer les uns des autres. On tient les faisans dans des endroits entourés de murs élevés et semés de buissons.

La ponte des faisanes commence au printemps. Elles dévorent souvent leurs œufs. On doit les enlever et les faire couver par une poule ordinaire. Ils sont au nombre de vingt environ.

Au bout de trente jours les faisandeaux sont éclos: on les nourrit de pain fait avec de la farine d'orge et de froment, de jaunes d'œufs mêlés à du chenevis pilé, de farine d'orge détrempée dans l'eau, d'œufs de fourmis, de fèves moulues, de millet, de navette. Au bout de six semaines, on leur arrache deux ou trois grosses plumes, et on les laisse courir. On leur donne du froment, de l'orge, du millet, de l'avoine, du sarrasin. Ils aiment fort ces deux derniers alimens. Quand on veut les engraisser, on les place dans des mues, et on les nourrit d'une pâtée d'orge et de fèves. L'engraissement dure trois semaines.

Au moyen âge, les vivandiers engraissaient les faisans pris dans les bois avec de l'eau miellée, du vin, de la farine d'orge, des fèves molles, du mil entier, de la navette, de la graine de lin cuite mêlée à de la farine d'orge.

On trouve les faisans dans les lieux retirés et tranquilles, le long des bois. Dans les temps pluvieux, ils se nichent dans les broussailles. On peut les attirer en semant du grain ou du sarrasin dans un terrain médiocre.

On chasse le faisan au fusil toute l'année, excepté au mois de mars qui est le temps de leur ponte.

Les faisans sont sujets à la pépie comme les autres oiseaux.

Les faisandeaux, et même les vieux faisans, peuvent s'apprivoiser. Pour les prendre, on écoute dès le matin de quel côté chantent les faisans. On tend deux collets, l'un à terre, et l'autre à la hauteur du jabot. Le faisan se prend en sortant du bois, ou en y rentrant. Si l'on a doute qu'il est dans un champ voisin, on fait du bruit pour l'obliger à fuir.

Les faisanes accouplées avec les coqs produisent un métis dont la chair exquise participe à la fois du goût du poulet et de celui du coq. On doit prendre un coq et une faisane du même âge, qui grandissent ensemble.

Pour engraisser le métis, on l'enferme dans une mue étroite et obscure, et pendant quinze à seize jours on lui donne une bouillie de lait, de farine d'orge et de jaunes d'œuf. Si au bout de ce temps on continuait l'engrais, il mourrait du vingtième au vingt-troisième jour.

FAISAN (*Cuis.*) *Faisan à la broche.* Laisser mortifier quelques jours, plumer, vider et flamber le faisan ; le piquer de lard fin, ou le barder. L'embrocher après avoir enveloppé la tête de papier ; le faire cuire trois quarts d'heure.

Faisan aux choux. Faire rentrer en dedans les cuisses du faisan, le brider, le piquer de moyens lardons, assaisonner de sel, de poivre et d'épices ; larder l'estomac et les cuisses, couvrir d'une bande de lard et ficeler ; le mettre dans une casserole avec du lard, un cervelas, quatre carottes, quatre ognons, des tranches de veau, des feuilles de laurier, des clous de girofle ; mouiller avec du bouillon ; ajouter un peu de poivre ; mettre le faisan au milieu d'un plat avec du petit lard, des cervelas, et les choux cuits avec le faisan.

Faisan à l'étouffade. Le mettre dans la casserole bridé avec du lard, le mouiller de vin blanc et de bouillon, le faire mijoter deux heures ; au moment de servir, l'égoutter, le débrider, et le dresser avec une essence de gibier. (Voy. ce mot.)

Faisan à la purée de lentilles. Larder le faisan, le faire cuire avec épices, lard, carottes et ognons ; le masquer d'une purée de lentilles ; saucer avec le mouillement de la cuisson. Les cuisses de faisan se préparent de même.

Faisan à la Périgueux. Vider le faisan par la poche, casser les deux os de l'estomac, hacher bien fin une livre et demie de truffes, les faire bouillir cinq minutes avec une demi-livre de lard, du sel, du poivre, des épices, un quarteron de beurre, autant d'huile ; les mettre dans le corps du faisan par la poche, placer à l'ouverture une barde de lard, et recoudre la peau par-dessus ; verser dessus une poêle (Voy. ce mot.) ; couvrir le faisan d'un rond de papier beurré, le faire mijoter une heure. Au moment de servir, l'égoutter, le débrider et le dresser avec une sauce de truffes hachées, du mouillement de la cuisson, d'espagnole et de fumet de gibier qu'on fait réduire à moitié et qu'on dégraisse.

Salmis de faisan. Dépecer les membres d'un faisan cuit à la broche ; les faire cuire avec un verre de vin blanc, un jus de citron, deux échalottes, un peu d'ail et de laurier, du consommé et de l'espagnole, un peu de glace ; passer la sauce à l'étamine au-dessus du faisan ; faire chauffer le salmis au bain-marie sans le laisser bouillir ; servir avec des croutons en cœur passés au beurre.

Salmis de faisan à la provençale. Faire cuire comme ci-dessus, en ajoutant plus d'ail, et de l'huile d'olive. Quand la sauce est passée, ajouter de l'espagnole, un peu

de gruau, de truffes, de champignons, d'échalottes et de persil hachés ; verser la sauce sur le faisan avant de servir ; ajouter du jus de citron, un peu d'huile et des croutons passés à l'huile.

Boudin de faisan à la Richelieu. Piler et passer les chairs d'un faisan avec quantité égale de pommes de terre cuites sous la cendre, le double de beurre, sel, poivre, épices et muscade, cinq œufs entiers ; poudrer un bout de table de farine, et faire dessus des boudins ; les pocher, puis les égoutter ; les paner avec deux jaunes d'œufs battus, du beurre fondu et un peu de sel ; les faire griller ; servir avec une sauce faite avec la carcasse du faisan.

Saucisson de faisan. Prendre une livre de chair de faisan, ôter les peaux et les nerfs, et procéder comme pour les saucissons de CHEVREUIL. (Voy. ce mot.)

Hachis de faisan. Hacher le faisan cuit à la broche, faire un roux léger, y mettre les foies et les poumons du faisan, du laurier, un clou de girofle, des échalottes, de la sauge ; mouiller avec du bouillon ; laisser réduire de moitié ; lier le hachis avec cette sauce ; servir avec des croutons frits à l'huile et des œufs pochés.

Mayonnaise de faisan. Laisser refroidir un faisan cuit à la broche, le couper par morceaux, le sauter avec sel, poivre, vinaigre, huile et ravigotte ; dresser avec un cordon de gelée autour du plat ; saucer d'une mayonnaise ; parer d'œufs durs, de filets d'anchois, de cornichons, de capres et d'estragon.

Filet de faisan à la Sainte-Menehould. Couper les filets, les assaisonner de sel et de poivre, les tremper dans du beurre tiède, puis de la mie de pain ; les poser sur le gril au moment de servir ; les servir avec une sauce tomate ou une italienne.

On prépare ainsi les filets aux truffes, en les faisant sauter avec sel, poivre, muscade, beurre et truffes. On les sert avec des croutons et une sauce de velouté et de fumet de gibier.

Croquettes de faisan, de même que celles de LAPEREAU. (Voy. ce mot.)

Faisan à la choucroute. Assaisonner le faisan en dedans de sel, poivre, épices, persil et ciboules ; le trousser, le piquer, le ficeler, le mettre cuire avec du lard, des cervelas, et de la choucroute ; égoutter, pour servir avec du lard et des saucisses.

Galantine de faisan. Désosser le faisan, le remplir d'une farce cuite, avec sel, poivre, épices, muscade, girofle, une livre de veau, truffes ; garnir le faisan de lits alternés de farce et de filets de lapereau ; coudre la peau, et rendre au faisan sa forme, autant que possible ; l'entourer de bardes de lard, et le faire cuire avec carottes, ognons, laurier, ail, girofle, jambon, jarret de veau, carcasse de gibier ; mouiller de vin blanc et de bouillon, de manière à ce que le faisan baigne dans l'assaisonnement ; le couvrir de papier, le faire cuire avec feu dessus et dessous, pendant trois heures ; le retirer, passer le fond de la galantine ; le mettre au feu, l'écumer et le dégraisser ; ajouter du vin blanc, laisser réduire, verser la gelée sur quatre œufs entiers cassés et battus, en remuant toujours. Quand la gelée devient blanche, presser dedans le jus d'un citron ; faire réduire encore ; faire chauffer la galantine au four de campagne ; la glacer, et la servir avec la gelée.

FALOURDE. (*Conn. us.*) La falourde est composée de morceaux de bois courts de chêne ou de charme; on compte trente falourdes dans une voie. Le prix moyen de la falourde est de 75 cent. (Voy. VOIE.)

FALSIFICATION. (*Conn. us.*) Comme toutes les substances se falsifient avec plus ou moins de facilité, il entre dans notre cadre d'indiquer avec soin tous les moyens employés pour altérer les qualités d'une substance. Aussi avons-nous soin de le faire dans le courant de cet ouvrage. (Voy. CAFÉ, CHOCOLAT, etc.)

Quand des substances végétales ou animales sont altérées par l'introduction de substances minérales, elles ne peuvent être réduites en charbon; elles sont plus pesantes, et se précipitent plus vite dans l'eau où on les délaie; elles s'écrasent difficilement sous la dent.

On reconnaît la présence d'un acide dans une matière quelconque, par une saveur aigre, celle d'un alcali par une saveur âcre. La teinture de tournesol, en devenant rouge par le mélange avec les liqueurs où il entre des acides, sert à éprouver les liquides.

On reconnaît dans une substance la présence du cuivre, en y mêlant un peu d'ammoniaque liquide; celle du fer, en y mêlant une infusion de noix de galle, qui donne aux liqueurs ferrugineuses une couleur bleuâtre ou noirâtre. La présence de l'amidon dans des fécules, dans les céréales, dans les pommes de terre, se reconnaît par la couleur claire que lui donne une solution d'iode dans l'eau.

Les drogues de pharmacie sont l'objet de falsifications d'autant plus nombreuses, que le public ignorant en chimie et en sciences médicales, ne peut s'appercevoir de la substitution. Ainsi on fait du sirop anti-scorbutique avec de mauvais sirop de mures et de l'esprit de cochléaria; de l'onguent populéum, sans bourgeons de peupliers; du sirop de groseilles et de violettes, sans groseilles et sans violettes; du sirop de salsepareille coloré avec de mauvais miel; on vend de la térébenthine du Canada pour du baume de la Mecque, de la feuille vénéneuse de redoul pour du séné, ou la racine d'agaric pour de la salsepareille; on mêle de la fécule ou du talc au lycopode; des pois en poudre, à la farine de moutarde; du mil à la farine de lin; de l'huile d'olives, de la graisse de veau, au beurre de cacao; de la térébenthine au copahu; de l'alcool aux huiles volatilisées, on falsifie le musc, l'opium, le cachou, l'ambre, etc.

Il serait inutile de chercher à reconnaître par des moyens chimiques ces diverses altérations, souvent assez bien déguisées pour embarrasser les pharmaciens eux-mêmes. On ne peut les éviter qu'en mettant autant de soin dans le choix d'un pharmacien que dans celui d'un médecin; on doit se méfier des drogues que vendent les épiciers, les herboristes, les confiseurs: s'ils vendent moins cher, c'est souvent parce qu'ils donnent un produit moindre; et on ne doit leur acheter que lorsqu'on sera assuré qu'ils sont dignes de confiance.

On récoltera soi-même autant que possible les plantes indigènes médicales, les plus usuelles: nous donnerons là-dessus tous les renseignements possibles. On trouvera ainsi une grande économie, les pharmaciens faisant sur la plupart de leurs préparations un bénéfice usuraire qui s'élève quelquefois à bien plus de cent pour cent.

FALTRANKS SUISSES. (*Off.*) Le faltrank est une boisson qui peut remplacer le thé; on la prend de même, et on la compose avec les plantes suivantes: une demi-livre de fleurs de primevère officinale, oreille d'ours, bouillon blanc, mélilot, feuilles et fleurs de thym, une livre de feuilles d'aspérule odorante, dix onces de fleurs de pied-de-chat, deux onces de fleurs d'arnique, quatre onces de millepertuis, quatre onces de feuilles et fleurs de serpolet, deux dragmes de prunier de Sainte-Lucie, un dragme de feuilles d'églantier, quelques feuilles de marjolaine, et des graines de coriandre.

FAMILLE. (*Conn. us.*) Comme on trouve souvent dans le cours de cet ouvrage la mention des différentes familles botaniques, nous avons cru devoir les réunir dans cet article, qui, avec quelques autres, formera un cours élémentaire de botanique. Nous citerons d'abord la nomenclature de Jussieu, qui réunit toutes les plantes dont les vertus sont analogues. Ces plantes sont rangées dans trois grandes sections: 1° acotylédones, 2° monocotylédones, 3° dicotylédones. Les cotylédons sont des lobes charnus que l'on remarque dans la graine prête à germer, appliqués l'un contre l'autre, et contenant l'embryon de la plante nouvelle. (Voy. BOTANIQUE, FLEUR, FRUIT, PLANTE, etc.)

SECTION Ire.

Plantes acotylédones n'ayant pas de cotylédon.

CLASSE 1re.

FAMILLE 1 : les *algues*; 2, les *champignons*; 3, les *hypoxilons*; 4, les *lichens*; 5, les *hépatiques*; 6, les *mousses*; 7, les *lycopodiums*; 8, les *fougères*; 9, les *characées*; 10, les *prêles*; 11, les *salviniées*.

SECTION II.

Plantes monocotylédones, n'ayant qu'un cotylédon.

CLASSE II. *Étamines hypogynes*, ou posées sous le *pistil.*

FAM. 12 : les *potamogetons*; 13, les *saururées*; 14, les *poivres*; 15, les *arum*; 16, les *massettes*; 17, les *souchets*; 18, les *praminées.*

CLASSE III. *Étamines périgines ou attachées sur le calice.*

FAM. 19 : les *palmiers*; 20, les *asperges*; 21, les *restiacées*; 22, les *joncs*; 23, les *commélines*; 24, les *alismas*; 25, les *butomes*; 26, les *juncaginées*; 27, les *colchiques*; 28, les *liliacées*; 29, les *bromélies*; 30, les *asphodèles*; 31, les *hémérocalles.*

CLASSE IV. *Étamines épigines ou posées sur le pistil.*

FAM. 32 : les *dioscorées*; 33, les *narcisses*; 34, les *iris*; 35, les *hæmodoracées*; 36, les *bananiers*; 37, les *amomum*; 38, les *orchidées*; 39, les *nymphéa*; 40, les *morrènes*; 41, les *balanophores.*

SECTION III.

Plantes dicotylédones, ayant deux cotylédons.

CLASSE V. *Apétales à étamines épigynes ou posées sur le pistil.*

FAM. 42 : les *aristoloches.*

CLASSE VI. *Apétales à étamines périgynes autour du pistil.*

FAM. 43 : les *osyris*; 44, les *mirobolans*; 45, les *chalefs*; 46, les *thimélées*; 47, les *protées*; 48, les *laurinées*; 49, les *polygonum*; 50, les *bégoniacées*; 51, les *arroches.*

CLASSE VII. *Apétales*, étamines *hypogynes.*

FAM. 52 : les *amaranthes*; 53, les *plantains*; 54, les *nyctages*; 55, les *plumbagines.*

CLASSE VIII. *Monopétales*, *étamines hypogynes.*

FAM. 56 : les *primevères*; 57, les *utriculaires*; 58, les *rhinanthacées*; 59, les *orobanches*; 60, les *acanthes*; 61, les *jasminées*; 62, les *pédalinées*; 63, les *verveines*; 64, les *labiées*; 65, les *personnées*; 66, les *solanées*; 67, les *borraginées*; 68, les *liserons*; 69, les *polimoines*; 70, les *bignones*; 71, les *gentianes*; 72, les *apocins*; 73, les *sapotilliers.*

CLASSE IX. *Monopétales*, *étamines périgynes.*

FAM. 74 : les *ébènes*; 75, les *klenacées*; 76, les *rosages*; 77, les *bruyères*; 78, les *campanules*; 79, les *lobéliacées*; 80, les *gesnériacées*; 81, les *stylidées*; 82, les *goodenoviées.*

CLASSE X. Monopétales, étamines *épigynes*, anthères réunies.

FAM. 85 : les *chicoracées*; 84, les *cinarocéphales*; 85, les *corymbifères.*

CLASSE XI. *monopétales*, étamines *épigynes*, anthères distinctes.

FAM. 86 : les *dipsacées*; 87, les *valérianes*; 88, les *rubiacées*; 89, les *chèvre-feuilles*; 90, les *loranthées.*

CLASSE XII. *Polypétales*, étamines *épigynes.*

FAM. 91 : les *aralies*; 92, les *ombellifères.*

CLASSE XIII. *Polypétales*, étamines *hypogynes.*

FAM. 93 : les *renoncules*; 94, les *pavots*; 95, les *fumeterres*; 96, les *crucifères*; 97, les *capriers*; 98, les *mélèzes*; 99, les *érables*; 100, les *hyppocratées*; 101, les *malpighies*; 102, les *mille pertuis*; 103, les *guttiers*; 104, les *oliviers*; 105, les *citronniers*; 106, les *terstronnées*; 107, les *théacées*; 108, les *méliacées*; 109, les *vignes*; 110, les *geranium*; 111, les *malvacées*; 112, les *buttnériacées*; 113, les *magnoliers*; 114, les *diléniacées*; 115, les *ochnacées*; 116, les *simaroubées*; 117, les *anones*; 118, les *ménispermes*; 119, les *berbéridées*; 120, les *hermaniées*; 121, les *tilleuls*; 122, les *cistes*; 123, les *violacées*; 124, les *polygala*; 125, les *diosmées*; 126, les *rutacées*; 127, les *caryophyllées*; 128, les *linacées*; 129, les *tamarix.*

CLASSE XIV. *Polypétales*, étamines *périgynes.*

FAM. 130 : les *paronychiées*; 131, les *portulacées*; 132, les *saxifrages*; 133, les *cinnoniacées*; 154, les *crassulées*; 135, les *cactes*; 136, les *ronces*; 157, les *loasées*; 138, les *ficoïdes*; 159, les *cercodiées*; 140, les *onagrées*; 141, les *myrthes*; 142, les *mélastomes*; 143, les *salicaires*; 144, les *rosacées*; 145, les *calycanthes*; 146, les *blackwcliacées*; 147, les *légumineuses*; 148, les *térébinthes*; 149, les *pittósporées*; 150, les *rhamnées.*

CLASSE XV. *Monoïques*, *dioïques et polygames.*

FAM. 151 : les *euphorbes*; 152, les *cucurbitacées*; 153, les *passiflorées*; 154, les *myristicées*; 155, les *orties*; 156, les *amentacées*; 157, les *conifères*; 158, les *cycadées.*

MÉTHODE DE TOURNEFORT.

C'est la plus simple et la plus facile de toutes les méthodes; elle est surtout fondée sur la forme et les divisions de la corolle.

Toutes les plantes sont d'abord comprises dans deux grandes classes : les *herbes* et *sous-arbrisseaux*; les *arbres* et *arbrisseaux.*

Chacune de ces classes se subdivise en deux sections : *fleurs pétalées* et *fleurs apétales*; et les fleurs pétalées sont elles-mêmes *simples* ou *composées*, *monopétales* ou *polypétales*, *régulières* ou *irrégulières.*

Herbes à fleurs simples, monopétales et régulières.

CLASSE Ire. *Companiformes*, ou en cloche.
CLASSE II. *Infundibuliformes*, ou en entonnoir.

Irrégulières.

CLASSE III. *Perronnées*, ou en masque.
CLASSE IV. *Labiées*, ou en gueule.

Simples polypétales régulières.

CLASSE V. *Cruciformes*, en crain.
CLASSE VI. *Rosacées*, en rose.
CLASSE VII. *Ombellifères*, en ombelle.
CLASSE VIII. *Caryophyllées*, en œillet.
CLASSE IX. *Liliacées*, en lis.

Irrégulières.

CLASSE X. *Papillionacées*, en forme de papillons ou tachetées comme les ailes de ces insectes.
CLASSE XI. *Anomales*, sans épis fixes.

Herbes à fleurs composées (réunion de plusieurs petites fleurs ou fleurons sur un réceptacle commun).

CLASSE XII. *Flosculeuses* : composées, dont les fleurons ont une corolle régulière et à cinq divisions (le bluet).
CLASSE XIII. *Demi-flosculeuses* : fleurons terminés en languette, supérieurement et inférieurement en cornet (le pissenlit).
CLASSE XIV. *Radiées* : deux espèces de fleurons au disque des *flosculeux*; au rayon des *semi-flosculeux* (le souci.)

Herbes à fleurs apétales.

CLASSE XV. *Apétales* pourvues d'un calice apparent (l'orge).
CLASSE XVI. *Apétales* sans fleurs apparentes; paquets poudreux sur le dos des feuilles ou sur des épis (les fougères, les osmondes).
CLASSE XVII. *Apétales* sans fleurs ni graines apparentes. (les mousses, les algues, les champignons).

Arbres à fleurs sans corolle.

CLASSE XVIII. *Apétales* proprement dites (le frêne).
CLASSE XIX. *Amentacées*, ou fleurs en chaton.

Arbres à fleurs pétalées.

CLASSE XX. *Pétalées* à corolle monopétale (le jasmin).
CLASSE XXI. *Pétalées* à corolles polypétales régulières, ou *arbres rosacés* (le poirier).
CLASSE XXII. *Pétalées* à corolles polypétales irrégulières, ou *arbres papillonacés* (l'acacia).

Ayant tiré de la corolle la distinction générale des classes, Tournefort établit ensuite celle des ordres, d'après le pistil, le calice, le fruit, etc.

SYSTÈME SEXUEL DE LINNÉE.

Le système de Linnée se divise en vingt-quatre classes, dont les caractères sont tirés du *nombre* des étamines, de leur *position*, leur *proportion*, leur *absence*. Chacune de ces classes est divisée en ordres; chaque ordre, en genres; chaque genre, en espèces.

Caractères fondés sur le nombre des étamines.

CLASSE I. *Monandrie*, une seule étamine (le balisier).

CLASSE II. *Diandrie*, deux étamines (la sauge).

CLASSE III. *Triandrie*, trois étamines (le froment, l'iris).

CLASSE IV. *Tétrandrie*, quatre étamines (le cornouiller).

CLASSE V. *Pentandrie*, cinq étamines (le chèvrefeuille).

CLASSE VI. *Hexandrie*, six étamines (le lis).

CLASSE VII. *Heptandrie*, sept étamines (le marronnier d'Inde).

CLASSE VIII. *Octandrie*, huit étamines (le blé sarrasin).

CLASSE IX. *Ennéandrie*, neuf étamines (le laurier).

CLASSE X. *Décandrie*, dix étamines (l'œillet).

CLASSE XI. *Dodécandrie*, depuis douze jusqu'à vingt étamines (la salicaire).

Sur la position et le nombre des étamines.

CLASSE XII. *Icosandrie*, environ vingt étamines insérées au tube du calice (la rose).

CLASSE XIII. *Polyandrie*, de vingt à cent étamines insérées sous l'ovaire (les cistes).

Sur le nombre et la proportion des étamines.

CLASSE XIV. *Didynamie*, quatre étamines, dont deux ongues et deux courtes (les labiées).

CLASSE XV. *Tétradynamie*, six étamines, quatre longues et deux courtes (les crucifères).

Sur la connexion des étamines.

CLASSE XVI. *Monadelphie*, les étamines réunies par les filets, les anthères libres (la mauve).

CLASSE XVII. *Diadelphie*, étamines réunies en deux faisceaux par les filets (les papillionacées).

CLASSE XVIII. *Polyadelphie*, filets des étamines réunis en trois corps ou plus (l'oranger).

CLASSE XIX. *Syngénésie*, anthères réunies en un seul corps, le style libre (les fleurs composées).

Caractères fondés sur la position des étamines.

CLASSE XX. *Gynandrie*, étamines insérées sur le pistil (l'arum).

Sur la présence et la combinaison des sexes.

CLASSE XXI. *Monœcie*, fleurs unisexuelles sur la même plante (le noyer).

CLASSE XXII. *Diœcie*, fleurs unisexuelles sur des pieds séparés (le chanvre).

CLASSE XXIII. *Polygamie*, fleurs hermaphrodites, et fleurs unisexuelles sur un même ou sur différents pieds (le frêne).

Sur l'absence des étamines.

CLASSE XXIV. *Cryptogamie*, plantes dont les sexes sont cachés et inconnus (les champignons, les algues, les mousses, les lichens, les fougères).

Caractères des ordres.

Les ordres dont se composent les treize premières classes tirent leurs caractères du nombre des *pistils*, qui vont depuis un jusqu'à douze et au-delà. Ainsi, on dit : *monogynie, digynie, trigynie*, etc., *dodécagynie* et *polyginie*.

La XIVe classe, ou *didynamie*, se divise en deux ordres: 1. *Gymnospermie*, ovaire quadrilobé, chaque lobe monosperme (les labiées). — 2. *Angyospermie*, fruit recouvert, le style surmontant un ovaire entier (la digitale).

La XVe classe, *tétradynamie*, a aussi deux ordres : 1. *Tétradynamie siliculeuse*, fruit en silicule (le cochléaria). — 2. *Siliqueuse*, fruit oblong ou silique (le navet).

La XVIe, la XVIIe et la XVIIIe classe tirent leurs ordres du nombre des étamines.

La XIXe, *syngénésie*, a six ordres : 1. *Polygamie égale*, fleurons hermaphrodites, fertiles (l'artichaut). — 2. *Polygamie superflue*, fleurons du disque hermaphrodites, fertiles, ceux de la circonférence femelles (la camomille). — 3. *Polygamie frustranée*, fleurons ou demi-fleurons du disque hermaphrodites et fertiles, ceux de la circonférence stériles. — 4. *Polygamie nécessaire*, l'inverse du précédent (le souci). — 5. *Polygamie séparée*, fleurons en groupes, dans les calices différents, ou environnés d'écailles (la boulette). — 6. *Monogamie*, fleurs distinctes entre elles, ovaire polysperme (la violette).

La XXe classe tire ses ordres du nombre des étamines ; la XXIe et la XXIIe ont pour ordres toutes les classes précédentes, excepté la XIXe.

La XXIIIe, *polygamie*, a trois ordres : 1. *Monœcie*. — 2. *Diœcie*. — 3. *Triœcie*, fleurs hermaphrodites, ou seules, ou accompagnées de fleurs unisexuelles sur deux autres plantes (le figuier).

La XXIVe classe, *cryptogamie*, a quatre ordres : 1. *Fougères*, feuilles, avant leur développement, roulées sur elles-mêmes. — 2. *Mousses*, tiges filiformes, feuilles membraneuses, sessiles. — 3. *Algues*, foliature en lames. — 4. *Champignons*, substances spongieuses, solides ou tubéreuses.

FANAGE. (Voy. FOIN.)

FANGE (Voy. COMPOT, ENGRAIS, FUMIER.)

FANTASMAGORIE. (*Con. us.*) La fantasmagorie fut inventée en 1798, par le physicien Robertson, cette illusion d'optique est produite par des procédés analogues à ceux de la lanterne magique. (Voy. ce mot.)

FAON. (*Chass.*) Jusqu'à l'âge d'un à huit mois, on appelle faon le petit du chevreuil et du daim. (Voy. ces mots.)

FARCE. (*Cuis.*) Les farces sont des hachis de viande dont on remplit les volailles, et dont on garnit certains mets avant de les faire cuire.

Farce cuite. Couper en dés des blancs de volaille crus, les mettre dans une casserole avec du beurre, du sel, du poivre et de la muscade; passer au feu doux dix minutes; égoutter les blancs, et les laisser refroidir. Ajouter dans la casserole bouillon, mie de pain, persil haché; remuer avec une cuiller. Quand la mie est en panade, laisser refroidir. Mêler et piler égales portions de blanc, de mie de pain et de tétine de veau. Quand on a bien pilé pendant une demi-heure, y ajouter des jaunes d'œufs. La farce faite, la mettre dans une terrine, pour s'en servir au besoin.

On peut substituer au blanc de volaille toute espèce de viande.

Farce à quenelles. Piler égale quantité de mie de pain et de beurre; ajouter des blancs de volaille, des jaunes d'œufs, du sel; du poivre, un peu de muscade, et deux blancs d'œufs fouettés.

FARD. (*Conn. us.*) En exprimant notre opinion sur les cosmétiques en général, nous avons sans doute voulu condamner le fard en première ligne. Toutefois, comme il peut se trouver des dames qui désirent l'employer, nous en donnons ici la recette.

Fard rouge ou *rouge végétal.* Envelopper d'un sac de toile un peu de carthame (Voy. ce mot.); tremper le sac dans l'eau, et le presser jusqu'à ce que l'eau qu'on en tire ne soit plus que légèrement colorée. Mettre ensuite le carthame dans une dissolution de sel de tartre; y verser du jus de citron goutte à goutte. Quand la liqueur prend une couleur rouge cerise et laisse déposer une fécule, décanter, y verser une seconde eau claire, et décanter de nouveau. Mêler la fécule sèche avec du talc de Venise en poudre, et mettre en pots.

Il faut employer du carthame de l'année : lui seul peut donner un beau rose.

Le *fard blanc* se fait avec du talc infusé pendant quinze jours dans du vinaigre; puis, retiré, et lavé à l'eau fraîche. On l'applique en le mêlant à de la pommade.

L'extrait de carthame se vend sous le nom de *rose en tasse.* C'est une laque d'un vert bronze. Elle reprend la couleur rose, quand, dissoute dans l'eau, elle se précipitée sur du talc en poudre, ou sur un morceau de laine fine.

FARINE. (*Conn. us. — Ind. dom.*) La farine est composée d'albumine, substance analogue au blanc d'œuf; de gluten, d'amidon, d'un principe résineux sucré, nommé *mucoso-sucré*, et de l'écorce de blé.

On connaît l'emploi de la farine pour faire le pain et la pâtisserie; on la mêle également aux sauces. La farine de blé dur sert à faire des vermicelles, des macaronis, et autres pâtes qu'on fabrique principalement en Italie. En Allemagne, on fait une pâte avec de la farine et du beurre; on la coupe en rubans qu'on roule sur eux-mêmes, et qu'on fait sécher pour les conserver. Ces rubans se cuisent à l'eau, et s'apprêtent comme le macaroni. La farine sert dans l'industrie à coller les toiles et les papiers, à faire des pains à cacheter, etc.

On la donne aussi comme aliment aux animaux qu'on veut engraisser.

On tire une farine de toutes les semences céréales, comme le froment, le seigle, l'orge, le millet, le maïs, etc. La plus employée est celle de froment.

La meilleure farine est d'un jaune clair; elle est sèche, inodore, pesante; elle s'attache aux doigts, et pressée dans la main, elle reste en pelote; elle est moelleuse et fine, sans être en poudre impalpable et trop unie quand on l'étend sur une surface plane. La pâte qu'on en fait absorbe le tiers de son poids d'eau, ne se rompt pas, et s'affermit promptement à l'air. Elle est liante, et légèrement sucrée.

La seconde qualité de farine a un œil moins vif, et est d'un blanc plus mat.

La troisième qualité, ou *farine bise*, est d'un jaune foncé.

La quatrième qualité, ou *farine piquée*, est mouchetée de taches grises. La pâte qu'on en fait est courte, mollit et s'attache aux doigts. Les farines détériorées ont une odeur acide et un mauvais goût, quelquefois une odeur de savon. Elles sont de couleur grise ou jaune obscur.

Les farines fournissent d'autant plus de pain et se conservent d'autant mieux qu'elles sont plus sèches. On doit donc faire attention à la plus ou moins grande humidité de la farine qu'on achète. La belle farine de gruau contient ordinairement sur 100 parties 16 parties d'eau, et 84 parties de substances sèches. Exposée à l'humidité, à une température moyenne, les parties d'eau s'augmentent de 4.

Un sac de farine de 525 livres doit fournir 102 pains de 4 livres. Quand il contient de la fécule, il ne fournit guère que 92 pains.

La qualité de la farine dépend beaucoup de la mouture et du blutage. Si les meules sont trop rapprochées, et qu'elles tournent trop rapidement, la farine s'échauffe, et le son ne s'en sépare pas aisément. Les meuniers mélangent des grains avariés aux blés de bonne qualité, et les humectent, ou bien ils mêlent du son avec la farine.

L'action violente de la meule qui échauffe la farine, et la dispose à fermenter, est aidée par la présence d'une humidité surabondante. Comme dans la plupart des moulins on n'entretient pas de courant d'air au moyen d'un van ou d'un ventilateur, la farine n'est nullement desséchée, ce qui d'ailleurs en augmente le poids, et est dans l'intérêt des meuniers.

Les farines des divers blés, mêlées dans des proportions quelconques, sont meilleures que d'autres faites avec une seule espèce. Ainsi on peut mêler ensemble les blés suivants pour obtenir un bon produit :

1° Une partie de blé rouge de Roussillon; une de blé rouge d'Egypte; deux de blé à barbe de Normandie; autant de blé commun d'été.

2° Une partie de froment du Gard; autant de froment du Piémont à barbe noire, et de froment à paille pleine; deux parties de froment de Philadelphie.

3° Une partie de froment à balles violettes; deux de froment commun d'été, autant de froment Lama et de blé rouge du Roussillon.

4° Une partie de blé barbu de Normandie; autant de blé de Roussillon; deux parties de blé blanc de Russie, autant de blé commun d'été.

Les farines de blé nouveau se conservent mal, s'aigrissent vite, et donnent un pain lourd et pâteux. On doit le mélanger avec du vieux grain.

On tire un peu de farine du son en le passant au tamis après l'avoir laissé deux ou trois mois en sac. Quand cette farine est blutée, elle est d'un blanc roux, et très-savoureuse. Le son, substance ligneuse qui forme l'enveloppe du grain, existe plus ou moins dans la farine, suivant le degré de mouture et de blutage. Cuit ou fermenté, il peut se donner aux animaux, avec plus de profit que s'il était cru.

L'amidon, dont la fabrication nous a déjà occupés (voy. AMIDON), sert à certaines pâtisseries et sucreries; les tisserands donnent, au moyen de cette substance, du lustre aux toiles, aux gazes, aux laines, au linge de corps et de

39

table. On en extrait encore un sirop qui peut remplacer le sucre.

L'albumine est plus abondante dans la farine d'avoine que dans la farine d'orge; on l'a cherchée en vain dans le seigle.

Le *mucoso-sucré* se trouve dans la proportion de huit à dix pour cent dans les farines de froment et de seigle : il est moins abondant dans les autres céréales. On l'obtient des eaux où l'on a lavé de la farine, par l'évaporation jusqu'à consistance de sirop.

L'amidon se trouve dans le froment à raison de soixante-dix-huit pour cent. Il est insoluble dans l'eau froide. L'eau bouillante le change en une matière épaisse, collante et transparente. Il est insipide et inodore.

Le gluten, corps végéto-animal, que contiennent le blé et la farine : il est spongieux, élastique, insoluble dans l'eau. La bonne farine en donne par livre quatre à cinq onces d'un jaune clair. La farine provenant d'un blé mal moulu, mal tamisé ou humide, en donne trois à quatre onces au plus, d'un gris cendré, et mêlé de son. La farine de blé gâté en contient à peine; le gluten est en relation directe avec le poids du grain. Le blé travaillé et desséché perd de son poids, et en même temps de son gluten. Il en résulte qu'il est nuisible de moudre trop longtemps la farine.

Le blé dur et corné contient plus de gluten que le blé tendre.

Pour obtenir le gluten de la farine, on mêle ensemble une once de farine et une demi-once d'eau froide; on pétrit bien; on expose cette pâte au filet d'eau d'une fontaine, en faisant passer l'eau à travers un tamis, et en pétrissant doucement : quand l'eau cesse d'être laiteuse, le gluten reste dans les mains. Le gluten des mauvaises farines est grenu, et s'échappe avec l'amidon. Pour le recueillir, on peut faire l'opération au-dessus d'un petit tamis.

Les vieux auteurs distinguent quatre sortes de farine, la fleur, la farine commune, la farine de ménage, la farine de son.

Ils recommandent cinq choses pour en faire de bon pain : 1° le bon froment bien criblé; 2° la farine bien moulue, qui n'est ni trop fraiche ni trop gardée; 3° la pâte bien pétrie dans un sac; 4° le levain et le sel par mesure; 5° la cuite du pain raisonnable et icelui mangé à temps. (Voy. PAIN.)

Pour conserver la farine, on moud le blé vers le commencement de l'hiver; on blute la farine, et on la met dans des tonneaux par couches de six pouces dont chacune est pilée et foulée également. On fait poser le couvercle sur la couche supérieure; on le serre avec des vis, et on verse dessus du goudron chaud; on conserve la farine ainsi tassée à la cave. Pour s'en servir, on la tire avec une râcloire, on l'écrase, on la passe par un tamis un peu gros, et ensuite par un tamis plus fin.

Pour faire du pain avec de mauvaise farine avariée, on fait bouillir des orties dans l'eau destinée à pétrir, ou bien encore on met la farine au four pendant cinq heures dans un plat creux de terre vernissée : quand on la retire, elle est couverte d'une croûte légère; si l'on perce cette croûte, il s'en exhale en abondance une vapeur fétide. Quand la farine est froide, on la pétrit, et on en obtient alors un bon pain.

Moyen d'éloigner les mites de la farine. Y jeter des verges de bois d'érable dépouillées de leurs feuilles, et exposer la farine à l'air.

La fécule se mélange assez fréquemment à la farine. Cette falsification n'est pas nuisible à la santé; mais la farine mêlée à la fécule a moins de qualités nutritives, et donne moins de pain. Examinée à la loupe par un temps clair, cette farine altérée laisse voir de petits cristaux brillans; mise à l'épreuve de la séparation du gluten, elle en donne moins que les autres farines.

Quelques meuniers falsifient la farine avec des mélanges de sable, d'os, de craie et de pierres pulvérisés. Si on suppose cette fraude, on prend une poignée de farine au fond du sac; on la pèse, on la remue dans un verre, on la laisse reposer; on décante légèrement en changeant d'eau jusqu'à ce qu'elle soit claire. S'il y a au fond du verre plus d'un centième de matière étrangère à la farine, ce sera un indice certain de la falsification.

FARLOUSE. (*Chass.*) *Alauda pratensis.* Genre des alouettes. C'est un oiseau petit, à plumage rembruni sur le dos, moucheté de vert, de jaune, de blanc, de noir et d'olivâtre. Il se tient habituellement dans les prés, et y place son nid. Il ne vit que de petites graines et d'insectes, et chante très-bien, surtout au printemps. On l'apprivoise comme le moineau.

FAROUCH (Voy. TRÈFLE incarnat.)

FARCOLE. (Voy. HARICOT.)

FAUCHEUR. (*Var.*) *Phalangium.* Genre d'insectes aptères. On en compte douze ou quatorze espèces. On les trouve sur les murs plâtreux, et sur les fleurs. Quoique analogues aux araignées, ils en diffèrent beaucoup par leur organisation. Ils ne font aucun mal : ainsi l'on peut se dispenser de les détruire.

FAUCILLE. (*Agr.*) La faucille est un petit instrument qui sert à faire la moisson du blé. Il y en a de dentelées et de non dentelées. (Voy. FAUX.)

FAUCON. (*Chass.*) *Falco.* On appelle faucon un genre d'oiseaux de proie assez nombreux, qui comprend l'autour, la cresselle, la buse, l'épervier, etc. Le faucon commun est gros comme une poule; il a le bec ainsi que les pieds jaunâtres; ses plumes, d'abord très-brunes, s'éclaircissent quand il a trois ans, et blanchissent dans sa vieillesse; ses ailes sont très-grandes et s'étendent presque au-delà de la queue. Cet oiseau est très-hardi, et s'élève à une prodigieuse hauteur. On le dressait autrefois pour la chasse. Bien que cette chasse soit tombée en désuétude, il peut être curieux de savoir comment on parvient à apprivoiser le faucon et les autres oiseaux de son genre. Nous en dirons quelques mots :

Quand on a pris un faucon, on le rend familier en l'attachant par le pied, et l'empêchant de dormir quatre jours et quatre nuits. On le met dans un cabinet à fenêtres grillées. Ces fenêtres sont garnies d'une petite perche et de petits gazons, pour que l'oiseau puisse prendre l'air. On place dans le cabinet un baquet plein d'eau garni de sable et de petites pierres. On le nourrit sur le poing, matin et soir, avec du bœuf, du mouton haché, du chien de lait, du chat, du pigeonneau, du poulet. Au bout de quelque temps, on le met dans un endroit obscur, on l'habitue à se laisser mettre un chaperon, à venir sur le poing, puis à courir sur l'oiseau qu'on lui présente, aussitôt qu'on le déchaperonne, d'abord dans sa cage, puis en pleine campagne. On lui fait cuire de la cervelle, du foie et de la langue des oiseaux qu'il prend.

FAUVETTE. (*Chass.* — *Anim. dom.*) *Sylvida motacilla.* Genre fauvette. On en distingue plusieurs espèces.

La fauvette à tête noire fait son nid au mois de mai et à la fin d'août, dans des buissons ou dans les touffes de lierre ou de laurier ; ce nid est construit d'écorces de vigne et de racines d'herbe. Elle pond cinq œufs, couve avec soin, et reste auprès de son nid pendant tout le printemps.

Les petits qu'on veut élever doivent être pris six ou huit jours après leur naissance. On les nourrit d'une pâte de chenevis écrasé, de persil haché et de mie de pain, ou de cœur de veau. On leur donne ensuite toutes sortes de grains, du chenevis, des mouches et des vers.

La fauvette peut apprendre à prononcer certains mots, comme *petit-fils.* Elle doit être tenue chaudement l'hiver, et avoir sa cage bien couverte. Elle vit six à sept ans.

La fauvette des roseaux arrive en France au printemps, et en disparaît en automne. On la rencontre sur les osiers, les saules et les roseaux. Elle ne chante pas, mais elle fait entendre des cris continuels.

La fauvette brune se trouve sur le bord des ruisseaux. Elle est très-vive et très-gaie.

La fauvette babillarde a le bec allongé, le dessous du corps blanchâtre, le dessus gris et brun. Elle disparaît de nos contrées en automne.

La fauvette d'hiver est sauvage, et sort peu des bois. Ses plumes sont noirâtres.

Cet oiseau est ordinairement maigre, amer et coriace, quoiqu'on le mange comme l'alouette.

FAUX. (*agr.*) La faux convient mieux aux orges et aux avoines que la faucille ; elle égraine trop le blé et rend l'engerbement difficile ; on s'en sert pour le sarrazin. La faucille est plus convenable pour le froment.

Il faut prendre la faux de manière à couper l'herbe bien rase ; quand la lame est émoussée, on la bat avec un marteau sur une petite enclume portative.

FÉBRIFUGE (Voy. FIÈVRE).

FÉCULE. (*Écon. dom.*) *Manière de la fabriquer.* Laver les pommes de terre et les brosser, les râper dans un vase rempli d'eau ; mettre les râpures sur un tamis de crin, et y verser de l'eau en agitant jusqu'à ce que l'eau soit très-claire ; la pulpe qui reste sur le tamis sert de nourriture aux bestiaux et aux volailles. On laisse reposer l'eau qui a passé, pendant cinq ou six heures ; on décante et on remplace l'eau enlevée par d'autre, qu'on décante encore après l'avoir laissée reposer huit à dix heures ; on délaie la farine qui reste au fond dans de nouvelle eau, et on la passe au tamis de toile ; si on n'a pas de tamis, on enlève la superficie de la farine. Quand l'eau qui surnage est très-limpide, on enlève la farine avec une cuiller de bois, et on la fait sécher en tas sur du papier gris, puis sur des claies d'osier ; cette farine constitue la fécule,

aliment léger et nourrissant dont on fait des bouillies, des gâteaux et des pâtisseries.

Les pommes de terre jaunes donnent le plus de fécule ; les pommes de terre à peau rouge en produisent le moins ; celles à peau violette donnent une fécule de bonne qualité, mais peu abondante ; la pomme de terre blanche marbrée de rouge intérieurement est la moins propre à cette extraction. Les pommes de terre qui commencent à germer ne contiennent pas de fécule, cette substance étant détruite par la germination.

Le produit d'un setier de pommes de terre en livres de fécule varie suivant les saisons, d'après l'aperçu approximatif suivant : *mars*, 45 à 38 ; *novembre*, 58 à 45 ; *octobre*, 52 à 40 ; *septembre*, 52 à 58 ; *avril*, 58 à 28 ; *août*, 25 à 26 ; *mai*, 28 à 20.

Si l'on n'a pas assez de bestiaux pour consommer de suite la pulpe ou parenchyme de pommes de terre, on peut la conserver dans des citernes en maçonnerie ; on l'arrose chaque jour de quelques seaux d'eau. Si la fermentation lui donne quelque goût, on le lui enlève en la lavant à grande eau. Pour l'employer, on la mêle avec égale quantité de son, de paille hachée ou même de balle de grains.

On peut aussi mêler le parenchyme de pomme de terre à de la farine, et en faire du pain : ce pain est blanc, sain, savoureux, moins cher que le pain ordinaire, et de meilleure conservation.

Les procédés pour la fabrication de la fécule en grand ne diffèrent de ceux indiqués ci-dessus qu'en ce que chaque opération se fait à l'aide d'un appareil spécial. Comme ils ne conviennent qu'aux exploitations manufacturières, il est inutile de nous en occuper ici.

Les pommes de terre gelées ou gâtées sont aussi bonnes que les autres pour donner de la fécule, et c'est un moyen de les utiliser.

On fabrique du sirop, puis du sucre avec de la fécule. Les procédés de fabrication sont également trop compliqués pour trouver place dans un Dictionnaire des Ménages. (Voy. SUCRE, POMME DE TERRE).

On peut tirer aussi de la fécule des marrons d'Inde et des glands, en les râpant dès qu'ils sont cueillis, et en les traitant comme la pomme de terre. La fécule de marron d'Inde est d'un blanc de neige ; celle de gland, d'un fauve pâle. Elles se précipitent après deux ou trois lavages ; elles sont saines, légères, et sucrées. La fécule de marron d'Inde donne une bonne colle. Ces fécules sont d'un poids égal au sixième du fruit décortiqué.

Pain de fécule. Mettre dans vingt-cinq kilogrammes d'eau froide deux livres et demie d'orge germée ; au bout de cinq heures, presser l'orge fortement, et décanter ; ajouter vingt-cinq autres kilogr. d'eau ; chauffer jusqu'à soixante degrés centigrades au bain-marie, et verser dans la solution douze kilogrammes et demi de fécule ; laisser sur le feu quatre à cinq heures en entretenant la même chaleur ; quand le liquide est en sirop, prendre une portion de levure, la délayer dedans, verser ce liquide dans le pétrin avec cinquante, soixante ou quatre-vingts pour cent de farine, et en faire du pain.

Le sirop ainsi obtenu s'appelle dextrine ; on en fait aussi des babas qui se conservent six à huit jours.

FELD-SPATH. (*Var.*) C'est une substance pierreuse qu

domine dans les terrains primitifs; elle forme divers cristaux colorés que l'on emploie dans la bijouterie.

FÉLURES. (Voy. CIMENT, FAÏENCE, FER, etc.)

FEMME. (*Hyg.*) Les femmes sont naturellement plus faibles et plus irritables que les hommes, et leur éducation, loin de réprimer par un régime sévère les vices de leur tempérament, les exaspère, au contraire, et les expose à un grand nombre de maladies nerveuses. En général, le régime qui leur réussit est celui des jeunes gens: point d'aliments difficiles à digérer; point d'irritants, comme le café, les épices, les liqueurs. Les viandes blanches, les végétaux, les herbages, les racines, les légumes, les fruits leur conviennent. Quand la femme mène une vie active qui la rapproche de l'homme, son régime doit changer en conséquence, et se rapprocher de celui de l'autre sexe. (Voy. HYGIÈNE.)

La vieillesse arrive promptement chez les femmes, mais sa marche est lente, et avec des soins elles peuvent prolonger leur vie jusqu'à un âge très-avancé.

FENOUIL. (*Jard. Off.*) *Anethum fœniculum.* Famille des ombellifères. Plante vivace et rustique, qui se ressème d'elle-même si on la place dans un terrain léger et chaud exposé au midi. On peut en mettre quelques pieds dans un coin de jardin, où il suffit de les terreauter de temps en temps et de les couvrir de litière, lorsque l'hiver sera rigoureux. On s'en sert pour l'assaisonnement de quelques ragoûts. Le fenouil fleurit au mois de juin, la graine se conserve trois ou quatre ans. Voici comme on le cultive en Italie : on le récolte en août et en septembre; on le sème tous les mois; on laboure le terrain assez profondément; on fait des fosses de deux tiers de palme romain (le palme vaut huit pouces trois lignes et demie) et séparées par un intervalle d'un palme; chaque fosse reçoit huit ou dix semences qu'on couvre de terre légère mêlée à de bon fumier. Si le temps est sec, on arrose tous les jours. Au bout de dix jours, les plants lèvent; on ôte alors ceux qui sont superflus; on tient le terrain humide, et au bout de quarante jours, on arrache le fenouil; l'ognon de la racine, mondé et lavé, se mange comme le céleri et les *gobbi* (Voy. ces deux mots); on laisse fleurir et grainer quelques pieds.

Le fenouil en graine est très-bon dans les confitures d'épine-vinette. (Voy. ce mot.)

Eau de fenouil. Prendre une livre de fenouil, quatre livres d'eau, et distiller; on y ajoute du sucre, de l'eau-de-vie, et quelques aromates, et on en fait une liqueur assez agréable et légèrement excitante.

FENOUILLETTE. (Voy. POMME.)

FENU-GREC. (*Agr.*) *Trigonella, fœnum græcum.* Famille des légumineuses. Cette herbe fournit un bon fourrage pour les chevaux. On distingue le fenu-grec commun, le fenu-grec de Montpellier, le fenu-grec corniculé. Toutes ces espèces sont annuelles et quelquefois bisannuelles. Elles viennent partout presque sans culture. Leurs semences réduites en farine entrent dans la composition des cataplasmes émollients.

FER. (*Conn. us.—Ind. dom.—Méd. dom.*) Le fer est un métal malléable, ductile, soudable et tenace.

Le fer allié à un demi à deux pour cent de carbone constitue l'acier. Allié à quatre à cinq pour cent de la même substance, il prend le nom de fonte. (Voy. ce mot.)

Le fil de fer résiste à une forte chaleur. Un fil de fer d'un diamètre de 2 millimètres peut supporter un poids de 249 kilogrammes. On tire le fil de fer au moyen de filières en acier, ou mieux en pierres dures, comme le saphir, le rubis, le chrysobéril.

On connaît les nombreux emplois du fer dans l'agriculture, l'architecture, la mécanique, la quincaillerie, la serrurerie, la coutellerie, l'horlogerie, la navigation, la construction des ponts, l'art militaire, et autres arts. Il forme la base du bleu de Prusse. Aimanté, il compose la boussole, les paratonnerres. En médecine, on fait un grand usage du fer comme tonique des eaux ferrugineuses. Le prix moyen du fer en barres est de 9 fr. 50 c.

Le fer remplace avec avantage les charpentes dans les édifices.

MM. Gandillot de Besançon, après de longs essais, sont parvenus à fabriquer en fer creux, aussi solidement qu'en fer plein, les grilles, balcons, rampes, berceaux, râteliers, échelles, lits, croix, tables, canapés, chaises, etc.

Les forges françaises produisent annuellement 160,000,000 kilogrammes. La construction des chemins de fer, et les nombreux projets de chemins nouveaux ont encore augmenté cette production. Nous n'avons pu parvenir toutefois à livrer nos fers aux prix du fer anglais. La même qualité qui se vend 14 fr. les 100 kilog. en Angleterre, est livrée au prix de 50 fr. en France.

Les mines de fer abondent dans quelques départemens, et surtout dans la Nièvre. On recueille le fer presque à fleur de terre; on le sépare de la terre par le lavage, et on le met dans des fourneaux avec du charbon et de la castine, espèce de terre qu'on trouve mêlée à la mine. On active le feu avec des soufflets. La mine tombe dans des moules diversement préparés.

Le bon fer ainsi obtenu est doux sous le marteau et bien ferme. Le fer de bonne qualité, soumis à l'expérience, a supporté 52,000 livres pesant par pouce carré, sans se briser; il ne s'est allongé que lorsqu'on a appliqué à la puissance des deux tiers. Le fer de qualité moyenne a supporté 48,000; le fer de mauvaise qualité a résisté à une force de 28,000. Ces expériences peuvent guider ceux qui voudraient employer du fer dans la construction des édifices, pratique qui commence à se répandre et présente de grands avantages.

Le fer est sujet à casser quand il contient du phosphore. C'est pour l'en débarrasser dans les forges qu'on jette sur la loupe, ou masse de minerai, une pelletée de castine (pierre à chaux d'un gris blanchâtre).

Pour aciérer une pièce de fer, on la met dans une caisse du double de sa grandeur, construite en argile et en lames de tôle. On la place au milieu, et on l'entoure de quatre parties de charbon de bouleau, trois parties de suie, et une partie de noir-animal. On boule la caisse avec soin; on la recouvre de charbon; on entasse sur le charbon une voûte de briques sèches; on allume le feu, et on l'entretient pendant cinq heures. On découvre alors la pièce, et quand elle n'est plus rouge, on la trempe dans de l'eau presque bouillante. Les petits objets peuvent être ainsi aciérés dans des vases de grès ou d'argile.

Le fer se convertit en acier quand il est chauffé au rouge, et soumis à un courant de gaz hydrogène carboné, obtenu par la distillation de la houille. Il absorbe alors graduellement le carbone à l'état gazeux.

Pour convertir une partie d'une barre plate de fer en acier, on la met sur un lit de charbon de bois, et on la recouvre d'une couche d'argile. La chaleur étant appliquée plus ou moins suivant l'épaisseur de la barre, la partie en contact avec l'argile restera fer.

On distingue le fer de l'acier en répandant sur la lame qu'on veut essayer une goutte d'acide nitrique. Sur du fer, l'acide enlevé avec de l'eau ne laisse qu'une tache blanche; sur l'acier, il forme une tache noire. Avant de se servir de l'acide, on y ajoute deux fois son poids d'eau, et on enlève une goutte avec un morceau de verre ou de bois.

Pour argenter le fer, on le plonge décapé dans une dissolution de vitriol bleu; on y applique ensuite de l'argent fondu. On peut également faire dissoudre de l'argent dans l'acide nitrique, puis y verser de l'eau de sel. Il se forme un précipité blanc qui, frotté avec un peu de crème de tartre sur le fer vitriolé, l'argente parfaitement.

Pour plaquer le fer avec du cuivre, on le chauffe à blanc, et on le plonge dans du cuivre fondu, ou bien on applique du cuivre fondu sur la surface du fer. Ce placage ne s'altère pas si l'opération a été faite de manière à ce qu'il n'y ait pas oxydation par le contact de l'air avec le fer. Pour cela, dès qu'il est décapé, on lui applique une couche de résine fondue.

L'acier et le fer peuvent se percer au moyen d'un bâton de soufre quand ils ont été chauffés à une haute température. En quelques secondes, le bâton de soufre pénètre dans un barreau de six lignes d'épaisseur.

Moyen de brunir le fer, et surtout les canons de fusil. Nettoyer la pièce dans un bain alcalin; appliquer avec une éponge une dissolution, dans douze onces d'eau, de deux onces de sulfate de cuivre, un tiers d'once d'acide nitrique, une demi-once d'éther nitrique, une once d'esprit-de-vin, une once de teinture d'acier. Au bout de vingt-quatre heures, brosser rudement l'oxyde qui s'est formé. Quand le canon est sec, le frotter avec un brunissoir de bois, le chauffer, et lui appliquer un vernis de douze onces et demie d'esprit-de-vin, trois gros de sang-dragon, une once de schell-lac. Polir ensuite.

Moyen facile d'étamer le fer. Le décaper en le trempant dans de l'eau acidulée d'acide muriatique ou sulfurique; le frotter, et le tremper dans l'étain fondu, recouvert, à la surface, de graisse, de poix ou de résine, pour empêcher le contact de l'air. Ce procédé s'applique aux boucles de harnais, aux mors de bride, aux étriers, etc.

Moyen de polir le fer. On polit le fer avec de l'émeri, en poudre plus ou moins grosse, en commençant par la plus rude. On enduit un morceau de bois tendre d'un peu d'huile d'olive, et on répand l'émeri dessus. On frotte avec ce morceau ; et de temps en temps on essuie avec un chiffon. On achève de polir en frottant avec un morceau de feutre et du rouge d'Angleterre.

Composition pour boucher les trous et fêlures des instruments en fer. Former une pâte avec quantité suffisante d'huile de lin, six parties d'argile jaune; une partie de limaille de fer.

Autre. Quinze livres de raclure de fonte, deux onces de

sel ammoniac, deux onces de fleur de soufre, une once de crocus : on en fait une pâte avec de l'eau, et on laisse en repos pendant vingt-quatre heures. Ce ciment est surtout employé pour les chaudières à vapeur.

Autre. Cent parties de limaille de fer, une de fleur de soufre mélangée avec deux de sel ammoniac. En faire une pâte avec de l'eau.

Scellement du fer dans la pierre. On scelle ordinairement le fer dans la pierre avec du plomb et du soufre. Quand on a versé le plomb très-chaud, et en quantité suffisante, le scellement par le plomb est très-solide. Dans le scellement avec le soufre, l'acide sulfurique qui se forme agit sur le métal, et le gonflement du fer brise le soufre. On ajoute ordinairement par-dessus le soufre un peu de sable fin. Le scellement avec le plâtre est promptement solide et tenace; mais il s'altère à l'humidité.

Le scellement avec le ciment de briques pilées et de chaux de sable, ne prend de la consistance qu'à la longue.

M. Gillet de Grandmont a fait sceller très-solidement des anneaux dans des étables avec des chiffons de linge trempés dans une bouillie de suie et de vinaigre, enfoncés dans les trous, et maintenus par des coins de vieilles ferrailles. On scelle également bien avec des mélanges de suie, d'urine, de vinaigre et de limaille de fer. Il faut employer peu de fer et peu d'acide, surtout dans les endroits humides, pour éviter les effets de l'accroissement du volume des barres de fer.

Le même économiste a scellé fortement du fer dans la pierre avec des résines fondues et mêlées avec de la cendre ou de la brique tamisée. Il assujettissait d'abord les barres de fer avec des morceaux de briques passées au feu.

Le fer forme divers composés qui s'emploient en médecine : des acétates, des carbonates ou autres, dont nous indiquerons l'emploi dans nos prescriptions médicales. Les boules de Nancy, ou boules de mars, sont un mélange d'une partie de limaille de fer imbibée d'une décoction de plantes vulnéraires (voy. EAU VULNÉRAIRE, FALTRANK), et d'une partie de tartre rouge pulvérisé. Ces globules, du poids d'une ou deux onces, se suspendent dans l'eau, qui, lorsqu'elle a acquis une couleur brune, sert en compresses pour les plaies, contusions et ecchymoses. (Voy. ces mots.)

Le sulfate de fer en poudre, à la dose de quatre à huit grains à jeun pendant plusieurs jours, est un remède contre les vers.

Le carbonate de fer convient dans la chlorose, la leucorrhée et autres maladies analogues.

Dans les maladies des yeux, on peut employer le collyre suivant :

Cinq onces d'eau de rose, cinq grains de sulfate de fer, ou une décoction d'eau de boule de Nancy.

En général, les composés de fer s'emploient comme excitans, toniques et astringens.

FER-BLANC. (*Ind. dom.*) Le fer-blanc fut inventé par les protestants français, et le secret de sa fabrication fut enlevé à la France par la révocation de l'édit de Nantes; il fut retrouvé par Réaumur, qui fonda chez nous des manufactures de fer-blanc. On en fait des casseroles et autres ustensiles.

Les rognures de fer-blanc, débarrassées de l'étain par un bain d'acide nitrique, et dissoutes dans de l'acide sulfurique faible provenant de la dépuration des huiles, forment du sulfate de fer.

FER A CHEVAL. (*Var.*) Il y a plusieurs espèces de fer à cheval. Le plus usité est le *fer à tous pieds* : on s'en sert en voyage quand un cheval a perdu ses fers. (V. CHEVAL.)

FER A REPASSER. (*Var.*) Les fers à repasser peuvent se remplacer par une machine composée de deux montants entre lesquels sont deux rouleaux de bois, qu'on serre à volonté avec une vis. On fait passer le linge entre les deux rouleaux qui le lustrent sans l'user. Ce procédé convient aux pièces unies, aux draps, aux mouchoirs, aux serviettes. Le fer à repasser doit être léger, bien uni, afin de ne pas déchirer le linge, chauffé modérément. On a récemment inventé des fers creux en dedans, dans l'intérieur desquels on met de la cendre chaude.

FESTON. (*Var.*) On appelle feston une espèce de broderie à dents ; le point en doit être très-régulier et pas trop serré. Le prix des festons varie suivant le travail de la broderie. Il y a plusieurs sortes de festons, les festons à grandes dents, à dents rondes, à crêtes de coq, etc.

FERMAGES. (*Cod. dom.*) Il y a plusieurs espèces de fermages. Le fermage du domaine congéable, qui met le fermier dans une position d'indépendance vis-à-vis du propriétaire ; le fermage payant un cens en argent, qui, par un long bail, peut assurer au fermier la jouissance du sol ; le fermage en argent et fruits, qui ne peut donner de résultat avantageux aux fermiers qu'avec un très-long bail ; le fermage à tiers ou à moitié fruit, fermage usuraire et nuisible ; le fermage avec rétribution fixe en grains, qui a les mêmes inconvénients.

FERMENTATION, (*Chim. dom.*) La fermentation est une réaction spontanée qui survient dans une substance et donne lieu à des produits nouveaux. On distingue quatre sortes de fermentations : la saccharine, qui produit du sucre ; l'alcoolique, qui donne l'alcool ; l'acide, qui donne l'acide acétique ; la putride, qui engendre différents gaz, entre autres, de l'hydrogène carboné : la fermentation du pain est à la fois alcoolique et acide.

La fermentation saccharine est celle qui a lieu dans la fabrication de la bière, par la conversion de l'amidon de l'orge germé en sucre.

La fermentation alcoolique a lieu quand on met en contact de l'eau, du sucre et de la levure ou ferment. La levure est une sorte d'écume qui se sépare des liquides pendant la fermentation ; elle est composée d'oxigène, d'hydrogène, d'azote, et d'un peu d'amidon. La fermentation alcoolique agit en enlevant de l'oxigène à la liqueur.

La fermentation acide est celle que produit l'oxigène de l'air, en s'unissant au carbone d'une liqueur. L'acide carbonique se forme, et l'alcool est changé en acide acétique. C'est à cette fermentation qu'est dû le vinaigre.

La fermentation putride a lieu dans les corps animaux privés de vie. Elle forme de l'ammoniaque, de l'eau, de l'acide carbonique, de l'acide acétique, de l'hydrogène carboné. Tous les cadavres sont sujets à cette fermentation : pour ceux des hommes, on la prévient en les imprégnant d'une solution de sublimé corrosif.

Les alimens fermentés sont plus nutritifs que ceux qui ne le sont pas : ce principe s'applique aux hommes et aux animaux. Ainsi le fromage est plus nourrissant que le beurre ; les pommes de terre cuites et fermentées, plus nourrissantes que les pommes de terre crues.

FERRAILLE. (*Écon. dom.*) La vieille ferraille se vend au maréchal ou au taillandier à peu près à raison de moitié prix du fer en barres.

FÉTUQUE, MANNE DE PRUSSE. (*Agr.*) *Glyceria fluitans.* Famille des graminées. Cette plante fleurit tout l'été dans les lieux marécageux ; sa tige est molle et épaisse. Elle vient sans culture, et prend racine comme le chiendent.

La fétuque se donne en vert, pendant les mois de juin, juillet et août, aux chevaux, aux bœufs et aux moutons, qu'elle engraisse. Les vaches en sont très-avides. On la récolte avec la faux ou la faucille.

La graine de cette plante qu'on récolte dans le nord de la France, est réduite en gruau et cuite au lait. On la fait encore entrer dans la bière et le pain.

FEU. (*Ind. dom. — Cod. dom.— Conn. us.*) On se garantit de la trop vive ardeur du feu d'un foyer au moyen d'écrans, dont les plus estimés sont les écrans chinois, sur soie, à manche d'ivoire.

On peut faire soi-même une espèce d'écran qui se colore à l'approche du feu : on calque sur un papier tendu convenablement un dessin qu'on esquisse légèrement à l'encre de Chine ; on peint ensuite en vert avec du muriate de cobalt, en bleu avec de l'acétate de cobalt, en jaune avec du muriate de cuivre. Ces trois couleurs seules peuvent être employées. Ces couleurs ne paraissent pas, et le tableau examiné n'offre que des teintes de l'encre de Chine ; mais, en les approchant du feu, toutes les couleurs prennent de l'éclat, et si l'on avait peint, par exemple, un sombre paysage d'hiver, il devient un riant paysage d'été. On peut remplacer l'encre de Chine par de l'encre sympathique. (Voy. ENCRE.) Les dessins ainsi faits disparaissent de nouveau quand on les éloigne du feu.

Dans un foyer quelconque, pour augmenter la chaleur sans faire plus de feu, on fait avec des cendres une pâte que l'on pétrit au moyen de la pelle à feu. On arrange cette pâte entre les deux chenets à la hauteur de trois à quatre pouces, ou derrière le bois ; on allume du feu dessus en devant. La cendre, à mesure qu'elle s'échauffe, renvoie la chaleur dans l'appartement.

Quand le feu a pris aux vêtements d'une personne, elle n'a qu'à s'entortiller de suite d'un tapis ou d'une couverture, ou se rouler par terre, ce qui étouffe le feu. Il est imprudent, lorsque le feu prend aux vêtements, de fuir, de courir et de se donner beaucoup de mouvement ; car cette agitation, loin d'étouffer l'air, lui donne plus d'activité, et augmente ainsi l'action du feu. Lorsque cet accident arrive, ceux qui en sont témoins doivent promptement jeter de l'eau sur la partie des vêtements enflammée ; si l'on ne peut se procurer de l'eau assez vite, on couvrira la personne de forte étoffe, de cuir de ou tous autres objets qui puissent intercepter l'air sans prendre feu eux-mêmes. Si les vêtements sont légers, et qu'on ne puisse facilement les enlever, il faut les déchirer et couper. Une pièce de serge d'un tissu serré ou une étoffe de laine peuvent ainsi étouffer le feu.

La crainte des accidents causés par le feu a préoccupé le législateur, et non seulement il a sévi contre la malveillance, mais encore contre la négligence incendiaire.

Le Code pénal prononce contre ceux qui négligent de réparer leurs fours, cheminées ou usines à feu, une amende de 1 à 5 francs inclusivement; si cette négligence occasionne l'incendie, l'amende est de 50 francs au moins, et de 500 francs au plus. (Art. 458, 470.)

La loi du 28 septembre 1791 défend d'allumer du feu dans les champs sinon à la distance de 100 mètres des maisons, édifices, bruyères, vergers, plantations, bois, meules de grains, paille, foin, fourrages, ou de tous autres dépôts de matières combustibles, à peine d'une amende de douze journées de travail. (Voy. JOURNÉE.)

Les précautions à prendre contre le feu, et les mesures en cas d'incendie, regardent moins les particuliers que les autorités communales : ce sont des secours organisés, des pompes à incendie de construction commode et faciles à manœuvrer, et par-dessus tout beaucoup de vigilance et d'activité.

On arrête les ravages du feu en jetant sur le foyer de l'incendie des herbes fraîchement coupées, du fumier mêlé à de la paille humide, du foin vert. De la terre fraîche lancée par pelletée produit le même effet. On préviendrait beaucoup d'incendies, si l'on pouvait garnir d'un mortier de terre et de chaux les cloisons et les charpentes, et se servir des procédés qui diminuent la combustibilité du bois. (Voy. BOIS.)

Dans le cas où l'on est obligé de s'échapper en sautant, une forte toile, soutenue par des courroies qui la traversent en croix et tendue par quinze ou vingt personnes qui la saisissent par des espèces d'anses, sert à recevoir les individus qui se précipitent dessus par les fenêtres des étages les plus élevés, sans se faire aucun mal. (Voy. INCENDIE.)

FEU D'ARTIFICE. (Voy. ARTIFICE.)

Feu blanc. On appelle feu blanc une composition qui répand une clarté blanche et très-vive, et sert à donner des signaux. En voici la recette :

Mêler 24 parties en poids de salpêtre bien pulvérisé, 2 parties d'arsenic rouge, 7 de fleur de soufre; mettre le tout dans des boîtes de bois mince, dont on perce le couvercle au milieu, et couvrir ce trou d'un papier qu'on déchire pour mettre le feu.

Une boîte ronde de trois pouces de diamètre et de trois pouces de hauteur brûle environ trois minutes.

Feu chinois. Cette poudre d'artifice se prépare en cartouches; ces cartouches sont divisées en deux moitiés; la partie postérieure reçoit une composition plus vive.

Mêler pour la première moitié 4 onces de salpêtre pur et séché, 6 gros de soufre en poudre, 2 gros de charbon de bois de saule, une once de fonte pilée et tamisée gros comme de la graine de pavot. Pour la seconde moitié, 4 onces de salpêtre, 2 onces de poudre passée au tamis fin, 2 gros de soufre, 2 onces de fonte.

Feu vert. Pulvériser et mêler 13 parties de fleur de soufre, 77 de nitrate de baryte sec, 5 de chlorate de potasse, 2 d'arsenic métallique, 5 de charbon de bois, un peu de calamine.

FEU FOLLET. (*Conn. us.*) Les feux follets sont des flammes bleuâtres composées de différents gaz qui s'enflamment dans les grandes chaleurs. La plupart ne sont que du gaz hydrogène carboné.

FEUILLES. (*Conn. us. — Anim. dom. — Agr.*) *Botanique des feuilles.* Les feuilles, avant leur développement, sont renfermées dans un bouton qui leur sert de berceau : ce bouton, nommé œil ou bourgeon lorsqu'il est placé sur un rameau, et *thurion* lorsqu'il naît immédiatement de la racine, pousse, au printemps, un jet qui devient *branche*; et la branche elle-même se couvre de nouveaux bourgeons, parmi lesquels les uns, courts et renflés, laissent éclore des *fleurs* et des *fruits*, et les autres, terminés en pointe, poussent des *feuilles* ou de nouvelles *branches*.

Avant leur épanouissement, les bourgeons sont couverts d'écailles membraneuses, concaves, imbriquées, souvent colorées, enduites en dedans d'une substance visqueuse et odorante, et en dehors couvertes de poils soyeux, abondants, argentés ou roussâtres. Ces écailles ne sont que des feuilles avortées.

Tous les végétaux ne sont pas pourvus de bourgeons. Les *monocotylédones* et les arbres de la zône torride paraissent n'en point avoir. Le *viorne* et toutes les plantes légumineuses laissent éclore leurs pousses entièrement à nu, et sans le secours de boutons. Chez les plantes qui en sont pourvues, les feuilles renfermées dans cette enveloppe, sont tantôt *plissées* ou *pliées*, tantôt *roulées* comme un cornet de papier, et tantôt *appliquées* les unes contre les autres.

Les feuilles peuvent être définies une *expansion de l'écorce*, mince, aplatie, et de couleur verte. Parmi le petit nombre de plantes qui en sont privées, on ne compte guère que les *salicornes*, la *cuscute*, les *cactes*, et quelques joncs; dans l'orobanche et la clandestine, elles sont remplacées par des écailles. Leur forme variée à l'infini, leur diversité, leur insertion, leur position respective, sont autant de caractères précieux dont le botaniste se sert pour la distinction des espèces. Lorsqu'elles sont attachées à la plante par une queue ou pédicule, elles sont dites *pétiolées:* et ce support prend le nom de *pétiole.* On nomme *sessiles* les feuilles qui en sont dépourvues.

Si un seul pétiole supporte plusieurs feuilles, comme dans le baguenaudier, le rosier, on l'appelle *pétiole commun.* Si chaque feuille a un petit pétiole partiel, il prend le nom de *composé*, et la feuille celui de *foliole.* Ces deux derniers caractères du pétiole donnent le moyen de diviser les feuilles en deux grandes classes, feuilles *simples* et feuilles *composées.*

Les feuilles reçoivent en batonique différents noms, suivant leur point d'insertion ou le point dont elles partent, leur situation, leur direction, leurs appendices et leurs sommets, leur forme, leur bord, leur surface, leur substance, leur masse, leur durée. Elles servent à nourrir le végétal en absorbant par d'innombrables canaux les vapeurs de l'atmosphère; c'est par elles que les végétaux transpirent; c'est par leur surface supérieure que s'échappent en dehors les sucs inutiles à la nutrition de la plante; la présence de ces sucs est très-sensible, principalement sur les feuilles des graminées, au sommet desquelles ils s'amassent en gouttes, et sur la feuille du chou des jardins.

La transpiration des végétaux est excessivement considérable. On a prouvé que le grand *soleil* transpire dix-sept fois plus qu'un homme, et qu'en général cette transpiration est égale à l'absorption des racines. La succion et la transpiration d'une plante augmentent à raison du nombre et de l'étendue des feuilles; chez les végétaux qui en sont dépourvus, ces fonctions sont à peine perceptibles. Les plantes cessent souvent de transpirer pendant la nuit.

La transpiration végétale fournit trois fluides différents : elle est *fluide*, *vaporeuse*, ou *gazeuse*.

Dans le premier cas, elle est nommée *transpiration sensible*; la liqueur qui en est le produit peut se recueillir facilement; et par sa consistance, sa tenacité, sa quantité plus ou moins grande, elle résiste assez long-temps à l'action dissolvante de l'atmosphère. On la trouve en substance résineuse sur les feuilles de la fraxinelle; sucrée, sur la plupart des arbres forestiers; salée, sur le tamarin; acide, sur le pois chiche. Il est impossible de la confondre avec l'humeur vaporeuse formée par la transpiration insensible, et qui est sur-le-champ absorbée par l'atmosphère.

Par les deux fonctions que nous venons de décrire, l'utilité des feuilles ne se borne pas à la végétation. Leurs surfaces exhalent des torrents d'oxigène, qui sont d'un puissant secours pour le renouvellement de l'air vital, absorbé à chaque instant par la respiration des animaux. C'est après les pluies du printemps que ce gaz est fourni en plus grande quantité; alors l'air semble embaumé et vivifiant.

Les feuilles en automne passent du vert au jaune, et quelquefois du jaune au rouge. Cette coloration est due à la lumière et à l'absorption du gaz oxigène. La privation de lumière empêche tout changement de couleur, et arrête les changemens déjà commencés; toutes les feuilles en général sont sensibles à la lumière, et ont tendance à se tourner du côté du soleil, surtout si elles sont renfermées.

Toutes les plantes dont les feuilles sont ternes et d'un vert noirâtre, comme la ciguë, sont fétides et vénéneuses.

Emploi des feuilles comme nourriture des bestiaux.

Presque tous les arbres et arbustes fournissent des feuilles que mange plus ou moins volontiers le bétail.

Dans le principe, il arrive quelquefois que les bêtes montrent de la répugnance pour certaines feuilles; mais elles les mangent ensuite avec avidité lorsqu'on y joint un peu de foin, ou par l'effet de l'habitude. L'orme et le frêne ne fournissent pas seuls un bon fourrage; presque toutes les plantes, comme les saules, les peupliers, les mûriers, les vignes, les châtaigners, etc., peuvent, avec leurs feuilles, procurer une nourriture excellente aux bestiaux; je n'excepte pas celles du noyer, qui, séchées convenablement, perdent cette odeur qui les rend rebutantes tant qu'elles sont vertes.

L'époque pour recueillir les feuilles de la manière la plus favorable et la plus économique serait celle qui précède le temps précis de leur chute, car un peu après, elles sont arides, insipides, objet de dégoût pour le bétail. Afin de garantir les plantes du froid, il n'y a pas de moyen plus prompt et plus sûr que de les dépouiller de leurs feuilles avant l'époque où celles-ci tombent naturellement; il est donc à propos, dès l'approche de l'automne, de mettre ce

précepte en pratique. On battra légèrement les branches avec des perches, par un jour chaud, et les feuilles étant à terre, on les ramassera sans perte de temps, et de cette manière on aura un double avantage : l'arbre, sans souffrir, sera préservé des atteintes du froid, et les feuilles alors, étant encore pleines de suc et douées de qualités sapides, pourront servir très-bien à alimenter le bétail.

La récolte faite, on portera les feuilles dans un lieu couvert ou dans des magasins bien aérés; on les remuera dans le cours de la journée, comme on ferait du foin pour le faire sécher. On écartera celles qui seraient insipides par trop de sécheresse, ou sujettes à se gâter par trop d'humidité. On répandra sur la surface du tas les feuilles fanées. Chaque jour on examinera les feuilles, et on exposera à l'air, au-dessus du tas, celles qui paraîtraient fermenter; si elles abondaient en suc, on y mêlerait un peu de foin bien sec. On empilera les feuilles bien fanées dans des tonneaux qu'on bouchera hermétiquement : elles feront ainsi un très-bon fourrage.

On peut encore couper des branches d'arbre, les mettre en tas à l'abri de la pluie et du soleil, et les donner ensuite aux bestiaux, qui mangent non-seulement les feuilles, mais encore l'écorce des rameaux. On peut conserver les feuilles dans des fosses couvertes de branchages, et par-dessus de terre glaise et de sable.

Cette précaution n'est pas nécessaire pour les arbres toujours verts, comme le pin maritime, dont d'ailleurs les feuilles durcissent et deviennent piquantes en séchant. On coupe ces feuilles, on les hache, on les écrase, et on y ajoute un peu de sel et de son.

Si les feuilles qu'on veut cueillir sont couvertes de gelée blanche, il faut attendre que cette gelée soit dissipée.

Quand les feuilles deviennent sèches et cassantes, on les expose à l'air humide ou au brouillard, ou bien on y mêle du sel.

Les chevaux aiment beaucoup les feuilles. Les bestiaux s'y accoutument, si on les nourrit alternativement de feuilles, de foin et de paille. On commence par les feuilles tendres, comme celles de peupliers; on finit par celles de chêne, qui paraissent les plus succulentes de toutes. On donne les feuilles de chêne et celles de frêne aux chevaux qui fatiguent le plus.

Emploi des feuilles comme fumier. Les feuilles ramassées dans les bois et le long des haies forment par leur décomposition un excellent terreau pour les pommes de terre et les arbres d'agrément. On les prépare en les entassant et en les foulant. Il s'y développe une forte chaleur. On les laisse en tas cinq à six semaines; on les arrose en les foulant, et on y mêle un peu de tan.

Les feuilles d'un tissu dur et serré, comme celles du chêne, du châtaigner et du hêtre, se décomposent lentement avec une chaleur constante et régulière. Celles qui sont douces et molles, comme les feuilles de poirier, de tilleul, de frêne, de sycomore, d'arbres à fruit en général, se décomposent trop vite, et sont préférables pour la nourriture des bestiaux.

Emploi des feuilles comme couvertures préservatives des gelées. On ramasse les feuilles par un temps sec, on les remue pour empêcher la fermentation; quand elles sont sèches, on les emploie, et pour les empêcher de s'affaisser, on les met par couches sans les fouler, et on les remue de temps en temps par un temps sec. On les dispose sur un plan incliné, et pour que le vent ne les disperse pas, on les couvre de branches ou de paillassons.

On peut répandre les feuilles sur le sol avant de mettre un châssis sur les plantes. On emploie dans ce cas les feuilles de chêne. On peut y joindre du tannin sec.

Des feuilles et du tannin, sur des paillassons élevés un peu au-dessus du sol avec de petites branches, garantissent très-bien les semis du froid et des mulots.

FEUILLES (*Récr.*) *Manière de faire de la dentelle sur des feuilles d'arbre.*

On prend une large feuille, et l'on découpe un dessin en papier qui représente soit un sujet quelconque, soit un chiffre, soit une devise. On laisse plein tout ce qu'on veut faire paraître sur la feuille. Cette opération faite, on étend bien la feuille, et on pose dessus le dessin. A l'aide d'une brosse rude, on frappe la feuille, ce qui met à nu les nervures, et fait une fort belle dentelle, au milieu de laquelle paraît le dessin qu'on y a adapté.

FEUILLETAGE. (*Off.*) Prendre un litre de farine, y faire un trou, y mettre un quart d'once de sel, gros comme une noix de beurre, un verre d'eau et un blanc d'œuf; faire une pâte; au bout d'une demi-heure, aplatir le feuilletage, y mettre une demi-livre de beurre et l'envelopper dans le feuilletage, aplatir la pâte et la plier en trois, alonger encore une terre feuillet, et replier, la laisser reposer, et en faire des abaisses. On y met des amandes, des pistaches, des confitures, de la marmelade, de la frangipane.

Feuilletage au saindoux. Prendre un litron de farine, faire un trou au milieu, y mettre un quart d'once de sel fin, un œuf entier, de l'eau, un quarteron de saindoux; procéder comme ci-dessus. Toutes les fois qu'on abaisse la pâte, dorer de saindoux à moitié fondu.

On peut se servir, en guise de beurre, de graisse de rognons de bœuf et de graisse de veau, à raison d'un quarteron de chacune. On peut faire aussi le feuilletage à l'huile.

FEUILLETTE. (*Comm. us.*) La feuillette est un tonneau contenant un demi-muid. (Voy. FUTAILLE.)

FÈVES. (*Jard.*) Famille des légumineuses.

Fève de marais. (*Faba major.*) Plante annuelle. Les deux meilleures espèces sont la grosse fève anglaise et la petite julienne. Celle-ci est très-abondante. Elles viennent dans les plus mauvais terrains qu'elles divisent et améliorent si on les enterre étant en fleurs. La culture des fèves est celle qui dispose le mieux la terre à recevoir les céréales. Lorsqu'on les cultive comme légume, on doit les mettre dans une terre franche et forte, qui conserve sa fraîcheur. Au 1er mars, on bêche, on trace des rayons à un pied les uns des autres, et de trois pouces de profondeur. On y place les fèves deux par deux. Tous les neuf à dix pouces, on recouvre au rateau. Elles lèvent vers le vingt-quatrième ou vingt-sixième jour, sont en fleurs au commencement de mai, et donnent au 1er juin. On rechausse le plant lorsqu'il a trois pouces de haut, en le rayonnant avec la pioche, et quand les fleurs du bas de la tige sont nouées aux trois quarts, on coupe l'extrémité avec des ciseaux ou avec les ongles, ce qu'on appelle pincer. Le grand avantage de cette opération est de détruire les pucerons qui sont

ordinairement réunis au bout de la tige, plutôt que de hâter la formation des grains.

On ressème encore les fèves au 14 mars en plein air, et ce semis doit être le dernier, car les pucerons s'emparent tellement de la plante, qu'on n'en peut tirer aucun parti. Les fèves conservent trois ans leurs facultés germinatives.

Les fèves de *cheval* se sèment en février. Elles produisent de dix-huit à vingt hectolitres par hectare. On les coupe en septembre, un peu avant maturité. Elles épuisent le sol, mais le préparent à recevoir le blé.

Les fèves réussissent dans une argile profonde et humide, labourée de bonne heure. Il vaut mieux les planter en rayons qu'à la volée. Elles donnent plus de graine, et ressentent davantage les bons effets de l'air et du soleil. On laisse entre les lignes une espace suffisant pour laisser passer la herse à cheval.

On croyait autrefois que les vapeurs malignes des fèves vertes faisaient rêver en dormant, et *débilitaient les facultés raisonnables.*

FÈVE. (*Cuis.*) Pour apprêter les fèves, prendre un litre de fèves très-petites et fraîchement écossées, en ôter les germes qui communiqueraient de l'amertume, les faire cuire un quart d'heure environ dans de l'eau bouillante avec du sel, les égoutter ensuite, et les mettre dans une casserole avec un peu plus d'un demi-quarteron de beurre et une petite pincée de farine, une branche de sarriette, un petit morceau de sucre, une cuillerée ou deux de bon lait ou de crème; les faire bouillir un quart d'heure, et y ajouter une liaison de deux jaunes d'œufs.

Purée de fèves sèches. Prendre un litre de fèves sèches, les mettre dans une marmite avec lard, beurre, sel, et vert d'épinards; décanter l'eau, ôter le lard, passer en purée; mettre la purée dans le beurre, avec poivre, persil et ciboule hachés, une cuillerée de crème; refaire bouillir dix minutes, en remuant pour empêcher la purée de s'attacher; servir avec des croutons passés au beurre.

Manière d'apprêter les fèves au seizième siècle. Les concasser, les faire cuire en eau de rivière avec du lard. Etant cuites, les broyer au mortier, puis les passer avec bouillon par l'étamine, et ce fait, rebouillir avec ognons frits au beurre, sel et épices.

On conserve les fèves de marais en les enfilant et les suspendant pour les faire sécher.

Le procédé de conservation d'Appert consiste à choisir les plus grosses, à leur ôter leurs robes, à les mettre à mesure dans des bouteilles avec un bouquet de sarriette, à bien boucher, et à leur donner une heure et demie de bouillon au bain-marie. On peut aussi les mettre tout entières en bouteilles.

Pour débarrasser des vers les fèves de marais, on les étend sur du sable par petits sillons, et on les couvre de foin. Les vers s'enfuient au bout de quelques jours. On peut appliquer ce procédé à tous les légumes secs.

FÉVEROLE. (*Jard.*) Famille des légumineuses. Les féverolles se cultivent en lignes espacées de vingt-quatre à vingt-sept pouces. On les enterre à trois pouces au moins. On répand la semence dans la raie ouverte par la charrue, à la main, ou avec le semoir, ou au plantoir, sur le dos des

40

bandes de terre retournées par la charrue, en enfonçant le plantoir d'un ou deux pouces au moins.

Les féveroles réussissent dans les terres tenaces, sur un défrichement de gazon, de trèfle, ou d'autres prairies artificielles, le tout en un seul labour.

Après la récolte des féveroles, on sèmera avec avantage du blé. On bine à la main, et avec la houe à cheval.

Les féveroles se mêlent souvent avec l'avoine. On les sème en raies immédiatement après l'hiver, et on sème quinze jours après l'avoine qu'on enterre à la herse. Si l'on fait les deux semis ensemble, l'avoine étouffe les féveroles qui produisent peu. On sème les féveroles dès la fin de janvier, mais il vaut mieux attendre le mois de mars.

FÉVIER D'AMÉRIQUE. (*Jard.*) *Gleditsia triacanthos*. Famille des légumineuses. Arbre du Canada. Il est peu branchu; de forme irrégulière. Les branches et le tronçon sont très-épineux. Ses feuilles imitent celle des robiniers.

Févier sans épines. Feuilles analogues à celle des robiniers. Variété du précédent.

Févier de la Chine (Gleditsia sinensis). Ses épines sont plus grosses que celles des précédens.

Févier à grosses épines. (*Gleditsia macrocanthos.*) Ses épines sont ramifiées sur le tronc et acquèrent jusqu'à un pied de long.

Févier de la mer Caspienne. (*Gleditsia caspiaca.*) Cet arbre est une des plus belles espèces.

Tous les gleditsia aiment une terre franche et légère, une exposition abritée des vents, car leur bois est excessivement cassant. On les ressème en mars, mais il faut les préserver du froid avec des feuilles jusqu'à la troisième année.

FÉVRIER (*Agr. Jard.*) *Travaux agricoles.* Semer les féveroles dans les terres fortes et argileuses. On peut semer les pavots dans les sols sablonneux ou graveleux, mais riches et profonds, après un labour d'automne. La graine de pavot à capsule blanche vaut mieux que celle à capsule grise. Elle se répand moins par l'effet des vents. On la sème à la volée, à raison de 4 à 5 livres de graine par hectare. On pourrait aussi cultiver les pavots en ligne à 24 pouces de distance. Il faut surveiller attentivement en février les travaux et sillons d'écoulement, afin d'en tenir la circulation toujours libre. Le cultivateur qui a fait provision de racines peut s'en servir pour engraisser des moutons qu'il vendra dans les trois mois suivans, époque où le prix de ces bêtes grasses est le plus élevé. Presque toutes les espèces de racines conviennent à l'engraissement des moutons, si l'on y joint un peu de foin; l'ordre de leurs qualités est celui ci : les panais, les carottes, les pommes de terre, les betteraves, les rutabagas, ou espèces de raves, les navets. On peut ajouter quelquefois à cette nourriture des tourteaux de lin pilé, dont on saupoudre les racines coupées par tranches, ou des grains moulus grossièrement.

Travaux de jardinage. Continuer les travaux de janvier (*Voy.* ce mot.), semer sur couches les graines de fleurs qui viendraient trop tard, ou dont on ne jouirait pas assez long-temps, si on les semait en pleine terre, telles que différentes espèces de quarantaines, giroflée, amaranthe, amarantoïde, pervenche de Madagascar, sensitive, datura

fastueux, coréopsis, lotier de Saint-Jacques, cobéa, verveine de Miquelon, dahlia, molope-trifide, lavatère-trimestre, sauge éclatante, etc. Semer aussi sur couches les graines de plantes exotiques cultivées en serre, et qui ne lèvent qu'à une haute température.

Continuer de donner aux plantes qui sont dans la serre les mêmes soins qu'en janvier; mais comme le soleil commence à prendre de la force, qu'il échauffe et sèche l'intérieur de la serre, l'humidité et la pourriture sont moins à craindre. Renouveler l'air toutes les fois que le temps le permettra. Si, par un beau soleil, l'air extérieur était trop frais pour qu'on ne pût ouvrir quelques châssis sans danger, on exciterait une légère vapeur dans les serres, en seringuant les feuilles des plantes, et en répandant de l'eau dans les sentiers; continuer d'entretenir les plantes dans la plus grande propreté, en leur ôtant soigneusement les feuilles mortes, les parties altérées, et en binant la terre des pots; les arrosemens exigent des précautions, par rapport à la nature de chaque plante et à leur état de vigueur plus ou moins grande.

Semer des pois hâtifs et des fèves de marais. Après le 15, semer sur côtière des épinards, de l'ognon et du poireau destinés à être replantés plus tard; semer du persil en planche ou en bordure. Planter sur des côtières favorables de la romaine verte élevée sous cloche, de la graine d'asperge en pépinière ou en place. Donner de l'air aux artichauts et aux céleris toutes les fois que le temps est doux, et les recouvrir si vous êtes menacé de la gelée. A la fin du mois, replanter les bordures d'oseille, de thym et d'estragon. Pendant le mauvais temps, faire des paillassons et mettre les outils et ustensiles du jardinage en bon état. Réchauffer les couches garnies de semis ou de plantes déjà repiquées; en faire d'autres sur lesquelles on repique à demeure des concombres, des melons, des laitues gottes et crêpes, de la romaine blonde, des choux-fleurs hâtifs; continuer de semer des melons, des concombres, des radis, des laitues pommées, des romaines, différentes fournitures, de la laitue à couper, en attendant la laitue pommée. Détruire les couches faites en décembre, qui sont vides et ont perdu leur chaleur. Prendre le fumier non consommé que l'on mêle avec du neuf pour faire de nouvelles couches. Semer des pois nains à châssis, des haricots nains, et des fèves peu après, pour les repiquer ensuite sur couches tièdes. Planter des asperges sur couches, pour remplacer celles dont le produit s'épuise ou est épuisé, et en former de nouvelles planches en pleine terre, ainsi que des fraisiers; semer des choux-fleurs et des aubergines qui se trouveront bons à être plantés en mars, sur couches ou sur côtières.

Les travaux indiqués pour le mois précédent et concernant les arbres se continuent dans celui-ci; mais il est temps de penser sérieusement à terminer les plantations en terre sèche et légère. Continuer la taille des pommiers et poiriers, achever celle de la vigne dans le mois : plus tard il en découlerait des pleurs qui nuisent à son développement. Rabattre la tête des framboisiers pour les faire pulluler et obtenir plus de fruits. Si en décembre on janvier on n'a pas coupé et fiché en terre, au nord, sa provision de greffe en fente, on aura soin à la fin de mars et avril, lors de la taille, de choisir parmi les rameaux supprimés les plus propres à la greffe, et on les fichera en terre, chacun au pied de son arbre pour éviter les erreurs, jusqu'à ce qu'on en dispose. Après le 15 du mois, on entreprend le labour général partout où les arbres sont taillés, afin qu'il soit terminé quand les hâles de mars arriveront. On peut encore, si on ne l'a pas fait plus tôt, couper les rameaux d'arbres et d'arbrisseaux qui reprennent de bouture et les disposer comme il est dit dans le mois précédent. On peut semer des pepins de poiriers et de pommiers, ainsi que plusieurs graines d'arbres et d'arbrisseaux qui n'ont pas d'enveloppe osseuse, tels que marronniers, châtaigners, érables, frênes, ébéniers, spireas, rosiers, etc.

Il faut, en ce mois, visiter tous les arbres et arbrisseaux du jardin d'agrément, pour les nettoyer de leur bois mort, supprimer les branches nuisibles ou mal placées, puis labourer les bosquets et massifs, ainsi que le pied des arbres isolés. Ce travail doit se faire plutôt à la houe fourchue qu'à la bêche, pour ne pas couper les racines qui, surtout dans les massifs, courent çà et là presque à la surface de la terre. On peut aussi labourer les parties destinées à être mises en gazon et le semer à la fin du mois. Rafraîchir les filets ou bordures du gazon, afin qu'ils ne s'avancent pas trop dans les allées. Achever d'emplir de terre de bruyère les fossés où l'on doit planter des rosacés en mars; planter en mottes plusieurs plantes vivaces et bisannuelles sur les plates-bandes du parterre, si on n'a pu le faire en automne, telles que œillet de poète, julienne, giroflée, soleil vivace, verge d'or, aster, etc. Semer, en bordures ou dans de petits pots, de la giroflée de Mahon, pied d'alouette, pavot et coquelicot, réséda et plusieurs autres fleurs qui réussissent peu étant transplantées. Si on ne craint plus de fortes gelées, replanter toutes espèces de bordures, comme buis, lavande, sauge, hysope, pâquerette, mignardise, etc. Des couches sont utiles dans le jardin d'agrément, pour se procurer du terreau, et avancer ou refaire certains arbrisseaux, tels que l'héliotrope, différens jasmins, l'oranger et plusieurs rosiers.

FÉVRIER. *(Travaux de ménage.)* Les jujubes, les dattes, les raisins secs, les figues, les oranges et les citrons, nous arrivent dans ce temps. On doit s'occuper des divers mets et sirops qui en sont composés.

FIACRE. *(Var.)* Ces voitures publiques, inventées par Sauvage, sous Louis XII, prirent leur nom de l'hôtel Saint-Fiacre, demeure de leur auteur. Il n'y en a guère qu'à Paris et dans les grandes villes.

C'est une précaution qui n'est jamais à dédaigner, de prendre le numéro du fiacre qui vous conduit, afin d'être à même de porter plainte au besoin.

On devra consulter avec soin le tarif des fiacres, pour ne pas s'exposer aux taxations arbitraires des cochers. Si l'on a à faire une course extraordinaire, on s'adressera de préférence aux derniers fiacres de la queue de la place: ceux-ci ont moins de chance de marcher, et sont par conséquent moins exigeans.

FICHUS. *(Ind. dom.)* Les fichus à collerette doivent être rangés à plat, dans des cartons, ou dans les tiroirs les moins élevés des commodes. Les parties voisines du bras doivent être repliées à plat sur le derrière, quand le col est montant. Quand le col s'abat, le fichu se plie dans sa longueur; il se plie en deux s'il est garni, et en quatre s'il ne l'est pas.

FIEL. *(Ind. dom.)* Le fiel de bœuf peut servir à mêler aux couleurs dont on colore la cire, pour faire différens objets d'art, et à fixer les peintures sur ivoire, les couleurs de miniature, les couleurs sur étoffes et taffetas: il leur donne la solidité la plus grande. En humectant légèrement de fiel un papier et le pressant légèrement sur un dessin à la mine de plomb, on peut en obtenir deux ou trois fac-simile. Le fiel délayé avec beaucoup d'eau rend le même dessin ineffaçable.

On se sert de fiel pour blanchir la flanelle. (Voy. FLANELLE.)

Le fiel, mêlé avec de l'eau, de la gomme et du noir de fumée, peut remplacer l'encre de Chine.

Pour peindre un transparent, on enduit le papier huilé de fiel de bœuf, et quand il est sec, on peint avec des couleurs détrempées de fiel et d'eau.

Pour purifier le fiel de bœuf, on le place sur le feu. Lorsqu'il a bouilli, on le place sur un linge fin; on le remet sur le feu, et on y fait dissoudre de l'alun en poudre, à raison de deux onces par pinte. On retire ensuite du feu, et on jette de la craie en poudre sur le liquide; on filtre le tout, lorsqu'a cessé l'effervescence produite par cette addition.

Si l'on filtre avant d'ajouter la craie, on obtiendra la matière colorante du fiel.

Si l'on n'emploie pas la craie, on fait chauffer du fiel dans lequel on met du sel commun. On garde les deux liquides séparés pendant trois mois; on les décante, et on les mêle par parties égales. Il s'y forme un dépôt amer. Le fiel épuré surnage au-dessus très-clair et transparent. Il peut alors se conserver plusieurs années.

Fiel de bœuf préparé pour ôter les taches. Faire bouillir un litre de fiel de bœuf, et trois décagrammes d'alun pulvérisé. Après quelques bouillons, ajouter trois décagrammes de gros sel, et, si l'on veut, un peu d'essence de citron, ce qui donne une bonne odeur, et ajoute encore, par son acide, aux qualités du mélange. Laisser reposer la liqueur, décanter, et conserver dans des bouteilles bien bouchées.

FIÈVRE. *(Méd. dom.)* On distingue plusieurs espèces de fièvres: les fièvres continues, les fièvres intermittentes, et les fièvres rémittentes. Leurs causes ont occupé souvent les médecins, et les plus savans n'ont pu en donner que des définitions hypothétiques; beaucoup s'accordent à dire que la fièvre est une excitation du système sanguin.

La plupart des fièvres étant exclusivement curables par les médecins, nous ne dirons que quelques mots des plus communes.

Les symptômes de la fièvre ordinaire sont une augmentation de chaleur, la fréquence du pouls, la perte de l'appétit, une faiblesse générale, la soif, des anxiétés, l'insomnie ou le sommeil interrompu. L'invasion subite d'une fièvre est accompagnée de frissons.

Traitement. Donner des boissons rafraîchissantes et délayantes, de l'eau d'orge, des décoctions de racine de guimauve, de fleurs de tilleul, de graine de lin; tenir le malade au repos et à la diète, dans une chambre de chaleur moyenne, où l'on aura soin d'entretenir l'air pur. (Voy. AIR.)

Dans la convalescence, le malade doit se nourrir d'alimens légers et nourrissans, en petite quantité; faire un exercice modéré, boire de l'eau et du vin, prendre peu d'alimens le soir.

La fièvre maligne s'annonce par un grand état de faiblesse, des nausées, des bourdonnemens, des taches livides et pourprées à la peau, un pouls dur et petit, le frisson, et enfin le délire. Prolongée, elle devient très-dangereuse, et peut entraîner la mort de l'individu. Elle est contagieuse. Elle est causée par le mauvais air, les mauvais alimens, la malpropreté, les chagrins, le défaut d'exercice.

Traitement. Introduire de l'air frais dans la chambre du malade, lui donner des boissons acides, et de l'infusion de camomille acidulée.

Selon madame Adanson, en donnant pendant plusieurs jours de suite un verre moitié huile d'olives, moitié eau, on guérit cette fièvre radicalement. Le malade, s'il a faim, pourra prendre pour alimens des choses légères, du gruau, de la panade, des conserves, des fruits cuits. Il mangera peu et souvent.

Quelquefois la fièvre maligne cède après un cours de ventre léger et une sueur modérée. Si elle persiste, la présence d'un praticien est indispensable.

Les symptômes de la fièvre intermittente sont les suivans :

Baillemens, frissons, tremblement, oppression, peau froide, chair de poule; pouls petit, fréquent, inégal; pâleur, lividité des lèvres et des ongles; urine rare, claire et limpide; tremblement violent, respiration gênée et accélérée. A ces symptômes succèdent au bout d'une heure, et quelquefois de cinq ou six, un sentiment de chaleur générale, la teinte verte du visage et de toute la peau, l'agitation, l'anxiété, la soif. Le pouls est fréquent, l'urine rougeâtre. La durée de ces accidens peut varier d'un quart d'heure à plusieurs heures. Au troisième degré de la fièvre, la peau est morte, et la sueur plus ou moins abondante. A cet état succède un sentiment de fatigue et de calme.

Cette fièvre, selon l'intervalle des accès, prend le nom de quotidienne, tierce, quand elle est séparée par un jour; quarte, quand elle est séparée par deux jours; tierce doublée quand il y a deux accès dans vingt-quatre heures tous les deux jours, etc.

Les fièvres intermittentes, dont les symptômes sont graves, prennent le nom de fièvres pernicieuses. Dans ce cas, elles sont accompagnées d'efforts de vomissemens, de syncopes, de douleurs à l'estomac ou à la tête, de toux avec douleur au côté, d'évacuations abondantes.

Les fièvres intermittentes simples entraînent l'amaigrissement, la pâleur jaunâtre, des congestions à l'intérieur.

Les fièvres intermittentes règnent épidémiquement au printemps, en automne, et dans le temps des grandes chaleurs, surtout dans les lieux humides, qui contiennent beaucoup de substances végétales en putréfaction. L'action de ces causes est intermittente comme les fièvres mêmes; elles agissent surtout le soir, et pendant la nuit.

Traitement des fièvres intermittentes. Dans la période du froid, on couche le malade dans un lit bien bassiné, on

lui donne des boissons légèrement aromatisées, d'infusion de camomille, de tilleul, de sirop d'écorces d'orange. Quand la chaleur commence à se développer, on découvre un peu le malade, en débarrassant son lit; on lui donne des boissons tièdes, légèrement acidulées; mais il ne faut pas céder au désir qu'éprouve le malade de prendre des boissons froides. Si les sueurs sont abondantes, on change le linge du malade à mesure qu'il se mouille.

S'il y a congestion au bas ventre, à la poitrine ou à la tête, des saignées générales ou locales deviennent nécessaires.

Après l'accès, on donne des fébrifuges.

On compte parmi les fébrifuges qui préviennent le retour des fièvres intermittentes : la poudre de petit houx; l'écorce de marronnier d'Inde, de cerisier, de saule, de chêne, de frêne et d'orme; les racines de valériane, de gentiane, de bardane, de chicorée sauvage; les fleurs de petite centaurée, de camomille, de lilas; les sulfates et les carbonates de fer; l'opium, le camphre, le musc, les feuilles d'olivier. Aucun de ces médicamens n'a l'énergie du quinquina.

Le quinquina se donne en poudre à la dose d'une demi-once, d'une once, ou même de deux onces. Le vin de quinquina, moins amer que la poudre, est aussi moins efficace. Le sulfate de quinine se donne à la dose de cinq, dix, vingt, trente grains, soit en pilules, soit dissous dans des liqueurs, soit en lavemens. On le prend ordinairement, sept ou huit heures après l'accès, à des intervalles d'une ou deux heures; une dose suffit quelquefois pour couper la fièvre. Si elle persiste, on renouvelle la dose en l'augmentant graduellement.

Remède contre les fièvres intermittentes. M. Magendie dit avoir employé les feuilles de houx en poudre sur treize femmes affectées de fièvres intermittentes, à la dose de deux, trois et quatre gros, en décoction aqueuse et en infusion dans du vin, et que la durée moyenne du traitement a été de vingt jours. Il dit que ce moyen réussit toujours, mais non pas instantanément comme le sulfate de quinine. Il pense que le principe actif de cette feuille, qui, sous le nom d'illicine, vient d'être extrait par M. Rousseau, sera un fébrifuge aussi puissant que le sulfate de quinine.

Remède anglais. Prendre, selon la force et l'âge des malades, par doses de 4 gros à 2 onces, 48 grains à 4 gros de chlore dans 8 onces d'eau. Ce remède a également réussi contre les fièvres adynamiques.

La fièvre cérébrale se combat par des saignées, des applications de glace sur la tête, à nu ou dans des vessies, des moxas, des vésicatoires. Son traitement demande à être dirigé par un médecin. Il en est de même de celui de la fièvre miliaire, de la fièvre putride, de la fièvre scarlatine, et autres dont il serait inutile d'entretenir nos lecteurs.

FIGUIER. (*Jard.*) *Ficus carica.* Famille des orties. On n'en cultive avec succès, dans le centre de la France, que deux variétés, la grosse blanche d'automne et la violette, qui est la plus robuste et qui parvient le plus facilement à maturité. On les plante le plus souvent dans l'angle d'un mur exposé au midi, et on leur laisse pousser huit ou dix branches, en se contentant d'enlever seulement les n o mbreux rejetons qui épuiseraient le pied, et de rogner, au mois de juin, l'extrémité des jeunes pousses, ce qui accélère la maturité des fruits. Pendant l'hiver, on couvre de litière le figuier. S'il n'est pas soumis à la taille, il supporte très bien neuf à dix degrés de froid dans l'exposition que nous avons indiquée. Pour acclimater le figuier, il faut pendant quelques années recéper les branches, et préserver les racines au moyen d'épaisses couches de litière. Le figuier se multiplie de boutures, mais seulement au midi de la France. Les rejetons qu'il produit en grande abondance offrent un moyen facile de reproduction. Il faut les planter en octobre, et couvrir la terre de litière tout autour.

Le figuier fleurit au mois de mars et mûrit au commencement d'août. Il aime une terre douce, sableuse, et maintenue humide en été.

Sur cent figuiers, cinq à peine sont préservés des gelées. Quelquefois dans les forts hivers, ils gèlent jusqu'aux racines.

Pour préserver les figuiers, on assujettit leurs branches à un fort tuteur au bout duquel on place un abri de paille; puis on relève la terre au pied, on empaille le figuier, et on l'entoure d'un panier en claie calfaté de terre. Entre les sept ou huit pouces d'intervalle qui existent du panier à l'arbre, on entasse de la terre sèche, des feuilles et de la menue paille.

Le mode de conservation des figuiers dans des fosses recouvertes de paille et de terre est loin d'être aussi efficace. Dans les hivers humides, l'arbre pourrit, et la tige éclate souvent par suite du changement de la position verticale à la position horizontale.

On hâte de dix à douze jours la maturité des figues, en touchant l'œil de la figue avec une goutte très-petite de bonne huile d'olive.

FIGUES. (Off.) Pour dessécher les figues, on les cueille dans un état de maturité complète; on choisit les blanches de préférence; on les pèle et on les expose au soleil sur des claies; on achève de les dessécher à un feu très-modéré au four, quand elles ont pris la forme qu'elles ont dans le commerce.

Les figues sèches, bouillies après avoir été incisées, sont adoucissantes et émollientes.

Figues confites. Prendre des figues vertes, un peu avant leur maturité, les piquer, les mettre à mesure dans de l'eau fraîche, les placer sur le feu; quand la tête d'une épingle passe facilement au travers, les mettre dans de l'eau fraîche; les égoutter et jeter dessus du sucre cuit au petit lissé; les remettre le lendemain dans du sucre cuit au perlé, le troisième jour dans du sucre cuit au grand perlé; leur donner un bouillon, égoutter les figues et les placer dans des boîtes.

FIL. (Conn.. us.) Il est utile d'avoir dans un coffre spécial un assortiment de fils. Le meilleur est le fil rond en trois brins et à quarante-huit tours; le fil de Malines est uni fin et solide: il sert aux dentelles, et aux mousselines. Le fil écru de Bretagne est fort, et convient aux toiles grossières et aux torchons; le fil à la religieuse est bis et retors; le meilleur fil noir est le fil à chapelier.

Le fil d'ortie est aussi bon que le fil de chanvre, il sert principalement pour le linge fin. Le fil d'Écosse convient aux raccommodages de linge de poche et de corps.

Le fil plat n'a que vingt tours, il sert à faire des reprises dans la toile.

FILET. (*Pêche.*) Pour conserver les filets des pêcheurs, les faire macérer dans une colle de morceaux de peau bouillis dans de l'eau; les faire sécher quelque temps à l'ombre, les remettre dans de l'eau de motte ou de l'eau de tannin, puis les laver à l'eau froide, après qu'ils y ont séjourné quarante-huit heures. Si l'on a employé trois kilogrammes de colle, il faudra cinq litres d'eau de tannin. Les filets contractent ainsi une couleur fauve qui devient brune, mais acquièrent une grande solidité en conservant cependant leur souplesse. (Voy. les noms des divers filets.)

FILET. (*Ind. dom.*) On appelle filet le réseau dont on forme des bourses. Le filet se fait au moyen d'aiguilles à tricot et d'un petit crochet. On emploie pour cet ouvrage du gros cordonnet qui est beaucoup plus solide que les autres fils de soie. On mêle aux mailles des perles d'acier, ou d'argent, ou d'or, ou de cuivre doré.

FILTRE. (*Ind. dom.*) Il y a deux espèces de fontaines à filtre, celles à filtre descendant, celles à filtre ascendant.

Pour les premières, voyez CHARBON, EAU.

Le système des secondes offre des avantages en ce que l'eau ne dépose point ses impuretés sur les pores du filtre: par suite, le filtre se conserve intact, et ne contracte aucune mauvaise odeur.

Ces fontaines sont composées de trois compartiments. Dans le premier situé à la partie supérieure, se verse l'eau: elle se précipite par un petit tube qui longe le côté de la fontaine, dans un réservoir inférieur; ce réservoir forme le fond de la fontaine. De là comprimée par l'eau nouvelle qui vient d'en haut, l'eau passe en remontant à travers une pierre filtrante dans un réservoir intermédiaire dont la partie inférieure se rétrécit pour aboutir à un robinet.

Ces fontaines ont été inventées par M. Lelogé fontainier.

On a récemment inventé une fontaine à filtre portative, que le ferblantier le moins habile peut facilement exécuter. Elle a la forme d'une cafetière cylindrique; elle est divisée en deux parties égales par deux cloisons. Entre deux rondelles de fer-blanc, dont l'inférieure est percée de petits trous, est placée une couche de charbon pilé. La rondelle inférieure est soudée; l'autre est mobile et assujétie avec une traverse en fer. Le couvercle de la fontaine descend de quelques lignes sur les bords: on le rend plus solide en mettant un linge sur l'ouverture. L'eau ne coule par le robinet, que lorsque l'air peut s'introduire dans la division inférieure: il faut donc avoir soin, au moyen d'un trou qu'on bouche ordinairement, de ménager un courant d'air.

Nous avons mentionné différents filtres aux articles CHARBON, CHAUSSE, EAU, ÉTAMINE, etc.

On filtre encore l'eau à travers les pierres poreuses et le sable; et, les liquides, à travers le feutre. Le coton cardé posé dans le tuyau d'un entonnoir, sert à filtrer les liqueurs précieuses, les essences huileuses ou volatiles; mais le filtre le plus ordinaire est celui que l'on fait avec le papier brun ou gris, dit papier Joseph. On le plisse en forme d'entonnoir, ou on le roule entre les mains. Pour empêcher qu'il ne colle au pourtour de l'entonnoir, ce qui arrêterait la filtration, on place des brins de paille entre le filtre et l'entonnoir pour laisser entre eux un passage libre à l'air.

Avant d'employer le filtre de papier, on doit le passer à l'eau bouillante. Ce filtre sert principalement pour le petit-lait, les sucs d'herbe, les liqueurs vineuses et spiritueuses.

Filtre Réal. Ce filtre, destiné à extraire le suc des végétaux, est composé d'un cylindre terminé par un robinet, et dans lequel on met les plantes, les fruits écrasés, les citrons. On recouvre ces fruits de laine, et on ajoute jusqu'au sommet du cylindre du sable très-fin humecté; au-dessus de ce sable, au milieu du couvercle, s'élève un tube de trois pouces de diamètre, auquel on donnera le plus de hauteur possible. La pression de cette colonne d'eau et sa filtration à travers les matières à comprimer séparent complètement les sucs des plantes. Il faut que le jus à extraire soit plus pesant que l'eau.

La pomme de terre rapée et traitée ainsi, donne avec moins d'eau employée le double de fécule.

On peut comprendre dans les filtres, les chausses et les étamines. (Voy. ces deux mots.)

FIORIN ou AGROSTIS. (*Agr.*) *Agrostis.* Famille des graminées.

Le fiorin est un genre de plantes qui donne un excellent fourrage. Il réussit dans les terrains mouvants. On peut, à cause de ses traces, le placer dans les lieux secs et humides, et dans les terres légères. On le plante au mois de mars; dans le cas où le fait succéder à des pommes de terre, un hersage suivi d'un labour sans engrais, est suffisant; s'il s'agit d'une terre épuisée ou en friche, on donne deux labours, dont les raies ont dix centimètres ou quatre pouces; dans un terrain cultivé, on fume et on herse.

La terre doit être bien nettoyée; on sarclera à la main, une ou deux fois la première année. Le terrain se divise par lots, dont la largeur est déterminée par l'humidité du sol; les lots sont séparés entre eux par des rigoles. Avant de creuser les rigoles qui doivent avoir au plus soixante-cinq centimètres ou deux pieds, on prend des racines de fiorin, on les coupe en morceaux de cinq à six pouces, et on place ces boutures sur le sol à un pied les unes des autres; on recouvre avec la terre des rigoles, très-légèrement. Les rigoles servent dans les lieux humides à l'écoulement des eaux; dans les lieux élevés, à fournir la terre pour recouvrir légèrement les boutures.

On peut espérer de faire une récolte dès la première année, dans les endroits suffisamment couverts. La seconde année, on a une quantité de fourrage bien plus considérable que dans les meilleures prairies. Les chevaux et les vaches l'aiment beaucoup; le lait des vaches nourries exclusivement de fiorin est très-abondant, et de la meilleure qualité.

On récolte le fiorin comme le foin, mais plus tard : la plante croissant toujours, on gagne à retarder la récolte. On peut le laisser sur pied, et le couper à mesure.

Quand un champ de fiorin dépérit, on l'amende, en février ou mars, avec des cendres, de la suie, du compost, des urines ou des eaux de fumier fermentées.

On ne doit jamais laisser pâturer les bestiaux dans le champ de fiorin.

Voici les diverses espèces de fiorin qu'on peut cultiver :

Fiorin-traînasse. Agrostis stolonifera. Cette plante croît naturellement dans le nord de la France, sur le bord des fossés; on la reconnaît à ses traînées spacieuses.

Fiorin piquant. Agrostis pungens. Il croît naturellement sur les bords de la mer; on peut l'employer à donner de la consistance aux sables mouvants.

Fiorin des champs. Agrostis spira venti. Il croît dans les terrains secs et élevés : on le trouve dans les blés.

Fiorin en roseau. Agrostis arundina. Sa tige est très-élevée, ses fleurs sont de couleur pourpre et verté; il croît dans les bois, sur les montagnes, entre les pierres.

Fiorin argenté. Agrostis calamagrostis. Ses tiges sont rameuses; il croît en Suisse.

Fiorin étalé. Agrostis effusa. A tige très-haute, à feuilles larges, à racine bulbeuse; il croît dans les bois : il convient surtout aux moutons.

Fiorin fluet. Agrostis minima. Il croît dans les lieux arides et sablonneux.

FISTULE. (*Méd. dom.*) On appelle fistule une solution de continuité à un trajet, qui laisse échapper des liquides purulents déviés de leurs endroits naturels. On distingue les fistules lacrymales, salivaires, biliaires, urinaires, cervicales, mammaires, etc. Ces maladies dangereuses ne peuvent être soignées et guéries que par l'intervention du médecin et du chirurgien.

FLACONS. (*Conn. us.*) Les flacons de cheminée se remplissent d'eaux de Cologne, de la reine de Hongrie, d'eau d'ange, etc. (Voy. EAUX DE TOILETTE.)

Les flacons de poche destinés à chasser le mauvais air, à combattre les spasmes et les défaillances, se garnissent d'eau de Cologne, d'éther sulfurique, de vinaigre des quatre-voleurs, etc. (Voy. ces mots.)

Les flacons bouchés à l'émeri se font en rodant le bouchon avec de l'eau chargée d'émeri en poudre, et en le frottant contre l'ouverture du flacon. Ils empêchent le contact de l'air avec les matières qu'ils contiennent.

Pour nettoyer un flacon ou un autre ustensile de verre ou de cristal, on y fait entrer des boules faites avec du papier gris; on y jette une eau de savon légèrement chauffée; on agite le vase en le tournant en tous sens; puis on jette ce qu'on y avait mis, et on le rince avec de l'eau froide.

FLAGEOLET. (Voy. HARICOT.)

FLAN. (*Off.*) *Flan de ménage.* Mettre dans un pot une cuillerée de farine, du sel fin, une cuillerée d'eau-de-vie; délayer avec huit jaunes d'œufs ajoutés peu à peu; ajouter de même une chopine de lait bouillant avec un quarteron de sucre; placer à feu doux et égal, feu doux dessous et dessus, pendant vingt minutes.

Flan de pommes de terre. Piler dans un mortier pendant une demi-heure six pommes de terre cuites à l'eau; ajouter une demi-livre de beurre frais fondu, du sel fin, et douze jaunes d'œufs ajoutés comme ci-dessus; après avoir bien pilé, y mêler les blancs battus et réduits en neige; garnir le fond d'une casserole d'un rond de papier beurré; en beurrer les bords; verser le mélange dedans; le couvrir d'un couvercle avec de la braise; faire cuire une demi-heure au bain marie; servir avec un coulis aux champignons et aux truffes, ou avec de la crème, en ajoutant de la vanille ou autre aromate et une demi-livre de sucre en poudre.

Flan de nouilles. Dresser une croûte de pâté chaud, la garnir de nouilles pochées dans du lait, avec des jaunes d'œufs, du sucre, de la fleur d'oranger, des macarons amers, des massepains, un peu de sel et de beurre fondu, des blancs d'œufs fouettés; faire cuire au four à petit feu; ajouter d'autres blancs d'œufs fouettés, du sucre en poudre, et un peu de fleur d'oranger pralinée; glacer et servir. (Voy. NOUILLES, PATÉS CHAUDS.)

Flan de semoule. Substituer de la semoule aux nouilles.

Flan d'abricots. Sauter des abricots sans noyaux dans le sucre, les ranger dans une abaisse de pâte, les mettre cuire à un four chaud, masquer de sirop, avec des amandes de noyaux mondées; servir. On fait de même les flans des autres fruits, des marmelades, et des frangipanes.

Flan suisse. Dresser une croûte de pâté chaud, faire une pâte à choux avec de la fécule de pommes de terre; la mêler avec du fromage de Gruyère râpé, du parmesan et du neufchâtel, du beurre fondu, du sel, du gros poivre, des jaunes d'œufs crus et des blancs fouettés; verser le tout dans le flan; garnir la croûte de papier beurré, ficeler et faire cuire.

FLANELLE. (*Ind. et écon. dom.*) Les flanelles d'Angleterre participent de la finesse et du moelleux des laines de ce pays. En France, les flanelles de Reims sont les meilleures.

Le tricot de laine fine, dont on fait des gilets à mettre sur la peau, s'appelle flanelle. Le tissu des meilleures flanelles est croisé; elles ont environ une demi-aune et demi-tiers de large.

Quand la flanelle est jaune à force d'avoir été portée et lavée, on la passe à l'eau claire; on exprime bien l'eau, et on étend la flanelle sur un fil; on place dix-huit pouces au-dessous un réchaud allumé, sur lequel on met un peu de soufre en poudre. On couvre la flanelle d'une caisse de bois; l'acide sulfureux se dégage et blanchit la laine. La soie se blanchit de la même manière. Cette opération se fait aisément, avec un peu de soin.

Quand les vêtemens de flanelle ont besoin d'être nettoyés, prendre un fiel de bœuf, le passer et l'étendre dans six fois son poids d'eau de son, chaude et passée. On lave la flanelle dans ce mélange, puis on la couvre d'eau chaude, et on la tient dans un endroit chaud pendant quelques heures. On la lave ensuite à l'eau de son et à l'eau claire. Un fiel de bœuf peut servir à laver un gilet. Si la flanelle est trop grasse, on ajoute au fiel un gros de savon vert.

Nettoiement de la flanelle avec la farine. Délayer de la farine avec une pinte d'eau de savon; mettre le vase qui contient le mélange sur le feu; verser cette colle claire et bouillante sur la flanelle, quand on peut y toucher sans se brûler; frotter la flanelle, la laver ensuite à l'eau chaude; recommencer une seconde fois l'opération.

Nettoiement par les pommes de terre. Tremper la flanelle dans l'eau chaude, la frotter d'une pâtée d'eau de savon et de pommes de terre; laver à grande eau quand la crasse a disparu, et faire sécher.

FLEURS. (*Con. us. — Réc. — Ind. dom.*)

Botanique des fleurs. Les fleurs sont composées de cinq parties principales : le *réceptacle*, le *calice*, la *corolle*, les *étamines* et le *pistil*. Le *réceptacle* est ce qui supporte la fleur. Dans la plupart des plantes, il n'est pas distinct du *pédoncule* ou queue. La partie charnue de l'artichaut est un réceptacle.

Le *calice* est un prolongement de l'écorce du *pédoncule*; il a la plus grande analogie avec les feuilles, dont il prend souvent la forme et la couleur. Il enveloppe la *corolle*, qui elle-même enveloppe les parties de la génération; et il en forme le rempart extérieur.

La *corolle* est la plus belle partie de la fleur, et la constitue même pour le vulgaire. Elle enveloppe immédiatement les parties de la génération. Le phénomène de la fécondation est toutefois indépendant de sa présence, puisqu'il est des fleurs qui en sont dépourvues.

La corolle tombe d'ordinaire avec les étamines. Avant son épanouissement ou préfleuraison, elle est repliée dans le calice. Les *pétales* sont les parties dont se compose la corolle. Il y a des fleurs qui n'ont pas de pétales : la corolle d'une seule pièce, comme celle du liseron, s'appelle monopétale. La corolle reçoit divers noms, suivant le nombre de ses pétales, sa forme, sa position par rapport aux parties de la génération.

A côté de la corolle se trouvent les *nectaires*, appendices qui sécrètent une liqueur douce et mielleuse. Ils existent dans les renoncules, les lis, etc.

L'on observe, au sein des fleurs, certains filets, plus ou moins longs, plus ou moins déliés, et terminés par des paquets de poussière ordinairement jaune : ce sont les *étamines.*

L'*étamine* est l'organe mâle de la fleur, comme le *pistil* en est l'organe femelle. Supprimez l'un des deux, celle-ci reste stérile : aussi, soit isolés, soit réunis dans la même enveloppe, on les trouve également dans toutes les fleurs; leur concours est indispensable à la reproduction de l'espèce.

L'étamine se compose d'un *filament* et d'une *anthère* que ce filament supporte. L'*anthère* est une petite bourse divisée en deux tiges, qui contient une poussière jaune, rouge, violette ou blanchâtre, nommée *pollen* ou poussière séminale. Parvenue à sa maturité, l'anthère s'ouvre d'elle-même, et répand sur le pistil la poussière fécondante.

La culture change souvent les étamines en pétales. La fleur devient double; elle cesse d'être féconde, et ne se multiplie que par boutures.

Les pistils et les étamines ne sont pas toujours portés sur la même fleur; les fleurs pourvues à la fois de ces deux organes sont hermaphrodites. Les fleurs sont en panicule quand le pédoncule se ramifie; en thyrse, ou bouquet, quand les pédoncules sont courts; en grappe, comme le raisin; en épi, comme l'épine-vinette; en ombelle ou parasol, comme la carrotte; en corymbe qui diffère du parasol, comme les millefeuilles.

On appelle coulure des fleurs le défaut de fécondation du pistil. Cet accident vient surtout des pluies continuelles ou du vent froid qui resserre les parties génératrices, ou disperse le pollen; d'un vent trop chaud qui dessèche le pollen, enfin de toutes causes qui peuvent empêcher le pollen de parvenir aux germes de l'ovaire. Dans l'état actuel des connaissances horticoles, on ne peut y remédier que par la fécondation artificielle : l'incision annulaire, qui force la sève à se porter au haut de la branche, la perforation du tronc, la torsion de l'extrémité des rameaux, les arrosemens de gadoue (Voy. ce mot.), sont autant de moyens de donner de la force aux organes, et de prévenir la coulure.

Pour féconder artificiellement les fleurs, on prend du pollen le plus mûr et le plus coloré, et on l'applique sur le pistil de la fleur qu'on veut féconder.

Quand on cultive des fleurs dans un appartement, ce qui est toujours malsain à cause de l'acide carbonique qu'exhalent les plantes, on peut substituer la mousse à la terre végétale. La mousse, foulée et arrosée fréquemment, devient un véritable terreau, et de plus, à la suite des arrosemens, elle ne retient que la quantité d'eau nécessaire à l'absorption des racines. L'eau de savon convient beaucoup pour arroser les fleurs ainsi cultivées.

Manière d'avoir des fleurs en hiver. Couper des boutons de fleurs avec des ciseaux; leur laisser une queue de trois pouces, dont on bouche l'extrémité avec de la cire d'Espagne, les envelopper d'un papier bien sec; quand on veut les faire fleurir, on coupe la partie enduite de cire d'Espagne, et on les met dans de l'eau après y avoir fait infuser un peu de salpêtre ou de sel.

Cueillette des fleurs. Le temps de la cueillette des fleurs est l'époque qui précède l'épanouissement. Si l'on veut conserver leur parfum, on doit rejeter celles qui ont été décolorées par la pluie. Dans certaines plantes, comme le thym, la marjolaine, la sauge, on cueille tout le haut de la tige, ce qu'on appelle la *sommité fleurie.*

Manière de conserver les fleurs sèches. Pour conserver aux fleurs leur odeur, leur couleur et leur forme, on lave du sablon fin, on le passe au tamis; on met un peu de ce sablon chaud au fond d'un vase de terre, on couche dessus les fleurs, qu'on couvre avec soin d'un pouce de sable environ; on laisse le vase un jour ou deux exposé dans une étuve à une chaleur de cinquante degrés, ou huit jours au soleil.

Il faut prendre des précautions pour empêcher les pétales des fleurs de se détacher; pour les tulipes, par exemple, on coupe le fruit triangulaire du milieu.

Quelquefois des fleurs qui n'ont pas d'odeur immédiatement après leur dessiccation en acquièrent quand elles ont éprouvé un léger ramollissement.

En faisant sécher à l'ombre des fleurs odorantes, et les réunissant en sachets avec de la poudre de girofle et de muscade, on donne une bonne odeur au linge.

Manière d'obtenir de l'eau de fleurs. Pour obtenir sans distillation de l'eau de toutes espèces de fleurs, on prend une livre de fleurs fraîches, qu'on broie légèrement; on jette dessus quatre à six onces d'eau pure; on place dans un vase de terre ou de verre un entonnoir, où l'on met un filtre, et par-dessus un linge fin; on entasse dans l'entonnoir les fleurs au niveau des bords du filtre; on place sur l'entonnoir un vase plat rempli de cendres chaudes : l'entonnoir doit s'appuyer sur les bords du vase.

On place ce vase dans de l'eau fraîche; la chaleur des cendres fait évaporer l'eau des fleurs qui descend dans le récipient.

Manière de faire des sirops de fleurs. On se procure un sirop aromatique de toutes espèces de fleurs, en prenant des pétales, les plaçant par couches alternées de couches de sucre en poudre, et exposant le vase qui contient ces couches une semaine au soleil ou dans une étuve, ou bien un mois dans une cave fraîche : au bout de ce temps, on exprime le jus à la presse, et on le passe à travers une étoffe de laine.

Infusion de fleurs. Les fleurs qu'on veut employer en infusion perdent généralement par la dessiccation une grande partie de leurs vertus, surtout si cette opération n'est pas conduite avec soin; il est préférable de les employer à l'état frais.

Manière d'obtenir des empreintes de fleurs. Les artistes, les dessinateurs, les peintres, les architectes, peuvent désirer d'avoir en plâtre des empreintes en relief de feuilles ou de fleurs; il n'est pas nécessaire d'être sculpteur pour obtenir ces empreintes. On fait fondre ensemble de la cire et de la poix de Bourgogne, et l'on applique ce mélange à chaud sur la plante posée d'abord sur du sable fin mouillé; on relève aussitôt la feuille, qu'on plonge dans l'eau froide : ce qui, en raffermissant la cire, permet de l'enlever sans briser le moule. Après cette opération, on place le moule de cire sur le sable mouillé, et on le couvre de plâtre fin très-clair, qu'on presse légèrement avec un pinceau; la chaleur du plâtre ramollit la cire, de sorte que, lorsqu'il est sec, on le détache aisément. Il conserve le relief de la plante dans toute sa pureté.

FLEURS ARTIFICIELLES EN CIRE. Pour faire des fleurs artificielles, on emploie de la cire blanche. Cette cire ne doit être ni grenue ni friable. Si un petit morceau brûlé sur une pelle rouge laisse un résidu blanc, elle contient de l'alun, du sulfate de fer ou de l'arsenic qui nuiraient à la coloration. Quand la cire est trop dure, on y ajoute pour six parties une partie de térébenthine, ou deux gros pour une livre, qu'on y incorpore par la fusion; cette addition lui procure une grande souplesse. Quand on veut au contraire la rendre dure et transparente, on y ajoute pour huit parties six parties de blanc de baleine.

On fait fondre la cire à feu doux; on broie avec soin les couleurs à sec, puis avec de l'essence de lavande ajoutée peu à peu, et on les mêle, à l'aide d'une spatule, à la cire encore liquide. Pour les blancs, on emploie le blanc de plomb; pour les rouges, le vermillon; pour le rose vif, le carmin fin; pour le rose un peu violet, la laque carminée; pour le bleu plus ou moins foncé, l'indigo, le bleu de prusse, les cendres bleues; pour le jaune, le jaune orangé chromaté de plomb, le jaune citron de chrome, le jaune paille composé de blanc de plomb et de jaune de chrome, le jaune nankin d'ocre jaune, de vermillon et de blanc; pour les verts, des mélanges de jaune et de bleu, le vert-de-gris cristallisé, le vert de Scheele ou arséniate de cuivre; pour le violet, le carmin et le bleu de Prusse; pour le lilas, on ajoutera à ces deux couleurs un peu de blanc. Une infusion de poudre de racine de curcuma, dans la cire, donne une couleur jaune; une fusion d'orcanette cassée donne une couleur rouge.

Quand les cires sont préparées, on les coule dans des moules en carton ou en fer-blanc.

La cire se découpe avec des ciseaux. Il ne faut que de

la propreté, du soin et de la patience pour acquérir l'art de fabriquer des fleurs artificielles en cire.

Les spatules qu'on emploie pour relever les couleurs doivent être en corne, en ivoire ou en bois, mais jamais en fer.

Pour donner du velouté à la cire, on la retire du moule, on la place sur une table, à l'aide d'une lame d'acier; on se sert de cette lame pour couper la cire rapidement en la raclant, après l'avoir fixée sur la table avec une planchette pour l'empêcher d'être entraînée. Pour faire des nuances sur fond uni, on emploie des couleurs à l'esprit de vin.

Fleurs artificielles en papier de soie. Couper une feuille de papier de soie en douze carrés égaux, de deux à trois pouces de diamètre; ployer chaque carré d'abord en deux, puis une seconde fois sur sa longueur, une troisième fois d'un angle à l'autre, de sorte que le papier déployé parait former quatre cœurs ouverts; quand on a arrondi les côtés avec des ciseaux, faire de petites coupures en franges sur les bords de tous les pétales; envelopper le papier d'un crêpe, le tortiller et le froisser. Préparer ainsi douze morceaux, prendre un fil de fer recouvert d'un papier blanc; placer à l'un de ses bouts disposé en crochet une pelotte de coton en laine, qui figure le pistil; passer dessus en croisé des fils de soie noire pour figurer les raies noires du pistil; introduire dans le bas de la pelotte les morceaux de papier préparés, les maintenir avec un calice à cinq feuilles, aussi grand que les pétales. Pour imiter les boutons, rouler une petite boule de coton, l'envelopper d'un crêpe, la tremper dans une colle de gomme et de farine, et la poudrer de laine verte. Pour figurer le sillon du bas des boutons de pavot, les serrer quand ils sont humides, et ôter le fil quand ils sont secs. Pour former les boutons à demi épanouis, en fendre un des précédens, retirer une partie du coton, et fixer avec la colle deux pétales qui paraissent sortir du bouton avec effort.

On fait ainsi des pavots, des œillets, des grenades, des roses trémières, avec quelques variations. Les pétales des grenades sont unis sur les bords; ceux des œillets sont dentelés. On emploie du papier de la couleur des fleurs. Pour les fleurs panachées, on peint le papier à l'aquarelle.

FLEUR DE LA PASSION. (*Jard.*) *Passiflora.* Famille des cucurbitacées. Ce genre de plantes exotiques est très-nombreux. En pleine terre, on les multiplie de marcottes et de drageons, à une exposition chaude, le long d'un mur ou d'un espalier. L'hiver, elles demandent de la litière. Les fleurs ne durent qu'un jour, mais elles se succèdent pendant un mois.

FLEURET. (*Conn. us.*) La cassure des fleurets peut occasionner des accidents graves; pour les rendre moins cassants et les conserver, on les frotte d'un peu de suif, et on les fait passer sur des charbons enflammés jusqu'à ce que le suif ait disparu.

FLORENTINI (Jeu de). (*Récr. dom.*) On joue avec un jeu entier; il y a un banquier et un nombre de joueurs indéterminé; le banquier mêle, retourne la première carte et la place devant lui: si c'est un roi, c'est de l'arrivée d'un autre roi que dépend le sort des joueurs. On en retourne une seconde; les joueurs placent, s'ils le veulent, leurs mises dessus; le banquier couvre les mises avec égale somme. Il retourne une troisième carte, sur laquelle on

joue de même; quand il arrive une carte pareille aux cartes déjà retournées, le banquier gagne tout ce que les pontes ont mis dessus, mais s'il sort un roi avant ces cartes, le banquier, rencontrant sa propre carte, perd tout ce qu'il a joué, et la partie finit.

Si les premières cartes retournées se ressemblent, elles appartiennent au banquier; les joueurs ne peuvent jouer que lorsqu'il y a sur le tapis d'autres cartes différentes de celles du banquier, en nombre égal aux premières.

FLOTTÉ (BOIS.) (Voy. BOIS.)

FLOUVE ODORANTE. (*Agr.*) *Anthoxantum odoratum.* Famille des graminées. Cette plante fait un excellent fourrage; elle exhale une odeur forte de muguet. Elle vient sans culture dans les bois, surtout dans les terres sablonneuses, légères et douces; elle réussit mal dans les terres marécageuses.

On sème la flouve à toute exposition, en décembre et en octobre, dans les clairières, les prés, les champs, le bord des bois. On laboure auparavant, et on sème 70 kilogrammes par hectare; on la fauche à la fin de mai, quand elle entre en fleurs. On en donne deux jours par semaine aux bestiaux, par couches, avec de la paille de blé, d'orge et d'avoine. On en fait une seconde coupe en septembre. On peut la semer en gazon; elle s'élève à trente centimètres, et ce gazon est vert l'hiver comme l'été.

On mêle la flouve odorante avec le tabac pour l'aromatiser.

FLUIDE. (*Con. us.*) Les fluides sont des substances dont les parties se meuvent sur elles-mêmes indépendamment les unes des autres, et n'ont entr'elles aucune cohésion; tels sont l'eau, l'air, etc.

On appelle *fluides aériformes* ceux qui, comme l'air, sont souvent sans couleur, invisibles, et toujours très-élastiques; ils ont aussi le nom de *gaz.* Il y en a un assez grand nombre.

Les principaux sont les *gaz permanents* et les *gaz non permanents.*

Les premiers sont ceux qui ne deviennent pas liquides par le refroidissement, et les derniers ceux qui deviennent liquides en se refroidissant: telle est la vapeur de l'eau.

Le *fluide* aériforme le plus utile et le plus répandu est l'air, qui est permanent, pesant, très-compressible, très-élastique et invisible; il environne la terre de toute part, et l'enveloppe qu'il forme se nomme atmosphère.

FLUXIONS. (*Méd. dom.*) La fluxion est la direction d'un fluide du corps sur un point où l'appelle une cause excitante.

Les fluxions ont principalement lieu dans les rhumes, sur les joues, sur les yeux, dans la bouche et vers les régions avoisinant la partie supérieure du cou.

Beaucoup de personnes s'imaginent qu'une fluxion est une incommodité de l'espèce de celles qui n'exigent aucun régime. Cependant il est constant qu'un individu atteint d'une fluxion, n'importe où, s'il ne change aussitôt sa manière de vivre habituelle, risque d'aggraver le mal et d'étendre l'inflammation.

La diète et le repos, l'eau et la privation de boissons échauffantes, l'entretien de la chaleur sur la partie attaquée, voilà le régime à suivre, et la fluxion ne tardera pas à disparaître.

La fluxion sanguine a lieu naturellement dans l'estomac quand cet organe est en activité. Le torticolis est une fluxion du cou. Les coups d'air sont des fluxions.

FOIE. (*Méd. dom.*) Le foie est l'organe qui sécrète la bile; il est exposé à des lésions, à des inflammations, à des affections diverses que leur traitement compliqué et leurs symptômes obscurs rendent exclusivement du domaine de la médecine.

Les bains chauds et fumigations de chlore conviennent dans les maladies de foie, ainsi que les bains entiers et de pieds avec addition d'acide nitrique et d'acide hydrochlorique. Les maladies de foie s'exaspèrent sous l'influence d'un régime échauffant.

FOIES GRAS. (Voy. OIE. POULARDE.)

FOIN. (*Agr.*) On comprend sous ce nom collectif toutes les plantes des prairies. (Voy. PRAIRIES.)

On fauche les foins en pleine floraison; plus tard, il y a perte, surtout dans les regains ou foins de la seconde coupe. Il ne faut ni attendre la graine, ni faire manger le foin sur le pré même. La graine ne convient que dans les prairies de première qualité, où les bestiaux peuvent tout consommer sans laisser de mauvaises herbes.

On fait la fenaison par un beau temps. On étend le foin au soleil, on le remet en tas, et dès que le tas s'échauffe, on écarte le monceau: au bout de deux heures il est desséché. On le rentre, et six semaines après la récolte il est propre à être employé. Si la saison ne permet pas de sécher les foins, on les mêle à la paille par lits, à raison de deux pouces de foin ou de regain sur quatre pouces de paille. Le bon foin est vert, odorant et sec; le foin mouillé a moins de valeur; s'il est moisi, il ne vaut rien; le foin *rouillé*, c'est-à-dire imbibé d'eau trouble avant la coupe, est nuisible à tous les animaux, et surtout aux chevaux et aux bœufs. Les aspersions d'eau salée parviennent à modifier, mais non à détruire complétement les mauvais effets de la rouille.

Le foin qui n'a pas été mis en tas, blanchit promptement et perd son odeur.

Si on consomme le foin en vert, il faut l'enlever dès qu'il est fauché: on le donne dans cet état aux animaux.

Chaque portion de foin abattue d'un coup par le faucheur s'appelle *andain*. Au lieu de les laisser exposés à la pluie ou à l'humidité, on doit de suite secouer et réunir les andains, puis les ranger sur le pré en bandes longues et étroites, qu'on roule sur elles-mêmes en tas: le foin, placé ainsi, n'est pas altéré par la pluie.

Le regain doit être coupé, car il est nuisible aux prairies de le faire consommer sur place; il convient aux vaches et aux veaux. On le met dans un hangar, mêlé avec de la paille; quelques fagots de bois de chêne sans feuilles servent de cheminée, et donnent passage à l'humidité superflue.

Mode expéditif de fenaison. Faucher l'herbe, l'étendre, et la retourner aussitôt : les feuilles, étant bien étalées, sèchent de suite, et on l'enlève avant la rosée du soir, qui lui est nuisible, pour la mettre en meules.

Quelquefois les meules de foin s'échauffent jusqu'à combustion spontanée: pour éviter cet accident, on doit

ne mettre le foin en meules que lorsqu'il est suffisamment sec. Pour empêcher l'accroissement de l'humidité dans l'intérieur de la meule, on doit y ménager des courans d'air, au moyen de tuyaux en planches qui communiquent de l'extérieur au centre.

En hiver, où il pleut presque tous les jours, au lieu de faire des meules, on fait avec le foin des murailles étroites plus larges du haut que du bas : elles sont soutenues par des perches qui s'appuient contre des pieux enfoncés en terre.

Il y a différentes méthodes de conservation des fourrages suivant leur nature : le foin des prairies se met facilement en tas au râteau; le trèfle, la luzerne, le sainfoin perdent beaucoup de leurs feuilles qui tombent à terre; on doit donc les laisser en tas sans les remuer dans la chaleur du jour, temps où ces plantes se brisent facilement, et où les tiges se séparent des feuilles; on a soin de n'y toucher que le matin et le soir. (Voy. *fanage allemand dit* méthode Klapmayer.

Cette méthode tire son nom de l'agronome qui l'a indiquée : elle est utile surtout dans les saisons pluvieuses. Dès que l'herbe est fauchée, on la met en tas, et on la comprime également partout; la fermentation s'y établit, et quand elle est parvenue au point d'échauffer toute la masse et de produire de la vapeur, on étend le fourrage, et il se dessèche très-vite au soleil ou au vent.

Dès que le tas a suffisamment fermenté, au moment où la chaleur qui se développe ne permet plus d'y tenir la main, il faut promptement le défaire, même s'il pleut: autrement il se gâterait. Dès qu'il est refroidi, il peut être de nouveau entassé sans danger.

Le foin ainsi préparé dégage, pendant la fermentation, une odeur de miel; il est sucré et agréable aux bestiaux.

En Suisse, on emploie, au lieu de planches, quatre piquets liés par des échelons. Ce procédé a sur le précédent l'avantage de faire circuler l'air dans toutes les parties de la meule.

On conserve en Russie la couleur verte du foin de la manière suivante : Aussitôt que le foin est coupé, au lieu de l'étendre, comme dans les autres pays, pour le faire sécher, on le met dans un tas au centre duquel on place une espèce de cheminée ou d'ouverture formée avec quatre planches ordinaires. Il paraît que la chaleur de la fermentation s'évapore par cette espèce de cheminée, et que le foin conserve ainsi toute la dimension des herbes, ainsi que leur couleur et leur goût primitifs.

Le foin des prairies arrosées convient aux bêtes à cornes; les moutons redoutent les regains de ce genre de prés.

Le foin des prairies non arrosées est plus parfumé et contient moins d'herbes nuisibles.

Le fourrage des prairies marécageuses ne convient qu'aux bœufs.

Le foin sec est mangé avec plus de plaisir par les animaux s'il est mêlé avec des racines.

La poussière des greniers à foin fournit abondamment des herbes basses et aromatiques, comme la *lupuline*, le *medicago*, le *plantago lanceolata*, l'*authoxantum odoratum*. (Voy. les noms des diverses plantes des prairies.)

FOMENTATIONS. (*Méd. dom.*) Ce sont des applications chaudes de liquides astringens, aromatiques, émolliens, etc. On les fait à l'aide d'éponges, de linges, ou de morceaux de molleton, de laine ou de flanelle. Les fomentations sèches se font avec du sable et des cendres échauffées. Les fomentations liquides demandent à être renouvelées à mesure qu'elles se refroidissent. On retarde leur refroidissement en couvrant les parties fomentées de taffetas gommé; on évite de laisser le froid agir sur les surfaces quand on enlève les fomentations.

FONTANERIA A FEUILLES DE PHILARIA. (*Jard.*) *Fontaneria phillyroïdes.* Famille des jasminées. Arbuste de Syrie. Son feuillage est toujours vert, et fait un très-bon effet dans les lieux où il se plaît: c'est particulièrement dans les terrains humides et un peu ombragés. Il faut en hiver le garnir de feuilles afin de le préserver du froid. On le multiplie en séparant les pieds. Cette opération a lieu au mois de mars.

FONTAINE. (*Voy.* FILTRE.)

FONTE. (*Conn. us. Ind. dom.*) La fonte n'est point malléable; elle est fusible dans certains fourneaux. Elle se moule aisément, et est très-dure. (*Voy.* FER.)

On donne aux objets de fonte les qualités du meilleur acier en les garnissant d'oxide de fer, et les exposant à un feu vif dans des vases de métal.

Pour appliquer sur les objets de fonte un enduit noir brillant, on les suspend à un fil de fer dans la cheminée, à la flamme et à la fumée, après leur avoir donné une couche égale et légère d'huile de lin; puis, on les approche de la braise, et on les plonge dans l'essence de térébenthine froide.

La fonte recouverte d'un vernis particulier prend le nom de fer de Berlin, et sert à faire des bijoux.

Pour donner à la fonte l'apparence du cuivre, on la trempe d'abord dans un bain d'acide sulfurique à 20°, puis dans de l'eau, puis dans un bain d'eau et d'un dix-neuvième de sel ammoniac. On met ensuite la pièce en un mélange chaud d'étain et de cuivre, dans les proportions d'un gros et demi de cuivre pour six livres un quart d'étain. On opère l'alliage de ces deux métaux en mettant d'abord en contact une petite partie d'étain ou de cuivre, et en y plongeant une gousse d'ail au bout d'un fil de fer.

La fonte à chaud, au rouge blanc, se scie aussi facilement que le bois, avec une scie à la main, surtout si elle a été chauffée au four, parce qu'alors elle est plus également chaude sur tous les points. Il faut, pour que l'opération réussisse, que la fonte soit placée d'aplomb; qu'elle ne soit pas trop près de l'état de fusion, et que la scie soit conduite avec beaucoup de vitesse. Nous avons vu l'emploi de ce procédé dans les forges de Cosne (Nièvre).

On soude le fer à la fonte et à l'acier par les mêmes procédés. (*Voy.* ACIER, FER.) La fonte d'acier peut se souder au fer par l'emploi de la chaux vive dont on garnit les faces des métaux après les avoir chauffés. On les bat ensuite modérément en jetant de la chaux vive sur l'enclume pendant la soudure.

On peut fabriquer en fonte les escaliers, les balcons, les balustrades, les garde-feu, les marches isolées, etc.

FONTINALE INCOMBUSTIBLE. (*Conn. us.*) *Antipyre-* tica. Famille des mousses. C'est une mousse d'eau. Nous en avons indiqué l'usage à l'article CHAUME.

FORÊT. (*Voy.* BOIS, ÉCLAIRCIES, FUTAIES.)

FORGE. (*Ind. dom.*) Pour répartir également la chaleur dans une forge, on établit, à trois ou quatre pouces au-dessous de la tuyère (ouverture du tuyau de forge pour le bec du soufflet), une grille de seize pouces de largeur sur vingt de longueur. Le dessous de cette grille est entièrement libre et forme un vide où vient aboutir un long tuyau en briques qui se prolonge horizontalement et sans coudes, pour s'ouvrir au-dehors de l'atelier. Au-dessous de la grille est réservé un endroit pour recevoir les cendres.

On recouvre cette grille de charbon de terre dans lequel l'action du soufflet, jointe à celle du tuyau, détermine promptement un courant d'air. La pièce que l'on veut forger ou tremper est placée sur la couche de charbon et recouverte d'une autre couche. Il y a économie, malgré la quantité de charbon employée, en ce que le coke formé se brûle complétement sans donner de scories. On peut suspendre l'action de l'air en fermant une soupape ménagée au tuyau.

L'action des soufflets de forges pour activer le feu peut être considérablement accrue par l'air chaud, si l'on fait passer l'air des soufflets à travers des tuyaux de fonte chauffés au rouge au moyen de fourneaux.

Pour conduire économiquement le feu des forges, on fait une maie, avec de l'argile, de l'eau et du poussier de charbon, et on la place au-dessus du combustible, du côté opposé au soufflet. Cette pratique est supérieure à l'usage de porter seulement, de ce côté, du charbon et de l'eau. Elle empêche le vent du soufflet d'agir sur les côtés, et lui fait produire plus d'effet sur le feu qui environne le morceau de fer que l'on veut chauffer.

FORMULAIRE. (*Voy.* PHARMACIE.)

FORMULE. (*Méd. dom.*) Les médecins ont l'habitude d'écrire illisiblement leurs formules: il est donc utile de connaître la signification de leurs différentes indications. La formule commence par le signe R ou ℞, ce qui veut dire *recipe* (prenez); ℔ veut dire une livre; ℥ une once; ʒ un gros; gr. un grain; 5 ou ß demi; j un; ij deux; iij trois; iv quatre; v cinq; vj six; vij sept; viij huit, etc. D. M. F. S. A. signifient: Donnez, mêlez, faites suivant l'art.

M. F., *modus faciendi*. Manière de faire.

S. signifie *signetur*, (soit exprimé), et est suivi de l'instruction sur la manière d'administrer le remède.

FOSSES D'AISANCE. (*Conn. us.*) Avant de descendre dans les fosses d'aisance pour les curer, on introduit une chandelle. Si la combustion ne s'y entretient pas, on laisse la pierre levée, et on jette dans la fosse une solution contenant deux kilogrammes de chlorure de chaux qu'on agite avec de longues perches.

On peut établir sur le bord de la fosse un poêle à deux ouvertures, celle de la porte et celle du foyer. Quand le feu est allumé, on place à la porte du poêle un tuyau qui descend dans la fosse. L'air de la fosse alimente le poêle, et se renouvelle. Le tube destiné au dégorgement de la fumée doit être d'une hauteur suffisante.

On a appliqué avec succès les pompes aspirantes au cu-

rage des fosses d'aisance. Leur mécanisme attire les matières fécales dans un tuyau de cuir, d'où elles se déversent
dans un tonneau.

Les objets en argenterie, les bronzes, les peintures à
l'huile, sont sujets à être altérés par les gaz qui s'échappent des fosses en vidange. Il faut avoir soin d'intercepter
toute communication entre les appartemens et le foyer d'infection. Une précaution utile est de placer sous les portes
des linges imbibés de chlore.

FOSSE MOBILE INODORE. (*Ind. dom.*) Cet appareil, inventé en 1818 par MM. Caseneuve et Dinat, ne saurait être
trop recommandé. Outre qu'il est toujours propre, et qu'il
ne répand aucune mauvaise odeur, il donne plus de facilité
pour recueillir deux engrais précieux, l'urate et la poudrette. (Voy. ce mot.)

FOTHERGIL. (*Jard.*) *Fothergilla alnifolia*. Famille
des amentacées. Arbuste de Caroline. Il se plante ordinairement dans les terres de bruyère humides et un peu om-
bragées. Ses fleurs sont blanches, en épis, et très-odorantes. Il se reproduit par semis et marcottes.

FOUDRES A VIN. (*Ind. dom.*) Nous avons, à l'article
cuve, indiqué le mode de construction des foudres en béton. On construit aussi des foudres en bois de chêne, de
trois à quatre pouces d'épaisseur, en forme de barriques,
et cerclés de seize à vingt cercles de fer, de trois pouces de
large sur une ligne et demie d'épaisseur. Après avoir
égrappé et foulé la vendange, on la verse par la bonde,
avec un entonnoir. Quand le foudre est plein à dix-huit
pouces de la bonde, on ferme l'ouverture avec une toile en
plusieurs doubles. La masse considérable de fluide, et le
peu d'action qu'a sur lui l'atmosphère, facilitent la fermentation. Lorsqu'elle est opérée, on décuve : on a soin
de réserver un foudre vide pour le décuvage. On ferme ce
foudre avec une bonde de bois d'orme ou de frêne, entourée d'étoupes. On réserve au milieu un trou de quelques
lignes qu'on bouche avec un morceau de bois, et qui sert
à *ouiller*, c'est-à-dire à ajouter du vin à mesure qu'il s'en
perd. Les foudres sont préférables aux barriques, en ce
que le vin qu'ils contiennent perd un et demi au lieu de
huit à dix pour cent, en ce que la fermentation s'y fait
mieux, en ce que l'arome du vin se conserve, en ce que
les foudres bien bâtis ne coulent jamais, en ce qu'ils demandent moins de soin, et tiennent moins de place que
les futailles.

FOUGÈRE. (*Agr.*) *Pteris*. La fougère compose un genre
de plantes très-nombreux. On distingue la fougère mâle et
la fougère femelle. Elles croissent toutes deux sans culture
dans les sols arides.

L'alcali de la fougère, qui égale presque son poids, en
rend l'écobuage très-utile. (Voy. ÉCOBUAGE.)

Les feuilles de fougère peuvent se donner aux bestiaux.
(Voy. FOURRAGE.) Elles peuvent aussi servir d'engrais.
Leurs cendres sont bonnes à répandre sur les terres gras-
ses et profondes, et sur les prés dits *aigres*.

Quand la fougère nuit aux prés par ses traces, on la
fauche au niveau du sol, et on l'arrose avec une dissolution de sulfate de fer. Une livre de sulfate suffit pour cinquante litres d'eau. Ce procédé peut s'appliquer à d'autres
plantes.

FOUGÈRE *aquiline* ou *ptéride*. (*Pteris aquilina.*) Famille des fougères. Cette fougère a pour caractère principal qu'en coupant la base de la tige transversalement, on
y voit assez distinctement deux têtes d'aigle, l'une tournée
à droite, l'autre à gauche. Elle a des racines traînantes,
dont les nœuds produisent de nouvelles tiges. Ces racines
rendent incommode la trop grande multiplication de cette
plante.

Les radicules de la fougère peuvent donner du pain.
Pour les récolter, on l'arrache; on rejette les tiges dont
la racine a de l'amertume. On fait sécher les autres au soleil; on les coupe par morceaux menus; on les dépouille
de leur épiderme; on les mout. Elles donnent une farine
légère et blanchâtre.

Les cochons sont très-avides des racines de cette plante,
qui les engraissent; et placés dans un champ où l'on en
trouve, ils fouillent la terre en tous sens. Quand on veut
leur apprêter de ces racines, on les fait sécher, on les pile,
et on en mêle le résidu à la boisson des porcs. On donne
aussi cette fougère aux volailles.

La fougère brûlée et pétrie dans l'eau contient assez de
potasse pour blanchir le linge, surtout quand elle est
jeune.

La fougère peut s'employer en prairies artificielles. Elle
se donne aux vaches et aux chevaux, seule ou mêlée à de
la paille.

Les feuilles de fougère sont un bon engrais pour les terrains pierreux, et les préparent à la culture des céréales.

On peut, avec la fougère coupée menue mêlée à de l'argile, faire des cabanes et des toitures.

La fougère femelle est astringente et diurétique; la fougère mâle chassé les vers, et principalement le tœnia.
(Voy. VERS.) On la prend d'ordinaire en décoction d'un
ou trois gros par jour, mêlée à du miel ou étendue d'eau
sucrée. On la prend quelquefois en lavemens avec quelques
gouttes d'éther.

FOUINE. (*Chass.—An. dom.*) *mustela foina*. La fouine
est du genre martre et de l'ordre des carnassiers. Elle
attaque toutes les volailles, et dévore les œufs. Quand elle
est forcée de se défendre, elle fait avec ses dents acérées
de cruelles morsures. Elle mange également des insectes.
La fourrure de la fouine est estimée.

Pour écarter les fouines des poulaillers et colombiers,
on fait bouillir des os de porc, et on les place à l'entrée des
endroits qu'on veut garantir.

*Pâte pour faire mourir les fouines et les loirs, laquelle
ne tue ni les chiens ni les chats.* Faire des boulettes avec
une livre de racine d'ellébore blanc, quatre onces de stafisai-
gre, deux onces de miel, et du lait. On place ces boulettes aux portes des poulaillers.

FOULARD. (*Var.*) On compte plusieurs espèces de
foulards. Les plus estimés sont toujours ceux des Indes,
surtout ceux qu'on apporte de Calcutta (Bengale). Les plus
recherchés des foulards français sont ceux de Lyon : ils
font très-bon effet en robes.

FOULQUE NOIRE. (*Chass.*) *Fuleia*. Oiseau pennati-
pède. La foulque, ou poule d'eau, est aquatique; elle aime e

à plonger. Elle ne sort de l'eau que la nuit. A l'automne, les foulques se réunissent en troupes pour s'enfoncer dans les eaux profondes.

La chair de la foulque est noire et peu succulente. On la prépare comme la poule commune. (Voy. POULE.)

FOULURES. (*Méd. dom.*) Les foulures ne diffèrent point des entorses, et se guérissent par le même traitement. (Voy. ENTORSE.)

Quand une foulure est récente, on l'enveloppe de linges imbibés d'eau froide salée, qu'on renouvelle souvent. Quand elle est ancienne, la frotter avec de l'huile.

FOUR A CHAUX. (Voy. CHAUX.)

FOUR à pain. (*Ind. dom.*) La fabrication du pain a été récemment perfectionnée par plusieurs constructions nouvelles.

M. Selligue est l'inventeur d'un four à pain très-économique. Il a la forme d'un parallélogramme rectangle; la bouche est fermée par deux portes qui ne s'ouvrent que pour laisser passer des châssis placés sur les supports devant le four, et sur lesquels les pains sont posés. Le four se compose de deux fourneaux à vent bien fermés. La cheminée est fermée par un registre. Une galerie supérieure à la voûte sert de four à pâtisserie. Les pains fendus ne cuisent pas si bien dans ce four que les pains non fendus. (Voy. PAIN.)

Four aérotherme. Cet utile appareil est dû à MM. Lemare et Jammetel : il présente beaucoup d'économie de combustible. Dans ce four, un foyer assez petit est entouré de maçonnerie sur laquelle pose le four. Dans cette maçonnerie des conduits terminés en cul-de-sac font circuler l'air, qui leur arrive par la bouche du four.

Quand le foyer est allumé, on lute la bouche du foyer hermétiquement avec de la terre glaise. Le feu prend alors une intensité considérable, bien qu'il ne soit pas alimenté par l'air. L'air contenu dans les tuyaux de maçonnerie s'échauffe tellement qu'on peut faire fondre du plomb dans le four, ce qui suppose au moins 280° centigrades.

Ce four peut servir pour la boulangerie et la pâtisserie; à faire du charbon, à fondre des résines et du suif, etc.

Le four de M. Lejeune est garni, à sa partie antérieure, d'un fourneau où l'on met du bois, du charbon ou de la tourbe. Les murs du foyer ne sont surmontés d'aucune construction.

Les pierres de Domite (Puy-de-Dôme), sont employées avec succès pour le carrelage des fours. Elles résistent mieux à la chaleur que les briques et les grès. Cette pierre volcanique ne brûle jamais le pain, et est d'une nature très-réfractaire. Elle peut durer dix ans sans réparation dans un four qui travaille jour et nuit.

La dépense du carrelage est de 33 francs par mètre superficiel.

FOURMI. (*Conn. us.*) *Formica.* Genre d'insectes hyménoptères. On en compte plusieurs espèces : la grande fourmi rouge des bois, qui habite sous l'écorce des vieux arbres, et vit en société peu nombreuse; la fourmi noire, qui est la plus commune; la fourmi fauve, qui construit des fourmilières formées de petits brins de paille et de feuilles mortes; la fourmi échancrée, qui habite le bas des murs,

et s'introduit dans les maisons pour dévorer les sucreries.

Les grandes fourmis de bois ne nuisent pas aux arbres, et tuent les petites. Quelques agronomes assurent même que celles-ci n'attaquent pas les fruits; mais nous avons été souvent témoins de leurs ravages dans les vergers, dans les pâturages, dans les maisons, dans les magnanières, etc. (Voy. ce mot.)

On éloigne les fourmis des armoires, en y plaçant du marc de café bouilli qu'on a soin de renouveler à mesure que l'odeur s'en évapore; ou bien de la suie de cheminée et des feuilles de tabac. L'arsenic en poudre, mêlé avec du soufre, les chasse infailliblement; mais le danger de cette substance nous empêche d'en conseiller l'usage. L'odeur du poisson, celle de la lavande, éloignent aussi les fourmis. La lavande en bordure garantit de leurs attaques les arbres et les fleurs.

L'huile de genièvre (*juniperus oxidrus*), placée en anneau au bas des arbres, ou mise au bas des portes et des armoires, ou encore répandue autour des plantes, éloigne infailliblement les fourmis.

Des feuilles de papier, enduites de miel, sont un appât pour les fourmis. Quand elles s'y sont rassemblées en grande quantité, on les enlève et on les jette dans un baquet plein d'eau sur lequel on a versé une cuillerée d'huile pour les empêcher de remonter.

L'huile de chenevis, mêlée au charbon en poudre ou à la suie, préserve les arbres. En enduisant de cette huile les trous des ruches, on les garantit de ces insectes. Si après en avoir tracé les anneaux au tronc des arbres, on les saupoudre de charbon pilé, on élève contre les insectes assaillants une barrière insurmontable.

Procédés pour éloigner les fourmis des jardins, et pour les détruire.

1. Faire bouillir du miel dans de l'eau, et en remplir à moitié des bouteilles qu'on suspend aux arbres. Les fourmis, attirées par l'odeur du miel, viennent s'y noyer.

2. Placer, au-dessus des fourmilières, des pots à fleur enduits de sirop, qu'on éloigne d'un pied chaque jour. Les fourmis suivent le sirop à la trace, et on les détruit avec de l'eau bouillante.

3. Mettre de la glu ou un anneau de craie, ou de la peinture à l'huile bien épaisse, au pied des arbres fruitiers, ou bien y remuer la terre à une certaine profondeur.

4. Arroser la fourmilière d'eau bouillante, le soir, quand les fourmis sont rentrées. On substitue avec avantage à l'eau bouillante la décoction de feuilles de noyer ou de tabac, la chaux vive avec de l'eau, l'urine, l'eau ou l'huile et la suie délayée. On répète l'opération plusieurs fois, en foulant le sol.

5. Placer, à la porte de la fourmilière, une feuille enduite d'arsenic. Les fourmis semblent alors atteintes d'une sorte d'hydrophobie.

6. Entourer le tronc des arbres d'un flocon de laine cardée, ou d'une lisière imbibée d'essence de térébenthine.

7. Pour les pots de fleurs, placer ces pots dans une soucoupe ou écuelle de terre cuite pleine d'eau.

8. Saupoudrer la fourmilière de poudre à canon ou de soufre, et y mettre le feu.

9. Arroser la fourmilière d'une solution mercurielle.

10. Faire des raies avec du charbon autour des arbres qu'on veut garantir.

11. Enlever avec une bêche la butte de la fourmilière, y mettre de la chaux vive, et verser dessus quantité d'eau suffisante. En même temps, imbiber la butte enlevée d'eau de chaux en ébullition.

L'eau dans laquelle on a fait cuire des écrevisses est un poison pour les fourmis.

On chasse des chambres les fourmis avec des écrevisses cuites, des feuilles d'absinthe ou de basilic; on les chasse des arbres, en enduisant les troncs de glu, de poix de Bourgogne et d'un peu d'huile. Le marc d'huile de ricin ou de lin les met en fuite, si on l'emploie comme engrais. On peut détruire les fourmilières en dispersant avec une bêche les œufs des fourmis qu'on mêle avec la terre; on prend ensuite un pot de terre cuite dont on bouche les trous, et on le renverse au milieu de l'endroit où les œufs ont été dispersés. Au bout de quelques jours, on trouve toutes les fourmis établies sous le pot et dans les environs et on les enlève alors aisément.

FOURNEAU. (*Ind. dom.*) Les bornes de cet ouvrage ne nous permettent pas de donner la description de tous les fourneaux destinés à économiser le combustible et à accroître l'intensité du calorique; nous nous contenterons de citer les principaux entre ceux qui sont répandus dans le commerce. Avec le *fourneau-déjeuner* inventé par M. Cadet de Vaux en 1807, on peut faire cuire en cinq minutes deux côtelettes, sans autre combustible que quelques feuilles de papier.

Parmi les fourneaux économiques, on remarque les appareils Desarnot, Rumford, Voyenne, Baudouin, Lemare, etc.

M. Darcet est l'auteur d'un fourneau de cuisine très-commode et très-économique; on le place sous le manteau de la cheminée.

Fourneaux-fumivores. Ces fourneaux, qui absorbent la fumée et économisent les combustibles, sont encore peu en usage. M. Lefroy en a inventé un qu'il a exécuté avec grand succès à la gare de Saint-Ouen.

L'argile pure convient dans la fabrication des fourneaux de forge. Mêlée à d'autres terres, et principalement à la terre calcaire, elle entre en fusion, quoique la terre calcaire soit infusible de sa nature.

Pour qu'elle soit bonne, il faut qu'elle se retire peu au feu; si elle avait beaucoup de retrait, elle serait exposée à des crevasses.

Pour lier ensemble et réunir les briques d'un fourneau d'une manière solide et durable, on l'enduit du mortier suivant : débris de porcelaine en poudre, quinze parties; argile plastique, quinze parties; fiente de cheval, cinq parties; poudre de charbon et terre jaune à four, dix parties.

Quand cet enduit est solide, on allume autour du fourneau un feu de charbon de terre, et la surface se vitrifie.

On fait des briques très-solides pour les fourneaux, surtout pour ceux destinés à affiner le fer, avec trente parties de laitier (matière semblable au verre, qui nage sur le métal en fusion), provenu de l'affinage du fer; trente parties d'argile pure, autant de ratissure de fer pilée grossièrement; dix parties de charbon de terre en poudre. Cette pâte, bien pétrie, se moule en briques et se sèche lentement à l'ombre. Quand le fourneau est construit, on y allume du feu, qu'on augmente progressivement. Les briques subissent un commencement de fusion qui les rend très-compactes.

FOURRAGE. (*Agri.—Conn. us.*) On distingue sous le nom de fourrage toute espèce d'herbes propres à la nourriture des animaux domestiques. (Voy. FÉTRIQUE , FEUILLES, FOIN, FLOUVE, PRAIRIES, TRÈFLE , etc.)

La quantité de fumier des animaux sains est en rapport avec le poids des fourrages consommés; on peut donc évaluer le produit en fourrage, et en même temps le produit en fumier. C'est ce qui a été fait dans le tableau suivant, où les poids sont indiqués en kilogrammes.

FOURRAGES ET PAILLES Observés.	POIDS DES FOURAGES.		PRODUIT EN FUMIER contenant 78 pour 100 de liquide.
	Verts.	Secs.	
	kilogrammes.		
Colraves.	55,000	7,700	15,415
Pommes de terre . .	27,000	7,560	15,250
Luzerne.	26,200	5,504	9,097
Navets.	50,000	5,000	8,750
Trèfle.	23,800	4,998	8,750
Carottes.	55,000	4,550	7,962
Maïs.	»	4,300	7,875
Betteraves.	56,000	4,520	7,560
Seigle.	.»	5,500	7,000
Epeautre..	19,000	5,990	6,982
Froment et épeautré	»	5,500	6,600
Colza.	»	5,000	5,250
Avoine..	»	5,000	5,250
Herbe des prés.. . .	15,500	2,795	4,888
Fèves.	»	2,500	4,625
Pois et Vesces. . . .	»	2,500	4,925
Orge.	»	2,200	5,850

Les fourrages verts sont meilleurs pour les bestiaux que les fourrages secs. La luzerne et le trèfle rouge; l'avoine ou le millet, sont les meilleurs aliments pour les chevaux de charroi et de charrue. Le foin qui leur convient le mieux est celui des lieux montueux mêlé à un peu de grain.

La paille, le chanvre et les feuilles peuvent servir de fourrage et être remplacés avantageusement comme litière par le romarin, les genêts, la fougère, les herbes marécageuses. (Voy. CHANVRE, PAILLE)

On peut employer comme fourrages les feuilles de chêne, de marronnier d'Inde, de hêtre, de charme, de peuplier, de tilleul, d'ypréau, d'érable, de sycomore, de bouleau, de vigne, de lierre. La fougère et les pousses de genièvre ou de bruyère peuvent se donner aussi aux bestiaux. Ces deux dernières substances doivent être d'abord trempées dans l'eau deux ou trois jours (Voyez FEUILLES).

Quand un fourrage a été gâté, on le met par couches dans des cuves avec une livre et un quart de sel par quintal, en l'humectant d'eau, et on le traite comme la choucroûte. (Voyez ce mot.) Au bout de deux ou trois semaines, un fourrage fermenté peut, mêlé à de la paille hachée, servir aux bœufs et aux chevaux.

L'addition de bains de genièvre est aussi un moyen d'assainir le fourrage.

Il en est de même de l'arrosement avec un peu d'eau vinaigrée. Il faut trois pintes de vinaigre étendues d'eau par quintal de foin. On les laisse en contact pendant douze heures, et l'on fait sécher le foin en l'étendant.

On peut conserver le fourrage par la salaison ; on répand sur cent livres de foin une demi-livre de sel en poudre fine et séchée au feu, et , sur cent livres de regain, une livre de sel. C'est surtout quand il a été altéré par la pluie que le fourrage demande à être traité de cette manière. Il est bien plus nourrissant que le fourrage non salé. Douze livres de foin salé égalent quinze livres de foin en nature. La paille mêlée au foin et surtout au regain, dans la salaison , est un excellent aliment.

FOURRURE. (Ind. dom.) Conservation des fourrures.

Si vous voulez détruire les teignes, les chasser des draps, des fourrures et autres vêtemens que l'on renferme pendant l'été, il faut prendre de la semence d'ambrette ; on en parsème légèrement ces draps et ces vêtemens. Cette graine , outre l'avantage de chasser les teignes, a celui de donner aux habits une odeur agréable et peu forte. (Voy. AMBRETTE.)

Les fourreurs et les gantiers, pour conserver les palatines et les fourrures, les étoffes de laine et les peaux, comme pour détruire la vitalité des œufs et des insectes qui les rongent, les enduisent avec une faible solution de perchlorure de mercure dans l'esprit-de-vin (demi-gros par litre d'alcool), ou bien encore avec la solution alcoolique d'arséniate de potasse, à raison de quinze grains par litre.

Autre procédé. Dissoudre dans de l'acide nitrique un peu de nitrate d'argent. (Voy. CAUSTIQUE.) Faire évaporer la dissolution sur des cendres chaudes ; faire fondre le résidu dans de l'eau bien pure, filtrer, et faire évaporer de nouveau. Pour se servir des cristaux qu'on obtient, les faire dissoudre dans de l'eau pure; imbiber une éponge de ce liquide, et la passer légèrement sur la fourrure, qui prendra ainsi un aspect brillant , et sera inattaquable aux insectes. La vapeur du soufre brûlé lui donnera une teinte argentée d'un bel effet.

Outre les cristaux, il se forme un résidu qui, desséché dans un creuset, donne de la pierre infernale. (Voy. LAINE.)

FRACTURE. (Méd. dom.) La fracture est une solution de continuité du système osseux. Une fracture est simple, quand elle est unique; composée, quand elle attaque en même temps plusieurs corps ; complète, quand l'os entier est brisé; incomplète, quand la lésion n'affecte qu'une partie de l'épaisseur de l'os.

Les fractures deviennent d'autant plus faciles que les sujets sont plus vieux, et par conséquent leurs os plus abondants en phosphate de chaux. L'élasticité des os dans la jeunesse les rend moins friables. La maigreur, en rendant les os superficiels; le rachitisme, en leur ôtant leurs forces; les scrophules, en enflammant leurs tissus spongieux; le scorbut, en les rendant plus légers; les remèdes mercu-

riels; la goutte, en déposant des sels dans les os, et diverses autres causes prédisposent aux fractures. Il en est de même de la paralysie totale d'un membre, des tumeurs qui usent les os sur lesquels elles s'appuient.

Les fractures sont plus nombreuses en hiver qu'en été, à cause de la plus grande fréquence de chutes. Le corps fracturant agit en raison de sa masse, de sa vitesse, de sa dureté, de son élasticité et de sa direction.

Les fractures se font avec craquement ; elles sont accompagnées d'engourdissement, de douleurs, de difficulté à mouvoir la partie fracturée, de contractions des muscles, de déformation.

Dès qu'un individu est tombé et s'est blessé de manière à faire croire qu'un de ses membres a été fracturé, il faut le porter doucement chez lui, en soutenant le membre affecté ; le placer sur un lit, couper ses vêtemens avec des ciseaux si l'on craint d'augmenter les douleurs et l'irritation ; mettre le malade dans la position qui lui convient le mieux. En attendant le chirurgien , on pourra arroser le membre blessé au moyen de linges trempés dans l'eau tiède avec une cuillerée à café de vinaigre ou d'eau-de-vie par verre, et placer des compresses de carton avec un bandage.

Quand la fracture occupe quelques parties supérieures, le malade peut se transporter seul à son lit, en maintenant le membre malade . S'il a les deux bras libres, il pourra saisir le cou d'un homme vigoureux, qui le tiendra à bras le corps , tandis que d'autres soutiennent le bassin et les jambes.

Les brancards ordinaires qui servent aux blessés peuvent servir en cas de fractures. Le plus commun consiste en des barres formant un carré rempli par une forte toile. Le brancard de Goërt est une toile, dans les coulisses latérales de laquelle on engage des barres ; deux crochets de fer, allant de l'une à l'autre des barres, complètent l'appareil : on les fixe avec des tenons. Quand on ne se sert pas de ce brancard, on détache les crochets, et on roule la toile sur les barres.

Le brancard d'Assalini a le fond en cuir ; les barres ne passent pas le fond , et on l'empoigne par des ouvertures latérales.

Le brancard employé à Paris est un cadre allongé contenu par quatre pieds, et dont le fond, formé par une forte toile , offre un plan incliné pour le front et la tête. Des tringles soutiennent au-dessus une toile et de petits rideaux. Quand il y a à monter, les pieds du malade doivent passer les premiers; c'est le contraire quand il y a à descendre.

Pendant le traitement des fractures, le lit doit être résistant, en crin, et non en plumes. On évite de placer des oreillers trop épais sous la tête du malade ; le membre blessé repose sur des coussins de balle d'avoine; on suspend une corde au plafond pour aider le malade à se lever.

Plusieurs lits spéciaux ont été inventés pour les fracturés. Celui qu'on emploie dans les hôpitaux de Paris est le lit de Daujan. Il se compose d'un fond sanglé, dont la partie supérieure se lève ou s'abaisse à volonté. Une ouverture carrée qu'on pratique en écartant les sangles sert à laisser passer les déjections.

FRAGON ÉPINEUX. (Jard.) Ruscus aculeatus. Famille des asperges. Arbuste indigène. Il se multiplie de rejetons dans une terre de bruyère, humide et ombragée. Ses fruits sont rouges et attachés sous les feuilles : il est toujours vert.

FRAICHEUR. (*Méd. dom.*) La fraîcheur est un afflux du sang dans une partie où il est attiré par l'irritation du froid, ou par l'effort de l'air qui embarrasse la transpiration. Elle cède à un traitement émollient. (Voy. FLUXION.)

Les frictions avec de la flanelle sont efficaces contre les fraîcheurs.

FRAISE. (*Off.*) *Compotes de fraises.* Éplucher et laver de bonnes fraises, qui ne soient pas trop mûres; les faire égoutter sur un tamis; faire bouillir cinq à six minutes du sucre dans un peu d'eau, et y jeter les fraises; les retirer après un bouillon, et les servir à moitié froides. Les framboises s'apprêtent de même. Il faut, pour une livre de fraise, une demi-livre de sucre.

Confitures de fraises. Écraser et passer en exprimant une livre de fraise; les faire bouillir dix minutes avec une livre et demie de sucre, en ayant soin d'enlever l'écume.

Conserve de fraises. (Voy. CONSERVE DE FRAMBOISES.)

Glace de fraises. (Voy. GLACE.)

Sirop de fraises. Prendre et éplucher cinq livres de fraises; jeter dessus de l'eau à 40 degrés, écraser les fraises dedans; laisser reposer vingt-quatre heures dans un lieu frais; passer ensuite le mélange à l'étamine. Faire dissoudre à froid, dans le jus obtenu, parties égales de sucre blanc. Mettre ce sirop en bouteilles, les boucher avec soin, les ranger sur un lit de foin, dans une chaudière pleine d'eau, et donner plusieurs bouillons.

On peut faire des conserves de la même manière, en supprimant seulement l'eau. Le marc des fraises qui reste sur l'étamine peut servir à faire des confitures de seconde qualité.

FRAISE. (*Hyg.*) Le jus de fraise, dont on se sert avec du lait et un peu d'eau pure pour se laver le visage, est d'une bonne odeur et légèrement adoucissant. Il ne faut en préparer que la quantité suffisante, parce qu'il s'aigrit promptement.

FRAISIER. (*Jard.*) *Fragaria.* Famille des rosacées. On compte un grand nombre d'espèces de cette plante vivace et traçante.

Fraisier écarlate. (*Fragaria virginiana.*) Il mûrit dès le 15 mai. Son fruit, d'un beau rouge clair et luisant, est très-parfumé.

Fraisier caperon musqué. (*Fragaria moschata.*) C'est un fruit musqué, très-gros, allongé et rétréci vers la queue, d'un rouge noir et vernissé. Pour qu'il produise, il faut mêler quelques pieds mâles aux pieds qui portent les fruits.

On cultive encore la *fraise écarlate*, une des plus estimées; la *fraise rose*, qui se gâte aisément; la *fraise de haut-bois* ou *de Surinam*, la *fraise de Chine*, la *fraise ronde blanche de Caroline*, la *fraise glazedpine*, la *fraise de la baie d'Hudson* ou *Malberry*, la *fraise du roi*, la *fraise bolock*, etc.

Le fraisier de tous mois (*fragaria sempiterna*) se multiplie de drageons en hiver. Exposé au nord, il produit de la mi-mai à la mi-juin, et une seconde fois en août et en septembre.

Le fraisier des Alpes (*fragaria vesca semper florens*) est très-parfumé. Ses récoltes se succèdent jusqu'à la fin d'octobre.

Le fraisier du Chili. (*Fragaria ananassa.*) Le fraisier ananas fut apporté de la Louisiane en France en 1767. Exposé au sud, il donne des fruits en juin et en juillet. Ces fruits sont gris, blancs et rouges, et peu abondants.

Le fraisier des bois (*fragaria silvestris*) se pique pendant tout l'hiver. Exposé à l'est, il donne des fraises au commencement d'avril, et elles durent jusqu'à la mi-mai. On obtient une seconde récolte au mois de juillet.

Les fraisiers demandent une terre meuble, ou du terreau, sans fumier frais. On les plante en bordure, on les sarcle souvent, on les bêche au printemps et à l'automne. On remplace les pieds qui meurent et on arrose tous les deux jours, depuis le commencement jusqu'à la fin des fraises; on change la terre tous les trois ans. Si l'on veut avoir de beaux fraisiers, il faut en extirper tous les filaments, qui épuiseraient les pieds.

Pour se procurer deux récoltes de fraises, aussitôt après la récolte du printemps on coupe les feuilles et les filaments jusqu'au collet. Les filaments qui tracent sur le sol sont recueillis pour faire des rejetons. Le fraisier repousse, et mûrit à la fin de l'été.

Le fraisier se multiplie de filets ou de séparations de pieds. En séparant les pieds, on rogne les feuilles et on coupe les vieilles racines noires. On les plante en tout temps, mais mieux en septembre, pour n'avoir pas d'interruption de récolte.

Culture des fraisiers par M. William, de Londres. Cet horticole anglais élève, du nord au sud, de petits sillons à neuf pouces au-dessus du terrain. Chaque côté des sillons est soutenu par des tuiles plates. On plante les fraisiers au sommet : ils donnent, par cette méthode, des fruits plus précoces et plus savoureux, en plus grande abondance que les fraisiers plantés à plat. Leurs racines s'enfoncent aussi plus profondément; les tuiles réfléchissent les rayons du soleil et conservent l'humidité dans les temps de sécheresse.

On cultive en grand les fraises en Écosse; car on en consomme dans la saison près de cent mille pintes. On les plante sur un sol en pente, profond et frais, bêché ou labouré, et fumé modérément. Les fraisiers sont plantés en raies espacées, suivant les variétés, de dix-huit pouces à deux pieds, et distants, dans chaque raie, de cinq à six pouces les uns des autres. Si l'on craint l'action du soleil sur les racines des fraisiers, on sème des carottes, des pois et des ognons dans les intervalles. En septembre ou octobre, on dispose les fraisiers pour l'hiver en labourant au râteau et coupant les filets et les feuilles latérales.

On n'obtient guère que deux récoltes de la fraise rose et cinq ou six de la fraise écarlate. On fait suivre les fraisiers de pommes de terre ou de turneps.

Les travaux de culture coûtent par acre 126 fr., et le produit net peut s'élever à plus de mille francs, selon les renseignemens donnés par des Écossais de la Société d'horticulture.

Les fraises des bois non cultivées ont un goût moins savoureux et plus âpre que celles des jardins. Elles abondent depuis le mois de mai jusqu'à la mi-juillet. Les meilleures sont grosses, bien nourries, odorantes et pleines d'un suc vineux.

Fraisier de l'Inde Jard. Fragaria indica. Famille des rosacées. Plante vivace qui se multiplie de filets : elle fleurit au mois de mai ; ses fleurs sont grandes et jaunes ; son fruit est d'un beau rouge, mais très-mauvais à manger. Cette plante fait très-bien sur les talus à demi-ombre, qu'elle recouvre bientôt par ses traces. Si on lui met çà et là quelques petites rames, elle s'y appuie et retombe avec grâce. Elle se plaît dans les terrains légers et sableux, entretenus humides.

FRAMBOISE. (*Off.*) *Ratafia de framboises.* Mêler une livre et demie de sucre, une pinte et demie de jus de framboises, un demi-setier de jus de cerises, trois pintes d'eau-de-vie ; laisser reposer, passer, et mettre en bouteilles.

· *Sirop de framboises.* Faire bouillir, en remuant avec une spatule, une livre de framboises qui ne soient pas trop mûres, deux livres et demie de sucre, une demi-livre de vinaigre rouge ; passer à travers un linge , et verser dans des bouteilles bien bouchées. On met à part le sirop obtenu par l'expression du marc ; car il se conserve moins bien

Ce sirop est rafraîchissant ; on en met une cueillerée dans un verre d'eau.

Marmelade de framboises. (Voy. MARMELADE DE CERISES.)

Compote de framboises. (Voy. COMPOTE DE FRAISES.)

Gelée de framboises. Prendre deux tiers de framboises et un tiers de groseilles rouges, en exprimer le suc, le laisser pendant trois jours à la cave ; ajouter, pour une livre de fruits, une livre et demie de sucre en poudre, remuer pour faire fondre le sucre, et laisser la gelée exposée un ou deux jours au soleil.

Conserve de framboises. Prendre une livre de framboises et quatre onces de groseilles rouges ; faire réduire à moitié sur un feu doux, et mêler le fruit avec un quarteron de sucre cuit à la plume.

Crème de framboises. Faire infuser vingt-quatre heures une livre de framboises dans une pinte et demie d'eau-de-vie ; distiller, ajouter trois quarterons de sucre et un demi-setier d'eau ; filtrer.

On donne au vin ordinaire le goût du vin de Bordeaux en y mêlant de l'esprit de framboises et de l'esprit d'iris. Voici le procédé pour faire l'esprit de framboises :

Ôter le vert d'une livre de framboises presque mûres, les broyer et les mettre mariner pendant trois jours dans quatre litres d'esprit-de-vin à 36 d. ; distiller ensuite au bain-marie.

FRAMBOISIER. (*Jard.*) *Rubus idœus.* Famille des rosacées.

Il y en a plusieurs variétés. On cultive surtout le framboisier des Alpes. Il vient à l'ombre, dans un terrain gras, meuble et humide. On le place au nord-ouest d'un mur, en planches de deux rayons, à deux pieds d'intervalle. On ménage entre chaque planche un sentier pour sarcler ; on supprime les vieilles tiges aux mois de novembre et de décembre ; on arrache les rejets qui s'écartent de l'alignement, et on rechausse les pieds avec deux pouces de terreau.

Le framboisier du Canada (*rubus odoratus*) n'a pas d'épines, est chargé de feuilles simples et palmées ; ses fleurs ont une couleur rose et une odeur agréable. Le framboisier commun veut de l'ombre ; le framboisier du Canada s'expose au grand soleil ; il vient dans les plus mauvais terrains.

Le framboisier se multiplie de lui-même par drageons, dans un sol frais, à demi-ombre ; il effrite beaucoup la terre : tous les deux ans, au mois de février, on enlève le bois mort, on bêche la terre aux pieds, et on la fume avec de la gadoue ou de la colombine, ou de l'eau de fumier. L'arbuste, ainsi traité, pousse des jets vigoureux et donne des framboises superbes.

Pour avoir une récolte de framboises jusqu'au milieu d'octobre, on coupe avec des ciseaux les pousses des framboisiers en fleurs, à un doigt ou deux de la tige principale ; il vient alors d'autres pousses et d'autres fleurs qui donnent à la fin d'août et dans le mois de septembre. Si, à cette époque, on coupe les fruits comme les fleurs, on aura des fruits meilleurs dans le mois suivant.

Le framboisier fleurit à la mi-mai ; les premiers fruits sont mûrs au commencement de juillet.

FRANC. (*Comm. us.*) Le franc est une pièce d'argent du poids de cinq grammes. On l'appelait autrefois livre tournois, parce qu'on battait cette monnaie à Tours. Le système monétaire en vigueur depuis 1801 a adopté le franc.

FRANGIPANE. (*Off.*) Mettre dans une casserole deux cuillerées de farine avec du citron sec et râpé, de la fleur d'orange grillée et hachée, une petite pincée de sel ; faire fondre deux onces de sucre dans une chopine de bon lait et y délayer trois œufs. Faire cuire le tout en tournant toujours pendant une demi-heure. Quand la frangipane est froide, la glacer avec du sucre et la mettre sur du feuilletage pour une faire des tourtes et des petits gâteaux.

Flan de frangipane. (Voy. FLAN.)

Tartelettes à la frangipane. (Voy. TARTELETTES.)

Tourte de frangipane. (Voy. TOURTE.)

FRAXINELLE blanche. (*Jard.*) *Dictamus albus.* Famille des rutacées. Plante vivace indigène. Cette plante exige une terre franche, profonde et un peu fraîche ; elle fleurit dans le courant du mois de mai ; ses fleurs sont grandes et en épis. On en remarque deux variétés : l'une produit des fleurs blanches, et l'autre des fleurs violettes (*dictamus violaceus*). Toute la plante a une odeur forte qui ressemble beaucoup à celle du citron. Au mois de septembre, on sépare les pieds, que l'on transporte dans une terre légère et ombragée ; elle peut aussi se reproduire par la graine, que l'on sème aussitôt qu'elle est mûre ; mais elle est quelquefois deux ans à lever : il faut donc bien remarquer la place et ne sarcler qu'à la main ; on ne repique le plant qu'au bout de trois ans.

FRELONS. (Voy. GUÊPE.)

FRELUCHE. (*jeu de la.*) (*Récr. dom.*) On joue quatre avec un jeu de piquet ; chacun prend cinq cartes. On met au jeu deux fiches et cinq jetons ; les jetons valent un , les fiches dix. Le donneur met le talon en écart ; le premier en cartes jette la couleur qui lui convient. Ceux qui n'ont point de la couleur demandée disent : *freluche*, et passent. Celui qui s'est débarrassé le premier de ses cinq cartes est le gagnant. Alors les cartes qui restent dans la main des joueurs paient selon le nombre des points : on compte dix points par figure. Celui qui perd vingt-cinq points de suite est mort, et le jeu continue entre les autres.

Le jeu est de se débarrasser de ses points les plus forts.

FRÊNE. (*Jard. Conn. us.*) *Fraxinus.* Fam. des jasminées. Le frêne se multiplie de graines semées, à l'ombre, dans une terre fraîche, un peu humide. On l'obtient aussi de jets qui poussent des racines, ou bien encore au moyen de boutures. Toutes les espèces se greffent en fente sur le frêne commun. Les graines se recouvrent d'un pouce de terre environ. La seconde année, on a soin de sarcler le jeune plant, et de replanter en pépinière, à trois pieds, en tous sens.

Fraxinus excelsior. Arbre indigène de 60 à 80 pieds de haut. Ses fleurs, en grappes jaunâtres, viennent au mois d'avril et de mai.

Fraxinus jaspidia. Variété qui ne diffère de l'autre que par les lignes jaunes tracées sur les tiges.

Frêne doré (aurea). Arbre à bois jaune; branches analogues à celles du saule-pleureur.

Frêne à feuilles panachées. (Fraxinus argentea.) Cet arbre a les feuilles presque blanches.

Frêne pleureur. (Fraxinus pendula.) Branches tortueuses dirigées vers le ciel, recourbées ensuite vers la terre, et rampantes. Si l'on greffe cet arbre près de terre dans des cavités de rochers, les branches rampent sur la surface des pierres. Si on le greffe sur le frêne commun, il faut le greffer au moins à neuf pieds de terre, et mettre deux greffes, pour que les rameaux fassent bon effet.

Frêne à feuilles presque noires. (Fraxinus atrovirens.) Cet arbre s'élève peu; son bois est gros et court. Il se greffe sur le frêne commun; il faut le greffer très-haut si l'on ne veut pas avoir un arbrisseau.

Frêne d'Amérique. Ce frêne est, avec le frêne élevé, le meilleur de l'espèce. Il se plaît dans les marais; son écorce est lisse, crevassée et blanche. Il croît très-promptement et se greffe en écusson sur le frêne commun.

Frêne à feuilles de sureau. (Fraxinus sambucifolia ou frêne noir.) Cet arbre croît dans les terrains très-humides; il est sujet à se charger de nœuds dont on fait de jolis vases accidentés auxquels la sculpture peut donner du prix.

Frêne monstrueux. (Fraxinus monstruosa.) Il se rapproche du frêne à feuilles presque noires.

Frêne à manne. (Fraxinus rotundifolia.) Cet arbre, de moyenne grandeur, croît en Sicile, en Calabre et dans d'autres parties de l'Italie, sur les coteaux montueux, pierreux et arides. On l'emploie à porter la vigne, selon l'usage italien; on l'expose à l'orient. Échauffé par le soleil, il laisse couler la manne, dont les qualités purgatives sont connues. Vers la fin du mois de juillet, on fait des incisions aux arbres, du côté de l'orient, horizontalement et dans la profondeur de l'écorce. On renouvelle les incisions tous les jours à un doigt au-dessus les unes des autres pendant tout le mois d'août, s'il ne survient pas de pluies, qui dissoudraient la manne. On reçoit les liqueurs sur des feuilles ou dans des caisses.

La manne du frêne cultivé est très-blanche; celle du frêne de montagne est plus épaisse et de moindre qualité. La première est appelée *manne en larmes*; la seconde, *manne en sorte*.

Frêne à pétales. (Fraxinus ornus.) C'est également un frêne à manne; il se couvre, en mai ou en juin, de grappes de fleurs blanches et odorantes. On le multiplie de graines, aussitôt maturité, qu'on laisse trois ans en pépinière, ou bien de drageons enracinés.

Frêne rouge. (Fraxinus tomentosa.) Le bois en est dur; on l'emploie pour la carrosserie et la construction des vaisseaux. Il se plaît dans les terrains très-humides.

Frêne monophylle. Variété du frêne *excelsior*; on le greffe rez-terre sur ce frêne, et le bois en est aussi bon; sol humide.

Frêne monophylle d'Amérique. (Fraxinus americana. Variété du précédent.

Frêne vert. (Fraxinus viridis.) Ses feuilles ont une couleur verte et luisante.

Frêne bleu. (Fraxinus quadrangulata.) Il s'élève quelquefois à quatre-vingts pieds, et atteint deux pieds de diamètre. Le bois convient dans les charpentes; il est robuste et élastique.

Frêne de la Caroline. (Fraxinus platicarpa.) Cet arbre croît dans les marais.

On compte encore un grand nombre de variétés, la plupart américaines : le frêne népaule à bois violet; le frêne de Virginie; le frêne juglandifolia; le frêne à grandes feuilles de lentisque et le frêne blanc, qu'on greffe tous deux rez-terre.

Les frênes tirés d'un terrain humide reprennent mal dans un terrain sec. Pour favoriser la repousse, on coupe, un an d'avance, dans les pépinières, les racines pivotantes et les latérales qui n'ont pas de chevelu.

Les frênes aiment un sol humide, ou une terre légère, haute et graveleuse. Ils réussissent mal dans les terres calcaires et argileuses. C'est une ancienne et mauvaise pratique d'écimer ces arbres en les plantant.

Le frêne donne un bois qui réunit la flexibilité et la force. Il est essentiel dans le charronnage; ses belles veines le font rechercher pour les meubles de luxe. Les fruits du frêne, confits avant maturité, peuvent remplacer les cornichons. Les feuilles de frêne, à la décoction de trois à six gros, sont purgatives; elles font un fourrage très-recherché des bestiaux; l'écorce de cet arbre a quelques propriétés fébrifuges.

Le frêne donne un bon charbon; comme bois de chauffage, il brûle vite, mais envoie beaucoup de chaleur.

Les jeunes pousses de frêne de l'année font de jolis manches de fouets. On les obtient en recépant les pieds à l'automne.

Si l'on en croit madame Adanson, l'écume qui sort d'une branche fraîche de frêne mise au feu, introduite par gouttes pendant quelques jours dans l'oreille, guérit la surdité qui suit certaines maladies.

Les feuilles de frêne peuvent s'employer en guise de thé, et ne sont pas moins salutaires; elles servent aussi aux mêmes usages que le tabac.

FRICANDEAU. (Voy. VEAU.)

FRICASSÉE. (Voy. POULET.)

FRICTIONS. (*Méd. dom.*) Les frictions, soit avec la main, soit avec un morceau de flanelle ou de drap, soit avec une brosse douce, sont en général favorables aux malades.

On appelle *onctions* les frictions faites avec quelques substances médicales, telles que l'eau-de-vie camphrée, la pommade de soufre, etc.

Les frictions doivent se faire circulairement ; elles sont utiles surtout lorsqu'il s'agit de rappeler dans une partie du corps la chaleur naturelle qui s'en est éloignée.

La personne chargée d'administrer des frictions mercurielles, doit avoir la précaution de s'envelopper la main d'un morceau de vessie ou d'un gant d'une peau très-serrée, afin de se mettre à l'abri des tremblemens, des salivations immodérées et des maux de dents que le contact immédiat du mercure lui ferait éprouver.

FRIMAIRE. Troisième mois de l'année républicaine, commençant au 21 novembre et finissant le 20 décembre. (Voy. CALENDRIER.)

FRIMAS. (*Con. us.*) Le frimas, que l'on nomme aussi *givre*, est cette réunion de petits glaçons que l'on voit en hiver pendre aux arbres, s'attacher aux vitres des maisons, aux cheveux et aux habits des voyageurs ; il est formé par le refroidissement des brouillards, qui, en hiver, sont plus fréquens que dans les saisons chaudes, et se congèlent en tombant sur les corps qui y sont exposés.

FRITILLAIRE MÉLÉAGRE. (*Jard.*) *Fritillaria meleagris.* Famille des liliacées. Plante vivace, bulbeuse, indigène. Elle fleurit au mois d'avril et offre plusieurs variétés ; ses fleurs sont grandes, penchées, blanches, jaunes ou violettes piquetées de brun, suivant la variété à laquelle elles appartiennent. Cette plante ne profite que dans les terrains un peu humides. Comme les bulbes sont très-petites, on fera bien de les mettre dans des pots de terre ou dans des caisses.

Fritillaire de Perse. (*Fritillaria persica.*) Il faut avoir soin de l'exposer au midi dans du terreau mêlé de bruyère. Elle fleurit au mois d'avril : ses fleurs sont d'un violet terne, penchées et réunies en grappes au nombre de dix-huit ou vingt. Ses bulbes sont écailleuses et très-arrondies.

Fritillaire couronne impériale. (*Fritillaria imperialis.*) Cette espèce, de même que les précédentes, offre plusieurs variétés de couleurs : elle fleurit au mois d'avril ; ses fleurs sont grandes, renversées et formant une couronne au haut de la tige. Ses bulbes sont grosses, écailleuses et répandent une odeur d'ail gâté : elles ne peuvent rester hors de terre sans souffrir ; il faut les relever tous les trois ans au mois de juillet pour séparer les caïeux, et les replanter de suite, à trois pouces de profondeur et six de distance, dans une terre renouvelée.

FRITURE. (*Cuis.*) Le saindoux fait la meilleure espèce de friture ; l'huile vient après, mais il en faut une trop grande quantité ; le beurre donne une friture pâle.

La friture doit être bien chaude et ne plus frémir, lorsqu'on y jette les objets à frire : on doit les retirer quand ils sont d'une belle couleur et bien cuits.

FROID. (*Hyg.*) L'action du froid sur le corps varie suivant son intensité : le froid modéré est un moyen adoucissant, calmant ; plus vif, il est excitant et tonique ; très-violent, il agit comme la chaleur, hâle et désorganise les parties vivantes. Un corps refroidi à un haut degré pourrait servir parfaitement de caustique.

Le froid resserre les tissus et ramène le sang de la cir-

conférence au centre ; quand son action se prolonge, des effets débilitans succèdent à l'activité qu'il avait d'abord donnée au système musculaire.

Le froid léger s'emploie en médecine comme calmant ; le froid à 0 degrés, produit une réaction qui augmente l'activité de la circulation et stimule les organes. (Voy. EAU.)

La transition brusque du chaud au froid est signalée comme cause prédisposante dans un grand nombre de maladies, surtout dans les maladies de poitrine. (Voy. BAL.)

FROMAGE. (*Ind. dom.*) *Manière de faire les fromages communs.* Quand le lait est caillé, on l'enlève avec une cuiller de bois percée de trous, et on le dispose dans des moules d'osier à travers lesquels le petit-lait s'écoule.

Quand le caillé est suffisamment consistant, on le change de moule, puis on le renverse sur des clayons couverts de paille. On le couvre d'une toile forte et assez lâche pour laisser l'air circuler. Cette toile garantit le fromage des mouches et des insectes.

Pour empêcher le caillé de s'altérer, on y ajoute du sel qu'on étend également sur les deux surfaces et sur les côtés. Le sel empêche la matière caséeuse de se décomposer, lui donne de la saveur, et la rend plus facile à digérer. Trop abondant, le sel réduit le fromage en grumeaux, et le rend fragile ; en trop petite quantité, il le laisse sans consistance.

Quand le caillé est suffisamment salé, ce qu'on reconnaît par la dégustation, alors on distribue les fromages sur des rayons. On les sépare les uns des autres avec des lits de paille de seigle, et on les retourne tous les jours pendant environ deux mois, en retournant aussi la paille sur laquelle ils reposent. Au bout de ce temps, on ne les retourne plus que tous les huit jours. On a soin de renouveler la paille, et de laver les clayons.

On *affine* les fromages en les portant dans un endroit frais et humide, à l'abri des souris, des chats, des mouches et des mites qui se logent sous la croûte, s'y multiplient et y déposent leurs œufs. Les caves qui bonifient le vin bonifient également les fromages. Quand ils se ramollissent, on les transporte dans un lieu plus sec.

Il faut entretenir les fromages très-propres, les frotter de temps en temps avec un linge, et maintenir la fraîcheur et l'obscurité des caves.

Les fromages à la crème et à la pie se dépouillent spontanément de leur sérosité. D'autres en sont privés au moyen de la compression. On brise le caillé dès qu'il est formé, pour en enlever le petit-lait. On l'agite avec une lame de bois ; on le comprime ; on le serre fortement entre les mains, et on le met égoutter. On achève de le comprimer au moyen d'un poids et auprès du feu. Le caillé ainsi préparé, dès qu'il s'y opère un mouvement de fermentation, prend le nom de *tomme*.

On sale la *tomme*, on la divise en fromages, et on les porte à la cave, où on les retourne tous les jours. Quand leur surface est trop sèche, on l'humecte avec du petit-lait salé. Au bout d'un certain temps, on racle les fromages, on leur ôte la mousse qui les couvre.

On sépare encore du caillé la sérosité au moyen du feu.

On expose le lait au feu, puis on le fait cailler ; on enlève une partie du petit-lait, et on remet à un feu modéré ce qui reste avec la pâte que forme le caillé. On la brasse continuellement jusqu'à ce qu'elle ait acquis de la consistance. On rapproche alors les grumeaux en une seule masse, dont on exprime l'humidité par la compression. On en fait des fromages, et on les frotte tous les jours de sel jusqu'à ce qu'une humidité surabondante indique que les surfaces n'en absorbent plus.

Quand les fromages sèchent trop vite, on les entoure de feuilles fraîches d'ortie, ou de cresson, ou de foin tendre humecté d'eau tiède, ou de linge imbibé de vinaigre, ou d'huile et de lie de vin.

Quand les fromages sont affinés, on les enlève de dessus la claie; on les expose sur des planches, dans un endroit qui ne soit ni trop humide ni trop sec. Si les planches étaient de pin ou autre bois résineux, elles pourraient communiquer au fromage un mauvais goût.

Le fromage blanc est de la crème battue, assaisonnée avec du sel et du sucre. Tels sont les fromages à la crème de Montdidier, et les fromages de Viry. Le fromage de Neufchatel, battu avec addition d'un peu de lait, et aromatisé de quelques gouttes de fleur d'orange, est un mets délicieux.

Pour obtenir un bon fromage à la crème, on fait tiédir au feu une chopine de bon lait, et l'on y met gros comme un pois de bonne présure; (c'est un acide tiré de l'estomac des veaux non sevrés, qui fait cailler le lait;) on peut substituer à la présure toute autre substance ayant cette propriété. (Voy. CAILLÉ.)

On fait prendre aussi le caillé avec des cendres chaudes dessous et dessus. On l'égoutte; et on le sert avec de la crème et du sucre.

Le fromage maigre, ou mou, ou à la pie, est du caillé mis dans les claies à jour, et qui s'y dépouille peu à peu de sa sérosité. Gardé trop longtemps, il s'affaisse, perd de son volume, se ramollit et se dessèche. Les fromages de Neufchatel, de Marolles, du Mont-d'Or, de Brie, de Livarot, de Rollos, sont du genre des fromages maigres.

Procédé contre les vers des fromages. Brûler au blanc des os de boucherie, et en poudrer les fromages. Quand on veut les manger, on enlève cette cendre d'os avec un couteau.

Procédé contre les mouches et les vers. Frotter les tablettes sur lesquelles on pose le fromage avec des feuilles fraîches de laurier ou de sureau.

Les fromages faits au printemps et en été sont sujets à être attaqués par les larves des mouches. Il vaut donc mieux les faire dans les autres saisons, en septembre, octobre ou novembre. Quand on mêle à du lait du matin celui du soir, il faut les bien mêler pour répartir également la crème. Autrement, le fromage serait formé de lits maigres et gras alternativement.

Les fromages faits à une trop haute température sont recuits et parsemés de trous. Leur petit-lait, au lieu d'être blanc et clair, est d'une couleur verdâtre.

Quand le fromage est resté dans des vases malpropres, il peut contenir du cuivre, du plomb, ou autres substances vénéneuses. La plus grande propreté doit être entretenue dans les lieux où on le fabrique.

Nous donnons ici les recettes de différents fromages que nous classons par ordre alphabétique.

Fromage anglais. Mêler le lait du matin à la crème du soir, égoutter le caillé, y ajouter trois quarterons de beurre frais pour six litres de lait; mêler le beurre au caillé, en y ajoutant du sel; le mettre en presse, avec des linges mouillés qu'on change souvent, et auxquels on substitue enfin des linges secs; le laver avec du petit-lait, et le faire sécher, en le retournant et l'essuyant chaque fois.

Fromage de Brie. On mêle le lait du soir à celui du matin; on y jette un peu d'eau chaude pour lui communiquer une chaleur tiède, et on le bat au moyen d'une grande tasse; on met pour quatorze à quinze litres de lait une cuillerée de présure dans un linge fin, et on la délaie, ainsi enveloppée, dans le lait. Si la présure tombait dans le lait sans être parfaitement dissoute, elle ferait tache sur le fromage.

Au bout d'une demi-heure, si le lait n'était pas caillé, on ajouterait un peu de présure.

Quand le caillé est formé, on le comprime avec un poids, en le plaçant dans un linge qu'on renouvelle plusieurs fois, de deux heures en deux heures. Quand il est bien sec, on le frotte de sel; on le laisse trois jours dans la saumure, puis on le fait sécher, et on le conserve entre des lits de paille d'avoine et de paille fine.

Quand il est entré beaucoup de crème dans la composition de ces fromages, ils coulent très-souvent. On les tient dans un lieu frais et sec, et on enlève les peaux et les croûtes.

Fromage de Chester. Laver un peu une caillette de veau, la nettoyer, la remplir de sel, et l'étendre dans un pot rempli de sel. Quand on veut s'en servir, égoutter la saumure, saupoudrer de sel fin la caillette, de chaque côté; faire entrer le sel avec un rouleau de pâtissier; la suspendre pour la faire sécher; la laisser un jour dans trois pintes d'eau fraîche; mettre une pinte d'eau dans un autre vase, retirer du premier la caillette, et la laisser infuser vingt-quatre heures dans le second; mêler les deux infusions, les passer, et ajouter assez de sel pour qu'il y en ait toujours au fond. Une demi-pinte de cette préparation suffit pour soixante livres de fromage. On peut lui donner un goût aromatique avec du poivre, de la muscade et du girofle. Quand on veut s'en servir, on remue bien toute la masse.

Pour colorer le fromage, on se sert de l'annolta ou jaune d'Espagne. Un quart d'once suffit pour trente livres. On lie la quantité suffisante dans un chiffon; on le fait infuser dans l'eau chaude. Le lendemain, on verse cette infusion dans le lait, ou bien on presse dedans le chiffon.

On prend ensuite de bonne crème; on en fait chauffer au bain-marie une petite quantité dont on verse une moitié, quand elle est chaude, dans le vase où l'on veut faire le fromage, et l'autre moitié sur la crème. On jette ensuite le tout dans le chaudron à fromage, en enlevant avec soin les bulles d'air qui se dégagent. On ajoute alors de la présure; on remue pour bien mêler le tout, et l'on couvre le vase d'un couvercle; on agite le mélange toutes les fois que la crème s'élève; on hâte la coagulation en donnant quelques coups secs sur les côtés du vase, ou en y ajoutant du lait chaud avant la coagulation. Le lait chaud ou la présure ajoutés après changeraient en petit-lait une grande partie de la crème. Le lait est ordinairement caillé au bout d'une heure et demie; la dureté du caillé est en raison directe de la vitesse de l'opération, et en raison inverse de sa lenteur.

Quand le caillé est très-ferme, on y fait des incisions en divers sens, pour donner passage au petit-lait. Ce petit-lait sera d'un vert pâle si le lait a été caillé à chaud, et d'un blanc laiteux dans le cas contraire. Dans ce dernier cas, on remplace les incisions en mettant en contact avec le caillé un vase plein d'eau chaude. On broie ensuite; on enlève le petit-lait, en mettant le caillé dans une tinette divisée en deux parties, sur laquelle on fait peser un poids. On ramasse les morceaux de caillé que la pression ferait échapper; on divise le caillé en morceaux qu'on empile, et qu'on comprime jusqu'à ce qu'il ne reste plus de petit-lait, la qualité du fromage dépendant de l'absence de la sérosité.

On mêle une bonne poignée de sel au fromage, en le pétrissant, et on le place enveloppé d'un linge dans une éclisse en forme de pomme de pin. On le presse avec un poids; on y introduit des brochettes de fer par des trous pratiqués sur les côtés de l'éclisse: le petit-lait en coule abondamment. On continue ainsi jusqu'à ce qu'il ne sorte plus de petit-lait; on retourne le fromage dans l'éclisse, qu'on rince avec du petit-lait chaud. On l'enveloppe d'un linge plus fin, et on le met en presse. On le retire une demi-heure après; on le met dans du petit-lait chaud pendant une heure; on l'essuie, et on le remet en presse avec un nouveau linge propre. Au bout de quelques heures, on le retire et on en change le linge; on continue la même opération toutes les douze heures pendant deux jours. Quatre à cinq jours après, on le met à moitié dans une saumure, en couvrant sa partie supérieure de sel. On le laisse ainsi trois jours, puis on le place huit jours sur un lit de sel. On le retourne chaque jour, on le lave à l'eau tiède; on le laisse sécher sept jours; on le lave encore; on le frotte avec une brosse, et on l'essuie. Deux heures après, on le graisse de beurre frais; on le met dans un endroit chaud; on le graisse tous les jours de beurre frais, et en grattant légèrement. On l'étend sur de la paille, et on le nettoie souvent.

Avec des précautions, on parviendra par ces procédés à faire du fromage aussi bon que celui que l'on fabrique en Angleterre dans le comté de Chester.

Fromage d'Époisse (Côte-d'Or.) On fait cailler le lait tout chaud avec une demi-cuillerée de présure pour cinq litres. Cette présure est celle de M. Nodot, que nous indiquons plus bas. On fait cailler, l'été dans un lieu frais, l'hiver dans un endroit chaud; on remplit de lait caillé des cerceaux de fer-blanc qu'on met par couches au-dessus d'un baquet; on ajoute du caillé à mesure que les fromages s'affaissent. Quand ils sont égouttés, on les met sur des claies.

On peut les manger frais au bout de vingt-quatre heures; si on veut les garder, on prend pour douze fromages une livre de sel qu'on étend uniformément sur toutes les faces. On conserve ces fromages: secs, sur des claies élevées; humides, sur de la paille d'avoine, à la cave. Quand ils verdissent, on trempe une main dans l'eau salée, et on les frotte.

Fromage de double Glocester. Faire cailler le lait à froid, le teindre avec un nouet de *rocou* mis dans une mousseline fine, le comprimer trois fois, le réduire en morceaux très-menus, et y mêler le sel; mettre ces morceaux dans les moules, les exposer à un feu vif pendant quinze heures avec un poids dessus; les placer sur des tablettes, les retourner et essuyer deux fois par semaine.

Le rocou (fécule rouge tirée des semences du Rocouyer) se vend chez les droguistes. Il en faut une once pour vingt-cinq kilogrammes de fromage; il faut, pour le même poids, deux onces de sel; cent dix litres de lait donnent un fromage de trente livres.

Fromage à la façon de Gruyère. Mettre le lait nouvellement trait sur un feu doux; enduire de présure une cuiller de bois, et la plonger dedans. Quand il est caillé, ôter une partie du petit-lait, faire cuire le reste avec le caillé, en remuant toujours; retirer le vase du feu sans cesser de remuer. Lorsque les grumeaux sont jaunâtres et un peu fermes, exprimer le petit-lait, et les placer dans des moules; frotter de sel fin tous les jours dessus et dessous pendant trois semaines; garder à la cave.

Fromages de Herve persillés du Limbourg. Incorporer au caillé, du sel, des feuilles de persil, de ciboules, d'estragon, à raison d'une pincée de chaque pour deux livres de fromage; le diviser dans des moules contenant chacun deux livres; le faire dessécher au soleil ou à une température de chaleur moyenne; porter les fromages à la cave sur de la paille, recouverts de sel; enlever la moisissure à mesure qu'elle se forme, avec une brosse, de l'eau, et un peu de terre bolaire rouge.

Ces fromages sont nuancés de jaune, de rouge, de brun, de bleu; ils ne sont mangeables qu'au bout de trois mois.

Fromage de Langres. Prendre du lait chaud, ajouter une cuillerée de présure pour six litres, faire cailler sur des cendres chaudes, dresser le caillé dans des formes, et le laisser égoutter à une température un peu élevée. Au bout d'un jour, poser les fromages sur des claies; au bout de six jours, les saler avec une once de sel par livre, d'un côté, puis de l'autre; huit jours après la salaison, laver les fromages à l'eau chaude, examiner si les fromages moisissent ou s'ils sont trop secs, et dans ce cas les laver à l'eau chaude tous les huit jours. Après une quinzaine, ils prennent une couleur jaune; on les met à la cave dans des pots de grès, et on les visite avec soin. Si l'on aperçoit des taches, on les gratte avec l'ongle, et on les nettoie avec la main trempée dans l'eau chaude.

Fromage de chèvres du Mont-d'Or. Les chèvres qui fournissent le lait qu'on emploie pour faire ces fromages sont entretenues très-proprement, et nourries d'herbes des vignes et des bois; de pousses de chêne, de châtaignier, d'aubépine, de bruyère et de genêt; de son, du blé des brasseries, qu'on lave à l'eau fraîche, et qu'on donne aux animaux deux fois par jour; de farines macérées dans l'eau, etc. On évite de les alimenter de plantes potagères; on les mène paître l'été dans les landes et sur les rochers, dont elles lèchent le salpêtre. Elles ne vont point paître l'hiver; on les nourrit alors de foin, de feuilles attachées aux branches, coupées à la fin du mois d'août et au commencement de septembre, et séchées au soleil. On choisit de préférence les feuilles d'ormeau, de peuplier, de mûrier, de frêne. (Voy.

PAILLE, FOURRAGE.) Elles n'ont de litière que l'hiver; elles boivent le matin au point du jour, et le soir, de trois heures à la nuit, une seconde fois.

Pour faire les fromages, traire les chèvres dès le matin, laisser reposer le lait deux ou trois heures, le faire cailler avec de la présure, fabriquer les fromages, les saler d'un côté; un jour après, les retourner et saler de l'autre; les retourner tous les jours. Si le sel produit des taches noires, on lave les fromages à l'eau fraîche. On garde ces fromages dans un lieu sec; si l'on veut les manger gras, on les met entre deux assiettes qu'on renverse chaque jour, de manière à ce que chacune d'elles se trouve servir successivement de couvercle. Pour les affiner, on les trempe, quand ils sont bien secs, dans du vin blanc, et on les met entre deux assiettes. On peut les couvrir d'un peu de persil.

Fromage de Montpellier et du Bas-Languedoc. On fait ces fromages avec du lait de brebis. On peut les faire aussi avec du lait de chèvre, ou en mêlant l'un et l'autre.

Au commencement d'avril, on sèvre les agneaux de quatre mois. On les sépare tous les soirs des brebis; on tire le lait à midi, au retour des champs, et on rend ensuite les agneaux à leurs mères. On fait la présure avec l'estomac des chevreaux, des veaux ou des cochons mâles; on sale un de ces estomacs; on y ajoute du poivre, de la coriandre et autres épices; on le fait macérer dans le vin blanc ou dans le vinaigre, et on jette dedans une ou deux poignées de fleurs de chardon. Un demi-estomac de cochon, ou les trois quarts de celui d'un veau, ou un estomac de chevreau, suffisent pour le lait de cinquante brebis; la présure est meilleure quand elle a deux ou trois mois.

On met le lait caillé dans des éclisses de grès; on retourne les fromages dans les moules, et au bout de quelques jours on les sale légèrement. Ils se vendent trente-six sous la douzaine; un troupeau de cent brebis peut en fournir deux douzaines par jour.

Le petit-lait, bouilli sur un feu clair et lent, avec addition de lait pur, sert à faire une recuite. On recueille la partie caséeuse, et on la moule en fromages. Ces fromages ne peuvent se manger que frais avec du sucre et de la fleur d'orange.

Pour conserver les fromages, on les met dans des coffres de bois. Quand on veut s'en servir, on les trempe dans de l'eau salée; on les pique d'une épingle, et si en les soulevant ils se détachent, c'est qu'ils sont suffisamment humectés. On les frotte avec un peu d'eau-de-vie et d'huile d'olive douce. Ces fromages sont bons au bout d'un mois, et peuvent se garder quatre mois.

Quelquefois on ajoute à l'eau où l'on met tremper les fromages, des feuilles de *clematis flammula*, ou des feuilles de noyer.

Fromage de Naples. Faire cailler le lait avec de la présure, le placer dans une chaudière sur un feu vif, et l'agiter fortement avec un bâton. Quand il est chaud au point de brûler la main, retirer la chaudière; presser et pétrir la pâte. Saler médiocrement le lendemain, et placer le fromage dans un lieu sec. Ce fromage se mange frais; mais il est meilleur au bout de quatre à cinq mois. Il est sain, et d'un goût analogue à celui du fromage de Hollande.

Ricotta, ou vulgairement *mascarpa.* On nomme ainsi la seconde cuite du fromage de Naples. On mêle au résidu séreux de la première cuite, du lait abondant en crème qu'on fait cailler; on remue le mélange, et quand il bout, on retire la chaudière du feu. Si la ricotta bouillait trop, elle serait rude.

Le milieu de la chaudière se couvre d'une crème blanche et mousseuse, agréable à manger; on l'enlève; on recueille le reste à l'écumoire, et on le dispose dans des moules pour l'égoutter. Ce fromage se mange chaud ou froid; il perd ensuite de sa délicatesse en séchant. Si on veut le conserver, on le sale. Il s'emploie pour les macaronis.

Le résidu est du petit-lait qui, étant aigri, peut servir de présure.

Fromage à la moelle d'os. Extraire de la moelle d'os par la cuisson; prendre un quart de moelle d'os, un quart de sucre blanc en poudre, moitié de caillé en grumeaux; aromatiser avec de la vanille ou du gingembre; mouler les fromages; les saupoudrer de sucre et de poivre.

Fromage aux pommes de terre. Mêler parties égales de caillé et de pommes de terre bouillies et pilées; assaisonner de sel et de poivre, et en faire des fromages. Ces fromages deviennent meilleurs en vieillissant. On laisse reposer le mélange pendant trois à quatre jours; on pétrit de nouveau; on met sécher à l'ombre, et on entasse les fromages dans des tonneaux. Les proportions de caillé et de pommes de terre varient; on peut mettre un litre de lait pour cinq livres de pulpe, ou deux litres de lait pour quatre livres de pulpe, et *vice versâ.*

Fromage du Rekas. Ce fromage a un goût singulier. Pour le faire, on laisse reposer, dans des vases de bois, du lait pendant deux jours; on l'écrème, on le chauffe à un feu doux; on exprime le petit-lait, et on mêle à la pâte un demi-gros de cannelle en poudre, autant de girofle, douze gros de sel marin, pour six livres de fromage. Au bout de trois jours, on y ajoute la crème retirée du lait, quatre gros de beurre et un jaune d'œuf pour chaque livre de fromage, et on pétrit. On répétrit une seconde fois et une troisième, à un jour d'intervalle, puis on met le fromage dans des moules carrés, et on le porte à la cave. Au bout de trente jours, il est bon à manger.

Les habitants du Rekas choisissent, pour emballer ces fromages, la paille de seigle, en en écartant la partie herbacée, que l'humidité pourrirait.

Fromage de Sassenage. Mêler quantité égale de lait de vache, de chèvre et de brebis; les soumettre à l'action du feu: quand ils commencent à frémir, les retirer. Le lendemain, écraser et ajouter à ce qui reste du lait chaud et de la présure; remuer jusqu'à ce que le lait soit caillé; en exprimer le petit-lait; mettre le caillé dans des moules à fromages avec un autre moule par-dessus chacun d'eux; pendant trois jours, faire passer ces fromages successivement d'un moule dans l'autre; saler, et retourner soir et matin les fromages, en les changeant de place pour éviter la moisissure; quand les fromages sont secs et de couleur rousse, on les étale sur de la paille; on les retourne, et on les visite avec soin. Si les fromages sont trop secs, on les enveloppe de foin tendre qu'on humecte d'eau tiède, et on les tient dans une cave humide.

Fromage vert de Suisse, dit *Schabzieger.* Quand le

caillé est débarrassé de son humidité, on le sale légèrement et on y mêle de la poudre de trèfle musqué, ou mélilot bleu. On le met ensuite dans des formes à fromage, en le pressant fortement; on le laisse sécher dans un lieu aéré et bien sec, et on le racle. Ce fromage est d'un gris verdâtre, a une odeur de mélilot, et un goût âcre et piquant. On le râpe avant d'en faire usage.

Présure pour fromage. Couper par morceaux quatre caillettes de veau (c'est le caséum contenu dans le quatrième estomac des animaux ruminants); bien inciser le col des caillettes; ajouter 4 litres d'eau-de-vie, 12 litres d'eau commune, 4 onces de poivre noir, 2 gros de girofle, autant de fenouil, 2 livres de sel commun; laisser macérer le tout pendant six semaines. Quand on veut se servir de cette présure, on filtre, en laissant le résidu pour augmenter la force de la présure qui reste. Plus la présure est vieille, meilleure elle est. Quelques gouttes suffisent pour faire cailler une jatte de lait.

On doit l'indication de ce procédé à M. Nodot, pharmacien à Semur.

Présure du Mont-d'Or. Mêler une pinte de vin blanc sec, deux verres de vinaigre blanc, une once de sel de cuisine environ, et un morceau de vessie de cochon séchée.

FROMAGES D'ENTREMETS. (*Off.*) *Fromage bavarois.* Jeter, dans deux verres de lait presque bouillant, deux gros d'anis vert, autant de graine de fenouil et d'anis étoilé. Mettre dans un moule; mêler deux verres de gelée simple (Voy. GELÉE); placer au frais et à la glace; tourner de temps en temps. Quand le mélange commence à épaissir, ajouter de la crème fouettée. On peut faire ce fromage avec un lait de pistaches avec du zestes de cédrat, ou de l'essence de menthe, ou deux gros de thé.

Petit fromage à la crème. Laisser égoutter le caillé; avoir une baguette de bois armée de deux petits morceaux de bois placés en croix, de laquelle on se sert pour écraser le fromage dans un petit vase percé de trous. Lorsqu'il est séparé du petit-lait, ajouter le quart du poids de crème fraîche épaisse, et mélanger avec la baguette. Dresser le fromage dans un moule garni d'un linge mouillé, et le mettre au frais. On doit le manger au bout de quelques heures.

Fromages fouettés. (Voy. CRÈME A MERINGUE.)

Fromage à la crème de madame Adanson. Prendre une assiette de crème fraîche et épaisse, de deux jours en hiver, et de la veille en été; la fouetter avec une fourchette de bois, en évitant de la faire tourner en beurre; y mêler une neige de quatre blancs d'œufs frais battus, avec une demi-cuillerée à café de gomme adragante en poudre; aromatiser avec de la vanille; servir dans un compotier.

FROMENT. (*Agr.*) *Triticum.* Famille des graminées. Le froment est le meilleur des blés. Les espèces annuelles les plus cultivées sont le froment de *mars* ou *blé rouge*; le froment d'hiver, ou *blé tourzelle*; le blé de Pologne, l'épeautre. (Voy. BLÉ, ÉPEAUTRE, LABOUR, AGRICULTURE, SEMAILLES, etc.)

On distingue dans les campagnes les froments d'hiver, qui se sèment en automne et passent l'hiver en terre, et les froments printanniers qui ne se sèment qu'au printemps. Il faut souvent changer les semences de froment, car sans cela les meilleurs sont sujets à dégénérer. Il est avantageux de choisir pour culture les espèces d'un endroit

plus froid que celui qu'on habite, car elles gagneront à être transportées dans un sol plus chaud.

Le froment donne environ les trois quarts de son poids en farine, et un quart en son ou en déchet.

On trompe l'acheteur sur la qualité du froment en le vannant et le nettoyant avec soin, en plaçant au-dessus des tas les grains les plus beaux, en mouillant le blé. Par cette dernière fraude, on peut gagner jusqu'à vingt livres de blé sur un setier.

Le mauvais froment est de couleur grise ou cendrée. Il est étique et ridé, et de mauvaise odeur, provenant soit de sa germination, soit de la fermentation qui suit l'humidité. Il est souvent parsemé de petits points noirs, ou moucheté. Il faut examiner avec soin si le froment qu'on achète n'est pas mêlé de vers ou d'ivraie, et s'il n'est pas ergoté. (Voy. ERGOT.)

Quand le froment s'est échauffé dans des meules faites de pailles humides, avant d'en faire de la farine, on le jette dans l'eau bouillante; on l'agite, et on rejette les grains qui surnagent. On le lave ensuite à l'eau froide, et on le fait sécher au grand air ou au soleil, en le remuant fréquemment.

Le froment de bonne qualité doit être d'un jaune clair, rond, plein, pesant et sonore quand on le laisse tomber dans la main.

Pour manger du froment en guise de riz dans la soupe, on le broie après l'avoir laissé tremper dans l'eau pendant quelques heures, et on le fait passer entre deux meules dont la meule supérieure est en liége. On doit prendre pour cet usage un froment tendre et farineux.

Le *froment barbu* (*Triticum turgidum*) se cultive en Italie pour la fabrication des chapeaux de paille. On sème épais dans un sol pierreux, sur le bord de l'eau. Quand le blé s'élève un peu, on le fauche à une certaine distance de terre, pour le rendre plus mince. Si les pousses sont encore trop grosses, on le fauche une seconde fois. Quand on a obtenu la force de tiges voulue, on arrache la plante quand la graine est encore en lait, et on l'expose sur le sable au soleil. On l'arrose de temps en temps, puis on en fait le triage, en réservant pour les tresses communes la partie qui est entre le premier et le troisième nœud.

FROMENTAL. (*Agr.*) *Avena elatior.* Famille des graminées. Le fromental vient naturellement dans les vallons frais. Il est très-élevé et pousse tout l'été; le foin qu'on en tire est très-nourrissant; sa hauteur, loin de nuire aux autres herbes, en facilite la dessication, ce qui est utile dans les saisons pluvieuses et dans les lieux humides. Quand il est coupé, il repousse en tout temps, excepté pendant les fortes gelées; il ne craint pas la dent des bestiaux que dans les premiers jours du printemps.

On se procure une bonne prairie en semant un tiers de fromental, un tiers de trèfle et luzerne, et un tiers de poussière de greniers à foin. On fait au mois de mai une coupe où abondent le fromental et la luzerne; le trèfle s'y joint à la coupe de juillet; en septembre, on a de tous ces fourrages en grande quantité. Le foin de juillet donne la meilleure graine.

FRONDE. (*Récr. dom.*) La fronde dont on connaît la fabrication est d'une assez grande utilité pour développer les muscles des bras des enfants, et leur donner un coup d'œil juste.

La force en vertu de laquelle agit la fronde est la force centrifuge, par laquelle un corps qui tourne dans un cercle tend à s'éloigner du centre. Dès que la pierre cesse d'être retenue, elle s'échappe par une ligne droite qui est toujours tangente au cercle qu'elle avait parcouru.

FRUCTIDOR. (*Conn. us.*) C'est le mois qui, dans l'année républicaine, précède immédiatement les cinq jours complémentaires; il commence le 17 août, et finit le 16 septembre. (Voy. CALENDRIER.)

FRUITS, ARBRES FRUITIERS. (*Conn. us.—Ind. dom.— Hyg.— Off.*) *Botanique du fruit.* Le *fruit* contient le germe, l'œuf végétal fécondé.

Après l'acte de la fécondation, les pétales, les étamines se dessèchent et tombent; les embryons restent seuls dans l'ovaire et s'y développent. L'ovaire grossit, mûrit, et devient fruit.

Le *fruit* composé d'un seul ovaire est *simple* (la pêche); et *multiple* quand il est composé de plusieurs (la framboise). Il peut être *nu* (la cerise), ou *voilé*, c'est-à-dire caché par un tégument ou par son calice (la jusquiame). Ainsi que l'ovaire, il est *supère*, supérieur au calice, ou *infère*, enfoncé dans le calice. Deux parties essentielles forment le *fruit* : le *péricarpe* et la *graine*.

Le *péricarpe* est l'enveloppe extérieure du fruit. Il contient les valves, pièces dont se composent les péricarpes, qui s'ouvrent spontanément; les cloisons ou replis de la membrane intérieure du péricarpe, et les tiges, séparées par ces cloisons.

Le *placenta* est l'attache à laquelle tiennent les semences dans l'intérieur du *péricarpe*. Pourvu de petits cordons ombilicaux, il leur transmet les sucs élaborés de la plante, comme l'arrière-faix dans les animaux transmet le sang de la mère au fœtus. A la maturité des graines, le *péricarpe déhiscent* s'ouvre de lui-même pour livrer passage aux graines; le *péricarpe indéhiscent* ne s'ouvre point. (Voy. FLEURS, GRAINES, FAMILLES, etc.)

On ne saurait trop encourager la culture des arbres fruitiers, culture trop négligée et qui demande cependant peu de soin. Une multitude de germes qui sont perdus pourraient facilement se développer dans des coins de terre qu'on laisse incultes, et donner en abondance un aliment sain, léger et de facile digestion.

Les fruits en effet produisent un chyle excellent, sont nourrissants et aussi fortifiants que toute autre nourriture, quand ils sont mûrs et de bonne qualité; s'ils sont nuisibles, c'est quand ils sont gâtés, ou qu'ils ne sont pas bien mûrs, ou encore qu'ils sont ingérés dans un estomac déjà chargé d'aliments. Certains fruits, les cerises, les groseilles, les raisins, même pris avec excès, n'entraînent presque jamais d'accidents fâcheux.

Quelques-uns sont susceptibles de relâcher le ventre, comme les pêches et les abricots; mais on combat ces effets en buvant, après en avoir mangé, un peu de vin pur. Les mauvais fruits occasionnent des coliques, des constipations, des diarrhées; les fruits mûrs, au contraire, semblent un préservatif contre la dysenterie. Tissot a constaté que l'usage du raisin et des groseilles rouges avait guéri plusieurs personnes atteintes de cette maladie, et que les fruits remédiaient à toutes les causes de dysenterie.

Quand un arbre a trop de fruits relativement à sa force et à son étendue, on en ôte une partie encore verte, qui sert à faire des hors-d'œuvre au vinaigre. On ne laisse que deux ou trois fruits sur les branches fortes, et un ou deux sur les branches faibles. On coupe la queue doucement, pour ne pas détacher les fruits qu'on laisse; on fait cette suppression pour les fruits à noyau avant que celui-ci soit devenu dur.

L'ombre est favorable aux fruits qui mûrissent et nuit à ceux qui ont atteint leur grosseur. Quand on s'aperçoit au changement de couleur qu'ils approchent de la maturité, on les retire de l'obscurité en leur retranchant chaque jour quelques feuilles qu'on coupe doucement.

Des expériences faites sur diverses espèces de poiriers tendent à prouver que les fruits qu'on soutient sur une planchette, ou sur une ardoise pendant leur croissance, prennent un développement beaucoup plus considérable que lorsqu'on les abandonne à eux-mêmes. Il est tout naturel, en effet, que le poids du fruit, tendant à en allonger la queue, tende en même temps à resserrer les tubes par lesquels passent les sucs nourriciers, qui, par conséquent, arrivent vers le fruit en moins grande abondance. L'expérience peut, du reste, être répétée par tout le monde et sur toutes les espèces de fruits.

On augmente la récolte des fruits par l'incision annulaire, quinze jours avant la floraison, si on a négligé de le faire au moment où elle va commencer. On enlève sur chaque branche un anneau d'écorce : sur une branche de quatre pouces de diamètre, l'anneau doit être de quatre lignes de hauteur; il sera plus étroit sur les pommiers et sur les coignassiers. Cette opération se pratique sur le vieux comme sur le jeune bois. La petite plaie doit être cicatrisée avant l'hiver, autrement la branche incisée périrait. Sur la vigne, on doit pratiquer l'anneau aux branches de l'année précédente.

Si on dispose des ardoises derrière des fruits en espalier, ils mûrissent bien plus vite que les autres, et acquièrent plus de volume. On place ces ardoises dans le milieu de l'été, ou plus tôt. Elles produisent l'effet des murs noirs. (Voy. ESPALIER.)

Quand les jeunes fruits attaqués par les vers menacent de devenir pierreux et de perdre leur qualité, il suffit d'enlever l'endroit malade pour leur rendre leur première vigueur.

Les fruits sont meilleurs et plus faciles à garder lorsqu'au lieu de rester sur l'arbre jusqu'à maturité complète, ils sont cueillis de bonne heure, et achèvent de mûrir dans un lieu où la température est constamment de 10 à 12 degrés Réaumur. Ils restent assez long-temps dans un état stationnaire, tandis que les fruits cueillis très-mûrs ne tardent pas à entrer en fermentation.

On cueille les fruits par un temps qui ne soit ni trop sec ni trop humide : on les détache avec précaution, soit avec la main, soit, quand ils sont élevés, avec un cueille-fruit. Cet instrument est composé d'une perche légère au bout de laquelle est emmanché un entonnoir dont les bords sont tranchants. Ces bords, poussés contre le bout de la queue, détachent le fruit, qui tombe dans l'entonnoir.

On place soigneusement les fruits dans des paniers sur des lits de foin; on leur laisse perdre pendant quelques jours leur humidité, puis on les range sur des tablettes. En en plaçant sur les tablettes inférieures les fruits les plus mûrs ; on les préserve des mouches et de la poussière en les couvrant de bandes de flanelle ou de papier gris à sucre. Ce papier absorbe aussi l'humidité.

Le fruitier doit être dans un cellier peu profond, ni trop sec ni trop humide, aéré par des croisées qu'on puisse fermer pendant les fortes gelées. On le garnit de tablettes à rebords, pour empêcher les fruits de rouler en bas ; ces tablettes sont en bois de chêne ou de sapin, espacées de huit à neuf pouces. On arrange les fruits sur le bois, sans paille, ou sur de la mousse, en évitant qu'ils se touchent ; on les visite souvent, et on enlève tous ceux qui se gâtent. La porte du fruitier sera double autant que possible, et l'air n'y sera pas fréquemment renouvelé. On éloigne les rats en tapissant le fruitier de planches de chêne.

Quand le fruitier est bien clos, l'air s'y imprègne de gaz carbonique et d'azote, qui conservent les fruits ; le gaz seul leur communique une odeur vineuse.

Le raisin est suspendu au plancher à de longues perches. Une petite échelle double ou un marche-pied sert à atteindre aux perches et aux planches supérieures. On peut suspendre les poires, comme les raisins, enveloppées de papier.

Les rides et le resserrement des pommes et des poires de garde proviennent presque toujours de ce que le fruitier est trop sec. Un cellier sans plancher, et dont l'atmosphère est plus moite, sans être absolument humide, conserve les fruits plus long-temps, et ternit moins leur fraicheur. Le cellier doit, autant que possible, avoir une ouverture au nord. Quand le froid devient excessif, on la ferme ainsi que toutes les autres, et on y applique des paillassons, ou même du fumier. Il est bon qu'en tout temps les fruitiers soient doubles pour éviter les courants d'air.

Les fruits se conservent depuis l'automne jusqu'en juin et juillet, et même au-delà. On doit éviter d'entrer souvent dans les fruitiers, et de toucher trop souvent aux fruits.

Conservation des fruits. Les placer dans une barrique bien bouchée ; mettre cette barrique dans un tonneau plus grand, et remplir d'eau l'intervalle. Les fruits se conserveront parfaitement, et pourront être transportés au loin sans éprouver la moindre altération.

Autre procédé. Renfermer les fruits dans des bocaux ou dans des bouteilles, et les bien boucher. Les bouteilles ne doivent pas être entièrement pleines, pour éviter la cassure que produit le gonflement. Ficeler les bouchons avec du fil de fer ; envelopper les bouteilles de toile et de foin, ou de paille ; les ranger dans une chaudière pleine d'eau froide ; couvrir la chaudière d'un couvercle qu'on entoure d'un linge mouillé pour empêcher l'évaporation ; faire bouillir environ deux heures. Si l'on a négligé d'entourer d'un linge mouillé le couvercle, on ajoute, à mesure que l'eau s'évapore, de nouvelle eau bouillante. Si elle n'était que chaude, elle ferait éclater les bouteilles. Après une ébullition suffisante, on retire le feu. Quand l'eau est tiède, on enlève les bouteilles. On met à part celles qui sont fêlées, ou celles que l'humidité du bouchon indique avoir filtré. On enduit de mastic le bouchon des autres,

et on les range à la cave sur des lattes, comme des bouteilles de vin.

Si on met dans les bouteilles un quarteron de sucre par litre, on aura une compote toute faite et d'un goût exquis.

Moyen d'empêcher les fruits de geler. Couvrez-les d'un peu de paille, puis étendez sur cette paille un drap mouillé, ou mieux encore une natte de paille bien épaisse et bien mouillée, en ayant soin que l'eau ne pénètre pas jusqu'aux fruits.

On préserve également les fruits en les plaçant dans des vases de terre et en les arrangeant sur des couches de son qui les séparent les uns des autres. Les poires se placent la queue en haut, et les pommes la queue en bas. On bouche soigneusement.

On conserve aussi les fruits au moyen de la glace. (Voy. ce mot.)

Caisse pour conserver les fruits. Mettre dans un vase des fruits cueillis avec leur queue, avant l'entière maturité ; boucher ce vase au moyen d'un morceau de bois de sapin huilé ; le placer dans une caisse garnie également de sapin, et remplir la caisse avec un mélange de quatre parties de sable sec, deux parties de sel ammoniac, une partie de salpêtre, de manière à ce qu'il couvre de deux pouces l'extrémité du vase.

Pour transporter les fruits, on les met dans des caisses fermées à charnière, où ils ne soient ni trop serrés, ni trop au large : on les garnit de papier gris et de papier joseph, en remplissant les intervalles de gazon fin et sec, ou de foin et de mousse longue. Les fruits les plus gros et les plus lourds se placent dans le fond.

Une excellente méthode pour emballer les fruits consiste à les envelopper de papier joseph qu'on entoure de fil : au moyen de ce fil, on les trempe dans la cire fondue. Pour expédier les fruits entourés ainsi d'une couche de cire, on les roule dans du papier, et on les emballe dans du son, de la sciure de bois, ou de la cendre passée au tamis.

Pour conserver les fruits par la dessiccation, on les cueille parfaitement mûrs, le matin, et on les expose sur des claies dans des lieux aérés et secs, en les tenant éloignés les uns des autres, et en enlevant ceux qui ne sont pas très-sains. Dans les climats tempérés, on achève la dessiccation en exposant les fruits au four à plusieurs reprises. On prépare ainsi les figues, les poires, le raisin, les abricots, les dattes, les jujubes, etc.

Les fruits de qualité médiocre sont meilleurs cuits que crus. On les fait cuire dans de l'eau, avec un peu de cannelle ou de fenouil. On les mange chauds ou froids, en y ajoutant du sucre. Les poires et les pommes se cuisent mal sans sucre.

Les meilleures prunes pour faire cuire sont les violettes longues. Les pêches se font cuire sans leur peau. On peut faire cuire les fruits au four sur des abaisses de pâte.

Pour diverses préparations des fruits, voy. COMPOTES, CONFITURES, CONSERVES, etc.

Il n'est pas rare de voir des fruits assez gros, tels que des poires, des grappes de raisin, conservés dans des bouteilles de verre blanc dont l'orifice est très-étroit. Pour opérer ce prétendu miracle, il suffit d'enfermer le fruit naissant dans

43

la bouteille , et d'attacher la bouteille à la branche : le fruit mûrit parfaitement dans la bouteille ; quand il est mûr, on le sépare de la branche, et on remplit la bouteille d'esprit de vin.

Ratafia des quatre fruits. Passer avec expression le suc de cinq livres de cerises , autant de groseilles , deux livres et demie de framboises , trois quarterons de merises, autant de cacis. Ajouter, par pinte de jus, une livre d'esprit de vin, six gros d'œillets rouges , un gros de cannelle , six amandes amères, un demi-gros de girofle. Laisser infuser trois ou quatre jours. Filtrer à travers un papier gris ; ajouter huit onces de sucre par pinte. Au bout de quinze jours, filtrer de nouveau.

Autre. Écraser parties égales de cerises, fraises, framboises et merises ; faire infuser le tout pendant quinze jours dans de l'alcool à 28°, à raison d'un litre un quart pour une livre de fruits ; filtrer, et ajouter trois litres de sirop de sucre et des aromates. Mettre en bouteilles.

Fruits à l'eau-de-vie. (Voy. CERISES.) L'eau-de-vie où l'on met les fruits doit avoir vingt-deux degrés. Il est bon de les faire confire légèrement et de les égoutter, avant de les placer dans les bocaux. La plupart des fruits demandent à être placés à la cave, au frais, plutôt que d'être exposés au soleil.

Crème des cinq fruits. Faire infuser, huit jours, dans deux pintes d'eau - de - vie, le jus d'un citron , d'une bigarade , d'un cédrat et de deux oranges ; distiller au bain-marie ; faire fondre au feu , dans une pinte d'eau de rivière , une livre trois quarts de sucre ; mêler, filtrer, et mettre en bouteilles.

Conserve des quatre fruits. Prendre parties égales de groseilles , fraises, cerises et framboises ; en exprimer le jus, le passer, mettre ce jus dans une bassine, et le faire réduire à moitié , sur un feu modéré, en remuant toujours. Pour une livre de jus, faire fondre trois livres de sucre , qu'on a soin d'écumer, le retirer du feu , et y mêler le jus; laisser jeter un bouillon, et remuer jusqu'à ce que le sucre se boursoufle.

Fruits artificiels. Pour les faire, on prend un morceau de coton qu'on roule suivant la forme du fruit; après l'avoir assujetti à une queue de fil de fer, on lui donne une ou deux couches de colle à la volée, puis on le plonge dans une colle épaisse. On peint ensuite le fruit avec soin. Les fruits rouges se peignent avec du vermillon, mêlé avec de la laque carminée, broyée à l'essence et délayée au vernis copal. (Voy. COPAL.) Les fruits noirs se couvrent d'un vernis luisant. Pour colorer en rouge violet, on prend un peu d'orseille, un litre d'esprit de vin, trois à quatre onces de gomme laque, deux gros d'essence de térébenthine épaissie. (Voy. ESSENCE GRASSE.) On agite la bouteille tous les jours, et on laisse infuser quinze jours. La dissolution est rarement complète. Les autres fruits se plongent dans une eau de colle très-légère , puis dans le vernis copal : on les tourne pour bien étendre le vernis partout, et on les fait sécher à l'étuve.

Quand il y a des inégalités , on use les fruits avec un peu de pierre ponce en poudre, de l'huile et un chiffon. On peut frotter les fruits avec de la cire ; on les trempe dans une colle légère d'amidon , et on les peint ensuite.

FUMETERRE OFFICINALE. (*Méd. dom.*) *Fumaria officinalis.* Famille des papavéracées.

Cette plante croît en abondance et sans culture ; ses fleurs sont en épis et d'une couleur pourpre ; sa graine est blanchâtre. La fumeterre est stomachique et vermifuge : on donne sa racine en infusion, à la dose d'une once ou deux gros.

Fumeterre jaune. (*Jard.*) *Fumaria lutea.* Plante vivace et indigène. Elle se ressème d'elle-même dans un terrain méridional et en pente ; elle forme de jolies touffes arrondies et couvertes tout l'été de fleurs jaunes en grappes.

FUMIER. (*Agr.*) C'est l'engrais le plus répandu , mais non pas le plus énergique. D'autres engrais, comme la poudrette , la gadoue, l'urate, et surtout les os neufs broyés en poudre , agissent avec plus de force sur la végétation et la fructification.

On commence à former le fumier, quand les terres sont ensemencées, pour l'année suivante. On ne le laisse ni sous les gouttières, ni au soleil , ni dans les endroits où s'amassent les eaux pluviales. L'endroit qui le reçoit doit être un peu creux au centre ; s'il était trop creux, l'humidité y serait trop grande. On peut faire reposer le fumier sur des couches de terre, ou d'argile ou de ciment. Il est avantageux que le fumier soit ombragé ; on plante des arbres tout autour, ils viennent très-bien ; on l'entoure de palissades ou d'épines. On dispose le fumier carrément, les faces légèrement inclinées. Quand il s'échauffe trop, on l'arrose avec de l'urine.

On remue le fumier à la surface par un temps humide et pluvieux, et on l'égalise bien ; on mêle ensemble les différents fumiers des animaux domestiques.

Les bêtes à cornes fournissent une grande quantité de fumier très-divisé et parfaitement digéré dans les nombreux estomacs qui forment leur appareil digestif ; en outre, ces ruminants consomment beaucoup d'aliments frais, de végétaux verts, ce qui contribue à rendre leur urine abondante. Ce fumier est froid ; la fermentation s'y développe lentement. On y ajoute du fumier de bêtes à laine, de cheval , d'âne et de mulet.

Le fumier d'âne et de mulet a presque toutes les qualités de celui du cheval ; il sert avec succès à la formation des couches des plantes délicates et des terreaux dans lesquels on fait venir des champignons. (Voy. CHEVAL.)

Les débris des cours s'ajoutent aux fumiers. Ces débris, mis en tas pendant un an , sont excellents pour fumer les vergers, les chanvres et les sarrazins. On y ajoute aussi la fiente des poules et des pigeons , etc.

Le fumier de porc est très-excitant et convient au houblon , aux cardères à foulons, aux terres humides , aux céréales d'hiver. (Voy. COCHON.)

Le fumier des moutons , chaud et très-actif, doit être séparé des autres et dans un lieu couvert ; en tas , il perd ses qualités. (Voy. COLOMBINE, LAPIN, MOUTON, VOLAILLE.)

Au mois de mai , on remue le tas de fumier à six ou sept pouces de profondeur. On le couvre de pailles, de fougères, ou de feuillages.

Le fumier, pour fermenter, a besoin du concours de l'air, de l'humidité et de la chaleur. Aussi, faut-il se garder de l'étendre sur une grande surface ; mais il faut au contraire l'entasser. Le sol sur lequel il repose doit être plus argil eux que sablonneux. Sur ce dernier terrain, l'eau du fumier s'infiltre et se perd.

Quand on veut mêler du fumier avec des plantes vertes, on les alterne de couches de chaux qui les décomposent en vingt-quatre heures. La chaux doit être nouvelle, et réduite en poudre. Pour empêcher la combustion spontanée de la masse, on la recouvre de terre et de gazon.

On peut ajouter aux fumiers, avec avantage, les boues des rues, qu'on laisse perdre dans beaucoup de communes, celles des marres, les eaux de savon, etc. (Voy. COMPOST, ENGRAIS.)

Il est utile de séparer du fumier les débris qu'on veut y mêler plus tard, comme les pailles, les fanges, les balayures, les végétaux, les rinçures, etc., qui empêchent la fermentation. Il vaut mieux avoir une fosse séparée, murée et pavée, pour recevoir ces débris.

Si l'on fait consommer toutes les pailles par les bestiaux, ce qui, loin de diminuer les fumiers, les augmente d'une manière productive, il faut recueillir les urines avec de la terre. (Voy. ÉTABLES.) On prend de la terre sablonneuse pour les champs argileux, et vice versâ. Ce procédé peut s'appliquer également aux urines de l'homme.

Quelques fermiers, à l'expiration des baux, divertissent les fumiers. Par exemple, si les terres arables sont partagées en trois soles, au lieu de fumer la sole qui doit être ensemencée par leur successeur, ils fument deux fois de suite celles dont ils doivent recueillir le produit. C'est un abus d'agriculture qu'il est bon de prévenir par une clause expresse.

Manière de faire le fumier en Russie. On construit une étable en bois au milieu des terres qu'on veut fumer. Cette étable est bâtie grossièrement et couverte de paille. On y jette de la terre, de la fougère, de la bruyère. On y conduit le bétail dans la belle saison, et on enlève, au bout d'un mois, le fumier, qu'on met en tas et qu'on couvre de feuillages et de ramées. On évite ainsi les frais de transport. Le hangar qui abrite les bœufs est de peu de valeur et facile à établir.

FUMIGATIONS (*Hyg.—Méd. dom.*) On a donné le nom de fumigations aux opérations qui ont pour but de désinfecter l'air. (Voy. AIR.)

Les fumigations à l'aide du vinaigre ne désinfectent pas complétement. Les fumigations avec le sucre, les baumes, les résines, les plantes aromatiques, ne font que dissimuler la présence des miasmes. Les fumigations avec l'acide hydrochlorique peuvent être employées avec succès; les plus efficaces sont celles du chlore.

La fumigation de gaz chlore se fait au moyen d'une partie de péroxyde de manganèse en poudre, et de quatre parties de sel commun, qu'on place dans un vase sur des cendres chaudes, et sur lesquels on verse deux parties d'acide sulfurique dans deux fois son poids d'eau. La fumigation permanente de chlore se fait en plaçant dans un vase du chlorure de chaux.

Fumigation de vinaigre des quatre-voleurs. (Voy. VINAIGRE.

Les fumigations, proprement dites, consistent dans des vapeurs de diverses natures qu'on dirige sur la tête ou quelques parties du corps.

Lorsque le médecin a ordonné une fumigation de tête,

avant de l'administrer, on s'assurera que la digestion du malade est bien faite. Pour l'opérer, on verse la matière de la fumigation, qui se compose ordinairement de décoctions d'herbes émollientes ou aromatiques, d'un mélange d'eau, de vinaigre, etc., dans un vase à large ouverture, au-dessus duquel on incline le visage du malade en lui tenant le front. On lui recouvre ensuite la tête d'un linge qui enveloppera également le vase, afin d'empêcher la chaleur de se perdre.

L'opération achevée, vous lui essuierez le visage, et le préserverez du contact de l'air froid, qui lui serait funeste. Si les yeux, les narines et la gorge doivent seuls recevoir la vapeur, vous renverserez sur l'ouverture du vase un entonnoir dont le tube assez évasé sera dirigé vers la partie indiquée. Il faudra que ce tube ou tuyau soit courbé, s'il est besoin de porter la vapeur dans l'intérieur de la gorge.

Les fumigations de siége se donnent en plaçant le malade sur une chaise percée sous laquelle on place de l'eau chaude ou tout autre liquide préparé et approprié au besoin.

FURET. (*Anim. dom.*) *Mustela furo.* Genre marte; ordre des carnassiers. Le furet a beaucoup d'analogie avec le putois par sa taille, par ses formes; il en diffère par la couleur de sa fourrure, par son museau, plus étroit et moins alongé. Il est l'ennemi des oiseaux, qu'il va dénicher dans les trous des arbres et des murailles; mais surtout des lapins, sur lesquels il se jette avec fureur, même lorsqu'ils sont morts.

C'est un animal indigène en Afrique, que les Espagnols ont transporté dans leur pays pour donner la chasse aux lapins, qui s'y étaient tellement multipliés, qu'ils occasionnaient des dommages notables aux récoltes; il s'est répandu d'Espagne dans le reste de l'Europe. On peut le considérer comme un animal domestique, quoique le service qu'il nous rend soit très-borné. Il est cependant élevé et propagé par nos soins. Il vit de rapine dans son état sauvage, et perd sa férocité dans son état de domesticité. Son instinct le porte à attaquer les petits animaux, dont il suce le sang : il entre volontiers dans les trous des lapins, qui se voient obligés de sortir de leur retraite, afin de ne pas devenir victimes de cet ennemi redoutable. Il dort presque habituellement. On le nourrit avec du pain trempé dans du lait.

Sa couleur est d'un jaune pâle, quelquefois mélangé de blanc, de noir ou de fauve. Ses yeux sont vifs et animés, ses oreilles courtes et arrondies, son museau très-pointu; il a environ treize pouces de long, le corps fort effilé, faible, et les jambes courtes, ce qui le rend très-propre à pénétrer dans les terriers. Il déchire rarement sa proie; il se contente de lui sucer le sang; c'est pour cela qu'il est nécessaire de le museler avant de le faire entrer dans ces trous, car, sans cette précaution, il s'endormirait après avoir sucé le sang des lapins sans reparaître au dehors, et l'on perdrait le lapin et le furet. Il arrive quelquefois qu'il se débarrasse de sa muselière; alors il est nécessaire de défoncer les trous, afin de ne le point le perdre; il ne sortirait sans cela que lorsqu'il serait pressé par la faim, et irait à la recherche d'autres victimes jusqu'à ce que l'hiver le fit périr de froid. On essaie aussi de le faire sortir en brûlant de la paille à l'ouverture du trou pour l'enfumer ; mais ce moyen ne réussit pas toujours.

La femelle est moins grande que le mâle ; elle porte ses petits deux fois par an , et en produit cinq à neuf. Natif des contrées situées sous la zone torride, il ne peut endurer les froids de nos hivers ; c'est pour cela qu'on le tient chaudement dans des boîtes sur un lit de laine. Il répand une odeur forte et désagréable ; il est fort irascible, et n'a aucun attachement pour l'homme ; il mord lorsqu'on l'inquiète.

FUSAIN COMMUN OU BONNET DE PRÊTRE. (*Jard.—Conn. us.*) *Evonymus europæus.* Famille des nerpruns. Arbrisseau indigène, qui se multiplie par rejetons ou par semis, lesquels sont près de deux ans à lever. Il est très-propre à l'ornement des jardins paysagers, et n'exige presque point de culture ; il vient même dans les haies sans aucun soin,

Fusain à feuilles larges. (*Evonymus latifolius.*) Arbrisseau indigène, qui se reproduit par semis et marcottes, dans une terre franche, amendée, exposée au midi ; ses feuilles sont grandes ; son fruit diffère un peu de forme avec le fusain commun.

Fusain galeux. (*Evonymus verrucosus.*) Le bois de cet arbrisseau, originaire d'Autriche, est couvert d'aspérités.

Fusain noir pourpre. (*Evonymus atro-purpureus.*) Arbrisseau de l'Amérique septentrionale.

Fusain teigneux vert. (*Evonymus americanus.*) Arbrisseau de la Caroline. Ses fruits sont rouges et grenus en dessus.

Tous ces fusains se cultivent de même.

Les capsules du fruit du fusain servent, mises en poudre, à faire périr les poux. Elles sont purgatives. Ses fruits contiennent une huile meilleure que l'huile de noix, et aussi bonne que celle du colza. Cette huile, d'une couleur orangée , est susceptible de se purifier. L'enveloppe des graines du fusain fournit une teinture jaune. Le bois du fusain est recherché pour les ouvrages de marqueterie, à cause de sa densité. On en fait d'excellens fuseaux.

Les feuilles de fusain incommodent les bestiaux qui les broutent.

FUSAIN. (*Var.*) Pour faire le crayon d'esquisse appelé fusain, on remplit de baguettes de fusain un petit tube en fer ; on le bouche, et on le met dans le feu. Quand le bois est réduit en charbon, on le retire. Pour en faire un crayon plus dur, on travaille le fusain avec un couteau ; on le place dans du sablon fin au milieu d'un creuset, on lute le couvercle du creuset ; on le met au fourneau, et on tient le creuset une demi-heure en état d'incandescence ; quand le creuset est enlevé du feu et bien refroidi, on retire le charbon de fusain , et on le plonge dans de la cire fondue presque bouillante. Si on veut lui donner encore plus de dureté, on ajoute à la cire de la résine, de l'huile ou du beurre et du suif. Ce procédé est dû à Conté. (Voy. CRAYONS.)

Manière de fixer le dessin au fusain. (Voy. DESSIN.)

FUSCHSIE ÉCARLATE. (*Jard.*) *Fuschsia coccinea.* Famille des onagres. Cet arbuste du Chili vient très-bien dans le terreau de bruyère humide et un peu ombragé. L'hiver, il faut le couvrir de feuilles, afin de le préserver du froid, auquel il est très sensible. Ses fleurs commencent à s'ouvrir aux premiers jours de juillet ; leur calice est du plus beau rouge ; les pétales sont d'un bleu un peu foncé.

FUSIL. (*Conn. us.*) Les fusils à pistons ont depuis longtemps remplacé complètement les fusils à pierre pour l'usage de la chasse. Ils ont été fabriqués pour la première fois en Angleterre , et perfectionnés en France par Lepage. L'amorce est en poudre fulminante, et détonne par la simple percussion.

Le fusil à la Pauly se charge par la culasse : c'est un fusil de rempart qui porte deux fois plus loin que les fusils ordinaires. Le fusil Lefaucheux se charge également par la culasse : le canon s'abaisse, et permet d'introduire la cartouche toute préparée.

Le fusil Robert, construit d'après un plan analogue, donne la faculté de charger et de tirer quinze fois en une minute ; c'est du moins le résultat qu'en a obtenu l'inventeur.

Le fusil de M. Stain tire quatorze coups sans être rechargé. Il a été inventé en 1818.

La cherté de ces fusils et les grands soins qu'ils exigent permettent à peu de personnes de s'en servir. La plupart des chasseurs se contentent donc de fusils à piston à deux coups et à canon tordu , achetés chez les armuriers de la capitale.

Recettes pour damasser les canons de fusil. Le fer de ces canons est sujet à la rouille. Pour le damasser, on le décape, et on lui donne ensuite une légère couche ou deux de beurre d'antimoine. Quand il a acquis une couleur rouge-brun, on l'essuie, on le fait chauffer légèrement, et on le frotte avec de la cire blanche qu'il absorbe.

Autre méthode. On frotte le fusil de papier enduit d'émeri, et on l'expose à la vapeur du soufre ; on le place dans un lieu humide ; il est le lendemain couvert de rouille, qu'on étend également sur la surface avec le doigt ; puis, après, on le polit avec une forte brosse et de la cire.

Autres recettes. (Voy. FER.)

On obtient l'inclinaison de la crosse des fusils en sciant les bois ; divers essais donnent lieu de croire qu'on pourra les courber, comme les jantes des roues, au moyen de la vapeur, ce qui leur donnera plus de force.

Les fusils à vent sont composés d'une sphère creuse munie d'une soupape, qui se fixe sur une petite pompe foulante. L'air entre dans le corps de cette pompe et y est comprimé. Quand le fusil est ainsi chargé , on ouvre la soupape au moyen du chien, et le coup part avec une explosion semblable au bruit d'un coup de fouet.

FUSTET. (*Jard.*) *Rhus cotinus.* Famille des térébinthacées ; arbrisseau du midi. Il se multiplie de graines dans nos jardins, et se sème aussitôt maturité. Il faut couvrir de litière pendant l'hiver. Le bois donne une teinture jaune peu solide. Il est odorant et veiné de rouge. On l'emploie dans l'ébénisterie.

Le *fustet des corroyeurs* (*rhus coriaris*), se multiplie de drageons. Ses baies, recouvertes d'un duvet rouge, renferment un noyau. Elles contiennent un poison violent. Le fustet fournit un tan beaucoup plus fort que le tan de chêne.

FUTAIE. (*Agr.*) Le mot futaie désigne une partie de forêt qu'on a laissé croître, sans la couper, au-delà de quarante ou cinquante ans. Le terme de haute-futaie désigne les arbres parvenus à leur plus grande hauteur. (Voy. BOIS, ÉCLAIRCIES.)

. On ne doit pas laisser trop vieillir les futaies. Il y a des futaies de chênes, de châtaigners, de hêtres, de bouleaux, de charmes, de pins et de sapins.

On établit avec succès des futaies dans les landes. On ouvre la terre avec une charrue à deux versoirs, par tranchées de deux mètres. On distribue dans les tranchées de la terre de bruyère, au moyen d'un tombereau muni d'une trémie. On y met de la graine de sapin, de mélèze, d'épicéas, enterrée d'une ou deux lignes. Au bout de trois ou quatre ans, on fait des éclaircies pour former des pépinières. Au bout de dix ans, puis de quinze ans, puis de vingt-quatre ans, on renouvelle les éclaircies. Il doit rester alors douze cents arbres par hectare, destinés à la mâture des vaisseaux.

FUTAILLE. (*Ind. dom.*) Quand une futaille est neuve, on ne s'en sert pas sans l'avoir avinée. On la rince avec du vin chaud qu'on étend sur toute la surface intérieure en remuant, et qu'on jette ensuite.

Dès qu'une futaille est vide, pour la préserver de mauvais goût, il faut la bien boucher, et la mettre debout dans un lieu sec et abrité.

Pour la nettoyer, quelques personnes se contentent d'y passer deux fois de l'eau chaude, puis du vin chaud, ou de la laver et de la mécher.

On appelle *mécher* une futaille y faire entrer de la vapeur de soufre au moyen d'une mèche soufrée.

Les futailles se nettoient avec de l'eau et de l'huile de vitriol (acide sulfurique). On met cette huile dans neuf fois son poids d'eau : on introduit le mélange dans le tonneau avec un entonnoir non métallique; on bouche : on agite doucement. Quatre onces d'acide et deux litres d'eau suffisent pour une pièce de 228 litres. Quand on a étendu le liquide sur tout l'intérieur du tonneau, on ajoute quatre litres d'eau; on agite, on vide le tonneau; on le lave à l'eau froide et avec un lait de chaux ou de craie en poudre. Quand l'eau est bien claire et sans saveur, on fait égoutter et l'on mèche. Les tonneaux ainsi préparés ne contractent aucun goût. Cette opération revient à 15 cent. par chaque tonneau, l'acide sulfurique coûtant 40 à 50 cent. la livre.

On nettoie les futailles anciennes avec trois pots d'eau bouillante et une poignée de feuilles de pêcher; quand on a remué ce mélange dans le tonneau, on y passe de l'eau-de-vie.

Les futailles vidées avec soin, dans lesquelles on verse, lorsqu'elles sont sèches, quatre ou cinq onces d'huile d'olive, perdent tout mauvais goût. L'huile a la propriété de dissiper le goût de moisi des vins altérés.

Les lavages des futailles à l'eau chlorurée laissent aux fûts un goût, qui ne se passe que peu à peu.

On peut toutefois mêler dans une cruche d'eau une once de chlorure de chaux et une once d'acide sulfurique, et rincer la futaille avec ce mélange; mais il faut la relaver à grande eau 24 heures après.

On rend les futailles imperméables en les frottant de tous côtés avec de la cire.

FUTAINE. (*Conn. us.*) La futaine est une étoffe unie d'un côté, à poil de l'autre, croisée en fil et coton; la futaine dite *basin croisé* est unie des deux côtés. Les futaines ordinaires ont deux tiers de large. On en fait des camisoles et des doublures de gilets.

G.

GADOUE. (*Agr.*) La gadoue se compose non seulement des excrémens humains mêlés à de la chaux vive, de balle d'avoine, ou de blé, ou de maïs, mais encore de fiente de poule et de cochon, d'urines, des excrémens des oiseaux de mer et de proie, de ceux des chauves-souris, qu'on trouve en amas dans des cavernes et dans de vieux édifices; la puissance de ces dernières matières est une fois supérieure à celle du meilleur fumier d'écurie.

On réunit les excrémens dans des citernes en briques : ils se dessèchent, et s'expédient au loin sous le nom de poudrette.

On emploie la gadoue avec moitié ou trois quarts d'eau ou avec deux parties de terre ou de tourbe à demi écroubuée, et une partie de chaux.

La gadoue convient aux terres froides et à la culture des plantes oléagineuses, aux prairies, aux trèfles, aux luzernes. Elle double le produit des terrains médiocres.

Pour composer de la gadoue artificielle, on mêle, dans une fosse remplie d'eau, un peu de fumier, toute espèce de plantes, des restes de cuisine et des balayures, avec de la chaux et du plâtre qu'on répand par-dessus. On bouche la fosse avec des planches. Au bout de six mois cet engrais est bon à employer. On le répand, au printemps et à la fin de l'automne, sur les terres à blé, la vigne, les prairies naturelles et artificielles, le colza, le lin, les turneps, les betteraves, etc.

GAGES. (Voy. DOMESTIQUE.)

GAINIER DE JUDÉE. (*Jard.*) *Cereis siliquastrum.* Cet arbre indigène est d'un très-bel effet, et contribue beaucoup à l'ornement des jardins par son feuillage et par ses fleurs, qui fleurissent au mois d'avril : elles sont d'une belle couleur pourpre ou d'un blanc très-éclatant, suivant la variété à laquelle elles appartiennent. Cet arbre se plaît dans les terrains chauds et légers, exposés au midi et abrités. Les semis se font au mois de mars, dans une bonne terre. Lorsque le plant est levé, on l'éclaircit s'il est trop épais, et on le laisse plusieurs années en pépinière, en ayant soin de le couvrir de feuilles pendant l'hiver, afin de le préserver du froid, qu'il supporte très difficilement jusqu'à ce qu'il ait atteint six ou sept pieds de haut.

Gaînier de Canada. (*Cercis canadensis.*) Cet arbuste se cultive de la même manière que le gaînier de Judée; mais il est bien moins sensible aux gelées ; ses fleurs sont plus pâles et en moins grand nombre.

Les gaîniers réussissent dans les plus mauvais terrains , et peuvent servir à faire des taillis.

GALANE BARBUE. *(Jard.) Chelone barbata.* Famille des bignones. Plante vivace du Mexique. Elle fleurit en juin ; ses fleurs sont d'un rouge écarlate en épis allongés. Cette plante se plaît principalement dans les terreaux de bruyère. La séparation des pieds se fait en octobre.

Galane campanulée.(Chelone campanulata.) Plante bisannuelle et quelquefois vivace. Les fleurs de cette plante sont d'un joli rouge en dehors, et noires en dedans. Elle fleurit en juillet, et se reproduit par semis au mois de mars, dans un terrain léger et sablonneux : elle se resème aussi d'elle-même.

Galane à fleurs blanches. (Chelone alba.) Plante vivace du Canada. Elle se cultive de même que les précédentes, et fleurit à la même époque; ses fleurs sont blanches et à grands épis.

Galane oblique. (Chelone obliqua.) Cette plante vivace est nommée ainsi à cause de ses traces. Ses fleurs sont d'un très-beau rouge.

Galane museau de chien. (Chelone pentestemon.) Cette plante se cultive de même que les précédentes. Ses fleurs sont lilas mêlé de pourpre.

GALANGA. *(Var.)* Le galanga est une racine aromatique qu'on apporte sèche de la Chine , en morceaux menus, bruns au dehors, rougeâtres en dedans : elle a une saveur poivrée. Elle est carminative et stimulante. Mise dans le vinaigre, elle lui communique plus de force et de saveur.

GALANTINE, Voy. DINDON.

GALANTHINE D'HIVER. *(Jard.)Galanthinus nivalis.* Famille des narcisses. C'est un petit ognon héxagone. Il fleurit au mois de janvier; ses fleurs sont blanches, bordées de vert, à six pétales, dont trois un peu plus petites que les autres. Cette plante ne vient bien qu'exposée au midi et sur le bord des lacs, en terre meuble et assez humide. Il y a une variété à fleurs doubles.

GALE. *(Méd. dom.)* La gale est une maladie contagieuse qui se manifeste par des vésicules transparentes à leur sommet , contenant un liquide visqueux et séreux, constamment accompagnées de prurit. Elles se développent principalement sur l'abdomen, sur les plis des articulations des membres, et dans l'intervalle des doigts. Quand la gale a été communiquée , il survient à la personne qui l'a contractée un léger prurit sur les parties du corps les plus immédiatement exposées à la contagion. Ce prurit augmente la nuit par la chaleur du lit, et le jour par l'effet des boissons alcooliques. Bientôt on voit paraître de petites élevures. Cette éruption a lieu chez les enfans quatre ou cinq jours après la contagion; chez les adultes, du huitième, au quinzième, et même au vingtième jour; et chez les vieillards ou les individus attaqués de maladies chroniques, quelquefois un ou plusieurs mois après l'infection. M. Ras-

pail a constaté dans ces pustules l'existence d'un animal microscopique , qu'il appelle l'acarus de la gale.

Quand la gale est convenablement traitée , elle disparaît ordinairement au bout de douze ou quinze jours. Sa marche est plus lente dans le nord que dans le midi , dans l'hiver que dans l'été.

Les frictions avec une pommade d'une partie de graisse de porc et d'une demi-partie de soufre sublimé et lavé guérissent promptement la gale. On les applique à la dose de deux onces par jour , en deux frictions. On les fait précéder d'un bain savonneux.

On emploie également la pommade d'helmérick , composée d'une once de graisse de porc , d'un gros de soufre, un gros de souscarbonate de potasse.On termine le traitement par un bain où l'on se frotte de savon vert , ou bien on s'enduit la paume des mains d'un mélange de sulfure de chaux dans un peu d'huile. On fait quatre frictions en 24 heures, à 6 heures d'intervalle.

Les bains sulfureux, artificiels ou naturels, sont efficaces, mais dispendieux , car il en faut une vingtaine. Les lotions sulfureuses avec une livre d'eau et une once de sulfure de potasse, ou une livre d'eau et une once d'acide hydrochlorique, avec addition de quatre onces d'eau chaude , amènent une prompte guérison. Il suffit souvent de se laver deux fois par jour, d'abord avec de l'eau de savon, et ensuite dans une solution de sulfure de potasse. Quand la peau est irritée par les remèdes, on combat l'irritation avec des bains tièdes. Quand la gale est guérie , on en prévient le retour par la plus grande propreté ; on désinfecte les vêtemens , surtout ceux de laine , soit avec du chlore , soit en les exposant à un courant de gaz acide sulfureux.

GALÉ, PIMENT ROYAL. *(Jard.)Myrica gale.* Famille des amentacées. Cet arbuste, dont le feuillage est odorant et très-joli , se plaît particulièrement dans les terrains humides exposés au midi ; il se multiplie par marcottes, qui lèvent parfaitement bien si on les plante dans du marc d'étangs.

Galé de Pensilvanie. Myrica pensilvanea. Cet arbuste est toujours vert ; il faut le planter dans du terreau de bruyères.

GALEGA ORIENTAL. *(Jard.) Galega orientalis.* Famille des légumineuses. Cette plante est vivace et précoce; elle fleurit au mois de juin; ses fleurs sont grandes, d'un beau bleu et en épis. La séparation de ses pieds se fait au mois de septembre; elle perd ses feuilles.

Galega pour prairie. Cette plante est courte, paraît de bonne heure et dure très long-temps.

On compte quarante et quelques espèces de galega. Le galega commun convient dans les prairies artificielles; c'est un bon fourrage pour les chevaux , et il augmente le lait des vaches. Il jette un grand nombre de tiges et de rameaux qui rendent sa récolte plus abondante que celle de la luzerne, du trèfle ou du sainfoin. Il parvient à la hauteur d'un homme d'une taille médiocre. Il supporte aisément l'hiver le plus rigoureux. Il se multiplie de dragenos et de graines.

Avant de le semer, on fait deux labours profonds en automne ; on choisit une terre forte et humide si on veut obtenir une belle récolte. L'herbe est plus rare, mais plus fine et plus savoureuse dans une terre légère et sèche,

On fait un troisième labour en mars, par un temps doux; on rompt les mottes en rapprochant les sillons; on fait passer la herse avant de semer; on prend de bonne graine, jaune et pesante, et pour ne pas semer trop près, on mêle la graine avec un sixième de sable. Les tiges du galega demandent à être éloignées les unes des autres d'environ deux pieds. On peut semer, avec le galega, de l'orge, de l'avoine, du colza ou du sarrazin, qui remplissent les espaces vides et préservent du hâle le galega. Avant de passer la herse sur les semailles, on aplanit la terre au rouleau.

On peut semer au cordeau, en indiquant par des nœuds les espaces de deux pieds, et en fixant le cordeau à chaque extrémité par des piquets. Les vides sont garnis avec les récoltes indiquées ci-dessus, qui suffisent pour payer les frais du semis.

Les années suivantes, le galega n'a besoin que de labours légers pour amollir la terre.

On le fauche dès la première année; la seconde année on fauche une fois en mai et une autre en automne.

La troisième année, le galega est dans sa vigueur. On le fait consommer à vert, en le coupant le soir, quand le temps est chaud, depuis la mi-avril jusqu'à la mi-juin. On en donne dix à douze livres par jour à un cheval. Comme les bestiaux le mangent avec une avidité qui pourrait leur être nuisible, on ne leur en donne pas à discrétion, sitôt que les premières fleurs paraissent, on en fait du fourrage. On conserve pour semence les plantes les plus robustes; on coupe les extrémités par un beau temps, après le 15 avril, avec des faucilles, et on les fait sécher au soleil; on les bat, on les vanne, et on conserve les graines. On fauche les tiges après cette récolte; comme elles sont un peu ligneuses, on les mêle avec de l'herbe fraîche ou du foin. On relève la végétation après la fauchaison en répandant quelque peu de fumier et de litière.

Pour multiplier le galega par drageons, on en détache des vieilles tiges, et on les repique en automne et en mars, au cordeau, par un temps couvert.

Galega de Virginie. Cette espèce réussit très-bien en France, et rapporte plus que le galega commun. Elle dure quinze ans et plus. Même culture.

GALETS. (*Conn. us.*) Les galets sont des quartz agates mélangés d'autres substances diverses, qu'on trouve dans les lits des fleuves et sur leurs bords.

GALIPOT. (*Conn. us.*) On donne ce nom à la racine du pinus silvestris et du pinus maritima. On fond le galipot et on l'agite dans l'eau : en décantant, on obtient la poix jaune ou poix de Bourgogne.

GALLE DE CHÊNE, vulgairement NOIX DE GALLE. (*Ind. dom.*) Les chênes sont sujets à produire des excroissances, nommées galles, par la piqûre d'insectes du genre cynips; ce sont ces galles, provenant des bourgeons des jeunes rameaux grossis par la présence des œufs des cynips, et récoltés avant que l'insecte soit parfait, qu'on emploie pour la teinture en noir. (*Voy.* ENCRE.)

La noix de galle la plus estimée est celle d'Alep. Il faut qu'elle ne soit pas ouverte et que l'insecte ne l'ait pas quittée. La galle du levant et du midi se trouvent sur le *quercus infectoria.*

La noix de galle, mêlée aux dissolutions dans lesquelles il existe du fer, leur communique une couleur noir-violet.

GALLERIE. (*An. dom.*) *Gallaria cereana.* Ordre des lépidoptères. La larve de cet animal ressemble à une chenille. Elle se glisse dans les ruches, les salit, et perce les alvéoles. On la débusque en nettoyant le tablier et en le lavant avec de l'urine ou du vin salé. Comme il faut soixante jours aux galleries pour se développer, on les enlèvera à mesure qu'elles paraîtront, si on visite la ruche de vingt jours en vingt jours, depuis la mi-mai jusqu'à la mi-septembre.

La gallerie se multiplie plus difficilement dans une ruche en bois, où elle trouve moins facilement à se cacher.

GALLINACÉS. (*Conn. us.*) C'est un ordre de la classe des oiseaux caractérisé par les membranes courtes que portent entre les doigts antérieurs les espèces qui composent cet ordre, et par la présence d'un seul doigt en arrière; mais quelquefois ce doigt manque. Cet ordre comprend les dindons, les faisans, les paons, etc.

GALONS. (*Ind. dom.*) *Manière de rendre de l'éclat aux galons d'or et d'argent.* Faites chauffer de l'esprit-de-vin, et humectez-en l'endroit terni, en le frottant.

L'esprit-de-vin dont on se sert pour nettoyer les galons doit être chauffé à un feu doux, en prenant des précautions pour que le feu ne prenne pas à l'alcool.

On nettoie également bien les galons avec de la poudre d'albâtre.

GALVANISME. (*Conn. us.*) Le galvanisme tire son nom du docteur Galvani, professeur d'anatomie à Bologne, qui décrivit le premier ce mode particulier d'électricité.

Lorsqu'on met en contact deux corps, l'un prend l'électricité négative, l'autre l'électricité positive : c'est l'état galvanique. On le produit en agitant une plaque de zinc et une plaque de cuivre mises en contact.

La pile de Volta est composée, d'après ce principe, de disques de zinc et de disques de cuivre superposés et séparés par des rondelles de drap mouillé.

Le docteur anglais André Ure, au moyen d'une pile énorme, parvint à faire marcher, danser et grimacer un cadavre.

On s'est servi en médecine du galvanisme dans les névralgies, les rhumatismes chroniques, la chorée, en introduisant le fluide électrique au moyen d'aiguilles fines. Le docteur Gersent, en 1822, employa efficacement le galvanisme contre l'épilepsie.

GAMMON (jeu du). *Voy.* JEU DE TOUTES TABLES.

GANGLION. (*Méd. dom.*) On donne ce nom à des tumeurs développées aux environs des articulations par l'exercice habituel, les marches prolongées, les pressions des chaussures, ou celles de quelques outils ou instrumens. Quand ils sont encore peu étendus, on les guérit par le repos, l'écrasement entre les doigts ou deux corps durs, quelques compresses d'eau blanchie d'un peu d'acétate de plomb liquide, et des cataplasmes émolliens.

Si l'écrasement est rendu impraticable par la position de la partie, une opération chirurgicale est nécessaire.

GANGLION. (*Conn. us.*) On donne, en anatomie, le nom de ganglions à divers organes. On distingue les ganglions en glandiformes, lymphatiques et nerveux. On en ignore en partie les usages.

GANGRÈNE. (*Méd. dom.*) On écrit aussi cangrène. Ce mot vient du grec *graó*, qui signifie je mange. La gangrène peut avoir son siége dans toutes les parties vivantes; mais elle est rare dans les organes importans, parce qu'elle amène promptement la mort de l'individu.

La gangrène reconnaît un assez grand nombre de causes : les acides, les sels corrosifs, les ligatures des vaisseaux sanguins, l'accumulation ou la soustraction du calorique. Souvent aussi elle se développe spontanément ou sous l'influence de la vieillesse, des évacuations excessives, des veilles, d'un mauvais régime, des excès. Lorsque la prédisposition est très-prononcée, la moindre excoriation de l'épiderme, une pression du conduit de l'urine ou des matières fécales sur les tégumens, suffisent pour développer la gangrène.

La gangrène accidentelle consiste ordinairement dans la formation rapide d'une escarre blanche ou jaune, rarement noire, qui se sépare après un certain nombre de jours et laisse une plaie profonde. Si elle est produite par l'action de la chaleur, l'escarre est noire. En cas de froid, elle est pâle ou livide et noire, et entraîne la chute de la partie morte.

Le meilleur remède de la gangrène accidentelle est le lavage fréquent de la partie avec de l'eau chlorurée. (Voy. CHLORE.) Quand l'escarre est formée, on en hâte la chute avec l'onguent styrax; mais il ne faut jamais l'arracher.

On prévient la gangrène d'une plaie récente en la faisant lécher par un chien.

La gangrène spontanée débute par une diminution progressive de la sensibilité, ou par une douleur très-vive avec chaleur brûlante ; puis la peau devient jaune, se décolore, et exhale une odeur infecte. L'abattement est général. Cette maladie dangereuse est d'un traitement difficile. Dans le cas où il y a douleur vive, on emploie des lotions opiacées; dans le cas contraire, les vins généreux à l'intérieur et à l'extérieur, le quinquina en décoction, en poudre, en extrait, le camphre, la myrrhe, le styrax. Si un cercle inflammatoire fait connaître que la gangrène est bornée, il faut sans hésiter appeler un chirurgien et avoir recours à l'amputation, qui, dans un grand nombre de cas, est malheureusement le seul remède.

Le danger de la gangrène est en raison de la violence du mouvement inflammatoire et des contusions, de la difficulté de l'arrivée du sang artériel, de l'intensité du froid ou de la chaleur, du mauvais régime, de l'âge et des excès de l'individu, des fatigues, de la mollesse, de la constitution et de l'état du moral.

Les antiphlogistiques, les saignées, les précautions prises pour éviter les compressions et l'étranglement des organes, peuvent prévenir la gangrène.

Potion contre la gangrène. Deux grains de sulfate de quinine, un demi-grain d'extrait gommeux d'opium, une chopine d'eau gommée. Prendre par parties, d'heure en heure, en vingt-quatre heures.

GANTS. (*Ind. dom.*) *Moyen de nettoyer les gants de bal, les gants de daim et de chamois.* Les placer sur les mains, les frotter avec une éponge trempée dans du lait tiède, et frottée de savon. Quant le gant est mouillé, le frotter,

sans trop appuyer, avec un linge doux, et le laisser sécher. Si on le mouillait trop, le gant deviendrait mou, et se durcirait en séchant.

Nettoiement des gants de peau. Les gants de peau lavés à l'eau se gâtent. Pour remplacer ce lavage, les brosser avec un mélange de terre de foulon et d'alun pulvérisé; les battre, et répandre dessus du son sec et de la craie en poudre; les frotter de nouveau. S'ils étaient trop sales, enlever la graisse en les saupoudrant d'os brûlés et plaçant de la croûte de pain grillée par-dessus la poudre d'os : à l'aide d'un fer chaud, on fait fondre la graisse qui est absorbée par les os ; on frotte ensuite avec de la flanelle imprégnée de terre à foulon et de poudre d'alun.

Nettoiement des gants jaunes d'uniforme. Pour les nettoyer, les laver à deux reprises dans de l'eau de son tiède, mais jamais bouillante; ajouter, pour le second lavage, un peu d'alun et un ou deux jaunes d'œufs.

Pour les teindre, les laisser sécher et les tremper dans une teinture de graines d'Avignon, de bois de Brésil et d'alun. Il faut faire bouillir séparément les deux couleurs, et les mêler suivant la teinte. Si l'on veut une teinture qui sèche plus promptement, on délaie dans de l'eau gommée ou mêlée de colle de peau un mélange de terre de pipe ou de céruse, de laque rouge et de stil en grains. On peut substituer à la laque et au stil la teinture ci-dessus indiquée. On met la main dans les gants, et on étend dessus le badigeon tiède et peu épais. Pour nettoyer les gants teints de cette façon, il suffit d'une brosse dure ou d'une éponge légèrement mouillée.

GARANCE. (*Agr.*) *Rubia tinctorum.* Famille des rubiacées. Cette plante se cultive en grand dans le midi de la France, depuis qu'on l'emploie pour teintures des pantalons militaires. On la sème à la volée; on recueille les semences après dix-huit mois, et la racine après trois ans. On dessèche la garance, et on la moud plusieurs fois. La garance, moulue une fois, s'appelle garance robée; moulue deux fois, elle prend le nom de garance non robée; à la troisième fois, on la désigne sous le nom de garance en grappe.

La garance est réputée diurétique. Elle a la propriété de teindre en rouge les os et même le lait des animaux qui broutent ses racines.

Pour extraire la couleur rouge de la garance sèche, on moud deux onces de garance dans un sac de coton ; on met ce sac dans un mortier de pierre avec deux livres d'eau ; on le presse pour colorer l'eau, puis on décante; on continue ainsi jusqu'à ce que l'eau ne se colore plus que faiblement. Le fluide coloré est mis dans une chaudière, où on le fait bouillir. On y met ensuite une once d'alun dissous dans l'eau. On sature l'alun d'une dissolution de potasse, ce qui produit une effervescence pendant laquelle la couleur rouge se précipite; on décante l'eau qui reste jaune, et on laisse sécher le résidu après l'avoir lavé. (Voy. LAQUE.)

Si l'on emploie de la racine fraîche de garance, on la pile dans un mortier jusqu'à consistance de bouillie; on met cette pâte dans un sac de coton, et on la traite comme ci-dessus.

La garance peut se remplacer par l'écorce de l'oldonlandie à ombelles (fam. des rubiacées), plante de l'Inde dont on a essayé la culture dans les environs d'Alger, et qui paraît y réussir complétement.

GARAUGUET (Jeu de). (Récr. dom.) Ce jeu étant un dérivé du trictrac, nous en ferons mention en même temps. (Voy. TRICTRAC).

GARBURE (Cuis). C'est une sorte de potage.

· *Garbure aux choux.* Faire blanchir les laitues pendant une demi-heure, les laisser refroidir, les presser, les ficeler, les faire cuire entre des bardes de lard avec des carottes, des ognons, du sel, du poivre, des clous de girofle; mouiller avec du bouillon; les faire mijoter une heure et demie, les gratter, les couper par tranches, les alterner avec des lits de pain émincé; garnir de bouillon de cuisson passé au tamis; faire réduire sur le feu. On fait de même la garbure aux laitues. (Voy. ce mot.)

Garbure aux marrons. Faire bouillir des marrons, les peler, les faire cuire avec des tranches de veau, du lard, deux carottes, des feuilles de laurier, des ognons, un bouquet de céleri, du poivre; mouiller de bouillon; faire cuire une heure; les alterner de lits de pain après les avoir coupés en deux, et faire gratiner en les arrosant de bouillon.

Garbure aux ognons. Couper les ognons en deux, les faire frire dans le beurre, les faire mijoter avec du bouillon; alterner de lits de pain, jusqu'à ce que le gratin se forme. On peut remplacer le bouillon gras par un bouillon de soupe à l'ognon.

· *Garbure aux légumes.* Couper dix carottes, autant de navets, un ognon, trois pieds de céleri, six poireaux, six laitues, une poignée de cerfeuil, les faire frire successivement dans le beurre; mouiller avec un verre de bouillon, ajouter sel, poivre, un morceau de sucre gros comme une noix; mettre les légumes avec des lits de pain, faire mijoter jusqu'à ce que le gratin se forme.

On peut remplacer le bouillon gras par celui des légumes.

Garbure à la viande. Remplir une marmite de bouillon, ajouter une perdrix, un pigeon, une livre et demie de tranches, un jaret de veau entier, légumes comme pour un pot-au-feu; dresser les viandes avec des lits de navets, de carottes, d'ognons, de poireaux; servir avec un pot de bouillon à côté.

Garbure de giraumon. Éplucher un giraumon, le couper en lames, le faire blanchir un quart d'heure dans de l'eau bouillante avec un peu de sel; le faire cuire avec un morceau de beurre, un demi-verre de crème, de la muscade, de la mie de pain, en remuant pour que la panade ne s'attache pas; couper par tranches une livre de pain de seigle, le ranger en couronne sur la moitié de la panade; couvrir cette couronne de l'autre moitié; arroser avec de la crème bouillante, faire gratiner sur des cendres chaudes, en ajoutant un peu de beurre frais. Servir à part de la crème chaude.

On fait de même la garbure de potiron.

Garbure à la béarnaise. Prendre six laitues et deux choux, les faire blanchir, les faire cuire, en mouillant de bouillon sans sel, avec du jambon bien dessalé, du petit lard, du saucisson, une cuisse d'oie marinée, du persil, un ognon piqué de deux clous de girofle. Passer la cuisson

au tamis, la dégraisser; dresser de la mie de pain de seigle, en couronne, au fond d'un plat creux; dresser ensuite les légumes et le petit lard; mettre au milieu une purée de pois verts; placer dessus le jambon et le saucisson par tranches; faire gratiner sur un feu modéré; servir avec le bouillon de la cuisson à part.

Garbure au fromage. Faire blanchir un chou vert pendant un quart d'heure, le mettre rafraîchir dans de l'eau, l'égoutter, le couper, le faire cuire deux heures avec du bouillon, sel, poivre, muscade, une livre de bœuf, une perdrix, une tranche de jambon, une carotte, un ognon, un bouquet assaisonné; ranger le chou coupé par lits avec des tranches de pain et de fromage de gruyère; faire gratiner sur de la cendre chaude; servir avec du bouillon à part.

GARDE-CHAMPÊTRE, GARDE-CHASSE. (Cod. dom.) Les lois rurales et le nouveau code forestier déterminent les attributions des gardes des champs et des forêts.

Les gardes-champêtres sont entretenus par tous les propriétaires de forêts, même ceux ayant un garde particulier, proportionnellement à la contribution foncière qu'ils paient pour leurs bois et forêts. Les propriétaires de fonds clos sont seuls exempts de participer au salaire du garde-champêtre (Conseil d'État.)

Les procès-verbaux des gardes, dans les limites où ils exercent leur surveillance, font foi jusqu'à inscription de faux.

La résistance opposée à un garde-champêtre agissant dans l'exercice de ses fonctions ne cesse pas d'être un crime ou un délit, quand ce garde-chasse lui-même excède ses pouvoirs. (Cour de cassation, 20 et 21 février 1829.)

Le propriétaire d'un enclos, ou toute personne de lui autorisée chassant dans l'enclos, sans ports d'arme, ne peuvent être l'objet d'un procès-verbal de garde-champêtre. (Cour royale de Paris.)

GARDE-MANGER. (Ind. dom.) Un bon garde-manger doit être exposé au nord, et, dans tous les cas, à l'abri du soleil; l'air doit y circuler librement : sans cela, la viande y contracte ce que l'on nomme un goût de relan. Toutes ses ouvertures doivent être fermées avec un canevas, ou mieux encore avec une toile métallique assez serrée pour empêcher le passage des insectes, et assez claire pour ne pas intercepter celui de l'air.

Néanmoins on est forcé de convenir que le garde-manger le mieux disposé n'empêche pas toujours la putréfaction des viandes, surtout lorsque la chaleur est forte, l'air stagnant et humide, et le temps disposé à l'orage. Il suffit quelquefois d'une heure ou deux pour altérer la viande la plus fraîche.

Quant à la viande cuite, on la range au garde-manger par couches dans des vases de terre; on l'arrose de gelée, de graisse ou de sauce, et on ferme le couvercle hermétiquement.

On assure la conservation de la viande, en plaçant dans le garde-manger une assiette pleine d'eau chlorurée qu'on renouvelle de deux jours l'un. On parvient au même résultat en répandant un peu de sable au bas du garde-manger, et en ménageant aux parois latérales un espace qu'on remplit de charbon entassé grossièrement. On expose ce garde-manger en plein air. Pour se procurer un courant d'air factice, on

44

peut avoir des jalousies; alors on ouvre celle qui est du côté d'où vient le vent, et on abaisse l'autre.

On peut transformer en garde-manger une cheminée sans feu. On suspend la viande à une hauteur qu'on puisse atteindre. Elle s'y conserve parfaitement.

GARDE NATIONALE. (*Cod. dom.*) Nous avons eu d'abord l'intention de reproduire tout entière la loi du 22 mars 1851 sur l'organisation de la garde nationale; mais notre but étant de donner dans le moindre volume possible le plus grand nombre de matières, nous avons préféré en indiquer seulement les principales dispositions. Une étude approfondie des lois nous met à même de ne rien omettre d'essentiel en ce qui, dans celle-ci, concerne les individus.

La garde nationale est composée de tous les Français. Son service consiste : 1° en service ordinaire dans l'intérieur de la commune ; 2° service de détachement hors du territoire ; 5° service pour seconder l'armée de ligne pour la défense du territoire. Les gardes nationales sont placées sous l'autorité des maires, des sous-préfets, des préfets et du ministre de l'intérieur. Les gardes nationales ne peuvent se rassembler sans l'ordre de leurs chefs immédiats, sur une réquisition de l'autorité civile.

Tous les Français âgés de vingt à soixante ans sont appelés au service de la garde nationale dans le lieu de leur domicile réel. Les étrangers jouissant des droits civils pourront être appelés à faire ce service.

Sont exempts du service, les magistrats qui ont le droit de requérir la force publique, les ecclésiastiques, les militaires en activité, les ouvriers organisés militairement, les préposés des douanes, des octrois, des administrations sanitaires, les gardes-champêtres et forestiers, les agents subalternes de police et de justice, tels que les concierges des prisons, geôliers et guichetiers.

Sont exclus les condamnés à des peines afflictives ou infamantes, les condamnés en police correctionnelle pour banqueroute, vol, escroquerie, abus de confiance, attentats aux mœurs, et les individus privés des droits civils.

Les noms des Français appelés au service sont inscrits sur un registre matricule établi dans chaque commune. Au mois de janvier de chaque année, on inscrit les individus qui sont entrés dans leur vingtième année pendant le cours de l'année précédente, et on raie les individus âgés de soixante ans, les décédés et ceux qui ont changé de domicile, ainsi que ceux que différentes causes excluent du service. Ces opérations sont faites par les conseils de recensement, composés de huit membres au moins, et formés du conseil municipal et de quelques gardes nationaux appelés par lui.

On ne porte sur le registre que les individus soumis à la contribution personnelle et leurs enfans âgés de vingt ans. Les domestiques n'y sont pas inscrits. Le registre est communiqué à tous ceux qui en font la demande au maire.

Le jury de révision se compose du juge de paix, président, et de douze jurés désignés par le sort, sur la liste de tous les gardes nationaux sachant lire et écrire, et âgés de plus de vingt-cinq ans. Les fonctions de juré et celles de membre du conseil de recensement sont incompatibles.

Les jurés sont renouvelés tous les six mois. Ils prononcent sur les réclamations relatives à l'inscription ou à l'omission sur le contrôle du service ordinaire. Le remplacement n'est toléré qu'entre proches parens : ainsi du père par le fils, du frère par le frère, de l'oncle par le neveu. Les autres gardes nationaux de la même compagnie qui ne sont ni parens, ni alliés aux degrés ci-dessus désignés, pourront seulement échanger leur tour de service.

Peuvent se dispenser du service les membres des deux chambres, des cours et tribunaux ; les anciens militaires qui ont cinquante ans d'âge et vingt années de service, les gardes nationaux ayant cinquante-cinq ans, les facteurs de la poste aux lettres, les agens des lignes télégraphiques, et les postillons de l'administration des postes reconnus nécessaires au service.

Sont dispensées du service ordinaire les personnes qu'une infirmité met hors d'état de le faire. Toutes ces dispenses et autres temporaires, demandées pour cause de service public, sont prononcées, sur le vu de pièces, par le conseil de recensement. En cas d'appel, le jury de révision statue.

Les absences constatées sont un motif suffisant d'exemption temporaire.

La garde nationale de chaque commune est formée par subdivision de compagnie, par compagnie, bataillon et légion. Chaque bataillon a son drapeau. La cavalerie est formée par subdivision d'escadron et par escadron. Chaque escadron a son étendard.

Le conseil de recensement répartit les gardes nationaux en groupant ceux du même quartier et de la même commune.

Quand il y a deux bataillons au moins de 500 hommes chacun, on les réunit par légion.

La nomination aux grades se fait par les gardes nationaux réunis, sans tenue et sans uniforme, au scrutin individuel et secret ; à la majorité absolue des suffrages pour les officiers, à la majorité relative pour les sous-officiers et caporaux.

Le chef de bataillon et le porte-drapeau sont nommés par tous les officiers du bataillon, réunis à pareil nombre de sous-officiers, caporaux et gardes nationaux convoqués et nommés dans chaque compagnie par le maire.

Le jury de révision statue sur l'inobservation des formes dans l'élection.

Les chefs de légion et les lieutenans-colonels sont choisis par le roi sur une liste de dix candidats présentés par les électeurs qui nomment le chef de bataillon.

Les majors, adjudans-majors, chirurgiens majors sont nommés par le roi.

L'adjudant sous-officier est nommé par le chef de légion ou de bataillon.

Les officiers reconnus sont astreints au serment.

Le règlement relatif au service ordinaire, aux revues et aux exercices, est arrêté par le maire sur la proposition du commandant de la garde nationale, et approuvé par le sous-préfet. Tout garde national commandé doit obéir, sauf à réclamer.

Les chefs de poste peuvent infliger une faction hors de tour à ceux qui manquent à l'appel, et la détention à la prison du poste pour violence, ivresse, tapages, etc.

Les conseils de discipline peuvent infliger la réprimande pour infraction aux règles du service; les arrêts de deux jours, et trois jours au plus en cas de récidive, pour insubordination et refus, fait une seconde fois, d'un service d'ordre et de sûreté, pour ivresse, ou pour abandon du poste; la réprimande avec mise à l'ordre, à l'égard de l'officier qui, de service ou en uniforme, attente à la discipline; la privation du grade, pour abandon du poste, et toute faute qui, commise dans l'année d'un jugement du conseil de discipline, entraîne l'emprisonnement. Quand un garde national a subi dans l'année deux condamnations, il est, pour la troisième fois, traduit au correctionnel.

Tout chef de corps qui refuse d'obtempérer à la réquisition des magistrats peut être puni d'emprisonnement de trois mois.

Il y a un conseil de discipline par bataillon communal ou cantonnal, par commune ayant une ou plusieurs compagnies non réunies en bataillon; par compagnie formée de gardes nationaux de plusieurs communes. Il y a un conseil de discipline pour juger les officiers supérieurs de légion et officiers d'état-major.

Les conseils sont composés d'un capitaine, président, un lieutenant, un sous-lieutenant, un sergent, un caporal et un garde national. Les conseils de discipline de légion sont composés d'un chef de légion, de deux chefs de bataillon, deux capitaines, et deux lieutenans et sous-lieutenans.

Les conseils sont permanens; on comparaît devant eux en personne ou par un fondé de pouvoir. Si l'on fait défaut, l'opposition par défaut doit être formée dans le délai de trois jours à compter de la notification du jugement. On peut la faire par déclaration au bas de la signification.

Le conseil statue sur les réclamations et questions d'incompétence.

L'instruction suit la marche suivante : lecture des pièces, audition des témoins et du prévenu, ou de son conseil; conclusions du rapporteur, réclamations du prévenu, délibération et jugement.

Il n'y a de recours qu'en cassation pour incompétence, ou excès de pouvoir, ou contravention à la loi.

Telles sont les règles principales du service ordinaire. Une série d'articles spéciaux détermine la discipline dans les cas où la garde nationale fournit des détachemens pour secours publics à l'intérieur et à l'extérieur. Les corps détachés pour le service de guerre ne peuvent l'être que par une loi spéciale, ou une ordonnance en l'absence des chambres, qui doit être convertie en loi dans la plus prochaine session.

Ces corps se composent des volontaires propres au service actif, des jeunes gens de dix-huit à vingt ans, et dont le temps comptera pour service dans l'armée régulière; des célibataires, des veufs sans enfans, des mariés sans enfans, des mariés avec enfans. Les appels se font successivement en commençant par les moins âgés.

Cette loi est complétée par des décisions et arrêts de tribunaux divers, dont nous citerons les principaux.

Arrêts de cassation. La peine de cinq jours d'emprisonnement, prononcée par un tribunal correctionnel pour fait de discipline relatif au service de la garde natio-

hale, peut être subie dans une prison autre que celle du lieu où le fait a été commis.

Le refus de se rendre aux exercices pour lesquels on est commandé est passible de la peine de quarante-huit heures de prison, en vertu de l'art. 89 de la loi.

Le refus de rendre les armes en cas de dissolution de la garde nationale constitue le délit d'abus de confiance.

L'autorité administrative doit désigner au moins cinq juges pour composer le conseil de discipline; mais un conseil peut juger, au nombre de trois juges.

Les citoyens que leur nom désigne pour faire partie du conseil de discipline ne peuvent être exclus du droit de siéger parce qu'ils n'ont pas d'uniforme.

Le recours à fin de radiation des contrôles, formé postérieurement aux ordres de service, n'exclut point le manque à ce service.

Il n'y a point d'incompatibilité entre les fonctions d'officier de la garde nationale et celles de conseiller municipal.

Décision du conseil d'état. Les jurys de révision sont incompétens pour connaître des ordonnances de nominations de colonels et lieutenans-colonels.

Décision du conseil de recensement de Paris. Les citoyens, membres d'une compagnie de grenadiers, qui ont quitté le territoire du bataillon, sans sortir de l'arrondissement, ne peuvent être forcés de sortir de la compagnie.

Jury de révision. On peut former opposition à un jugement par défaut prononcé par un jury de révision, après la huitaine de sa signature.

Un jury de révision est incompétent pour connaître des pourvois dirigés contre des jugemens qui auraient statué sur la répartition des citoyens entre les diverses compagnies d'une légion ou d'un bataillon.

Jugement du tribunal correctionnel. En cas de trouble, les gardes nationaux sont suffisamment requis par le seul fait du rappel; et, s'ils refusent de marcher, ils sont passibles des peines portées par l'art. 155 de la loi du 22 mars 1831 (un mois de prison).

Instructions ministérielles. Les maires doivent avoir adressé, au 50 du mois d'avril, leur rapport au sous-préfet sur le nombre d'officiers et de sous-officiers qui étudient les écoles du soldat, de peloton et de bataillon.

Les bulletins des gardes nationales mobilisables devront être adressés au premier septembre, au plus tard, par les maires aux sous-préfets, qui, dans la première quinzaine d'octobre, en adressent les récapitulations numériques.

Les pièces de comptabilité de la garde nationale sont dispensées de timbre, et il suffit de les produire en double au préfet pour en obtenir le paiement.

A ces extraits nous ajouterons la recommandation d'avoir la loi sur la garde nationale, édition de Giberne, in-52, 1831, chez Desoer, rue des Fossés-St-Germain-des-Prés. C'est surtout en cas de démêlés avec les conseils de discipline, dont les jugemens sont rarement d'une équité parfaite, que la possession de cette loi devient indispensable.

Nous pensions finir cet article par des conseils hygiéniques et moraux sur le corps-de-garde et les nuits de patrouilles; mais nous nous en rapportons à cet égard à la prudence des gardes nationaux eux-mêmes, et aux soins prévoyans des mères de famille.

Outre l'ouvrage cité ci-dessus, les gardes nationaux zélés devront se munir du *Manuel des Gardes nationaux de France*, trente-deuxième édition, chez Roret, rue Hautefeuille, n. 10 bis.

GARDON. (*Péch.—Cuis.*) Le gardon est un poisson d'eau douce du genre cyprin, très-commun. On le mange en friture.

GARGARISME. (*Méd. dom.*) Le gargarisme est ordinairement émollient. Il remplit son effet en lavant intérieurement le voile du palais, les amygdales, la luette et toute l'arrière-bouche. L'eau du gargarisme est agitée au moyen de l'air qui sort du larynx. (*Voy.* ANGINE, ENROUEMENT.)

GARNITURE. (*Cuis.*) Les garnitures servent à parer les ragoûts.

Garniture de crêtes. Faire dégorger dans de l'eau tiède des crêtes de coq, les échauder, en détacher la peau en les frottant dans un torchon avec une poignée de sel, les faire cuire avec du lard râpé, de la graisse, du beurre, du citron, des clous de girofle, du laurier, des carottes, des ognons et un peu d'eau, après les avoir rincées à l'eau fraîche. Quand elles sont cuites, les laisser égoutter.

Garniture en ragoûts. Faire cuire dans de l'espagnole travaillée, des crêtes, des rognons de coq, des ris de mouton, des foies gras, des quenelles, des truffes, des champignons; lier avec trois ou quatre jaunes d'œufs, et du velouté.

Garniture de tomates. (Voy. TOMATE.)
Garniture de raiforts. (Voy. RAIFORT.)
Garniture de foies gras. (Voy. OIE.)
Garniture de choux. (Voy. CHOUX.)

GARROT. (*Chass.*) Le garrot est un petit canard voyageur, tacheté de blanc et de noir, à bec noir, avec deux taches blanches entre le bec et les yeux. Il arrive dans nos contrées en hiver, et les quitte au printemps. On le chasse comme le canard sauvage, et on l'apprête de même.

GASSIPIUM. (Voy. COTON.)

GASTÉROSTÉE ÉPINOCHE. (*Péch.*) *Gasterosteus aculeatus.* C'est un petit poisson long de trois à quatre pouces au plus, dont la tête est tronquée antérieurement, comprimée de chaque côté; dont le corps est verdâtre en dessus, blanchâtre en dessous, presque triangulaire, garni de plaques osseuses. Il se pêche partout. Il nuit dans les étangs en consommant ce qui sert de nourriture aux carpes, aux tanches et autres poissons.

Le *gastérostée épinochette* (*gasterosteus pungitius*) est un très-petit poisson de mer qui remonte les rivières pour frayer.

GASTRALGIE. (*Méd. dom.*) La gastralgie est une affection nerveuse de l'estomac, à laquelle prédisposent le sexe féminin, le tempérament nerveux, les travaux intellectuels, l'époque de la grossesse ou de la menstruation, l'atmosphère humide et chargée d'électricité; elle est quelquefois endémique, épidémique et héréditaire.

Symptômes. Douleur à l'estomac, dévoiement, batte-

mens, qu'on sent à la pression, nausées, rapports, sensation de froid augmentant le matin, bâillemens fréquens, appétit exagéré et souvent dépravé, goût pour les épices, malaise et abattement général, constipation opiniâtre, irritabilité du système nerveux, changement dans le moral, morosité.

Traitement. Alimentation animale, viandes rôties, œufs frais, boissons gazeuses, glace, exercice modéré, distractions, linimens arrosés de laudanum, pastilles de sous-carbonate de soude et de potasse.

Nous recommandons aux hommes de lettres de s'abstenir de travail après les repas; nous avons nous-même éprouvé combien la santé en souffrait; et une gastralgie longue et douloureuse nous a forcé de renoncer à cette habitude mal à propos contractée.

GASTRITE. (*Méd. dom.*) De *gaster*, estomac. Inflammation de l'estomac.

On distingue la gastrite aiguë, qui peut être superficielle et profonde, et la gastrite chronique. La gastrite aiguë peut survenir spontanément et instantanément par l'introduction de substances nuisibles dans l'estomac, de vomitifs, de potions âcres, d'alimens altérés, de remèdes administrés mal à propos. La gastrite est quelquefois causée par une contusion sur la région épigastrique, quand l'estomac est garni d'alimens.

La gastrite superficielle, que précède un trouble léger dans les fonctions digestives, et qui se manifeste par la soif ou l'inappétence, cède aisément à la diète et à l'usage de quelques antiphlogistiques.

La gastrite intense ou phlegmoneuse est annoncée par des douleurs vives, de la soif, de la chaleur, des nausées, des vomissemens de matières bilieuses ou muqueuses, le hoquet, l'ardeur de la gorge, la rougeur du visage; puis surviennent l'agitation, les soubresauts, la faiblesse, l'abattement, les contorsions des muscles de la face, la sécheresse de la peau, le délire, les mouvemens convulsifs, la rareté de l'urine.

La gastrite aiguë dure rarement plus de quinze jours. Quand elle doit amener la mort, il y a des vomissemens, le hoquet, la faiblesse, l'affaiblissement du pouls, les défaillances; le trouble des fonctions intellectuelles augmente par degrés.

Le traitement consiste dans des saignées générales ou locales, dans l'usage des boissons adoucissantes, mucilagineuses, acidulées, en petite quantité à la fois, et des lavemens.

Dans la gastrite chronique, il y a douleur à l'épigastre, mouvemens fébriles, digestions lentes, vomissemens après le repas, constipation, amaigrissement. La gastrite redouble ordinairement le soir. On la traite par les amers ou par les aromatiques, suivant que les individus sont vieux et affaiblis, ou que ce sont des jeunes gens chez lesquels l'inflammation est prolongée par un écart de régime.

GASTRO-ENTÉRITE. (*Méd. dom.*) C'est une complication de la gastrite et de l'entérite. (Voy. ces deux mots.) On la traite par l'abstinence des stimulans, les lavemens et cataplasmes émolliens, la diète, les boissons acidulées.

Le choléra-morbus est une forme de la gastro-entérite. (Voy. CHOLÉRA.)

Les symptômes sont: au ventre, douleur sourde, obtuse, continue, plus vive après le repas, augmentant par la pression et le soir, langue rouge et sale, aversion pour les alimens alcooliques, vomissemens d'alimens, chaleur de l'abdomen, diarrhée, soif vive de boissons froides, déjections laborieuses, bilieuses et sanguinolentes, urines colorées, fièvre très-fréquente, amaigrissement, pâleur de la face. (Voy. ENTÉRITE, GASTRITE.)

GASTRONOMIE. (*Écon. dom.*) L'ordre alphabétique mène avec ce mot les noms des plus dangereuses maladies de l'estomac, et trop souvent la gastronomie se trouve effectivement en aussi mauvaise compagnie : c'est qu'elle n'est nulle part bien entendue, puisqu'on la confond avec la gloutonnerie. On croit être gastronome en se bourrant d'une multitude de mets divers, au lieu de déguster délicatement des mets choisis. L'étymologie du mot indique sa signification. Gastronomie vient de *gaster*, estomac, et de *nomos*, loi. Cela implique-t-il que l'on ne doive suivre de loi que celle du ventre, et qu'on doive se livrer sans mesure et sans frein à l'appétit le plus désordonné? Non, sans doute : être gastronome, c'est soumettre son estomac à des lois créées, comme toute loi doit l'être, pour le bien-être et la conservation de l'organe qui leur est soumis; c'est satisfaire son appétit avec des alimens sains, succulens, convenablement préparés, agréables au goût, utiles à la santé.

La fausse gastronomie a l'œil louche et hagard, le nez bourgeonné, le corps pléthorique, l'air hébété, la démarche chancelante; elle dîne seule; elle est toujours ivre, et ne vit que pour manger et dormir; elle effarouche les amours : si elle rit, c'est d'un rire niais; si elle chante, c'est d'une voix rauque; elle est lourde et sans grace; à sa suite marche un cortège interminable de maladies et de médecins.

La vraie gastronomie a l'œil brillant, la figure épanouie, le corps musculeux et robuste, l'air dégagé, la démarche vive; elle se met en gaîté et ne se grise jamais; elle mange bien, mais jamais avec excès; son rire est joyeux et communicatif; sa voix est sonore; elle fait à la fois le bonheur de l'individu qui la cultive, et celui de tous ceux qui l'entourent.

GATEAUX. (*Off.*) On comprend sous le nom de gâteaux plusieurs sortes de pâtisseries. Nous avons réuni ici les principales.

Pour faire cuire les gâteaux sans four, il faut chauffer une pierre plate qu'on place sur un trépied. On entretient la chaleur dessous au moyen de quelques charbons, et on fait cuire les gâteaux dessus.

On les fait aussi cuire dans des casseroles beurrées et graissées comme nous l'indiquerons.

Gâteau de carottes. Mettre douze carottes cuites dans une casserole et les faire dessécher sur le feu. Faire une crème pâtissière, y mêler la purée des carottes, un peu de farine, une pincée de fleur d'orange pralinée et hachée, du sucre en poudre à raison d'un demi-quarteron par trois grosses carottes, du beurre fondu, des œufs entiers, les jaunes de six œufs, les blancs des œufs fouettés. Faire cuire comme le gâteau de riz, pendant trois quarts d'heure.

Gâteau de citrouilles, giraumon ou courge, melon. Prendre l'une ou l'autre de ces cucurbitacées, ôter la peau et la pulpe molle qui contient les pepins; couper la chair en petits carrés comme des dés à jouer, en emplir jusqu'au bord un pot d'environ deux litres; verser dessus de l'eau bouillante et faire cuire pendant une heure; verser ensuite dans la passoire et laisser égoutter un quart d'heure; mettre dans une casserole trois cuillerées de farine, une cuillerée à café de sel fin; délayer la farine avec du lait, juste ce qu'il en faut pour former une pâte sans grumeaux; y ajouter la citrouille avec un quarteron de sucre, deux onces de beurre; mêler le tout et faire cuire sur un feu doux en remuant continuellement jusqu'à ce que cet amalgame n'ait plus l'odeur de farine crue, le verser dans une terrine et délayer dedans quatre jaunes d'œufs; mettre ensuite cette pâte dans un plat qui aille au feu; saupoudrer de sucre en poudre; faire cuire avec feu dessous et dessus.

Gâteaux de Compiègne. Prendre un quarteron de farine, faire du levain avec le quart de cette farine; mettre dans un trou une once de sel, un verre d'eau, deux onces de sucre, les zestes de deux citrons, du cédrat confit; faire une pâte, la mettre dans un moule à poupelin (voy. ce mot); la laisser revenir cinq à six heures; faire cuire deux heures et demie.

Gâteaux fondus. Mêler du beurre fondu, du parmesan râpé, des jaunes d'œufs et un peu de poivre, des blancs d'œufs battus; dresser dans du raisin, et faire cuire comme les biscuits.

Gâteaux au fromage. Piler et passer au tamis le quart d'un fromage de Brie avec un litron et demi de farine; ajouter trois quarterons de beurre, un peu de gruyère râpé; délayer avec six œufs; fraiser la pâte, la laisser reposer une demi-heure, en faire un gâteau, en taillader les bords avec un couteau, le dorer, le rayer, le faire cuire au four.

Gâteau ou galette de Gannat. Pétrir une demi-livre de fromage de Gruyère haché avec autant de farine, autant de beurre frais, et un peu de sel; ajouter six œufs entiers, étendre la pâte sur un papier graissé, en galette épaisse de deux pouces; délayer un jaune d'œuf dans une cuillerée d'eau, et s'en servir pour dorer; faire cuire une heure au four à un feu doux.

Gâteau au lard. Prendre du petit lard; le couper en lames; le dessaler; faire un gâteau de pâte brisée, le dresser et le couvrir de lames de petit lard.

Gâteau à la languedocienne. Prendre une demi-livre de farine et une demi-livre de sucre en poudre, six jaunes d'œufs et une demi-livre de beurre frais fondu; battre cette pâte pendant quinze minutes; y ajouter les six blancs d'œufs bien fouettés en neige; beurrer une tourtière très-plate, verser dedans le mélange, et arranger symétriquement dessus des morceaux d'amandes mondées; faire cuire sous le four à feu doux pendant une heure.

Gâteau de madeleine. Faire fondre dans une casserole un quarteron de beurre, mêlé avec une demi-livre de farine; retirer la casserole du feu; ajouter trois œufs, une demi-livre de sucre râpé, le zeste d'un citron haché menu; lier la pâte en remuant toujours; faire cuire une heure à feu doux dans la tourtière sous le four de campagne, ou au four dans une casserole beurrée.

Gâteau de marrons. Ôter l'écorce d'un cent de marrons; les faire cuire dans l'eau; les piler dans un mortier avec un peu de lait et les passer dans une passoire; ajouter à la pâte un quarteron et demi de sucre en poudre, une cueillerée d'eau de fleur d'orange, l'écorce hachée d'un citron confit; mettre la pâte dans une casserole graissée; entourer de braise, et poser dessus le four de campagne. Au bout d'une demi-heure, retirer le gâteau et le glacer avec une cuillerée de sucre en poudre et le jus de la moitié d'un citron; remettre au four de campagne.

Gâteau de mie de pain. Mettre une livre de mie de pain hachée dans une terrine avec un peu de cannelle en poudre et deux cuillerées d'eau de fleur d'orange; couvrir ce mélange de lait bouillant. Au bout d'une demi-heure, retirer le pain, le pétrir avec quatre œufs, un quarteron de sucre en poudre. Faire cuire un quart d'heure dans une tourtière beurrée, avec feu dessus et dessous.

Gâteau de plomb. Faire fondre une demi-livre de beurre en tournant, et prendre garde à ce qu'il ne vienne pas en huile; le verser dans une terrine et le battre jusqu'à ce qu'il ressemble à de la crème; y ajouter alors six jaunes d'œufs, trois blancs, une demi-livre de sucre en poudre et une demi-livre de farine; laisser le tout pendant une heure environ; graisser ensuite une tourtière; mettre la pâte dedans et la couvrir avec le four chaud et plein de braise pendant une heure.

La recette du *gâteau de mille ans* est à peu près semblable.

Faire fondre une livre de beurre; en faire une pâte avec un citron râpé, une livre de sucre râpé, trois œufs et de la farine. Découper en morceaux qu'on dore avec un jaune d'œuf délayé dans de l'eau; faire cuire au four quand le pain aura été tiré.

Gâteau de mille-feuilles. Faire un quarteron de feuilletage; le couper en huit parties dont une double des autres. Poser les sept premières parties sur un plafond; fermer le dessus avec la huitième; garnir ce dessus de confitures quand tout est cuit; verser, sur les autres, différentes crèmes de couleur ou confitures. Dresser sur une assiette et garnir le tout de meringues collées avec du sucre concassé.

Gâteau à la maison. Faire une abaisse de feuilletage; y étaler de la frangipane ou de la marmelade; couvrir d'une autre abaisse; dorer, mettre au four. Quand le gâteau est aux trois quarts cuit, le saupoudrer de sucre, après avoir étendu dessus du blanc d'œuf au moyen d'un pinceau; faire cuire jusqu'à ce que le gâteau ait une couleur blonde.

Gâteau à la polonaise. Couper des morceaux carrés de feuilletage; en rabattre les quatre coins sur le milieu. Quand ils sont aux trois quarts cuits, les glacer avec du sucre. Mettre de la confiture au milieu.

Gâteau de Pithiviers. Mêler une demi-livre d'amandes pilées avec des blancs d'œufs; ajouter trois quarterons de sucre, du zeste de citron, de la fleur d'orange pralinée, un quarteron de beurre fin; ajouter encore trois œufs entiers; mettre le tout dans une tourtière; la recouvrir d'une abaisse de feuilletage; mettre au four; servir avec du sucre en poudre. Avec les amandes préparées comme ci-dessus, on fait aussi de petits pâtés.

Gâteau fourré. Garnir une tourte de marmelade ou de confiture; recouvrir d'une abaisse de feuilletage; glacer et faire cuire au four.

Gâteau à la portugaise. Mêler dans une demi-livre d'a-

mandes pilées le jus de trois oranges, une demi-livre de sucre en poudre, deux onces de fécule, six jaunes d'œufs et les blancs battus; faire cuire à feu doux sur une caisse beurrée; couper en petits carrés; les garnir de glace royale.

Gâteau aux pistaches. Faire une crème pâtissière (voy. ce mot); piler des pistaches avec partie égale d'amandes douces; arroser, en pilant, d'un peu de blancs d'œufs; faire cuire comme le gâteau aux carottes.

Gâteau de pommes. Faire cuire six pommes en marmelade avec le zeste d'un demi-citron et un peu de cannelle; les mettre dans une casserole avec une cuillerée de fécule, un quarteron de sucre et une once de beurre. Quand elles sont desséchées, y mêler trois œufs, les mettre dans un moule à gâteau de riz; faire cuire à feu doux.

Gâteau de fleur d'orange soufflée. Prendre une demi-livre de fleur d'orange fraîche et deux livres de sucre; fouetter un blanc d'œuf avec du sucre en poudre; faire bouillir les deux livres de sucre; y jeter la fleur d'orange; faire cuire le sucre au petit boulé; le retirer et y mettre une demi-cuillerée de blancs d'œufs en remuant avec force tout à l'entour; faire ainsi monter le sucre deux fois; le verser dans des caisses de papier graissées d'huile d'olive, et poudrer de sucre passé au tamis.

On fait de même les gâteaux de framboises avec des framboises sèches, à raison de trois quarterons de framboises; les gâteaux d'anis avec quatre onces d'anis en poudre; les gâteaux d'angélique, avec quatre onces d'angélique. Pour les gâteaux à la rose, on prend deux poignées de roses effeuillées, et on remplace le blanc d'œuf battu par de la glace royale.

Gâteau de raisins secs. Prendre un litre de fécule de pommes de terre; la mettre dans une terrine; faire un trou au milieu; mettre dedans un quarteron et demi de beurre frais fondu, un peu de sel, quatre œufs; remuer le tout en y ajoutant de temps en temps un peu de lait tiède, jusqu'à ce qu'il soit bien mêlé; mettre alors une demi-livre de raisin sec bien égrené et une cuillerée de vinaigre. Cette pâte ne doit pas être trop liquide; il faut la laisser reposer pendant quatre heures, la verser ensuite dans un moule bien beurré, et la faire cuire au four pendant une heure.

Gâteaux à la reine. Piler une livre d'amandes douces; ajouter quatre blancs d'œufs, une livre de sucre, une pincée de fleur d'orange pralinée; faire des petits gâteaux de diverses formes; faire cuire à feu modéré sur un plafond; glacer, et servir à l'italienne comme une génoise. (Voy. ce mot.)

Gâteau de riz. Mettre dans une casserole un quarteron de riz bien épluché et lavé dans plusieurs eaux avec un demi-litre de lait, le zeste d'un citron, un quarteron de sucre; faire cuire une heure sans remuer ni couvrir; quand le riz est crevé et bien épais, le retirer, et faire fondre dedans un morceau de beurre frais. Lorsque le tout est refroidi, y ajouter quatre œufs; beurrer une casserole autour et dans le fond; y faire attacher de la chapelure; verser le riz dedans et faire cuire une demi-heure. Ce plat doit être servi chaud.

On fait, de même que les gâteaux de riz, les gâteaux au vermicelle, à la semoule, aux vanilles, au tapioka, etc.

Gâteau de Savoie. Broyer avec un pilon pendant dix minutes les jaunes de six œufs, trois quarterons de sucre en poudre et le zeste haché menu d'un demi-citron; mêler aux jaunes d'œufs, des blancs bien battus et un quarteron et demi de farine sèche; beurrer de beurre frais une casserole profonde et peu large, verser la pâte dedans : elle ne doit s'élever qu'à un pouce du bord. Faire cuire une heure et demie au four à feu modéré; glacer le dessus du gâteau avec la moitié d'un blanc d'œuf, un peu de sucre râpé et du jus de citron, le tout battu.

Gâteau de sarrasin. Placer dans un pot de terre une demi-livre de farine de sarrazin; faire un trou au milieu, y mettre deux pincées de sel fin, une cuillerée d'eau de riz, quatre œufs frais, deux cuillerées d'huile; délayer et mouiller avec du caillé. On cuit comme les crêpes; (Voy. ce mot), et on mange ce gâteau en étendant dessus du beurre frais.

GATTILIER. (*Jard.*) *Vitex agnus castus.* Famille des gattiliers. Indigène. Il donne, au mois de juillet, des fleurs gris de lin, en épis d'un très-bel effet. Il se reproduit par semis et par marcottes qu'il faut planter dans de bon terreau consommé, exposé au midi. Il croît cependant dans tout terrain. On en employait autrefois le bois en médecine, et son usage était recommandé aux personnes qui faisaient vœu de chasteté : c'est ce qui lui a valu le nom d'*agnus castus.*

GAUDE. (*Agr.*) *Luteola reseda.* La gaude donne une couleur jaune, brillante et moelleuse, supérieure à celle qu'on tire des bois étrangers. La gaude est rustique. Elle est meilleure dans les mauvais terrains, et plus abondante dans les bons.

Il suffit, après avoir semé la gaude, de recouvrir la graine avec un rateau de fer.

La gaude se sème dans le courant de juillet ou en août, dans des récoltes sur pied, le maïs, les haricots, etc. On la récolte en juin suivant; plus tard, la gelée la détruirait. On peut la semer dans les coupes de bois de l'hiver précédent. On sarcle la gaude une fois avant l'hiver, une autre fois au printemps. On arrache la gaude pour la recueillir. En la faisant bouillir, on en extrait le principe colorant. (Voy. LAQUE.)

GAUFRES. (*Off.*) Mouiller avec de bon lait, à la consistance de bouillie, une pâte d'un demi-litre de farine, au milieu de laquelle on délaie deux pincées de sel fin, une cuillerée d'eau-de-vie, un quarteron de beurre frais fondu ou une cuillerée d'huile d'olive, trois œufs entiers; faire chauffer des deux côtés un moule à gaufres sur de la braise; graisser l'intérieur avec un pinceau imbibé d'huile d'olive, emplir le moule et le laisser exposé au feu deux minutes de chaque côté. Le moule doit être assez chaud sans être rouge. Les gaufres doivent avoir une couleur uniforme et se détacher d'elles-mêmes du moule. On les saupoudre de sucre fin.

Gaufres à l'italienne. Battre quatre œufs avec sept onces de sucre en poudre et une demi-livre de farine, ajouter une chopine de lait, une demi-once de fleur d'orange et un demi-citron râpé. Bien mêler, et faire les gaufres.

Gaufres aux amandes à l'allemande. Couper des amandes douces en filets, les manier avec des blancs d'œufs et du sucre, à raison de trois quarterons en poudre pour une livre d'amandes, et un peu de fleur d'orange; leur donner la forme des gaufres; les étaler sur des feuilles d'office frottées de cire vierge et d'un peu d'huile, et les faire cuire au four.

Gaufres en cornets. Faire fondre trois onces de beurre frais, ajouter trois jaunes d'œufs, une pinte d'eau, douze onces de sucre en poudre et autant de farine; faire les gaufres, et les étendre, quand elles sont chaudes, en forme de cornets.

Gaufres aux pistaches. Mouiller d'un demi-verre de vin de Madère une demi-livre de pâte à brioche; y mêler trois onces de sucre en poudre et deux onces de raisin de Corinthe; étendre ce mélange d'un demi-pouce d'épaisseur sur un plafond beurré; faire cuire un quart-d'heure à feu vif; couper en carrés de deux pouces; les glacer au sucre candi et les masquer de pistaches hachées.

Gaufres à la flamande. Prendre une livre de farine, en délayer un quart avec de la levure de bierre, ajouter le reste avec un peu de sel et de sucre, un demi-verre d'eau-de-vie, huit œufs, un demi-setier de bonne crème et deux onces de beurre frit. Laisser revenir la pâte deux heures et demie; faire les gaufres, les glacer avec du sucre.

GAULTERIE DE CANADA. (*Jard.*) *Gaultheria procumbens.* Famille des bruyères. Cet arbrisseau charmant et toujours vert est bas et rampant. Il produit, au mois de juillet, des fleurs rosées, en grelots, et des fruits écarlates fort jolis. Il faut le planter dans une terre de bruyère humide et exposée au nord.

GAURA BISANNUEL. (*Jard.*) *Gaura biennis.* Famille des orangers. Il se sème au mois de mars dans une terre légère, exposée au soleil, et il produit, au mois d'août, des fleurs d'un rouge pâle. Cette plante est incommode par la longueur de ses traces.

GAYAC. (*Méd. dom.*) *Gayacum officinalis.* Le bois du gayac, famille des rustacées, est employé en médecine depuis 1508. On ne fait usage maintenant de l'extrait de gayac, sous le nom de *teinture des Caraïbes*, que dans le traitement de la goutte. La résine de gayac, à la dose d'un gros, purge assez activement. (Voy. GOUTTE.)

On obtient du gayac une huile essentielle à odeur de vanille, en faisant infuser deux heures la racine de gayac râpée dans une fois son poids d'eau. On fait chauffer l'infusion pendant un quart-d'heure. On la met dans un vase à col long, et on verse par-dessus une couche d'un demi-pouce d'huile fine et sans odeur. Au bout de trois jours, on aperçoit l'essence de gayac entre l'huile fine et l'eau.

GAZ. (*Conn. us.—Hyg.*) On donne le nom de gaz aux corps qui, dilatés par le calorique, sont devenus aériformes. Les gaz sont non permanens, quand, ainsi que les vapeurs, ils passent par le refroidissement à l'état liquide. Ils sont permanens, quand ils conservent l'état aériforme à toutes les températures. Ces derniers sont les gaz proprement dits.

Les gaz délétères sont ceux qui exercent sur l'économie animale une action funeste : tels sont le gaz hydrogène sulfuré, qui se trouve en assez grande abondance dans les latrines; le gaz acide hydro-sulfurique, qui, dans la proportion d'un demi-millième dans l'air, tue tous les oiseaux qu'on y plonge.

L'atmosphère contient un grand nombre de gaz en dissolution mêlés à des matières animales et végétales. On sait que l'air est composé, sur 100 parties, de 21 d'oxygène et de 79 d'azote.

Nous dirons quelques mots des gaz les plus connus.

Le gaz acide carbonique est plus pesant que l'air ; il est incolore, et éteint les corps enflammés. On le trouve dans certaines grottes et cavités, dans un grand nombre d'eaux minérales.

Le gaz acide carbonique agit sur la végétation en fournissant du carbone et un peu d'oxygène aux plantes ; le reste de l'oxygène s'exhale par la transpiration de la plante.

Le gaz ammoniac est un de ceux qui peuvent produire l'asphyxie dans les fosses d'aisances. Le chlore le décompose, en lui enlevant son hydrogène, pour former de l'acide hydrochlorique, et met à nu l'azote. Le chlore décompose également l'acide hydrosulfurique.

Le gaz ammoniac se décompose en hydrogène et azote. Quand il est exposé à une température ordinaire, il prend une odeur piquante et une saveur âcre. Liquide, il est employé en médecine, sous le nom d'alcali-volatil, comme un excitant énergique ; comme sudorifique, à l'intérieur, mêlé dans du lait, et pour cautériser les plaies envenimées.

Le gaz hydrogène est une des parties constituantes de l'eau. Le gaz hydrogène carboné sert à éclairer. Ils'extrait de la houille ou des huiles. Les huiles, surtout celles qui proviennent de la distillation des os, donnent un produit qui se consomme deux fois moins vite que celui du charbon de terre.

Le gaz azote est impropre à la vie, et il éteint les corps en ignition. Il entre dans la composition de l'air avec le gaz oxygène. Ce dernier gaz est nécessaire à la respiration, et forme, avec un grand nombre de corps, des oxydes.

Le gaz protoxyde d'azote a pour effet singulier de produire une hilarité excessive ou un état de vapeur très-marqué. On s'en est servi avec succès dans le choléra, surtout à Orléans, pour amener une réaction.

La découverte de l'application du gaz hydrogène carboné à l'éclairage fut faite à Paris en 1789. Philippe Lebon, ingénieur des ponts-et-chaussées, fit les premiers essais en l'an 7, et, en l'an 8, obtint un brevet d'invention. Les Anglais s'emparèrent de ses idées, et les exécutèrent en grand dans les fabriques de Birmingham.

Les fabriques de gaz se composent de fourneaux, d'épurateurs et de gazomètres. Le charbon, mis dans des cornues lutées avec soin, abandonne le gaz carboné et son goudron. Ce gaz, à travers un tuyau à moitié rempli d'eau, nommé barillet, arrive dans l'épurateur, où il est mis en contact avec la chaux, qui le débarrasse des gaz étrangers dont elle s'empare. Il passe de là dans le gazomètre. C'est un cylindre en tôle immergé dans une citerne remplie d'eau, d'où, au moyen de contrepoids, il s'élève quand le gaz, en le remplissant, déplace l'eau qui y était contenue.

On pense généralement sans fondement que l'explosion du gaz peut avoir lieu dans l'usine. Mais l'air atmosphérique est nécessaire en grande quantité pour produire la détonation, et l'appareil est construit de manière à ce qu'une fissure même n'y pourrait introduire l'air. Il n'y a pas d'exemple d'accidens graves arrivés à la suite d'explosions d'usine d'éclairage.

Le gaz hydrogène peut faire explosion si on le laisse s'accumuler dans un lieu fermé. Heureusement son odeur avertit de sa présence, et met à même de se garantir du danger.

Le gaz d'éclairage ne peut faire explosion que lorsqu'il constitue la onzième partie de l'air dans lequel on met un corps en combustion.

A Paris, le gaz est distribué dans la ville par des tuyaux qui longent les boutiques, et auxquels s'adaptent de petits conduits latéraux. Deux robinets sont ordinairement ajustés sur ce petit tuyau, l'un en dehors, l'autre en dedans du magasin, de manière à ce que le vendeur et le consommateur puissent à volonté fermer l'arrivée principale du gaz.

Expérience de fabrication en petit du gaz d'éclairage. Mettre un peu de houille dans une pipe ; en couvrir l'ouverture avec une pâte d'argile et d'eau ; chauffer graduellement. Le gaz se détache en quelques instans et peut s'allumer. Il se forme du goudron, et, après le dégagement du gaz, il reste du coke dans la pipe.

La flamme du gaz est en raison des parcelles carbonées qui se précipitent à la fois, et de la température de ces parcelles. Un fort tirage rend la lumière plus vive, mais diminue le nombre des parcelles carbonées. Une cheminée moins haute, un passage plus étroit, rendent la lumière moins éclairante, mais plus durable et plus égale.

GAZON. (*Jard.*) Les plus beaux gazons sont les gazons anglais. Ils forment des tapis toujours verts et veloutés ; voici le moyen de les obtenir.

Au moment de semer, c'est-à-dire en septembre ou en octobre, plutôt qu'au printemps, on laboure à dix-huit pouces de profondeur ; on ôte les pierres et les mottes ; on égalise la terre avec les pieds pour éviter qu'il y ait des cavités. On répand sur la superficie du sol deux ou trois pouces d'un mélange de trois mètres cubes de terre franche, un mètre de terre meuble, un demi-mètre de fumier de cheval, autant de fumier de vache, un boisseau de fumier de mouton, autant de poudrette, autant de chaux et de cendres. Ce mélange conserve l'humidité en été, et échauffe le gazon en hiver. Quand il est répandu, on piétine, et l'on sème à la volée 120 livres de *ray-grass* (*lolium perenne*), par arpent ; on sème ensuite une livre et demie de petit trèfle blanc ou *fin-houssy* (*trifolium repens*), mêlé avec du sable ou de la sciure de bois. On apporte à la hotte quantité suffisante de terreau consommé qu'on répand sur les graines sans herser.

Si le gazon a grandi avant l'hiver suffisamment, on le fauche bien également, en reprenant chaque endroit fauché une seconde fois en sens contraire. On passe le rouleau qu'on fait traîner par un cheval dont les pieds sont garnis de bottines larges, à gros clous rivés, fixés aux jambes par des boucles. On fauche pendant la belle saison tous les mois, et on passe le rouleau, ce qui rend le gazon vigoureux et velouté. On sarcle en arrachant à la main les paquerettes, les pissenlits, les plantains, les chiendens ; dans les temps de sécheresse, on a soin d'arroser tous les soirs.

Procédé de madame Adanson pour préparer un gazon.

On bêche en laissant les mottes entières, et on sème à mesure, bien serré, sans aplanir, du ray-grass, du dactyle aggloméré, du trèfle à mouton, dans la proportion d'une livre pour cinquante livres de gramen, de la houlque laineuse; dans les endroits humides, de l'agrostis d'Amérique.

Les tapis de verdure s'aplanissent seuls en quelques mois par l'effet des pluies.

On fauche deux fois, dès la première année. On sarcle les herbes étrangères, oseille, patience, panais, carottes, lychnis, mousse; on enlève les taupinières, et quand on les étend, on répand de la graine sur leur emplacement.

On râtèle les feuilles des arbres. On fume tous les deux ans avec du fumier de cheval ou du compost, au mois de janvier.

On ne doit laisser sur le gazon ni terre, ni fumier, ni foin.

GEAI (Chass. — An. dom.) Corvus glandarius. Le geai est un oiseau trop connu pour qu'il soit utile d'en faire la description. Il vit d'insectes et de fruits. Son cri est aigu et perçant; il est susceptible de la même éducation que la pie et le merle; il mange du millet, du fromage, des grains secs.

GÉLATINE. (Cuis. — Méd. dom.) La gélatine est la matière animale extraite des os concassés par des moyens chimiques. La dissolution gélatineuse obtenue par la vapeur est insipide, presque inodore et légèrement jaune; étendue au point de ne contenir que deux pour cent de gélatine, elle donne un bouillon qu'on peut employer aux usages du bouillon de viande. Le résidu calcaire sert à fabriquer du noir-animal. (Voy. ce mot.) La graisse extraite des os peut servir aux usages du saindoux.

Le meilleur des appareils pour extraire la gélatine est celui de M. Darut. Essayé en grand dans divers hôpitaux de la capitale, il a donné d'excellens produits. 85,000 kilogrammes d'os peuvent donner 2,586,000 de ration de gélation gélatineuse, à raison d'un centime et quatre dixièmes le demi-litre.

On en fabrique d'excellens biscuits, faciles à conserver et très nourrissans, avec 525 grammes de farine, 120 grammes d'eau, 10 grammes de gélatine sèche.

De nombreuses expériences ont été faites sur les qualités de la gélatine comme substance alimentaire, et elle a pris rang parmi les plus nutritives et les moins coûteuses. Les mêmes expériences, au reste, constatent que la gélatine seule ne suffirait pas pour constituer le régime d'un individu.

La gélatine peut être employée comme colle-forte, et servir à clarifier les liquides. (Voy. COLLE-FORTE et COLLE DE POISSON.) Mais son meilleur usage est de se réduire en tablettes portatives et de bonne conservation, dont une livre peut donner un bon bouillon.

On fait du taffetas d'Angleterre en appliquant sur du taffetas deux ou trois couches d'une solution de gélatine aromatisée avec du baume tolu. (Voy. SPARADRAP.)

L'ivoire, traité par l'acide hydrochlorique faible, donne une gélatine brute qu'on tanne avec une solution de tan, et qui ressemble à de l'écaille rouge et peut la remplacer; on la veine, en la plongeant dans une solution légère de nitrate d'argent.

La gélatine se dissout mal dans l'eau froide; dans l'eau chaude, elle se fond aisément. A l'état solide, elle s'altère difficilement; liquide et en gelée, elle s'aigrit et se pourrit de suite.

GÉLÉE. (Conn. us.) La gelée est l'effet du rapprochement des molécules des corps par suite de la soustraction du calorique.

La gelée solidifie la terre, et nuit aux végétaux, surtout dans les terrains humides, où elle a plus d'activité Elle fend les arbres par les pieds, crève les tuyaux, brise les conduits d'eau.

Gelée blanche. Lorsque les nuits sont longues et froides, l'air et la terre ont le temps de se refroidir assez pour faire geler la rosée. Les glaçons qui se forment sont très menus et très rapprochés les uns des autres, ce qui les fait paraître blancs, et forme ce qu'on appelle la gelée blanche. (Voy. ROSÉE.)

Un moyen prompt de faire des abris employés avec succès est de couvrir l'arbre avec un drap mouillé : la gelée en fait une glace impénétrable à l'air, au froid, au givre. (Voy. FIGUIER, FRUITS.)

Les abris garantissent les plantes des effets de la gelée blanche, en les préservant de l'exposition immédiate à un ciel sans nuage.

Les arbres se garantissent de la gelée par le même procédé que le blé. (Voy. BLÉ.) On arrose l'arbre avec de l'eau de puits avant les premiers rayons du soleil, ce qui fait tomber les glaçons, et empêche la transition subtile de température qui détruit les fleurs.

Signes de la gelée. (Voy. PRONOSTIC.)

GELÉES D'ENTREMETS. (Off.) Ces gelées sont un sirop parfumé ou une liqueur mélangée d'eau rendue consistante au moyen de gélatine. Cette gélatine est ordinairement de la colle de poisson.

Gelée simple, qui est la base de toutes les autres. On bat avec un marteau la colle de poisson, on la fait tremper dans l'eau chaude, on y ajoute huit verres d'eau par once, puis quand la gelée est bien fondue, pour une livre de colle, un blanc d'œuf battu dans un peu d'eau. Quand ce mélange a bouilli, on filtre à la chausse; on peut réduire la liqueur gélatineuse jusqu'à la consistance d'un verre par once de colle. On y joint quantité égale de sirop de sucre, et on ne met pas de suite en usage cette gelée; on la conserve dans des bouteilles.

Gelée de violettes. Faire infuser un peu de violettes fraîches et de la graine de cochenille dans de l'eau bouillante, y mêler à chaud de la gelée simple et un petit verre de kirschwasser ou du jus de citron pour trois onces de gelée simple.

Gelée de roses. Mêler à un verre de gelée simple une infusion de quinze roses.

Gelée de fleurs d'orange. Mêler à un verre de gelée une infusion d'une once de fleurs d'orange, ou suffisante quantité d'eau de fleurs d'orange.

Gelée de jasmin. Mêler une demi-once de fleurs de jasmin.

Gelée de fraises. Mêler le jus d'une demi-livre de fraises et d'un quarteron de groseilles; à défaut de groseilles, le jus d'un citron.

Gelée d'oranges. Mêler le jus de quatre oranges et d'un demi-citron. On ajoute un morceau de sucre frotté sur les zestes d'orange.

Gelée de citron. Mêler le jus de quatre citrons et d'une demi-orange.

Gelée au thé. Mêler une infusion de thé et un quart de verre de kirschwasser.

Gelée de punch. Mêler un demi-verre de punch.

45

Gelée d'anisette. Mêler un demi-verre d'anisette de Bordeaux.

Gelée de vin de Champagne rosé. Mêler quatre grains de cochenille, un peu de jus de citron, un verre de vin de Champagne.

On fait des gelées avec toutes espèces de vins fins et de liqueurs.

On ne doit employer, pour la préparation des gelées, ni vase étamé, ni cuiller d'étain. Si on substitue de la colle d'écaille ou de la colle de poisson, il ne faut que quatre verres d'eau par once. On verse les gelées tièdes dans de petits pots, et on les laisse se coaguler au frais, ou bien on les met dans des coupes de cristal taillé ; on peut les environner de glace pilée. On les fait aussi coaguler dans un moule en fer-blanc ; au moment de servir, on plonge les moules dans l'eau bouillante, ce qui détache la gelée, et on la renverse sur un plat. On place les gelées d'orange dans des oranges vidées.

On peut décorer les gelées, de fruits crus ou confits, et obtenir dans le même moule des gelées de diverses couleurs, qu'on fait coaguler tour à tour, en attendant, pour poser une couche, que la précédente ait bien pris. Quelquefois on mêle aux gelées, des fraises, des groseilles, des pistaches, des amandes, de l'angélique ; si on veut en garnir la partie supérieure de la gelée, on les arrange dans le moule, et on verse par-dessus la gelée avec précaution.

GELÉE DE FRUITS. (*Off.*) Mettre des fruits au pressoir, faire réduire le moût au sixième, le sucrer, et le laisser reposer dans des vases coniques, dans un lieu frais, pendant plusieurs mois. La couche supérieure est un sirop durci, l'intermédiaire une gelée très-mince, l'inférieure un dépôt de matières hétérogènes.

Autre gelée de fruits. Prendre parties égales de fruits quelconques dont le goût s'assimile, les battre dans un mortier de marbre, et en exprimer le jus ; ajouter un poids égal de sucre ; faire cuire à feu vif jusqu'à ce que les gouttes de sirop tombent en perles ; mettre en pots dans un lieu sec ; couvrir avec un papier imbibé d'eau-de-vie et adhérant aux côtés. Le marc, avec du sucre commun, peut servir à faire une confiture.

GELÉE DE PARMENTIER. (*Cuis.*) Cette gelée ou solution gélatineuse peut remplacer le sagou et autres potages : elle se prépare au bouillon gras, au maigre et au lait.

Prendre une once de fécule de pomme de terre, ou deux ou trois cuillerées de pomme de terre râpée, dont on exprime le suc dans un linge ; délayer dans un quart de chopine d'eau froide ; faire bouillir les trois autres quarts ; quand l'eau bout, y verser la fécule délayée, ajouter une cuillerée d'eau de fleur d'oranger et deux onces de sucre.

GELÉES. (*Méd. dom.*) Les gelées médicamenteuses participent des qualités de la substance d'où on les tire. Ainsi la gelée de lichen est adoucissante, celle de mousse de Corse est vermifuge, celle de coing est astringente, etc.

Les gelées médicamenteuses, telles que celles de lichen, de mousse de Corse, etc., se prennent par petites cuillerées aux heures fixées par le médecin. On les laisse fondre dans la bouche comme les pastilles, pâtes et tablettes. Il faut les tenir au frais pour éviter que la chaleur ne les gâte, ce que l'on reconnaît facilement à la vue et à l'odeur. On avale les pilules de gelée dans une cuillerée de tisane.

GÉLINOTTE. (*Chass.—An. dom.—Cuis.*) *Tetras bonasia.* La gélinotte est un oiseau gallinacé, du genre tétras. Elle est plus grosse que la perdrix rouge, et d'une forme analogue. On la trouve dans les bois et sur les montagnes, où elle vit de chatons de bouleaux, de bois de genièvre, de sommités de branches de pins et de sapins. Elle perche sur ces deux derniers arbres.

La gélinotte fait un excellent mets, qu'on apprête comme la perdrix. (Voy. ce mot.)

Pour élever des gélinottes, faire couver des femelles bien saines, fortes et ayant les yeux vifs. Éviter de faire du bruit près des couveuses. Quand il y a des petits éclos, les mettre à mesure dans un sac peu profond rempli de plumes. Quand les petits ont peine à sortir des œufs, mettre sous la couvée une poignée de serpolet pour la fortifier.

Les petits et la gélinotte doivent être entretenus propres, et il faut enlever souvent sous eux les ordures, puis les œufs gâtés, qu'on reconnaît à leur transparence en quelques endroits, et au son que rend en les agitant la substance détachée de la coque. Un seul œuf gâté pourrait corrompre tous les autres. Si l'on met les œufs dans l'eau pour les essayer, les bons touchent le fond, et les mauvais surnagent.

On lave les petits avec un linge trempé dans l'eau tiède. Dès qu'ils sont éclos, on leur trempe les pattes dans l'eau-de-vie, pour éviter les maladies des nerfs des pattes. On les fait manger sur une planche ou sur un banc couvert d'un linge : de cette façon, en mangeant, ils ne se cognent pas trop fortement le bec, ce qui leur causerait des vertiges. On leur donne, les deux premiers jours, des œufs durs émiettés ; on alterne ensuite cette nourriture avec de la mille-feuille hachée et trempée dans du lait, avec du persil et de la salade mêlés de mie de pain blanc, avec du millet. Quand ils deviennent plus forts, on trempe la mille-feuille dans du lait de beurre ; plus tard, on nourrit la couvée avec des grains, et du lait caillé pour boisson. On la fait promener dans un jardin ou dans un pré par le beau temps.

GELSÉMIER LUISANT. (*Jard.*) *Gelsemium lucidum.* Famille des apocynées, originaire de l'Amérique septentrionale, toujours vert. Il produit, au mois de juillet, des fleurs jaunes très-odorantes. On le plante contre un mur exposé au midi.

GENÊT D'ESPAGNE. (*Jard.*) *Genista juncea.* Famille des légumineuses. On expose cet arbuste au midi, dans un terrain sec et montueux, sur la pente des massifs : il est toujours vert. On le sème, au mois de mars, dans des pots enterrés ; on le transplante en mottes à la deuxième année. Il fleurit au mois de juin ; ses fleurs sont jaunes et très-odorantes.

Genêt à fleurs blanches (*genista multiflora*). Arbuste de Portugal ; il se cultive de la même manière que le genêt d'Espagne. Il fleurit au mois de mai ; ses fleurs sont blanches et petites.

Genêt multiflore jaune. Il est plus joli que les précédens. Il se cultive de même.

Genêt épineux (*ulex minor*). Cet arbuste, brouté par les moutons, finit par former un gazon compact avec l'humus sur lequel il repose. On l'enlève alors et on le fait servir de litière. On appelle en Bretagne cette opération *étré per la lande.*

Genêt d'Europe (ulex europœa). (Voy. AJONC.)

GENÊTS A BALAIS (*Agr.—Écon. dom.*), *spartium scoparium.* Cet arbuste se trouve dans les terrains de bruyères, ou siliceux argilo-siliceux. Ses sommités sont broutées par les moutons quand elles sont encore tendres et garnies de leurs fleurs et de leurs feuilles ; fanées en été, elles donnent un bon fourrage ; la partie ligneuse sert au chauffage. On fait avec ses branches des liens pour la vigne.

Les balais de gênet sont bons pour les travaux grossiers du ménage. Les graines de gênet sont consommées par les moutons et la volaille. Coupé et mêlé au fumier, le gênet compose un bon engrais ; laissé sur le sol, il résiste aux gelées, et améliore par ses détritus les terrains pauvres.

Les tiges du gênet fournissent, par le rouissage, une filasse grossière ; celle des tiges jeunes et tendres est plus fine et fait d'excellentes toiles très-propres à prendre la teinture. On peut semer le gênet avec l'avoine, et faire entrer cette culture dans l'assolement suivant : 1re année, seigle ; 2e, pommes de terre ; 5e, sarrazin ; 4e, avoine avec graines de gênet.

Autre assolement : 1re année, seigle sur écobuage ou sur brûlis de racines ; 2e, topinambours ; 5e, topinambours fauchés ou pâturés ; 4e, avoine avec graines de gênet.

La graine de gênet se sème, à raison de trente-cinq litres par hectare, si on cultive le gênet pour litière ; de sept à huit seulement si on veut conserver le gênet pour chauffage. On sème sans recouvrir la graine après le hersage donné à l'avoine.

Pour récolter la graine de gênet, on coupe et on fait sécher les tiges à l'air ; quand les gousses sont noirâtres, on fait sécher les tiges au feu, puis on retire les graines, qu'on place par couches peu épaisses sur les planches d'un grenier aéré ou dans du sable sec.

[GENÉVRIER COMMUN. (*Jard.—Off.—Com. us.*) *Juniperus communis.* Famille des conifères. Cet arbrisseau indigène, lorsqu'il n'est pas soumis à des tailles inconsidérées, produit l'effet le plus pittoresque, surtout si on le mêle aux arbres de mai toujours verts. La reproduction de cette plante se fait par des semis aussitôt que la graine est en maturité, ou bien par des boutures que l'on plante au mois de juin dans du terreau de bruyère très-ombragé. On choisit à cet effet le sommet des branches sur un pied de long ; on ne les rabat point, et on les arrose tout l'été. La transplantation peut se faire la deuxième année en les levant en mottes.

Genévrier de la Chine à feuilles de cyprès. (*Juniperus sabina cupressifolia.* Cet arbrisseau, à forme pyramidale, est d'un très-joli effet. Les boutures se font au moins de juin dans une terre de bruyère ombragée et humide.

Genévrier sabine à feuilles de tamarix. (*Juniperus sabina tamariscifolia.* Arbuste indigène et rampant. Il se cultive de même que les précédens.

Genévrier de montagne. (*Juniperus montana.*) Arbuste indigène bas et rampant. Même culture.

Genévrier gade. (*Junipeus oxyde edras.*) Arbrisseau indigène dont les fruits sont jaunes briqués et un peu gros. Les semis se font aussitôt après la maturité de la graine, que l'on sème dans des pots enterrés ; pour les planter en motte la troisième année ; il faut couvrir les plants avec des feuilles pendant l'hiver.

Genévrier lycien. (*Juniperus lycia.*) Cet arbrisseau, en forme pyramidale, a un feuillage charmant. Il se cultive de même que les précédens.

Genévrier cèdre de Virginie. (*Juniperus virginiana.*) Arbrisseau qui se cultive de même que les autres genévrier. Il croît dans les plus mauvais terrains et dans les sables les plus stériles ; il aime les bords de la mer.

Genévrier d'Espagne. (*Juniperus thurifera.*) Cet arbre est très-beau ; on le plante au midi, dans une terre abritée au nord par de grands arbres.

Genévrier de la Chine. (*Juniperus sinensis.*) Arbuste dont les branches sont grêles et pendantes. Même culture.

Genévrier des Bermudes. (*Juniperus bermudiana.*) Cette espèce est la plus belle de toutes, mais il faut avoir soin de ne confier ce genévrier à la pleine terre que lorsqu'il a acquis deux pieds de haut : alors on le plante au printemps à une exposition bien abritée du nord et ombragée au midi, dans une bonne terre de bruyère.

Genévrier du Cap. (*Juniperus capensis.*) C'est un arbre d'orangerie.

Genévrier couché. (*Juniperus prostrata.*) Cet arbuste se multiplie de boutures et marcottes dans une terre fraîche et légère. Il est rampant et propre à garnir les rochers. Il est originaire de l'Amérique du nord.

Genévrier de Phénicie. (*Juniperus phœnicia.*) Cet arbrisseau fleurit en mai, et porte des baies jaunâtres ; il se cultive comme le genévrier d'Espagne.

Genévrier de Médie. (*Juniperus media.*) Les grains de de cet arbuste sont excellens pour faire des boissons.

Les genévriers ont différens emplois dans les jardins paysagers où on les groupe selon les nuances de leur feuillage et la différence de leur taille. Leur bois est en général très-dur, quoique léger, et presque incorruptible. Il est odorant. Les fruits de tous les genévriers sont bons pour préparer des liqueurs ; les plus employés sont ceux des genévriers communs.

On tire du juniperus ordinaire une espèce d'huile, appelée l'huile de cade, qu'on emploie dans la médecine vétérinaire pour guérir les maladies cutanées.

Le bois du genévrier de Virginie peut, à cause de sa dureté et de son incorruptibilité, fournir des conduits souterrains pour les eaux. On en fait au tour de jolis petits seaux dont les douves sont en partie tirées du cœur, qui est très-rouge, et en partie de l'aubier, qui est très-blanc.

Le genévrier commun se cultive dans les vergers pour ses baies aromatiques. Il se multiplie dans une terre légère, au levant, de boutures en automne, ou de graines semées aussitôt maturité et enterrées à un quart de pouce dans les terrains sablonneux, pierreux, secs et arides ; il s'élève à la hauteur de dix ou douze pieds, et même de vingt à trente. Son écorce est brune et ridée ; ses feuilles sont abondantes ; ses baies, d'abord vertes, puis noires, ne mûrissent que la seconde année.

Ce genévrier est propre à faire des haies. Son bois est chargé de nœuds, mais dur, difficilement attaqué par les vers, et semé de nuances variées. On l'emploie dans la marqueterie, la sculpture, les ouvrages de tour. Il est, avec le bois de cèdre, le meilleur pour faire des montures de crayons.

La résine du genévrier est en larmes, d'un jaune blanc, transparentes et odorantes. On l'emploie pour empêcher le papier de boire, sous le nom de sandaraque; elle se dissout dans l'esprit-de-vin et donne un très-bon vernis.

Dans le nord, les jeunes pousses se font bouillir dans l'eau destinée à préparer la bière. La même decoction se donne à boire aux moutons et aux vaches, pour maintenir les premiers en bonne santé, et augmenter le lait des secondes.

Les grives et les merles sont avides des baies du genévrier : ces baies communiquent un agréable parfum, à la chair des oiseaux qui s'en nourrissent. Mêlées aux pommes de terre, aux navets, aux topinambours, qui, donnés en trop grande quantité, causent le dévoiement aux bestiaux, elles préviennent cet accident.

Ces baies servent dans la composition des cervelas. On en assaisonne la chouchroûte. Brûlées avec les feuilles et le bois sur un brasier, elles parfument les appartemens, mais sans exercer d'action chimique sur l'air. Quand on en fait des boissons, il faut en choisir de fraîches bien saines; celles dont la peau est noire; celles qui ne sont pas de l'année, celles qui ont un goût d'aigre et de moisi, doivent être rejetées. Les meilleures sont les graines bien mûres, cueillies après les premières petites gelées d'automne.

Liqueur stomachique de genièvre. Faire fondre cinq livres de sucre dans autant d'eau; réduire par l'ébullition à la consistance de sirop; ajouter dix onces de baies de genièvre bien mûres, concassées; ajouter cinq pintes d'eau-de-vie; placer le tout dans un pot en grès, et boucher avec soin; remuer de temps en temps; au bout de huit à dix jours passer à la chausse et mettre en bouteilles.

Autre. Faire infuser une demi-livre de graines écrasées, deux onces de cannelle, et quatre clous de girofle, dans neuf pintes d'eau-de-vie, pendant quinze jours; distiller au bain-marie; mêler avec partie égale de sirop; filtrer si le mélange est trop épais.

Vin de genièvre. Délayer dans dix pintes d'eau chaude dix livres de baies de genièvre écrasées, deux livres de cassonnade, gros comme une noix de levain de farine de seigle, un peu de coriandre concassée avec tiges d'angélique, un peu d'eau-de-vie; couvrir la liqueur de cendres de bois bien propres. Laisser fermenter d'abord à vingt-cinq degrés, puis à douze ou quinze; soutirer et mettre dans des barils.

Genevrette ou boisson de genièvre. Prendre trois boisseaux de graine de genièvre bien mûre, autant d'orge de mars, et deux livres de prunelles et fruits sauvages cuits au four; emplir à moitié d'eau un tonneau; faire bouillir pendant une minute l'orge dans une chaudière; la retirer du feu, et y ajouter le genièvre et les fruits cuits; les verser dans le tonneau par la bonde; fermer pendant deux jours; verser ensuite chaque jour un seau d'eau jusqu'à ce que le tonneau soit plein; couvrir le trou de la bonde sans le clore hermétiquement. Quand la fermentation est apaisée, on peut se servir de la liqueur. On ajoute de l'eau pour remplacer les premiers litres qu'on en tire.

Biere de genièvre de Gâtinais. Prendre trois boisseaux de graines de genièvre et quatre poignées d'absinthe, lais-

ser infuser et fermenter dans cinquante pintes d'eau; soutirer la liqueur après la fermentation.

Bière de genièvre de Finlande. Piler dans un mortier quinze litres de graines de genièvre, les laisser infuser quatre heures dans cent cinquante litres d'eau; faire bouillir un peu en écumant avec soin pour empêcher la liqueur de contracter un goût huileux; ajouter du houblon et de la levure en suffisante quantité. (Voy. BIÈRE.) Quand la bière a fermenté, la mettre en tonneau. Cette bière se peut conserver long-temps sans devenir aigre.

Eau-de-vie de genièvre. Écraser des baies de genièvre, les submerger d'eau, y ajouter un peu de miel ou de levure de bière; laisser macérer le tout. Quand il s'en exhale une odeur vineuse, verser dans la cucurbite de l'alambic avec un tiers d'eau environ, et distiller. On ajoute un peu de sucre dans cette liqueur.

Une autre méthode de fabrication consiste à laisser mariner des graines de genièvre pilées pendant deux jours, et à distiller l'eau qui en résulte.

Ratafia de genièvre. Piler grossièrement trois quarterons de baies de genièvre; les mettre infuser dans neuf pintes d'eau-de-vie, avec deux onces de cannelle, douze clous de girofle, deux gros de macis, un gros d'anis vert, un gros de coriandre, six livres et demie de sucre fondu à chaud dans une pinte d'eau; verser le sirop refroidi dans l'infusion, boucher la cruche, l'exposer au soleil dans un lieu tempéré pendant six semaines; passer et mettre en bouteilles.

Autre. Mettre dans un bocal une livre et demie de baies de genièvre; verser dessus deux pintes de vin vieux de Grenache et une chopine d'eau-de-vie; au bout de six semaines, infuser, passer, et ajouter une livre trois quarterons de sucre. Quand il est fondu, on met le ratafia en bouteilles.

Huile de genièvre. Cette huile sert principalement à guérir la gale des moutons.

Faire macérer douze heures dans la cucurbite de l'alambic des baies desséchées ou des morceaux de bois de genévrier avec de l'eau; lutter avec soin, et distiller à feu lent d'abord; faire bouillir l'eau, l'entretenir bouillante tant qu'il passe de la liqueur dans le récipient : l'huile se trouve à la surface de l'eau distillée, et est facile à recueillir.

L'huile essentielle de genièvre s'administre à la dose de deux jusqu'à dix gouttes, sur un morceau de sucre qu'on fait dissoudre dans l'eau.

Infusion de genièvre. Une once de baies ou de bois dans une pinte d'eau.

Cidre de genièvre. Faire bouillir une pinte d'eau, la verser sur un quarteron de genièvre frais, ou trois onces de genièvre sec; au bout de vingt-quatre heures, passer avec expression; y dissoudre une livre de sucre: ajouter une chopine d'esprit de vin, ou une pinte d'eau-de-vie.

L'extrait de genièvre peut servir à donner aux boissons le goût de genièvre. Pour le préparer, broyer les graines dans un mortier, les baigner d'eau, les laisser infuser, passer, et faire réduire, à un feu doux, la liqueur jusqu'à consistance de sirop épais.

Le genièvre exerce sur l'estomac, sur la digestion, sur l'appétit, une action bienfaisante. Il est également trèsdiurétique, et convient dans l'hydropisie et dans la gravelle. Il est emmenagogue.

Pour enlever à la liqueur de genièvre une odeur d'huile empyreumatique, on ajoute, pour cinquante-six litres 1|4 de liqueur, six livres de baies de genièvre, trois livres de houblon, dix livres d'amandes amères, trois livres de coriandre, le tout concassé; on distille plusieurs fois avec la liqueur.

GÉNISSE. (*An. dom.*) On appelle génisse une vache qui n'a pas encore atteint l'âge de deux ans. (Voy. VACHE.)

GÉNOISE. (*Off.*) Mêler et battre ensemble un quarteron de farine, autant d'amandes douces pilées, six onces de sucre en poudre, six œufs entiers, gros comme un œuf de beurre; quelques gouttes d'eau de fleurs d'orange, un peu de sel; étendre le tout sur un plafond beurré, épais comme une pièce de cinq francs; faire cuire d'une belle couleur, former ensuite des génoises en coupant la pâte en rond, en losange, en croissant; on peut décorer les génoises de glace royale (voy. ce mot), et les garnir de gelées de fruits. Les génoises à l'italienne se glacent avec du sucre cuit au soufflé, mêlé peu à peu à des blancs d'œufs fouettés.

Petites génoises. Faire une abaisse de pâte d'amandes rondes avec un rebord rond; la garnir de petites génoises et de confitures de diverses couleurs.

GENTIANE A GRANDES FLEURS. (*Gentiana acacilis*) Famille des gentianes. Plante basse et vivace des Alpes. Elle est remarquable par la grandeur et la beauté de ses fleurs d'un bleu d'azur parsemé de points d'or, et qui la couvrent tout entière depuis le mois d'avril jusqu'au mois de juin. La séparation des pieds se fait au mois de septembre ou au mois de février. Elle croit ensuite d'elle-même, si on la met dans une terre de bruyère, fraîche en été, placée au nord et un peu en pente, et si on a le soin de la sarcler à la main sans bouleverser la terre d'alentour.

Gentiane printanière. (*Gentiana verna.*) Cette plante vivace des Alpes est plus petite en tout que la première. Elle se cultive de même, et fleurit au mois de mars.

Gentiane asclepiade. (*Gentiana asclepiada.*) Cette plante vivace de Sibérie a des tiges de six pieds de haut terminées au mois de juillet par trois ou quatre fleurs grandes et d'un beau bleu. Elle se reproduit par graines qui lèvent très-bien si on les sème au mois de mars, en terreau de bruyère, dans un pot ou dans une caisse, et si on a le soin de les arroser souvent.

Gentiane catesbei. Plante vivace de l'Amérique. Elle fleurit au mois d'octobre; ses fleurs sont bleues et variées au sommet de la tige.

Il y a encore beaucoup d'espèces de gentiane que nous n'indiquerons pas, parce qu'elles ne sont point assez belles pour figurer dans le jardin d'un amateur d'horticulture.

Grande gentiane. (*Gentiana lutea.*) On trouve cette plante dans les Alpes, les Vosges, les Pyrénées. Les animaux l'évitent dans les pâturages.

Les graines de la grande gentiane, de la gentiane rouge et autres, augmentent l'action de la circulation du sang et de l'appareil digestif. On donne ce tonique dans les con-

valescences, dans les scrofules, dans les fièvres intermittentes : en prendre depuis quatre grains jusqu'à un gros; en décoction, depuis un demi-gros jusqu'à deux ou trois dans une pinte d'eau. Le sirop de gentiane se donne à raison d'une demi-once jusqu'à quatre en vingt-quatre heures.

GÉOGRAPHIE. (*Conn. us.*) Nous donnerons seulement sous ce titre quelques définitions préliminaires essentielles à cette étude.

Géographie. Description de la terre.

Globe terrestre. Boule représentant la surface de la terre.

Mappemonde. Représentation en deux feuilles des deux moitiés du globe terrestre, sur le plan du méridien de l'île de Fer, et figurant dans l'une l'ancien continent, c'est-à-dire l'Europe, l'Asie et l'Afrique, ainsi qu'une partie des îles récemment découvertes dans les mers australes et boréales, telles que la Nouvelle-Hollande, la Nouvelle-Zélande, etc.; et dans l'autre, le nouveau continent, ou l'Amérique, découverte par Christophe-Colomb, en 1493.

Pôles. Extrémités de la terre les plus éloignées l'une de l'autre. Traversez une orange avec une longue aiguille; les deux points de l'entrée et de la sortie de cette aiguille vous représenteront les deux pôles de la terre.

Pôle arctique. On appelle ainsi celui qui est constamment tourné vers la partie du ciel, où se trouve la constellation de la grande Ourse, appelée en grec *Arctos*, d'où vient le mot arctique.

Pôle antarctique. Le pôle opposé au pôle arctique se nomme antarctique, c'est-à-dire opposé à l'Ourse.

Axe. Ligne imaginaire qui passe par le centre de la terre, et dont les deux extrémités forment les pôles.

Horizon. Cercle idéal qui borne la vue et qui marque le lever et le coucher des astres.

Notre horizon change autant de fois que nous changeons nous-mêmes de place.

Cercles de la terre. On a tracé sur le globe et sur les cartes de géographie des lignes que l'on suppose tracées autour de la terre, quoiqu'elles n'existent pas en réalité. Ces lignes se nomment cercles. Il y en a six, deux grands et quatre petits.

Les deux grands sont l'équateur et le méridien.

L'*équateur* fait le tour de la terre à égale distance des pôles, et la coupe en deux parties égales, dont l'une se nomme hémisphère boréal, et l'autre hémisphère austral. On le nomme aussi ligne équinoxiale, ou simplement ligne.

Le méridien fait le tour de la terre en passant par les deux pôles et par un troisième lieu dont il prend le nom, et qui est toujours le plus haut point d'élévation diurne du soleil au-dessus de l'horizon.

Le méridien dont nous nous servons pour les calculs géographiques est le méridien de Paris.

Les quatre petits cercles sont les deux tropiques et les deux cercles polaires. Ils sont tracés dans le même sens que l'équateur. L'un des deux tropiques et l'un des cercles polaires sont au-dessus de l'équateur; l'autre tropique et l'autre cercle polaire sont au-dessous.

Tropique du cancer. On nomme ainsi le tropique tracé au-dessus de l'équateur, du côté du pôle antarctique.

Tropique du capricorne. C'est celui qui est tracé au-dessous de l'équateur, du côté du pôle antarctique.

Cercle polaire arctique. Celui qui entoure le pôle arctique ou nord.

Cercle polaire antarctique. Celui qui entoure le pôle antarctique ou opposé au nord.

Degrés de latitude. On appelle ainsi les lignes tracées sur le globe ou sur les cartes dans le même sens que l'équateur. Les tropiques et les cercles polaires indiquent les degrés de latitude. Ces degrés servent à marquer à quelle distance un lieu est de l'équateur.

Degrés de longitude. Les lignes tracées sur le globe ou sur les cartes, dans le même sens que le méridien, indiquent les degrés de longitude. Ils servent à marquer à quelle distance un lieu est du méridien dont on fait usage.

Sans la connaissance des degrés de latitude et de longitude, point de progrès en géographie.

Points cardinaux. Pour indiquer la position des lieux sur le globe, on a inventé quatre points que l'on appelle cardinaux, qui sont, comme nous l'avons déjà dit dans notre almanach, le nord ou septentrion, le sud ou midi, l'est, orient ou levant, et l'ouest, occident ou couchant.

Points cardinaux secondaires. Il y en a quatre, qui tirent leur nom de ceux des deux points entre lesquels chacun d'eux est placé. Ce sont :

Le nord-est, entre le nord et l'est; le nord-ouest, entre le nord et l'ouest; le sud-est, entre le sud et l'est, et le sud-ouest, entre le sud et l'ouest.

Terres. Elles occupent sur le globe beaucoup moins de place que les eaux.

Continent. Les terres occupent environ le tiers de la surface du globe. Elles se composent d'un grand nombre de morceaux détachés, parmi lesquels on remarque surtout les deux grandes masses que l'on appelle les deux continens, c'est-à-dire l'ancien et le nouveau continent, l'ancien et le nouveau monde.

Mer ou *Océan.* Les eaux couvrent à peu près les deux tiers de la surface du globe. Cette immense étendue d'eau s'appelle la mer ou l'Océan.

Îles. On appelle ainsi les terres moins étendues que les continens, et entourées d'eau *de toutes parts.*

Groupe d'îles. Plusieurs îles placées les unes près des autres.

Archipel. Groupe d'îles qui couvrent un grand espace de mer.

Presqu'île ou *péninsule.* Terre entourée d'eau, excepté d'un seul côté.

Isthme. Langue de terre qui joint une presqu'île au continent.

Montagnes ou *monts.* Masses considérables et élevées de terre et de rochers.

Pics. Quelques montagnes ayant la forme d'un pain de sucre.

Volcan. Montagne d'où sortent par intervalles des torrens de feu et des matières fondues qu'on appelle laves.

Chaînes de montagnes. Plusieurs montagnes qui, par leur position, semblent attachées les unes aux autres.

Défilés. Passages étroits entre des chaînes de montagnes,

ou une montagne et la mer. Dans certains cas on les nomme *pas*, *cols* ou *gorges.*

Côtes. Endroits où la mer vient baigner la terre.

Cap. Côte élevée qui s'avance en pointe dans la mer.

Grand-Océan. Ainsi nommé parce qu'il est le plus grand du globe. Il s'étend entre l'ancien continent à l'ouest, et le nouveau continent ou l'Amérique, à l'est.

Méditerranée. La plus considérable des mers intérieures (c'est-à-dire qui s'enfoncent dans les terres).

Golfe ou *baie.* Portion de mer qui s'enfonce entre les terres et qui n'est pas assez considérable pour mériter le nom de mer.

Détroit. Portion de mer resserrée entre deux terres, et qui fait communiquer ensemble deux mers ou deux portions de mer. Dans certains endroits cette portion de mer s'appelle *pas, canal, phare, pertuis.*

Lacs. Grands amas d'eau au milieu des terres.

Source. Eau qui sort du pied d'une montagne, ou même de terre dans les plaines.

Ruisseaux. Ils se composent de sources.

Rivière. Réunion de plusieurs ruisseaux.

Confluent. Endroit où deux rivières se réunissent.

Fleuve. Grande rivière qui porte ses eaux jusqu'à la mer.

Embouchure. C'est l'endroit où un fleuve entre dans la mer.

Canal. Espèce de rivière creusée de main d'homme pour faire communiquer deux rivières entre elles, ou une rivière avec la mer.

Rive droite et rive gauche d'un fleuve ou d'une rivière. Quand, dans un bateau, l'on descend le cours d'une rivière en ayant le visage tourné vers son embouchure, le bord qu'on a à sa droite est la rive droite de la rivière, et le bord qu'on a à sa gauche est la rive gauche.

Climat. — État d'une région, d'un pays, quant à la température de l'air.

Nous renvoyons pour les détails à la géographie de M. Adrien Balbi, ou à celle de Malte-Brun.

GÉOLOGIE ou GÉOGNOSIE. (*Conn. us.*) Cette science a pour but l'étude de la formation du globe terrestre, et de la structure des parties solides qui le composent.

L'utilité pratique de la géologie est la connaissance des terrains et des cultures qui leur sont propres, des phénomènes terrestres qu'on peut employer à l'usage de l'homme et de ceux qu'on doit écarter, des couches où se trouvent les différentes richesses minéralogiques.

Deux phénomènes ont eu lieu dans la formation du globe : solidification, animalisation.

Les géologues reconnaissent pour états primitifs l'état d'incandescence et de liquéfaction, avec dégagement de gaz et de vapeurs. Le globe, en se refroidissant, prit une forme sphérique en vertu du principe d'attraction moléculaire. Ce principe établit que les parties d'une masse liquide quelconque de forme ovoïde ou autre tendent à prendre une forme circulaire par le refroidissement. C'est ce qui arrive au plomb de chasse jeté du haut d'une tour. Si plusieurs molécules de matière sont en suspension, l'une deviendra centre, attirera d'abord les molécules les plus rapprochées, puis les autres.

La terre, en se refroidissant, dut aussi se renfler vers l'équateur. Les physiciens distinguent deux forces : la force centrifuge, celle qui dans une pierre placée au bout d'une fronde fait tendre la corde ; celle qui, agissant sur le balancier d'une pendule portée du nord sur l'équateur, la fait retarder; et la force centripète, qui tend à attirer tous les corps vers le centre.

Dans le refroidissement, le mouvement plus rapide à l'équateur, où la terre parcourt 40 mille lieues en 24 heures, portait les corps à se diriger vers sa surface. Ce renflement ne s'arrêta que lorsque la force centripète fit équilibre à la force centrifuge.

Ainsi mille molécules placées entre le centre du globe et la circonférence, tendant vers le centre avec une force égale à 100 livres ; la force centrifuge égale à 10 livres put en soulever 100 ; cent autres en prirent la place et la colonne fut de onze cents molécules.

Une observation fait supposer que le noyau du globe ne s'est jamais refroidi. Le thermomètre à 10 pieds environ au-dessous du sol indique une température invariable. Descendu au-delà, il monte d'un degré par 25 ou 50 mètres ; cet accroissement varie suivant les pays. Ainsi, il est de 28 mètres à Paris, de 15 à Decise (Nièvre), de 19,171 centim. à la Rochelle, de 40 à Poulhaunan, de 28 à Gex, de 40 en Saxe, de 25 à Guanaxuato (Mexique), de 20 sur les monts Ourals.

En admettant la progression moyenne d'un degré centésimal par 25 mètres, on trouve qu'à 94 fois 25 mètres, en plaçant six mètres au-dessus du point de départ, on atteindra la chaleur de l'eau bouillante. Après 20 ou 50 lieues en continuant, on arrivera à une chaleur capable de tenir en fusion toute la masse centrale.

Deux théories géologiques ont cherché à expliquer la formation du globe. L'une par l'eau, l'autre par le feu. L'une s'appelle théorie des neptuniens, l'autre des plutoniens. Toutes deux sont applicables, mais aucune ne l'est exclusivement.

Pour la facilité de l'étude, on a divisé les dépôts terrestres en primaires, ou de l'extrémité inférieure ; secondaires, ou du milieu ; tertiaires, ou de l'extrémité supérieure. Les terrains français ont été étudiés avec le plus de soin par nos géologues, et servent de base à leurs travaux : on y trouve les plantes et les animaux des pays les plus chauds, soit que les climats aient été autrefois plus ardents, soit que des bouleversements aient transporté chez nous ces débris.

Les animaux dont on rencontre les ossements ont une organisation de plus en plus compliquée, avec plus de moyens d'action, de relation, de rapport avec les objets environnants. Le mouvement de création commence à la pierre, et finit à l'homme. On ne connaît, au reste, que la treizemillième partie tout au plus du diamètre de la terre.

C'est dans les anfractuosités de la cavité solide que se formèrent les dépôts successifs que nous sommes à même d'étudier. On trouve pêle-mêle dans quelques cavernes un nombre considérable d'os d'ours, d'hyène, de chats, de chiens, de bœufs, de chevaux qui semblent y avoir péri ensemble.

Terrains primitifs. Gneiss, granits, schistes argileux; roches en feuilles, micaschistes.

Ces minéraux en fusion se refroidirent les premiers, et formèrent une croûte solide. On trouve dans ces terrains la topaze, l'améthyste, la tourmaline, l'hyacinthis, l'aigue-marine, le pétunsé à porcelaine, le quartz, le nipholin, le vert antique.

2e *couche.* Traces de mers peu profondes ; schistes, polypiers, coquilles plus liées avec la roche que dans les fossiles récens, trilobites.

Talc, cristal de roche, pierre du Labrador et des Amazones. Ces terrains sont peu fertiles; il faut les stimuler avec la chaux et les fumiers animaux.

5e *couche.* Grès rouge, houille et charbon, ardoises, cuivre, plomb ou argent, mercure, bitume, sel, zinc, alun, vitriol, crayon noir et rouge, jaspe antracite.

Débris végétaux. Empreintes de fougères.

Débris animaux. Mollusques, huîtres, moules, univalves, bivalves, cornes d'ammon.

4e *couche.* Calcaire magnésien et des Alpes.

Débris animaux. Poissons à arêtes, tortues, reptiles d'eau douce.

Ce terrain et le précédent sont très rebelles à la culture. Toutefois, les vallées calcaires sont fertiles, surtout quand elles sont bien arrosées.

5e *couche.* Marne, gypse, grès, craie, marbre, pierre lithographique, sel-gemme, fer, barite, soufre, vitriol en petite quantité.

Débris végétaux. Bambous, palmiers, lignites.

Débris animaux. Lézards énormes, mégalosaurus de 60 pieds de long et de 4 pieds de haut, icthyosaurus, poisson-lézard ; ptérodachyle, espèce de dragon, plésiosaurus, dont le cou avait 55 vertèbres ; oiseaux nageurs et aquatiques, coquilles, zoophytes.

6e *couche.* Argile, grès, charbon de terre, calcaire grossier, terrains de formation marine.

Débris animaux. Mammifères marins, veaux marins, dauphins, baleines, poissons de la zône torride et de la mer Glaciale, crocodiles un peu différens des nôtres, 600 espèces de coquilles, dont dix au plus existent encore.

7e *couche.* Gypse calcaire, siliceux, terrains d'eau douce, pierres à feu, meulières ; quelques turquoises, opale, albâtre, gypse cristallisé ou pierre à jésus, soufre, bitume.

Débris végétaux. Fougères gigantesques, roseaux, plantes des pays chauds.

Débris animaux. Tapirs, rhinocéros, hippopotames, anoplotheriums, ruminans analogues au mouton, mégalotheriums, paleothiums, xiphodons, sorte de gazelles qu'on trouve à Montmartre; grands écureuils, chauve-souris, carnassiers, grands ratons, genres inconnus, tortues d'eau douce, crocodiles.

7e *couche.* Terrain de formation marine, grès, sables.

Débris animaux. Mammoulhs, mastodontes, sorte d'éléphants très bas sur leurs jambes, ayant 16 pieds de hauteur; mégalonix, sorte d'éléphans velus; rhinocéros, baleines, dauphins, huîtres, coquilles.

9e *couche.* Terrains d'eau douce, meulières.

Grands carnassiers, tigres, hyènes, panthères, gloutons de Laponie, renards, ours grands comme des chevaux, bœufs, cerfs géans, autruches, énormes animaux du genre tatou tapirs.

10e *couche.* Sol de remblai, terrains de mer, alluvions d'eau douce; débris d'animaux étrangers au sol qu'ils couvrent, cailloux roulés et polis par les vagues ; le singe et l'homme ont paru sur cette couche ; mais on ne trouve point leurs ossemens.

Les derniers terrains sont les plus fertiles, à moins que le grès ne se trouve à la surface ; les terrains calcaires et les argileux trop compacts s'améliorent par le mélange des terrains inférieurs : on y trouve les rubis, les hyacinthes, les mines d'or, de plâtre, d'étain, de diamans, de fer en grains, de jaspe.

Les terrains de formation d'eau douce provenant de lacs desséchés sont d'une fertilité extrême, ainsi que les terrains mêlés d'argile.

La géologie, guidée par les traditions, a cherché les preuves et les causes du dernier cataclisme, appelé déluge. Quelques auteurs ont pensé que le pôle austral avait été autrefois l'équateur, et que les glaces des pôles bouleversés avaient, par leur fusion, inondé le globe, comme l'eau des glaces des volcans d'Islande inonda la contrée en 1721 au point de faire reculer la mer de douze milles. D'autres ont examiné la marche des eaux et les pays qui ont été plus ou moins soumis à leur action, et ont observé que les montagnes des deux hémisphères avaient des directions diverses. Selon les uns, la terre a été dérangée par le choc d'une comète ; selon les autres, la terre, après de fréquentes mutations, changea de pôle subitement, et les partisans de la loi de Newton ont prédit ce mouvement comme inévitable au bout de deux millions et plus de soixante mille années, par suite de la gravitation.

Les sables, dont la masse augmente considérablement à mesure qu'on approche du nord, les cailloux roulés, les blocs de granit arrondis qu'on trouve en Suède, les plateaux de pierre polis, attestent que des masses d'eau se portèrent du nord vers le sud ou le sud-ouest. On rencontre, dans le nord, des excavations circulaires ou en spirale situées vers le flanc des montagnes, à côtés lisses, et ayant au centre une pierre arrondie. Les ossemens abondent au pôle austral, et souvent on y voit des éléphans entiers raidis par la glace, et même frais. Les Sibériens font un objet de commerce de l'ivoire des dents des éléphans, dont les os, liés avec du sable et de la glace d'eau douce, forment des montagnes.

Quelques régions, comme le plateau du Thibet, paraissent avoir échappé aux eaux.

La géologie s'occupe également de la formation des montagnes et des roches, des eaux thermales, des volcans, de l'action de l'air, de l'oxygène, des vents, de la température, de l'eau, du feu, des travaux humains sur les rochers, les forêts, les sables et toute la surface du globe ; de l'affaissement des terrains tourbeux pour former des lacs, des excavations et fissures provenant des eaux ou de la sécheresse, des éboulemens produits par les pluies, des dépôts, des transports, des lacs comblés par les limons, ou l'union des îles flottantes, des retraits extraordinaires de la mer, etc.

La géologie recueille aussi les traditions géologiques, comme celles des Juifs sur le taureau *béhémoth* et le poisson *Léviathan*; elle compare les livres identiques des Américains et des Asiatiques ; elle examine quelle contrée a été peuplée la première, et si ce fut l'Orient, les hommes ayant marché vers le point d'où leur semblait venir le soleil.

Sans entrer dans ces détails étrangers à notre plan, nous renvoyons au Discours de M. Cuvier sur les révolutions du globe.

GÉOMÉTRIE. (*Conn. us.*) La géométrie, ou science de l'étendue, nous fait connaître les caractères et les propriétés des lignes et des surfaces, les moyens de les mesurer et de les produire sur des corps, les moyens de représenter les corps exactement et d'en calculer la valeur.

Les lignes sont des surfaces qui n'ont qu'une seule dimension, la longueur. La ligne droite est le plus court chemin d'un point à un autre. Cet axiome peut être modifié par la vitesse. Si deux corps de poids égal roulaient sur deux lignes, l'une légèrement courbée, l'autre droite, d'égale longueur, et placées en pente, celui de la corde courbe arriverait plus vite.

Les lignes ont pour extrémité des points qui n'ont aucune dimension.

La géométrie a reçu et reçoit chaque jour de nombreuses applications à la mécanique, à l'agriculture, à l'astronomie, à l'architecture et à d'autres sciences. Les démonstrations qu'exigent les problèmes géométriques, leur nombre, leur importance, leurs difficultés, nous rendent impossible une exposition complète de la géométrie. Nous nous contenterons d'en donner quelques généralités. Il en sera de même de toutes les sciences, que leur usage journalier et leur vulgarité nous feront un devoir de mentionner.

Un *triangle* est une surface comprise entre trois lignes droites. On nomme hauteur d'un triangle la perpendiculaire abaissée du sommet sur le côté opposé, prolongé si cela est nécessaire.

Pour mesurer la surface d'un triangle, ou le nombre de mètres, ou toises, pieds, ou pouces carrés que contient sa surface, on multiplie le nombre de mètres que contient la base par la moitié de celui que renferme la hauteur. Ainsi un triangle qui aurait pour base 12 mètres, et pour hauteur 15 mètres, aurait pour superficie 90 mètres carrés, c'est-à-dire contiendrait dans ses côtés 90 carrés ayant un mètre en tout sens.

Un *quadrilatère* est une surface comprise entre quatre côtés ; le plus simple des quadrilatères est le carré, qui est une surface renfermée entre quatre lignes droites de même longueur, et dont les quatre côtés sont perpendiculaires l'un à l'autre.

Pour mesurer la surface d'un carré, il suffit de multiplier un des côtés (qui sont tous égaux) par lui-même. Ainsi, en supposant qu'un côté eût 10 mètres, la surface du carré serait 100 mètres carrés.

Le *parallélogramme* ou *rectangle* est un carré long dont on obtient la mesure en multipliant un grand côté par un petit côté. Si le grand côté a 25 mètres et le petit dix mètres, la surface du parallélogramme est 250 mètres carrés.

Un *losange* ou *rhombe* est une surface renfermée entre quatre lignes égales, et dont les angles opposés les uns aux autres sont égaux. Il y en a deux grands et deux petits. Les lignes qui joignent les angles égaux se nomment des *diagonales*.

Pour avoir la mesure du losange, on multiplie une des diagonales par la moitié de l'autre.

Le *trapèze* est un quadrilatère qui a deux côtés égaux ou

inégaux, non parallèles, et les deux autres parallèles et inégaux. La ligne perpendiculaire sur la base se nomme la hauteur du trapèze.

Pour mesurer un trapèze, on fait la somme des côtés parallèles, et on en prend la moitié, qu'on multiplie par la hauteur. Exemple : un côté a 10 mètres, l'autre a 14 mètres, et le dernier 6 mètres. Surface du trapèze, 72 mètres carrés.

Un *polygone* est une surface terminée de tous côtés par des lignes droites; le triangle et les parallélogrammes sont les plus simples des polygones, mais on donne plus particulièrement ce nom à des surfaces qui ont plus de quatre côtés.

Il y a deux sortes de polygones : 1° les *polygones réguliers*, qui ont tous les côtés et les angles égaux; 2° les *polygones irréguliers*, dont les côtés et les angles sont inégaux.

On nomme centre du polygone le point qui, dans les polygones réguliers, est également éloigné de tous les sommets.

Pour avoir la mesure d'un polygone régulier, il faut multiplier son contour par la moitié de la perpendiculaire abaissée du centre sur l'un des côtés.

Tout polygone pouvant être décomposé en autant de triangles qu'il a de côtés, il est facile, en mesurant séparément la surface de chaque triangle et en additionnant tous les produits, d'avoir la surface totale d'un polygone régulier ou irrégulier.

Un champ très-irrégulier en apparence peut de cette manière être décomposé en carrés, en rectangles ou en triangles, et être ainsi mesuré avec facilité. Par exemple, une pièce de terre pourrait être mesurée en abaissant d'un angle des lignes sur un certain nombre de points saillans ou rentrans, pour en former autant de triangles, dont on mesurerait aisément la surface. Les petites inégalités qu'on néglige dans ce mode de mesurage, soit en plus, soit en moins, se trouvent compensées, et n'altèrent que fort peu l'exactitude des résultats.

On nomme *cercle* la superficie renfermée par la circonférence.

Pour mesurer l'étendue de la circonférence, on multiplie le diamètre par la fraction 22|7, ou plus exactement par le nombre 3,14159. Ainsi une circonférence qui a pour diamètre 25 mètres a pour étendue 78 mètres 54.

Pour mesurer le cercle, c'est-à-dire la superficie terminée de toutes parts par la circonférence, on multiplie le rayon par lui-même, puis le produit par 22|7 ou 3,14159. Ainsi le cercle précédent aurait pour surface 490,87 mètres carrés.

On peut aussi multiplier la circonférence, 78 mètr. 54, par la moitié du rayon, 6 mètr. 25. On trouve de même pour la surface 490 mètr. 87 c.

Des solides. Un *solide* est une figure qui a trois dimensions, longueur, largeur et hauteur.

Les principaux solides sont le cube, le parallélipipède, le prisme, le cylindre, le cône et la sphère.

Le cube est une figure à six côtés carrés et égaux. Pour mesurer sa solidité, on multiplie ensemble la longueur, la largeur et la hauteur, ou bien une de ces dimensions trois fois par elle-même. Ainsi un cube dont les côtés auraient 12 mètres aurait pour solidité 1728 mètr. cubes, c'est-à-dire 1728 petits cubes égaux en tous sens à un mètre.

La surface totale du cube est égale à six fois la surface d'un de ses côtés, puisque ces six côtés sont égaux entre eux, et ont une surface égale.

Le *parallélipipède* est un cube allongé.

Deux lignes ont la même direction et se confondent lorsqu'elles ont deux points communs.

La surface est la limite formée par les particules extérieures et visibles d'un corps; elles ont longueur et largeur sans épaisseur.

La place qu'occupent les corps solides s'appelle étendue ou volume. L'unité linéaire est le mètre. (Voy. MÈTRE.)

Des lignes droites se rencontrent dans des directions qui, variant, forment des lignes brisées.

La ligne courbe la plus usuelle est la ligne circulaire ou la circonférence. Elle a tous ses points à égale distance d'un point intérieur qu'on nomme centre. La circonférence complète n'a pas d'extrémités.

Toute droite menée du centre à un point quelconque de la circonférence se nomme rayon. Tous les rayons d'une même circonférence sont égaux. Toute droite qui va d'un point à un autre de la circonférence, en passant par le centre, s'appelle diamètre. Tous les diamètres d'une même circonférence sont égaux, et la divisent en deux parties égales.

Toute partie de circonférence se nomme arc. La droite qui joint les extrémités d'un arc se nomme corde. Le plan est une surface sur laquelle on peut appliquer des lignes droites en tous sens.

L'espace compris entre deux droites qui se rencontrent se nomme angle; le point de rencontre est le sommet. Les angles sont aigus, ou droits, ou obtus. L'angle droit sert à mesurer les autres. On mesure les angles en comparant l'arc qui correspond à l'angle donné au quart de la circonférence. On a supposé pour cela le quart de la circonférence divisé en 100 degrés; chaque degré est divisé en 100 minutes, et chaque minute en 100 secondes.

Le complément d'un angle est ce qu'il lui faut rajouter pour avoir un angle droit; le supplément est ce qu'il lui faut pour avoir deux angles droits.

On appelle parallèles deux lignes qui, prolongées indéfiniment, ne se rencontrent jamais.

De ces principes, et de quelques autres données moins générales, on tire des conséquences fécondes dans beaucoup de branches des connaissances humaines. Ces conséquences constituant une spécialité dont le développement demande de longs ouvrages, nous n'avons point à nous en occuper. Voy. la Géométrie de Legendre, et le Cours de géométrie et de mécanique appliquées aux arts.

GÉOTRUPES (*Conn. us.*) *Géotrupes.* Les géotrupes sont un genre d'insectes coléoptères très-commun, dont la larve, analogue à celle des hannetons, naît dans les bouses et s'enfonce ensuite dans la terre. On distingue le *géotrupe des fumiers*, désigné vulgairement par un nom qui indique les lieux où il aime à fouiller : il est gros comme le hanneton; le géotrupe printanier d'un tiers plus petit, le géotrupe des bois, gros comme celui des fumiers, avec des

couleurs vert de printemps. La larve de cet insecte doit être détruite avec le même soin que celle du hanneton. (Voy, HANNETON.)

GÉRANION DES PRÉS. (*Geranium pratense.*) Famille des géranions. Plante vivace et indigène. Ses fleurs sont bleues, elles paraissent en juin, et sont très-jolies. La séparation de ses pieds se fait au mois de septembre. Cette plante se multiplie peu et perd ses feuilles.

Géranion stérile d'Italie. (*Géranium striatum.*) Plante vivace et rustique, qui fleurit au mois de juin; ses fleurs sont blanches et semées de rouge. Elle se reproduit par séparation des pieds ou par semis.

Géranion argenté.(Geranium argenteum.) Plante vivace des Alpes; elle fleurit au mois de juillet. Ses fleurs sont grandes, noires et veinées. Elle ne vient bien que dans le terreau végétal, à demi-ombre, et se sème au mois de mai.

Géranion tubéreux. (*Geranium tuberosum.*) Plante vivace à racine tubéreuse. Elle fleurit au mois d'avril et se cultive en pot enterré au midi, ou dans du terreau végétal; il faut la couvrir de mousse. En hiver elle perd ses tiges.

Le *géranion triste* se conserve de même, ainsi que tous ceux dont les racines sont tubéreuses et qui perdent leurs tiges.

Tous les géranions sont dévorés avec avidité par les chèvres, les vaches et les moutons; il y en a un grand nombre de variétés dans les pâturages; on les appelle vulgairement *becs de grue* à cause de la forme de l'espèce de follicule qui renferme la semence. Arrachés, desséchés avec leur racine, c'est une bonne nourriture d'hiver pour les bestiaux.

GERBE. (*Agr.*) *Manière de faire sécher les gerbes.* On dresse verticalement de longues perches plantées en terre. On met aussitôt en gerbes, et on en prend une qu'on enfile par le pied et au milieu dans le pieu; la seconde gerbe est fixée dans une position inclinée, les épis en bas, en faisant passer la perche dans le lien, et on la fait couler jusqu'à ce qu'elle repose sur la première; toutes les autres gerbes, jusqu'à quinze ou seize, se placent de la même manière. On doit tourner les racines vers le sud-ouest; on enlève très-facilement et sans perte les gerbes, en arrachant les pieux pour les jeter, avec tout ce qu'ils portent, dans les charrettes.

En ajoutant aux pieux trois ou quatre barres transversales, ou les rend propres à la dessiccation du foin. (Voy. GRANGE.)

GERBIER. (*Agr.*) Les gerbiers sont des constructions agricoles substituées aux meules dans divers pays. On les élève sur de forts piliers en pierre; les planchers, en planches étroitement ajustées, reposent sur des solives; des poteaux d'environ douze pieds de haut s'élèvent sur chacun des traits des piliers extérieurs; ils sont liés par des semelles, sur lesquelles portent les chevrons. Le comble est formé de ceintres; des aiguilles élevées au-dessus portent le faîtage; des chevrons soutenus par des barres lient tous les arcs ensemble pour empêcher l'écartement; de grandes et petites liernes se croisent le long des nervures, s'y lient par des boulons en fer, et se rattachent par le même moyen aux poteaux et aux aiguilles qui portent le faîtage. Le toit

est couvert en chaume. On empêche l'invasion de la vermine en recouvrant les piliers, au-dessus du chapiteau, de morceaux de zinc, à bords inclinés, saillans, de six pouces.

Toutes les pièces du gerbier sont en chêne, excepté les poutres au-dessus des planchers, moins les grandes et petites liernes et les faîtages qui sont en bois blanc.

Les gerbiers que nous avons décrits sont ceux de la ferme de Pony. Ces gerbiers conservent mieux les grains que les meules, et les garantissent des rats et de l'humidité.

GERÇURES. (*Méd. dom.*) Les gerçures sont des fentes ou crevasses peu profondes qui surviennent dans l'épaisseur de la peau. On les appelle aussi crevasses, et rhagades quand elles se manifestent à l'anus.

Traitement. Saupoudrer avec de la farine d'orge, et placer dessus une compresse imbibée d'eau miellée.

Pommade pour les gerçures. On étend cette pommade le soir; elle peut être employée également pour les engelures non crevées. Faire cuire à petit feu et passer une once de moelle de bœuf, une demi-once de cire blanche, trois onces de saindoux.

Autre pour prévenir les gerçures. Faire infuser, vingt-quatre heures, dans un demi-setier d'eau de-vie, une demi-once de savon médicinal, et un quart de gros de cantharides; presser, et ajouter une once de sel ammoniac; appliquer en compresses.

GERMANDRÉE VULGAIRE. (*Méd. dom.*) *Teucrium chamœdrys.* Famille des labiées. Ses feuilles ont une odeur aromatique et une saveur amère.

La germandrée en décoction est tonique et stomachique. On en emploie les sommités fleuries, à la dose de trois ou quatre pincées, en guise de thé; ou bien on fait macérer une demi-once de fleurs dans deux litres de vin.

Il y a plusieurs autres espèces de germandrées, qui ont les mêmes vertus.

GESSE ODORANTE. (*Jard.*) *Cathyrus odoratus.* Famille des légumineuses. Plante bisannuelle de Perse; elle offre plusieurs variétés; elle se sème au mois de novembre et au mois de février.

Gesse à bouquets. Cathyrus latifolius. Plante vivace et indigène. Ses fleurs sont très-grandes, d'un pourpre clair et en grappes; elle n'ont point d'odeur. Il faut la semer au mois de mars, à la place qu'on lui destine, parce qu'elle supporte très-difficilement la transplantation. Il y a une variété à fleurs blanches.

Gesse de Tanger. Cathyrus tingitarus. Plante de Mauritanie. Elle fleurit au mois de juin, et se sème au mois d'avril de la même manière que la précédente. Ses fleurs sont grandes et pourpre foncé.

GESTATION. (*An. dom.*) *Durée de la gestation des femelles des animaux domestiques* : La jument, onze à douze mois; l'ânesse, *idem*; la vache, neuf mois; les brebis, cinq mois; la chèvre, *idem*; la truie, quatre mois; la chienne, deux mois; la chatte, six semaines; la lapine, un mois; la hase, ou femelle du lièvre, *idem*; la famille de l'espèce du cabicié, dit cochon d'Inde, trois semaines.

GIBERNE. *Moyen de vernir le cuir des gibernes.* Pour polir le cuir, on lui donne une couche d'eau de colle de Flandre du côté de la chair, avec un vingtième d'huile de lin cuite; on polit, et quand cette couche est sèche, on en met une autre : on échauffe le cuir, et on y étale un vernis de parties égales d'huile grasse et de copal, avec du noir de fumée et un peu d'essence de térébenthine, le tout mêlé sur des cendres chaudes. On fait sécher à l'étuve, et on polit à la pierre ponce ou au charbon pilé et tamisé. (Voy. BUFFLETERIE.)

GIBIER. (Cuis.) Pour conserver le gibier, il faut boucher avec du papier gris toutes les ouvertures naturelles et celles qu'on a faites pour vider. Les oiseaux doivent avoir la peau du bec et de la gorge et les yeux arrachés. (Voy. GARDE-MANGER.)

GILET. (Éc. dom.) Il faut, pour faire un gilet, une demi-aune d'étoffe en trois quarts; il faut trois quarts d'aune de doublure de toile en trois quarts. (Voy. FLANELLE.)

GILLET (Jeu du). (Récr. dom.) Il se joue à quatre, avec un piquet; la donne se tire au sort. Chacun met un jeton ou plus dans deux corbillons, et reçoit trois cartes.

Coups du jeu. Gé : un des corbillons est pour le gé le plus fort. On appelle gé deux cartes semblables. Celui qui a deux dames, par exemple, l'annonce. Celui qui a deux rois, ou deux as, renvie, et perd l'argent de gé et des autres renvis.

Le tricin, trois cartes semblables. Le moindre tricin annule le gé le plus fort.

Flux ou point, trois cartes de semblable couleur. Un second corbillon est réservé pour le flux. On joue ce coup après celui du gé. Pour le flux, deux as valent vingt et un et demi; ou bien deux as et un roi, ou une autre carte valant dix, font vingt et un et demi. Les autres cartes ont la valeur ordinaire.

GIMBLETTES. (Off.) Les gimblettes sont des gâteaux de pâte dure et sèche, taillée en anneaux.

Gimblettes printanières. Couper en filets minces une livre d'amandes, les frotter de vert d'épinards et de sucre ; les tremper dans du sucre cuit au cassé, et les écraser sur des gimblettes trempées également dans le sucre. On remplace si l'on veut les amandes par de la fleur d'orange pralinée.

GINGEMBRE. (Conn. us.—Off.) On appelle ainsi la racine de l'amome (amomum zingiber), qui croît à la Chine, aux Indes, en Amérique et dans les Antilles. Cette racine est stomachique, aphrodisiaque et stimulante.

Le ginger-beer est une bierre aromatisée avec du gingembre, (Voy. GINGER-BEER.)

GINGER-BEER. (Off.) C'est une liqueur anglaise. On prononce djingeurbire.

Oter le zeste de six citrons, les couper en tranches, les pulvériser avec une livre et demie de sucre et une once et demie de crême de tartre; verser dessus huit pintes d'eau filtrée ; aromatiser avec les zestes d'un citron ; laisser macérer vingt-quatre heures; casser, et ajouter deux onces de teinture de gingembre, et autant d'esprit de piment ; mettre dans des cruchons bien bouchés, qu'on place droits à la cave. Au bout de vingt jours, le ginger-beer est bon à boire.

On obtient une excellente limonade en supprimant le gingembre et le piment ; la dose de la crême peut être di-

minuée ou augmentée, selon qu'on veut obtenir la liqueur plus au moins mousseuse.

Si le sucre employé est de qualité inférieure, la fermentation est très active, et les cruchons courent risque d'être brisés.

GINKCO BILOBE. (Jard.) Ginkgo biloba. Famille des amentacées. Cet abrisseau, originaire du Japon, a des feuilles d'une forme toute particulière. On le plante dans une terre de bruyère, humide, abritée au nord et ombragée au midi. Il se multiplie par marcottes qui poussent lentement, et qui ont besoin d'être couvertes l'hiver avec de la litière.

GIRAUMON ou TURBAN. (Jard.—Cuis.) Cucurbita. Famille des cucurbitacées. Il se cultive comme la citrouille. On le place dans un terrain frais, mêlé de marc d'étang et de fumier, et on l'arrose souvent. On le sème à la mi-août, dans des fosses d'un pied carré, espacées de neuf pieds, et le fond de chacune est garni de six pouces de fumier de cheval. On enfonce trois ou quatre graines dans chaque fosse, à un pouce et demi de profondeur. Au bout de quinze jours, elles paraissent. On ne laisse qu'un pied qu'on abrite avec une cloche ou un pot à fleurs. Quand les bras ont environ un pied de long, on en coupe le bout avec une serpette. On coupe également les tiges montantes.

Manière d'apprêter le giraumon. Couper un giraumon en plusieurs morceaux, ôter la peau et le dedans, couper en petits ronds, faire blanchir à l'eau avec du sel. Quand il est cuit, l'assaisonner avec un morceau de beurre, de persil, de la ciboule, du sel et du poivre.

GIROFLE. — (Conn. us. — Cuis.) Le girofle ou gérofle est la fleur non épanouie du giroflier. (Famille des caryophylées.)

Le meilleur girofle est celui des Moluques. Il est brun, odorant, et pourvu d'une tête. Quand on le raie avec l'ongle, il laisse échapper de l'huile essentielle.

Le girofle facilite la digestion ; il ne convient pas aux sujets sanguins et irritables. Il doit être interdit dans le cas de phlegmasies et de fièvre.

L'huile essentielle de girofle est un stimulant très-actif. Quand les nerfs dentaires sont mis à nu, l'application de l'huile de girofle engourdit et apaise la douleur. Il faut éviter de répandre l'huile sur les parties voisines de la dent malade.

Ratafia de girofle. Mettre dans un demi-setier d'eau, et laisser infuser environ quatre heures, trois quarts d'once de girofle et autant de cannelle concassée; passer dans un linge, et verser l'infusion dans un mélange de quatre bouteilles de vin rouge et d'un sirop de deux livres de sucre cuit au soufflé ; mettre dans la liqueur le girofle et la cannelle dans un sachet bien noué ; donner au plus deux bouillons, laisser refroidir, exprimer ensuite le sachet dans la liqueur; l'alcooliser avec quantité suffisante d'esprit de vin, et, quand le goût indique qu'elle est suffisamment spiritueuse, mettre en bouteilles, bien boucher, ficeler et goudronner. Ce ratafia s'améliore en vieillissant.

Ratafia de girofle et de cannelle. Faire infuser un mois, dans un sirop fait avec une demi-livre de miel ou de cassonnade, dix grains de girofle et un bâton de cannelle concassée; filtrer.

Huile de girofle. Faire infuser une once de clous de girofle dans six pintes d'eau-de-vie, et distiller. Ajouter cinq livres de sucre fondu dans quatre pintes d'eau.

Faux girofle. Quand on n'a pas de girofle, on peut le remplacer par l'espèce d'œillets dont on se sert pour aromatiser les liqueurs. On prend les œillets à ratafia dès qu'ils sont fleuris; on les fait sécher à l'ombre, sur des planches bien sèches, dans une chambre close; on les enferme ensuite dans des boîtes de sapin ou dans des sacs de papier. Un petit bouquet de ces œillets, placé dans le ragoût ou le pot au feu, leur communique un goût entièrement semblable à celui du girofle.

GIROFLÉE JAUNE. (*Jard.*) *Chairenthus cheiri.* Famille des crucifères. Plante bisannuelle et quelque fois vivace. On en compte deux variétés : la variété à fleurs simples, à grandes fleurs, produit un très-bel effet dans les massifs montueux exposés au midi. Elle reste fleurie depuis le mois de janvier jusqu'au mois de juin. Pour en avoir toujours de belles, il faut les ressemer chaque année.

Les variétés doubles sont délicates, et exigent les plus grands soins. Elles ne viennent que dans des pots ou dans des caisses au fond desquels on met des gravois de vieux murs, et qu'on achève de remplir avec de bon terreau qu'on renouvelle chaque année à la fleuraison.

On tient les fleurs à demi-ombre en été, et au soleil, au printemps ; en automne on les rentre bien. Il faut les arroser chaque fois que la terre est un peu sèche.

Elles se multiplient par boutures qu'on fait au mois de juin ou de juillet. On choisit pour cela des branches bien feuillées et bien fraîches. Il y a une variété dont les fleurs sont larges comme un sou ; elle est très-rare et vient des îles illyriennes.

Giroflée rouge. (*Cheiranthus cheiri annuus.*) Plante bisannuelle et indigène, qui se reproduit par des semis qu'on fait au mois de mars, au pied d'un mur, au midi, et en bon terreau. On repique le pied lorsqu'il est assez fort, et on le préserve du soleil. Pendant quelques jours, la couleur des fleurs varie en rouge, violet, blanc, et panaché.

Giroflée quarantaine. (*Cheiranthus cheiri annuus.*) Plante annuelle et indigène, dont les fleurs, plus larges et plus belles que celles de la précédente, sont encore plus variées en couleurs, savoir : rouge, couleur d'éclair, violet, blanc, violet-panaché, rouge-panaché. Elles se cultive de la manière que nous avons indiquée ci-dessus.

GIROUETTE. (*Ind. dom.*) Mouillez votre doigt de manière à ce qu'il soit humide tout autour : en le retirant de votre bouche, élevez la main au-dessus de votre tête; le côté du doigt où vous sentirez le froid sera celui d'où viendra le vent; c'est le plus commode et le plus sûre de toutes les girouettes.

GLACE. (*Conn. us. — Ind. dom. — Méd. dom.*) La glace n'est autre chose que de l'eau rendue solide par l'effet du froid. Dans ce nouvel état, l'eau a perdu sa fluidité, sa mobilité ; elle ressemble à du cristal, elle a augmenté de volume, et est devenue plus légère, puisque l'on voit nager les glaçons à la surface des rivières qui charrient, et cette augmentation de volume, cette espèce de gonflement est la cause qui fait casser une cruche quand

l'eau qu'elle contient vient à s'y congeler. L'eau salée, ou l'eau qui est mêlée à quelque liqueur spiritueuse, se sépare et se congèle seule; c'est pour cette raison que les glaçons de la mer ne sont point salés, et que l'on parvient à rendre le vin fort et spiritueux en le faisant geler, et le soutirant avant le dégel ; c'est un moyen d'en séparer l'eau.

La glace s'emploie en médecine à l'intérieur et à l'extérieur. A l'intérieur, elle calme la soif. (*Voy.* EAU.) On l'applique avec succès dans les cas dangereux d'hémorrhagies utérines, d'affections cérébrales, etc.

La glace se forme en une seule masse sur les étangs et sur les rivières qui ont un cours rapide, par l'agglomération des glaçons. L'exercice du patin est rendu dangereux, sur les étangs, par les sources qui diminuent l'épaisseur de l'eau ; sur la rivière, par le peu de solidité des points de jonction.

La glace conserve les substances animales, et en arrête la décomposition commencée. Ces substances, tirées de la glace après un temps très-long, se putréfient à l'air avec la plus grande activité ; mais si on les cuit de suite, elles sont tendres et savoureuses.

On a trouvé, dans les blocs de glace des contrées voisines des pôles, des éléphans et autres animaux entiers et parfaitement conservés. On suppose qu'ils avaient été saisis par le froid, après y avoir été entraînés par les eaux du déluge. (*Voy.* GÉOLOGIE.)

Mélange pour faire de la glace. Mettre de l'acide sulfurique dans un vase de grès, y verser assez d'eau pour que l'acide ne marque plus que 44 degrés à l'aréomètre, c'est-à-dire pour sept parties d'acide en poids, cinq parties d'eau; y verser, pour trois onces du mélange, quatre onces de sulfate de soude en poudre, et y mettre un vase de fer-blanc rempli d'eau. L'eau commence à se congeler après quinze minutes; on renouvellera alors le mélange frigorifique, et on enlèvera la glace des parois du vase de fer-blanc. Cette opération se pratique à la cave, à une température de 10 degrés. Le sulfate de soude devra être de bon choix. On évitera de laisser tomber sur soi des gouttes du mélange frigorifique.

On peut encore verser sur cinq parties de sulfate de soude pulvérisée quatre parties d'acide sulfurique à 56 degrés.

Autre mélange frigorifique. Mettre l'eau qu'on veut faire congeler dans un vase de fer-blanc ; l'entourer d'un mélange de parties égales de sous-carbonate de soude, d'eau et de nitrate d'ammoniac. Pour congeler complétement, il faut renouveler le bain, et le maintenir trois heures. 12 onces de mélange donnent 10 onces de glace.

Manière de faire de la glace par l'évaporation. On fait l'opération par un temps calme, sous un ciel sans nuages. On creuse dans la campagne des trous profonds de deux pieds dans lesquels on dépose des vases de terre qu'on remplit d'eau le soir. La glace se forme le lendemain. (*Voy.* ROSÉE.)

GLACE. (*Cuis. —Off.*) *Glace de veau.* Faire mijoter quatre heures, dans une marmite, avec du consommé, une poule, un morceau de veau, des légumes ; passer la glace à travers une serviette, la faire réduire sur un feu ardent.

Glace de cuisson. Passer le fond des cuissons dans un tamis, faire réduire, et quand il devient épais, ajouter un peu de beurre frais, et achever de faire réduire sur des cendres chaudes.

Glace de racines. Faire bouillir dans une casserole des carottes, des navets, des oignons, quelques clous de girofle. Faire réduire à petit feu.

Glace royale. Mêler un blanc d'œuf frais avec du sucre en poudre; battre le mélange en ajoutant un peu de jus de citron. On peut colorer avec des couleurs d'office.

GLACES. (*Off.*) Les glaces sont des liquides sucrés aromatisés, et soumis à l'action du feu. Leur action détermine une irritation du canal alimentaire.

Les glaces furent inventées en France au 17ᵉ siècle. Le plus célèbre débitant de glaces, à Paris, fut un Florentin nommé Procope Couteaux, qui s'établit, en 1660, au coin de la rue des Fossés-Saint-Germain-des-Prés. En 1676, on vit naître la corporation des limonadiers, qui avaient le privilége de préparer les eaux de gelée et glaces de fruits et de fleurs. L'usage s'en répandit avec une grande rapidité.

Pour faire les glaces, on a des sabotières d'étain ou de fer-blanc; dans celles d'étain, les liqueurs se glacent moins vite, mais sont plus moëlleuses, et la glace ne forme pas de glaçons. On y met la glace pilée et salée, ou salpétrée; plus il y a de sel, plus la liqueur prend vite et se congèle.

Ayant préparé le mélange frigorifique, on soumet les liqueurs à son action en remuant de temps en temps avec une cuiller pour dissoudre les glaçons. Les glaces se dressent en pyramides dans de petits verres de cristal à pied, ou se moulent en fromages qu'on retire du moule en le trempant dans l'eau; après un bouillon, passer avec expression; y mêler une livre de sucre fondu; glacer. On peut les peindre en forme de fruits. On y introduit le liquide; on bouche l'ouverture avec un mastic de quatre onces de cire jaune, deux onces et demie de saindoux, quatre de poix-résine. On place le moule dans la sabotière; la liqueur est congelée quand le moule commence à s'ouvrir de lui-même.

Quand les glaces sont grenues, il faut ajouter un peu de sirop et les travailler avec la cuiller.

Si on veut boire les glaces, on y met moins de sucre et de fruits.

Nous avons indiqué à l'article *couleurs* la manière de colorer les glaces, ainsi que toute préparation d'office.

Glaces à l'abricot. Couper quinze abricots par morceaux, ôter les noyaux, les mettre sur le feu avec une demi-chopine d'eau; après un bouillon, passer avec expression; y mêler une livre de sucre fondu; glacer. On peut les peindre en jaune avec du safran, et faire les nuances avec du citron. On fait de même les glaces de pêches.

Glaces aux amandes. Piler quatre onces d'amandes douces, deux onces d'amandes amères, en versant de temps en temps un peu d'eau; ajouter une once de fleur d'orange et deux onces de crême; passer avec expression; faire bouillir deux onces de crême, les verser sur le lait d'amandes; après un bouillon, laisser refroidir et glacer.

Glaces à l'ananas. Râper sur un morceau de sucre la surface de trois ananas; couper le fruit par la moitié, en exprimer le jus et le mêler à celui de quatre citrons. Faire

fondre au feu quatre onces de sucre dans une chopine et demie d'eau; quand il est refroidi, mêler, glacer.

Glaces aux avelines. Prendre une demi-livre d'avelines, les faire praliner et griller avec du sucre, les piler; quand elles sont refroidies, les délayer avec neuf jaunes d'œufs et une pinte de crême; mettre un instant sur un feu doux, passer à l'étamine et glacer.

Glaces à la bigarade. Faire cuire trois livres de sucre au lissé, y ajouter les zestes de quatre bigarades, puis le suc de douze bigarades et de huit citrons; passer après une heure d'infusion, et glacer.

Glaces au café. Réduire en poudre cinq onces de café torréfié, verser dessus un mélange chaud d'une livre huit onces de lait, huit onces de crême et douze onces de sucre; remuer avec une cuiller; quand le tout est refroidi, passer et glacer.

Glaces à la cannelle. Faire fondre sur un feu doux deux livres de sucre, ajouter douze gros de cannelle pilée, quatre livres de lait, deux litres de crême; faire épaissir sur le feu, passer, laisser refroidir et glacer. On fait de même les glaces au girofle.

Glaces au cédrat. Mettre trois cédrats râpés sur le feu, avec une livre huit onces de lait, huit onces de crême, douze onces de sucre; passer, laisser refroidir et glacer.

Glaces aux cerises. Prendre deux livres de cerises, leur donner un bouillon avec un quarteron de sucre, les passer; ajouter une infusion d'une poignée de noyaux de cerises pilés dans le suc de deux citrons, et une livre de sucre cuit au petit lissé; glacer.

Glaces au chocolat. Délayer une pinte de crême avec neuf jaunes d'œufs frais et une demi-livre de sucre en poudre; mettre chauffer doucement; y mêler une demi-livre de chocolat fondu dans un verre d'eau; passer et glacer.

Glaces aux citrons. Mettre dans une livre de sucre cuit au lissé les zestes de trois citrons; y ajouter le jus de neuf citrons; laisser infuser et glacer.

Glaces à la crême. Faire bouillir une livre huit onces de lait, huit onces de crême, les zestes d'un citron, douze onces de sucre, passer et glacer.

Glaces à l'épine-vinette. Égrener une livre huit onces d'épine-vinette bien mûre; faire bouillir un quart d'heure avec une bouteille d'eau et une livre de sucre; passer; ajouter le jus de deux citrons et un peu de sucre; glacer.

Glaces de fraises. Eplucher et passer une livre de fraises; ajouter trois quarterons de sucre cuit au petit lissé et le jus de deux citrons. On fait de même les glaces de framboises.

Glaces aux grenades. Broyer douze grenades; ajouter quatre onces de gelée de groseilles, une livre un quart de sucre en poudre, deux pintes d'eau; passer et glacer.

Glaces aux groseilles. Egrener deux livres de groseilles, une livre huit onces de framboises, ou bien prendre une livre de jus de groseilles conservé, ou du suc de la gelée fondue à l'eau chaude; ajouter le sucre comme ci-dessus.

Glaces à l'italienne. Faire bouillir une pinte de crême; y verser un quarteron de café en poudre; concasser et laisser infuser deux heures; fouetter neuf blancs d'œufs et les mêler à la crême; ajouter une demi-livre de sucre; faire cuire à petit feu; laisser infuser et glacer. Selon les goûts, on substitue les jaunes d'œufs aux blancs.

Glaces à la jonquille. Prendre huit onces de fleurs de jonquilles; faire fondre douze onces de sucre dans deux pintes d'eau, et verser ce mélange bouillant sur les fleurs; laisser infuser huit heures, passer et glacer. On fait de même les glaces à la fleur d'orange. Pour celles au jasmin, il ne faut que six onces de fleurs; il en faut une livre pour celles aux œillets. Pour les glaces à la tubéreuse, ainsi que pour celles à la rose, il en faut douze onces. On ajoute aux glaces à la violette une once d'iris en poudre.

Glaces au marasquin. Faire bouillir une pinte de lait, une demi-chopine de crème, une demi-livre de sucre; passer; ajouter trois blancs d'œufs en neige, puis une demichopine de marasquin; glacer.

Autres. Faire infuser dans une chopine et demie d'eau les zestes de quatre citrons; ajouter quatre onces de sucre et le jus des citrons; passer, ajouter le marasquin et glacer.

Glaces aux pistaches. Piler une demi-livre de pistaches avec un peu de crème et les zestes d'un citron; ajouter neuf jaunes d'œufs et trois quarterons de sucre en poudre et une pinte de crème; faire cuire, colorer avec du vert d'épinards, glacer.

Glaces aux poires. Faire cuire dans un peu d'eau des poires de beurré, de cressane, de rousselet ou de Saint-Germain, après les avoir pilées; les passer au tamis; mettre par chaque livre de suc trois quarterons de sucre cuit au petit lissé, et le jus de deux citrons; glacer.

Glaces aux pommes. Prendre dix pommes de reinette, en ôter les écorces, les piler, les mettre sur le feu avec une demi-chopine d'eau, les réduire en pâte; passer avec expression, ajouter six onces de sucre en poudre; mêler bien, laisser refroidir, ajouter le jus d'un citron, glacer.

Glaces à la rose et à la crème. Eplucher deux poignées de roses, les mettre infuser deux heures dans une pinte de crème, passer; y délayer neuf jaunes d'œufs et trois quarterons de sucre en poudre; remuer sans cesse, jusqu'à ce que la crème s'épaississe sans bouillir, ce qui ferait tourner les œufs; passer et glacer. On fait de même les glaces à la crème et à la fleur d'orange avec une poignée de fleur d'orange pralinée. Si l'on veut donner le goût du grillé, on réserve une partie de sucre qu'on transforme en caramel.

Glaces au raisin muscat. Faire infuser dans une pinte d'eau bouillante trois gros de fleurs de sureau; verser l'infusion sur trois livres de raisin; laisser refroidir une heure; ajouter deux livres de sucre et le jus de quatre citrons; passer et glacer.

Glaces au safran. Piler six gros de safran avec un peu de sucre, le jeter dans deux livres de lait et trois quarts de livre de crème; faire bouillir, passer au tamis, laisser refroidir et glacer.

Glaces à la vanille. Piler quatre gros de vanille avec un peu de sucre, la mettre sur le feu avec une livre et demie de lait, une demi-livre de crème, quatre gros de vanille, trois quarterons de sucre; quand le mélange bout, passer, laisser refroidir et glacer.

Glaces au verjus. Broyer une livre de verjus, ajouter une chopine d'eau, passer, y exprimer le jus de deux citrons, ajouter une demi-livre de sucre, glacer.

Glaces au vin de Champagne ou aux vins de liqueurs. Prendre six citrons, une pinte d'eau, une pinte de vin,

quatre blancs d'œufs, huit onces de sucre; procéder comme pour les glaces au marasquin.

Glaces au zéphyr. Râper un citron, un cédrat et une orange, ajouter une gousse de vanille, deux cuillerées d'eau de fleur d'orange, lait ordinaire, sucrer comme pour la vanille; glacer.

GLACES. (*Ind. dom.*)

Enduit pour préserver le tain des glaces de taches et d'arborisations. Frotter légèrement le tain d'une flanelle douce; y répandre de la poudre à poudrer. (voy. AMIDON.) Donner avec un pinceau de blaireau deux couches d'un mélange de quatre onces de blanc de céruse broyé à l'huile blanche, huit onces de vernis blanc à l'esprit-de-vin, une once d'essence, trois onces de vert de gris broyé à l'huile de lin.

Manière de faire les gravures sur les glaces. (voy. GRAVURE.)

Manière de nettoyer les glaces. Réduisez un petit morceau d'indigo en poudre fine; mouillez un linge, appuyez-le sur cette poudre, promenez-le sur la glace en frottant, et ensuite essuyez avec un linge sec. On emploie aussi avec avantage de l'eau-de-vie ou de la cendre très-fine, dont on se sert de la manière dont on vient de le dire. Le blanc d'Espagne est nuisible en ce qu'il dépolit les glaces.

GLACIÈRE. (*Conn. us. —Ind. dom.*)Les glacières les plus ordinaires sont des espèces de caves. Voici comment on y transporte la glace.

Quand la glace des rivières et des mares a deux ou trois pouces d'épaisseur, on la casse avec des crocs de fer; on la divise en petits morceaux, et on la jette sur un lit de paille de froment; on la pile en poudre grossière. Quand il y en a une couche de deux pieds, on fait dissoudre du sel dans de l'eau bouillante, à raison de deux livres et demie pour dix litres d'eau. On arrose avec cette dissolution au moyen d'un arrosoir. On forme, de cette manière, des couches superposées, et, à la dernière, on double la dose de sel. Huit jours après, quand la masse est affaissée, on remplit tout l'espace vide avec de petits bouchons de paille. Quand on ouvre une pareille glacière pendant l'été, elle présente une masse de glace compacte et très-dure qu'il faut extraire à coups de pioche.

Glacière hors de terre. On choisit un lieu abrité par de grands arbres. On construit en planches ou en briques une petite maison à doubles murailles, afin de laisser un espace vide qui restera rempli d'air froid; on élève une cloison intérieure des deux côtés; on remplit l'espace réservé entre la double muraille et la cloison avec de la paille courte et froissée, de la sciure de bois, ou du poussier de charbon. Leur plafond est garni des mêmes ingrédiens; et le plancher est poudré de charbon. En face de la porte, est un endroit pour conserver la viande ou autres denrées, puis une autre porte. Dans la cloison qui entoure le lieu où l'on met la glace, est une ouverture pour la retirer ou la jeter. Le toit est en chaume; une petite fenêtre au nord pour regarder dans la glacière, et tamponnée, ainsi que la porte, avec de la paille. Quand il gèle, on ouvre les portes et la fenêtre; on entasse la glace et on l'inonde d'eau, qui, en se refroidissant, garnit les interstices. Quand la glacière est remplie, on ferme la porte. On n'ouvre jamais la seconde sans avoir fermé la première.

L'espace vide entre les deux murailles doit être plus large pour recevoir de la sciure de bois, de la paille coupée, que pour du charbon.

S'il ne gèle pas, on pile la glace pour en faire une masse compacte, et on remplit les intervalles avec de la paille.

Glacière de M. Lamberti. Choisir un terrain ombragé ; creuser une fosse circulaire de douze pieds de diamètre et de quatre pieds de profondeur, en rejetant la terre également tout autour.

Au milieu de la fosse, faire un trou de trois pieds de diamètre et de profondeur ; placer au fond un lit de fagots d'épine.

Pendant les gelées, empiler la glace en en faisant un tout avec de la glace pilée et de l'eau. On place, si l'on veut, au niveau du sol, une barique défoncée pour conserver des alimens.

Quand la couche supérieure est arrondie, recouvrir d'une couche de paille soutenue par des perches ; établir ensuite un second lit également soutenu par des perches, et dont on couvre le pied avec la terre de la fosse à la plus grande hauteur possible. Placer l'entrée de la glacière au nord.

Glacière portative. Prendre une tonne cerclée de fer ; placer au milieu une tinette posée sur deux pièces de bois pour l'empêcher de toucher le fond de la cuve ; enfoncer la tonne aux quatre cinquièmes dans la terre d'une cave bien fraîche ; remplir la tinette de glace pilée ou de neige foulée à l'époque des dernières gelées. Dans l'intervalle de la tinette et la tonne, placer du charbon pilé ou écrasé ; placer un sac de charbon sur le couvercle de la tinette.

Quand on veut avoir du liquide à la glace, on lève le couvercle de la tinette, on y met la bouteille ; au bout d'une demi-heure, on peut la retirer.

Un trou de la grandeur d'un bouchon de liége , muni d'une soupape, sert à faire écouler l'eau qui se fond.

Partout où il y a des glacières, on peut conserver toute espèce de fruits et de légumes dans la glace ; on les met dans des vases de fer-blanc, ou les entoure de sel, on les place dans la glace, en environnant les vases de charbon de bois en poudre ; s'ils gèlent, on les fait dégeler dans l'eau froide pour s'en servir.

GLANAGE. (*Cod. dom.*) Le glanage est soumis à des dispositions législatives. Les glaneurs ne peuvent entrer dans les champs qu'après l'enlèvement des fruits, sous peine d'une détention de 3 jours au plus, prononcée par la justice correctionnelle. (Code pénal.)

Le glanage est interdit dans tout enclos rural.(Loi de 1791.)

Le propriétaire d'un champ peut faire glaner avant l'enlèvement des fruits. (id.)

Les préfets et maires peuvent faire des arrêtés sur le glanage pour ordonner qu'il ne se fera qu'à la main et à une certaine époque, ou en présence du garde-champêtre. Ils peuvent également restreindre le droit de glaner aux habitants du lieu, et aux plus nécessiteux. (Réglements administratifs.)

Divers arrêtés et réglements de l'ancien parlement de Paris établirent ce principe que les vieillards, les enfans et les femmes ont seuls le droit de glaner, et défendirent à tous laboureurs, fermiers et propriétaires d'employer la violence pour empêcher ces personnes de ce droit.

Le propriétaire qui envoie son troupeau dans un champ avant les deux jours accordés pour le glanage par l'art. 22 de la loi de 1749, titre 2, encourt les peines attachées à cette infraction, sans pouvoir être condamné à des dommages-intérêts envers les pauvres. (Arrêt de cassation du 18 octobre 1817.)

Le grapillage ou cueillette des raisins , après la vendange, le ratelage ou l'action de ramasser les bois et les pailles au rateau après la fauchaison ou la moisson , sont soumis aux mêmes lois.

GLAND. (*Ind. dom.*) Le gland peut servir à quelques usages domestiques.

La fécule du gland , quand le gland a été râpé avec soin et qu'il est bien mûr, est saine et d'une saveur agréable. Elle se précipite plus difficilement que celle des pommes de terre ; mais au bout de quelques lavages, on l'obtient à raison de six livres de fécule au moins pour trente-six livres de gland.

Café de glands. Oter l'écorce des glands ; les faire infuser dans plusieurs eaux pour leur ôter leur amertume ; les rôtir , les moudre avec partie égale de racines de fougère séchées au soleil ou au four, et torréfier ; ajouter par kilogramme quatre clous de girofle pulvérisés, une demi-cuillerée d'essence de térébenthine , trois cuillerées de mélasse , deux poignées de feuilles de menthe.

(Voy. CAFÉ , CHÊNE , FÉCULE.)

GLANDÉE. (*Cod. dom.*) La glandée est la récolte et l'usage du gland dans les bois et forêts. Le droit d'introduire des porcs dans les forêts appartenant à l'état s'acquiert par adjudication. Dans les bois des particuliers, il ne peut être pratiqué que pour les parties de bois déclarées défonçables par l'administration forestière et avec autorisation du conservateur, après examen fait par les agens forestiers.

GLANDES. (*Méd. dom.*) Les glandes sont des tumeurs formées par l'engorgement des ganglions lymphatiques. On les traite comme les goîtres. (voy. GOÎTRE.)

GLAYEUL COMMUN. (*Jard.*) *gladiolus communis.* Famille des iridées. Ognon indigène qui fleurit au mois de mai en grands épis violets, blancs ou roses selon la variété ; il y en a une couleur de pourpre dont les fleurs sont plus grandes et à laquelle on donne le nom de *glayeul de Bysance.* Cette plante vient très-bien, n'importe dans quel terrain ; elle se reproduit par pousses qui fleurissent la cinquième année et donnent des variétés.

GLOBULAIRE A TIGE NUE. (*Jard.*) *globularia nudicalis.* Famille des lysimacules. Plante basse et vivace formant une touffe arrondie , garnie, en juillet, de fleurs bleues. Cette plante exige une terre sèche et légère exposée au soleil ; la séparation des pieds se fait au mois de septembre.

Globulaire turbith. (*globularia alypum.*) Arbrisseau de deux ou trois pieds , du midi de la France, feuilles inférieures spatulées , à trois dents, les supérieures lancéolées, persistantes ; fleurs bleuâtres , agrégées , en mars, septembre et octobre. Il se sème en pot de terre de bruyère : dans l'orangerie, multiplication de graines sur couche ; il produit un bel effet dans les jardins. Sa décoction est expectorante.

GLOUCESTER DOUBLE. (Voy. FROMAGE.)

GLU. (*Ind. dom.*) Pour préparer la glu, faire ramollir dans l'eau , par une ébullition de sept à huit heures, de l'écorce moyenne de houx ; faire écouler l'eau ; placer les écorces dans des pots qu'on charge de pierres, et les mettre à la cave; laisser fermenter trois semaines; broyer la masse qui se forme, dans un mortier, jusqu'à consistance de pâte; laver la pâte dans l'eau, la faire fermenter quatre ou cinq jours; au bout de ce temps , on peut l'employer.

On extrait aussi la glu des jets de sureau, de la viorne cotonneuse , de l'écorce du gui, etc.

La glu de bonne qualité est visqueuse, d'une saveur aigre, de couleur verdâtre, d'une odeur d'huile de lin ; elle se liquéfie à un feu doux , et tourne au brun à une chaleur vive; elle brûle avec beaucoup de fumée.

La glu, exposée à l'air, se dessèche; mais elle redevient visqueuse si elle est mouillée.

On falsifie la glu avec de la térébenthine, de l'huile , du vinaigre.

GLUAUX. (*Chass.*) *Manière de les faire.* On prend de petits brins de bouleau ; on les taille en coins par les bouts; on délaie de la glu dans l'huile, et on la tortille autour de chaque gluau ; on place les gluaux simplement à terre avec un morceau de pain au bout, ou bien on s'en sert pour la pipée. (Voy. ce mot.)

La meilleure place, pour disposer des gluaux , est sur le bord d'un abreuvoir, à la proximité des vignes, dans un enfoncement, dans les bois ou au voisinage d'un taillis.

GLYCINE TUBÉREUSE. (*Jard.*) *clycine apios.* Famille des légumineuses. Cette plante vivace et traçante est originaire de la Virginie; elle a une racine tubéreuse; elle est annuelle. Quand sa tige trouve un appui, elle s'élève en serpentant jusqu'à douze ou quinze pieds ; ses fleurs viennent au mois d'août en grappes d'un rouge brun; elles ont une bonne odeur un peu musquée. Cette plante est jolie , mais incommode, à cause de ses tubercules, qui s'étendent à une grande distance; il faut, pour qu'elle ne nuise pas aux autres plantes, la mettre dans un pot de terre contre un mur au midi; on la change de terre tous les ans et on ne conserve que le tubercule principal qui, avec le temps, acquiert plus de trois pouces de diamètre.

Glycine monoïque. (*clycine monoïla.*) Plante tuberculeuse et vivace, originaire de l'Amérique septentrionale ; elle est plus jolie et moins traçante que la précédente; ses fleurs viennent en septembre; il faut la mettre dans un pot au pied d'un mur exposé au midi ; elles ont besoin d'être ramées.

GNEISS. (*Conn. us.*) C'est une espèce de roche quartzeuse micacée qui présente une apparence feuilletée due au mica. On la rencontre partout dans les Alpes. On emploie le gneiss dans la construction des foyers et des fours. Il résiste au feu.

GOBE-MOUCHE. (*Chass.*) *Muscicapa grisola.* Oiseau de l'ordre des passereaux, qui saisit les insectes au vol. Il est gris comme la fauvette, a le bec noir, le ventre blanc, la gorge grise. Il paraît dans nos contrées au printemps, les quitte en automne. Il vit retiré dans les bois.

GOELAND. (*Chass.*) *Larus.* Ce sont des oiseaux aquatiques et ichthyophages qui ont les caractères des mouettes. Ils couvrent les rivages des mers. Il y en a plusieurs espèces ; elles s'apprivoisent aisément. Placés dans un jardin , les goelands le débarrassent des limaçons et des vers.

Goeland à manteau gris. Gros comme un canard de Barbarie; dessus du corps gris cendré ; extrémité des plumes blanche avec une tache noirâtre; dessous du corps blanc.

Goeland gris-brun. Grosseur égale, teinte brune.

Goeland à manteau noir. Plus gros que les précédents, dos ardoisé, tache rouge à l'angle saillant de la mandibule supérieure, paupière d'un jaune aurore.

Goeland varié. C'est la plus grande espèce; son plumage varie, suivant l'âge, de blanc, de gris, de gris brun et de noir.

Cet oiseau ne se mange pas; sa chair est coriace, amère et désagréable au goût.

GOITRE. (*Méd. dom.*) Le goître est une tumeur placée au devant du larynx, et formée par l'augmentation du volume d'une glande nommée thyroïde.

Le goître est endémique dans les vallées humides et étroites situées au-dessous des Alpes vaudoises. Il se montre ailleurs , mais à un faible degré, et rarement chez les hommes.

Le tempérament lymphatique, la misère, les efforts, les passions violentes dans lesquelles le sang afflue vers la tête et le cou , les quintes de toux, sont autant de circonstances qui développent le goître.

Le goître est incommode , mais rarement dangereux ; il disparaît quelquefois après une diminution graduelle. Les eaux alcalines et sulfureuses à l'intérieur , à l'extérieur de l'iode, est un composé de quatre parties de tan en poudre ; une partie de muriate ammoniacal, deux parties de chaux éteinte; la compression à l'aide d'une plaque d'acier, les frictions savonneuses , les onctions avec l'huile camphrée, sont autant de moyens qui font disparaître les goîtres, ou empêchent leurs progrès.

On prévient le développement des goîtres en habitant un lieu bien aéré, plutôt sur une montagne qu'en plaine , en évitant les efforts , en suivant un bon régime, en se garantissant le cou du froid et de l'humidité.

GOMBO-KETMIE (*Jard. — Cuis.*) *Triticum esculentus.* Famille des malvacées.

On distingue le gombo long et le gombo rond. Cette plante est originaire d'Amérique. On la sème sur couche en février ; on la transporte au mois de mai sur une couche neuve, dans une terre légère et bien fumée ; quand elle a trois ou quatre feuilles, on l'abrite d'un châssis : elle veut beaucoup d'eau pendant les chaleurs. On éloigne chaque plant, l'un de l'autre , d'un décimètre en tout sens. Quand le gombo est fort, on soulève le châssis, et au bout de quinze jours on le découvre complétement. On le transplante alors sur une côtière abritée et en lieu chaud, en terre légère, substantielle, et fumée avec du fumier de cheval , en espaçant les plants à quatre ou cinq décimètres.

Le gombo se sert sur les tables avec le bouilli; il est adoucissant.

Les fleurs, couleur de soufre au bord et pourprées au milieu, paraissent en juin.

Les capsules, qui suivent les fleurs, se mangent comme les haricots verts, les carottes, les épinards, les navets ; on les arrange aussi avec de l'huile, du vinaigre, du piment, du jus de citron.

Dans le midi, on cultive en mars, ainsi qu'en automne, quand la graine est levée.

Pour primeurs, on sème en décembre, sur couches et sous châssis; on repique sous châssis très-élevés, et l'on arrose souvent.

GOMMES. (Conn. us.—Ind. dom.—Méd. dom.) *Gomme adragant.* La gomme adragant est une résine qui coule naturellement des gros rameaux et du tronc de l'astragale, gomme féri. (Famille des légumineuses.) Elle est en lames dures, mais solubles quand elles sont en poudre, et donnant un produit très-épais. On l'emploie dans les arts et en médecine comme analeptique. Les confiseurs s'en servent pour donner du corps aux pâtes et aux dragées.

Gomme arabique. La gomme arabique se trouve sur plusieurs espèces d'arbres de l'Arabie et du Sénégal. La gomme du Sénégal est souvent de couleur orangée. Les arbres qui donnent la gomme sont de l'espèce des mimosas. *(Famille des légumineuses.)*

La gomme arabique, dissoute dans une petite quantité d'eau, et délayée avec un peu d'esprit-de-vin pour empêcher l'eau de se corrompre, fait une colle très-solide; si on y ajoute un peu d'ammoniaque, on obtient un mastic pour le marbre et la porcelaine. (Voy. ces mots.)

Sirop de gomme. Concasser six onces de gomme arabique, la faire fondre dans une livre d'eau, passer; faire chauffer une livre six onces d'eau, dans laquelle on met trois livres de sucre blanc; quand le sirop commence à bouillir, y jeter un blanc d'œuf fouetté avec une once et demie d'eau de fleur d'oranger; laisser bouillir quelques minutes en écumant, verser dans le sirop une solution de gomme; faire chauffer un moment; quand l'ébullition commence, passer à travers une étamine: si on n'arrêtait pas l'ébullition, le sirop acquerrait en peu de temps un goût âcre. (Voy. EAUX MÉDICALES.)

Potion gommeuse. Prendre un verre d'infusion de fleurs de mauve, deux gros de gomme arabique, une once de sirop de sucre; on boit ce mélange par cuillerée pour calmer la toux. En ajoutant une once d'huile d'amandes douces, on obtient une potion huileuse à prendre également par cuillerée.

Gomme copal. (Voy. COPAL.)

Gomme élastique. (Voy. CAOUTCHOUC.)

Gomme indigène ou gummi nostros. On appelle ainsi plusieurs espèces de gomme qui découlent des arbres fruitiers de nos climats, comme l'amandier, le cerisier, le pêcher, l'abricotier; on les emploie dans les arts.

Quand la gomme des arbres coule en assez grande abondance pour amener un dépérissement progressif des arbres, on l'enlève avec un instrument bien tranchant, en coupant jusqu'au vif, et on frotte la place avec de l'oseille, dont on fait pénétrer le suc dans le bois. Il naît promptement une nouvelle écorce, et les arbres ne jettent plus de gomme.

Gomme gutte. La gomme gutte sert en peinture pour la couleur jaune, et en médecine comme purgatif, à la dose de dix grains. On la tire du millepertuis baccifère d'Amérique, et du cambogia-gutta d'Asie. La coloration des bonbons faite sans précaution avec de la gomme gutte peut causer de graves accidents.

GONPHRÈNE GLOBULEUX (Jard.). *Comphrena globosa.* Famille des amarantes. Cette plante annuelle est originaire de l'Inde; elle fleurit au mois de mai; ses fleurs forment des têtes globuleuses, violettes ou blanches; on les sème au mois de mars sur couches, ou en avril, au pied d'un mur exposé au midi, dans un bon terrain. Quand les plantes ont à peu près deux pouces de haut, on les repique en mottes.

GORDONNIA PUBESCENT. (Jard.) *Gordonia pubescens.* Famille des malvacées. Cet arbrisseau de la Caroline méridionale est fort joli; il fleurit au mois de septembre; ses fleurs sont grandes et blanches; il est très-délicat; mais on peut le conserver en pleine terre, en ne l'y abandonnant que lorsqu'il a atteint trois ou quatre pieds de haut; on le plante alors au mois de mai dans du terreau de bruyère, abrité au nord et un peu ombragé au midi. L'hiver, on couvre le pied avec de la litière afin de le préserver du froid, auquel il est très-sensible. La multiplication se fait par marcottes ou par rejets.

GORTERIA PINNÉE. (Jard.) *Gorteria pinnata.* Famille des corymbifères. Plante vivace du Tarn, qui produit au mois d'août de grandes fleurs d'un beau jaune orangé; on la cultive dans de la terre de bruyère, en pots qu'on enterre au midi dans un endroit sec; on la rentre au mois d'octobre; la multiplication se fait par la séparation des pieds ou par marcottes.

GOSIER. (Méd. dom.) *Corps étrangers dans le gosier.* Il arrive à des enfans d'avaler des noyaux de cerises ou de prunes, ou autres corps. Il en résulte rarement des accidens, si ce n'est un embarras dans le cours des déjections. L'usage des lavemens émolliens et huileux, des frictions sur le ventre, l'ingestion d'alimens solides capables d'entraîner les corps étrangers, de boissons délayantes, de légers purgatifs, finissent par débarrasser les intestins. S'ils restaient engorgés, des gastrites pourraient survenir ainsi que de dangereuses inflammations; et il faudrait avoir recours à de douloureuses opérations chirurgicales.

Quand un corps touche la glotte, il est aussitôt repoussé. Quelquefois, cependant, des corps étrangers pénètrent dans les voies aériennes. C'est à un chirurgien à chercher les moyens de les extraire.

Si des fragmens d'os, des cartilages, des corps durs, sont arrêtés dans le gosier, et menacent l'individu de strangulation, après avoir ouvert largement la bouche, et déprimé la langue à l'aide d'une cuiller, on saisit le corps avec des pinces à branches longues et recourbées sur leurs bords. M. Dupuytren a imaginé une tige d'argent, terminée d'un côté par un anneau, de l'autre par une boule sphérique, au moyen de laquelle on cherche le corps dans l'œsophage.

GOUDRON. (Conn. us. — Ind. dom.) Le goudron est une substance composée de résine, d'huiles essentielles empyreumatiques et de charbon épaissi, d'une consistance sirupeuse, d'un noir rougeâtre un peu tenace, collant, d'une forte odeur empyreumatique et d'une saveur âcre. On l'obtient communément des pins et sapins très-vieux. On met le feu dessous de petits morceaux de sapin placés dans un four en forme de cuve renversée, dont le sol est carrelé.

47

Le goudron descend et se rend dans un réservoir qui lui est préparé.

On a guéri des phthisies pulmonaires au moyen de fumigations de goudron, en plaçant dans la chambre des malades un vase de goudron, au-dessus d'une lampe. On neutralise l'acide pyroligneux qui cause la toux, en ajoutant par livre de goudron une once de sous-carbonate de potasse.

Composition de goudron pour tanner les cuirs et les peaux. Jeter cinq livres de goudron dans l'eau bouillante; ajouter de la chaux pour faire pâte; ajouter de l'eau froide, une pinte de goudron et autant de chaux en poudre; filtrer; on sépare les poils des peaux, et on couvre ces peaux de la liqueur. Au bout de vingt-quatre heures, on les met dans l'eau de chaux vive pendant douze heures; on les change ainsi alternativement, jusqu'à ce qu'elles soient d'un brun foncé, puis on les fait sécher; on les place 48 heures dans l'eau de goudron; on les met ensuite une heure dans l'eau de chaux, et on les remet dans la liqueur; quand les peaux sont converties en cuir, on les fait sécher (Voy. CUIR, PEAU.)

Goudron pour les bouteilles. (Voy. BOUTEILLES.)

Vernis dur de goudron pour les bois. Faire cuire quelques heures à petit feu du goudron jusqu'à ce qu'il ne s'attache pas aux mains; y verser peu à peu de l'essence de térébenthine: si elle prend feu, on l'éteint en bouchant le vase avec un feutre. Quand la composition est bien fluide, retirer du feu, et appliquer ce vernis sur les bois bien secs: il ressemble à de la laque.

Goudron de houille. Le goudron s'extrait de la houille par la distillation à feu doux. On obtient une huile qu'on nomme naphte, et qui sert à dissoudre le caoutchouc. Le goudron reste au fond de l'alambic.

Le goudron de houille peut être employé comme hydrofuge solide et durable sur le bois, le fer, la fonte, le cuivre. L'air, la lumière et les acides n'ont aucun effet sur lui, et il n'écaille jamais; on l'applique à froid ou à chaud; la chaleur trop forte le boursoufle; la chaleur moyenne le rend moins pâteux et le fait mieux pénétrer dans les pores des corps qu'on veut préserver. On peut l'employer avec un tiers de son poids d'eau. Il coûte trente-cinq francs les 100 kilogrammes; on augmenterait ses qualités en le combinant avec le bitume.

Le goudron obtenu par la distillation de la houille s'emploie avec succès pour graisser les ressorts des voitures.

GOUJON. (*Pêch. cuis.*) Poisson, du genre cyprin, long de quatre à cinq pouces, qu'on pêche dans les fleuves et dans les eaux stagnantes. Le goujon a des taches sur le dos et deux barbillons au museau.

Le goujon, vidé et lavé, fait une très-bonne friture; on le prépare comme l'éperlan. (Voy. ce mot.)

Les goujons de mer, le noir ou boulero, le blanc ou golve juzo, sont excellents, surtout le premier.

GOUTTE. (*Méd. dom.*) Les caractères de la goutte sont la douleur, le gonflement, la rougeur des petites articulations occupant presque toujours dans le principe celle du gros orteil, mobile dans ses attaques subséquentes; pouvant s'étendre aux grandes articulations, et de là à l'estomac. On l'attribue à une surabondance de matériaux nutritifs dans le sang, et à l'inflammation des tissus des articulations.

Un tempérament sanguin, bilieux, une constitution pléthorique, un corps gras, une tête volumineuse, des excès, une vie sédentaire, des passions vives, prédisposent à la goutte. Elle est quelquefois héréditaire. La mythologie ancienne faisait de la goutte (*Podagra, arthritis*) la fille de Bacchus et de Vénus. La prédilection de cette maladie pour les gens riches l'avait fait nommer, au moyen-âge, *morbus dominorum* (maladie des maîtres); et par une sorte d'antithèse, *dominus morborum* (reine des maladies).

Les veilles, les liqueurs, le vin, le café, une nourriture trop substantielle, hâtent les progrès de la goutte.

L'exercice modéré, les aliments maigres et les végétaux, l'eau avec un quart de vin, le jeu des articulations, les frictions avec de la flanelle, la transpiration du matin la rendent moins douloureuse.

La goutte dite régulière revient par attaques: la première a souvent lieu au printemps. Des spasmes, des engourdissemens, une langueur générale, ou un continuel décroissement de forces, la distention des veines dans les parties que la goutte doit occuper, en sont les avant-coureurs. On ressent bientôt une douleur aux articulations des pieds de plus en plus vive, avec angoisse à la moindre pression, un frisson, une sueur locale ou générale. La durée de cette première attaque est ordinairement très-courte. Des sueurs acides, une urine sédimenteuse accompagnent sa terminaison.

Dans les attaques suivantes, plusieurs articulations sont affectées en même temps ou successivement. Ces attaques sont d'abord éloignées, puis se rapprochent, et durent plus longtemps.

La goutte dite atonique succède à la goutte régulière. Quand les attaques de cette dernière sont répétées, elle affaiblit considérablement, trouble les digestions, cause des défaillances, et un amaigrissement considérable.

La goutte est dite rentrée, quand, disparaissant subitement, elle se porte sur quelque viscère.

La goutte chaude est accompagnée d'un sentiment de chaleur que l'on combat par des boissons rafraîchissantes. La goutte froide est toute contraire.

La goutte sereine est une affection dans laquelle la vue est perdue, quoique l'œil conserve sa transparence. Cette maladie est plus connue des médecins sous le nom d'amaurose, et diffère complétement de la goutte.

La goutte vague est celle qui parcourt diverses parties, sans se fixer à aucune.

La goutte paraît offrir des analogies avec le rhumatisme, et cause les mêmes lésions.

Quand les premiers symptômes de la goutte se manifestent, on prévient l'attaque ou l'on en tempère la violence par des frictions, des sudorifiques, de l'exercice et de la diète; des bains et des antispasmodiques, si l'individu est nerveux; et la saignée, s'il y a pléthore. On se garantit avec soin du froid et de l'humidité.

Pendant les attaques, repos absolu de la partie affectée; fomentations avec des émolliens, application de taffetas gommé, boissons sudorifiques dans l'intervalle des attaques, diète végétale, bon régime, vêtemens de flanelle. Si la goutte remonte, on la rappelle sur les parties qu'elle vient d'abandonner par des vésicatoires, de la moutarde à la plante des pieds, et une diète absolue. Les dangers de cet accident appellent les soins d'un médecin.

Le gayac paraît efficace contre la goutte. (Voy. GAYAC.) Voici la manière d'en préparer un élixir qui s'améliore en vieillissant.

Prendre deux litres et demi de tafia, y ajouter quatre grammes de résine de gayac en poudre, décanter et filtrer. Quand on n'a pas la goutte, on boit à jeun chaque semaine, pendant deux jours consécutifs, une cuillerée à bouche de ce remède. On se rince la bouche avec de l'eau, et deux heures après on prend deux bols d'eau de carotte, préparée avec une pinte d'eau où l'on met une grosse carotte, et qu'on fait réduire au quart. Si le goutteux ressent les symptômes précurseurs d'une attaque, il peut, pendant trois ou quatre jours de suite, prendre une cuillerée et demie ou deux cuillerées du remède. Si les douleurs persistent, il faut suspendre le remède, et le reprendre dès que les douleurs diminuent.

Remède contre la goutte. Faire bouillir une poignée d'orties grièches (petite ortie) dans un litre d'eau, pendant un quart d'heure; baigner une demi-heure la partie douloureuse dans cette décoction, et appliquer ensuite les feuilles en cataplasme, le plus chaudement possible; continuer pendant le cours de l'accès.

Prendre aussi en forme de thé, matin et soir, l'infusion de cette ortie desséchée.

Les personnes attaquées de spasmes se procurent une heureuse diversion par une application d'ortie. Cette application, moins douloureuse qu'on ne le pense, finit toujours par une sensation de mieux être.

Aux premiers symptômes d'une attaque, on emploie avec succès la magnésie anglaise calcinée avec jus de citron. Ce purgatif enlève ordinairement le mal en trois jours.

Vin de colchique contre la goutte. (Voy. COLCHIQUE.)

GRAIN. (Conn. us.) Le grain tire son nom de ce qu'il était supposé égal au poids d'un grain moyen d'orge ou de blé. C'est la so xante-douzième partie du gros.

GRAINE. (Conn. us. — Agr. — Econ. dom. — Jard. — Botanique de la graine.) La graine ou semence reproduisant tous les rudimens de la plante, l'escouf végétal fécondé par le pollen, est renfermée dans le péricarpe qui lui sert comme de coquille; elle est attachée par côté au placenta, au moyen d'un petit filet nommé cordon ombilical ou podosperme. Au point de cette insertion, la graine est marquée d'une cicatrice nommée ombilic ou hile, sur laquelle se trouve l'ouverture qui laisse passer les vaisseaux nourriciers du podosperme : c'est là la base de la graine.

Au-dessous des enveloppes extérieures de la graine, se trouve l'amande, ou embryon, toujours recouvert de son tégument propre ou test. Deux parties absolument indispensables pour la germination, composent l'embryon : les cotylédons et le germe.

Les cotylédons ou lobes séminaux s'aperçoivent très-bien dans la graine du haricot, séparée de son enveloppement par l'ébullition. Charnus, spongieux, de couleur blanchâtre, ils sont formés d'une substance douce, mucilagineuse, sucrée, dont se nourrit la jeune plante au moment de la germination. Toujours étiolés quand ils sont cachés sous leurs tégumens, ils prennent, en paraissant à l'air, une couleur verte, se dilatent, s'étendent et deviennent les feuilles séminales.

D'après leur présence, leur nombre, leur absence, les végétaux se divisent en trois grandes classes : ceux qui, au moment de leur germination, n'ont qu'un seul cotylédon ou feuille séminale, sont nommés plantes monocotylédones; on nomme dicotylédones celles qui ont deux cotylédons, et leur classe est la plus nombreuse; enfin, celles dont l'embryon est tout-à-fait dépourvu des lobes séminaux sont les plantes acotylédones (leur organisation est assez semblable à celle des monocotylédones). Ordinairement les cotylédons sont simples. Dans quelques graines, comme celles du sapin, ils sont découpés plus ou moins profondément.

Le germe est renfermé dans les cotylédons, où ordinairement il est solitaire; c'est l'organe le plus essentiel de la semence. Rudiment complet du végétal, il se compose de trois parties distinctes : la radicule, la plumule et la tigelle.

La radicule est la racine en abrégé, et en renferme tous les élémens : elle tend toujours vers le centre de la terre, et d'une manière invariable. Quand les sucs des cotylédons sont épuisés, elle commence à pomper dans le sol, ei nourrit la jeune plante; on pourrait dire alors que le végétal est sevré.

La plumule, qu'on nomme aussi gemmule, est le rudiment de la tige et des rameaux; sortie de la graine, elle tend vers le ciel, comme la radicule vers la terre; elle se montre hors du sol, chargée des deux cotylédons, qui, dès lors, ne tardent pas à devenir feuilles séminales.

La tigelle est cette partie, souvent peu distincte, qui sépare la radicule de la plumule.

Outre les cotylédons et le germe, quelques graines renferment un troisième organe auquel on a donné le nom de périsperme, assez semblable ordinairement à l'albumine ou blanc de l'œuf; on le trouve corné dans les rubiacées, farineux dans les graminées, ligneux dans les ombellifères; on croit que son usage est de concourir à la nourriture de l'embryon avant la germination.

Par leur forme et leur grandeur, les graines présentent des variétés infinies.

La semence du cocotier pèse jusqu'à cinquante livres, tandis que les graines des orchidées ressemblent à de la sciure de bois.

Par leur forme, elles sont rondes, lenticulaires, triangulaires, réniformes, etc.; par leur surface, glabres, velues, tomenteuses, hérissées, tuberculées, pourvues d'appendices ou en forme d'hameçon ou en aigrette.

Leur couleur est aussi variée que celle des fleurs.

Le caractère des graines, dans les plantes criptogames (les mousses, les algues, les champignons, etc.), n'est pas bien déterminé. Jamais elles ne sont renfermées dans des ovaires; elles paraissent à la superficie de la plante sous forme de petites poussières fines, auxquelles on donne le nom de séminules.

La nature, par tous les moyens qui sont en elle, semble favoriser la sémination naturelle des graines : les torrens les charrient du haut des montagnes et les sèment dans la plaine; les mers et leurs c urans les portent sur des rivages lointains; les animaux, après s'en être nourris, les rejettent intègres avec leurs excrémens; attachées aux plumes des oiseaux, elles émigrent loin de leur sol natal; la main de l'homme les propage, pour servir à ses besoins où à ses plaisirs; entraînées par les vents, elles vont germer jusque sur les tours les plus élevées. Pour concourir à ce dernier phénomène, la nature en a pourvu certaines d'aigrettes et d'ailes (les bouleaux, les pins, les pissenlits, les érables), qui les aident à voltiger.

Trois circonstances extérieures sont indispensables pour que la germination ait lieu : l'*air*, la *chaleur* et l'*humidité*. Les graines déposées au sein de la terre, l'humidité les humecte, les gonfle, les dilate; la chaleur anime l'*embryon*, que l'oxygène de l'air vivifie. Bientôt les enveloppes séminales se déchirent; les cotylédons s'écartent, livrent passage à la *radicule* qui s'enfonce dans la terre, tandis que la *plumule* se hresse, s'allonge, et les entraîne avec elle; les folioles se déroulent et la plante se développe. Tel est le phénomène de la germination.

Ce phénomène ne s'opère pas, dans le même espace de temps, chez toutes les plantes; le haricot, l'épinard, sortent de terre au bout de trois jours; le blé, le millet, au bout de huit; tandis que le noisetier, le cornouiller, ne germent qu'au bout de deux ans. La plupart des graines conservent très-longtemps leur faculté germinative; d'autres, comme celles du café, du thé, la perdent presque aussitôt après qu'elles ont quitté leurs péricarpes. Elle se conserve, au contraire, pendant plus d'un siècle, dans les graines du froment et du seigle.

Quant à la fécondité des plantes, elle est immense. La graine du pavot des jardins produit à sa quatrième génération, quand aucune cause n'en a détruit le nombre, 1,048,576,000,000,000,000 autres graines. On a calculé que, se propageant ainsi sans obstacle, une seule semence de pavot pourrait, à sa cinquième génération, couvrir toute la surface du globe.

Des expériences tendent à établir que les graines chétives et ridées donnent, semées, d'aussi beaux produits que les graines les plus nourries. Il est toutefois essentiel de n'employer les mauvaises graines qu'à défaut de bonnes; on les essaie en petit avant de les semer, et on supplée à leur maigreur par des fumures et des engrais. Généralement on doit ensemencer une terre avec les graines tirées d'une terre différente, et employer les graines produites les premières après la fumure.

Les graines les plus chétives et les plus vieilles donnent les fleurs les plus doubles. La graine des fleurs simples est toujours plus nourrie et en plus grande quantité.

Lorsqu'on veut s'assurer de la graine qu'on va semer est de bonne qualité et lèvera bien, soin que nos jardiniers négligent trop souvent, on prend une certaine quantité de graines au hasard dans le sac ou la boîte qui les contient, on la sème sur couches et sous cloches quelque temps avant celui où l'on veut faire son semis réel. Au bout de quelques jours on voit, par la quantité qui en a germé, ce qu'on doit attendre du reste de cette graine.

Ce procédé est préférable à l'usage de tremper la graine dans l'eau durant quelques heures, puis d'enlever et jeter celle qui surnage comme incapable de lever; car il y a beaucoup de graines pour lesquelles on ne peut y avoir recours, comme lorsqu'il s'agit de graines à aigrette, telles que celles de salsifis, de cardons, etc.

Le jardinier qui vend et celui de l'homme qui a des facilités pour élever les plantes et en tirer parti, doivent semer chaque légume le plus tôt possible sous châssis, sur couches, semer souvent, longtemps et tard, afin d'être toujours abondamment pourvu.

Mais les jardiniers des particuliers et les petits jardiniers qui manquent de ces facilités, ainsi que ceux qui cultivent les légumes en pleine campagne, ne doivent semer que dans le temps le plus favorable, temps qui varie suivant le climat, le pays, le terrain, les positions et les variations de l'atmosphère. Ceux qui font leurs semis et repiquis dès que la saison le permet, s'en trouvent ordinairement bien.

Anciennement, et lorsque le peuple n'avait point encore de calendrier, la pleine lune et la nouvelle, le premier et le dernier quartier, appelés le croissant et le décours, étaient des époques adoptées, de même que certaines fêtes de l'année, pour faire les travaux du jardinage; et c'est de cet usage qu'est venue l'idée que l'on a encore de l'influence de la lune sur les graines. Mais ce qui est bien reconnu aujourd'hui, c'est que ni la lune de tel mois, ni son accroissement ou décours, ni telle grande ou petite fête, ne contribuent en rien à faire lever et pousser ces graines. Les jardiniers maraîchers des environs de Paris, vigilans, actifs et intelligens, sèment et repiquent sur couches, sous cloches, châssis ou paillassons, un ou deux mois plus tôt que ne l'indiquent les livres de jardinage, et ne font aucune attention à la lune et à ses quartiers. Souvent, par leurs soins et leur diligence à profiter d'un temps doux, ils ont un plant magnifique à mettre en pleine terre au mois de mars, quand les gens moins diligens attendent le décours de la lune de mars pour s'en occuper.

C'est encore ainsi que d'autres jardiniers actifs taillent tout l'hiver, tandis que la neige ou la gelée empêche de travailler à la terre ou aux couches, de sorte que tous leurs arbres sont taillés avant le mois de mars, où les couches et semis leur donnent de l'occupation.

En beaucoup d'endroits on a encore l'habitude de semer trop de graines, ce qui va directement contre le but qu'on se propose, celui d'avoir une récolte abondante. En ne semant pas trop serré, on a un plant de meilleure qualité et beaucoup plus productif, suivant cette vieille vérité passée en proverbe : *Qui sème dru, recueille clair, et qui sème clair recueille dru.*

Mais, dit-on pour appuyer la routine contraire, il peut y avoir une partie de la graine qui ne lève pas; puis, si elle se trouve trop serrée, on peut en arracher. Nous avons indiqué le moyen infaillible de s'assurer de la bonne qualité de la graine : quant à l'enlèvement de la partie du plant trop serrée, on sait que cette opération ne peut se faire sans éventer, soulever, déraciner celui qui reste. Ainsi, pour avoir trop semé, on perd de la graine et du temps, et le plant restant est moins beau.

La promptitude de la germination des graines, et le progrès du jeune plant qui en provient, dépendent du peu de profondeur à laquelle on a semé. Ainsi les plus grosses semences, comme fèves de marais, châtaignes, amandes, etc., n'admettent pas plus d'un pouce ou un pouce et demi de profondeur : autrement leur accroissement sera retardé par le temps qu'elles mettront à percer la terre.

D'un autre côté, si on les enterre trop peu, elles seront

exposées à manquer de l'humidité nécessaire à leur germination.

On peut préserver la terre du desséchement, en la couvrant de terreau, ou même de sable fin, si la terre est forte et sujette à être trouée par des vers.

Dans une terre sèche et légère il faut enterrer les graines plus que dans une terre humide et compacte.

Si l'on sème en couches, il faut que les couches soient chargées de terre; dans le terreau pur, le plant fait des racines trop faibles pour pouvoir se soutenir ensuite en pleine terre.

Pour les graines fort menues, et surtout celles qui sont dures et lentes à germer, comme celles de fraisier, d'héliotrope, etc., il faut dresser, unir et aplanir la terre (en pots ou autrement, suivant l'étendue du semis), lui donner une mouillure très-abondante, y répandre aussitôt les graines; tamiser par-dessus un peu de poussière ou de terreau fin, qui à peine couvre et cache les graines; jeter sur le tout un paillasson, de la paille, ou mieux de la mousse (une épaisseur de deux ou trois doigts); an travers de cette couverture et sans la retirer, donner de petits arrosemens assez fréquens pour entretenir l'humidité. Lorsque le plant commence à paraître, on retire les couvertures; mais on l'abrite contre le soleil, et on le mouille souvent, jusqu'à ce que toute la graine soit levée. Cette pratique est très-bonne pour toutes les graines fines. Il y a une même, telles que celles de saule ou de bouleau, d'aune, de peuplier, etc., sur lesquelles il ne faut point tamiser de poussière; elles veulent demeurer nues sur la terre.

Semis sur couche. Lorsqu'on sème sur couche, il faut d'abord s'assurer qu'elle n'est pas trop chaude, et qu'elle ne le deviendra pas au point de brûler la graine ou le plant.

Quand les graines sont humides, il faut faire en sorte, en les semant, qu'elles ne collent pas les unes aux autres ou aux doigts, ce qui rendrait le semis inégal; un peu de terre sèche et fine mêlée aux graines qui sont très-petites, en rend le semis à la volée plus égal.

Il vaut beaucoup mieux semer à plat que dans les rigoles. Lorsqu'on adopte ce dernier mode, pour empêcher que la graine ne soit rejetée par les talus l'une sur l'autre, on peut faire les rayons sur la couche avec deux doigts ou un bout de latte, qui, enlevant la terre dans une largeur d'un ou deux pouces, rend le fond du rayon égal ou plat, et le semis plus avantageux.

Les rigoles ou sillons sur couches ne doivent pas avoir plus d'un demi-pouce de profondeur; il ne faut mettre de la terre sur la graine que la quantité nécessaire pour empêcher qu'elle ne soit emportée par le vent ou par de fortes pluies. Après avoir répandu du terreau sec et en poussière sur ces semences, ou étendra avec le dos de la main la terre voisine, jusqu'à ce qu'elle soit unie partout et sans vide.

On peut, par un temps humide, semer dans du terreau qui reste toujours meuble, mais non dans la terre ordinaire, parce que le râteau entraînera la graine avec la terre qui s'y attache.

Les soins principaux que demandent les semis, sont : 1° d'entretenir les couches suffisamment chaudes, en les couvrant de châssis, de cloches et paillassons; 2° d'y maintenir la fraîcheur par des arrosemens; 5° de les exposer au soleil quand il n'est pas brûlant; et à l'air quand il est doux, pour qu'elles n'étouffent pas sous les cloches ou châssis; 4° de les préserver du froid et du frais des nuits; 5° de les garantir des animaux qui cherchent à les attaquer, tels que taupes, mulots, gros vers, courtilières, fourmis et autres insectes : 6° de les sarcler soigneusement. Les semis en pleine terre doivent aussi être abrités avec des paillassons, lorsqu'il fait encore froid, non-seulement pendant les nuits, mais aussi quelquefois le jour, jusqu'en mai, lorsqu'il vient de la pluie froide ou violente, des neiges, grêles ou grésils.

Pour les semis en pleine campagne, le principal soin consiste à les nettoyer, sarcler, et les garantir des taupes et des mulots.

Certaines graines peuvent pousser sans terre. Si on lave du sable siliceux avec de l'acide hydrochlorique étendu d'eau, puis avec de l'eau pure pour le bien débarrasser de toute terre, et qu'on l'entretienne mouillé avec de l'eau très-pure; les graines semées dans ce sable n'en germent pas moins. On peut même faire venir du cresson sur du coton mouillé dans un vase plein d'eau.

Les substances en dissolution dans l'atmosphère entrent pour beaucoup dans la composition des plantes. Si l'on sème une graine dans une caisse de terre, qu'on arrache la plante qui en provient, le poids de la caisse n'est pas sensiblement diminué.

Le défaut de germination des graines est attribué à la fermentation, à l'altération des huiles qu'elles contiennent, aux récoltes faites avant ou après maturité.

Moyen de hâter la germination des graines, employé par M. Otto. Les laisser séjourner dans une fiole remplie d'acide oxalique, et les semer; les placer sur une étoffe de laine imbibée de cet acide; ou bien encore les semer dans des couches chaudes, en les arrosant deux ou trois fois par jour d'acide oxalique étendu d'une grande quantité d'eau. M. Otto assure avoir fait par ce moyen germer des graines desséchées et stériles, ayant de vingt à quarante ans.

Autre. Faire bouillir des cendres de bois dans de l'eau, quand la lessive a de la couleur, ajouter une quantité égale d'urine; réduire de la chaux vive en bouillie en y projetant cette lessive, répandre ce mélange sur les graines en les retournant, puis les en imprégner. Ce mélange peut s'appliquer au chaulage des blés. (Voy. BLÉ).

Autre. Mettre les graines par lits sur de petites couches de terre dans des vases, et les porter à la cave. Cette méthode est bonne, surtout pour les fruits à noyaux.

Liqueur pour augmenter le produit des graines. Les faire tremper six à huit heures s'il s'agit de menues graines, douze heures s'il s'agit de céréales, dans égales parties d'urine évaporée au soleil et d'eau de fumier. Mettre égoutter la semence dans des sacs, ou des corbeilles de bois couvertes de couvertures de laine, au-dessus du vase d'où on l'a tirée. Quand elle commence à germer, on la sème telle quelle, si la terre est sèche; avec de la poussière, de la cendre ou du sable, si elle est humide. Il faut ici semer la moitié moins de graines que dans la méthode ordinaire. (Voy. CHAUX, CHLORE.)

Des porte-graines. Il est bon de réserver un carré pour

GRA

les porte-graines. On éloigne les espèces les unes des autres pour qu'elles ne s'abâtardissent pas. Cette coutume vaut mieux que l'usage de laisser des fruits à l'extrémité des tiges et de couper les autres pour la consommation ; usage qui ne donne que des semences faibles et mal nourries.

On choisit pour les porte-graines les semences les plus mûres et les moins ridées, venues en pleine terre. On donne aux porte-graines des tuteurs, et on arrose à temps sans excès. On leur laisse toutes les feuilles et toutes les racines.

Les porte-graines transplantés donnent une plus grande quantité de semences; mais leurs qualités s'altèrent promptement.

On récolte les graines quand la plante jaunit et devient sèche. Les premières aoûtées et les plus grosses sont celles qui viennent près du tronc. On récolte, après la rosée du matin, par un temps sec. La pluie et le brouillard ne doivent pas empêcher de récolter, car les graines se gonfleraient.

Chaque porte-graine doit être étiqueté avec soin, ainsi que les graines récoltées. On marque le jour et l'année de la récolte.

On peut laisser sur plante, jusqu'à ce que les fruits commencent à se gâter, les graines de melons, muscats, citrouilles, etc. Quand ces fruits pourrissent, on les enlève, et on les fait sécher à l'ombre sur des planchers.

Les graines des baies, comme celles de la pomme de terre, se conservent plus longtemps dans les baies que desséchées.

Les graines de navettes, les pavots, les colzas, doivent être récoltées après une légère pluie, et semées sur des toiles. Les meilleures sont celles exposées au soleil.

On peut récolter les graines en coupant ou en sciant en pièce les porte-graines, qu'on dépose dans un endroit où ils soient exposés à l'air et non au soleil, ni à l'humidité : le soleil, après la pluie, fait tomber les plus belles graines, surtout quand il fait du vent. On peut parer à cet inconvénient en les cueillant un peu humides, ce qui n'y fait aucun tort, attendu que cette humidité a bientôt disparu quand elles sont laissées à l'air, comme on vient de le dire.

Dans les citrouilles, melons, concombres, aubergines et autres plantes de cette espèce, les graines qui sont situées du côté qui est le plus frappé par le soleil sont préférables à celles du côté touchant à la terre.

Pour avoir de bonnes graines, et qui soient exemptes de petits vers, de scarabées et de mites, il ne faut pas attendre l'hiver, comme on le fait souvent, pour extraire de leur enveloppe ; mais s'occuper de cette extraction dès que les porte graines sont secs, et que les graines se détachent facilement.

Ces graines séparées de leurs capsules doivent être vannées, mondées et épluchées sur la table à la main, afin de n'y laisser aucune graine affamée, ou des corps étrangers; on les enferme ensuite dans des sacs de toile, des boîtes, des gourdes ou des pots de terre qu'on tiendra dans des endroits secs et froids, hors de la portée des rats et des souris. Il est bon de secouer et aérer ces graines tous les mois. Les graines fortes se placent dans du sable.

La plupart des graines que l'on sème doivent être nouvelles, c'est-à-dire de la dernière récolte ; mais comme on ne peut pas toujours s'en procurer, et qu'il est important d'être assuré que la graine que l'on emploie lèvera, nous allons indiquer, d'après l'expérience la plus longue et la mieux établie, jusqu'à quel âge les graines potagères peuvent être employées avec confiance, si d'ailleurs elles sont récoltées bonnes, et n'ont point été gelées.

Les graines vieilles lèvent, mais ne produisent que des individus faibles. Généralement plus elles sont nouvelles, meilleures elles sont. Pline le naturaliste disait : « La graine de l'année est excellente, celle de deux ans inférieure, celle de trois ans détestable. » Cette opinion est encore en vigueur.

Les graines privées d'air se conservent indéfiniment. On a trouvé dans un vieux mur des haricots qui avaient six cents ans et qui ont très-bien germé.

Durée des graines potagères.

Anis, dure jusqu'à.	5 ans.
Basilic.	5
Betterave.	2
Blé de Turquie.	2
Bourrache.	2
Buglose.	5
Capucine	5 à 4
Cardon.	10
Carotte.	2
Céleri	5 à 4
Cerfeuil	2
Chervis	5
Chicorée.	10 et plus.
Poivre long	10 et plus.
Pourpier	8 à 10
Raves.	10 et plus.
Concombre	7 à 8
Corne de cerf	2 à 5
Courge	7 à 8
Cresson.	2
Épinard	5
Estragon	2 à 5
Haricot.	2
Laitue	5 à 4
Mâche commune	7 à 8
Mâche d'Italie.	4 à 5
Melon	7 à 8
Navet	2
Ognons	2 à 4
Oseille	2 à 4
Panais	1
Persil.	4 à 5
Pimprenelle	9
Poireau	2 à 4
Poirée	8 à 10
Pois	2 à 4
Chou	10 et plus.
Ciboule.	2
Citrouille	7 à 8
Radis	10 et plus.
Roquette	2

Salsifis d'Espagne	2
Salsifis commun	1
Sarriette	4 à 5
Sénevé ou moutarde	2

Ce tableau, donné par l'excellent journal le *Père de Famille*, omet plusieurs graines essentielles, et nous avons à le compléter :

Angélique, graine fraîche. Il ne faut pas la toucher avec les mains. On met des gants.

Arroche	4 ans.
Artichaut	3 à 4
Asperge	id.
Champignon	2
Choux-fleurs	4 à 5
Fenouil	2
Fèves de marais	5 à 6
Fraises. Graine fraîche.	
Giraumon	5
Lentille	2
Raiponces	6
Raves	10 à 12

Toutes les graines huileuses s'altèrent quand l'huile rancit. Employées immédiatement, elles donnent plus d'huile.

Les graines desséchées peuvent se ramollir à l'eau tiède.

Manière d'emballer les graines. Les cueillir dans un état de maturité parfaite; enfermer les plus fines dans des sacs de papier, mettre les autres dans du sable ou de la sciure de bois passée au four pour la purger des œufs d'insectes. On doit séparer les graines huileuses, et isoler les graines succulentes les unes des autres. On peut le faire, en les enduisant de gomme arabique. Les ognons, griffes, caïeux et bulbes se placent dans de la terre sèche. Les graines ainsi arrangées se renferment dans des barils de buis enduits de bitume à l'intérieur et à l'extérieur.

Autre procédé. Emballer les graines avec des raisins secs ou du sucre humide.

Les graines se conservent parfaitement dans des sacs de papier noir dont on colle l'ouverture. On place ces sacs dans un linge de toile, et on l'enferme dans un lieu obscur. On n'ouvre ces sacs que pour faire usage des graines.

Pour conserver les graines à l'abri des charançons et autres insectes, on les met dans des bouteilles, et on les saupoudre d'un peu de fleur de soufre. Mais elles perdent vite leurs facultés germinatives. On peut les conserver dans de la terre magnésienne, dans du poussier.

Manière de conserver les graines. (Voy. SILEX).

Manière chinoise. Faire des cordes de paille sans les tordre, en serrant la paille avec des ficelles, et entrelaçant la paille de manière à en mettre de nouveaux brins, au dernier quart de celle déjà employée. Faire des tonneaux avec ces pailles roulées, et remplir de graines cet appareil; on les tient à l'abri de la pluie, et on les roule de temps en temps. On les change sitôt qu'ils sont humides.

GRAINE. (*Off.*) *Eau des sept graines.* Faire infuser pendant un mois, dans quatre pintes d'eau-de-vie, trois gros

d'anis, autant de cumin, fenouil, anet, coriandre, cacis, et angélique, le tout concassé. Ajouter deux livres de sucre fondu dans une chopine d'eau. Filtrer et mettre en bouteilles.

Ratafia des sept graines. Piler dans un mortier, et mettre infuser dans neuf pintes d'eau-de-vie, ou dans égale quantité d'un mélange à parties égales d'alcool et d'eau, deux onces de graines d'anis, autant de carvi, cacis, cumin, fenouil, persil, mâche, amom, panais sauvage, ammy. Ajouter trois livres et demie de sucre cassé et trempé dans l'eau; boucher. Quand l'infusion est suffisamment aromatisée, passer à la chausse.

(Voy. BLÉ, FROMENT, ORGE, SEIGLE, SILOS, etc.)

GRAISSE. (*Cuis. — In. dom.*) On doit mettre à part, dans un pot, les graisses des rôtis de volailles, veaux et filets, etc. On place dans un autre pot la graisse des ragoûts, qui est d'une qualité inférieure. Celle du pot au feu, des rôtis de mouton, du débris des côtelettes, n'est bonne que pour la soupe des animaux domestiques. Il faut employer promptement toutes ces graisses, autrement elles se gâtent et rancissent.

Moyen de nettoyer les taches de graisse sur le papier. On enlève la graisse avec un papier brouillard qu'on échauffe à l'aide d'un charbon placé dans une cuiller d'argent. Puis on enduit les deux côtés du papier chaud avec de l'huile de térébenthine presque bouillante, au bout d'un petit pinceau. Quand la graisse est entièrement enlevée, on rend au papier sa blancheur en imbibant la place tachée avec de l'esprit de vin rectifié. Ces opérations n'altèrent ni l'écriture, ni l'impression.

Moyen d'enlever les taches de graisse sur le papier imprimé ou écrit, par M. Roigeri, pharmacien, à Rittberg. La substance que ce pharmacien emploie est de la terre bolaire blanche (argile blanche obtenue en poudre fine, par le moyen de la dilatation). Il met sur les deux côtés de la tache une couche de cette terre, de l'épaisseur d'une lame de couteau; par-dessus une feuille de papier, puis il soumet le tout à la presse. Au bout de vingt-quatre heures, il retire la terre, en remet de la nouvelle, soumet de nouveau à la presse, et la tache a disparu.

Pour enlever la graisse qui s'est attachée à une brosse, on applique un papier blanc sur une planche ou sur un marbre, et on frotte fortement.

Graisse pour faciliter le jeu des ressorts. Prendre quatre-vingts parties de graisse et vingt parties de mines de plomb en poudre. Ce mélange peut servir pour les machines, les voitures, les serrures, les fusils, etc. Il n'en faut qu'une très-petite quantité. On peut prendre quatre-vingt-quatre parties de graisse et seulement seize de mine de plomb.

GRAMMAIRE. (*Conn. us.*) La grammaire est l'art de parler et d'écrire selon l'usage et le génie d'une langue.

On appelle *langue*, les termes et les façons de parler dont se sert une nation.

Les sons, les mots, leur prononciation, les idées qui y sont attachées, les caractères qui les distinguent, l'ordre de ces sons et de ces caractères sont les objets dont *traite la grammaire.*

Elle fait connaître avec méthode, 1° quels sons l'on emploie pour désigner les idées, et elle se sert à cet effet de vocabulaires et de dictionnaires.

2° Quelles règles il faut suivre pour bien prononcer, c'est-à-dire pour bien former chacun des sons et des mots qui constituent la langue; et cet enseignement est l'objet de la *déclamation* et de la *prosodie.*

5° Quelles variations ces sons ou mots sont susceptibles de recevoir, suivant les différentes circonstances, et les règles qu'il faut suivre pour parler et écrire correctement; ce qui rentre dans le domaine de l'*orthographe.*

4° Quelle méthode il faut suivre par rapport aux sons prononcés et aux mots écrits, pour rendre les idées dans l'ordre où l'esprit les perçoit, ce qui est l'objet de la *syntaxe* ou *composition du discours.*

Un discours est un assemblage de *phrases* ou de *périodes* qui servent à faire connaître nos idées sur un sujet quelconque.

On entend par *phrases* une ou plusieurs propositions desquelles il résulte un sens complet, c'est-à-dire exprimant ce que l'on a voulu dire.

Une période n'est autre chose qu'une phrase ayant de la grâce, de la force et de l'harmonie.

Une proposition est l'expression d'un jugement porté par l'esprit sur une chose.

On appelle partie du discours les diverses sortes de mots qui le composent.

On en compte communément neuf, qui sont : l'article, le substantif, l'adjectif, le pronom, le verbe, l'adverbe, la préposition, la conjonction, l'interjection.

On pourrait y joindre comme dixième partie le participe, ainsi nommé parce qu'il participe de la nature du verbe et de celle de l'adjectif.

Un mot se compose d'un ou plusieurs sons réunis, ne faisant qu'un tout, et destiné à exprimer une idée.

Les différentes parties du discours peuvent se diviser en variables, qui sont le substantif, l'adjectif, les articles qui les précèdent, le pronom et les verbes; en invariables, savoir : l'adverbe, la conjonction, la préposition et l'interjection.

Les changemens de terminaison que subissent les quatre premières parties du discours se nomment *déclinaison;* dans les verbes, ce changement s'appelle *conjugaison.*

Il y a plusieurs mots qui, bien différens quant aux sons, signifient cependant la même chose; on les appelle, à cause de cela, *synonymes.*

Il y en a d'autres qui ont le même son, et qui souvent s'écrivent avec les mêmes lettres, quoique leur signification soit tout autre, et qu'ils désignent des idées et des objets différens; ces mots sont appelés *homonimes.* Les mots vieillissent comme toute autre chose.

On nomme mots vieux, ceux dont l'usage a vieilli, et qui ne sont plus employés que très-rarement et dans certaines circonstances.

Les mots bas et grossiers sont ceux qui sont tombés dans le mépris, parce qu'ils offensent les mœurs, la décence et l'honnêteté. On doit soigneusement s'en abstenir.

On entend par mots techniques ceux qui ont rapport à toutes les parties des sciences et des arts.

C'est par l'usage du monde et la lecture des bons auteurs en tous genres que l'on apprend à connaître les différentes nuances des mots et des idées qu'ils représentent.

Si l'on néglige l'étude de la grammaire, il est impossible d'exprimer correctement ses idées, et d'entendre parfaitement celles des autres.

Le meilleur ouvrage grammatical est la *Grammaire de Napoléon Landais.* La grammaire de Noël et Chapsal convient aux commençans.

GRAMME. (*Conn. us.*) Le gramme est une mesure de pesanteur qui vaut dix-neuf grains, et égale le poids d'un cube d'eau pure, lequel a pour côté la centième partie du mètre. Son nom vient d'un mot grec par lequel les Romains exprimaient un scrupule.

GRANGE. (*Ind. dom. — Agr.*) Les granges peuvent se remplacer par les gerbiers. (Voy. ce mot.) Elles doivent être en tout cas bien sèches, élevées, aérées. L'aire des granges demande des soins particuliers. (Voy. AIRE.)

Les gerbes des céréales, les fourrages, lorsqu'ils n'ont pas été rentrés suffisamment secs, s'échauffent et fermentent; les grains germent; la paille et le foin se noircissent et moisissent, et ces effets sont accompagnés d'un danger d'autant plus grand, que la chaleur peut s'élever au point que le feu se manifeste spontanément dans le tas. On ne doit donc jamais engranger des récoltes humides; et il faut, particulièrement pour les foins, les tasser fortement, afin d'empêcher, autant que possible, l'introduction de l'air dans la masse.

Le foin se conserve très-bien dans une grange. (Voyez GRENIER.) On place sous le premier rang un échafaudage en solives carrées et garnies de lattes. Une grange de quinze pieds de long, de sept pieds et demi de haut, et de douze pieds de large peut contenir sept milliers de foin et huit milliers de paille. (Voy. MEULES.)

GRANIT. (*Conn. us.*) Les granits sont composés de différens élémens dissous dans un même liquide. Ils appartiennent aux terrains primitifs. On en distingue plusieurs espèces, qui toutes sont employées dans les constructions. Les principales sont celles de Carinthie, de Styrie, le granit égyptien, le granit graphique, le granit noir, le granit composé.

GRATIOLE. (*Jard. — Méd. dom.*) *Gratiola officinalis.* Tige de douze à dix-huit pouces, droite, simple, feuilles ovales-lancéolées, peu pointues, dentées au sommet; en juin et juillet, fleurs jaunâtres ou purpurines : terre humide, multiplication par éclat des touffes, tiges et feuilles.

On appelle vulgairement cette plante *herbe à pauvre homme.*

La gratiole est un purgatif et un vomitif. On donne la racine en décoction, à la dose de quatre-vingts grains dans une pinte d'eau.

GRAVELLE. (*Méd. dom.*) La gravelle est une affection produite par de petites concrétions calculeuses qui s'échappent avec l'urine. Les boissons échauffantes, les excès, la viande, la sueur, la privation des boissons en augmentent l'intensité. Cette maladie est plus fréquente chez les vieillards, que chez les jeunes gens qui la reçoivent quelquefois de leurs pères; chez les riches et les mangeurs de viande, que chez les pauvres.

Les symptômes de la gravelle sont la chaleur, la pesanteur des reins, l'excrétion douloureuse de l'urine, le dépôt d'une matière sableuse, rougeâtre, quelquefois jaune, ou blanche, ou gris-cendré.

Traitement. Exercice fréquent, alimens végétaux, décoction de chiendent, de racine de fraisier, de queues de cerises; boissons diurétiques, eau de Seltz, bière légère, bains tièdes. Quand les graviers passent difficilement, on en favorise la solution par des injections huileuses.

Les individus attaqués de gravelle doivent s'abstenir de liqueurs et de vin, ne pas rester longtemps au lit, boire beaucoup, ne point garder longtemps l'urine dans la vessie, ne jamais déjeuner à la fourchette, quoique ce régime puisse affaiblir d'abord ceux qui n'y sont pas habitués.

Ce régime diminue la quantité d'acide urique de l'urine. Les boissons diurétiques en augmentent la sécrétion. On peut ajouter l'usage de vingt-quatre ou trente-six grains de sous-carbonate de soude en vingt-quatre bains, ou de l'eau de Vichy pour saturer l'acide urique.

GRAVURE. (*Conn. us. — Ind. dom.*) L'art de graver se subdivise en plusieurs branches.

Gravure en bois. Invention découverte au 15e siècle par Hugues de Carpi, dans laquelle on fait en relief ce qui est destiné à paraître sur le papier.

La *gravure au burin.* Elle fut inventée vers le même temps, par Finiguerra.

La *gravure en couleur* consiste à imprimer un même sujet au moyen de plusieurs planches chargées d'une couleur différente.

La *gravure à l'eau-forte* est due à Albert Durer, ou à son maître Michel Wolgemut. Elle est assez facile pour pouvoir être pratiquée par des amateurs. Elle consiste à couvrir une planche de cuivre avec du vernis des peintres, à dessiner à l'aide d'une pointe, attaquer le cuivre avec un mordant, puis tirer des épreuves. On peut aussi graver à l'eau-forte sur acier, qui donne un tirage dix fois plus considérable.

On distingue encore la gravure sur acier en gravure à la manière noire, au pastel, au pinceau, au pointillé, avec l'acide fluorique, etc.

Nous mentionnerons ici les noms des meilleurs graveurs et leurs œuvres principales, en faisant observer aux critiques qui pourraient nous accuser d'omission qu'une nomenclature exacte contiendrait certainement plusieurs volumes in-folio.

Gravure sur bois.

Lucas Cranach. Le portrait de Luther en costume de chevalier.

Albert Durer. L'histoire de Jésus-Christ en trente-six sujets; la tête du Christ, grandeur naturelle; plusieurs sujets pieux.

Gravure à l'eau-forte.

Tripolo. Etudes.

Rembrandt van Ryn. La Descente de croix (1633); l'*Ecce Homo*; la Fille de Jaïre; la Samaritaine; la Résurrection de Lazare; la Présentation; l'Apparition des anges aux bergers; la Planche aux cent florins, etc., etc.

Lutma. Portraits; le sien et celui de son père.

Norblin. Imitations de Rembrandt; *Ecce Homo.*

Plinsk. Sujets flamands; l'Homme au râteau; le Marchand de paniers.

Matthieu Mérian. Paysages.

Jacques Callot. Grotesques; petite passion; les malheurs de la guerre, etc.

Abraham Bosse. Sujets de tous genres.

Isaac Sylvestre. Paysages, monumens.

Gravure au burin.

Lucas de Leyde.

Marc Antoine. Genre d'Albert Durer.

Marc de Ravenne. Même genre.

Lucas Vosterman. D'après Rubens.

Théodore de Bry. L'Age d'or; le Bal vénitien; le Triomphe.

Bernard Picart. Vignettes de livres.

Drevet. Louis XIV; Bossuet; Adrienne Lecouvreur.

Kilian. Portraits.

Edelinck. Portraits; la sainte Famille; la Madeleine.

Nanteuil. Portraits.

Robert Strauf. Portrait d'après Van Dick.

Girard Audran. Batailles d'Alexandre; gravures d'après Lesueur, Mignard, Le Poussin, etc.

Cornelius Pischer. Id.

Pelée. Vignettes; portraits.

Masson. Portraits; la Nappe; le Cadet à la perle; le comte d'Harcourt; Briseacier; Charrier; Guy-Patin; Cureau de la Chambre.

Manière Noire.

Jazet; œuvres de Martin et d'Horace Vernet.

Manière d'éprouver l'acier. Pour reconnaître si l'acier qu'on destine à la gravure est identique dans toutes ses parties, on verse de l'acide nitrique étendu de moitié son poids d'eau, sur la surface polie de l'acier. Si les taches qui se forment après la réaction sont également réparties, l'acier sera excellent.

Moyen de graver sur l'acier avec une plume. On fait chauffer une lame de couteau, de sabre, ou tout autre objet d'acier sur lequel on veut graver. On frotte cette lame avec de la cire blanche, de façon qu'il en reste une couche bien unie d'environ une demi-ligne. On écrit alors avec une plume sur la cire, de manière à pénétrer jusqu'à l'acier. On verse sur la gravure un peu de vinaigre qu'on saupoudre de sublimé corrosif; deux minutes après, on expose la lame à la chaleur pour enlever la cire, et l'on aperçoit bien distinctement la gravure sur la lame.

L'acier pour la gravure doit être aussi dur que possible. Pour l'obtenir dur, on l'enferme dans des boîtes de fonte qu'on couvre de limaille de fer, et qu'on fait chauffer quatre heures au rouge. On le fait refroidir graduellement, et on remet l'acier au feu, dans la boîte, entouré d'une forte couche de poudre de charbon animal. Cette opération solidifie l'acier et l'empêche de se fendre. Quand l'acier est chauffé au rouge, on le plonge dans l'eau peu à peu, et on le laisse refroidir.

Mordant pour la gravure sur acier. Une demi-pinte d'eau chaude, un quart d'once de sublimé corrosif en poudre, autant d'alun pulvérisé; laisser trois minutes, et bien laver.

48

Autre. Une partie d'esprit-de-vin, quatre d'acide pyro-ligneux, une d'acide nitrique ; laisser quinze minutes pour fortes teintes, une minute et demie pour les teintes très-légères. Laver la planche avec quatre parties d'eau et une partie d'esprit-de-vin.

Gravure sur ivoire. Pour l'obtenir, on couvre l'ivoire de vernis à graveur ; on y trace le dessin avec un burin ou une pointe ; on verse dessus quelques gouttes d'un mordant fait avec une pinte d'eau, une once d'acide nitrique et cent vingt grains d'argent dissous dans l'acide. Au bout d'une demi-heure, on lave l'ivoire, on l'essuie, on l'expose une heure à l'air, et on enlève le vernis avec de l'huile de térébenthine. Le dessin reste imprimé sur l'ivoire en brun ou en noir, selon que le mélange a mordu plus ou moins longtemps.

Gravure des planches de cuivre sur plâtre. Couvrir d'encre toute la surface de la planche et la nettoyer ensuite. Cette encre est faite avec de l'huile de lin et du noir d'ivoire. Poser la planche, le côté gravé en dessus, sur une table, et y faire des rebords en papier ou en bois. Délayer du plâtre avec suffisante quantité d'eau, et le verser sur le cuivre en soulevant le cuivre et le laissant retomber plusieurs fois pour dissiper les bulles d'air ; laisser le plâtre prendre pendant une heure ; retirer la planche : on a ainsi une épreuve qui, dans un cadre, fait le plus bel effet. Nous devons ce procédé à M. Mathieu Guesde. Le même artiste a fait de nombreux essais sur les mordans. Le fort vinaigre, l'acide nitrique, l'acide muriatique et plusieurs combinaisons chimiques ont été successivement employées par lui. Il est inventeur d'une manière de dessiner pour la gravure à l'eau-forte qui peut abréger le travail de l'artiste et ajouter à la perfection de l'œuvre. Au lieu de dessiner sur papier, et de calquer ensuite sur le cuivre, il conseille de peindre à la couleur blanche à l'huile le vernis appliqué sur le cuivre : on dessine dessus au crayon, et ensuite à la pointe.

Application d'une gravure sur un métal ou un corps solide. On étale sur la gravure une substance mucilagineuse. On met de la couleur sur le dessin ; on humecte légèrement le papier, et on l'applique sur le métal enduit d'un vernis. On enlève le papier, et la gravure reste sur le métal.

Manière de faire des gravures sur des glaces avec ou sans tain. Laisser la gravure douze heures dans de l'huile de noix pour la rendre transparente ; quand elle est sèche, peindre à l'huile par derrière ; enlever le tain avec un grattoir après avoir tracé la place de la gravure. Pour éviter les taches, donner sur cette place deux couches de gomme arabique très-épaisse.

Transport d'une gravure sur verre. On imprime la gravure, avec une encre d'huile siccative de blanc de plomb et de noir de fumée, sur un fort papier qu'on applique immédiatement sur le verre. On presse le revers avec un rouleau, et on fait légèrement chauffer le verre pour faciliter l'adhérence. Au bout de quinze jours, on nettoie le verre avec du coton, et la gravure s'y trouve fixée.

Gravures récentes. Pour empêcher les gravures nouvellement tirées de déposer sur le verre de leur cadre le gras

de leur encre, on les recouvre de papier gris à filtré, et on y verse un ou deux pouces de sablon chaud, très-chaud ; on renouvelle l'opération deux ou trois fois, en changeant chaque fois le papier gris.

Nettoiement des gravures. Pour nettoyer les gravures, on les met tremper pendant douze heures dans une lessive chaude de cendre ou de potasse plus ou moins forte, suivant l'état des objets ; on les passe ensuite à l'eau chaude, et on les laisse quelque temps dans un bain d'eau chlorurée à raison de quatre onces de chlorure de chaux pour un séau d'eau. On lave ensuite les gravures à l'eau claire, et on les fait sécher à l'ombre.

Si l'estampe est seulement jaunie, sans taches grasses, il suffit de la laver avec l'eau chlorurée.

On peut blanchir les gravures en les exposant à la rosée au mois de mai, et les laissant sécher un peu au soleil.

GRÈBE (*Chass.*) Les grèbes sont des oiseaux de mer, de l'ordre des pennatipèdes. Ils ont l'espace entre le bec et les yeux dénué de plumes, point de queue, les ailes courtes. Leur chair est huileuse et de mauvais goût.

GREFFE. (*Jard.*) La greffe est l'opération par laquelle on unit une portion quelconque de plante à une autre plante avec laquelle elle doit faire corps et continuer de végéter. On donne aussi ce nom à la branche née du bourgeon incisé.

Les végétaux, comme les animaux, ne sauraient s'allier s'ils ne sont de la même famille. Ainsi on ne saurait greffer un cerisier sur un chêne, où un pêcher sur un saule. Il faut en outre qu'il y ait de l'analogie entre les dispositions des organes des deux arbres, la saison de la sève et la durée de son mouvement. Cette analogie fait, par exemple, que le prunier réussit sur l'amandier.

Les greffes doivent être proportionnées aux sujets sur lesquels on les place. Un bourgeon vigoureux serait une mauvaise greffe sur un sujet faible ; un bourgeon faible serait étouffé par l'excès de sève d'un sujet vigoureux.

Nous ne saurions trop recommander de bien faire coïncider les liens de la greffe et du sujet, afin que le filet ligneux formé par la sève de la greffe s'unisse au filet ligneux qui se formera en même temps entre le bois et l'écorce du sujet greffé. Le succès de l'opération dépend de cette coïncidence.

L'action améliioratrice de la greffe est facile à expliquer : la différence entre le sujet greffé et l'arbre qui porte la greffe arrête la végétation de ce dernier, de sorte que la sève, au lieu de se répandre en branches se porte sur les fruits, dont la croissance est même accrue par l'énergie avec laquelle agissent l'air, la lumière et la chaleur, à travers un plus petit nombre de rameaux.

Greffe en écusson à la pousse. Prendre des sujets à écorce lisse et mince, les rabattre au-dessus d'un œil ; détacher un œil bien nourri d'une greffe, en effleurant le bois sur une longue ur de six lignes ; faire une incision horizontale à l'écorce du sujet, et une autre de quatre lignes qui sépare perpendiculairement la première ; soulever les deux côtés d'en haut, et y introduire le bois de l'écusson. Arrivé au point où l'œil se trouve à deux lignes au-dessous de la première incision, enlever le surplus du haut de l'écusson, rapprocher l'écorce du sujet ; faire en dessus et en dessous quelques tours avec de la laine, qu'on ne serre point et qu'on lâche à mesure que l'œil s'allonge. On peut hâter le travail de la sève en entourant de fumier le pied de l'arbre greffé. On recouvre la plaie d'onguent tiède.

Greffe en écusson à œil dormant. Dans cette greffe, on ne rabat le rejet qu'au printemps suivant, lorsque l'œil a poussé. On fait aussi l'entaille en manière de T.

Pour les sujets délicats, il faut en greffant ne lever qu'un des côtés de la peau : on y adapte la greffe taillée droite; on lie, et on enduit de cire.

Greffe en écusson d'après M. Huvé. Cet horticole choisit des sujets jeunes et vigoureux, et des écussons des meilleures espèces. Il ne conserve que trois yeux aux branches à écussonner. Il attend un vent du sud à l'ouest ou une température chaude et un peu humide. Si le temps est sec, il arrose quelques jours auparavant le pied de l'arbre. Il fait l'incision en F près d'un bourgeon poussant, en proportion avec la grandeur de l'écusson; il ne l'ouvre que d'un côté. L'œil de l'écusson se place dans une petite partie d'écorce demi-circulaire. La ligature se fait avec de la laine torse qui ne laisse que la place de la sortie de l'œil.

Greffe en couronne. On fait pour cette greffe une incision entre le bois et l'écorce, et on y introduit la greffe. On arrange les greffes à trois pouces et demi de distance les unes des autres, et on en fait ainsi cinq ou six. Cette greffe convient aux gros fruits à pepins, et se pratique en mars.

Greffe en flûte. Cette greffe convient aux figuiers et aux châtaigners. On la pratique au mois de mai. On dépouille un beau jet, d'une grosseur égale à celui qu'on veut enter, d'un anneau d'écorce de deux travers de doigt garni de ses yeux; on dépouille également le sujet, sur lequel on insère l'anneau enlevé.

Greffe en fente. La greffe en fente est une de celles qui réussissent le mieux; elle convient aux sujets bas et faibles.

La greffe en fente s'exécute sur des sujets jeunes et vigoureux, par un jour couvert, mais sans vent ni pluie, en avril pour les espèces tardives, en mars pour les hâtives.

Les outils de la greffe sont un gros couteau bien tranchant à large lame, un canif, un petit coin de cœur de chêne, un petit maillet, une scie à main bien propre, une serpette, de la laine, de l'onguent composé d'une livre de poix noire, autant de résine, une demi-livre de cire jaune, autant de suif et quatre onces de térébenthine, et d'un pinceau pour appliquer cet onguent.

Les greffes sont des bois de l'année sans yeux à fruits, mais pris sur des arbres qui en ont déjà donné.

La division du travail rend la greffe plus facile, et il vaut mieux être deux personnes, afin que l'une s'occupe du sujet, l'autre de la greffe.

On scie le sujet au-dessus d'un œil, au midi, horizontalement; on s'arrête un peu avant d'arriver à l'écorce; on achève d'enlever avec une serpette, au moyen de laquelle on nettoie la plaie, on la préserve du contact de l'air. On coupe la greffe sur trois yeux dans sa moyenne grosseur : on la taille en coin, des deux côtés, sur une longueur de dix à douze lignes, en commençant au dernier œil d'en bas, qu'on laisse sur le devant; on conserve l'écorce devant et derrière. On appuie le couteau sur la coupe du sujet à côté de la moelle; on y fait une fente en frappant avec le maillet, et on tient la fente ouverte au moyen du coin. On place la greffe de manière à en faire coïncider l'écorce avec celle du sujet. On ôte le coin sans ébranler. Si le sujet n'est pas assez fort, on fait deux ou trois tours avec de la laine serrée faiblement.

Greffe en approche. Cette greffe est la moins durable. Elle se pratique depuis mai jusqu'en août, et ne peut s'employer que sur les espèces fortes et élevées. A côté de l'arbuste qu'on veut multiplier, on met un sujet en pot, gros comme la branche sur laquelle on placera les greffes. On fait à l'un et à l'autre, sur les faces qui se regardent, une amputation longue de deux pouces; on approche les deux parties amputées qui doivent être complètement semblables. On assujettit avec de la laine roulée en spirale et un chiffon. Quand, l'année suivante, la plaie est bien prise, on coupe la tête du sujet en biseau à l'endroit où finit la plaie, et la branche de l'arbuste en sens inverse où la plaie commence. On laisse la ligature un an encore en la desserrant un peu. Pendant les chaleurs, on met le sujet à l'ombre.

M. Noisette a obtenu de la greffe divers résultats nouveaux en plantant dans un pot plusieurs sujets d'espèces variées, dont on enlève les feuilles inférieures, et dont on maintient les tiges en contact par un tube de verre; il parvient à souder les deux troncs en un seul. On fait cette opération dans une serre, à quinze degrés, en exposant les plantes à une humidité légère.

En fendant une jeune branche de groseiller blanc et une jeune branche de groseiller rouge de la même grosseur, les appliquant l'une contre l'autre, les liant, et plaçant cette greffe dans un pot, M. Noisette se procure une bouture qui s'enracine à l'air libre et donne enfin des groseilles blanches et rouges.

M. Noisette obtient aussi plusieurs variétés sur le même arbre de la manière suivante. Il greffe, par exemple, une espèce de poirier sur un coignassier de deux ans; quand l'arbre a six pieds de haut, il applique une seconde greffe sur la tige verticale; quand cette seconde greffe a atteint six pieds, il écussonne une troisième espèce moins grosse que les deux autres.

Ainsi l'on greffe en fente sur le coignassier du fruit de Catillac ou poire de cloche; puis, quand la greffe a acquis assez de force, on greffe sur elle du bon-chrétien : on obtient des produits magnifiques.

On varie les feuillages sur le même sujet, soit par des greffes différentes placées à la fois sur plusieurs branches, soit par des greffes étagées, faites à quelques années d'intervalle.

Greffe italienne. Cette greffe, pratiquée à Gênes, à Florence et dans d'autres parties de l'Italie, peut être appliquée également en France : c'est principalement sur l'oranger qu'elle est en usage.

On ôte les branches d'un oranger, on en perce le tronc verticalement avec une tarière jusqu'à ce qu'on ait traversé les racines; on introduit dans le tronc des plans de jasmin, de figuier, de rosier, de muguet, d'amandier nain à fleurs doubles, qu'on dispose par groupes. Les racines de ces plantes doivent se trouver au même niveau que celles de l'oranger, et leurs têtes au-dessus de l'extrémité supérieure du tronc. On plante le tout en serre ou en pleine terre, selon la saison, et l'on cultive comme l'oranger. (Voy. ORANGER.) Les plantes placées dans le tronc poussent ensemble en produisant chacune leurs fleurs et leurs feuilles, et vivent de dix à quinze ans.

La *greffe à trois pièces* ou *greffe-Musat, greffe pédicéphale*, a été récemment perfectionnée. En voici la description donnée par M. Pierre Nerrière, de Nantes.

Prenez une branche de citronnier bien en sève, d'environ huit pouces de long et quatre lignes de diamètre, dont les extrémités auront été coupées horizontalement; fendez-le au milieu de son bout inférieur jusqu'à six lignes verticalement; un tronçon de racine avec son chevalet extrait d'un citronnier non moins vigoureux sera introduit par son sommet, aiguisé en coin, dans ladite ouverture, et l'on aura attention de mettre en rapport autant que possible les vaisseaux séveux de la racine et de la branche ainsi articulés. La jonction sera enduite de cire à greffer.

Une branche d'oranger de l'espèce à obtenir, préparée comme pour la greffe en couronne à cran, sera insérée dans une autre fente pratiquée dans l'écorce au haut de la tige de citronnier qui sera disposée à cet effet. Cet écusson-greffe, assujetti d'une manière convenable, est enveloppé tout autour de cire blanche très-mince. Le sujet, ainsi greffé aux deux bouts, a été planté dans un pot que l'on acheva de remplir de terreau frais sans être trop mouillé, jusqu'à un travers de doigt au-dessus de la greffe radiculaire; puis le vase et la plante furent abrités d'une cloche, à l'étouffée, sous laquelle on maintint la température de 15 à 20 degrés Réaumur.

Dès le huitième jour après celui de l'opération, des bourgeons percèrent sur la branche de citronnier; ces jets successifs, n'étant que des sauvageons, furent détruits au fur et à mesure de leur apparition. Mais bientôt s'annoncèrent les boutons de la branche d'oranger; ils trouèrent la cire, et poussèrent avec une telle vigueur, qu'à peine un mois s'écoula avant que ces jets eussent atteint quatre pouces de long.

Ce procédé, essayé trente-deux fois, n'a manqué qu'une seule fois. Il offre l'avantage sûr de multiplier les rejetons qui ne viennent ni de marcottes ni de boutures.

On parviendrait probablement de même à unir les branches au tronc, en implantant la partie inférieure de la branche taillée en coin dans une fente pratiquée au collet de la touffe de racines.

Conservation des rameaux à greffer. M. Van-Mons a écrit au *Journal des Annales d'Horticulture* que des rameaux à greffer qui lui avaient été expédiés des États-Unis ont repris chez lui, à Bruxelles, après avoir été 18 mois en route. Ces rameaux avaient été entourés de miel, et enfermés dans une boîte de fer-blanc soudée de toutes parts.

— M. Camuset, pépiniériste au Jardin du Roi, a expérimenté que des rameaux d'arbres fruitiers, destinés à être greffés et coupés dès l'automne, se conservent en bon état jusqu'en mai, et plus, en les couchant dans de petites fosses, et les recouvrant de quatre à six pouces de terre.

— M. Madiot, directeur de la pépinière, à Lyon, obligé, par un débordement subit du Rhône, d'abandonner des rameaux à greffer, fut fort surpris, au printemps, de les trouver ensevelis sous une couche épaisse de terre marneuse, et dans un état parfait de conservation. Après avoir fixé le bout inférieur dans une terre glaiseuse, enveloppé la partie supérieure de mousse, et recouvert le tout de

fougère, ces rameaux se sont conservés pendant près de deux ans, et ont ensuite été greffés avec succès.

GRÊLE. (*Conn. us.—Agr.*) La grêle, qui ne tombe presque jamais la nuit et qu'accompagnent des nuages noirs et longs, est attribuée à une soustraction très-brusque et très-prompte du fluide électrique, qui congèle l'eau répandue dans l'atmosphère.

La grêle tombe en toute saison et dans tout pays. Elle précède ou accompagne ordinairement, et ne suit jamais les pluies d'orage.

La chute de la grêle est quelquefois annoncée par un bruit analogue à celui d'un sac de noix qu'on vide, et qui est attribué au choc des grêlons.

Le noyau de la grêle est un petit flocon de neige; la couche concentrique est de glace. Quelquefois il y a plusieurs couches alternatives, opaques et diaphanes. On a vu, en 1697, des grêlons de 15 pouces de tour et pesant 5 onces. En France, en 1705, il en tomba de gros comme le poing. En 1788, la grêle sur deux bandes, l'une de 175 lieues, l'autre de 200 lieues de long, produisit dans 1059 paroisses des dégâts évalués par une enquête officielle: 24,000,962 francs.

La théorie explicative de la grêle, par Volta, est fondée sur une expérience curieuse appelée *danse des pantins*. Deux disques métalliques sont électrisés en sens contraire et placés horizontalement. L'un est pendu à une machine électrique, l'autre en contact avec le sol. On place sur celui-ci de petites balles de sureau qu'un tour de roue lance jusqu'au disque supérieur. Aussitôt attirées, elles s'électrisent de la même électricité que celle de la machine, retombent et déchargent de leur électricité sur le disque inférieur. Chaque tour de roue reproduit le même phénomène d'ascension et de répulsion.

Dans l'opinion de Volta, les grêlons sont les balles, et les nuages les deux plateaux. Les grêlons sont formés par le froid des couches supérieures qui s'évaporent rapidement sous l'action du soleil. On objecte à Volta que l'évaporation par le soleil produirait difficilement une congélation; qu'après des jours sans nuages, il est tombé de la grêle avant le lever du soleil; que les mouvemens des nuages doivent empêcher l'oscillation des grêlons; que les molécules des nuages attirés par le phénomène électrique devraient se réunir promptement en une seule masse; que la danse des pantins n'a pas lieu si l'on substitue une nappe d'eau à la plaque inférieure; que la force attractive des nuages, si elle était telle qu'on la suppose, pourrait, quand ils passent près de terre, enlever des corps pesans.

Il n'y a pas encore une théorie de la grêle complétement satisfaisante. Quelques autres pensent que la grêle est de la neige grossie et congelée dans son passage à travers des couches d'air plus ou moins chaudes.

La grêle a peu d'action sur le sol, qu'elle refroidit momentanément, mais elle détruit les feuilles, les fleurs et les fruits; elle coupe les branches des arbres; elle dévaste les moissons et les vignes.

Quand la grêle a endommagé les prés, on fauche l'herbe pour faciliter la pousse des nouvelles feuilles.

Les blessures faites aux arbres par la grêle sont longues à guérir: il s'engendre dans les éclats, par suite des variations de température, des chancres et une carie incurable.

On coupera donc avec soin toutes les branches éclatées, rompues ou tordues. Ces branches seront taillées avec une serpette bien tranchante ; la coupure sera dirigée vers le nord, baissant et en pente, pour que l'eau des pluies ne puisse pénétrer par les gerçures du bois. On enduit les plaies, après en avoir rapproché les bords, d'un mélange de trois parties de résine, une de cire commune, et un peu de graisse ou de suif ; on peut y mettre encore de l'onguent de Saint-Fiacre. (Voy. ONGUENT.) On doit couper les segments qui tiennent peu les uns aux autres et supprimer les parties qui ont changé de couleur.

Si les jeunes arbres ou la vigne sont entièrement meurtris par la grêle, il faut, sans hésiter, couper, rez-terre ; autrement les sujets, où la sève circulerait mal, seraient toujours informes. Comme, s'il survenait une sécheresse, les souches repousseraient difficilement, il faut faire l'opération pendant que la terre est humide, et ameublir la terre avec un fort binage.

Si la pluie vient après la grêle, et que l'herbe des prairies ne soit pas trop meurtrie, les prairies reprennent leur vigueur, et on peut sans danger y conduire les bestiaux. Si la pluie ne survient pas, l'herbe reste amère ; celle qui n'est pas meurtrie reste rouillée, c'est-à-dire couverte de la poussière de la terre dispersée par la grêle, et elle est, dans cet état, de difficile digestion pour l'animal, dans l'estomac duquel elle reste en boules dures.

Dès que les chanvres ont été frappés par la grêle, il faut les couper obliquement au-dessous de l'endroit meurtri. (Voy. CHANVRE.)

La puissance des paragrêles est encore une question. M. Arago pense qu'ils peuvent nuire en agissant sur les forces électriques et déterminant la chute de la grêle. Nous allons toutefois mentionner les paragrêles dont les diverses expériences attestent l'efficacité. Leur effet est de soutirer l'électricité des nuages orageux et de prévenir la formation de la grêle. Les paragrêles en paille consistent dans une corde de paille qui renferme dans son centre un cordon de lin écru et est attachée à une perche surmontée d'une verge en laiton. La corde et la perche sont plantées en terre ; on place ces paragrêles dans des lieux élevés. Les expériences de M. Lapostolle, d'Amiens, prouvent que ces paragrêles peuvent servir également de paratonnerre. (Voy. TONNERRE.) On a remarqué qu'on ne voyait jamais un champ de blé près d'atteindre sa maturité être grêlé ou foudroyé, parce que les pointes des épis attirent et neutralisent l'électricité.

Procédé de paragrêles de M. Beaune la Rivière. Prendre de la paille de froment ou de seigle ; mouiller légèrement ; en former trois ou quatre petits cordons de deux brins ; les ajuster ensuite sur un cordon de lin écru de quinze fils. Cette corde, pour pouvoir transmettre le fluide électrique, devra avoir 25 pieds de long au moins, et quinze lignes au moins de diamètre ; être attachée à une perche de même longueur, et munie d'un stylet très-aigu de cuivre ou de laiton long de dix pouces et épais de deux ou trois lignes. On dispose ces perches, dans les champs, en haut des arbres ou sur les lieux élevés, à 180 mètres de distance.

Les Compagnies d'assurances contre la grêle ont pour but de garantir au cultivateur, en dépit du fléau destructeur de la grêle, une moisson assurée ou la représentation en argent de cette moisson. Presque toutes ont été jusqu'ici établies sur le système mutuel. En étendant leurs opérations à un grand nombre de cantons ou de départemens, on réduirait la prime annuelle à une telle modicité, que le cultivateur en sentirait à peine le poids.

A Paris, il existe :

La société d'assurances mutuelles contre la grêle pour les départemens de la Seine, Seine-et-Oise, Seine-et-Marne, Aisne, Oise, Eure-et-Loir, Marne, Aube, Yonne, Loiret, Loir-et-Cher, Somme, Seine-Inférieure et Eure, rue Vivienne, n° 17.

Il existe des compagnies mutuelles d'assurances contre la grêle dans les départemens de l'Aisne, Ardèche, Ardennes, Aube, Côte-d'Or, Doubs, Haute-Garonne, Gers, Jura, Haute-Marne, Meurthe, Meuse, Moselle, Nièvre, Nord, Pas-de-Calais, Haut-Rhin, Saône-et-Loire, Vosges, Yonne.

Signes de grêle. (Voy. PRONOSTIC.)

GRELIN. (*Pêch.— Cuis.*) *Gadus pollachius.* Poisson du genre gade.

Il a la mâchoire inférieure plus allongée que la supérieure, le corps couvert de petites écailles, le dos jaune et tacheté de brun, le ventre blanc. Il arrive sur nos côtes, au nord, pendant le cœur de l'été ; sa chair est blanche, ferme et succulente. On le prépare comme le merlan.

GREMIL. (*Agr.*) *Lithospermum.* Famille des boraginées.

Ce genre de plantes herbacées présente beaucoup d'espèces. La semence en est diurétique ; la racine du gremil des champs donne une belle couleur rouge.

Tous les gremils sont mangés avidement par les chèvres et les moutons.

GRENADIER. (*Jard. — Off. — Méd. dom.*) *Punica.* Famille des myrtes. On distingue le grand grenadier et le grenadier nain.

Grand grenadier. (*Punica granatum.*) Il se multiplie de boutures et de drageons, à une exposition méridionale. Il faut le rentrer l'hiver. On le cultive comme l'oranger. (Voy. ce mot.)

Grenadier nain. (*Punica nana.*) Il se multiplie de graines qu'on sème sur couches au printemps. Il n'a que 12 à 15 pouces de haut.

Le bois du grenadier est très-dur et propre au travail du tour.

Le fruit du grenadier doit rester sur l'arbre jusqu'à maturité complète.

Sirop de grenades. Egrener trois grenades ; en écraser les grains, les mettre au feu avec un demi-setier d'eau ; en extraire le jus par expression, et le jeter dans trois quarterons de sucre cuit au cassé ; faire bouillir quelque temps.

Sirop de grenade factice. Prendre 24 grains de cochenille, les broyer dans un mortier avec autant de sulfate d'alumine ; ajouter peu à peu une livre de suc de verjus ; passer ; faire fondre dans le verjus deux livres de sucre blanc à l'aide du feu, et passer de nouveau.

L'écorce du fruit de grenadier est un excellent spécifique contre le ténia, ou ver solitaire, à la dose moyenne de deux onces dans deux pintes d'eau qu'on fait bouillir jusqu'à réduction d'une pinte. On peut porter la dose jusqu'à quatre onces par jour, sans autre inconvénient que quelques nausées. L'écorce fraîche est plus active que l'écorce sèche. Le moment de son administration est celui où les malades rendent des portions de ténia.

La décoction de fleurs de grenadier est astringente et arrête les crachemens de sang et les diarrhées chroniques. On l'administre en lavemens et en injections.

GRENADILLE BLEUE. (*Jard.*) *Passiflora cœrulea.* Famille des cucurbitacées. Cette plante, originaire de l'Amérique méridionale, est sarmenteuse; elle fleurit au mois de juin; ses fleurs sont grandes, à pétales d'un blanc satiné, surmontées d'une couronne bleue de fougère. On la plante dans de bon terreau exposé au midi, au pied d'un mur. Il faut, l'hiver, la couvrir de litière.

Grenadille incarnatée. (*Passiflora incarnata.*) Cette plante est originaire du même lieu que la précédente, mais elle est plus rustique; ses fleurs offrent peu de différence; elle perd ses tiges en pleine terre, et elle n'en fleurit pas moins au mois d'août. La multiplication se fait par rejets qui poussent en très-grande abondance. Même exposition.

GRENAT. (*Conn. us.*) Il y a des grenats de plusieurs espèces, qui sont tous employés dans la bijouterie. Les cristaux contiennent du mica, du quartz, du talc, du feld-spath.

On trouve le grenat en Bohême, au Vésuve, en Syrie, et dans beaucoup d'autres endroits.

Grenat artificiel. Faire fondre dans un creuset et bien mêler deux onces de verre blanc très-pur; y joindre une once de verre d'antimoine en poudre, un grain de poudre de cassius.

GRENIER. (*Ind. dom.*) Le grenier où l'on recueille les grains doit être sec et aéré par deux fenêtres opposées, placées, l'une au nord, et l'autre au midi. On les grille à mailles, pour empêcher les oiseaux d'entrer et on les laisse toujours ouvertes.

Il vaut mieux que ce grenier soit planchéié que carrelé, le carrelage donnant trop d'humidité. Le plancher en est uni, et chaque joint bien fermé avec une tringle de bois étroite.

On gardera dans ce grenier un crible et un van.

Il vaut mieux mettre le foin en grange que de le hisser avec des poulies en haut d'un grenier et de le jeter par la lucarne quand on en a besoin. (Voy. GRANGE.)

On trouve encore plus d'avantage à faire le sol des greniers avec la composition suivante : pétrir un peu de glaise avec deux parties de chaux et une partie de cendre de houille tamisée; laisser reposer dix jours environ et mêler; manier encore le mortier au bout de quatre à cinq jours; appliquer deux ou trois pouces de ce ciment et l'unir à la truelle; appliquer dessus une couche de chaux vive; délayer, dans du lait, de la bourre avec des blancs d'œufs; polir à la pierre ponce tamisée et à l'huile.

GRENOUILLE. (*Péch. — Cuis.*) *Rana.* Reptile de la famille des batraciens.

Parmi les espèces remarquables, on distingue la grenouille verte, et la grenouille rousse, qui passe tout l'été hors de l'eau. Les grenouilles se cachent et ne mangent pas l'hiver. Au printemps, elles pondent une infinité d'œufs, qui produisent des espèces de poissons nommés têtards; ces poissons deviennent bientôt de petites grenouilles.

Les grenouilles mangent des larves, des vers, des molusques vivans et en mouvement, car elles ne touchent jamais aux animaux morts; des insectes aquatiques, des limaçons; elles sont mangées par les brochets, les couleuvres, les cigognes.

Les grenouilles dévorent beaucoup de limaçons; elles en digèrent les coquilles, comme les chiens digèrent les os, et les dindes les coquilles de noix.

Pour prendre les grenouilles en plein jour, on met une grenouille sous un verre à boire qu'on charge d'une pierre au bord de l'eau. Quand les grenouilles entendent crier celle qui est sous le verre, elles accourent, et on les prend avec une truble. (Voy. ce mot.)

Les grenouilles sont très-voraces; elles mordent aisément à l'hameçon garni d'un ver, d'un morceau de chair ou d'un morceau de drap rouge.

Quand les grenouilles viennent au soleil sur la surface d'un étang, on peut, en s'y promenant dans un batelet, les prendre avec une truble, ou les tuer au moyen d'une latte un peu large, dont on leur assène un coup sur la tête.

Les grenouilles sont d'autant meilleures qu'elles sont prises dans une eau plus claire.

On pêche les grenouilles la nuit avec des torches de paille. On suit les bords de l'eau; les grenouilles, endormies sur la surface de l'eau, se prennent à la main sans peine.

Le voyageur Pallas mentionne une espèce de grenouille, très-succulente, qui se trouve sur les rives du Jaii; elle a les cuisses dix fois plus grosses que celles des nôtres. La naturalisation de ce batracien en France serait un service à rendre aux gourmands.

Bouillon de grenouilles. Couper les têtes, écorcher et vider les grenouilles, laver les corps, les faire cuire avec poireaux, carottes, ognons et beurre frais; ajouter du cerfeuil, du persil et du sel; les égoutter, les piler avec un quarteron de mie de pain tendre pour cinquante grenouilles, trempée dans du lait. Passer cette purée, la cerner avec des croûtes à potage; mouiller de bouillon gras ou maigre.

Grenouilles en ragoût. Couper cinquante grenouilles au-dessous des pates de devant, écorcher le derrière; faire blanchir à l'eau bouillante avec sel et une cuillerée de vinaigre; les mettre dans une casserole avec un demi-quarteron de beurre fondu, une demi-cuillerée de farine, un verre d'eau bouillante, poivre, sel, gousse d'ail, bouquet garni. Après un bon quart d'heure de cuisson, lier avec une liaison de trois jaunes d'œufs.

Les fricassées de grenouilles se préparent comme celles de poulet. Les tourtes se préparent comme les fricassées; seulement on n'y met pas de liaison.

Grenouilles frites. Les placer dans une casserole avec un peu de beurre, de poivre et de sel; au bout de dix minutes, les laisser refroidir, les tremper dans la pâte et les faire frire en les mettant une à une dans la friture bien chaude. Servir avec du persil.

GRÈS. (*Conn. us.*) Le grès est du quartz arénacé agglutiné en masse. On le trouve par lits superposés, ou par blocs enfouis dans le sable. Il est ordinairement gris, et se taille facilement. On distingue le grès dur des paveurs, qui abonde à Fontainebleau; le grès demi-dur des couteliers, le grès filtrant des fontainiers, le grès lustré de Montmorency, le grès ferrugineux, le plus dur de tous.

On fait, en grès composés et cuits jusqu'à vitrification, des tuyaux hydrauliques, imperméables et inattaquables par les acides, la gelée ou l'humidité, des conduits de cheminée et de fosses d'aisance.

GRÉSIL ou GIBOULÉE. (*Conn. us.*) Le grésil est une neige à flocons compacts et arrondis en boules. Quelques physiciens considèrent ces boules comme les embryons de la grêle. Il en tombe surtout au commencement du printemps.

GRILLON. (*Agr.*) *Gryllus.* Genre d'insectes orthoptères. On distingue le grillon champêtre, qui loge en terre dans des trous obliques, et le grillon domestique.

Les grillons ont des ailes très-horizontales, des pattes postérieures propres à sauter, la tête grosse et arrondie; le corps est cendré bleuâtre chez le grillon domestique, et noir chez le grillon champêtre.

La fumée et le bruit font fuir les grillons domestiques.

Un mélange de parties égales de pommes grillées et de poudre d'arsenic, placé dans les fentes où les grillons se réfugient, tue infailliblement ces insectes.

GRIMPEREAU DES MURAILLES. (*Chass.*) *Certhia muraria.* Le grimpereau est de l'ordre des pies; il est rare; on le trouve parfois, durant la belle saison, dans les clochers, ou les vieilles murailles; il est gros comme un moineau, a le bec noir, le dessus des ailes rose, le reste du corps grisâtre, avec des taches blanches et fauves. Le mâle a souvent une plaque noire au cou.

Le *grimpereau domestique* (*certhia familiaris*) fréquente les vergers, et se plaît dans le creux des arbres. Il est moins gros que le grimpereau commun.

Le grand grimpereau et le grimpereau court se rencontrent très-rarement.

Les grimpereaux se mangent comme les mauviettes.

GRIPPE. (*Méd. dom.*) C'est un nom vulgairement donné à des angines endémiques et à des variétés du catharre pulmonaire.

Le mal de tête et le mal de gorge, premiers et douloureux symptômes de la grippe, disparaissent par l'usage des pastilles de Darcet. On prend deux ou trois pastilles de Darcet qu'on laisse fondre dans la bouche. On renouvelle quand la dose n'est pas suffisante. Ces pastilles ne coûtent que trois francs la livre; l'once se vend à raison de cinquante centimes.

GRIVE. (*Chass.—Cuis.*) *Turdus.* Oiseau de l'ordre des passereaux, ayant des plumes mouchetées. La grive se trouve dans nos climats au printemps, et disparaît après les vendanges. Elle vit de petits fruits et d'insectes. On la prend avec des filets qu'on tend dans les buissons. C'est un excellent mets. La grive draine, plus grosse du double, est moins délicate. La grivelette, d'un plumage jaunâtre et de la grosseur de l'alouette, est un oiseau de l'Amérique du nord, très-rare en France.

C'est surtout lorsqu'il y a de la neige que les grives sont grasses et succulentes.

Grives à la broche. Les plumer, les flamber, ôter le gésier, les larder, les enfiler dans un atelet par le côté, et les mettre à la broche. Les débris font d'excellens salmis.

Grives en prunes. Plumer, flamber et désosser plusieurs grives; en piler les foies; les mêler avec des aromates pilés, de la farce fine, du poivre; en farcir les grives; leur planter dans le milieu du corps une patte coupée pour figurer la queue d'une prune; faire cuire avec sel, poivre, et un morceau de beurre; saucer avec une sauce italienne. A défaut d'italienne, ajouter, au jus des grives, du persil, des échalotes hachées passées dans le beurre, une cuillerée de farine, un demi-verre de vin blanc et autant de bouillon. Faire bouillir, dégraisser, et servir.

Grives à la flamande. Mettre les grives dans une casserole avec un morceau de beurre et une pincée de graines de genièvre; les poudrer de sel, les faire cuire avec feu dessous et dessus; servir avec la cuisson.

Grives à l'anglaise. Envelopper les grives de papier, les embrocher. Faire dégoutter dessus du jus de lard brûlé; poudrer de sel et de mie de pain; servir avec une sauce à la diable. (Voy. ce mot.)

Grives au gratin. Farcir les grives comme pour les grives en prunes; les passer dans le beurre, les faire cuire sur une farce mouillée d'un peu de velouté; couvrir les grives de bardes de lard et d'un rond de papier beurré; les mettre sous le four de campagne, sur un feu modéré; saucer d'une italienne.

GRONDIN. (*Cuis.*) Poisson de mer du genre trigle. Le grondin a une grosse tête, un corps d'un brun rouge et effilé. Il a très-peu d'arêtes. Ses nageoires sont rougeâtres, tachetées de jaune. Sa chair est excellente.

Grondins à l'italienne. Ficeler la tête, les mettre dans une casserole avec des tranches d'ognons, du persil, deux feuilles de laurier, deux clous de girofle, du sel, du gros poivre, du vin blanc; faire mijoter un quart d'heure; égoutter, et servir avec une sauce italienne.

GROS. (*Conn. us.*) Le gros est la huitième partie de l'once; il se subdivise en 72 grains.

GROS-BEC. (*Chass.*) *Coccthraustes.* Passereau à bec très-gros avec quatre doigts à chaque patte. Il est gros comme une caille, a le dos marron, le reste du corps rougeâtre, le bas-ventre tirant sur le blanc. Cet oiseau est silencieux; il se nourrit de graines de fruits et d'amandes. On l'apprête comme la mauviette. (Voy. ce mot.)

GROSEILLER ROUGE ET BLANC. (*Jard.*) *Ribes rubrum et album.* Famille des cactiers.

On sème les groseillers sur le bord de l'eau à demi-ombre, dans un terrain léger, amendé et un peu humide; comme les semis donnent des fruits petits, il vaut mieux les multiplier d'éclats de vieux pieds ou de boutures au mois de mars. Ils fleurissent en avril, et les fruits mûrissent en juin. On les taille depuis novembre jusqu'en février, en supprimant les vieilles branches garnies de mousse et en rabattant les autres à dix-huit pouces au-dessus de terre.

Pour avoir de gros fruits, on doit arroser depuis l'époque où la fleur a noué, jusqu'à la maturité, et couper avec des ciseaux les trois ou quatre dernières fleurs de quelques grappes.

Le *groseiller à maquereau* (*Ribes uvacrispa*) se cultive comme les précédens, ainsi que le cacis.

Groseiller des jardins d'agrément, groseiller des roches. (*Ribes petreum.*) Arbuste indigène; espèce de buisson assez touffu, et qui peut contribuer à la variété des feuillages. On le plante dans une terre fraîche et légère; il se multiplie de boutures, au mois de mars.

Groseiller doré. (Ribes aureum.) Arbuste de l'Amérique, qui produit au mois d'avril des fleurs jaunes assez jolies ; il se cultive de même que le précédent.

Groseiller à fruit piquant. (Ribes cynosboly.) Arbuste originaire du Canada ; sa culture est la même que celle des précédents.

Groseiller à feuilles palmes. (Ribes palmatum.) Cet arbrisseau est estimé pour son feuillage.

Culture nouvelle en berceau. On plante deux rangs de groseillers distans l'un de l'autre de trois pieds. On laisse cinq pieds et-demi entre les deux rangs. Sur quatre tiges on choisit quatre branches, que l'on maintient dans une position verticale, et entre lesquelles on laisse une distance de neuf pouces. Près de chaque tige, on fiche une perche de cinq pieds ; quand les branches des groseillers ont atteint le haut de la perche on construit un berceau en bois qui a au moins sept pieds, d'un bout de l'arc à l'autre. On enlève les perches et on attache les branches des groseillers aux montans du berceau, qui en moins de six ans est entièrement couvert.

On a soin d'éclaircir le fruit, de couper les branches latérales très-près de la tige, de tenir écartées celles qui doivent rester, de raccourcir les branches chaque hiver en les coupant au-dessus du premier nœud un peu fort.

L'empaillement du groseiller le préserve de la rosée et de la chaleur du soleil.

Ainsi, pour conserver les groseilles sur pieds jusqu'aux gelées, on enveloppe le groseiller, au moment d'arriver en maturité, avec de la paille de seigle, qu'on couvre d'un paillasson pour l'instant, en ayant soin de ne pas laisser de vides entre la couche de paille et le paillasson.

GROSEILLES. (*Off.*) On conserve les groseilles sur les arbrisseaux jusqu'à la mi-novembre, en abritant les groseilles, sous de grands arbres, comme des pruniers. C'est ainsi que font les habitans de Bougival, qui fournissent à la capitale une grande quantité de groseilles longtemps après la saison.

Préparations liquides des groseilles. L'eau de groseilles se prépare en passant au tamis le jus d'une demi-livre de groseilles et d'une demi-livre de framboises, et ajoutant trois quarterons de sucre et une pinte d'eau. Au bout d'une demi-heure, on filtre, et si l'on ajoute de la glace, la boisson sera meilleure.

Ratafia de groseilles. Laisser infuser un mois, soutirer et filtrer, et mettre en bouteilles quatre pintes de jus de groseilles rouges, huit pintes d'eau-de-vie, deux gros de cannelle concassée et un gros de girofle.

Ratafia de marc de groseilles. Prendre du marc de gelée de groseilles ; le mettre dans une cruche avec une pinte d'eau-de-vie ou deux bouteilles de vin blanc pour six livres ; ce mélange est très-bon avec addition de quelques aromates.

Alcool et acide de groseilles. Pour extraire des groseilles en grappes de l'alcool et de l'acide citrique, on écrase les groseilles dans des cuves ; on les fait fermenter et on distille. On extrait des marcs les sucs par la pression, et on jette dans ces sucs chauds de la craie en poudre, en remuant. Il se produit une effervescence ; quand elle a cessé, on enlève la matière qui s'est précipitée, c'est du citrate de chaux. On le lave, on l'égoutte, on le presse et on le délaie dans l'eau ; on le fait chauffer et on y verse par petites portions de l'acide sulfurique étendu du double de son poids d'eau. Sur ce mélange, on verse encore de la craie. Le précipité obtenu est recueilli, lavé, passé et traité de nouveau par l'acide sulfurique, jusqu'à ce que la liqueur soit claire. On décante la liqueur, que l'on fait évaporer à chaud, et quand elle est concentrée, on la laisse se cristalliser. Elle donne l'acide citrique. Si on veut le décolorer, on emploie du charbon animal. (Voy. CHARBON.)

L'acide citrique obtenu peut servir à tous les usages du jus de citron.

Sirop de groseilles. Égrener cent parties de groseilles rouges, les faire crever dans une bassine jusqu'à ce que les peaux soient décolorées ; passer au tamis de crin ; ajouter cinq parties de suc de cerises aigres ; porter le tout dans une cave fraîche ; et au bout de deux jours battre la gelée qui s'est formée, et la passer sur des toiles ; passer le suc, y faire fondre vingt-huit onces de sucre par livre de jus. On facilite le mélange du sucre avec le jus en le mettant sur le feu ; après le premier bouillon, on passe le sirop, et on le laisse refroidir. Il est facile de le framboiser.

Vin de groseilles. Cueillir les groseilles à midi, les exposer au soleil, les égrener sur un crible, et les fouler ; ajouter, pour vingt-cinq livres de jus, deux livres et demie de sucre et un peu d'eau ; brasser, laisser fermenter. Dès que la liqueur commence à baisser, soutirer dans des barils ; les porter à la cave ; les laisser débouchés ; les remplir à mesure qu'ils se vident, et boucher petit à petit en n'enfonçant les bouchons complètement que lorsque la fermentation aura cessé. On peut remuer le vin pendant deux mois ; au bout de ce temps, le coller, et le mettre en bouteilles.

On peut y joindre de l'esprit-de-vin.

Conserve de jus de groseilles. Les égrener ; les faire crever sur le feu ; les retirer et les mettre sous presse ; laisser en repos jusqu'à ce que la surface se couvre d'écume ; soutirer, et mettre en bouteilles.

Vinaigre de groseilles. Écraser trente livres de groseilles blanches dans un mortier ; les délayer avec cinquante litres d'eau de puits ; passer dans un tamis de crin ; ajouter cent vingt-cinq grammes de crème de tartre et trois livres deux cent cinquante grammes de bonne cassonade ; laisser fermenter au soleil.

Conservation du jus de groseille. On conserve pendant un an le jus de groseilles, que l'on mêle avec un quart de jus de framboises dans des bouteilles qu'on entoure de foin, et auxquelles on donne trois bouillons dans une chaudière ; on bouche et on goudronne. On couche ces bouteilles à la cave, et on les couvre de sable, pour empêcher la fermentation de casser les bouteilles. Ce jus peut servir à faire du sirop, des limonades, des glaces.

On peut garder les groseilles en grappes, ou égrenées dans des bouteilles bouchées de même ; mais la grappe donne toujours un peu d'âcreté aux groseilles.

Préparation de suc de groseilles. Écraser sur un tamis deux cents livres de groseilles rouges, quatre livres de cerises de Montmorency, deux livres de framboises, le tout mêlé ; exprimer ; mettre le marc en presse dans un seau percé de trous. On doit faire ces opérations vite pour éviter la fermentation,

Préparations solides de groseilles.— *Gelée de groseilles.* Prendre quatre livres de groseilles égrénées, les mettre dans un sirop bouillant de sucre ou de miel clarifié (Voy. MIEL). Quand les groseilles sont versées dans le sirop, passer au tamis, et faire cuire jusqu'à consistance de confitures.

Groseilles en chemises (Voy. CERISES).

Confiture de groseilles. Prendre parties égales de sucre et de groseilles égrénées; faire bouillir jusqu'à ce que la surface soit en ébullition ; étendre sur un tamis des framboises épluchées, plus ou moins, selon le goût qu'on veut donner à la groseille, et verser dessus la confiture, qu'on met aussitôt dans des pots où on la laisse refroidir avant de couvrir. Le marc qui reste sur le tamis fait une seconde confiture.

Cette gelée se dissout dans l'eau comme du sirop.

Confiture de groseilles. — Deuxième procédé. Faire chauffer les groseilles égrénées; quand elles sont cuites, les égoutter sur un tamis. On opère alors comme pour la gelée.

En ôtant les pépins des groseilles, clarifiant du sucre et le faisant cuire à la plume, y jetant les groseilles, retirant du feu au bout de cinq minutes, et versant dans des pots de verre, on obtiendra un produit semblable aux confitures épépinées de Bar.

Marmelade de groseilles. Prendre pour une livre de fruit une demi-livre de sucre; laisser bouillir quelques instans; faire refroidir, et verser dans des pots. Jeter dessus du sucre en poudre.

Gelée de groseilles sans feu. Exprimer le jus de deux livres de groseilles, y mêler deux livres et demie de sucre en poudre; bien remuer, et exposer au soleil dans des pots évasés. Le jour même la gelée est faite.

Confitures de groseilles en grappes. Verser des groseilles en grappes dans un sirop de sucre cuit à la plume.

Conserve de groseilles. Presser les groseilles égrénées sur un tamis; les laisser dessécher sur le feu, jusqu'à ce qu'en les remuant on puisse voir le fond de la bassine ; verser dessus trois livres de sucre cuit au cassé; remuer jusqu'à ce qu'il boursoufle ; mettre en caisses.

Compote de groseilles à maquereau. Mettre les groseilles égrénées dans l'eau fraîche, puis sur un tamis; les laisser égoutter ; les jeter dans le sucre cuit à la plume; les remuer doucement , et les mettre dans des pots après qu'elles ont bouilli légèrement.

Gelée de groseilles à maquereau. Prendre trois livres de groseilles à maquereau vertes; les faire cuire dans de l'eau bien pure; quand elles fléchiront sous le doigt, les mettre dans une bassine avec trois livres de sucre; écumer. Quand la gelée tombe de l'écumoir en nappe, passer avec expression, et mettre en pots.

Compotes de groseilles à maquereau. Fendre les groseilles d'un côté; ôter les pépins avec le bec d'une plume ; faire blanchir les groseilles dans l'eau chaude, puis les faire bouillir; les laisser refroidir; les égoutter, et les mettre dans du sucre cuit au petit cassé; après une vingtaine de bouillons, laisser refroidir, enlever l'écume, remettre sur le feu; après cinq ou six bouillons, laisser refroidir; mettre dans le compotier ;] faire cuire le sirop à la nappe; écumer, et le verser sur les groseilles.

GROSSESSE. (*Méd. dom.*) On définit médicalement la grossesse l'espace qui s'écoule entre la conception et l'accouchement (voyez ce mot). Cette époque est encore fort obscure, et on y a observé une multitude d'effets sans trouver une seule cause. Nous nous appuierons, pour traiter une matière aussi essentielle, des travaux les plus récens des plus célèbres accoucheurs et sages-femmes. Le tempérament particulier de chaque femme modifiant les phénomènes de la grossesse, il est assez difficile de poser des règles dont l'application soit rigoureusement générale.

Aussi ne mentionnerons-nous que les faits bien constatés et les observations les plus exactes. Nous diviserons notre extrait en deux parties : les symptômes de la grossesse, et le régime à suivre pour en prévenir les accidens.

M. Capuron, dont le nom fait autorité en matière d'accouchemens, distingue plusieurs espèces de grossesses.

Dans la grossesse vraie, l'utérus renferme un ou plusieurs fœtus; dans la fausse grossesse, il ne contient que de l'eau, de l'air, du sang, des glaires, ou une mole. La grossesse se manifeste par des signes qui la font seulement présumer, par d'autres qui la rendent vraisemblable, par d'autres enfin qui la mettent hors de doute.

Dans le commencement de la grossesse, la femme éprouve des vomissemens convulsifs, une chaleur ardente, un sentiment de soif, des borborygmes, des vents, de la diarrhée alternée de constipation; souvent elle perd l'appétit ; tantôt elle est saisie d'une faim insatiable ; la respiration est gênée, des bâillemens, des hoquets, des soupirs, de l'oppression, des crachemens, un pouls très-inégal, des palpitations de cœur, des changemens de couleur dans la peau, des taches sur le visage, une urine limpide, et quelquefois sédimenteuse, des envies de substances diverses, des goûts dépravés : par exemple, une propension subite à manger du charbon, du vinaigre, de la terre, etc., sont autant de signes de grossesse de la première espèce. A ces signes se joignent souvent des accès d'hystérie, un état d'inertie, des bourdonnemens, une difficulté d'audition, un changement de caractère, des transitions subites de la joie à la douleur ; les mamelles se gonflent, et laissent écouler une humeur séreuse analogue au lait.

La satisfaction des envies doit être réfrénée, quand elle peut être immorale ou nuisible. La voracité doit être calmée par des repas plus fréquens. Il peut résulter des accidens graves de la complaisance mal entendue pour les envies.

Les signes qui rendent la grossesse vraisemblable sont le changement du volume du bas-ventre, lent d'abord, puis très-rapide. Ce changement peut cependant tenir à un amas d'air, ou de matières étrangères, lorsque le bas-ventre, ne s'élevant point vers le nombril, ne laisse pas un vide du côté des hanches.

Le ballonnement du ventre peut être un symptôme hystérique. La suppression des menstrues peut le développer.

La suppression de l'évacuation périodique est un symptôme assez certain. Il y a cependant des femmes qui répandent quelques gouttes de sang dans les premiers mois, avec une substance glaireuse, et qui même sont réglées jusqu'au dernier moment. Mais ce sont des exceptions; et ces évacuations ne sont presque jamais aussi abondantes que dans l'état ordinaire.

On est sûr de la grossesse au moment où le fœtus remue, ce qui arrive vers le quatrième mois. Il ballotte, quand la femme marche, d'un côté ou d'un autre. Il exécute des mouvemens et va frapper les parois de son enveloppe. L'accoucheur peut alors aisément provoquer ces mouvemens par le toucher, qui sert également à distinguer la fausse grossesse de la vraie.

L'enfant croît dans l'utérus avec une grande rapidité. A un mois il a un pouce de haut; à deux mois, deux pouces et un quart; à trois mois, cinq pouces; à cinq mois, six à sept pouces; à sept mois, onze pouces; à huit mois, quatorze à quinze pouces; à neuf mois, il a ordinairement dix-huit pouces, et pèse six à sept livres. Il se transforme pendant cet espace de temps, en passant d'une organisation inférieure à une organisation plus élevée.

Le terme de la grossesse arrive ordinairement au neuvième mois. Il y a cependant quelques exemples d'enfans nés viables à l'âge de sept mois, et même d'enfans nés à six mois, qui, élevés avec soin, exposés à une douce chaleur, et nourris avec du lait tiède, ont survécu. D'autres enfans sont nés le onzième mois et même plus tard.

Le régime des femmes grosses consiste à suivre exactement les règles de l'hygiène; nourriture saine, frugalité, abstention d'épices, de pâtisseries, d'alimens lourds, de vin pur, de liqueurs fortes, de café, dont l'usage cause quelquefois l'avortement; habitation aérée, dans une atmosphère pure et sèche; exercice fréquent et modéré, à pied, jamais à cheval, peu en voiture; vêtemens lâches et commodes, peignoirs; point de veilles, point de danses, point de fêtes bruyantes; long sommeil, tranquillité d'ame, tempérance en toutes choses et dans la satisfaction de tous les besoins et de tous les desirs.

Une femme enceinte, dès les premiers temps de sa grossesse, doit, pour éviter des accidens funestes, relâcher son corset et tous les vêtemens qui lui serrent le corps; elle se tiendra dans un état constant de propreté par des bains tièdes, qui ne soient pas cependant trop répétés; adoptera un régime doux et nourrissant, et se livrera, avec modération toutefois, à l'exercice, à quelques travaux mécaniques et intellectuels, à des distractions, en évitant avec soin tout ce qui pourrait émouvoir trop vivement sa sensibilité. Après les couches, elle gardera le lit, et observera une diète sévère, se contentant de quelques tasses d'infusion légère de fleurs de tilleul jusqu'au cinquième jour, époque à laquelle cesse la fièvre de lait; elle refusera surtout le vin et les liqueurs spiritueuses dont on abreuve quelquefois les accouchées. Si elle allaite son enfant, on pourra être moins sévère sur la nourriture, et dès le troisième ou quatrième jour, on pourra permettre une soupe végétale légère.

On couvrira modérément l'accouchée, de manière seulement à ce qu'elle ne prenne pas froid, et on se gardera bien d'appliquer des matières graisseuses ou autres topiques sur les seins, dans l'intention de faire passer le lait.

Beaucoup de gens se persuadent qu'une femme doit être invariablement saignée à quatre mois et demi. Il n'est point

là-dessus de loi fixe. Si le sang paraît tourmenter le sujet, si la chaleur est constante, s'il y a des hémorrhagies notables, si les veines sont gonflées, s'il y a des varices aux jambes, pouls plein, congestion au cerveau, si le sang se porte vers l'utérus avec assez d'abondance pour faire craindre une surexcitation, la saignée est indiquée. Mais pour les femmes lymphatiques, faibles, peu irritables, elle serait nuisible.

Mme Delacour est auteur d'un topique, dit labial, qui sert à faire des frictions sur le ventre après l'accouchement. En voici la recette:

Mêler deux gros de galle de chêne, deux gros de noix de cyprès, deux gros d'écorce de grenade, trois gros de feuilles de myrte, trois onces de sumac, un gros de lait virginal, quatre gros de sulfate de zinc, un demi-gros de baume de la Mecque; verser ce mélange dans une once de cire vierge, une once d'huile d'amandes douces, trois onces de blanc de baleine; aromatiser avec une once d'extrait de racines de guimauve, autant d'extrait de fleurs de mauve, une once d'extrait de fleurs de violette, un gros d'extrait de rose.

Ce topique redonne de l'élasticité aux tégumens distendus pendant la grossesse; il rend la peau souple et l'empêche de se gercer. Beaucoup d'astringens entrent dans sa composition.

GRUAU. (*Conn. us.* — *Méd. dom.*) La partie du grain nommé gruau est jaunâtre et transparente, et forme environ la moitié de la substance du grain. Elle commence au-dessous de l'écorce et va jusqu'au centre, où se trouve la fécule. Cette partie, séparée des autres, constitue une nourriture succulente, très-convenable aux enfans et aux vieillards par la facilité de mastication et de digestion qu'elle présente.

Les blés durs, qui offrent une cassure lisse et grisâtre et se brisent difficilement sous la dent, forment les meilleurs gruaux. On les obtient en concassant le grain, soit entre deux meules tenues à une certaine distance, soit en le pilant, comme en Suisse, dans un mortier de bois avec un pilon en bois armé à son extrémité d'une plaque de tôle. On expose le grain au four avant de le concasser.

Les gruaux les plus employés sont ceux de froment, d'orge et d'avoine. Le gruau d'avoine blanche est très en usage en Suisse, dans une partie de l'Allemagne, en Irlande, et chez nous, en Normandie et en Bretagne.

Gruau d'avoine. Pour préparer ce gruau, on met de l'avoine dans une chaudière avec très-peu d'eau, comme pour cuire à la vapeur; on fait chauffer doucement. L'avoine est cuite quand un bâton de bois blanc, plongé dans la chaudière, en sort sans traces d'humidité. On place l'avoine ainsi cuite pour sécher sur un four, quand le pain est cuit; on ajoute quelques fagots, et on laisse le four fermé environ un jour.

Cette opération grille en partie le grain, qui prend une couleur foncée de noisette, et devient plus facile à digérer. On le fait passer entre deux meules assez espacées pour briser l'enveloppe sans rompre le grain; on sépare du grain la vanne; on réduit ensuite l'avoine en gruau entre des pierres très-dures. Ce gruau, cuit à l'eau avec un peu de beurre, ou délayé dans du lait ou du bouillon, est un aliment sain et agréable.

Gruau de maïs. Ce gruau est plus nourrissant que le riz,

et peut le remplacer. On choisit des maïs blancs, on les sépare de leur pellicule, ou les concasse faiblement dans un mortier, on vanne, et on sépare la fécule. (Voy. FÉCULE.) Ce gruau se cuit avec de l'eau et un assaisonnement. On l'appelle, à la Nouvelle-Orléans, *sagamité*, ce qui paraît dériver de sagou imité.

GRUE. (*Chass.*) *Ardea grus.* La grue est un oiseau échassier du genre héron, qui voyage continuellement du midi au nord, et du nord au midi. Elle vit en troupes durant les beaux jours; elle s'élève très-haut dans les airs; elle se nourrit de petits poissons, d'insectes et de reptiles. Elle est facile à apprivoiser, et utile dans les jardins.

GUÊPE. (*Anim. nuisibles.*) Les guêpes sont des insectes du genre des hyménoptères. Elles vivent en société. Il y en a plusieurs espèces. Les plus communes sont la guêpe vulgaire (*vespa vulgaris*), qui fait son nid sous terre; et la guêpe frelon (*vespa ovalis*), qui niche dans les vieux arbres pourris.

Les guêpes ont des ennemis dans un assez grand nombre d'oiseaux, et notamment dans la bondrée, espèce de buse du genre faucon, qui nourrit ses petits de chrysalides de guêpes.

Pour détruire les guêpes, le premier soin doit être de tâcher de découvrir leur nid. Lorsqu'on l'a trouvé, on le détruit facilement en pratiquant au-dessous des fumigations sulfureuses; on peut encore exposer dans le voisinage des fruits bien mûrs, sur lesquels les guêpes se jettent particulièrement, un vase rempli de sirop épais, mêlé avec un peu de sublimé corrosif ou de l'arsenic gris. Une précaution indispensable, pour éviter de plus grands ravages, est de ne point enlever les fruits qu'elles ont commencé à attaquer, et qu'elles dévorent jusqu'à la fin. Un filet à mailles serrées, ou une toile légère de crin, peut encore préserver de leurs atteintes les fruits des arbustes et espaliers.

Pour pratiquer les fumigations sulfureuses, on bouche tous les trous des guêpes avec du mortier, excepté un seul; on trempe une mèche d'un côté dans le mortier, de l'autre dans le soufre liquide; on met le feu à la mèche, on la fait entrer dans le trou, qu'on ferme avec le mortier qui est à une des extrémités. On fait cette opération le soir, après que le soleil est couché, et que toutes les guêpes sont rentrées.

Toutefois, lorsque les guêpes se sont bien nourries, elles ne rentrent pas dans leur nid de toute la nuit, mais restent assoupies sur les fruits qu'elles ont sucés. C'est alors qu'on peut les prendre avec deux verres bombés; on en remplit un d'eau, on le met sous les fruits; on pose l'autre par dessus, et on secoue la branche; les guêpes engourdies tombent dans l'eau; vous les jetez par terre, vous les écrasez avec le pied, et continuez ainsi.

Les guêpes se prennent également bien dans des fioles remplies d'eau et de miel qu'on suspend aux arbres.

Quand leurs nids sont attachés à des branches, il suffit de les enfumer ou de les brûler avec une poignée de paille allumée.

L'alcali volatil est le meilleur remède contre la piqûre des guêpes et celle des frelons.

GUÊTRES. (*Comm. us.*) Il faut, pour faire une paire de guêtres d'hommes, un quart d'aune d'étoffe en trois quarts.

GUI. (*Jard.*) Famille des chèvrefeuilles. Le gui nuit beaucoup aux arbres, dont il pompe la nourriture. Il faut l'arracher dès qu'il paraît, autrement on serait contraint de couper la branche qui le porte, ou de lui faire une entaille nuisible. Les chasseurs sont seuls intéressés à s'opposer à la destruction du gui, dont les baies, en hiver, attirent une multitude de grives.

L'écorce du gui peut servir à faire de la glu. (Voy. ce mot.)

GUIMAUVE OFFICINALE. (*Jard.* — *Ind. dom.* — *Méd. dom.* — *Off.*) *Althœa.* Famille des malvacées. Cette plante vivace croît sans culture dans nos prés humides; mais, comme son usage est aussi fréquent que salutaire, nous conseillons de lui consacrer un petit emplacement sur le bord d'un canal ou d'un ruisseau exposé au midi. Les pieds qu'on arrache pour transplanter ne viennent jamais bien; il vaut beaucoup mieux se procurer de la graine bien mûre, ce qui est facile depuis le mois d'août jusqu'au mois d'octobre, et la semer au mois de mars dans un terrain humide. Lorsque le plant a quatre ou cinq feuilles, on le repique au plantoir dans le lieu qui lui est destiné, et dont la terre doit être franche, profonde et nouvellement bêchée. Les fleurs, ainsi que les racines, sont très-émollientes. La racine s'arrache au mois de mai; lorsqu'elle est sèche, on la ratisse et on la divise en petits morceaux. Mais, comme elle a plus de vertu étant fraîche, on ne l'arrachera qu'au besoin, si on l'a plantée chez soi. Les fleurs paraissent de juillet en septembre; lorsqu'elles sont tout à fait fleuries, on les cueille et on les fait sécher.

Les hautes tiges de guimauve peuvent donner une filasse plus douce que celle du chanvre, et plus forte que celle du lin. On les traite comme le chanvre. (Voy. ce mot.)

On emploie les feuilles de guimauve en décoction à l'extérieur, et les fleurs à l'intérieur en infusion. Toutes les parties de la plante sont éminemment émollientes et adoucissantes.

Pâte de guimauve. Ratisser et laver, et dresser en filets menus une once de racines de guimauve; les mettre bouillir un quart d'heure dans deux pintes et demie d'eau; passer, et ajouter dans la décoction deux livres de gomme arabique concassée. Quand la gomme est dissoute à feu doux, y faire fondre deux livres de sucre; passer le mélange, le faire épaissir en remuant continuellement pour l'empêcher de s'attacher. Quand il est à consistance de miel, ajouter quatre blancs d'œufs fouettés avec quatre onces de fleur d'orange; remuer avec force. Plus le mouvement est rapide, plus la pâte de guimauve est blanche. On fait épaissir à petit feu, jusqu'à ce que la pâte, enlevée avec la palette, qu'on frappe légèrement sur la main, n'adhère pas à la peau. On la met alors sur du papier blanc garni d'amidon en poudre; on la coupe par morceaux, qu'on empêche de se coller entre eux avec de l'amidon.

Sirop de guimauve. Laver avec soin, ratisser, couper par tranches et faire bouillir dans quatre livres d'eau, six onces de racines de guimauve récente; au bout de sept ou huit minutes, passer au tamis la décoction, y faire fondre six livres de sucre, écumer avec soin, faire cuire au perlé, retirer promptement du feu, laisser refroidir et mettre en bouteilles.

GUIMBARDE (jeu de la). (Voy. jeu de la MARIÉE.)

GUINGUETTE (jeu de la). (*Récr. dom.*) On joue à ce

jeu trois à huit personnes. Si l'on est quatre, on ôte les petites cartes jusqu'au cinq, en commençant pas les as. On tire la donne au sort. On met les jetons dans plusieurs boîtes Il y a une boîte pour chaque coup du jeu.

Coups du jeu. Guinguette, la dame de carreau.

Cabaret, tierce de valets, de dix et de neuf, et ainsi des autres cartes en descendant. Le roi ét la dame ne font point tierce. Le plus fort cabaret gagne. En cas d'égalité, c'est le plus fort à droite du donneur.

Cotillon. On appelle ainsi le talon. *Remuer le cotillon,* c'est écarter, mêler le talon, après avoir donné deux jetons à la boîte du cotillon, couper et tirer la carte de dessous la coupe qu'on a faite. *Renvier le cotillon,* c'est écarter de nouveau quand tous ont parlé.

Chaque joueur reçoit quatre cartes. Le premier en cartes désigne l'atout. Celui qui a la guinguette doit la montrer, sous peine de payer deux jetons d'avance. Il prend le cotillon de la guinguette.

On fait ensuite le coup du cabaret. On peut renvier d'une *pinte* (quatre jetons), d'une *chopine* (deux jetons), et d'un *demi-setier* (un jeton). Si le renvi n'est pas tenu, son auteur gagne, quoiqu'il soit plus faible. Autour du cotillon, chacun met un jeton dans la boîte du cotillon. Le premier nomme l'atout, met un jeton dans la boîte et joue. Ceux qui n'ont pas de jeu remuent au cotillon. Celui qui fait la vole gagne le cotillon.

Les fonds non levés sont doubles au coup suivant.

GYMNASTIQUE. (*Conn. us.*) La gymnastique est l'art de soumettre l'appareil locomoteur à des fonctions réglées, dans le but de donner de la force aux mouvemens, de perfectionner les organes, et de contribuer à la santé. Cet art a été récemment mis en théorie et en applications. Nous rendrons compte des différens exercices pratiqués dans les gymnases nouvellement établis, sans entrer dans des développemens inutiles sur toutes les parties de la gymnastique. Les curieux pourront consulter l'ouvrage spécial *du colonel Amoros. Manuel de gymnastique et d'éducation physique.* Paris, 1852, 2 vol. in-18, avec atlas.

Les instrumens dont on se sert en gymnastique sont le tronc d'arbre, les planches, les perches, les mâts, les tables, les chevaux de voltige, les échelles, les portiques, les cordages, les barres, les sautoirs, la bascule brachiale, l'octogone, le pont élastique, le cercle de pierre et de piquets, la chaîne gymnastique, la romaine à cadran, la ceinture, le dynamomètre, le boulet, le poignet ou petit bâton pour la lutte des hommes et des enfans, les altères ou cloches muettes, le bâton pour faire courir les retardataires, les palonniers pour faire courir les derniers entraînés par un cheval, le bâton à sauter, le sautoir portatif, les échasses de différentes grandeurs, les doubles porte-mousquetons, les balles et paumes, la banquette pour jouer à la paume, le tamis pour jouer à la balle, les gants espagnols pour jouer à la longue-paume, les gants à l'italienne, les chasses pour marquer le point où les balles s'arrêtent, le portevoix, le métronome de Maetzel, la selle factice pour couvrir les chevaux de voltige, la schabraque pour couvrir la croupe de ces chevaux, un sac pour sauver des enfans ou des objets casuels dans les incendies, le marteau en fer, la barre de fer, le pistolet-arbalète, le but-en-blanc pour le tir du pistolet arbalète, idem pour le tir aux boules.

Toutes les machines et tous les instrumens sont expliqués et gravés dans le *Manuel de gymnastique* du colonel Amoros, où l'on indique la manière d'en faire usage.

Outre tous ces objets, il faut dans un établissement gymnastique des fossés, des murs, des barrières ; un hippodrome pour les courses à cheval et en char, un stade pour la course, qui devrait avoir mille pieds de longueur. Celui de Paris n'a que cinq cents pieds sur soixante-dix de largeur ; il faut encore un bassin pour la natation, un manége, un tir au fusil, au pistolet, au javelot, à la flèche, etc., etc.

L'exercice de la gymnastique pourrait jusqu'à l'âge de dix ans être salutaire aux jeunes filles, dont il rendrait sans aucun danger le corps souple et robuste. On voit maintenant au gymnase de Paris une petite fille âgée de huit ans, qui depuis un an suit, ainsi que son frère, les exercices ; on ne peut se faire une idée de la souplesse, de l'agilité et de la grace que le corps de cette petite personne a acquises.

Quant aux femmes, devant être mères, elles ont besoin d'être fortes. Exposées, comme les hommes, à mille dangers, il est bon qu'elles apprennent à les éviter. Qui le leur enseignera ? la gymnastique. Elle serait surtout d'un grand secours pour celles qui sont obligées de gagner leur vie par des travaux fatigans.

La force du sujet qu'on soumet à des exercices gymnastiques doit être éprouvée d'abord par la pression des mains, la résistance des reins, la traction ou action de traîner les objets, l'impulsion verticale et horizontale des poings, la pression contre la poitrine, et le support ou le pouvoir de supporter un poids.

La force des mains et des reins s'éprouve au moyen d'un instrument nommé dynamomètre, qui est de deux espèces, celui à pression et celui à répulsion.

On peut encore mesurer la force des reins en se donnant un appui aux reins et au dos contre un mur ou une porte bien fermée, ou bien sans se donner aucun appui.

La pression des mains d'un homme robuste peut être évaluée à deux cent soixante livres ; celles des jambes d'un homme assis peut aller à six cent livres et plus. On exerce l'élève à se servir également des deux mains et des deux jambes.

On donne à l'élève une ceinture.

La ceinture affermit les reins et les viscères ; elle contient la région du foie, aide la course et facilite la respiration. C'est en même temps un moyen de conservation et de défense. Ceux qui montent à cheval doivent s'en munir, pour prévenir les mouvemens trop violents des viscères du bas-ventre.

Si on place la ceinture trop bas, elle serre trop les os du bassin et la partie inférieure du ventre ; si on la place trop haut, elle peut déranger la digestion et la transpiration, enfoncer les côtes, gêner le thorax ou la poitrine. Il faut donc la placer positivement sur les reins, de manière qu'elle passe sur le nombril et sur les cinq vertèbres des lombes ou reins.

Les ceintures ont encore l'avantage de donner de la légèreté au corps, de faire paraître la taille plus élégante, la poitrine mieux développée, les hanches plus évasées, et les contours plus naturels, plus arrondis. Avec les ceintures il n'y a point de hernies à craindre.

Il faut proportionner les ceintures à l'âge et à la taille des individus: celles de trois pouces de largeur conviennent aux enfans de trois à six ans; celles de quatre pouces aux enfans de sept à seize ans; celles de cinq, aux jeunes gens et aux hommes faits; enfin celles de dix pouces, aux lutteurs et autres hommes continuellement occupés d'exercices très-violens.

Les principaux mouvemens élémentaires qu'on fait faire à l'exercice sont : 1° la rotation à droite et à gauche; 2° la flexion de la tête en avant et en arrière; 3° le mouvement du corps à droite et à gauche; 4° demi-tour à droite; 5° pas ordinaire en avant et en arrière; pas de côté et vers la droite et vers la gauche; 6° pas oblique à droite et à gauche; 7° pas accéléré en avant; 8° se lever sur la plante des pieds, et marcher en avant et en arrière dans cette position; 9° sautiller en place sur la pointe des pieds; 10° pas gymnastique modéré sur place, les mains sur les hanches; 11° pas accéléré gymnastique sur place; 12° pas de course sur place; 13° fléchir alternativement les jambes en arrière; 14° enlever en même temps les jambes en avant et en arrière; 15° fléchir les extrémités inférieures, les jambes réunies; 16° la marche des mains; 17° flexions des extrémités inférieures, les jambes écartées; 18° marcher sur les talons; 19° mouvement des extrémités supérieures, les bras pliés devant la poitrine, ensuite tendus en avant, puis élevés au-dessus de la tête, tenant les mains, les doigts et les ongles tournés en dehors; 20° frapper la poitrine avec les poignets alternativement; 21° élever les bras en avant et en haut, et les ramener rapidement à leur place; 22° circonduction latérale des bras, ou mouvement de fronde; 23° lancer les bras en avant et en arrière; 24° fléchir le corps latéralement vers la gauche, vers la droite et en avant; 25° danse pyrrhique ou militaire des anciens; 26° mouvemens du corps représentant la natation.

Du centre de gravité et de l'équilibre. Le centre de gravité est le point situé dans l'intérieur d'un corps autour duquel tous les autres points de ce corps sont en équilibre : il est bien représenté par la direction d'un fil qui tient un plomb, ou par une ligne perpendiculaire.

Si le centre de gravité est fixe, le corps est en équilibre dans toutes les situations qu'on lui fait prendre en le tournant autour de ce point. Il y a chute inévitable aussitôt que le centre de gravité ne se dirige plus perpendiculairement sur cette base. Si, par exemple, on penche trop la tête en avant, on le rétablit en levant une jambe et la portant soit en arrière, soit en avant, ou en se servant des bras et des mains pour rétablir le point de gravité que l'on a perdu, soit par l'effort du vent, soit parce que le plan où l'on est placé est inégal, raboteux, glissant, etc.

Le mot station, en gymnastique, est l'action par laquelle l'homme se tient debout immobile sur un plan solide, mobile ou chancelant, à genoux ou assis, en équilibre sur un pied, sur les orteils, sur les mains, sur la tête, ou toute autre partie du corps, ou couché sur un plan horizontal ou incliné.

Le levier est la tige inflexible qui se tourne ou se meut autour d'un point fixe. On distingue dans un levier le point d'appui, le point où agit la puissance, et le point où se fait sentir la résistance.

Après les exercices ci-dessus analysés, on passe aux suivans : fléchir ou plier les jambes en avant et en arrière, monter sur un banc ou sur une petite table sans prendre d'élan, se tenir en équilibre sur un pied, poser une jambe à terre ou sur un banc, et l'autre jambe bien tendue en l'air à angle droit; étant assis, se relever sans incliner la tête ni le corps en avant, et sans ramener les jambes ni le corps en arrière; approcher la pointe du pied de la bouche; étant à genoux, se relever par une forte secousse imprimée au corps, mais sans changer la position des jambes ni des pieds, tenant le bas de sa jambe droite à sa main élevée; toucher la terre avec le genou du même côté et se relever; pencher le corps en avant et en arrière, du côté droit et du côté gauche, etc.

Le mouvement est l'action par laquelle un corps, abandonnant l'état de repos, d'inertie ou de station, passe d'un lieu dans un autre.

Le mouvement est volontaire ou involontaire.

La gymnastique en explique et applique les lois, indique les moyens et les ressorts dont se sert la nature pour le produire, et les différentes modifications dont il est susceptible.

On compte dix espèces de mouvemens simples par rapport à l'homme :

1° Le mouvement de *gravitation*, comme dans le saut de haut en bas;

2° Celui de flexion, qui s'opère en fléchissant l'extrémité des membres;

3° Le mouvement d'extension, que l'on fait en tendant et allongeant les membres;

4° Celui de contraction ou raccourcissement, qui se fait en diminuant, par la contraction des muscles, les membres ou la hauteur du corps;

5° Celui de rotation, ou mouvement circulaire d'un corps tournant sur lui-même;

6° Celui de circonduction, que l'on opère en décrivant une circonférence avec un membre;

7° Celui de glissement, comme quand un morceau de glace est lancé sur un autre;

8° Celui de progression, qui consiste à aller en avant au moyen des pas ordinaires;

9° Celui de bondissement ou de saut, que l'on opère en s'élançant avec effort pour transporter son corps d'un endroit vers un autre;

10° Enfin, celui d'oscillation, quand on balance ses bras et ses jambes en sens contraire et alternativement.

Tous ces mouvemens se divisent encore en mouvement lent, mouvement modéré, et mouvement accéléré.

Des marches. Il y a plusieurs espèces de marches : la marche en avant, celle en arrière, la marche de côté, la marche ascendante et descendante.

Les marches et promenades nocturnes à la campagne et sur les montagnes sont excellentes pour habituer à apprécier les objets, les distances et les phénomènes naturels qui présentent, la nuit, un aspect différent de celui qu'ils offrent pendant le jour.

Lorsque l'on gravit une montagne, ce qui est toujours fatigant, on peut, sans cesser de monter, trouver le moyen de se reposer : c'est de tourner le dos et de marcher en arrière; dans la marche ordinaire on doit faire de petits pas, et se fixer sur la pointe des pieds le plus que l'on peut, et le moins possible sur les talons.

Pour acquérir la faculté de bien marcher, il faut répéter souvent cet exercice. On a vu beaucoup de personnes rester une journée entière debout sans se fatiguer, et ne prendre que cinq à six heures de repos la nuit.

Pour changer de pas, en marchant avec d'autres, on fait deux pas en avant du même pied, et un avec l'autre pied; chaque pas vif et allongé est de deux pieds et demi.

De la course à pied. Pour bien courir, on appuie sur la pointe des pieds plutôt que sur les talons, en proportionnant le mouvement à la longueur des jambes. Des élèves du gymnase de Paris ont parcouru une lieue ou 12 mille pieds en 14 minutes 20 secondes, et 6 lieues en 2 heures; un autre a fait 10 lieues en 5 heures moins un quart. Il est reconnu par Buffon que les hommes bien exercés à la course devancent les chevaux; plusieurs auteurs prétendent même qu'ils peuvent devancer les cerfs et tout autre gibier.

Les diverses courses se réduisent à celles qui suivent :

1. Course en avant de vélocité, ou course libre;
2. Course en avant ensemble et en cadence;
3. Course de résistance sans être chargé;
4. Course avec armes, bagages et poids;
5. Course de plusieurs personnes portant ou traînant des objets très-lourds.
6. Course circulaire sur les chaînes gymnastiques;
7. Course en arrière;
8. Course sur des pierres ou des piquets;
9. Course en montant;
10. Course en descendant;
11. Course à cheval;
12. Course en char.

La meilleure chaussure pour courir est un soulier à talon uni, sans clous, des bottines ou de petites guêtres bien serrées. Cette chaussure évite les entorses, les varices ou dilatations excessives des veines, les anévrismes ou ruptures de tuniques d'une artère; elle fortifie les jambes et les pieds, empêche les souliers de tomber, et peut être considérée comme une ceinture appliquée sur les os des pieds. Le coureur doit avoir une veste légère, qui laisse libres les mouvemens de ses bras, le col sans cravatte ou entouré d'un mouchoir légèrement attaché, la tête nue ou couverte d'une casquette un peu lourde, une ceinture un peu serrée, mais sans gêner la respiration ni les mouvemens des jambes.

Quand on se prépare à courir, il convient de se dégourdir un peu les jambes et les bras, en les fléchissant en divers sens, et par quelques mouvemens de rotation du corps à droite et à gauche, mais sans trop se fatiguer.

L'esprit doit être disposé à la gaîté, et débarrassé de toute réflexion profonde.

Les courses contribuent à tenir l'âme et le corps en bon état.

Suivant M. Richerand, les meilleurs coureurs sont ceux qui ont une plus grande force d'haleine ou qui peuvent assurer à la poitrine un degré plus considérable de dilatation permanente.

Un des plus grands défauts des coureurs consiste à avan-

cer le ventre et à renvoyer en arrière leur tête et leurs épaules, ce qui les fatigue autant que s'ils étaient chargés.

Si on penche trop le corps en avant, les chutes sont plus fréquentes.

La meilleure position est celle qui se trouve au point de gravité entre le pied qui quitte la terre et celui qui s'y fixe.

Course sur des piquets. Cet exercice assouplit et fortifie les muscles, développe de plus en plus l'adresse des coureurs, augmente leurs ressources dans les équilibres, et continue à former ce que l'on appelle *le pied marin*, qui n'est autre chose que la faculté de prendre un point d'appui solide sur le moindre espace possible, soit fixe, soit vacillant.

On croira peut-être que les personnes qui exécutent cette course, surtout lorsque les piquets sont placés en zigzag, et en général tous ceux qui se livrent aux exercices gymnastiques, doivent faire des chutes fréquentes et dangereuses; mais il n'en est pas ainsi. Grace aux soins des professeurs et aux précautions que l'on indique aux élèves, ils tombent peu souvent, et lorsqu'ils tombent, c'est presque toujours sans se blesser; car, outre les filets en corde et autres moyens propres à éviter les accidens, on leur trace des règles propres à les mettre à l'abri du danger dans presque tous les cas. Aussi le colonel Amoros affirme qu'un accident grave n'est pas arrivé dans le gymnase modèle de Paris depuis qu'il le dirige.

Courses à cheval. (Voy. ÉQUITATION.)

Courses en char. Un homme doit savoir conduire un char, un cabriolet ou toute autre voiture, car, à chaque instant dans la vie, le besoin de cette connaissance peut se faire sentir. Pour ne citer qu'un exemple, un cocher peut tomber de son siége; dans ce cas, les personnes qui sont dans la voiture sont très-exposées si aucune d'elle n'est en état de tenir les guides, d'arrêter et de diriger les chevaux.

Un cocher, par son adresse, parvient à dépasser un autre cocher dont les chevaux sont meilleurs que les siens.

Il ne faut pas les pousser imprudemment de côté et d'autre, mais suivre sa ligne avec précision. Celui qui conduit doit avoir l'œil partout, voir la borne qui peut renverser sa voiture, éviter les obstacles insurmontables sans ralentir sa marche, aller toujours par le chemin le plus droit et le plus court, savoir quand il faut lâcher ou retenir les rênes.

Cet art demande beaucoup d'adresse, de courage et de présence d'esprit. En tracer ici les règles nous paraît impossible : il faut nécessairement que la théorie, expliquée par un homme ayant une longue expérience, soit toujours jointe à la pratique : c'est en conduisant souvent une voiture, qu'on parvient à la bien conduire. En gymnastique, il n'est pas d'homme qui, par l'habitude de faire une chose, ne puisse doubler sa force, son adresse, son agilité, sa vitesse, sa fermeté et son courage.

Le saut se divise en saut simple, saut à pieds joints, saut compliqué vertical au moyen d'une perche, saut en profondeur. Tous ces exercices sont connus et faciles à pratiquer; ils donnent de la légèreté et de la souplesse.

De la lutte. Dans la lutte, deux ou plusieurs personnes se prennent au corps, et cherchent à se jeter par terre. Il y a plusieurs espèces de luttes : le combat léger, qui consiste à faire lâcher pied à son adversaire ; le semi-combat, qui tend à le soulever de terre et lui ôter les moyens de résister ; le combat redoublé, dans lequel, après avoir relâché une première fois son adversaire vaincu, on doit le terrasser une seconde fois ; enfin le combat compliqué, dans lequel l'un des deux lutteurs doit repousser et soulever l'autre, le jeter par terre et l'y tenir fixé : le premier fatigué est le vaincu. La lutte avec une pomme ou un bâton sert à exercer le poignet et lui donner de la force ; cet exercice en général fortifie considérablement toutes les parties du corps, il le rend souple, adroit, infatigable.

On doit choisir pour la lutte un terrain gazonné, mou, sablonneux et exempt de pierres, un hangar où il y ait de la paille, une chambre non meublée, etc. Les coups de poing et tous autres actes de violence sont défendus ; on ne doit saisir ni aux habits ni aux cheveux.

Un précepte bien important dans l'art de la lutte, c'est de ramener les pieds *médiocrement écartés dans la ligne de l'effort prévu auquel il s'agit de résister.*

En général, la base de soutien la plus solide pour les pieds, quand on lutte, se trouve entre six et douze pouces d'écartement ; mais le lutteur qui veut terrasser son adversaire écarte les pieds davantage ; alors ce qu'il perd d'un côté, il le gagne de l'autre.

L'usage des luttes anciennes s'est conservé dans le département du Gard. Près d'Avignon, dans le canton de Roquemaure, on voit de vigoureux lutteurs qui se disputent les prix décernés par les communes. Il faut, à l'exemple des anciens, combattre trois fois, et terrasser au moins deux fois son antagoniste pour obtenir le prix.

Il est un tour de souplesse et de ruse qu'emploient quelquefois les lutteurs avec succès, et qui leur donne un grand avantage, c'est d'entortiller avec leurs jambes celles de leur adversaire, ce que l'on appelle vulgairement le supplanter et lui donner le croc-en-jambe ; c'est un moyen très-souvent mis en usage par les Bretons.

On demandera peut-être pourquoi les exercices actuels de la gymnastique diffèrent de ceux des anciens. Nous répondrons que la plupart ne conviennent pas plus à nos mœurs ni à l'état actuel de notre civilisation que le boxement des Anglais et le combat de taureaux que l'on voit en Espagne. On ne pouvait renouveler les horreurs du pugilat et du ceste, qui avaient pour effet infaillible de se blesser grièvement. « Les athlètes, dit Lucien, s'arrachaient » à coups de poings les dents, qu'ils crachaient avec le » sable et le sang ; souvent ils perdaient connaissance, et » quelquefois se tuaient, en s'appliquant de terribles coups » aux tempes. »

Il est une autre espèce de lutte que l'on peut appeler populaire : c'est la savate. On se place en garde à deux ou trois pas de distance, les bras et les doigts tendus en avant. L'objet de cette lutte est de toucher à la figure ou à quelque autre partie du corps avec les mains, et de toucher le corps ou les jambes avec les pieds, ou bien de saisir un pied ou une jambe de l'adversaire, et de l'élever jusqu'à ce qu'on le fasse culbuter en arrière. Pour éviter

de se blesser, on prend pour chaussure des chaussons ou savattes sans semelles ni clous. Cette lutte développe l'agilité, la souplesse des reins, et dispose à résister à la fatigue.

La lutte horizontale a lieu à terre ; il s'agit de prendre le dessus de son antagoniste, et de l'empêcher de se relever, en s'opposant à tous ses mouvemens, mais sans lui faire de mal.

Les efforts doivent cesser dès que celui qui est dessous s'avoue vaincu ; on ne doit ni déchirer les habits, ni jeter du sable ou de la terre dans les yeux.

La lutte aux boules consiste à arracher, sans bouger de place, et avec la main seulement, de la main de l'adversaire, une boule qu'il défend autant que possible. On doit éviter de blesser avec les ongles ou de tordre les doigts.

Dans la lutte au bâton l'on s'efforce d'entraîner son antagoniste vers soi et de l'obliger à quitter son terrain. On doit plutôt se laisser traîner, si on est plus faible, que de lâcher le bâton ; on doit tirer bien droit devant soi, sans se porter à droite ou à gauche.

On comprend aussi dans la gymnastique la chasse, la danse, l'escrime, la natation, le patinage. (Voyez CHASSE, BAL, NATATION, etc.)

Effets hygiéniques de la gymnastique. La gymnastique développe et nourrit les muscles. On ne doit pas s'y livrer pendant la digestion, qu'elle trouble. Hors de la digestion, elle active l'estomac ; elle nuit au développement des organes cérébraux, et accroît la force physique au détriment de la force intellectuelle quand on s'y adonne exclusivement. Dans ce cas, elle produit la lassitude et l'épuisement.

La marche accélère la circulation, facilite la digestion, et donne plus de force aux membres inférieurs. Il en est de même de la danse.

Ce dernier exercice, quand on s'y livre trop activement, rapproche les formes de l'homme de celles de la femme. Le cou devient maigre, les épaules étroites ; les muscles du bassin s'élargissent ; les fesses deviennent proéminentes. A ces causes, qui nuisent à la poitrine, se joignent la poussière et l'atmosphère épaisse des lieux où l'on danse, pour rendre la danse nuisible. Cependant elle contrebalance pour les dames les effets de leurs occupations sédentaires.

La course convient aux jeunes gens, surtout aux lymphatiques ; mais on ne doit jamais s'y livrer longtemps. Elle développe le ventre et la poitrine. Le saut a les avantages et les inconvéniens de la course.

L'escrime augmente la cavité thorachique et la force musculaire ; elle exerce la vue ; il est bon de faire des armes des deux mains.

La lutte développe la force musculaire.

L'exercice en voiture donne de la vigueur aux organes, est favorable aux convalescens, aux constitutions sèches et irritables. Il en est de même de la promenade en bateau.

On comprend dans la gymnastique l'exercice de la voix par la conversation, la déclamation et le chant. Il rend la voix plus étendue, la respiration plus libre. La conversation facilite la digestion ; le chant ne doit pas être pratiqué après le repas, parce que la plénitude de l'estomac ne

permet plus au diaphragme que des contractions impar-
faites. La déclamation, qui rend l'articulation facile et cor-
recte, est gênée lorsque le cou se trouve comprimé par la
cravate ou autrement.

En général, la gymnastique agit comme excitant les appareils organiques. Elle guérit le rachitisme, redresse les
os déviés, convient dans les rhumatismes et le lombago ;
elle accroît l'appétit ; elle est utile pour calmer les nerfs
dans le traitement de la chorée, de la folie, de l'épilepsie,
de l'hystérie, de l'éréthisme nerveux, et donne de la vigueur à tous les membres.

GYPSE. (*Conn. us.*) Le mot gypse désigne le sulfate de
chaux. On trouve le gypse dans les terrains calcaires. Le
gypse le plus pur est semé de cristaux nommés sélénites.
Le gypse mélangé de matière calcaire sert à faire le plâtre.
(Voyez ce mot.) Le gypse luminaire ou pierre à Jésus est
diaphane, et servait aux anciens à garnir les fenêtres, en
guise de vitres : on en avait bâti le temple de la Fortune,
qui n'avait point de fenêtres, et n'était éclairé que par
la lumière douce qui pénétrait à travers les murs.

GYRIN ou TOURNIQUET. (*Conn. us. — Pêche.*) On
nomme ainsi une espèce d'insectes coléoptères qui ont deux
yeux saillans au-dessus et au dessous de la tête, et qui,
réunis par troupes, décrivant des cercles au-dessus des
eaux stagnantes. Ils peuvent servir d'appâts pour la pêche
aux petits poissons.

H.

HABIT. (*Conn. us.*) La quantité d'étoffe nécessaire
pour faire un habit varie suivant la corpulence. Pour l'habit d'un jeune homme, il faut une aune et demie de drap
de cinq quarts; pour un homme un peu gros, il faut une
aune et deux tiers. Pour la doublure, on emploie deux
aunes de lévantine ou de croisé, ou une aune trois quarts
de percaline.

HABITATIONS. (*Hyg.*) L'emplacement des maisons
doit être autant que possible déterminé par des considérations hygiéniques. Il faut chercher un lieu élevé, bien
aéré, exposé au soleil, à l'abri des grands vents et de
l'humidité, loin des eaux stagnantes, loin des forêts, qui
mettent un obstacle au renouvellement de l'air ; loin des
circonstances de lieu qui exposent aux inondations.

Une condition de salubrité pour les habitations naît
du bon état de la voie publique, de la fréquente ablution,
largeur et propreté des rues. La mortalité est relativement
beaucoup plus considérable dans les rues étroites que dans
les rues larges.

L'éloignement des établissemens insalubres mentionnés
dans la loi de 1790 est essentiel à la salubrité.

Sur le méridien de Paris, la meilleure exposition est
celle du sud-est. Les vents de l'est, qui n'y arrivent qu'a-
près avoir parcouru des régions froides, y sont plus rarement chargés d'humidité que les vents chauds et pluvieux
du sud et du sud-ouest. Par cette exposition, on se procurera le soleil pendant une partie de la journée.

Voici les principales règles à suivre pour se procurer
un logement sain :

Multiplier les fenêtres dans toutes les habitations, de
manière à y laisser pénétrer l'air lorsqu'il est pur et sec,
et la lumière en tout temps. On ne comprend pas pourquoi la plupart des habitations rustiques n'ont d'autres ouvertures qu'une croisée presque imperceptible, et une porte
qui par conséquent doit toujours demeurer ouverte, au
grand détriment de la salubrité des lieux.

Donner aux maisons un niveau plus élevé que celui des
rues, cours ou jardins environnans, et en former le sol
de matériaux secs, recouverts de carreaux, de dalles, de
pavés, et mieux de planches.

Ne pas faire communiquer les étables avec les chambres
où couchent les habitans, ni placer trop près des ouvertures soit les fosses à fumier, dont les exhalaisons sont
nuisibles, soit des puisards, des pigeonniers, des écuries, etc.

Placer les ouvertures, de manière à renouveler l'air
avec les vents qui soufflent continuellement.

Elever le plancher des chambres au rez-de-chaussée, de
manière à laisser l'air circuler dessous, et remplir le vide
avec du machefer grossièrement concassé, pour en chasser
les rats. A défaut de machefer, employer huit à dix pouces
de cailloutage, et en-dessus un lit de ciment de brique
pilée.

A la campagne, placer à une distance convenable des
bâtimens les arbres et les arbustes.

Si les murs sont humides, leur donner plusieurs
couches avec de l'acide sulfurique étendu d'eau. Peindre
le plancher ou carrelage à l'huile; revêtir les murs d'un
enduit de terreau et de sable fin, ou d'une couche de limon mêlé à douze parties de graisse ou d'huile, ou de petites lames de plomb. (Voy. PLOMB.)

Eviter de laisser séjourner les eaux grasses, les eaux de
savon, les urines, qui, se combinant avec le plâtre des constructions, noircissent le sable, vicient l'air, et altèrent les
meubles et objets d'arts.

Ne pas élever les murs, de façon à intercepter l'air.

Ne pas rétrécir les appartemens, ce qui vicie l'air par
l'accumulation de la population.

Faire les allées des maisons larges et hautes, les paver
à chaux et à ciment.

Entretenir la propreté des plombs, réservoirs, fosses d'aisances; diriger dans les plombs les eaux pluviales, adapter
des soupapes aux réservoirs, faire décrire un coude aux

tuyaux pour faire subir aux mauvaises odeurs la loi des courans.

Préférer aux poêles les cheminées, dans lesquelles la combustion est plus vive, et le courant d'air plus actif ; ouvrir des bouches de chaleur, et pratiquer des vasistas à l'extrémité opposée.

Avoir soin de renouveler l'air des caves, et d'en prévenir l'humidité.

Employer pour les murs des rez-de-chaussée le ciment de Pouilly ; ne pas placer le rez-de-chaussée au-dessous du niveau du sol ; on ne saurait trop recommander le mastic de bitume, le plâtre mêlé de cendre de houille, ou deux parties de chaux vive, une de cendre de houille, et un peu d'argile, le tout détrempé, et laissé en repos huit ou dix jours avant de s'en servir.

Précautions à prendre avant d'habiter une maison neuve. Fermer les portes, les fenêtres et les cheminées ; établir des poêles qu'on chauffe nuit et jour, et dont on fait sortir la fumée par un carreau ou par la cheminée. Mettre dans des pots de terre vernissés, placés le long des murs à trois pieds de distance l'un de l'autre, cinq à six onces de salpêtre brut, et autant de sel commun bien sec, par pot. Verser dans chaque pot cinq à six onces d'huile de vitriol. Cette opération doit être faite par plusieurs personnes à la fois, en laissant la porte ouverte, et elles doivent s'enfuir vite pour éviter les vapeurs. Les acides des sels se dégagent et agissent comme désinfectans et épuratifs. Pendant un mois on répète cette opération trois ou quatre fois par semaine, en ouvrant les fenêtres à chaque fois, et en faisant un feu continu. La maison peut, au bout de ce temps, être habitée sans danger.

HABITUDE (*Hyg.—Méd. dom.*) Quand on recommande de ne pas contracter des habitudes, on entend par là des manières d'être particulières, auxquelles on s'accoutume si exclusivement qu'elles deviennent des conditions *sine quâ non* de l'existence. On conçoit en effet quelle gêne il en résulte dans le cours de la vie : certaines personnes ne peuvent digérer sans dormir ou fumer ; d'autres rejettent constamment certains alimens ; d'autres se rendent dépendans de certaines localités, etc. Il faut donc s'habituer à n'avoir pas d'habitudes.

En physiologie, on définit l'habitude : *Disposition acquise de l'organisme, résultant de la fréquente répétition des mêmes actes.* Sous ce point de vue, l'habitude perfectionne les organes et les facultés des sens, la mémoire, l'intelligence ; on sait que les forgerons ont le bras droit plus fort et plus gros que le bras gauche ; que le toucher des aveugles est d'une délicatesse infinie ; que les danseurs ont les parties inférieures développées au détriment des supérieures ; que la masse molle du cerveau moulant sa boîte osseuse, le travail intellectuel donne plus d'extension au crâne ; que les peuples chasseurs acquièrent une grande perfection de vue et d'ouïe; enfin que les points où la volonté dirige les forces matérielles, deviennent plus propres à accomplir les actes auxquels ils sont destinés.

L'habitude a une grande influence sur les maladies. Les individus constamment malades acquièrent une sensibilité qui les rend nerveux et moroses. Quand une maladie a attaqué plusieurs fois une personne, cette maladie devient moins dangereuse, et ses accès sont moins violens ; mais

aussi son retour étant plus facile, il importe de l'éloigner en changeant de régime, et en abandonnant le mode hygiénique qui avait contribué à la développer.

Les habitudes d'excrétions accidentelles ou factices deviennent nécessité. Ainsi on ne supprime pas impunément une saignée périodique, un vésicatoire, une ancienne suppuration.

L'habitude rend insensible à certaines influences épidémiques et contagieuses, à certaines causes d'empoisonnement. Cependant il serait dangereux de se fier aux forces acquises, et de s'exposer inconsidérément à des influences délétères.

HACHE-PAILLE.(*Econ. dom.*) Le hache-paille est une espèce de cisaille composée de six tranchans, destinée à faire entrer dans la ration des chevaux une forte dose de paille hachée. Il y en a de plusieurs espèces ; le plus simple est le plus économique et le meilleur.

On doit à M. Hoyau un hache-paille qui peut couper cent livres de paille par heure, et change à volonté la longueur de la paille coupée, depuis un pouce jusqu'à une ligne. M.Guillaume a inventé en 1825 un autre hache-paille, dont les lames s'aiguisent pendant le travail même qu'elles font.

HACHIS DE VIANDES, MOUTON, VEAU, BŒUF, etc. (*Cuis.*) Oter la graisse et les peaux des viandes, les hacher; tremper dans du bouillon ou du lait un petit morceau de mie de pain, l'écraser et le mêler avec les viandes ; ajouter une pointe d'ail hachée, un peu de persil, de ciboule, poivre, sel, muscade râpée et cannelle en poudre; mettre dans une casserole un ognon coupé en rouelles et un quarteron de beurre; quand le beurre est blond, en faire un roux avec une demi-cuillerée de farine, du poivre, un peu de sel, deux verres de bouillon dégraissé ; laisser bouillir un quart d'heure ; ôter l'ognon, mettre la viande préparée; quand elle a bouilli et bu la sauce, dresser sur un plat qui aille au feu ; faire un mélange avec un jaune d'œuf, du lait, du sel et de la mie de pain rassis ; l'étendre de l'épaisseur d'une ligne sur le hachis; placer le plat sur de la cendre chaude, mettre dessus un couvercle de tourtière déjà chaud, le remplir de braise et de cendres rouges ; au bout d'un quart d'heure, si le feu est suffisant, le hachis se couvre d'une croûte dorée, et est bon à servir, après avoir égoutté la graisse des bords du plat.

Hachis à la provençale. Prendre cinq quarterons de filet de bœuf, sans peau ni graisse; autant de filet de mouton, autant de filet de porc, une demi-livre de lard gras, du persil, de la ciboule, du thym, une gousse d'ail ; hacher menu; ajouter du poivre et un peu de sel; arranger le tout dans une casserole en boule aplatie, avec un trou au milieu, en ayant soin de ne pas faire cette couronne aussi large que la casserole; graisser la casserole, et faire cuire à feu doux pendant deux heures et demie. Quand les bords du hachis sont garnis de la graisse qui en est sortie, mettre autour des olives tournées et sans noyaux, des champignons, des culs d'artichauts, des marrons rôtis et épluchés, des pommes de terre crues et pelées; égoutter la graisse, et servir avec la garniture à l'entour.

Hachis de mouton aux œufs pochés. Prendre les restes d'un gigot, hacher fin, mettre dans une casserole avec de l'espagnole réduite ; servir avec des croûtons et des œufs pochés dessus.

Hachis aux champignons. Hacher des champignons, les passer dans un linge, les mettre sur le feu avec un quarteron de beurre par vingtaine. Quand le beurre tourne en huile, ajouter quatre cuillerées d'espagnole réduite et huit cuillerées de consommé; faire réduire à moitié, et verser sur les viandes hachées. A défaut d'espagnole, prendre sel, poivre, une feuille de laurier, trois verres de bouillon. (Voy. BÉCASSE, CHEVREUIL, FAISAN, PERDREAU, POULARDE, etc.)

Hachis de débris de dindons. Hacher très-fin, faire chauffer dans une béchamelle réduite; servir avec des croûtons et quelques œufs pochés.

HAHA (*Jard.*) C'est une ouverture qu'on laisse par intervalles aux murs d'un parc, pour procurer des points de vue. Il faut garnir les haha d'un fossé très-large qu'on appelle saut de loup.

HAIE. (*Cod. dom.*) Une haie sèche peut être plantée sur l'extrême limite d'un fossé, sans observer aucune distance; mais il n'est permis de planter de haies vives qu'à la distance prescrite par les réglemens particuliers actuellement existans, ou par les usages constans et reconnus; et, à défaut de réglemens et usages, qu'à la distance d'un demi-mètre de la ligne séparative des deux héritages. (C. civ., art. 671.)

Le voisin peut exiger que les haies plantées à une moindre distance soient arrachées, et que les branches qui avancent sur sa propriété soient coupées. Si ce sont des racines, il peut les couper lui-même. (C. civ., art. 672.)

Toute haie qui sépare deux héritages est réputée mitoyenne, à moins qu'il n'y ait un des héritages en état de clôture, et s'il n'y a titre ou possession suffisante du contraire. (C. civ., art. 670.) Cet article fait règle même dans les localités où un usage contraire existait avant sa promulgation. Un pareil usage n'est pas de ceux conservés par l'art. 671. (C. r., de Bourges, 30 nov. 1831.)

HAIE. (*Agr.*) Les haies demandent quelque temps pour atteindre leur développement, et ne forment une clôture qu'au bout de quelques années. Elles ont, sur les murs, l'avantage de fournir un abri contre les vents, sans exiger d'aussi fréquentes réparations; et de donner du fruit, du bois et une nourriture aux animaux. Toutefois, les murs garantissent mieux, et ne servent pas de retraite aux oiseaux et aux insectes.

Les arbres qui conviennent pour haies sont, dans le centre et le nord, l'aubépine, le prunellier, le groseiller épineux, la ronce, le houx; au midi, le grenadier, le jujubier, le génévrier, le nerprun, le cornouiller sanguin, etc.

L'aubépine est préférable, à cause de son accroissement rapide et de sa beauté. Presque tous les sols lui conviennent quand on a creusé un fossé et préparé une levée de terre fraîche pour la recevoir. L'épine-noire est d'une venue moins certaine, et ses racines s'étendent dans le champ. Le houx est le meilleur des clôtures dans les endroits où son accroissement est rapide. On plante alternativement un houx et quatre épines blanches. A mesure que le houx grossit, on enlève une aubépine. Quand toutes sont enlevées, on remplit les vides en couchant les basses branches, qu'on couvre de terre.

On emploie encore pour haies l'ajonc, l'acacia, le cornouiller, le noisetier, le sureau, le frêne, etc.

Procédé de Mme Adanson pour planter une haie. On

fait dresser sur le haut du talus du fossé un plan de dix-huit pouces de large, et l'on plante au plantoir trois rangs d'épine blanche de deux ans; chaque pied est espacé de quatre pouces, et en échiquier; à deux pieds de ce rang, on sème un rayon de glands, et, à trois pieds plus avant on plante de jeunes marceaux de deux ans; pendant trois ans, on fait sarcler et biner tout l'espace planté; on éclaircit les chênes, et on a une haie impénétrable, qui rapporte du bois tous les quatre ans.

Taille des haies. Quand on taille les haies vives, on n'y doit pas laisser de bois mort, ce qui empêcherait le bois vif de se développer. On ne coupe jamais le bois des haies en descendant, mais en biais, en montant. L'activité de la pousse en est augmentée.

Des racines des haies. Les racines des haies vives servent de refuge aux larves des insectes et aux limaces. Il est bon de les arroser au printemps avec la solution que nous avons indiquée à l'article ANIMAUX NUISIBLES.

Haies d'arbres fruitiers. On a essayé avec succès de former des haies de pommiers, de poiriers, de pruniers. Il faut ne pas entremêler des espèces différentes, pour faciliter l'union et l'entrelacement des branches. On choisit de bons plants qu'on espace de six pouces; on taille les troncs à la hauteur de dix-huit pouces de terre; chaque tronc donne quatre, six, ou huit bourgeons propres à fournir des branches. Lorsqu'on est assuré de leur réussite, on peut supprimer les bourgeons de la partie supérieure, et, vers la fin de juin, enlever les bourgeons intermédiaires. Vers la fin de l'hiver, on coupe le tronc à moitié, de manière à n'y laisser que les branches inférieures. Si ces branches sont faibles, on ne leur laisse qu'un seul œil sur chacune.

Au printemps, quand la sève commence à monter, on courbe les branches pour les assujettir à une direction horizontale; on réunit deux branches de deux arbres voisins, en assurant leur jonction par une entaille du tiers du diamètre de chaque branche; de manière qu'une partie de la branche puisse entrer dans l'autre; on enveloppe les branches dans leurs points de contact avec de la mousse ou de la filasse, et on lie avec un brin d'osier; le lien doit pouvoir durer un an; on assure la jonction des branches avec un pieu; on en coupe l'extrémité au-dessus du lien, en ne laissant que la quantité de boutons nécessaire pour la formation régulière de la haie. On peut laisser deux branches sur chaque côté de tous les plants; mais il vaut mieux n'avoir de chaque côté du tronc qu'une branche principale.

Quand les branches nouvelles sont assez fortes, on les greffe par approche, et on les croise ensemble dans une direction inclinée. Toutes ces branches bien réunies forment des bourrelets qui les maintiennent solidement, et donnent une grande force à ce genre de haies, qu'on taille comme les haies ordinaires.

HALBRAN. (Voy. CANARD SAUVAGE.)

HALE. (*Hyg.*) Le hâle indique l'action d'un air chaud et brûlant, qui corrompt les viandes, dessèche les plantes, et noircit le teint. (Voy. EAU D'ANGE, CONCOMBRE, PEAU, TEINT.)

L'action du grand soleil ne produit pas constamment des taches de rousseur. Il y a des personnes qui n'en ont jamais, même en ne prenant aucune précaution; mais tout lé monde est sujet au hâle. Il est facile de s'en garantir à la ville; mais lorsqu'on habite la campagne, que l'on s'y occupe un peu des soins ruraux, ou seulement que l'on y fait de longues promenades, on a la peau hâlée, c'est-à-dire brune, écailleuse et dure.

Pour remédier à ce désagrément, il faut agir comme pour les taches de rousseur; les mêmes remèdes conviennent. Néanmoins, il en est un spécial, efficace, quoique (il le faut bien dire) tant soit peu dégoûtant. Ce remède consiste à se laver le soir le visage avec du sang de volaille. On sait, par l'exemple du beau teint des bouchers, combien la vapeur du sang est favorable à la peau. La crème produit un peu moins d'effet; mais elle en produit, et je ne doute pas que mes lectrices ne la préfèrent.

Le sang et la crème font disparaître également les taches de rousseur.

HALEINE. (*Hyg.*) La propreté constante de la bouche est le meilleur préservatif contre la mauvaise odeur de l'haleine. (Voy. DENTS.)

Moyen de détruire la mauvaise odeur de l'haleine. Piler dans un mortier de verre douze grammes (3 gros) de chlorure de chaux sec; ajouter par degrés, en remuant toujours, 64 grammes (2 onces) d'eau distillée; décanter, filtrer; conserver séparément un mélange de quatre gouttes d'huile volatile de rose dissoute dans 64 grammes d'alcool, qu'on unit pour l'usage à la solution de chlorure.

Pour se servir de cette solution, on en verse, dans un vase d'eau, une demi-cuillerée à café, et on lave les gencives au moyen d'une brosse. Après avoir fumé, on se rince la bouche à plusieurs reprises avec de l'eau ordinaire dans laquelle on a versé une cuillerée à café de cette liqueur pour un verre d'eau.

Il est nécessaire de ne pas mêler de suite l'alcool aromatisé avec la solution de chlorure, parce que l'action du chlore détruit à la longue l'odeur de l'huile essentielle.

Moyen de faire disparaître la fétidité de l'haleine provenant de l'altération des gencives. Laver les gencives avec un mélange de 8 à 15 décigrammes (16 à 50 grains) de chlorure de chaux, 52 grammes (1 once) de solution de gomme, 16 grammes (4 gros) de sirop d'écorce d'orange.

Pastilles pour enlever l'odeur de la pipe. (Voy. PIPE.)

Pastilles désinfectantes de l'haleine. Mêler 5 onces de café en poudre, une once de charbon végétal porphyrisé, une once de sucre, un gros de vanille, quantité suffisante de mucilage de gomme; diviser en pastilles de dix-huit grains.

HALÉSIA A QUATRE AILES. (*Jard.*) *Halesia tetraptera.* Famille des plaqueminiers. C'est un arbrisseau de la Caroline, qui se multiplie de rejets, en terre de bruyère, humide, à demi-ombre. Les fleurs paraissent en mai, avant les feuilles. Elles sont blanches et d'un bel effet.

Halésia macroesarpa. C'est un arbuste plus fort que le précédent. Il se cultive de même. Il est couvert chaque année de graines qui servent à le multiplier.

HAMMAMÉLIS DE VIRGINIE. (*Jard.*) *Hammamelis Virginica.* Famille des tiliacées ou tilleuls. Cet arbre se multiplie de drageons, dans une terre de bruyère, humide, à l'ombre, ou bien de semis en mars. Ces semis lèvent la deuxième année. L'hammamélis a un beau feuillage, et donne en novembre des fleurs qui restent deux ans sur l'arbre.

HANGAR. (*Ind. dom.*) Un hangar, pour être commode, doit avoir au moins quarante pieds de longueur et quinze de large. Tantôt on le place au milieu de la cour, soutenu par des pilotis espacés de six à huit pieds; tantôt, et plus ordinairement, on l'adosse à un bâtiment. On place dessous les bois de charpente, en les rangeant dans un des côtés par ordre de longueur et de grosseur; les pièces de bois trop longues pour être mises en bas sont placées en travers sur les poutres.

On peut mettre dans le hangar les outils de jardinage; dans les temps de pluie, on s'en sert pour abriter les ouvriers qui refendent du bois, raccommodent des outils, font des claies, des paniers, des paillassons.

Hangar pour les bêtes à laine. La laine des moutons est d'autant plus longue et plus blanche qu'on les laisse plus longtemps en plein air. Aux fermiers qui, en suivant la méthode du parcage continu, craignent d'exposer le troupeau à l'intempérie des saisons, nous indiquerons la construction d'un hangar commode et exécutable à peu de frais.

On choisit des baliveaux de sept à huit pouces de diamètre, dont on fait des colonnes de neuf pieds de haut, et qu'on laisse revêtus de leur écorce. Cette écorce se conserve très-bien si on coupe les baliveaux en novembre ou en décembre. Les colonnes sont assises sur des dés de pierre d'un pied, et retiennent des chevrons en rondins qui supportent le toit de joncs, de chaumes ou de roseaux. On ferme le bas jusqu'à la hauteur de trois pieds, avec du bois de bateaux, en réservant une entrée.

Ce hangar peut se placer au milieu d'une prairie formant huit ou dix herbages, que l'on fait parcourir successivement aux troupeaux, et qu'on sépare entre eux par des haies vives. Ce hangar dispense d'une bergerie, engraisse les terres sans perte de fumiers, et garantit les troupeaux de la gale et des épidémies qui les attaquent dans les étables, malgré les précautions pour renouveler l'air.

HANNETON. (*Agr.*) *Melolontha.* Genre d'insectes coléoptères. On distingue le hanneton vulgaire; le hanneton foulon, plus grand que le précédent, et commun dans le midi de la France; le petit hanneton ruricole, qu'on trouve au mois de mai, principalement dans les luzernes; le hanneton horticole des taillis, le plus petit de tous; le hanneton cotonneux, dont le ventre est velu; le hanneton solsticial ou d'été; le hanneton estival, d'une couleur plus pâle que le précédent; le hanneton de la vigne, vert en dessus, qui s'attache aux feuilles de la vigne et les ronge.

Les femelles des hannetons pondent environ cent œufs, puis elles meurent immédiatement. Quelques jours après, ces œufs, déposés avec soin dans la terre qu'elles creusent avec leurs pates, produisent des larves molles, écailleuses, ayant une grosse tête brune, etc. On les appelle mans, turcs, ou tons.

L'hiver, les *mans* s'enfoncent à six ou huit pieds dans la terre, et demeurent engourdis. Ils changent de peau tous les ans : au bout de trois ou quatre ans ils opèrent leur métamorphose.

Moyen à employer contre les larves. On peut se servir de suie, dont on entoure le pied des plantes que ces insectes préfèrent, telles que la laitue, le fraisier, etc. Il faut avoir soin d'enlever les plantes qui se fanent, pour s'emparer des mans qu'on y peut trouver entre leurs racines. On plante quelques pieds de fraisiers çà et là dans un jardin; le rassemblement des mans sur ces points rend leur destruction plus facile. Des arrosemens, avec de l'eau dans laquelle on a fait bouillir, un quart d'heure, un gros de chaux vive et une once de sel, chassent et détruisent les mans.

Emploi des cendres de charbon. Les cendres de charbon de terre, répandues au printemps sur la terre, à l'épaisseur d'un demi-pouce, détruisent les vers du hanneton en même temps qu'elles amendent le terrain. Le fumier de porc, les arrosemens d'eau de vieille lessive produisent le même effet.

Destruction des hannetons. Le *hannetonnage* est ordonné dans certains cantons, comme l'échenillage dans d'autres; l'autorité locale accorde une prime par boisseau de hannetons. Cette prime est ordinairement d'un franc.

On doit les ramasser le matin, quand ils sont encore engourdis. On secoue les arbres, et on écrase les hannetons à mesure qu'ils tombent. On secoue d'abord les branches les plus élevées, parce que les hannetons s'accrochent souvent en tombant aux branches inférieures.

Si la destruction des hannetons n'est pas générale, elle est inefficace, car à peine a-t-on détruit ceux qui dévoraient un jardin, qu'une nuée d'autres assaillans s'y précipite pour les remplacer.

Quand on secoue les arbres pour faire tomber les hannetons, il faut placer dessous des baquets pleins d'eau pour les recevoir, ou bien les faire ramasser avec des rateaux par des enfans qui les mettent dans des sacs et vont les jeter au feu. Il vaut toujours mieux les brûler que de les tuer d'une autre manière, parce que dans l'écrasement les œufs échappent à la destruction de la femelle.

On peut distribuer aussi les hannetons aux canards et aux poules.

HAQUET. (*Ind. dom.*) Le haquet est une espèce de charrette sans ridelles, inventée par Pascal. Elle fait la bascule à volonté, et sur le devant est un moulinet qui sert, par le moyen d'une corde, à charger et décharger les fardeaux.

HARENG. (*Cuis.*) Genre clupé. Le hareng vient frayer trois fois l'année sur les côtes, et forme des bancs de plusieurs lieues d'étendue. On le mange frais, salé ou fumé.

Harengs frais sur le gril. Choisir des harengs, bien laités, les nettoyer, les frotter d'huile, de sel et de poivre; les mettre un quart d'heure sur le gril; les servir avec une sauce à l'huile et au vinaigre, du poivre, du sel et une cuillerée de moutarde, ou à la sauce blanche.

Harengs à la maître-d'hôtel. Les fendre en deux par le dos; garnir l'intérieur de beurre manié de persil, sel et poivre; faire légèrement chauffer le plat, et servir avec du jus de citron ou un filet de vinaigre.

Harengs frits. Les fariner; mettre dans la friture chaude, et servir avec du persil.

Les *harengs-pecs* grillés se mangent avec une sauce au beurre ou de la purée.

Harengs pecs pour hors-d'œuvre. Prendre six harengs; les laver, leur couper la tête et le petit bout de la queue; lever la peau et ôter les nageoires; mettre dessaler dans du lait coupé de moitié d'eau; égoutter; servir avec un huilier à côté, des tranches d'ognons et de pommes de rainette crues.

Autre recette. Les dessaler, les faire griller et mariner dans l'huile.

Harengs saurs grillés. Les fendre en deux; les ouvrir; les mettre sur un plat de terre; les arroser d'huile; les placer sur le feu; les faire griller des deux côtés, et les retirer presque aussitôt.

Entrée de harengs saurs en caisse. Garnir une petite caisse de papier avec de petits morceaux de beurre, persil, ciboule, champignons hachés; mettre dedans les filets des harengs; même assaisonnement par dessus, et chapelure. Mettre sur le gril.

Pour rendre aux harengs salés le goût de harengs frais. On les dessale, et on les met pendant vingt-quatre heures dans du lait chaud. Au bout de ce temps on les retire, et on les essuie.

HARICOT. (*Jard.*) *Phaseolus.* Famille des légumineuses. On en compte un grand nombre d'espèces, qu'il faut avoir soin de séparer pour éviter des mélanges qui produiraient des variétés de qualité inférieure.

Les espèces sont naines et à rames. Ces dernières ont l'inconvénient d'exiger des rames de neuf à dix pieds, et d'ombrager les plantes environnantes.

Les haricots veulent un terrain léger et très-amendé. Ceux qu'on sème depuis la mi-juin réussissent dans une terre fraîche et un peu forte.

Avant de semer les haricots, on bêche la terre très-profondément; on trace dans chaque planche quatre rayons espacés d'un pied, et de deux pouces de profondeur; on place les graines, deux à deux, tous les huit ou dix pouces, et on recouvre au rateau.

Dès le 6 avril, on peut hasarder un semis en terre meuble et sèche, et un second, le 10 ou le 15, dans un lieu abrité.

On sème ensuite en plein air, tous les quinze jours une planche, et l'on a ainsi des haricots verts jusqu'aux premières gelées. Si le temps est favorable, le premier semis lèvera au bout de quinze jours, et donnera le premier juillet. Les haricots verts doivent se cueillir avec précaution, sans tirer ni briser les tiges.

On fait le semis pour la récolte en sec, du premier au dix mai. On en tire de la semence pour l'année suivante, car il vaut mieux semer de la graine de la dernière récolte, quoiqu'elle se conserve trois ans. On choisit pour porte-graines les pieds les plus grenus, qui ont les gousses les plus longues, et qui n'ont point filé; on les lie, on les écosse à la main, en ne prenant que la graine des gousses bien fournies.

Quand les haricots ont trois pouces de haut, on les rechausse en piochant; on arrose dans les chaleurs. Ceux qu'on veut manger en vert seraient durs sans cette précaution. On enlève les mauvaises herbes à mesure qu'elles paraissent. On place à demi-ombre le semis de juillet.

Quand on a rehaussé les haricots grimpans sur les rames, on met un rang de rames de chaque côté de la planche; on les place entre les pieds des rayons extérieurs; on les espace de dix-huit pouces, en les enfonçant solidement et en les inclinant sur le centre de la planche.

Pour augmenter le produit des haricots, on laisse fleurir les tiges supérieures presque entièrement, et on les coupe par le haut.

On cultive en grand les haricots comme les fèves à cheval.

Haricot de Soissons. Il est blanc et à rames. On doit avoir soin d'acheter de la semence venant de Soissons, et la renouveler tous les quatre ou cinq ans. Ce haricot ne se mange point en vert, et se cueille gousse par gousse à mesure qu'elles mûrissent.

Haricot de Soissons noir. Cette espèce se mange ou nouvellement écossée ou sèche.

Haricot flageolet noir. Cette espèce est bonne verte ou sèche, très rustique, peu active et tardive. Sa fève est blanche, plate et alongée.

Haricots rouges. Le goût pâteux de ce haricot le fait dédaigner.

Haricot rix à rames. C'est une très-petite fève allongée, grosse comme un grain de mil ; on en garnit les volailles ; il ne se mange que sec.

HARICOTS. (*Cuis.*) *Haricots verts à la française.* Prendre suffisante quantité de haricots fraichement cueillis ; pendre à la crémaillère un chaudron plein d'eau avec une poignée de sel. Quand elle est bouillante, y jeter les haricots de manière à ce qu'ils soient bien submergés. Au bout de dix minutes, s'ils sont cuits, les retirer avec la passoire, les jeter dans un seau d'eau fraîche ; les égoutter ; les mettre aussitôt, pour qu'ils ne se brisent pas en refroidissant, dans une casserole, avec une cuillerée d'eau chaude, du poivre, une pincée de ciboules hachées, un quarteron de beurre frais ; les sauter et les faire bouillir cinq minutes ; lier la sauce avec deux jaunes d'œuf et un filet de jus de citron.

« On ne doit jamais, dit madame Adanson, mettre de farine dans les haricots verts ni dans les pois : cela les rend indigestes, et gâte leur goût naturel. »

Haricots au beurre noir. Ces haricots n'ont pas bonne mine, mais ils sont excellens ; on les dresse sur un plat avec sel et gros poivre, et on verse dessus du beurre qu'on a fait roussir avec un filet de vinaigre.

Haricots au maigre. Les faire cuire avec du beurre frais, du persil et des ciboules hachées, sel, poivre, muscade et un verre de lait.

Haricots verts à l'anglaise. Les faire cuire comme les haricots à la française ; les mettre dans une casserole avec un quarteron de beurre, poivre, persil et ciboules hachées, un filet de jus de citron, les sauter jusqu'à ce que le beurre soit fondu.

Autre recette. Placer un morceau de beurre sur le plat qu'on veut servir ; dresser dessus les haricots cuits ; mettre autour un cordon de persil, chauffer et servir.

Haricots verts à la lyonnaise. Couper des ognons en anneaux ; les faire roussir dans la poêle avec de l'huile ; y ajouter les haricots, du poivre et de la ciboule ; dresser sur le plat ; verser dessus un filet de vinaigre chauffé dans la poêle.

Haricots verts à la bretonne. Couper en dix des ognons, les mettre dans une casserole avec du beurre, une cuillerée de jus et une pincée de farine seulement, sel et poivre ;

faire réduire la sauce ; faire mijoter dedans les haricots et servir.

Haricots verts à l'huile et au vinaigre. Ils sont meilleurs chauds que froids. Dès qu'ils sont cuits, après les avoir égouttés, les saupoudrer d'un peu de sel, poivre, une pincée de ciboules hachées ; verser dessus trois cuillerées d'huile et une de vinaigre ; les sauter et servir de suite. On peut y ajouter quelques filets d'anchois, des ognons cuits dans la cendre, des betteraves, de la ravigote. On les assaisonne quelques heures d'avance, et on les fait chauffer légèrement avant de servir.

Haricots blancs nouveaux. Faire cuire un litre de haricots nouveaux avec du beurre gros comme une noix, de l'eau bouillante et deux pincées de sel. Si l'on oublie le sel en mettant sur le feu, et qu'on l'ajoute plus tard, les légumes seront fades. Dès qu'ils sont cuits et égouttés, les sauter dans une casserole avec un quarteron de beurre, une demi-pincée de ciboules hachées, du poivre, un filet de verjus ou du jus de citron. Servir de suite.

Haricots à la purée d'ognons. Faire chauffer les haricots sans les faire bouillir, avec gros comme un œuf de beurre et quelques cuillerées de purée d'ognons.

Haricots à l'étuvée. Faire cuire avec lard et petits ognons ; ajouter des fines herbes, du beurre et un verre de vin ; faire bouillir le tout un bon quart d'heure, et servir.

Haricots blancs au gras. Faire roussir deux ognons et du persil dans de la graisse ; ajouter les haricots, sel, poivre, vinaigre et bouillon des haricots ; faire cuire une demi-heure à grand feu, et servir.

Haricots secs. En mettre un demi-litre dans une marmite avec du sel, très-peu de beurre et de l'eau froide ; faire cuire trois heures ; décanter l'eau ; sauter dans une casserole trois ou quatre fois avec un quarteron de beurre, du poivre, une cuillerée de bon lait.

Haricots au roux. Égoutter les haricots après la cuisson ; les mettre dans un demi-quarteron de beurre roussi, avec un ognon coupé en rouelles ; poivrer ; remuer de temps en temps ; ajouter une demi-cuillerée de graisse de volaille, d'oie ou de porc frais, une cuillerée de jus de rôti ou autre ; faire bouillir cinq minutes et servir.

Haricots blancs en salade. Assaisonner comme pour les haricots verts, en ajoutant un ognon blanc par rouelles minces. Servir chaud.

Haricots en purée. Recette de madame Adanson : « Prenez des haricots en cosse nouvellement cueillis, entièrement formés, mais dont la pellicule conserve encore une teinte verte ; *dérobez-les* comme des fèves, faites-les ensuite sécher au grand soleil, en les étendant sur des serviettes, et conservez-les dans des sacs (surtout ne les mettez pas au four pour accélérer la dessiccation). Pour en faire de la purée, vous en mettrez deux ou trois poignées dans un nouet très-lâche, vous les ferez cuire à l'eau froide dans un pot d'environ une pinte et demie, que vous entretiendrez toujours plein pendant l'ébullition, qui ne doit éprouver aucune interruption. Il faut deux heures de cuisson. Vous les retirerez du linge après l'avoir laissé égoutter quelques minutes. Vous fricasserez avec sel, demi-quarteron de beurre frais, deux cuillerées de lait ou de crème et une pincée de persil haché, si vous voulez. Cette purée est comme une crème, et d'une grande délicatesse; elle est exempte de l'âcreté qu'ont toujours les haricots cuits avec les pellicules ; elle est un aliment des plus sains, même pour les estomacs malades. »

Madame Adanson s'est servie de cette purée dans une inflammation intestinale, et la recommande comme aliment, dans ce cas, avec très-peu de beurre et point de persil. Elle ajoute :

« L'opération de dérober ces haricots tout frais cueillis n'est pas aussi longue qu'on le pourrait croire, et l'on a bientôt trouvé le moyen de le faire lestement. J'en fais chaque été jusqu'à deux décalitres dans mes momens perdus. »

Si on en dérobe au fur et à mesure pour les employer de suite, la purée est encore plus délicate que celle qu'on garde pour l'hiver. On peut employer le même procédé pour des fèves.

Pour les haricots qu'on veut manger en grains secs pendant l'hiver, ils sont beaucoup plus délicats si on les fait écosser encore un peu verts, et sécher à l'ombre sur des feuilles de papier.

Moyen de conservation des haricots verts ou des petits pois jusqu'à ce que les nouveaux soient poussés. Éplucher des haricots verts de grosseur moyenne, en ôter les extrémités, les faire blanchir à l'eau très-chaude, sans les laisser bouillir, de manière à leur conserver leur fermeté et leur couleur ; les égoutter, et les placer, sans les presser trop, dans un pot de grès avec une poignée de sel pour un pot de trois pintes, deux tiers d'eau et un tiers de vinaigre; les couvrir de beurre fondu. Quand on découvre les pots, on fait fondre de nouveau ce beurre pour fritures. On lave les haricots à l'eau chaude, à laquelle on ajoute un peu de sel.

Autre recette. Oter aux haricots la queue et le filet; les enfiler en chapelet; les faire sécher au soleil couverts d'une toile légère, et les garder en sacs.

Autre. Mettre les haricots effilés dans des bouteilles qu'on bouche hermétiquement, et les faire bouillir une heure et demie au bain-marie.

Autre. Éplucher les haricots, les mettre dans un pot de grès en les baignant d'eau de fontaine; ajouter une couche d'huile de trois pouces. Il se forme une croûte qu'on enlève pour faire usage des légumes.

Autre. Oter la queue et le filet des haricots; les faire blanchir; les retirer promptement dès qu'ils ont jeté deux bouillons, et les placer sur des claies, en les étalant pour qu'ils sèchent bien ; les mettre dans un four modérément chaud, pour achever de les sécher, ou les faire ressuyer à l'ombre dans un grenier, en évitant que le soleil les frappe, ce qui leur ôte leur goût et leur couleur; on enferme ensuite ces haricots dans des sacs de papier, dont on colle l'ouverture pour que l'air n'y puisse pénétrer, et on les serre dans un lieu sec. On peut substituer aux sacs, des bouteilles qu'on bouche avec du parchemin.

Avant de manger des haricots ainsi conservés, on les retire, et on les met tremper vingt-quatre heures dans l'eau fraîche, ce qui les fait enfler et leur rend leur saveur.

Nous ferons observer aux ménagères, pour leur éviter des désappointemens, que jamais les haricots conservés n'ont absolument la même saveur que les haricots frais.

Procédé hollandais. En Hollande, on conserve les haricots verts d'une façon particulière. On coupe la gousse en losanges, quand elle est tendre, au moment où les pois commencent à se former. On met les haricots dans un pot de terre, alternés avec des couches de sel ; en ayant soin que le sel forme la couche supérieure; on comprime le tout avec une planche qui entre dans le vase à deux pouces du bord, et sur laquelle on place un poids. Au bout de six jours, on enlève l'eau que la compression a fait sortir du sel, et on ajoute une solution nouvelle de sel. On renouvelle la même opération tous les huit jours pendant deux mois. Quand on désire se servir des haricots, on les lave jusqu'à ce qu'ils soient débarrassés de leurs parties salines.

Procédé russe. Les Russes conservent les haricots, les fèves et les pois par la dessiccation. Après avoir cueilli ces légumes dans leur primeur, ils les étendent sur des plaques de tôle qu'ils soumettent à la chaleur douce d'un four ordinaire. Ces légumes, saisis par l'action du calorique, se contractent et se dégagent, par l'évaporation, de presque toutes leurs parties aqueuses, sans perdre cependant le principe savoureux inhérent à leur nature. Ces légumes se conservent facilement d'une année à l'autre, et même plusieurs années, pourvu qu'on ait l'attention de les tenir dans un lieu sec. Quant à leur préparation, elle est fort simple : on les fait tremper vingt-quatre heures dans de l'eau, qui sert ensuite à leur cuisson.

Moyen hollandais modifié. Cueillir par un temps sec les haricots dont le grain n'est pas trop apparent, en ôter les fils, les plonger dans de l'eau bouillante et les retirer de suite, les laisser refroidir, ensuite les mettre dans un bocal, ou dans un pot de terre, ou dans une futaille, même une tonne de harengs, en commençant par faire un lit de feuilles de vigne au fond, puis un lit de haricots, ce dernier de six pouces d'épaisseur; et ainsi de suite, en terminant par un lit de feuilles de vigne, sur lequel on met une pierre, pour tenir le tout bien pressé; on verse ensuite de l'eau salée jusqu'au dessus. On aura soin, de temps à autre, de remplacer l'eau qui se perd par l'évaporation.

Marinade de haricots verts. Prendre six livres de haricots verts, les éplucher, les jeter dans de l'eau bouillante, salée fortement. Quand ils fléchissent sous le doigt, les ôter de dessus le feu, les passer à l'eau froide et les faire égoutter; les placer dans des pots de grès avec cinq pintes de vinaigre blanc, sel, poivre et clous de girofle; boucher le pot avec du parchemin mouillé, plié double et bien roulé.

Autre procédé. Couvrir d'eau bouillante les haricots fraîchement cueillis; le lendemain, les faire égoutter et sécher; verser dessus du vinaigre blanc bouillant, du poivre, un peu de gingembre et de macis ; renouveler deux ou trois jours de suite, jusqu'à ce qu'ils deviennent verts; couvrir les pots.

Moyen de conserver frais les haricots blancs. Les cueillir lorsque les cosses commencent à jaunir, les écosser, les mettre en bouteilles, boucher et donner deux heures de bouillon au bain-marie. Pour s'en servir, les faire blanchir, les laisser une demi-heure dans l'eau, et les apprêter au gras ou maigre.

Autre procédé. Cueillir des haricots dits flageolets, un mois avant la maturité, les séparer de la gousse, mettre de côté les plus verts et les étendre au soleil sur une table garnie d'un linge. Quand ils sont secs, on les conserve dans des boîtes de bois. Il faut, pour les bien cuire, beaucoup d'eau et une ébullition soutenue.

Il ne faut pas s'inquiéter de la mauvaise apparence des haricots conservés pour l'hiver. Ils reprennent bientôt leur volume dès qu'on les a cuits dans l'eau bouillante. On peut assaisonner les haricots verts conservés avec du beurre frais, un peu de lait, poivre, et une liaison d'un jaune d'œuf.

Si les haricots ont un mauvais goût, on les laisse séjourner trois heures dans un mélange de deux litres d'eau et d'une once de chlorure d'oxide de sodium. On les rince ensuite à l'eau de fontaine, et on les fait cuire.

HARICOT DE MOUTON. (Voy. MOUTON.)

HARNAIS. (Voy. CIRAGE.)

Harnais jaunes. (Voy. BOITES.)

HASARD (JEU DE). (*Récr. dom.*) Le cornet et les dés sont les instrumens de ce jeu, qui dépend tout entier du hasard, comme l'annonce son titre.

On y joue à deux ou à plusieurs joueurs, et le nombre en est indéterminé; mais une chose particulière à ce jeu, c'est que, quelque nombreux que soient les joueurs, on ne joue réellement que comme s'il n'y en avait que deux : l'un qui joue le premier, et l'autre, personnage collectif, qui représente la réunion de tous les joueurs. Ne nous occupons donc que de deux joueurs seulement, A, le premier, et B, celui qui agit pour les autres partenaires. A, prenant les dés, les poussera jusqu'à ce qu'il ait amené, ou 5, ou 6, ou 7, ou 8, ou 9. Celui de ces nombres qui se présentera le premier lui servira de chance; B poussera ensuite les dés à son tour pour avoir une chance. Or, ses chances sont, ou 4, ou 5, ou 6, ou 7, ou 8, ou 9, ou 10, en sorte qu'il en a deux de plus que son adversaire, savoir : 4 et 10. Tous les joueurs que représente B ont la même chance que lui. Observez maintenant :

1° Que si A, après avoir donné à B une chance qui soit ou six, ou huit, amène au deuxième coup la même chance, ou douze, il gagne, et que s'il amène bézet, ou deux et as, ou onze, il perd;

2° Que s'il a donné à B la chance de cinq ou de neuf, et qu'il amène au coup suivant la même chance, il gagne; mais que s'il fait un bézet, ou deux, etc., ou onze, il perd;

3° Que lorsqu'il donne à son adversaire la chance de 7, il amène le coup suivant, ou la même chance, ou onze, il gagne; mais que s'il amène ou deux, etc., ou douze, il perd;

4° A, s'étant donné une chance différente de celle de B, gagnera s'il amène sa chance avant que d'amener celle de celui-ci, et perdra s'il amène la chance de B avant que d'amener la sienne.

5° Quand tous les deux ont perdu, on recommence le jeu, en donnant de nouvelles chances; mais A ne quitte le dé pour le donner au joueur qui le suit, que lorsqu'il a perdu.

HAUTEUR DE QUELQUES ÉDIFICES. (*Conn. us.*) Nos lecteurs peuvent désirer de connaître l'élévation des principaux monumens du monde, qu'on mentionne souvent dans la conversation, sur des données inexactes.

La plus haute des pyramides d'Égypte	146 m.
La flèche d'Anvers	144
La tour de Strasbourg, au-dessus du pavé	142
La tour de Saint-Étienne de Vienne	158
La coupole de Saint-Pierre de Rome, au-dessus de la place	152
La tour de Saint-Michel, à Hambourg	150
La tour Saint-Pierre, à Hambourg	119
La tour de Saint-Paul, à Londres	110
Le dôme de Milan, au-dessus de la place	109
La tour des Asinelli, à Bologne	107
Le dôme des Invalides, au-dessus du pavé	100
Le Panthéon, à Paris, au-dessus du pavé	79
La balustrade de la tour de Notre-Dame, au-dessus du pavé	66
La colonne de la place Vendôme	45
La plate-forme de l'Observatoire	27

La mâture d'un vaisseau français de 120 canons est, au-dessus de la quille, de 75 mètres.

Ceux qui voudront réduire ces mesures en pieds se rappelleront que le mètre vaut trois pieds onze lignes et demie. (Voy. MÈTRE.)

HÉLIANTUS ANNUUS. (Voy. SOLEIL.)

HÉLIOTROPE. (*Jard. — Off.*) *Heliotropum.* Famille des borraginées. L'héliotrope d'Europe se multiplie de graines, de marcottes et de boutures. L'hiver, il faut le tenir à l'abri sous un châssis qui le préserve de l'humidité et du froid. Ses fleurs sont peu remarquables; mais leur odeur est délicieuse et approche de celle de la vanille.

Héliotrope du Pérou. (*Peruvianum*). Cette plante, plus belle et plus odorante, se cultive de même; mais demande plus de soins.

Tablettes fondantes dites à l'héliotrope. Faire cuire trois livres de sucre au petit cassé, y verser deux gros de vanille en poudre, une demi-once d'esprit de vanille, vingt gouttes d'esprit de jasmin, autant d'esprit de tubéreuse, une once d'eau de rose, autant d'eau de fleurs d'orange.

HELLÉBORE. (*Jard. — Méd. dom*) On écrit plus ordinairement ellébore. (Voy. ce mot.) Nous ajouterons ici des détails sur d'autres espèces d'hellébore que nous n'avons pas mentionnées plus haut.

Hellébore noire. (*Helleborus niger.*) Famille des renonculacées. Cette plante vivace des Alpes se multiplie de séparations de pieds, en juillet, ou de graines semées en mai; aussitôt maturité, dans un terreau végétal, en pente, au midi. Les fleurs paraissent en décembre ou en janvier : elles sont très-grandes, d'un beau blanc plus ou moins tacheté de rose. Les semis de graines donnent des fleurs la troisième année.

Hellébore d'hiver. (*Helleborus hyemalis.*) C'est une plante indigène dont la racine est vivace et tubéreuse. Ses fleurs, jaunes, paraissent en février. Multiplication de tubercules ou de semis aussitôt maturité, dans du terreau, au midi; les semis ne donnent point de variétés, et ne fleurissent qu'au bout de trois ans. Comme pendant huit mois cette plante disparaît complètement, il faut la mettre en pots enterrés, ayant soin de ne pas placer l'œil en dessus, et renouveler la terre tous les deux ans.

L'hellébore noir, employé autrefois contre la folie, à forte dose est un poison; à dose modique, il est purgatif, vomitif et anthelmintique; on ne l'emploie guère maintenant que dans la médecine vétérinaire, comme irritant, pour entretenir la suppuration des sétons chez les bœufs et les chevaux. Quelques médecins le donnent en poudre, à la dose de quinze grains à un gros, incorporé dans du sirop.

HELONIAS ROSE. (*Jard.*) *Helonias bullata.* Famille des joncées. C'est une plante basse et vivace de la Pensylvanie, qui se multiplie de séparations de pieds en septembre.

HÉMATURIE. (*Méd. dom.*) L'hématurie, ou émission de sang par l'urètre, est une maladie commune aux hommes et aux animaux, chez lesquels elle est épidémique. (Voy. BÉTAIL.)

L'hématurie, chez les hommes, provient ordinairement de lésions matérielles. Elle est rarement grave; des bains, des applications émollientes, des boissons délayantes acidulées, un repos absolu, la diète, la combattent, dans le cas de chaleur et de douleur aux parties d'où le sang provient. Si le sujet n'éprouve pas de stimulation locale appréciable, on a recours aux lavements, fomentations et injections froides, avec addition d'un peu de vinaigre, et à des boissons aiguisées d'un peu d'acide sulfurique.

HÉMÉROBE. (*Conn. us.*) *hemerobius.* Genre des névroptères. C'est un insecte à grandes ailes et à couleurs brillantes. Ses larves rendent service aux jardiniers, en détruisant une très-grande quantité de pucerons.

HÉMÉROCALLE DU JAPON. (*Jard.*) *Hemerocallis japonica.* Famille des narcisses. C'est une plante vivace de la Chine. On la multiplie de séparations de pieds en septembre. Pour la conserver en pleine terre, il faut la laisser en touffes très-larges. On l'expose au midi, en terre légère et sèche. On arrose l'été. Si on la place au nord, il faut la mettre en terre de bruyère, en pente; elle fleurit plus tard à cette exposition. Les fleurs, en août, sont très-grandes, d'un blanc pur, et très-odorantes.

Hémérocalle des gazons. (*Hemerocallis graminea.*) C'est une petite plante vivace, très-jolie; on la cultive en pleine terre, en pot enterré. Les feuilles sont très-étroites; les fleurs sont jaunes et grandes.

Hémérocalle bleue. (*hemerocallis cærulea.*) C'est une plante vivace de la Chine. Elle est rustique, et se place à toute exposition; mais mieux en bruyère et à l'ombre. Elle se multiplie de séparations de pieds en octobre, ou de semis en pot et en terre de bruyère, qui fleurissent la troisième année. On ne peut obtenir de variétés que par la séparation de pieds. Cette espèce perd ses feuilles.

HÉMOPTYSIE. (*Méd. dom.*) L'hémoptysie est une exhalation sanguine de la surface de la membrane muqueuse des poumons. Elle survient légère chez les enfans à la suite de la coqueluche; elle se déclare ordinairement de quinze à trente-cinq ans. Les femmes y sont plus sujettes que les hommes. Les individus d'un tempérament sanguin, à cœur volumineux, nés de parens phthisiques, et selon quelques auteurs, ceux que leur profession oblige, comme les tailleurs, à tenir le tronc courbé en avant, sont plus exposés que les autres à l'hémoptysie. Les coups sur la poitrine, l'inspiration d'un air trop chaud ou trop froid, les efforts de chant ou de déclamation, l'action de jouer des instrumens à vent; les cris, l'éternuement, les accès de rire, les quintes violentes de toux, les efforts, la diminution de la pression atmosphérique, l'ascension sur des montagnes élevées, la suppression d'une hémorrhagie habituelle, sont autant de causes occasionnelles de cette maladie.

Symptômes précurseurs. Malaise, chaleur dans la poitrine et entre les deux épaules, oppression, toux, goût de sang dans la bouche, refroidissement des extrémités, tintemens d'oreilles, frissons, palpitations de cœur, accélération du pouls, chatouillement dans les bronches.

Symptômes. Expectoration d'un sang vermeil, écumeux, pur ou mêlé de mucosités, par accès et pendant un temps plus ou moins long. Le traitement doit être dirigé par un médecin. Au début, la saignée est essentielle, quelle que soit la petitesse du pouls et la pâleur de la face. On y joint des boissons délayantes, des décoctions de guimauve, d'orge, de chiendent, de réglisse, de lin, de capillaire, de jujubes, de dattes, de pommes, de riz, de consoude. Les infusions de fleurs de mauve, de violette, de coquelicot, de tussilage, l'eau de Rabel étendue d'eau, le petit lait; les solutions de suc de grenades, les limonades citriques, tartariques ou sulfuriques. Toutes ces boissons peuvent être mêlées à de la poudre de gomme arabique, et sucrées avec des sirops de gomme, de guimauve, de coing, de capillaire ou de groseilles. Les prendre froides et même glacées, par petites doses fréquemment répétées. A mesure que les symptômes de réaction s'affaiblissent, on passe à des substances plus astringentes, les infusions de ratanhia, de cachou, de bistorte, de tormentille, de quinquina.

Pendant tout le traitement, il faut observer le régime le plus absolu. Dans la convalescence, il faut proscrire sévèrement tous les stimulans, tels que le vin et le café, le thé et même le bouillon gras, la danse, la course, la lutte, les efforts. On fait porter des vêtemens de flanelle sur la peau; on évite avec soin le froid et l'humidité. La base de la nourriture doit être le lait et les fécules.

HEMORRHAGIE. (*Méd. dom.*) Les membranes muqueuses sont de tous les tissus les plus sujets à l'hémorrhagie. (Voy. HÉMOPTYSIE.) Nous nous bornerons à parler de la plus commune, l'hémorrhagie dite saignement du nez. Toutes les hémorrhagies, en général, se combattent par le froid, les boissons froides et rafraîchissantes, des tisanes de riz, d'orge, des dérivatifs et des révulsifs. Les hémorrhagies, souvent dangereuses, qui suivent les accouchemens, se préviennent, lorsque l'expérience a instruit la femme d'une prédisposition réelle aux hémorrhagies, par une saignée pratiquée vers la fin de la grossesse.

Hémorrhagie nasale ou saignement de nez. L'épistaxis est le nom médical du saignement de nez; ce mot vient du grec. On distingue l'épistaxis, qui vient naturellement par exhalation à travers les pores des vaisseaux, et celui qui est produit par la rupture de quelques vaisseaux de la membrane olfactive. L'hémorrhagie de la première espèce est fréquente chez les sujets sanguins, pléthoriques, habitués à un régime substantiel et échauffant. Le sang sort en abondance, est rouge, et se coagule aisément. C'est généralement une évacuation salutaire, qui s'arrête d'elle-même.

L'épistaxis se développe aussi pendant les chaleurs de l'été, à la suite d'excès et d'exercices immodérés, après une longue course, par l'effet de travaux intellectuels trop prolongés, surtout si la tête de l'individu est très-grosse. Quand l'épistaxis est considérable, il est précédé d'un afflux de sang vers la tête, de vertiges, éblouissemens, rougeurs des yeux, tintemens d'oreilles, battemens des artères temporales, refroidissement des pieds et des mains, frissons, accablement, lassitude générale.

Quand l'écoulement est sans danger et peu abondant, on l'arrête en faisant respirer au malade de l'eau très-froide, à laquelle on peut ajouter une légère dissolution d'alun. Si le sang continue à s'échapper, il faut comprimer la narine avec un morceau de coton ou de la charpie trempée dans du vinaigre pur. Il peut arriver que le sang s'épanche dans l'arrière-bouche et sorte par la bouche. C'est au médecin à examiner les causes et les suites de cet accident.

Quand l'hémorrhagie nasale se prolonge d'une manière dangereuse, on a recours au *traitement* suivant :

Placer le malade dans un lieu frais, la tête dans une position élevée ; appliquer sur le front et les tempes des compresses imbibées d'eau fraîche, froide ou glacée, d'éther, d'eau mêlée de vinaigre, avec de la neige pilée; entretenir la chaleur des mains et des pieds; faire boire de la limonade à la glace. Dans l'état de pléthore extrême, faire aspirer au malade une liqueur astringente de décoction de bistorte, tormentille et ratanhia ; quelquefois, dans ce cas, on saigne au pied.

HÉMORRHOÏDES. (*Méd. dom.*) Ce nom est dérivé de deux mots grecs qui signifient *sang* et *je coule*. On désigne ainsi une congestion sanguine à la partie inférieure du rectum, dont les vaisseaux sont appelés hémorrhoïdaires.

Les hommes pléthoriques et sanguins, ceux dont l'alimentation est trop abondante, ou trop excitante et trop épicée ; les personnes constipées ou sédentaires, constamment assises, surtout sur des coussins percés, sont sujets aux hémorrhoïdes. Les coups, les chutes, les efforts, les excès, les inflammations des parties voisines, peuvent les déterminer. Il est rare de les rencontrer chez les jeunes gens et chez les femmes dont l'âge ou les grossesses n'ont point supprimé l'écoulement mensuel.

Symptômes. Tension à l'extrémité du rectum, constipation, urine pâle, fatigue, exhalations sanguines, douleurs vives et insomnie.

Traitement. Lavemens tièdes, régime, bains frais, boissons délayantes, abstinence des alcooliques, des légumes farineux; alimentation de viandes blanches, de poissons, de légumes herbacés ; éviter les variations de température, le froid et l'humidité des pieds ; favoriser la respiration; se laver avec de l'eau tiède après la défécation; tenir le ventre libre; faire un exercice modéré; si l'on est forcé d'écrire, le faire debout sur un bureau élevé, ou assis sur un siége élastique et convexe au centre; oindre les parties attaquées d'onguent populéum, de cérat, d'huile, de beurre de cacao.

HÉPATITE. (*Méd. dom.*) On désigne sous ce nom l'inflammation du foie. Les douleurs au foie se calment et se préviennent par les émolliens, les lavemens, l'usage des eaux de Sedlitz, les bains tièdes très-prolongés, le repos, les tisanes de chiendent, de carotte, etc. Elles s'exaspèrent sous l'influence de la chaleur, des alimens stimulans, des l......... des coups à la région du foie. L'hépatite chronique... e .... n'est pas traitée avec soin, entraîne presque

toujours la mort après un temps plus ou moins long. Aussi le traitement exige-t-il toute la science d'un médecin expérimenté.

HERBAGES. (*Agr.*) Les herbages des prairies offrent un grand nombre d'espèces; les principaux sont pris dans les graminées et les légumineuses. Leur choix dépend de la nature du sol, de son humidité, de sa destination au pâturage ou au fauchage.

Pour les sols calcaires. Lupuline, mille-feuilles, pimprenelle, trèfle blanc, sainfoin.

Pour les terres franhces. Fétuque, houlque, ivraie vivace, luzerne, lupuline, phléole, ray-grass, vulpin.

Pour les sols argileux. Avoine, cretelle, dactyle aggloméré ou pelotonné, fétuque, houlque, lupuline, lotier, phléole, vulpin.

Pour les sols sablonneux. Houlque, lupuline, millefeuilles, pimprenelle, plantain, ray-grass, trèfle blanc.

Pour les sols tourbeux. Cretelle, dactyle, fétuque, houlque, phléole, plantain, vulpin, trèfle blanc.

Dans la culture alterne, on peut former les prairies artificielles avec la luzerne, le sainfoin et le trèfle, ou le ray-grass seul. On associe toujours les plantes qui mûrissent à peu près à la même époque, pour les prés à faucher. Pour les pâturages, on mêle les herbes de manière à avoir de la végétation dans toutes les saisons.

HERBES. (*Jard.*) *Moyen d'empêcher les mauvaises herbes de venir sur les couches.* Quand le terreau est sec, il suffit de l'arroser avec de l'eau bouillante, et de ratisser ensuite. L'eau bouillante tue les insectes, et détruit tous les germes de graines qui pourraient nuire à celles qu'on veut semer.

Moyen de convertir les mauvaises herbes en fumier. Les alterner de couches de chaux vive pulvérisée.

Destruction des mauvaises herbes des allées et des cours. Les arroser tous les deux ans avec de la lie de cidre.

Autre procédé. Faire bouillir, en remuant toujours, dans une chaudière de fer, soixante litres d'eau de lessives ou d'eau simple, deux livres de soufre en poudre, douze livres de chaux ; étendre ce mélange dans deux fois son poids d'eau, et arroser.

HERBES CUITES. (*Cuis.*) Pour se procurer une provision d'herbes cuites, cueillir au mois de novembre quantité suffisante d'oseille, de poirées, de laitue, de pourpier; les éplucher; faire bouillir d'abord l'oseille dans un peu d'eau, en remuant pour l'empêcher de brûler ; ajouter les autres herbes; quand elles ont bouilli, mettre du beurre et du sel ; les faire bouillir de nouveau, et les ôter du feu. Lorsqu'elles sont froides, les enfermer dans des pots de grès, les couvrir d'un pouce de beurre fondu, et les serrer dans un lieu frais et sec. Quand on veut s'en servir, on fait un trou circulaire à la couche de beurre; on retire la quantité d'herbes dont on a besoin, et on replace le rond de beurre.

HERBIER. (*Conn. us.*) Les plantes conservées dans les herbiers ont l'inconvénient de perdre leurs couleurs par la dessiccation, et de ne présenter qu'une image imparfaite des plantes fraîches. Pour y remédier, il faut les plonger dans une solution d'alun en poudre, et les mettre entre deux feuilles de papier joseph non collé, que l'on humecte de la solution avec une brosse de blaireau. On les soumet à la presse, sur des planches chargées de poids, en plaçant

51

au-dessous et au-dessus une main de papier sans colle , pour absorber l'humidité surabondante. Quand les papiers aluminés sont secs, on y substitue du papier frais , puis on soumet à la pression , en repliant les bords des feuilles de papier , pour empêcher l'air de pénétrer. Si l'on veut attacher les plantes à l'herbier, on les colle avant cette opération sur des papiers à dessin avec une colle d'eau de gomme et d'un peu d'alun ou d'ichthyocole, et on repasse ensuite avec un fer à repasser.

Les plantes ainsi préparées sont à l'abri des insectes, de la moisissure et de l'humidité.

HÉRISSON. (*Chass.*) *Erinaceus.* Ordre des carnassiers. Le hérisson d'Europe est de la grosseur du lapin. Il habite les bois, le creux des arbres, les racines , les haies.

Les hérissons ne nuisent pas aux vergers, dont ils épargnent les fruits , et détruisent les limaces, les scarabées , les hélices ou escargots, et un grand nombre d'insectes. Ils mangent aussi les fruits tombés des arbres.

HERMINE. (*Conn. us.*) *Mustela candida.* L'hermine, qui donne de si belles fourrures , est un quadrupède carnassier du genre marte. La robe de l'hermine est l'été de diverses couleurs ; l'hiver, elle devient blanche , le seul bout de la queue restant noir.

HERNIE. (*Méd. dom.*) On appelle hernie la tumeur formée dans une cavité par un organe qui y tombe à travers une ouverture naturelle ou accidentelle. Leur traitement, qui consiste à les réduire au moyen de bandages élastiques, nécessite les soins de la médecine, et souvent les opérations de la chirurgie. Aussi nous bornons-nous à les mentionner, en recommandant d'éviter de leur donner naissance par des efforts trop violens : des tentatives pour soulever de pesans fardeaux, des mouvemens de saltation ou autres suffisent souvent pour produire un déchirement des tissus.

HÉRON. (*Chass.*) *Ardea.* Genre des échassiers. Le grand héron est de la grosseur du dindon. Il passe le jour dans les roseaux des étangs. On en trouve dans les Pyrénées une variété plus grosse, qu'on nomme héron montagnard. Le héron détruit beaucoup de poisson.

Cet oiseau est assez bon à manger. De la tue du haut d'une héronière. C'est une loge élevée en l'air , le long d'un ruisseau, et couverte à claires-voies, où l'on se met à l'affût.

Les plumes du héron se blanchissent comme les plumes d'autruche. (Voy. AUTRUCHE.) On recherche surtout celles de la huppe et les scapulaires.

Emploi du héron pour prendre les loutres. On prend un héron mâle ; on l'écorche; on en ôte les jambes et le foie ; on hache le reste menu; on le met dans une bouteille qu'on enterre deux mois dans le fumier. La chair du héron , à force de fermenter, se convertit en une huile, dont on frotte le piége pour attirer la loutre. (Voy. ce mot.)

On peut aussi se servir de cette huile pour prendre les carpes, en en faisant une pâte avec de la mie de pain , et un peu de chenevis. (Voy. CARPE.)

HERSE. (*Agr.*) La herse sert à émietter , niveler , sarcler, amollir, couvrir la semence, casser la terre , sarcler les plantes , enfouir le fumier, etc.

Parmi les nouvelles herses, il faut distinguer celle de MM. Dudefay et Bataille , qui peut remplacer la charrue dans les secondes façons des terres ; et la herse tricycle de M. Marouy, de La Chapelle-en-Sorval, près Senlis (Seine-

---

et-Oise). Cette dernière, qui abrége le travail, a au sommet de son triangle une roue qui tourne sur elle-même.

La herse du docteur Bardonnet est utile dans les terres argileuses calcaires. Elle est composée de trois montans de sept pieds de long sur quatre pouces d'épaisseur, garnis de lames de fer tranchantes, convexes d'un côté et droites de l'autre. Les montans s'adaptent par des mortaises dans des traverses. Un rouleau solide, et quatorze lames de fer par montant, espacées entre elles de six pouces, complètent la machine. La première et la seconde rangée de dents dressent les mottes, le rouleau les écrase, et le troisième rang de dents achève de les broyer. Des crochets placés deux à deux sur chaque montant servent à adapter une chaîne qui s'unit aux traits des chevaux.

Quand on veut aplanir la terre avec cette herse, on peut ôter le rouleau et retourner la herse, qui convient alors dans les terres meubles et sableuses.

Il faut trois chevaux ou trois bœufs pour traîner cette herse avec le rouleau, et un cheval, sans ce dernier accessoire.

Cette herse peut permettre de faire des semis de blé dans des terres nouvellement défrichées, surtout si l'on profite d'une température sèche qui succède à une pluie.

Pour cultiver les prairies artificielles , et arracher les plantes parasites , il faut présenter au tirage de l'attelage le côté droit de la lame.

En Angleterre, on répare les routes avec une sorte de herse dont les barres sont placées en long, et non en travers : cette herse, conduite par un charretier qui en tient les manches, rabat les débords des ornières , et ramasse toutes les pierrailles. L'intérieur des madriers est doublé d'une feuille de tôle , et la partie qui repose sur terre , est munie de barres de fer plates.

HÊTRE COMMUN. (*Jard.— Conn. us.*) *Fagus silvatica.* Famille des amentacées. Le hêtre se développe avec rapidité dans une terre meuble et franche , légèrement fraîche, au midi. Il se multiplie de semis faits aussitôt maturité; on éclaircit le plant , et on le laisse dans la pépinière jusqu'à ce qu'on le mette définitivement en place, afin que la transplantation ne retarde pas son accroissement.

Hêtre à feuilles de fougère. C'est une variété du précédent. On le multiplie de semis et de marcottes. On peut aussi le greffer en fente sur le hêtre commun ; on choisit pour cela de jeunes rejets de neuf lignes de diamètre; la greffe par approche ne donne que des arbrisseaux très-longs à croître.

On cultive de même les espèces suivantes :

Hêtre à rameaux pendans. (Fagus pendula.)
Hêtre à feuilles animées. (Fagus œnea.)
Hêtre à feuilles en crête. (Fagus cristata.)
Hêtre ferrugineux de l'Amérique septentrionale. (Fagus ferruginea.)
Grand hêtre d'Amérique. (Fagus americana.)

Les Américains ont observé que le hêtre à larges feuilles , variété du hêtre de l'Europe, n'est jamais frappé de la foudre ; il paraît même que les anciens en avaient quelque opinion : c'est sous l'ombrage du hêtre (*sub tegmine fagi*) que les bergers se réfugiaient contre le tonnerre. Ils avaient la même confiance dans le laurier.

L'importance de la découverte de ces propriétés salutaires du hêtre à larges feuilles est déjà tellement vérifiée dans l'état de Ténessée, que les plantations de ces arbres sont un lieu de refuge assuré dans les temps d'orage.

Dès que le ciel s'obscurcit et que le tonnerre commence à gronder, les habitans courent se mettre à l'abri sous ces bosquets protecteurs ; ils y restent jusqu'à ce que le danger soit passé. Ce n'est pas, au reste, une découverte d'hier, mais une observation transmise par une longue suite de générations.

Comme nos idées routinières sont un peu rebelles à tout ce qui est nouveau, nous demanderions, dans l'intérêt de l'humanité, que la propriété du hêtre d'Amérique fût constatée chez nous par les procédés que la science peut fournir. Ce sera l'arbre des basses-cours. Il protégera les maisons ; il ornera les fermes en même temps qu'il mettra le bétail et les récoltes à l'abri de la foudre. Loin d'être une cause de dépense, comme les paratonnerres métalliques, il offrira au contraire une exploitation profitable ; on en plantera le long des grandes routes, pour offrir un refuge aux voyageurs surpris par l'orage. Ces plantations n'auront point à redouter la hache. Environné du respect public, le hêtre à larges feuilles étendra paisiblement ses rameaux ; sa hauteur et ses belles formes embelliront nos paysages ; donneront un charme de plus aux habitations champêtres, et les orages ne seront plus qu'un spectacle imposant.

On tire de la faine ou fruit du hêtre une huile assez bonne.

Un décret de la convention nationale (1795), donne des renseignemens curieux sur l'extraction de l'huile de faine. Il défend en outre d'introduire des porcs dans les forêts où les hêtres croissent, avant le 1er frimaire (22 octobre). L'adjudication des fainées ou récoltes des faines est interdite par le même décret. Il statue également que si les faines ne sont pas ramassées, elles seront recueillies au profit de la nation.

De la récolte. La récolte de la faine doit se faire lorsque cette graine commence à tomber ; il faut profiter de l'instant, car les pluies déterminent la perte d'une grande quantité de cette graine : pour opérer une bonne récolte il faut tendre sous les arbres des toiles, de vieux draps, secouer ensuite les branches, soit en montant sur l'arbre même, soit en se servant d'un crochet emmanché, en donnant des secousses assez fortes pour faire tomber la graine bien mûre. Il faut avoir soin de ne pas *gauler* les arbres, 1° parce qu'on obtient alors tout à la fois le fruit mûr et le fruit non mûr, lequel donne moins d'huile ; 2° parce qu'on détruit les bourgeons qui doivent produire l'année suivante. On peut, si le fruit non mûr est en assez grande quantité, procéder à une seconde récolte lorsqu'on s'aperçoit que le fruit laissé sur l'arbre a acquis toute sa maturité.

Les faines étant tombées sur les draps, il s'agit de les monder, c'est-à-dire de les séparer des matières hétérogènes qui y sont mêlées. A cet effet, on réunit les faines en tas, et on les met dans un crible d'osier dont les mailles sont assez larges pour laisser passer les matières étrangères peu volumineuses sans donner passage à la faine. Cette passoire est suspendue par les deux anses à des branches d'arbres ; mais, en conservant à la passoire sa position horizontale à l'aide d'un mou-

vement de va-et-vient facile à imprimer, on fait sortir les matières peu volumineuses, et on ramène au-dessus de la graine les morceaux de bois pourris, les feuilles, les faines légères, etc. On rejette ces substances, et à mesure que les faines sont nettoyées, on les met dans les sacs *de la conservation*. Les faines récoltées pouvant se détériorer par l'humidité, doivent être séchées à l'ombre ; on les étend donc sur des grainières et dans des lieux élevés, en les répandant en couches minces qu'on a soin de remuer de temps en temps. Si elles ont été récoltées sèches et par un temps sec, elles exigent moins de manipulation ; le contraire doit être pratiqué si elles ont été récoltées moins sèches et par un temps humide. Lorsque les faines sont sèches, on les vanne, et on les prépare pour les porter au moulin.

De l'extraction de l'huile. L'époque la plus favorable pour l'extraction de l'huile de faine est celle comprise entre le 20 novembre jusqu'au commencement de mars. On extrait l'huile, soit de la graine entière, c'est-à-dire de la graine encore enveloppée de son écorce coriace, soit de la graine mondée de cette écorce. La faine non écorcée retient environ un septième d'huile absorbée et par l'écorce et par le duvet qui se trouve sur l'écorce. L'huile est moins douce, elle dépose davantage. Les tourteaux sont moins propres à la nourriture des animaux.

La quantité d'huile obtenue de la faine séparée de son écorce est plus considérable, elle est de meilleure qualité, mais il faut faire subir à la faine des opérations qui nécessitent de la main-d'œuvre. Il faut la monder de sa première enveloppe ; cette opération peut être pratiquée par des femmes ou par des enfans ; mais elle est assez coûteuse : en effet, il faut que la faine soit bien sèche ou qu'elle soit desséchée à cet effet, ou bien encore il faut couper une partie de l'écorce, et ensuite faire sortir l'amande ; nous pensons qu'on parviendrait facilement à écorcer la faine en la faisant passer, soit entre deux meules, soit entre deux cylindres de bois convenablement écartés pour que l'écorce fût brisée sans que l'amande soit broyée. Il ne faut pour cela que régler la distance nécessaire entre les meules et les cylindres.

Les faines, mondées ou non, sont ensuite broyées, soit à l'aide de pilons, soit, ce qui vaut mieux, à l'aide de meules. Dans cette opération on a soin, 1° d'ajouter à soixante-quinze hectogrammes de faine cinq hectogrammes d'eau chauffée à cinquante degrés, ajoutant cette eau quand la faine se réduit en pâte, et laissant quelque temps en repos ; 2° de ne se servir que d'*engins* excessivement propres, en ne conservant pas l'huile qui aurait l'odeur de rance.

Lorsque le broiement a été assez prolongé, on place la pâte dans des sacs propres ; ces sacs sont ordinairement en treillis ou en crin ; on la porte sous une presse, et on donne une pression lente, mais forte, et long-temps continuée ; la quantité d'huile qu'on obtient est plus ou moins considérable, selon que la presse est plus ou moins forte. L'opération est aussi plus ou moins longue, en raison de la force de pression.

Lorsque toute l'huile s'est séparée du pain ou tourteau, ce qui demande plus ou moins de temps, et quelquefois jusqu'à deux et trois heures, on retire le tourteau de la presse ; on le pulvérise ; on le fait chauffer avec soin dans une chaudière de fonte en remuant, et en y ajoutant une livre d'eau pour vingt livres de tourteau; on porte ensuite de nouveau à la presse, en ayant soin de ne pas mêler l'huile qui passe dans cette seconde opération avec celle obtenue dans la première. Après l'expression, le tourteau est retiré, et on le met de côté pour être employé comme engrais, soit pour servir de nourriture aux bestiaux. L'huile de faîne obtenue doit être conservée, soit dans des tonneaux neufs bien pleins, et placés dans des endroits frais; soit dans des vases ou jares en grès; tous ces vases doivent être bien fermés; mais, pour bien conserver l'huile, on doit, pendant les trois premiers mois de la préparation, soutirer l'huile deux fois, et une troisième fois au bout de cinq à six mois, pour la séparer des *fèces* qui se déposent; la perte, dans ce cas, est de quatre à cinq pour cent pendant les six premiers mois.

La faîne donne, selon quelques huiliers, de quatorze à seize d'huile pour cent de faîne.

D'après les recherches de M. Dutour, les forêts d'Eu et de Crécy ont donné plus d'un million de sacs de faîne en 1779.

Des tourteaux. Les tourteaux diffèrent selon qu'ils proviennent de la faîne mondée ou non; ceux provenant de la faîne non mondée contiennent beaucoup d'écorce, tandis que ceux préparés avec l'amande mondée ne contiennent que l'amande, et peuvent être mangés entiers; on les fait servir à la nourriture des porcs, des bœufs, des dindons, des poules, etc. Les tourteaux obtenus avec de la faîne non mondée pourraient servir de combustible.

Selon plusieurs auteurs, les tourteaux de la faîne seraient un poison pour les chevaux. Cette opinion est niée par d'autres praticiens.

HIBOU. (*Chass.*) *Ululus.* Oiseau de proie nocturne, du genre chat-huant. Cet oiseau n'approche de nos habitations qu'en hiver; l'été, il se cache dans les bois. Il est de la grosseur d'une poule; sa face est entourée de plumes noires et blanches; son ventre est varié de brun et de gris; ses pieds sont surchargés de plumes; son bec et ses ongles sont noirs.

On emploie le hibou dans la chasse à la pipée. (Voyez ce mot). On le place sur un petit gabion élevé de terre, et les oiseaux se prennent au filet, en venant tourmenter l'oiseau de nuit étourdi par la lumière.

HIPPOBOSQUE. (*An. nuisibles.*) Genre d'insectes diptères. Cette espèce de mouche, qui a le corselet et le ventre tachés de brun et de jaune, et les ailes arrondies à l'extrémité, se cramponne autour de l'anus des chevaux, des bœufs et des chiens, dont elle suce le sang. Une autre espèce se tient sous les ailes des poules, des canards, etc. ; on les éloignera en frottant les parties que ces insectes attaquent avec de l'huile et une décoction de tabac battus ensemble.

HIRONDELLE. (*Chass.*) *Hirundo.* Ordre des passereaux. Cet oiseau quitte nos climats l'hiver pour aller en Asie et en Afrique; quelques hirondelles seulement restent engourdies dans les creux des arbres, des murs et des rochers jusqu'au printemps.

On distingue plusieurs espèces :

L'hirondelle de cheminée, qui revient tous les ans au lieu qu'elle a adopté : elle a des reflets bleuâtres, et la gorge jaune aurore ;

L'hirondelle à croupion blanc;

L'hirondelle grise des montagnes, d'un gris brun ;

La petite hirondelle des rivages. Elle a le dessus du corps d'un joli gris, ainsi que la gorge; elle niche dans les terres sablonneuses, et voltige au-dessus des eaux ;

L'hirondelle des rochers. Elle a le dessus du corps gris, le dessous bleuâtre ; la queue très-peu fourchue. Elle niche dans les rochers.

Hirondelles employées comme aliment. On estime beaucoup comme manger les hirondelles à la Louisiane, où elles abondent, et font un séjour permanent. La chair de cet oiseau est tendre et succulente, surtout au commencement de l'automne; à cette époque, l'hirondelle est grasse; et si on la chasse au filet, on est dédommagé de la peine qu'on prend, par un mets exquis. Le journal le *Gastronome,* dont tous les gourmands ont conservé un doux souvenir, recommandait cet aliment aux amateurs.

Pêche des hirondelles. Elle peut avoir lieu au printemps, quand elles font leur nid. On attache à l'hameçon d'une longue ligne de crin une plume légère; on se place sur un pont, et l'on fait voltiger la ligne dans l'air. Les hirondelles se prennent en voulant saisir la plume.

Utilité de l'hirondelle. Malgré le prix qu'elle peut avoir comme aliment, nous pensons que l'hirondelle doit être épargnée, car elle détruit un grand nombre d'insectes nuisibles, et ne fait aucun mal. Il ne faut donc jamais l'éloigner d'un jardin où elle a pris son domicile, en détruisant son nid, ou en la troublant de quelque manière que ce soit.

Hirondelle de mer. Terna. Genre des palmipèdes. L'hirondelle de mer de nos côtes, ou griffette, est de la grandeur du milan; elle a la tête noire, les flancs d'un noir cendré, le dessous du corps et la queue blancs, le dessus blanc avec quelques parties plombées.

HISPE. (*Conn. us.*) L'hispe est un petit insecte coléoptère, noir ou tacheté, sur diverses parties, de rouge sanguin, souvent épineux. Il contrefait le mort quand on le touche. Il se voit à peine dans les jardins, où ses dégâts sont insensibles.

HISTOIRE NATURELLE (*Conn. us.*) L'histoire naturelle est une des sciences les plus importantes, et dont l'étude offre le plus d'intérêt. Nous allons en exposer les principales divisions.

L'histoire naturelle comprend les êtres animés et les êtres inanimés; les animaux, les végétaux et les minéraux.

Les animaux ont, dans leur organisation, un système intestinal, un appareil circulatoire, un appareil musculaire, un appareil nerveux.

Leur composition chimique est plus compliquée que celle de la plante : il y entre de l'azote comme élément essentiel; dans la respiration, ils absorbent l'oxygène de l'atmosphère, qui se mêle avec l'hydrogène et le carbone de leur sang, et s'exhale en acide carbonique et en eau. Ils absorbent également l'azote.

Les végétaux sont composés chimiquement d'oxygène, d'hydrogène et de carbone. Ils se nourrissent d'eau et d'air, en exhalant l'oxygène de l'air, qui leur est superflu, et absorbant peu ou point d'azote.

Ainsi les animaux font de l'eau et de l'acide carbonique, et au contraire les végétaux les décomposent.

Chaque animal a une organisation propre. Suivant la nature des alimens, il a des dents tranchantes, ou à couronnes plates. Les pieds chez quelques animaux sont fourchus ; chez d'autres, à sabots ; chez l'homme, l'ongle formé d'une seule lame laisse au toucher toute sa délicatesse. Les pieds des herbivores ne leur permettent pas de saisir une proie vivante.

Divisions des animaux mammifères ou qui allaitent leurs petits. Onguiculés, subdivisés en bimane (homme) , et quadrumanes (singes).

Carnassiers, qui, aux extrémités, n'ont point de pouce libre et opposable. Ces trois ordres ont des dents mâchelières à couronne plate, canines et incisives.

Rongeurs, semblables aux carnassiers par leurs doigts, sans canines, portant en avant des incisives.

Édentés, qui manquent d'incisives ; quelques-uns, de canines ; quelques-uns, de toute espèce de dents. Ils ont les doigts armés de grands ongles souvent crochus.

Animaux à bourse, communs à la Nouvelle-Hollande ; ils présentent des analogies avec les carnassiers, les rongeurs, et les édentés.

Le second ordre des mammifères comprend les animaux à sabot, subdivisés en ruminans (moutons), et pachydermes ou *jumenta*. L'éléphant, qui fait partie de ces derniers, a quelques rapports avec les rongeurs.

L'homme est le seul animal vraiment bimane et bipède ; ses pieds disposent à une situation verticale. Aucun animal n'a relativement un cerveau plus développé. Il est omnivore.

On distingue quatre variétés humaines : la caucasique, la mongolique, la chinoise, et la nègre.

Les quadrumanes diffèrent de l'homme par les détails anatomiques, et par la flexibilité de leurs pieds, qui leur permet de se suspendre aux arbres. Leur museau est plus allongé ; ils ont une queue. On les divise en trois genres : les singes, les makis, et les ouistitis.

Les carnassiers n'ont point de pouce opposable. Ils ont aussi trois sortes de dents. Ils vivent de matières animales d'autant plus exclusivement que leurs mâchelières sont plus tranchantes. Ceux qui ont les dents en partie tuberculeuses, mêlent à leurs alimens des substances végétales ; ceux qui les ont hérissées de pointes aiguës se nourrissent principalement d'insectes. Leurs intestins sont moins volumineux que ceux des quadrumanes, et leurs mâchoires ne peuvent se mouvoir horizontalement.

Nous donnerons successivement des détails sur les autres espèces, aux articles : insectes, oiseaux, poissons, etc. (Voyez ces mots.)

Moyens de garantir des insectes les collections d'histoire naturelle. L'huile rectifiée de térébenthine offre de grands avantages. On la met dans une vessie, qu'on ferme avec une ficelle serrée, et on place la vessie dans l'armoire. Les vers, les larves, les teignes, les grosses mouches, les plus fins insectes sont détruits en quelques instans par l'odeur de la térébenthine. On emploie, selon la grandeur de l'armoire, des vessies de cochon, de bœuf, d'agneau, de lapin ou de rat.

Une goutte de térébenthine appliquée sur le corselet d'un insecte qu'on veut conserver, le tue presque immédiatement.

HIVER. (*Hyg. — Méd. dom.*) Le voyageur qui se sent en plein air assoupi dans les hivers rudes doit bien se garder de céder à ce besoin : car le froid, congelant le sang et en portant une trop grande quantité au cerveau, cause

l'asphyxie ou l'apoplexie ; quelquefois les mains et les pieds seuls sont gelés.

Si l'on cède au désir que manifeste dans ce cas l'individu souffrant d'approcher ses mains et ses pieds du feu, ou de les exposer à toute autre chaleur, il courra les plus grands dangers ; il sentira des douleurs insupportables, qui seront suivies d'une gangrène presque toujours incurable, si l'on ne parvient à en arrêter les effets par l'amputation.

Le remède principal en ce cas est de mettre les malades dans un endroit où ils ne puissent pas geler, mais où il fasse très-peu chaud, et de leur appliquer continuellement, sur les parties gelées, de la neige, si l'on en a, de l'eau froide ou de glace fondue, et de les en laver doucement, car toute friction forte serait nuisible. Bientôt le sentiment renaîtra en eux, puis ils éprouveront une grande chaleur dans la partie dégelée, qui ne tardera pas à reprendre du mouvement.

On pourra alors porter le malade dans un endroit un peu plus chaud, et lui faire prendre quelques tasses d'infusion faite avec deux poignées de fleurs de sureau, et dans laquelle on délaiera trois onces de miel.

Pour se convaincre de l'utilité de l'eau glacée dans le traitement des gelés, et du danger de la chaleur, il suffit de rappeler une expérience dont chacun de nous a peut-être été plus d'une fois témoin.

Si vous mettez des poires, des pommes, des raves, ou tout autre végétal gelé, dans de l'eau prête à geler elle-même, elles reprennent leur premier état et peuvent être mangées. Si au contraire, pour les faire dégeler plus vite, vous les mettez dans l'eau tiède ou dans un endroit chaud, la pourriture (qui est une espèce de gangrène) s'en emparera.

Il est vrai que le but principal du traitement de l'asphyxie par le froid est de redonner au malade sa première chaleur ; mais il faut le faire avec les plus grandes précautions et par degrés presque insensibles.

On mettra d'abord la personne gelée dans un bain très-froid, comme cela se pratique dans plusieurs pays du nord ; puis on versera peu de temps après, à la distance de trois à quatre minutes, non sur le corps, mais dans le même bain, une légère quantité d'eau chaude pour lui ôter suffisamment sa froideur, en sorte que le bain, d'abord simplement dégourdi, devienne tiède, puis après un peu chaud. Cette augmentation de chaleur doit prendre près d'une heure.

On n'oubliera pas, tandis que la personne sera dans le bain, de lui faire sur le visage de légères aspersions d'eau froide, après l'avoir légèrement frottée avec un linge sec, ce qu'on réitérera plusieurs fois.

Au moyen d'une barbe de plume introduite dans les narines, on produira un chatouillement utile, qui déterminera la première inspiration. On peut obtenir le même résultat en mettant sous le nez de l'asphyxié un flacon d'alcali volatil fluor, et lui poussant de l'air avec un tuyau dans les narines.

Mettez-lui ensuite dans la bouche quelques grains de sel, et faites-lui avaler le plus tôt que vous pourrez quelques cuillerées d'eau froide mélangée d'eau de fleur d'orange.

Lorsqu'il pourra avaler plus facilement, on lui donnera un petit bouillon ou un verre de vin mêlé avec un peu d'eau ; on doit lui refuser les boissons spiritueuses.

Si le malade continuait à sentir de l'engourdissement, il faudrait lui faire boire un peu de vinaigre dans de l'eau ; s'il survenait un assoupissement léthargique, on aurait recours aux lavemens irritans, tels que ceux qu'on donne aux noyés.

On ne doit donner des alimens solides aux personnes gelées qu'on a rappelées à la vie que lorsqu'elles ont recouvré un peu de force ; il faut les traiter comme si elles sortaient d'une grande maladie. En attendant qu'elles aient repris quelque vigueur, on leur fera prendre tous les jours deux ou trois verres d'une infusion légère de plantes vulnéraires ou de fleurs de sureau dans laquelle on aura versé quelques gouttes d'alcali volatil.

HOBEREAU. (*Chass.*) *Falco subbuteo.* Oiseau de proie du genre faucon. Il est gros comme l'épervier, a la gorge blanche, la poitrine blanchâtre, mouchetée de brun, le ventre roux, les ailes très-grandes et noirâtres, le bec blanc, et les pieds jaunes. Il habite les bois, et n'en soit que pour détruire une grande quantité de petits oiseaux, et surtout d'alouettes.

HOC (JEU DU). (*Récr. dom.*) Le hoc était en vogue sous Mazarin. On y joue deux avec quinze cartes chacun, ou trois avec douze cartes chacun. Le jeu est entier. Le hoc a, de même que d'autres jeux, la séquence, le point et le tricon (Voy. NAIN-JAUNE).

Les cartes nommées hocs, qui sont dites *faire hoc*, sont les quatre rois, la dame de pique et le valet de carreau. Chacune vaut un jeton.

On met au jeu trois jetons pris d'une somme de jetons que l'on fait valoir un prix convenu : l'un est pour le point, l'autre pour la séquence, et le troisième pour le tricon : le donneur est désigné par le sort. Le premier joueur examine son jeu ; s'il n'a qu'un petit point, il passe ; s'il l'a fort, il renvie. S'il passe et que ses compagnons renvient en disant deux, trois ou quatre au point, il peut y *revenir* ; mais si l'un d'eux va jusqu'à vingt letres et au-dessus, on ne peut renvier. L'on peut renvier de moins si l'on veut, et celui qui gagne le point le lève avec tous les renvis, sans que les deux autres soient obligés de lui rien donner. Cela fait, on accuse la séquence ; ou bien, si on le juge à propos, on dit : *je passe pour y revenir*, au cas que les autres renvient, comme je viens de l'expliquer.

Quand le jeu est simple, c'est-à-dire qu'il n'y a pas de renvi, le gagnant de la séquence tire un jeton de chacun pour chaque séquence simple qu'il a en main. La première qui vaut, fait valoir les moindres à celui qui l'a. De la séquence, on passe au tricon, qu'on renvie de même que le point.

Mais s'il arrive que l'on passe pour tous ces coups, on ne tire rien, on double l'enjeu pour le coup suivant ; alors le gagnant gagne le double, bien qu'il ait un jeu simple, et tire en outre un jeton de chaque joueur.

Quand on a séquence ou tierce de rois, bien que l'enjeu soit simple, on paie deux jetons au gagnant ; on en donne autant à celui qui gagne une séquence simple lorsqu'il a en main une séquence de quatre cartes, c'est-à-dire une quatrième. Si le jeu est double, on en paie quatre chacun.

On donne trois jetons pour la quatrième du roi, autant pour la séquence à cinq cartes ; quatre pour cinq cartes de séquence au roi ; deux pour le tricon ; quatre pour trois rois ou quatre dames, ou quatre valets ; huit pour quatre rois. Les paiemens doublent avec le jeu.

On joue comme au nain-jaune : si les autres joueurs n'ont pas de quoi mettre au-dessus de la dernière carte jetée, cette carte est hoc au joueur, et lui vaut un jeton de chacun. Il recommence par les plus basses ; on continue à jouer comme au nain-jaune, en disant six, sept, etc. Si l'on manque de huit, on peut le remplacer par un hoc. On paie deux jetons pour chaque carte en main, depuis dix jusqu'à douze, et un pour chaque carte au-dessus de dix. Lorsqu'il reste deux cartes, on paie quatre jetons, et six pour une seule. Le porteur de cartes blanches sans figures gagne dix jetons de chacun ; mais si deux des joueurs en ont, le troisième ne donne rien.

HOCA (JEU DU). (*Récr. dom.*) Ce jeu se joue rarement. Il a été défendu par plusieurs bulles dans les États-Romains. Nous n'en parlons ici que pour en faire apprécier les dangers.

On joue au *hoca* de la manière suivante : on commence par étaler sur la table de jeu une grande carte divisée par raies diversement coloriées. Ces raies, qui se croisent, forment des numéros ; le joueur, qui joue contre le banquier, met une somme quelconque sur l'un ou plusieurs de ces numéros.

Le jeu est tenu par un banquier, et le nombre des pontes est illimité. Le premier tient entre ses mains un sac, dans lequel sont des boules marquées des mêmes numéros qui sont écrits sur la carte. Après que ces boules ont été bien brouillées en les remuant autant que possible, un des pontes, qui a mis au jeu (car cent personnes peuvent mettre en même temps), tire une des boules ; on en regarde le numéro ; et si celui qui y correspond sur la carte est couvert de quelque somme, le banquier est obligé d'en payer vingt-huit fois autant. Tout ce qui est couché sur les autres numéros est perdu pour ceux qui l'ont mis, et demeure au banquier, qui a toujours pour lui deux de ses raies de bénéfice, car il y en a trente sur lesquelles on met indifféremment, et il n'en paie que vingt-huit pour le numéro qui se rencontre. Ce jeu a donc beaucoup de rapport avec le biribi ; mais la chance y est plus avantageuse au banquier.

HOCCO. (*An. dom.*) *Crax alator.* Genre des gallinacées. Le hocco est de la grosseur d'un petit dindon ; ses plumes sont noires ; celles de la tête sont frisées et forment une houppe mobile ; sa queue fait éventail : les plumes de dessous en sont blanches.

On le trouve à l'état sauvage dans les bois de l'Amérique du sud. On pourrait facilement l'acclimater en France, surtout dans le midi.

Dans la Guiane, le hocco fait sa ponte durant la saison des pluies. Son nid se compose de quelques rameaux secs unis par des brins d'herbes et posés sur de fortes branches. Les œufs, dont la quantité varie de deux à six, sont blancs et gros comme ceux de la poule-dinde.

Le hocco est très-familier ; il n'est point délicat ; le pain, le riz, le maïs, les patates, toutes sortes de fruits lui conviennent. Il peut s'élever en troupeaux ; il préfère les lieux élevés et secs aux lieux humides, et se perche sur les toits les plus hauts.

La chair du hocco est blanche et succulente. Sa tête est ornée d'une huppe qui peut fournir des garnitures et un ajustement pour les femmes. Les couleurs de son plumage varient par suite de la domesticité.

HOCHE-QUEUE. (*Chass.*) *Motacilla.* Ordre des passereaux. Cet oiseau a le bec mince, la queue large et toujours en mouvement de bas en haut; sa marche est très-rapide, son vol précipité et saccadé. Il niche sur terre comme l'alouette, et fréquente le bord des ruisseaux. Il va par couple ou par bandes peu nombreuses; il ne vit que de petits insectes.

HOFFMANSEGGIA FALCARIA. (*Jard.*) Famille des légumineuses. Ce tubercule arrondi, de l'Amérique méridionale, se cultive en bruyère, en pots qu'on enterre au midi et qu'on rentre en octobre. Les fleurs sont, en juillet, d'un beau jaune rayé de rouge, et en très-longue grappe terminale. Les feuilles disparaissent en novembre, et ne reparaissent qu'en mai; on n'arrose point pendant ce temps.

On peut laisser quelques pots en pleine terre, au midi, couverts de mousse ou de litière sèche. Cette plante s'écarte et change de place comme beaucoup de plantes tuberculeuses, et quelquefois on la perd. Il faut, lors de la végétation, marquer avec des piquets les nouvelles pousses.

HOLOCENTRE. (*Cuis.*) *Holocentrus.* C'est un poisson de mer du genre thoracique, qu'on pêche dans la Méditerranée. On en compte plusieurs espèces, qui sont plus ou moins recherchées sur les tables.

HOMARD. (*Cuis.*) Ce crustacé se plaît sur les côtes pierreuses et dans les fissures des rochers. Il ne diffère de la langouste que par la grosseur de ses pates. Le homard moyen est plus estimé que le gros.

Moyen de juger si le homard est frais. Flairer le dos entre la naissance de la queue et le corps; il doit avoir bonne odeur; la queue, prise par le petit bout, doit se tourner difficilement et se replier sur elle-même; s'il est lourd à la main proportionnellement à sa grosseur, c'est une preuve qu'il n'a pas été recuit.

Pour faire cuire le homard, le mettre dans de l'eau avec moitié vinaigre, persil, bouquet garni et épices : entretenir un feu vif pendant vingt-cinq minutes.

Beurre et sauce aux homards pour les poissons. Piler des œufs de homards avec gros comme un œuf de beurre; passer au tamis de soie : ajouter, pour la sauce, un peu de chair de homard en gros dés, de sauce au beurre et de poivre de Cayenne; remuer le tout ensemble.

Purée de homard pour vol-au-vent. Couper en petits dés les chairs de la queue et des pattes; piler avec du beurre et passer au tamis les chairs de l'intérieur, les parures et les œufs; faire chauffer le tout au bain-marie.

Sauce pour manger le homard. Le fendre par le dos, enlever avec une cuiller tout le contenu du corps; le piler; ajouter les œufs, cuillerée à bouche de moutarde, persil, échalotte hachés, sel, poivre, huile et vinaigre; former une marinade, et servir à côté du homard.

HOMBRE (JEU DE L'). (*Récréat. dom.*) Ce jeu est espagnol : il se joue à trois. Si on le joue à deux, on prend chacun huit cartes, et on ôte une couleur rouge, cœur ou

carreau; dans une partie à trois, on prend un jeu entier dont on supprime les dix, les neuf et les huit.

L'ordre selon lequel les cartes sont supérieures l'une à l'autre varie suivant les couleurs : en couleur noire, en trèfle et en pique, le roi est supérieur à la dame; la dame l'emporte sur le valet, le valet sur le sept, le sept sur le six etc.; jusqu'à la fin des petites cartes, l'as excepté; car les deux as noirs sont toujours triomphes.

En couleur rouge, c'est-à-dire en cœur et en carreau, le roi est supérieur à la dame, la dame passe le valet, celui-ci l'as, l'as le deux, et ainsi de suite en montant jusqu'au sept : ainsi l'as rouge comptant, il y a en couleur rouge une carte de plus qu'en couleur noire; par la même raison, les atouts en rouge sont au nombre de douze, et de onze en couleur noire.

Triomphes noires. La première est l'as de pique, nommée *spadille;* la seconde, le deux de pique ou de trèfle, qu'on nomme *manille;* la troisième, l'as de trèfle, appelée *baste;* la quatrième, le roi; la cinquième, la dame; la sixième, le valet; la septième, le sept; la huitième, le six; la neuvième, le cinq; la dixième, le quatre, et la onzième, le trois.

Triomphes rouges. Cette couleur spadille est toujours la première triomphe; le sept, qu'on appelle *manille*, est la seconde; baste, la troisième; l'as de cœur ou de carreau, qu'on nomme *ponte*, la quatrième; le roi est la cinquième; la dame, la sixième; le valet, la septième; le deux, la huitième; le trois, la neuvième; le quatre, la dixième; le cinq, la onzième; et le six, la douzième.

Lorsque le sort a indiqué la place des joueurs, et qu'ils ont mis chacun au jeu trois jetons pour former la poule, le donneur distribue successivement en trois parties égales neuf cartes à chacun. On ne doit donner que par trois fois trois. La parole appartient ensuite au premier en cartes, qui doit dire s'il *passe* ou s'il *joue.* S'il passe et que les autres joueurs en fassent autant, chacun remet deux jetons à la poule, et l'on donne de nouveau. Cela se continue à chaque passe. S'il joue, les autres joueurs peuvent y mettre obstacle en le reviant. On renvie celui qui joue simplement en déclarant qu'on *joue sans prendre*, et l'on renvie celui qui joue sans prendre, en déclarant qu'on entreprend la vole.

Observez que si vous renviez par une proposition de *sans prendre* celui qui a joué simplement, il peut lui-même jouer sans prendre, et il a la préférence.

Lorsque personne ne renvie celui qui a joué simplement, et qui se nomme l'*hombre*, il nomme la couleur dont il veut faire la triomphe. Il fait en même temps un écart composé d'autant de cartes qu'il juge à propos, en échange desquelles il en prend une égale quantité au talon, en sorte que son jeu se trouve composé de neuf cartes. Ensuite le talon passe successivement aux joueurs qui sont après l'*hombre*, et chacun écarte comme lui. Le nombre des cartes écartées ne doit pas s'étendre au-delà de la quantité de celles qui restent au talon.

Quand tout le monde a écarté, et qu'il reste des cartes au talon, le dernier en cartes peut les regarder, mais alors il doit les montrer aux autres joueurs.

Les jeux étant formés, le premier en cartes jette la carte

qu'il lui plaît; les autres joueurs sont tenus de fournir de la couleur jouée, sous peine de faire la bête ; mais ils ne sont pas contraints de forcer, et peuvent à leur gré mettre la plus haute ou la plus basse carte de cette couleur; faute de couleur jouée, on n'est pas obligé de couper, bien qu'on ait de l'atout, et l'on se défait de la carte que l'on juge à propos.

Quand on joue atout, celui qui n'a qu'un ou plusieurs des trois premiers matadors (ou premières triomphes) n'est point tenu de jouer aussi atout. Cependant, quand le premier à jouer jette atout de spadille, et qu'un des joueurs suivans n'a pour atout qu'un matador inférieur à celui-ci, comme manille, baste, le roi, il doit le jouer. Et encore si l'on a fait atout de manille, le possesseur de baste est obligé de le mettre.

Mais il en serait autrement si le premier en cartes, faisant atout avec un autre atout triomphe qu'un matador, le second mettait spadille sur cette triomphe. Dans ce cas, le matador inférieur qui serait seul dans la main du troisième joueur ne serait point tenu d'obéir, et ce joueur pourrait se défendre de la carte qu'il voudrait.

Le joueur qui fait la levée joue le premier ensuite pour la levée suivante. C'est du nombre des levées que dépend le gain de la poule : pour la gagner, l'hombre en doit faire cinq, ou quatre au moins, et il faut qu'aucun des autres joueurs n'en fasse autant. Quand l'hombre ne gagne pas la poule, il fait une bête qui égale la somme qu'il aurait tirée s'il eût gagné.

Du gano. Comme il importe de faire perdre l'*hombre*, l'un des joueurs qui défendent la poule venant à demander *gano* à son partenaire, celui-ci doit accepter, à moins que cela ne nuise à ses intérêts. Cette demande de gano consiste à inviter le joueur associé pour défendre la poule, à laisser passer la carte que l'autre associé a jouée. Ainsi A et B sont associés pour défendre la poule contre C, qui est l'*hombre*. Le premier joue la dame de carreau, et demande *gano*. B, qui a en main le roi de carreau, avec le quatre de la même couleur, et qui veut accepter, jette son quatre; mais s'il avait le roi seul, malgré son désir, il serait contraint de le jouer, sous peine de faire la bête.

Lorsqu'un des défendeurs de la poule frappe sur la table en jouant la carte, c'est un avis à son associé de couper d'une forte triomphe pour obliger l'hombre d'en mettre une plus forte encore.

Du codille. Quand un joueur autre que l'hombre gagne en faisant plus de levées que tout autre, il fait *codille;* ainsi *gagner codille,* c'est gagner sans avoir fait jouer.

Un coup est censé joué lorsqu'un des trois joueurs n'a plus de cartes, ou que l'*hombre,* ayant fait cinq levées, vient à baisser son jeu.

On fait la bête quand on renonce. Lorsque l'*hombre* perd le jeu et qu'il renonce en outre, il fait deux bêtes, qu'il peut faire aller ensemble ou séparément. Quand il y a plusieurs bêtes, on doit jouer la plus forte après qu'on a tiré celle qui est au jeu.

Lorsqu'un des défendeurs de la poule fait cinq levées, il gagne *codille :* il en est de même quand il fait seul quatre levées, et il tire ce que l'*hombre* aurait fait s'il n'avait pas fait la bête.

L'*hombre* ne peut, sous peine de faire la bête, demander

gano, dans la vue d'empêcher le codille. En toute circonstance, *gano* lui est interdit. Le joueur qui aspire au codille ne doit plus jamais demander gano, ni à la troisième, ni à la quatrième levée.

Si, par mégarde, l'*hombre* nommait une couleur pour une autre, il ne pourrait se rétracter : il lui faudrait jouer la couleur nommée; il pourrait seulement changer son écart si la rentrée n'était pas encore jointe à son jeu.

Quand l'*hombre* gagne, non-seulement il tire la poule et les bêtes qui vont sur le coup, mais chaque joueur est encore obligé de lui payer trois jetons de consolation; puis s'il a les matadors, on lui donne un jeton pour chacun.

Des matadors. Quoique rigoureusement il n'y ait que trois matadors, qui sont spadille, manille et baste, on étend néanmoins cette dénomination aux cartes qui les suivent immédiatement quand elles les accompagnent. Ainsi, lorsque l'hombre se trouve avoir en couleur noire, avec les trois matadors, le roi, la dame, le valet, etc., ces dernières cartes sont également nommées matadors, et il est dû un jeton pour chacune d'elles, comme pour les matadors primitifs.

Du jeu de sans-prendre. Tout ce que j'ai dit du jeu simple, qui admet l'écart, doit aussi s'appliquer au jeu de sans-prendre. Il y a seulement cette différence, que, quand l'hombre vient à gagner sans prendre, chaque joueur est obligé de lui payer quatre jetons, indépendamment de la poule, des bêtes et de la consolation, qui lui sont acquises. Par la même raison, quand l'*hombre* perd en jouant sans prendre, il doit en outre de la bête quatre jetons à chaque joueur.

De la vole. La vole s'entreprend, ou en renviant celui qui a joué sans prendre, ou quand on joue encore après avoir fait les cinq premières levées. Dans les deux cas, les adversaires de l'*hombre* peuvent se communiquer leur jeu, et agir de concert pour empêcher la vole.

Si l'*hombre* réussit à faire la vole, il reçoit deux fiches de chaque joueur, et tire toutes les bêtes, tant celles qui vont sur le coup, que celles qui étaient destinées pour le coup suivant. S'il n'y a point d'autres bêtes que celles qui vont sur le coup, on doit lui payer double de ce qui est au jeu. Ainsi, en supposant qu'il y ait trois passes, qui font vingt-sept jetons, et une bête de neuf jetons, le tout revenant à trente-six, chacun des joueurs paie dix-huit jetons à l'*hombre* qui fait la vole.

Puis d'ailleurs on doit payer à l'*hombre* le sans-prendre, s'il a joué sans écarter les matadors, et la consolation, comme à l'ordinaire.

Quand l'*hombre* regarde les cartes qu'il a écartées après avoir vu celles qu'il a prises au talon, il ne peut plus faire la vole.

Si l'*hombre* qui a entrepris la vole la manque, il paie deux fiches à chaque joueur, et ceux-ci partagent entre eux les passes et les bêtes : puis il fait une bête égale à la somme des bêtes et des passes qu'il aurait tirées s'il eût gagné; au reste, s'il a fait cinq levées, il sera payé du *sans-prendre*, et des matadors, s'il les a.

L'*hombre* ne peut ni demander la remise ni s'en aller quand sa rentrée n'est pas favorable. Les matadors ne se paient que quand ils sont dans la main de l'*hombre*.

Des hasards de l'hombre. 1° *Le bon air.* Ce hasard consiste dans la réunion d'un sans-prendre avec quatre matadors. Le joueur qui gagne en ayant ce hasard, tire une fiche de ses compagnons; mais il la leur paie s'il vient à perdre.

2° *Le charivari.* Il consiste dans la réunion de quatre dames.

3° *La discorde.* C'est la réunion de quatre rois.

4° *Le fanatique.* C'est celle des quatre valets.

5° *La chicorée.* Quand *l'hombre* joue avec trois ou quatre faux matadors, il a le hasard de la *chicorée.*

6° *La guinguette.* Quand il joue sans avoir aucun as noir, ce hasard a lieu.

7° *Le mirliro.* Les deux as, noirs sans matadors, ou l'as de trèfle avec les deux as rouges, forment ce hasard.

8° *La partie carrée.* Elle consiste dans trois rois et une dame.

9° *Les yeux de ma grand'mère.* Les deux as rouges dans le jeu de *l'hombre* composent ce hasard si burlesquement nommé.

10° *Le parfait contentement.* Il consiste à jouer sans prendre avec cinq matadors. C'est un jeu sûr, pour lequel chaque joueur est obligé de payer une fiche à *l'hombre.*

11° *La triomphante.* Ce hasard a lieu lorsqu'en commençant *l'hombre* joue atout de spadille. S'il gagne simplement, chaque joueur lui paie une fiche, et deux, s'il fait la vole, mais s'il perd, il doit une fiche à chacun.

Quand aux neuf premiers hasards, l'hombre reçoit aussi une fiche de chaque joueur, et la paie s'il vient à la perdre.

Afin qu'il n'y ait que peu de coups inutiles, on convient assez souvent de jouer *spadille forcé.* Alors quand tout le monde a passé, et que spadille n'est pas au talon, le joueur qui l'a est contraint de jouer, quelque mauvais jeu qu'il puisse avoir d'ailleurs. Il nomme alors sa couleur et fait son écart comme à l'ordinaire.

On appelle *gano* renoncer à faire la levée en mettant une carte inférieure sur celle qui est jouée, quoi qu'on ait une supérieure.

HOMME D'AUVERGNE (JEU DE L'). *(Récréat. dom.)* Ce jeu est une modification de la triomphe: on le joue à deux ou trois personnes avec vingt-huit cartes en retranchant les sept, ou bien à six personnes avec un piquet.

Le donneur étant désigné par le sort, il donne à chaque joueur cinq cartes, par deux et trois, et en prend autant pour lui. Cela fait, il tourne; la carte tournée fait la triomphe ou l'atout. Alors chacun examine son jeu pour jouer de même qu'à la mouche. Lorsque personne n'a assez beau jeu, on dit *je passe*; quand tous les joueurs ont passé, ils peuvent *se réjouir*, c'est-à-dire supprimer la retourne, et retourner à sa place la carte qui vient immédiatement après. Cette pratique s'appelle *aller en curieuse* : c'est la seconde retourne qui porte spécialement ce dernier nom. On peut retourner jusqu'à trois fois, si les deux premières triomphes n'ont accommodé aucun joueur.

Pour gagner un jeu, il faut faire trois levées, ou les deux premières. Ordinairement un *jeu* est un tour, et la partie se compose de sept jeux. Celui qui gagne un jeu le marque, et à la fin des sept jeux, le joueur qui a le plus de marques emporte les enjeux que l'on a mis à chaque jeu.

Ainsi qu'à la bête, ceux qui ne font aucune levée sont

dévolés ou en *dévole*, et paient un jeton à chaque joueur. Par la même raison, celui qui fait la vole reçoit un jeton de chacun au lieu de le payer.

Celui qui tourne le roi d'atout, en faisant la retourne, ou en allant à la curieuse, gagne un jeton. S'il a en main ce roi, il gagne un jeton, et en gagne encore autant qu'il a d'autres rois.

Celui qui renonce perd la partie, c'est-à-dire ne peut plus y prétendre.

S'il arrive qu'après s'être réjoui, quelque joueur vienne à perdre, en jouant le roi de la triomphe précédente, parce qu'on lui aurait coupé, celui qui aurait emporté ce roi dans la levée gagnerait une marque sur l'ancien possesseur du roi coupé : il en serait de même des autres rois, pour lesquels on gagne également des marques.

HOMÉOPATHIE. *(Conn. us.)* Cette doctrine médicale, qui date de 1790, et qui, d'abord persécutée, s'est répandue avec rapidité, a été l'objet de trop de discussions, pour que nous n'en disions pas quelques mots. Elle se propose de guérir les maladies par des remèdes capables de produire des symptômes artificiels semblables aux symptômes morbides eux-mêmes. Elle tire son nom de deux mots grecs qui signifient *semblable* et *souffrance.*

L'auteur de cette doctrine, le médecin allemand Hahnemann, pense que toute substance qui a la propriété d'engendrer des symptômes dans l'organisme, doit avoir aussi celle de combattre les symptômes analogues. Il a, par exemple, observé que le quinquina, qui guérit les fièvres, donne lieu chez l'homme en santé à des accès de fièvre intermittente; que le soufre, remède des maladies de peau, produit des éruptions cutanées, etc.

L'homéopathie n'admet de divisions de maladie, que les aiguës et les chroniques. Ces dernières ont pour cause un seul miasme diversifié par un passage dans des millions d'organismes : ce miasme est celui de la gale, *cette vraie cause fondamentale et productive des maladies chroniques.*

La loi homéopathique est celle-ci : Les semblables sont guéris par les semblables.

Selon Hahnemann, la dose homéopathique ne peut être assez faible pour ne pas être plus forte que la cause morbifique naturelle, et il suffit, pour guérir, d'élever d'un degré le plus minime une maladie existante. On donne donc les remèdes par parties infinitésimales. On compte trente degrés de puissance. Un grain de poudre mêlé à cent grains de sucre de lait, est à sa centième puissance. Ce mélange, avec addition de cent autres grains, est à sa dix millième puissance, et ainsi de suite. Tous ces remèdes doivent être conservés avec soin dans de petits flacons infiniment petits et consacrés exclusivement à cet usage.

Après l'effet de la médication homéopathique, il reste encore une maladie, mais ce n'est plus la maladie naturelle, et il est facile au médecin de la terminer, s'il calcule rigoureusement la dose du médicament, et s'il l'atténue proportionnellement à la faiblesse du degré d'accroissement qui doit en résulter.

Les médecins *allopathiques*, ou traitant par les contraires, reprochent à l'homéopathie de ne tenir compte que des symptômes apparens, sans s'occuper de leurs causes différentes. Il existe par exemple des vomissemens dus à un embarras gastrique, et ceux que produit, par sympathie, une affection du cerveau. La critique s'est encore exercée sur les doses que les homéopathistes donnent en vertu de leur principe : Qui peut le moins, peut le plus.

Il s'ensuivrait qu'un grain d'arsenic, capable d'empoisonner un verre d'eau, suffirait aussi pour empoisonner l'Océan.

Qu'est-ce ensuite, dit-on, que des substances qui ne guérissent qu'en aggravant la maladie ? et quand, ce qui arrive souvent, les symptômes de la même maladie sont différens, comment guérir par les semblables ?

Nous laissons à nos lecteurs le soin de décider entre l'homéopathie et ses adversaires. Il n'y a jusqu'à présent de bien constaté dans ces découvertes que des faits de détail, et l'appréciation rigoureuse d'un grand nombre de médicamens que Hahnemann a étudiés pendant soixante ans de pratique.

HONGRE. (*An. dom.*) On appelle ainsi le cheval qu'on a soumis à l'opération de la castration. (Voy. CHEVAL.)

HONGRIE (EAU DE LA REINE DE). (Voy. EAUX MÉDICINALES.)

HOQUET. (*Méd. dom.*) Le hoquet est produit par un mouvement convulsif du diaphragme (muscle qui sépare de l'estomac la poitrine), accompagné d'un mouvement spasmodique de la glotte.

Le hoquet est symptomatique chez beaucoup de malades. Chez les enfans, quand il accompagne les convulsions, c'est ordinairement un présage de mort ; chez les hommes, dans la dernière période des maladies aiguës, sa présence est d'un mauvais signe.

Le hoquet, produit par la digestion, l'action de manger sans boire, le pain trop chaud, l'impression brusque du froid, ou une cause morale agissant sur le système nerveux, est gênant sans être dangereux, et cesse bientôt de lui-même.

Un mouvement de frayeur, une surprise, une boisson aromatique, la distraction, la volonté dirigeant une action musculaire régulière, l'injection dans l'estomac d'un verre d'eau glacée, suffisent pour dissiper le hoquet.

Remède. Se boucher les oreilles avec les doigts, et, dans cette position, se faire donner un verre d'eau qu'on boit le plus doucement possible.

Autre moyen. Laisser fondre dans sa bouche un morceau de sucre imbibé d'éther.

Autre. Marcher la bouche ouverte en retenant son haleine.

Autre. Avaler par petites gorgées et coup sur coup un verre d'eau froide.

Autre. Boire une cuillerée de vinaigre ou de jus de citron mêlé à de l'eau de menthe.

HORLOGE DE FLORE. (*Conn. us.*) C'est une série de plantes qui sont rangées de manière à indiquer les heures par leur épanouissement successif.

5 heures du matin, la barbe de bouc, *tragopodon*.

4 h. le pissenlit.

5 h. la crépide des toits.

6 h. la scorsonère, *trigitana*.

7 h. le laitron, *laponicus*.

8 h. l'herbe à épervier, *hispida*.

9 h. la pilosolle, oreille de rat.

10 h. la sabline pourprée.

11 h. la crépide des Alpes.

Midi, le laitron, *oleraceus lœvis*.

1 h. la cóndrille épervière.

2 h. la crépide rouge.

5 h. le souci des champs.

4 h. le souci africain.

5 h. l'épervier des savoyards.

6 h. le pavot à tige nue.

7 h. l'hémérocalle safranée.

8 h. le jalap, ou belle de nuit.

9 h. le géranium triste.

HORRIPILATION. (*Méd. dom.*) *Chair de poule.* C'est un phénomène éminemment nerveux ; on l'observe chez les personnes irritables dans l'horreur, la frayeur, l'impression subite du froid, etc. Le siége en paraît être dans les ramifications nerveuses de la peau. Le mouvement, la chaleur, ou une douce transpiration l'ont bientôt dissipé.

HORS-D'OEUVRE. (*Cuis.*) Les hors-d'œuvre, que leur nom désigne assez, sont de petits plats que l'on sert avec le potage, et qui restent sur la table jusqu'au dessert. (Voy. ANCHOIS, CORNICHONS, HARENGS, etc.)

Canapés pour hors-d'œuvre. Prendre la mie d'un gros pain, la couper en tranches carrées ou en cœur, à volonté ; faire frire dans l'huile, garnir de filets d'anchois, de blancs et de jaunes d'œufs, de câpres, de cornichons, de fournitures, le tout haché, assaisonné de sel, poivre et vinaigre ; arroser d'un peu d'huile, et servir dans des bateaux.

HORTENSIA. (*Jard.*) Famille des chèvre-feuilles. Cet arbuste du Japon donne en juillet des fleurs en forme de boules roses d'un très-bel effet. On le cultive ordinairement dans l'orangerie. Pour qu'il réussisse au-dehors, il faut l'exposer au levant, en l'abritant des autres côtés par des arbres touffus ; on le place dans une terre moitié bruyère, moitié franche et humide. L'hiver, on garnit le pied de feuilles. Selon que l'exposition est plus ou moins ombragée, l'hortensia produit des fleurs rouges ou bleues.

On taille les vieilles fleurs de l'hortensia à la pousse des nouvelles feuilles.

Pour multiplier l'hortensia, on prend, au mois de juillet, des boutures ou de jeunes pousses de l'année, et on les place à l'exposition indiquée. Elles ne manquent jamais, si on a soin de les arroser tous les jours.

Manière de colorer en bleu les fleurs d'hortensia. Placé dans de la terre vaseuse qu'une longue exposition à l'air a colorée rouge brun, et qui se trouve naturellement mêlée d'ocre ferrugineux, l'hortensia à fleurs rouges prend une belle couleur bleu de ciel.

HOUBLON. (*Jard.—Écon. dom.—Conn. us.*) *Humulus.* Famille des orties. On cultive, selon les sols, quatre espèces différentes : dans les sols sablonneux, le houblon court et blanc ; dans les sols argileux, le houblon rouge ; dans les sols excellens, le houblon blanc ; le houblon sauvage peut se placer dans les haies.

Le houblon a besoin de perches d'au moins vingt pieds, autour desquelles il s'entortille. On sème le houblon au printemps, on sarcle, on arrose avec des rigoles ; vers la fin de l'été, on cueille les cônes ou fruits, et on les conserve dans les greniers.

M. Fégli, de Saint-Dié, a observé que, pour garantir le houblon de la maladie dite le miel, produite par un excès de séve, principalement dans les années de sécheresse, et qui se manifeste par la couleur foncée que prennent les feuilles, et le toucher lisse et même gluant du dessous de ces mêmes feuilles, il suffisait, lorsque ces symptômes se manifestaient, de pratiquer sur la tige deux ou trois saignées, en l'incisant en trames avec un couteau. Il convient de répéter journellement cette opération jusqu'à ce que les feuilles aient repris leur vert naturel. C'est le matin que ces incisions doivent être pratiquées.

Les houblonnières occupent 20,000 hectares de terre dans la Grande-Bretagne, qui produisent 50,000 sacs de houblon, ou dix ou douze millions de kilogrammes, et suffisent à la fabrication de douze millions d'hectolitres de bière. (Voy. BIÈRE).

On a tâché de remplacer le houblon dans la fabrication de la bière, par de l'absinthe, de la gentiane, de l'aloès, qui sont loin de le valoir. Les feuilles de buis qu'on y substitue sont purgatives, amères, et donnent des coliques. On peut lui associer, quand il est rare, le trèfle d'eau, la petite centaurée, la germandrée ou petit chêne, la camomille-romaine.

Houblon en asperges. Prendre au printemps les jeunes pousses de houblon, et les apprêter comme les asperges.

Boisson de houblon. Verser sur trois litres de drêche quarante litres d'eau bouillante, remuer avec un bâton ; retirer le moût au bout d'une demi-heure ; jeter sur la drêche quarante autres litres d'eau bouillante, en remuant toujours ; ajouter ce nouveau moût et douze décagrammes de houblon, faire bien bouillir, passer la liqueur, faire fermenter avec de la levure, et mettre en baril qu'on bouche quand la fermentation a cessé.

Analyse chimique et médicale du houblon. La poussière jaune et granuleuse qu'on trouve dans les écailles minces du houblon, et qu'on appelle lupuline, contient, sur 208 grammes, 25 grammes de matière amère, 125 de résine bien caractérisée, 8 grammes de silice.

Emploi médical du houblon. On l'employait autrefois dans les scrofules ; l'iode l'a remplacé avec avantage. Il peut être donné à la place de la salsepareille, comme dépuratif, dans les maladies de peau, les dartres. Il est stomachique comme les autres amers. On le donne en infusion à la dose d'une once ou d'une demi-once dans une pinte d'eau.

HOUE. (*Agr.*) La houe à cheval est à la portée de tout le monde : c'est un soc plat et léger, qui n'a d'autre but que de sarcler entre les sillons, ou de butter les pommes de terre qui ont été plantées en ligne ; c'est une sorte de ratissoire qui fait beaucoup d'ouvrage à peu de frais. Il en existe une autre plus compliquée qui ressemble à une herse, et qui peut se resserrer ou s'élargir à volonté.

La herse à cheval sert à arracher les mauvaises herbes, biner, sarcler, butter avec la plus grande facilité et promptitude.

On peut l'employer à biner les jeunes semis des forêts.

HOUILLE. (*Conn. us. — Ind. dom.*) Nous avons déjà parlé de la houille ou charbon de terre. (Voy. CHARBON, COKE.) Nous ajouterons ici quelque détails complémentaires.

On peut réduire à trois variétés principales les différentes sortes de houille connues :

1° Houille sèche, s'allumant avec peine, s'échauffant sans gonfler ni fondre, brûlant avec une flamme bleuâtre, et donnant un coke pulvérulent ;

2° Houille grosse, plus légère que la première, s'allumant sans difficulté, s'échauffant en gonflant, entrant dans une sorte de fusion patente, brûlant avec une flamme blanche, et donnant un coke coagulé ; c'est cette variété qui constitue les principaux terrains houillers qu'on exploite en France ;

3° Houille compacte, plus légère que les deux autres, s'allumant très-aisément, s'échauffant en boursouflant, brûlant avec une longue flamme blanche très-brillante, et donnant un coke boursouflé caverneux.

La distinction des houilles qui se boursouflent et de celles qui ne se boursouflent pas, est depuis long-temps établie dans les arts ; ces deux combustibles se comportant différemment, les praticiens remarquèrent bientôt l'influence de ces caractères, et il fut constaté que les uns ne pouvaient remplacer les autres dans l'usage. En effet, l'analyse a démontré :

1° Que les houilles à coke boursouflé (houilles compactes), sont seules parfaitement convenables pour l'éclairage au gaz ;

2° Que pour le chauffage domestique les houilles à coke boursouflé (houilles compactes), sont les meilleures ; puis viennent celles à coke [coagulé (houilles grasses), et enfin celles pulvérulentes (houilles sèches) ;

3° Que pour les fourneaux de forges on doit se servir des houilles à coke boursouflé (houilles compactes), et des houilles à coke coagulé (houilles grasses), et que les meilleures seront celles qui tiendront le milieu entre les deux.

La voie de la houille de la Nièvre, est composée de cent vingt-quatre myriagrammes, environ deux mille cinq cents livres ; elle revient, à Paris, à soixante-dix francs, et équivaut à plus de deux cordes de bois. Un myriagramme de houille peut suffire à la consommation d'un jour dans un ménage ; ce qui porte la dépense, pour cinq mois, à quatre-vingt-douze francs quarante centimes.

Pour carboniser la houille, on la casse avec un pilon ; on la dispose en amas conique, et on la mouille. On allume le feu par le haut, en faisant pénétrer l'air et le feu au moyen d'ouvertures formées par de vieux rondins de bois de dix à douze centimètres de diamètre, plus minces à l'un des bouts. Quand la houille est carbonisée, on la couvre de terre et de cendre. Le coke ainsi produit doit être de couleur grise, et dépourvu de corps étrangers. Le quintal métrique de coke se vend un franc vingt centimes.

On peut, pour établir dans le monceau de houille un courant d'air, placer au milieu un grand morceau de bois qu'on retire, et qui laisse une cheminée vide.

Le voisinage des houillères est stérile, mais les cendres de houilles améliorent les terres compactes et marneuses, les terres calcaires, légères et blanchâtres ; certaines houilles sulfureuses et ammoniacales activent surtout la végétation des trèfles et des luzernes. Dans les sols humides, elles ont besoin d'être mêlées à de la chaux vive qui les décompose. Elles ont la propriété de détruire les mousses, et les vers du hanneton; leur effet est d'autant plus énergique, si une pluie légère survient après leur épanchement.

On sème les cendres de houille en labourant.

On peut encore les répandre dans les prairies. Les braisés pétries avec un quart de terre-glaise, et jetées sèches ou mouillées dans le feu, donnent beaucoup de chaleur.

HOUQUE. (*Agr.*) *Holcus*. Famille des graminées. Cette espèce de gramen est très-hative, et convient dans les prairies. Ses tiges s'élèvent jusqu'à trois pieds de haut; on les fauche deux fois par an.

On distingue le houque mou, le houque odorant, et le houque laineux; ce dernier est le meilleur; il réussit dans les landes les plus stériles, pourvu qu'elles aient un peu de fond et d'humidité. Il faut quinze à dix-huit livres de graines par arpent.

HOUSTONE BLEUE. (*Jard.*) *Houstonia cœrulea*. Famille des rubiacées. C'est une plante basse et mince de Virginie. Elle se place en bruyère, au nord; on doit tenir la terre fraîche. Si elle est en terrain convenable, et qu'on sarcle à la main, elle se ressème d'elle-même; autrement, on la multiplie de séparation des touffes en mars. Ses fleurs sont bleues; elles viennent de juin en octobre.

HOUX COMMUN. (*Jard. — Méd. dom.*) *Ilex aquifolia*. Famille des nerpruns. Cet arbrisseau indigène, dont les feuilles sont d'un beau vert, s'élève à une grande hauteur, si on a soin de l'élaguer annuellement et peu à peu, et de l'ombrager avec d'autres arbres qu'on tient cependant à une certaine distance. Il réussit en terre de bruyère humide.

On forme avec le houx de belles haies impénétrables. Le bois du houx est excellent pour les manches d'outils, les baguettes de fusil, les fouets. Le noyau du fruit est blanc, et assez agréable au goût.

Autrefois on donnait par la tonte diverses formes au houx: on le taillait en charmilles, en boules, en pyramides.

Le houx se multiplie de drageons, ou de marcottes qui prennent aisément, ou de semis aussitôt maturité; en terre de bruyère humide, à l'ombre.

Le houx d'Amérique. (*Ilex opeca*.) C'est un très-bel arbre. Il se multiplie de marcottes, ou de greffes en approche sur le houx commun. Il faut couvrir le pied de litière, l'hiver.

On cultive de même les espèces suivantes :

Houx de Mahon. (*Ilex bubarica*.) C'est un bel arbrisseau ;

Houx à feuilles épaisses. (*Ilex cranifolia*.) Espèce charmante ;

Houx à feuilles panachées. Cet arbuste est joli, mais ne s'élève pas;

Houx à feuilles hérissonnées. (*Ilex ferox*.)

Emploi de l'écorce du houx pour la chasse. (Voyez GLU.)

Emploi médical du houx. L'écorce verte du houx a des propriétés émollientes. Les fruits, à la dose de dix ou douze, sont purgatifs, et provoquent des vomissemens.

Emploi fébrifuge des feuilles de houx. Le houx est indiqué par plusieurs médecins comme succédané du quinquina. Réduire en poudre un gros de feuilles de houx; les faire infuser à froid dans un verre de vin blanc, et l'avaler une heure avant l'accès. Continuer l'usage de cette poudre pendant quelques jours. Selon la force et le tempérament des malades, l'on augmente ou l'on diminue la dose.

Houx - frelon. (*Jard.*) *Ruscus aculeatus*. Famille des asperges. Cette arbuste vient partout et aisément. Ses feuilles ressemblent à celles du myrthe; ses racines sont grosses et tortueuses; elles poussent au printemps des rejetons tendres, qu'on peut manger comme des asperges. On employait autrefois les racines du houx-frelon comme diurétiques. Elles sont maintenant presque abandonnées en médecine.

HUDSONE BRUYÈRIFORME. (*Jard.*) *Hudsonia ericudes*. Famille des bruyères. C'est un arbuste de Virginie. Il se multiplie de marcottes, en terre de bruyère humide, au nord. Il fleurit en juillet.

HUILE. (*Conn. us. — Ind. dom. — Cuis. — Agr.*)

Clarification des huiles. On appelle huile toute substance grasse, onctueuse, plus ou moins fluide, insoluble dans l'eau, et combustible.

On distingue les huiles fines ou grasses, et les huiles volatiles ou essentielles. Les huiles fines sont celles qui forment les savons, et qui prennent à l'état solide le nom de beurre, de graisse, de cire.

Des huiles fines, les unes rancissent en restant liquides; les autres, dites siccatives, se dessèchent complétement. Au nombre de ces dernières, sont les huiles de lin, de noix, de pavots, de chènevis, de ricin, de grand soleil. Parmi les premières, on peut citer les huiles d'olive, d'amandes douces et amères, de navette, de faîne, et de noisettes.

Nous allons mentionner les huiles les plus usuelles, en suivant l'ordre alphabétique.

Huile d'amandes. L'huile d'amandes douces ou amères, s'extrait par expression des semences de l'amandier. Elle s'emploie principalement dans les préparations cosmétiques.

Huile de beurre de cacao. (Voy. CACAO.)

Huile de bouleau. (Voy. BOULEAU.)

Huile de cameline. L'huile de cameline (myagrum), est moins abondante que celle de colza, mais aussi propre à l'éclairage, et susceptible de purification.

La caméline d'Asie, dont la graine est plus grosse, et qui peut s'acclimater en France, donne un cinquième de plus que la graine indigène.

Huile de chènevis. Elle s'extrait de la graine de chanvre, et s'emploie dans la préparation des savons mous, dans la peinture et l'éclairage.

Huile de cornouiller. (Voy. CORNOUILLER.)

Huile de colza. (Voy. COLZA.)

Huile de croton. On l'extrait par expression des semences mondées de croton tiglium. Elle est d'un jaune rougeâtre, et d'une saveur très-âcre. Elle est employée en médecine.

Huile de faîne. (Voy. HÊTRE.)

Huile de laurier. L'huile de laurier s'obtient par une légère ébullition dans l'eau des fruits du laurus nobilis. On lui substitue dans le commerce une pommade faite avec de la graisse, dans laquelle on a fait cuire des fruits et des feuilles de laurier.

Huile de lin. L'huile de lin, extraite à chaud des semences de lin, est âcre et désagréable. L'huile retirée à froid au moulin est douce, et peut servir dans la préparation des médicamens. Cuite avec de la litharge, l'huile de lin sert à préparer des taffetas gommés. Avec la litharge et le noir de fumée, elle forme l'encre d'imprimerie. (Voy. ENCRE.

Préparation de l'huile de lin pour la peinture. (Voyez PEINTURE.)

Huile de muscade. Elle est extraite à chaud de l'amande broyée du muscadier : cette huile est très-aromatique. On nous l'apporte en France sous la forme de briques carrées et solides.

Huile de navette. On l'extrait en broyant la navette et en la faisant chauffer avec un peu d'eau. La navette donne une huile bonne à brûler, qui peut être employée pour la table lorsqu'elle est fraîche.

Huile de noix. Cette huile est surtout bonne pour la peinture fine, à cause de ses qualités siccatives.

L'huile qu'on en tire on l'emploie à brûler, et quelquefois pour les salades. Les vieilles noix donnent moins d'huile que les nouvelles, et est aussi moins agréable au goût.

Manière d'extraire l'huile de noix. Casser les noix, prendre toute la chair, et les piler au pressoir. On obtient une huile inférieure en arrosant d'eau chaude le marc, et en le soumettant à une seconde pression.

Emploi du marc d'huile de noix. Il sert dans quelques endroits à faire de la chandelle.

Huile d'olive. L'huile d'olive est renfermée dans la semence de l'*olea europœa*, famille des jasminées, et dans la partie charnue qui la recouvre. Il faut récolter les olives quand elles sont bien mûres et d'un beau rouge, au mois de novembre ou de décembre. On n'obtient d'abondantes récoltes que tous les deux ans. On doit cueillir les olives à la main, plutôt que de les gauler, ce qui nuit aux arbres et aux fruits. Il ne faut ni enterrer les olives, ni les amonceler, ni les abandonner à la fermentation. On les porte de suite au moulin, en mettant de côté celles qui sont tombées, fanées, ou piquées.

Avant de broyer les olives, on les étend sur des planches à la hauteur de trois ou quatre pouces, et on les agite chaque jour, pour leur faire perdre l'eau de végétation. Un mouvement de fermentation facilite l'extraction de l'huile.

On brise les olives à l'aide d'un moulin à manchon ; les moulins à eau se meuvent trop vite pour faire une pâte fine. On n'est pas encore parvenu à séparer entièrement l'olive du noyau.

On met au pressoir la pâte d'olives après l'avoir enfermée dans des sacs de jonc ou cabas. Ces sacs sont placés les uns au-dessus des autres, au nombre de dix-huit, sur la pierre creusée d'un pouce et demi, avec un rebord de deux pouces. Cette pierre reçoit l'huile, et par une gouttière, qui en est la prolongation, la conduit dans un réservoir plein d'eau aux trois quarts.

La pression sur les cabas doit être lente et graduée. L'huile qui découle de la première pressée est verdâtre, conserve l'odeur du fruit et est recherchée des amateurs. On l'appelle huile vierge. Quand elle a cessé de couler, on remue la pâte dans les cabas avec une bêche ; on verse dessus un peu d'eau bouillante, et on remet les cabas en presse : l'eau chaude entraîne ce qui reste d'huile. On peut faire une troisième pressée. L'huile coule avec l'eau et se met à la surface sur laquelle on l'enlève avec de grandes cuillères. Cette huile est jaune et plus disposée à rancir que l'huile vierge.

Les marcs d'huile ou tourteaux servent à brûler on à engraisser les porcs. On place l'huile dans un endroit d'une température d'au moins 15° Elle n'est limpide qu'au bout de vingt jours. Pour la conserver, on la fait figer dans une cave, à 5 ou 6° au-dessus de zéro Réaumur. On la met dans des pots de terre vernissés, et on la décante, tous les six mois, de dessus le dépôt ; on filtre ensuite le dépôt pour en séparer l'huile.

Les fèces ou dépôts d'huiles bouillies avec de l'eau qu'on décante, et mises en presse, rendent un tiers d'huile brune bonne à brûler, ou propre à la fabrication du savon.

Les huiles d'olives les plus estimées sont celles de Grasse, de Nice, d'Oneilles, d'Aroment.

Analyse de l'huile d'olive. L'analyse chimique de l'huile par M. Chevreul a donné, sur cent parties, soixante-douze parties d'un fluide dit *oléine*, et vingt-huit parties d'un solide appelé *stéarine*. On les sépare pour avoir l'huile propre à l'horlogerie. On fait geler l'huile ; on la soumet à la presse entre des feuilles de papier brouillard, toujours à une température au-dessus de glace. Puis on élève graduellement la température jusqu'à 15° Réaumur. On obtient ainsi la stéarine cassante, blanche, dure, ayant une odeur de suif. Le papier brouillard, qu'on a eu soin de renouveler jusqu'à ce que l'huile ait cessé de le tacher, humecté d'eau chaude et soumis à la presse donne l'oléine pure et parfaitement fluide.

On traite encore l'huile par sept ou huit fois son poids d'alcool presque bouillant ; on décante la liqueur, on la laisse refroidir, et on forme un précipité cristallin en faisant évaporer jusqu'à un huitième de son volume : on obtient ainsi l'oléine à la consistance d'huile d'olive blanche.

Moyens de reconnaître si l'huile d'olive est frelatée. Mêler à l'huile un peu de nitrate de mercure. Si le mélange est d'un jaune rougeâtre, l'huile n'est pas pure ; si cette couleur est très-foncée, l'huile est altérée par d'autres huiles végétales. Cette expérience est surtout utile, quand on destine l'huile à la fabrication du savon, car les autres huiles végétales sont impropres à cet usage.

L'huile d'olive est la seule qui se fige ; cette qualité offre un moyen sûr de la reconnaître.

Falsification de l'huile d'olive. L'huile d'olive est souvent altérée par le mélange d'huile de graines ou d'huile de pavots. Pour reconnaître, verser sur cent parties d'huile, qu'on croit falsifiée, un mélange fait avec trois parties d'acide nitrique à 35° d'aréomètre et une partie d'acide nitreux. Faire en même temps la même opération sur l'huile pure. La solidification de l'huile est d'autant plus complète, que l'huile est plus pure. Un pour cent d'huile de pavot la retarde de quarante minutes; un vingtième, de quatre-vingt-dix: si l'huile de pavot est en grande quantité, une partie du liquide vient se rassembler à la surface du mélange.

Emploi de l'huile d'olive dans l'horlogerie. L'huile de Nice est la meilleure pour l'horlogerie; on la filtre à travers des cornets de papier, en la faisant passer successivement dans cinq ou six cornets placés les uns au-dessus des autres. M. Laroche, horloger de Paris, a donné une recette pour la préparation de l'huile d'olive destinée à adoucir les frottemens des pivots. On étend les olives sur une claie; on les sépare du noyau en rubans, on pile les chairs, on exprime l'huile dans un sac qu'on tord au moyen d'un bâton; on filtre dans un tamis de crin, puis trois ou quatre fois de suite dans un filtre de papier gris; au quatrième filtrage, qui ne se fait qu'après un mois de repos, on filtre à travers des gobelets de vieux bois de tilleul d'un millimètre d'épaisseur. Toutes ces opérations se font sous des cloches de verre, pour empêcher le contact de l'air.

Huile d'onopordon. (Voy. PÉDANE.)

Huile de pavot, huile blanche ou huile d'œillette. On l'obtient des semences du pavot noir. (*Papaver somniferum nigrum*) dont elle ne partage aucune des propriétés narcotiques.

Moyen de rendre l'huile d'œillette siccative. Il faut y jeter, pour deux livres d'huile, deux livres et demie d'eau avec une once de sulfate de zinc, et faire bouillir légèrement. Quand l'eau est évaporée de moitié, on laisse reposer et on décante.

Diagomètre de Rousseau. Cet appareil électrique sert à distinguer l'huile d'olive, de l'huile d'œillette qui conduit très-aisément l'électricité.

Huile de pepins de raisin. Cette huile est meilleure que l'huile de noix, tant pour la table que pour l'éclairage. En Italie et en Orient où elle est en usage, on tire jusqu'à huit livres d'huile par chaque centaine de livres de graines. Son extraction est très-facile.

Faire sécher avec soin et pulvériser vingt-cinq livres de pepins, mêler dans une marmite de fer cette poudre avec environ huit livres d'eau, faire tiédir le mélange doucement, et en le remuant toujours, le mettre ensuite dans un sac de jonc ou de forte toile, le soumettre à la presse, séparer de l'eau l'huile qui surnage.

Huile de marc de pommes à cidre. Le marc des pommes à cidre donne une huile très-bonne à manger, analogue à celle de noisette, plus abondante et plus agréable que l'huile de pepins de raisin. Délayer le marc dans suffisante quantité d'eau; enlever le marc avec des pelles de bois; recueillir les pepins qui se sont précipités au fond; les faire sécher à l'air ou dans un grenier sur des tamis; les moudre et en extraire l'huile. Les tourteaux servent à la nourriture des bestiaux et aux engrais.

Huile de ricin. On l'extrait des semences du *ricinus communis.* (Famille des cucurbitacées), qu'on cultive à Nîmes. C'est un purgatif violent.

Moyen de clarifier les huiles récemment exprimées, les dépôts et les marcs d'huile. Mêler peu à peu et avec soin deux gros d'huile de vitriol (*acide sulfurique*) avec une once d'eau de rivière, mettre ce mélange dans un bocal avec une livre d'huile, secouer le vase fortement jusqu'à ce que le

mélange devienne laiteux, continuer à l'agiter de temps en temps pendant vingt-quatre heures; boucher le bocal, et laisser reposer huit jours; au bout de ce temps, en décantant, on obtient une huile claire et sans odeur; quand l'huile est épaisse, on la passe à travers une chausse de laine.

En opérant sur de grandes masses, on chauffe trente-six gallons d'eau, avec six livres de vitriol; en remuant toujours, on y jette, au bout de trois heures, une pelletée de terre à foulon en poudre, mêlée à quatorze livres de chaux ardente; on entretient la chaleur pendant trois heures; on fait bouillir environ trois heures, puis on laisse refroidir, et on soutire l'eau qui a servi à épurer.

Épuration de l'huile à l'usage des ménages. La placer dans des cruches de grès, en boucher l'orifice avec un bouchon de liége, faire au milieu un trou, y adapter un tube, d'environ deux pieds, en bois, en fer-blanc ou même en plomb, enterrer les cruches dans un jardin, et les couvrir d'un pied ou de dix-huit pouces de terre; les gaz qui vicieraient l'huile s'échappent par le tube, qui doit être hors de terre de six pouces, et les matières impures se déposent au fond de la cruche. Au bout de six semaines ou deux mois, on décante l'huile qui est alors très pure.

Dépuration de l'huile à brûler à l'usage des ménages. La faire bouillir à petit feu, en ajoutant un oignon entier pour douze livres et demie d'huile, laisser cuire huit heures sans écumer, retirer ensuite du feu, puis verser un demi verre d'eau froide par livre d'huile, laisser déposer, enlever l'écume, décanter l'huile et passer le dépôt au travers d'un tamis. L'huile ainsi préparée ne charbonne plus, et donne une excellente lumière.

Après la dépuration par l'acide sulfurique, on peut, pour s'assurer que l'huile ne contient plus d'acide, y ajouter un peu de craie en poudre, agiter, laisser déposer et décanter.

On peut encore, pour l'épuration des huiles, y mêler à cent parties une partie de farine délayée dans dix parties d'eau, on fait chauffer jusqu'à ce que l'eau soit évaporée, en élevant graduellement la température jusqu'à quatre-vingts de Réaumur seulement; on décante.

Clarification des huiles en grand. La clarification des huiles en grand se fait par des procédés analogues. Dans quatre hectolitres d'huile on mêle, en versant, dix livres d'acide sulfurique concentré; après avoir brassé trois quarts d'huile avec une râble, on ajoute peu à peu un demi-hectolitre d'eau de fontaine bien pure, en brassant encore pendant vingt minutes; on décante ensuite, et on couvre l'huile battue avec un demi-hectolitre d'eau, sur une claie munie d'une étoffe de laine. Les Hollandais, avant cette opération, font bouillir l'huile, en jetant de temps en temps dans la chaudière quelques litres d'huile froide, et quelques gouttes d'eau lancées avec l'extrémité des doigts. On peut battre l'huile avant l'épuration, avec trois ou quatre pour cent d'eau bouillante.

Les filtres à huile doivent être placés dans un lieu sec à une température égale de quinze à dix-huit degrés. On se sert de tonneaux percés par le bas d'une multitude de trous. On y dispose une couche de charbon bien cassé et bien lavé, pour empêcher que la potasse qui se trouve à la surface se combine avec l'acide sulfurique et produise un savon; puis on met une couche de charbon plus menue, puis une couche de coton maintenue par des traverses. Quelquefois on filtre seulement au coton ; d'autrefois on emploie la sciure de bois, en la combinant avec les autres couches.

Appareil à filtrer l'huile. Cet appareil en fer-blanc est composé d'un entonnoir terminé par une petite grille percée de trous : sur cette grille reposent quatre couches ; une de coton, une de sable, une de charbon, une de gros gravier, le tout ayant sept à huit pouces de hauteur ; la couche de charbon a seule autant d'épaisseur que les deux couches de sable. Un tuyau auquel on donne une longueur de quatre pieds pour accélérer l'épuration par la pression, part de l'extrémité du cône de l'entonnoir, conduit l'huile dans une autre boîte conique qui contient deux couches de coton un peu pressées, de l'épaisseur d'un pouce, et entre elles quatre à cinq lignes de sciure de bois. Un petit tuyau communique avec le vase destiné à recevoir l'huile.

On suspend l'appareil au moyen de deux crochets placés à la partie supérieure. La filtration se fait sans frais et rapidement. Il est bon de traiter d'abord l'huile par l'acide.

Filtre de M. Bordier-Marcet. Le repos est le premier moyen de dépuration des huiles végétales ; il agit efficacement dans le filtre que nous allons décrire : c'est un vase en fer-blanc cylindrique ; à un pouce du bord supérieur, est soudé un entonnoir conique fermé à quelque distance du fond par un petit robinet ; on verse un pouce d'eau dans l'entonnoir et on y introduit l'huile ; après quelques jours, elle dépose ses impuretés dans l'eau de l'entonnoir, et on fait sortir l'huile par le robinet. Une fois tous les mois, on vide entièrement l'huile et on jette les dépôts.

M. Cadet-Gassicourt est l'auteur d'un grand appareil pour filtrer l'huile, au moyen de charbon de braise concassé et de cailloutage.

Moyen d'empêcher l'huile de rancir par l'absorption de l'oxigène de l'air. Verser sur une bouteille d'huile deux pouces environ d'eau-de-vie à trente-trois degrés, de manière à remplir la bouteille. Boucher avec soin. Ce procédé est basé sur la propriété de l'eau-de-vie, qui, par sa pesanteur spécifique, se maintenant au-dessus de l'huile, intercepte toute communication avec l'air intérieur. Il est bon de couvrir le goulot avec une vessie.

Moyen de blanchir l'huile et de lui enlever son odeur rance. Verser une livre d'huile sur trois ou quatre onces de charbon écrasé ; au bout de trois jours, passer à la chausse de laine ou dans un morceau de toile serrée.

Autre moyen. Agiter l'huile dans une bouteille avec partie égale d'eau chaude ; séparer l'huile de l'eau. Si l'odeur rance s'est conservée, renouveler l'opération ; le mucilage de l'huile, principe de rancidité, est ainsi enlevé complètement.

Moyen d'enlever les taches d'huile sur les étoffes sans en altérer les couleurs. Mettre un peu de jaune d'œuf sur la tache, appliquer dessus un linge blanc qu'on humecte avec de l'eau bouillante, frotter deux ou trois fois, enlever le linge qui aura attiré la tache et le jaune d'œuf, laver l'étoffe avec de l'eau chaude, laisser sécher.

Ce procédé s'applique à la graisse et au cambouis. Pour ce dernier, il faut enlever l'oxyde de fer avec du sel d'oseille.

Emploi des huiles comme engrais. Les huiles sont la principale nourriture des végétaux ; les tourteaux d'huile de navette, de graine de lin, employés de suite, font un bon engrais. On augmente aussi les produits en préparant chaque hectolitre de semence avec une pinte d'huile, et le trempant ensuite dans un lait de chaux un peu épais.

Engrais préparé avec de l'huile. Mêler neuf livres de potasse concassée avec douze pintes d'eau, laisser reposer quatre heures et ajouter vingt-huit pintes de mauvaise huile ; au bout de vingt-quatre heures, ajouter un boisseau de chaux éteinte et pilée, cinq boisseaux de sable, ou huit boisseaux de terre desséchée ; mêler le tout ; quand le mélange est sec, on le répand sur la terre avec la herse. On peut aussi l'employer liquide ; on l'emploie donc immédiatement après la récolte, dans les terres épuisées. La quantité indiquée suffit pour un acre.

Huiles animales. On désigne sous ce nom la cire d'abeille, le blanc de baleine, la graisse de porc, l'huile d'œufs, extraite des jaunes d'œufs au bain marie, qu'on emploie avec succès contre les gerçures qui surviennent au sein des nourrices, etc.

Huiles volatiles. Les huiles volatiles ou essences sont celles qui, exposées à l'air, en absorbent l'oxygène et s'enflamment à une température peu élevée. On extrait des huiles volatiles de l'absinthe, de l'ail, des amandes, de l'anis, des citrons, du cajeput, de la camomille, etc. La térébenthine est une huile essentielle obtenue par la distillation des pins et des sapins avec de l'eau.

L'huile de naphte est d'une composition presque analogue à celle de la térébenthine. On n'en distingue la différence qu'à l'aide de l'acide nitrique, qui est en quelques minutes coloré en brun par l'essence froide, et qui n'est teint en jaune par l'huile naphte qu'à l'aide de la chaleur.

HUILES COSMÉTIQUES. (*Ind. dom.—Hyg.*) *Huile angélique de M. Brouillet, pour la toilette.* Faire macérer avec trois livres d'huile une demi-livre de racine d'angélique, quatre onces de dernière écorce d'acacia, autant de deuxième écorce de saule, le tout concassé dans un peu d'alcool ; laisser le tout dans un matras bouché, à la chaleur d'une étuve ; presser et filtrer deux fois.

Huile de rose. (Voy. ROSE.)

HUILES ANTIQUES POUR LES CHEVEUX. *Au citron.* Mêler une livre d'huile de béhen (nom d'une racine du Levant qui le fournit), et trois onces d'essence de citron.

A l'ambre. Prendre une livre huit onces d'huile de béhen, broyer deux gros d'ambre et douze grains de musc, les mêler avec l'huile dans le mortier, exposer à la chaleur pendant douze jours en agitant chaque jour la bouteille, décanter et mettre en petits flacons.

A la fleur d'orange. Ployer en quatre une toile de coton, l'imbiber d'huile de béhen, y placer les fleurs, mettre le tout dans une boîte de fer-blanc, renouveler les fleurs jusqu'à ce que l'huile soit parfumée. On fait de même l'huile *au jasmin, à la violette, à la jonquille, à la bergamote, à la tubéreuse.*

Aux mille fleurs. Mêler une once d'essences de bergamote, de citron, d'œillet, de réséda, de fleur d'orange, de jonquille, de tubéreuse, avec deux onces d'essence de lavande.

Huile des Célèbes. Faire bouillir pendant une heure, jusqu'à réduction d'un quart, une pinte d'huile d'olive surfine, avec une demi-once de cannelle concassée ; y faire infuser dix minutes, une demi-once de bois de cannelle, une once quatre gros de bois de santal; clarifier, ajouter quatre gros d'essence de Portugal.

Huile philocome d'Aubril. Broyer ensemble parties égales de moelle de bœuf, d'huile de noisette, et d'huile d'amandes extraites à froid.

Huile de Macassar pour les cheveux. Mettre au bain-marie dans un vase bien luté, chauffer pendant une heure, et laisser infuser huit jours dans le même vase, en remuant deux ou trois fois par jour, quatre litres d'huile de béhen, deux litres d'huile de noisette, un demi-litre d'esprit-de-vin, une once et demie d'esprit de musc, autant d'essence de bergamote, une once d'esprit de Portugal, un gros d'essence de rose; on peut colorer en rouge avec de l'orcanette.

Huile de Castor. (Voy. CHEVEUX.)

HUILES. (*Off.*) (Voy. CANELLE, NOYAU, ORANGE, ROSE, VANILLE, VÉNUS, etc.)

HUITRE. (*Cuis. — Com. us.*) *Ostrea.* C'est un mollusque acéphale de la classe des bivalves; la description de cette coquille peut offrir de l'intérêt, parce qu'on en connaît peu la structure. On y remarque un manteau divisé en deux lobes qui tapissent la plus grande partie des valves, et dont les bords sont ciliés; ensuite quatre feuillets membraneux, traversés de stries, qui sont autant de tuyaux capillaires ouverts à leur extrémité postérieure. Ces feuillets ou branchies, étendues inégalement sur les côtés de son corps, font les fonctions de poumons, et séparent de l'eau, l'air nécessaire à l'entretien de la vie de l'animal. La bouche est une sorte de trompe, ou une fente assez large, bordée de quatre lèvres, assez semblables aux ouïes, mais six ou huit fois plus courtes.

Derrière les branchies se trouve une grosse partie charnue, blanchâtre et cylindrique, qui tourne sur un muscle abducteur central, et renferme l'estomac et les intestins. Cette partie est semblable au pied des autres mollusques testacées, mais elle n'est pas susceptible de dilatation ni de contraction. Le canal intestinal se trouve placé sur le dos du muscle.

Les huîtres ont des vaisseaux circulatoires, à la base desquels on voit des cavités musculaires creuses qui font l'office de cœur, et qui chassent l'humeur qu'elles contiennent sur des membranes où elles se mettent en contact avec l'eau ou avec l'air.

Le naturaliste *Poli* a donné le nom de *Péloris* à l'animal de l'huître, et a constaté, par ses observations, qu'il est complètement hermaphrodite, vivipare, et n'a aucune apparence de pieds.

Les huîtres jettent, au commencement du printemps, un *frai* de couleur verte qui ressemble à une goutte de suif, dans laquelle on voit avec la loupe une infinité de petites huîtres déjà toutes formées et munies de leurs valves, qui s'attachent aux rochers, aux pierres et aux autres corps solides dispersés dans la mer. Elles atteignent promptement la faculté d'en reproduire d'autres, et dès le quatrième mois après leur naissance, elles peuvent se multiplier de nouveau.

A cette époque, ce mollusque devient faible, maigre et languissant; ce n'est guère que vers le mois de septembre qu'il redevient gras et de bonne qualité.

Quelquefois les marées entraînent au loin le frai des huîtres, et on en voit des arbres couverts. Parfois elles

s'attachent les unes aux autres et forment des bancs. La coquille de l'huître est composée de matière animale et calcaire, provenant d'un fluide que sécrète la surface externe du corps de l'animal.

Les huîtres des rivages sont meilleures que celles qu'on pêche à distance de la mer. Elles conservent dans leur coquille l'eau salée qui les rend plus fraîches et plus faciles de transport

Analyse de l'huître. L'huître, analysée chimiquement, a donné, pour la coquille, un mucus animal, du carbonate de chaux, du phosphate de chaux, du fer et un peu de magnésie, et dans une petite cavité de la valve convexe, à la partie déclive, du gaz acide hydro-sulfurique. L'eau des huîtres donne de l'hydro-chlorate de soude et de magnésie, du sulfate de chaux et de soude, et une assez grande quantité de matière animale.

L'animal se dissout dans l'acide acétique, mais non pas dans le lait comme on le croit vulgairement. Il contient des matières salines, beaucoup de phosphate de fer et de chaux et d'osmazôme, une certaine quantité de gélatine, de mucus, et une matière animale particulière dans laquelle le phosphore entre comme élément.

Animaux contenus dans l'huître. Le liquide de l'huître contient une multitude de petits animaux microscopiques et trois espèces de vers très-distinctes, appelés vers d'huîtres, d'environ un demi-pouce de long, qui brillent dans l'obscurité comme des vers luisans.

Effets hygiéniques des huîtres. Les huîtres sont un aliment sain, quand on ne les mange pas en juin, juillet, ou août, époque où elles déposent leur frai. Il était autrefois défendu d'en vendre à cette époque. Les huîtres sont toniques, fortifiantes; le phosphore qu'elles contiennent les rend très-aphrodisiaques; elles se digèrent aisément, et l'on voit très souvent des gastronomes en manger, sans en être incommodés, vingt ou trente douzaines. Nous sommes loin toutefois de les donner pour modèles à nos lecteurs, que nous pensons être pénétrés de la sage maxime : Rien de trop.

Un peu de vin blanc facilite la digestion des huîtres.

Emploi médical des huîtres. Les huîtres relâchent le ventre, et leur osmazôme agit efficacement contre les diarrhées. Henri IV se guérit d'une fièvre quarte en mangeant *force huîtres*, et buvant *force Hyppocras*. Les huîtres apaisent les vomissemens des femmes grosses, et conviennent aux goutteux. Selon Ambroise Paré, pilées et appliquées sur les cuisses, elles apaisent la douleur rhumatismale.

L'huître est aussi une ressource précieuse contre le scorbut; elle agit alors comme médicament et comme aliment. On peut en faire des bouillons excellens qui contiendront de l'osmazôme en beaucoup plus grande quantité que la viande du bœuf, et seront aussi sains qu'agréables; en joignant à ces bouillons l'usage de quelques végétaux frais et des acides, on obtiendra un rétablissement aussi prompt qu'assuré.

On a prescrit les huîtres avec avantage dans les phthisies chroniques, à la fin des catarrhes, et en général c'est un excellent moyen de mettre fin à ces rhumes qui se prolongent indéfiniment. L'excitation produite par leur eau facilite l'expectoration, et suffit pour rendre aux organes qui étaient le siége de la maladie le ton qu'ils avaient perdu.

On les recommande aux personnes dont les digestions sont longues et pénibles, lorsqu'il existe de l'engorgement dans quelque point de l'estomac, et surtout au pylore.

Espèces d'huîtres. Lamarc distingue les espèces d'huîtres suivantes : l'huître comestible; l'huître pied-de-cheval, de la Manche; l'huître du golfe de Venise; l'huître cuiller, de la Méditerranée; l'huître en crète, de la mer Atlantique-australe, etc.

On sert sur nos tables :

L'huître de Dunkerque : coquille ronde-ovale, valve supérieure plate;

L'huître de Dieppe, idem; l'huître de Granville, idem; l'huître de Courseule, idem; l'huître de Marennes, idem; l'huître d'Étretat, idem; l'huître de Cancale, idem, la plus abondante à Paris; l'huître de Saint-Vast, idem;

L'huître, pied-de-cheval : valves plus grandes, plus arrondies, plus épaisses.

L'huître d'Ostende ou à barbillon vert : coquille ronde-ovale, mince, transparente, moitié plus petite que les espèces indiquées ci-dessus; cette huître est un peu grasse, et fade ;

Outre ces espèces, qu'on pêche dans l'Océan, l'huître cuiller, à coquille mince et fragile, même en dessus, d'une teinte rosée.

Classification des huîtres comestibles. Les huîtres les plus estimées en France viennent de Bretagne; les plus grosses, de Normandie. Les huîtres anglaises sont préférées des gourmets. On désigne sous ce nom les huîtres d'Ostende, moins grosses, mais plus épaisses que les huîtres ordinaires; d'une chair délicate et fondante.

A Bruxelles, à Anvers, à Gand, à Bruges, à Lille, on mange l'huître d'Ostende avec des tartines de pain de ménage beurrées; on la sert dans ses deux écailles, ouverte, et non détachée.

Les huîtres qui sont livrées au commerce dans une grande partie du nord de l'Europe, et surtout à Paris, proviennent de la baie de Cancale, sur les côtes de la Manche, entre le bourg de ce nom, le Mont-Saint-Michel, et Saint-Mâlo. Le fond de cette baie paraît uni, solide, et sans courant, toutes circonstances favorables pour la reproduction de ces animaux. Elle doit être fort considérable, et le banc que les huîtres ont produit doit être extrêmement étendu pour suffire à la pêche continuelle qui s'y fait depuis si long-temps, sans qu'il y ait aucun signe de diminution. Cependant, de 1774 à 1777, les Anglais en emportèrent un si grand nombre, dans l'intention d'en former un banc presque artificiel sur leurs côtes, qu'on s'aperçut d'une diminution dans la baie; mais elle ne fut pas sensible long-temps. Quoique les Français aient seuls, pour ainsi dire, le droit d'y faire la pêche, elle est ouverte à toutes les nations, mais non pas dans toutes les saisons de l'année. Elle commence ordinairement à la fin de septembre, et finit en avril; pendant les autres mois elle est sévèrement interdite, parce que c'est l'époque du frai, et qu'on suppose que l'huître est de mauvaise qualité. Cette idée, peut-être erronée, est bonne à conserver, sans quoi la pêche continuelle détruirait bientôt le banc, non-seulement en enlevant les individus adultes, mais surtout en dé-

truisant le frai ou la reproduction. Cette pêche est bien simple: elle est exécutée au moyen de la *drague*, espèce de grand rateau de fer, derrière lequel est attachée une poche en cuir, et qui est traîné par un bateau allant à toutes voiles. En ratissant ainsi la surface du banc, on en prend quelquefois d'un seul coup jusqu'à onze ou douze cents. Le gouvernement enjoint aux pêcheurs de rejeter à la mer les huîtres non encore développées. Dans certains endroits, cette pêche est dangereuse, parce que les huîtres sont attachées à des rochers profonds. Débarquées dans les ports de Granville et de Cancale, on les transporte dans des parcs.

Parcs aux huîtres. Les parcs aux huîtres furent inventés par le Romain Sergius Crata. Les Romains de l'empire en faisaient un grand usage. Vitellius en mangeait, disent les historiens, quatre fois par jour, et douze cents à chaque repas. On en faisait venir de l'océan Atlantique, et on possédait l'art de les conserver fraîches pendant de longues années.

Les premiers parcs à huîtres d'Ostende furent établis il y a environ soixante ans, pour recevoir les huîtres qu'on faisait venir de la Tamise; les bancs d'huîtres de la Tamise proviennent de frai que les Anglais vont pêcher entre Jersey et Guernesey, et qu'ils déposent dans les bras du fleuve. Les parcs d'Ostende sont garnis de planches dans le fond, et des quatre côtés. La même espèce d'huîtres a été parquée à Dunkerque en 1826.

Les parcs ne servent pas seulement à conserver les huîtres, et en faciliter la vente, mais à les améliorer. En effet, l'huître, quand elle sort de la mer, sent ordinairement la vase, est plus ou moins dure, et d'assez mauvais goût; elle n'acquiert presque toutes les qualités que nous lui demandons que dans les parcs. Ce sont tout simplement des réservoirs, plus ou moins vastes, creusés dans le sol, ou même dans la pierre, comme à Étretat, et dans lesquels on peut à volonté conserver l'eau de mer, qui est entrée dans la marée très haute, ou l'en faire écouler. En général, ces excavations, qui sont parallélogrammiques, n'ont que quelques pieds de profondeur, et leurs parois sont en talus; elles communiquent à la mer au moyen d'un canal plus ou moins long, et pourvu d'une petite vanne. Quand on veut changer l'eau, on lève la vanne à la fin de la marée basse, et le réservoir se remplit à la marée haute. On tapisse le fond et les côtés de ces fosses de galets, ou de très-gros sable; car l'on doit éviter avec soin la vase, qui est toujours fort nuisible aux huîtres; il faut aussi éviter que le mouvement des eaux soit assez considérable pour pouvoir faire entrer des grains de sable dans les coquilles. Quand le parc est ainsi disposé, on place les huîtres dans leur position naturelle, c'est-à-dire horizontalement, la valve bombée en dessous, sur une partie de la hauteur du talus, assez profondément pour qu'elles ne puissent être que difficilement atteintes par les voleurs, et cependant pas trop, pour éviter le plus possible le dépôt de la vase. Plus l'amareilleur (on donne ce nom à l'homme chargé de gouverner un parc) a placé convenablement les huîtres, plus il les remue avec précaution, et surtout plus il évite le dépôt vaseux qui tend toujours à se faire (et cela en lavant les parois du parc, en jetant de l'eau sur les huîtres, préalablement et momentanément mises à sec), plus tôt il aura rendu ses huîtres bonnes et marchandes. Il doit aussi rejeter avec soin celles qui seraient mortes, ce qui est très-aisé à reconnaître : ce sont celles qui restent entre-baillées quand l'eau est retirée.

Il doit en même temps poursuivre avec activité les crabes, qui sont très-avides des huîtres, et se glissent avec le flux dans les parcs ; les moules, les étoiles de mer, qui sucent l'animal avec leur trompe ; les pétoncles, sont aussi des ennemis dangereux qu'il faut combattre.

L'huîtrier (holmatopus), oiseau échassier, casse les huîtres avec son bec pour les dévorer.

Les huîtres changent de position au flux et au reflux. Elles sont d'abord couchées sur la partie convexe de leurs écailles, et se retournent ensuite de l'autre côté.

Il y a quelques doutes sur la préférence que l'on doit donner aux parcs, suivant que l'eau qu'ils contiennent est renouvelée à toutes les marées, comme à Étretat et à Saint-Vast, sur les côtes de l'Océan ; où qu'elle ne l'est que deux fois par mois, comme à Courseule, au Hâvre, à Dieppe, à Marennes, etc.; dans le premier cas, l'huître est peut-être un peu plus dure, plus coriace que dans le second ; mais il faut toujours que l'eau soit bien claire et bien limpide.

Quoi qu'on en ait dit, l'eau douce est à craindre pour les huîtres, du moins lorsque la quantité qui en est introduite dans les parcs, soit par les grandes pluies, soit par des débordemens, devient trop considérable. C'est ce que l'expérience a mis hors de doute, et une preuve de la nécessité de renouveler plus fréquemment l'eau des parcs dans les temps des grandes pluies.

Comme les huîtres craignent également le froid, il est évident qu'il serait à désirer qu'elles fussent placées à une assez grande distance de la surface de l'eau ; mais il en résulterait un autre inconvénient, c'est qu'elles seraient moins facilement inspectées.

De toutes ces considérations, il résulte que, pour qu'un parc d'huîtres soit bien établi, il faut qu'il soit dans des lieux abrités du vent, pour éviter l'agitation de l'eau, et, par suite, l'entrée des grains de sable dans les coquilles ; que le fond du terrain ne soit pas vaseux, ou qu'il soit bien tapissé de vase, et ne la prenne pas ; que la masse d'eau soit assez considérable, surtout si elle ne peut être changée à chaque marée, pour éviter une trop grande proportion d'eau douce provenant des pluies ; que les huîtres puissent être placées assez profondément pour éviter le froid, mais pas assez pour qu'elles cessent d'être vues aisément par l'amareilleur, sans quoi il ne pourrait rejeter les individus morts.

Enfin, plus on sera maître de renouveler ou de ne pas renouveler l'eau, plus on pourra agir sur les huîtres pour les modifier. Si l'on désire avoir des huîtres blanches, bien claires, bien blondes, et même plus grosses, il faut pouvoir changer d'eau à toutes les marées, comme à Étretat, et dans différens points de l'Océan ; si, au contraire, on désire les avoir plus petites, plus tendres, et surtout les rendre vertes, il faut laisser les huîtres dans la même eau pendant un temps plus ou moins long, suivant la saison et quelques circonstances probablement atmosphériques, que l'on connaît assez peu.

Ce qu'il y a de certain, c'est que les huîtres vertes sont absolument de la même espèce, et proviennent des mêmes lieux que les huîtres blanches, et qu'on peut verdir celles-ci à peu près à volonté. Pour cela, on choisit un parc en général assez petit, et on y fait entrer l'eau de la mer, qu'on y conserve plus ou moins de temps sans la changer. Quand les cailloux qui en tapissent les parois commencent à verdir, on y met les huîtres ; mais on est obligé de les placer avec beaucoup plus de précaution que l'on ne fait pour les huîtres ordinaires, et de manière à ce qu'elles ne soient pas les unes sur les autres. Il en résulte que, dans un espace donné, on peut à peine placer, en huîtres à verdir, le tiers des huîtres ordinaires qu'on y aurait mises. Quelquefois il suffit de trois jours pour que les huîtres acquièrent une légère couleur verte ; mais il faut un mois pour qu'elles soient plus foncées. Les huîtres ne verdissent ni dans les mois d'hiver, ni dans ceux de grande chaleur. Il faut pour cela une chaleur modérée, comme en mars, avril, septembre et octobre. Les temps de pluie et d'orage sont, dit-on, défavorables, ainsi que l'agitation de l'eau, par le vent du nord surtout. En général, il est des années où les huîtres verdissent aisément, tandis que dans d'autres à peine peuvent-elles changer de couleur.

On attribue cette verdeur au mélange de l'eau douce et de l'eau salée, à l'action solaire, au vent du nord-ouest, à la nature du sol, à la température. Dans le pays d'Aunis, d'où viennent les huîtres vertes de Marennes, les éleveurs d'huîtres choisissent les individus qui n'ont qu'un an, et surtout ceux qui proviennent d'huîtres déjà vertes ; ils vont les prendre à la main sur les rochers, dans les courans d'Oléron, ou bien ils les détachent de grands individus pêchés à la drague, et plus profondément ; ils choisissent encore les individus les mieux conformés. Les parcs dans lesquels ils les placent se nomment des claires ; ce sont des étendues de terroir rarement de plus de quatre cents toises de circonférence, situées sur les rives du confluent de la rivière de Seudre, et surtout sur la rive droite. Chaque parc est enclos de murs de trois pieds de hauteur au plus, et peut communiquer avec la rivière, ou mieux avec la mer, aux grandes marées, deux fois par mois seulement, au moyen d'un petit canal pourvu d'une écluse ; tout au tour et en dedans l'enceinte est un canal de trois pieds de profondeur pour le dépôt de la vase. Le milieu ou le terre-plein est lisse et uni comme une allée de jardin, et l'on a soin de n'y laisser aucune herbe. C'est dans cet endroit qu'un an environ après sa disposition on place les huîtres bien à plat et bien isolées, puis on y fait entrer l'eau qu'on maintient à six pouces seulement de hauteur, si ce n'est dans les grandes chaleurs, ou dans les grands froids, où on l'élève autant que possible. Les huîtres restent ainsi quelquefois plus de deux ans avant d'être marchandes, et demandent beaucoup de soins de la part des surveillans, pour les changer de place, et les transporter même dans d'autres claires, ce qui hâte la verdeur. Pour éviter le dépôt de la vase, il faut que le mélange d'eau salée et d'eau douce soit convenable, et que les crabes ne s'introduisent pas dans le parc. Avec toutes ces précautions, les huîtres vertes qu'on obtient sont d'une qualité très-supérieure.

Transport des huîtres. Le transport des huîtres ainsi

devenues marchandes demande encore quelques précautions. Il faut toujours les placer dans leur position naturelle, c'est-à-dire horizontalement, la valve creuse en dessous afin qu'elles perdent moins de l'eau qui baigne leurs branchies; il est également utile de les envelopper de fucus et de plantes marines, pour éviter l'action de l'air. On a vainement tenté de les amener dans des bateaux pleins d'eau de mer; cette eau, en se putréfiant, a fait périr tous les mollusques.

Manière de reconnaître si les huîtres sont fraîches. Règle générale : l'huître cède-t-elle trop facilement sous le couteau? elle a vieilli dans sa coquille; elle est avancée, gâtée.

On connaît qu'une huître est saine lorsqu'elle nage dans une eau claire, limpide, que la chair en est brillante, bien nette, que les bords des valves ou lèvres ne sont ni affaissés, ni ternes.

L'huître malade se reconnaît aux signes suivans : la coquille est entr'ouverte; en écartant les valves, on voit le corps de l'animal et son bord frangé, mous, laiteux, et cédant à la pression du doigt.

Quelquefois l'écaillère trempe l'huître dans une eau salée, pour empêcher le mollusque de se gâter; on reconnaît facilement cette fraude : l'eau a une saveur piquante, âcre, corrosive, comme l'eau que nous aurions nous-mêmes saturée de sel. On doit refuser impitoyablement une semblable marchandise.

Manière d'ouvrir les huîtres. On doit ouvrir les huîtres seulement au moment de les manger. Les connaisseurs recommandent de servir les huîtres couvertes. Pour les ouvrir soi-même sans courir risque de se blesser, on les prend horizontalement, afin d'en conserver l'eau. On se munit d'un couteau court et à lame arrondie, assez forte, et qui n'ait pas le fil. On le tient de la main droite; de l'autre main on a un torchon destiné à affaiblir l'effet de la lame si elle venait à glisser trop rapidement entre les écailles de l'huître, et à adoucir l'effet de l'huître sur l'épiderme de la peau.

Il faut placer la partie convexe de la coquille ou valve inférieure, à plat sur la paume de la main gauche, et horizontalement, afin que l'eau ne s'en épanche pas; on introduit alors la lame du couteau dans la charnière du coquillage, on abaisse légèrement la lame, puis on la relève; la coquille cède bientôt; on glisse le couteau, toujours horizontalement, le long des parois intérieures de la valve supérieure, jusqu'à ce qu'on l'ait détachée tout à fait.

On mange les huîtres avant ou après le potage. Quelques personnes les saupoudrent avec du poivre nommé *mignonnette*. On aura soin de ne pas faire un usage trop abondant de cet ingrédient, qui pourrait causer des chaleurs cuisantes au col de la vessie. D'autres préfèrent verser sur l'huître quelques gouttes de citron, de verjus ou même de vinaigre; d'autres encore préparent une sauce avec sel, poivre et échalottes. Les véritables amateurs les mangent telles que la nature les créa, sans mélange ni mixtion d'aucune substance, et ils s'en trouvent bien.

On a cru jusqu'ici que le lait était un remède contre l'indigestion provoquée par une trop grande déglutition d'huîtres; c'est une erreur. Nous conseillons plutôt de boire quelques cuillerées de vinaigre : c'est le meilleur remède contre un semblable accident.

Les huîtres, ouvertes et détachées de la coquille inférieure, meurent immédiatement. Elles sont alors moins saines et moins délicates. Pour reconnaître si une huître est vivante, il suffit de toucher légèrement, avec la pointe d'un couteau, la barbe de l'huître qui vient d'être ouverte; on apercevra alors, si elle vit, une contraction dans cette partie, siége de la sensibilité chez ce mollusque.

Pour manger les huîtres, on peut se servir d'une petite fourchette à trois dents. A une des dents extérieures est une petite lame pour détacher l'huître.

Huîtres marinées. Les plonger dans l'eau bouillante, les conserver dans un mélange de vinaigre et d'eau salée; servir avec de l'huile. Les huîtres marinées sont difficiles à digérer.

Huîtres en coquilles. Prendre autant de douzaines d'huîtres que vous voudrez faire de coquilles dites *pèlerines*; les faire blanchir dans leur eau. Si vous en supprimez la barbe et les noyaux, en prendre deux fois autant; mettre dans une casserole un morceau de beurre, en raison de la quantité de vos huîtres; ajouter des champignons, du persil, des échalottes hachées et une pincée de gros poivre; faire revenir vos fines herbes, les singer d'un peu de farine; mouiller avec l'eau de vos huîtres et un peu de bouillon; faire cuire et réduire le tout à consistance de sauce; retirer votre casserole du feu; mêler vos huîtres; les sauter; y ajouter un jus de citron; les verser dans vos coquilles; paner avec de la chapelure ou de la mie de pain, et mettre dessus gros comme une noisette de beurre, séparé en plusieurs morceaux; poser vos coquilles sur un plat creux; les mettre au four ou sous un four de campagne avec feu dessous; leur faire prendre couleur, dresser et servir.

Si l'on ne veut point employer de coquilles appelées communément *pèlerines*, on sert des écailles d'huîtres. A cet effet, crever ce qu'on nomme *l'amer*, les laver et mettre vos huîtres dedans.

Huîtres sur le gril. Les faire blanchir dans leur eau avec un morceau de beurre, une pincée de persil, de gros poivre et d'échalottes hachées; les sauter sans les laisser bouillir; les mettre dans leurs coquilles, les poser sur le gril; dès qu'elles bouilliront, retirer et servir.

Sauce aux huîtres. On l'emploie pour le poisson. Faire blanchir des huîtres; les retirer au premier bouillon; les mettre dans une casserole avec un peu de sauce au beurre et de persil haché et blanchi.

Huîtres en hachis. Mettre un demi-cent d'huîtres dans l'eau chaude; avoir soin de ne pas les laisser bouillir; les égoutter; les hacher avec de la chair de carpe, des champignons, persil et ciboule; ajouter un morceau de beurre et une pincée de farine; mouiller de vin blanc et de bouillon maigre.

Cette recette appartient aux cuisiniers du dix-septième siècle.

Écailles d'huîtres en engrais. Les écailles d'huîtres conviennent dans les terres fortes qui ont besoin d'un amendement calcaire. Nul doute qu'on ne tirât grand parti d'un engrais de poudre d'écailles d'huîtres, seule ou mélangée avec d'autres substances qui en augmenteraient l'activité. Les turneps et les pommes de terre donnent de beaux produits, si on enterre des écailles d'huîtres en labourant avant de semer, ou si on en saupoudre les tiges quand elles sortent de terre.

Pavés d'écailles d'huîtres. La consommation des huîtres à Paris produit annuellement 7,200,000 douzaines de coquilles d'huîtres, qu'on répand dans les champs circonvoisins, ou dont on se sert pour préparer de la chaux. On a proposé de les employer à la confection des routes, en aplanissant les chemins, et en les couvrant d'une couche de coquillages d'un pied d'épaisseur. Ces couches, réduites en poussière sous les roues des voitures, et détrempées par les pluies, font une pâte compacte qui se durcit et ne forme qu'une seule pierre.

Plusieurs personnes ont tenté avec succès le pavage de leurs cours avec des coquilles d'huîtres ; il faut, pendant les trois premiers mois, en ajouter de nouvelles ; puis on ne renouvelle plus que les endroits les plus fatigués. M. D... a fait aussi des trottoirs en écailles d'huître. Voici comment il rend compte de cette opération dans le *Journal des Connaissances usuelles*, t. 16 :

« Je me suis avisé de faire un lit de tourbe de quatre pouces d'épaisseur ; le premier lit était placé sur un terrain dans lequel on avait pratiqué deux tranchées de huit pouces de profondeur et neuf de largeur, et d'une longueur de dix pieds, et placées en croix ; elles étaient couvertes, de distance en distance, par des briques ; dans l'endroit où les deux tranchées se rencontraient, j'ai fait placer une bûche de six pieds d'élévation ; puis j'ai fait alternativement une couche de tourbe, une de coquilles. Lorsque le tout a été monté à cinq ou six pieds, j'ai fait enlever la bûche, et le vide qu'elle a laissé a été rempli par du menu bois ; le feu a été mis aux quatre côtés, après toutefois que j'eus fait recouvrir mon fourneau d'un léger enduit de terre glaise, de crotin de cheval, et de bouse de vache.

« Le tout s'est comporté comme je le désirais, et j'ai obtenu une chaux de bonne qualité, que j'ai fait détremper mélangée avec des cendres, et gâcher avec une partie de sable.

« J'ai fait creuser autour des bâtimens de ma ferme une tranchée de 15 à 16 pouces de profondeur et de 5 pieds et demi de large ; le fond a été rempli de gravats mêlés de coquilles ; puis, par-dessus, j'ai fait placer une couche de ma chaux de coquilles, gâchée ainsi que je l'ai dit, et, par-dessus, on a jeté, brisés en petits morceaux, des débris de tuiles, par-dessus lesquels on a posé une couche de ciment composé ainsi qu'il suit : chaux d'écailles éteinte et broyée sur-le-champ avec ses cendres, trois parties ; sable fin de la mer et brique pulvérisée, de chacun une demi-partie. Le trottoir a été disposé en talus glacé à la truelle, après avoir jeté sur toute la surface, à l'aide d'un tamis, une légère couche de sable fin. Il a très-bien résisté à la violence de la chaleur de cet été, et maintenant j'ai autour de mes bâtimens un passage propre, uni et très-solide.

« Le même ciment m'a servi à enduire avec succès une citerne où je conserve, ainsi que vous l'avez conseillé, par couches alternatives mêlées avec du sel, le résidu de la pulpe de pomme de terre, après la fabrication de la fécule.

« Je me propose de faire, d'après les mêmes procédés, les aires de mes granges, et je m'en promets de grands avantages. »

Expérience chimique sur les écailles d'huîtres. On peut dorer des écailles d'huîtres en les plongeant pendant deux ou trois jours dans un mélange d'une partie d'eau et d'une partie de dissolution concentrée d'hydrochlorate de manganèse. Cette dorure se conserve plusieurs mois dans un lieu humide. Les écailles de moules, ne dégageant pas d'hydrogène sulfuré, ne peuvent être soumises à la même préparation.

HULOTTE ou HUET. *(Chass.) Strix aluco.* Genre chouette. Cet oiseau de nuit a le dessus du corps roux, grivelé de noir et de blanc ; le dessous blanc, varié de lignes noires en long et en large. Il détruit une grande quantité de rats et de souris. Il mange aussi des petits oiseaux.

HUPPE. *(Chass.) Hupupa.* Genre des pies. Cet oiseau voyageur vient dans nos climats au printemps et y fait sa ponte. Il a une aigrette rousse, tachetée de blanc et de noir, les ailes noires et blanches, la queue noire, traversée par une raie blanche. Il s'apprivoise aisément, mais ne peut vivre en cage. Sa chair est peu agréable.

HYACINTHE. *(Conn. us.)* Le nom d'hyacinthe est consacré à plusieurs pierres précieuses : à un cristal rouge d'Espagne, au grenat rouge-orangé, à plusieurs topazes, à une pierre brune dite gemme du Vésuve.

HYACINTHE. (Voy. JACINTHE.)

HYDNE. *(Conn. us.) Hydnus.* Famille des champignons. Champignon horizontal, lisse, quelquefois creux en dessus, hérissé de pointes en dessous. Les espèces mangeables, l'hydne imbriqué et goudronné, sont fades et insipides. On les trouve dans les forêts. (Voy. CHAMPIGNON.)

HYDRAGOGUE. *(Méd. dom.)* On appelle ainsi les médicamens qui, en augmentant l'exhalation des sérosités du canal intestinal, préviennent les hydropisies. Telles sont les boissons nitrées d'un gros de sel de nitre par pinte, la digitale en poudre, le sirop de nerprun uni à l'huile de ricin, les sucs de racines d'hyèble et de sureau, l'ellébore, l'aloès, l'huile de croton, le julep, etc.

HYDRANGÉE DE VIRGINIE. *(Jard.) Hydrangera arborescens.* Famille des saxifrages. Ce joli arbrisseau se multiplie de drageons, marcottes et boutures, en terre de bruyère humide et ombragée. Il donne, au mois de juillet, des fleurs blanches en ombelle.

Hydrangée à feuilles de chêne. (*Hydrangera quercifolia.*) Cet arbrisseau, de la floride, veut être abrité au nord, et garni de litière en hiver. Les feuilles en sont très-grandes, et d'une couleur rougeâtre en automne. Les fleurs, qui paraissent en juillet, sont d'un blanc rosé, en larges panicules. Du reste, même culture que le précédent.

Hydrangée blanche. (*Hydrangera nivea.*) Elle fleurit en juillet, et se cultive comme l'hydrangée de Virginie.

HYDRASTE DE CANADA. *(Jard.) Hydrastis canadensis.* Famille des renonculacées ; c'est une charmante plante basse et vivace. Comme elle est très-petite, il faut la tenir en pot enterré, dont on renouvelle la terre tous les deux ans. On sépare les pieds en mars, et on met la plante en terre de bruyère, au nord. Les fleurs viennent au mois de mai, blanches et très-doubles.

HYDRE. *(Conn. us.) Hydra.* Genre des vers polypes. On appelle ainsi ces vers mous et gélatineux, transparens, qu'on trouve fixés à la partie inférieure des plantes aquatiques et des bois tombés dans l'eau. Ces animaux sont carnassiers, et se dévorent souvent les uns les autres. Il y en a de bruns, de verts, de jaunes et de gris.

HYDROCONDON. (*Hyg.*) C'est un appareil inventé en Allemagne, et au moyen duquel on procure au malade des bains qui tombent en pluie extrêmement fine sur tout le corps ou sur quelques-unes de ses parties. Il est peu usité en France, où il mériterait de l'être davantage.

HYDROCOTYLE. (*Jard.*) *Hydrocotyle vulgaris*, écuelle d'eau. Famille des ombellifères. Cette plante croît dans les eaux. Les feuilles sont en forme de bouclier ; les fleurs sont blanches, petites et portées sur des pédoncules qui partent de la racine.

HYDRODYNAMIQUE. (*Conn. us.*) La science qui applique les principes de la dynamique aux corps liquides s'appelle l'hydrodynamique. Elle se divise en deux parties : l'une, qui considère les liquides à l'état de repos ou d'équilibre, est l'*hydrostatique* ; l'autre, qui les considère en mouvement, est l'*hydraulique*.

Cette triple définition, quoique la plus générale, n'est pas adoptée par tout le monde. Quelques auteurs donnent le nom d'hydraulique à la science qui fait connaître les lois des liquides en mouvement ou en repos ; celui d'hydrostatique à la science de l'équilibre des liquides, et enfin celui d'hydrodynamique à celle qui les considère en mouvement. Nous pensons que ces derniers ont adopté une définition plus logique.

Nous allons exposer d'abord les principaux phénomènes de l'hydrostatique.

La surface de tout liquide en repos est horizontale ou de niveau ; mais si on lui permet de s'écouler librement d'un vase dans un autre, il ne restera en repos que lorsqu'il sera arrivé au plus bas point possible.

Si l'on pratique, entre un vase et un autre, une communication au moyen d'un tube ou tuyau droit ou courbé, le liquide se répandra dans les deux vases, et ne sera en repos que lorsqu'il aura pris le même niveau dans tous les deux. Le même phénomène aurait lieu pour un plus grand nombre de vases qui communiqueraient ensemble. Si le liquide n'était pas en quantité suffisante pour s'établir de niveau dans les divers vases, il s'accumulerait tout entier dans le vase inférieur.

Si un liquide contenu dans un vase est parfaitement en repos, la pression de ce liquide sur le fond du vase est égale au poids d'une colonne verticale du même liquide, ayant une base égale au fond du vase, et pour hauteur celle du liquide dans le vase. Ainsi la pression sur une partie quelconque du fond dépend entièrement de la distance verticale de cette partie au niveau du liquide, et nullement de l'étendue que ce niveau occupe horizontalement. Quant à la pression sur les côtés, elle se mesure de la même manière, c'est-à-dire par la distance verticale entre le point dont on veut calculer la pression et le niveau du liquide.

Ce phénomène, découvert par Pascal, reçoit son application dans la presse hydraulique.

Lorsqu'un corps est plongé dans un liquide, il est pressé de haut en bas par une force égale au poids du liquide qu'il déplace. Lorsque ce corps flotte, le poids du liquide déplacé est égal au poids du corps flottant.

La différence entre le poids absolu d'un corps et son poids lorsqu'il est entièrement plongé dans un liquide est la même que le poids d'une quantité de ce liquide égale au volume du corps ; ou, en d'autres termes, un corps plongé dans un liquide perd de son poids une quantité égale au poids du volume de liquide qu'il déplace, et ce volume est évidemment égal au volume du corps, lorsque celui-ci est entièrement submergé.

C'est la découverte de ce principe qui a donné à Archimède le moyen de déterminer le *poids spécifique* des corps, c'est-à-dire le poids que pèse un corps sous un volume déterminé. Tout le monde sait, en effet, que tous les corps n'ont pas le même poids sous le même volume, et qu'un pouce cube de plomb, par exemple, pèse plus qu'un pouce cube de bois. Le poids spécifique est donc le poids particulier à chaque corps, et ne peut par conséquent résulter que de la comparaison du poids d'un corps avec le poids d'un même volume d'un autre corps ; mais comme il serait très-difficile de former des volumes parfaitement égaux des corps dont on voudrait comparer le poids, on a recours à un moyen bien simple, et qui consiste à peser d'abord le corps dans l'air, et ensuite dans l'eau. On se sert pour cela d'une balance appelée balance hydrostatique, et qui diffère trop peu des balances ordinaires pour que nous en donnions la description. La méthode pour déterminer le poids spécifique d'une substance quelconque au moyen de cet instrument est extrêmement simple. Supposons qu'on veuille déterminer le poids spécifique d'un corps assez léger pour ne pas s'immerger complètement dans l'eau, on s'y prendra de la manière suivante :

Pesez d'abord le corps dans l'air, puis attachez-le par un fil très-fin à un corps plus lourd dont vous aurez préalablement déterminé le poids tant dans l'air que dans l'eau ; pesez-les maintenant tous deux dans l'eau, puis soustrayez, du poids qu'ils perdent, le poids qu'avait perdu le corps le plus lourd lorsqu'il a été pesé seul, le reste sera le poids perdu par le corps léger. Divisez par ce reste le poids que le corps léger avait dans l'air, et vous aurez son poids spécifique.

Si l'on avait à déterminer le poids spécifique d'un corps plus pesant que l'eau, le procédé serait encore plus simple, car il suffirait de peser d'abord le corps dans l'air, puis dans l'eau, et de diviser ensuite son poids dans l'air par le poids qu'il avait perdu dans l'eau ; le quotient donnerait le poids spécifique de ce corps.

Ainsi, pour déterminer le poids spécifique d'une substance plus pesante que l'eau, supposons une pièce d'or qui, dans l'air, pèserait 150 grammes ; on la pèse dans l'eau, et son poids n'est plus que de 125 grammes et 5 dixièmes. La différence de ces deux poids, ou le poids perdu dans l'eau, est 6 grammes 7 dixièmes. Maintenant, si nous divisons le poids dans l'air, ou 150 grammes par 6.7, perte du poids dans l'eau, le quotient sera 19. 4, poids spécifique du morceau d'or.

Si un corps flotte sur différens liquides, le volume de la partie plongée sera d'autant plus grand que le liquide sera plus léger. C'est sur ce principe que sont construits les aréomètres ou pèse-liqueurs.

Le plus connu consiste en une boule de verre ou de métal creusé, surmontée d'une tige graduée et lestée de manière à faire tenir la tige verticale dans le liquide, ayant déterminé le point jusqu'auquel la tige s'enfonce.

Dans le liquide choisi pour terme de comparaison (l'eau par exemple), on peut reconnaître la différence du poids spécifique d'un autre liquide, en examinant de combien de degrés la tige de l'aréomètre s'enfonce ou s'élève au-dessous ou au-dessus du point précédemment déterminé ; car cette tige, si déliée qu'on la suppose, a un volume appréciable. Lorsqu'elle s'enfonce davantage, elle déplace un plus grand volume du liquide où plonge l'appareil ; quand elle s'élève, elle déplace un volume moindre. Or, nous avons vu que le poids du volume de liquide déplacé est précisément égal au poids du corps plongé ; dans le premier cas, c'est-à-dire lorsque l'aréomètre plonge davantage, le volume déplacé étant plus considérable pour un même poids (celui de l'aréomètre), le liquide a un poids spécifique moindre. Quand l'aréomètre s'élève, c'est que son poids fait équilibre à un volume moindre de liquide. Celui-ci a donc un poids spécifique plus considérable, puisqu'un volume moindre pèse autant que l'aréomètre. Les degrés marqués sur la tige indiquent donc, pour chaque liquide, son poids spécifique. Plus cette tige sera déliée, plus il sera possible d'apprécier de moindres différences.

L'aréomètre de Michelson sert en même temps à déterminer le poids spécifique des solides et celui des liquides.

L'eau dans laquelle on plonge les corps doit être de l'eau distillée et à la température de zéro ; car la chaleur augmente le volume des corps, et les rend spécifiquement plus légers. Mais une température n'augmentant pas de la même quantité le volume de tous les corps, il a fallu prendre une température fixe pour avoir des résultats comparables.

On peut, il est vrai, opérer à toutes les températures, et ramener fictivement par le calcul chaque température à zéro.

Un décimètre cube d'eau distillée, à une température de zéro, pèse un kilogramme. Un décimètre cube vaut un litre. On a dressé de nombreuses tables du poids réel de diverses substances ; celui du litre d'eau est 1,000 grammes. (Voy. POIDS.)

Des corps solides flottant sur les liquides. Un corps solide, flottant sur un liquide spécifiquement plus pesant que lui, sera en équilibre ou en repos, lorsqu'il sera enfoncé dans le liquide au point où le poids du liquide déplacé sera égal au poids de tout le corps flottant, et lorsque le centre de gravité du corps entier et le centre de gravité de la partie plongée seront sur la même ligne verticale.

Lorsque l'équilibre d'un corps flottant sera troublé, ou lorsque le centre de gravité de la partie plongée et celui du corps entier ne sont pas sur la même ligne verticale, le corps oscille dans le liquide jusqu'à ce qu'il ait pris une position telle que ces deux points soient sur la même verticale.

Il existe des corps dans lesquels, pour toutes les positions possibles, ces deux points sont sur la même verticale. Une sphère homogène, c'est-à-dire un globe formé d'une matière dont la densité est la même dans tous les points, est un corps de cette espèce ; un cylindre de matière homogène dont l'axe serait horizontal serait dans le même cas. Ces corps n'ont aucune tendance à conserver une position plutôt qu'une autre ; et leur équilibre, lorsqu'ils flottent, prend le nom d'*équilibre indifférent*.

Quelques corps flottans, lorsque leur équilibre est troublé, reprennent leur position fixe après quelques oscillations ; d'autres, quelque légère que soit la cause troublante, ne reprennent pas leur position première, mais tournent autour de leurs centres de gravité, jusqu'à ce qu'ils aient pris une autre position dans laquelle ils conservent leur équilibre. Dans le premier cas, leur équilibre est stable, et mobile dans le second.

Ainsi, la pression des liquides n'est pas toujours en raison de leur masse même, mais elle dépend exclusivement de la grandeur de la base sur laquelle ils reposent, et de la hauteur à laquelle ils s'élèvent au-dessus de cette base. C'est ainsi, par exemple, qu'avec une très-faible quantité d'eau, on pourra produire des effets énormes, tels que celui-ci : prenez un tonneau d'assez grande dimension, remplissez-le d'eau et surmontez-le d'un tube de fer-blanc ou d'autre matière solide, de la grosseur d'un tuyau de plume, et d'une longueur considérable ; versez ensuite de l'eau dans ce tuyau, qui en contiendra à peine quelques verres, et le tonneau éclatera avec une violence proportionnelle à la hauteur à laquelle l'eau se sera élevée dans le tube.

On conçoit facilement que pour obtenir une pression de ce genre, il n'est pas absolument nécessaire d'élever le liquide à une grande hauteur, et qu'il suffit d'exercer sur lui, par un moyen quelconque, la pression que la hauteur de son niveau pourrait lui procurer.

De la capillarité et de ses effets. On appelle tube capillaire un tuyau dont le diamètre intérieur est très-étroit, ou, comme l'expression l'indique, de la grosseur d'un cheveu ; expression que, toutefois, il ne faut pas toujours prendre à la lettre, mais dont l'usage est consacré. Si l'on plonge un de ces tubes dans l'eau, le liquide s'y élève au-dessus du niveau extérieur, et cette hauteur est à peu de chose près en raison inverse du diamètre du tube ; c'est-à-dire que si l'on opère avec deux tubes dont l'un aurait un diamètre double de l'autre, l'eau s'élèverait dans le plus petit à une hauteur presque double de son élévation dans le plus gros.

Bien que l'élévation de l'eau au-dessus de son niveau soit plus manifeste dans un petit tube, elle se montre, mais à un moindre degré dans tous les vases, quel que soit leur diamètre, sous la forme d'un anneau liquide autour des bords du vase, et donnant une forme concave au niveau de ce liquide.

La suspension capillaire a lieu, lors même que le tube ne serait pas plongé dans l'eau, pourvu qu'une goutte du liquide adhère à l'extrémité inférieure du tube.

La surface de l'eau, dans un tube capillaire, est concave à sa partie supérieure, où il se forme un anneau du même genre que nous venons de parler. Si l'on retire le tube de l'eau, et si on l'incline pour faire mouvoir le liquide dans l'intérieur du tube, la concavité se montre aux deux extrémités de la colonne, et conserve la même figure et les mêmes dimensions, qu'on tienne le tube verticalement, horizontalement, ou incliné.

Lorsqu'on incline le tube pour faire mouvoir la colonne liquide, elle paraît éprouver de la résistance en approchant de l'une ou de l'autre des extrémités du tube, et n'atteint entièrement cette extrémité, qu'autant que le tube est presque vertical.

Lorsqu'on place le tube dans l'eau, quelle que soit la profondeur à laquelle on le plonge, le liquide n'atteint l'extrémité supérieure qu'autant que le tube sera entièrement plongé.

Des liquides différents ne s'élèvent pas à la même hauteur dans le même tube, et cette différence d'élévation n'a aucun rapport, comme on pourrait le supposer d'abord, avec le poids spécifique de chaque liquide. Ainsi l'essence de térébenthine, qui est un septième plus légère que l'eau, ne s'élève qu'au quart de la hauteur de celle-ci. L'ammoniaque liquide, qui est d'environ un dixième plus léger que l'eau, et est par conséquent plus pesant que l'essence de térébenthine, s'élève d'un cinquième plus haut que l'eau, et par conséquent près de cinq fois plus haut que l'essence de térébenthine. L'alcool, ou l'esprit-de-vin, qui est plus léger que cette dernière, s'élève presque deux fois aussi haut.

Un phénomène opposé à celui que nous venons d'examiner se manifeste toutes les fois que le tube n'est pas susceptible d'être *mouillé* par le liquide dans lequel on le plonge; ainsi, si l'on plonge un tube de verre dans du mercure, celui-ci non-seulement ne s'y élève pas au-dessus du niveau extérieur, mais reste abaissé dans le tube, comme si une cloison l'empêchait d'y monter pour se mettre de niveau avec le liquide extérieur, et sa surface, au lieu d'être concave, est convexe.

Une dépression analogue se fait remarquer à l'extérieur autour du verre; tandis que, lorsqu'il s'agit d'un liquide qui mouille le tube à l'extérieur comme à l'intérieur, on remarque, au pourtour extérieur du tube, une élévation analogue à celle qui a lieu à l'intérieur.

Si l'on introduit une goutte d'eau dans un tube capillaire conique de verre tenu horizontalement, elle se portera vers la partie la plus étroite du tube; mais si on y introduit une goutte de mercure, elle se portera vers la partie la plus large.

Lorsqu'un liquide s'élève ou s'abaisse entre deux plans verticaux, dont les bords inférieurs sont plongés dans le même liquide, les deux plans tendent à se rapprocher l'un de l'autre.

C'est cette tendance qui détermine les corps flottans à se rapprocher les uns des autres, ou des bords du vase où ils flottent; c'est cette même cause qui finit toujours par faire déposer sur le bord des rivières les corps légers qui y tombent.

Un grand nombre de théories ont été imaginées pour expliquer la cause des phénomènes dont nous venons de nous occuper; elles sont pour la plupart peu satisfaisantes, ou exigent, pour être comprises, des notions approfondies que nous ne pouvons supposer à tous nos lecteurs. Nous nous sommes donc bornés à constater les faits pour en faire plus tard d'utiles applications aux divers procédés de l'industrie où la capillarité joue un rôle; c'est à son action qu'est due l'élévation du suif ou de la cire dans les mèches des chandelles et bougies, de l'huile dans les mèches des lampes, etc.

Du niveau. La tendance qu'ont tous les liquides à se disposer de manière à former une surface unie et horizontale a donné l'idée de plusieurs instruments désignés sous le nom de *niveaux*, et qui servent à déterminer si une surface quelconque est horizontale ou de *niveau*.

Le plus connu de ces instruments consiste en un long tube de fer-blanc, recourbé à angle droit à ses deux extrémités, qui elles-mêmes sont terminées par deux tubes de verre; l'appareil est porté sur un pied sur lequel il peut tourner en tous sens et prendre toutes les inclinaisons. Si on le remplit d'un liquide, d'eau par exemple, quelle que soit l'inclinaison de l'instrument, ce liquide s'y placera de niveau dans les deux branches recourbées. Si l'on applique l'œil au niveau de l'une des deux surfaces en dirigeant le rayon visuel au niveau de l'autre, on sera certain que tout objet qu'on apercevra dans le prolongement de ce rayon est au même niveau que les deux surfaces du liquide.

Le *niveau à bulle d'air* consiste en un tube de verre, monté horizontalement sur un petit support de métal; il est rempli d'alcool (esprit-de-vin) coloré, à l'exception d'une très-petite partie occupée par de l'air. Lorsqu'on le pose sur une surface quelconque, si celle-ci est de niveau, la *bulle d'air* occupe le milieu du tube de verre; si au contraire la surface estinclinée, la bulle d'air va occuper l'extrémité du tube placée surlapartiela plus élevée de la surface.

Pression des liquides sur les surfaces obliques. En traitant de la pression des liquides, nous avons supposé que cette pression s'exerçait sur une surface horizontale, et il n'était pas difficile de la mesurer puisqu'il suffisait de connaître l'étendue de la surface pressée, et la hauteur du liquide au-dessus de cette surface; multipliant cette étendue par la hauteur, le produit donne le volume du liquide dont le poids presse la surface. Ainsi si la surface pressée a 6 décimètres carrés, si la hauteur de l'eau au-dessus de la surface est de 15 décimètres, multipliant 15 par 6, nous aurons 90 décimètres cubes d'eau pour volume du liquide, et par conséquent 90 kil. pour la pression exercée sur la surface, car on se rappelle qu'un décimètre cube ou un litre d'eau pèse 1 kilogramme.

Mais si la surface n'est pas horizontale, la règle à appliquer est différente; car alors la pression est égale au poids d'un volume de liquide qu'on trouvera en multipliant l'étendue de la surface par la hauteur du liquide au-dessus du *centre de gravité* de cette surface, c'est-à-dire au-dessus de ce point plusieurs fois défini, qui, étant soutenu d'une manière quelconque, déterminerait l'équilibre ou l'état de repos de la surface.

Pour calculer la pression contre les côtés d'un cylindre contenant un liquide, comme un puits, une citerne, on multiplie la surface courbe au-dessous du niveau du liquide par la profondeur du centre de gravité de cette surface, qui est toujours placé à moitié de la profondeur totale; et le produit indique la pression.

La même règle s'applique à la recherche des pressions sur toutes les surfaces, quelles que soient leur forme et leur position. Cette pression est toujours celle d'un volume de liquide égal au produit de la surface par la profondeur à laquelle se trouve le centre de gravité de cette surface.

Supposons, par exemple, que nous voulions trouver la pression exercée sur une digue inclinée; nous prendrons la hauteur de l'eau au milieu de la surface inclinée de cette digue, et nous multiplierons cette hauteur par l'étendue de la surface de la digue.

La pression exercée à la fois sur un nombre quelconque de surfaces se trouvera en multipliant la *somme* (l'addition) de toutes les surfaces, par la profondeur de leur centre commun de gravité au-dessous de la surface du liquide.

HYDRAULIQUE. (*Conn. us.*) Lorsqu'une partie des parois qui renferment un liquide est enlevée, la force qui auparavant produisait une pression sur cette paroi met alors le liquide en mouvement, et le fait s'échapper par l'ouverture pratiquée dans la paroi. Les phénomènes qui se présentent dans ce cas font l'objet de l'*hydraulique*. Cette science s'occupe par conséquent des effets produits par l'écoulement des liquides, sortant d'orifices pratiqués dans le réservoir qui les renferme ; elle traite aussi de l'élévation, par des moyens quelconques, de l'eau à diverses hauteurs, soit pour les besoins de la vie, soit pour l'ornement des jardins ou des édifices publics; du mouvement des liquides dans les tuyaux de conduite, du mouvement de l'eau dans les rivières et les canaux, et enfin de la résistance produite par l'impulsion mutuelle des liquides et des solides. Les lois de l'hydraulique ne sont pas encore bien précises. Nous indiquerons les principales.

Si l'on pratique un petit orifice (une petite ouverture) sur le côté d'un vase rempli d'eau, le liquide s'écoulera avec une certaine vitesse. La force qui met ainsi le liquide en mouvement est celle qui, avant l'ouverture de l'orifice, produisait une pression sur cette partie du vase qui bouchait l'orifice. Il est évident que la force motrice de l'eau qui s'écoule ainsi doit être proportionnelle à la force qui la produit. Mais cette force, étant la même qui produisait la pression sur la paroi du vase, sera proportionnelle à la distance de l'orifice au niveau du liquide dans le vase, d'où nous pouvons conclure que l'eau sortira avec d'autant plus de vitesse que l'orifice sera à une plus grande distance du niveau. Le rapport de la vitesse à la distance est marqué par les chiffres suivans :

Vitesse.	1	2	5	4	5	6	7	8	9	10
Distance.	1	4	9	16	25	56	49	64	81	100

A mesure qu'un liquide sort par un orifice, le contenu du vase descend, et les diverses molécules suivent dans leur descente une ligne presque verticale; mais lorsqu'elles approchent de l'orifice par lequel elles doivent sortir, elles changent de direction, et s'avancent vers l'orifice, de sorte que leur mouvement a lieu suivant des lignes qui convergent vers l'ouverture.

On désigne sous le nom de *pouce d'eau* de *fontainier* la quantité d'eau fournie en une minute par un orifice circulaire en mince paroi, d'un pouce de diamètre, et dont le centre est placé à 7 lignes au-dessous du niveau constant de l'eau dans le réservoir, ou bien lorsque le niveau constant du liquide est placé à une ligne au-dessus du diamètre vertical de l'orifice. Le pouce d'eau produit 15 pintes 1|2 d'eau par minute, ou 12 litres 45 centièmes.

Le pouce d'eau peut se diviser en 144 lignes. — La *ligne d'eau* est la quantité d'eau fournie par un orifice circulaire d'une ligne de diamètre pratiqué en mince paroi, et dont le centre est à 7 lignes du niveau constant du réservoir.

La ligne d'eau produit par minute 865 dix-millièmes de litre. Pour 24 heures, son produit est de 124 litres 56 centièmes.

Le produit du pouce d'eau, pour le même temps, est de 17,956 litres, près de 18 mètres cubes ou 525 pieds cubes.

Si l'on ne remplit pas le vase à mesure qu'il se vide, le niveau baisse continuellement; la pression diminue dans le même rapport, ainsi que la vitesse de l'écoulement, qui est, comme nous l'avons vu, toujours proportionnelle à la pression ; enfin la quantité de liquide écoulée dans un temps donné diminue de même, mais proportionnellement au carré de la diminution de la pression.

On comprendra facilement qu'un rapport invariable subsistera toujours entre la vitesse de l'écoulement et la vitesse avec laquelle le niveau du liquide s'abaissera dans le vase, puisque la quantité de liquide écoulé est égale à la pression multipliée par la vitesse, et que, par conséquent, la pression et la vitesse d'écoulement diminuant à mesure que le niveau baisse, la quantité de liquide qui s'écoule diminue à son tour: d'où il résulte que le niveau baisse plus rapidement dans les premiers momens que dans les derniers, et que la vitesse de cet abaissement est proportionnelle, pour un même orifice, à la vitesse de l'écoulement, ou, ce qui revient au même, à la hauteur du liquide dans le vase. Le même raisonnement nous rendra compte du résultat suivant, qu'on doit à Mariotte.

Un vase maintenu constamment plein laissera s'écouler, pendant un temps donné, par un orifice en mince paroi, une quantité double de liquide que le même vase qu'on laisserait se vider sans le remplir.

Jusqu'ici nous avons considéré l'écoulement des liquides comme ayant lieu par des orifices en mince paroi, et nous avons vu qu'il en résultait une contraction dans le jet, et par conséquent une diminution dans le produit de l'écoulement. Ce phénomène, encore aujourd'hui l'objet de plus d'une controverse, ne se manifeste plus lorsque l'écoulement a lieu par un *ajutage*, c'est-à-dire par un tuyau plus ou moins long; alors la quantité de l'écoulement est plus considérable, et se rapproche beaucoup plus des résultats de la théorie, surtout si l'ajutage a une forme conique, c'est-à-dire celle d'un entonnoir dont la pointe serait tournée vers le réservoir.

Si un courant liquide est introduit dans un réservoir où le liquide est en repos, il est évident qu'il poussera devant lui les portions de ce liquide qu'se trouveront sur son passage; mais il produira, en outre, d'autres mouvemens dans les parties à côté desquelles il passera. De la communication latérale du mouvement combiné avec la forme des bords, naissent les tourbillons et les remous, ainsi que de la contraction brusque du lit d'un fleuve, suivie immédiatement d'un élargissement des bords. C'est ce qu'on peut expérimenter en faisant couler dans des canaux de formes diverses de l'eau mêlée d'une poudre colorée, de cire d'Espagne pulvérisée, par exemple.

La communication latérale du mouvement par les fluides ne se borne pas aux cas dans lesquels le fluide qui reçoit le mouvement est le même que le fluide qui le communique. Un courant d'eau traversant l'air donne aux molécules de celui-ci qui lui sont contiguës un mouvement dans la même direction. C'est ce dont on peut se convaincre en suspendant à un fil léger une plume au-dessus d'un courant un peu rapide. Des courants d'air produits par les grandes chutes d'eau, ou cataractes, sont quelquefois tellement violens qu'on a de la peine à se tenir debout au-près de la chute

L'hydraulique donne la théorie des tuyaux de conduite, celle des roues de moulins, celle des pompes. Nous nous occuperons à leur place de chacune de ces matières.

Lorsqu'un liquide en mouvement frappe une surface solide en repos, ou, réciproquement, lorsqu'une surface solide en mouvement frappe un liquide en repos, le corps en repos fait perdre à l'autre une quantité de mouvement égale à celle que lui-même acquiert ; c'est un principe admis et démontré en *mécanique*. Lorsqu'un corps solide est plongé dans un liquide, la force nécessaire pour le faire mouvoir avec une vitesse quelconque est plus grande que celle qui le ferait mouvoir dans l'air avec la même vitesse. Ce phénomène est produit par la résistance du liquide, qui est plus grande que celle de l'air : et c'est un problème d'une grande importance pratique, que d'établir des règles au moyen desquelles on peut estimer cette résistance, et en déduire les lois. Les mêmes règles sont précisément applicables aux corps solides, qui, comme les aubes des roues hydrauliques, sont frappés par l'eau. Dans le premier cas, la force à mesurer s'appelle la *résistance du liquide* ; dans le second, elle prend le nom de *choc du liquide.*

Si l'on fait mouvoir sous l'eau une planche d'un pied carré, avec une certaine vitesse, et parallellement à sa plus grande surface, on éprouvera une certaine résistance, et une certaine force sera nécessaire pour continuer le mouvement ; mais si l'on fait mouvoir la même planche dans la direction de ses bords, on sait qu'il faudra bien moins de force pour lui donner la même vitesse. Lorsqu'un batelier rame, il présente la partie aplatie de sa rame dans la direction où il veut la pousser, et cela au moment où l'expérience lui a appris que le choc de la rame contre l'eau produit le plus grand effet ; mais, lorsqu'il veut la retirer de l'eau pour donner un nouveau coup, c'est le bord de la rame qu'il tient dans la direction du mouvement : et la résistance, qui d'abord était considérable, devient alors presque insignifiante. Il agit de même quand il replonge la rame dans l'eau, parce qu'en ce moment la résistance opposée à la partie large de la rame ne serait d'aucun effet pour faire marcher le bateau, et épuiserait inutilement les forces du rameur, qui, comme nous l'avons dit plus haut, ne présente la grande surface de la rame dans la direction du mouvement qu'au moment où son effet est utile à la marche du bateau. La direction horizontale des ailes d'un oiseau qui vole est une application du même principe. La grande surface des ailes s'oppose à la chute de l'oiseau, en donnant plus de prise à la résistance de l'air, qui, n'en ayant que très-peu sur les bords, ne s'oppose pas au mouvement horizontal de l'oiseau.

Ces effets et leurs analogues indiquent le fait général que, plus la surface présentée à la direction du mouvement est grande, plus la résistance augmente Mais il a fallu beaucoup de calculs et d'expériences pour déterminer si l'augmentation de la résistance est toujours dans le rapport exact de l'augmentation de la surface placée dans la direction du mouvement. L'expérience et la théorie sont d'accord pour l'affirmative. La résistance se mesure par la force que le corps en mouvement doit employer pour déplacer

les molécules du liquide qui se trouvent sur son passage ; et, toutes choses égales d'ailleurs, cette force est évidemment proportionnelle au nombre de molécules à déplacer ; enfin ce nombre est évidemment déterminé par la grandeur de la surface. D'où nous pouvons conclure la règle suivante : *Lorsqu'une surface plane est mue perpendiculairement contre un liquide, la résistance qu'elle éprouve augmente et diminue dans le même rapport que la grandeur de cette surface augmente ou diminue.*

Si nous examinons l'effet produit sur la résistance du liquide par un changement quelconque dans la vitesse avec laquelle il frappe un solide, il est clair que plus le mouvement du solide sera rapide, plus la vitesse communiquée au liquide sera grande, et, par conséquent, plus la force avec laquelle le liquide sera repoussé sera considérable, et en même temps encore, plus la résistance du liquide sera grande. Mais cette augmentation de résistance n'est pas seulement en rapport avec la vitesse ; chaque molécule de liquide que le solide frappe, pendant une seconde, par exemple, s'il se meut avec une vitesse double, recevra de lui une vitesse et une force doubles, et par conséquent, présentera une résistance double. Mais, d'un autre côté, comme le solide se meut avec une vitesse double, pendant une seconde il frappera un nombre double des molécules, et, comme nous venons de l'exposer, chaque molécule sera frappée avec une force double ou acquerra une force double. Il est donc évident que la vitesse double du solide donnera une force quadruple au liquide qu'il mettra en mouvement, et qu'il en éprouvera une résistance quadruple. Enfin la même suite de raisonnemens nous amènera à conclure qu'il faut une force quadruple pour faire mouvoir un solide avec une vitesse double dans un liquide. On prouverait de même qu'une vitesse triple produirait une résistance neuf fois aussi grande, qu'une vitesse quadruple rendrait la résistance seize fois plus considérable, et ainsi de suite, la résistance variant comme le carré de la vitesse. Ainsi, on peut établir, comme règle générale, que *la résistance qu'éprouve un corps mu dans un liquide est proportionnelle à la surface placée dans la direction du mouvement et au carré de la vitesse.*

Ainsi les bateaux voguent d'autant mieux qu'ils ont une proue plus aiguë, et que les parties de leur fond remontent le liquide plus obliquement. Ainsi les poissons qui nagent très rapidement, vont en augmentant de volume jusqu'à la partie la plus grande du corps. Il en est de même de la conformation des oiseaux.

L'accumulation de résistance produite par l'augmentation de vitesse est un obstacle à la rapidité des transports par eau. S'il faut une force d'un pour faire mouvoir un bâtiment à raison de quatre lieues à l'heure, il faut une force quadruple pour lui faire faire huit lieues. Si un bateau est traîné, sur un canal, par des chevaux, à raison d'une lieue à l'heure ; pour lui en faire parcourir deux pendant le même temps, il faudra huit chevaux. Ainsi, pour un travail double, il faudra faire une dépense quadruple. Ces considérations présentent, sous un jour remarquable, les avantages que les transports effectués au moyen de la vapeur, sur des chemins de fer, ont sur les transports effectués par les canaux. Dans les deux cas la force motrice a l'inertie du fardeau à vaincre ; mais la résistance du chemin, au lieu d'augmenter, comme dans les canaux, en raison du carré de la vitesse, n'augmente pas du tout. Le frottement, sur un chemin de fer, d'une voiture parcourant quinze lieues à l'heure, ne sera pas plus grand que si elle ne parcourait qu'une demi-lieue; tandis que la résistance qu'éprouverait un bateau sur un canal ou une rivière, si une pareille vitesse y était possible, serait neuf cents fois plus grande que pour une vitesse d'une demi-lieue à l'heure. Pour faire mouvoir une voiture sur un chemin de fer horizontal, la dépense de force motrice est toujours en rapport direct avec la vitesse obtenue, et par conséquent les frais sont proportionnels à l'effet utile; tandis que, pour faire mouvoir un bateau sur un canal ou sur une rivière, toute augmentation de vitesse ou d'effet utile occasionne une consommation énormément croissante de force motrice.

On est forcé de recourir aux chevaux pour remorquer les bateaux. Leur inconvénient est que la dépense de la force animale augmente beaucoup plus rapidement que l'accroissement de la vitesse. Que si un cheval d'une certaine force ne peut, par un travail régulier, transporter un certain fardeau au-delà de cinq lieues par jour, deux chevaux, de la même force que le premier, ne pourront transporter le même fardeau à raison de dix lieues par jour : il faudrait pour arriver à cette vitesse, un plus grand nombre de chevaux. Si l'on voulait avoir une plus grande vitesse, le nombre de chevaux nécessaires s'accroîtrait dans un rapport prodigieux ; et enfin on arriverait à un point où, quel que fût le nombre des chevaux, la vitesse n'augmenterait plus, car il y a une dernière limite de force pour laquelle le cheval ne peut plus transporter que le poids de son corps.

Si nous nous sommes arrêtés sur ces matières, c'est qu'elles sont par elles-mêmes intéressantes, et que nous avons voulu éviter à nos lecteurs la lecture de livres spéciaux dont les détails scientifiques rendent l'intelligence difficile.

HYDROFUGE (*Ind. dom.*) *Hydrofuge pour les terrains, les réservoirs et la restauration des édifices.*

Prendre treize onces de briques cuites en poudre, et une once de litharge également en poudre; gâcher avec de l'huile de lin jusqu'à consistance suffisante, et appliquer sur la pierre, le bois ou le verre.

Autre hydrofuge d'une très-grande dureté. Pulvériser et passer au tamis parties égales d'argile jaune cuite, et de débris de porcelaine; ajouter sur la masse un dixième de sable fin de quartz, et une once et demie de litharge en poudre fine; gâcher avec de l'huile de lin.

Hydrofuge pour les murs. Mêler quatre parties d'huile de lin, une de blanc de plomb, deux de caoutchouc, une demie de résine blanche, une demie de laque, deux d'huile de poisson, une de litharge. On peut combiner ce mélange avec le ciment, et l'appliquer sur la surface des murs.

Hydrofuge pour les charpentes. Ajouter au précédent un huitième de fleur de soufre.

Hydrofuge pour les cartons, caisses, etc. Retrancher la résine et le blanc de plomb du mélange précédent.

Hydrofuge pour les bottes. Ajouter à la recette de l'hydrofuge pour les murs un tiers de fleur de soufre, faire fondre au bain-marie, et en garnir intérieurement les semelles.

Hydrofuge pour les cuirs ouvragés ou bruts. On se procure de la résine blanche ou braysec; après l'avoir cassée, étendue et bien fait sécher, on la met fondre à petit feu; quand la matière cesse d'augmenter de volume et devient transparente, on y ajoute peu à peu, et en remuant, dix-huit livres six onces, pour dix livres de résine, d'huile d'olive non falsifiée; pendant que tout est chaud, on passe à travers une toile de crin, et l'enduit est fait. Pour l'employer sur les cuirs et les rendre imperméables, il faut, après les avoir nettoyés, lavés et brossés, y étendre une couche assez épaisse, frotter, exposer au soleil, ce qu'on recommence deux ou trois fois jusqu'à ce que le cuir refuse d'absorber. Il prend ensuite le poli et le brillant ordinaire, et ne porte point de mauvaise odeur.

Hydrofuge pour le calfatage des toiles et cordages. Prendre dix livres de résine privée d'eau; faire fondre; ajouter quinze livres d'huile de poisson, de navette ou de colza; passer à travers une grosse toile. L'application doit avoir lieu après un séchage complet et quand l'enduit est très-chaud, mais non bouillant. On expose au soleil, et on recommence si l'imbibition ne paraît pas complète; une exposition prolongée à l'air sec est très-avantageuse.

Hydrofuge pour les bois. Pour les bois, prendre dix livres de résine et treize d'huile de poisson; préparer comme ci-dessus; appliquer bouillant sur le bois. Quand il en est imprégné, jeter dessus un peu de chaux vive, que l'on fait fuser avec très-peu d'eau. Au bout de quelques jours frotter fortement avec un bouchon de paille ce qui bouche les pores du bois.

Pour les plâtres, faire fondre et appliquer bouillant sur le mur chauffé, et bien sec, parties égales de résine chaude et d'huile de colza; après la seconde couche, ajouter parties égales d'huile de lin lithargyrée, de résine blanche purifiée, et moitié de blanc de Bougival en poudre fine. Cette dernière couche doit être très légère. Au bout de quelque temps, on frotte le mur avec de grosse toile d'emballage, et on laisse sécher. Cela doit revenir à treize sous les deux livres; deux livres peuvent servir pour une toise.

HYDROMEL. (*Ind. dom. — Off.*) L'hydromel est une boisson en usage dans le nord; il enivre comme le vin, et l'ivresse en dure plus long-temps.

Hydromel russe. Faire tremper dans de l'eau, pendant trois jours, parties égales de cerises, de prunes, de framboises et de mûres; ajouter du miel rouge, avec un morceau de pain trempé dans de la lie de bierre; laisser infuser le tout pendant trois semaines à une chaleur de dix-huit degrés. La fermentation, commence au bout de huit jours; quand elle a cessé, on passe la liqueur, et on la met en bouteilles.

Autre procédé. Battre des rayons de miel dans de l'eau froide; laisser reposer la liqueur, la passer et la faire bouillir. Cette simple méthode, qui est celle des serfs russes, ne donne qu'un hydromel de qualité très-inférieure.

Autre procédé. Faire bouillir pendant une heure environ, en remuant avec soin, cinq pintes d'eau et une pinte de miel; laisser refroidir; mettre dans la liqueur un sachet composé d'un quart de bâton de cannelle, la moitié d'une amande, la moitié d'une racine de gingembre, le tout concassé, et un verre à liqueur de levure de bierre; faire fermenter dans un endroit chaud, puis mettre en bouteilles au bout de deux ou trois mois.

Procédé pour faire de l'hydromel ayant goût de vin de Malvoisie. Faire bouillir quinze livres de miel avec vingt-deux bouteilles d'eau, jusqu'à ce que la liqueur soit réduite de moitié, et ait assez de consistance pour qu'un œuf y surnage; la mettre dans un baril avec un demi-setier d'eau de mer; la placer dans une étuve, auprès du feu, ou devant un four chaud. Au bout de sept à huit jours, la fermentation s'établit. A mesure que l'écume laisse un vide en sortant, on la remplace par d'autre liqueur tirée de bouteilles qu'on a fait également fermenter. Au bout d'un mois, l'hydromel est bon à boire.

On peut produire la fermentation en exposant le baril au soleil, en été. Cette fermentation dure trois à quatre mois. On élève un peu le baril sur deux travées; dans la chaleur du jour, une grande quantité d'écume sort par la bonde. Pour empêcher les insectes et les abeilles de venir se noyer dans le baril, on le bouche avec une calotte de plomb percée de petits trous. Quand le baril n'est plus assez plein, on y ajoute de nouvelle liqueur. Sitôt que la fermentation cesse, on descend le baril à la cave; on met l'hydromel en bouteilles au bout de deux ou trois ans; on les tient bouchées pendant un mois, et on les couche ensuite.

Hydromel de bouleau. (Voy. BOULEAU.) Prendre trente pintes de sève fraîche, une pinte de miel, un petit sachet de houblon; faire réduire au quart; ajouter, dans la liqueur refroidie, une poignée de paille tressée en couronne et arrosée d'une cuiller de lie de bierre tiède, les écorces de cinq citrons, trois clous de girofle, quelques fleurs d'œillets et de muscade, une once de cardamone, quelques racines de violettes, le tout en paquets séparés; couvrir le baquet d'un drap, faire fermenter; au bout de vingt-quatre heures, transvaser toute la liqueur, laver les paquets dans de l'eau fraîche, et les mettre avec la liqueur dans le tonneau; la laisser un mois à la cave; mettre ensuite l'hydromel en bouteilles, en ajoutant dans chacune un grain de raisin de Corinthe.

Cet hydromel mousse comme le champagne, dont il a le goût.

Hydromel de noix. Mettre sept livres de miel et huit pintes d'eau dans une chaudière; après trois quarts d'heure d'ébullition, verser la liqueur bouillante sur cinquante feuilles de noyer; laisser infuser toute la nuit; ôter ensuite les feuilles; ajouter un demi-verre de levure de bierre; laisser fermenter cinq jours; soutirer, entonner, mettre en bouteilles au bout de trois mois.

Hydromel primevère. Prendre douze livres de miel et vingt litres d'eau; faire réduire le tout à vingt-cinq litres, en écumant avec soin; mettre, dans les trois quarts de la liqueur bouillante, cinq citrons coupés en deux; faire infuser le reste dans une cuve séparée, avec le quart d'un boisseau de primevères, pendant tout une nuit; verser, par-dessus les trois quarts réservés, une poignée de fruits d'églantier et un verre de levure de bierre. Après une fermentation de quatre jours, passer la liqueur, l'entonner; la mettre en bouteilles six mois après.

Hydromel composé. Faire chauffer et écumer six livres de miel dans neuf livres d'eau; faire réduire à moitié quatre pintes d'eau, avec une demi-livre de raisins de Damas coupés; mêler à l'hydromel; faire bouillir quelques minu-

tes, et retirer du feu. Quand la liqueur est presque froide, y mettre une tranche de pain arrosée de deux cuillerées de levure de bierre; remettre sur le feu; enlever l'écume; retirer du feu, et laisser refroidir; décanter dans un baril où l'on a mis une once d'alcool et autant de sel de tartre. Quand le baril est plein, le placer au-dessus d'un four ou dans une étuve; le remplir à mesure que la fermentation rejette l'écume en dehors. Quand la fermentation a cessé, fermer le baril et le porter à la cave. Mettre en bouteilles après quelques mois.

On aromatisera cet hydromel, selon les goûts, avec de la framboise, du citron, de la cannelle, etc.

L'hydromel se conserve d'autant mieux qu'il reste plus long-temps sur la lie. A la dose de cinquante kilogrammes de miel par hectolitre d'eau, il peut se garder trois à quatre ans.

HYDROPELTIS PURPUREA. (*Jard.*) Famille des murènes. C'est une plante vivace et aquatique de la Caroline. On la cultive en pot, en marc d'étang, et on l'enfonce à fleur d'eau sur le bord d'un canal au midi. Les fleurs viennent au mois de juillet, en grandes grappes d'un rouge brun.

HYDROPHYLLUM. (*Jard.*) Famille des boraginées. Plante vivace. Multiplication de semis en terrain humide. Il faut arroser souvent. On distingue l'hydrophyllum de Virginie, et celui du Canada.

HYDROPYRUM ESCULENTUM. (Voyez ZIZANIA PALUSTRIS.)

HYDROPISIE. (*Méd. dom.*) L'hydropisie est un amas de sérosités dans le tissu cellulaire, et dans les membranes séreuses. Les constitutions sanguines ou pléthoriques prédisposent aux hydropisies dites actives; la pesanteur de l'humidité de l'air, la tristesse, une nourriture insuffisante, aux hydropisies passives.

Il y a plusieurs espèces d'hydropisies, dont la nomenclature appartient aux livres spéciaux. Le traitement des hydropisies consiste dans l'emploi des saignées, purgatifs, sudorifiques, vésicatoires, qui dégagent le système circulatoire, et favorisent la résorption du liquide épanché. Nous nous étendons peu sur cette maladie, parce qu'elle est de celles qu'on ne saurait guère traiter soi-même.

Remède du docteur Quénin contre l'hydropisie. Le malade prendra tous les jours, en forme de tisane, trente-six grains de sel de nitre fondus dans une pinte d'eau. Tous les six jours on augmentera la dose de six grains, jusqu'à concurrence de cinquante-quatre.

Tous les matins, à jeun, une heure avant de manger, prendre deux pilules dont la formule suit : savon médicinal, deux grains; gomme arabique, deux grains; extrait de fumeterre, quantité suffisante. Tous les huit jours on augmente de deux la dose des pilules, jusqu'à six.

Au bout de quinze jours, le matin, à jeun, et à une heure d'intervalle entre chaque verre, prendre, pendant trois jours, quatre verres d'eau où l'on fait fondre six gros de crème de tartre rendue soluble par le borax.

On recommence ensuite la tisane et les pilules pendant quinze jours. On prend les eaux minérales pendant trois semaines de suite. Ce traitement est long, et ne réussit que lorsqu'on y persévère.

HYDROPHOBIE. (*Méd. dom.*) La rage est mal-à-propos désignée sous le nom d'hydrophobie (horreur de l'eau) symptômé qui lui est commun avec d'autres maladies.

Symptômes chez les chiens. Le chien enragé mord, avec fureur et sans motifs, par accès, les animaux et les hommes. Ses yeux sont rouges, brillans et hagards; sa démarche est chancelante; sa gueule est pleine d'une bave qui communique le venin.

Dans les premiers momens, il est triste et hargneux. Son poil est rude; il est inquiet, surtout à la vue de l'eau; il est plus faible sur le train de derrière, et baisse la tête.

Quand la rage est déclarée, le chien se sauve. Il court droit devant lui, la quene entre les cuisses, et se dérange rarement pour mordre à droite et à gauche; tous les autres chiens s'enfuient à son aspect.

La rage se développe ordinairement chez les chiens dans les mois de mai et de septembre. On l'attribue au manque de boisson, au défaut de transpiration, et surtout à l'éloignement où on le tient de sa femelle. Le chien enragé meurt au bout de 50 ou 56 heures dans les convulsions.

Le seul moyen à employer contre l'hydrophobie des chiens est de les tuer immédiatement. Le cadavre pourrit avec promptitude; il ne faut pas le laisser à l'air, de peur que d'autres animaux affamés ne le dévorent, et ne deviennent enragés. On l'enterre bien profondément. On lave les murs du lieu où le chien a séjourné avec du chlorure de chaux, ainsi que tout ce qu'il a touché. La personne qui aura touché le cadavre doit se laver les mains avec de l'eau chaude et du vinaigre.

Manière de s'assurer si un chien qui a mordu était enragé. Fort souvent un chien que l'on a soupçonné d'être attaqué de la rage est tué après avoir mordu plusieurs personnes ou plusieurs animaux, et l'on reste, pendant plusieurs jours, dans une cruelle incertitude. Voici le moyen d'éclaircir ses doutes à cet égard : frotter la gueule, les dents et les gencives de l'animal mort avec un peu de viande rôtie ou bouillie, et offrir cette viande, ainsi frottée, à un autre chien; il la mangera si le chien mort n'était point enragé; mais dans le cas contraire, il la refusera, et s'enfuira en hurlant.

Toute personne qui a été mordue par un chien enragé, ou même par un animal soupçonné tel, doit aussitôt après pratiquer de fortes ligatures au-dessus e tau dessous de l'endroit mordu, presser assez vivement la blessure entre les doigts, et en exprimer autant de sang que possible. Cela fait, on cautérisera la blessure avec un fer rougi au feu, en ayant soin d'atteindre profondément toutes les parties qui auront reçu la moindre impression du virus de la rage. Cette cautérisation doit être faite, au plus tard, dans les trente-six heures. Si on n'avait pas de fer rouge sous la main, on peut employer pour cette cautérisation le beurre d'antimoine liquide, la potasse caustique ou l'acide nitrique. Il est convenable d'entretenir l'irritation de la plaie en la recouvrant d'un vésicatoire qu'on fait suppurer longtemps (quatre à six mois). A ce traitement, il est prudent d'ajouter des frictions mercurielles (trente grammes ou huit gros d'onguent mercuriel double, en friction pour trois jours), et les antispasmodiques, tels que le camphre, l'éther, l'opium, le musc, etc.

Pour bien laver la plaie avant de cautériser, un individu monte sur une chaise, et verse avec force un seau d'eau sur la blessure. On procède ensuite à la cautérisation avec le fer rouge et un fil de fer, pour atteindre les lésions profondes; le beurre d'antimoine, au bout d'un petit tube de verre, peut servir à la cautérisation, ainsi que les acides sulfurique, nitrique, ou hydrochlorique, employés avec précaution, de manière à détruire le venin sans estropier le patient.

M. Kennedy propose comme remède immédiat une solution de sel. Plus la solution est forte, plus elle est efficace; et on ne doit point cesser de frotter la partie blessée jusqu'à ce que la circulation soit bien rétablie.

En cas de morsure d'un chien enragé, frottez la blessure pendant *plusieurs heures* avec la solution, puis étendez une couche épaisse de sel sur un linge de toile, et placez-la sur la morsure en l'assujettissant par un bandage solide. De plus, tenez la partie blessée dans un état d'humidité pendant au moins vingt-quatre heures, en pressant au-dessus une éponge trempée de temps en temps dans la solution. Après cela, mettez un nouvel emplâtre de sel que vous laisserez intact deux jours; si cette manœuvre bien simple est commencée de suite après la blessure, on peut répondre de la vie de la personne mordue; car, quel que soit le venin de l'animal, sa blessure ne sera jamais mortelle.

La méthode de M. Kennedy paraît se rapprocher de celle dont John Wesley parle dans sa *Médecine primitive.* « Mêlez, dit-il, une livre de sel dans un quart d'eau. Baignez, lavez et épongez la blessure avec cette mixture pendant au moins une heure, et attachez ensuite dessus un bandage de sel que vous laisserez sans y toucher pendant douze heures. »

M. Wesley ajoute : « L'auteur de ce remède fut mordu six fois par des chiens enragés, et se guérit toujours lui-même en suivant les préceptes indiqués. »

Si le chien qui a mordu n'a pu être observé, et qu'on soit en droit de soupçonner qu'il soit enragé, il faut se conduire comme si on était certain qu'il a été atteint de la rage.

Signes auxquels on reconnaît qu'un individu est enragé. Le malade ressent des douleurs dans la plaie; ces douleurs se portent à la poitrine, à la gorge; il a de la difficulté à avaler; à cet état, dont la durée est variable, succèdent bientôt une série de phénomènes effrayans; après un frisson, le malade est pris d'une difficulté de respirer, de mouvemens convulsifs; il a par accès des mouvemens de fureur que sa raison lui fait maîtriser; la plupart du temps, il invite les personnes qui l'approchent à se retirer; ses yeux sont fixes et brillans; tout l'irrite; tourmenté par la soif, il a horreur des boissons.

Toutefois, l'horreur de l'eau seule n'est pas un diagnostic certain de la rage; ce diagnostic est commun à d'autres affections du cerveau ou de la moelle épinière.

Précautions à prendre pendant les accès. La bave seule des enragés peut communiquer le venin. Dans les accès, il faut que deux personnes s'emparent des deux bras du malade. Dans les intervalles, il faut le coucher, tâcher de calmer son imagination, et de lui persuader qu'il n'est pas enragé.

Remède de M Salvatori. Il se forme, près du ligament de la langue, dans les premiers jours de l'hydrophobie, des pustules blanchâtres, qui s'ouvrent spontanément treize jours après la morsure. Il faut, le neuvième jour, les ouvrir avec une lancette, en faire sortir l'humeur, et laver la bouche avec de l'eau salée.

Quelques habitans de la Mayenne, pour prévenir la rage dans leurs chiens, leur enlèvent de dessus la langue une certaine fibre, dont l'inflammation paraît être cause de l'hydrophobie. Ils appellent cette opération *éverrement*, et disent : *éverrer un chien.*

Plante efficace contre l'hydrophobie. En Amérique, on a essayé, avec quelque succès, la *scutellaria lateriflora* de Linné en poudre sèche, contre l'hydrophobie. C'est une plante de bruyère, qui se multiplie aisément de graines, dans tous les terrains.

HYÈBLE. (*Jard. — Off.*) *Sambucus ebulus.* Famille des chèvre-feuilles. L'hyèble se cultive comme le sureau. Il croît spontanément dans les haies, avec d'autant plus de facilité que les bestiaux n'y touchent jamais. Sa présence est l'indice d'une bonne terre, car il ne s'établit que dans un sol excellent.

Les baies d'hyèbles donnent une couleur violette qu'on change en bleu en y ajoutant de l'alun.

Pour faire de l'eau-de-vie d'hyèbles, on en cueille les grappes mûres, on les foule comme le raisin ; au bout de quelques jours, la fermentation décolore le suc et lui donne une saveur vineuse. Quand il cesse d'être doux, on l'entonne, et on commence à distiller. On doit garnir d'une grille en osier le fond de l'alambic, pour empêcher l'eau-de-vie de contracter une saveur empyreumatique. 100 litres de baies d'hyèbles bien mûres rendent dix litres d'eau-de-vie à 18 degrés. On peut traiter de même, et avec le même succès, les baies de sureau.

HYGIÈNE. C'est l'art de prévenir les maladies. « C'est par la sobriété, la tempérance, un exercice régulier du corps et de l'esprit, disait le cardinal Solis, (mort en 1815, à 110 ans), enfin par le calme et la sérénité que j'ai su entretenir dans mon ame, que j'ai eu le bonheur de parvenir à l'âge d'un patriarche, jouissant d'une constitution plus robuste que ne l'est celle de la plupart des gens de 40 ans; et si j'ai presque en un certain point mené la vie d'un vieillard dans ma jeunesse, j'en suis bien dédommagé en me retrouvant encore jeune dans ma vieillesse. »

Toute l'hygiène est là.

Les principales choses à considérer en hygiène sont l'air, les alimens, les habitations et les vêtemens. Nous renvoyons donc à ces différens articles. Mais comme on ne saurait trop revenir sur des choses aussi essentielles, nous ajouterons des développemens généraux.

Air. (Voy. ce mot.) Dans les observations hygiéniques, l'air, sans lequel aucun animal ne peut vivre, tient le premier rang; car, suivant que ses qualités sont utiles ou nuisibles, il ôte ou entretient la santé.

Évitez, si vous êtes prudent, l'air trop chaud et l'air froid.

Le premier dissipe la partie séreuse du sang, augmente le volume de la bile, dessèche, épaissit les humeurs, et fait naître les fièvres bilieuses et inflammatoires.

La chaleur affaiblit le corps et le rend languissant ; elle nuit surtout aux personnes maigres, auxquelles l'air humide est plus favorable.

L'air froid arrête la transpiration, donne de la raideur aux solides, glace les fluides et produit les affections rhumatismales, les inflammations, etc.

Les pays modérément froids sont les plus favorables à la santé.

Dans les temps chauds, habitez les appartemens bas, exposés au nord; arrosez vos cours et vos appartemens; ornez-les de vases remplis d'eau, dans lesquels vous entretiendrez la verdure de quelques plantes.

En hiver, retirez-vous dans des appartemens dont les fenêtres soient au midi; diminuez la rigueur du froid par le feu que vous entretiendrez dans votre foyer; mais renouvelez quelquefois l'air de ces appartemens.

Si l'air est trop humide, il détruit l'élasticité des solides, diminue les sécrétions et excrétions, fait prédominer les humeurs muqueuses et séreuses, et rend le corps sujet aux fièvres pituiteuses, putrides, aux hydropisies, etc.

La pesanteur de l'air joue un grand rôle dans le système de notre organisation. C'est elle qui retient les fluides dans nos corps, et les empêche de s'échapper au-dehors. Le savant Haüy a calculé que la colonne d'air qui pèse sur un homme de médiocre grandeur est de 55,600 livres.

L'air, pour être bienfaisant, ne doit être ni trop pesant, ni trop léger. Trop léger, il irrite et dessèche les organes. Lorsqu'il est trop pesant, comme lorsque le baromètre est au-dessous de 28 degrés, il surcharge les poumons, et cause des maux de tête; il nuit surtout aux personnes nerveuses et délicates.

L'air, qui n'est point un élément, comme on l'avait cru jusqu'à la fin du 18e siècle, se compose, sur cent parties, de vingt-une de gaz oxygène ou air vital, qui entretient la respiration, la chaleur, la vie ; de 78 parties de gaz azote, impropre à ces trois fonctions, et d'une de gaz acide carbonique.

De cette combinaison de fluides résulte le danger de respirer tel ou tel air : par exemple, celui des appartemens très-clos dans lesquels il y a beaucoup de monde, ou des fleurs, ou des fruits; où l'on fait beaucoup de feu, où l'on brûle du charbon ou une grande quantité de chandelles; les églises, les hôpitaux, les salles de spectacle ou toutes autres grandes réunions, offrent aussi presque toujours une atmosphère insalubre, et qui peut occasionner des défaillances, des syncopes, des maladies putrides et même l'asphyxie.

Le voisinage des marais, des mégisseries, des tanneries, des cimetières, des cloaques, des mares, égoûts, citernes, immondices des rues, des tas de fumier, est aussi nuisible à la santé, à cause des exhalaisons putrides qui s'en échappent. (Voy. ÉPIDÉMIE.)

Alimens. (Voy. ce mot.) Que votre nourriture soit en général mélangée de substances végétales et animales.

Les premières, prises exclusivement, affaiblissent les organes de la digestion.

Les secondes, si on en fait continuellement usage, donnent trop de ton aux intestins, et épaississent les humeurs.

Nous allons passer en revue différens alimens, pour indiquer leurs qualités nutritives. Nous commencerons par les végétaux.

Les fruits acides, surtout ceux d'été, sont désaltérans, rafraîchissans et adoucissans. Ils conviennent particulièrement aux tempéramens bilieux et sanguins, pendant les chaleurs de cette saison. Mais il faut qu'ils soient bien mûrs et pris avec modération. Parmi les fruits acides, on compte les citrons, les limons, les pommes, les baies d'épine-vinette, les groseilles, les cerises.

Les fruits doux sont agréables au goût, nourrissans et d'une digestion très-facile; on range dans cette classe les cerises douces, les oranges, les abricots, qui, mangés avec leur peau, deviennent indigestes; les groseilles, le fruit du mûrier, les mûres de renard ou des haies, les pommes douces et les prunes.

Au nombre des fruits doux, il faut encore ajouter les melons, dont il faut user modérément, les concombres, la courge, les fruits de grenades, les jujubes, les dattes, communes en Égypte; l'ananas, originaire de l'Amérique méridionale; les framboises, les fraises, qui sont très-bienfaisantes; les figues, adoucissantes et fort nourrissantes; les pêches, venues de l'Amérique et de l'Asie; les raisins, très-salutaires quand ils sont mûrs et pris avec modération; ce n'est que par indigestion qu'ils deviennent quelquefois purgatifs.

Les fruits astringens ou acerbes sont les cormes ou sorbes, les coings, qui furent apportés de Crète en Italie; les nèfles, les poires, enfin les olives, qui sont aussi toniques, mais difficiles à digérer.

Les plantes potagères sont peu nourrissantes; elles contiennent beaucoup d'acide carbonique, qu'il faut en dégager par la cuisson; il est bon d'y joindre des assaisonnemens.

La chicorée est difficile à digérer quand elle est dure; le pissenlit est plus tendre. La poirée et le pourpier sont nourrissans et rafraîchissans; la laitue rafraîchit et fait dormir; les épinards sont faciles à digérer, mais peu nourrissans; l'asperge et le houblon sont fortifians, et provoquent l'évacuation de l'urine; les choux sont aussi nourrissans, mais très-venteux; les choux-fleurs et le brocoli sont plus tendres.

Le cresson, la capucine, l'estragon sont toniques, antiscorbutiques; le persil, le cerfeuil, le raifort, apéritifs et diurétiques (c'est-à-dire excitant la sécrétion de l'urine); la rave et le navet, tendres, doux et un peu diurétiques; la pomme de terre, très-nourrissante et d'une digestion facile; l'ache ou céleri, l'artichaut, sont toniques, excitent l'appétit, et favorisent la digestion; le salsifis, la scorsonère, peu nourrissans et légèrement venteux; le panais et la carotte, très-nourrissans, doux et bienfaisans; l'ail, l'échalotte, la rocambole et l'ognon excitent l'appétit, aident à digérer, poussent à la peau et aux urines.

Les champignons et la truffe passent pour aphrodisiaques, et se digèrent difficilement; la truffe, fort nourrissante, est d'ailleurs echauffante, lourde et assez malsaine.

Les céréales ou graminées, telles que froment, seigle, orge, maïs, millet, riz, etc., sont très-nourrissans.

Le pain que l'on compose de ces substances doit, pour être salutaire, recevoir une bonne préparation.

Les légumes, tels que fèves, lentilles, haricots, pois-chiches, sont venteux. L'école de Salerne a dit :

« Dépouillés de leur peau, les pois sont bons; ils sont d'une digestion facile quand ils sont verts et tendres. »

Le sagou, matière farineuse qu'on retire de plusieurs espèces de palmiers, dans les îles Moluques; le salep, que fournit la racine de l'orchis-morio, qui croît en Perse, sont des substances adoucissantes, nourrissantes et très-faciles à digérer; la fécule de pomme-de-terre possède les mêmes qualités.

Les amandes douces sont adoucissantes, quoique indigestes. L'usage des amandes amères n'est pas sans danger; on sait qu'elles sont un poison mortel pour les chiens, les renards, les porcs et la plupart des oiseaux.

Les noix sont indigestes quand on en mange beaucoup.

Les châtaignes bouillies passent pour nourrissantes, mais elles sont venteuses.

Le chocolat, composé de cacao, de sucre et d'aromates, est très-restaurant et un peu tonique; il convient aux pituiteux, aux personnes faibles et aux vieillards.

Les alimens qui nourrissent le mieux sont ceux qui renferment une quantité notable d'azote, par exemple, les tissus animaux. La nourriture d'un homme bien portant doit, selon Lagrange, contenir au moins deux parties de substances animales ou azotées, contre sept de substances végétales. Les expériences de M. Magendie sur les chiens ont prouvé que ceux qu'on nourrit exclusivement de substances non azotées meurent au bout de quelque temps dans le marasme.

Le lait, notre première nourriture, est d'une digestion très-facile; il convient surtout aux personnes faibles, épuisées; étant bouilli, il se digère moins facilement. Le meilleur est celui d'une vache de trois ans, trois mois après qu'elle a vélé.

La chaleur, le suc gastrique, et l'action des organes digestifs, coagulent le lait dans l'estomac, et le divisent en crème, fromage et petit-lait.

Ne prenez, après avoir mangé du lait, ni acides, ni vin; ils peuvent le faire fermenter et le rendre nuisible.

Le lait se compose de beurre, de crème et de petit-lait.

Le beurre est très-nourrissant; les estomacs faibles ne le digèrent pas aisément. La crème, qui n'est qu'une partie de beurre mêlée à une partie de fromage, se digère plus facilement. Le fromage est nourrissant étant frais, et facilite la digestion étant vieux; néanmoins on doit en user sobrement.

Le petit-lait est une boisson rafraîchissante, humectante, adoucissante et très-salutaire.

La substance animale qui se rapproche le plus du lait est l'œuf. Les œufs pris frais, en lait, et non durs, sont un aliment léger, convenable aux infirmes et aux personnes faibles.

Les gâteaux composés d'œufs et de farine, et bien levés, sont aussi très-bons.

La viande de bœuf nourrit plus que celle de vache et de veau; cette dernière est légère et se digère facilement. Hippocrate pense que celle de bœuf resserre un peu. La chair de mouton est nourrissante et fait transpirer. Celle de brebis est visqueuse et fade; celle d'agneau et de chevreau, tendre et facile à digérer, ainsi que celle du cochon de lait, que les anciens remplaçaient quelquefois par de petits chiens.

La chair de porc est compacte, lourde et difficile à digérer; elle diminue la transpiration. Les saucisses et boudins sont surtout fort indigestes; la chair de sanglier l'est moins; les chairs de cerf, de chevreuil, de loutre, sont d'une digestion pénible; celles de la biche et du daguet sont plus tendres; celles du lièvre et du lapin, nourrissantes et de facile digestion.

Suivant Martial, la tourde, parmi les oiseaux, et le lièvre, parmi les animaux, sont les meilleurs alimens.

La chair de renard est bonne dans le temps des vendanges, quoiqu'elle ait une odeur un peu forte, odeur que l'on peut faire disparaître en l'exposant deux ou trois jours à la gelée avant de la préparer.

Parmi les oiseaux, ceux dont la chair est la plus facile à digérer sont l'alouette, le chardonneret, la gélinotte, l'ortolan, le bec-figue, ainsi nommé parce qu'il se nourrit principalement de figues; la tourterelle, le pigeon, la perdrix rouge et grise, le pluvier doré, le vanneau, le loriot, le cul-blanc, la poule d'eau, la foulque, la sarcelle, et principalement la jeune poule, le poulet, le chapon, la poularde, le coq-d'Inde ou dindon.

Ajoutez aux oiseaux de facile digestion, le coq de bruyère, la bécasse, le râle d'eau, l'étourneau, l'hirondelle de mer, et surtout la grue.

Parmi les poissons, ceux qui se digèrent aisément sont la morue fraîche, la merluche, la sardine, le hareng frais, le turbot, le maquereau, la plie, le merlan, le lamentin, le loup marin, la sole, le rouget, la vive, la limande, l'éperlan, la dorade, la tortue de mer, la grenouille, l'huître fraîche, l'escargot, la truite, l'ombre, la vandeise, la boudelière, le barbot, le chabot, l'alose, la perche. le brochet, la carpe, la lotte et la loche.

Il n'est pas de poisson plus fécond que la carpe et la morue. Bloch a trouvé cent mille œufs dans une carpe de demi-livre, et Leuwen-Hoech, dans une morue, neuf millions trois cent quarante-quatre mille.

Au nombre des poissons dont la digestion est difficile, on compte le ton, la morue, le hareng, la sardine et le merlan salés; le goujon, la lamproie, la tanche, l'anguille, le saumon, la brême, l'esturgeon, la langouste, la chevrette, l'écrevisse de mer et de ruisseau, la pétoncule et la moule, qui cause fréquemment des éruptions à la peau.

L'usage du poisson, en général, favorise l'augmentation de la population: témoin le Japon et la Chine, où il est la nourriture la plus ordinaire.

Assaisonnemens. Les mille et mille ingrédiens épicés, acides, échauffans, irritans, aromatiques, etc., que la gastronomie a introduits dans nos ragoûts, détruisent la saveur des alimens les mieux choisis, et les empêchent souvent d'être salutaires.

Le sel ne contient pas d'aussi dangereux principes; il résout les embarras des humeurs, favorise la solution des alimens dans le suc gastrique, et augmente la sécrétion des urines.

Mais s'il est employé trop abondamment, il rend le sang âcre, échauffe la lymphe, excite des démangeaisons, produit des boutons, des dartres et autres éruptions aussi incommodes.

Loin de vos tables ces confitures échauffantes, ces champignons indigestes, cette moutarde brûlante et irritante qui, pour exciter l'appétit, cause une contraction violente dans les viscères, et dessèche les liqueurs destinées à les abreuver.

Le miel est nourrissant, laxatif, mais indigeste.

Les gâteaux faits avec du miel, et toutes les espèces de pâtisseries où le beurre et la graisse dominent, sont des alimens lourds et très-indigestes.

Le sucre est justement préféré au miel : ce végétal précieux convient beaucoup aux vieillards; mais son usage excessif noircit et carie les dents, et affaiblit les forces digestives... Il favorise la génération des vers chez les enfans.

Boissons. (Voy. ce mot.) L'eau pure et limpide fut la première boisson de l'homme. C'est aussi la plus pure et la plus salutaire ; elle est de tous les dissolvans le meilleur et le plus actif. Nulle autre ne facilite mieux la digestion.

Le vin est une boisson aussi agréable que salutaire, quand il est mêlé avec moitié d'eau.

L'usage du vin pur ne convient qu'aux vieillards, aux personnes faibles et malades.

Point de vins frelatés: ils gâtent la poitrine.

L'usage des liqueurs spiritueuses faites à l'eau-de-vie et à l'esprit-de-vin est encore bien plus funeste que celui du vin pur.

La bierre, qui se compose avec de l'eau, de l'orge, ou tout autre grain, et le houblon mis en fermentation, est une boisson nourrissante et qui rafraîchit.

L'hydromel vineux et vieux, dont on fait tant d'usage en Russie et en Pologne, est une espèce de vin très-agréable, qui ressemble beaucoup au vin d'Espagne. Il n'est point malfaisant si on en use modérément.

Le cidre fait avec le suc de pommes, lorsqu'il a éprouvé une fermentation suffisante, peut être bon pendant trois ou quatre ans; mais il vaut beaucoup mieux bu dans la première année, et immédiatement après la fermentation. C'est une boisson très-saine et très-nourrissante, dont on use beaucoup en Normandie.

Le thé, qui se fait avec des feuilles d'un arbrisseau nommé *thea* torréfiées et infusées dans l'eau, nous vient de la Chine et du Japon, où il est la boisson ordinaire des habitans, qui corrigent leurs eaux malsaines par l'usage de cette plante. Le thé pousse légèrement à la peau, et favorise la digestion. On sait que les Chinois prennent généralement toutes leurs boissons tièdes.

Mais son usage habituel affaiblit l'estomac, irrite le genre nerveux, produit les tremblemens, la paralysie, etc.

Les feuilles de l'amandier, du pêcher et du myrtille peuvent en quelque sorte remplacer le thé.

Le café est tonique, accélère la circulation et les sécrétions; il aide la digestion, convient aux personnes grasses pituiteuses, asthmatiques; mais il éloigne le sommeil, agace et irrite le genre nerveux. Il est contraire aux tempéramens sanguins, bilieux, atrabilaires, irritables; aux personnes maigres, sensibles, nerveuses; son usage habituel est malfaisant comme celui du vin.

Observations diététiques. (voy. DIÈTE.) Le point le plus essentiel, c'est de manger doucement, et de bien mâcher ses alimens. *Ce n'est pas ce que nous mangeons, mais c'est ce que nous digérons qui nous sert de nourriture et répare nos forces.*

De tous les alimens, la soupe ou potage est certainement le plus nourrissant.

Supprimez le coup de vin après la soupe ; c'est un mauvais principe que de commencer par échauffer et stimuler l'estomac.

Les personnes faibles peuvent boire un demi-verre de vin une demi-heure avant le repas.

Ne variez pas trop vos mets, et faites usage des plus simples.

« Lorsque je vois , disait Addison , ces tables modernes couvertes de toutes les richesses des quatre parties du monde , je m'imagine voir la goutte, l'hydropisie, la fièvre, la léthargie et la plupart des autres maladies , cachées en embuscade sous chaque plat. »

Faites au moins deux repas par jour ; si vous en faites un le soir , qu'il soit léger , surtout quand on se couche immédiatement après, parce que, l'estomac étant surchargé d'alimens, la digestion devient pénible.

Ne mangez jamais avant que votre digestion ne soit faite, ce qui n'a lieu que quatre heures au moins après un repas ordinaire. L'appétit est le guide qu'il faut suivre pour connaître le moment où l'on doit prendre la nourriture.

Gardez-vous d'étudier , de lire , ou de vous appliquer à quelque chose pendant le repas et immédiatement après : ce moment appartient tout entier à l'estomac; c'est celui de son règne , et l'ame ne doit agir qu'autant que cela est nécessaire pour seconder ses opérations.

Le rire, dit Hufeland, est un des meilleurs moyens que je connaisse pour faciliter la digestion. Ayez donc à table, comme faisaient les anciens, une société gaie. Ce que l'on mange au sein d'une douce joie produit un sang pur et léger.

Changez rarement votre manière de vivre.

Si les alimens sont pris en quantité modérée, ils font éprouver un sentiment de bien-être général ; si au contraire, flattés par la variété et le goût des mets, nous poussons l'ingestion des alimens au-delà de nos besoins , l'estomac refoule les poumons et rend la respiration pénible; les muscles sont dans un état d'affaissement général , et le cerveau éprouve une espèce d'engourdissement; la digestion , pour s'opérer , exige de la part de l'estomac le déploiement d'une énergie considérable ; et , malgré tous ses efforts, il ne laisse pénétrer dans les intestins qu'un chyle mal élaboré , peu réparateur et irritant. Si nous nous livrons habituellement à cette intempérance, les selles deviennent abondantes et sans cohésion; l'individu maigrit, et finit par succomber à une affection désorganisatrice des organes digestifs. Si les aliments sont pris en trop petite quantité , l'homme éprouve de la faiblesse et de l'épuisement ; le trop ou le trop peu amène les mêmes désordres.

L'alimentation doit être constamment en rapport direct avec les pertes éprouvées par l'organisation : ainsi celui qui mène une vie active devra consommer davantage que l'homme dont les occupations sédentaires l'obligent à peu de mouvemens. Il faut donner à l'estomac des alimens lorsque le besoin se fait ressentir , et cesser de manger aussitôt que le sentiment de la faim est apaisé.

De l'exercice. (voy. ce mot.) L'exercice fortifie le corps, entretient la santé et rend l'esprit plus libre et plus dispos.

Celui de la promenade est très-salutaire ; le mouvement du cheval allant doucement ne l'est pas moins.

La danse , pourvu qu'elle soit modérée , remplace avantageusement l'équitation, pour les femmes, auxquelles leur condition ne permet pas d'aller souvent à cheval.

Le véritable exercice ne consiste pas à aller en voiture; mais à mettre en mouvement toutes les parties du corps sans trop le fatiguer. On atteint ce but par la chasse , l'escrime , la natation, la gymnastique, les jeux d'escarpolette, du billard , du ballon, de la paume , du volant , des quilles , des boules , du mail , etc.

L'exercice qui consiste à monter et descendre un escalier plusieurs fois, avec charge ou sans charge, et avec plus ou moins de vitesse, est d'autant plus salutaire, qu'il agite à la fois toutes les parties du corps; il a d'ailleurs l'avantage de pouvoir être pratiqué en tout temps et lorsqu'on est forcé de se priver de ceux que nous venons d'indiquer.

Le mouvement long-temps soutenu , un exercice trop fort, échauffent et irritent ; la fièvre en est la suite , et le corps tombe dans un dépérissement funeste.

Un travail modéré, tant du corps que de l'esprit, un exercice proportionné à ce travail , une légère fatigue compensée par un repos suffisant; voilà des préceptes dont il ne faut pas s'écarter.

Surtout évitez de vous donner du mouvement immédiatement après le repas, ou pendant que la digestion s'opère. C'est avant le dîner , ou trois heures après, qu'il faut prendre de l'exercice. On ne digère jamais mieux que lorsqu'on se repose et même que l'on dort sur la digestion, parce que pendant celle-ci les forces se concentrent sur l'estomac, tandis que l'exercice les détourne et les attire vers les extrémités.

On doit surtout éviter le froid durant toute la durée de la digestion. Il en est de même des bains, si salutaires en tout autre temps , et si négligés encore de nos jours.

Sommeil et veille. Le sommeil est le silence des sens et des mouvemens volontaires; il dépend en grande partie, dit Tourtelle, de la tension modérée du *diaphragme.* Les forces étant accumulées dans le centre épigastrique (ou creux de l'estomac), le sommeil les répartit dans les organes qui en sont privés; c'est ainsi qu'on se trouve délassé après un sommeil paisible et tranquille.

Lorsqu'on s'est livré à des travaux excessifs , à des méditations trop longues , à des passions violentes, le diaphragme retient l'action que lui ont imprimée les organes; elle s'y fixe, et, les forces ne se distribuant plus à ces divers organes , on reste dans un état de lassitude qui ne permet pas de dormir, ou ne donne qu'un sommeil imparfait.

La veille, qui est l'opposé du sommeil, c'est-à-dire l'action des sens et des mouvemens libres, étant trop prolongée, dérange l'ordre des fonctions, et empêche le corps de réparer ses pertes continuelles.

Celles de la nuit sont plus préjudiciables au corps que

celles du jour, parce que la nature a fixé la nuit pour le repos et le sommeil, et qu'on ne s'affranchit pas de ses lois impunément.

Un sommeil porté à l'excès n'est pas moins contraire à la santé qu'une longue veille; il rend le corps faible, lâche, mou, efféminé, lourd, pesant; épaissit le sang, en ralentit le cours, produit un embonpoint excessif, dispose aux engorgemens, à l'apoplexie, etc.

La durée du sommeil doit être fixée selon l'âge, le tempérament, le pays qu'on habite, la saison de l'année, etc. Plus on est jeune, plus on doit dormir. On dort plus dans l'hiver et au printemps que pendant l'été; en général, sept heures de sommeil suffisent. *Septem dormire sat est juveni senique.*

La *méridienne*, ou le sommeil pris après le dîner, est salutaire à ceux qui se lèvent de très-grand matin, et dans les pays chauds; mais il faut que le sommeil soit d'une heure au plus.

Des sécrétions et excrétions. On entend par ces deux mots l'action par laquelle la nature pousse au dehors du corps les matières et humeurs nuisibles.

Les sécrétions et excrétions sont indispensables au maintien de la santé.

Les organes qui en sont chargés jouissent d'un sentiment propre, en vertu duquel ils n'admettent que des matières analogues à leur goût, et refusent tout ce qui leur répugne; mais lorsque la sensibilité de ces organes est viciée ou détruite, ils remplissent mal ou cessent leurs fonctions; et, les matières qui devaient être expulsées étant retenues, la masse du sang et des humeurs en est altérée et la santé compromise.

Le sang est la source de toutes les humeurs; celles-ci en sont sécrétées par nos divers organes.

La salive, par sa qualité savonneuse et dissolvante, est utile à la digestion. Il ne faut donc pas cracher trop souvent. Ceux qui rejettent beaucoup de salive, soit en crachant, soit en fumant, perdent l'appétit et maigrissent.

La mucosité ou humeur du nez, celle des bronches et du canal alimentaire, sont de la même nature; elles empêchent le dessèchement de ces parties. Leur excès seul est à craindre.

Rien de plus préjudiciable que la suppression des évacuations alvines (ou des intestins). Pour l'éviter ou y remédier, habillez-vous légèrement, évitez les échauffans, et livrez-vous à un exercice modéré.

Les purgatifs et les lavemens fréquens, loin de remplir le même but, y mettent obstacle en affaiblissant les organes sécrétoires.

Le défaut ou l'excès de sécrétion ou d'excrétion des urines donne naissance à une foule de maladies. Il faut donc les favoriser par un exercice doux et un bon régime, ne point retenir ce fluide, et éviter tout ce qui pourrait s'opposer à son excrétion.

La transpiration, qui nous enlève chaque jour les cinq huitièmes du poids de nos alimens, n'est nuisible que quand elle est trop faible ou excessive : insuffisante, elle cause de l'engorgement; dans le dernier cas, elle affaiblit et épuise.

Pour obtenir une douce transpiration, il faut faire de l'exercice en plein air, éviter l'humidité et surtout les affections tristes de l'ame; car la transpiration augmente ou diminue selon que ces affections sont agréables ou désagréables.

Les frictions sèches, l'usage habituel des bains, si salutaire en général, contribuent à entretenir la transpiration et fortifient le corps.

Il est très-utile à la santé de changer souvent de linge et de se baigner une fois par semaine dans l'eau tiède; mais il ne faut jamais se baigner que cinq heures après le repas. On ne doit rester qu'une heure au plus dans le bain tiède, et un quart d'heure dans l'eau courante ou dans l'eau de mer.

Des plaisirs. Il faut éviter tout excès. Les personnes faibles, celles qui ont la poitrine étroite, serrée, délicate, et une prédisposition à la pulmonie, doivent user des plaisirs d'autant plus sobrement qu'elles y ont plus de propension.

Le chancelier Bacon disait avec vérité que « les débauches de la jeunesse étaient autant de conjurations » contre la vieillesse. »

On trouvera dans le courant de cet ouvrage une multitude de règles hygiéniques, au nom des différentes maladies, et surtout à l'article des ALIMENS.

Hygiène de la femme grosse. Nous avons indiqué à l'article GROSSESSE l'hygiène de la femme grosse : elle se réduit à peu de choses : air pur, alimens légers et peu nombreux, boissons non irritantes, point de compression, point de refroidissement, exercice à pied, bains tièdes généraux, sangsues s'il y a pléthore vers quatre mois et demi, frictions et fomentations à l'approche du terme, et après l'accouchement lorsqu'il y a des coliques.

Hygiène de l'enfant. (Voy. ENFANT.)

Hygiène des gens de campagne. Il est certaines infirmités qui naissent de leur profession et qu'ils ne peuvent pas toujours éviter. L'air ordinairement si pur des campagnes se charge quelquefois de miasmes contagieux ou délétères. Des maladies épidémiques se propagent sur une étendue considérable; des maladies endémiques ravagent annuellement quelques hameaux ou villages placés sur un terrain insalubre. Des circonstances inhérentes à leurs travaux, à leur manière de vivre, les disposent plus particulièrement à certaines maladies aiguës ou chroniques.

Ainsi les coups de soleil et les inflammations des meninges (partie du cerveau) se rencontrent plus fréquemment chez les cultivateurs occupés à faucher les foins ou à moissonner les blés. Les vignerons et tous ceux qui sont destinés à bêcher la terre se trouvent plus exposés aux suppressions de la transpiration, aux irritations et inflammations du poumon, de l'estomac ou des intestins. Au printemps, les rhumatismes aigus sont fréquens parmi eux, puis à l'automne viennent les dyssenteries, et quelquefois des épidémies très-meurtrières.

Alors aussi arrivent les fièvres dites intermittentes, principalement dans les vallons, où l'air n'est pas renouvelé et rafraîchi, dans les lieux bas où les eaux stagnent, où les fumiers croupissent, où les feuilles des arbres entassées se putréfient et détruisent, dans cet état de mort et de décomposition, le bien qu'elles avaient produit lorsque, vertes et en pleine végétation, elles chargeaient l'air de leurs exhalaisons salutaires.

Les embarras du foie et de la rate, qui suivent souvent

55

ces fièvres, finissent par donner naissance à des hydropisies presque toujours incurables, lorsque les engorgemens de la rate et du foie sont considérables et anciens, ou qu'ils se rencontrent chez des hommes habitués aux excès du vin ou de l'eau-de-vie.

Les affections rhumatismales, marquées au printemps par un caractère aigu et inflammatoire, affectent dans l'automne une marche chronique, et se manifestent par des douleurs vagues, qui se fixent rarement sur une partie, se déplacent avec facilité, affectent différens organes, quittent les muscles et les membranes pour se porter sur la tête, la poitrine, l'estomac, les intestins, et se produire sous différentes formes.

Ces déplacemens continuels peuvent, en attaquant les poumons, produire l'asthme, la phthisie, et surtout les toux rebelles et opiniâtres des catarrhes pulmonaires de longue durée.

Plus susceptible de céder aux sudorifiques, au kermès, au polygala, aux eaux minérales chaudes, qu'aux adoucissans, aux gommes, aux pectoraux, cette toux peut amener la pulmonie sans suppuration.

Les hernies sont fréquentes chez les laboureurs. Des cris excessifs dans leur enfance, ou de trop lourds fardeaux soulevés dans un âge plus avancé, en sont ordinairement la cause.

Le défaut de linge, la malpropreté, la facilité des contacts, rendent extrêmement communes parmi eux les maladies de la peau. La gale est en permanence dans plusieurs familles (en Bretagne par exemple), les dartres sont héréditaires dans quelques autres. La teigne s'observe fréquemment. Les poux attaquent les enfans et quelques vieillards. Du soin et de la propreté pourraient prévenir ces maladies.

Les ulcères aux jambes, compliqués de varices, ou entretenus par une affection dartreuse, sont répandus dans toutes les classes des cultivateurs; ils se forment souvent à la suite des immersions dans les mares ou les ruisseaux où l'on fait rouir du chanvre.

L'immersion sans précaution dans l'eau froide, soit pour le rouissage du chanvre, soit pour le lavage des lessives, amène souvent la suppression des règles chez les filles des cultivateurs.

Indiquer les causes de la plupart des infirmités que ces derniers ont à craindre, c'est leur donner le moyen de les prévenir, lequel consiste à éviter ces causes.

La nature a multiplié dans la campagne les ressources propres à conserver la santé, telles que l'air pur, les eaux fraîches et limpides, les simples qui produisent des sucs salutaires, d'excellent laitage, etc., etc. Mais l'ignorance et les préjugés ont introduit mille usages propres à rendre son retour plus difficile.

Le laboureur malade est en général ennemi de la diète, qui est cependant le plus sûr moyen de guérison. Il ne comprend pas que ce n'est point ce que l'on entasse dans ses intestins qui peut rétablir les forces, mais seulement ce que l'estomac peut digérer. S'il perd l'appétit, il s'inquiète davantage; car, pour lui, le vin et la poule au pot sont le remède universel.

Puis si la maladie se prolonge, si les rechutes se multiplient, le laboureur se décourage, s'ennuie des sages lén-

teurs d'un régime qui l'eût infailliblement rétabli, pour se livrer à l'empirisme et aux charlatans. Les remèdes les plus absurdes, les plus âcres, les plus incendiaires, les plus dégoûtants, sont reçus avec reconnaissance, pourvu qu'ils paraissent nouveaux et peu coûteux. Alors les fioles, les sachets, les baumes, etc., etc., sont mis en usage. Il vaudrait beaucoup mieux ne rien faire du tout que de recourir à de pareils remèdes.

Si la maladie empire par de semblables moyens, comme il arrive presque toujours, c'est alors le tour des sorciers dont on pense qu'elle est l'ouvrage; c'est un sort qui a été jeté sur le malade, et dès lors il ne peut être guéri que par les prétendus devins que l'on s'empresse de consulter. Car, à la honte de notre siècle, il s'en présente encore dans plusieurs de nos départemens. D'autres, ne croyant ni aux devins ni aux sorciers, ont recours à des pèlerinages coûteux, à des vœux, des pratiques, restes de l'alliance du paganisme avec les superstitions des temps barbares et désavoués par la vraie religion.

Que les cultivateurs renoncent à la mauvaise habitude d'amasser les fumiers pour les engrais devant leurs étables et même devant leurs maisons; car les exhalaisons qui s'en élèvent en grande abondance gâtent l'air qu'ils respirent. Qu'ils fassent rouir leurs chanvres dans des eaux courantes.

Les terrassiers, les vignerons, les moissonneurs, les ouvriers des routes ou cantonniers, qui sont obligés de se tenir sans cesse courbés, restent dans cette situation gênante lorsqu'ils sont parvenus à un certain âge. On voit souvent ces ouvriers pliés en deux et hors d'état de travailler. Lorsque cet état est ancien, il est sans remède; mais ils pourraient, dit Fourcroy, le prévenir en se courbant moins, en se relevant plus souvent, en se faisant tous les jours sur l'épine des frictions douces avec une flanelle imbibée d'huile.

Lorsque les habitants des campagnes sont pris de fièvre ou de malaise, ils doivent faire diète, ou au moins diminuer leurs alimens, boire de l'eau pure, que l'on rend plus légère en la transvasant souvent; ne pas s'étouffer sous des couvertures, ouvrir les fenêtres de leurs chambres, écarter la foule de leurs parens et des commères qui viennent, par leur haleine, corrompre encore l'air malsain qu'ils respirent. Lorsque le voisinage le leur permet, qu'ils ne manquent pas d'appeler à leur secours des médecins instruits qui tous se font un devoir de visiter et soigner le pauvre comme le riche.

MM. les maires, MM. les curés et tous autres qui sont à portée de veiller à la conservation de la santé des habitants, doivent écarter d'eux tous les guérisseurs ambulans et sans titre, qui ne s'introduisent dans les communes que pour y faire des dupes.

Nous terminerons cet article par les avis suivants :

1° Que les habitants de la campagne s'exposent le moins possible aux chaleurs du soleil, de peur d'éprouver le sort de ces malheureux moissonneurs dont parle le fameux docteur Vanswieten, qui, pour avoir dormi nu-tête sur du foin à l'ardeur du soleil, moururent en 24 heures d'une inflammation des membranes du cerveau. Chaque année, malgré ces sévères avertissements, de pareilles imprudences se renouvellent et sont suivies des mêmes effets.

2° Qu'ils aient soin de ne pas boire de l'eau de source, qui est très-froide, lorsqu'ils se trouvent altérés par leurs travaux ; mais qu'ils attendent jusqu'à ce qu'ils aient moins chaud. De l'eau raisonnablement fraîche, mêlée d'un peu de vinaigre, est une boisson salutaire, et qui les désaltérera beaucoup mieux que toute autre liqueur.

5° Que pendant une grande transpiration, ils évitent de se reposer dans des endroits trop frais, ou sur des bancs de pierre ; car cette imprudence peut leur causer de violentes coliques, des hémorrhoïdes, et même la mort.

4° Ils seront à l'abri des coups de soleil en conservant sur leurs têtes des chapeaux de paille larges, légers et peu coûteux.

5° Ils éviteront les hernies et les douleurs en s'abstenant de lever de trop pesans fardeaux, en diminuant leurs efforts dans le travail. Ils ne doivent jamais, par ostentation, faire une épreuve inutile de leurs forces, comme de vouloir lever des tonneaux pleins, des charrettes et autres poids pareils.

6° En modérant leur travail, en continuant par l'exercice de leur corps d'entretenir la transpiration, ils éviteront les rhumes, les érysipèles, les coliques et toutes les maladies du bas ventre, auxquels ils sont sujets, et qui ont pour cause la suppression de la sueur, causée par le passage subit du chaud au froid.

7° Qu'ils prennent une nourriture saine, et évitent de rester sans manger des journées entières, ou de trop manger, ce qui est pis encore.

8° Qu'après leur travail, ils se lavent les mains dans de l'eau froide, et les essuient avec du linge très-sec.

9° Le quinquina, à la dose d'un gros par jour, les délivrera de la fièvre putride ou intermittente mieux que les lettres cabalistiques, les baguettes de coudre et les autres rêveries de ce genre.

HYMEN. (JEU DE L') (*Récr. dom.*) L'hymen est un jeu maintenant oublié : on y joue avec des dés et des jetons; le nombre de joueurs s'étend de deux à vingt; le tableau figuré est composé de 90 cases analogues aux peines et aux plaisirs conjugaux. Les règles sont celles du *jeu de l'Oie.* (Voy. OIE.)

HYPOCHERIS. (*Jard.*) (*Hieracium.*) Famille des chicoracées. Cette plante des Alpes est recherchée de tous les animaux brouteurs, et peut être mêlée aux herbages des prairies. (Voy. HERBAGES.)

HYPOCHONDRIE. (*Méd. dom.*) Le mot d'hypochondrie est employé pour désigner les souffrances réelles qu'engendrent des causes imaginaires, la sensibilité du système nerveux, les rêveries d'un esprit morose. Pour le traitement curatif; nous renvoyons à Molière.

HYPOCRAS. (*Off.*) Mettre deux litres de vin dans un vase de terre avec une livre de sucre concassé, un demi-verre de bonne eau-de-vie, six amandes douces, une petite feuille de fleur de muscade ou macis, vingt-quatre gousses de coriandre concassées, un ou deux grains de poivre blanc, un peu de poivre long, un demi-gros de canelle; remuer pour faire fondre le sucre, laisser infuser une heure; ajouter un demi-verre de lait; passer le tout à la chausse; mettre en bouteilles, et boucher hermétiquement.

HYPOTHÈQUES. (*Cod. dom.*) Les formalités exigées par la loi pour la régularité de l'inscription hypothécaire sont presque toutes prescrites à peine de nullité ; il est donc de la plus haute importance que ceux au profit desquels ces inscriptions sont prises, examinent avec une scrupuleuse attention si aucune formalité n'a été omise.

L'inscription se forme sur la représentation de deux bordereaux et du titre d'où elle résulte ; il est en général prudent de confier la rédaction des bordereaux à un praticien ; mais cela n'exclut pas la surveillance du créancier.

Les bordereaux doivent être écrits sur papier timbré ; l'un d'eux peut être porté sur l'expédition ou grosse du titre ; le conservateur en garde un, et remet l'autre au créancier, avec la mention de la date, du volume et du numéro de l'inscription qu'il a formée sur ses registres.

Les bordereaux doivent contenir, à peine de nullité :

1° Les nom, prénoms, domicile du créancier, sa profession, s'il en a une, et l'élection d'un domicile dans un lieu quelconque de l'arrondissement du bureau ;

2° Les nom, prénoms, domicile du débiteur, sa profession, s'il en a une connue, ou une désignation individuelle et spéciale telle que le conservateur puisse reconnaître et distinguer, dans tous les cas, l'individu grevé d'hypothèques, la date et la nature du titre;

Le montant du capital des créances exprimées dans le titre, ou évaluées par l'inscrivant, pour les rentes et prestations, ou pour les droits éventuels, conditionnels ou indéterminés, dans le cas où cette évaluation est ordonnée; comme aussi le montant des accessoires de ces capitaux;

L'époque d'exigibilité;

L'indication de l'espèce et de la situation des biens sur lesquels il entend conserver son privilège ou son hypothèque. (C. C. art. 2148.)

Toutefois, cette dernière disposition n'est pas nécessaire dans le cas des hypothèques légales et judiciaires, une seule inscription frappant tous les immeubles situés dans l'arrondissement du bureau. (Ibid.)

Si le capital produit intérêt, le créancier a droit d'être colloqué non seulement pour son capital, mais pour deux années, et l'année courante des intérêts au même rang ; s'il lui était dû plus de deux années, et l'année courante, il ne pourrait conserver les droits d'hypothèque pour ces nouvelles annuités, qu'en formant des inscriptions particulières qui ne porteraient hypothèque qu'à compter de leur date, pour les arrérages autres que ceux conservés par la première inscription. (C. C. art. 2151.)

Les frais d'inscription sont, en règle générale, à la charge du débiteur ; l'avance en est faite par l'inscrivant.

Formule de bordereau.

Bordereau d'inscription de créance hypothécaire.

Au profit de (nom, prénoms, domicile du créancier, sa profession, s'il en a une), *qui élit domicile* (l'élection du domicile doit être faite dans l'arrondissement du bureau);

Contre M. (nom, prénoms, domicile du débiteur, sa profession, s'il en a une connue, ou désignation suffisante pour le faire reconnaître du conservateur);

Pour sûreté et conservation de la somme de   ,
montant en principal d'une obligation souscrite par M.
*   , au profit de M.   , suivant acte*
passé devant M^e   , qui en a la minute, et son
collègue, notaires à   ,
le
Laquelle somme a été stipulée exigible dans
années, à partir du jour de l'obligation, c'est-a-dire le
ci. . . . . » f. » c.

Ou bien *pour sûreté et conservation de la*
somme de   , capital non exigible,
mais nécessaire pour assurer le service de la
rente viagère, créée et constituée par M   ,
au profit de M.   , par contrat passé
devant, etc., ci . . . . »   »
Deux années d'intérêts (ou d'arrérages), et
l'année courante, dont la loi conserve le rang . »   »
Frais et mises à exécution   mémoire.

Total . . . . . . »   »

☞ *En conséquence, M. le conservateur du bureau des hypo-*
thèques de   , est requis d'inscrire sur ses registres
l'hypothèque résultant du titre sus-énoncé spécialement
sur (indiquer l'espèce et la situation des biens, comme, par
exemple : *deux pièces de terre situées à   ,*
canton de   , arrondissement de   ,
département de   ; la première, de la conte-
nance de   hectares, tenant du levant à   ,
du couchant à   , au nord à   , au midi
à   ).
Fait à   , le
Le bordereau doit être signé par l'inscrivant ou par son
fondé de pouvoirs.

De l'inscription des hypothèques légales. La loi accorde aux femmes mariées, aux interdits et aux mineurs,
une hypothèque indépendante de l'inscription, et qui
a, pour ce motif, été appelée légale. Il est du plus haut
intérêt pour les mineurs, les interdits et les femmes
mariées, que leur hypothèque soit inscrite, quoique la
loi l'inscrive pour ainsi dire d'office, parce que, lorsqu'elle n'a pas été portée sur les registres du conservateur, il suffit pour la purger, en cas de vente, de formalités très-simples, qui sont indiquées aux articles 2193 et
suivans du Code civil, et aux avis du conseil - d'état des
1er juin 1807, et 5 mai 1812; et ces formalités sont de
telle nature, qu'il est possible que la femme ou ses parens, que le subrogé tuteur du mineur ou de l'interdit, ou
leurs parens, n'en aient aucune connaissance; et ces hypothèques étant valablement purgées par l'accomplissement
de ces formalités, l'immeuble passerait aux mains du nouvel acquéreur libre d'hypothèques, et le mineur, l'interdit
ou la femme mariée, verraient leurs droits péricliter.

L'inscription des droits d'hypothèque légale se fait aussi
sur la représentation de deux bordereaux; mais il n'est pas
nécessaire qu'ils contiennent toutes les énonciations portées au bordereau qui précède; il suffit qu'ils mention-
nent :

1° Les nom, prénoms, profession et domicile réel du

créancier, et le domicile qui sera par lui ou pour lui élu
dans l'arrondissement;

2° Les nom, prénoms, profession, domicile, ou désignation précise du débiteur;

3° La nature des droits à conserver, et le montant de
leur valeur quant aux objets déterminés, sans être tenu
de la fixer quant à ceux qui sont conditionnels, éventuels,
ou indéterminés.

Le tuteur et le subrogé-tuteur du mineur ou de l'interdit doivent faire inscrire l'hypothèque légale sur les biens
du tuteur; la loi les déclarant responsables des conséquences qui pourraient résulter de leur négligence.

Le mari doit également former l'inscription d'hypothèque légale de sa femme sur ses propres biens, et il y a des
cas où le défaut de déclaration de l'existence de ces hypothèques pourrait faire déclarer stellionataire le tuteur ou
le mari; la femme, ses parens ou alliés, les parens ou alliés des mineurs ou interdits, peuvent aussi provoquer l'inscription et même la former eux-mêmes.

HYSOPE. (*Hyssopus officinalis.*) Famille des labiées.
Arbuste du midi, à tiges effilées, munies de feuilles qui
varient du bleu au rouge ou blanc, propre aux bordures de
grands jardins; multiplication de graines en mars, de boutures et d'éclats; toute la plante, et surtout les sommités
fleuries, fortement aromatiques et d'une saveur âcre, sont
réputées excitantes et expectorantes. On les emploie en infusion dans les catarrhes, à la dose d'une pincée pour une
pinte d'eau. En poudre, l'hysope a des vertus fébrifuges
et vermifuges.

HYSTÉRIE. (*Méd. dom.*) L'hystérie est une maladie
particulière aux femmes. Nous allons en exposer les symptômes.

Symptômes de l'hystérie. Chute subite, attaques convulsives, secousses violentes; l'hystérique est haletante,
frémit de la tête aux pieds; les yeux sont fermés, et les
paupières agitées d'un frémissement continuel. Quelquefois
la malade, immobile, l'œil fixe, insensible aux excitations
extérieures, semble en extase, et considère tout ce qui
l'environne d'un air stupéfait. Bientôt elle tombe sans connaissance, et demeure long-temps dans un état d'immobilité. Pendant les accès la face est chaude, si l'hystérique
est grasse; la respiration est bruyante et pénible; l'hystérique porte ses mains à son cou, semble vouloir écarter
un obstacle, saisit les personnes qui approchent. Les accès
se terminent par une explosion de pleurs et de sanglots.
Ces accès sont précédés de phénomènes nerveux, de variations dans l'humeur, de caprices, d'envies de rire
subites.

Quelquefois l'hystérique sent une constriction à la gorge,
et dans le ventre le roulement d'une boule qui, de l'hypo-
gastre, remonte jusqu'à la poitrine, où elle produit de
la suffocation; le ventre est gonflé, plein de gaz; le cœur
palpite violemment.

Causes prédisposantes de l'hystérie. L'hystérie ne se
manifeste guère que de quinze à trente ans; elle affecte de
préférence les constitutions nerveuses, les femmes grasses,
sanguines, dont la menstruation n'est pas régulière; chez
ces dernières, les attaques reviennent principalement à
l'époque des règles.

À ces causes il faut joindre un amour contrarié ou ja

loux, des conversations ou des lectures propres à exciter les sens, l'abstinence ou l'abus des plaisirs sensuels, la fréquentation des bals, une température trop élevée, les suppressions, de vives contrariétés morales.

Durée de l'hystérie. La durée de l'hystérie n'a rien de fixe ; les accès se répètent surtout avant ou après l'époque menstruelle ; elle peut durer long-temps, mais elle ne dépasse presque jamais la quarantième année. Seule, elle ne suffit jamais pour entraîner la mort ; lorsqu'elle se prolonge, elle communique à tout le système nerveux une excessive irritabilité.

Pour faire cesser les attaques, il faut, s'il est possible, entourer le malade d'un air frais, enlever les constrictions appliquées autour du corps. L'inspiration de vapeur d'éther, quelques gouttes de cette liqueur instillées dans la bouche, de l'eau froide projetée à la figure, sont, dans les attaques d'hystérie, des moyens vulgaires employés souvent avec succès, mais ils sont loin de toujours suffire. Dans les constitutions pléthoriques, chez les personnes mal réglées, la saignée est le principal remède, les lavemens à l'eau froide, à l'assafœtida, à la dose de dix grains délayés dans un jaune d'œuf, ont été expérimentés avec avantage. On recommande aussi l'usage fréquent des bains tièdes, d'applications fraîches sur la tête; l'exercice du corps doit être considéré comme un excellent moyen de traitement ; de simples promenades à pied, l'équitation, la natation, les bains de mer, les eaux, les voyages, seront conseillés suivant les saisons et la fortune des malades.

Si les jeunes filles pléthoriques, affectées d'hystérie, se marient, en remplissant leur devoir de mères dans toute leur étendue, et en allaitant elles-mêmes leurs enfans, elles pourront compter sur la disparition de la maladie.

Il est bien entendu qu'on ne saurait opérer une guérison si, à l'emploi des remèdes, on n'ajoutait un régime hygiénique capable d'éloigner toutes les causes prédisposantes.

I.

IBERIDE. (*Jard.*) *Iberis semper virens*. Plante vivace des Alpes, de la famille des crucifères. On en connaît une vingtaine d'espèces, presque toutes d'Europe. Fleurs blanches et en ombelles d'avril en juin ; terre légère et chaude ; tondre la fleur après la floraison ; séparation des pieds au mois de septembre, ou en les levant tout-à-fait, en marcottes, ou enfin semis en mars. Elle donne peu de graines.

ICAQUIER. (*Chrysobalamus icaco.*) Arbrisseau de la famille des rosacées, auquel on reconnaît quelques rapports avec les pruniers et les amandiers. Son fruit est un drupe de la grosseur et de la forme de la prune de Damas, d'un rouge pourpré, violet ou jaunâtre : on le mange aux Antilles et dans une partie de l'Amérique méridionale. Dans les colonies espagnoles où il porte le nom d'hicacos, on en compose une sorte de confitures d'un goût exquis ; on les apporte en France dans des boîtes de fer-blanc verni très-solides.

ICTÈRE, ICTÉRICIE ou JAUNISSE. (*Méd. dom.*) Maladie dont le principal phénomène est la coloration de la peau en jaune. Elle survient le plus souvent à la suite d'une émotion très-vive, d'une grande frayeur, d'une colère violente ou d'un chagrin profond ; quelquefois après un excès de table, ou après l'usage intempestif d'un émétique. Toutes les causes mécaniques qui mettent obstacle au cours de la bile produisent nécessairement l'ictère.

La coloration en jaune des tégumens, qui constitue l'ictère, peut être générale ou partielle ; elle commence ordinairement par le blanc des yeux, et s'étend de là au visage et au reste du corps. L'origine des membranes muqueuses, les ongles, la surface supérieure de la langue, jaunissent rapidement ; l'urine devient safranée, la salive et les crachats, quelquefois même la sueur, offrent une nuance analogue ; les matières fécales, au contraire, sont ordinairement grisâtres et cendrées. Les digestions sont communément troublées ; quelques malades ressentent de la démangeaison à la peau ; la coloration en jaune n'est pas également prononcée dans les diverses régions, elle présente aussi des nuances variées chez les divers sujets.

Le développement de l'ictère est ordinairement assez lent : sa durée moyenne est de quatre à six semaines. Le diagnostic en est évident ; la terminaison de cette maladie, lorsqu'elle n'est pas liée à une autre, est presque toujours spontanée. Les boissons acidulées, la limonade, l'orangeade, la tisane de carottes, la solution d'oxymel simple, sont généralement employées ; on y joint quelques tasses d'une infusion amère de chicorée, de pissenlit, avec ou sans addition d'un sel laxatif, selon l'état du ventre. Les pilules de savon et de mercure doux sont aussi employées. On joint à ces moyens une diète légère et végétale, la distraction et l'exercice.

Ictère des nouveaux-nés. On nomme ainsi la coloration en jaune qui survient presque immédiatement après la naissance chez le plus grand nombre des enfans. Cet ictère n'a communément rien de fâcheux ; toutefois on a observé que lorsqu'il préexiste à la naissance, l'enfant succombe presque toujours. Celui qui survient après se montre communément vers le second ou le troisième jour, et se dissipe peu à peu dans l'espace d'une semaine, et souvent plus promptement encore. Il n'exige aucun remède; seulement dans le cas où il serait causé par la rétention du méconium, il faudrait en solliciter l'expulsion à l'aide d'un laxatif doux, tel que le sirop de chicorée composé à la dose de deux gros environ.

ICHTHYOSE. (*Méd. dom.*) Maladie dans laquelle la peau se recouvre d'écailles sèches, blanches et imbriquées, d'éminences en forme de cornes et de griffes, ou devient rugueuse et ridée. On en distingue trois espèces qu'on a distinguées par les dénominations de nacrée, cornée et pellagre. Ces affections sont endémiques dans quelques lieux; leurs causes sont fort obscures. Le traitement consiste à éloigner les causes connues ou présumées de la maladie, à soumettre les malades à un régime doux, à conseiller le changement de climat à ceux qui habitent un pays dans lequel l'ichthyose est endémique.

IDÉE. (*Mor. dom.*) Connaissance que l'ame prend des objets dont l'image lui est transmise par les sens.

Avant l'âge de la raison, l'enfant ne reçoit pas des idées, mais des images; il y a cette différence entre les unes et les autres que les images ne sont que des peintures absolues des objets sensibles, et que les idées sont des notions des objets déterminées par des rapports. (J. J. ROUSSEAU.)

IDIOTISME. (*Hyg.*) Espèce d'aliénation mentale causée par l'oblitération plus ou moins complète des organes de l'entendement et des affections morales. Elle peut exister après la naissance de l'individu, ou être causée par une lésion accidentelle du cerveau. L'idiotisme se présente sous plusieurs formes; la plus grande partie des êtres malheureux qui en sont atteints, sont réduits à une vie entièrement mécanique; les instincts animaux et les besoins matériels sont seuls capables de les émouvoir. Cette maladie est en général stationnaire et incurable. Comme on ne doit jamais espérer de guérir les infortunés qu'elle affecte, il faut user des plus grands ménagemens dans les rapports qu'on a avec eux, car ils sont en général excessivement susceptibles et craintifs. Le meilleur moyen de rendre les fous supportables et de les faire agir avec une apparence de raison, est de tâcher de prendre sur eux quelque influence morale, ou de se les attacher par la reconnaissance, sentiment qu'ils sont presque tous en état d'éprouver. Dans presque toutes les villes de France, on rencontre quelques misérables qu'on ne peut voir sans dégoût, dont l'idiotisme est poussé à un degré extrême par l'abandon dans lequel on les y laisse. Il serait bon de porter remède à ce vice de la société, et de reléguer dans un asile, consacré à cet usage par la charité publique, ces espèces d'animaux humains, qui n'ont besoin que de respirer l'air et de vivre tranquillement, mais qu'on transforme souvent en bêtes féroces en laissant les enfans en faire les instrumens de leurs jeux cruels.

IF. (*Jard. — Conn. us.*) *Taxus.* On donne ce nom à un arbre de la famille des conifères et de la diœcie monadelphie, qui vient naturellement en Europe dans les lieux âpres et montagneux, et que l'on cultive pour orner les bosquets d'hiver et les grands jardins. Cet arbre est le

taxus baccata de Linnée; son fruit est une sorte de baie rouge. Il doit être cultivé dans une terre franche, légère et fraîche; on plante les jeunes pieds en mottes à leur troisième année et en mai. — Les feuilles ont été recommandées contre l'épilepsie. (Voy. JARDIN, VINAIGRE.)

Les arcs les plus estimés des anciens étaient faits de bois d'if. On peut tourner ce bois, en faire des dents, des roues de moulin, des essieux de charette, des meubles d'un jaune brillant, relevé par des marbrures rembrunies; il prend un beau poli et n'est pas sujet à gercer.

IMMEUBLES. (*Cod. dom.*) On appelle immeubles des biens fixes qui ont une assiette certaine, et qui ne peuvent être transportés d'un lieu à un autre : comme sont les terres, les bois, les vignes, les maisons. On appelle *immeubles ameublis* ceux qui sont réputés meubles par fiction, et *immeubles fictifs* ou *par fiction* ceux qui n'étant pas de vrais corps immeubles, sont néanmoins considérés comme tels.

IMMONDICES. (*Conn. us.*) Le chlorure de chaux sec a été employé avec succès pour désinfecter les immondices. Des expériences ayant été faites, on reconnut que pour désinfecter un pied cube de terre à demi liquide, du poids de 10 kilogrammes, il fallait 576 grammes de chlorure de chaux sec. La même expérience répétée sur un pied cube de terre plus solide et du poids de 10 kilogrammes 50 décagrammes, démontra qu'il fallait pour cette dernière désinfection 620 grammes de chlorure de chaux. Ainsi, par ce moyen, attendu le bon marché du chlorure, on voit qu'il serait facile, à très-peu de frais, de débarrasser de l'infection un grand nombre d'eaux stagnantes, ou de terres infectes, comme on en rencontre beaucoup dans une grande partie des villages de France, et dans les terrains que l'écoulement continuel des eaux expose à cet inconvénient. (Voy. CHLORE, COMPOST, ENGRAIS.)

IMMORTELLE. (*Jard.*) *Xeranthemum.* Famille des corymbifères. Plante annuelle de la Nouvelle-Hollande. Fleurs en juillet jusqu'en octobre, grandes, d'un jaune doré et brillant, se conservant pendant plusieurs années, si on les cueille avant de laisser former la graine. Semis en avril, à bonne exposition et en terreau; elle se ressème ensuite d'elle-même, et ne se perd plus si on ménage le plant en sarclant.

Cette plante est apéritive, vulnéraire et hystérique.

IMPÉRATOIRE ou BENJOIN FRANÇAIS. (*Jard. — Méd. dom.*) Racine vivace, de la grosseur du pouce et garnie de fibres, genouillée, brune en dehors, blanche en dedans, d'un goût très-âcre, aromatique, un peu amer, qui pique fortement la langue, ce qui échauffe toute la bouche. Fruits fins, à deux graines aplaties, presque ovales, un peu rayées et bordées d'une aile très-mince. Lorsqu'on fait une incision dans la racine de l'impératoire, dans les feuilles ou dans la tige, il en découle une liqueur huileuse d'un goût aussi âcre que le lait du tithymale.

La racine est sudorifique, dissipe les vents de l'estomac, des intestins et de la matrice.

Elle aide la digestion, et facilite la respiration; elle est regardée comme un excellent remède pour rétablir les menstrues.

Il faut la choisir récente, saine, d'une bonne odeur et sans poussière. Il faut remarquer qu'elle a le défaut de se piquer très-facilement et de perdre son odeur.

On la tire principalement de l'Auvergne, des Alpes et des Pyrénées.

IMPÉRIALE (JEU DE L'). (*Récréat. dom.*) C'est un des jeux de cartes les plus intéressans, quoique cependant il le soit moins que le piquet.

On joue ordinairement à deux à l'impériale.

Avant de commencer, l'on détermine la valeur du jeu et le nombre d'impériales qui composera la partie.

Le donneur, après avoir bien mêlé les cartes, donne alternativement à son adversaire et à lui-même douze cartes par trois à trois, ou quatre à quatre ; il tourne ensuite la carte qui suit, dessus le talon (la vingt-cinquième) et la laisse dessus. Cette carte, nommée la *retourne*, marque la *triomphe* ou l'*atout*. Souvent, lorsqu'il tourne d'un as ou d'un roi, le donneur peut les prendre, pourvu qu'il ait le sept de même couleur, qui lui sert à remplacer cette retourne. Qu'il ait ou non ce privilége, il marque un point pour la retourne dans ces deux cas.

Chaque joueur a cinq jetons, qui lui servent à marquer. Lorsqu'on n'a pas déterminé le nombre des impériales, et que par conséquent la partie n'est point liée de cette manière, c'est celui qui a plus tôt fait passer ses jetons de sa gauche à sa droite qui gagne.

Quatre points se marquent avec un jeton, et ainsi de suite, toujours un jeton par chaque fois quatre points, jusqu'à ce qu'on en ait six de marqués ; car alors on échange les six jetons contre une fiche qui vaut vingt-quatre points ; cette fiche est dite *impériale*, parce que chaque impériale vaut un nombre égal. Lorsqu'on a autant de fiches que l'on doit avoir d'impériales, d'après la convention, on a gagné la mise ou l'enjeu.

Les cartes ont leur valeur ordinaire.

Le jeu de l'impériale a des cartes qui portent le nom d'*honneur*. Pour un jeu de trente-deux cartes, les honneurs sont le roi, la dame, le valet, l'as et le sept ; et pour un jeu de trente-six, on ajoute le six à ces cartes.

Le donneur qui tourne un des honneurs marque un jeton ; le joueur qui coupe avec un des honneurs de triomphe, ou qui, en commençant à les jouer, fait la levée, marque autant de jetons, qui valent chacun quatre points, qu'il a levé par ses honneurs. Mais quand vous jouez un honneur qu'emporte un honneur plus fort, ou que cet honneur de plus grande force vous force à mettre un honneur plus faible, comme la dame sur le roi, ou le valet sur la dame, etc., le joueur qui a saisi le plus faible honneur avec son plus fort, les compte tous les deux pour lui. Pour esquiver ce coup, il n'est pas permis de refuser un honneur quand on en joue.

Voici quels sont les différens points que l'on compte, et qui, assemblés, composent une fiche ou impériale ; ces points peuvent être effacés lorsqu'ils sont au-dessous de vingt-quatre ou de six jetons. Par exemple, si l'un des joueurs avait du coup précédent vingt points ou moins, et que son adversaire eût une impériale en main, ou retournée, lorsqu'elles ont lieu, ce dernier rendrait nuls les vingt points de l'autre, qui serait obligé de démarquer ; tout en l'obligeant ainsi de démarquer, il ne démarquerait point lui-même, à moins que son adversaire, se trouvant aussi une impériale en main, l'obligeât d'effacer également ses points antérieurs s'ils étaient au-dessous de vingt. C'est ainsi que

les parties se prolongent, tout en rendant le jeu vif, piquant, et le semant de retours variés. En commençant à marquer la première impériale de six jetons assemblés, on efface également le nombre inférieur de points que peut avoir l'adversaire. La partie dure jusqu'à ce qu'un des deux joueurs ait fait la quantité d'impériales ou de fiches à laquelle est fixée la partie.

IMPERMÉABILITÉ. (*Ind. dom.*) Qualité de certains corps qui ne livrent point passage à des fluides. L'imperméabilité ne convient qu'à certaines substances ; on peut même dire qu'elle ne leur convient qu'en partie, c'est-à-dire qu'elles sont imperméables à certaines matières, et non à d'autres. Une vessie, par exemple, est imperméable à l'air, elle ne l'est pas à l'eau. Le marbre est imperméable à l'eau, il ne l'est pas à l'alcool et à l'huile. On fait usage maintenant d'un grand nombre d'étoffes dites imperméables ; nous avons pu par nous-mêmes faire essai de quelques-unes. Nous nous sommes assurés que les manteaux faits de deux couches d'étoffes de soie et d'une couche de caout-chouc interposée, avaient au plus haut point la qualité de ne pas donner passage aux liquides. (Voy. CAOUT-CHOUC.)

INCENDIE. (*Comm. us. — Écon. dom.*) Il ne se passe pas d'année sans que plusieurs villages soient désolés par quelque incendie : il est donc du devoir du philanthrope de proposer des remèdes à ce mal, qui, bien qu'incurable complètement, pourrait cependant devenir plus rare qu'il ne l'a été jusqu'à ce jour. C'est pour cela que nous ajoutons quelques détails à ceux déjà donnés aux articles CHAUME, CHEMINÉE, FEU.

La cause principale des feux dans les campagnes vient de ce que les couvertures des bâtimens sont faites en général de matières combustibles, telles que chaume, roseaux, joncs et autres végétaux, suivant les localités. La forme large des hottes de cheminées, dans les appartemens, portées sur des consoles ou corbeaux, élevées de cinq à six pieds du pavé, permet d'y brûler à grandes flammes des pailles ou des tiges de plantes oléagineuses ; ces cheminées ont un très-grave inconvénient : c'est que leurs souches sont très-peu exhaussées au-dessus des combles. Ce genre de combustion laisse échapper beaucoup d'étincelles qui retombent facilement sur le toit, et occasionnent parfois des incendies. Les feux de cheminée sont encore plus dangereux. La police des communes devrait tenir la main à ce que les habitans les fissent nettoyer au commencement de l'hiver, ce que chaque particulier peut faire lui-même en liant un fagot d'épines ou de genêt au bout d'une corde.

La couverture en chaume est sans contredit la plus inflammable. Son plus grand défaut vient de ce que les chevrons du comble, au lieu de poser sur la corniche de couronnement, sont pendans en-dehors des murs de côtière.

La couverture en roseaux ou en joncs est un peu moins combustible que celle en chaume ; elle a l'avantage de durer plus long-temps, parce que les javelles sont plus serrées et mieux liées.

Celle en ardoises n'est pas la plus sûre pour se garantir du feu par communication ; lorsqu'elle est près d'un grand incendie, elle s'échauffe au point d'éclater, découvre les lattes voliges desséchées par l'ardeur du soleil, et quelquefois aussi vermoulues; la moindre flammèche qui tombe dessus embrase facilement cette toiture. Mais les couvertures en tuiles et en pierres plates, dites laves, sont les meilleures; cette dernière surtout, qui n'est point la plus chère, est la plus solide. On s'en sert beaucoup en Bourgogne, en Lorraine et en Alsace, où on trouve cette pierre communément.

Le moyen de préserver les toits de chaume de l'incendie, est de couvrir ces toits d'une couche capable de les préserver des bluettes ou d'une forte chaleur voisine, qui ne manque jamais de propager l'incendie avec une telle rapidité qu'il n'existe aucun moyen de l'arrêter. On compose pour cela une sorte de mortier avec de la terre argileuse, du sable, du crotin de cheval et une petite quantité de chaux, le tout bien mélangé et bien corroyé avec de l'eau jusqu'à consistance d'un mortier ordinaire. On en forme sur la paille du toit, avec une truelle, une couche de l'épaisseur d'un centimètre, ayant soin de remplir avec la même composition les fentes qui pourraient se former par la dessiccation. On pourrait aussi, pour éviter jusqu'à un certain point ces crevasses, mélanger au mortier de la paille ou du foin coupé à la longueur d'un ou deux pouces. Cet enduit est assez solide pour résister aux intempéries de l'air, et même aux pluies, sans être détérioré ou entraîné. Il serait aussi à propos, pour prévenir les accidens qui peuvent provenir de l'intérieur, d'appliquer au-dessous du toit une couche semblable à celle qu'on mettrait au-dessus; il suffirait qu'elle n'eût que la moitié d'épaisseur de cette dernière.

Beaucoup d'incendies commencent, surtout dans les campagnes, par un feu de cheminée, parce qu'elles y sont rarement construites avec la solidité convenable. Le moyen d'empêcher le progrès de ces incendies est de boucher l'ouverture inférieure de ces cheminées avec une toile, un drap, ou mieux encore une couverture de laine mouillée, et de manière que l'air de la chambre ne puisse plus entrer dans ces cheminées; alors le feu s'éteint à l'instant même, si la cheminée n'a pas quelques ouvertures dans les chambres hautes ou dans les greniers. Un autre moyen est de jeter une poignée de soufre en poudre sur les charbons allumés: le gaz sulfureux qui se dégage remplit la cheminée, s'empare de tout l'oxygène de l'air, et éteint les flammes.

L'expérience a prouvé que les bois imprégnés d'une décoction d'ail, ou de dissolution de sels de carbonate de potasse, et surtout d'alun, ne prenaient pas feu, ou se consumaient sans flammes. Ainsi, tous les morceaux de bois, soit poutre, planche, parois, porte, fenêtre, etc., qui par leur position ou leur usage peuvent être exposés à être brûlés, devraient être imprégnés d'une de ces substances qui reviennent à très-bon marché. (Voy. BOIS.)

Un procédé pour éteindre facilement les incendies a été découvert par François Cointeraux, architecte de Lyon. Il consiste à jeter de la terre avec des pelles ou des hottes sur les endroits embrasés. Un grand nombre d'incendies, qu'au besoin nous pourrions citer, ont été éteints par ce moyen, et témoignent de son excellence et des immenses services qu'il peut rendre lorsque le lieu de l'incendie se trouve éloigné des endroits où l'on peut se procurer facilement de l'eau.

L'imprudence de quelques personnes, qui fument dans les lieux où il se trouve de la paille, a causé plusieurs incendies.

Bien des gens ne veulent pas croire que le tabac embrasé peut enflammer les pailles des céréales, parce qu'ils en ont quelquefois laissé tomber sans résultat fâcheux.

Les fumeurs qui se servent de briquets oxygénés doivent avoir l'attention, lorsque les allumettes n'ont pas pris tout de suite, de ne pas les jeter sur des corps susceptibles de prendre feu, parce que, lorsqu'elles ont été long-temps à l'air, la composition commence à s'effleurir et s'enflamme parfois long-temps après.

Lorsque l'on remue des farines très-sèches, il ne faut point le faire le soir devant une lampe ou une chandelle, ni même en fumant: le gaz inflammable qui s'en dégage avec abondance peut s'allumer et occasionner une détonation; ce qui est arrivé dans un magasin à Turin.

Si d'un côté la mauvaise construction des bâtimens ruraux est une cause d'incendie, l'imprudence en est encore la plus grande source. Les gens, au lieu de prendre le soir une lanterne pour aller dans les écuries et les étables, se servent souvent de la lampe antique, dont on fait usage au village, et que l'on nomme vulgairement crassé. Ils l'accrochent et l'oublient parfois: alors la mèche pendante peut laisser tomber des étincelles sur les litières, ou bien la flamme en s'élevant peut darder au point d'enflammer la paille qui se trouve au-dessus; car à la campagne il n'existe point toujours de plancher entre les écuries et le grenier; on y met simplement quelques mauvaises échelles reposant horizontalement sur les entraits de la charpente, et l'on range dessus de la paille et du foin, que l'on met en réserve pour la nourriture des bestiaux; quelques brins de ces végétaux peuvent pendre et prendre feu.

Combien de gens, en s'absentant de leur logis, laissent leurs enfans dans une chambre où le feu de la cheminée est allumé, et à leur retour les trouvent brûlés, et quelquefois la maison même.

INCENDIE. (Cod. dom.) Le preneur à bail répond de l'incendie, à moins qu'il ne prouve que l'incendie est arrivé par cas fortuit, ou force majeure, ou par voie de construction, ou que le feu a été communiqué par une maison voisine.

S'il y a plusieurs locataires, tous sont solidairement responsables de l'incendie, à moins qu'ils ne prouvent que l'incendie a commencé par l'habitation de l'un d'eux, auquel cas celui-là seul en est tenu; ou que quelques-uns ne prouvent que l'incendie n'a pas commencé chez eux, auquel cas ceux-là n'en sont pas tenus.

INCUBATION. (Anim. dom.) Action propre aux animaux ovipares, mais presque spécialement aux oiseaux, qui consiste à se poser sur ses trois œufs, et à les échauffer jusqu'à l'entier développement de l'embryron. (Voy. OISEAU, ŒUF, POULET.)

INDEMNITÉ. (Cod. dom.) Ce qui est donné à quelqu'un pour le dédommager d'une perte ou d'un dommage qu'on lui fait souffrir.

Il est dû une indemnité au preneur, dans le cas où l'acquéreur peut l'expulser en vertu d'une clause du contrat de louage.

Le fermier ou locataire ne peut être expulsé qu'il n'ait reçu une indemnité. Il n'en est point dû si le bail n'a point de date certaine.

INDIGESTION. (*Méd. dom.*) Mauvaise coction des alimens dans l'estomac; digestion difficile et dépravée, d'où résultent des crudités soit acides, soit alcalines.

Les symptômes des indigestions sont fort nombreux et fort variés. Ce sont des sentimens de plénitude et de pesanteur à l'estomac, avec gêne de ce viscère qu'on appelle *cardialgie;* du dégoût, des nausées, respiration gênée, le mal de tête, des hoquets, des éructations, des vomissemens, des borborygmes ou mouvemens intestinaux causés par des vents, la diarrhée.

Le traitement de l'indigestion est fort simple lorsque cette affection ne dépend que de la nature, de la quantité, de la qualité des alimens, et de certaines circonstances qui accompagnent les repas. Les moyens qu'on emploie généralement contre elle sont pris parmi les délayans et les évacuans. Les premiers, qui suffisent dans les cas les plus simples, consistent en eau de veau, petit-lait, bouillon aux herbes, infusion de thé. Parmi les seconds, on range les *grains de santé du docteur Franck*, les purgatifs, les lavemens adoucissans et évacuans.

L'infusion de thé est le moyen le plus vulgairement employé contre les indigestions; c'est un léger tonique qui convient mieux comme préservatif de l'indigestion, lorsque les alimens pèsent sur l'estomac ou qu'on éprouve du malaise.

Comme il vaut mieux prévenir les indigestions que d'être obligé de les guérir, nous croyons utile d'offrir à nos lecteurs la nomenclature des alimens réputés indigestes.

Les alimens indigestes, et généralement reconnus pour tels, sont : 1° les alimens crus, tels que les fruits non mûrs, les végétaux, racines, feuilles ou autres parties qui n'ont pas subi de coction; la salade, les radis, raves, artichauts crus, etc.; 2° les alimens durs, comme la chair des vieux animaux, les substances trop compactes, les tendons, les cartilages, les ligamens; 5° les alimens visqueux ; le veau, chez beaucoup de personnes, cause des indigestions, ainsi que le pied de veau, de mouton, de bœuf, les grenouilles, les limaçons, etc.; 4° les alimens occasionnellement acerbes ou acides, tels que les fruits verts, et ceux qui le sont naturellement, comme les grenades, les coings, les citrons, les nèfles, les groseilles et les raisins non parvenus à la maturité; 5° les alimens fermentescibles, tels que les légumes secs, haricots, pois, lentilles; 6° les alimens fumés, comme la chair de porc conservée à la fumée; 7° les alimens salés, qui sont d'une grande ressource dans les pays qui offrent peu de moyens de subsistance; 8° les viandes conservées dans les graisses, les huiles et les corps gras : dans l'état récent, ces alimens, ainsi préparés, sont peu différens de l'état frais ; mais les graisses, en vieillissant, jaunissent, deviennent âcres, rancissent, et sont alors indigestes pour un grand nombre d'estomacs; 9° enfin, ces alimens où l'art de nos cuisiniers ajoute des assaisonnemens pour les rendre plus agréables au goût : ce sont des aromates, des acides, des substances âcres, piquantes, etc. Dans la plupart de nos formulaires de cuisine, on trouve des assaisonnemens qui concourent à la diges-

tion, mais qui, lorsqu'on en abuse, deviennent de véritables sources d'une foule de maux, comme l'échauffement, la goutte, les inflammations lentes, les maladies de la peau, les irritations de diverses natures. (Voy. HYGIÈNE.)

INDIGO.(*Conn. us.—Ind. dom.*) Matière colorante bleue qu'on prépare avec l'indigotier franc, (*indigofera anil*).

L'indigo est employé en teinture; on l'obtient en faisant fermenter les feuilles de l'indigotier, et en traitant le produit de la fermentation par l'eau de chaux; l'indigo se précipite; on le lave, et on le fait sécher à l'ombre.

Dans l'économie domestique, l'indigo mêlé avec l'amidon sert à donner au linge qu'on doit laver une teinte bleuâtre agréable à l'œil.

On peut, avec l'indigo, faire une couleur dont on se sert pour peindre les fleurs en bleu. Les fleuristes font un secret de ce procédé. Nous allons l'indiquer à nos lecteurs, avec la pensée qu'il ne pourra que leur être agréable, si, toutefois, il ne leur est pas utile.

Cette couleur porte le nom de *bleu de teinture*.

Prenez une once d'indigo flor ou guatimala; réduisez-le en poudre, et introduisez-le dans une fiole ronde de la capacité de six à sept onces d'eau; ajoutez ensuite, peu à peu, trois onces d'acide sulfurique, et mettez sur des cendres chaudes. Un bouillonnement a lieu; la matière change de couleur, devient verte, puis passe au bleu; à ce point, on la verse dans un vase contenant huit onces d'eau; on remue, et on y verse ensuite, peu à peu, de la craie en poudre, jusqu'à ce qu'il n'y ait plus de bouillonnement. Si la liqueur devenait trop épaisse, on l'allongerait d'un peu d'eau. On laisse reposer pendant un jour ou deux; on tire à clair, et on conserve dans une bouteille, dans laquelle on ajoute une once ou deux d'esprit-de-vin.

INFECTION. (*Hyg. dom.*) Moyens de la combattre. Il suffit de tenir dans les endroits qu'on veut désinfecter un vase dans lequel on aura mis du chlorure d'oxide de sodium, qui décompose tous les miasmes infects, les repousse dans l'air et les neutralise. Lorsque l'infection est portée à un trop haut degré, on peut y remédier facilement et avec promptitude en répandant du chlore étendu d'eau, et en entretenant ensuite du chlorure de chaux pendant quelques jours.

INFLORESCENCE. (*Jard.*) C'est la disposition qu'affectent les fleurs sur les branches ou les tiges qui les portent. On distingue plusieurs sortes d'inflorescences, celle en *panicule*, en *grappe*, etc., etc. La famille des *ombellifères* tire son nom de la disposition de ses fleurs, qui sont en ombelle.

INFUSION. (*Méd. dom.*) Opération que l'on pratique en versant de l'eau ou toute autre liqueur bouillante sur une substance médicamenteuse; et en la laissant séjourner jusqu'à ce qu'elle soit refroidie; par ce moyen le liquide dissout un ou plusieurs principes médicamenteux de la substance employée. On donne au produit de l'infusion le nom d'INFUSUM.

INONDATION.(*Cod.dom.—Agri.*)Débordement d'eaux qui sortent de leur lit. L'inondation d'une propriété foncière peut provenir de trois causes différentes : elle peut être ordonnée pour le bien public; elle peut être l'effet d'une force majeure; elle peut être le résultat d'un ouvrage pratiqué dans une propriété voisine.

Nous ne parlerons que du troisième cas ; les autres rentrent dans le domaine des affaires publiques.

Voici comment s'exprime, à cet égard, le Code pénal, art. 457 : «Seront punis d'une amende qui ne pourra excé-
» der le quart des restitutions et dommages-intérêts, ni
» être au-dessous de cinquante francs, les propriétaires ou
» fermiers, ou toute autre personne jouissant de moulins,
» usines ou étangs, qui, par l'élévation du déversoir de leurs
» eaux au-dessus de la hauteur déterminée par l'autorité
» compétente, auront inondé les chemins ou les proprié-
» tés d'autrui. S'il est résulté du fait quelques dégrada-
» tions, la peine sera, outre l'amende, un emprisonne-
» ment de dix jours à un mois. »

Effets des inondations sur les prés. Les rivières en débordant déposent sur les prés, par des alluvions subites, des limons plus ou moins fertiles, plus ou moins abondans. Si les dépôts limoneux sont gras et non graveleux ; si la couche est peu épaisse, c'est un puissant amendement pour les prés qu'ils recouvrent, quoiqu'ils nuisent aux récoltes du moment ; tous ces dépôts doivent y être précieusement conservés ; si les dépôts de bonne qualité sont assez épais pour faire craindre que l'herbe ne puisse pas les percer, il faut, lorsque cela est possible, en enlever la plus grande partie. Après cet enlèvement, on fait passer sur le pré, en long et en travers, la herse de fer.

Les alluvions, en général, sont moins fâcheuses pour les terres qu'on ne le croit. Il y a même beaucoup de circonstances où les engrais qu'elles présentent à l'agriculture peuvent les faire regarder comme une de ses plus puissantes ressources.

INQUIÉTUDES. (*Hyg.*) Malaise général, espèce d'agitation intérieure et de bouillonnement dans le sang, qui excitent à se remuer, à changer de place, pour donner du cours au sang et aux humeurs qui circulent avec peine.

Il est facile de porter remède à cette affection. Il suffit de faire prendre aux personnes qui en sont atteintes quelques lavemens, de diminuer leur nourriture, de la choisir convenablement, de leur faire faire de l'exercice, de leur donner de la dissipation.

L'usage de la limonade, le petit-lait pris pendant quinze jours, et ensuite le lait de vache, le soir en se couchant, tempèrent les inquiétudes.

INSECTE. (*Conn. us.*) On donne ce nom en général à de petits animaux composés d'anneaux ou de segments. On distingue dans presque tous les insectes une tête armée de cornes mobiles ou ornée d'antennes, une poitrine, un corselet, un ventre, des pieds et souvent des ailes, surtout dans ceux qui se métamorphosent ; toutes ces parties comme coupées, tiennent les unes aux autres par de menus filamens qui sont autant de canaux ou d'étranglemens ou d'interstices minces, et dont le mécanisme, surtout dans l'état de chenille, éloigne ou approche les anneaux les uns des autres dans une membrane commune qui les assemble de sorte que toutes ces parties ou lames écailleuses, semblent jouer et glisser les unes sur les autres. Voici, d'après un naturaliste distingué, M. *Roesel,* les caractères généraux de ce genre d'animaux :

4· *L'insecte ne doit avoir ni ossemens ni arêtes, sa peau souvent écailleuse en fait l'office.* 2· *Il doit être pourvu*

d'une trompe ou d'un aiguillon, ou d'une bouche dont les mâchoires s'ouvrent et se ferment, non d'en haut ou d'en bas, mais de la gauche à la droite et de la droite à la gauche. 3· *Il doit être privé de paupières.* 4· *Il ne peut respirer l'air par la bouche, mais il le pompe et l'exhale par la partie supérieure de son corps, et par de petites ouvertures sur les flancs, qu'on appelle stygmates ou points à miroir.*

- On distingue dans cette classe d'animaux six ordres : 1· ceux dont les ailes membraneuses sont repliées et renfermées sous des demi-étuis solides et écailleux, opaques, et qui sont désignés par le nom de coléoptères : ce sont les *escarbots*, les *dermestes*, les *capricornes*, les *cantharides*, les *buprestes,* les *hannetons*, les *charançons*, les *coccinelles*, les *ditisques*, les *tenebrions*, les *necydales,* etc., etc. ;

2· Ceux qui n'ont que des moitiés d'ailes, tels que les *drocygales,* les *cigales*, les *punaises*, les *pucerons*, les *kermès*, le *scorpion de marais* et les *cochenilles* ; les insectes de ce second ordre prennent le nom d'*hémiptères* ;

3· Ceux qui ont les quatre ailes farineuses, c'est-à-dire chargées d'une poussière organisée, et écailleuses, ou *lépidoptères* : ce sont les *papillons diurnes et nocturnes* ;

4· Ceux qui ont les quatre ailes membraneuses, papyracées, lisses, nues et sans poussière ou *hyménoptères* : la *mouche à soie*, les *mouches ichneumones,* les *guêpes*, les *frelons,* les *abeilles,* les *fourmis volantes,* etc. : cette section offre une sous-division formée par les *névroptères,* parmi lesquels on trouve les *hémérobes*, les *éphémères,* les *mouches demoiselles,* etc.

5· Ceux qui ont deux ailes, ou *diptères* : les *mouches dorées ou communes,* les *taons*, les *tipules*, les *cousins*, les *mouches de cheval,* etc. ;

6· Ceux qui sont sans ailes, ou *aptères* : les *poux,* les *puces*, les *cloportes,* les *tiques,* les *cirons,* les *araignées,* les *scolopendres,* etc.

La plupart des insectes ne portent pas de petits dans leur ventre, et ils ne couvent pas leurs œufs ; il y a beaucoup plus de ces animaux ovipares que vivipares. La queue creuse et pointue des femelles leur sert de conduit pour pondre les œufs dans les corps où elles veulent les introduire.

Quoique le plus grand nombre de ces petits animaux déposent leurs œufs sur les plantes, ils ne choisissent pas cependant ce seul endroit pour se loger et faire leurs pontes. Les femelles déposent en terre leurs œufs, et les déposent en terre pour les faire éclore ; les araignées les enveloppent d'un tissu très-fin et très-délicat ; les moucherons les déposent sur l'eau qui croupit, etc. Les quadrupèdes, les poissons, les insectes eux-mêmes, ont une semence qui leur est particulière.

Les insectes aptères ou sans ailes, naissent avec la forme qu'ils conserveront jusqu'à la mort ; les uns sont soumis à différentes métamorphoses, et passent presque tous successivement par les états de chenille, nymphe et papillon.

Les insectes se livrent entre eux des combats à mort ; malheur à celui qui perd dans ce conflit ses ailes ou son aiguillon, car ces membres ne se renouvellent pas, et une mort certaine succède toujours à l'affaiblissement que cause cette perte.

L'entomologie ou histoire des insectes est une des parties

les plus intéressantes de l'histoire naturelle. Nous ne pouvons trop engager nos lecteurs qui habitent la campagne à se livrer à cette étude : en leur procurant un délassement agréable, elle donne des connaissances exactes de la multitude des petits êtres qui peuplent l'air, la terre et l'eau. Nous achevons cet article en donnant quelques détails sur les manières de prendre les insectes et de les conserver. La manière de prendre les insectes coléoptères offre peu de difficultés, car ils ne volent qu'à certaines heures ; leur vol est court et pesant, on peut s'emparer d'eux aisément. Il n'en est pas de même des insectes à ailes nues et surtout des papillons, qu'on gâte toujours en les touchant, et qui, les uns et les autres volent avec légèreté, fuient de loin, et s'envolent à de si grandes distances, qu'il est souvent impossible de les atteindre. La meilleure méthode est de les prendre avec des filets.

Il faut, avec le filet, être muni de petites pinces nommées *bruxelles*. On saisit l'insecte par le milieu du corps, lorsqu'on l'a recouvert avec le filet, et il est facile alors de le piquer avec une épingle longue lorsqu'on le tient en sa puissance. Le meilleur moyen de se procurer de beaux papillons de nuit est de nourrir les chenilles et d'attendre la transformation, car il est très-difficile de les rencontrer ; le *sphinx tête-de-mort* est le plus beau de tous ; sa chenille se trouve dans les feuilles de pomme-de-terre, où sa grosseur la fait facilement distinguer des autres.

INSOMNIE. (*Méd. dom.*) L'insomnie est la privation de sommeil ; les principales causes qui la produisent ordinairement sont la douleur, le besoin continuel de se changer de position, de satisfaire à quelque excrétion, la toux ou l'agitation de l'esprit : quelquefois les veilles prolongées finissent par produire une insomnie opiniâtre. Ce phénomène peut être lié à une maladie ou exister seul ; dans le premier cas, il est impossible de combattre l'insomnie en particulier ; sa guérison ne peut être que le résultat de celle de la maladie qu'elle accompagne ; dans le second, on peut la combatre par de longues promenades, de grandes fatigues corporelles, et la privation de toutes espèces de boissons excitantes.

INSTRUCTION. (*Cod. dom.*) L'instruction est un besoin de notre époque ; le désir d'apprendre devient contagieux, et c'est avec un ardeur toujours renaissante que la classe ouvrière se livre aux travaux intellectuels. C'est un grand progrès de notre siècle sur les siècles passés, qu'on ne saurait trop encourager. Nous empruntons quelques mots sur cette matière importante à l'excellent ouvrage de M. Brougham, ayant pour titre : *Observations sur l'instruction qu'on donne au peuple, adressées aux artisans et à ceux qui les emploient.* Voici les moyens généraux que l'auteur indique : « Encourager la publication des lois élémentaires, chercher surtout dans les compositions à fixer la théorie, au moyen d'applications que les usages de la vie présentent en si grand nombre ; payer dans les commencemens même une partie des dépenses nécessaires à la formation d'une bibliothèque et à l'établissement de quelque cours d'instruction : tel est le devoir du philosophe qui désire faire sortir la classe pauvre de son état d'ignorance et d'abjection... Si le but de la philosophie, ajoute M. Brougham, a été dans tous les temps de reculer les bornes de la science, on

l'atteindra sûrement, quoique par une voie indirecte, en mettant à la portée de plusieurs milliers d'hommes intelligens et laborieux, l'utilité des principes dont les travaux journaliers leur présentent l'application... Du reste, aidons-les de nos conseils ; ils les recevront toujours avec reconnaissance, quand ils seront évidemment dictés par une affection sincère pour eux ; mais ne leur prescrivons jamais ce qu'ils doivent ou ne doivent pas apprendre : ils savent mieux que nous ce qui leur manque. Favorisez leurs discussions : c'est le plus sûr moyen de développer leur intelligence ; et nous verrons bientôt, comme à l'école des arts d'Édimbourg, des menuisiers et des charpentiers se transformer en professeurs de géométrie et de mécanique. »

Si ces paroles du philanthrope anglais étaient écoutées et comprises par les classes élevées de la société, combien d'abus, de vices et même de crimes seraient réprimés ! Combien d'habitudes vicieuses n'existeraient plus ! Nous espérons que cette pensée généreuse recevra son accomplissement, et que chacun apportera sa pierre à l'édifice commun, et travaillera, en déblayant autant que possible les chemins de l'instruction, à simplifier les méthodes d'enseignement.

INTÉRÊT. (*Cod. dom.*) C'est le profit que tire un créancier de l'argent qui lui est dû. La loi seule a le droit de fixer le taux des intérêts.

L'intérêt-conventionnel ne peut excéder, en matière civile, cinq pour cent ; ni en matière de commerce, six pour cent, le tout sans retenue.

L'intérêt légal est, en matière civile, de cinq pour cent, et en matière de commerce de six pour cent, sans retenue.

Voici, à l'égard de l'intérêt, ce que porte la loi qui règle cette matière.

Art. 1er. L'intérêt conventionnel ne pourra excéder, en matière civile, cinq pour cent ; ni en matière de commerce, six pour cent, sans retenue.

2. L'intérêt légal sera, en matière civile, de cinq pour cent ; et, en matière de commerce, de six pour cent, sans retenue.

3. Lorsqu'il sera prouvé que le prêt conventionnel a été fait à un taux excédant celui qui est fixé par l'article 1er, le prêteur sera condamné, par le tribunal saisi de la contestation, à restituer cet excédant s'il l'a reçu, ou à souffrir la réduction sur le principal de la créance, et pourra même être renvoyé devant le tribunal correctionnel, pour y être jugé conformément à l'article suivant.

4. Tout individu qui sera prévenu de se livrer habituellement à l'usure sera traduit devant le tribunal correctionnel, et, en cas de conviction, condamné à une amende qui ne pourra excéder la moitié des capitaux qu'il aura prêtés à usure.

S'il résulte de la procédure qu'il y a eu escroquerie de la part du prêteur, il sera condamné, outre l'amende ci-dessus, à un emprisonnement qui ne pourra excéder deux ans.

5. Il n'est rien innové aux stipulations d'intérêts par contrats ou autres actes faits jusqu'au jour de la présente loi.

TABLE DES INTÉRÊTS *d'une somme de 1 fr. à 1,000 fr.*, *à raison de 3, 3 1|2 4, 4 1|2, 5, 5 1|2, et 6 0|0 par an.*

	3.	3 1|2.	4.	4 1|2.	5.	5 1|2.	6.
	f. c.	f. c.	f. c.	f. c.	f. c.	f. c.	f. c.
1	» 03	» 03	» 04	» 04	» 05	» 05	» 06
2	» 06	» 07	» 08	» 09	» 10	» 11	» 12
3	» 09	» 10	» 12	» 13	» 15	» 16	» 18
4	» 12	» 14	» 16	» 18	» 20	» 22	» 24
5	» 15	» 17	» 20	» 22	» 25	» 27	» 30
6	» 18	» 21	» 24	» 27	» 30	» 33	» 36
7	» 21	» 24	» 28	» 31	» 30	» 38	» 42
8	» 24	» 28	» 32	» 36	» 40	» 44	» 48
9	» 27	» 31	» 36	» 40	» 45	» 49	» 54
10	» 30	» 35	» 40	» 45	» 59	» 53	» 60
20	» 60	» 70	» 80	» 90	1 »	1 10	1 20
30	» 90	1 05	1 20	1 35	1 50	1 65	1 80
40	1 20	1 40	1 60	1 80	2 »	2 20	2 40
50	1 50	1 75	2 »	2 25	2 50	2 75	3 »
60	1 80	2 10	2 40	2 70	3 »	3 30	3 60
70	2 10	2 45	2 80	3 15	3 50	3 85	4 20
80	2 40	2 80	3 20	3 60	4 »	4 40	4 80
90	2 70	3 15	3 60	4 05	4 50	4 95	5 40
100	3 »	3 50	4 »	4 50	5 »	5 50	6 »
500	15 »	17 50	20 »	22 50	25 »	27 50	30 »
1000	30 »	35 »	40 »	45 »	50 »	55 »	60 »

INTERDICTION. (*Cod. dom.*) Le majeur qui est dans un état habituel d'imbécillité, de démence ou de fureur, lors même que son état présente des intervalles lucides, doit être interdit. Tout parent est recevable à provoquer l'interdiction de son parent : il en est de même de l'époux. L'avoué que l'on chargera d'occuper pour le poursuivant devant le tribunal de première instance indiquera la marche à suivre; et en cas de fureur, comme aussi lorsque le malade n'a ni épouse, ni parent, l'interdiction doit être provoquée par le procureur du roi.

L'interdit est dépouillé par jugement de l'administration de ses biens, laquelle est confiée à un tuteur.

Les effets de l'interdiction sont les mêmes que ceux de la minorité à l'égard du mineur non émancipé. Tous les actes qu'il ferait après que son interdiction a été prononcée seraient nuls de plein droit. Ceux antérieurs pourraient aussi être annulés si la cause d'interdiction existait notoirement à l'époque où ces actes ont été faits.

En rejetant la demande en interdiction, le tribunal devant lequel elle est portée peut, si les circonstances l'exigent, ordonner que la personne dont l'interdiction est demandée ne pourra plus désormais plaider, transiger, emprunter, recevoir un capital mobilier, ni en donner décharge, aliéner ni grever ses biens d'hypothèques sans l'assistance d'un conseil qui lui sera nommé par le même jugement.

Enfin, la prodigalité, que la loi considère, à juste titre, comme une espèce de démence, peut motiver, de la part des tribunaux, la nomination d'un conseil sans l'assistance duquel le prodigue ne pourra plus dorénavant faire aucun des actes qui viennent d'être énumérés.

Il est donc de la plus haute importance, lorsque l'on contracte, de s'assurer si la personne avec laquelle on traite n'est pas interdite ou pourvue d'un conseil judiciaire : on peut le faire en consultant les tableaux qui, aux termes de l'art. 10 de la loi du 25 ventose an XI, doivent être affichés dans les études des notaires, et qui portent toutes les interdictions et nominations de conseils faites dans l'arrondis-

sement. Ces registres sont publics, et doivent être communiqués à toute réquisition.

INTESTIN. (*Conn. us.*) On appelle intestin, dans l'homme et dans les animaux supérieurs, un long conduit musculo-membraneux replié sur lui-même, situé dans la cavité abdominale composant la partie inférieure du canal alimentaire, et étendu depuis l'estomac jusqu'à l'anus, qui en est l'orifice inférieur. On a estimé, chez l'homme, la longueur de ce conduit, à six ou huit fois la longueur du corps; mais ces calculs ne sont qu'approximatifs; on a divisé les intestins d'après leur calibre en deux portions : l'une est plus étroite, c'est l'intestin grêle; la seconde plus grosse, c'est le gros intestin. Les intestins ont pour usage d'être en haut le lieu où s'effectue la chylification des alimens, et l'absorption du chyle, et d'être en bas le réservoir où se rassemblent les débris de ces alimens ainsi que le conduit excréteur qui en opère l'expulsion.

L'intestin du porc est d'un grand usage dans l'art culinaire. (Voy. SAUCISSE, ANDOUILLE, etc.)

INVENTAIRE. (*Cod. dom.*) Rôle, état, mémoire, dénombrement par écrit, contenant, article par article, les biens, meubles, titres, papiers d'une personne, d'une maison. Enfin, c'est une description des biens délaissés par un défunt, ce qui se fait solennellement par les officiers de justice pour maintenir les droits de tous ceux qui peuvent y avoir intérêt, comme les créanciers, les débiteurs, légataires ou autres.

Entre majeurs, l'inventaire peut, de leur consentement, être fait sous signature privée; mais il n'en est pas de même lorsqu'il y a des mineurs. Les notaires seuls ont droit de faire des inventaires après décès. Il peut être requis par ceux qui ont le droit de requérir la levée du scellé.

Le défaut d'inventaire ne fait point continuer la communauté après la mort naturelle ou civile de l'un des conjoints. L'héritier a trois mois pour faire inventaire, à compter du jour de l'ouverture de la succession. L'usufruitier ou l'usager doit faire dresser inventaire, en présence du propriétaire ou lui dûment appelé, des meubles, et un état des immeubles sujets à l'usufruit. Cet inventaire doit être fait avant d'entrer en jouissance.

INVENTION (*Brevet d'.*) (*Cod. dom.*) Droit qu'achète un inventeur de vendre ou d'exploiter seul ce qu'il a inventé.

Tarif des droits à payer pour brevet d'invention.

Taxe d'un brevet pour 5 ans	500 fr.
— id. — 10 . . . . . . "	800
— id. — 15	1,500
Droit d'importer des brevets	50
Certificat de perfectionnement, changement, addition	24
Droit de prolongation d'un brevet	600
Enregistrement d'un brevet de prolongation.	12
— id. — d'une cession de brevet en tout ou en partie	48
Pour la recherche et la communication d'une description	12

Tarif des droits à payer au secrétariat du département.

Pour le procès-verbal de remise d'une description ou de

quelque perfectionnement, changement, addition, et des pièces relatives, tous frais compris. . . . . 12fr.

Pour l'enregistrement d'une cession de brevet en tout ou en partie. 12

Pour la communication du catalogue des inventions, ou droit de recherche. 5

IODE (*Conn. us.*) dérivé d'un mot grec qui signifie *ressemblant à la violette;* nom donné à ce corps simple non métallique, parce qu'il fournit une vapeur violette magnifique, lorsqu'elle se volatilise. L'iode a été découvert en 1815 par M. Courtois; il fait partie des eaux-mères de la source fournie par certains *fucus*, et qu'on nomme *soude de Warech*. Il est solide, et porte la forme de lames d'un éclat métallique et d'un gris bleuâtre. Il colore la peau et le papier en jaune, mais cette coloration ne tarde pas à disparaître. Lorsqu'on le chauffe, il fournit une vapeur violette magnifique, qui suffit pour le caractériser. Sa combinaison avec l'oxygène donne naissance à un acide qui porte le nom d'acide iodique. Avec l'hydrogène, il fournit l'acide hydriodique. L'iode est un excellent réactif pour découvrir la fécule et la farine, car il a la propriété de former avec la fécule un composé bleu qui ne pourrait être confondu avec un autre.

La teinture d'iode est employée avec beaucoup de succès dans le traitement de certains goîtres et de quelques affections scrophuleuses. On l'administre à très-petites doses et pendant long-temps, car s'il était pris en assez grande quantité et en une seule fois, il agirait à la manière des poisons irritans. On obtient l'iode en traitant par l'acide sulfurique les eaux-mères de la soude de Warech concentrées par l'évaporation; il suffit d'élever la température pour que l'iode se volatilise. On peut hâter la germination des plantes en arrosant la terre dans laquelle elles se trouvent avec une solution d'iode bien étendue.

IPÉCACUANHA. (*Méd. dom.*) Racine exotique, très-usitée en médecine comme émétique, purgative et expectorante. La plante qui fournit cette racine fait partie de la famille des rubiacées et de la pentandrie monogynie de Linnée.

On en distingue deux espèces principales, l'ipécacuanha gris, et l'ipécacuanha noir. Nous donnerons seulement la description de la première, qui est presque seule employée en médecine.

L'ipécacuanha gris est de la grosseur d'un tuyau de plume, mais très-souvent plus petit. Sa longueur est de trois à quatre pouces. Il est contourné en sens divers, et s'amincit insensiblement vers la partie inférieure. Cette racine est formée d'un cœur ligneux qui la parcourt tout entière, et qui est entouré d'une écorce épaisse recouverte d'une légère pellicule. Cette écorce présente des anneaux quelquefois peu marqués, mais formant souvent des sillons très-profonds. Elle est facile à séparer du cœur ligneux, et c'est la seule partie de la racine qui possède de véritables propriétés.

L'ipécacuanha gris peut être divisé en trois variétés: Annelé gris noirâtre, rougeâtre, majeur.

La première, qui représente l'*ipécacuanha brun*, est d'une couleur grise foncée. L'intérieur est demi-transparent, grisâtre et corné; sa saveur est âcre et aromatique; son odeur irritante et nauséabonde.

La seconde (ipécacuanha gris) est d'une couleur moins foncée ou grise plus décidée, mais qui tire quelquefois sur le rougeâtre; l'intérieur est plus opaque; l'odeur est moins forte, et la saveur moins aromatique.

La troisième, qui est toujours mélangée avec les deux autres, et surtout avec la seconde, présente des racines plus grosses, dont les anneaux sont moins rapprochés, moins profonds et plus réguliers. Sa couleur grise extérieure est faible; l'intérieur ne diffère pas beaucoup de celui des racines précédentes; mais l'odeur et la saveur paraissent moins marquées.

Ces trois variétés possèdent les mêmes vertus; mais on préfère toujours la seconde, qui contient plus de parties vomitives.

IRIS. (*Jard.—Ind. dom.—Off.*) Plante de la famille des liliacées, dont on distingue plusieurs espèces. La racine des iris est traçante, celle des autres est ou bulbeuse ou tubéreuse; toutes sont vivaces par les racines. Il y en a dont les fleurs sont ordinairement en épi, en corymbes ou solitaires; d'autres, en ombelles, au sommet des tiges, ou accompagnées chacune de deux écailles. L'espèce la plus commune en France est l'iris ordinaire ou glaieul.

Les fleuristes distinguent les iris en communs, en simples et en doubles. Les belles espèces viennent de Perse, d'Angleterre, de Suisse, d'Italie, etc. Les uns fleurissent en avril, les autres en mai; leurs fleurs changent de figure et de couleur, et contribuent, par leur forme élégante et singulière, à l'ornement des jardins. On les multiplie par le moyen des caïeux détachés de leurs racines, lorsque les tiges sont desséchées. Cette fleur demande une terre légère. Il existe trente variétés d'iris à racines de pleine terre; on est parvenu à en obtenir plusieurs nouvelles par le semis.

Iris (racine d'). Parfum. On n'emploie que celles qu'on apporte de Florence, où cette plante croît sans culture. Cette racine est blanche, d'une odeur de violette, d'un goût amer et âcre, en morceaux oblongs, genouillés, un peu aplatis, de la grosseur du pouce. Pour être bonne, il faut qu'elle soit compacte, difficile à rompre, plus petite que grosse, mais surtout bien odorante.

Les parfumeurs font beaucoup usage de cette racine pour donner une odeur de violette à la poudre: des personnes en portent dans leurs habits pour se parfumer, elles en mâchent aussi pour remédier aux inconvéniens d'une haleine forte.

On peut donner aux vins une agréable odeur de violette en y ajoutant la préparation suivante: racine d'iris de Florence, sèche, bien saine et bien odorante,

. . . . Une partie ou une livre.
Alcool à 25°. . . . . . Six parties ou six litres.

Laissez macérer, après avoir concassé la racine, pendant quatre jours; distillez pour retirer cinq parties et demie d'alcool.

IRRIGATION. (*Agr. rur.*) Les agriculteurs doivent s'appliquer à empêcher que les terres ne soient noyées par le séjour trop prolongé des eaux provenant de la pluie ou de toute autre cause, et à arroser celles qui les absorbent trop facilement.

On prive les sols marécageux de l'eau qui baigne leur surface, en pratiquant des tranchées ou fossés d'écoulement convenablement disposés. Ces canaux sont couverts ou à découvert, selon la disposition du sol ou le besoin. Comme la méthode de desséchement, quand il s'agit d'une grande étendue, est un peu compliquée, on a recours à des ingénieurs dans cette partie, ou à des praticiens expérimentés. En général, les fossés profonds et couverts sont les plus avantageux. Les tranchées ont vingt-six à trente-deux pouces et plus de profondeur, et douze pouces de largeur. On place au fond des pierres plates ou des briques, de manière à former une espèce de toit qu'on couvre de terre; l'eau coule entre ces pierres ou briques, On se sert au besoin d'épines ou de fascines, de cornes, de cailloux, ou toute autre substance perméable à l'eau. Ainsi disposés, ces canaux d'écoulement sont restés intacts pendant plusieurs années.

Au moyen de l'irrigation, on fournit l'eau nécessaire aux terres qui sont naturellement trop sèches, et à celles qui demandent une plus grande quantité d'eau que celle qu'elles ont naturellement. Cette pratique a été connue de temps immémorial par les Égyptiens et les Chinois; mais elle n'a été introduite en France que dans les temps modernes. Elle est d'un très-grand avantage lorsque les terres ont une qualité convenable; et là où se trouve un courant d'eau, ou un réservoir qu'on puisse employer à cet effet, on obtient alors, par ce procédé, des récoltes d'herbages plus précoces et plus abondantes que par tout autre moyen.

Tous ces bénéfices de l'irrigation proviennent de l'eau, qui, indépendamment des matériaux qu'elle entraîne et dépose, est favorable à la végétation, comme principe nutritif et essentiel des plantes; mais l'eau n'est réellement bonne que lorsqu'elle est appliquée dans une saison appropriée, et dans une proportion convenable. C'est en cela que consiste la principale science de l'*irrigateur*. On a soin de répandre l'eau avec modération, de ne jamais la laisser stagnante; plus elle coule lentement, plus elle profite aux végétaux. L'hiver est la meilleure saison pour l'application de l'eau si on ne la laisse pas séjourner trop long-temps. Les sols sablonneux et graveleux sont ceux qui retirent le plus de bénéfice de cette pratique.

Traitement des prairies arrosées. Aussitôt que les herbages ont été pâturés, le maître irrigateur recommence à nettoyer la tranchée principale et les autres rigoles; il répare les conduits que le piétinement du bétail a plus ou moins endommagés; lorsqu'une pièce de champ est terminée, elle est mise immédiatement sous l'eau. Il procède successivement, de la même manière, jusqu'à ce que tout soit terminé. Cette besogne doit être achevée d'assez bonne heure, en automne, afin de profiter, par la première submersion, des eaux chargées de matières nutritives qu'elles amènent des montagnes voisines, des grandes routes, etc. Le temps que l'eau doit séjourner dans le pré dépend de sa situation et de circonstances particulières; mais la règle générale est de laisser l'eau quinze jours au plus, de bien dessécher le sol en retirant l'eau pendant un jour ou deux, surtout lorsqu'on aperçoit des écumes blanches. Pour que l'arrosage soit avantageux en automne, il est essentiel que la prairie soit desséchée préalablement autant que possible, pour stimuler et faciliter l'accroissement des herbes, comprimer la terre autour des racines, et tenir le gazon serré.

On renouvelle l'arrosage aussitôt que la végétation languit, mais, en général, pour quelques jours seulement.

La pratique des arrosemens n'est pas partout la même. Dans quelques pays on laisse le sol inondé pendant plusieurs semaines consécutives; on dessèche ensuite par intervalle pendant un jour ou deux; tandis que dans quelques autres on alterne une semaine de submersion avec une d'écoulement.

En général, les prairies demandent moins d'eau au printemps qu'en automne; elles doivent être complétement desséchées entre chaque irrigation. Il n'y a pas d'inconvénient de laisser l'eau dans les prés pendant les gelées, lorsque les herbes sont bien enracinées.

L'irrigation par les eaux mortes est la meilleure et la plus fécondante. Les qualités de ces eaux, les dépôts limoneux qu'elles forment sur les terrains cultivés en prés, entretiennent un engrais et une fraîcheur qui produisent plus d'effet qu'une irrigation journalière avec des eaux vives, quand celles-ci ne sont pas de bonne qualité. Souvent on obtient deux fauchées dans les prés de cette sorte, et le foin y est d'une qualité supérieure. Fort souvent les eaux des marais sont mauvaises; et l'on réussirait à les corriger, si le terrain permettait, avec de fortes pentes, de les soumettre au passage d'une cascade.

Les procédés les plus simples à employer pour les irrigations, sont la direction des eaux, les réservoirs, les digues, les rigoles grandes et petites, et les travaux journaliers bien dirigés. Les saisons dans lesquelles elles doivent être pratiquées sont le printemps et l'automne.

Voici une méthode employée avec succès par quelques cultivateurs pour l'arrosement des prairies :

Divisez le pré par des rigoles tirées de haut en bas, en bandes de dix à douze mètres de large; le milieu des bandes sera exhaussé avec la terre qu'on aura retirée des rigoles, de façon que ces bandes ressembleront à une route bombée; sur le milieu de chaque bande, on creusera une autre rigole, dans laquelle on fera couler les eaux destinées à l'arrosement; il est nécessaire que cette dernière rigole ait, vers le haut, une capacité suffisante pour contenir l'eau que l'on veut mettre sur le pré; elle ira en diminuant de largeur et de profondeur.

Il est évident que ce système doit produire de bons résultats : l'eau d'arrosement se trouve bien distribuée; l'excédant s'écoule par les rigoles latérales, de façon que les terrés sont abreuvées convenablement, et ne sont point exposées aux mauvais effets des eaux croupies, des gelées, etc.

Les eaux qui ne conviennent pas aux prés sont bien faciles à reconnaître, en les examinant près des sources, et en remarquant le mauvais effet qu'elles produisent sur la végétation. On a la ressource de les analyser quand on n'est pas fixé après cette inspection.

Ces eaux sont froides ou crues, visqueuses, putréfiantes, ferrugineuses et vitrioliques.

Celui dont la propriété borde une eau courante autre que celle qui est déclarée dépendance du domaine public peut s'en servir à son passage pour l'*irrigation* de ses propriétés. Celui dont cette eau traverse l'héritage, peut même en user dans l'intervalle qu'elle y parcourt, mais à la charge de la rendre, à la sortie de ses fonds, à son cours ordinaire.

ITALIENNE (GRANDE SAUCE). (*Cuis.*) Mettre dans une

casserole pleine une cuillerée à bouche de persil haché, la moitié d'une cuillerée d'échalottes, autant de champignons hachés bien fins, une demi-bouteille de vin blanc, gros comme un œuf de beurre; faire bouillir le tout jusqu'à ce que cela soit bien réduit; dès qu'il n'y a plus de bouillonnement dans la casserole, on y met plein deux cuillerées de pot de velouté, une de consommé; et faire bouillir la sauce sur un feu un peu ardent; on a soin de l'écumer et de la dégraisser. Lorsqu'elle est réduite à son point, c'est-à-dire, lorsqu'elle est épaisse comme un bouillon clair, on la retire du feu, et on la dépose dans une autre casserole, en la tenant chaude au bain-marie.

ITÉA DE VIRGINIE. (*Jard.*) Fleurs en taillis, blanches et en épis; bruyère humide et ombragée; multiplication de rejetons.

Itea à grappes. Un peu plus haut que l'autre, mais peu différent dans le pot. Même culture.

IULE. (*An. nuisib.*) Insecte très-commun aux environs de Paris, qui ne diffère de la scolopendre que par les formes de son corps, qui est rond et cylindrique, et par ses antennes qui ne sont composées que de cinq anneaux. Pour son histoire, voyez SCOLOPENDRE.

IVETTE MUSQUÉE. (*Jard. — Méd. dom.*) *Chamœpitys moschata.* Cette plante croît communément dans les environs d'Aix ou de Montpellier, parmi les olivettes. Ses tiges, qui sont ligneuses, velues et diffuses, se répandent sur la terre; ses feuilles sont nombreuses, velues, allongées, étroites et terminées par deux ou trois dents; sa fleur est de couleur pourpre; les graines sont noires, ridées et un peu recourbées. Toute cette plante est fort amère et d'une odeur de musc, surtout dans les grandes chaleurs.

Cette plante est apéritive, vulnéraire, hystérique, et très-employée dans le midi contre les maladies des nerfs.

IVOIRE. (*Ind. dom. — Conn. us.*) Nom qu'on donne dans le commerce à la matière des deux grandes dents ou défenses osseuses de l'éléphant, lorsqu'elles sont détachées et prêtes à être mises en œuvre.

L'ivoire a, dans son accroissement et sa texture, des caractères qui le distinguent également de la substance proprement osseuse, de la nature des cornes, et des dents proprement dites.

Il est composé de couches coniques, concentriques et additionnelles. On voit, à peu près au centre du plein de la défense de l'éléphant, un point noir, rond, qu'on nomme le cœur. On aperçoit des lignes courbes qui s'étendent en sens contraire depuis le centre jusqu'à la circonférence, et qui, en s'unissant, forment de petits losanges qui imitent assez bien le guillochage de la boîte d'une montre.

Lorsque les défenses sont entières, qu'elles ne sont pas enlevées depuis trop long-temps à l'éléphant, et qu'on les coupe, on les trouve d'une couleur olivâtre, mêlée d'un peu de couleur verdâtre. L'ivoire, dans cet état, est nommé par les ouvriers : *ivoire vert.* Cet ivoire, à mesure qu'il se dessèche, devient blanc.

Ce n'est pas seulement l'éléphant qui fournit l'ivoire du commerce, quoique ce soit de cet énorme quadrupède qu'on en tire la plus grande partie. L'ivoire de la dent de l'*hippopotame* est préféré par certains ouvriers; et celui des dents du *cachalot* et de la défense du *narval* est également estimé.

Manière d'argenter l'ivoire. On plonge une tablette d'ivoire dans une légère solution de nitrate d'argent, et on l'y laisse jusqu'à ce qu'elle ait pris une couleur jaune foncé; alors on la retire, et on la met dans un vase plein d'eau claire, qu'on expose aux rayons du soleil. Au bout d'environ trois heures, la surface de l'ivoire est devenue noire; mais en la frottant on lui fait prendre bientôt un brillant très-semblable à l'argent.

Pour conserver la blancheur de l'ivoire, il suffit de mettre les objets travaillés avec cette matière dans des vases bien fermés; le jour et l'exposition constante au soleil ne pourront parvenir à altérer sa blancheur si l'on prend cette précaution. Pour lui rendre celle qu'il a perdue, il suffit, si c'est sur de grands objets qu'on veut opérer, de les brosser avec de la pierre ponce pilée très-fin; si ce sont de petits objets qu'on craigne d'endommager, on peut obtenir le même résultat en les exposant à la vapeur du soufre et les essuyant ensuite avec soin. On réussit aussi assez souvent à rappeler l'ivoire à sa blancheur primitive en l'arrosant d'eau de savon, ou mieux encore en l'exposant à la rosée, surtout à celle du mois de mai, parce qu'elle est la plus abondante; mais il faut éviter que le soleil ne donne dessus, parce qu'en le séchant trop il le ferait gercer.

IVRAIE. (*Jard.*) *Lolium.* Genre de la famille des graminées. Une espèce de ce genre, *l'herbe d'ivrogne* (*lolium tumulentum*), qui croît dans les moissons, a des propriétés vénéneuses très-prononcées. Le pain et la bière dans la confection desquels il est entré beaucoup de grains de cette plante, énervent et causent des vertiges, des nausées et des vomissemens, à ceux qui en font usage.

Cette plante est annuelle et croît abondamment dans les champs avec le blé, l'orge et l'avoine.

Les racines de l'ivraie poussent des tiges ou tuyaux de deux à quatre pieds, semblables à ceux du blé, ayant quatre ou cinq nœuds, de chacun desquels naît une feuille longue, étroite, verte, épaisse, cannelée, enveloppant sa tige par sa base. Ses sommités portent des épis longs de six à huit pouces, et d'une figure particulière. Les grains sont plus menus que ceux du blé, peu farineux, et de couleur rougeâtre.

On peut faire usage de l'ivraie mise en pâte, et qu'on fait avaler dans les derniers jours aux chapons et aux poulardes pour les engraisser; elle est aussi regardée par quelques-uns comme très-bonne pour nourrir la volaille.

IVRAIE FAUSSE. (Voy. RAI-GRASS.)

IVRESSE. (*Hyg.*) L'abus du vin, de l'eau-de-vie ou autres liqueurs, produit d'abord l'ivresse; mais si cet abus est porté à l'excès, de l'ivresse on passe bientôt à un état d'engourdissement et d'insensibilité que l'on a désigné sous le nom de *mort apparente.*

Il n'est pas rare dans les faubourgs et environs des grandes villes, et surtout dans nos campagnes, de rencontrer, le long des chemins, des hommes *morts-ivres*, c'est-à-dire privés de l'usage de leurs sens par l'excès de la boisson, et que la bienfaisance est appelée à secourir.

Il faut d'abord, 1° transporter l'homme qui est en cet état dans une habitation, le déshabiller, et l'étendre sur de la paille;

2° Lui donner un lavement d'eau froide, dans lequel on mettra quatre cuillerées de vinaigre et autant de sel de cuisine qu'on fera bien fondre; on répétera ce lavement de demi-heure en demi-heure;

3° Frotter tout le corps du malade avec un morceau d'étoffe de laine trempé dans du vinaigre;

4° Dès qu'il pourra avaler, on lui fera prendre une infusion légère de thé : dans chaque tasse on mettra un peu de sucre et une cuillerée de vinaigre, ou le jus de la moitié d'un citron. A défaut de thé, on pourra faire de la limonade en mettant du vinaigre dans de l'eau froide jusqu'à une acidité agréable, et y ajouter du sucre ou du miel;

5° Le malade ayant repris ses sens, on le couchera dans un lit, et on aura soin de lui laisser la tête découverte et de la lui relever;

Quelques médecins commencent par donner l'émétique à l'homme mort-ivre; mais ce remède nous paraît dangereux, parce qu'indépendamment de la difficulté de le faire prendre, on peut augmenter l'engorgement du cerveau et l'inflammation déjà très-grande de l'estomac.

De l'ivresse ordinaire. Lorsqu'il y a ivresse ordinaire avec indigestion, le malade s'abstiendra de toute boisson autre que l'eau fraîche, l'eau sucrée, ou la limonade.

Il prendra, pour favoriser le vomissement, beaucoup d'eau ou d'huile très-tiède, ou vingt grains d'ipécacuanha dans un verre d'eau; on lui donnera des lavemens émolliens mêlés d'un peu de sel et d'une dissolution de savon.

On exposera le malade au grand air; on lui répandra de l'eau sur le corps. On l'entourera de linge trempé dans de l'oxicrat; on lui fera prendre du café léger. Une cuillerée à café de vinaigre des quatre-voleurs guérit, dit-on, l'ivresse sur-le-champ. L'éther sulfurique est aussi un bon calmant; enfin, deux à trois gouttes d'alcali volatil sur du sucre, font sortir promptement l'homme de son état d'ivresse.

Cet état devenu habituel pouvant être la cause de beaucoup de maladies, on devra, lorsqu'elles se manifesteront, consulter un médecin prudent et instruit.

Préparations propres à combattre l'ivresse. L'ivresse étant le résultat le plus fréquent de l'usage des liqueurs fermentées et de l'eau-de-vie, nous allons indiquer encore quelques moyens pour combattre cet état maladif, de tout temps si dangereux.

Faire boire : 1° l'éther sulfurique mêlé à l'huile, à la dose de vingt-cinq gouttes pour une once d'huile;

2° L'alcali volatil (ammoniac), à la dose de huit gouttes dans un verre d'eau sucrée;

3° L'acétate d'ammoniaque à la dose de trente-six gouttes dans un verre d'eau pure.

C'est en général à ce dernier moyen qu'il faut s'arrêter, comme le plus convenable à employer, son usage ne pouvant avoir aucun inconvénient; tandis qu'il n'en est pas de même du second, qui a quelquefois donné lieu à des accidens.

IXIA. (*Jard.*) Genre de plante de la famille des iridées. Les espèces qui le composent sont cultivées dans les jardins à cause de l'élégance de leurs fleurs. Elles sont toutes exotiques, et la plupart viennent du cap de Bonne-Espérance.

J.

JACHÈRE. (*Agr.*) Les progrès de l'agriculture font chaque jour abandonner de plus en plus le système des jachères. On a reconnu qu'elles avaient l'inconvénient de garder pendant une ou plusieurs années le sol improductif, qu'elles facilitaient la croissance des mauvaises herbes, et ne dispensaient point d'engrais.

Les partisans des jachères prétendent que la terre a besoin de se reposer. C'est comparer follement la terre à un animal. Ne voit-on pas les jardins sans cesse productifs, sans jamais s'altérer ni se fatiguer? Les champs en jachères eux-mêmes ne produisent-ils pas en abondance des plantes adventices et mauvaises herbes, preuve irrécusable qu'ils ne restent pas dans l'inaction et le sommeil? Mais il y a plus : les terrains abandonnés de temps immémorial aux soins de la nature, les bois, les prés, les antiques forêts, ne sont-ils pas à juste titre considérés comme des sols éminemment et pour long-temps fertilisés, et cependant ont-ils cessé un seul instant de produire?

Mais si ce n'est pas en se reposant que la terre en jachère se féconde, c'est, disent les plus savans des routiniers, en absorbant les principes nutritifs contenus dans l'air. Écoutons la réponse de Davy, qui, en fait d'actions chimiques, mérite sans doute plus de confiance que tous les partisans des jachères réunis : « On peut douter qu'un fonds contienne autant d'humus, quand la jachère expire, qu'avant de lui donner le premier coup de charrue. Ce sont les parties vertes des plantes qui absorbent surtout l'acide carbonique, seul principe fertilisant contenu dans l'atmosphère; ce sont donc les récoltes enfouies en vert qui peuvent le déposer dans la terre; et dans la pratique des jachères, les plantes adventices, qui croissent sans avoir été semées, quoique très-faiblement, remplissent cet objet. Mais, dans bien des cas, et notamment dans les sols légers et secs, on ne peut douter que le remaniement du sol durant les chaleurs et les pluies d'orages, en favorisant considérablement la dissolution des engrais, ne facilite l'évaporation et l'entraînement des principes volatils et des sucs nutritifs qui auraient servi à la végétation si le champ eût été couvert de récoltes.

« Mais d'ailleurs, sans jachères, comment nourrir nos bestiaux ? » C'est-à-dire qu'un champ stérile, propre à servir de promenade plutôt que de pâturage, donnera plus d'alimens qu'une prairie artificielle que l'on pourra faucher ou faire manger sur place ? Que l'on compare, au reste, la quantité de bestiaux que les deux systèmes permettent d'entretenir avec une égale surface de terrain !

« Quoi qu'il en soit, nous serons surchargés de travaux en certaines saisons, et en d'autres nos attelages resteront sans ouvrage ; nous manquerons de bras pour les sarclages et les binages que votre nouveau système exige. » D'abord, les champs occupés par les prairies artificielles n'ajouteront pas à vos labeurs ; ils sont productifs, au moins durant une année, sans le plus petit entretien ; si vous savez bien choisir et distribuer vos cultures, les intempéries des saisons seules pourront accumuler ou suspendre vos travaux ; vous gagnerez d'ailleurs plusieurs façons, auxquelles le système des jachères vous obligeait pour la préparation du blé ou de l'avoine. Quant au manque de bras, il est évident que cela pourrait avoir lieu si vous vouliez procéder à l'entretien de vos cultures sarclées comme dans un jardin, c'est-à-dire à la main ; mais la plantation en rayons est-elle si difficile ? N'avez-vous pas la houe à cheval, l'araire à butter, qui vous permettent de sarcler, biner et remuer le sol de la manière la plus prompte et la plus économique, sur une vaste étendue de terrain ? Et ces instrumens ne sont ni coûteux ni difficiles à conduire ; ces travaux s'exécutent dans le temps où vous donnez vos façons de jachère, et remplissent bien mieux son unique objet d'ameublir et nettoyer le sol.

« Vous reconnaissez donc un avantage aux jachères ? Comment, en effet, sans elles, nettoyer nos terres infectées de mauvaises herbes de toutes espèces ? » C'est là la seule compensation qu'elles offrent pour la perte d'une année entière et la dépense de nombreux travaux. Si vous pouvez atteindre ce résultat mieux et durant la fin de la campagne qui suit la récolte, ou en obtenant un produit souvent plus profitable que le blé, quel argument pourriez-vous encore faire valoir en faveur de la jachère ? Or, si aussitôt après l'enlèvement des gerbes, vous labourez et hersez le champ, et répétez ces opérations plusieurs fois jusqu'à l'hiver, les plantes adventices auront le temps de germer et, détruites par ces façons, votre terrain en sera purgé aussi bien que par l'improductive jachère. Si vous manquez d'engrais, jetez sur ce labour une semence quelconque à bon marché, mais notamment du sarrasin, lupin, navette, avoine, seigle, que vous enterrerez en vert, en répétant, s'il est possible, cette opération ; et votre sol sera mieux préparé et fécondé que par toute une année de travaux et de repos. Mais sans vous donner cette peine, quel avantage n'y a-t-il pas à remplacer l'année de jachère par la culture des plantes sarclées, telles que pommes de terre, betteraves, carottes,

fèves, etc., etc.! Peut-on douter que les nombreux sarclages et binages, exigés pour ces cultures, ne préparent et ne nettoient le sol mieux que les façons de la jachère, et n'est-on pas dédommagé de ses frais avec profit par la récolte de ces plantes ? Il n'est donc aucun argument qui puisse soutenir la conservation du système des jachères ; et si, dans tous les cas et toutes les circonstances, leur suppression est avantageuse et impérieusement commandée par la raison, reconnaissez qu'il n'y a que des circonstances particulières, telles que le défaut de capitaux, de bestiaux, d'engrais, qui puissent permettre de les tolérer durant quelque temps, et que, dans ce cas, il est encore préférable de laisser inculte une portion du terrain, si l'on n'a pas les forces productives nécessaires pour le faire valoir en entier, plutôt que de dévouer le tout à la stérilité par portions successives.

« Les savans en théorie, disent enfin les défenseurs des jachères, ont beau dire, nos deux années de céréales avec jachères nous donnent plus de profit que leurs cultures sarclées, parce que nos blés sont meilleurs. » A cette objection de chiffre, comment répondre mieux que par la comparaison de la richesse des cultivateurs de l'Angleterre, de la Belgique, de la Flandre, de la Bavière, etc., avec la pauvreté de ceux chez lesquels le système des jachères est encore en honneur ?

JACINTHE D'ORIENT. (*Jard.*) *Hyacinthus orientalis.* Famille des asphodèles. C'est un ognon du Levant. La jacinthe est une fleur très-rustique et très-belle, surtout si l'on a le bonheur de posséder les variétés doubles de Hollande. Les collections de ces variétés sont hors de prix. Les jacinthes simples, appelées en Hollande *passetouts*, ont des fleurs larges, de vives couleurs, une tige bien garnie. Les amateurs en conservent un certain nombre bien varié, pour recueillir des graines qui produisent de superbes variétés. On sème cette graine, au mois de mars, en terreau végétal criblé, ou en terre de bruyère mêlée de terre de taupinière des prés. Les bulbes fleurissent au bout de cinq à six ans.

Les jacinthes supportent bien l'hiver. Si on leur donne des abris, elles sont plus précoces ; mais il vaut mieux ne pas hâter ainsi leur végétation.

Elles craignent l'humidité. On doit avoir soin d'élever de quelques pouces au-dessus du sentier le terrain où elles sont placées, et de l'incliner un peu au midi. Le terreau, qui leur convient, doit recouvrir les plates-bandes sur une épaisseur de huit pouces.

Soins à prendre pour les variétés précieuses. On retire les ognons au mois de juin, quand les feuilles sont flétries; on les range avec leurs étiquettes sur des planches, en un lieu aéré, et quand ils sont bien secs, on les nettoie, et après les avoir enveloppés un à un dans un papier fin, on les met en sacs. Quand les caïeux ont une certaine grosseur, et se détachent aisément de l'ognon principal, on les sépare pour les planter seuls. On remet les ognons en terre à la fin d'octobre, à trois pouces de profondeur; s'ils sont plus enfoncés, la plante a moins de force, et les fleurs sont moins belles. Les feuilles paraissent à la fin de février, et les fleurs un mois après.

Meilleur placement des jacinthes pour l'effet des jardins.

57

On les plante en touffes de six ognons, espacés à dix-huit pouces, le long d'une allée de parterre.

Variétés diverses. Les variétés obtenues ont reçu différens noms. Les plus belles ont au moins quatorze à dix-huit lignes de diamètre; elles coûtent jusqu'à six francs la pièce.

Voici les noms des principales :

Jacinthes blanches. Montesquieu, grand monarque, Minerve.

Blanches, à cœur jaune. Grande impériale, sceptre d'or.

Blanches, à cœur bleu. Gloria florum suprema, sphera mundi (les fleurs ont dix-huit lignes de diamètre).

Rouges. Velours rouge (elle est couleur de sang, et donne beaucoup de caïeux), comte de la Coste, princesse Louise-Auguste, gloria solis.

Couleur de chair. Glorieuse superbe, madame Zoutuman.

Jaunes. Pure d'or (elle donne beaucoup de caïeux), ophir (elle a la tige faible et donne des caïeux).

Bleu noir. Velours pourpre, noir véritable (c'est la plus foncée de toutes; elle donne beaucoup de caïeux).

Bleu porcelaine. Comte de Vergennes, globe terrestre (elle a des fleurs de seize lignes de diamètre), endraugt (elle est magnifique).

Gris de lin. Comte de Saint-Priest (tige forte et droite, portant dix-huit fleurs de seize lignes de diamètre).

Jacinthe azurée. Cette plante ressemble à l'améthyste de Sibérie. (Voy. ce mot.) C'est un ognon moyen, à tige droite. La tige, au mois de mai, se garnit d'un seul côté, de douze à quinze fleurs, petites, campanulées, et du plus joli bleu d'azur. Elle forme de jolies touffes quand on la laisse un peu s'étendre. La graine produit une variété d'un blanc pur.

L'auteur du *Traité des Jacinthes* recommande d'exposer les jacinthes au levant, un peu abritées contre l'ardeur du soleil; de planter les ognons au mois d'octobre, en les couvrant de quatre pouces de terre, et donnant plus de profondeur aux espèces hâtives, moins aux tardives. On les arrose, quand elles en ont besoin, avec de l'eau courante; l'eau dormante leur est nuisible.

Quand le nombre des caïeux oblige de les détacher de l'ognon principal, on en fait des pépinières, et on les plante à deux pouces l'un de l'autre et à un pouce de profondeur.

Les ognons qui fleurissent le mieux sont ceux qui pèsent une once et demie. Il y en a qui pèsent jusqu'à deux onces et demie. Parvenus à cette grosseur, ils peuvent donner encore des fleurs cinq ou six fois. Il y a des ognons qui ont duré jusqu'à treize ans.

Multiplication des jacinthes par incision. On fait à un ognon une incision en croix qui pénètre jusqu'au tiers de son volume, peu de temps avant de le lever. On le remet en place en le couvrant d'un pouce de terre; on l'y laisse un mois, puis on le retire, on le fait sécher et on le plante en son temps. Il ne porte pas de fleurs d'abord; mais il se divise de manière à produire jusqu'à dix ognons au lieu d'un. On peut faire même plusieurs incisions à l'ognon.

Les semences de jacinthes ne donnent jamais de fleurs semblables à celles des ognons qui ont fourni la graine. Les blanches produisent ordinairement les bleues. Les jacinthes qui ont deux ou trois feuilles dans le milieu de leurs fleurons, ont plus de disposition à donner des fleurs doubles.

Bonne terre pour les jacinthes. Trois parties de terre de taupinière, deux parties de débris de couche bien terreautés, et une partie de sable de rivière.

Moyen de garantir des insectes les ognons. Les tremper pendant une heure dans une décoction de tabac et les placer ensuite dans une boîte remplie de sable fin.

Maladies des jacinthes. L'ognon peut devenir infect et gluant. La corruption de l'ognon s'annonce par un cercle brun à la pointe de l'ognon, autour des racines; on essaie alors d'y remédier en coupant tout ce qui est pourri. On prévient cette gangrène, en ne mêlant pas à la terre du fumier de cheval, de brebis ou de porc, et en ne se servant pas de couches où l'on a planté plusieurs fois de suite des jacinthes en peu de temps. Il ne faut pas laisser l'eau croupie séjourner autour des jacinthes, ni les bons ognons avec les ognons malades.

Culture des jacinthes dans les appartemens. Rien n'est plus facile et plus connu. On place les ognons à l'orifice d'une carafe pleine d'eau, et, sans autres soins, on les voit se développer rapidement.

Pour avoir ainsi des jacinthes avant la saison, quand celles qu'on avait conservées l'hiver sont passées, on hâte leur végétation en les déracinant tout entières, en détachant la terre qui les couvre et en les lavant avec soin. Comme souvent la partie inférieure couverte de terre est restée blanche et étiolée, il faut découvrir l'ognon presque jusqu'à son sommet, quelque temps avant de l'enlever, pour que les feuilles deviennent vertes dans toute leur longueur. Après avoir bien lavé les jacinthes, on peut les placer dans des carafes, où elles fleurissent bientôt.

Manière de conserver les ognons de jacinthes pour avoir des fleurs en hiver. On choisit les plus belles espèces, en avril, quand les jacinthes sont en fleurs. On marque les ognons de manière à pouvoir en reconnaître la couleur et l'espèce. Quand, à la fin de juillet ou au mois d'août, les jacinthes commencent à se faner, on ôte de terre les ognons qu'on a marqués, on en sépare les caïeux, on les fait sécher, isolés les uns des autres, dans un lieu sec et bien aéré. Puis on les met entre des couches de sable épaisses d'un pouce, pour les empêcher de germer. Ces ognons, ainsi conservés, peuvent se planter en hiver et dans toute autre saison où les jacinthes ne fleurissent pas d'ordinaire.

De l'eau à employer dans la culture des jacinthes en carafes. L'eau doit couvrir l'ognon à moitié. On préfère l'eau de pluie ou de rivière aux eaux dures et chargées de substances minérales. Il est bon de la renouveler tous les jours. Quand les racines sont allongées, pour ne pas les endommager, on fait écouler la vieille eau, et on en remet de nouvelle sans les retirer des carafes. Si on se sert d'autres vases que des carafes, on peut pratiquer un robinet à la partie inférieure. Pour que les ognons ne soient pas long-temps sans eau, on ne vide les vases que lorsque l'eau nouvelle est prête à remplacer l'ancienne.

Une pincée de sel de nitre ajoutée tous les quinze jours hâte la végétation.

Les jacinthes se placent également en pots, au mois d'octobre, dans les appartemens. On a vu des jacinthes doubles, qui ne pouvaient grener en terre, ni produire de la graine après avoir fleuri dans l'eau. On a vu des jacinthes réussir renversées dans une carafe, l'ognon en l'air. Seulement l'ognon ne poussait point de racines, et les fleurs étaient décolorées.

Température de la chambre où l'on cultive des jacinthes. Elle doit être moyenne. Trop chaude, elle active la végétation, mais fait jaunir les feuilles et rend les fleurs moins belles; trop froide, elle retarde la croissance, quoique les ognons puissent supporter un certain degré de congélation. On place les jacinthes près de la fenêtre, pour leur donner de l'air, de temps en temps.

Moyen de rendre blanches les jacinthes bleues. Les exposer à la fumée du soufre allumé.

Coloration des jacinthes. Mettre l'ognon dans une eau colorée avec un suc végétal quelconque. Les fleurs prennent une teinte empruntée à ce suc, qui laisse le long de la tige des traces de son ascension.

JACOBÉE ou HERBE DE SAINT-JACQUES. (*Jard.*) (*Jacobæa vulgaris.*) Famille des corymbifères. Cette plante croît le long des chemins et sur les murs; sa racine est vivace et très-fibreuse; ses fenilles sont placées sans ordre le long de ses tiges nombreuses, que couronnent des ombelles de fleurs jaunes, et plus tard des semences rougeâtres, allongées et garnies d'aigrettes.

La jacobée des jardins acquiert quelquefois six pieds de haut, et soutient le froid des plus grands hivers. Elle croît partout, et dure long-temps si on lui donne des tuteurs.

La jacobée de Virginie s'est naturalisée dans toute l'Europe.

Le nom de jacobée vient de l'abondance de ces herbes aux environs de Saint-Jacques, en Galice.

JACOBINE. (*Cuis.*) Espèce de potage actuellement hors d'usage, mais fort en vogue chez nos aïeux. La soupe à la jacobine était faite de chair de perdrix et de chapons rôtis et désossés, hachée bien menu avec du bouillon d'amandes.

JACQUET. (*Récr. dom.*) Pour bien comprendre ce qui suit, il est essentiel de consulter les articles *trictrac* et *toutes tables.* Le jacquet se joue dans le tablier du trictrac. Les règles des dés sont les mêmes, mais les doublets s'y jouent doublement. Le joueur qui est sorti le premier gagne, selon les conventions, un trou ou deux. Chaque joueur met un talon de dames dans un coin en face de lui, de manière à placer les deux talons aux deux bouts de la transversale du trictrac. Les deux joueurs jouent la première dame seulement, jusqu'à ce qu'elle soit arrivée dans la partie opposée à leurs talons respectifs; ensuite on joue soit en abattant le talon, soit en jouant les dames abattues.

JACQUINIA. (*Jard.*) Famille des sapotiliers. On distingue la jacquinia armillaire (armillaris); le jacquinia à feuilles de houx (ruscifolia); le jacquinia à feuilles linéaires (linearis). Ces trois plantes de l'Amérique méridionale portent de belles grappes de fleurs dont l'odeur est analogue à celle du jasmin; on les cultive en serre chaude. Il leur faut très-peu d'eau en hiver et beaucoup en été.

JADE. (*Con. us.*) Pierre assez dure pour ronger le verre; de couleur verdâtre, olivâtre, blanchâtre, ou nuancée de violet. Sa cassure est grenue; cette pierre est composée de silice, de chaux, de soude, de potasse et d'oxide de fer. On la travaille avec la poudre de diamans. Les anciens Mexicains en fabriquaient des talismans gravés, et les Romains, des vases et des coupes; elle sert dans l'Orient à faire des manches de sabres et de coutelas.

JAIS ou JAYET. (*Con. us.*) C'est une espèce de bitume fossile très-noir, sec et luisant. Il s'enflamme dans le feu et y exhale une vapeur noire. Frotté, il répand une odeur de charbon minéral, et acquiert la propriété d'attirer les corps légers. On travaille le jais surtout dans la ville de Wirtemberg. On en fait des colliers, pendans d'oreilles, bracelets, boutons, chapelets, tabatières, etc.

JALAP. (*Méd. dom.*) Le jalap, qu'on vend dans la pharmacie en tronçons desséchés, est la racine d'un *convolvulus* d'Amérique. Il purge à petite dose, et facilement.

JALOUSIE. (FLEUR DE) (*Jard.*) (*Amaranthus tricolor.*) Famille des amaranthes. Les feuilles sont de couleur variées; les enfans se servent des tiges pour faire des flûtes. Les fleurs paraissent en automne. Cette belle plante se ressème d'elle-même à une bonne exposition.

JAMBE. (*Méd. dom.*) *Traitement des écorchures des jambes.* Laver la plaie, rapprocher les chairs en pressant l'un sur l'autre les deux bords de la blessure, et les tenir ainsi rapprochés au moyen de petites bandes de taffetas d'Angleterre, ou tout autrement, en ayant soin de ne pas couvrir entièrement la plaie, afin que le sang, ou le pus qui pourrait en découler, puisse s'échapper sans difficulté. Dans le cas où le sang ne s'arrêterait pas de lui-même, on pourrait verser sur la plaie un peu de baume du commandeur, ou y appliquer un tampon de charpie.

Traitement des blessures aux jambes des animaux domestiques. Arracher les épines, clous, ou échardes qui ont fait ces blessures, mettre les bêtes au repos, faire couler de l'huile sur la plaie et l'envelopper d'un linge. Si un bœuf boite sans cause apparente, chercher, en appuyant les doigts, la partie rouge ou enflée, l'ouvrir avec un instrument très-tranchant, en laisser sortir le pus ou le sang, et laver la plaie avec de l'urine ou du sel : lorsqu'elle est nettoyée, faire fondre dessus, au moyen d'une pelle rouge, de la graisse de mouton, et après avoir répété plusieurs fois cette opération, mettre sur la plaie du sucre en poudre.

Quand un cheval est attaqué d'un abcès aux jambes, bassiner chaque jour la plaie avec du vin chaud, la saupoudrer de sucre, et y placer des compresses sur lesquelles on place une couche de sucre; ce traitement est efficace contre toutes sortes de plaies.

JAMBON. (*Conn. us.*) (Voy. COCHON.)

Les jambons les plus estimés dans le commerce sont les jambons de Westphalie, dits de Mayence, et les jambons de la Bigorre et du Béarn, connus sous le nom de jambons de Bayonne. Ces derniers doivent leur bon goût au sel de la fontaine de Salies, qu'on emploie pour les préparer; après eux viennent les jambons de Bordeaux et d'Angers.

Les jambons pris à la Foire aux jambons valent, à Paris, de 12 à 18 sous la livre. Cette foire, qui se tenait autrefois au parvis Notre-Dame, le mardi de la semaine-sainte, a lieu maintenant, à la même époque, autour de l'entrepôt du canal Saint-Martin.

Dans la même ville, les jambons valent, chez les charcutiers, de 20 à 50 sous la livre.

Procédé pour saler les jambons et le porc. Vous prenez la moitié d'un porc, vous vous procurez un baquet bien propre et troué, comme pour couler la lessive; mettez au fond du thym, du laurier, quelques gousses d'ail, de l'ognon, du poivre en grain et en poudre; couvrez tout cela de sel : puis faites un lit de porc et un lit de sel. Placez les deux jambons, et couvrez-les entièrement de sel. Remettez par-dessus encore quelques branches de thym, de laurier, et ajoutez-y quelques feuilles de sauge; puis continuez d'emplir le baquet avec le reste du porc, ayant toujours la précaution de mettre un lit de sel et un lit de viande, et pressant le tout comme s'il devait y rester. Quand le baquet est plein, ou que vous n'avez plus de viande, couvrez-le encore de thym, de laurier, d'ognons, de sel, et jetez dessus trois ou quatre verres d'eau, pour provoquer la fonte du sel. Par ce moyen, la viande s'imprègne bien plus intimement et plus promptement. On peut ajouter un peu de lie de vin.

A mesure que la saumure tombe par le trou du baquet on la reverse dessus, absolument comme quand on coule une lessive. Il n'est pas nécessaire pourtant de veiller comme pour un cuvier de linge; il suffit de vider de la saumure cinq à six fois par jour.

Au bout de dix à douze jours au plus, vous pourrez retirer du baquet le lard et le porc; il est assez salé. Il se gardera aussi long-temps que vous le voudrez, sans aucun risque. Vous le pendrez au plancher, et il n'est point exposé à *prendre l'évent* comme dans le saloir.

Vous avez soin de mettre les deux jambons une quinzaine de jours dans la cheminée, pour les bien sécher; ensuite vous avez de la cendre de sarment, que vous passez dans un tamis; vous en couvrez entièrement les jambons, que vous mettez alors entre deux planches, avec des poids très-lourds dessus.

Lorsque vous voulez faire cuire les jambons, vous les lavez bien, et les enveloppez de nouveau de thym, de sauge, de foin bien vert et qui ait été bien fané. Ce procédé donne aux jambons le goût des jambons de Mayence.

Manière de fumer les jambons, le lard et la viande de porc. C'est l'acide pyroligneux contenu dans la fumée qui a la propriété de conserver les viandes. L'essentiel est que la fumigation se fasse au feu de bois, et qu'elle soit aussi froide que possible. La fumée trop chaude des cheminées rancit et détériore le lard; ainsi, quand on se trouve obligé d'entretenir beaucoup de feu, il faut avoir un réservoir de fumigation contigu aux cheminées. En Suède, on pratique au bout du tuyau de la cheminée un soupirail; on fait un grand feu de copeaux de bois, dans une chambre à ce destinée, de 9 à 12 décimètres de haut, qui prend jour par la cheminée. On ferme en partie le soupirail pour que la fumée se répande dans la chambre, tandis que le calorique continue de passer par la cheminée. Les jambons qui sont pendus dans cette chambre ont une saveur excellente.

Temps de la fumigation. Les jambons doivent rester à la chambre trois à quatre semaines. La chair qui a reçu trop de fumée contracte un goût aigrelet.

Manière de conserver les jambons. (Voy. VIANDE.)

Plantes propres à fumer les jambons. Les plantes aromatiques, l'ortie commune, la grande ortie piquante, les copeaux de hêtre et de chêne, les fagots de genièvre et d'écorce de bouleau qui donnent un parfum agréable aux jambons, sont les combustibles dont on recommande l'emploi. La houille et la tourbe communiquent un mauvais goût à la viande.

Nouvelle méthode de préparation du lard et des jambons. On rable les jambons chauds avec du sel pilé; on les met sur une table pendant vingt-quatre heures, puis on en ôte tout le sang et le sel au moyen d'un linge mouillé. On les met ensuite dans la saumure suivante : mêler, pour 52 livres de lard, une livre de cassonade en poudre, 4 livres de sel et un quarteron de salpêtre pilé; y verser dix litres d'eau de fontaine, qu'on fait chauffer jusqu'à ébullition, en remuant toujours; écumer et passer au tamis la saumure quand elle est refroidie.

On place les jambons dans une barrique. On répand sur chaque couche de saumure et un mélange de 8 décigrammes des quatre épices, 2 décigrammes de poivre, et autant de girofle, le tout pilé; on retourne les jambons tous les trois jours; et au bout de douze ou quinze, on les expose à la fumée froide : celle du bois de chêne est préférable; il faut dix à douze fumigations continues.

Salaison des jambons en Angleterre. Recette pour trois jambons. On fait sécher neuf livres de sel dans une poêle, et on le pile avec une livre de cassonade et 6 décagrammes 4 grammes de salpêtre. Quand le tout est réduit en poudre fine, on remue fortement les jambons dans le sel; on les laisse pendant trois semaines plongés dans la saumure, et on les suspend à l'air jusqu'à ce qu'ils soient secs.

Les petits jambons n'ont besoin que de quinze jours de salage.

Préparation des jambons de Mayence. On empile les jambons dans une futaille, en les serrant de façon à en faire sortir la saumure. Au bout de quinze jours, on les retire, on les accroche dans la cheminée au-dessus d'un feu de bois de hêtre, mais à une telle hauteur qu'ils ne puissent être atteints par la fumée chaude. On les y laisse trois semaines, puis on les conserve dans un lieu sec. Les cheminées du pays ne s'ouvrent pas par le sommet, mais derrière ou sur le côté de la maison, et ne montent guère plus haut que le plancher.

Méthode anglaise pour conserver les jambons et les langues. Pour le cochon et les gigots de mouton, le bœuf et les langues, employez dix livres de sel commun et une livre de salpêtre; mettez les jambons tremper toute une nuit dans une dissolution de sel dans l'eau, pour extraire le sang coagulé et autres sucs visqueux qu'ils peuvent encore contenir. Le jour suivant, frottez-les avec du sel et du salpêtre; mettez-les ensuite dans un vase, jusqu'à ce que le tout soit salé; répétez cette opération tous les jours pendant une semaine. Ils ont donné à cette époque une quantité suffisante de saumure pour couvrir à moitié tout ce qui est salé; mêlez avec cette saumure, en supposant qu'on opère sur vingt-quatre jambons, un quart de livre de sel ammoniac que l'on réduit en poudre très-fine, et une livre de belle cassonade, bien battue pendant quelques minutes ; pour l'incorporer avec la saumure, on la verse doucement sur les jambons , et on tourne ceux-ci sept à huit fois , à deux jours de distance chaque. Après cette époque, on les enlève , on les lave , on les pend dans un endroit très-sec, et on les laisse pendant une semaine sécher sans fumée.

Alors on fait du feu avec du bois de chêne , que l'on recouvre aux trois quarts de sciure de chêne mêlée avec des feuilles de genièvre , et que l'on arrose avec de l'eau. On les expose à cette fumée , dans un lieu sec, où on les laisse d'un à huit jours. Par cette méthode et les méthodes ci-dessus, on traite deux à trois mille jambons , de grandes quantités de bœuf et de langues par semaine, lorsque le temps est favorable.

Comme les jambons, le bœuf et les langues qui n'ont été pendus que pendant le temps dont nous venons de parler, ne sont pas assez secs, il faut encore les exposer à une température modérée et à un courant d'air. Lorsqu'ils sont parfaitement desséchés , on les emballe dans des boîtes ou caisses de la manière suivante :

On met une couche de jambons et une couche de sel de trois pouces environ d'épaisseur, et ainsi de suite : lorsqu'ils sont ainsi disposés, on les abandonne à eux-mêmes. Cette opération les préserve de petites mouches dans les chaleurs de l'été, et produit, pendant un intervalle de six semaines, une fermentation qui échauffe tellement les jambons que la graisse en devient transparente. Aussitôt qu'on s'aperçoit de cet effet, on les déballe, on les met dans des sacs que l'on suspend; ils ont alors ce fumet qui caractérise les jambons de bonne qualité. Les jambons et les autres provisions sèches sont meilleurs après un long voyage qu'auparavant : c'est le résultat de la fermentation qu'ils subissent dans le trajet. Cette fermentation dégage les parties superflues du sel dont elles sont imprégnées, rend la viande plus tendre, et lui donne ce fumet que les gourmets recherchent tant.

Procédé allemand pour conserver les jambons. Les allemands apprêtent les jambons en novembre et en mars. Ils les entassent dans des tines profondes, qu'ils recouvrent de couches de sel, de salpêtre et d'une petite quantité de feuilles de laurier. Ils les laissent quatre ou cinq jours en cet état; ils font une saumure très-concentrée avec de l'eau et du sel, dont ils les recouvrent complètement. Au bout de trois semaines, ils les retirent et les mettent tremper dans une belle eau de puits pendant douze heures. Ils les exposent ensuite, pendant plus de trois semaines, à une fumée qu'ils produisent avec des branches de genièvre, qui est fort commun en Allemagne.

Méthode américaine pour le porc frais, les langues, le bœuf, etc. Faire bouillir, en écumant avec soin, une livre et demie de mélasse, deux onces de salpêtre et six livres de sel gris, avec 16 pintes d'eau; quand il n'y a plus d'écume, laisser refroidir et verser sur les viandes. Tous les deux mois, on fait bouillir la saumure en y ajoutant, pendant l'ébullition, deux onces de sucre et une demi-livre de sel commun. Quand on en retire les viandes, on les essuie avec soin et on les fait sécher renfermées dans des sacs de papier, en un endroit sec et chaud.

Méthode employée par les Siennois pour la salaison des jambons. Prendre onze parties de sel marin et une de nitre;

employer cinq livres de ce mélange pour saler cent livres de chair. Laisser la viande dans le sel pendant vingt ou trente jours, jusqu'à ce qu'elle prenne une belle couleur incarnat, et l'exposer pendant deux mois dans un séchoir à une fumée légère et continue, produite par la combustion, lente et sans flamme , des tiges et des baies de genièvre. Au bout de ce temps, exposer les jambons à l'air libre pendant huit ou dix jours, les frotter de lie d'huile , et les enterrer pendant huit jours pour les ramollir.

Méthode des Cotentins. Prendre deux jambons de trente livres , les frotter de tous côtés avec cinq ou six gousses d'ail, les saler , les placer sur une table. Quatre ou cinq jours après, les frotter de nouveau avec du sel, de manière à ce que les trente livres absorbent trois livres de sel; exposer ensuite les jambons pendant trois ou quatre jours à l'air libre, puis à une fumée légère qui les dessèche par degrés. Les conserver ensuite dans un lieu sec, dont l'air soit peu agité, et la température peu variable.

Jambon à l'eau. Envelopper le jambon d'un torchon , le mettre dans une marmite dont le couvercle joigne bien ; la remplir d'eau froide; ajouter un bouquet garni, trois gousses d'ail et trois clous de girofle; faire cuire dix heures à petit bouillon, en remplaçant l'eau qui s'évapore par de l'eau bouillante. Quand le jambon est cuit , le désosser, enlever la couenne, ôter ce qu'il y a de rance avec un tranche-lard, couvrir d'une couche, de deux lignes d'épaisseur , de chapelure mêlée avec du persil haché très-fin. Servir froid.

Le bouillon qui reste est excellent pour servir à cuire une tête de veau ou une poitrine de mouton ou bien un potage au pain et au riz, une purée de fèves ou de pois.

Jambon au court-bouillon. Quand on veut le faire cuire, on l'enveloppe d'un gros linge , on le plonge dans un court-bouillon , dans du vin blanc ou dans du poiré. On jette dans ce bouillon quelques poignées de foin ou de fleur de sainfoin. Après six heures , on reconnaît que le jambon est cuit , si le tuyau d'une plume pénètre jusqu'à l'os; alors on le désosse en lui laissant le manche , et on le couvre d'une épaisse couche de chapelure.

Jambon à la broche. Après l'avoir désossé, qu'il dessale dans l'eau s'il a trop pris le sel; qu'il marine pendant vingt-quatre heures dans une quantité suffisante de vin blanc ou de poiré dans lequel on met infuser des rouelles d'ognon et des branches de persil; embrochez alors , et arrosez de la marinade; avant la cuisson parfaite, levez la couenne et panez; laissez cuire alors tout-à-fait. Préparez pendant cette cuisson , avec des débris de viande et d'os, une glace qui se fait à la casserole, et qu'on mouille de bouillon; on la passe au tamis, et on la réduit en gelée, dans laquelle on trempe une plume; avec cette gelée, on dore le jambon qu'on sert sur sa marinade réduite.

Jambon glacé. Faire cuire le jambon au naturel , faire sécher le gras au four, et glacer plusieurs fois d'une glace légère.

Jambon aux épinards. Faire mijoter pendant deux heures le jambon cuit au naturel, avec deux carottes, deux ognons , laurier, ail , thym et persil, le tout passé au beurre; mouiller d'une bouteille de vin blanc et d'une cuillerée de consommé ; faire glacer avec feu dessus. Quand les racines sont assez cuites, en passer le fond au tamis sur le jambon. Passer des épinards au beurre, avec sel, muscade, et mignonnette; mouiller de deux cuillerées d'espagnole réduite, et d'une cuillerée du fond du jambon; égoutter le jambon; le placer sur les épinards, et servir.

Jambon à la Porte-Maillot. Remplacer les épinards par une garniture de laitues, carottes nouvelles tournées, ognons glacés, petits pois et haricots verts blanchis.

Jambon au vin de Madère. Parer le jambon, retirer l'os du quasi; enlever la couenne autour du manche; laisser mariner vingt-quatre heures dans un vase de terre, hermétiquement bouché, avec une bouteille de vin de Madère; tranches d'ognons et de carottes, thym, laurier, et coriandre; entortiller le jambon avec six doubles de gros papier qui l'enveloppe bien et soit collé autour; le coucher sur broche; au bout de trois heures de cuisson, faire un petit trou à la papillote, et y verser le vin de Madère; reboucher le trou avec du papier et de la farine délayée; faire cuire encore une heure; retirer le jambon sans perdre son jus, qu'on mêle avec de l'espagnole réduite.

Moyen de dessaler le jambon. (Voy. *Manière de dessaler les* HARENGS.)

Les jambons de sanglier se traitent comme ceux de porc. (Voy. SANGLIER.)

Jambon en ragoût à l'hyppocras; vieille recette. Couper des tranches de jambon cru, les passer à la casserole; les mettre dans une sauce de vin rouge avec cannelle, sucre, un macaron pilé, un peu de poivre, et un jus d'orange.

Jambon de poisson; vieille recette. Hacher et piler avec sel, poivre, beurre et muscade, chair de carpes, de tanches, d'anguilles et de saumon; en former un jambon dans des peaux de carpes; envelopper d'un linge neuf, que l'on noue bien serré, et faire cuire avec moitié eau et vin, assaisonné de girofle, laurier, poivre et fines herbes. Servir froid, avec des fines herbes.

Pâté de jambon. Désosser un jambon; le mettre dessaler pendant huit à dix heures; le faire cuire avec eau, une demibouteille de vin blanc, carottes, ognons, persil, trois clous de girofle, laurier, thym, basilic, et un peu d'ail; le faire cuire aux trois quarts; ôter la couenne; mêler les débris qu'on en retire, avec une farce de veau; mettre dans un pâté, et laisser au feu trois à quatre heures.

JANTES. (*Conn. us.*) Les jantes des roues se font ordinairement avec du bois d'orme. On les débite depuis deux pieds huit pouces, jusqu'à trois pieds de long. Elles doivent être bien chantournées.

JANVIER. (*Agr.—Jard.—Ind. dom.*) *Travaux d'agriculture.* On fait en ce mois les labours d'hiver, qui sont d'une grande importance, surtout dans les terres argileuses, qu'ils tendent à ameublir. Les terres blanches ne demandent à être labourées que lorsqu'elles sont bien ressuyées. C'est aussi le temps de pratiquer les chemins, ce qui doit se faire avec discernement et continuité pour être profitable. Si vous faites un chemin, ou que vous le répariez à neuf, ne le faites pas trop bombé afin que les voitures puissent le pratiquer dans toutes ses parties; mais assez pour faciliter l'écoulement des eaux. N'y laissez séjourner aucuns matériaux nuisibles à son usage. Lorsqu'il y paraît des ornières, qu'elles soient promptement comblées avec des pierres cassées.

C'est dans ce mois que les vaches commencent à véler. Dans les grandes métairies on a dû, deux mois à l'avance, leur donner une bonne nourriture, afin qu'elles aient des veaux mieux constitués, et plus de lait pour les nourrir. Les choux, les racines, telles que pommes de terre, betteraves, carottes, navets, doivent, avec le foin, composer leur aliment ordinaire. On peut y joindre une ration journalière d'un litre ou deux de féverolles concassées et humectées vingt-quatre heures à l'avance, ou de deux ou trois litres de tourteaux de lin ou de colza, qui augmentent aussi beaucoup la production du lait. Il est très-imprudent de brusquer le vêlement de la vache, sous prétexte de l'aider. Il faut laisser à la nature le temps d'opérer, surtout quand le veau est bien placé. Dans le cas contraire, ayez recours à une personne expérimentée en pareil cas.

La meilleure manière d'élever les veaux, est de ne les pas laisser téter du tout, et de les habituer dès le moment de leur naissance à boire du lait fraîchement trait dans un baquet. Au bout de huit à dix jours, remplacez ce lait par quatre litres de lait écrémé dans lequel vous ajouterez une once de tourteau de lin réduit en poudre fine, ou de farine de féverolles ou d'orge. Faites chauffer le tout à la température du lait sortant de la mamelle, et donnez-le au veau. Si on veut l'engraisser pour la boucherie, il faut le nourrir avec du lait pur seulement. Nourrissez bien vos jeunes bestiaux pendant l'hiver, afin que leur croissance ne soit jamais arrêtée.

En cette saison ne laissez pas oisifs vos attelages, conduisez dans vos champs du fumier, du terreau, de la marne, etc.; quand le temps et l'état des chemins vous le permettent.

Le battage des grains doit être alors en pleine activité; surveillez les personnes que vous y employez, afin de leur ôter jusqu'à la tentation de l'infidélité, qui en ce cas est très-facile à commettre.

Entretenez les clôtures, tondez et réparez les haies, curez les fossés de séparation des héritages, quand le sol le permet. Pour plus d'économie, allouez ces ouvrages, et surveillez-en l'exécution. Entretenez les sillons d'écoulement dans vos champs à blé et autres récoltes d'hiver, et surtout dans les sols argileux. Le défaut d'attention à cet égard peut retarder votre récolte de quinze jours. On peut déjà semer le pavot. L'engraissement des bestiaux d'hiver et des porcs est en pleine activité. Un bœuf que l'on engraisse doit consommer, dans six mois, autant de nourriture qu'une vache pendant toute une année. Le fumier qu'il produit est dans la même proportion, et de meilleure qualité que celui fait par les bestiaux maigres. Le foin, la pomme de terre, la betterave, le rutabaga, et surtout les carottes et les panais sont les meilleurs moyens d'engraisser les bestiaux. On peut y joindre les tourteaux d'huile, et surtout ceux de lin et les féverolles moulues grossièrement. Les résidus de la distillation des grains ou des pommes de terre engraissent plus sûrement encore et plus économiquement. Il paraît certain qu'en général les alimens chauds favorisent l'engraissement, de même qu'une température élevée dans l'étable. Une grande régularité dans les heures de la distribution de la nourriture contribue beaucoup à cet engraissement. On doit étriller et bouchonner les bestiaux que l'on veut engraisser, avec le même soin que les chevaux. Une grande propreté dans l'étable est aussi nécessaire qu'une grande tranquillité. N'y laissez jamais entrer de chiens. L'obscurité du local est favorable.

Quand le temps est sec en janvier, il faut faire sortir deux fois par jour des étables les bestiaux et les moutons; car une longue captivité leur est plus nuisible encore que l'intempérie de la saison. Visitez vos harnais, outils et instrumens. Raccommodez les charrues, herses, etc. Teillez le chanvre, égrenez le maïs, préparez des paniers, des corbeilles, des paillassons, pour servir au besoin. Coupez les arbres, les taillis, les buissons et broussailles pour le chauffage, ou pour d'autres usages. Défrichez, s'il y a lieu; réparez les berges, digues, murailles, etc. Dans le midi on commence à tailler la vigne; on plante les haies et même les arbres fruitiers de grande culture. Visitez vos abeilles; si elles ont consummé leurs provisions, donnez-leur du miel conservé à cet effet, ajoutez-y de la farine de maïs; préparez-leur des ruches en paille ou en bois. Ceux qui ont des bassins, des étangs, des viviers ou autres pièces d'eau, où il y a du poisson, auront soin de casser la glace de distance en distance, afin de lui donner de l'air. Si la gelée devient très-forte, vous enfoncerez des gerbes de longue paille dans l'eau, jusqu'à la moitié de leur longueur. L'air s'insinuera dans les tuyaux de chaume, et se mettra par ce moyen en contact avec l'eau, d'où il résultera que le poisson aura moyen de respirer et de conserver sa vie.

Travaux d'horticulture. On fait des couches tièdes pour semer des choux-fleurs tendres, et les repiquer quinze jours après: sur couches chaudes, on sème séparément des concombres, des melons, pour les repiquer sur une nouvelle couche et sans châssis, quinze jours ou trois semaines après; pour assurer la reprise du repiquage, il serait bon de les semer en petits pots; on continue la culture sur couches, sous cloche et sous châssis, des laitues à couper, des laitues pommées, printanières, telles que la crêpe et la gotte, des radis, des fournitures de salades, comme pourpier, cerfeuil, cresson alénois, oseille, estragon, persil, chicorée sauvage; on y réchauffe des asperges, des pieds de baume, des cives, du céleri, et d'autres fournitures de salade choisies parmi les plantes potagères; sous châssis exprès on force des fraisiers en pots, mais ils demandent une couche à part, et recouverte de tan ou bois pourri mêlé de chaux; on force de la même manière, mais en bâche, des petits pois, des haricots, des melongènes, des pastèques, cardons, carottes, des plantes, des arbustes à fleurs, tels que la plupart des liliacées, jacinthes, tulipes, etc.; des orangers, myrtes, héliotropes, rosiers, mololenca, diosma; dans des bâches plus hautes ou dans des serres, on commence à échauffer des vignes, des pêchers, des abricotiers, cerisiers, poiriers et pommiers. On utilise les places vides en y faisant fleurir des narcisses, jonquilles, renoncules, anémones; en y cultivant, près des jours, et en pots, des haricots hâtifs, des petits pois nains, etc.

Le point essentiel pour réussir dans ces primeurs est de soutenir constamment la chaleur de quinze à vingt degrés pour les plantes herbacées, et de vingt à vingt-cinq pour les arbres et arbustes; de ne pas les noyer d'eau, afin de conserver la chaleur des couches; de leur donner le plus de

lumière possible, et de renouveler l'air toutes les fois que le temps est favorable.

On peut encore, si le temps le permet, se procurer quelques primeurs, en semant le long des murs exposés au midi, des pois hâtifs, des fèves de marais et de l'ognon, que l'on recouvre avec des lits épais de litière et des paillassons, pour être enlevés toutes les fois que le temps le permet, et que l'on replace exactement; dès que les tigelles commencent à sortir de terre, on profite des momens de beau temps pour leur donner de l'air.

Pleine terre. — Si le temps est doux, on peut encore planter des anémones, renoncules, ognons de tulipes, jacinthes et autres plantes bulbeuses qu'on aurait oubliées en automne. Mais ces plantations ne valent jamais les premières.

Dans les terres sèches et légères, on peut aussi planter avantageusement des arbres; mais la reprise est plus assurée quand on le fait en novembre et décembre; si les terres sont fortes et humides, attendez février et mars; on éclate les touffes de quelques plantes vivaces et robustes pour refaire des bordures, soit dans le potager, comme, par exemple, l'oseille, soit dans le jardin fleuriste, comme primevères, staticées, etc.

C'est dans les premiers jours de janvier que l'on sème les graines d'une germination lente, telles que celles de rosier, les noyaux de prunier, merisier, Sainte-Lucie, abricotier, pêcher, amandier, etc.

Ce mois est favorable pour tous les travaux de la terre; que l'on se garde, en les faisant, de découvrir les racines des plantes ou des ognons, car ils périraient par la gelée; on mine, on dresse les terres destinées à être plantées et ensemencées au printemps; on transporte les fumiers et autres engrais en place; on prépare les terres naturelles et artificielles, on nivelle, on trace les jardins, on marque les endroits destinés aux plantations, on dessine les allées.

Serres. Il faut visiter les plantes, les nettoyer, enlever les feuilles moisies, la poussière et les ordures qui se trouvent dans la bifurcation des plantes; on tranche jusqu'au vif les parties pourries; dans les grands froids, le feu doit être soigneusement entretenu, la serre doit être éclairée, et l'orangerie maintenue autant que possible à zéro, afin qu'il n'y ait pas de végétation, ce qui arriverait infailliblement si on élevait la température de quatre à six degrés; dans ce cas, les rameaux que ces plantes pousseraient seraient étiolés et périraient au printemps, en entraînant toute la plante dans leur perte.

La serre chaude sera maintenue entre quinze et vingt degrés, et la serre tempérée entre huit et dix, et l'orangerie entre trois et cinq du thermomètre de Réaumur.

Si le froid est vif, on couvre les panneaux avec de la litière sèche, des feuilles, de la paille et des paillassons; on les découvre toutes les fois qu'il fait du soleil, afin de faire jouir les végétaux de l'influence de la lumière; on modère les arrosemens afin de ne pas donner d'humidité; si les couches ont perdu une partie de leur chaleur, on les remanie, on met dessus le fumier qui était dessous, on ramène le tan des bords de la couche dans le centre, et par ce moyen, on obtient une nouvelle chaleur qui dure jusqu'en mars.

Dans les bois, on plante les arbres dont on réserve le pivot et les grosses racines, en coupant les branches latérales.

Travaux du ménage en janvier. Pendant ce mois et les quatre suivans, la ménagère n'a guère à s'occuper que des soins ordinaires du ménage. C'est alors qu'elle jouit de sa prévoyance, et qu'elle procure à sa famille des jouissances infinies dont elle aurait été privée. La nature, qui laisse reposer la terre, nous ravit entièrement à cette époque les innombrables productions dont elle nous environne pendant la belle saison, et semble par là nous indiquer elle-même qu'il faut y suppléer par l'art. Les fruits et les légumes, qui nous paraissent de peu de prix lorsque nous en avons en abondance, acquièrent alors une valeur non moins considérable sous le rapport du prix que sous le rapport des plaisirs qu'ils procurent à ceux qui peuvent en consommer. La ménagère doit donc en faire une ample provision, soit qu'elle considère l'économie qui peut en résulter, soit qu'elle veuille procurer à sa famille des jouissances et un bien-être qui lui seraient inconnus sans cela.

Il est pourtant quelques préparations dont on peut s'occuper au mois de janvier. Telles sont les liqueurs qui exigent une distillation. Le froid qui règne alors est très-favorable à cette opération. On pourra donc préparer :

L'eau-de-vie d'Andaye,
L'anisette,
L'eau de Cologne,
L'élixir de garus, et autres liqueurs distillées.

On cuit des pâtes, des conserves et des marmelades de citrons, cédrats et oranges.

On fait de fréquentes visites au fruitier, pour voir si les fruits se gâtent, et enlever avec soin ceux qui sont pourris.

JARDIN. (*Jard.*) Nous comprendrons sous ce titre le jardin potager, le jardin fruitier, le jardin médical, le jardin botanique et le jardin paysager.

En général, la forme la plus convenable pour les jardins est un carré long. Dans tous les terrains irréguliers, il y a toujours du terrain de perdu. L'entrée doit être au milieu d'une de ses faces les plus étroites, et donner accès dans une allée droite qui coupe en deux le jardin dans toute sa longueur. La salubrité de l'habitation attenante exige qu'elle soit élevée au-dessus du jardin par un perron ou une terrasse. Alors le rez-de-chaussée est destiné à serrer les instrumens de jardinage.

Si l'on creuse un bassin, il doit être placé au milieu du jardin, pour faciliter la distribution des eaux et l'arrosement.

Jardin potager. Le jardin potager tient assez souvent au jardin d'agrément ; mais il vaut mieux, quand on le peut, l'en séparer.

En général, ne placez jamais un jardin dans un *bas-fond*, et choisissez un terrain profond, meuble et facile à travailler.

La surface plane d'un jardin le met à l'abri des vents, de la gelée, du serin et de la rouille, qui se manifestent plus particulièrement dans les endroits enfoncés ; mais un terrain inégal est plus varié et propre à un plus grand nombre de cultures.

Un objet essentiel est d'avoir à portée de son jardin une source ou un bassin, afin de pouvoir l'arroser en été.

Le jardin potager doit être en proportion avec la famille qu'il est destiné à nourrir. Un arpent planté d'arbres fruitiers et de légumes suffit pour occuper un homme, et fournir aux besoins de douze. Il y a même excès, si le sol est riche et bien cultivé.

Nous ferons remarquer que beaucoup de règles du jardin potager, que nous placerons en première ligne comme le plus usuel et le plus utile, s'appliquent au jardin fruitier et au jardin d'agrément.

Distribution du jardin potager. On tire les allées au cordeau ; l'ordre et la régularité rendent la culture plus facile. On consacre exclusivement l'espace de terrain qu'on choisit aux légumes ; on en exclut les fleurs ; une plate-bande de dix-huit pouces pour y faire des bordures de fraisiers ; des arbres à fruits en quenouilles au bord de l'allée principale, peuvent cependant y être admis. A dix-huit pouces du pied dès quenouilles, en dedans des carrés, on fait une autre bordure en oseille ou autre plante vivace potagère, pour empêcher d'approcher les racines avec la bêche.

Plantes à cultiver dans les jardins potagers. On sème dans le jardin potager les plantes suivantes (voy. leurs noms) : absinthe, ache, ail, anis, arroche, artichauts, asperges, basilic pour les ragoûts et les salades ; bette, betterave, câpre, capucine, cardes, cardons, carottes, céleri, cerfeuil, champignons, chicorée, choux, cives, citrouille, concombre, cornichon, courge, corne-de-cerf pour salades ; cresson alenois, échalotte, épinards, estragon, fenouil, fèves, fraisiers, framboisiers, groseillers, guimauve, haricots, hysope, laitue, lavande, laurier, mâche, marjolaine, mélisse, melons, navets, navette, ognons, oseille, panais, perce-pierre, persil, pimprenelle, poireaux, pois, poivre d'Inde, ou de Guinée, pommes de terre, potiron, pourpier, radis, raves, réglisse, raiponce, romarin, roquette, salsifis, scarge, scorsonère, thym, topinambours, tripe-madame, truffes, sturnep, vignes, violettes.

Clôture du jardin potager. Les murs doivent être préférés aux haies, réceptacle de limaces et autres insectes, et des rats et mulots. On a l'avantage d'y pouvoir mettre des espaliers, ce qui indemnise en partie de la dépense. En ce cas, on place au bas du mur une plate-bande de fraisiers de trois pieds, qu'on ratisse souvent sans la bêcher, et l'hiver on couvre le pied des arbres de fumier.

A défaut de murs, on peut faire creuser un fossé large et profond, avec des rangs de peupliers derrière, et des arbres verts du côté où l'on peut jeter les terres du défoncement.

Exposition d'un jardin potager. Les quatre points cardinaux, qui sont le sud ou midi, le nord, l'est ou orient ou levant, l'ouest ou occident, ou couchant, déterminent les différens points d'exposition.

Un terrain peut être à l'une de ces expositions par deux causes différentes : 1° en s'inclinant vers l'un de ces points ;

2° en se trouvant abrité du côté opposé par une montagne, une forêt, etc.

L'exposition du midi est avantageuse pour les arbres et les plantes qui ont besoin de chaleur, tels que le figuier, le pêcher, quelques poiriers, le muscat, les melons, les primeurs; mais plusieurs plantes y languissent par trop de chaleur et de sécheresse.

Celle du nord convient aux pommiers, à beaucoup d'arbres verts, aux plantes de terre de bruyère; mais les fruits y mûrissent plus difficilement et sont moins savoureux, et les légumes du printemps n'y prospèrent que dans l'été.

Celle du levant jouit d'une partie des avantages de celle du midi; mais les gelées tardives y causent souvent des ravages quand le soleil luit en se levant.

L'exposition du couchant, plus tardive que celle du levant, ne craint pas les gelées printanières, parce que la glace est fondue quand le soleil y darde ses rayons; mais elle souffre souvent des vents d'ouest qui soufflent en automne.

Ainsi, comme on le voit, chacune de ces expositions a ses avantages et ses inconvéniens, et toutes sont utiles quand on cultive des végétaux de différens pays. Si l'on ne peut se les procurer, on a recours, pour les remplacer, à des murs, des palissades, des talus, des paillassons, etc.

Une terre franche, douce et profonde, placée sur un coteau au sud, est la plus convenable pour obtenir d'excellens fruits et des légumes précoces, abondans et de bonne qualité.

Les terres chaudes et légères, à l'exposition du midi, sont favorables aux primeurs, mais produisent peu pendant l'été.

Les terres chaudes sont les siliceuses et les noires. Les froides sont les argileuses et les blanches.

Le voisinage de la mer occasionne :

1° Une température plus égale dans le climat.

2° Des vapeurs salées qui favorisent le plus ordinairement la végétation des légumes.

Le voisinage des montagnes et des grandes forêts :

1° Expose quelques cantons à une température rude;

2° Favorise la fertilité des autres par les abris qu'elles leur procurent.

Le côté où il est bon que ces abris se trouvent dépend de la direction dominante des vents, de leur violence, et surtout de la proximité d'une large rivière, d'une grande pièce d'eau, d'une grande prairie, trois choses qui rafraîchissent en été, et qui causent souvent de petites gelées précoces en automne, tardives au printemps.

La meilleure exposition, suivant Linnée, est sur un sol élevé vers le nord, bien exposé au midi, et s'inclinant vers un marais ou une rivière. Les murs doivent garantir des vents froids; les arbres donner de l'ombre à certaines plantes; mais le milieu du jardin doit être très-aéré. Madame Adanson recommande d'incliner au midi le terrain, en élevant de temps à autre, par des remblais, le côté du nord, et en exigeant que toutes les fois qu'on bêchera une planche, on commence par le côté du nord en tirant au midi, « Par ce simple moyen, dit-elle, j'ai obtenu l'inclinaison désirable, parce que j'avais remarqué que les ouvriers tenaient toujours naturellement le commencement de leur bêchage plus élevé que la fin, malgré la précaution de transporter à l'autre bout la terre de la tranchée.»

Terres à jardin. Une terre profonde conserve la fraîcheur en été, et n'est pas humide à sa surface en hiver.

Un terrain léger, sablonneux, bien fumé, est le plus favorable à la culture des légumes.

Du sable fin, pur et fumé, produit une végétation vigoureuse.

Les terres fortes rendent généralement les légumes âcres et tardifs, et doivent être corrigées avec du sable fin.

Les terres d'un gris noirâtre sont les meilleures. Les terres rougeâtres ne sont pas mauvaises.

Il faut enlever, des terres trop pierreuses, les cailloux qu'on porte dans les allées, dont on enlève la bonne terre pour la reporter dans les carrés.

Il faut examiner dans la terre des jardins.

Sa *composition*, qui doit convenir en même temps

A la culture des arbres fruitiers;

A la culture des légumes.

Une terre chaude et les terres d'alluvion réalisent souvent ce double résultat. En général, le terrain des prairies est très-propre aux cultures pratiquées dans les jardins par :

Sa *qualité*, qui peut être telle que, sous l'apparence la plus flatteuse, elle soit inerte par la présence de quelques principes nuisibles;

Son *épaisseur*, qui doit avoir environ trois pieds avant d'arriver au sous-sol;

Son *assise* (sous-sol), qui doit être composée :

De terre argileuse, qui convient moins en ce qu'elle retient seule et occasionne trop d'humidité;

De terre croûteuse ou sableuse, qui convient mieux et qu'il faut désirer de rencontrer; c'est un filtre à travers lequel les eaux surabondantes s'échappent facilement.

En général, on réduit à quatre les substances qui composent les terres à jardin. Ce sont la silice (mot venant de *silex*, qui signifie caillou); la chaux combinée à l'acide carbonique, ou le carbonate de chaux, et quelquefois de la magnésie. D'autres matières s'y rencontrent accidentellement, mais en si petite quantité qu'il est inutile à l'horticulteur de s'y arrêter.

Outre ces quatre substances primitives, il y en a une cinquième que l'on appelle *humus* ou terreau, qui se forme des débris des animaux et des végétaux, et qui est très-fertile.

Celle qui domine dans le mélange des quatre autres leur donne son nom.

Ainsi l'on appelle *terre argileuse, alumineuse, terre forte,* celle qui est composée d'argile et de silice, mais où l'argile domine avec excès. Peu de racines peuvent pénétrer cette terre compacte, qui est d'ailleurs très-froide et pourrissante quand elle est humide, et très-dure lorsqu'elle est sèche. Les crevasses qui la sillonnent pendant les chaleurs de l'été mettent les grosses racines à l'air et rompent les petites, qui n'ont pas la force de résister. On corrige ces défauts en mêlant à la terre d'autant plus de sable qu'elle est plus argileuse.

La terre dite normale par le savant horticulteur Poiteau,

ou *terre franche*, est la meilleure de toutes. Elle convient aux 98|100° des arbres et des plantes de pleine terre de notre climat. La base de cette terre est aussi l'argile et le sable, mais dans une proportion plus favorable à la végétation.

La terre calcaire a pour base le carbonate de chaux mêlé avec de l'argile et un peu de sable. Elle est douce au toucher, retient assez bien l'eau, et devient friable en se desséchant. Seule, elle ne convient qu'à un petit nombre de végétaux. Cependant les terres où le calcaire dit *pierre de meulière* abonde nous ont toujours paru produire des fruits plus savoureux que les autres terres.

La *terre siliceuse* ou sableuse se reconnaît à la grande quantité de sable qui y domine. Le sable est utile pour rendre les terres fortes pénétrables à l'air, à la chaleur, à l'eau et aux racines.

Le *terreau* est noir, léger, élastique, avide d'eau et très-fertile à cause de sa porosité et de sa grande quantité d'acide carbonique (sel contenu dans le charbon); mais il s'épuise très-vite, se dissout en partie, et ne peut suffire à faire vivre de grands végétaux.

C'est en examinant le degré de végétation des arbres et des plantes, en pratiquant des trous dans le sol, en comparant ses diverses parties avec des terres reconnues d'excellente qualité, que l'on peut parvenir à connaître la composition d'un terrain quelconque que l'on veut choisir pour la formation d'un jardin.

Tous les sols étant composés d'argile, de sable, de carbonate de chaux et d'humus ou terreau, selon que l'une ou l'autre de ces terres domine, ou que les trois premières sont fines et divisées, ces terrains sont fertiles, médiocres ou mauvais.

La terre de Clamart, près Paris, franche par excellence, est employée par les plus habiles jardiniers de la capitale pour en faire la base de leurs compositions. Elle est d'un gris jaunâtre, très-douce au toucher, se divise et se pulvérise facilement entre les doigts. Cette terre, et la terre de bruyère de Meudon, servent aux divers mélanges de celles du Jardin du Roi.

Ces deux espèces de terres, l'une comme terre franche ou normale, l'autre comme terre légère, étant les meilleures que l'on connaisse, nous croyons utile d'en donner ici la composition exacte, afin qu'elle serve de point de comparaison à ceux qui s'occupent de l'amélioration de leurs terres.

Composition de la terre franche de Clamart.

Argile sableuse	57	parties.
Argile fine	53	
Sable siliceux et fragment de quartz	7	4
Carbonate de chaux en petites pierrailles	4	
Carbonate de chaux en poussière fine	0	6
Débris ligneux (ou de bois)	0	5
Humus ou substances solubles à l'eau	0	5
	100	0

Composition de la terre de bruyère de Meudon.

Cette terre passée au crible fin, on y a trouvé :

Sable siliceux (analogue au grès)	62	parties.
Racines et débris végétaux	20	
Terreau (humus) et végétaux consommés	16	
Carbonate de chaux	0	8
Matière soluble à l'eau froide	1	2
	100	0

Il résulte du premier tableau :

Que la fertilité de la terre franche tient à ce que l'argile y domine. A la vérité, on n'en rencontre pas dans la terre de bruyère de Meudon, qui est cependant aussi très-fertile; mais cette fertilité est due sans doute à la nature de son terreau et au temps considérable que mettent les débris des végétaux qui le composent à se réduire tout-à-fait en humus. Pendant ce temps il se dégage des gaz et se forme des combinaisons favorables à la végétation. Voilà pourquoi la terre de bruyère vaut mieux que le terreau de fumier pour alléger les terres; elle dure beaucoup plus long-temps.

La présence d'une petite quantité de magnésie *caustique* et *non carbonatée* suffit quelquefois pour rendre stérile une terre qui sans ce mélange eût été productive.

Procédé pour reconnaître si une terre est propre au jardinage. La laver avec de l'eau fraîche : si elle a beaucoup de limon, elle sera très-bonne; s'il y a plus d'eau que de limon, elle sera stérile ; si elle est gluante comme de la cire, elle ne vaut rien.

Des récoltes du jardin potager. On doit les alterner autant que possible, et ne remettre des plantes de même famille qu'après que d'autres leur ont succédé.

Des défrichemens dans les jardins potagers. Cette opération consiste à ramener la terre du fond en dessus.

En Flandre, on défonce les jardins potagers tous les deux ans, à deux fers de bêche, en commençant sur toute leur largeur par un côté. On rejette, par exemple, la première bêchée sur sa droite ; quand on est au bout, on se retourne et l'on jette toute la bêchée à gauche, par dessus la première. Il reste à la fin une espèce d'entaille, appelée *litavant* dans le pays, par laquelle, deux ans après, on reprend le travail du côté opposé.

Un défrichement de deux pieds suffit pour long-temps dans un jardin potager sans arbres. On commence par faire sur toute la longueur un fossé de quatre pieds de largeur, et de la profondeur voulue, en rejetant les terres du côté opposé à celui qu'on va défoncer; on continue, de fossés en fossés, jetant à mesure dans celui qui est vide, ayant soin de ne pas laisser de talus, c'est-à-dire que chaque fossé soit aussi large du fond que du haut. Bien entendu que ce travail ne peut avoir lieu dans un terrain où la couche végétale a peu d'épaisseur, et où le fond est mauvais ; en ce cas on jette sur les deux bords du fossé; avant de les remettre, on fume et on garnit le fond des fossés avec des broussailles, de vieux bois ou des genêts à balais, puis on jette alternativement les terres aussitôt après.

Du travail de la terre dans les jardins. Si vos terres

sont sèches, bêchez-les profondément avant l'hiver, afin que les eaux puissent les pénétrer. Dans l'été, ne les travaillez que par un temps de pluie, et donnez-leur une abondante mouillure.

Si, au contraire, les terres sont fortes, compactes, froides et humides, ne donnez qu'un léger labour vers la fin d'octobre, pour les dresser et faire périr les mauvaises herbes; mais dès que le temps sec est arrivé, labourez profondément et souvent, afin de rompre les terres, de les diviser et d'en faire évaporer la trop grande humidité; entretenez leur surface toujours meuble, et remplissez les crevasses que la chaleur pourrait y occasionner, et qui donnent passage au hâle jusqu'à la racine des plantes et des arbres.

Que les labours faits au pied des arbres soient toujours exécutés avec précaution, de manière à ne pas endommager les racines. Il faut éviter de les opérer pendant la floraison, parce que les vapeurs qui s'élèvent de ces terres labourées en plus grande abondance que des terres non remuées contribuent à augmenter l'intensité des gelées et à faire couler les fleurs.

Engrais et arrosemens dans les jardins. Les engrais sont destinés à rendre à la terre les sucs que la pousse des plantes leur a enlevés.

Le fumier de cheval est propre à corriger une terre compacte, froide et paresseuse. Le crotin de mouton ou la poudrette sont, sous ce rapport, encore plus efficaces.

Le fumier de vache, qui a peu de chaleur, mais qui est gras et onctueux, convient aux terres légères et chaudes.

Enterrer les fumiers trop profondément, c'est en neutraliser l'effet, c'est mettre la nourriture des plantes hors de leur portée et la rendre inutile.

L'hiver est le temps convenable pour fumer les terres. On donne un labour profond, puis on étend le fumier sur le sol; après l'hiver on fait un labour moins profond et on recouvre le fumier. Il achève ainsi de se consommer, et les pluies en détachent les sels, les mêlent, les répandent dans toutes les parcelles de la terre. Un autre avantage de cette méthode, c'est que beaucoup d'insectes, déposant leurs œufs dans le fumier, sont détruits par les gelées et les pluies.

La fumure doit être proportionnée au besoin de la terre et au nombre de récoltes qu'on lui fait subir. Ainsi la terre des jardins maraichers, que l'on fait produire continuellement, exige plus d'engrais que celle qui ne produit par an qu'une espèce de récolte.

Il est aussi des plantes qui exigent plus d'engrais que d'autres. Il faut s'attacher à les connaître, pour satisfaire à leurs besoins. La terre mêlée de terreau produit d'excellens légumes. Le terreau convient aux plantes délicates. Rarement il faut mêler plus de moitié de terreau à la terre que l'on cultive.

Les arrosemens sont très-favorables aux terres légères et brûlantes. Si, par la situation des lieux, on est à portée de quelque source, ruisseau ou puisard, il faut savoir les utiliser en réunissant les eaux dans un réservoir, et les distribuant sur les différens carrés. Le soir et la nuit, sauf quelques modifications que nous indiquerons plus loin, sont le temps le plus propice pour les arrosemens.

Si l'on n'a à sa disposition que de l'eau de puits ou de citerne, il est bon, avant de l'employer, de la mettre dans un bassin en pierre ou en bois, afin que l'action du soleil en tempère la crudité.

L'eau de pluie est bonne pour les arrosemens.

Les eaux courantes sont souvent pernicieuses à la végétation, par l'oxyde de fer et autres substances nuisibles qu'elles contiennent.

Les eaux stagnantes sont nuisibles aux animaux et excellentes pour la végétation.

Il faut s'attacher à connaître l'influence des eaux de source sur la végétation, et les exposer à l'air libre avant d'en faire usage, ainsi que les eaux de puits, souvent chargées de sulfate de chaux, qui fait périr les plantes délicates.

Les moyens d'analyser l'eau sont :

1° Le muriate de baryte, pour reconnaître le sulfate de chaux;

2° L'oxalate d'ammoniaque, pour indiquer la présence du carbonate de chaux;

5° Et enfin, la distillation ou l'ébullition, au moyen desquelles on laisse à nu, au fond de la chaudière, les eaux à analyser.

Il faut diriger par l'irrigation les stations et le cours de l'eau superficielle;

L'eau souterraine peut être, à une grande profondeur, indiquée par la végétation languissante dans les temps secs continus;

A une profondeur moyenne, par l'herbe fine des prairies, parsemées de quelques bouquets de roseaux près de la surface du sol, ce qui doit faire craindre trop d'humidité.

On est fixé à cet égard par l'abondance des roseaux, des joncs, et autres plantes aquatiques.

Quand on fume à l'entrée de l'hiver, on emploie du fumier sortant des étables; au printemps, du fumier consommé.

La qualité du fumier dépend du soin qu'on en prend. Il faut se donner la peine de bien le mêler, et l'étendre couche sur couche. Il est bon aussi d'avoir deux fosses contiguës : quand l'une est vide, on y remet le fumier de l'autre, en sorte que le dessous se trouve dessus; autrement on emploierait d'abord le fumier le moins consommé, et celui du fond perdrait son activité en vieillissant.

A mesure qu'une planche est vide, on peut la refumer sans délai; mais alors il faut enterrer le fumier assez profondément pour que les racines ne prennent pas le goût d'un engrais trop récent. On ramène avec la bêche l'ancien fumier consommé, pour remettre à la place le nouveau.

JARDIN FRUITIER. Dans le jardin fruitier, le terrain doit être disposé de manière à garantir les arbres des vents impétueux et du hâle. Dans un terrain semblable, les arbres en plein vent, qui reçoivent de tous côtés l'impression de l'air, produisent plus, et sont plus robustes que ceux qui sont à l'abri. Les arbres placés dans un lieu trop ombragé donnent peu de fruits, et la sève répandue en abondance dans les jeunes pousses fait allonger les branches inutiles.

Il faut que les arbres fruitiers soient surveillés avec soin. Abandonnés à eux-mêmes, ils useraient toute leur sève en branches gourmandes, et se couvriraient de mousses et de lichens. (Voyez MOUSSE.)

Des murs au milieu des jardins. Il est utile d'entrecouper le jardin de murs pour y placer des espaliers. (Voy. ce mot.) Si le sol est montueux, on le taille en degrés, et l'on cultive avec succès sur les terrasses tous les arbres fruitiers, ainsi que les légumes.

Arbres fruitiers et arbustes qu'on peut cultiver avec avantage dans les jardins : Abricotier, amandier, cacis, cerisier, châtaignier, cognassier, cormier, cornouiller, épine-vinette, figuier, framboisier, groseillier, mûriers blanc et noir, néflier, noisetier, noyer, pêcher, poirier, pommier, prunier, vignes. (Voy. ces mots.)

Les fruits à pépins doivent être plus éloignés les uns des autres que les fruits à noyaux, parce que leur tête devient plus large.

Danger du contact du fer avec l'écorce. Il faut éviter de ficher des clous ou crochets de fer dans l'écorce des arbres du verger ; il a été reconnu que le fer mis en contact avec l'écorce faisait périr la partie où il était placé. A Montreuil, on attache les arbres contre le mur au moyen de petites lanières de drap qui tiennent les branches à quelque distance du clou fixé.

Défoncemens. Les défoncemens sont les mêmes pour les jardins fruitiers et potagers. Faire un fossé en large, rejeter les terres du côté opposé à celui qu'on va défoncer, continuer ainsi de fossés en fossés sans laisser de talus. Fumer par dessus la mauvaise terre ; avant de remettre la terre, si le terreau végétal a peu d'épaisseur, on garnira le fond des fossés de vieux bois, de genêt ou de broussailles. Les défoncemens de verger doivent avoir environ trois pieds.

Semis aux pieds des arbres. Tant que le plant d'un nouveau jardin fruitier est jeune et peu ombragé, on sème les légumes dans le verger ; puis, lorsqu'il devient fort, ou y met de l'herbe qu'on fait pâturer aux bestiaux, en prenant des précautions pour qu'ils n'endommagent pas les arbres, ou que l'on coupe pour la donner à l'étable.

Retranchement des fruits. Le trop grand nombre de fruits nuit à leur qualité et épuise les arbres. Il est bon d'en retrancher quelques-uns sur les arbres à noyau on pratique cette opération avant que le noyau , soit dur, en détachant les fruits du pédicule par une légère torsion. Ces fruits verts servent à faire des conserves au vinaigre.

On supprime de préférence les fruits mal faits et chétifs, ceux qui sont placés vers l'extrémité des jeunes branches, etc., en conservant les fruits les plus voisins de l'insertion de ces branches dont les sucs sont mieux élaborés. On ne laisse à chaque branche que deux ou trois fruits sur les fortes branches, et un ou deux sur les moyennes.

Ce procédé s'applique aux amandiers, aux pêchers, aux abricotiers, aux poiriers, aux pommiers. Quand les fruits des arbres ont atteint toute leur grosseur et commencent à mûrir, il est utile de les exposer peu à peu au soleil en leur retranchant chaque jour quelques feuilles pendant huit à dix jours. On coupe ces feuilles, sans les arracher, ou tout entières, ou seulement dans la partie qui fait trop d'ombrage. (Voy. FRUITS.)

Précautions contre les animaux nuisibles. Lorsque les

vergers sont exposés à l'invasion des lapins, des chèvres ou autres animaux qui rongent l'écorce des arbres, le meilleur moyen de protéger les arbres est de délayer de la fiente de chien dans suffisante quantité d'eau, et d'en asperger de temps en temps, au moyen d'un pinceau , les écorces qu'on a besoin de préserver. Les plaies déjà faites par le gibier dans l'écorce se guérissent parfaitement avec un cataplasme de bouse de vache et d'argile.

En donnant à l'écorce et aux boutons des arbres une couche de peinture, composée de parties égales de fleur de soufre, de tabac en poudre, de chaux passée au tamis, avec moitié de noir de fumée, le tout délayé dans de l'eau de savon et de l'urine, on garantit les arbres de l'attaque des insectes, en même temps qu'on augmente leur vigueur. Cette opération doit se pratiquer après la taille.

Plantation des arbres fruitiers et autres ; procédé de M. Adanson. On fait des trous de dix-huit pouces de profondeur pour les arbres chevelus et traçans, et de deux ou trois pieds sur cinq pieds carrés pour les arbres à racine pivotante.

On lève la surface de la terre, si elle est herbée ; puis, on lève la terre à plein fer de bêche ; on relève les débris à la pelle ou au féchon, jusqu'à ce que le fond soit bien uni. On place l'arbre de manière à ce que les racines soient dans leur position naturelle. On jette dessus peu à peu du terreau bien égrené ; on secoue l'arbre légèrement pour faire couler le terreau dans les vides. On remplit le reste du trou avec de la terre prise du fond ou autre , si cette terre est trop mauvaise. On a soin d'écarter toutes les racines des herbes vivaces, chiendent, liseron, etc. ; on n'arrose point. Il ne faut jamais remplacer un arbre par un autre de la même espèce.

Les plantations doivent se faire depuis octobre jusqu'au 1er février. Si on plante un arbre élevé d'abord en pot, on secoue les racines pour qu'elles s'étendent.

Moyen de faire pousser des racines aux arbres. Les sauvageons et arbres transplantés sont souvent arrêtés dans leur croissance par le manque de racines. Quand la racine d'un arbre est sans chevelu, quand le pivot est endommagé, il faut ôter la partie lésée, bien nettoyer et envelopper d'un morceau de tissu de laine toute la partie de la tige qui se met en terre ; planter ensuite l'arbre par la méthode ordinaire. Cette opération réussit, surtout si elle se fait en automne.

Transplantation des grands arbres. Pratiquer un fossé autour des racines de l'arbre, à deux pieds de son trou , en coupant toutes les grosses racines; remplir ce fossé de terreau léger. L'été qui suit cette opération, il se forme de petites racines capillaires qui nourrissent l'arbre. On peut l'enlever l'hiver suivant. Les petites racines nouvelles suffisent pour qu'il reprenne avec vigueur.

Autre procédé. Ce procédé, de difficile exécution, peut être employé pour les arbres très-grands qu'on veut transporter à de petites distances : creuser une fosse autour de l'arbre; entourer la motte de grosses toiles solidement fixées avec des cordes; placer dans les fosses quatre gros madriers , qu'on unit avec des boulons. Après avoir fixé l'arbre par des cordages, on dégage la terre sous la motte, et on y fait passer de fortes pièces de bois, qui se trouvent soutenues sur les madriers. On obtient ainsi une espèce de traîneau ; on y attache des cordes , on fixe la tige de l'arbre avec des cordés aux quatre coins, et on le sort de la fosse par un chemin incliné. On est obligé de pratiquer une pente semblable pour le placer dans la nouvelle fosse qui lui est destinée, ou d'établir une communication horizontale entre les deux fosses. On remplace successivement toutes les planches par de la terre; on enlève les toiles et on comble la fosse.

Transplantation des petits arbres. Creuser à sept ou huit pouces de l'arbre une tranchée dans laquelle on coule du plâtre gâché qui, en se solidifiant, enferme les racines dans une sorte de caisse, qui permet de les enlever sans les endommager; on peut donner à la tranchée une forme ronde ou carrée.

Transplantation des arbres en hiver. Isoler l'arbre par un fossé autour et au-dessus des racines; jeter de l'eau sur la motte de terre qui les environne, et opérer le transport de l'arbre quand la gelée a rendu la terre adhérente.

Moyen de préserver la fleur des arbres de la gelée. Outre les procédés qui consistent à couvrir les espaliers de nattes de paille, ou à les garantir du froid au moyen de rideaux de différentes matières, il en est un plus simple. On recueille en automne des tiges d'asperges, de persil et autres plantes semblables. Quand les arbres sont sur le point d'être en fleurs, on forme de toutes ces tiges des espèces de petits balais longs d'un à deux pieds, et de la grosseur du poing. On les attache au mur, soit au moyen de clous, soit au moyen d'os de pied de mouton qu'on y a fait planter pour cet usage. Ces petits balais doivent recouvrir, en grande partie, les fleurs des arbres. Outre l'avantage qu'ils ont de garantir les fleurs du froid, ils empêchent que le soleil du matin ne vienne agir sur elles avec trop de force, et ne les brûle. Cependant, comme ils sont très-clairs, ils laissent le soleil pénétrer dans leurs intervalles, et s'opposent seulement à ce que son action soit vive et permanente. On peut les laisser jusqu'à ce que les gelées ne soient plus à craindre. Ils produisent des effets avantageux, même sur les arbres en plein vent.

Autre procédé pour les espaliers. On plante les arbres à l'est et au nord, et on les fait passer au travers d'un mur dans la direction opposée, de sorte que les racines ont la fraîcheur qui leur convient, et les fleurs une chaleur constante.

Autre. On attache les arbres avec des liens d'écorce à des clous placés dans le mur et terminés par un anneau. A la chute des feuilles, on détache une grande partie des liens, en conservant seulement ceux qui sont nécessaires pour maintenir l'arbre, et, au moyen d'un coin de bois, on éloigne le tronc du mur. L'arbre, étant ainsi moins échauffé, fleurit moins vite. Quand la saison des gelées est passée, on replace l'arbre.

Autre. Arroser les arbres avec de l'eau froide, pour faire tomber les glaces avant que l'action du soleil levant désorganise les jeunes fleurs. (Voy. GELÉE.)

Moyen d'empêcher la végétation des herbes au pied des arbres du jardin fruitier. Les racines des herbes, en encombrant le pied des arbres, empêchent souvent le développement des fruits. Pour les empêcher de croître, on en garnit le pied de chènevottes de lin brisées, sur une circonférence égale à la longueur des racines. Les chènevottes ont en outre l'avantage de donner aux arbres plus de vigueur, et leur servent d'engrais.

Nous avons indiqué à l'article ARBRE les moyens d'ac-

tiver la végétation des arbres fruitiers. On peut y ajouter le lavage du tronc du haut en bas avec une brosse trempée dans l'eau pure, ou chlorurée, au moment où paraissent les boutons. On pratique cette opération cinq ou six fois la semaine.

Les arbres croissent d'autant plus vite que leurs fonctions sont moins gênées: ainsi la transpiration, qui a lieu par l'écorce comme par les feuilles (voy. FEUILLES), se fait d'autant mieux que les pores de l'écorce sont plus ouverts. Il est nécessaire de nettoyer l'écorce, et d'en enlever les parties écailleuses et dures, qui servent de réservoir aux eaux de neige et de pluie, d'asile à une foule de petits insectes. On détache les écorces mortes avec de petits couteaux de bois dur; on frotte le tronc avec des brosses très-rudes ou une étoffe de laine. Le temps le plus propre à cette opération est l'automne et l'hiver, après les pluies, les gelées ou brouillards, qui ont imprégné les arbres d'humidité.

Multiplication des arbres à fruits au moyen d'une pomme de terre. Nous avons tout récemment constaté, par des expériences qui jusqu'à présent paraissent complètement réussir, un procédé depuis long-temps indiqué pour multiplier promptement les arbres fruitiers. Il consiste à couper une jeune pousse d'un arbre greffé, et à la planter en bonne terre après l'avoir fichée dans une pomme de terre. Le tubercule nourrit la tige, dont les racines se développent, et produisent un bel arbre sans le secours de la greffe.

Incision annulaire. L'efficacité de l'incision annulaire est hors de doute. On la pratique sur les tiges et les branches principales à la mi-avril. Sur les quenouilles, elle se pratique à deux pieds environ au-dessus de la greffe, à un demi-pied au-dessous des branches.

Méthode chinoise, tentée en France avec succès, pour propager les arbres fruitiers. Choisir une branche d'un arbre fruitier, l'entortiller près du tronc avec une corde de paille couverte de bouse de vache, d'un diamètre sextuple de celui de la branche. Immédiatement au-dessous du tampon, couper l'écorce sur les deux tiers de la circonférence de la branche. Suspendre, au-dessus du centre du tampon, un vase percé au fond d'un petit trou, qui, en laissant tomber goutte à goutte l'eau dont le vase est rempli, conservent l'humidité nécessaire à la formation des racines. Entretenir de l'eau dans le vase pendant un mois. Au bout de ce temps, enlever un tiers de l'écorce qui reste, et faire pénétrer dans le bois la première incision. Renouveler cette opération un mois après. Quand on voit des racines se former à la surface du tampon, séparer la branche à l'aide d'une scie à l'endroit de l'incision, sans ébranler le tampon, dont la paille est presque pourrie; planter la branche comme un jeune arbre.

Même méthode abrégée. Faire une incision autour de l'arbre, un bon travers de doigt au-dessus de deux ou trois yeux ou boutons qui peuvent donner des branches. Quand il s'est formé une espèce de callosité, scier au-dessous des incisions, et planter la partie supérieure de l'arbre.

Moyen d'obtenir des arbres fruitiers nains, pruniers, pêchers, etc. Les greffer sur l'épine noire, et les cultiver en pots; ils ne s'élèvent pas à plus de six pieds en pleine terre, et à plus d'un pied et demi ou deux en pots. Chargés de fruits, on peut, dans un dîner, les placer ainsi sur la table, ce qui embellit singulièrement un dessert.

De la pépinière. (Voy. PÉPINIÈRE.)

Des maladies des arbres. (Voy. ARBRE.)

De la taille. (Voy. TAILLE.)

De la greffe. (Voy. GREFFE.)

Des mauvaises herbes des jardins. (Voy. HERBES.)

Des espaliers. (Voy. ESPALIERS, PLOMB.)

Des ennemis des arbres fruitiers. (Voy. ANIMAUX NUISIBLES, CHENILLES, et les noms des insectes.)

Plaies des arbres. (Voy. ARBRES, ONGUENT.)

JARDIN FLEURISTE. Les parties intérieures du jardin fleuriste doivent être disposées de manière que les fleurs puissent être commodément cultivées, et présentent, lorsqu'elles sont épanouies, le coup-d'œil le plus agréable possible.

L'usage ancien des promenades autour d'un jardin, qui lui-même en son entier doit former un agréable lieu de promenade, est maintenant abandonné : ces vastes allées prenaient trop d'espace. Une rangée d'arbres forestiers, étrangers ou fruitiers, est ce qui convient le mieux, à cause de l'abri qu'ils donnent et de l'aspect agréable qu'ils présentent.

Généralement la terre grasse convient aux oignons, et la légère aux racines. On y sème les fleurs en rayons, en choisissant de bonnes graines; les meilleures sont celles qui tombent au fond d'un vase plein d'eau. On couvre les graines d'un doigt de terre nouvelle, qu'on bat légèrement, et on arrose tous les jours avec un petit arrosoir, puis avec un grand lorsque les plantes sont levées, sans donner trop ni trop peu d'eau lors des gelées et dans le commencement des chaleurs; on garantit les fleurs avec des cerceaux placés en dos d'âne et garnis de paillassons. Quand les plantes sont assez fortes, on met en place celles qui n'y sont pas.

La terre où l'on cultive les fleurs doit être bien remuée, et presque en poudre; celle des pots doit être changée, quand on y aperçoit de la moisissure.

Tous les matins on visite les fleurs à la rosée, pour en ôter les insectes; les arrosemens se font le matin et le soir en été, et en hiver à midi pour que l'eau ne gèle point. On puise l'eau d'arrosement dans des tonneaux découverts, pour qu'elle ait la température des plantes. Quand une fleur languit, on déchausse adroitement les racines, et l'on coupe avec la serpette ce qu'il y a de mauvais ou de gâté, et après avoir laissé sécher la plaie des racines, on les recouvre de bonne terre.

Quand les fleurs des plantes en pots sont passées, on met les pots à l'ombre dans un endroit bien aéré; il y a certaines fleurs qu'on peut faire fleurir plusieurs mois de suite en coupant leur tige quand la fleur est passée; telles que la giroflée, la rose, la matricaire, le chrysantème, etc. Pour toutes les espèces, après la floraison, on coupe les tiges, en ne laissant que celles que l'on destine à porter la graine.

Les plates-bandes vides des jardins fleuristes doivent être fumées et défoncées au commencement de l'année. On dresse alors les allées et on fait les transports de terre; mais il faut se garder de bêcher les terres plantées, ce qui endommagerait les racines en donnant passage à la gelée et à la pluie.

Quelques amateurs donnent aux parterres des formes bizarres, et tracent sur le sol des figures géométriques, des boîtes, des vases, des étoiles, etc.

Dans le jardin fleuriste, on réserve pour les plus belles fleurs la partie la plus chaude et la plus hâtive; l'autre partie reste pour les plantes à oignons et pour celles qui demandent de l'ombre et de l'humidité, comme les œillets, les oreilles d'ours, les primevères.

Si l'on ne consulte que l'agrément, on entremêle les fleurs vivaces et annuelles sur une même ligne en plaçant alternativement les unes à côté des autres, une fleur de printemps, une fleur d'été, une fleur d'automne, puis une fleur de printemps, et ainsi du reste. Si on veut donner au jardin un intérêt scientifique, on adopte une classification botanique.

JARDIN BOTANIQUE. Le jardin botanique est une variété du jardin fleuriste. Les plantes y doivent être, autant que possible, classées par familles, et étiquetées.

JARDIN MÉDICAL. Le jardin médical est destiné à la culture des plantes médicinales. On les classe suivant leurs vertus. On met ensemble les pectorales, comme la capillaire, la réglisse, la bourrache, le pas d'âne; les anti-scorbutiques, comme le cochlearia, le cresson, la capucine; les émolliens, comme la mauve, la guimauve, la violette, la pariétaire, le bouillon blanc; les fébrifuges, comme le petit houx, la gentiane; les purgatifs, comme l'ellébore; les stomachiques et vermifuges, comme l'absinthe, la tanaisie; les ophthalmiques, comme le bluet, le trèfle; les narcotiques, comme la jusquiame, le stramonium; les carminatifs, comme l'anis; les emménagogues, comme le safran, la valériane; les diurétiques, comme le chiendent, l'asperge; les céphaliques, comme le thym, la fleur de tilleul, etc.

On place ces plantes en ordre, suivant le plus ou moins d'énergie avec laquelle elles agissent. On distribue le jardin en carrés séparés par de petites allées.

La Convention avait proposé d'établir dans chaque commune un jardin médical dont les plantes devaient être distribuées gratis aux pauvres malades. Il serait à désirer que les administrations locales exécutassent ce plan chacune dans sa circonscription.

Étiquettes. On peut se procurer des étiquettes économiques, d'après le procédé de madame Adanson, en coupant en carrés une feuille de fer-blanc. On fait, à chacun des carrés, deux trous en haut et en bas, dans lesquels on passe deux petits morceaux de fil d'archal, qui servent à attacher une tige de fil-de-fer à l'étiquette. On donne, sur chacun des morceaux de fer-blanc, deux ou trois couches de peinture blanche à l'huile, et l'on écrit dessus avec une plume taillée en gros et trempée dans la peinture noire à l'huile. Ces étiquettes durent très-long-temps. Quand les noms s'effacent, on trempe les étiquettes dans l'eau bouillante un quart d'heure, on gratte la peinture avec un couteau, et on repeint.

On écrit dessus les noms avec quelques indications en abrégé sur la famille, le pays, la terre qui convient, la floraison, la multiplication, etc. Exemple :

ASCLÉPIADE INCARNATE.

(Asclepias incarnata.)

F. apocyn. Virg. Bruy. Fl. août. Écl. sept.

Pour : Famille des apocynées. Virginie. Terre de bruyère. Fleurs en août. Éclats de pieds en septembre.

On ajoute pour les fleurs médicales l'indication de leurs

vertus : émol., expect., diur., dépur.; pour : émollient, expectoral, diurétique, dépuratif.

JARDIN D'AGRÉMENT OU PAYSAGER. Les anciens jardins français, dont Versailles nous offre le type, sont passés de mode. Ils coûtaient fort cher d'établissement et d'entretien, et présentaient peu de charmes réels : de grandes allées droites où l'on était brûlé par le soleil, des salles de verdure où les charmilles étaient masquées de treillis de bois vert et de fil de laiton; des pièces d'eau encombrées de lourdes figures mythologiques ; des parterres géométriquement dessinés, dont des grilles de fer défendaient l'approche; sous les pieds du promeneur, un sable aride, sur sa tête un rare feuillage, des bancs de pierre au lieu de gazon, telle est la composition de ces magnificences seigneuriales du 18ᵉ siècle, dont l'art mesquin alignait au cordeau les jardins et les tragédies en cinq actes.

Les jardins français s'embellissaient, au temps de leur splendeur, de pyramides, cônes, haies, bosquets, palissades, dont l'if, presque seul, faisait les frais. On le semait dans une terre légère, en octobre, après en avoir fait gonfler la graine dans l'eau; on arrosait, et, quand le plant était levé et qu'il était assez fort, on le mettait en place. On lui faisait prendre, au moyen d'appuis, la direction qu'on voulait, et on lui donnait une forme variable à l'infini en le tondant.

Les charmilles ont survécu à l'abandon des jardins français; on les fait d'érable ou de charme. L'érable n'a pas la feuille si belle que le charme; mais il est moins exposé aux insectes, et vient bien à l'ombre. On en sème la graine, qui vient promptement. Le charme se tire de la pépinière, et s'emploie depuis un pied jusqu'à douze de hauteur. On choisit les plants qui ont l'écorce unie, le pivot droit, et les racines bien chevelues. On doit les arroser fréquemment. Pour les planter, on fait une rigole d'un pied à trois de profondeur, et après avoir un peu rafraîchi les racines, on met chaque brin dans la rigole, en l'adossant contre le plant vertical. On garnit ensuite de terre les racines, on piétine, et on comble la rigole; on palisse grossièrement avec quelques perches du côté exposé au vent.

On emploie aussi le tilleul et l'orme. On en fait des cabinets de verdure. On les conduisait jadis en pilastres, et, en garnissant ainsi le fond des charmilles, on pratiquait des niches à plein cintre, dans lesquelles on plaçait les statues de Palès, de Pomone, ou de la Diane chasseresse.

Si le terrain où l'on établit le jardin paysager est plat, il faut le laisser tel qu'il est ; cela vaut mieux que d'y plaquer maladroitement un monceau de terre rapportée. On peut seulement l'exhausser du côté du nord, pour former un abri. On plantera, sur la hauteur, des sapins, des plantes des Alpes, des pins d'Ecosse, des épicéas.

On dispose les arbres selon leur nature : les peupliers, les saules, sur le bord des eaux, etc. On les échelonne dans les massifs, qu'on a soin de purger des plantes parasites; on détache les massifs sur de beaux gazons. (Voy. GAZON.)

Nous croyons devoir reproduire ici un excellent travail, qu'on ne trouve suffisamment complet que dans le *Journal des Connaissances usuelles.* C'est une classification des plantes, rangées suivant leur hauteur, leurs couleurs et l'époque de leur floraison. Cette classification est indispensable à la formation d'un beau jardin d'agrément. Elle in-

dique la place que doivent occuper les fleurs pour offrir en toute saison un coup-d'œil agréable et varié ; elle donne un catalogue exact des plantes d'agrément, dont les plus importantes et les plus usuelles sont mentionnées, avec la manière de les cultiver, dans le *Dictionnaire des Ménages.*

Plantes de 1 à 6 pouces. FLEURS DE PRINTEMPS. VIVACES. *Jaunes :* crocus, alysse, corbeille d'or, renoncule repens. — *Blanches :* galantine, nivéole, primevère blanche, violette blanche, ornithogale umbellatum ou belle d'onze-heures, muguet, araiste ou argentine, renoncule rutæfolius. —*Rouges :* cyclamen europeum.—*Roses :* cyclamen hederofolium, bulbocode ou merendera verna et tigrida. — *Violettes :* violettes. — *Lilas :* statice ou gazon d'olympe. —*Bleue :* gentiane acaulis.— *Variées :* primevère, muscari suaveolens, marguerite vivace ou paquerette, oreilles d'ours.

ANNUELLES. *Bleues :* campanule des Alpes. — *Jaune :* réséda. — *Rose :* gysophile muralis.

FLEURS D'ÉTÉ. VIVACES. *Rouge :* ficoïde linguiforme. — ANNUELLES. *Lilas :* giroflée de Mahon. — *Blanche :* basilic.

FLEURS D'AUTOMNE. VIVACES. *Blanches :* tussilage odorant, héliotrope d'hiver.—*Variée :* colchique.—DE TERRE DE BRUYÈRE : amaryllis jaune.

Second rang. Plantes de 7 à 11 pouces.

FLEURS DE PRINTEMPS. VIVACES. *Jaunes :* anémone ranunculoïde, hellébore hyemalis, petite éclaire, narcisse porjon, jonquille, renoncule bulbeuse, adonis vernalis, ficoïde dolabiforme, cypripède calceolus ou sabot de Vénus. — *Blanches :* ibéride, tourette, erythrone à longues feuilles, saxifrage umbrosa, *id.* hyproïde, narcisse des poètes, arénaire, anémone à fleurs de narcisse, iris Swertii.— *Rouges :* anémone pavonina, cyclamen de Perse, lichnide alpina, *id.*, spectabilis, giroselle. — *Roses :* ellébore niger, erythrone flavescens, ficoïde hispidum, glayeul bysantinus, ficoïde denticulatum, phlox subulata, saxifrage sarmentosa, drave. —*Violettes :* soldanelle, iris sysirinchum.—*Bleues :* cynoglose omphalodes, iris persica, anémone pulsatile ou coquelourde, gentiane verna, anémone aponina, muscari cosmosum, *id.* monstruosum, iris graminea. — *Variées :* iris pumula, fritillaire méléagre, jacinthe, fumeterre bulbosa, renoncule asiatique, glayeul commun, *id.* grandiflorus. —ANNUELLES: *Blancs :* blete capitatum. — *Bleue :* campanule speculum. — DE TERRE DE BRUYÈRE. *Blanc :* erythrone. — *Rouge :* pachcasandre trillium.

FLEURS D'ÉTÉ. VIVACES. *Jaune :* lysimachie trisiflora.— *Blanc :* pyrole rotundifolia, achillée falcata. — *Rouges :* saxifrage sarmentosa. — *Rose :* énothère rose. — *Orange :* épervière orangée. — *Violette :* Aster vivace ou alpinus. — *Lilas :* phlox reptans, *id.* amœna et pilosa.—*Bleues :* Swertia vivace, besmudienne à petites fleurs.—*Brune :* phlox divaricata. — *Variée :* anémone hortensis, *id.* stellata, renoncule africanus, orchie dives brunelli. — ODORANTES. Bragalon. — ANNUELLES. *Jaunes :* athanasie annuelle, ficoïde pomeridiana, hibiscus manchot. — *Rouges :* adonis æstivalis, crépis rouge, *id.* barba. — *Roses :* énothère romangrowii, ficoïde trico'ore ou annuelle.—*Bleue :* améthyste bleue.—*Variées :* pervenche de Madagascar, pied-d'alouette, nain balsamine.—DE TERRE DE BRUYÈRE. *Blanches :* ansonia, lichnie des Alpes. — *Rouge :* gentiane pourpre.

Troisième rang. Plantes de 1 et 2 pieds.

FLEURS DU PRINTEMPS, VIVACES. *Jaunes* : iris lutescens, doronie caucasium , épimède, giroflée-ravenelle, guaphal oriental ou immortelle jaune, tulipe sylvestris , *id.* gallica et ilsiana , fumeterre nobilis, *id.* lutea, celscea velar ou crysimum , barbarea ou julienne jaune, doronie pardalsanchei , énothéré fruticosa.—*Blanches* : oféride de Perse, ou semper-florens, ou thlaspi vivace , dendrie ou lécophile, pivoine officinale double, podophile, *id.* pulsatum, *id.* palmatum , saxifrage rotundifolius , orobe vernus, pivoine anomala , *id.* finbriata et corallina, tulipe oculus-solis , lychnide flos cuculi , *id.* viscaria et dioïca , néotie speciosa. — *Roses* : mélisse grandiflora, pivoine albiflora, orobe varius, hélonias, saxifrage cotilédone , genarium striatum.— *Lilas* : polémoine repens , lupin vivace. — *Violettes* : fritillaire persica, iris versicolor.—*Bleues* : pulmonaire, *id.* de Sibérie. — *Variétés* : tulipe eluscana , *id.* stenopetala, *id.* campsopetala, arum crinatum, *id.* diacunculum et maculatum, elymophrys diversa.—ANNUELLES. *Roses* : lopédie, gypsophèle muralis. —*Violette* : gomphrène globosa ou immortelle violette.—DE TERRE DE BRUYÈRE. *Blanche* : dendrie.—*Bleues* : buglose de Virginie, ancolie siberica.

ARBUSTES DE PRINTEMPS. *Blancs*, airelle anguleuse , ou myrthille à fruits bleus, *id.* de Pensylvanie, daphné des Alpes , forthegilla. — *Roses* : airelle ponctuée, rosiers pompons et divers en buissons et à basses tiges.

DE TERRE DE BRUYÈRE. ARBUSTES DE PRINTEMPS. *Jaunes:* polygala à feuilles de buis.—*Blancs* : forthergilla ledons , arbousier raisin d'ours, itchella rampante. — *Rouge* : galthira du Canada. — *Roses* : bruyères, kalmia glauca , airelles diverses.

FLEURS D'ÉTÉ. VIVACES. *Jaunes* : renoncule jaune, digitale ambigua , lucinum et hypericum , anthemis tinctoria, lis monadelphum, buphthalme, gentiane purpurea, mimule gustatus , guaphale virginica, solidago bicolor, scabieuse alpina , achillée aurea , *id.* egyltica et argeratum. —*Blanches* : pivoine de la Chine, anthemis nobilis, spirea filipendula, ornithogale pyramidalis , phlox candida. — *Rouges*: benoite, fraxinelle, phlox glacerinea, galane obliqua et ballata, lis concolor, bétoine, phlox ovata et fruticosa et dalea, coquelourde flos Jovis, lobelia fulgens (mais sensible aux grands froids), geranium macrorosum, septos capensis, ou saxifrage tuberosa.—*Roses*: phlox setacea, bugrane rotundifolia, slevra purpurea apocyn, achillée rosea.-*Lilas*: phlox devaricata, aster trisnervis , et *id.* incisus et oculus Chisti, et trifolius et grandiflorus, et sibericus, et spectabilis.—*Violettes* : astragale onobrychis et varius.—*Bleues* : campanule carpalica, *id.* grandiflora, lin vivace, dracocéphale astracum, cupidone , scabieuse caucasia. — *Variées* : iris xiphium et xiphioïdes, campanule persiciflora, pied-d'alouette grandiflorum, valériane rouge, éphémère virginica, œillets divers. — ANNUELLES. *Jaunes* : coréopsis tinctoria, gnaphe puant, ou immortelle, cinéraire maritima, carthame tinctorius , centaurée odorante , ou barbeau , ou herbe du grand-seigneur, gennia anthénis d'Arabie, campanule aurea. — *Blanches* : cynoglose lenifolium , martinie angulosa, ficoïde glaciale , ibéride umbellaria , thlaspi blanc, scabieuse stellata , boucage ou anis, belle-de-nuit longiflora.—*Rouges* : amaranthe cristata , ou crête-de-coq, ou passe-velours, ou célosie, cynoglose cherifolium, lotier rouge, seneçon élégant,

fabagelle purpurea , verveine à bouquets , scabieuse atropurpurea, cacalie sagittata , verveine aubletia. — *Roses* : énothère tetraptera , malope, coreopsis cœli-rosa , charbia mitchella. — *Violette* : lin austriacum. — *Bleues* : liseron belle-de-jour, ou convolvulus tricolor, campanule medium, nigelles de Damas, ou barbe-de-Jupiter, *id.* hispanica.—*Brune* : chrisanthème carnatum.—*Variées*: amaranthe tricolor, giroflée incanus, *id.* quarantaine et grecus, nolana pavot nain, coquelourde coronaria, ou passe-fleur, ou œillet-dieu, ester sinensis ou reine-marguerite , centaurée bleue, chrisantemum coronatum, crépide, belle-de-nuit ou faux jalap.—DE TERRE DE BRUYÈRE. *Jaunes* : calcéolaire jaune , gentiane jaune.—*Blanche* : lichuis verticale.

ARBUSTES D'ÉTÉ. — *Jaunes* : cytis capitalns, *id.* austriacus, santoline commune.

FLEURS D'AUTOMNE. VIVACES. *Blanches* : ibéride ou thlaspi vivace.—ANNUELLE. *Jaune* : souci élevé.

ARBUSTES SANS FLEURS. Bouleau nain , houx frélon et d'Alexandrie.—DE TERRE DE BRUYÈRE.—*Jaunes* : camelis à trois coques, santoline.—*Rouges*: potentilles formosa et atrosanguinea.—*Rose* : armoise citronnelle.

Quatrième rang. Plantes de 3 à 4 pieds.

FLEURS DE PRINTEMPS. VIVACES. *Jaunes* : asphodelle luteus ou bâton-de-Jacob , morée sinensis.—*Blanches* : iris florentina, julienne hesperis, matricaire mandiana, asphodelle ramosus.—*Rouges* : fumeterre semper virens et spectabilis, iris cœrulea. — *Roses* : lamier orval, mélisse, phalangère tricolor. — *Violette* : iris violacea. — *Bleues* : iris odoratissima, valériane grecque ou polémoine cœrulea.— *Brune* : iris supina.— *Variées* : ancolie vulgaris, iris germanica et scalens. ANNUELLES. *Blanches* : gypsophile elata et paniculata.—*Rouges* : néflier hortensie ou antisinus major , ou mufle-de-veau , ou gueule-de-lion, *id.* pourpre et fulgens.—*Variée* : muflier bicolor.

ARBUSTES DE PRINTEMPS. *Jaune* : robinier pygmée. — *Blancs* : armoise citronnelle, spirée à feuilles lisses. — *Rouge* : coignassier du Japon. — *Rose* : bugrane frutescens.—*Bruns* : aucuba japonica.—DE TERRE DE BRUYÈRE. *Jaune* : badiane parviflorum. — *Blancs* : épigée rampante, ledon , thé du Labrador , *id.* palustre et décumbens. — *Rouges* : zanthoriza epacrides , badiane floridanum. — *Roses* : kalmiers à feuilles étroites, daphné d'Italie , rhodora du Canada. — *Verts* : compton. — *Brun* : aucuba japonica.—*Varié* : azalès.

FLEURS D'ÉTÉ. VIVACES. *Jaunes* : millepertuis hircinum, digitale aurea , buphtalme feuille-en-cœur , solidago canadensis ou verge d'or , *id.* latifolia , lis pyrenaicum , gentiane lutea , senecona , donifolius, et seracenicus , et doria coriaceus.—*Blanches* : pancratiers maritimus et illiricum, varaire ou ellébore blanc , spirée ulmaria ou reine-després, phalongère ramosus , lys de saint-Bruno , ou liliaserum , phlox virginalis. — *Rouges* : pavot vivace , *id.* à bractées , lychnide à grandes fleurs , ficoïde micans , iris sambucina et siberica, lychnide de chalcédoine ou croix-de-Jérusalem, galane campanulata , barlata et obliqua , phlox macrophylla, *id.* aspera, lobelia cardinalis, epilope angustifolium, *id.* angustissimus, rudlectsia purpurea, lis caledonicum , asclepiade incarnata, astragale alopecuroïdes , brugrane ou crunis altissima , lis pomponicum. — *Roses* :

ficoïde delloïde, pivoine stérile, butome ou jonc fleuri, saponaire, spirée lobata, acanthe, athrana major, *id.* hetérophylle, guimauve officinale. — *Violettes* : stramoine steratocaula.— *Lilas* : mimule ringens. — *Bleues* : aconit napal, panicaut améthiste, *id.* des Alpes, podaliria australis, échinope bleu, aconit commarum, *id.* paniculatum. —ANNUELLES. *Jaunes* : énothère suaveolens ou onagre, tégète erecta ou rose d'Inde, coqueret ou physale edulis. — *Blanches* : mauve divaricata.—*Rouges* : molène rouge, sainfoin d'Espagne. — *Roses* : ravater trimestris, sainfoin capitatum.— *Oranges* : tégète patula ou œillet d'Inde. — *Brunes* : lotier Saint-Jacques.—*Bleues* : campanule, trachelium. —DE TERRE DE BRUYÈRE. *Jaunes* : digitale des Canaries, gentiane visqueuse. — *Rouge* : asclépiade.

ARBUSTES D'ÉTÉ. *Jaunes* : cytis à épis, *id.* noirâtre, phlomis frutescens, potentille frutescens, *id.* de Sibérie. — *Blancs* : daphnée paniculée, spirée salisifolia, arbousier uva ursi à fruits noirs, clématite droite, hydrangée nivea, *id.* arborescente, symphoricarpos parviflora à fruits blancs, *id.* racemosa. — *Rouges* : cytis purpureus, en chatons ; myrica galé ou piment royal. — DE TERRE DE BRUYÈRE. *Jaune* : phlomis frutescens. — *Blancs* : andromèdes divers, ceanothe d'Amérique. — *Roses* : spirée cotonneux, itea, springelia incarnata.

FLEURS D'AUTOMNE. VIVACES. *Blanche* : galane blanche. —*Rouge* : eupatoire purpureum. — *Rose* : guimauve cannabina. — *Lilas* : phlox decussata. — *Variée* ; anthemis à grandes fleurs. — ANNUELLES. *Jaunes* : rudbeckia horta et angustifolia.—*Blanche* : tabac undulata.

ARBUSTES D'AUTOMNE. *Verdâtres* : laureole, *id.* paniculé à fruits jaunes. — *En chatons* : ephedra à un épi et à fruits rouges. — *Sans fleurs* : syringa nain. — DE TERRE DE BRUYÈRE. *Rouge* : callicarpe d'Amérique.

Cinquième rang. Plantes de 5 et 6 pieds.

FLEURS DE PRINTEMPS. VIVACES. *Jaune* : trolle europeus. — *Blanche* : valériane phû.—*Grise* : aster argophyllus. —'*Rouges* : fritillaire impériale, ficoïde bicolor, trolle d'Asie. — *Orange* : ficolde d'or.—*Violette* : phlomis tubéreux.—*Bleues* : géranium des prés, sauge d'Inde et bicolor, glycine de Chine, scille amœna. — ANNUELLES. *Jaune* : molène rugulosum. — *Rouge* : lunaire rouge.

ARBUSTES DE PRINTEMPS. *Jaunes* : spirée du Japon, coronille des jardins, groseiller doré, *id.* odorant, groseillers panachés, robinier frutescens, *id.* barbu et de la daourie. — *Blancs* : spirée à feuilles de millepertuis, *id.* chamædrifolia, *id.* sorbifolia, *id.* crenata, *id.* ulmifolia, ragoumiers, lilas blanc, néflier buisson ardent à fruits rouges. — *Rouges* : airelle corymbifera à fruits bleus, badiane floridanum, *id.* parviflorum, pommier de la Chine, *id.* à fruits rouges baccifera, *id.* à fruits rouges microcarpa. — *Roses* : pommier sempervirens, néflier petit-corail, amandier nain et double, gainier du Canada, viorne laurier-thym. — *Violet* : daphné mézéréon ou bois-joli. — *Lilas* : de Marly, *id.* varin, *id.* de Perse. — DE TERRE DE BRUYÈRE. *Roses* : kalmia latifolia et angustifolia. — *Variés* : rhododendrons divers. — *En chatons* : galés ou ciriers divers.

FLEURS D'ÉTÉ. VIVACES. Iris des marais, *id.* acrolenca, *id.* de Virginie, *id.* de Rhodes, lys asphodèle, rudbeckia laciniata, *id.* multifida, sèneçon seracenicus, *id.* doria,

id. coriaceus, achillée filipendula, solidago altissima, phormium tenax, casse du Maryland, hélénie, silphium laciniatum, *id.* trifoliatum, tanaisie vulgaire, *id.* du nord, soleil vivace, *id.* altrorubeus.—*Blanches* : spirée aruncus, gypsophile de Sibérie, lys blanc, *id.* flore pleno, *id.* flore purpureo, *id.* variégatum, *id.* peregrinum, *id.* du Japon, *id.* bulbifère, *id.* croceum, asclepiadeincarnata, *id.* de Syrie, boconier cordata, hemérocale du Japon, campanule lactifolia, cacalia suaveolens, napée levis, aster amygdalium, boltania asteroïdes.—*Rouges* : digitale ferrugineuse, *id.* purpurea, amonarde didima, glycine apios, phlox carolina, *id.* pyramidale, épilobe spicatum, solidago lateriflora, *id.* pyramidale, hemerocale fauve, lis du Canada, *id.* tigré, *id.* superbum, aster puniceus, silphium perfoliatum, *id.* térébenthinum. — *Roses* : pivoine moutan, valériane des Pyrénées, ficoïde pactiflorum, pivoine edulis. —*Lilas* : phlox maculé *id.* paniculé, aster de la Nouvelle-Angleterre, *id.* decorus. — *Violette* : sainfoin du Canada. —*Brune* : varaire nirum.—*Bleues* : campanule latifolia, *id.* heriocarpa, galega officinalis, dauphinelle elatum, hémérocalle cœrulea. — *Variées* : dahlias, lis martagon. ANNUELLES. *Jaunes* : ximénésie jaune, soleil annuel, *id.* mollis, *id.* diffusus, *id.* altissimus. — *Rouges* : persicaire, tabac ordinaire, gaura. — *Roses* : phytolacca, lavater thuringica, riccin. — *Bleues* : campanule pyramidale, mélilot bleu ou lotier odorant. — *Variées* : alcée ou passe-rose, *id.* de Chine, *id.* ficifolia.

ARBUSTES D'ÉTÉ. *Jaunes* : cytis trifolium et sessilifolium, armoise en arbre, paliure épineux, baguenaudier d'Alep, ciste halimifolius, sumac vénéneux.—*Blancs* : prinos verticillé à fruits rouges, stewartia à un et cinq styles, hydrangée quercifolia, ciste ladaniferus, *id.* laurifolius, *id.* populifolius, gatilier incisa, syringa odorant, clématite crispa, *id.* de Virginie.—*Rouges* : baguenaudier oriental, ciste pourpre. — *Roses* : sumac fuster, ciste symphilifolius.—*Bleus* : astrogène des Alpes, germandrée, clématite integrifolia. — *Verdâtre* : sumac vernis. — *Variées* : ketmie frutex. — *En chatons* : ephedra à deux épis. — DE TERRE DE BRUYÈRE. *Blancs* : céphalante, léthra à feuilles d'aulne. — *Rouge* : phlomi lacinié. — *Rose* : hortensia. — *Violet* : phlomis tuberosa.

FLEURS D'AUTOMNE. VIVACES. *Blanches* : ketmie moschentos, *id.* palustris, galane glabre, bostonia glastifolia. —*Rouges* : ficoïde acinaciforme, balisier. — *Roses* : ketmie roseus, guimauve de Narbonne.—*Violette* : glycine frutescens. — *Lilas* : iris decussata et acuminata. — ANNUELLES. *Jaune* : coreopsis tripteris.

ARBRES D'AUTOMNE. *Jaunes* : dierville. — *Rose* : decumaria sarmenteus. — *Sans fleurs* : seringa inodore, chêne des teinturiers, genèvrier sabina mâle à fruits bleus, *id.* femelle à fruits rouges, genèvrier commun, *id.* de Suède.

Sixième rang. Arbustes de 7 à 15 pieds.

ARBUSTES DE PRINTEMPS. *Jaunes* : alisier, amelanchier à fruits rouges, néflier cotonneux, buis de Mahon, cytise des Alpes ou faux ébénier, cerisier xilostéon. — *Blancs* : filaria latifolia, *id.* medja, *id.* angustifolia, badiane, ou anis étoilé, cornouiller à feuilles alternes et à fruit violet, spirée-opulifolia, lilas blanc commun, halésie traptera et diptera, fusain latifolius à fruits rouges, *id.* toujours vert, *id.* bonnet-de-prêtre à fruits rouges, merisier à grappes, *id.* laurier - cerise, *id.* azaréro, néflier du Japon, alisier spicata, staphilier pirmata et trifoliata, clématite à grandes fleurs, alisier racemosa. — *Rouges* : clavalier à feuilles de frêne à gousses rouges, airelle en arbre à fruits noirs. — *Roses* : robinier satiné, *id.* rose inhermis, pêcher à fleurs doubles, coignassier de la Chine, *id.* de Portugal, pommier double, poirier salicifolia, *id.* sinaïca, *id.* polveria, chèvrefeuille des jardins, cerisier des Pyrénées, gainier, arbre de Judée, cerisier odorant ou Sainte-Lucie, chamécerisier de Tartarie ou cerisier nain à fruits rouges, amandier de Géorgie, *id.* argenta. — *Verts* : Nerprun alaterne, *id.* angustifolius, *id.* d'Espagne, *id.* variés. — *Variés* : celastre grimpant à fruits rouges, chèvrefeuille de Minorque, *id.* dioïque, *id.* braser, *id.* sempervirens, *id.* pilosa, *id.* des bois, *id.* japonica, *id.* variabilis. — *Lilas* : lilas commun. — DE TERRE DE BRUYÈRE. — *Rouge* : calicanthes.

ARBUSTES D'ÉTÉ. *Jaunes* : genêt d'Espagne, baguenaudier faux séné à fruits en vessie, *id.* média, sumac glabre ou vinaigrier, jujubier cultivé à fruits rouges, *id.* de la Chine. — *Blancs* : sureau nigra à fruits noirs, *id.* viridis, *id.* variegeta, *id.* laciniata, *id.* du Canada, *id.* racemosa, alibousier commun ou styrax, *id.* glabre, pavier nain, *id.* de l'Ohio, gatilier commun ou arbre au poivre, latifolius, clématite odorante, *id.* à bractées, cornouiller sanguin à fruits rouges, *id.* alba à fruits blancs, *id.* bleu à fruits bleus, viorne nue et boule de neige, syringa pubescens, *id.* grandiflora. — *Rouges* : sumac de Virginie, lyciet lancéolé ou jasminoïde à fruits rouges. — *Rose* : pavier hybride. — *Violet* : amorpha-frutiqueux, lyciet de la Chine, lyciet afrum ou jasmin d'Afrique, tous deux à fruits rouges. — *Bleu* : clématite bleu. — *Verts* : ptéléa ou orme de Samarie, sumac coriaria. — *Brun* : fusain népaul, fusain noir-pourpre. — DE TERRE DE BRUYÈRE. — *Blancs* : magnolias. — *Roses* : kalmiers à larges feuilles.

ARBUSTES D'AUTOMNE. *Blancs* : azalie spinosa, arbousier unedo, magnoliers. — *Sans fleurs* : buis toujours vert, érable de Crète, genèvrier cade, *id.* commun à fruits rouges, peuplier, baumier ou tacamahaca, viorne-aubier à fruits rouges, noisetiers variés. — DE TERRE DE BRUYÈRE. *Rouge* : mératie odoriférant.

_ Septième rang. Arbres de 15 à 25 pieds.

ARBRES DE PRINTEMPS. Alouchier à fruits rouges, cornouiller grandiflora, frêne à fleurs, merisier à fleurs doubles, robinier visqueux, sorbier des oiseaux, sorbier hybride, sorbier d'Amérique, tous à fruits rouges, néflier-aubépine, ou épine-blanche à fruits rouges.

ARBRES D'ÉTÉ. Bignone catalpa, bonduc chalef, plaqueminier lotus, *id.* de Virginie à fruits jaunes, sophora du Japon, *id.* à rameaux pendans. — *Sans fleurs apparentes* : broussonnetier ou mûrier à papier, charme d'Italie, *id.* commun, chêne, saule, cyprès commun, érable commun, *id.* de Tartarie, *id.* de Montpellier, *id.* jaspé hybride, *id.* à feuilles de frêne, féviers d'Amérique, *id.* monosperme de la Chine, *id.* à grosses épines, *id.* de la Caspienne, cèdres d'Espagne, de la Virginie et des Bermudes, houx d'Amérique, if commun à fruits rouges, liquidambars copal et du levant, micocoulier du levant et à feuilles en cœur, noyer à feuilles de frêne,

platanes à feuilles ondulées, à feuilles en coin ou laciniées, ou étoilées, sapin-baumier et du Canada, saules odorant, marceau ou pleureur, tupel blanchâtre à fruits rouges, *id.* à fruits bleus.

_ *Huitième rang. Arbres de 50 pieds et au-dessus.*

ARBRES DE PRINTEMPS. Cerisier de Virginie, maronnier d'Inde, *id.* rubicon, pavier jaune, robiniers faux acacias, sorbier commun.

ARBRES D'ÉTÉ. Magnoliers à grandes fleurs et accursinés, tilleul commun, tulipier de Virginie. — *Sans fleurs apparentes* : bouleaux divers, aglante vernis du Japon, chênes divers, cyprès faux tuya, érables, sycomore et plane rouge de Virginie et à sucre, frênes commun et à manne, *id.* de la Caroline, *id.* blanc, *id.* tomenteux, gintro à deux lobes, hêtres commun et ferrugineux, mélèze d'Europe et d'Amérique, cèdre du Liban, micocoulier de Provence, *id.* de Virginie, noyers noir, blanc et cendré, peupliers divers, ormes communs, *id.* pédunculé, rouge crispé.

ARBRES TOUJOURS VERTS.

D'ÉTÉ, *de 1 et 2 pieds. Jaunes* : Camelée à trois coques, santoline commune.

ARBRES VERTS *de 3 et 4 pieds.*

DE PRINTEMPS. *Jaunes* : badianes à petites fleurs, *id.* floridanum, buplèvre, oreille de lièvre. — *Vert* : lauréole. — *Brun* : aucuba du Japon.

D'ÉTÉ. *Jaune* : jasmin jaune. — *Blanc* : yucca nain. — *Rose* : viorne, laurier-thym, hortensia, pommier toujours vert.

ARBRES VERTS *de 5 et 6 pieds.*

DE PRINTEMPS. *Blancs* : houx divers, alisier toujours vert, cerisier, laurier du Mississipi, rosier toujours vert et latifolia.

D'ÉTÉ. *Jaune* : séneçon en arbre.

D'AUTOMNE. *Blanc* : clématite toujours verte. — *A fleurs sans effet* : chêne au kermès, bacchante, fusain toujours vert, galé à feuille en cœur, néflier pyracanthe ou buisson ardent, rosier toujours vert.

ARBRES VERTS *de 7 à 15 pieds.*

DE PRINTEMPS. *Blancs* : cerisier-laurier palme, houx commun, badiane anis, filaria, érable de Crète.

D'ÉTÉ. *Jaune* : budleia globuleuse. — *Verts* : nerprun alaterne, célastre grimpant. — *Rouges* : chèvre feuillé vert et de Minorque.

D'AUTOMNE. *Blanc* : arbousier unedo. — *A fleurs sans effet* : genèvrier, buis, chêne yeuse, laurier commun.

ARBRES VERTS *de 15 à 50 pieds.*

DE PRINTEMPS. *Blanc* : cerisier-laurier du Portugal.

D'AUTOMNE. *Vert* : lierre grimpant. — *A fleurs sans effet* : tuyas, chêne liége de trente pieds et au-dessus, cyprès, cèdres de Virginie et du Liban, mélèze, pins et sapins, tous sans fleurs apparentes.

On pourra choisir parmi les végétaux ci-dessus indiqués, et se procurer ainsi de beaux jardins; mais il faut bien connaître le sol, le climat, l'exposition propre à chaque plante. C'est en vain qu'on mettrait dans un champ aride un végétal qui veut de l'humidité, qu'on placerait sur les montagnes les arbres des plaines, et dans les bois les herbes destinées à croître en plein air.

Les grands arbres doivent toujours être placés au nord des plus petits, pour ne pas leur nuire par l'ombrage. Dans les massifs, les plantes doivent être en amphithéâtre, suivant leur hauteur.

Un quinconce en face de la maison ou vers le milieu du jardin sert à des jeux champêtres. Les anciens quinconces ressemblaient au cinq des cartes à jouer; les quinconces nouveaux se forment de plusieurs allées de hauts arbres plantés à angles droits, à égales distances les uns des autres.

La beauté du jardin paysager s'accroît par le voisinage d'une rivière, s'il est possible de distribuer les eaux convenablement. C'est alors au planteur à les diriger, à en former de petits lacs, des golfes sinueux. On doit aussi recueillir avec soin l'eau des sources pour en former des ruisseaux, qu'on fait couler sur un fond caillouteux. Les terrains accidentés et irréguliers sont propres à faire des cascades. Les cascades artificielles servent à lier ensemble les différentes parties d'une rivière qui coulent sur un niveau inégal.

Les ponts font un joli effet quand ils sont jetés élégamment, et ombragés de saules-pleureurs. On les fait ordinairement en rondins de bois; mais il vaut mieux, autant que possible, les avoir en fonte; faits de cette dernière matière ils sont plus légers, et coûtent moins cher en considération de leur durée.

Si le jardin est placé près des flancs d'un coteau dont l'humidité abondante donne l'espoir de trouver des sources, on pratique une galerie plus ou moins profonde, suivant les chances de succès, et l'on réunit les filets d'eau en un seul réservoir. Les joncs, les roseaux, le cresson, le pas d'âne, indiquent des veines d'eau cachées sous la terre, surtout au nord, où la terre est moins desséchée par le soleil; et à l'ouest, où elle est exposée aux vents pluvieux. Il faut avoir soin de ne pas percer le lit d'argile ou de tuf qui conserve la source.

Les eaux qui viennent des montagnes sont plus froides et plus légères que celles des vallées.

Les filets qu'on se procure en creusant la terre noire sont bons, et d'un produit plus certain que ceux qui sortent du sable. En général, l'eau courante d'un pouce de diamètre donne treize litres et demi par minute. Pour connaître le diamètre de l'eau d'une source, on la reçoit dans un seau percé de trous placés les uns au-dessus des autres, et successivement plus grands. Si l'eau monte plus haut que le plus petit trou, qui est en bas, on le bouche avec une étoupe et un bouchon, et l'on continue ainsi jusqu'à ce qu'on ait trouvé le diamètre par celui du trou au-dessus duquel l'eau ne monte point.

Les réservoirs se garnissent d'argile et d'un lit de sable. On leur donne une pente pour que l'eau puisse couler.

On doit curer avec soin les canaux, les fossés, et faucher les plantes aquatiques; les terres des fossés et les plantes sarclées, ainsi que les feuilles mortes, sont excellentes dans les composts. (Voy. ce mot.)

Il est inutile de s'appesantir sur le ridicule des ruines postiches. Si l'on a le bonheur de posséder une ruine véritable, il est certain qu'on peut l'utiliser avec avantage, et

en faire un des plus pittoresques accessoires du jardin. Mais rien n'est moins agréable que les débris d'un vieux château gothique ou d'une fabrique romaine bâtis en moellons par un maçon inhabile, les vieux murs badigeonnés en gris, et les pierres de taille dessinées à la règle, et indiquées au pinceau par des lignes droites plus ou moins noires.

Le rocher artificiel n'est admissible qu'autant qu'il est composé de roches véritables superposées avec adresse. Les grottes, pour avoir une apparence de réalité, n'ont pas besoin d'être humides comme des caves. Il est bon au contraire de les éclairer, de les aérer, et d'en bannir l'humidité par des hydrofuges. (Voy. ce mot.) L'été, c'est une retraite délicieuse. On les garnit de coquilles, et on n'y laisse point pénétrer les crapauds.

Le chalet suisses sont de mode dans les jardins anglais. Ils y font effet par leur construction élégante. Mais il est nécessaire que rien en eux ne sente la décoration théâtrale, et la maison de luxe déguisée à grands frais en maison de paysan.

Quant à l'ermitage qu'aucuns élèvent dévotement au coin des taillis, il faut le laisser là où il fait si bien, dans les romans de la ténébreuse Anne Radcliffe et de Ducray-Duminil. Si l'on veut à toute force une cabane surmontée d'une cloche, que ce soit une salle à manger champêtre, dont la cloche serve d'appel à de joyeux convives, plutôt qu'à de pieux pèlerins.

Du rabougrissement des arbres des vergers et jardins d'agrément. Les Chinois ont trouvé le moyen de donner aux plus grands arbres une taille d'une singulière petitesse. Leurs procédés, quoiqu'ils ne produisent pas de résultats utiles, peuvent offrir quelque intérêt de curiosité, et contribuer à l'embellissement des jardins.

Les jardiniers de Chine placent les boutures d'un arbre quelconque dans un très-petit pot rempli d'argile. Ils n'arrosent que par absolue nécessité. Quand la bouture est enracinée, on fait à l'écorce une incision annulaire de la largeur du diamètre de l'arbre. On couvre la plaie d'argile, on empaquette le trou et les grosses branches dans de la paille ou des étoffes. On coupe le haut des branches sitôt qu'elles poussent, en proportion de la force végétative des racines. On supprime les feuilles à mesure qu'elles paraissent. On attire les fourmis en enduisant de sucre les plaies des branches, qu'on tient courbées avec du fil d'archal.

Ces mutilations réussissent surtout à l'orme, qui devient un petit arbrisseau. Les arbres fruitiers ainsi traités donnent des fruits petits et peu savoureux, mais en très-grande abondance.

Multiplication des arbres des jardins d'agrément par portions de racines. Couper une racine, la placer dans de bon terreau, sous un châssis, sur une couche bien échauffée. Elle ne tarde pas à donner un beau sujet.

Des allées. Les allées se tracent au cordeau; les grandes sont sablées, et entretenues par le batage de la terre, avec un mélange de pierrailles. Le sable doit en être pesant, pour que le vent ne l'enlève pas, et un peu graveleux. Les allées vertes sont des allées de gazon enfermées entre deux petits sentiers râtissés. Les allées couvertes, moins larges que les autres, sont formées d'arbres qui se joignent par en haut : on les fait de marronniers d'Inde, d'ormes, de tilleuls, d'érables, charmes, hêtres, noyers, châtaigniers, acacias et sycomores.

Moyen de tracer les allées courbes des jardins potagers, indiqué par M. le comte de Murinais. « Prendre un cordeau, en ficher l'un des piquets à l'endroit où l'allée doit commencer à se courber. Prendre l'autre piquet des deux mains, et en détournant le cordeau, se placer à un endroit où doit passer l'allée; alors on se retourne, et tenant toujours le cordeau des deux mains, et en tendant le cordeau plus ou moins', on le lance à droite si l'on veut faire la courbe à droite, ou à gauche si l'on veut faire la courbe à gauche. On lâche plus ou moins le cordeau en raison du plus ou moins de courbure que l'on veut donner à l'allée, et en quelques secondes on obtient une courbe parfaite de la longueur de celle du cordeau. On fiche le second piquet, et on trace la courbe le long du cordeau. Pour continuer, on relève le premier piquet du cordeau, on le transporte à un autre point où doit passer l'allée; on opère comme la première fois, et ainsi de suite jusqu'au bout de l'allée. Quelle que soit l'ouverture des courbes tracées de cette manière, on est sûr qu'elles sont toujours régulières et gracieuses: »

Instrumens de jardinage. On peut avoir dans un coin du jardin un petit cabinet où l'on serre tous les objets propres au jardinage, et où l'on range au besoin les graines et les oignons sur des planches réservées à cet usage. (Voy. GRAINE.)

Les instrumens de jardinage indispensables dans une maison de campagne sont les suivans :

Arrosoirs en fer-blanc ou en cuivre, de la capacité de douze pintes;

Plusieurs bêches;

Une brouette à fer tranchant et recourbé d'un côté, avec deux dents de l'autre, pour serfouir la terre entre les rayons;

Deux brouettes de la capacité d'un pied cube de terre meuble, avec de grandes roues pour éviter la fatigue;

Un cueille-haut : c'est une espèce d'entonnoir tranchant sur les bords, emmanché au bout d'une perche: on s'en sert pour détacher les fruits; il y en a en fer, en fer-blanc, et en chêne d'un pouce d'épaisseur sur trois de diamètre, de forme hexagone, et taillés en biseau sur les trois faces, sur chacune desquelles on cloue un petit morceau de latte mince de quatre pouces de long, un de large, terminé en pointe par le haut;

Des ciseaux ou *forces*, emmanchés en bois, pour tondre et élaguer;

Des cognées qu'on entretient bien aiguisées;

Des claies en osier pour passer les terres caillouteuses, et les terreaux dont toutes les parties ne sont pas consommées;

Des claies en fil-de-fer, posées sur un cadre en bois peint, dont on maintient l'écartement en plaçant au milieu une petite traverse en bois : une petite verge sert à les nettoyer quand des racines ou des herbes s'y engagent;

Des cloches de verre et des châssis ;

Des cordeaux pour aligner, former des rayons, niveler le dessus des haies qu'on taille;

Des échelles doubles et simples, et des marche-pieds, pour la taille, la cueillette, etc.;

Un échenilloir: cet instrument porte une barre tranchante qu'on ouvre et qu'on ferme au moyen d'un ressort qui se tire avec une ficelle; on s'en sert pour atteindre les nids de chenilles au haut des arbres, et pour rogner et pincer les branches des espaliers qui en avançant donnent trop d'ombre aux fruits; toutes les fois qu'on l'emploie, on a soin de l'essuyer et de le frotter d'un peu d'huile pour prévenir la rouille;

Des étiquettes, tant pour le jardin que pour les graines qu'on conserve dans la maison;

Un fechou, espèce de bêche dont la douille fait une courbe en avant pour se redresser ensuite, et dont le manche est légèrement courbé : cet instrument sert à curer les boues, enlever la terre du fond des fossés, lever les gazons secs; sa forme permet à l'ouvrier de ramasser la terre sans se pencher;

Fourches en fer à trois dents pour remuer et étendre les fumiers;

Fourches en bois pour faner ;

Houlettes pour lever les petites plantes en mottes;

Paniers, paniers à claire-voie pour mettre sur les brouettes, et transporter des feuilles; paniers pour mettre les mauvaises herbes qu'on sarcle dans les parterres, et les porter dans les composts; paniers à fruits, qu'on porte à deux pour ne pas meurtrir les fruits;

Pelles de fer et de bois d'aune, de saule et de hêtre, pour enlever les boues liquides, et remuer les terres meubles;

Pics, *pioches* à deux fers, pour faire des défoncemens dans les terrains durs et pierreux; l'un des fers, qui se recourbe d'un côté, est fort et aigu; l'autre fer est large et tranchant ;

La piémontaise est une espèce de pic qui a, en place de fer pointu, un taillant pour couper les racines des arbres.

Pièges pour les animaux nuisibles. (Voy. PIÈGES.)

Les piochons servent à tracer les rayons des semis de légumes, et à en serfouir l'entre-deux.

Les plantoirs sont en bois, ou garnis d'un fer, pour plus de solidité,

Les rateaux de bois à double rang servent à râteler les foins et les feuilles mortes. Les râteaux de fer à dents écartées servent à râteler les allées.

Les plus forts râteaux sont employés à enlever les cailloux des potagers; les plus petits, à râteler les planches et les sentiers.

Les ratissoirs doivent avoir un fer de cinq pouces de large, sur six de long.

Le sécateur sert à tailler les rosiers, la vigne, à ôter les branches mortes. On doit appuyer, sur la partie de la branche qu'on veut laisser, le côté plat des deux lames.

La serpette, *la serpe* sont utiles pour appointer les piquets et tuteurs. La poignée de la serpe doit être très-courte.

Le tamis garni de fils de fer sert à passer les terreaux, et à couvrir les semis d'oreilles-d'ours, de kalmias, etc.

La toise est employée dans les alignemens et le tracé du jardin. Il est bon d'avoir sur le manche de chaque bêche une demi-toise, avec ses subdivisions. (Voy. ARROSOIR, BÊCHE, CRIBLE, BROUETTE, EXTIRPATEUR, etc.)

JARDIN. (*Cod. dom.*) Les bases de l'estimation du revenu imposable d'un jardin sont fixées au taux des meilleures terres labourables de la commune où le jardin est situé. S'il est planté sur un terrain de première qualité, cette estimation peut être portée au double et au triple des meilleures terres labourables.

Les jardins d'une culture plus soignée, exploités par un jardinier de profession, sont susceptibles d'une évaluation plus forte.

JARDINIÈRE. (*Cuis.*) Faire blanchir petits pois, fèves, haricots verts, haricots blancs, choux-fleurs, culs d'artichauts, champignons tournés, concombres, pointes d'asperges et petits oignons. Couper des carottes et des navets, les faire également blanchir, puis réduire à glace dans un peu de consommé. Faire chauffer tous ces légumes, les égoutter et les mettre avec un peu de sucre et de beurre dans trois cuillerées d'espagnole bouillante à laquelle on ajoute la glace de racines. Mêler le tout ensemble. On garnit avec la *Jardinière* les entremêts, pâtes, entrées.

Quand on se sert de purée de pois verts, ou de sauce allemande au lieu d'espagnole, la jardinière prend le nom de *macédoine de légumes.*

JARGON. (*Conn. us.*) Espèce de cristal composé de fragments de grenats et d'hyacinthe, qu'on trouve dans le ruisseau d'Espailly, près du Puy en Vélay (Auvergne.)

JARRE. (*Ind. dom.*) On appelle ainsi le duvet des peaux. On le recueille en imprégnant les peaux, à l'aide d'une brosse qu'on fait passer sur leurs deux faces, d'une eau de chaux légère. Quand les peaux sont ramollies, on enlève le jarre avec facilité en le prenant entre le pouce et un couteau peu tranchant. Ce qui reste après l'extraction est coupé avec des ciseaux. Avant d'arracher le jarre, on laisse sécher les peaux et on les bat avec une petite baguette.

JARRETIÈRE. (*Hyg. —Ind. dom.*) Entre toutes les jarretières, on doit préférer les jarretières élastiques. Les autres exercent des compressions qui peuvent devenir dangereuses. Nous en avons la preuve dans le fait suivant :

Un homme âgé d'environ trente-six ans, d'un tempérament sanguin, s'en retourna ivre chez lui ; il se mit sur sa fenêtre, qu'il ouvrit pour prendre le frais, y dormit appuyé sur ses coudes, et y passa toute la nuit dans un profond sommeil. Le lendemain matin, s'étant éveillé et voulant changer de place, il se laissa tomber et crut qu'il n'avait plus de jambes : ses jarretières étaient si étroitement serrées qu'elles avaient comprimé les veines et interrompu la circulation. La gangrène survint, gagna les deux cuisses et causa la mort.

Les jarretières élastiques en métal peuvent se remplacer avantageusement par une bande de caoutchouc, que l'on coud dans un ruban légèrement pelucheux. Ce ruban doit être plus long que la bande, pour en faciliter l'extension.

L'agrafe est composée de trois petites mortaises ; deux, placées sur la partie la plus large, sont destinées à recevoir le crochet ; la troisième, plus resserrée, fournira le moyen d'assujettir l'agrafe sur la jarretière. On prend une petite lame de peau verte, jaune, mais toujours d'une couleur différente de celle de la jarretière ; on la double, on la passe dans la troisième mortaise, et on la fixe sur la patte au moyen d'un piqué à deux rangs ; on répète cette manœuvre sur l'autre bout de la jarretière, en y plaçant le crochet qui n'a que la mortaise étroite.

Il faut faire attention que les pattes soient assez longues pour croiser sous l'agrafe et le crochet, parce qu'autrement ils déchireraient les bas, les tacheraient de rouille et finiraient par blesser.

Quand les jarretières d'élastique en métal perdent leur élasticité, il faut d'abord examiner quelle rangée manque, puis découdre le morceau rebattu et toutes les rangées pendant un demi-pouce seulement, jusqu'à ce que l'on soit parvenu à l'élastique sans mouvement : on verra bientôt qu'il est décousu ou qu'il s'est trop détiré ; dans le premier cas, on le recoud simplement ; dans le second, on enfile une grosse aiguille de bas dans l'élastique, et, tenant pendant quelques momens sa spirale très-serrée, on lui fait reprendre sa première consistance ; en le recousant, on prend garde de ne pas seulement l'arrêter par le dernier anneau de la spirale, car c'est là ce qui l'avait fait lâcher ; on arrête dans deux ou trois anneaux ; on recoud ensuite ce que l'on a décousu.

Quand la couture longitudinale qui retient et sépare les élastiques se découd, cela n'a pas autant d'inconvéniens ; toutefois il ne faudra pas négliger de la recoudre, parce qu'ainsi rapprochés, les élastiques se frottent l'un l'autre, et qu'en peu de temps la jarretière est presque toute décousue.

Manière de préparer les jarretières de laine à nœuds coulans. On prend une grosse pelote de laine blanche à tricoter les jupons ; on en tire une aiguillée de la longueur d'une aune, une aune un quart environ ; on étend cette aiguillée sur une table, on la double et on la redouble jusqu'à ce qu'elle forme un cordon plat d'un pouce quelques lignes de largeur ; on fait attention à ce qu'aucune partie de la laine ne se resserre. On coupe ensuite cette laine blanche, et on la met à part ; on a ensuite une petite pelote ou écheveau de laine de couleur, ou bleue, ou rouge, ou verte ; on prend un bout, et l'on s'en sert pour lier l'extrémité du cordon ; on fait ensuite un nœud coulant dans cette laine de couleur, et l'on passe le cordon dans ce nœud, que l'on ne serre qu'autant qu'il le faut pour embrasser le cordon sans le faire grimacer : ce nœud coulant a dû être fait très près du bout de cordon ; mais, ensuite, il faut le répéter à une distance de deux pouces environ, et cela jusqu'à la fin du cordon, que l'on termine ainsi qu'on l'a commencé. La jarretière est finie alors, et l'on en fait une autre semblable.

Ces jarretières ont l'avantage de tenir les bas sans serrer la jambe. Quand on a la mauvaise habitude de mettre la jarretière au-dessous du genou, et que l'on veut se défaire de cette habitude, il faut pendant quelque temps porter des jarretières semblables au-dessus et au-dessous du genou.

Jarretières attachées sur les hanches. Placer au droit-fil, des goussets de ventre du corset, deux larges rubans de fil, qui vont passer dans une boucle aussi de ruban de fil, cousue à chacun de ses bas à cet effet. Ces espèces de jarretières empêchent le corset de relever sur les hanches :

elles le tirent effectivement on ne peut mieux ; elles dispensent des jarretières ordinaires.

JASMIN BLANC COMMUN. (*Jard.*) *Jasminum officinale.* Famille des jasminées. Arbuste des Indes, sarmenteux. Son nom vient de l'hébreu *samin* (parfum).

Il faut l'exposer au midi, au pied d'un mur, en terreau léger et consommé. Il donne, en juillet, des fleurs odorantes. Avant d'étendre le pied de cette plante, on doit lui donner de la force. On taille au mois de mars, et l'hiver on couvre le pied de litière.

Jasmin triomphant. (*Jasminum triomphans.*) C'est un bel arbrisseau grimpant qui s'élève très haut ; ses fleurs sont d'un beau jaune et très odorantes. On le cultive ordinairement en orangerie, mais on peut l'obtenir de pleine terre en le plaçant, au mois de mai, au pied d'un mur, au midi, dans un bon terreau consommé et mêlé de bruyère, et en couvrant le pied, l'hiver, avec de la litière. Il se multiplie de marcottes.

Jasmin de Goa. (*Jasminum grandiflorum.*) Fleurs doubles très-larges bordées de rouge et d'une odeur délicieuse.

Jasmin à feuilles de Cytise. (*Jasminum fruticans.*) Cet arbre indigène, toujours vert, forme de jolis buissons propres à garder le devant des haies exposées au midi. Il se multiplie de rejets en mars dans une terre sèche et légère. Les fleurs viennent en mai : elles sont petites, jaunes, et sans odeur. Cet arbuste se dégarnit, si on ne le tond pas au mois d'octobre.

Jasmin d'Italie. (*Jasminum humile.*) Même culture, avec plus de soins. On le place en touffes sur le devant des massifs. Fleurs en juin, jaunes, plus grandes que celles du *jasminum fruticans*, inodores dans notre climat.

Jasmin de Caroline. (*Bignonia sempervirens.*) Ce jasmin s'élève très-haut et est propre à couvrir des murailles et à former des tonnelles. Sa grande fleur jaune est d'une odeur très-agréable, et dure depuis la fin de juillet jusqu'aux premières gelées.

Jasmin de Virginie. (Voy. BIGNONE DE VIRGINIE.)

JASMIN. (*Off.*) *Ratafia de jasmin.* Prendre un quarteron et demi de jasmin, pour une pinte d'eau-de-vie ; l'éplucher et le mettre dans un sirop d'une livre de sucre. Laisser infuser dans l'eau-de-vie pendant au moins quinze jours, puis filtrer.

Petit cassé de jasmin. (Voy. SUCRE.)

JASMIN. (Hyg.) *Eau de jasmin pour la toilette.* Recueillir de l'essence de jasmin (Voy. ESSENCE) ; la mêler à de l'esprit-de-vin ; agiter le mélange, l'exposer à la gelée. Quand l'huile est figée, décanter l'esprit-de-vin et le conserver dans une bouteille bien bouchée.

JASMINOIDE D'EUROPE. (*Jard.*) *Lycium barbarum.* Famille des solanées. C'est un arbrisseau à fleurs brunes, à branches souples, garnies à leur extrémité de fortes épines. Il se multiplie de marcottes et de drageons qui poussent en abondance aux pieds ; on le place au midi, près d'une fontaine, sur la pente d'un rocher. Il croît très-vite et grimpe le long des pierres et des treilles. Il perd ses feuilles.

Jasminoïde de la Chine. (*Lycium sinese.*) Ses fleurs, en juin, sont bleuâtres, ses fruits rouges.

Jasminoïde d'Afrique. (*Lycium Africanum.*) à fleurs pourprées, à fruits noirs.

Jasminoïde du Pérou. (*Lycium peruvianum.*) à odeur de lilas.

Jasminoïde treuvanum. Belle espèce de la Chine, à feuilles larges. Même culture.

JASPE. (Conn. us.) Cette espèce de quartz est de différentes couleurs. Il fait feu avec l'acier, et est susceptible du plus beau poli. On le trouve par couches ou par lits, dans les fentes des rochers. On en fait des mosaïques, des parures, des gravures, des statues, des cachets, des vases, des dessus de table et de cheminée.

Le jaspe d'une seule couleur est d'un bleu pur, rarement jaune ou d'un blanc laiteux. Le *jaspe fleuri* est panaché avec une couleur dominante. Le *jaspe serpentin* est blanc et vert à taches noires ; le *jaspe antique* n'a qu'une raie blanche, ou des taches blanches sur un fond rouge. Le *jaspe sanguin* est vert, avec des taches pourprées, roses, ou d'un rougebrun, ou couleur de sang. Le *jaspe héliotrope* est vert, à taches rouges. Le *jaspe agate* est moitié opaque et moitié transparent.

JAUGE. (Conn. us.) C'est un instrument qui sert à mesurer la capacité des tonneaux. La jauge la plus expéditive est celle que M. Bazaine inventa en 1811. On en doit une autre à M. Gaston de Toulouse (1815).

JAUNE. (*Ind. dom.*) La couleur jaune, en peinture, se tire de la gomme gutte. Le safran les graines d'Avignon la gaude, donnent aussi une teinture jaune.

Teinture économique de la laine et de la toile en jaune. Couper des feuilles et des tiges de pommes de terre quand les plantes sont en fleurs ; les écraser et en exprimer le suc. Un morceau de toile ou d'étoffe de laine trempé dans ce suc pendant quarante-huit heures prend une couleur jaune très-solide. Si l'on plonge ensuite cette étoffe dans une teinture bleue, elle acquiert une belle couleur verte. (Voy. POMME DE TERRE.)

Autre procédé. Faire bouillir l'étoffe qu'on veut teindre, la faire tremper dans une dissolution d'acétate ou de nitrate de plomb ; la retirer, la faire sécher et la mettre dans une dissolution de chromate de potasse. L'acide nitrique se dégage du plomb pour s'unir à la potasse ; l'acide chromique, mêlé au plomb, demeure attaché à l'étofie.

Manière de teindre en jaune avec la fleur du narcisse des prés ou faux narcisse. Cette fleur donne une couleur d'un jaune doré magnifique, très-solide, qui ne le cède en rien, pour la beauté, aux couleurs jaunes existantes ; elle est d'une étonnante facilité à prendre sur toutes sortes de tissus, et d'un prix fort médiocre. Le mordant le plus propre à fixer la couleur la plus vive et la plus belle est un composé d'oxyde arsenical d'alun et de potasse préparés convenablement, par exemple : un gros d'arsenic blanc, deux gros d'alun et deux gros de potasse, dans une pinte d'eau que l'on fait bouillir. La laine, la soie, le fil et le coton doivent être laissés douze heures dans ce liquide ; on les lave ensuite à grande eau, et on les fait sécher. Enfin, on fait bouillir dans l'eau, à laquelle on ajoute un gros de potasse par pinte, une quantité de fleurs de narcisse des prés, proportionnée à l'intensité de la couleur que l'on veut obtenir ; on y plonge les matières que l'on veut teindre, et on les laisse bouillir pendant une heure dans le bain de teinture. Alors on les retire ; on les laisse bien égoutter ; on les fait tremper dans l'eau froide pendant une demi-heure. Au bout de ce temps, on les secoue, on les égoutte, et on les passe dans de l'eau où l'on a mis deux gros de potasse ou de soude par pinte, pour aviver la couleur et en augmenter la solidité. Après cette opération, le tissu est lavé à grande eau, bien secoué, et mis ensuite à sécher. (Voy. LAQUE.)

Jaune pour colorer les mets. Délayez un peu de forte teinture de safran avec un peu d'eau gommée dans un petit mortier, vous aurez un jaune brillant.

La gomme gutte donne un jaune vif, mais elle doit être rejetée de la cuisine, parce qu'elle purge avec violence ; elle est cependant indiquée dans le *Cuisinier royal*. (Voy. LIQUEUR.)

On tire un très-beau jaune du safran et des graines d'Avignon par le procédé suivant : on en fait bouillir pendant une heure deux hectogrammes et demi dans un litre d'eau, en y ajoutant trois décagrammes d'alun ; on mêle au résidu huit grammes de gomme arabique.

Jaune de Naples. Le jaune de Naples, qui est d'une belle couleur d'or, se fabrique en faisant rougir au feu pendant trois heures un des trois mélanges suivans : 1° une livre d'antimoine, une livre et demie de plomb, une demi-once d'alun et autant de sel marin ; 2° deux onces d'antimoine diaphorétique, six onces de céruse, une once de sel ammoniac et un quart d'once d'alun brûlé ; 3° cinq onces de litharge réduite en poudre, deux onces d'antimoine diaphorétique, et une once de sel ammoniac, qu'on met ensemble dans un creuset dont les parois internes sont enduites de craie décantée. Ce dernier procédé est le plus économique.

Moyen de préparer le jaune de la gaude. (Voy. ce mot.) Prendre de la craie blanche lavée et décantée, la délayer dans de l'eau, en la faisant bouillir ; ajouter peu à peu trois onces d'alun en poudre par livre de craie, en agitant toujours, pour empêcher la trop vive effervescence produite par l'acide carbonique qui se dégage ; faire bouillir un quart d'heure des bottes de gaude avec de l'eau qui les recouvre, les faire égoutter dans une cuve, en tenant les sommités en bas ; passer à travers une flanelle l'eau qu'elle rend, et la décoction ; chauffer le premier mélange, et y ajouter de la décoction de gaude, jusqu'à ce qu'on ait trouvé la base convenable ; donner quelques bouillons, la couleur est alors préparée ; on décante le lendemain, et on la fait sécher sur de grands morceaux de craie.

Les quantités de gaude à employer varient suivant le nombre de graines que contiennent les bottes. Si l'on avait trop de matière colorante, on peut la conserver sans altération, plusieurs semaines, dans des seaux de terre ou de bois.

Il ne faut employer dans ces opérations que des instrumens de cuivre, l'acide gallique de la gaude dissolvant le fer, ce qui gâterait la couleur.

Jaune du boletus hirsutus. (Voy. ce mot.)

JAUNISSE. (Voy. ICTÈRE).

JAVELLE. (*Agr.*) Dans les javelles de blé, les épis doivent être tous d'un côté. On laisse javeler le blé pendant trois ou quatre jours, si le temps est beau. (V. MOISSON.)

JAVELLE (EAU DE). (V. EAU DE CHLORE.)

JEAN-LE-BLANC. (*Chass.*) *Falco gallicus.* Genre faucon. Cet oiseau de proie tient des aigles et des buses ; il a un pied huit pouces de long ; son plumage est varié de brun et de roux ; il a le ventre blanc, les pieds jaunes, le bec garni à sa base de poils noirs ; il ne craint pas la lumière, et tourne en plein jour les yeux du côté du soleil ; pour boire, il plonge son bec dans l'eau jusqu'aux yeux.

Le jean-le-blanc, très-commun en France, est appelé oiseau de la Saint-Martin, parce qu'il reparaît en automne, vers le temps de cette fête. Il détruit beaucoup de gibier, vole contre-terre, le matin et le soir, dans les basses-cours et le long des bois, et mange la volaille, les perdrix, les jeunes lapins, les petits oiseaux, et quelquefois les rats, les mulots, les reptiles et les lézards.

JET D'EAU. (*Var.*) L'ouverture du jet doit être plus étroite que le tuyau, et le diamètre du tuyau quatre fois plus large. Quoique l'eau jaillisse à une plus grande hauteur quand la direction en est un peu inclinée, il vaut mieux placer l'orifice de manière à ce que le fluide sorte verticalement. On donne au bec du tuyau la forme d'un cône tronqué ; on en couvre l'extrémité d'une lame plane et bien polie, percée d'un trou dont les côtés doivent être aussi très polis. Par ce moyen, l'eau s'élève avec un mouvement régulier, et conserve sa transparence.

Le réservoir doit avoir une hauteur proportionnée à celle du jet : la table suivante indique combien la hauteur du réservoir doit surpasser celle du jet d'eau.

Réservoir de			Jet de
pieds	pouces		pieds
5	1	. . . .	5
10	4	. . . .	10
15	9	. . . .	15
20	16	. . . .	20
25	25	. . . .	25
50	36	. . . .	50
55	49	. . . .	55
40	64	. . . .	40
45	81	. . . .	45
50	100	. . . .	50
60	144	. . . .	60
70	196	. . . .	70
80	256	. . . .	80
90	224	. . . .	90
100	400	. . . .	100

Les tuyaux doivent être en terre, à deux ou trois pieds du sol pour les garantir de la gelée ; plus les tuyaux sont gros, et la conduite droite, mieux les eaux vont. Il faut éviter autant que possible les coudes, les angles, adoucir les détours. S'il y a des tournans, on les prend au loin pour en diminuer la raideur. Les tuyaux en fer sont meilleurs que ceux de plomb, durent plus, et coûtent moins. On y ajoute des bouts de plomb dans les coudes. Quand les tuyaux sont longs, on y met d'espace en espace des soupapes pour la sortie de l'air ; quand ils conduisent des eaux forcées, on doit les appuyer sur des fondemens en maçonnerie.

Avant de mettre l'eau dans ces tuyaux, on les laisse sécher ; on les remplit ensuite ; et, s'ils ne perdent pas, on fait couler l'eau.

Dans les jardins, on fait passer les tuyaux sous les allées, pour pouvoir les raccommoder sans rien déplanter.

Quand les tuyaux sont engorgés par des dépôts calcaires, le meilleur moyen de les nettoyer est d'y faire passer un courant d'eau saturée d'acide hydrochlorique. Pour savoir quelle quantité de ce mélange sera nécessaire, on opère d'abord sur un tuyau d'un petit diamètre, et l'on calcule par une proportion combien de fois ce petit diamètre est contenu dans celui des tuyaux.

JEU. (*Récr. dom.*) Les longues réflexions de la plupart de nos philosophes sur le jeu nous dispensent d'y consacrer un long article. Il y a long-temps qu'on sait, au point de vue individuel, qu'il peut détruire en un instant les fortunes les plus solides; au point de vue social, qu'il opère un inutile déplacement de capitaux sans production. On sait encore que, fournissant un moyen d'acquérir sans travail, il n'est propre qu'à inspirer le goût de l'oisiveté et de la dissipation.

En donnant aux jeux dans notre Dictionnaire une place assez étendue, nous ne croyons point faciliter la propagation d'une passion funeste : nous devons compter avec raison sur les lumières des lecteurs auxquels nous nous adressons. Notre but est de leur offrir divers moyens de se délasser de leurs occupations, et d'occuper, par des récréations paisibles, les loisirs des soirées.

Conduite à tenir au jeu. (Voy. CARTES.) Il ne faut jamais être guidé au jeu par la pensée du gain, et n'y jamais aventurer une grosse somme. Le jeu perd tout ce qu'il peut offrir d'agrément quand il devient une spéculation, et lorsque le désir d'une distraction amusante fait place à la cupidité.

Si vous gagnez au jeu, ayez soin de taire votre succès; ayez recours si vous êtes interrogé aux formules ordinaires *Je ne fais rien, je ne perds ni ne gagne, je suis comme en entrant au jeu;* autrement de prétendus amis vous feront des emprunts dont ils perdront bien vite la mémoire.

Nous faisons ici ce que nous avons fait pour la cuisine, en donnant un vocabulaire de tous les termes usités dans les jeux, sans répéter toutefois le vocabulaire particulier qu'on trouve à l'article BILLARD. Nous empruntons cette liste curieuse à l'excellent *Manuel des jeux de hasard.* (Voy. les noms de chaque espèce de jeu).

Abattre le jeu. Au pamphile, c'est avertir qu'on ne veut pas jouer.

Abattre du bois. C'est prendre au trictrac les dames du talon.

Accoupler ses dames. C'est au même jeu les mettre deux à deux sur une flèche.

A deux de jeu signifie, à la courte-paume, remettre la partie en deux jeux, au lieu de la finir par un seul, quand ils sont de nombre impair.

Adouber. Au jeu de dame et de trictrac, c'est arranger les pions sans jouer.

Aller à fond. Demander carte.

Aller en curieuse. Voy. *Se réjouir.*

Ambe. Deuxième hasard du loto.

Alexandre. Roi de trèfle.

Ambezas. Se dit, au trictrac, quand on amène deux as.

Amoureux. La sixième triomphe du jeu des tarots.

Amuser le tapis. Jouer avec lenteur.

Annoncer. A la bouillotte, au piquet, à l'impériale, etc., c'est déclarer son jeu.

A prendre. C'est quand, aux dames, un pion doit passer sur un autre pour se placer derrière lui.

Argine. La dame de trèfle.

Arranger ses couleurs. C'est assortir ses cartes.

Arrivé à dame. Pion arrivé à la base de l'échiquier.

Arroser. Au lansquenet, se dit lorsque le coupeur dont on a gagné la carte droite paie aux carabins la somme convenue.

As. Dernière carte du jeu, dont la valeur varie.

Atout. Carte qui emporte toutes les autres et sert à couper.

Avancer. Ce mot, au trictrac, signifie *prendre son coin.*

Avantages. A la courte-paume, aux dames, au trictrac, aux échecs, etc., on fait des avantages aux plus faibles joueurs pour maintenir l'égalité du jeu.

Bande de la boîte du trictrac et du billard.

Bander les dames au trictrac. Les charger, en mettre trop sur une flèche.

Banque. Le fond du jeu, au quinze, au vingt-et-un, à la roulette, etc.

Banquier. Le chef du jeu qui tient l'argent.

Baladour. Sur-cases que l'on fait, au revertier, en mettant deux dames sur une case où il y en a déjà deux accouplées.

Batterie. A l'ambigu, la quantité de jetons que propose un joueur.

Battre le coin. Tomber dessus à coups de dames.

Battre une dame. Au trictrac, au revertier, etc., c'est mettre une dame sur la flèche où était placée celle de son adversaire.

Belle. Jeu de hasard ; couleur d'atout au boston ; titre de la carte d'honneur.

Bête. Amende que l'on paie à divers jeux. Nom d'un jeu.

Bezet. Au trictrac et autres jeux semblables, deux as en dés.

Billets. Nom de cartes que l'on tire au second jeu de cartes, au jeu de la loterie, et que l'on donne aux joueurs pour servir de billets.

Bisque. Avantage donné au jeu de paume.

Bois. Les dames du trictrac, du revertier, etc.

Bon air. Quatre matadors à l'hombre.

Bonne couleur. Au whiste, c'est la séquence principale.

Bonne. La dernière levée au reversis : la *première bonne* est la première levée.

Bouder. Manquer d'un dé convenable au domino, et en tirer un au talon.

Boston. Le valet de carreau au jeu de ce nom.

Bredouille. Douze points pris au trictrac ; le jeton qui marque la bredouille.

Brelan. Au jeu de ce nom, et à la bouillotte, c'est la réunion de trois cartes semblables.

Brelan carré. Ces trois cartes semblables, dont la quatrième fait la retourne.

Brelan-tricon. Idem.

Brelan cavé. Celui où la partie est limitée.

Brisque. Atout au jeu de ce nom.

Brûler. Dépasser le point de 15, 21, aux jeux de ces noms.

Brûler une carte. La mettre au rebut.

Brusquembilles. Les as et les dix dans le jeu ainsi nommé.

Cabaret. Une tierce au jeu de la *guinguette*. C'est aussi le nom du corbillon qui contient la mise de cette seconde chance du jeu.

Callade (au *tre-sette*). C'est quand deux joueurs font toutes les levées.

Calladon (*Ibid*). Quand un seul joueur fait toutes les levées.

Calladondrion. C'est quand le premier à jouer montre une napolitaine. (Voy. ce mot.)

Carabins. Surnom des pontes au lansquenet.

Capot. Premier hasard du jeu de piquet, lorsqu'un des joueurs fait toutes les levées.

Carme. Double quatre au trictrac, quand les dés amènent tous deux ce point.

Carrer (*se*) à la bouillotte. Mettre au jeu autant de jetons qu'il y en a à la vade, plus un.

Carreau. Deuxième couleur rouge des cartes ; terme du jeu de paume.

Cartes blanches. Les cartes qui ne représentent point de figure : elles se trouvent au jeu de la comète, du piquet, etc.

Cartes peintes. Celles qui représentent les figures.

Carte du banquier. Celle que le banquier tire pour lui au *florentini*, et sur laquelle jouent les pontes.

Carte double, triple, etc. C'est, au jeu précédent, quand les premières cartes retournées sont pareilles.

Case. A plusieurs significations. Aux jeux de tableau, il signifie les parties ou étroites divisions qui contiennent chaque numéro ou chaque figure, comme au jeu de l'*oie*, d'*histoire*, de *mappemonde*. Aux échecs, aux dames, ce mot signifie les carrés qui partagent l'échiquier et le damier ; au trictrac, il se dit de deux dames posées sur une même flèche.

Case de l'écolier. La dixième case du tablier de trictrac : on l'appelle aussi le travanais.

Case du diable. La septième, ainsi nommée parce qu'elle est fort difficile à faire.

Cases basses. Les plus proches du trictrac.

Cases contiguës de la première espèce. Ayant un côté commun à elles deux et une couleur différente.

Cases contiguës de la seconde espèce. N'ayant qu'un angle de commun, et une même couleur.

Casement (*le*). La manière de faire des *cases*, aux *dames* et au trictrac, toutes tables, revertier, etc.

Caser. L'action de faire des cases : c'est accoupler deux dames ensemble aux jeux précédens, et du *jacquet, garouguet*.

Cavelier. (Voy ÉCHECS.)

Cave. L'argent que met devant lui chaque joueur au brelan, à la *bouillotte* ou au *quinze*.

Caver. L'action de mettre cet argent.

Charivari. La réunion de quatre dames à l'*hombre*.

Chelem. Au *whist* et au *boston*, c'est l'action de faire toutes les levées.

Chicane. Au mail, jouer en pleine campagne.

Chicorée. C'est quand l'hombre joue avec trois faux matadors.

Chopine. La valeur de trois jetons au jeu de la *guinguette*.

Chouette (*faire la*). Jouer seul contre deux autres joueurs.

Clique. C'est la réunion de trois ou quatre as, trois ou quatre dames, etc., au jeu du *quarante de rois*.

Cœur. Première couleur rouge des cartes.

Codille (*faire ou gagner*). A l'hombre, au *médiateur*, *piquemédrille*, etc., c'est lorsqu'un joueur autre que l'hombre fait plus de levées que tout autre.

Codiller. Gagner ou faire codille.

Coin du repos. Au trictrac, dit aussi proprement le coin, c'est la onzième case.

Coin bourgeois. La case de *quine* et sonnez.

Coller. Approcher la bille de la bande du billard.

Commercer pour carte. Changer sa carte avec celle de son voisin de droite au jeu de *commerce*, et donner un jeton en sus.

Commercer troc pour troc. Échanger sa carte sans rien payer.

Comète. Le neuf de couleur noire et celui de couleur rouge ajoutés au jeu de ce nom.

Consolation. Bénéfices de plusieurs jetons que l'on donne dans plusieurs jeux à ceux qui gagnent.

Contrer. Lorsqu'à la *bête* un joueur, croyant pouvoir faire trois levées, déclare jouer *contre*.

Contre-invite. Aux jeux de partenaires, jouer une couleur différente de celle que l'on avait jouée d'abord.

Corbillon. Petit panier ou corbeille pour recevoir les mises.

Cornet. Sorte dé vase allongé en corne dans lequel on agite les dés.

Coster. Au *quintille*, se dit d'un joueur en cheville qui, ayant une carte-roi et une carte inférieure, jette la dernière, parce qu'il espère qu'elle ne sera pas levée.

Cotillon. Au jeu de la *Guinguette*, c'est la troisième chance et le talon.

Cou-bas (*mettre son*). Étaler ses cartes, au jeu de ce nom.

Couper les cartes. Les partager après qu'on les a mêlées.

Couper avec l'atout. C'est emporter avec l'atout la couleur dont on manque.

Coupe-gorge. Quand le banquier amène premièrement une carte semblable à la sienne, ce qui lui fait perdre tout de ce coup-là.

Coup de repos. Aux dames, position dans laquelle un joueur prend plusieurs fois de suite, et l'autre joueur autant de fois librement.

Coups du jeu. Chance ou partie.

Coups de passe. Au passe-dix, coup de gain.

Coups de manque. Coups manqués.

Coucou (*dire*). C'est, au jeu de ce nom, refuser d'échanger sa carte, parce qu'on a le roi.

Couvrir une dame au trictrac, et à ses dérivés. C'est mettre deux dames l'une contre l'autre.

Crever. Excéder le point convenu du jeu.

Croix. (Voy. *Pile*.)

Dame. La seconde grande pièce des échecs.

Dame. La seconde figure des cartes.

Dames. Au jeu de dames, au trictrac, etc., ce sont des morceaux d'ivoire, d'os, d'ébène ou d'autres bois, plats et arrondis. On les appelle aussi *tables.* Il y a les blanches et les noires.

Dames accouplées. (Voy. ACCOUPLER LES DAMES.)

Dames couvertes. (Voy. *ibid.*)

Dame découverte. C'est une dame seule placée sur une flèche.

Damer un pion au jeu de dames. C'est le *rendre dame* en le couvrant d'un autre pion de même couleur.

Damier. Tablette marquée de cases noires et blanches pour jouer aux dames.

David. Nom du roi de pique.

Dés pointus. A nombre impair.

Dés carrés. A nombre pair.

Dés. Petits cubes d'ivoire portant depuis 1 jusqu'à 6 sur toutes leurs faces.

Débredouiller. Au trictrac, c'est lorsqu'ayant marqué deux jetons, on est obligé d'en ôter un.

Demi-setier. A la *guinguette*, c'est la valeur de deux jetons.

Défausser. Se défaire de ses fausses cartes.

Demander en médiateur. Se dit quand *l'hombre* prend l'engagement de faire six levées.

Demander la permission, ou simplement *demander.* Se dit quand *l'hombre* annonce que, n'ayant pas assez beau jeu pour faire six levées seul, il lui faut l'aide d'un associé.

Demander en belle, en petite, en solo, etc. C'est commencer, ou jouer ces différens coups au boston.

Dévoler. Manquer la vole. On dit aussi *être en dévole.*

Discorde. La réunion de quatre rois au jeu de l'hombre.

Domino (faire). Placer le premier ses dés au jeu de domino.

Domino. Dé plat et allongé.

Donner. Distribuer les cartes.

Donner la chance. Au *krabs*, annoncer le point sur lequel roulera le jeu.

Donneur. Le distributeur des cartes.

Donne (la). Le privilége de donner les cartes.

Double (à la). Lorsque, par une convention faite en commençant, les parties sont doublées, et les paiemens se répètent tous.

Double-ningre au romestecq. C'est la réunion d'emblée de deux as et deux rois, ou deux as et deux dix, etc.

Double-ronde. Au même jeu, c'est deux as et deux rois.

Doublet. Jeu de dés amenant deux points semblables, comme deux 5, deux 4, etc.

Double-doublet. C'est un jeu de dés double.

Double-dé. Au domino, c'est lorsque le dé répète son point, comme double 2, double 6, etc.

Dupe. La banque au *florentini*. On dit : *tenir la dupe.*

Écarter. Choisir ou retrancher une ou plusieurs cartes de son jeu, et les remplacer par autant de cartes prises du talon.

Écart. Ce que l'on fait en écartant.

École. Au jeu de trictrac, on dit : *faire une école, envoyer à l'école, marquer une école,* et l'école a lieu quand on oublie de marquer les points que l'on gagne.

École impossible. Quand au jeu précédent on amène des points qu'on ne peut marquer par impuissance, et qu'on vient à les oublier.

Échecs. Les pions au jeu de ce nom.

Échec. C'est quand aux échecs on joue une pièce qui met le roi en danger d'être pris le coup suivant.

Échec du berger. Quand le fou prend le pion du fou du roi.

Échec et mat. Quand le roi est pris et la partie gagnée aux échecs.

Échiquier. La tablette sur laquelle on joue aux échecs.

Empiler les dames. C'est les mettre en tas sur la première flèche du trictrac.

Emprunter. C'est, au jeu de *l'emprunt*, demander à son voisin, pour un prix convenu, celle des cartes qu'il faut jouer et qu'on n'a pas.

Enfilade. Au trictrac, c'est une série de dés contraires, résultant d'une mauvaise position qui, vous mettant dans l'impossibilité de jouer vos dames, et vous forçant de relever, laisse gagner votre adversaire.

Enfilade (l'), au whist, consiste à transporter sur la partie suivante le nombre de points excédant les dix qui complètent la première partie.

Enfiler son adversaire, au trictrac. Lui boucher les passages par où il pouvait couler ses dames.

Enfler, au jeu de *l'enfle.* C'est ramasser et mettre dans son jeu les cartes jetées sur le tapis, lorsqu'on manque de la couleur jouée.

Enjeu. Argent que l'on met au jeu en commençant.

Entreprendre. Commencer un coup. On dit : *entreprendre le reversis, la vole,* etc.

Entrer en jeu, à la *bouillotte,* etc. C'est ouvrir le jeu en proposant un certain nombre de jetons.

Être en cheville, au jeu de *quintille,* se dit lorsqu'on n'est ni le premier, ni le dernier à jouer.

Être en échec, aux échecs. C'est quand le roi est en prise.

Étendre ses dames, aux jeux de trictrac, de dames, etc. En placer beaucoup.

Étendre (s'), au jeu de *papillon,* signifie étaler ses cartes sur la table.

Être mieux placé. Se trouver à la droite du donneur, ce qui fait gagner en cas d'égalité.

Espagnolette. C'est, au *reversis,* trois ou quatre as et le quinola, ou simplement la réunion de quatre as dans la main.

Être doublé, au trictrac. C'est quand on ne peut rentrer deux dames, parce qu'on n'a qu'un seul passage.

Être hoc. Se dit de certaines cartes jouées au jeu du hoc.

Être hors du jeu, au revertier. Avoir plus de dames que de rentrées ou passages ouverts.

Faire table, au revertier. Être obligé de laisser ses dames découvertes.

Faire. C'est la même chose que mêler ou donner les cartes.

Faire entrée, au *reversis*, signifie *faire levée*.

Faire tant pour tant. C'est, au jeu de dames, l'action de donner à prendre à son adversaire un ou plusieurs pions, une ou plusieurs dames, pour se trouver ensuite dans une position à lui prendre le même nombre de pièces que celui qu'il a pris.

Faire domino. Placer le premier ses dés au jeu de ce nom.

Fanatique. C'est le quatrième hasard de l'hombre, où la réunion de quatre valets.

Fausses cartes, au *quintille*, *hombre*, *médiateur*. Ce sont les cartes qui ne sont point de la couleur de l'atout.

Fausse taille, aux jeux du *pharaon*, de la *roulette*, du *trente et quarante*, etc. C'est une taille où le banquier a fait une faute qui l'assujettit, quand elle est aperçue, à doubler ce que les pontes ont mis au jeu.

Faux jeu. Celui où il se trouve des cartes de moins, de plus, ou des cartes doubles.

Favorite. Couleur d'atout à l'hombre, au *quintille*, etc. Nouvelle partie ajoutée au *whist*.

Feinte, au *whist*. Elle consiste à jouer une carte inférieure, tandis qu'on a une supérieure, afin de faire prendre le change à l'adversaire.

Fiche. Petite bandelette d'ivoire, diversement colorée, qui sert de monnaie au jeu.

Fichet. Petite fiche qu'on enfonce dans les trous au tric-trac.

Flèche. C'est, au trictrac, des sortes de bandelettes, terminées en pointe, et tracées au fond du trictrac, au nombre de vingt-quatre. Elles sont blanches et vertes, ou de deux autres couleurs. On les nomme aussi, mais plus rarement, *lames*. C'est sur les flèches que l'on fait les cases.

Flèche. C'est encore, au même jeu, une espèce de clou d'ivoire ou d'os, dont on se sert en l'enfonçant dans les trous, pour marquer combien on a de parties.

Flux. C'est le nom qu'on donne au point à plusieurs jeux. (Voy. *Points*.)

Forcer le quinola, au *reversis*. C'est jouer un cœur qui force le porteur du quinola à le jouer.

Force. La onzième carte des tarots suisses.

Fou. C'est la troisième pièce des échecs, et le valet de carreau au jeu de la guimbarde. C'est encore le nom de la carte la plus intéressante des tarots.

Forcer. Mettre une carte plus forte que celles que les autres ont jouée.

Fond du jeu. La mise ou l'enjeu.

Freluche. Renoncer, au jeu de ce nom.

Ferme. La banque, au jeu de ce nom.

Fermier. Le banquier, au jeu de ce nom.

Fredon, à l'ambigue. On nomme ainsi la réunion de quatre cartes de même valeur, comme quatre dames, quatre valets.

Gano (demander). Cette demande consiste, au jeu de l'hombre, à inviter le joueur, son associé, pour défendre la poule, à laisser passer la carte qu'on a jouée.

Ganer. Faire, demander ou accepter le gano.

Ge. Deux as, deux rois, etc., au gillet.

Gorger le quinola. C'est contraindre à le jouer.

Grand mariage. La réunion du roi et de la dame de cœur au jeu de la *guimbarde*.

Grands coups. Les principaux hasards du jeu.

Guimbarde. La dame de cœur au jeu de ce nom.

Gruger, au *romestecq*. Lever la rome, la *virlique*. (Voy. ces mots.)

Guinguette. C'est, à l'*hombre*, quand le joueur appelé l'*hombre* joue sans as noir. C'est aussi le nom d'un jeu commun.

Guide, aux *jeux de tableau*. C'est celui qui indique la marche du jeu.

Hanneton, au jeu de *papillon*. C'est lever trois cartes avec un roi, un valet et une autre carte.

Hasard (jeux de). C'est aussi le synonyme de coup.

Her. Jeu du *coucou*.

Hocs, au jeu du *hoc*. Ce sont les quatre rois, la dame de pique et le valet de carreau.

Hoc (faire). Gagner, au jeu de ce nom.

Hombre. Nom du jeu et du joueur qui mène la partie et contre lequel les autres partenaires jouent.

Honneurs, à l'*hombre*, au *boston*. Les figures d'atout.

Indépendance, au *boston*. C'est un coup que l'on fait seul et volontairement; il exige au moins huit levées. (V. SOLO.)

Impasse. Hasard à la *roulette*.

Impaire. Hasard à la roulette.

Impériale. Au jeu de ce nom, c'est la réunion de quatre cartes semblables, ou de toutes les figures, de l'as et du sept de la même couleur.

Impériale tournée. Celle qu'achève la retourne.

Impériale tombée. Celle que l'on achève en prenant dans les levées les cartes qui manquent.

Impuissance, au trictrac. (Voy. JAN QUI NE PEUT.)

Invite (faire). Aux jeux de partenaires, c'est jouer.

Jan. Se dit au trictrac quand il y a douze dames abattues deux à deux, qui font le plein d'un des côtés du trictrac.

Jan qui ne peut. Quand le passage d'une dame est bouché.

Jan de récompense. Ce coup a lieu quand les dés tombent sur une dame découverte. Il y a aussi les

Jan de mézéas (Voy. *Mézéas*.);

Jan de deux tables ;

Jan de trois coups;

*Jan de retour; le grand et le petit jan, les contre-jans; tous termes de trictrac, dont la longue explication ne peut se reproduire ici.

Jeton. Petite pièce ronde d'ivoire qui sert de monnaie au jeu : il y a au trictrac le jeton qui marque le jeu, puis un jeton percé et de couleur pour marquer la grande bredouille.

Jeter les cartes. Les jouer.

Jeu. Se prend pour coup à différens jeux de cartes. On dit perdre tant de jeux.

Jeu rouge à la comète. Les cartes rouges.

Jeu noir. Ibid. Les cartes noires.

Jeu entier. Jeu composé de toutes les cartes, ou de cinquante-deux.

Jeux à partenaires. Où les joueurs s'associent.

Jeux de tableau, pour lesquels on se sert d'un tableau préparé.

Joie. (Voy. *Consolation*, *se réjouir*.)

Jouer tout d'une, au trictrac. Jouer une dame seule et la mettre sur la seconde dame.

Jouer pour tout. Avancer toutes ses dames.

Jeu fait. L'argent mis sur les cartes aux jeux de hasard.

Krab. Jeu de dés anglais.

Lahire. Nom ordinaire du valet de cœur.

Lame. (Voy. *Fleche.*)

Lenturlu. (Voy. *Mouche.*)

Lever les dames. A tous les jeux où l'on se sert de dames, les ôter après la fin de la partie.

Lever les cartes. Prendre, d'après les principes du jeu, les cartes jouées.

Levée. Elle se compose des cartes que chacun jette successivement pendant un tour.

Lots. Les cartes tirées du premier jeu à la *loterie*, et qui servent de lots.

Lunette, au jeu de dames. C'est lorsque deux pions du même joueur laissent derrière eux une case vide où l'adversaire peut se placer.

Mal-donne. Donne manquée.

Malheureux. Au piquet à écrire, c'est le joueur remplacé.

Marquer. Tenir compte des points à tous les jeux, mais de différentes manières, suivant leurs réglemens.

Marques. Les jetons de l'enjeu au coucou.

Martingale. C'est, aux jeux de hasard, une manière de jeu qui consiste à jouer toujours tout ce qu'on a perdu.

Mariage. A la *brisque*, quand, ayant la dame, on lève le roi.

Mariage de rencontre. A la *guimbarde*, lorsqu'on jette, en jouant, le roi et la dame de couleur semblable, et qu'ils tombent immédiatement l'un sur l'autre.

Mariage sur table. C'est le précédent.

Main (avoir la). C'est donner ; être en main, c'est commencer à jouer.

Marche. L'action d'avancer les pions, dames, etc.

Manille. Le neuf de carreau au jeu de ce nom. Le second matador de l'hombre, qui est le deux de pique ou de trèfle.

Mat. (Voy. *Échec.*)

Mat aveugle. Quand le joueur d'échec ne voit pas qu'il fait *mat*.

Matadors. A *l'hombre*, et aux jeux qui en dérivent, ce sont les trois atouts, ou triomphes principaux.

Mêler les cartes. Les battre de manière à les changer souvent de place : ce mot est encore synonyme de *faire* ou *donner*.

Mézéas (jeu de). C'est, au trictrac, lorsqu'au commencement d'une partie l'on a pris son coin de repos, sans avoir aucune dame abattue.

Mirliro. C'est, à *l'hombre*, les deux as noirs sans matadors, ou l'as de trèfle avec les deux as rouges.

Misère. Au *boston*, c'est ne faire de levée en aucune couleur.

Mistigri. Le valet de trèfle au jeu de ce nom. (Voyez *Pamphile.*)

Moyens. On dit, au trictrac, *moyens pour battre*,

moyens pour remplir, *moyens de compter*, et *moyens simples*. Ce sont des voies qui servent à parvenir au gain , si elles ne sont traversées par d'autres.

Nain jaune. Figure du centre du tableau, au jeu de ce nom.

Napolitaine. Au tre-sette, c'est la réunion du trois, du deux et de l'as de la même couleur.

Navette (faire la). Au *whist*, c'est quand chaque associé coupe une couleur, et joue à son partenaire celle dans laquelle il coupe.

Obstacle. C'est lorsqu'au trictrac, voulant passer les dames, on trouve les passages bouchés.

Ogier. C'est le nom ordinaire du valet de pique.

Opéra (faire). C'est gagner, autant que possible, tout ce qu'il y a au jeu.

Pair. Deuxième case latérale de la roulette ; nombre qui se partage également en deux parties.

Pallas. Nom ordinaire de la dame de pique.

Pamphile. Le valet de trèfle , au jeu de ce nom.

Papillon (jeu du). (Voy. *Petit papillon.*)

Parer. Empêcher que l'adversaire compte ses points ou ses hasards.

Parfait contentement. A *l'hombre*, c'est jouer *sans prendre* avec cinq matadors. (Voy. ces mots.)

Parole (avoir la). Demander et proposer au boston, aux jeux de renvoi. On a la parole chacun à son tour.

Paroli. A la roulette, au *trente et quarante*, etc., c'est jouer le double de ce qu'on a joué précédemment.

Partie. Division ordinaire et gain des jeux ; on dit *faire* gagner la partie.

Partie bredouille. Au trictrac, c'est gagner douze points sans interruption ; à la partie simple, les points gagnés ont été interrompus.

Partie carrée. A *l'hombre*, huitième hasard de ce jeu, qui consiste en trois rois et une dame.

Partie liée. Plusieurs parties jointes ensemble.

Partout (faire un). Au domino , mettre le même nombre aux deux extrémités du jeu.

Passage ouvert. Une seule dame sur une case.

Passe. Troisième case latérale de la roulette ; enjeu du brelan.

Passer. Ne point jouer faute du pouvoir.

Passer dix. Au *passe-dix*, excéder le nombre de dix, que le joueur qui porte le dé parie toujours avoir.

Pavillon. Sorte d'instrument, ou petit étendard, avec lequel on marque le trictrac à écrire, en le plantant dans le trou de son fichet.

Peintures. Les cartes à figures.

Perdre la queue des jetons. (Voy. ce mot.)

Petite. La seconde couleur dans laquelle on joue au boston.

Petit papillon. Au jeu de ce nom , faire trois cartes dans le cours de la partie.

Placer. Se dit de toutes les cartes et à tous les jeux : ce mot se prend en bonne part, et annonce un succès ; on dit place le *quinola* , le *manille*, le *poque*, etc., pour dire qu'ils sont joués avantageusement.

Pleine main (faire). C'est la même chose que faire *opéra*. (Voy. ce mot.)

Pic. Au piquet , c'est quand on a compté un certain nombre de points sans que l'adversaire ait rien compté, et que l'on va en jouant jusqu'à trente.

Pièces du roi. Aux échecs, les pions voisins du roi.

Pièces de la dame. Ibid.

Pile. Un des côtés d'une pièce de monnaie jetée en l'air; l'autre côté se nomme *croix*.

Pile de bois ou *de dames.* Ce sont les dames entassées sur la onzième case du trictrac.

Pile de misère. La case du coin du trictrac où se trouvent employées les quinze dames d'un joueur qui n'a pu encore en passer une de son jan de retour.

Pinte. La valeur de quatre jetons au jeu de la guinguette.

Pions. Les dames non couvertes, les pièces ordinaires de l'échiquier. (Voy. *Dame, échecs*.)

Pions doubles. Aux échecs, deux pions de même couleur, placés sur la base perpendiculaire.

Piquet. C'est-à-dire le jeu de carte dont on se sert au piquet. On dit seulement *un piquet*, pour dire un jeu de trente-deux cartes.

Pirouette. Dé qui tourne sur lui-même.

Points d'annonce. Au *tre-sette*, qui se trouvent d'emblée.

Points de jeu. Points obtenus par les coups divers du jeu.

Pontes. On nomme ainsi les joueurs qui jouent tous ensemble contre un banquier.

Postillonné (être). Au trictrac à écrire, le joueur qui a moins de marques est *postillonné*, c'est-à-dire qu'on augmente son compte de vingt-huit points pour le premier marqué, et de huit points par chaque marqué qui lui manque ensuite.

Postillons. Ceux que l'on augmente par chaque marqué.

Poque de retour. Deux sept en main, et un troisième qui fait la retourne.

Poquer (lever le poque). Le renvier. On dit : *je poque d'un, de plusieurs jetons.*

Poques. Au jeu du poque, ce sont les six casetins mis sur la table, qui sont marqués ainsi : l'un d'un as , l'autre d'un roi, l'autre d'une dame , le suivant d'un valet , l'autre d'un dix et neuf, et le sixième est marqué poque.

Poulans. Au *médiateur*, au *quintille*, etc., les fiches que l'on paie aux matadors.

Poule. Ce que l'on met au jeu. (Voy. *Enjeu*, *prise*, *vade*.)

Premier en cartes. Le joueur placé à la droite du donneur et qui joue toujours le premier : on dit aussi premier à jouer.

Prime. A l'*ambigue*, la réunion de quatre cartes de couleur particulière au-dessus de trente points. C'est la grande prime.

Prise. Au jeu de *maryland*, c'est l'enjeu.

Proposer. Aux jeux de *renvi* , à l'hombre, à la bouillotte, etc. , c'est ouvrir ou commencer le jeu.

Quatorze, au piquet, c'est quatre rois, quatre dames, quatre as , quatre valets, ou quatre dix.

Quatrième majeure. C'est, au même jeu, la réunion de l'as, du roi, de la dame et du valet.

Quatrième au roi. Qui commence par le roi.

Quatrième à la dame. Qui commence par la dame.

Quatrième au valet. Qui commence par le valet.

Quatrième basse. Qui commence par le dix. Ces quatrièmes sont aussi d'usage à la *brisque* et à plusieurs autres jeux de combinaison.

Queue de jetons. Au trictrac à écrire , c'est le surplus des jetons après le compte de chacun, quand on marque avec des jetons. On dit *gagner la queue des jetons.*

Queue. C'est, au jeu de la *comète*, le produit des paris.

Quine. Au loto, la ligne des cinq numéros sortis de suite. Le double cinq que présentent les dés au trictrac.

Quinola. Le valet de cœur au *reversis.*

Quinte, au *whiste*, au *piquet*, à la *brisque*, etc. C'est la réunion de cinq cartes de la même couleur. Au piquet il y a *quinte majeure*, qui commence par l'as; *quinte au roi*, commençant par le roi, et ainsi de suite , comme il est expliqué ci-dessus pour les *quatrièmes*. (Voyez *Quatrième*.)

Rachel. C'est le nom ordinaire de la dame de carreau.

Rafle. C'est, au jeu de ce nom , un coup où les dés viennent sur le même point.

Rafle déterminée. Rafle pariée avant de jouer.

Rafler. Faire la rafle.

Rebours (jouer à), au *whist*. On entend par là jouer d'une façon opposée à celle qu'on suit ordinairement, afin de donner le change aux adversaires.

Reine. La dame des cartes nouvelles, celle du jeu des tarots.

Refait, au *pharaon*, au *trente et quarante*. C'est un coup nul, qui a eu lieu quand le point qu'on amène pour la couleur rouge est égal à celui qu'on amène pour la couleur noire.

Refait, au trictrac à écrire. C'est lorsqu'un joueur gagnant reste pour avoir quelque chose de plus encore, et se trouve rejoint par son adversaire au nombre de trous exigés pour gagner la partie. A la bouillotte, c'est quand tout le monde passe.

Refait, au *trente-et-un.* C'est un coup qui fait gagner au banquier la moitié de l'argent qu'ont exposé les pontes. Ce coup a lieu quand , après avoir amené trente et un pour la couleur noire, le même point se reproduit pour la couleur rouge.

Réjouir (se), aux jeux de la *bête*, de l'*homme d'Auvergne*, etc. C'est changer la retourne qui fait l'atout pendant une, deux, et même trois fois.

Relancer. A la bouillotte, offrir de jouer telle quantité de jetons de plus qu'a proposé celui qui a ouvert ce jeu.

Remplir. On dit au trictrac *remplir son grand jan*,

c'est-à-dire mettre douze cartes couvertes dans la seconde table du trictrac.

Renvier. Remettre sur ce qu'un ou plusieurs joueurs ont proposé.

Renvi. Ce qu'on ajoute ou remet en renviant.

Renoncer. Ne pas jouer, faute de ne pouvoir fournir une carte de la couleur jouée.

Renonce (la). Résultat de l'action de renoncer.

Repic. C'est, au piquet, quand dans son jeu, sans que l'adversaire compte ou pare, on compte jusqu'à trente points.

Retourne. La carte qui marque la triomphe ou l'atout.

Retourner. C'est, après avoir distribué les cartes, retourner celle qui suit pour désigner l'atout.

Reversis. C'est, au jeu de ce nom, le coup par lequel on fait toutes les levées.

Revirade. Au trictrac, c'est faire une case sur une flèche vide, avec des dames prises sur des cases déjà faites, et qui laissent une ou deux dames à découvert.

Robre, au whist. Deux parties réunies.

Roc, aux échecs. Le saut du roi.

Roi. La première figure des cartes; la principale du jeu des échecs; le roi de cœur, à la *guimbarde.* C'est aussi là réunion de deux tours de jeux.

Roquer. Faire sauter le roi au jeu des échecs.

Rome, au jeu de *romestecq.* C'est la réunion de deux valets, deux dix, deux neufs.

Rouge. Une des couleurs de cartes; la première case latérale de la roulette.

Rompre. On dit *rompre le reversis, la vole, le chelem*, quand on fait une ou plusieurs levées au préjudice des joueurs qui ont entrepris ces coups.

Rompre à la bonne, à l'avant-bonne. Rompre le reversis aux dernières levées.

Rompre les dés, en annuler le coup. On dit aussi barrer les dés.

S'accommoder, au jeu de *ma commère, accommodez-moi.* C'est demander une carte à son voisin, et échanger la sienne avec lui.

Saco. C'est la navette, au whist.

Sauterelle, au jeu de *papillon*, c'est lever toutes les cartes, ou la carte seule qui resterait sur le tapis.

Septième. C'est, au piquet, la réunion de sept cartes de suite de couleur semblable. Elle suit l'ordre des quatrièmes, et il y a *septième majeure* et *septième au roi*, c'est-à-dire, commençant l'une par l'as, l'autre par le roi.

Se faire contenter. Au coucou, échanger sa carte avec celle de son voisin de droite.

Sept et le va. C'est sept fois la première mise. On dit *quinze et le va, trente et le va*, etc., pour dire quinze, trente fois la première mise.

Séquence. La réunion de cartes se suivant sans interruption et de la même couleur. Les quatrièmes, quintes, etc., sont des séquences.

S'en aller. Au trictrac, retirer ses dames.

Se carrer. A la bouillotte, mettre au jeu autant de jetons qu'il y en a à la vade, plus un.

S'y tenir. Ne pas demander de cartes au *quinze*, au *vingt et un*, à la *ferme*, etc. Ce mot signifie, en général, *ne pas demander.*

Sixte. Jeu de triomphe où le nombre de six domine.

Sixième. C'est une séquence de six cartes, qui suit la même marche que les quatrièmes et les quintes. (Voy. ces mots.)

Sixain. On vend les cartes au sixain, c'est-à-dire en six jeux.

Solo, au boston. (Voy. *Indépendance.*)

Sonnez. Au trictrac, c'est le double six des dés.

Souffler les dames. Les prendre au jeu de ce nom.

Souffler les pions. Aux échecs, les saisir.

Sortir. On dit au trictrac: *sortir de son coin*, en ôter les dames.

Sur-cases. (Voy. *Batadours.*)

Sur-couper. Couper un atout par un atout supérieur.

Stramasette. Au *tre-sette*, quand deux joueurs associés font ensemble les neuf premières levées sans qu'il s'y trouve une figure ou un as.

Strammason. Au même jeu, quand un joueur fait seul les neuf premières levées exigées pour le coup précédent.

Table. Se dit au trictrac des deux côtés du tablier où l'on met les dames.

Table du petit jan. La première table où les dames sont empilées.

Table du grand jan. La seconde table de l'autre côté.

Table. Ce mot se prend aussi pour les dames mêmes.

Tablier. (Voy. *Table.*)

Table de la tête, table-tête. Au *revertier*, c'est la onzième. (Voy. *Tête.*)

Taille. Ce terme se dit de chaque fois que le banquier, au *trente et quarante*, etc., achève de retourner toutes les cartes.

Talon. Le surplus des cartes après la distribution qu'en a faite le donneur.

Tarots. Cartes différentes des nôtres, usitées en Espagne, en Suisse et en Allemagne.

Terne. Les trois numéros de la loterie marqués sur une même ligne. Le double trois des dés au trictrac.

Tenir. A la bouillotte et autres jeux de *renvi*, c'est accepter la proposition de celui qui a ouvert le jeu. *Tenir*, au trictrac, c'est *ne pas s'en aller.*

Tenans. Les joueurs qui tiennent.

Tenace. Au whist, tenir le jeu.

Tenue. Le résultat de l'action de tenir; laisser ses dames dans leur première position.

Tête. La seule lame où l'on puisse mettre plusieurs dames au *revertier.*

Tirer à la plus haute ou à la plus basse carte. Manière de connaître à qui appartiendra la donne.

Tierce. Séquence de trois cartes: il y a la tierce majeure, etc. (Voy. *Quatrième, septième, quinte,* etc.)

Travanais. (Voy. *Case de l'écolier.*)

Trèfle. Une des couleurs noires des cartes.

Tre-sette. Au jeu de ce nom, la réunion de trois sept.

Tricon. Séquence de trois cartes de semblable valeur.

Triomphe. (Voy. *Atout.*)

Tricks. Nom des levées au *whist.*

Trictrac. Nom d'un jeu à dé et à dames; nom de la table ou tablier sur lequel il se joue; il se prend aussi pour trou.

Trou ou *trictrac.* C'est le synonyme de partie au trictrac.

Trous de trictrac. Il en faut douze de chaque côté du tablier, percés chacun vis-à-vis les flèches.

Tour. Au jeu précédent, c'est la partie; aux jeux de cartes, c'est lorsque chaque joueur a jeté sa carte, et qu'on a fait la levée.

Tours. Premières grandes pièces des échecs, qu'on place dans les cases angulaires de l'échiquier, l'une à droite, et l'autre à gauche.

Trousser le jeu. Au *revertier,* le lever.

Vade. La *poule.* (Voy. ce mot.)

Valoir (faire) ses cartes. On fait valoir la manille, la comète, etc., ce que l'on veut; c'est-à-dire qu'on leur attribue le nom d'autres cartes.

Virade. Au jeu de *vingt-quatre,* c'est la retourne.

Voler la passe. Au *brelan,* se dit du joueur qui, ayant mauvais jeu, propose une somme considérable dans l'espérance qu'on ne tiendra pas.

Vole. (Voy. *Faire la vole.*)

JONC. (*Jard.—Agr.*) *Juncus.* Famille des liliacées. On en distingue diverses espèces, qui toutes croissent dans les marais et dans les prés humides. On cultive dans les jardins le jonc commun (*juncus levis*). Le jonc aigu (*juncus acutus*), qui croît surtout dans les marais voisins de la mer, sert à faire des liens et des cordages. Tous les joncs, coupés par un beau temps et desséchés au soleil, servent à faire des toitures de cabanes, des paillassons, des corbeilles, des balais, des nattes. La moelle du jonc d'eau (*juncus aquaticus maximus*) sert à faire des mèches de lampes. La plupart des joncs deviennent gros comme le pouce quand on les laisse trois ans sans les couper.

Moyen de détruire le jonc qui endommage les prairies. Le jonc nuit à la qualité des fourrages, et ruine les prés en gagnant chaque jour du terrain. On le fait couper au mois d'avril le plus près possible, et l'on met sur chaque touffe un peu de poussière de brique, de débris de four à chaux, de cendre de houille, ou de charbon de pin.

JONC FLEURI. (Voy. BUTOME.)

JONC MARIN. (Voy. AJONC.)

JONQUILLE. (*Jard.*) *Jonquilla narcissus.* Famille des narcisses.

On multiplie cette plante avec ses caïeux, quand ils ont perdu leurs feuilles, en bon terreau frais, au soleil. Elle est rustique. Ses fleurs simples, en avril, ont une odeur de fleur d'orange.

La variété à fleurs doubles est plus délicate.

La grande jonquille, ou narcisse odorant se cultive comme le narcisse grand primo. (Voy. ce mot.) Ses fleurs, jaunes et odorantes, en bouquets, paraissent au mois de mars.

Jonquille double. La jonquille double est plus estimée que la simple. Elle se multiplie de caïeux qu'on ne lève de terre que tous les trois ans, à la fin de juin. On laboure plusieurs fois au mois de septembre. Il faut une terre franche et forte.

Les jonquilles blanches et les jaunes doubles viennent mieux dans des pots qu'en planches.

JONQUILLE. (*Off.*)

Ratafia de jonquilles. Pour une pinte d'eau-de-vie, prenez un quarteron de jonquilles, des doubles, comme étant les plus odorantes; épluchez-les et mettez-les dans le sirop que vous aurez fait avec une livre de sucre. Vous les laisserez ensuite infuser dans l'eau-de-vie pendant une quinzaine de jours au moins; puis vous filtrerez.

Jonquilles au sucre. Couper la queue des jonquilles près de la fleur, faire cuire du sucre, jeter dedans les jonquilles, les égoutter, les mettre dans du sucre en poudre, les faire sécher à l'étuve dans des boîtes.

Petit candi de jonquilles. (Voy. SUCRE CANDI.)

JOUBARBE FIL D'ARAIGNÉE. (*Jard.—Méd. dom.*) *Sempervivum arachnoïdium.* Famille des joubarbes. C'est une plante grasse des Alpes. Elle est vivace. On la cultive en pot, au fond duquel on met des pierrailles, puis du terreau mêlé de vieux mortier. On enterre le pot au midi, au pied d'un mur. On a soin d'en renouveler la terre tous les trois ans. Cette plante se multiplie par ses rosettes, qui s'allongent, et qu'on peut mettre en terre sans racines tout l'été. Ces rosettes sont couvertes de poils qui paraissent les attacher les unes aux autres, et imitent le tissu d'une toile d'araignée. Les fleurs, en août, sont roses et jolies.

Grande joubarbe (*sempervivum tectorum*). Elle vient sans culture sur les vieux murs; ses fleurs sont en grappes et purpurines; elles paraissent en juin, et sont suivies des graines en automne. Ses sucs émolliens apaisent les douleurs hémorrhoïdales. Selon Tournefort, une chopine de suc de joubarbe contribue à guérir les chevaux fourbus.

La petite joubarbe, ou *orpin blanc* (*sempervivum album*), croît aussi sur les toits. Son suc est également émollient. Il rougit le papier bleu. Cette plante est cultivée dans quelques jardins pour être employée en salades. Elle donne, au mois de juin, de petites fleurs en forme de roses, en corymbes, au sommet des branches et d'un jaune blanchâtre.

Joubarbe vermiculaire (*sempervivum acre*). Cette plante se trouve également sur les vieilles murailles et dans les lieux arides. Elle sèche en hiver. Ses fleurs jaunes et petites, en étoiles, sont rangées comme en épis au bout des tiges qui se divisent en trois branches.

Le suc de la *vermiculaire* est caustique. On la pile avec du beurre frais, et on l'applique sur la tête pour guérir la teigne. On s'en sert pour fomenter les cancers et la gangrène.

Joubarbe pyramidale (*sempervivum pyramidale*). La tige de cette plante, de Provence, est garnie de fleurs blanches. Elle réussit dans un mélange de terreau et de sable, et y fleurit la troisième année. On reconnaît que les pieds donneront des fleurs lorsque leur centre est garni de petites feuilles tendres propres à fournir une tige.

JOUI. (*Cuis.*) Le joui est un assaisonnement japonais, d'une couleur brune-noirâtre, dont la base est le suc du bœuf rôti. Il est très-commun et très-recherché en Orient.

Comme il se conserve douze ans, il serait facile d'en transporter en France; mais il y est rare et d'un prix élevé.

JOUR. (*Conn. us.*) Le jour est le temps de la rotation de la terre sur elle-même, comme l'année est le temps de la translation de la terre autour du soleil.

Le jour n'est pas contenu un nombre exact de fois dans l'année. Il y a des fractions qu'on réunit pour en faire un jour dans les années bissextiles. On ajoute un jour aux années dont le nombre est divisible par 400, par 4, et non par cent. Ainsi, 1856 aura 366 jours, et sera bissextile.

Sur dix mille années, la différence de l'année réelle à l'année de convention est de 4 jours, 14 heures, 124 minutes.

JOURNÉE DE TRAVAIL. (*Cod. dom.*) *Fixation du prix de la journée de travail.* En vertu de l'art. 4 du titre 11 de la loi du 28 septembre-6 octobre 1791, le prix de la journée de travail doit être déterminé chaque année par le préfet du département, et cette fixation doit servir de base pour l'appréciation des amendes prononcées dans le cas de certaines contraventions aux lois de police rurale.

C'est ordinairement dans le mois de décembre que cette formalité est remplie par MM. les préfets pour l'année suivante.

JUCHOIR. (*An. dom.*) C'est le lieu où l'on fait jucher les poules. (Voy. ce mot.) Les plus solides juchoirs sont ceux dont les perches sont enclavées dans le mur. Les oies et les canards dorment accroupis par terre et ne juchent point.

JUGE DE PAIX. (*Cod. dom.*) Le juge de paix connaît de toutes les causes personnelles et mobilières sans appel, jusqu'à la valeur de 50 fr., et à la charge de l'appel jusqu'à la concurrence de 100 fr. (Loi du 16, 24 août 1790, titre III, art. 9.)

Il connaît encore sans appel, jusqu'à 50 fr., et à charge d'appel, à quelque valeur que la somme puisse monter,

1° Des actions pour dommages faits, soit par les hommes, soit par les animaux, aux champs, fruits et récoltes;

2° Des déplacemens de bornes, des usurpations de terres, arbres, haies, fossés et autres clôtures, commises dans l'année;

3° Des entreprises sur les cours d'eau servant à l'arrosement des prés, commises pareillement dans l'année; et de toutes autres actions possessoires;

4° Des réparations locatives;

5° Des indemnités prétendues par le fermier ou locataire pour non jouissance, lorsque le droit ne sera pas contesté, et des dégradations alléguées par le propriétaire. (*Idem,* tit. III, art. 10, et Code de proc., art. 5.)

6° Du paiement des salaires des gens de travail ou des gages des domestiques, et de l'exécution des engagemens respectifs des maîtres, de leurs domestiques et gens de travail. (24 août 1790, art. 10.)

L'appel des jugemens de juge de paix, lorsqu'ils sont sujets à l'appel, est porté devant les tribunaux de 1re instance, et jugé par eux en dernier ressort, à l'audience sommairement. (*Idem,* art. 12, et Code de proc., art. 404.)

Les juges de paix connaissent de toutes les contraventions de police commises dans l'étendue de leur arrondissement. (Code d'inst. crim., art. 159.)

JUILLET. (*Agr. — Jard. — Ind. dom.*) *Travaux agricoles.* — SEMER. *Colza* : un sol riche, meuble, frais et bien préparé n'est pas absolument nécessaire; car on peut obtenir de bonnes récoltes sur des terres légères, graveleuses et même un peu argileuses. On peut semer de trois manières : en place à la volée, 8 litres par hectare; en place en rayons; en pépinière pour repiquer. Le colza est avantageux comme fourrage, pour faire pâturer au mois de mars; en général pour toutes les plantes de ce genre, le cultivateur doit avoir pour but d'activer la végétation.

Navets (en seconde récolte) : ne tenter cette culture que sur un terrain suffisamment riche, à cause de l'épuisement qui en résulte; labourer immédiatement après la première récolte, pour profiter de la fraîcheur du sol; en général, la méthode des secondes récoltes, ou récoltes dérobées, ne convient qu'à une végétation active, vigoureuse, et sur un terrain en bon état.

Sarrazin (après les vesces) : si le terrain est destiné à recevoir à l'automne du blé ou du colza, le sarrazin sera fauché en vert pour la nourriture des bestiaux, ou enterré par un labour si le sol n'est pas très-riche.

La méthode d'amender les terres par des récoltes enterrées en vert présente une ressource très-précieuse, pour des terrains éloignés de la ferme, ou situés de manière qu'il serait difficile d'y conduire de l'engrais.

RÉCOLTER. *Colza et navettes* : couper avant complète maturité à cause de l'égrenage; 24 heures après le faucillage, mettre en meulons où s'achève la maturité en huit à douze jours; battre sur de grandes toiles dans le champ.

Seigle : cette récolte ne présente rien de particulier. Tout le monde sait que le seigle mélangé avec le blé donne un pain plus substantiel, agréable au goût, et qui se conserve plus long-temps frais.

Gaude : quand les grains sont noirs dans les capsules. A cette époque, les tiges et les feuilles sont encore vertes, mais par l'exposition à l'air et la dessiccation elles deviennent d'un beau jaune.

Pastel : à la faucille par un beau temps; couper lorsque les premières feuilles commencent à prendre une teinte jaunâtre; dans quelques contrées on ne cultive le pastel que pour la nourriture des bestiaux, et non pour en extraire le principe colorant; la végétation de cette plante, qui n'est interrompue que par les fortes gelées, offre un fourrage vert excellent et continuel.

TRAVAUX DIVERS. *Herser les carottes et navets.* On ne doit pas craindre de herser les navets trop fortement, car le petit nombre qu'on en détruit est plus que compensé par l'activité de végétation que prend la récolte. Les cultivateurs disent ordinairement : « Celui qui herse les navets ne doit pas regarder derrière lui. » Les carottes qui ont été semées dans les seigle, le colza, ou toute autre récolte, doivent aussi recevoir de forts hersages; continuer à biner les récoltes sarclées.

Travaux horticoles. — POTAGERS. *Travaux.* Continuer les semis et plantations de tous les légumes, tels que haricôte, pois, fèves, concombres, cornichons, aubergines, choux-fleurs d'automne, brocolis, choux-navets, carottes, navets, etc. On sème pour l'année suivante choux pommés, choux d'York ; enfin le jardinier aura soin de récolter les graines à mesure qu'elles mûriront. Le moment des grands arrosages est arrivé, et la saison n'est pas pluvieuse.

Produits. Tous les légumes.

Travaux horticoles. — POTAGER. *Travaux.* Continuer à semer tout ce qui peut être consommé ou recueilli avant les gelées : raves, radis, salades, fournitures, et même haricots, pois, fèves, si on peut les couvrir de châssis la veille des premières gelées.

Semer pour l'automne et l'hiver des navets, mâches, cerfeuil, épinards ; pour l'année suivante, choux d'York, pains-de-sucre, cabus, choux-fleurs, etc., pour repiquer sur les premières couches que l'on fera en décembre. Continuer les meules de champignons ; amonceler le fumier pour l'époque où il faudra faire des couches. Butter le céleri, empailler les cardons.

Produits. Les légumes ne sont pas moins abondants que le mois précédent, et plus faciles à obtenir, la chaleur étant plus modérée.

VERGERS ET PÉPINIÈRES. *Travaux.* Continuer les greffes des sujets dont la sève était trop forte le mois précédent ; donner le dernier sarclage dans les pépinières, mettre les plus belles grappes de raisins, et particulièrement les chasselas, en sacs pour les préserver des insectes et des oiseaux.

Produits. Excellens fruits de toute espèce : fraises des quatre saisons, cerises du Nord, melons sur couches sourdes, deuxièmes figues, si l'on a pincé les bouts des rameaux ; les meilleures pêches ; le chasselas et le muscat ; les prunes reine-claude, damas, diaprée, Sainte-Catherine, couetsche ; les poires beurré-gris, d'Angleterre, doyenné, bon-chrétien d'été, gros-rousselet, etc. ; les pommes reinettes jaunes, hâtives et belles d'août.

JARDINS D'AGRÉMENT. *Travaux.* Même disposition que dans le mois précédent (Voy. JUIN). Surveiller la maturité des graines, afin de récolter chacune au moment convenable ; commencer le mouvement des terres, afin qu'elles aient le temps de s'affaisser avant qu'on les plante de nouveau. On plante les jacinthes, jonquilles et tulipes ; on sème des quarantaines pour repiquer en caisse. Vers le 15 on rentre les plantes de serre-chaude, et on se hâte d'achever le rempotage de celles de terre tempérée et d'orangerie. A la fin du mois on replace les panneaux des serres, bâches et châssis.

Produits. Les plus jolies fleurs sont l'amaryllis belladone et le colchique d'automne. On a en abondance les asters, soleils, grandes sarrètes, verges d'or, coréopsis, silphium ; les dahlias, balsamines, reines-marguerites, œillets et roses d'Inde, brillent surtout dans les parterres. On a aussi des pavots et coquelicots si on en a semé au printemps, et des bordures de thlaspi, girofflée de Mahon, si l'on en a semé en juin et juillet.

Travaux de ménage en juillet. La bonne ménagère profite de l'abondance des œufs pour en faire dans ce mois une ample provision ; elle trouvera dans le diction-

naire un moyen sûr de les préserver de tout accident. (Voy. ŒUF.) C'est dans ce mois qu'on peut se procurer à bon compte les cerises et les groseilles. On s'occupera aussi de récolter les boutons et les jeunes graines de capucine pour les confire dans le vinaigre.

Travaux d'office. Gelée de groseilles ;
Suc de groseilles ;
Vin de groseilles ;
Conserve de groseilles ;
Ratafia de groseilles ;
Sirop de groseilles ;
Cerises sèches ;
Cerises à l'eau-de-vie ;
Ratafia de cerises ;
Eau de cerises ;
Vin de cerises. (Voy. GROSEILLES et CERISES.)

Vers le milieu du mois on fait l'eau vulnéraire. On récolte :

Feuilles de guimauve, de mélisse, de menthe poivrée, de rossolis, de sauge ; fleurs de guimauve, de julienne, de lavande, de lis blanc, d'œillets rouges, d'orange, de pavots, de roses muscades, de scabieuse, de tilleul ; cerises, fraises, framboises, groseilles, thym.

Les fleurs d'orange, qui sont alors dans leur plus grande abondance, se confisent au liquide, se tirent au sec. On en fait des conserves, des pâtes, de la marmelade, et des liqueurs pour toute l'année.

Les premières cerises se mettent en compote ; et à mesure qu'elles deviennent plus mûres et mieux nourries, et que les meilleures espèces paraissent, on en confit à oreilles, en bouquets, et d'autres manières. Il s'en fait des pâtes ou gâteaux et de la marmelade. On confit les liquides pour garder. On fait aussi avec les cerises des eaux, des ratafias et du marasquin. En général, on doit choisir les cerises d'un beau rouge clair, sans être trop mûres, parce que, dans ce dernier cas, elles deviennent bientôt ternes, noires et hors d'usage.

Les framboises se confisent pour le sec et pour le liquide. On en fait des dragées, des liqueurs, des sirops et des eaux par la distillation.

On confit au liquide les groseilles en grappes ; et, par suite, on en fait des marmelades et des gelées.

JUIN. (*Agr.* — *Jard.* — *Ind. dom.*) *Travaux d'agriculture.* On doit en ce mois biner les pommes de terre et autres récoltes sarclées. C'est le temps des buttages, de la culture en ligne et de l'emploi de la houe à cheval, qui donne la facilité de répéter souvent les binages, et de les exécuter promptement de la manière la plus économique.

Dans certains sols sujets à souffrir de la sécheresse, quelques personnes craignent de nuire aux récoltes en favorisant l'évaporation de l'humidité par l'ameublissement de la surface du sol. C'est, en suivant les meilleurs cultivateurs, et particulièrement M. Mathieu de Dombasle, une grave erreur ; car les plantes ne souffrent jamais autant de la sécheresse que lorsque la surface de la terre, battue et durcie, forme une croûte qui interrompt toute communication avec l'atmosphère.

Les plantes que l'on nomme communément récoltes sarclées, et qu'on cultive souvent pour tenir lieu de la jachère, telles que betteraves, rutabagas, maïs, féverolles, etc., doivent être tenues parfaitement nettes de mauvaises herbes pendant le courant de ce mois et du suivant.

Semez les navets dans des terrains très-légers, sablonneux ou calcaires, qui leur conviennent particulièrement. Ces terrains doivent être fumés, à moins qu'ils ne soient préparés par des labours ou cultures à l'extirpateur. On sème les navets ordinairement à la volée, à raison de six à huit livres de graine par hectare, et on recouvre par un trait de herse qui ne doit pas enterrer la semence très-profondément.

C'est ordinairement vers la fin de ce mois qu'on fauche les prairies. Le moment le plus favorable est celui où les plantes qui y abondent le plus et qui produisent le meilleur fourrage commencent à être en pleine fleur. Lorsqu'elles sont à ce point, quelques jours de retard font une différence très-considérable dans la qualité du fourrage; car toute plante qui a semé sa graine à maturité ne produit plus qu'un foin dur, peu savoureux, et peu nourrissant pour le bétail.

On doit faucher à un pouce de terre, car c'est à cette distance que l'herbe est plus garnie. On voit, d'après ce principe, qu'il est utile de dégager le terrain des taupinières, des fourmilières et des pierres qui pourraient nuire au fauchage.

Lors de la fenaison, le cultivateur doit avoir un grand nombre de bras à sa disposition, car la conservation ou la qualité d'une récolte dépend souvent de la promptitude que l'on met à la garantir de la pluie. Le foin ne doit être ni trop sec ni trop peu sec lorsqu'on le serre. Au premier cas, il perd son parfum; au second, il se gâte.

Le temps des repas, le nombre de ceux qui fanent, de ceux qui chargent et déchargent le foin, qui le mettent en tas, les attelages, etc., tout cela doit être proportionné et soumis à un ordre tel que personne ne chôme, et qu'un travail ne nuise pas à l'autre.

- Le foin conservé en meules vaut beaucoup mieux que celui conservé dans les greniers. On fait des meules rondes ou carrées, ou sous la forme d'un carré long dont un des petits côtés est tourné vers l'endroit d'où vient ordinairement la pluie. Cette dernière forme est la meilleure.

Que l'on conserve le foin en meules ou dans les greniers, il faut avoir soin de le faire soigneusement tasser, afin que l'air y pénètre le moins possible. Il est bon, à cet effet, de le couvrir de longue paille. Une légère fermentation ajoute à sa qualité, une trop forte le fait pourrir.

Le trèfle, la luzerne, les vesces, etc., se fauchent également dans ce mois, lorsque la moitié des fleurs environ est épanouie. Si on fauche plus tôt, il y a perte sur la quantité, et le séchage est plus difficile; si l'on attend plus tard, les tiges deviennent dures et le fourrage de qualité inférieure.

Lorsque le trèfle est fauché, on le laisse en andains pendant deux ou trois jours. S'il se trouve battu par quelque averse, et collé contre terre, on le soulèvera avec le manche d'un râteau, mais sans l'étendre. Lorsque le trèfle est sec, on le met en meule, en gros tas ronds, bien foulés, et

peignés à l'extérieur, pour que la pluie ne le pénètre pas. On le laissera quelques jours en cet état avant de le charrier.

Dès que le trèfle approche de la dessiccation, on ne doit jamais le toucher que le soir ou le matin, et non à la chaleur du jour, parce qu'alors il se brise trop facilement, et perd beaucoup de feuilles, qui sont la partie la plus savoureuse et la plus nourrissante de la plante.

Dans les années très-pluvieuses, pour faire sécher le trèfle, on peut le faire lier en petites bottes pointues par le haut et larges par leur base, comme cela se pratique pour le sarrazin.

Voici une autre méthode préférable, quoique plus coûteuse, et qui est en usage dans plusieurs contrées de l'Allemagne. Elle est due à l'allemand Klapmayer, et s'applique aux vesces, à la luzerne, au sainfoin, à la lupuline et autres plantes de ce genre, comme au trèfle. Elle consiste à mettre l'herbe en gros tas dès le lendemain du jour où elle a été fauchée; on doit la fouler fortement et bien également dans toutes ses parties. Ordinairement la fermentation commence à s'y établir peu d'heures après qu'ils ont été formés, et elle augmente rapidement. On doit alors observer avec soin et fréquemment l'état de la fermentation; et lorsqu'elle est parvenue au point où la chaleur ne permet plus de tenir la main dans le tas, et où il s'en échappe de la vapeur lorsqu'on y fait une ouverture, on démonte promptement le tas, et l'on étend promptement le foin à l'entour. Quelques heures de soleil et même de vent suffisent pour dessécher complètement le foin qui a subi cette fermentation, et pour le mettre en état d'être rentré. Les feuilles ne s'en détachent pas facilement. On conçoit qu'on ne doit pas manquer de démonter le tas aussitôt qu'il est parvenu à un degré de fermentation convenable; la pluie ne doit pas même faire retarder cette opération, sans laquelle tout se gâterait; mais aussitôt que le foin est refroidi, on peut le remettre en tas sans craindre qu'il s'échauffe de nouveau.

Si le tas n'a pas été foulé bien également, il est possible qu'une partie n'éprouve pas de fermentation: dans ce cas, on la met à part pour la faire fermenter et sécher de toute autre manière.

Cette méthode, dit M. de Dombasle, est sans contredit la plus prompte, puisqu'on peut, dans l'espace de trois jours, faucher et loger le trèfle. Le foin préparé de cette manière est sucré au goût, et pendant la fermentation le tas répand une forte odeur de miel. Ce fourrage plaît aux bestiaux. Une fois rentré au grenier, il n'y fermente plus.

C'est dans ce mois que l'on doit tondre les moutons. Il faut laver la toison après la tonte, et non sur le dos des moutons, comme on le pratique mal à propos en quelques endroits.

Si l'on continue le lavage à dos, il doit être fait quelques jours avant la tonte, afin que la transpiration, qui a pu être arrêtée par le lavage ait le temps de se rétablir.

Pour laver commodément la laine sur le dos, on creuse et élargit le lit d'un ruisseau sur une longueur de vingt pieds et huit à neuf de largeur. On pave cette partie, e l'on ferme les deux rives par de petits murs qu'on garnit de claies, si cela est nécessaire, pour empêcher les moutons de sortir de cette espèce de canal. Au milieu de sa longueur, on place, près de chacune des deux rives, un tonneau défoncé ou cuvier, fixé au fond de l'eau, laissant entre eux une distance de deux ou trois pieds au milieu du canal Un homme se plaçant dans chacun de ces cuviers saisit les moutons à mesure qu'ils passent entre les deux, et les lave ainsi fort à son aise et les pieds au sec. Entre les deux ouvriers le canal est barré par une porte que ces hommes ouvrent et ferment à volonté. Le canal se trouve ainsi divisé en deux parties : la première, par où les moutons entrent par une pente douce qui se trouve à l'extrémité, doit être assez profonde pour que l'eau passe un peu au-dessus du dos des moutons, et on les y fait entrer quelques minutes avant de les faire passer entre les mains des laveurs, afin que les ordures de leur toison se détrempent. A mesure qu'ils sont lavés, ils s'échappent par l'autre extrémité du canal en traversant la seconde partie, qui doit être assez profonde pour qu'ils y nagent. A l'extrémité se trouve un parc ou un pâturage bien sec où les animaux se ressuient au soleil.

Dans la tonte, la laine doit être coupée très-près de la peau, et le plus également possible, sans laisser des raies sur le corps de l'animal, comme cela ne se voit que trop souvent. On perd ainsi beaucoup de laine, et cela nuit à la crue de la nouvelle. De bons ciseaux, ou forces, et surtout un tondeur habile, doivent être choisis pour cette opération.

Le sarrazin se sème ordinairement en ce mois. C'est une récolte précieuse pour les sols pauvres, montagneux et froids. Son grain, dont on fait usage en place de blé dans plusieurs contrées, a autant de valeur que l'orge pour la nourriture et l'engraissement des cochons ; il vaut mieux que l'avoine pour les chevaux.

Cette plante, fauchée en fleurs, forme un assez bon fourrage. Enterrée ainsi en fleurs à la charrue, elle fournit un excellent engrais.

Le sarrazin craint le froid ; la moindre gelée le détruit. On ne doit pas le semer avant le 15 mai. Souvent on ne le sème qu'au commencement de juillet. On peut le semer plus tard encore si on le destine à servir de fourrage. Deux mois et demi ou trois mois à dater de la semaille lui suffisent pour mûrir. On peut donc le semer en seconde récolte après du seigle, du colza, des vesces, etc., et même après du blé, lorsqu'on veut le faucher en vert ou l'enfoncer pour engrais. Le sarrazin veut un terrain bien ameubli. Il faut éviter de le semer trop épais : un hectolitre par hectare suffit. On doit peu l'enterrer.

Le sarrazin de Tartarie craint moins le froid que le sarrazin ordinaire, mais son grain est moins bon.

Le trèfle, la luzerne, le sainfoin et quantité d'autres espèces de prairies artificielles réussissent parfaitement bien dans le sarrazin. Cependant si le sol était trop riche et la saison très-pluvieuse, le sarrazin pourrait se coucher, ce qui ferait périr la prairie artificielle, si l'on ne se hâtait de le faucher.

Semez en juin dans un carré de jardin les cardères, ou chardons à bonnetiers, que vous voudrez transplanter

en septembre. Ils veulent une terre grasse et bien préparée.

Lorsque le plant est levé dans la pépinière, on le sarcle proprement et l'on espace les plantes à trois pouces environ, afin d'obtenir de gros replants.

Lorsque les cardères plantés en automne montrent cinq à six têtes, on supprime celle de la tige principale, qui prend ordinairement plus de grosseur que les autres. Les autres deviennent plus belles et d'une qualité plus égale. Plus tard, lorsque le nombre de têtes que l'on veut laisser sur chaque pied se sera développé, on supprimera toutes celles qui se montrent encore. Les plus belles conviennent aux bonnetiers, les moyennes aux drapiers.

Coupez les sommités des fèves de marais, lorsque les plantes sont en fleurs, et que les siliques sont déjà nouées. Non seulement elles donneront plus de fruits, mais elles seront de meilleure qualité et mûriront plus tôt. Cette précaution d'ailleurs les préserve du puceron, qui se multiplie avec une rapidité étonnante, et diminue quelquefois la récolte des trois quarts.

On assure, et c'est aussi l'opinion de M. Matthieu de Dombasle, que les féveroles, semées en mélange avec l'avoine ou d'autres céréales, sont toujours exemptes des ravages du puceron.

Juin est encore le temps de la monte des brebis. Elles portent ordinairement cent cinquante-trois jours, et rarement plus de deux ou trois jours de plus ou de moins. Si donc on veut avoir des agneaux en décembre, on doit commencer la monte dès la fin de juin ou au commencement de juillet. Si l'on prévoit n'avoir pas assez de provisions, on la recule pour que les agneaux ne viennent qu'en janvier ou février, ce qui nous paraît préférable.

Les brebis reviennent en chaleur tous les dix-sept jours quand les béliers sont dans les troupeaux.

Si on les a séparés, ce qu'on devrait toujours faire, le plus grand nombre de brebis ne viendront en chaleur que quinze à vingt jours après qu'on aura introduit les béliers parmi elles.

On doit en proportionner le nombre à celui des brebis qui sont en chaleur. Il convient de faire durer la monte au moins soixante jours. Cent brebis exigent au moins trois béliers, si on ne veut pas fatiguer ceux-ci : ils doivent avoir au moins dix-huit mois et moins de sept ans. Suivant M. Morel Vindé, qui le premier a fait des observations très exactes sur tout ce qui concerne la monte des brebis, leur chaleur ne dure que douze ou dix-huit heures.

Travaux d'horticulture. Les travaux, les semis et plantations sont absolument les mêmes, ou plutôt ne sont que la continuation de ceux du mois précédent. L'important est de faire en sorte qu'on ne manque d'aucun des légumes de la saison, et que ceux qui doivent donner leurs produits plus tard soient en nombre suffisant et dans un état de végétation satisfaisant. Sous ce dernier point de vue, on sèmera des choux-fleurs pour l'automne, des brocolis, des navets, choux-navets et navets de Suède, des choux à grosses côtes, de la chicorée, de la scarole, des haricots, des pois clamait, un peu de radis noirs; la carotte peut encore se semer dans tout le mois.

Couches. Les melons ayant envahi toutes les couches,

elles n'offrent plus guère en fait de légumes que quelques choux-fleurs et des aubergines.

Arbres fruitiers. Pépinières. On visite les espaliers pour veiller au maintien de l'équilibre dans toutes les parties de chaque arbre ; l'abricot précoce est le seul fruit qui puisse avoir besoin d'être découvert dans ce mois, et dont les branches exigent d'être palissées ; quant aux branches des autres arbres, il sera peut-être besoin d'en attacher quelques-unes, d'en pincer d'autres, pour maintenir l'équilibre.

Dans la pépinière, on entretient la propreté par des sarclages, des binages ; on veille à ce que les arbres se forment bien, et en cela on les aide merveilleusement par le pincement et par la suppression des bourgeons inutiles et des gourmands. On peut greffer en écusson à œil poussant tous les rosiers si on n'a pas de raison pour préférer la greffe à œil dormant. On greffe aussi beaucoup d'autres arbres et arbustes.

Jardin d'agrément. Travaux de pleine terre. La fauche des gazons, le ratissage des allées, le binage des massifs et bosquets, la mouillure des fleurs et des nouvelles plantations, sont les plus grandes occupations de ce mois ; il ne faut cependant pas négliger de donner de bons tuteurs à toutes les plantes qui ne se soutiennent pas d'elles-mêmes, telles que les roses trémières, les dahlias, quelques asters, etc. ; de donner des rames ou échalas à celles qui grimpent, comme le *quamoclit, convolvulus, cobœa, clématite,* etc. On coupe les tiges de toutes les plantes herbacées dont la fleur est passée, en ne réservant que celles dont on veut bien recueillir des graines.

Couches. Les couches qui ont servi à élever des fleurs sont excellentes pour recevoir les plantes languissantes, soit qu'on les y place à nu ou en pots. Avec les soins nécessaires, des mouillures bien raisonnées, ces plantes deviennent promptement en parfaite santé.

Serres, Bâches. Les soins à donner aux plantes restées en serres consistent à les ombrer quand le soleil est trop ardent, et à les entretenir dans un grand état de propreté. On fait des boutures sous cloches, et des greffes en approche, comme dans le mois précédent ; quant aux plantes de serre mises dehors, la mouillure à propos est de première nécessité ; vient ensuite le binage des pots et caisses, l'entretien des tuteurs, des abris, la conservation de leurs formes et l'attention qu'elles n'enfoncent pas de trop grosses racines en terre au travers des fentes de leurs pots.

Travaux de ménage en juin. Quand on veut faire entrer des roses et du sureau dans le vinaigre à l'estragon, il convient de le faire au commencement de ce mois. On doit s'occuper aussi de la conservation des petits pois et des fèves. Si les framboises sont déjà abondantes, on en fait de la gelée pour mêler à la confiture de groseilles, qu'on fera le mois suivant. Il arrive quelquefois, en effet, que les framboises sont déjà chères quand les groseilles sont encore rares.

On prépare aussi le vinaigre framboisé, le sirop de framboises, la conserve et la compote de framboises. Vers la fin de juin, lorsque le temps a été favorable, on peut faire l'eau de fleur d'oranger, le ratafia de fleur d'oranger

et toutes les préparations dans lesquelles entrent ces mêmes fleurs.

On doit cesser toute récolte de racines, qui seraient alors de mauvaise qualité, les plantes étant trop avancées ; mais on est plus que dédommagé par la grande quantité de plantes et de fleurs de toute espèce ; elles doivent être cueillies de préférence dans ce mois, pour être employées vertes et être séchées. On a principalement les substances suivantes :

Absinthe, aigremoine, amandes vertes, écorces de sureau, eupatoire ; fleurs de camomille, de fumeterre, de géranium, de giroflées, de pâquerettes, de pensées, de primevère, de sureau, roses de Provins, pâles.

Les amandes vertes viennent dans cette saison ; il s'en fait des compotes, des pâtes, de la marmelade ; on en tire au sec, et on en garde au liquide pour le besoin.

Les fraises paraissent sur la fin de ce mois ; on en fait des glaces.

JUJUBES.(*Conn. us.—Off.—Méd. dom.*)*Rhamnus ziziphus.* Famille des nerpruns. Les jujubes sont les fruits du jujubier, arbre de l'Arabie, qui est actuellement fort commun en Languedoc et en Provence, où il s'est très-bien naturalisé. Il est de la grandeur d'un olivier et tortueux. Il produit un fruit oblong, de la figure et de la grandeur d'une olive, d'abord verdâtre, ensuite jaunâtre, enfin rouge ; il n'y a que la pellicule de cette couleur. Ce fruit renferme une pulpe blanchâtre, molle, fongueuse, d'un goût doux et vineux ; au milieu de cette moelle est un noyau oblong, graveleux, très-dur, qui contient deux amandes lenticulaires, dont l'une avorte le plus souvent.

Les jujubes se cueillent dans leur maturité ; et, étant récentes, elles servent de nourriture familière et agréable aux peuples des pays où elles croissent. On en expose au soleil sur des claies et sur des nattes de paille, jusqu'à ce qu'elles soient ridées et sèches, et, en cet état, on nous les envoie. On en fait des décoctions salutaires. Par leur mucilage doux, elles apaisent les irritations de la poitrine et des poumons, et calment les toux fâcheuses.

Pâte de jujubes. Prendre une livre de jujubes, deux livres de gomme arabique, deux onces de sucre en poudre ; piler les jujubes dans un mortier de marbre ; les mettre dans une bassine avec deux pintes et demie d'eau, jusqu'à réduction de moitié ; presser le tout dans un linge ; battre un blanc d'œuf dans un verre d'eau, remettre votre décoction sur le feu ; lorsqu'elle bout, y jeter par intervalles un peu de cette eau ; enlever l'écume, et retirer la liqueur du feu ; piler ensuite la gomme que l'on passe à travers un tamis de crin ; la mettre dans une bassine, et y verser doucement la décoction de jujubes, ayant soin de bien remuer le mélange avec une spatule ; le mettre sur le feu et remuer toujours pour en faire évaporer l'eau, jusqu'à ce qu'il ait acquis la consistance du miel ; ajouter ensuite le sucre, et mettre le tout au bain-marie, sans remuer, afin que la pâte ne devienne pas trouble. Quand elle a acquis assez de corps pour ne pas s'attacher au dos de la main en frappant dessus, la retirer et la couler dans de petits moules ronds ou carrés, faits comme ceux de biscuits, et graissés avec un petit morceau trempé dans de bonne huile d'olive ; mettre alors la gomme à l'étuve avec un feu très-doux ; le lendemain, la retirer des moules, retourner les tablettes, et les poser sur un tamis; quand elles sont suffisamment sèches, les retirer de l'étuve, les couper par menus morceaux, et en remplir de petites boîtes.

La pâte de jujubes est pectorale et émolliente, elle fait un excellent effet, quand on en prend le matin en se levant, si on la laisse fondre lentement dans la bouche, et elle facilite l'expectoration des matières accumulées dans les bronches pendant la nuit. Elle calme la toux et l'irritation des poumons.

JUMENT. (*An. dom.*) (Voy. CHEVAL.)

Lorsque les jeunes jumens tardent à avoir du lait, on leur donne, par deux cuillerées chaque fois qu'elles ont mangé, un mélange en poudre composé de quatre onces de sel de cuisine, une once de graine d'anis, autant de graine de fenouil, autant de racines de pimprenelle, deux onces de grenouillet ou sceau de salomon, quatre onces de farine de vesces.

Cette poudre favorise la digestion et augmente l'appétit. Mais si le retard de la sécrétion du lait provenait de l'inflammation d'un organe quelconque, il faudrait d'abord guérir la maladie.

Le lait de jument sert à la nourriture des Tartares, qui l'appellent koumiis. Il est d'un goût agréable, et a des propriétés adoucissantes comme le lait d'ânesse. Son abondance est en raison de l'alimentation des jumens, auxquelles les graines et les racines en donnent beaucoup.

La jument vit vingt à vingt-cinq ans. Elle porte 287 jours au moins, 419 au plus. Le terme moyen est de 330 jours. La durée de la croissance du poulain est de 56 mois.

JULIENNE. (*Cuis.*) C'est le potage le plus économique.

Au gras. Prendre douze ou quinze nouvelles carottes tendres, un navet, un poireau, un pied de céleri, un ognon, une laitue pommée, une poignée d'oseille, un peu de cerfeuil, une ciboule; couper en filets d'un pouce de long et d'une ligne d'épaisseur les carottes, poireau, navet, ognon et céleri, hacher grossièrement le reste; mettre dans une casserole un morceau de beurre, faire bien revenir tous les légumes; mouiller avec du bouillon; faire cuire deux heures; mettre dans la soupière quelques croûtons de pain, et verser la julienne dessus.

Au maigre. Mettre plus de beurre, ajouter sel et poivre, et mouiller avec de l'eau bouillante.

Pour la julienne dite *faubonne*, on coupe les légumes en dés, et on concasse l'oseille et la laitue.

JULIENNE DES JARDINS. (*Jard.*) *Hesperis matronalis.* Famille des crucifères. Plante indigène vivace.

La variété à fleurs doubles, blanches ou violettes, fleurit en juin; il lui faut une terre forte et substantielle, au midi. On multiplie, en septembre, de séparations de pieds, ou de boutures à l'ombre. Les boutures se font avec les tiges de branches défleuries, qu'on coupe par tronçons de trois pouces de long.

On appelle cette plante *hesperis* (*du soir*), parce que c'est surtout après le coucher du soleil que se fait sentir l'odeur suave de ses fleurs.

Julienne de Mahon (*hesperis maritima*). Plante indigène annuelle. Elle donne, depuis le mois d'avril, des fleurs rouges, violettes ou blanchâtres, suivant la saison. Elle se ressème en sarclant. On la sème au mois de mars, au midi,

en bordures, ou sur le bord des massifs en pente. Elle fait en touffes un joli effet, et réussit surtout dans un terreau léger.

JUMART. (*An. dom.*) On appelle ainsi les espèces de mulets qui sont produits:

1° Par un taureau et une jument;

2° Un taureau et une ânesse;

3° Un âne et une vache.

Ces sortes d'animaux sont très-rares. On en a cependant vu plusieurs en France, et on en trouve assez souvent dans le Piémont, la Suisse et la Navarre. La première espèce ressemble à une mule, si ce n'est qu'elle a la lèvre supérieure beaucoup plus courte que l'inférieure. La seconde a le poil du bœuf, le front bossué, le mufle et les cornes du taureau, le pied du cheval. La troisième n'a qu'un seul sabot au pied, et a le poil, la queue et la tête de la vache.

Ces animaux ne possèdent qu'imparfaitement les qualités du cheval et du bœuf, et leur propagation, entièrement contraire à la nature, ne saurait avoir d'utiles résultats.

JUPITER (HUILE DE). (*Ind. dom.*) Vous prendrez trois pintes d'esprit-de-vin imprégné d'huile essentielle de citron, et trois pintes d'esprit de cédrat; vous ferez un sirop avec sept livres de sucre, quatre pintes d'eau commune épurée, et deux bouteilles de scubac; vous remuerez bien le mélange; il deviendra trouble. Pour le clarifier, prenez deux blancs d'œufs; battez-les dans une chopine de votre liqueur, et versez-la sur la totalité de votre composition. Vous remuerez bien le mélange; vous le mettrez au bain-marie de l'alambic pendant douze heures, à une chaleur très-modérée; vous en filtrerez ensuite le produit à la chausse, et vous le mettrez en bouteilles.

JUPON. (*Ind. dom.*) *Manière de plier les jupons.* On plie d'abord le devant dans la longueur, un peu avant le point où le biais commence par le haut; on passe ensuite les pointes sous ce pli, de telle façon que le biais n'en paraisse plus; on repli le lé du derrière en deux ou trois selon sa largeur, de sorte qu'il soit parallèle au devant replié. Cela fait, on replie transversalement le jupon en trois, du côté du devant, et en commençant par le haut, afin de rassembler les cordons, et de cacher les plissements de la ceinture au milieu de ce pli transversal; le jupon, dont on ne voit que le derrière, présente en cet état un carré allongé.

JURÉ. (*Cod. dom.*) La première loi du jury, qui date du 16 septembre 1791, a été successivement modifiée. La loi nouvelle de 1835 a établi le secret du vote, et a remplacé par la majorité absolue de sept contre cinq la majorité des deux tiers des voix nécessaires pour condamner.

Depuis la loi du 2 mai 1827, les jurés ne sont plus choisis par les préfets au moment de chaque session; ils sont tirés au sort, en audience publique, par le premier président de la cour royale. (Art. 558.)

C'est la loi seule qui détermine aujourd'hui les conditions nécessaires pour faire partie du jury. (Art. 582.) Les exceptions ne dépendent plus de l'autorité.

Du 1er août au 10 juin de chaque année, et aux jours indiqués par les sous-préfets, les maires des communes composant chaque canton se réunissent à la mairie du chef-lieu, sous la présidence du maire, et procèdent à la révision de la portion de la liste formée en vertu de la loi du 2 mai 1827, qui contient les citoyens de leur canton appelés à faire partie de la liste du jury. Ils se font assister des percepteurs de l'arrondissement cantonnal.

Dans les villes qui forment à elles seules un canton, ou qui sont partagées en plusieurs cantons, la révision des listes est effectuée par les maires, adjoints, et les trois plus anciens membres du conseil municipal, selon l'ordre du tableau. Les maires des communes qui dépendent de l'un de ces cantons sont aussi appelés à la révision; ils se réunissent tous sous la présidence du maire de la ville.

Le résultat de cette opération est transmis au sous-préfet qui l'adresse, avec ses observations, au préfet, avant le 1er juillet.

Le 1er août de chaque année, le préfet de chaque département dresse une liste divisée en deux parties: la première comprend toutes les personnes qui remplissent les conditions requises pour faire partie des collèges électoraux du département; la seconde partie comprend les électeurs qui, ayant leur domicile réel dans le département, exercent leurs droits électoraux dans un autre département. (*Art.* 2 *de la loi du* 2 *mai* 1827.)

Ces listes, révisées par les maires de chaque canton, et rectifiées par les préfets, sont affichées le 15 août au chef-lien de chaque commune, et déposées aux secrétariats des mairies, des sous-préfectures et de la préfecture, pour être données en communication à toutes les personnes qui le requerront. (*Loi du* 2 *juillet* 1828.)

Elles sont closes et arrêtées le 20 octobre. (*Loi du* 2 *mai* 1827.)

La liste des jurés se compose :

1° Des électeurs de leur département ayant trente ans accomplis ;

2° Des officiers des armées de terre et de mer en retraite qui jouissent d'une pension de retraite de 1,200 francs au moins, et domiciliés réellement depuis cinq ans dans le département;

5° Des docteurs et licenciés de l'une ou de plusieurs des facultés de droit, des sciences et des lettres; des docteurs en médecine ;

Des membres et correspondans de l'institut ;

Des membres des autres sociétés savantes reconnues par le roi ;

4° Des notaires après trois ans d'exercice de leurs fonctions.

Les licenciés de l'une des facultés de droit, des sciences et des lettres qui ne seraient pas inscrits sur le tableau des avocats et des avoués près les cours et tribunaux, ou qui ne seraient pas chargés de l'enseignement de quelqu'une des matières appartenant à la faculté où ils auront pris leur licence, ne seront portés sur la liste qu'après qu'ils auront justifié qu'ils ont, depuis dix ans, un domicile réel dans le département.

L'art. 587 ajoute : Nul ne sera porté deux ans de suite sur la liste; mais d'après l'art. 591, dans le cas d'assises extraordinaires, ils pourront y être placés deux fois dans la même année.

Personnes dispensées ou excusées du service du jury. Quant aux dispenses précédemment accordées, la loi de 1827 gardant le silence à cet égard, elles continuent d'être ré-

glées par les art. 585 et suivans du Code d'instruction criminelle.

Ainsi, nul ne peut être juré dans la même affaire où il aura été officier de police judiciaire, témoin, interprète, expert ou partie, à peine de nullité (585).

Les fonctions de juré sont incompatibles avec celles de ministre, de préfet, sous-préfet, juge, procureur général, procureur du roi et de leurs substituts.

Elles le sont également avec celles de ministre d'un culte quelconque (584).

Les conseillers d'état, chargés d'une partie d'administration, les commissaires du roi près les administrations ou régies, les septuagénaires seront dispensés, *s'ils le requièrent.*

Enfin, aux termes de l'art. 6 de la constitution de l'an 8, l'exercice des droits de citoyen étant suspendu par la faillite, le débiteur en cet état ne peut être juré.

Aux termes précis de ces articles, il faut ajouter les décisions diverses intervenues sur quelques-unes des difficultés que son exécution a fait naître.

Ainsi, la cour de cassation a décidé que la parenté des jurés entre eux n'était pas un motif de nullité ou d'exclusion.

En effet, dit l'arrêt, ils n'ont pas le caractère public de *juges*. La loi ne met pas au nombre des empêchemens celui qui résulterait de leur parenté, et il n'est pas permis de supposer des incompatibilités que la loi n'a pas établies. (*Arrêt du* 9 *mai* 1816.)

Les maires peuvent être jurés. (*Arrêts de cassation,* 9 *août,* 26 *octobre,* 14 *novembre* 1811, 28 *mai* 1812.) Mais non les juges des tribunaux de commerce. (*Arrêt de la même cour,* 51 *janvier* 1812.) Le référendaire à la cour des comptes, au contraire, peut être juré. En effet, les membres de cette cour ne sont pas des juges, mais bien des fonctionnaires de l'ordre administratif. (*Arrêt de la cour de cassation,* février 1851.)

Les pairs et les députés ne sont pas non plus affranchis des fonctions de jurés *par leur seule qualité.* C'est ainsi qu'il faut entendre l'arrêt de la cour de cassation qui a rejeté, le 16 juin 1831, le pourvoi d'un pair de France contre un arrêt de la cour d'assises de Versailles qui avait ordonné qu'il ferait partie du jury. Mais les chambres n'étaient pas assemblées lors de l'exemption demandée par ce pair, et cette exemption ne pourrait être refusée pendant la convocation des chambres au pair ou au député qui fonderait sa réclamation, non sur sa seule qualité, mais sur l'exercice actuel de ses fonctions.

Tirage du jury par le premier président. Le tirage se fait par le premier président, dix jours au moins avant l'ouverture des assises, et voici de quelle manière :

Le préfet a dû lui envoyer, si c'est dans les départemens, une liste de trois cents noms; si c'est à Paris, une liste de quinze cents noms.

Jurés titulaires. Tous ces noms sont extraits de la liste générale des membres des collèges électoraux du département. Le premier président tire trente-six noms d'une première urne. Ils forment la liste des jurés titulaires.

Jurés supplémentaires. La seconde urne ne comprend

que les noms des individus portés sur la liste du préfet, et résidant dans la ville où se tiennent les assises.

On en tire quatre noms ; ce sont les jurés supplémentaires.

Huit jours au moins avant les assises, le préfet doit notifier à chaque juré et sa nomination, et le jour de l'ouverture des assises. (*Code d'instruction criminelle* , *art.* 589.)

Cette notification a pour effet de constituer en faute le juré qui ne se rendrait pas à son poste. Il ne peut dès-lors éviter l'amende portée en l'art. 596 du Code d'instruction criminelle qu'en justifiant qu'il est compris dans l'une des exceptions dont il a déjà été parlé, ou qu'il s'est trouvé dans l'impossibilité de se rendre au jour indiqué. Si le motif par lui allégué dans ce cas repose sur une maladie, le certificat de l'officier de santé qu'il devra produire sera revêtu de la légalisation du juge de paix.

Amendes. L'amende contre les jurés absens est, pour la première fois :

500 fr.; la 2e 1,000 fr.; la 3e 1,500 fr., avec arrêt imprimé et affiché à ses frais, qui déclare le coupable incapable d'exercer à l'avenir les fonctions de juré.

Jour des assises. — *Formalités qui précèdent l'audience.* Au jour indiqué pour les assises, la cour procède, en la salle d'audience, à l'appel des jurés (599).

Elle constate le nombre des absens , et statue sur la validité de leurs excuses.

Elle rentre à la chambre du conseil, où l'appel des jurés non dispensés est fait en leur présence, en présence de l'accusé et du procureur-général.

Le nom de chaque juré répondant à l'appel est déposé dans une urne.

Le président agite ces noms et procède au tirage par le sort.

C'est dans ce moment, et à mesure qu'un nom sort de l'urne, que l'accusé premièrement , ou son conseil , et le procureur général peuvent récuser tels jurés qu'ils jugeront à propos, mais sans exposer les motifs de leur récusation.

Le jury est formé à l'instant où il est sorti de l'urne douze noms de jurés non récusés (599).

Audience. Les jurés (599) vont aussitôt se placer dans la salle d'audience, dans l'ordre désigné par le sort , sur des siéges séparés du public, des parties et des témoins, en face de celui qui est destiné à l'accusé.

La cour prend immédiatement séance (509).

Serment des jurés. Après avoir demandé ses nom, âge et profession à l'accusé, le président invite les jurés à se lever pour prêter leur serment. Il en prononce la formule, et chacun des jurés appelés successivement par lui répond en levant la main : Je le jure (510-512).

Après l'acte d'accusation, pendant et après l'audition des témoins, les jurés qui ne seraient pas suffisamment éclairés, peuvent adresser à l'accusé et aux témoins des interpellations. Les plaidoiries sont suivies du résumé du président, et de la lecture des questions qui sont posées au jury. Le jury entre alors en délibération. Les jurés ne peuvent sortir de leur chambre qu'après avoir formé leur déclaration.

L'entrée ne pourra en être permise pendant leur délibé-

ration, pour quelque cause que ce soit, que par le président et par écrit.

Le juré contrevenant pourra être puni d'un emprisonnement de vingt-quatre heures.

Après la délibération, les jurés rentrent dans la salle, et le chef (le premier tiré au sort) sur la demande du président, se lève, et la main placée sur son cœur, dit : « Sur mon honneur et ma conscience, devant Dieu et devant les hommes, la déclaration du jury est : Oui , l'accusé, etc.; ou bien : Non, l'accusé, etc. » (548, C. d'inst. crim.)

Dans l'exercice de ses fonctions, le juré doit se rappeler qu'il prononce sur les intérêts les plus importans et les plus chers de la société et de ses concitoyens , et qu'il ne doit jamais se laisser influencer, ni par l'esprit de parti, ni par des préjugés ou des erreurs, et encore moins par la crainte ou des considérations peu honorables.

Le juré doit prêter aux débats l'attention la plus soutenue. Il ne doit prononcer qu'avec une conviction parfaite : et si la cause est embarrassée de détails de procédure qu'il ignore, ou si des faits obscurs que son intelligence a eu peine à saisir présentaient quelque difficulté , il vaudrait mieux , dans ce cas, absoudre un coupable que de condamner un innocent.

Le juré ne doit point songer à ses affaires personnelles. Qu'il se voue en entier à la fonction dont il est investi , qu'il y consacre toutes ses facultés, qu'il oublie toute chose antérieure pour ne voir que le procès qui se plaide devant lui.

La lecture des articles du Code dont l'acte d'accusation réclame l'application est un des devoirs du juré. Il est essentiel qu'il sache bien quelles seront les conséquences de sa décision. Dans le cas où le crime lui semblerait évident, la rigueur de la peine ne doit pas, en provoquant sa sympathie pour le coupable qui va la subir, l'engager à prononcer un verdict d'acquittement. Il est malheureusement des circonstances où la plus inexorable sévérité n'est que la plus stricte justice. Il faut voir, non pas le coupable, mais la victime; non pas l'homme, mais la société.

JUS. (*Cuis.*) C'est la base de toutes les sauces. Placez à feu vif, dans une casserole, deux ou trois livres de débris de viande et de volailles, avec sept ou huit ognons; quand le tout aura pris couleur, jetez-y un bouquet garni, quatre clous de girofle, et un litre et demi d'eau environ; faites cuire à grand feu pendant une heure et demie, en ayant soin de presser la viande de temps à autre pour en faire sortir le jus.

Méthode de madame Adanson. Mettre dans une casserole deux ognons coupés en rouelles, deux carottes et un panais coupés de même, un pied de céleri fendu en deux; poser dessus une rouelle de veau, un rond de petit lard , des débris de viande et de volaille crus de toute espèce, mais sans graisse; ajouter un verre de bouillon; faire bouillir une demi-heure à petit feu; le bouillon étant diminué , et les légumes et la viande bien colorés, verser dessus suffisamment d'eau bouillante pour qu'elle surnage; mettre un peu de sel, du poivre, un bouquet garni, une gousse d'ail. Si l'on a une vieille perdrix, la fendre en deux et l'ajouter. Laisser cuire deux heures couvert et à petit feu. Passer d'abord les viandes dans la passoire en les pressant, puis ensuite dans un tamis. Laisser refroidir et dégraisser. Ce jus doit être coloré et d'un bon sel.

Méthode de M. Viard. Mettre dans une casserole trois livres de tranche, deux lapins en ôtant la poitrine et la tête, un jarret de veau, cinq carottes, six ognons, deux clous de girofle, deux feuilles de laurier, un bouquet de persil et de ciboule; placer sur un bon feu dans la casserole avec deux cuillerées à pot de bouillon; quand le bouillon est réduit, étouffer le feu. Lorsque la glace est presque noire, laisser dix minutes sans mouiller; puis remplir d'eau ou de grand bouillon. Faire mijoter trois heures en écumant avec soin. Passer le jus au tamis de crin, si l'on s'est servi d'eau au lieu de grand bouillon.

Jus d'étouffade. Piquer une noix de bœuf, de gros lard, de quelques gousses d'ail et de girofle; la mettre sur le feu avec un gros ognon, six piments et un peu de muscade; mouiller de consommé et d'une demi-bouteille de vin de Madère. Faire bouillir à grand feu; quand la glace est formée, placer la casserole sur un feu doux, entourée de cendres rouges. Sitôt que la glace est noire, sans être brûlée, mouiller avec du bouillon, y joindre quelques parures de veau et de volaille. Quand le bœuf sera cuit, passer le jus à la serviette, le faire dégraisser et y joindre quelques cuillerées à pot d'espagnole; faire réduire.

Jus de fond de casserole. Passer du bouillon dans la casserole après la cuisson d'un ragoût, gratter le fonds de la casserole avec une cuiller de bois. Faire bouillir et passer au tamis. Cette espèce de coulis, qui se garde quatre ou cinq jours l'hiver, sert à bonifier les ragoûts du lendemain.

Jus maigre. Mettre dans une casserole un morceau de beurre, quatre ou cinq grosses carottes en lames, cinq ou six gros ognons en tranches, deux ou trois racines de persil, trois feuilles de laurier, trois clous de girofle, deux moyennes carpes et deux brochets en morceaux, sel et poivre. Mouiller d'un peu de bouillon maigre et d'une demi-bouteille de vin blanc. Quand le jus est presque noir, ajouter de l'eau ou du bouillon maigre, persil, ciboule et champignons; faire bouillir une heure et demie. Passer ensuite au tamis de soie.

On fait de même le blond maigre (Voy. ce mot), seulement on n'entretient pas le feu aussi ardent, et le blond doit être moins coloré.

Jus d'herbe. (Méd. dom.) On obtient les jus d'herbe en pilant les plantes fraîches dans un mortier de marbre avec un pilon de bois; on les réduit en une espèce de pulpe, que l'on exprime dans un linge un peu fortement. Il passe un suc trouble, coloré en vert.

On peut clarifier, au moyen de la chaleur, du blanc d'œuf, etc., lorsqu'on opère sur des plantes qui ne contiennent pas de principes volatils, telles que de la chicorée, le pisse-en-lit, la fumeterre, la laitue, la bourrache, la saponaire, l'oseille, etc.

Le suc des plantes dites *antiscorbutiques*, telles que le cresson, la véronique d'eau, le cochléaria, le cerfeuil, le ményanthe ou trèfle d'eau, se dépure par le repos et la filtration à travers le papier joseph.

Lorsque les plantes sont trop sèches ou trop visqueuses, on ajoute un peu d'eau tiède en les pilant, ce qui arrive rarement dans la bonne saison.

On fait un sirop avec le jus des herbes mêlé à l'eau de gomme pectorale. (Voy. ce mot.)

On fera un sirop avec le jus de feuilles de capillaire, de véronique, d'hysope, de lierre terrestre, parties égales mêlées. Leur infusion est stimulante, incisive, expectorante et sudorifique.

On compose un sirop béchique avec un mélange de fleurs de mauve, de bouillon-blanc, de coquelicot, de pas-d'âne, parties égales.

Leur infusion est émolliente et adoucissante, et convient lorsqu'il y a beaucoup d'irritation et d'inflammation dans les bronches, la gorge et dans les poumons.

JUSQUIAME NOIRE. (*Jard.—Méd. dom.*) *Hyoscyamus vulgaris.* Famille des solanées. Elle croît dans les champs et le long des chemins. Ses feuilles, d'un vert gai, ont une odeur forte et puante; leur suc rougit le papier bleu. Les fleurs sont en épis, d'un jaune pâle, veinées d'un pourpre brun dans le centre. Le fruit a la figure d'une marmite.

La *jusquiame blanche.* (*hyoscyamus albus.*) est plus petite et moins rameuse.

La *jusquiame dorée* (*hyoscyamus aureus*), se cultive en pot dans une orangerie, et dehors en été, au grand soleil. Elle est originaire de Provence.

La jusquiame a les propriétés des narcotiques. Ses émanations causent des étourdissements et des maux de tête à ceux qui s'endorment sous son ombrage. L'antidote de la jusquiame est le même que celui des narcotiques.(Voy,EMPOISONNEMENT.) Elle tue la volaille, mais elle paraît salutaire aux cochons. L'extrait de la jusquiame, pris à la dose d'un grain, convient pour calmer les tremblemens convulsifs, les frissons et syncopes.

Onguent de jusquiame contre les tranchées et coliques. Faire cuire les feuilles avec du sain-doux, en frotter un papier gris, et l'appliquer sur le ventre.

K.

KALÉIDOSCOPE. (*Conn. us.*) Cet instrument est composé de deux glaces oblongues formant un angle plus ou moins ouvert, et enfermées dans un tuyau de carton. À l'un des bouts de ce tuyau est placé l'œil, et à l'autre se mettent, entre deux verres, dont l'un est dépoli, quelques fragmens de verres de différentes couleurs. Ces fragmens, répétés plusieurs fois par les glaces, produisent un nombre infini de figures régulières, qui changent chaque fois que l'on meut l'instrument.

KALMIE. (*Jard.*) *Kalmia latifolia.* Fleurs en juin, très-grandes, roses, en panicules. C'est un des plus beaux arbustes d'ornement. Terre de bruyère humide et très-ombragée, quoique aérée. Multiplication de marcottes en mars, qui sont deux ans à s'enraciner, ou des rejets qu'il donne abondamment quand il est en lieu convenable ou de semis.

Kalmie glauque. Fleurs en mai, plus petites, roses et jolies. Même culture.

Kalmie à feuilles étroites. Fleurs en juin, roses. Même culture.

Kalmie à feuilles d'olivier. Fleurs roses en juin. Même culture.

KAOLIN. (*Ind. dom.*) C'est la terre que l'on emploie pour faire la porcelaine. Celui de Saint-Yriex, en Limousin, est le plus estimé qu'on trouve en France. On en rencontre une assez grande quantité dans les environs d'Alençon; mais il est d'une qualité inférieure, et ne sert qu'à la confection de la poterie et de la grosse faïence. Les Chinois, pour faire leurs belles porcelaines, le mêlent avec la terre qu'ils nomment *petunt-sé.* (Voy. PORCELAINE.)

KARI. (*Cuis.*) Le kari est une poudre qui nous est apportée des colonies, et qui sert à faire une espèce de moutarde très-forte. Voici la composition.

On prend quatre onces de piment-enragé et trois onces de racine de curcuma. On pile chaque substance séparément; on les mêle après les avoir passées au tamis fin, et on y ajoute quatre gros de poivre fin, un demi-gros de girofle et un gros de muscade en poudre. On incorpore cette poudre dans de bon vinaigre blanc, comme on le fait pour la moutarde, ou bien on les met en poudre dans les sauces. On conserve cette poudre dans des flacons en cristal bouchés à l'émery.

Kari de tendons de veau à l'indienne. Couper et préparer les tendons comme ceux au blanc; mettre, pour les tendons d'une poitrine de veau, trois quarterons de beurre, une demi-cuillerée de safran d'Inde, ou curcuma en poudre, dix gousses de petit piment-enragé, une livre de petit lard coupé en carré, plus deux feuilles de laurier. On saute les tendons avec le beurre et le piment; quand ils sont bien revenus, on y met quatre cuillerées à

bouche de farine, que l'on mêle avec les tendons et le beurre. Dès que la farine est bien mêlée, on mouille les tendons avec du bouillon. Il faut qu'il y ait beaucoup de sauce; on y met des champignons, deux clous de girofle piqués dans un ognon qu'on a soin de retirer quand le kari est cuit. Lorsque le ragoût est à moitié cuit, on y met des culs d'artichauts tournés et aux trois quarts cuits, ainsi que de petits ognons. Il ne faut pas dégraisser ce ragoût à cause de sa force. On fait un pain de riz : prendre une livre et demie de riz qu'on lave à cinq ou six eaux tièdes; on a, dans un chaudron, de l'eau qu'on fait bouillir et dans laquelle on met blanchir le riz pendant dix minutes; on l'égoutte sur un tamis de crin, et l'on met une casserole de la grandeur qu'il faut pour blanchir le riz; on la met sur un fourneau avec du feu sur le couvercle et à l'entour afin que le riz sèche, se forme en pain et prenne couleur. Au moment de servir, verser le ragoût dans un vase creux; renverser le pain de riz, qu'on met sur un plat à côté du kari parce que l'on sert du riz sur l'assiette avec le kari.

Kari à la bourgeoise. Mouiller le kari avec de l'eau si l'on n'a pas de bouillon; y mettre alors du sel, du gros poivre, un peu de muscade râpée. Il faut que le kari soit bien jaune. On ne met rien dans le riz.

Kari à la française. Préparer les tendons et faire le kari comme le précédent. Au moment de servir, retirer du kari la viande et garnitures; avoir soin qu'il soit très-gras et la sauce bien liée et longue. Faire une liaison de cinq ou six jaunes d'œufs, selon la quantité de sauce; on lie celle-ci en la mettant sur le feu, et on ne cesse de la tourner en ayant soin de ne pas la laisser bouillir. Lorsqu'on la voit tenir à la cuiller, on la passe à l'étamine au-dessus du kari; il faut que la viande et les garnitures baignent dans la sauce et que le piment domine.

Si la sauce était trop courte on pourrait y ajouter du velouté.

Kari de lapereau. Ayez deux lapereaux, et coupez-les en morceaux égaux; mettez dans une casserole trois quarterons de beurre, du petit lard coupé en petits morceaux carrés plats que vous faites revenir dans le beurre, deux cuillerées à café de curcuma, dix gousses de petit piment enrayé que vous pilerez avec un peu de sel, deux feuilles de laurier, deux clous de girofle. Quand tout cet assaisonnement sera bien revenu dans le beurre, vous y mettrez vos morceaux de lapereau que vous essuierez bien pour qu'il n'y reste pas de sang, et vous aurez soin d'enlever les poumons. Vous ferez bien revenir votre lapereau, auquel vous ajoutez trois cuillerées à bouche de farine et de sel; vous arrosez ensuite le tout avec du bouillon ou de l'eau; il est urgent qu'il y ait beaucoup de mouillement pour que le kari aille à grand feu et réduise. Quand le lapereau sera à peu près cuit, vous y ajouterez des champignons, de petits ognons, des culs d'artichauts, et même des aubergines. Lorsque le kari est cuit, il faut qu'il baigne dans la sauce et dans le gras ; par conséquent, il ne faut pas le dégraisser ; on peut le servir dans cet état. On peut aussi le servir avec un pain de riz, comme il a été dit à l'article *Kari de tendons de veau*.

KARI (sauce de). (*Cuis.*) Mettre un demi-quarteron de beurre dans une casserole, plein une cuiller à café de safran de l'Inde en poudre ou *terra merita*, cinq petites gousses de piment-enragé haché ou écrasé. Faire chauffer le beurre jusqu'à ce qu'il frémisse ; lorsqu'il est bien chaud mettre cinq cuillerées de graisse et sans la passer à l'étamine. On peut y joindre un peu de muscade râpée ; la sauce doit être bien chaude.

KATCHOUPE. (*Cuis.*) On donne le nom de katchoupes à différentes espèces de *pickles* (on appelle ainsi les légumes conservés dans le vinaigre et le sel) composées de substances végétales savoureuses, telles que les champignons, les tomates, les noix, etc.

Katchoupe de champignons. Prenez des champignons bien mûrs, mettez-en une couche au fond d'un vase et saupoudrez-les de sel ; vous ferez une seconde couche de champignons que vous couvrirez encore de sel, et mettez ainsi alternativement une couche de champignons et une de sel. Laissez le tout deux ou trois heures, pour que le sel ait le temps de pénétrer les champignons et de les rendre friables ; mêlez bien, et laissez-les pendant une couple de jours en les broyant et les remuant bien chaque jour ; mettez-les dans une jarre de grès, et à chaque pinte environ, ajoutez une once de poivre noir. Fermez bien la jarre ; mettez-la dans un pot d'eau bouillante, et maintenez-l'y pendant deux heures dans une légère ébullition ; ôtez la jarre et tirez le jus au clair en le séparant du sédiment au moyen d'un tamis de crin sans écraser les champignons ; faites bouillir, écumer, et mettez le tout dans une jarre sèche ; laissez-le reposer le jour suivant ; versez-le à travers un tamis de crin ou une chausse de flanelle avec précaution, et mettez la liqueur en bouteilles. Dans chaque pinte, ajoutez une dizaine de grains de poivre noir, la même quantité de toutes épices et une cuillerée à bouche d'eau-de-vie.

Katchoupes de tomates. Broyez un gallon de tomates très-mûres ; ajoutez-y une livre de sel ; exprimez le jus, et à chaque pinte, ajoutez quatre onces d'anchois, deux onces d'échalotes et une once de poivre noir ; faites bouillir ce mélange pendant un quart d'heure ; alors passez-le à travers un tamis et mettez-y un quart d'once de cannelle, avec autant de toutes épices, de gingembre et de muscade, et un peu de cochenille ; faites bouillir le tout pendant vingt minutes ; faites-le passer à travers une chausse de flanelle et mettez-le en bouteilles lorsqu'il est froid ; alors placez les tomates dans un pot de terre et faites-les cuire au feu ; passez-les à travers un tamis de crin, puis séparez la peau et les graines. A chaque livre, ajoutez une pinte et un quart de vinaigre, un peu de cannelle, de gingembre, de girofle et de toutes épices, une once de poivre blanc et d'échalotes mincies ; faites bouillir pendant une demi-heure et passez-en le jus.

Katchoupe de noix. Prendre vingt-huit livres de noix vertes bien tendres, les broyer dans un mortier de marbre ; y ajouter deux gallons d'eau ; laisser macérer pendant trois ou quatre jours ; dans chaque gallon de liquide, ajouter ensuite quatre onces d'échalottes amincies, une demi-once ce girofle pilé, autant de cannelle et de poivre noir, une cuillerée à café de poivre de Cayenne et quatre onces de sel ; faire bouillir le tout et le passer à travers une flanelle.

KAVIA. (*Cuis.*) Ou œufs d'esturgeon, tel que les Tartares l'apprêtent pour le vendre en Russie et en Italie.

Prendre des œufs bien mûrs de plusieurs esturgeons, les mettre dans un baquet d'eau où on les bat afin d'en séparer les fibres qui s'attachent au fouet ; les déposer ensuite sur un tamis à passer la farine. Alors remettre les œufs dans une nouvelle eau et continuer à les battre en changeant encore d'eau, jusqu'à ce qu'il ne reste plus de fibres ; laisser égoutter sur un tamis et assaisonner de sel fin et de poivre ; mêler bien le tout et les déposer dans une étamine qu'on lie aux quatre coins avec une ficelle en lui donnant la forme d'une boule ; laisser égoutter ainsi et servir le lendemain avec des tranches de pain grillé et des échalottes hachées. Pour les conserver plus long-temps, il suffit de les saler davantage.

KERMÈS. (*Conn. us. — Méd. dom.*) Insecte de l'ordre des hémiptères qu'on trouve dans le midi de la France sur une espèce de chêne que les botanistes nomment *quecus coccifera*. Il sert à teindre les soies et les laines en un beau rouge cramoisi.

Les médecins regardent comme un bon cordial et un remède propre à arrêter le vomissement, le suc qu'on obtient après avoir pilé ces insectes.

KETMIE. (*Jard.*) *Hibiscus palmaris.* Famille des malvacées. Plante originaire d'Afrique et d'Amérique et qu'on cultive dans nos jardins par curiosité. Sa racine est fibrée ; ses tiges sont hautes d'un pied, rameuses, herbacées et velues ; ses feuilles sont divisées en trois parties découpées, velues en-dessous et d'un goût visqueux ; ses fleurs grandes et semblables à celles de la mauve, sont de couleur jaunâtre, mêlée d'un peu de purpurine à l'onglet. Il leur succède des fruits capsulaires, qui contiennent en cinq loges des semences menues, noirâtres et renfermées dans une espèce de vessie qui a le calice renflé. Cette plante est annuelle, et elle a des vertus émollientes ; les graines de l'espèce nommée *ketmie musquée* (*hibiscus abelmoschus*), sont employées avec succès pour préserver les fourrures des ravages des insectes.

Pour la culture, voy. KITABÉLIE A FEUILLES DE VIGNE.

KILOGRAMME. (*Conn. us.*) Poids de mille grammes ou de deux livres six gros environ.

KILOLITRE. (*Écon. us.*) Mesure pouvant contenir mille litres.

KIRSCH-WASSER. (*Off. — Ind. dom.*) *Manière de le faire.* Vous prendrez des merises noires et parfaitement mûres ; vous les éplucherez et les mettrez dans une cuve d'une grandeur proportionnée à la quantité de vos fruits. Vous aurez de la cendre de bois neuf, et vous la mouillerez pour qu'elle forme une espèce de mortier ; vous l'étendrez sur vos merises dans la cuve. Cette cendre, en séchant formera une croute qui aidera à la fermentation des fruits, et empêchera toute évaporation. Laissez ainsi cette fermentation se faire pendant six semaines; puis ôtez la cendre qui se trouvera sur la partie des merises que vous voudrez prendre, et mettez le jus et la pulpe de ces merises dans la cucurbite, après y avoir posé la grille, et remettez-les à la distillation. N'emplissez pas tout-à-fait la cucurbite; la quantité de merises que vous aurez mise en fermentation devra, d'ailleurs, être assez considérable pour que vous en fassiez la distillation en plusieurs fois. Vous conduirez votre feu avec prudence et par degrés, jusqu'à ce que le produit de votre distillation coule en petit filet. Cessez l'opération aussitôt que le flegme ou l'eau fade commencera à paraître. Le kirsch-wasser, que vous aurez ainsi obtenu, devra être clair et limpide; il sera mis par vous dans un vase assez grand pour contenir tout ce que vous voudrez distiller. Jetez le marc qui se trouvera dans la cucurbite, et remplissez-la de nouveau, aux deux tiers environ, de merises fermentées, pour opérer la distillation jusqu'à ce qu'il ne vous reste plus de merises.

Rectifiez ensuite, sans interruption, votre liqueur au bain-marie de l'alambic, et, après une seconde distillation, mettez en bouteilles.

Le kirsch-wasser gagne à vieillir.

Kirsch-wasser de ménage. Prenez des noyaux de cerises, concassez-les et jetez-les, avec les amandes, dans de l'eau-de-vie; laissez-les y infuser jusqu'au temps où vous pourrez y ajouter des noyaux d'abricots sans amandes; laissez encore infuser deux mois : puis filtrez.

Crème de kirsch-wasser. Vous prendrez trois pintes de kirsch-wasser vieux; vous les rectifierez; vous en obtiendrez deux pintes de liqueur; vous y ajouterez quatre onces d'eau de fleur d'orange double; vous ferez fondre sur le feu deux livres et demie de sucre, dans une pinte et demie d'eau de rivière distillée; lorsqu'il sera refroidi, vous le

mêlerez avec votre liqueur; vous la filtrerez, et la mettrez en bouteilles.

Kirsch factice. Prenez trois à quatre livre de feuilles de pêcher très-saines, hachez les grossièrement et mettez les avec une livre d'eau dans un petit tonneau que vous laisserez ouvert. Ces feuilles entrent toutes en fermentation; en passant la main on s'assure si ce mélange s'échauffe trop vite : dans ce cas, on l'arrose avec un peu d'eau. Après trente ou quarante heures, on verse sur ces feuilles huit litres de bonne eau-de-vie et deux litres d'eau. On place dans l'alambic, on laisse infuser pendant deux ou trois jours, et on en distille ensuite pour recueillir six litres. Le liquide que l'on obtient est clair, très-limpide, très-odorant; quelquefois ce kirsch est trop odorant; on le coupe alors avec de l'eau-de-vie préalablement distillée et que l'on verse dans l'alambic, après avoir retiré les six premiers litres.

KITAIBÉLIE A FEUILLES DE VIGNE. (*Jard.*) *Kitaibelia vitifolia.* Famille des malvacées. Plante de Smyrne, vivace ou triannuelle. Fleurs de trente lignes de diamètre, blanches, de juin en octobre. Terre franche et profonde, sèche en hiver, arrosée en été, semée en mars. On repique le plant au printemps suivant, sans blesser les racines. Séparation des pieds quand ils sont très forts.

KOELREUTERIE PANICULÉE. (*Jard.*) Plante de la Chine. Fleurs en juillet, en larges panicules; feuillage rose en naissant; terre franche, amendée; exposition méridionale. Multiplication de semis en mars, qu'on recouvre de feuilles en hiver, et qu'on écussonne en pépinière jusqu'à ce que les pieds aient acquis six et sept pieds de haut. Marcottes.

KYSTE. (*Med. dom.*) On a donné ce nom à des membranes qui se développent accidentellement dans l'intérieur de nos tissus, et représentent des sacs sans ouverture, et qui renferment un liquide dont la nature et la composition offrent une foule de variétés. Les kystes forment le plus souvent les tumeurs connues sous le nom de *loupes.* (Voyez ce mot.)

FIN DU TOME PREMIER.

www.ingramcontent.com/pod-product-compliance
Lightning Source LLC
Chambersburg PA
CBHW050545270326
41926CB00012B/1920